揭秘最新高档新能源
纯电动汽车技术

董玉江　陈志军　主编

辽宁科学技术出版社
·沈 阳·

图书在版编目（CIP）数据

揭秘最新高档新能源纯电动汽车技术／董玉江，陈志军主编．—沈阳：辽宁科学技术出版社，2023.4
ISBN 978-7-5591-2881-2

Ⅰ．①揭… Ⅱ．①董… ②陈… Ⅲ．①电动汽车－普及读物 Ⅳ．① U469.72-49

中国国家版本馆 CIP 数据核字（2023）第 020395 号

出版发行：辽宁科学技术出版社
　　　　　（地址：沈阳市和平区十一纬路 25 号 邮编：110003）
印 刷 者：辽宁新华印务有限公司
经 销 者：各地新华书店
幅面尺寸：210mm×285mm
印　　张：62
字　　数：1500 千字
出版时间：2023 年 4 月第 1 版
印刷时间：2023 年 4 月第 1 次印刷
责任编辑：高　鹏
封面设计：盼　盼
责任校对：张　永
书　　号：ISBN 978-7-5591-2881-2
定　　价：198.00 元

编辑电话：024-23284373
邮购热线：024-23284626

前　言

　　电动汽车作为新能源汽车之一，近年来一直受到国家的扶持。原因：一是随着环境污染日益加重，空气质量变得越来越差，对人们的身体健康造成的危害也越来越大；二是资源短缺问题，随着千百年来的不断开采，石油资源的储量越来越少，为了可持续发展，国家开始大力发展新能源产业。汽车行业面临百年未有之大变局，电动化和智能化浪潮风起云涌，新能源汽车和智能网联汽车得到高度关注。"十四五"规划和2035年远景目标纲要从不同角度、用不同篇幅，对新能源汽车进行了专门阐述。高档汽车生产企业都开始生产纯电动汽车，很多汽车维修技师缺乏相应的维修技术和实战经验，因此编写此书，方便读者从传统燃油汽车维修向电动汽车维修完美转型。

　　本书有以下3个特点：

　　（1）车型新。本书汇集了市面上常见的高端纯电动新车型，例如奥迪 e-tron、宝马 iX3、奔驰 EQC、捷豹 I-PACE、大众 ID.4 和特斯拉，详细介绍了高压蓄电池、电力驱动系统、高压系统、低压电气系统等的结构和工作原理。

　　（2）故障实例经典。书中介绍了多个代表性强的经典故障实例，这些故障在各个车型中经常出现，碰到类似故障时可参考本书，对从事电动汽车维修的技师来说非常实用，指导性强。

　　（3）实用性强。书中内容新颖，图文并茂，数据准确，通俗易懂，是一本具有很高价值的纯电动汽车维修图书。

　　本书由董玉江、陈志军主编，参与编写的有张明、浩铭、林宇清、刘勤中、刘青辉、鲁子南、钱树贵、艾明、付建、艾玉华、张金峰、蔡燕超、刘殊访、徐东静、黄志强、李海港、刘芳、李红敏、李彩侠、徐爱侠、李贵荣、胡凤、丁红梅、胡秀寒、李园园、刘金、李秀梅、徐畅、孙宗旺、鲁晶、梁维波、张丽、梁楠等。

　　在编写过程中，编者花费了大量的时间、精力，对书中内容进行了仔细核对，由于编者水平有限，书中不当之处在所难免，欢迎广大读者提出宝贵意见。

编者

目　录

第一章　奥迪 e-tron 车系

第一节　引言

一、车上的识别标记

如图 1-1-1 和图 1-1-2 所示。

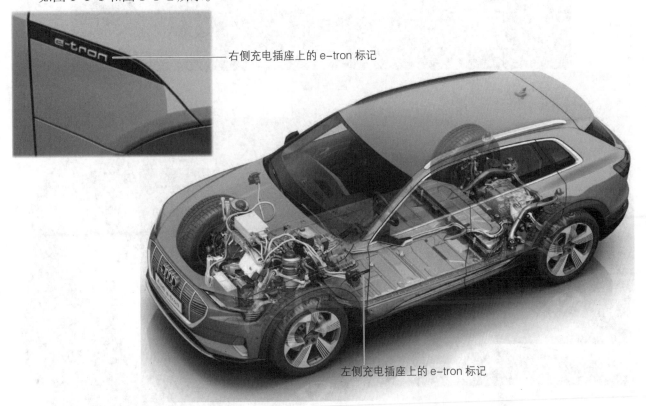

右侧充电插座上的 e-tron 标记

左侧充电插座上的 e-tron 标记

图 1-1-1

e-tron 标记

带有 e-tron 标记的制动钳

图 1-1-2

二、车内

（1）MMI 系统如图 1-1-3 所示。

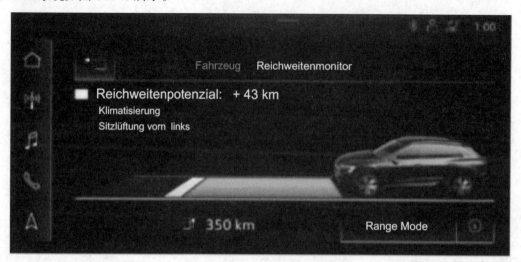

图 1-1-3

（2）仪表板上的 e-tron 标记如图 1-1-4 所示。

仪表板上的 e-tron 标记

图 1-1-4

三、车尾

车尾上的 e-tron 标记如图 1-1-5 所示。

行李箱盖上的 e-tron 标记

图 1-1-5

第二节 电控元件位置图

1.电控元件位置图（前部前视图）

如图 1-2-1 所示。

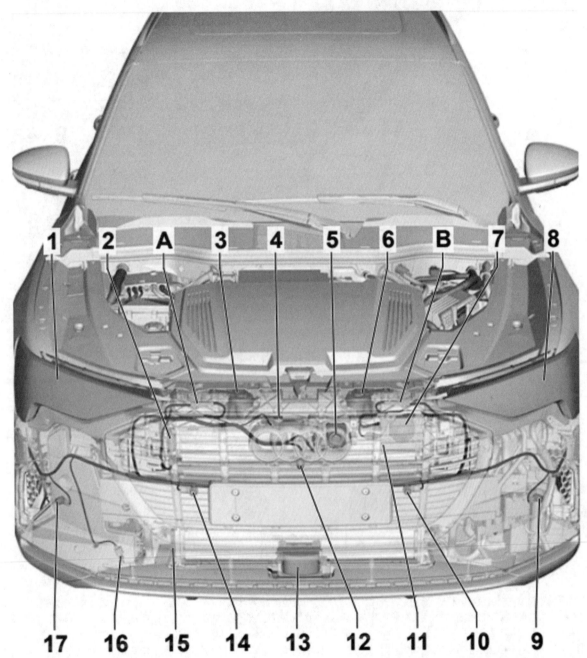

A.5 芯插头连接T5h，黑色/ 5 芯插头连接T5i，黑色 B.2 芯插头连接T2r，白色/2 芯插头连接T2s，白色 1.前右大灯MX2   2.散热器百叶窗伺服电机V544   3.低音喇叭H7   4.进入及启动许可前部天线R376，用于带自动泊车/车库自动泊车系统的汽车（FT1/FT2）   5.夜视系统摄像头R212 6.高音喇叭H2 7.车距调节控制单元J428 8.前左大灯MX1 9.左前驻车辅助传感器G255 10.前部驻车辅助中左传感器G254   11.自动车距控制系统的雷达传感器的加热元件Z185 12.前部车周环境摄像头R243 13.激光车距调节控制单元J1122 14.前部驻车辅助中右传感器G253 15.散热器百叶窗伺服电机2 V550 16.车外温度传感器G17 17.右前驻车辅助传感器G252

图 1-2-1

2. 电控元件位置图（前部左视图）

如图 1-2-2 所示。

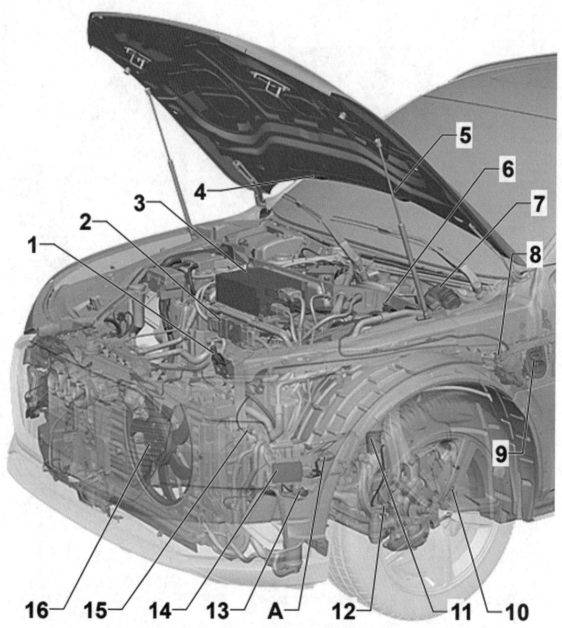

A.10芯插头连接T10d，黑色/10 芯插头连接T10e，黑色　1.发动机舱盖接触开关F266　2.高压充电网配电器SX4　3.高压蓄电池充
电器1 AX4　4.右侧喷嘴加热电阻 Z21　5.左侧喷嘴加热电阻Z20　6.高压系统保养插头TW　7.雨刮电机控制单元J400，右驾驶车型
上的安装位置相应地位于车辆另一侧　8.充电插座护盖驱动单元1　VX86（充电插座护盖驱动单元2　VX87，用于中国装备的左驾
驶车型）　9.高压蓄电池充电插座1　UX4：用于左驾驶车型，除中国装备的汽车以外；用于日本装备的右驾驶车型　9.高压蓄电
池充电插座2　UX5：用于右驾驶车型，除日本装备的汽车以外；用于中国装备的左驾驶车型　10.左前制动摩擦片磨损传感器G34
11.左前减震调节阀N336　12.左前转速传感器G47　13. 驻车转向辅助系统前左传感器G568，车辆左侧　14.左前物体识别雷达传感
器控制单元J1088　15.温度管理系统冷却液温度传感器1 G902　16.散热器风扇VX57

图 1-2-2

3. 电控元件位置图（前部俯视图）

如图 1-2-3 所示。

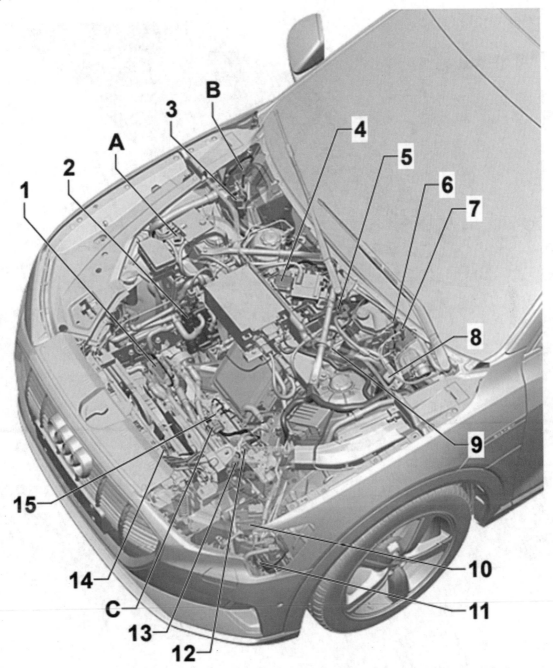

A.4芯插头连接T4hl B.14芯插头连接T14i，黑色/14芯插头连接T14k，黑色，用于左驾驶车型，除中国装备的汽车以外（14芯插头连接T14e，黑色/14芯插头连接T14g，黑色，用于中国装备的左驾驶车型；14芯插头连接T14d，黑色/14芯插头连接T14f，黑色，用于右驾驶车型，除日本装备的汽车以外；14芯插头连接T14h，黑色/14芯插头连接T14j，黑色，用于日本装备的右驾驶车型） C.14芯插头连接T14l，灰色/14芯插头连接T14m，灰色 1.冷却切换阀1 N632 2.变压器A19 3.警报喇叭H12，右驾驶车型上的安装位置相应地位于车辆另一侧 4.前风挡清洗泵控制单元J1100 5.制冷剂截止阀V424 6.副驾驶员侧雨刮臂内的加热电阻1 Z141，右驾驶车型上的安装位置相应地位于车辆另一侧 7.驾驶员侧雨刮臂内的加热电阻1 Z139，右驾驶车型上的安装位置相应地位于车辆另一侧 8.高压加热器（PTC）控制单元J848，右驾驶车型上的安装位置相应地位于车辆另一侧 9.温度管理系统冷却液温度传感器2 G903，右驾驶车型上的安装位置相应地位于车辆另一侧 10.阀体：带制冷剂截止阀2 N640；带制冷剂截止阀3 N641；带制冷剂截止阀4 N642；带制冷剂截止阀5 N643 11.制冷剂膨胀阀2 N637 12.制冷剂压力和制冷剂温度传感器2 G826 13.温度管理系统冷却液温度传感器8 G968 14.驾驶员前部安全气囊碰撞传感器G283，用于左驾驶车型 14.副驾驶员前部安全气囊碰撞传感器G284，用于右驾驶车型 15.制冷剂压力和制冷剂温度传感器1 G395

图 1-2-3

4.电控元件位置图（前部右视图，第一部分）

如图 1-2-4 所示。

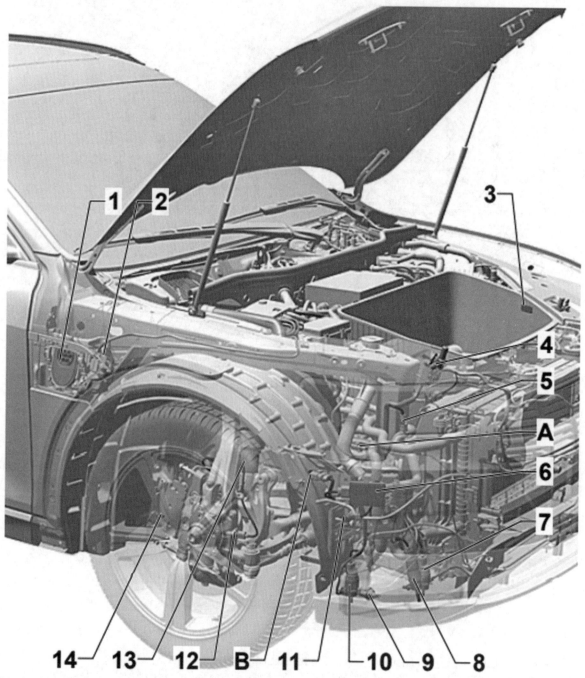

A.3芯插头连接T3b，黑色/3芯插头连接T3c，黑色　B.14芯插头连接T14p，黑色/14 芯插头连接T14q，黑色　1.高压蓄电池充电插座2　UX5：用于左驾驶车型，除中国装备的汽车以外；用于日本装备的右驾驶车型；高压蓄电池充电插座1　UX4：用于右驾驶车型，除日本装备的汽车以外；用于中国装备的左驾驶车型　2.充电插座护盖驱动单元1 VX87：用于左驾驶车型，除中国装备的汽车以外；用于日本装备的右驾驶车型；充电插座护盖驱动单元2 VX86：用于右驾驶车型，除日本装备的汽车以外；用于中国装备的左驾驶车型　3.行李箱前部照明灯L325　4.发动机舱盖接触开关2 F329　5.温度管理系统冷却液温度传感器5 G906　6.右前物体识别雷达传感器控制单元J1089　7.后窗玻璃清洗泵V13　8.大灯清洗泵V11　9.车窗玻璃清洗液液位传感器G33　10.车窗玻璃清洗泵V5　11.驻车转向辅助系统右前传感器G569,车辆右侧　12.右前转速传感器G45　13.右前减震调节阀N337　14.右前制动摩擦片磨损传感器G35

图 1-2-4

6

5.电控元件位置图（前部右视图，第二部分）

（1）发动机标记字母EASA、EASB的汽车电控元件位置（前部右视图，第二部分）图如图1-2-5所示。

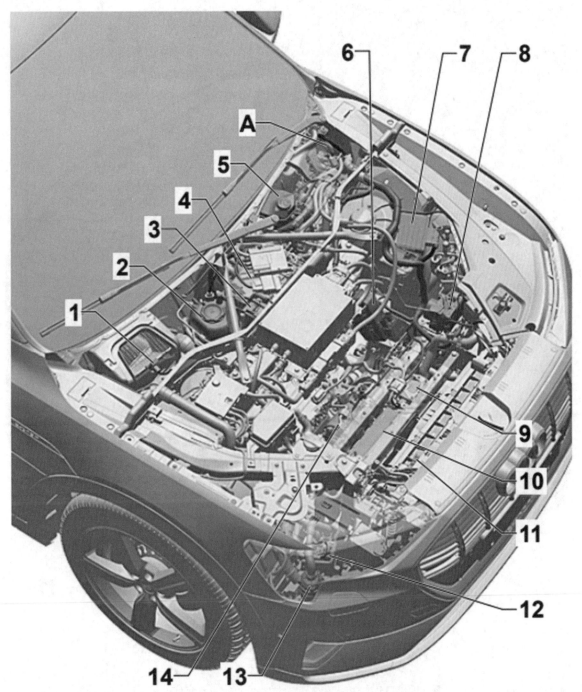

A.14芯插头连接T14d，黑色/14芯插头连接T14f，黑色，用于左驾驶车型，除中国装备的汽车以外（14芯插头连接T14h，黑色/14芯插头连接T14j，黑色，用于中国装备的左驾驶车型；14芯插头连接T14i，黑色/14芯插头连接T14k，黑色，用于右驾驶车型，除日本装备的汽车以外；14芯插头连接T14e，黑色/14芯插头连接T14g，黑色，用于日本装备的右驾驶车型）　1.空气质量传感器G238：用于带空调装置9AK的汽车；右驾驶车型上的安装位置相应地位于车辆另一侧（外部空气质量和空气湿度传感器G935：用于带空调装置9AQ的汽车；右驾驶车型上的安装位置相应地位于车辆另一侧）　2.冷却液不足显示传感器G32，右驾驶车型上的安装位置相应地位于车辆另一侧　3.蓄电池监控控制单元J367　4.蓄电池A　5.ABS控制单元J104，右驾驶车型上的安装位置相应地位于车辆另一侧　6.高压加热器（PTC）控制单元2　J1238　7.温度管理系统控制单元J1024　8.ABS控制单元2　J1242　9.冷却液切换阀4　N635　10.高压蓄电池充电器2　AX5　11.副驾驶员前部安全气囊碰撞传感器G284，用于左驾驶车型　11.驾驶员前部安全气囊碰撞传感器G283，用于右驾驶车型　12.冷却液切换阀2　N633　13.温度管理系统冷却液泵4　V620　14.空调压缩机控制单元J842

图1-2-5

（2）发动机标记字母 EAVA 的汽车电控元件位置图（前部右视图，第二部分）如图 1-2-6 所示。

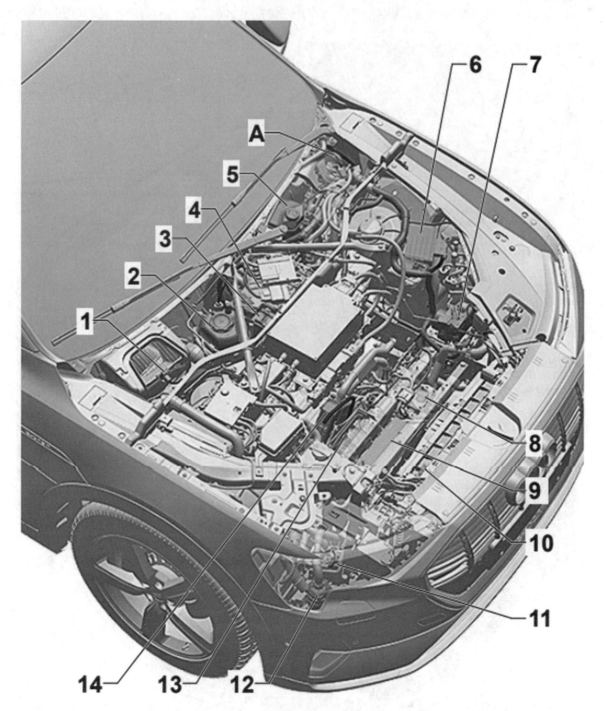

A.14芯插头连接T14d，黑色/14芯插头连接T14f，黑色，用于左驾驶车型，除中国装备的汽车以外（14芯插头连接T14h，黑色/14芯插头连接T14j，黑色，用于中国装备的左驾驶车型；14芯插头连接T14i，黑色/14 芯插头连接T14k，黑色，用于右驾驶车型，除日本装备的汽车以外；14芯插头连接T14e，黑色/14芯插头连接T14g，黑色，用于日本装备的右驾驶车型）　1.空气质量传感器G238，用于带空调装置9AK的汽车，右驾驶车型上的安装位置相应地位于车辆另一侧（车外空气质量和空气湿度传感器G935，用于带空调装置9AQ的汽车，右驾驶车型上的安装位置相应地位于车辆另一侧）　2.冷却液不足显示传感器G32，右驾驶车型上的安装位置相应地位于车辆另一侧　3.蓄电池监控控制单元J367　4.蓄电池A　5.ABS控制单元J104，右驾驶车型上的安装位置相应地位于车辆另一侧　6.温度管理系统控制单元J1024　7.ABS控制单元2 J1242　8.冷却液切换阀4 N635　9.高压蓄电池充电器2 AX5　10.副驾驶员前部安全气囊碰撞传感器G284，用于左驾驶车型　10.驾驶员前部安全气囊碰撞传感器G283，用于右驾驶车型　11.冷却液切换阀2 N633　12.温度管理系统冷却液泵4 V620　13.空调压缩机控制单元J842　14.高压加热器（PTC）控制单元2 J1238

图 1-2-6

6. 前桥电驱动装置电控元件位置图

如图 1-2-7 所示。

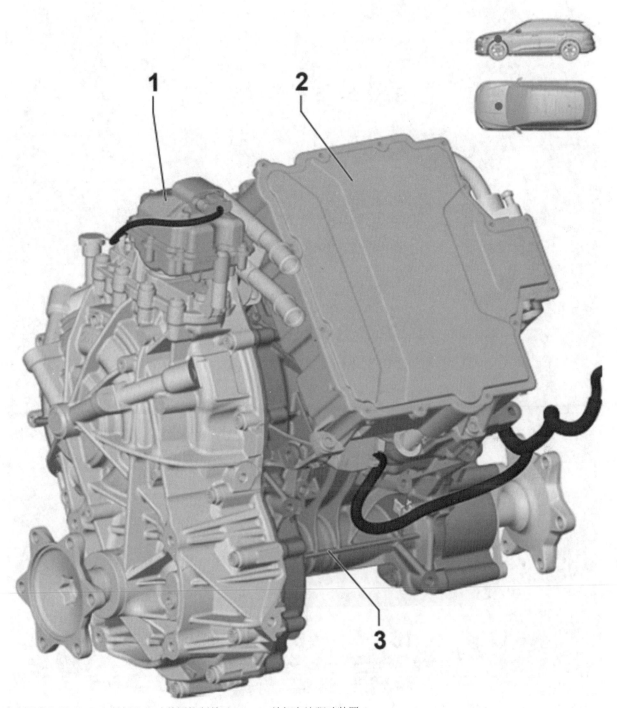

1.驻车锁执行器V682　2.前桥电驱动装置控制单元J1234　3.前部交流驱动装置VX89

图 1-2-7

7. 后盖电控元件位置图

（1）奥迪 e-tron 后盖电控元件位置图如图 1-2-8 所示。

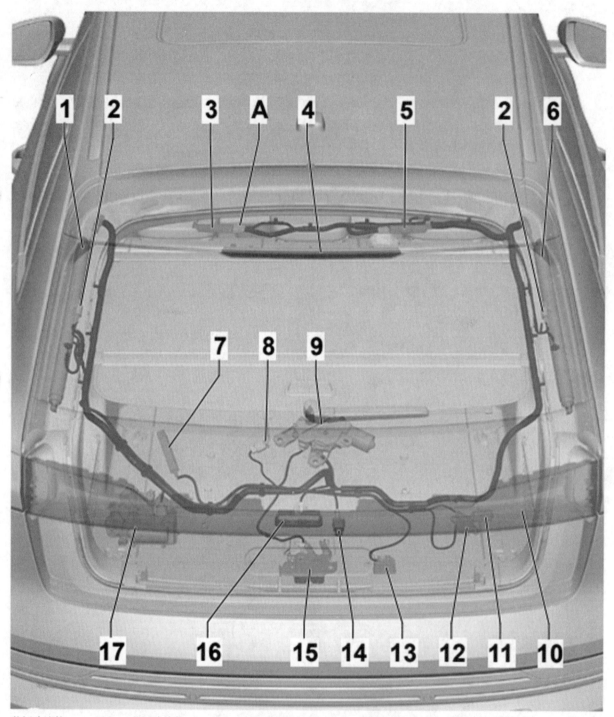

A.2芯插头连接T2k，黑色/2 芯插头连接T2l，黑色　1.后盖驱动单元VX69　2.后窗玻璃ZX1　3.天线放大器2 R111　4.高位制动信号灯灯泡M25　5.天线放大器R24　6.后盖驱动单元2 VX77　7.电视天线放大器3 R84　8.后窗玻璃破碎传感器G304　9.后窗玻璃雨刮电机V12　10.中部尾灯MX13　11.后盖照明灯W51　12.后盖警告蜂鸣器H32　13.后盖操控单元EX58　14.倒车影像系统控制单元J772，用于带倒车摄像头的汽车（KA2）　14.后部车周环境摄像头R246，用于带车周环境摄像头的汽车（KA6）　15.后盖锁止单元VX25　16.后盖把手中的解锁按钮E234　17.后盖辅助关闭装置VX16

图 1-2-8

（2）奥迪 e-tron Sportback 后盖电控元件位置图如图 1-2-9 所示。

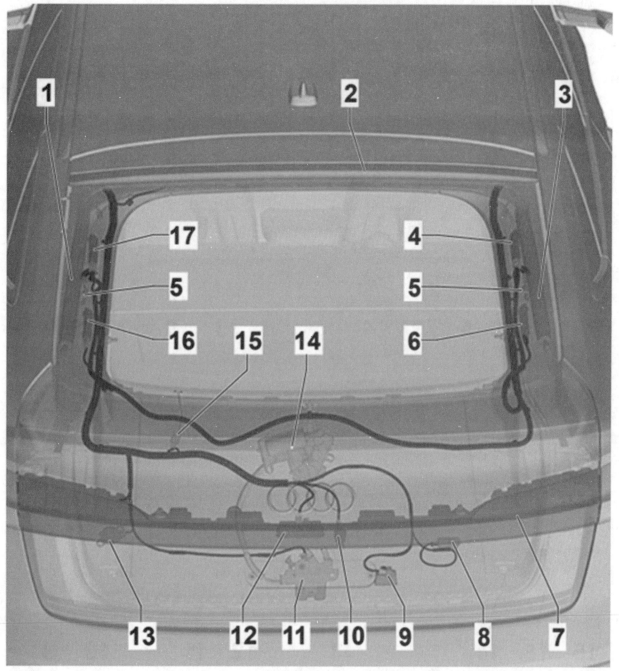

1.后盖驱动单元VX69 2.高位制动信号灯灯泡M25 3.后盖驱动单元2 VX77 4.天线放大器R24 5.后窗玻璃ZX1 6.电视天线放大器2 R83 7.中部尾灯MX13 8.后盖照明灯W51 9.后盖操控单元EX58 10.倒车影像系统控制单元J772，用于带倒车摄像头的汽车（KA2） 10.后部车周环境摄像头R246，用于带车周环境摄像头的汽车（KA6） 11.后盖锁止单元VX25 12.后盖把手中的解锁按钮E234 13.后盖警告蜂鸣器H32 14.后盖辅助关闭装置VX16 15.后窗玻璃破碎传感器G304 16.电视天线放大器3 R84 17.天线放大器2 R111

图 1-2-9

8.后保险杠电控元件位置图

如图 1-2-10 所示。

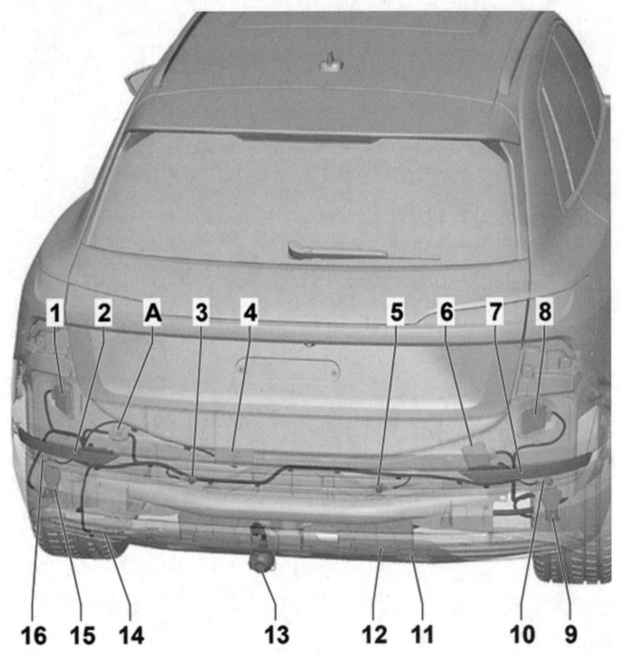

A.14 芯插头连接 T14n，棕色/14 芯插头连接 T14o, 棕色　1.变道辅助控制单元2 J770　2.左侧后雾灯灯泡L46　3.后部驻车辅助左中传感器G204　4.LTE天线1 R297，用于 2020 年款前带紧急救援呼叫系统（IW1/IW3/IW5/IW6/IW7）的汽车。用于 2020 年款前不带紧急救援呼叫系统（IW0）的汽车：在车顶天线R216内；LTE天线2 R306，用于2020年款前不带紧急救援呼叫系统（IW0）的汽车。用于2020年款前带紧急救援呼叫系统（IW1/IW3/IW5/IW6/IW7/）的汽车：在汽车中部　5.后部驻车辅助右中传感器G205　6.车库门开启控制单元J530　7.右侧后雾灯灯泡L47　8.变道辅助控制单元J769　9.LTE天线3 R330　10.后右驻车辅助传感器G206　11.后盖开启传感器2 G760　12.后盖开启传感器G750　13.挂车牵引装置VX15　14.行李箱盖开启控制单元J938　15.紧急救援呼叫模块天线R263　16.左后驻车辅助传感器G203

图 1-2-10

9.电控元件位置图（尾端左视图）

（1）奥迪 e-tron 电控元件位置图（尾端左视图）如图 1-2-11 所示。

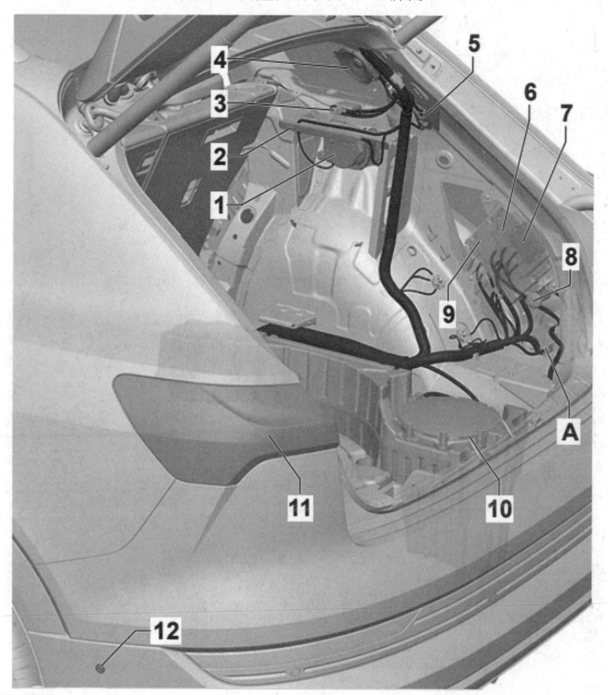

A.2芯插头连接T2a，黑色/2 芯插头连接T2b，黑色　1.右后安全带张紧器控制单元J1098　2.行李箱右侧照明W35　3.无线数据通信天线R180，无线数据通信加装装置插头1 TV58，用于带中国装备的汽车　4.右侧音效扬声器R210　5.窗式天线的抗干扰滤波器C18　6.挂车识别控制单元J345，用于不带中国装备的汽车；电话、电子通信系统控制单元J526，用于带中国装备的汽车　7.手机放大器R86，用于不带中国装备的汽车；电子通信系统连接控制单元J1221，用于带中国装备的汽车　8.12V插座3 U19　9.电视调谐器R78，用于不带中国装备的汽车　10.重低音炮R211　11.左侧尾灯MX3　12.左后驻车转向辅助系统传感器G716

图 1-2-11

（2）奥迪 e-tron Sportback 电控元件位置图（尾端左视图）如图 1-2-12 所示。

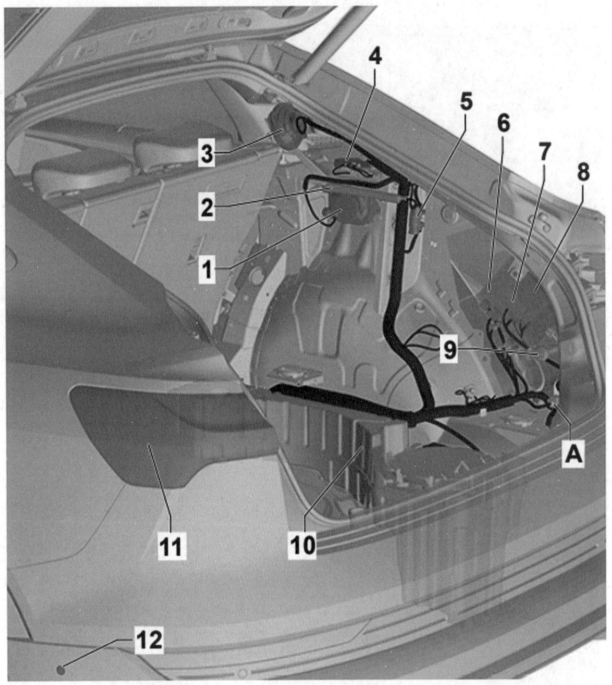

A.2芯插头连接T2a，黑色/2芯插头连接T2b，黑色 1.右后安全带张紧器控制单元J1098 2.行李箱右侧照明W35 3.右侧音效扬声器R210 4.无线数据通信天线R180，无线数据通信加装装置插头1，TV58，用于带中国装备的汽车 5.窗式天线的抗干扰滤波器C18 6.电视调谐器R78，用于不带中国装备的汽车 7.挂车识别控制单元J345，用于不带中国装备的汽车；电话、电子通信系统控制单元J526，用于带中国装备的汽车 8.手机放大器R86，用于不带中国装备的汽车；电子通信系统连接控制单元J1221，用于带中国装备的汽车 9.12V插座3 U19 10.重低音炮R211 11.左侧尾灯MX3 12.左后驻车转向辅助系统传感器G716

图 1-2-12

10. 电控元件位置图（尾端右视图）

（1）奥迪 e-tron 电控元件位置图（尾端右视图）如图 1-2-13 所示。

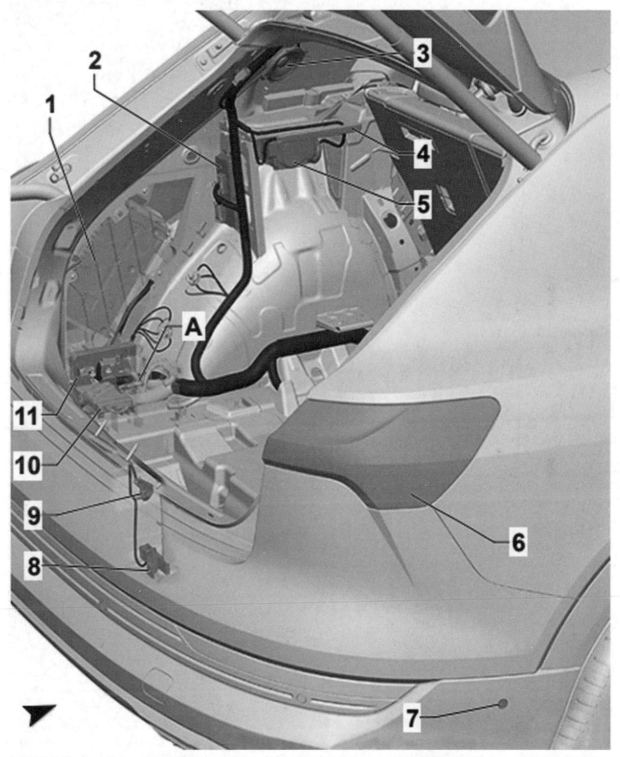

A.2 芯插头连接T2nr，黑色/2 芯插头连接T2ns，黑色　1.数字音响控制单元J525　2.行李箱盖控制单元J605　3.左侧音效扬声器R209
4.行李箱左侧照明W18　5.左后安全带张紧器控制单元J1097　6.右侧尾灯MX4　7.右后驻车转向辅助系统传感器G717　8.进入及启动
系统行李箱内的天线R137　9.尾部碰撞传感器G572　10.电视读卡器R204　11.舒适系统中央控制单元J393

图 1-2-13

（2）奥迪 e-tron Sportback 电控元件位置图（尾端右视图）如图 1-2-14 所示。

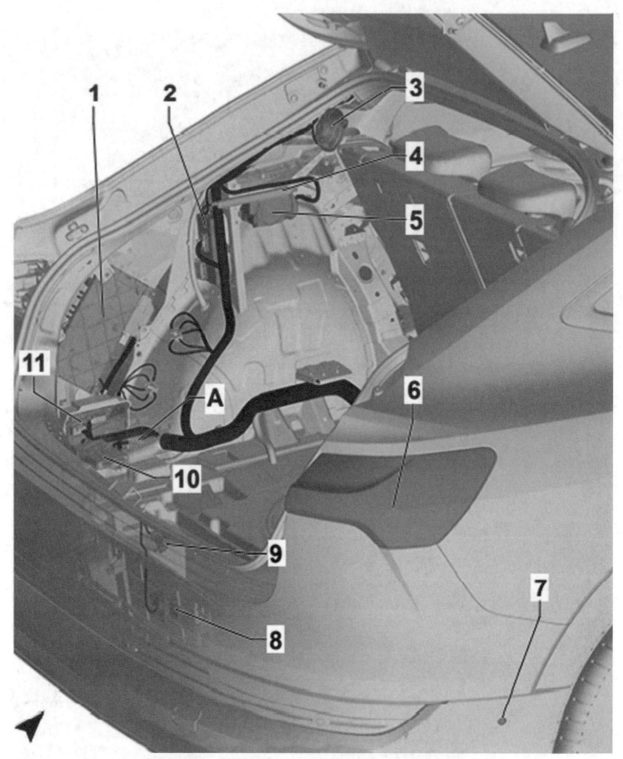

A.2 芯插头连接T2nr，黑色/2 芯插头连接T2ns，黑色　1.数字音响控制单元J525　2.行李箱盖控制单元J605　3.左侧音效扬声器R209
4.行李箱左侧照明W18　5.左后安全带张紧器控制单元J1097　6.右侧尾灯MX4　7.右后驻车转向辅助系统传感器G717　8.进入及启动
系统行李箱内的天线R137　9.尾部碰撞传感器G572　10.电视读卡器R204　11.舒适系统中央控制单元J393

图 1-2-14

11. 左驾驶车型车内左前电控元件位置图

如图 1-2-15 所示。

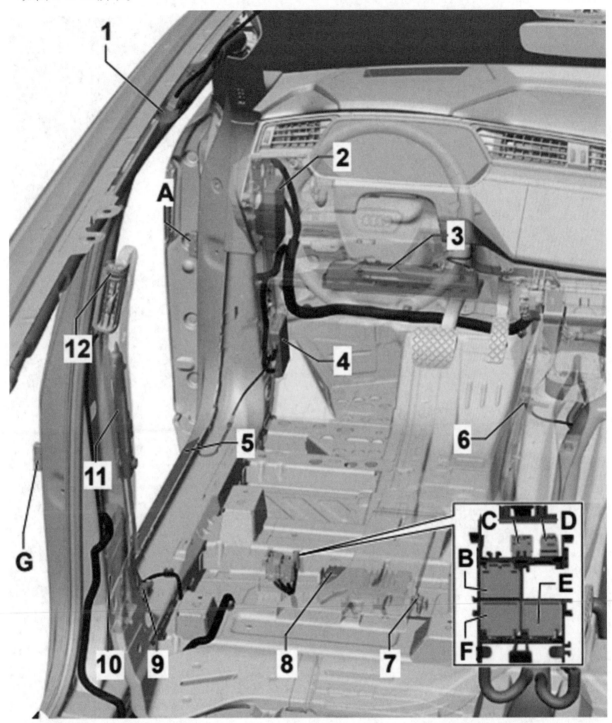

A.21芯插头连接T21a，黑色　B.10芯插头连接T10av，白色/10芯插头连接T10be，白色　C.4芯插头连接T4er，黑色　D.3芯插头连接T3aw，黄色/3 芯插头连接T3e, 黄色　E.10芯插头连接T10az，黑色/10芯插头连接T10bq，黑色　F.17芯插头连接T17r，红色/17芯插头连接T17m，红色　G.19芯插头连接T19b，黑色　1.驾驶员头部安全气囊引爆器N25　2.发动机控制单元J623　3.驾驶员膝部安全气囊引爆器N295　4.矩阵光束大灯投影模块控制单元J1231　5.驾驶员门槛饰条氛围照明灯W102　6.仪表板左后出风口温度计G635　7.左后脚部空间出风口温度传感器G637　8.数据总线诊断接口J533　9.驾驶员B立柱中的安全气囊碰撞传感器G1101　10.左前安全带NX10　11.后部安全带张紧器引爆器2 N749，驾驶员侧　12.后舱左出风口照明灯泡L88

图 1-2-15

12. 左驾驶车型左侧脚部空间电控元件位置图

如图 1-2-16 所示。

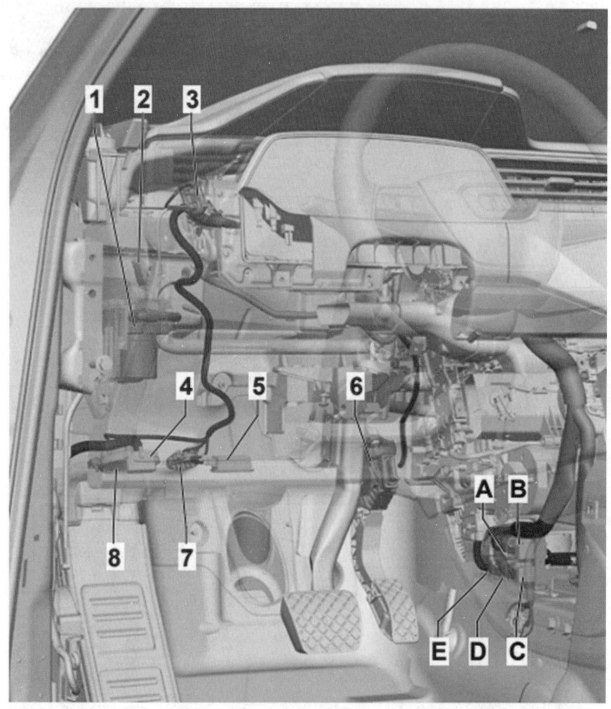

A.17芯插头连接T17c，绿色/17芯插头连接T17h，绿色　B.17芯插头连接T17e，黑色/17芯插头连接T17j，黑色　C.17芯插头连接
T17b，蓝色/17芯插头连接T17g，蓝色　D.17芯插头连接T17d，白色/17芯插头连接T17i，白色　E.17芯插头连接T17a，红色/17芯插
头连接T17f，红色　1.香氛系统控制单元J1101/香氛系统功能单元GX43　2.驾驶员电离子发生器J1105　3.左前仪表板出风口温度传
感器G385　4.诊断接口U31　5.左前脚部空间照明灯泡L151　6.加速踏板模块GX2　7.驻车辅助系统扬声器R169　8.紧急救援呼叫模块
扬声器R335

图 1-2-16

13. 左驾驶车型车内右前电控元件位置图

如图 1-2-17 所示。

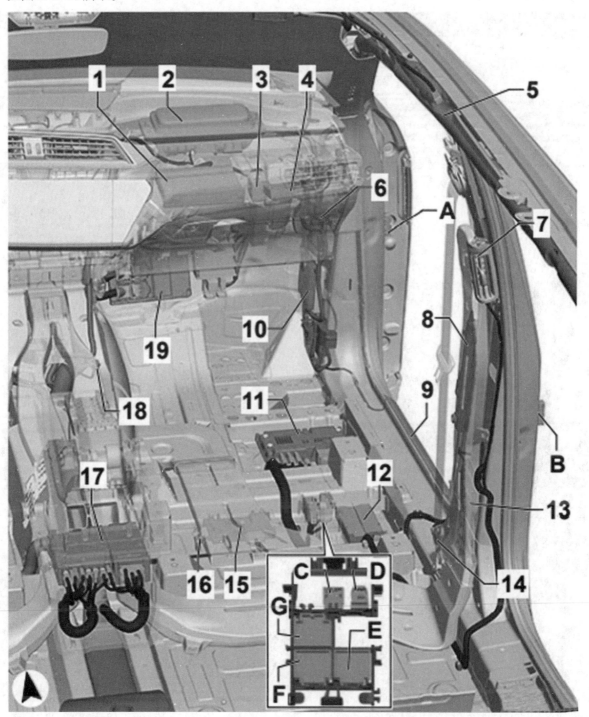

A.21芯插头连接T21c，黑色　B.19芯插头连接T19c,黑色　C.4芯插头连接T4eu，黑色　D.3芯插头连接T3az，黄色/3芯插头连接T3bn，黄色　E.10芯插头连接T10bc，黑色/10芯插头连接T10bj，黑色　F.17芯插头连接T17s，红色/17芯插头连接T17u，红色　G.10芯插头连接T10ax，白色/10芯插头连接T10bo，白色　1.DVD播放器R7　2.副驾驶员安全气囊单元NX3　3.副驾驶员安全气囊关闭钥匙开关E224　4.芯片卡读卡器控制单元J676　5.副驾驶员头部安全气囊引爆器N252　6.蓄电池调节控制单元J840　7.后舱右出风口照明灯L89　8.后部安全带张紧器引爆器2 N750，副驾驶员侧　9.副驾驶员门槛饰条氛围照明灯W103　10.发动机声响生成控制单元J943　11.驾驶员辅助系统控制单元J1121　12.带安卓驱动系统的控制单元J1243，用于2021年起车辆　13.右前安全带NX11　14.副驾驶员B立柱中的安全气囊碰撞传感器G1102　15.夜视系统控制单元J853　16.右后脚部空间出风口温度传感器G638　17.信息电子控制单元1 J794　18.仪表板右后出风口温度计G636　19.供电控制单元J519

图 1-2-17

14. 左驾驶车型右侧脚部空间电控元件位置图

如图 1-2-18 所示。

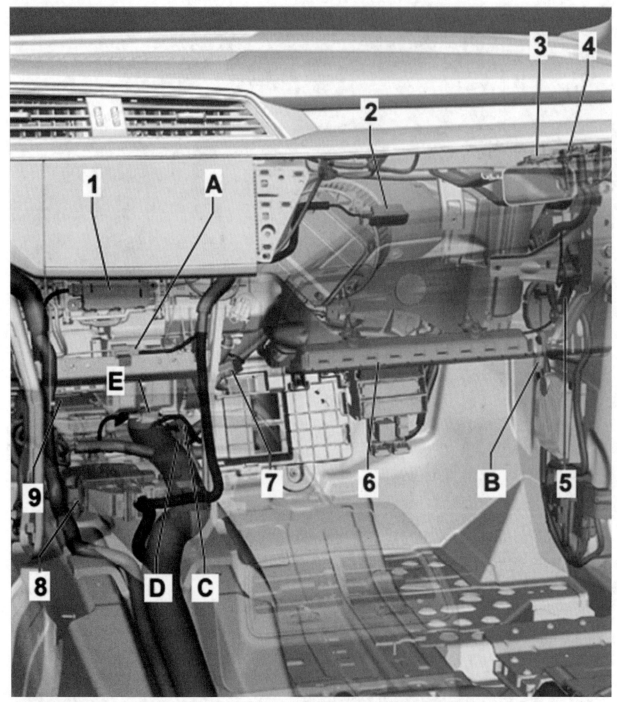

A.16芯插头连接T16a，黑色/16芯插头连接T16k，黑色　B.2芯插头连接T2nq，黑色/2芯插头连接T2q，黑色　C.2芯插头连接T2np，自然云色/2 芯插头连接T2no, 自然云色　D.2 芯插头连接T2c，淡紫色/2 芯插头连接T2d, 淡紫色　E.2芯插头连接T2f，黑色/2芯插头连接T2h，黑色　1.空气质量改善系统控制单元J897　2.手套箱照明灯W6　3.副驾驶员电离子发生器J1106　4.右前仪表板出风口温度传感器G386　5.手套箱照明灯开关E26　6.副驾驶员膝部安全气囊引爆器N296　7.右前脚部空间照明灯泡L152　8.安全气囊控制单元J234　9.底盘控制单元J775

图 1-2-18

15.左驾驶车型仪表板电控元件位置图

如图 1-2-19 所示。

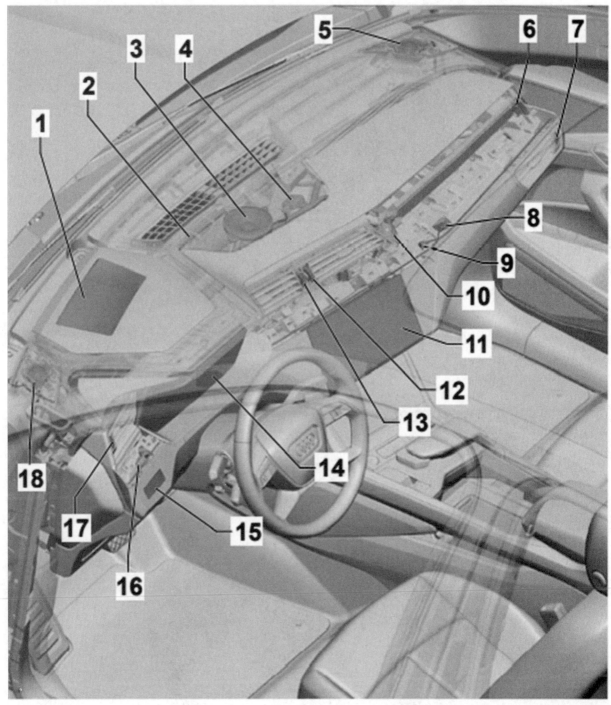

1.前风挡玻璃投影（抬头显示）控制单元J898　2.LTE天线2 R306，用于2020年款前带紧急救援呼叫系统（IW1/IW3/IW5/IW6/IW7）的汽车。用于2020年款前不带紧急救援呼叫系统（IW0）的汽车：汽车后部；紧急救援呼叫模块天线3 R323，用于2021年起车辆　3.中置扬声器R208　4.近距无线通信天线R269　5.右前高音扬声器R22　6.仪表板氛围照明灯1 L292　7.右侧侧面出风口电位计G629　8.仪表板轮廓照明灯2 L244　9.仪表板轮廓照明灯1 L243　10.仪表板氛围照明灯2 L293　11.前部信息显示和操作单元控制单元的显示单元J685　12.右侧中间出风口电位计G627　13.左侧中间出风口电位计G626　14.组合仪表内控制单元J285　15.车灯开关E1　16.仪表板轮廓照明灯3 L245　17.左侧侧面出风口电位计G628　18.左前高音扬声器R20

图 1-2-19

16. 三辐条方向盘电控元件位置图

如图 1-2-20 所示。

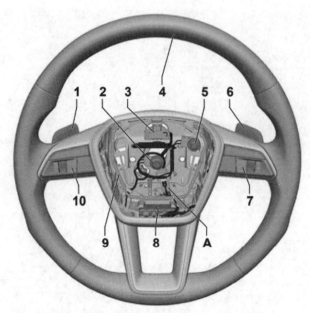

A.4芯插头连接T4hb，黑色/4 芯插头连接T4hc，黑色　1.降挡点动开关E756　2.驾驶员安全气囊引爆器N95　3.12芯插头连接T12bd，黄色；方向盘内用于转向柱电子控制单元J527的连接；安装位置，转向柱上的转向柱电子控制单元J527　4.可加热方向盘Z36，带可加热方向盘的传感器G428　5.驾驶员安全气囊排放阀引爆器N490　6.升挡点动开关E755　7.多功能方向盘控制单元J453，内置在方向盘右侧多功能按钮E441中　8.方向盘触摸识别控制单元J1158　9.信号喇叭操控　10.方向盘中的左侧多功能按钮E440

图 1-2-20

17. 四辐条方向盘电控元件位置图

如图 1-2-21 所示。

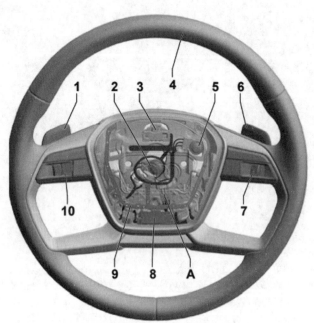

A.4芯插头连接T4hb，黑色/4 芯插头连接T4hc，黑色　1.降挡点动开关E756　2.驾驶员安全气囊引爆器N95　3.12芯插头连接T12bd，黄色；方向盘内用于转向柱电子控制单元J527的连接；安装位置，转向柱上的转向柱电子控制单元J527　4.可加热方向盘Z36，带可加热方向盘的传感器G428　5.驾驶员安全气囊排放阀引爆器N490　6.升挡点动开关E755　7.多功能方向盘控制单元J453，内置在方向盘右侧多功能按钮E441中　8.方向盘触摸识别控制单元J1158　9.信号喇叭操控　10.方向盘中的左侧多功能按钮E440

图 1-2-21

18. 转向柱电控元件位置图

如图1-2-22所示。

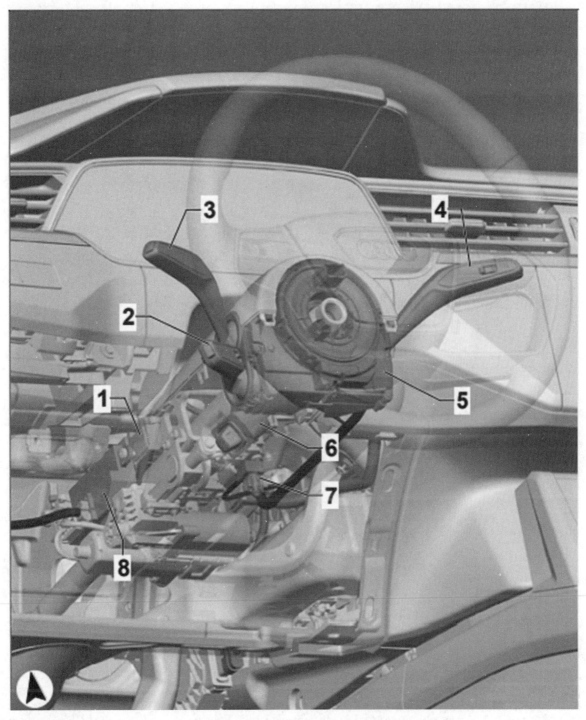

1.电子转向柱锁控制单元J764　2.GRA开关E45　3.转向信号灯开关E2　4.车窗玻璃雨刮间歇运行开关E22　5.转向柱电子控制单元J527　6.转向柱调节开关E167　7.仪表板温度传感器G56　8.电动调节转向柱控制单元J866

图 1-2-22

19. 前部中控台电控元件位置图

如图 1-2-23 所示。

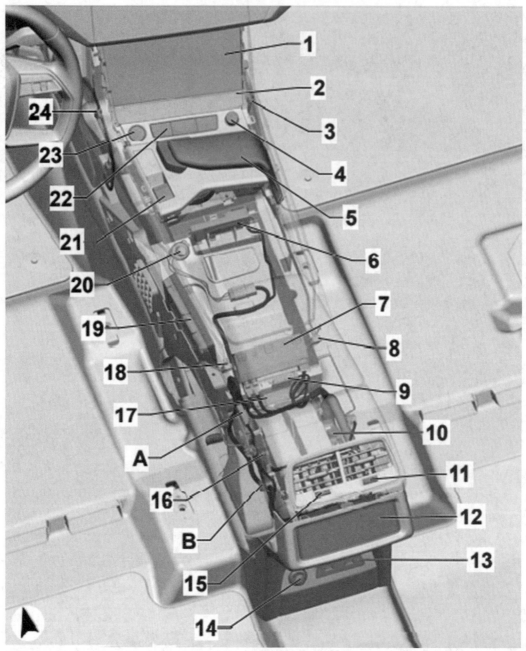

A.2芯插头连接T2n，蓝色/2 芯插头连接T2p，蓝色　B.10 芯插头连接T10b，黑色/10芯插头连接T10c，黑色　1.前部信息显示和操作单元控制器的显示单元2　J1060　2.仪表板中部开关模块EX22　3.中控台轮廓照明灯2　L309　4.驾驶员音量调节器E67，右驾驶车型上的安装位置相应地位于车辆另一侧　5.选挡杆E313，右驾驶车型上的安装位置相应地位于车辆另一侧　6.进入及启动系统车内天线 1　R138　7.USB分配器R293　8.前部中控台氛围照明灯1　L193　9.右侧中间扶手照明灯泡L228　10.右B立柱和脚部空间的锁止风门伺服电机V211　11.后座中间出风口照明灯L87，用于带空调装置9AK的汽车　11.右后出风口电位计G631，用于带空调装置9AQ 的汽车　12.后部空调操作和显示单元 E265　13.USB 接口1　U41　14.后部点烟器U9，用于带排烟装置的汽车　14.12V插座2　U18，用于不带排烟装置的汽车　15.后座中间出风口照明灯L87，用于带空调装置9AK的汽车；左后出风口电位计G630，用于带空调装置9AQ的汽车　16.左B立柱和脚部空间的锁止风门伺服电机V212　17.近场通信控制单元2　J1170　18.前部中控台氛围照明灯2 L194　19.近距离通信天线2　R351，用于不带移动电话系统（9ZE/9ZV）的汽车；移动终端设备充电器 1　J1146，用于带移动电话系统（9ZE/9ZV）的汽车　20.点烟器U1，用于带排烟装置的汽车；12V插座U5，用于不带排烟装置的汽车　21.驻车制动器按钮EX12，右驾驶车型上的安装位置相应地位于车辆另一侧　22.中控台开关模块 1　EX23　23.进入及启动许可按钮E408，右驾驶车型上的安装位置相应地位于车辆另一侧　24.中控台轮廓照明灯1 L308

图 1-2-23

20.座椅电控元件位置图

（1）Q1A、Q1D、Q4Q 左驾驶车型左前座椅、普通座椅、运动座椅、超级运动座椅电控元件位置图如图 1-2-24 所示。

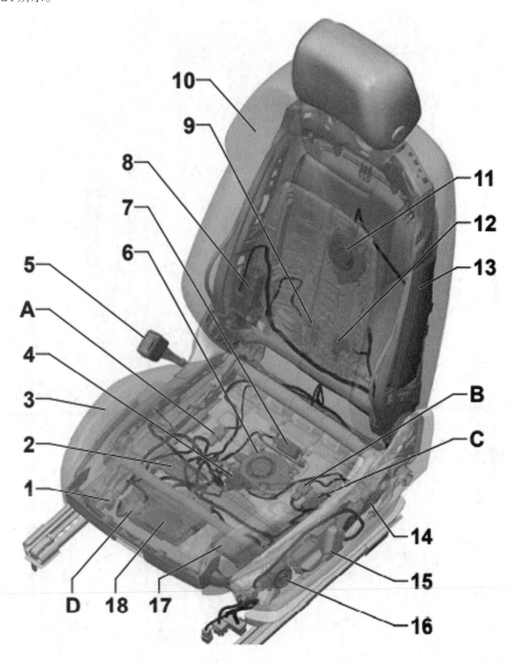

A.2芯插头连接T2jt，黑色/2 芯插头连接T2ju，黑色　B.2芯插头连接T2jv，黑色/2 芯插头连接T2jw，黑色　C. 4芯插头连接T4h，黑色/4 芯插头连接T4hj，黑色，用于带手动座椅调节装置（3L3）的汽车　C.8芯插头连接T8a，黑色/8 芯插头连接T8b，黑色，用于带电动座椅调节装置（3L4）和不带座椅通风（4D0）的汽车；12芯插头连接T12dk，黑色/12插头连接T12dl，黑色，用于带电动座椅调节装置（3L4）和带座椅通风（4D3）的汽车　D.2 芯插头连接T2kl，黑色/2芯插头连接T2km，黑色　1.驾驶员座椅位置传感器G553　2.驾驶员座椅纵向调节电机V28　3.可加热驾驶员座椅Z6，带驾驶员座椅侧壁加热Z31和可加热驾驶员座椅加长段Z37　4.驾驶员座椅占用传感器G1067　5.驾驶员座椅安全带开关E24　6.驾驶员座椅坐垫风扇V390，仅用于普通座椅（Q1A）　7.左侧脚部空间照明灯W9　8.驾驶员座椅靠背调节电机V45　9.驾驶员座椅腰部支撑纵向调节电机V125/驾驶员座椅腰部支撑VX2　10.可加热驾驶员座椅靠背Z7　11.驾驶员座椅靠背风扇V388，仅用于普通座椅（Q1A）　12.驾驶员座椅腰部支撑高度调节电机V129/ 驾驶员座椅腰部支撑 VX2　13.驾驶员侧面安全气囊引爆器N199　14.驾驶员座椅高度调节电机V245　15.驾驶员座椅调节操控单元E470　16.驾驶员座椅腰部支撑调节开关E176　17.驾驶员座椅倾斜度调节电机V243　18.带记忆功能的座椅调节和转向柱调节控制单元J136

图 1-2-24

（2）Q2J 左驾驶车型左前座椅、舒适型座椅电控元件位置图如图 1-2-25 所示。

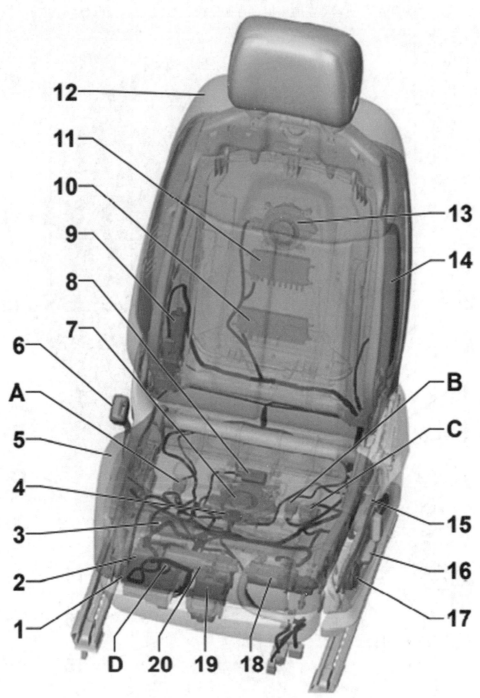

A.2芯插头连接T2jt，黑色/2芯插头连接T2ju，黑色　B.2芯插头连接T2jv，黑色/2芯插头连接T2jw，黑色　C.4 芯插头连接T4hi，黑色/4芯插头连接T4hj，黑色，用于不带座椅通风装置（4D0）的汽车；8芯插头连接T8a，黑色/8芯插头连接T8b，黑色，用于带座椅通风装置（4D8）的汽车　D.2 芯插头连接T2kl，黑色/2芯插头连接T2km，黑色　1.驾驶员座椅位置传感器G553　2.带记忆功能的座椅调节和转向柱调节控制单元J136　3.驾驶员座椅纵向调节电机V28　4.驾驶员座椅占用传感器G1067　5.可加热驾驶员座椅Z6，带驾驶员座椅侧壁加热Z31和可加热驾驶员座椅加长段Z37　6.驾驶员安全带开关E24　7.驾驶员座椅坐垫风扇V390　8.左侧脚部空间照明灯W9　9.驾驶员座椅靠背调节电机V45　10.驾驶员座椅内阀体1 N475　11.驾驶员座椅内阀体2 N476　12.可加热驾驶员座椅靠背Z7　13.驾驶员座椅靠背风扇V388　14.驾驶员侧面安全气囊引爆器N199　15.驾驶员座椅高度调节电机V245　16.驾驶员座椅调节操控单元E470　17.驾驶员前部座椅开关模块E663　18.驾驶员座椅倾斜度调节电机V243　19.驾驶员座椅内多仿型座椅气泵V439　20.驾驶员座椅高度调节电机V256

图 1-2-25

（3）Q1A、Q1D、Q4Q 左驾驶车型右前座椅、普通座椅、运动座椅、超级运动座椅电控元件位置图如图 1-2-26 所示。

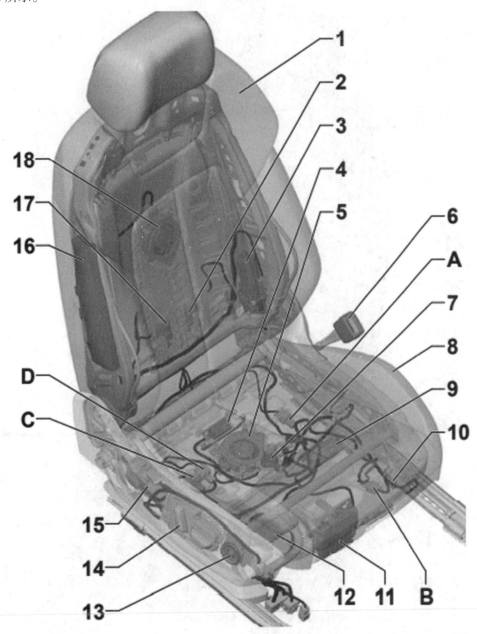

A.2芯插头连接T2jy，黑色/2芯插头连接T2jz，黑色 B.2 芯插头连接T2kn，黑色/2 芯插头连接T2ko，黑色 C.4芯插头连接T4gw，黑色/4芯插头连接T4gx，黑色，用于带手动座椅调节装置（3L3）的汽车 C.8芯插头连接T8as，黑色/8芯插头连接T8at，黑色，用于带电动座椅调节装置（3L4）和不带座椅通风（4D0）的汽车；12 芯插头连接T12ba，黑色/12 芯插头连接T12bb，黑色，用于带电动座椅调节装置（3L4）和带座椅通风（4D3）的汽车 D.2芯插头连接T2ka，黑色/2芯插头连接T2kb，黑色 1.可加热副驾驶员座椅靠背Z9 2.副驾驶员座椅腰部支撑高度调节电机V130/副驾驶员座椅腰部支撑VX3 3.副驾驶员座椅靠背调节电机V46 4.右侧伸腿空间照明灯W10 5.副驾驶员座椅坐垫风扇V391，仅用于普通座椅（Q1A） 6.副驾驶员安全带开关E25 7.副驾驶员座椅占用传感器G128，仅用于不带美国装备的汽车 8.副驾驶带座椅占用识别装置的加热元件ZX14，带副驾驶员座椅侧壁加热Z33和可加热副驾驶员座椅加长段Z38，用于带美国装备的汽车；可加热副驾驶员座椅Z8，带副驾驶员座椅侧壁加热Z33和可加热副驾驶员座椅加长段Z38，用于不带美国装备的汽车 9.副驾驶员座椅纵向调节电机V31 10.副驾驶员座椅位置传感器G554 11.座椅占用识别控制单元J706，仅用于带美国装备的汽车 12.副驾驶员座椅倾斜度调节电机V244 13.副驾驶员座椅腰部支撑调节开关E177 14.副驾驶员座椅调节操控单元E471 15.副驾驶员座椅高度调节电机V246 16.副驾驶员侧面安全气囊引爆器N200 17.副驾驶员座椅腰部支撑纵向调节电机V126/副驾驶员座椅腰部支撑VX3 18.副驾驶员座椅靠背风扇V389，仅用于普通座椅（Q1A）

图 1-2-26

（4）Q2J 左驾驶车型右前座椅、舒适型座椅电控元件位置图如图 1-2-27 所示。

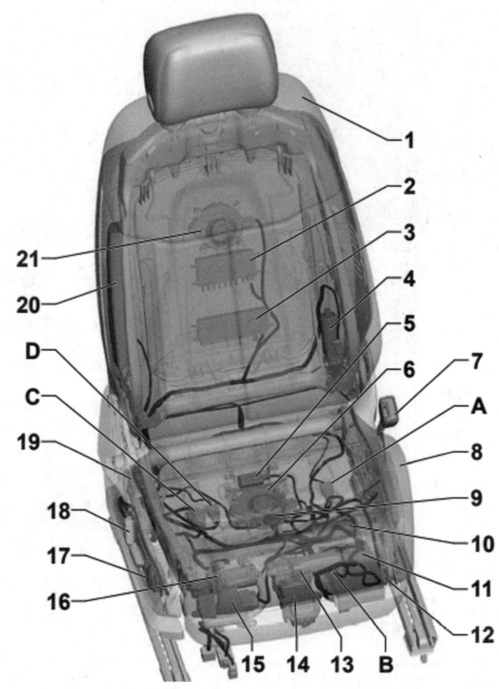

A.2芯插头连接T2jy，黑色/2芯插头连接T2jz，黑色 B.2芯插头连接T2kn，黑色/2芯插头连接T2ko，黑色 C.4 芯插头连接T4gw，黑色/4芯插头连接T4gx，黑色，用于不带座椅通风装置（4D0）的汽车；8芯插头连接T8as，黑色/8芯插头连接T8at，黑色，用于带座椅通风装置（4D8）的汽车 D.2 芯插头连接T2ka，黑色/2芯插头连接T2kb，黑色 1.可加热副驾驶员座椅靠背Z9 2.副驾驶员座椅内阀体2 N478 3.副驾驶员座椅内阀体1 N477 4.副驾驶员座椅靠背调节电机V46 5.右侧伸腿空间照明灯W10 6. 副驾驶员座椅坐垫风扇V391 7.副驾驶安全带开关E25 8.副驾驶带座椅占用识别装置的加热元件ZX14，带副驾驶员座椅侧壁加热Z33和可加热副驾驶员座椅加长段Z38，用于带美国装备的汽车；可加热副驾驶员座椅Z8，带副驾驶员座椅侧壁加热Z33和可加热副驾驶员座椅加长段Z38，用于不带美国装备的汽车 9.副驾驶员座椅占用传感器G128，仅用于带美国装备的汽车 10.副驾驶员座椅纵向调节电机V31 11.带记忆功能的副驾驶员座椅调节控制单元J521 12.副驾驶员座椅位置传感器G554 13.副驾驶员座椅降低调节电机V257 14.副驾驶员座椅内多仿型座椅气泵V440 15.座椅占用识别控制单元J706，仅用于带美国装备的汽车 16.副驾驶员座椅倾斜度调节电机V244 17.副驾驶员前座椅开关模块E664 18.副驾驶员座椅调节操控单元E471 19.副驾驶员座椅高度调节电机V246 20.副驾驶员侧面安全气囊引爆器N200 21.副驾驶员座椅靠背风扇V389

图 1-2-27

21. 车内后部电控元件位置图（左视图）

如图 1-2-28 所示。

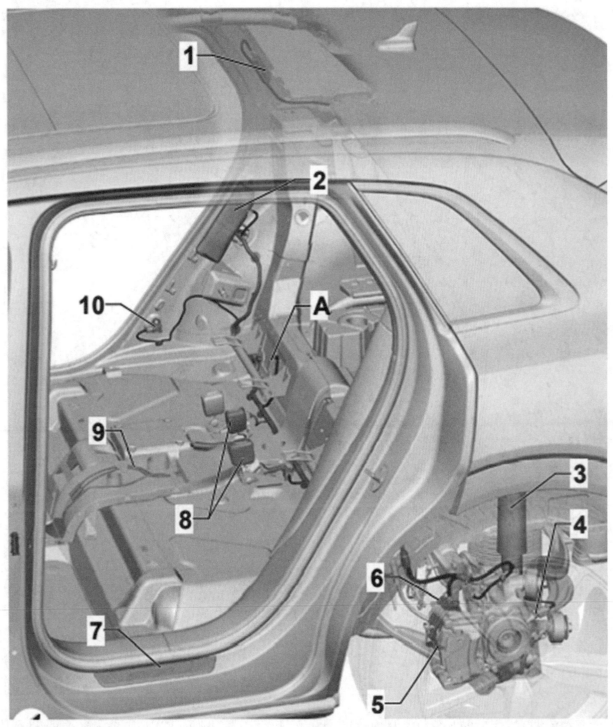

A.10芯插头连接T10z，白色　1.天线放大器4 R113，在e-tron Sportback车上未安装　2.副驾驶员后部侧面安全气囊引爆器N202，用于左驾驶车型　2.驾驶员后部侧面安全气囊引爆器N201，用于右驾驶车型　3.左后减震调节阀N338　4.左后转速传感器G46　5. 左后制动摩擦片磨损传感器G36　6.左侧驻车制动器电机V282　7.驾驶员后部门槛饰条氛围照明灯W105，用于左驾驶车型；副驾驶员后部门槛饰条氛围照明灯W104，用于右驾驶车型　8.双安全带锁扣FX4　9.车库门开启装置编程天线R278　10.副驾驶员后部侧面安全气囊碰撞传感器G257，用于左驾驶车型；驾驶员后部侧面安全气囊碰撞传感器G256，用于右驾驶车型

图 1-2-28

22.车内后部电控元件位置图（右视图）

如图 1-2-29 所示。

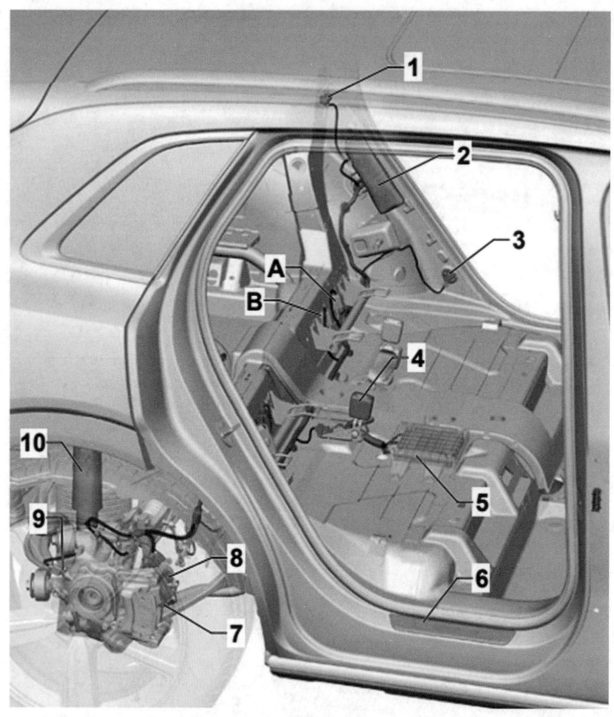

A.10芯插头连接T10as，黑色　B.10芯插头连接T10au，白色　1.无线数据传输天线2　R366，用于2021年起车辆　2.驾驶员后部侧面安全气囊引爆器N201，用于左驾驶车型；副驾驶员后部侧面安全气囊引爆器N202，用于右驾驶车型　3.驾驶员后部侧面安全气囊碰撞传感器G256，用于左驾驶车型；副驾驶员后部侧面安全气囊碰撞传感器G257，用于右驾驶车型　4.第2排座椅副驾驶员安全带锁扣FX6　5.紧急救援呼叫模块和通信控制单元J949　6.副驾驶员后部门槛饰条氛围照明灯W104，用于左驾驶车型；驾驶员后部门槛饰条氛围照明灯W105，用于右驾驶车型　7.右后制动摩擦片磨损传感器G37　8.右侧驻车制动器电机V283　9.右后转速传感器G44　10.右后减震调节阀N339

图 1-2-29

23. 后座椅电控元件位置图

如图 1-2-30 所示。

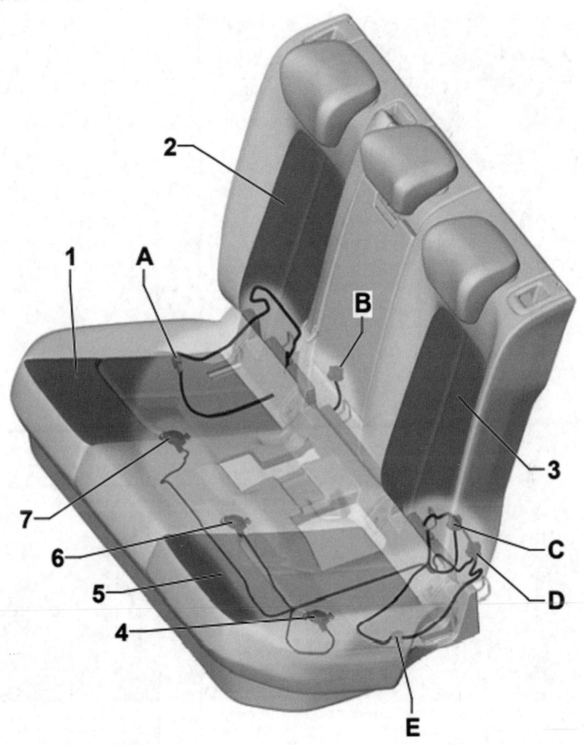

A.2芯插头连接T2kw，黑色/2芯插头连接T2kx，黑色　B.10 芯插头连接T10bh，白色　C.10芯插头连接T10bg，白色　D.10芯插头连接T10bm，黑色　E.2芯插头连接T2ku，黑色/2芯插头连接T2kv，黑色　1.可加热右后座椅Z12　2.可加热右后座椅靠背Z13　3.可加热左后座椅靠背Z11　4.驾驶员后部座椅占用传感器 G177，用于左驾驶车型；副驾驶员后部座椅占用传感器G178，用于右驾驶车型　5.可加热左后座椅Z10　6.中后部座椅占用传感器G1010　7.副驾驶员后部座椅占用传感器G178，用于左驾驶车型；驾驶员后部座椅占用传感器G177，用于右驾驶车型

图 1-2-30

24. 车顶电控元件位置图（第一部分）

如图 1-2-31 所示。

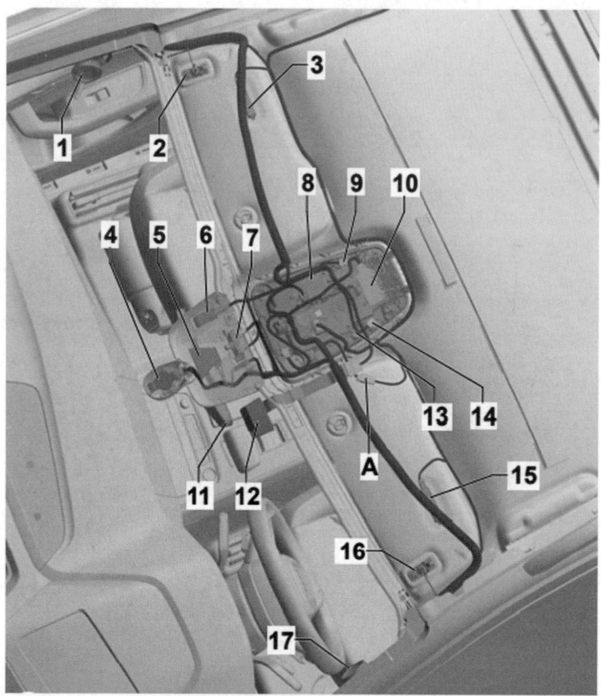

A.未占用　1.右前中音扬声器2 R277，用于2020年款前带顶级音响系统（9VS）的汽车；右前高音扬声器2 R221，用于2021年款起带顶级音响系统（9VS）的汽车　2.副驾驶员化妆镜接触开关F148，用于左驾驶车型；驾驶员化妆镜接触开关F147，用于右驾驶车型　3.副驾驶员带照明的化妆镜W14，用于左驾驶车型；驾驶员带照明的化妆镜W20，用于右驾驶车型　4.雨水与光线识别传感器G397　5.用于前部传感装置的车窗玻璃加热装置Z113　6.车内通信天线R364，用于2020年前的汽车　6.无线数据传输天线R336，用于2021年起车辆　7.驾驶员辅助系统前部摄像头R242　8.前部天窗模块WX3　9.右前麦克风R141　10.防盗警报传感器G578　11.车内后视镜EX5　12.交通数据天线R173，用于2020年前的汽车　13.内部麦克风R74　14.左前麦克风R140　15.驾驶员带照明的化妆镜W20，用于左驾驶车型；副驾驶员带照明的化妆镜W14，用于右驾驶车型　16.驾驶员化妆镜接触开关F147，用于左驾驶车型；副驾驶员化妆镜接触开关F148，用于右驾驶车型　17.左前中音扬声器2 R276，用于2020年款前带顶级音响系统（9VS）的汽车；左前高音扬声器2 R220，用于2021年款起带顶级音响系统（9VS）的汽车

图 1-2-31

25. 车顶电控元件位置图（第二部分）

如图 1-2-32 所示。

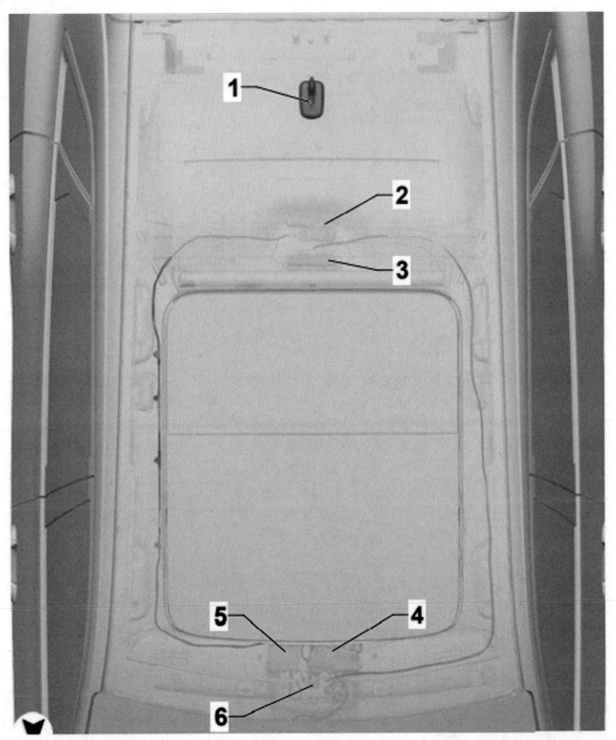

1.车顶天线R216　2.移动天窗遮阳电机V260，用于带移动/外翻式天窗（3FU）的汽车　3.后部内灯WX2　4.移动天窗电机V1，用于带移动/外翻式天窗（3FU）的汽车　5.移动天窗控制单元J245，用于带移动/外翻式天窗（3FU）的汽车　6.移动天窗按钮E325，用于带移动/外翻式天窗（3FU）的汽车

图 1-2-32

26. 车门电控元件位置图

（1）左驾驶车型驾驶员车门电控元件位置图如图 1-2-33 所示。

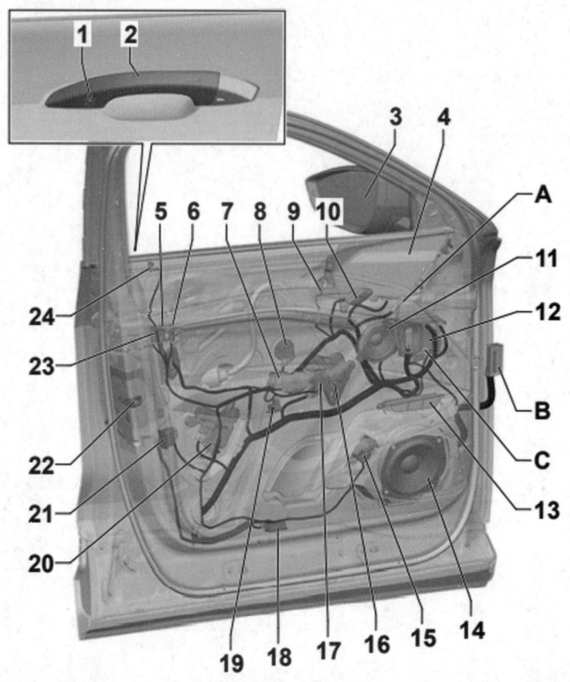

A.2芯插头连接T2hi，蓝色/2芯插头连接T2nt，蓝色　B.21芯插头连接T21b，黑色　C.4芯插头连接T4i，棕色/4芯插头连接T4hm，棕色　1.驾驶员车门外把手照明灯L283　2.左前车门外把手触摸传感器G605，用于不带手机钥匙（2F0）的汽车；近场通信控制单元J1169，用于带手机钥匙（2F1）的汽车　3.驾驶员车外后视镜装置VX4　4.数字式车外后视镜控制单元2 J1031　5.驾驶员下车警告灯W111　6.驾驶员车门氛围照明灯W86　7.驾驶员车门内车窗升降器操作单元EX36　8.驾驶员侧面安全气囊碰撞传感器G179　9.驾驶员车门内把手照明灯L219　10.驾驶员车内锁止按钮E308　11.左前中音扬声器R103，用于带顶级音响系统（9VS）的汽车上　12.驾驶员车门控制单元J386　13.驾驶员记忆调节功能操作单元E464　14.左前低音扬声器R21　15.后盖遥控开锁按钮E233　16.驾驶员车窗升降器电机V147　17.车外后视镜调节装置EX11　18.驾驶员登车照明灯W92　19.左侧车门储物箱照明灯L255　20.驾驶员车门关闭辅助功能电机V302　21.车内监控和车辆倾斜监控停用按钮E616　22.驾驶员车门锁止单元VX21　23.左前车门轮廓照明灯L251　24.中央门锁自动上锁功能指示灯K133

图 1-2-33

（2）左驾驶车型副驾驶员车门电控元件位置图如图1-2-34所示。

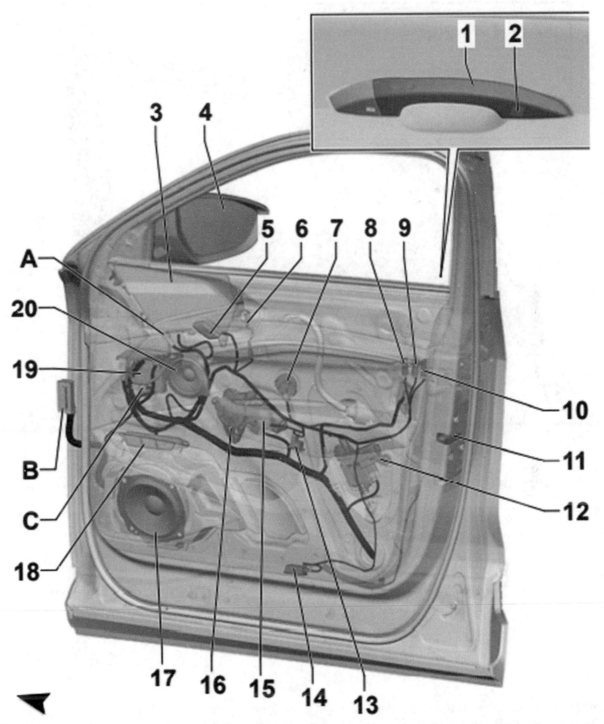

A.2芯插头连接T2hj，蓝色/2 芯插头连接T2nv，蓝色   B.21芯插头连接T21d，黑色   C.4芯插头连接T4k，棕色/4芯插头连接T4l，棕色   1.右前车门外把手触摸传感器G606   2. 副驾驶员车门外把手照明灯L284   3.数字式车外后视镜控制单元1 J1030   4.副驾驶员车外后视镜VX5   5.副驾驶员车内锁止按钮E309   6.副驾驶员车门内把手照明灯L220   7.副驾驶员侧面安全气囊碰撞传感器G180   8.副驾驶员车门氛围照明灯W87   9.副驾驶员下车警告灯W112   10.副驾驶员车门轮廓照明灯L248   11.副驾驶员车门锁止单元VX22   12.副驾驶员车门关闭辅助功能电机V303   13.右侧车门储物箱照明灯L256   14.副驾驶员登车照明灯W93   15.副驾驶员车门内车窗升降器开关EX27   16.副驾驶员车窗升降器电机V148   17.右前低音扬声器R23   18.副驾驶员记忆调节功能操作单元E465   19.副驾驶员车门控制单元J387   20.右前中音扬声器R104，用于带顶级音响系统（9VS）的汽车上

图 1-2-34

（3）左驾驶车型左后车门电控元件位置图如图 1-2-35 所示。

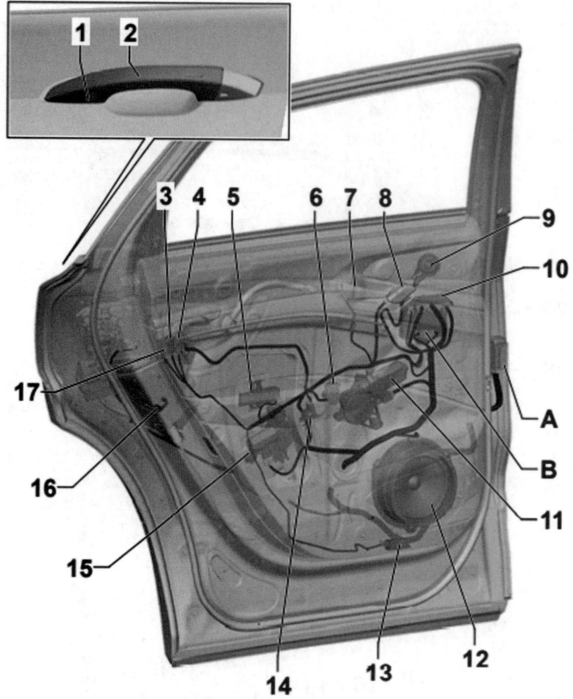

A.19芯插头连接T19d，黑色　B.4芯插头连接T4hp，黑色/4 芯插头连接T4hq，黑色　1.驾驶员后部车门外把手照明灯L285　2.左后车门外把手触摸传感器G417　3.驾驶员后部车门下车警告灯W113　4.左后车门氛围照明灯1　L201　5.左侧进入及启动许可天线R200　6.驾驶员后部车门内操作单元EX61　7.驾驶员后部车门内把手照明灯L221　8.驾驶员后部车内连锁按钮E717　9.左后高音扬声器R14　10.左后车门控制单元J926　11.驾驶员后部车窗升降器电机V471　12.左后低音扬声器R15　13.驾驶员后部登车照明灯W83　14.左后车门储物箱照明灯L257　15.驾驶员后部车门辅助拉紧电机V541　16.驾驶员后部车门锁止单元VX83　17.左后车门轮廓照明灯L253

图 1-2-35

（4）左驾驶车型右后车门电控元件位置图如图1-2-36所示。

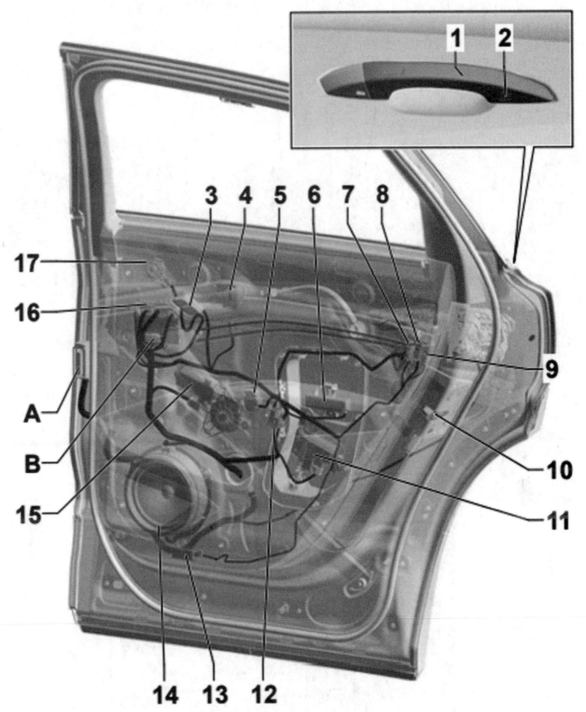

A.19 芯插头连接T19e，黑色　B.4芯插头连接T4gj，黑色/4 芯插头连接T4gk，黑色　1.右后车门外把手触摸传感器G418　2.副驾驶员后部车门外把手照明灯L286　3.副驾驶员后部车内连锁按钮E718　4.副驾驶员后部车门内把手照明灯L222　5.副驾驶员后部车门内操作单元EX60　6.右侧进入及启动许可天线R201　7.右后车门氛围照明灯1 L202　8.副驾驶员后部车门下车警告灯W114　9.右后车门轮廓照明灯L254　10.副驾驶员后部车门锁止单元VX84　11.副驾驶员后部车门辅助拉紧电机V542　12.右后车门储物箱照明灯L258　13.副驾驶员后部登车照明灯W84　14.右后低音扬声器R17　15.副驾驶员后部车窗升降器电机V472　16.右后车门控制单元J927　17.右后高音扬声器R16

图 1-2-36

27.9AK 前部暖风和空调器电控元件位置图

（1）9AK 前部暖风和空调器电控元件位置图（第一部分）如图 1-2-37 所示。

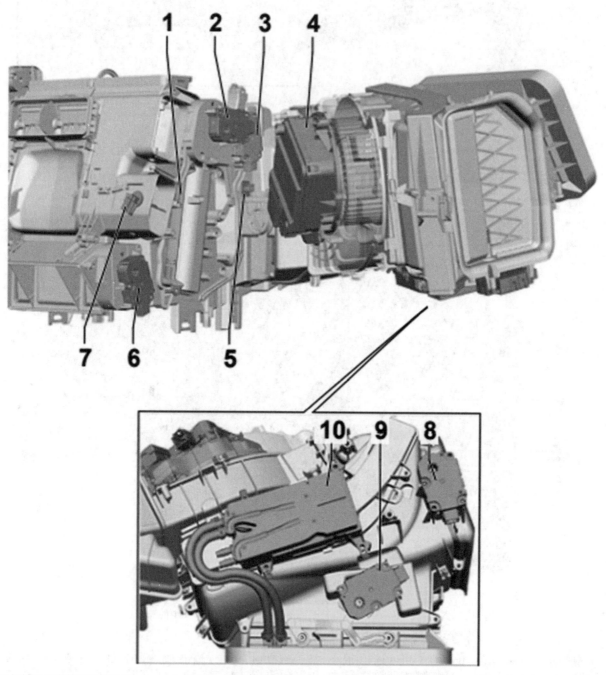

1.空气辅助加热装置加热元件Z35　2.右侧侧面出风口伺服电机V300　3.右侧温度风门伺服电机V159　4.新鲜空气鼓风机控制单元J126，右驾驶车型上的安装位置相应地位于车辆另一侧　5.蒸发器出风口温度传感器G263，右驾驶车型上的安装位置相应地位于车辆另一侧　6.后部气流分配风门伺服电机V427　7.右侧脚部空间出风口温度传感器G262　8.车内空气循环风门伺服电机V113，右驾驶车型上的安装位置相应地位于车辆另一侧　9.新鲜空气风门伺服电机V438，右驾驶车型上的安装位置相应地位于车辆另一侧　10.空调微细粉尘含量传感器 G930，右驾驶车型上的安装位置相应地位于车辆另一侧

图 1-2-37

（2）9AK 前部暖风和空调器电控元件位置图（第二部分）如图 1-2-38 所示。

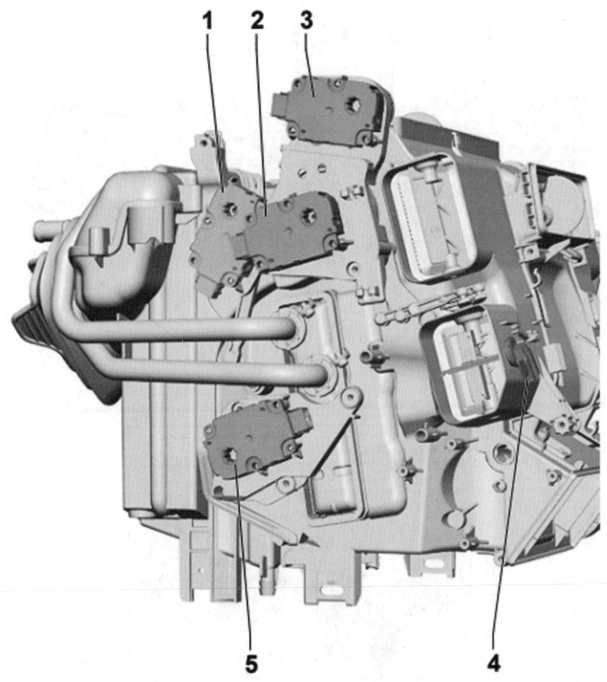

1.左侧温度风门伺服电机V158　2.左侧侧面出风口伺服电机V299　3.除霜风门伺服电机V107，右驾驶车型上的安装位置相应地位于车辆另一侧　4.左侧脚部空间出风口温度传感器 G261　5.后部温度风门伺服电机V137

图 1-2-38

28.9AQ 前部暖风和空调器电控元件位置图

（1）9AQ 前部暖风和空调器电控元件位置图（第一部分）如图 1-2-39 所示。

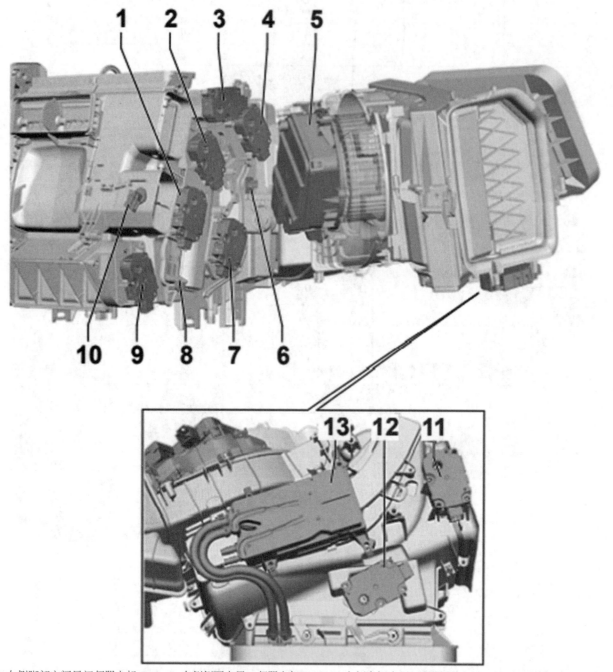

1.右侧脚部空间风门伺服电机V109　2.右侧侧面出风口伺服电机V300　3.右侧中间出风口伺服电机V111　4.右侧温度风门伺服电机V159　5.新鲜空气鼓风机控制单元J126，右驾驶车型上的安装位置相应地位于车辆另一侧　6.蒸发器出风口温度传感器G263，右驾驶车型上的安装位置相应地位于车辆另一侧　7.右后气流分配伺服电机V594　8.空气辅助加热装置加热元件Z35　9.右后进风量阀门伺服电机V240　10.右侧脚部空间出风口温度传感器G262　11.车内空气循环风门伺服电机V113，右驾驶车型上的安装位置相应地位于车辆另一侧　12.新鲜空气风门伺服电机V438，右驾驶车型上的安装位置相应地位于车辆另一侧　13.空调微细粉尘含量传感器G930，右驾驶车型上的安装位置相应地位于车辆另一侧

图 1-2-39

（2）9AQ 前部暖风和空调器电控元件位置图（第二部分）如图 1-2-40 所示。

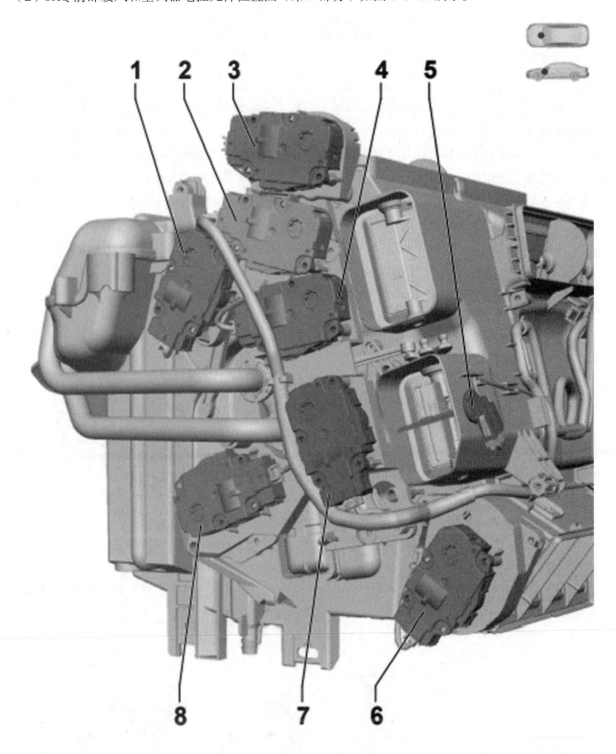

1.左侧温度风门伺服电机V158　2.左侧中间出风口伺服电机V110　3.除霜风门伺服电机V107，右驾驶车型上的安装位置相应地位于车辆另一侧　4.左侧侧面出风口伺服电机V299　5.左侧脚部空间出风口温度传感器G261　6.左后进风量阀门伺服电机V239　7.左侧脚部空间风门伺服电机V108　8.左后气流分配伺服电机V593

图 1-2-40

第三节　行驶策略

一、驱动

　　这款奥迪 e-tron 车的前桥和后桥上各配备一个电驱动装置。由发动机控制单元 J623 来控制这两个电驱电动装置上的驱动力矩和回收力矩的分配，如图 1-3-1 所示。为了实现这个目的，发动机控制单元需要从其他控制单元获取力矩参数，以便能在考虑到具体的牵引状况和行驶动力学状况或参数的情况下，精确地分配驱动力矩和回收力矩。驱动模拟计算显示：驱动力矩主要放在后桥的话，对于整个驱动效率的提升是有益的。因此，电驱动装置主要把驱动力矩传至后桥，能量回收也主要在后桥上进行。加速时动力传递如图 1-3-2 所示。

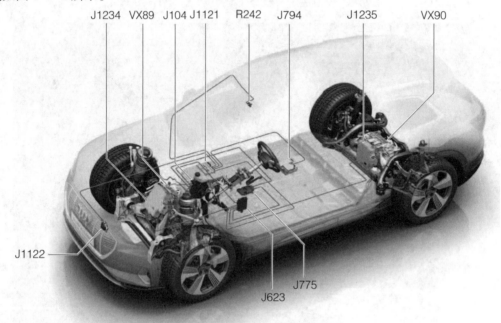

J104. ABS控制单元　J623.发动机控制单元　J775.底盘控制单元　J794.信息电子控制单元1　J1121.驾驶员辅助系统控制单元　J1122.激光车距调节控制单元　J1234.前桥电驱动装置控制单元　J1235.后桥电驱动装置控制单元　R242.驾驶员辅助系统正面摄像头　VX89.前部交流驱动装置　VX90.后部交流驱动装置

图 1-3-1

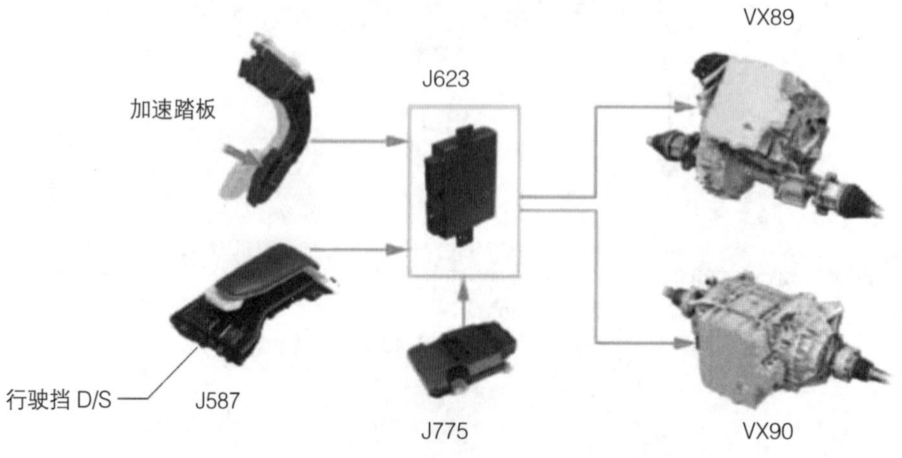

J587.选挡杆传感器控制单元　J623.发动机控制单元　J775.底盘控制单元　VX89.前部交流驱动管理　VX90.后部交流驱动装置

图 1-3-2

二、采用 e-tron 技术的 quattro

电机的快速响应特性可出色地应对前桥和后桥之间的力矩分配,在几分之一秒内就可以对车轮上摩擦系数的改变做出反应。电子差速锁(EDS)和可选车轮力矩控制系统(就是车轮力矩矢量控制系统)可实现同一车桥上两车轮的驱动力分配并改善牵引和行驶动力学状况。

复杂的奥迪全轮策略在几毫秒内就能协调好力矩的分配,这使得采用 e-tron 技术的 quattro 上升到一个新水平。

三、能量回收

这款奥迪 e-tron 车有能量回收机构,可以把制动时的大部分动能回收了(回收时电机当作发电机来工作)。有 3 种不同的能量回收模式:借助点动开关的手动式减速超速能量回收、通过效率辅助系统的自动式减速超速能量回收以及制动能量回收。在制动能量回收时,根据蓄电池充电状态和行驶状态,能量回收机构会产生不高于约 0.3g(g=9.8m/s^2)的减速度。根据驾驶方式和行驶状态,平均而言,超过 90% 的制动减速度会低于 0.3g。这样的话,制动能量回收机构在制动时能把大部分动能回收存储到蓄电池内。制动能量回收(电控减速)和液压制动装置实施的减速之间的过渡是平顺的,驾驶员是感觉不出来的。这是通过新开发的电动液压式制动调节系统 MK C1 以复杂而精准的调节来实现的。

(一)手动式和自动式减速超速能量回收

如图 1-3-3 所示。

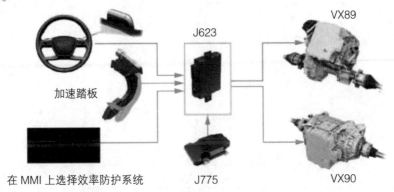

J623.发动机控制单元 J775.底盘控制单元 VX89.前部交流驱动装置 VX90.后部交流驱动装置

图 1-3-3

(二)制动能量回收

如图 1-3-4 所示。

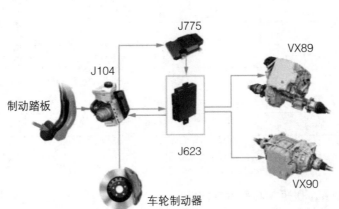

J104.ABS控制单元 J623.发动机控制单元 J775.底盘控制单元 VX89.前部交流驱动装置 VX90.后部交流驱动装置

图 1-3-4

第四节　动力总成

一、前桥电驱动装置电机

（一）电机代码 EASA 的扭矩 – 功率特性曲线

如图 1-4-1 所示。

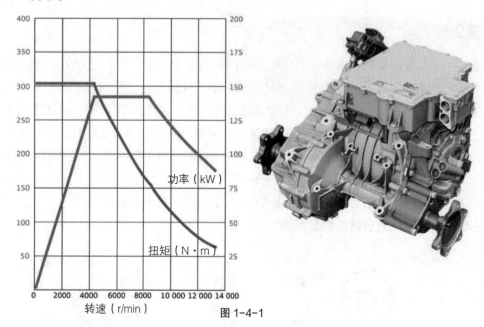

图 1-4-1

（二）技术数据

如表 1-4-1 所示。

表 1-4-1

电机代码	EASA
结构形式	平行轴式异步电机
转子类型	内转子
冷却	水冷
冷却液	G12evo
额定电压 DC（V）	360
持续功率（kW）（30min，7000r/min）	70
峰值功率（kW）（10s）	135
扭矩（N·m）（持续功率，30min）	95
扭矩（N·m）（峰值功率，10s）	309

二、后桥电驱动装置电机

（一）电机代码 EAWA 扭矩 – 功率特性曲线

如图 1-4-2 所示。

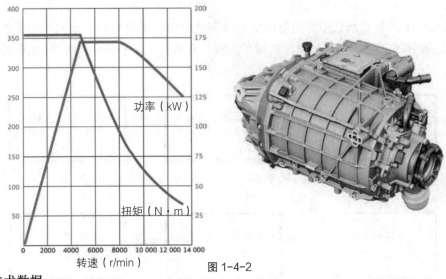

图 1-4-2

（二）技术数据

如表 1-4-2 所示。

表 1-4-2

电机代码	EAWA
结构形式	同轴式异步电机
转子类型	内转子
冷却	水冷
冷却液	G12evo
额定电压 DC（V）	360
持续功率（kW）（30min，7000r/min）	95
峰值功率（kW）（10s）	165
扭矩（N·m）（持续功率，30min）	130
扭矩（N·m）（峰值功率，10s）	355

三、电驱动装置电机

（一）结构

这款奥迪 e-tron 车上使用的驱动电机是异步电机。每个电机的主要部件有：带有 3 个呈 120° 布置铜绕组（U、V、W）的定子、转子（铝制笼型转子）。转子把转动传入齿轮箱。为了能达到一个较高的功率密度，静止不动的定子与转动着的转子之间的气隙就得非常小。电机与齿轮箱合成一个车桥驱动装置。车桥驱动装置有两种不同类型，其区别体现在电机相对于车桥的布置上。前桥上采用平行轴式电机（APA250）来驱动车轮，后桥则采用同轴式电机（AKA320）来驱动车轮。前桥和后桥上每个交流驱动装置都有一根等电位线连着车身。

前部交流驱动装置 VX89 车桥驱动如图 1-4-3 所示。后部交流驱动装置 VX90 车桥驱动如图 1-4-4 所示。

图 1-4-3

前桥电驱动装置控制单元 J1234 功率电子装置

前桥电驱动装置电机 V662

图 1-4-4

后桥电驱动装置控制单元 J1235 功率电子装置

后桥电驱动装置电机 V663

（二）功能

定子是通过功率电子装置来获得交流电供给的。铜绕组内的电流会在定子内产生旋转的磁通量（旋转磁场），这个旋转磁场会穿过定子。异步电机转子的转动要稍慢于定子的旋转磁场（这就是异步的意思）。工作原理图如图 1-4-5 所示。

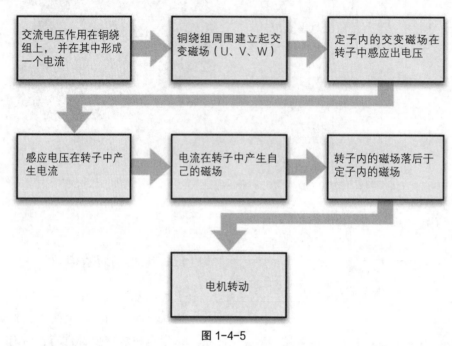

图 1-4-5

这个差值我们称为转差率（也叫滑差率），转差率表示的是转子和定子内磁场之间的转速差。于是就在转子的铝制笼内感应出一个电流，转子内产生的磁场会形成一个切向力，使转子转动，如图 1-4-6 所示。叠加的磁场就产生了扭矩。

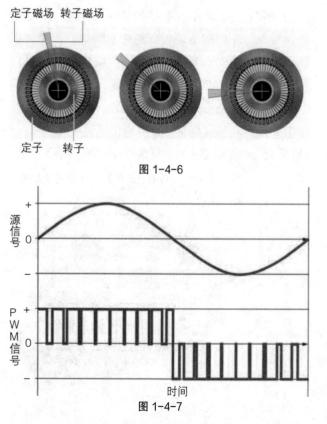

图 1-4-6

图 1-4-7

四、扭矩 / 转速建立

在电驱动模式时，功率电子装置将高压蓄电池的直流电转换成三相交流电。这个转换是通过脉冲宽度调制来进行的。转速是通过改变频率来进行调节的，电驱动装置电机 V662 和 V663 的扭矩是通过改变单个脉冲宽度的接通时间来进行调节的。频率越高，转速就越高，如图 1-4-7 所示。PWM 信号的接通时间越长，那么扭矩也就越大，如图 1-4-8 所示。

以示例加以说明：在一台有两个极对的异步电机上要想达到 1000r/min 这个旋转磁场转速，需要

图 1-4-8

使用 33.34 Hz 的交流电。因受到异步电机转差率的限制，所以转子转得要慢些。

五、行驶动力学

（一）起步特性
在这款奥迪 e-tron 车上有两种不同的起步特性：在"正常"行驶模式时，整个驱动控制是力争获得一个均衡的行驶方式。如果在行驶挡 S 时同时踏下加速踏板和制动踏板，那么功率表就会开始闪烁，这与 ESC 此时是接通着和关闭着无关系。随后动力系统就会"处于预备状态"，以便让电机能更快地克服起步力矩。像自动变速器的那种蠕动特性，在这款奥迪 e-tron 上是没有的。

（二）坡路的起步
如果把奥迪 e-tron 车上的起步辅助系统关闭了，那么行驶特性如下：如果车辆停在坡路上且挂入了某个行驶挡，那么在松开制动器后，车辆会溜车。如果溜车方向与所挂的行驶挡方向相反，那么 ESC 控制单元会把溜车车速限制为 1km/h。如果溜车方向与所挂的行驶挡方向相同，就不会有制动过程了。在接通了起步辅助系统的情况下，ESC 会让车辆保持不动的。

（三）倒车
如果挂入 R 挡，那么功率电子装置会转动电场，也就是转动磁场，于是电机就反转了。最高车速通过限制驱动力矩而得到限制。车速信号是基于 ESC 控制单元（ABS 控制单元 J104）的。

（四）电机用作驱动电机
如果电机是作为驱动电机来使用，那么发动机控制单元 J623 会把驱动请求发至前桥和后桥的功率电子装置上。功率电子装置会把所需要的电压以交流电压的形式提供给电机使用。后部交流驱动装置 VX90 效率更高，在能量回收以及驱动车辆时，是起主要作用的。

（五）电机用作发电机
要想在车辆行驶中让电机产生充电电流，那么在减速超速和制动过程中，是把电机当作发电机来使用的。在减速超速工况时，功率电子装置会让转子转速快于定子磁场（负转差率）。于是就在定子内感应出一个交流电压，功率电子装置利用该电压形成高压蓄电池的充电电流。

（六）惯性滑行模式（空载模式）时的电机
要想切换到惯性滑行模式，前、后电机会被调节至 0N·m，以抵消摩擦损失。电机结构示意图如图 1-4-9 所示。

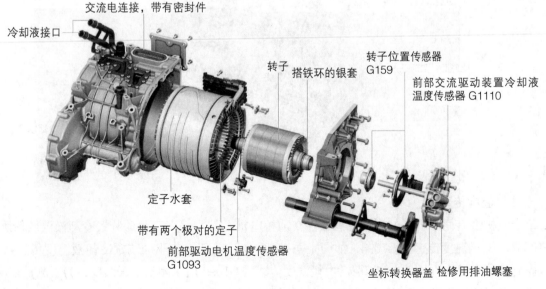

图 1-4-9

六、电机冷却系统

前桥和后桥上的电驱动装置通过低温循环管路冷却。定子和转子上都有冷却液流过。尤其是附带的转子内部冷却，在持续功率输出和再现峰值功率方面具有重要意义。为了方便售后服务，整个冷却液管路都移到电机内了。

（一）前桥

功率电子装置和电机是彼此串联在冷却环路中的。冷却液首先流经功率电子装置，然后流经前桥上所谓的"水枪"，以便对转子内部进行冷却。之后，冷却液流经定子冷却水套并返回到循环管路中，如图 1-4-10 所示。

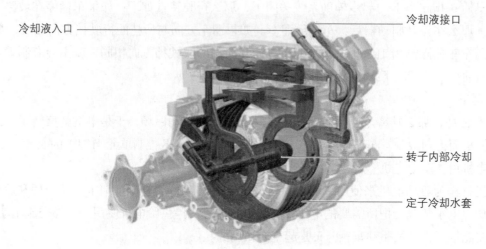

冷却液入口 ——————————— 冷却液接口

转子内部冷却

定子冷却水套

图 1-4-10

（二）后桥

在后桥上，冷却液也是首先流经功率电子装置，但是随后冷却液流经定子冷却水套。之后，冷却液流经转子内的"水枪"，最后再返回冷却液循环管路，如图 1-4-11 所示。

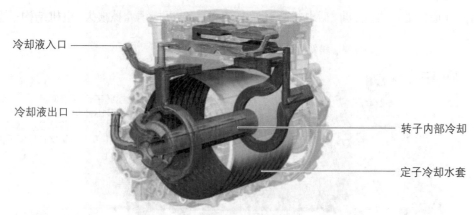

冷却液入口 ————

冷却液出口 ————

转子内部冷却

定子冷却水套

图 1-4-11

（三）温度传感器

每个电机上有两个不同的温度传感器。在前桥电机上是前部交流驱动装置冷却液温度传感器 G1110 和前部驱动电机温度传感器 G1093，如图 1-4-12 所示。 前部交流驱动装置冷却液温度传感器 G1110 用于监控流入的冷却液的温度。前部驱动电机温度传感器 G1093 用于测量定子温度，为了测量精确，G1093 是集成在定子绕组上的且采用冗余设计，就是说尽管只需要一个传感器，但是在定子绕组上集成了 2 个传感器。一旦第一个定子温度传感器损坏了，那么另一个传感器仍可执行温度监控功能。只有当两个传感器都失效时，才应该更换电机。如果这两个传感器之一损坏了，不会有故障记录。只有前部驱动电机温度传感器 G1093 的测量值会显示在测量值中。后桥上的结构与此相同。定子内有后部驱动电机温度传感器 G1096，冷却液温度由后部交流驱动装置冷却液温度传感器 G1111 来测量。

前部交流驱动装置冷却液
温度传感器 G1110

前部驱动电机温度
传感器 G1093

图 1-4-12

（四）端面密封

由于对转子轴内性能要求的原因，电机是通过所谓的转子内部冷却系统用冷却液来冷却的。要想不让电机内冷却液去往定子，就采用端面密封来让旋转着的转子轴与不动的壳体实现密封，如图 1-4-13 所示。这种端面密封属于轴向密封，与径向轴密封圈相比，能承受更高的转速。受结构所限，前部电机采用一个端面密封，后部电机采用两个端面密封。

说明：前部储液罐在售后服务中必须每 30000 km 或 2 年更换一次。后部储液罐按同样周期更换。请留意最新维修手册中的说明。要想实现端面密封这个功能，转动环之间的密封间隙必须要冷却和润滑。为了能在所有工作条件下都保证这个状态，密封转动环采用了激光结构，如图 1-4-14 所示。这种激光结构还能把冷却液压回转子轴，但是无法阻止非常小的泄漏。漏出的冷却液被收集到一个储液罐内，

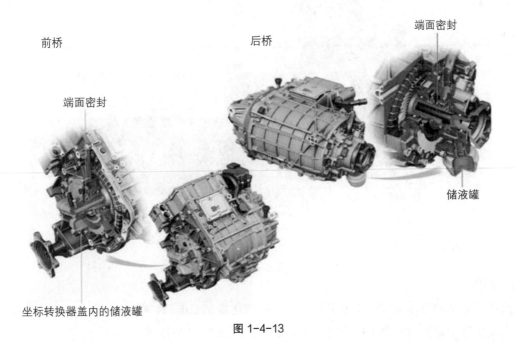

前桥

后桥

端面密封

端面密封

储液罐

坐标转换器盖内的储液罐

图 1-4-13

储液罐是用螺栓拧在电机内的。在前桥上，坐标转换器盖有个隆起，冷却液被收集到这个隆起内，此处还有一个排放螺塞。注意：由于是采用特殊的方法生产的，因此只能是同一面密封的两个件相匹配，互换是不行的。

为防止端面密封损坏，只可在制冷剂循环管路内注满冷却液的情况下让车辆移动。端面密封在无冷

却液时运行会造成其损坏。

（五）转子位置传感器 G159

转子位置传感器 G159 是根据坐标转换原理来工作的，可以检测到转子轴最小的位置变化。该传感器由两部分构成：坐标转换器盖上的不动的传感器和安装在转子轴上的靶轮，如图 1-4-15 所示。功率电子装置根据转子位置信号计算出用于触发异步电机所需的转速信号。当前的转速值会显示在测量数据中。

七、电驱动控制单元

（一）概述

电驱动控制单元（功率电子装置）的作用是为驱动电机提供所需的交流电流。每个电驱动装置上都安装有一个功率电子装置，前桥电驱动装置控制单元是 J1234，后桥电驱动装置控制单元是

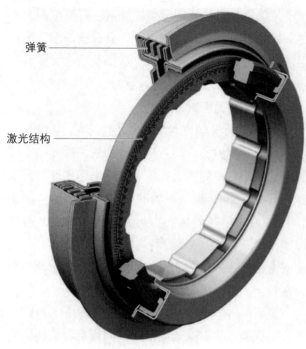

弹簧

激光结构

图 1-4-14

J1235。这两个控制单元的诊断地址是 0051 和 00CE。功率电子装置是通过固定螺栓直接拧在电机上的，是三相供电连接的。冷却液从功率电子装置经冷却液管接头流入电机。

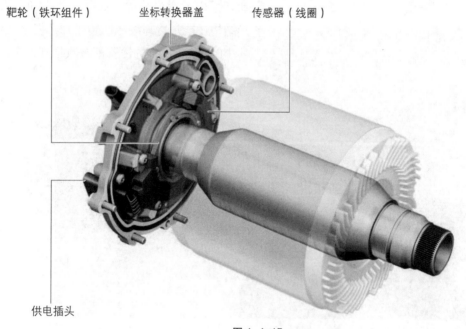

靶轮（铁环组件）　　坐标转换器盖　　传感器（线圈）

供电插头

图 1-4-15

（二）功能

来自高压蓄电池的直流电在功率电子装置内部被转化成交流电。具体说是利用 6 个半导体切换模块（每相 2 个）来实现这个转换的，每个模块各自切换正和负，如图 1-4-16 所示。

（三）冷却

功率电子装置连接在前桥和后桥的低温冷却循环管路上。这样能对功率电子装置内部的各部件起到良好的冷却作用。

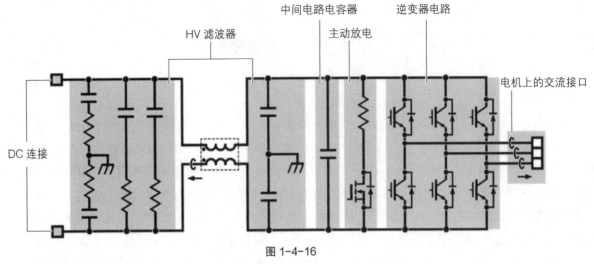

图 1-4-16

（四）售后服务

功率电子装置在损坏时只能整体更换（如图 1-4-17 所示）。在功率电子装置（前桥地址码是 51，后桥地址码是 CE）的测量数值中，可以读出车桥的所有数据流，比如温度、功率、扭矩等。

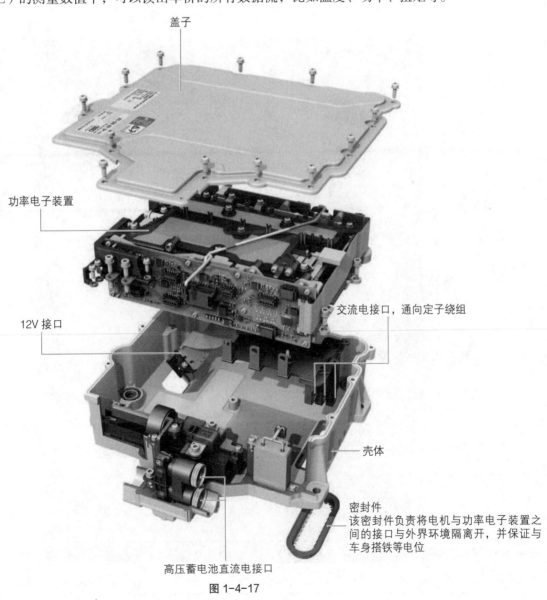

图 1-4-17

第五节　传动系统

一、概述

　　这款奥迪 e-tron 车在上市时，前桥和后桥上各装有一个电机，这两个电机通过各自的齿轮箱将驱动力矩传至地面，如图 1-5-1 所示。在车辆行驶时，电机转速可高达约 15000r/min。齿轮箱结构必须非常紧凑，扭矩转换率要非常高（传动比约为 9：1）。由于现在没有内燃机的噪声来掩饰齿轮箱噪声了，因此齿轮箱工作时必须要声音很小，以满足车辆声学方面的要求。在前桥上，力矩传递是通过以平行轴方式布置的输入轴和输出轴来实现的。在后桥上，则是通过同轴式结构来传递力矩的。由带有两个减速级的单速齿轮箱负责降低前桥和后桥上的转速，从而提高扭矩。在这两个齿轮箱中使用了新开发的行星齿轮式轻结构差速器，用于实现同一车桥上两个车轮之间的转速补偿。齿轮箱是没有空转位置的，也就是说车轮与电机转子轴之间总是有动力传递的。前桥上的 0MA 齿轮箱配备有电动机械式驻车锁。

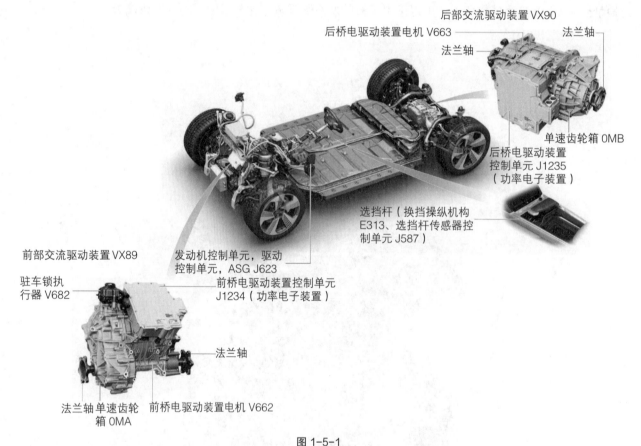

图 1-5-1

　　技术数据如表 1-5-1 所示。

表 1-5-1

售后服务所用的名称	单速齿轮箱 0MA	单速齿轮箱 0MB
德国奥迪公司内部／制造商所用的名称	EQ400-1P，电动横置，400N·m，单速，平行轴布置	EQ400-1K，电动横置，400N·m，单速，同轴布置
维修手册上所用的名称	单速齿轮箱 0MA	单速齿轮箱 0MB
备件号（状态 08/18）	0MA.300.040.D	0MB.300.040.C

开发 / 制造商	SCHAEFFLER	SCHAEFFLER
最大输入扭矩	400 N·m	400 N·m
最高输入转速	18000r/min	18000r/min
挡位数	1（固定的）	1（固定的）
减速级数	2 第 1 级：i行星齿轮副 i1 5.870 第 2 级：i 圆柱齿轮副 i2 1.568	2 第 1 级：i太阳 - 行星（级大）i1 1.917 第 2 级：i行星（级小）- 内齿轮i2 4.217
总减速比	9.204 - i 总 = i1 × i2	9.083 - i 总 =（i1 × i2）+1
差速器	行星齿轮式轻结构差速器	行星齿轮式轻结构差速器
重量（不带机油）	约 31.5kg	约 16.2kg
齿轮箱机油量	齿轮箱完全无油 1.05L，新齿轮箱或翻新齿轮箱 0.95L，排出齿轮箱后 0.95L	齿轮箱完全无油 0.55L，新齿轮箱或翻新齿轮箱 0.45L，排出齿轮箱油后 0.45L

二、换挡操纵机构

作为德国奥迪公司第一款纯电动汽车，这款奥迪 e-tron（车型 GE）采用了独特的游艇型线控换挡操纵机构，如图 1-5-2 所示。具体操纵形态与自动变速器换挡操纵机构上当前所用的操纵形态基本一致。在刚性扶手上有符合人机工程学的选挡杆（带有驻车锁按键），因此选挡杆和驻车锁按键可以靠直觉通过大拇指和食指来操纵。为了保护部件，从前行变为倒车以及从倒车变为前行只能在车速不高于 10km/h 时才能执行。这款奥迪 e-tron 车有一个驻车锁，就像

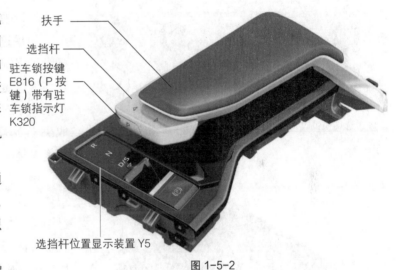

扶手

选挡杆

驻车锁按键 E816（P 按键）带有驻车锁指示灯 K320

选挡杆位置显示装置 Y5

图 1-5-2

自动变速器车上那样的。该驻车锁一般是通过 Auto-P 功能自动接合或者脱开的，但也可以通过 P 按键以手动方式接合。

（一）显示 - 照明

符号 R、N 和 D/S 是按照寻找 - 激活原理来工作的，就是说在"端子 15 激活时"，这些符号以低亮度点亮（供寻找用），如图 1-5-3 所示。如果激活了相应的行驶挡，那么这些符号就会以最大亮度点亮了。

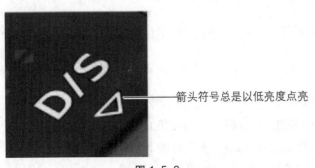

箭头符号总是以低亮度点亮

图 1-5-3

选挡杆位置显示装置上的 P 符号仅在驻车锁处于位置 ON 时才会点亮（红色亮起）。在驻车锁处于位置 OFF 时，P 符号不点亮，保持着几乎看不见的状态，因为与选挡杆的操作无关。用选挡杆无法切换到 P，只能切换到行驶挡 N、R、D 和 S。P 按键上的 P 符号在"端子 15 激活时"，总是以低亮度点亮，在驻车锁处于位置 ON 时则会以最大亮度点亮。选挡杆上的方向指示箭头是不点亮的。

（二）换挡示意图

从基本位置 X，向前有两个切换位置（A1、A2），向后也有两个切换位置（B1、B2）。在每次操纵后，选挡杆会退回到基本位置 X，换挡示意图如图 1-5-4 所示。在行驶挡 N 上约 1s 后，软件锁就被激活了。这样就可实现从 D 到 R 或者从 R 到 D 的快速切换了（不需要踏动制动踏板了）。此功能可以让陷住的车辆容易"晃出"，并在调车时方便行驶挡切换。说明：在挂入行驶挡 R 时，会有一个确认音。在"端子 15 激活"时，可以切换行驶挡 N（驻车锁 OFF）和 P（驻车锁 ON）。换挡操纵机构只能整体更换，仅扶手可单独供应原装备件。

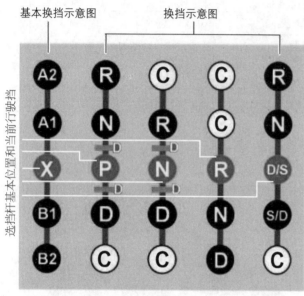

C.可选切换位置，行驶挡不变　D.软件锁　其他.可选切换位置，行驶挡改变

图 1-5-4

图 1-5-5

（三）选挡杆传感器控制单元 J587

选挡杆位置传感器控制单元 J587，用于：

（1）检测选挡杆的操纵 / 位置，就像图 1-5-5 显示那样（A2、A1、X、B1、B2），并把这信息传至发动机控制单元 J626。

（2）处理驻车锁按键 E816 的信号。

（3）负责激活选挡杆位置显示装置 Y5 和驻车锁按键 E816 上的发光二极管。

（4）与选挡杆位置传感器 G727 和选挡杆位置显示装置 Y5 合成一个功能单元。

与发动机控制单元 J623 的数据交换是通过网关（数据总线 J533）来进行的。选挡杆传感器控制单元 J587（如图 1-5-6 所示）通过组合仪表 CAN 总线来与网关进行通信，如图 1-5-7 和图 1-5-8 所示。选挡

1.驻车锁按键 E816（P 按键）

这个 P 按键用于手动激活驻车锁，这个激活只能在车速 < 1km/h 的情况下来进行。驻车锁按键 E816 会操控 3 个开关元件，以保证可靠性和诊断功能，其切换状态通过两个接口被传至选挡杆传感器控制单元 J587。如果 E816 损坏，那么组合仪表上会出现提示信息，驻车锁就只能通过 Auto P 功能来接合了。

2.行驶挡 S 行驶程序 S

如果选择了行驶挡 S 就有 Boost 功能了。如果操纵了强制降挡功能，那么 Boost 功能就被激活了。具体说就是最大系统功率可供使用最多 8s，以便让车辆实现最大加速。是否可以使用 Boost 功能，这取决于高压蓄电池充电状态和电驱动装置系统部件温度等情况了。

由于流过的电流很大，因此相关系统部件就会很热。为了保护系统部件，工作时间被限制为不超过 10s。如果部件超过了规定温度，那么 Boost 功能就被关闭了，直至系统部件冷却下来后才可再次使用。在行驶挡 S 和 Audi drive select 模式 dynamic 时，发动机控制单元 J623 内选择的是行驶程序 S。这时在发动机控制单元内激活的就是运动式加速踏板特性曲线和运动式响应特性了。要想使用起步控制（Launch-Control）功能，也必须选择行驶挡 S。

杆传感器控制单元 J587 的地址码是 0081，有自诊断能力。

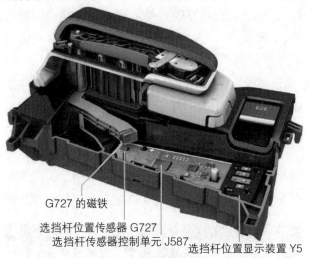

G727 的磁铁
选挡杆位置传感器 G727
选挡杆传感器控制单元 J587　　选挡杆位置显示装置 Y5

图 1-5-6

E313.选挡杆（换挡操纵机构）　E816.驻车锁按键　G727.选挡杆
位置传感器　J587.选挡杆传感器控制单元　K320.驻车锁指示灯
Y5.选挡杆位置显示装置

图 1-5-7

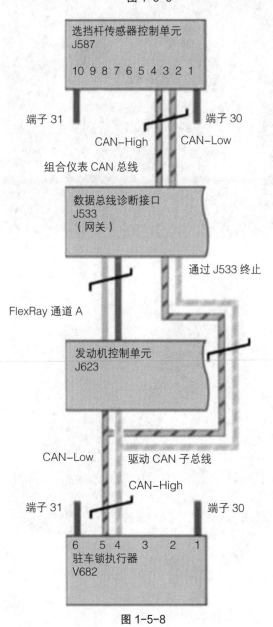

图 1-5-8

（四）换挡操纵机构功能

1.Auto P 功能

在这款奥迪 e-tron 车上，驻车锁是电动机械式操纵的。因此，发动机控制单元 J623 就能自动操纵驻车锁了，这能提高操纵舒适性。

如果满足下述条件，驻车锁可自动接合（P-ON）：

（1）车辆停住不动，车速 <1km/h。

（2）行驶挡 D 或 R 已激活。

（3）行驶模式已关闭，端子 15 关闭。

如果满足下述条件，驻车锁可自动脱开（P-OFF）：

（1）在"端子 15 激活"时，选择了行驶挡 N。

（2）在行驶模式处于接通状态时选择了行驶挡 D 或 R。车在位置 P-OFF 时是无法上锁的。

2. 激活位置 P-OFF（行驶挡 N）

要想在一定时间内移动车辆但需要驻车锁不工作（比如在洗车时），那么可以阻止驻车锁自动接合或者让驻车锁脱开（位置 P-OFF）。前提条件是线控换挡和线控驻车功能工作正常。要想激活位置 P-OFF，那么必须在"端子 15 激活"时，选择行驶挡 N。如果随后关闭了端子 15，那么驻车锁在 30min 内就会被阻止接通。在 29min 后，组合仪表上会出现这个提示内容："要想留在 N 位置，请接通点火开关"，另外还会有警告提示音。如果不按这个提示去做，那么在 1min 后（总共是 30min），驻车锁就会接通，系统就关闭了。如果在这段时间内识别出有车速信号（$v > 1$ km/h），那么这个时间会按行车时间来延长，直至识别出至少停车 5min 了。

3.换挡操纵机构系统故障

如果因系统故障而无法用换挡操纵机构来选择行驶挡,那么可以在车辆停住不动且踏下制动踏板的情况下,通过同时拉两个点动开关来选择行驶挡位 P、R、N 和 D。

(五)采用 e-tron 技术的 quattro

在这款奥迪 e-tron 车上,全轮驱动调节软件集成在底盘控制单元 J775 内了。这个控制和调节软件是 quattro 软件组的一部分,在 quattro ultra、奥迪 TT 和 奥迪 R8 上已经使用过了。可选车轮力矩控制(扭矩矢量分配)的软件集成在全轮控制器内,就是也在底盘控制单元 J775 内。电子差速锁(EDS)和车辆稳定控制(ESC)的软件集成在 ABS 控制单元 J104 内。 发动机控制单元 J623 负责将驱动力矩和回收力矩高效地分配到两个车桥上,并从底盘控制单元 J775 处获取行驶动力学性能以及牵引力方面的要求信息。在这款奥迪 e-tron 车上,使用了大约 400 个数据来计算驱动力矩和回收力矩,以便能精准地把力矩分配到两个驱动总成上。

1.Audi drive select 对驱动力矩的影响

全轮驱动控制系统采用两种不同的策略来给前桥和后桥驱动总成分配力矩。

2.策略 1- 除 dynamic 外的所有模式

驱动力矩是均衡分配的,以求达到在最佳牵引力情况下的一个中性驾驶特性。

3.策略 2- dynamic

驱动力矩更多地被分给到后桥上了,以求达到运动而灵活且轻微过度转向的驾驶特性。如果系统故障导致两个驱动总成之中的一个失效了,会出现驾驶提示信息,如图 1-5-9 所示。

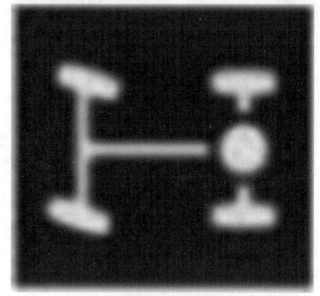

图 1-5-9

三、线控驻车锁

这款奥迪 e-tron 车上采用的是电动机械式驻车锁,该驻车锁集成在前桥驱动 / 齿轮箱内,由电动驻车锁执行器 V682 来操纵,如图 1-5-10 所示。这个驻车锁执行器操纵一个传统的驻车锁机构,就像自动变速器上常见的那样。使用电机以电动机械方式来让止动爪接合。有一个双级齿轮箱负责产生所需要的传动比并可以自锁。用于操纵止动爪的机构也是可以自锁的。该系统是双稳定型设计,这样就能够保证驻车锁靠自己就能可靠地保留在 P-OFF 和 P-ON 位置了(不需要其他外部影响了)。驻车锁的位置是由驻车锁执行器控制单元根据驻车锁传感器信号来监控的。

驻车锁可细分为 3 个模块:

(1)驻车锁执行器。

(2)驻车锁机械操纵机构。

(3)驻车锁(止动爪和驻车锁齿轮),内部结构如图 1-5-11 所示。

驻车锁执行器 V682

图 1-5-10

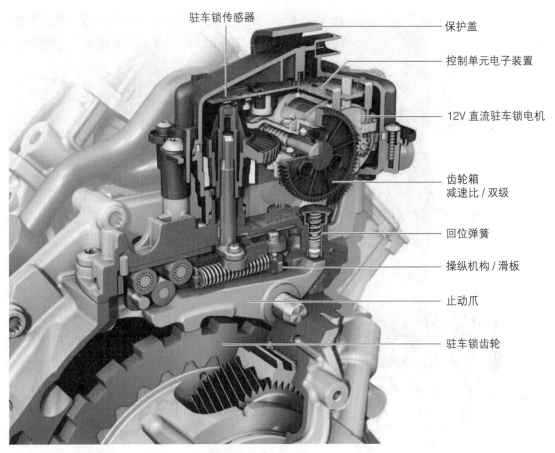

驻车锁传感器　　　　　　　　　保护盖

　　　　　　　　　　　　　　　　控制单元电子装置

　　　　　　　　　　　　　　　　12V 直流驻车锁电机

　　　　　　　　　　　　　　　　齿轮箱
　　　　　　　　　　　　　　　　减速比 / 双级

　　　　　　　　　　　　　　　　回位弹簧

　　　　　　　　　　　　　　　　操纵机构 / 滑板

　　　　　　　　　　　　　　　　止动爪

　　　　　　　　　　　　　　　　驻车锁齿轮

图 1-5-11

1. 驻车锁执行器 V682 （地址码 0742）

驻车锁执行器 V682 有自己的用于操纵电机的控制单元，还有一个传感器用于精准检测位置 P-ON 和 P-OFF。驻车锁执行器按照主 - 从原理来与发动机控制单元 J623（驱动控制单元）配合使用。发动机控制单元与驻车锁执行器 V682 之间的通信是通过驱动 CAN 子总线来进行的，发动机控制单元 J623 产生总线状态 P-ON 或 P-OFF，并把此信息通过驱动 CAN 子总线送至驻车锁执行器 V682。V682 执行发动机控制单元的指令并检查这个执行情况。所有诊断数据都是通过总线系统来交换的，可从发动机控制单元中读取。

2. 售后服务信息特点

借助车辆诊断仪可以通过发动机控制单元来激活驻车锁执行器 V682，以便实现检测目的。

驻车锁执行器既不需要进行自适应也不需要基本设定。这个驻车锁没有机械式应急开锁装置。在服务站时若是想阻止驻车锁接合或者在 12V 车载电网无电时移动车辆，有个软件功能可以让驻车锁持久保持在 P-OFF 位置（软件应急开锁）。注意：在脱开 / 关闭驻车锁前，必须停好车辆，防止溜车。请注意车辆诊断仪上的安全提示。在把车辆交给用户前，必须再次关闭软件应急开锁。驻车锁执行器属于安全部件，要用到专门的安全标准。如果该执行器掉落下来，那么就可能造成内部机械损伤，这种损伤暂时还看不出来。为了防止出现这种情况，该执行器有两个特点，可用于指示部件掉落过了并防止出现机械损坏。为了防止供电插头遭受冲击负荷，插头上方装有一个专用的保护盖，如图 1-5-12 所示。如果执行器上这个保护盖损坏了或者缺失了，那么这个执行器就不可再用了。在壳体凸缘环周装有冲击指示器，如果执行器从极限高度处掉落下来，那么这个冲击指示器就会损坏了。如果执行器上的这个冲击指示器损坏了，那么这个执行器也不可再用了。

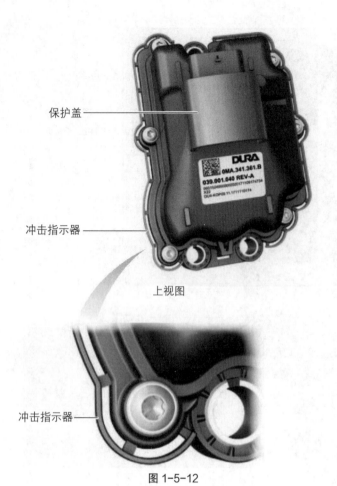

保护盖

冲击指示器

上视图

冲击指示器

图 1-5-12

基本原则：曾经掉落过一次的执行器就必须报废。所谓的"终止"是指用一个终端电阻来终止总线系统，总线连接就不传输数据了。

四、驻车锁机械机构

（一）位置 P-ON（止动爪卡在驻车锁齿轮的一个齿上）

1.驻车锁电机把换挡轴转至位置 P-ON

如果驻车锁齿轮是"齿对齿"，那么滑板因部件原因不会被一同拉动。滑板在执行弹簧的作用下处于强受力状态，止动爪也就相应地被用力压靠在驻车锁齿轮的齿上了，如图 1-5-13 所示。

2.一旦车辆轻微移动了，那么驻车锁齿轮就会转动

在遇到下一个齿槽时，由于滑板处于预受力状态，因此止动爪会迅速卡入齿槽，于是驻车锁就接合了（就是处于阻止车辆移动的工作状态了）。由于驻车锁机械机构有自锁的几何形状，因此止动爪就长久地卡在滑板的这个位置上并被锁住了（机械式自锁），如图 1-5-14 所示。

驻车锁执行器 V682

驻车锁电机

操纵机构 / 滑板

支承板

驻车锁齿轮

止动爪 执行弹簧 – 处于强受力状态

图 1-5-13

58

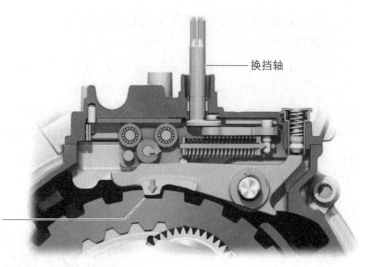

换挡轴

出于安全考虑，驻车锁齿轮和止动爪的齿部形状是这样设计的：车速超过约 3km/h 时，止动爪就不能再卡入了

图 1-5-14

（二）位置 P-OFF

驻车锁电机把换挡轴转至位置 P-OFF。这时滑板完全靠左了，回位弹簧元件会把止动爪压靠到位置 P-OFF 并保持在该位置上，如图 1-5-15 所示。

回位弹簧元件

图 1-5-15

（三）机械自锁

驻车锁的位置通过执行器内的自锁机构和自锁式驻车锁机械机构来自锁。位置 P-ON 和 P-OFF 由驻车锁执行器控制单元借助传感器来监控。不需要主动激活执行器来保持相应的位置。说明：如果在车辆高速时误操作了驻车锁，止动爪会在驻车锁齿轮的齿上"咔嗒咔嗒"地划过。如果这个情况持续较长时间，那可能会损坏驻车齿轮的齿和止动爪的齿，以至于驻车锁可能无法再牢靠地锁止了。注意：驻车锁齿轮会锁住行星齿轮机构的行星齿轮架。如果车脸前部单侧被举起，那么对面车轮的锁止就不起作用了，因为差速器有差速补偿功能。

五、单速齿轮箱 0MA

单速齿轮箱 0MA 拥有双级减速比和最新的行星齿轮式轻结构差速器。另外，它还配备有电动机械式驻车锁，如图 1-5-16 所示。

扭矩转换分为两级：第一个减速级是采用简单行星齿轮副从太阳轮轴传至行星齿轮和行星齿轮架，第二个减速级是借助圆柱齿轮机构把扭矩从行星齿轮架传至差速器。行星齿轮式轻结构差速器的一个特点是它需要很小的轴向空间。第一个减速比中的行星齿轮架可通过驻车锁来锁住。这样，驻车锁齿轮就与行星齿轮架连接在一起了。0MA 齿轮箱有自己的机油系统，机油油道如图 1-5-17 所示。

机油导板　　前桥电驱动装置电机 V662

图 1-5-16

采用浸润式和飞溅式润滑，并利用圆柱齿轮级的输送效应。热量通过车辆迎面风对流以及通过电机的水冷式轴承盖散掉。

这个 OMA 齿轮箱是个完整的总成，它自己没有封闭的壳体，它与电机的壳体一起构成一个有自己机油系统的封闭单元。说明：在拆下齿轮箱后，朝电机的一侧就敞开了，这时只有机油导板还能对异物的进入起一定的阻挡作用。因此，在拆下齿轮箱后，必须对环境的洁净多加注意。说明：若是更换了齿轮箱或者电机，那么就需要按相应规定进行调整了。说明：在将齿轮箱作为备件来使用时，请注意维修手册上的相关规定。

驻车锁执行器 V682

机油导板

机油油道

图 1-5-17

六、行星齿轮式轻结构差速器

德国奥迪公司首次采用了 SCHAEFFLER 公司生产的行星齿轮式轻结构差速器。这种结构的优点在于它特别适合用于奥迪 e-tron 的电驱动机构上。

（1）轴向空间很小但可传递扭矩很大。

（2）重量明显降低了（与传统的锥齿轮差速器相比）。

简单行星齿轮副（i: 5.870），行星齿轮式轻结构差速器如图 1-5-18 所示。

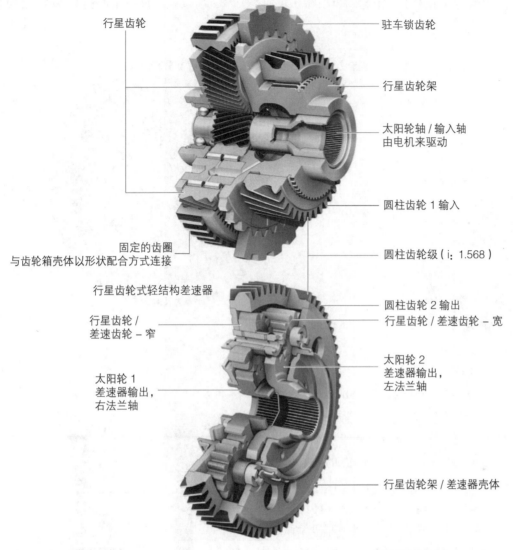

行星齿轮

驻车锁齿轮

行星齿轮架

太阳轮轴／输入轴
由电机来驱动

圆柱齿轮 1 输入

固定的齿圈
与齿轮箱壳体以形状配合方式连接

圆柱齿轮级（i: 1.568）

行星齿轮式轻结构差速器

圆柱齿轮 2 输出
行星齿轮／差速齿轮 - 宽

行星齿轮／
差速齿轮 - 窄

太阳轮 1
差速器输出，
右法兰轴

太阳轮 2
差速器输出，
左法兰轴

行星齿轮架／差速器壳体

图 1-5-18

这是一种开放式圆柱齿轮差速器，它会把输入力矩均等地分配到两个输出端（50：50）。这个驱动力矩经圆柱齿轮 2 被传至差速器壳体上。差速器壳体被用作行星齿轮架，它又会把力矩等量地传至行星齿轮。宽行星齿轮和窄行星齿轮彼此啮合在一起，用作差速器齿轮，会把力矩分配到两个太阳轮上，并在转弯时负责所需的车轮转速补偿。窄差速齿轮与太阳轮 1 啮合；宽差速齿轮与太阳轮 2 啮合，如图 1-5-19 所示。

这种行星齿轮式轻结构差速器的一个重要特点是：结构宽度非常小，如图 1-5-20 所示。具体说这是通过使用两

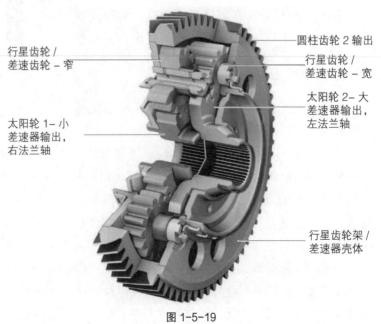

圆柱齿轮 2 输出
行星齿轮／
差速齿轮 - 宽

行星齿轮／
差速齿轮 - 窄

太阳轮 2 - 大
差速器输出，
左法兰轴

太阳轮 1 - 小
差速器输出，
右法兰轴

行星齿轮架／
差速器壳体

图 1-5-19

个不同大小的太阳轮来实现的。为了能把力矩均等地传至两侧，齿轮的几何形状是这样设计的：这两个太阳轮的齿数是相同的。由于小太阳轮的齿根相比较而言要窄，所以就把该齿轮加宽了一些，以便能承受负荷。

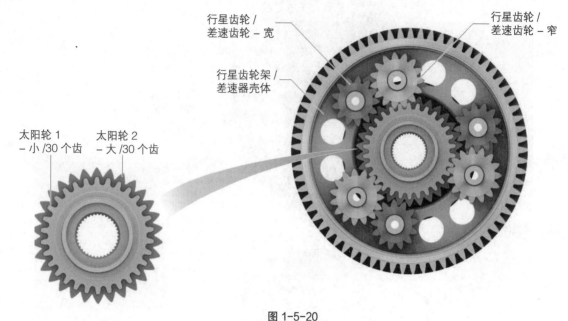

图 1-5-20

结构对比（如图 1-5-21 所示）：

（1）A：相同大小太阳轮的形式。相同大小太阳轮这种结构要求有 3 个齿面（1、2、3）和相应的轴向结构空间。

（2）B：不同大小的两个太阳轮的形式（SCHAEFFLER 公司的行星齿轮式轻结构差速器）。在带有不同大小的两个太阳轮的结构中，行星齿轮副是在小行星齿轮的齿面内啮合的。因此只需要两个齿面（1、2），这就使得轴向结构空间大大减少了。

说明：0MA 和 0MB 齿轮箱内的行星齿轮式差速器是相同的（只是安装位置有小的变化）。

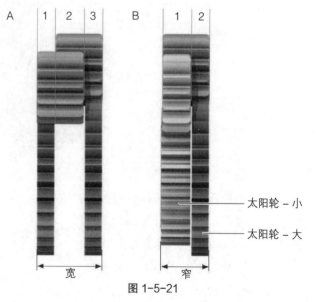

图 1-5-21

七、单速齿轮箱 0MB

单速齿轮箱 0MB 拥有同轴结构双级减速比和行星齿轮式轻结构差速器，如图 1-5-22 所示。这个差速器与 0MA 差速器基本相同。这个双级扭矩转换（减速）是采用阶梯式行星齿轮副来实现的，如图 1-5-23 所示。第一个减速级是采用阶梯行星齿轮副从太阳轮传至阶梯行星齿轮副的大圆柱齿轮（i：1.917）。第二个减速级是通过阶梯行星齿轮的小圆柱齿轮（它支承在固定不动的齿圈上并驱动行星齿轮架）来实现的（i：4.217）。力矩通过行星齿轮架直接传至行星齿轮式轻结构差速器。行星齿轮架分为两个平面：在第一个平面内是与阶梯行星齿轮啮合，在第二个平面内与差速器的行星齿轮（宽和窄）啮合，并由此构成了差速器壳体。0MB 齿轮箱有自己的机油系统。采用浸润式和飞溅式润滑。又采用了同轴式结构，因此不需要专门的部件（就像 0MA 齿轮箱上的机油导板）去分配机油了。热量通过车辆迎面风对流以及通过电机的水冷式轴承盖散掉。这个 0MB 齿轮箱是个完整的总成，它自己没有封闭的壳体，它与电机的壳体一起构成一个有自己机油系统的封闭单元。说明：在拆下齿轮箱后，朝电机的一侧就敞开了，这时只有机油导板还能对异物的进入起一定的阻挡作用。因此，在拆下齿轮箱后，必须对环境的洁净多加注意。说明：若是更换了齿轮箱或者电机，那么就需要按相应规定进行调整了。说明：在将齿轮箱作为备件来使用时，请注意维修手册上的相关规定。

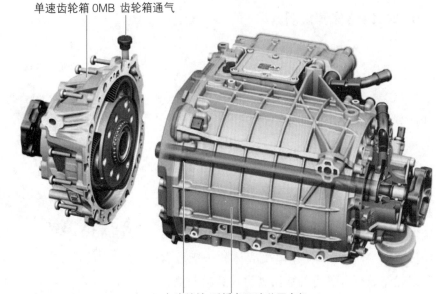

单速齿轮箱 0MB 齿轮箱通气

右法兰轴 后桥电驱动装置电机 V663

图 1-5-22

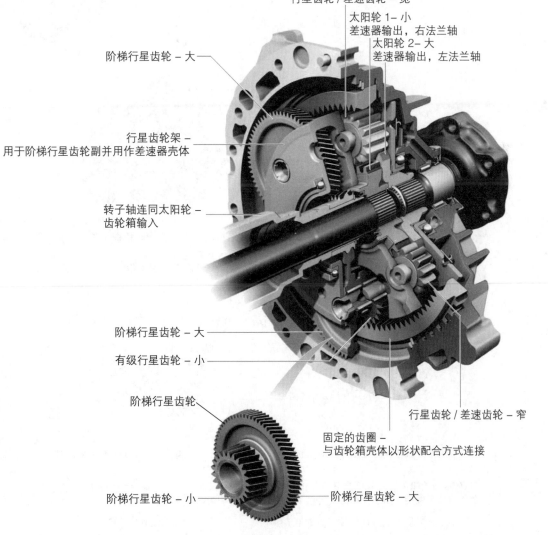

行星齿轮 / 差速齿轮 – 宽
太阳轮 1– 小
差速器输出，右法兰轴
太阳轮 2– 大
差速器输出，左法兰轴

阶梯行星齿轮 – 大

行星齿轮架 –
用于阶梯行星齿轮副并用作差速器壳体

转子轴连同太阳轮 –
齿轮箱输入

阶梯行星齿轮 – 大

有级行星齿轮 – 小

阶梯行星齿轮

行星齿轮 / 差速齿轮 – 窄

固定的齿圈 –
与齿轮箱壳体以形状配合方式连接

阶梯行星齿轮 – 小

阶梯行星齿轮 – 大

图 1-5-23

八、维修保养说明

（一）单速齿轮箱 0MA

0MA 和 0MB 齿轮箱无保养周期，也就是免保养。在更换齿轮箱或者电机时，必须确定并计算齿轮箱支承的调整垫片。为此需要首先测量电机壳体上的支承点。目前用服务站的手段无法测量齿轮箱方面的尺寸，必须直接使用齿轮箱数据标牌上的尺寸。齿轮箱方面的尺寸是制造商在特定负荷情况下确定出来并印在齿轮箱数据标牌上的，见齿轮箱数据标牌的图例，如图 1-5-24 所示。使用电机壳体的车辆数据和齿轮箱数据标牌上的数据就可计算出调整垫片的厚度了，详见最新的维修手册。

（二）单速齿轮箱 0MB

如图 1-5-25 所示。

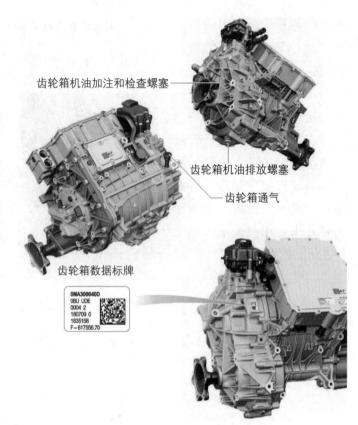

齿轮箱机油加注和检查螺塞
齿轮箱机油排放螺塞
齿轮箱通气
齿轮箱数据标牌

0MA300040D
0BU UDE
0004 2
180709 0
1835158
F-617556.70

图 1-5-24

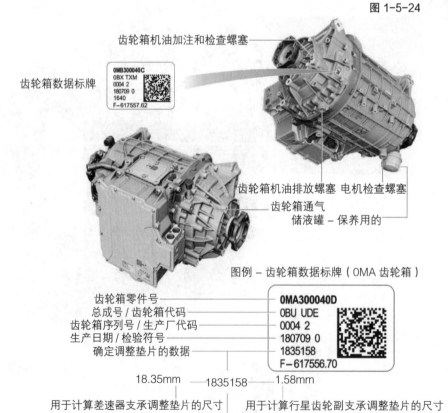

齿轮箱机油加注和检查螺塞

0MB300040C
0BX TXM
0004 2
180709 0
1640
F-617557.62

齿轮箱数据标牌

齿轮箱机油排放螺塞　电机检查螺塞
齿轮箱通气
储液罐 – 保养用的

图例 – 齿轮箱数据标牌（0MA 齿轮箱）

齿轮箱零件号 —————— **0MA300040D**
总成号 / 齿轮箱代码 —————— 0BU UDE
齿轮箱序列号 / 生产厂代码 —————— 0004 2
生产日期 / 检验符号 —————— 180709 0
确定调整垫片的数据 —————— 1835158
F-617556.70

18.35mm ———— 1835158 ———— 1.58mm

用于计算差速器支承调整垫片的尺寸 | 用于计算行星齿轮副支承调整垫片的尺寸

在 0MB 齿轮箱的数据标牌上只有 4 位数。一个支承点只能确定一个调整垫片。根据这个 4 位数可确定出用于计算行星齿轮副 / 差速器支承调整垫片的尺寸

1640（0MB 齿轮箱示例）————— 16.40mm

图 1-5-25

第六节　底盘系统

一、概述

这款奥迪 e-tron 车的底盘是以 MLBevo 平台为基础的，该平台也是 A4、A5、Q5、A6、A7、Q7 和 A8 这些车型的开发基础。由于轴荷和车辆外形尺寸的原因，这款奥迪 e-tron 车直接采用了奥迪 Q7 上的主要的 MLBevo 系统部件。只有带空气悬架和电子减震调节（自适应空气悬架）的底盘，如图 1-6-1 所示。这款奥迪 e-tron 车根据市场不同配备 18″ 或 19″ 车轮制动装置。如果满足要求的条件，那么通过电机的发电机模式来实现能量回收。随后就从液压制动功率和电机制动功率中获取全部制动功率。要想高效地调节这个复杂的过程，奥迪车上首次使用了一种新型制动调节系统 MK C1，该系统将制动总泵、制动助力器、ESC 和主动式蓄压器集成为一个模块。驾驶员可以通过拉动方向盘上的点动开关来确定能量回收等级。车轮从标配的 19″ 到选装的 21″ 都有。

有下述几种底盘类型可供选择：

图 1-6-1

（1）带有空气悬架和可调减震器的标准底盘（自适应空气悬架 1BK），这种底盘是标配的。

（2）带有空气悬架和可调减震器的运动底盘（自适应空气悬架 2MB），这种底盘是选装的。硬件与标准底盘 1BK 相同。

顾名思义，其减震特性是按照动态 / 运动行驶特性来调节的。

二、车桥

（一）前桥

前桥是基于已经考验过的五连杆结构，主要系统部件与奥迪 Q7（车型 4M）上的相同。副车架采用了铝制新结构，如图 1-6-2 所示。

（二）后桥

这款奥迪 e-tron 车采用的是五连杆式后桥。与前桥一样，后桥主要系统部件与奥迪 Q7（车型

图 1-6-2

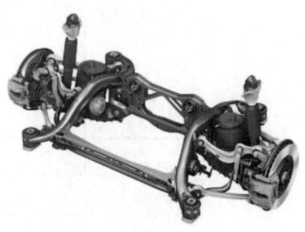

图 1-6-3

4M）上的相同。副车架则采用了新结构，因为要满足特殊的集成需要（就是要容纳高压蓄电池和电机），如图 1-6-3 所示。

三、自适应空气悬架（AAS）

带有电子减震调节的空气悬架是这款奥迪 e-tron 的标配。自适应空气悬架和运动型自适应空气悬架这两种底盘的区别体现在各自不同的减震调节方式，这两种空气悬架的调节特性（按车速和模式来调节底盘高度）是相同的。系统结构与奥迪 Q7（车型 4M）是相同的，系统部件也是直接拿来用的，也是使用底盘控制单元 J775 来做"控制中心"，元件布置图如图 1-6-4 所示。该控制单元直接取自奥迪 A8（车型 4N），软件方面针对调节特性和减震特性做了修改。操纵以及维修保养方面也与奥迪 Q7（车型 4M）上的 AAS 相同。

图 1-6-4

自适应空气悬架（1BK）、运动型自适应空气悬架（2MA）的调节特性，如图 1-6-5 所示。

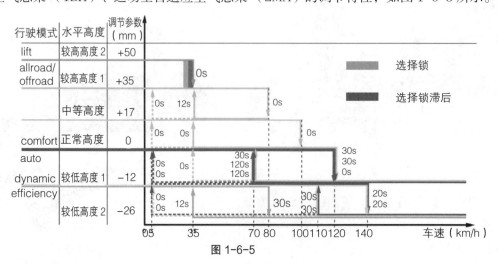

图 1-6-5

66

图 1-6-5 展示的是空气弹簧底盘的调节策略。驾驶员通过 Audi Drive Select 上相应的驾驶模式来选择车辆的底盘高度和行驶动力学特性。这样的话，在选定的行驶模式中就可以按相应的车速来自动设置底盘高度。作为示例，我们以选择了"auto"这个模式来进行说明：如果当前车辆处于另一个底盘高度状态，那么就会通过改变空气弹簧内的空气容积的方式来将底盘高度调节到正常高度状态（这个选择是在车辆停住不动时，或者车速不超过 120km/h 时进行的）。如果随后车速超过 120km/h，那么底盘高度马上就会降低 13mm 而到较低高度 1 的状态。如果随后车速继续提高不低于 140km/h 且持续了 20s，那么底盘高度会再次降低 13mm 而到高速公路的底盘高度状态了。如果随后车速又降下来了且车辆以 110km/h 或更低的车速行驶超过 30s，那么底盘高度会升高 13mm 而到先前设定的底盘高度。如果车速继续降至 5km/h，那么底盘高度会立即升至原始高度（正常高度）。

挂车模式的调节策略有变化：如果在激活挂车模式前选择了模式 comfort 或 auto，那么系统在底盘正常高度时不会进行调节。只有在激活挂车模式前选择了模式 dynamic 或 efficiency 时，才会设定为较低高度 1。可以设定高于正常高度的底盘高度。

四、转向系统

这款奥迪 e-tron 上使用的是在奥迪 A8（车型 4N）上已成功使用过的电动机械式转向系统（EPS），如图 1-6-6 所示，其结构、功能和维修保养都与奥迪 A8 相同。转向传动比针对奥迪 e-tron 的特殊要求做了改动。渐进式转向系统是标配。手动力矩（转向助力）的特性曲线根据底盘类型和 Audi drive select 上的设置不同而不同。根据所选的行驶程序，可实现运动、均衡或者舒适这样的转向特性。机械可调式转向柱是标配，可选装电动可调式转向柱。水平调节范围约是 68mm，垂直调节范围约是 40mm。这两种转向柱直接取自奥迪 Q5（车型 FY），碰撞识别针对奥迪 e-tron 做了修改。由于驱动技术的特殊性，这两种转向柱都配备有电子转向锁。这款奥迪 e-tron 车上不提供奥迪 A8 上选装的全轮转向系统。

这款奥迪 e-tron 车上的方向盘都是直接取自奥迪 A6/A7 的。有双辐真皮方向盘、运动真皮方向盘和运动轮廓方向盘。标配的是双辐方向盘，带有 12 个多功能按键，如图 1-6-7 所示。可选装方向盘加

电动机械式转向系统，带有转向助力控制单元 J500

图 1-6-6

标配

运动真皮方向盘

运动轮廓方向盘

图 1-6-7

热装置。根据车辆装备情况（S-Line），也可装备中间辐条带有 S 标记的方向盘。运动轮廓方向盘是最具运动特性的方向盘，其方向盘圈的下端扁平且轮廓感更强。在配备有自适应驾驶辅助系统的车上，

装备有电容式方向盘。这种方向盘是个新发展，它能使脱手识别更为精准。

标配的双辐方向盘上配备有点动开关（翘板开关），因此驾驶员就可以以手动方式来控制减速超速的能量回收。采用传统型驱动车辆上的"操纵逻辑"。如果操纵了点动开关（－），那么车辆在减速超速模式会因换低挡而减速。在奥迪 e-tron 车上则会因将电机当作发电机使用来回收更多能量而导致车辆减速。

驾驶员可通过翘板（－）或（＋）来减少或者增加能量回收的等级（分为 3 级），但前提是要在 MMI 上选择"手动能量回收"这个菜单项，如图 1-6-8 所示。在等级 1［第一次操纵翘板（－）］时，在超速减速时可实现 0.5m/s² 的减速度；在等级 2 时，最大减速度可达 1.0m/s²。在自动设置状态时，也可通过翘板开关来为减速过程选择所需的能量回收功率。

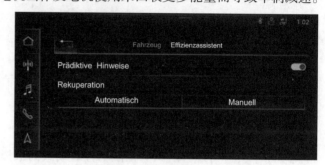

图 1-6-8

五、制动装置

这款奥迪 e-tron 车的制动装置是基于奥迪 Q7（车型 4M）的 18″ 制动装置的。右前和右后车轮制动器上配备有制动衬块磨损指示器。在有些市场（比如北美和中国），制动装置的部件和尺寸与表中所列不同，在这些市场上使用的是 19″ 的车轮制动器。这款奥迪 e-tron 车上的电动机械式驻车制动器（EPB）也是直接取自奥迪 Q7（车型 4M）的。调节软件和供电末级放大器都在 ABS 控制单元 J104 内。与电动机械式驻车制动器（EPB）相关的操纵和维修保养，这两个车型也是相同的。制动装置的数据如表 1-6-1 所示。

表 1-6-1

	前桥	后桥
最小车轮尺寸	18 ″	18 ″
制动器型号	AKE- 固定钳制动器	TRW- 浮动钳制动器 PC 44 HE
活塞数量	6	1
活塞直径（mm）	30-36-38	44
制动盘直径（mm）	375	350
制动盘厚度（mm）	36	28

发动机

50e-tron：230kW；55e-tron：265kW

前轮 AKE 固定钳制动器　　　　后轮 TRW 浮动钳制动器

六、制动调节系统 MK C1

（一）概述

这款奥迪 e-tron 车是德国奥迪公司第一种使用制动调节系统 MK C1 的奥迪车型。该系统是从现有的制动控制系统（传统结构的）发展而来的。主要改进是把串联制动总泵、制动助力器（通过电动机械部件包括调节系统）、ESC 调节系统（包括 ABS、EDS、ASR 等）和混合制动系统集成在一个模块内了，如图 1-6-9 所示。这样的话，相对于传统结构的制动装置，重量减轻是很可观的（约减轻 30%）。另外，由于减少了单个部件的数量，系统的可用性也大大提高了。从功能上讲，该系统在压力建立动力学方面有优势，能为驾驶员提供平稳不变的制动踏板感觉（即使在能量回收阶段也能保持这个感觉）。

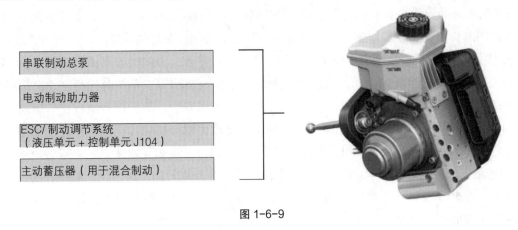

串联制动总泵

电动制动助力器

ESC/ 制动调节系统
（液压单元 + 控制单元 J104）

主动蓄压器（用于混合制动）

图 1-6-9

（二）结构和功能

图 1-6-10 展示了制动调节系统液压单元的结构。ABS 控制单元 J104 也是这个模块的一部分。

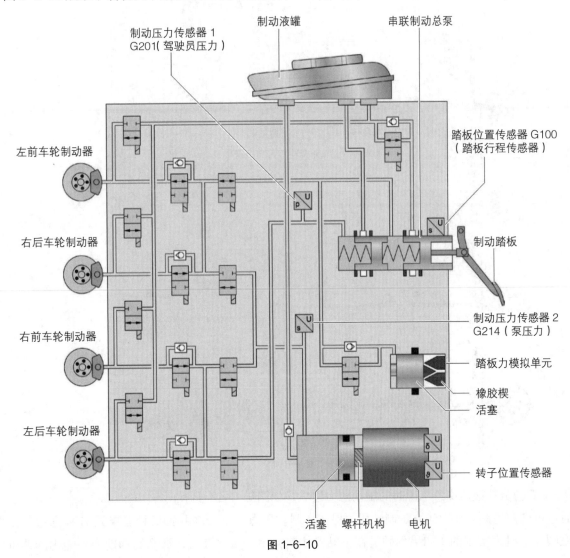

图 1-6-10

（1）通过电机–泵单元（线性执行器）的制动压力建立，驾驶员踩着制动力模拟器（正常制动），如图 1-6-11 所示。

该模块内有一个传统的串联制动总泵，该总泵的活塞由驾驶员通过制动踏板来操纵。踏板行程 / 柱塞行程是通过踏板位置传感器 G100 来检测的。如果识别出有踏板运动了，控制单元 J104 就会激活隔离阀 1 和 4，于是就把相应的管路关闭了（隔断了）。与此同时，电磁阀 5 被通上了电，就切换到通的位置了。由于隔离阀的隔断作用，驾驶员所施加的"制动压力"就不会到达车轮制动器了，而压力通过打开的阀 5 作用到踏板力模拟单元的活塞上了。该活塞顶着橡胶楔和钢弹簧，力的吸收是渐进式的（递增的）。驾驶员在踏板上能感觉出这个反向力，该力就像驾驶员使用传统制动调节系统时进行制动的那种感觉。驾驶员所施加的压力由压力传感器（制动压力传感器 1 G201）来测量，踏板行程由行程传感器来测量。控制单元 J104 根据这些测量值来给电机送电，电机的旋转运动由螺杆机构传至泵活塞。活塞运动所产生的压力经打开着的压力供应阀 2 和 3 作用到车轮制动器上。电机 / 活塞单元所建立起的压力是通过另一个压力测量点（制动压力传感器 2 G214）测得并把这个信息传给控制单元的。这个同步电机有电子换向装置，因此就装备有一个转子位置传感器。控制单元根据转子的位置和转子转动圈数以及螺杆机构的传动比，就可以计算出相应的活塞位置了。

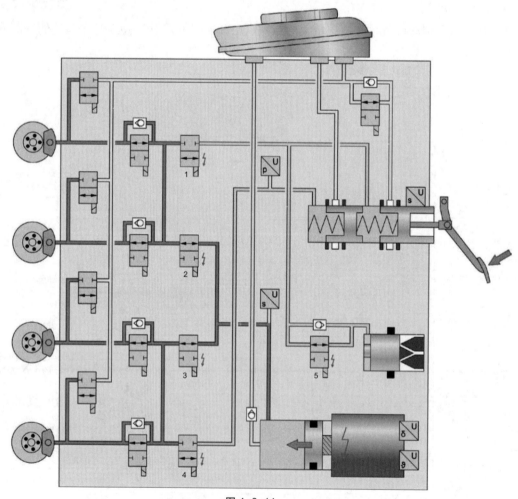

图 1-6-11

（2）驾驶员在液压应急工况时的制动压力建立，如图 1-6-12 所示。

通过可选车轮制动压力建立、制动压力保持和制动压力卸压，是由 ABS 控制单元 J104 通过触发相应的电磁阀和电机来实现的。如果驾驶员在车辆停住前关闭了点火开关，那么制动助力功能仍继续可用，甚至在车辆停住后仍可用。在点火开关关闭的情况下，在车辆停住时，制动助力仍可用约1min（在未踏动制动踏板时）或约3min（在已踏动制动踏板时）。在过了上述这个时间后，显示屏上会出现一个驾驶员警告，制动助力也会被关闭了。在接通了点火开关后和端子15关闭后进入"休眠"后，会马上进行自检的，这时会让阀进行切换以及让线性执行器来工作。由于这个自检是发生在车辆停住不动时，因此我们能听到声音（轻微的咔嚓声和刮磨声）。如果系统彻底损坏了，那么该系统的工作特性就与传统结构的制动调节系统在制动助力失效时是一样的了。未激活的阀在从制动总泵到车轮制动器之间建立了直接的液压连接，这样就只能通过驾驶员操纵踏板在4个车轮制动器上建立起制动压力了。

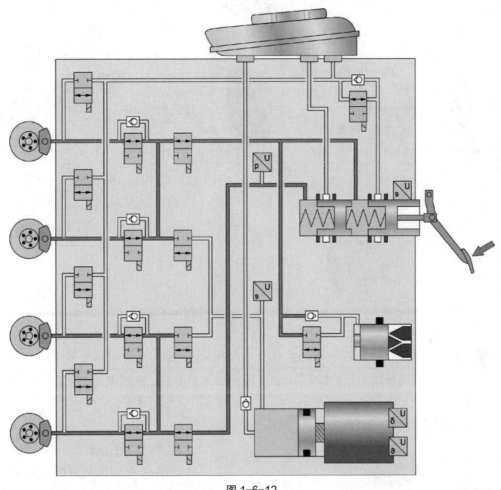

图 1-6-12

（三）将液压制动调节系统集成到整车能量回收系统中

如果在减速超速工况时将电机当发电机来使用，就会对车辆实施制动。由此而产生的制动功率取决于能量回收等级。如果通过驾驶员实施制动或者通过自适应驾驶辅助系统实施制动，那么这种制动一般是部分电动加部分液压的。发动机控制单元J623持续不断地将实时可用最大回收功率（制动功率）信息传给制动调节系统MK C1的ABS控制单元J104。如果驾驶员踏动了制动踏板或者自适应驾驶辅助系统要求制动，那么J104会判断仅通过电机进行这个制动是否可能以及足够用，或者是否还必须要建立起液压制动压力。J104会把"发电机-规定力矩"发送给J623，如图1-6-13所示。与此同时，J104还会把所需要的两个车桥上的回收力矩信息发送给底盘控制单元J775。J775会协调牵引、减速超速以及能量回收分配并把这些信息也发送给J623。J623随后再在车桥电机上执行这些要求。目标就是：在任何行驶情况下，都能实现效率与行驶稳定性之间的最佳匹配。如果潜在的回收力矩不够用，无法达到驾驶员想要实施的制动力度，那么ES会另外激活电驱动泵，以便建立起所需要的制动压力。以前的电动车或者混合动力车上用于实现混合制动所需的蓄压器，在 MK C1 上就不需要了，这个功能通过电机 - 泵单元来实现。行驶动态调节过程比如 ABS、EDS、ESC 这些调节，其工作方式与传统制动装置相同。电机牵引力矩调节（MSR）也可以这样来进行：就是让电机产生驱动力矩。相应的调节利用车轮制动系统的制动液压装置来进行，力是直接作用在车轮上，不会扭转万向节传动轴。为此，能量回收力矩就 "反映" 在车轮制动器上了。

（四）维修保养

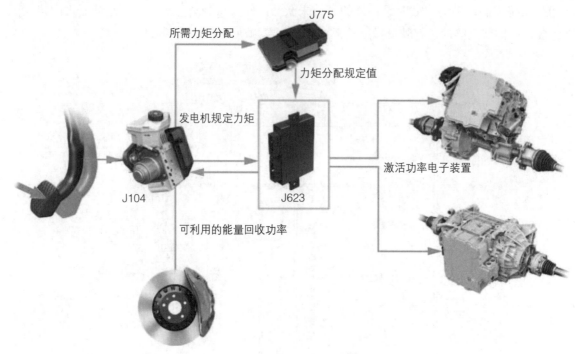

图 1-6-13

诊断地址是 0003- 制动电子装置 J104（MK C1）。如果需要的话，只能整体更换该模块，如图 1-6-14 所示，但是可单独更换制动液罐。ABS 控制单元 J104 无法单独更换。在控制单元完成在线编码后，可以执行下述基本设定：

（1）制动踏板位置传感器 G100。

图 1-6-14

（2）制动压力传感器 1 G201 和 2 G214。

（3）EPB（电动机械式驻车制动器控制单元 J540）。

（4）轮胎压力监控显示。

另外，通过相应的执行元件诊断，可以保证液压管路的正确连接（防止接混）。通过其他的执行元件诊断，可以检查 EPB 和指示灯的功能。在执行 "更换衬块"（更换后桥的制动衬块）功能时，要特别留意车辆诊断仪上的提示。在更换了制动部件或者制动液后，必须执行专门的排气操作。执行完修理工作后，必须要多次踩动制动器，以便让制动衬块与制动盘接触，之后要给制动液罐加注制动液至 MAX 标记处。

七、车轮、轮胎和轮胎压力监控系统

在这款奥迪 e-tron 上，标配的是 19″ 的铸铝车轮。可选装 19″~21″ 的车轮。轮胎可使用 255/55 R19-265/45 R21，如表 1-6-2 所示。不提供泄气保用轮胎。根据具体的市场，轮胎应急套件 Tyre Mobility System（TMS）或者应急备用车轮是标配。如果装备有轮胎应急套件 Tyre Mobility System（TMS），那么可以选装 5.5J×19 带 185/70-19 轮胎的应急备用车轮。千斤顶是选装的，但在装备有应急备用车轮时是配有千斤顶的。第 2 代轮胎压力监控显示系统是标配。可选装第 3 代轮胎压力监控显示系统。该系统在结构和功能方面与奥迪 Q7（车型 4M）是相同的。天线是集成在控制单元内的，这个部件安装在后桥下部的车底中间位置。

表 1-6-2

标配车轮	选装车轮		冬季车轮
铸铝车轮	铸铝车轮	锻铝车轮	铸铝车轮
旋压成型	旋压成型	—	旋压成型 [2]
8.5J×19	8.5J×19	9.5J×21	8.0J×19
255/55 R19	255/55 R19	265/45 R21	255/55 R19
	铸铝车轮	锻铝车轮	铸铝车轮
	旋压成型 [1]	—	旋压成型
	9.0J×20	9.5J×21	9.0J×20
	255/50 R20	265/45 R21	255/50 R20
	铸铝车轮	锻铝车轮	
	旋压成型	—	
	9.0J×20	9.5J×21	
	255/50 R20	265/45 R21	

注：1）在北美市场是标配。

2）可使用防滑链。

第七节 电气系统和电子系统

一、供电

（一）12V车载供电网

从图1-7-1中容易看出，这款奥迪e-tron车装备12V蓄电池以及12V车载供电网所需要的导线。所有控制单元都是采用12V供电来工作的。因此，这款奥迪e-tron车即使是在高压蓄电池100%充满电时，也是依靠12V供电网的，这与其他所有奥迪车型一样。如果12V供电系统不能正常工作，那么通过中央门锁就无法给车辆解锁，点火开关也无法接通，车辆无法行驶，各个控制单元之间也无法进行通信。

由于这款奥迪e-tron车是全电动汽车，无内燃机，因此该车也就没有传统意义上的发电机了。在车辆行驶中，12V蓄电池由高压蓄电池通过变压器来充电。这个12V蓄电池是铅酸蓄电池，安装在流水槽内，它是AGM蓄电池，容量为68Ah。

12V蓄电池，在流水槽内

图1-7-1

（二）供电结构

图1-7-2展示的是奥迪e-tron车（车型GE）的12V供电结构，当然这只是个原理示意图。保险丝和继电器以及布线情况，详见最新的维修手册。保险丝和继电器支架的安装位置在左置方向盘车和右置方向盘车上是相同的，只有一个是例外的：这个图上标有数字6的保险丝和继电器支架，总是位于副驾驶员脚坑处，就是说在左置方向盘车上是位于车辆右侧的，而在右置方向盘车上是位于车辆左侧的。

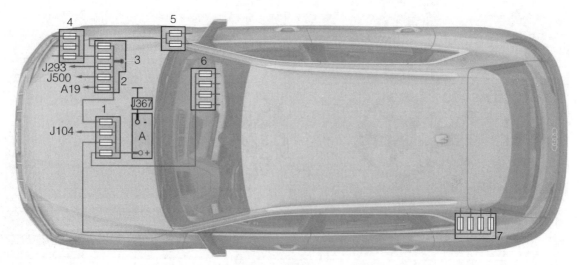

A.蓄电池　A19.变压器　J104.ABS控制单元　J293.散热器风扇控制单元　J367.蓄电池监控控制单元　J500.转向助力控制单元　1.主保险丝支架1，在12V蓄电池上　2.主保险丝支架2，在发动机舱内右侧　3.12V充电销子（正极），在主保险丝支架2内　4.保险丝和继电器支架，在发动机舱内右侧　5.保险丝和继电器支架，在右侧A柱下部　6.保险丝和继电器支架，在副驾驶员脚坑内　7.保险丝和继电器支架，在行李箱内左侧

图1-7-2

二、联网

（一）控制单元的安装位置

此处图 1-7-3 所列出的控制单元，有几个是选装的或者特定市场才有。为了清晰明了，此处并未将车上的所有控制单元都列出。控制单元准确的位置描述以及拆装提示，请参阅最新的维修手册。

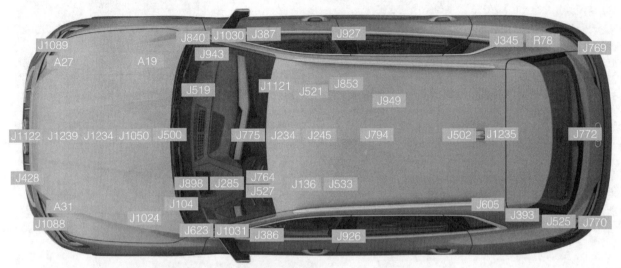

A19.变压器　J393.舒适系统中央控制单元　A27.右前LED大灯功率模块1　J428.车距调节控制单元　A31.左前LED大灯功率模块1　J500.转向助力控制单元　J502.轮胎压力监控控制单元　J104.ABS控制单元　J519.供电控制单元　J136.带记忆功能的座椅调节和转向柱调节控制单元　J521.带记忆功能的副驾驶员座椅调节控制单元　J234.安全气囊控制单元　J525.数字音响控制单元　J245.移动天窗控制单元　J527.转向柱电子控制单元　J285.组合仪表内控制单元　J533.数据总线诊断接口　J345.挂车识别控制单元　J605.行李箱盖控制单元　J386.驾驶员车门控制单元　J623.发动机控制单元　J387.副驾驶员车门控制单元　J764.电子转向柱锁控制单元　J769.变道辅助控制单元　J1030.数字式车外后视镜控制单元1　J770.变道辅助控制单元2　J1031.数字式车外后视镜控制单元2　J772.倒车影像系统控制单元　J1050.高压蓄电池充电器控制单元　J775.底盘控制单元　J1088.左前物体识别雷达传感器控制单元　J794.信息电子控制单元1　J1089.右前物体识别雷达传感器控制单元　J840.蓄电池调节控制单元　J1121.驾驶员辅助系统控制单元　J853.夜视系统控制单元　J1122.激光车距调节控制单元　J898.前风挡玻璃投影（抬头显示）控制单元　J1234.前桥电驱动装置控制单元　J926.左后车门控制单元　J1235.后桥电驱动装置控制单元　J927.右后车门控制单元　J1239.高压蓄电池充电器控制单元2　J943.电机声响生成控制单元　R78.TV调谐器　J949.紧急救援呼叫模块和通信控制单元　J1024.温度管理系统控制单元

图 1-7-3

图 1-7-3 展示的是左置方向盘车。控制单元的安装位置除了几个例外的，在左置方向盘车和右置方向盘车上是一样的。比如，供电控制单元 J519 总是安装在副驾驶员脚坑内的。这就是说：在左置方向盘车上，J519 是安装在车辆右侧的，而在右置方向盘车上则是安装在车辆左侧的。相应地，控制单元 J136、J521、J386 和 J387 也交换了位置。

（二）拓扑结构

网络拓扑图如图 1-7-4 所示。

此处所列出的控制单元，有几个是选装的或者特定市场才有。此处所列出的控制单元是截至本书出版时的装备和电机情况。

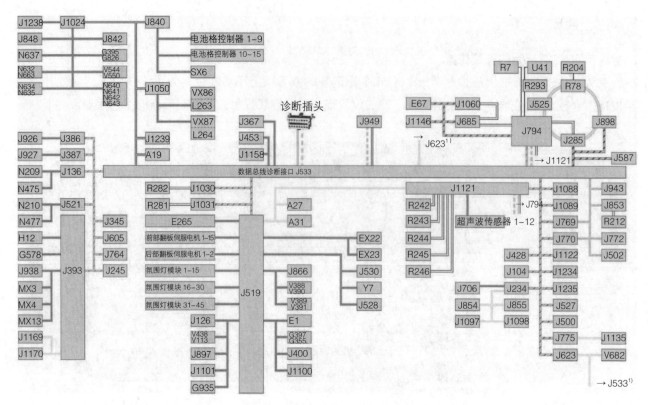

A19.变压器 J854.左前安全带张紧器控制单元 A27.右前LED大灯功率模块1 J855.右前安全带张紧器控制单元 A31.左前LED大灯功率模块1 J866.电动调节转向柱控制单元 J897.空气质量改善系统控制单元 E1.灯开关 J898.前风挡玻璃投影（抬头显示）控制单元 E67.驾驶员侧音量调节器 E265.后部空调操作和显示单元 J926.左后车门控制单元 EX22.仪表板中部开关模块 J927.右后车门控制单元 EX23.中控台开关模块1 J938.行李箱盖开启控制单元 J943.电机声响生成控制单元 G355.空气湿度传感器 J949.紧急救援呼叫模块和通信控制单元 G395.制冷剂压力和制冷剂温度传感器1 G397.雨水和光线识别传感器 J1024.温度管理系统控制单元 G578.防盗警报传感器 J1030.数字式车外后视镜控制单元1 G826.制冷剂压力和制冷剂温度传感器2 J1031.数字式车外后视镜控制单元2 G935.车外空气质量和空气湿度传感器 J1050.高压蓄电池充电器控制单元 J1060.下部触屏 H12.警报喇叭 J1088.左前物体识别雷达传感器控制单元 J1089.右前物体识别雷达传感器控制单元 J104.ABS控制单元 J1097.左后安全带张紧器控制单元 J126.新鲜空气鼓风机控制单元 J1098.右后安全带张紧器控制单元 J136.带记忆功能的座椅调节和转向柱调节控制单元 J1100.前风挡清洗泵控制单元 J234.安全气囊控制单元 J1101.香氛系统控制单元 J245.移动天窗控制单元 J1121.驾驶员辅助系统控制单元 J285.组合仪表内控制单元 J1122.激光车距调节控制单元 J1135.水平调节压缩机电子装置 J345.挂车识别控制单元 J1146.移动终端充电器1 J367.蓄电池监控控制单元 J1158.方向盘触摸识别控制单元 J386.驾驶员车门控制单元 J1169.近场通信控制单元 J387.副驾驶员车门控制单元 J1170.近场通信控制单元2 J393.舒适系统中央控制单元 J1234.前桥电驱动装置控制单元 J400.雨刮电机控制单元 J1235.后桥电驱动装置控制单元 J428.车距调节控制单元 J1238.高压加热器（PTC）控制单元2 J453.多功能方向盘控制单元 J1239.高压蓄电池充电器控制单元2 J500.转向助力控制单元 L263.充电插座LED模块1 J502.轮胎压力监控控制单元 L264 充电插座LED模块2 J519.供电控制单元 J521.带记忆功能的副驾驶员座椅调节控制单元 MX3.左侧尾灯 MX4.右侧尾灯 J525.数字音响控制单元 MX13.中部尾灯 J527.转向柱电子控制单元 J528.车顶电子控制单元 N209.驾驶员腰部支撑调节阀体 J530.车库门开启控制单元 N210.副驾驶员腰部支撑调节阀体 J533.数据总线诊断接口 J587.选挡杆传感器控制单元 N475.驾驶员座椅内阀体1 J605.行李箱盖控制单元 N477.副驾驶员座椅内阀体1 J623.发动机控制单元 N632.冷却液切换阀1 J685.MMI显示器 N633.冷却液切换阀2 N634.冷却液切换阀3 J706.座椅占用识别控制单元 N635.冷却液切换阀4 J764.电子转向柱锁控制单元 N637.制冷剂膨胀阀2 J769.变道辅助控制单元 N640.制冷剂截止阀2 J770.变道辅助控制单元2 N641.制冷剂截止阀3 J772.倒车影像系统控制单元 N642.制冷剂截止阀4 J775.底盘控制单元 N643.制冷剂截止阀 5 J794.信息电子控制单元1 J840.蓄电池调节控制单元 J842.空调压缩机控制单元 J848.高压加热器（PTC）控制单元 J853.夜视系统控制单元 R7.DVD播放器 R78.TV调谐器 V113.循环空气翻板伺服电机 R204.TV读卡器 V388.驾驶员座椅靠背风扇 R212.夜视系统摄像头 V389.副驾驶员座椅靠背风扇 R242.驾驶员辅助系统正面摄像头 V390.驾驶员座椅坐垫风扇 R243.前部周围环境摄像头 V391.副驾驶员座椅坐垫风扇 R244.左侧周围环境摄像头 V438.新鲜空气翻板伺服电机 R245.右侧周围环境摄像头 V544.散热器百叶窗伺服电机 R246.后部周围环境摄像头 V550.散热器百叶窗伺服电机2 R281.左侧数字式车外后视镜摄像头 V682.驻车锁执行器 R282.右侧数字式车外后视镜摄像头 R293.USB集线器 VX86.充电插座护盖驱动单元1 VX87.充电插座护盖驱动单元2 SX6.高压蓄电池开关盒 U41.USB接口1 Y7.自动防眩车内后视镜

图 1-7-4

注：1）通向网关的子总线导线不是用来传输数据的。与发动机控制单元 J623 一样，网关内有一个 120 Ω 的终端电阻。

（三）总线系统

如表 1-7-1 所示。

表 1-7-1

总线系统	导线	结构形式	数据传输速率
舒适 CAN 总线		电气总线系统	500 kbit/s
舒适 CAN 总线 2		电气总线系统	500 kbit/s
扩展 CAN 总线		电气总线系统	500 kbit/s
信息娱乐 CAN 总线		电气总线系统	500 kbit/s
模块化信息娱乐（MIB）CAN 总线		电气总线系统	500 kbit/s
诊断 CAN 总线		电气总线系统	500 kbit/s
组合仪表 CN 总线		电气总线系统	500 kbit/s
混合动力 CAN 总线		电气总线系统	500 kbit/s
FlexRay 总线		电气总线系统	10 Mbit/s
MOST 总线		光纤总线系统	150 Mbit/s
LIN 总线		电气单线总线系统	20 kbit/s
子总线		电气总线系统	500 kbit/s~1 Mbit/s
LVDS[1]		电气总线系统	200 Mbit/s
以太网		电气总线系统	100 Mbit/s

注：1）LVDS = Low-Voltage Differential Signaling，低电压差分信号。

三、FlexRay 总线

由于这个总的拓扑结构无法展示 FlexRay 控制单元实际的布置情况，因此用图 1-7-5 来展示各个 FlexRay 分支上的控制单元分布。这里所展示的是奥迪 e-tron 车（车型 GE）在全装配情况下的所有控制单元。与别的使用 FlexRay 总线的车型一样，连接在分支终端的控制单元一定会配备一个 94 Ω 的电阻。中间的控制单元则配有 2.6 kΩ 的电阻。FlexRay 技术可以让我们在一个分支上使用两个通道，这个技术第一次在奥迪 A8（车型 4N）上采用。这两个通道分别标有字母 A 和 B。第二个通道有两种可能的功能：

（1）这些数据作为冗余来发送。

（2）传送的数据量加倍。

在这款奥迪 e-tron 车上，通道 B 是用于增大数据传输量的。如果同一个控制单元连接在两个通道上了，那么该控制单元的诊断数据是经通道 A 来传输的。如果某分支上的一个通道失效了（比如因 FlexRay 总线上有短路），那么车辆诊断仪上也会显示出故障的是哪个通道，这样就能有针对性地检查相应的控制单元或者导线了。由于 FlexRay 总线采用时间控制式的数据传送，因此启动（就是让网络开始工作）只能通过所谓的"冷启动"控制单元来实现。在这款奥迪 e-tron 车上，下述控制单元就是"冷启动"控制单元：

（1）数据总线诊断接口 J533。

（2）ABS 控制单元 J104 。

（3）安全气囊控制单元 J234。

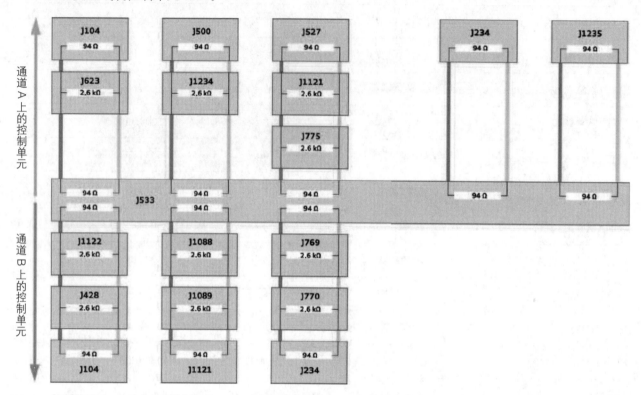

J104.ABS控制单元　J234.安全气囊控制单元　J428.车距调节控制单元　J500.转向助力控制单元　J527.转向柱电子控制单元　J533.数据总线诊断接口　J623.发动机控制单元　J769.变道辅助控制单元　J770.变道辅助控制单元2　J775.底盘控制单元　J1088.左前物体识别雷达传感器控制单元　J1089.右前物体识别雷达传感器控制单元　J1121.驾驶员辅助系统控制单元　J1122.激光车距调节控制单元　J1234.前桥电驱动装置控制单元　J1235.后桥电驱动装置控制单元

图 1-7-5

四、端子控制

（一）端子 15 激活

具体情形：

（1）在端子 15 关闭时，按下进入和启动授权按键 E408，如图 1-7-6 所示。

（2）按键 E408 被按下这个信号通过单独导线被送至舒适系统中央控制单元 J393。

（3）J393 检查授权的车钥匙是否在车内，第（4）和（6）步也会与检查车钥匙同时发生。

（4）J393 把转向柱解锁命令发送给电子转向柱锁控制单元 J764，这就松开了转向柱锁。

（5）J393 激活端子 15 的供电继电器 J329。现在控制单元就通过 J329 获得供电了。

（6）J393 通过舒适 CAN 总线把一个"虚拟"端子 15 信号发送给数据总线诊断接口 J533。

（7）J533 内的高压协调器通过混合动力 CAN 总线将高压系统激活指令发送给蓄电池调节控制单元 J840。J840 通过子总线系统让高压蓄电池开关盒 SX6 合上电力保护装置，随后高压系统就激活了。从这个时间点起，J285 上的指示灯就亮了，高压蓄电池开始放电了。

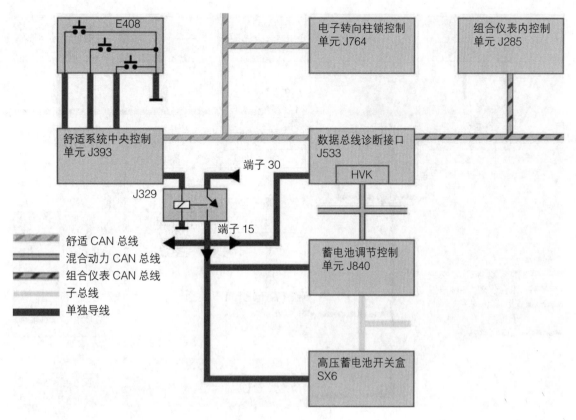

E408.进入和启动授权按键　J329.端子15供电继电器　HVK.高压协调器

图 1-7-6

（二）激活驱动系统

具体情形：

（1）在端子 15 关闭时，按下进入和启动授权按键 E408 并踏下制动踏板，如图 1-7-7 所示。

（2）按键 E408 被按下这个信号通过单独导线被送至舒适系统中央控制单元 J393。

（3）J393 检查授权的车钥匙是否在车内，第（4）和（6）步也会与检查车钥匙同时发生。

（4）J393 把转向柱解锁命令发送给电子转向柱锁控制单元 J764，这就松开了转向柱锁。

（5）J393 激活端子 15 的供电继电器 J329。现在控制单元就通过 J329 获得供电了。发动机控制单元 J623 处理制动灯开关 F 的信号。

（6）J393 通过舒适 CAN 总线把一个"虚拟"端子 15 信号发送给数据总线诊断接口 J533。J533 内的高压协调器通过混合动力 CAN 总线将高压系统激活指令发送给蓄电池调节控制单元 J840。J840 通过子总线系统让高压蓄电池开关盒 SX6 合上电力保护装置。与此同时，高压协调器通过 FlexRay 总线发送激活指令。

（7）发动机控制单元 J623 检查是否有下述信号：

①来自制动灯开关 F 的"已踏下制动踏板"信号。

②来自选挡杆传感器控制单元 J587 的选挡杆在位置 P 或 N 的信号。

③来自高压蓄电池充电器控制单元 J1050 的"未插入充电线"的信号。

（8）如果这些信号都有了，那么 J623 就会通过 FlexRay 总线把"激活驱动系统"这个指令发送给前桥电驱动装置控制单元 J1234。

于是驱动系统就被激活了，功率表上会出现"READY"这个字样。

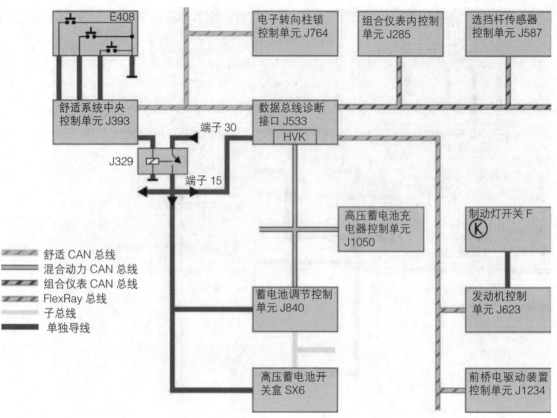

E408.进入和启动授权按键　J329.端子15供电继电器　HVK.高压协调器

图 1-7-7

五、数据总线诊断接口 J533

（一）概述

数据总线诊断接口 J533 （网关）是标配的控制单元，因此车上是肯定有这个控制单元的。在这款奥迪 e-tron 车（车型 GE）上，该控制单元在左侧座椅下，如图 1-7-8 所示。该控制单元用车辆诊断仪经诊断地址码 0019 来进行诊断。

（二）网关执行下述功能

（1）网络系统的网关。

（2）高压协调器。

（3）FlexRay 总线控制器。

（4）诊断主控制单元。

（5）低压供电网（12V）电能管理器。

（6）各种 connect 服务的接口。

（三）需要使用下述数据总线系统

（1）混合动力 CAN 总线。

（2）舒适 CAN 总线。

（3）舒适 CAN 总线 2。

（4）信息娱乐 CAN 总线。

（5）组合仪表 CAN 总线。

（6）扩展 CAN 总线。

数据总线诊断接口 J533

图 1-7-8

（7）Connect-CAN 总线。

（8）FlexRay 总线。

（9）诊断 CAN 总线。

（10）以太网。

（四）不使用下述总线

（1）模块化信息娱乐（MIB）CAN 总线。

（2）MOST 总线。

（五）LIN 的主控制器

（1）蓄电池监控控制单元 J367。

（2）多功能方向盘控制单元 J453。

（3）方向盘触摸识别控制单元 J1158。

（六）特点

该网关管理诊断防火墙。

六、供电控制单元 J519（BCM1）

（一）简介

在这款奥迪 e-tron 车上，供电控制单元 J519 也是车辆的主要控制单元之一。J519 的任务是读取众多传感器信息并激活执行元件、外部照明以及雨刮器等。另外，这个供电控制单元还有很多其他功能，比如驻车转向辅助系统或者座椅加热的激活。与奥迪 A8 车（车型 4N）一样，这款奥迪 e-tron 车的供电控制单元 J519 也负责激活空调装置。可通过地址码 0009 来访问 J519。空调部件的诊断也是用这个诊断功能来进行。供电控制单元使用舒适 CAN 总线 2。另外，该控制单元通过专用的 CAN 总线与驾驶员辅助系统控制单元 J1121 和大灯功率模块 1 相连。J519 也是众多 LIN 装置的主控制单元。

（二）特点

氛围照明的车内灯模块以及空调伺服电机既可以作为 LIN 串联，也可以并联在相关的 LIN 分支上。在进行故障查寻时要注意这个情况。

（三）供电控制单元执行下述功能

（1）车外灯主控制器。

（2）车内灯主控制器。

（3）车灯控制单元诊断网关。

（四）集成功能

（1）泊车。

（2）驻车辅助。

（3）驻车转向辅助。

（4）氛围照明。

（5）激活车内灯模块。

（6）空调调节。

安装位置：供电控制单元 J519 总是安装在副驾驶员脚坑处，就在保险丝和继电器支架旁，如图 1-7-9 所示。该控制单元是少数几个在左置方向盘和右置方向盘车上安装位置不同的控制单元之一。保险丝和继电器支架也是这样的。

供电控制单元 J519

图 1-7-9

七、舒适电子系统

这款奥迪 e-tron 车（车型 GE）的舒适电子系统网络，是基于第 2 代 MLBevo 平台的网络结构的。车上装备两个大家熟知的总线系统：舒适 CAN 总线和舒适 CAN 总线 2。新增加的是选装的虚拟车外后视镜，该装置可以把摄像头的图像显示在相应车门装饰板上的显示器上。

这款奥迪 e-tron 车有下述舒适装备和控制单元，它们有些是直接通过舒适系统中央控制单元联入车辆网络内的，有些是通过舒适 CAN 总线和舒适 CAN 总线 2 联入车辆网络内的，如图 1-7-10 所示。

（1）挂车识别控制单元 J345。

（2）带记忆功能的座椅调节和转向柱调节控制单元 J136。

（3）通过脚的踢摆动作电动打开 / 关闭行李箱盖。

（4）带记忆功能的副驾驶员座椅调节控制单元 J521。

（5）行李箱盖控制单元 J605。

（6）移动天窗控制单元 J245。

（7）舒适系统中央控制单元 J393。

（8）数字式车外后视镜控制单元 1 J1030。

（9）数字式车外后视镜控制单元 2 J1031。

（10）近场通信控制单元 1 J1169。

（11）近场通信控制单元 2 J1170。

（12）行李箱盖开启控制单元 J938。

（13）电子转向柱锁控制单元 J764。

其他部分市场可选装的舒适系统配置：

（1）防盗警报装置（根据具体市场，会有 Safelock- 功能）。

（2）氛围照明（有 3 个大家熟知的 PR 号：QQ0、QQ1 和 QQ2）。

（3）Audi connect 钥匙。

（4）抬头显示。

（5）车库门开启器。

（6）通过脚的踢摆动作电动打开 / 关闭行李箱盖。

（7）便捷钥匙。

（8）前座椅按摩功能。

（9）座椅通风。

图 1-7-10

八、舒适系统中央控制单元 J393

舒适系统中央控制单元 J393 安装在车辆行驶方向左侧、行李箱内左侧侧面装饰板的后面，这个安装位置与各种 Q 系列车型是相同的，如图 1-7-11 所示。在这款奥迪 e-tron 车上，舒适系统中央控制单元

J393 使用一个支架以立式装在车上。舒适系统中央控制单元 J393 有下述主控制器功能：

（1）中央门锁主控制器。

（2）防盗器主控制器。

舒适系统中央控制单元 J393

LIN 的主控制器：

（1）前风挡玻璃加热控制单元 J505。

（2）防盗警报传感器 G578。

（3）警报喇叭 H12。

（4）行李箱盖开启控制单元 J938。

（5）尾灯 MX3、MX4、MX13。

两个近场通信控制单元连接在 J393 上：

（1）近场通信控制单元 1 J1169。

（2）近场通信控制单元 2 J1170。

这种 J393 硬件用于所有 MLBevo 结构的车型上。

图 1-7-11

九、虚拟车外后视镜

这款奥迪 e-tron 车（车型 GE）可以选装虚拟车外后视镜，其 PR 号是 PAF。这种后视镜与标配的车外后视镜相比明显狭长一些，这种新外形可以降低风阻（改善风阻系数），也就降低了风噪（改善了空气动力学性能）。每个扁平托架上集成有一个小摄像头，其图像会显示在仪表板和车门之间过渡区的 OLED 显示屏上，如图 1-7-12 所示。这种虚拟车外后视镜可适应各种行驶状况。在显示屏框上可以显示激活了的转向灯、变道警报和离车警报。虚拟车外后视镜是无法单独接通或者关闭的。如果车辆已开锁了，那么若接下来打开了驾驶员车门或者副驾驶员车门，则摄像头图像会在显示屏上显示一定的时间；在接通了点火开关后，摄像头图像会一直显示着。在关闭了点火开关后，摄像头图像还会显示约 2min。一旦车辆上锁，该系统也就停止工作了。通过 MMI 菜单可以进行其他设置，比如两个显示屏的亮度。根据用户需要可进行各种视界设置：

（1）路缘视界：显示的视界向下扩展，图像变大。

（2）十字路口视界：在转弯时较小转弯一侧的死角。

（3）高速公路视界：通过摄像头变焦来改善在高速公路上行驶时的视界。

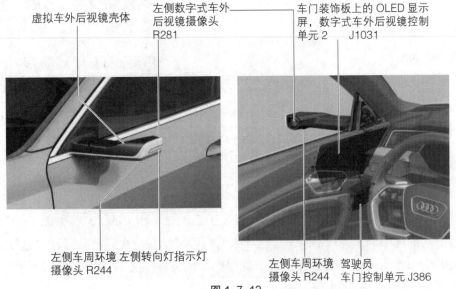

虚拟车外后视镜壳体　左侧数字式车外后视镜摄像头 R281　车门装饰板上的 OLED 显示屏，数字式车外后视镜控制单元 2　J1031

左侧车周环境摄像头 R244　左侧转向灯指示灯

左侧车周环境摄像头 R244　驾驶员车门控制单元 J386

图 1-7-12

（一）虚拟车外后视镜的电气连接

虚拟车外后视镜数字式车外后视镜控制单元 1 J1030（右侧数字式车外后视镜）和数字式车外后视镜控制单元 2 J1031（左侧数字式车外后视镜）是连接在舒适 CAN 总线 2 上的。虚拟车外后视镜的两个控制单元与车门装饰板上的显示屏构成一个单元；J1030 与 R284、J1031 与 R283 构成一个总成。虚拟车外后视镜的电气装备还包括两个摄像头加热器 R282 和 R281。与传统的车外后视镜加热器不同的是，这两个加热器是自动激活来工作的。具体取决于车外温度、雨刮器是否工作、后风窗加热是否接通或者是否识别出有污物。加热策略与传统车外后视镜是相同的，比如：根据车外温度，加热先按最大功率（就是100%）来工作，在经过了规定时间后，加热功率会下降。

这两个控制单元的诊断地址如下：

（1）J1030 诊断地址为 8111。

（2）J1031 诊断地址为 8112。

在两个虚拟车外后视镜的壳体上集成有两个车周环境摄像头：左侧车周环境摄像头 R244 和右侧车周环境摄像头 R245。另外，左侧 / 右侧转向指示灯灯泡 M18/M19 集成在后视镜壳体上。

（二）联网示意图

联网示意图如图 1-7-13 所示。

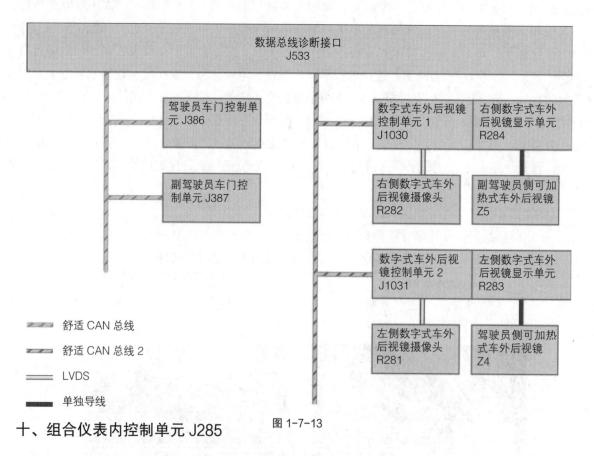

图 1-7-13

十、组合仪表内控制单元 J285

这款奥迪 e-tron 车（车型 GE）上标配的是虚拟驾驶舱 Audi virtual cockpit，其 PR 号是 9S8，它是一种 12.3in（1 in=2.54cm）全数字式组合仪表，可按需灵活地显示相应的信息，如图 1-7-14 所示。这种组合仪表是通过不同的选项卡来管理信息的。选项卡的内容显示在中央区域。可以通过按键和多功能方向盘左侧滚轮来更改 Audi virtual cockpit 上的设置。根据车辆装备情况，可以选择不同的附加显示内容。功率表取代了转速表。驾驶员通过功率表来获知驱动系统的负荷情况。功率表的指针表示当前的负荷情况，彩色的边缘表示驱动系统当前有多大能力可供使用。根据所选的行驶程序以及当前电功率的可用能力,这个颜色边缘会有变化。可选装 Audi virtual cockpit plus,PR 号是 9S9,它也是一种 12.3in 全数字式组合仪表,多了专用的运动形态外观 / 内容显示(常规的仪表显示当然是也有的)。

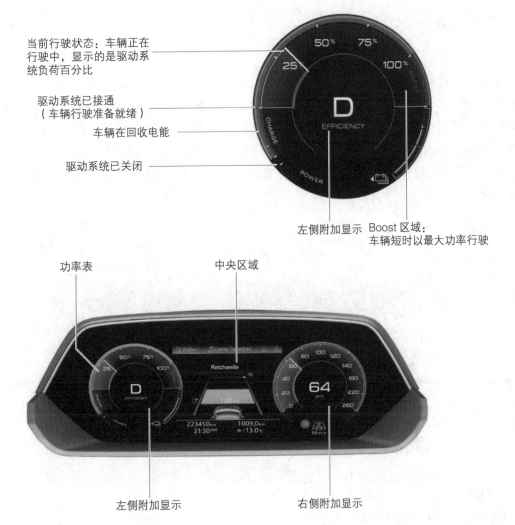

图 1-7-14

十一、发动机控制单元 J623

发动机控制单元 J623 安装在左侧 A 柱上,它连接在 FlexRay 总线上,如图 1-7-15 所示。加速踏板模块 GX2 连接在发动机控制单元上,驻车锁执行器 V682 是通过子 CAN 总线连接的。发动机控制单元经组合仪表 CAN 总线从控制单元 J587 处获取挂入的行驶挡信息。蓄电池调节控制单元 J840 经混合动力 CAN 总线将高压蓄电池充电状态和电流限制信息发送给发动机控制单元 J623。发动机控制单元 J623 根据这些信息和加速踏板模块 GX2 的位置,通过 FlexRay 总线把电驱动和能量回收的转速及扭矩规定值发

发动机控制单元 J623

图 1-7-15

送给前桥及后桥交流驱动装置。如果驾驶员踏下制动踏板，那么发动机控制单元会经 FlexRay 总线从控制单元 J104 处接收到这个制动意愿信息。根据能量回收设置情况，制动功率会在交流驱动装置和脚制动器之间进行分配。若车速下降，那么能量回收功率也就下降。不用脚制动器就无法将车辆制动至停住。在功率表的 Charge 刻度区会显示能量回收情况。驾驶员可以通过方向盘上的点动开关来设置能量回收功率。

十二、外部照明

（一）大灯

从技术角度讲，这款奥迪 e-tron 车（车型 GE）上的大灯就是矩阵式 LED 大灯，有时也把这种大灯称作智能型矩阵式大灯，因为近光灯的 LED 和矩阵光束远光灯 LED 是安装在同一个反射单元内的。每个大灯的单排矩阵式远光灯由 8 个 LED 构成，如图 1-7-16 所示。根据具体的交通状况，各个 LED 是可以单独关闭的，以避免给对向来车和前行车辆造成炫目。每个大灯的远光聚光灯由 2 个 LED 构成，用于支持远光灯。这个远光聚光灯也用作矩阵段（前提是有 8G4 这个装备），可根据交通情况接通或者关闭。

（二）种类

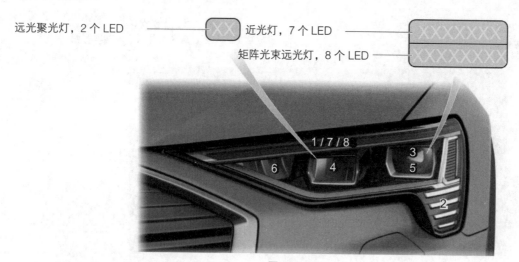

图 1-7-16

大灯有 4 种类型：

（1）PR 号：8G0 LED 大灯，无灯光辅助。

（2）PR 号：8G9 LED 大灯，带有其他灯功能准备系统。

（3）PR 号：8G1 LED 大灯，带有远光灯辅助。

（4）PR 号：8G4 矩阵式 LED 大灯，带有动态照明和前、后动态转向灯。

（三）灯功能

1.PR 号：8G0 的灯功能

（1）白天行车灯（如图 1-7-16 中 1）。

（2）驻车灯（如图 1-7-16 中 1）。

（3）近光灯（如图 1-7-16 中 3）。

（4）远光灯（如图 1-7-16 中 4 和 5）。

（5）静态转向灯（如图 1-7-16 中 7）。

（6）回家 / 离家灯（如图 1-7-16 中 3）。

（7）调车灯（如图 1-7-16 中 3 和 6），在挂入倒挡时。

（8）全天候灯（如图 1-7-16 中 6）。

（9）示宽灯（仅 SAE，图中未画出）。

2.PR 号：8G1 的灯功能

（1）白天行车灯（如图 1-7-16 中 1）。

（2）驻车灯（如图 1-7-16 中 1）。

（3）标识灯（如图 1-7-16 中 2），与白天行车灯 / 驻车灯一同工作。

（4）近光灯（如图 1-7-16 中 3）。

（5）远光灯 / 远光灯辅助（如图 1-7-16 中 4 和 5），功能仅远光灯接通或关闭。

（6）静态转向灯（如图 1-7-16 中 7）。

（7）回家 / 离家灯（如图 1-7-16 中 3）。

（8）调车灯（如图 1-7-16 中 3 和 6），在挂入倒挡时。

（9）全天候灯（如图 1-7-16 中 6）。

（10）示宽灯（仅 SAE，图中未画出）。

3.PR 号：8G9 的灯功能

（1）白天行车灯（如图 1-7-16 中 1）。

（2）驻车灯（如图 1-7-16 中 1）。

（3）标识灯（如图 1-7-16 中 2），与白天行车灯 / 驻车灯一同工作。

（4）近光灯（如图 1-7-16 中 3）。

（5）远光灯（如图 1-7-16 中 4 和 5）。

（6）静态转向灯（如图 1-7-16 中 7）。

（7）回家 / 离家灯（如图 1-7-16 中 3），连同驻车灯和尾灯动态工作。

（8）调车灯（如图 1-7-16 中 3 和 6），在挂入倒挡时。

（9）全天候灯（如图 1-7-16 中 6）。

（10）示宽灯（仅 SAE，图中未画出）。

4.PR 号：8G4 的灯功能

（1）白天行车灯（如图 1-7-16 中 1）。

（2）驻车灯（如图 1-7-16 中 1）。

（3）标识灯（如图 1-7-16 中 2），与白天行车灯 / 驻车灯一同工作。

（4）近光灯（如图 1-7-16 中 3）。

（5）矩阵光束远光灯（如图 1-7-16 中 4 和 5）。

（6）全天候灯（如图 1-7-16 中 6）。

（7）静态转弯灯（如图 1-7-16 中 6）。

（8）十字路口灯（如图 1-7-16 中 6）。

（9）回家 / 离家灯（如图 1-7-16 中 3），连同驻车灯和尾灯动态工作。

（10）高速公路灯（如图 1-7-16 中 3），通过大灯照程调节系统抬高近光灯。

（11）合成的动态转弯灯。

（12）十字路口灯（如图 1-7-16 中 6），与导航系统配合使用。

（13）调车灯（如图 1-7-16 中 3 和 6），在挂入倒挡时。

（14）示宽灯（仅 SAE，图中未画出）。

（四）回家 / 离家功能

如果这款奥迪 e-tron 车上装备有 PR 号 8G0 或 8G1 的装备，那么近光灯会被激活用作登车 / 离车灯。

（五）回家 / 离家功能连同驻车灯和尾灯动态工作

如果这款奥迪 e-tron 车上装备有 PR 号 8G9 或 8G4 的装备，那么近光灯会被激活并连同驻车灯和尾灯动态工作来用作登车 / 离车灯，这时驻车灯和尾灯的 LED 是交替来工作的。

（六）靠左侧行驶和靠右侧行驶的切换

不需要进行大灯切换，不需要采取任何额外措施就可以满足法规要求。在高速公路上行车时，灯开关应置于"近光灯"位置处，这样可防止大灯照程调节装置抬高灯，也就可防止造成对向车道炫目了。

（七）大灯照程调节

这款奥迪 e-tron 上的所有大灯类型都配备有大灯照程自动动态调节功能。

（八）装备

装备有矩阵式 LED 大灯的奥迪 e-tron 车，标配有大灯清洗装置。

（九）售后服务 / 维修

安装在大灯壳体外部的控制单元、大灯照程调节伺服电机以及白天行车灯和标识灯的 LED 模块，在发生故障时是可以更换的。如果大灯的上部固定件和内部固定件损坏了的话，可把维修压板固定到大灯壳体上。

（十）售后服务 / 调整和校准

奥迪车上所有大灯都是通过两个调节螺栓来调节近光灯的。但是，这款奥迪 e-tron 车的大灯的矩阵光束远光灯不是通过测量基准段来校准的。在奥迪 e-tron 车的大灯上，是要测量近光灯的曲线转折点的。这个值被输入到诊断仪检测程序内，由此来计算出矩阵光束远光灯的校正值。说明：具体供应的是哪些种类的大灯，取决于具体市场。奥迪 A8（车型 4N）采用了新的灯开关和新的操纵结构，这款奥迪 e-tron 车也是这样的。这种操纵结构能在车速低于 10km/h 时让近光灯和白天行车灯完全关闭。如果超过了该车速，那么灯开关会切换到"AUTO"位置。另外，端子 15 切换后（就是点火开关关闭并再次接通），灯开关必定会位于"AUTO"位置，不管在关闭端子 15（就是关闭点火开关）前选择了什么都会是这个样子的。

（十一）尾灯

这款奥迪 e-tron 车（车型 GE）的尾灯分为三部分，左、右侧围板上各有一个尾灯和一个延展到行李箱盖整个宽度上的灯单元，如图 1-7-17 所示。只使用 LED 做灯具。尾灯是通过舒适系统中央控制单元 J393 来触发的。

这款奥迪 e-tron 车的后雾灯功能挪到保险杠上了。后雾灯只在单侧有，且总是在车道靠内的一侧。也就是说：在左置方向盘车上，后雾灯在保险杠外皮左侧，右侧是一个反光器；在右置方向盘车上，情况与此正相反。在这款奥迪 e-tron 车上，高位制动灯安装在后扰流板上。LED 是无法单独更换的。尾灯、转向灯和制动灯这些灯分布在尾灯的三部分上。倒车灯两侧都有，安装在行李箱盖上的尾灯内。如果奥迪 e-tron 车装备有 PR 号 8G4 的装备，动态转向灯以及尾灯的动态工作功能就包含在尾灯中了。

高位制动灯

后雾灯

尾灯

图 1-7-17

第八节　高压系统

一、高压部件示意图

高压部件示意图如图 1-8-1 所示。

变压器 A19
高压充电网配电器 SX4
高压蓄电池充电器 1　AX4
高压蓄电池充电插座 2　UX5
高压加热器 2（PTC）Z190
高压蓄电池开关盒 SX6
后部交流驱动装置 VX90

前部交流驱动装置 VX89
高压蓄电池充电器 2 AX5
电动空调压缩机 V470

高压加热器（PTC）Z115
高压蓄电池充电插座 1　UX4
高压蓄电池 1　AX2

图 1-8-1

二、安全规则

本车的高压系统可产生高达约 450V 的直流电压。对车辆高压部件的检修，只能在不带电状况下进行。请注意：即使车辆已停止工作了，高压系统也可能是带电的。比如：

（1）如果给高压蓄电池充电的话。

（2）如果在使用驻车空调的话。

（3）如果高压蓄电池在给 12V 蓄电池充电的话。

为此必须先给高压系统停电，随后要验电（就是确认确实是不带电了）。停电的操作方式是按照电工学的 5 点安全规程来执行的，如图 1-8-2 所示。

说明：25V 交流电压和 60V 直流电压对人来说就已经是危险的了。请务必留意维修手册和故障导航中的安全事项以及车上的安全警示。停电操作必须按照车辆诊断仪上的检查表来执行。停电和高压设备的检修工作只可由经过认证的高压电技工来进行操作。

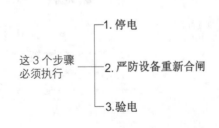
这 3 个步骤必须执行
1. 停电
2. 严防设备重新合闸
3. 验电

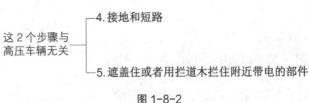
这 2 个步骤与高压车辆无关
4. 接地和短路
5. 遮盖住或者用拦道木拦住附近带电的部件

图 1-8-2

三、警示标签

车上设置有警示标签，用于提示供电方面的危险。用户、维修和服务站人员以及技术救援和医疗救援人员必须注意这些警示内容，以防止出现伤害。检修高压车辆时要注意的安全规则都适用于本车上的情况。发动机舱内的警示标签如图1-8-3所示。

带有"DANGER"字样的警示标签表示高压部件或者高压导电部件，如图1-8-4所示。

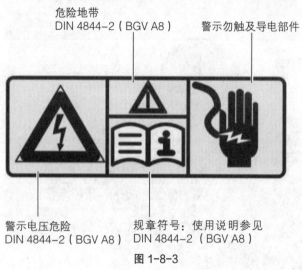

危险地带
DIN 4844-2（BGV A8）

警示勿触及导电部件

警示电压危险
DIN 4844-2（BGV A8）

规章符号：使用说明参见
DIN 4844-2（BGV A8）

图 1-8-3

危险！

警示触电危险

图 1-8-4

高压蓄电池专用警示标签如图1-8-5所示。说明：根据国家的不同，车上可能还会有其他警示/提示标签。

警示爆炸物质

警示触电危险

警示腐蚀性物质

需戴护目镜

禁止使用明火、无罩灯及吸烟

必须注意蓄电池使用说明和车辆使用说明书中的提示

蓄电池要远离儿童放置

不可打开高压蓄电池　防潮　只可由专业人员进行保养工作

图 1-8-5

四、高压蓄电池1AX2

高压蓄电池1AX2用螺栓拧在车辆中间，用于支承车身。36个蓄电池模块分为两层，蓄电池壳体通过一根等电位线与车身相连，如图1-8-6所示。高压蓄电池开关盒SX6安装在高压蓄电池上。蓄电池模块控制单元安装在高压蓄电池内。蓄电池调节控制单元J840在右侧A柱上。

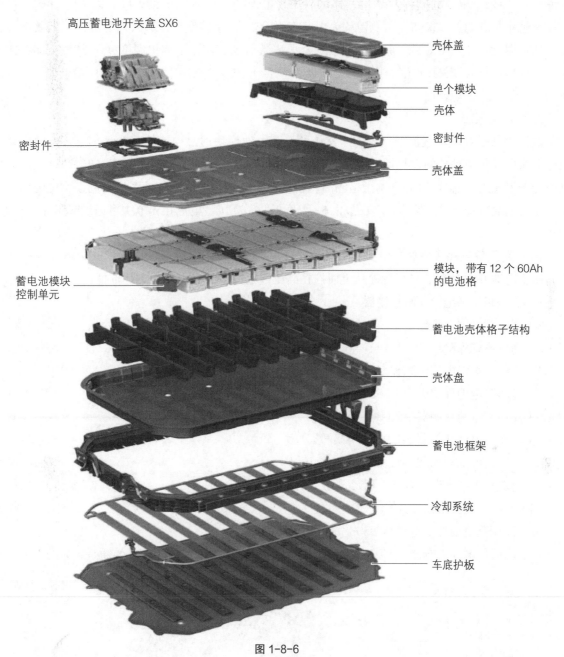

图 1-8-6

（一）技术数据

如表 1-8-1 所示。

表 1-8-1

名称	高压蓄电池 1 AX2	可用能量（kWh）[1]	83.6
额定电压（V）	396	充电功率（kW）	150
容量（Ah）	240	重量（kg）	699
蓄电池单元格数量（个）	432（分为 36 个模块）	大致尺寸（mm×mm×mm）	1630×340×2280（$B×H×L$）
工作温度（℃）	−28～60	冷却[2]	液冷
总能量（kWh）	95	—	—

注：1）相当于实际充电状态的8%~96%，充电状态会给驾驶员显示"空"或者"满"。

2）在温度低时，也可给蓄电池加热。

说明：如果车辆长时间停放不用，那么高压蓄电池的充电状态也会下降，因为它总是会自动地给12V蓄电池补充电能。如果高压蓄电池的充电状态降至低于约10%了，那么就不再给12V蓄电池补充电能了。如果温度低于–30℃了，那么驱动系统就无法激活去工作了。如果温度高于60℃，那么接触器就会脱开（若是在点火开关接通时，则是接触器不会接合）。温度在–8~56℃时，高压蓄电池可以把全部蓄电池功率用于交流驱动装置。

（二）冷却系统

蓄电池冷却是在冷却液循环系统中来实施的。蓄电池模块通过导热体将热量传至蓄电池壳体。蓄电池壳体上有用导热胶粘接的散热器，冷却液就流经该散热器。高压蓄电池冷却液温度传感器G898和高压蓄电池冷却液温度传感器2 G899用于检测高压蓄电池上游和下游的冷却液温度。高压蓄电池内部的冷却液靠高压蓄电池冷却液泵V590来实现循环。在温度低时，高压蓄电池在充电中可通过高压加热器（PTC）来加热。

（三）高压蓄电池开关盒SX6

高压蓄电池开关盒SX6是用螺栓从上面拧在高压蓄电池上的，它包含下述部件：

（1）电压测量和绝缘监测控制器。

（2）高压充电器保险丝。

（3）高压系统保险丝。

（4）高压蓄电池电流传感器G848。

（5）高压蓄电池保护电阻N662 15Ω。

（6）高压蓄电池接触器1 J1057 HV正极。

（7）高压蓄电池接触器2 J1058 HV负极。

（8）高压蓄电池预加载接触器J1044 HV正极。

（9）直流充电接触器1 J1052（DC正极带充电电流保险丝）。

（10）直流充电接触器2 J1053（DC负极）。

（11）高压蓄电池切断点火器N563。

（12）高压蓄电池充电器1 AX4、高压加热器（PTC）Z115和变压器A19的插头，如图1-8-7所示。

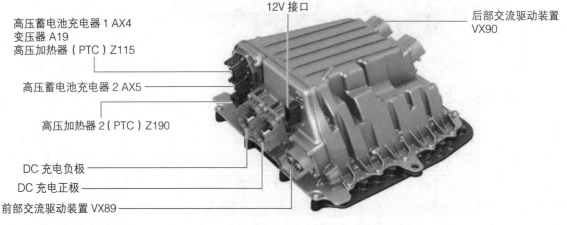

图1-8-7

如果端子15接通了的话，高压蓄电池接触器2 J1058 HV负极和高压蓄电池预加载接触器J1044 HV正极就接上了。随后一个微小电流就经保护电阻N662流向变压器和交流驱动装置的功率电子装置。一旦这些部件内的中间电路电容器充上了电,那么高压蓄电池接触器1 J1057 HV 正极就接合了,而高压蓄电池预加载接触器 J1044 HV 正极就脱开了。高压蓄电池开关盒 SX6 通过一个子 CAN 总线来与蓄电池调节控制单元 J840 和蓄电池模块控制单元进行通信联系。只有当单独导线发送给高压蓄电池切断直流充电桩上给高压蓄电池充电时,直流充电接触器才会接合。如果满足下述条件,接触器就会脱开:

(1)端子 15 已关闭。

(2)安全气囊控制单元 J234 发送来了碰撞信号。

(3)安全气囊控制单元 J234 把碰撞信号通过单独导线发送给高压蓄电池切断点火器 N563。

(4)保养插头 TW 已断开。

(5)接触器端子 30c 的供电保险丝被拔下了或者损坏了。

(四)高压蓄电池切断点火器 N563

高压蓄电池开关盒 SX6 通过单独的导线与安全气囊控制单元 J234 相连。高压蓄电池切断点火器 N563 是一个软件,它用于对碰撞信号进行电子分析,以保证接触器脱开。该点火器并非一个实体部件,在碰撞后不必更换。

(五)蓄电池模块

一个蓄电池模块由 12 个电池格构成。每 4 个电池格构成一个并联的组,容量为 240Ah 。每 3 个这样的组是串联的,可为每个蓄电池模块提供 11V 电压,如图 1-8-8 所示。电池格上方的两个温度传感器检测电池格的温度。蓄电池模块是用橙色导线连接在蓄电池模块控制单元上的。

模块的彼此连接:如果是并联,那么电池格容量是相加的;如果是串联,那么电池格电压是相加的,如图 1-8-9 所示。并联:60Ah + 60Ah + 60Ah + 60Ah = 240Ah 。串联:3.67V + 3.67V+ 3.67V ≈ 11V。

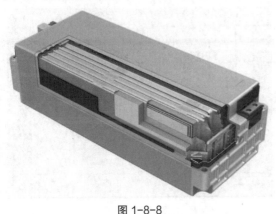

图 1-8-8

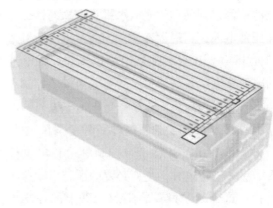

图 1-8-9

(六)蓄电池模块控制单元 J1208

在一个蓄电池模块控制单元上连接有 3 个蓄电池模块,如图 1-8-10 所示。蓄电池模块控制单元的功能如下:

(1)测量 3 个蓄电池模块的电压(V)。

(2)测量蓄电池格的温度。

(3)平衡电池格组。

蓄电池模块控制单元通过子 CAN 总线与蓄电池调节控制单元 J840 和高压蓄电池开关盒 SX6 进行通信。

(七)蓄电池调节控制单元 J840

蓄电池调节控制单元 J840 安装在车内的右侧 A 柱上

(如图 1-8-11 所示),其功能如下:

图 1-8-10

图 1-8-11

（1）确定高压蓄电池的充电状态。

（2）确定并监控允许的充电电流和放电电流（在电动行驶时、在发电机模式时以及在能量回收时）以及蓄电池充电的电压和电流。

（3）估算高压蓄电池开关盒 SX6 所测得的高压系统内的绝缘电阻。

（4）监控安全线 1。

（5）估算电池格电压及平衡。

（6）把要求高压蓄电池加热的指令发给温度管理控制单元 J1024。

（7）按温度管理控制单元 J1024 提供的参数来激活高压蓄电池冷却液泵 V590。

（8）在发生碰撞时促使接触器脱开。

该控制单元通过子 CAN 总线来与高压蓄电池开关盒 SX6 和蓄电池模块控制单元 J1208 进行通信，是连在混合动力 CAN 总线上的。

（八）蓄电池格平衡

在图 1-8-12 中，某个电池格已充电至 100% 且充电过程已经结束了。但高压蓄电池仅充电至 92.5%。所谓平衡（也叫平差），就是通过一个电阻来让这个电池格放电，以便能继续充电，直至所有电池格都达到同样的充电水平。这样的话，才能让高压蓄电池达到最大容量。为此，蓄电池调节控制单元 J840 会比较电池格组的电压。如果电池格组的电池格电压较高，相应的蓄电池模块控制单元就会接收到平衡信息。在高压蓄电池充电时，电压差高于约 1% 时，就会执行这种平衡过程了。在"端子 15 关闭"后，蓄电池调节控制单元 J840 会检查是否需要去进行这种平衡，必要的话就启动这个平衡过程。这个时候只有子 CAN 总线上的控制单元是激活的。在充电状态高于 30% 时才会执行这个平衡过程。

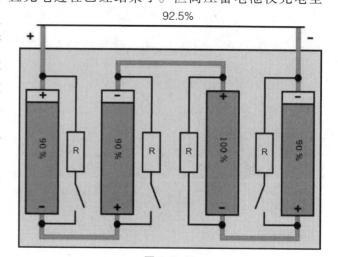

图 1-8-12

（九）绝缘监控

在高压系统处于激活状态时，高压蓄电池开关盒 SX6 每隔 30s 就会进行一次绝缘检查。用当前蓄电池电压来测量高压导体和高压蓄电池 1 AX2 壳体之间的绝缘电阻，会检测到高压系统部件和导线上非常小的绝缘电阻。高压蓄电池充电插座内的 AC 接口、高压蓄电池充电器内的 AC/DC 逆变器就不进行这种检查了，因为高压系统充电插座有电流隔离作用。开关盒会把绝缘电阻值发送给蓄电池调节控制单元 J840，以便分析。如果识别出的绝缘电阻非常小，那么该控制单元会通过混合动力 CAN 总线把一个信息发送给数据总线诊断接口 J533。J533 经组合仪表 CAN 总线来让组合仪表内控制单元 J285 工作，这样就可以把信息显示在组合仪表显示屏上给驾驶员看了。如果出现的是黄色的警告信息，那么驾驶员可以开车继续行驶且可以再次激活驱动系统。如果这个绝缘电阻值过小了，那么出现的就是红色警告信息，这时可以结束行驶，但无法再次激活驱动系统了。

（十）变压器 A19

变压器 A19 安装在车辆的右前部，采用冷却液循环来冷却，如图 1-8-13 所示。该变压器负责将高压蓄电池 1 AX2 的 396V 直流电压转换成车载电网用的 12V 直流电压。传输是通过线圈感应（电流隔离）实现的。因此，高压系统与 12V 车载供电网之间，是没有导电连接的。变压器 A19 通过开关盒 SX6 内的一个保险丝连接在高压蓄电池上。该变压器的功率高达 3kW。如果车辆长期停放不用且高压蓄电池有足够的电的话，那么会给 12V 蓄电池充电。说明：这个充电过程是会自动启动的。这时高压系统就处于激活状态了，高压部件也都带电了。变压器 A19 通过一根等电位线与车身相连。中间电路电容器会主动或者被动放电。

（十一）高压充电网配电器 SX4

在配备有第二个 AC 充电插座或者第二个高压蓄电池充电器的车上，充电插座和充电器是通过高压充电网配电器 SX4 连接的，如图 1-8-14 所示。

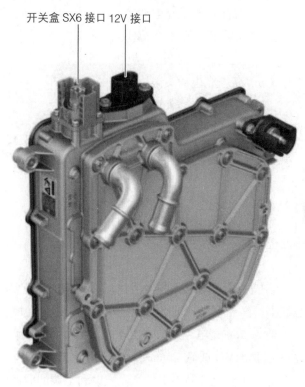

开关盒 SX6 接口   12V 接口

图 1-8-13

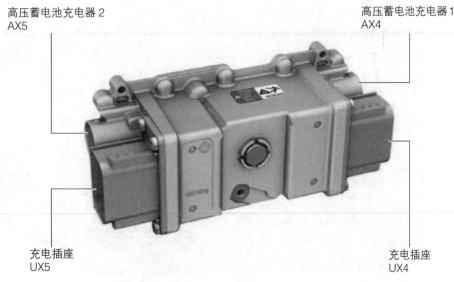

高压蓄电池充电器 2
AX5

高压蓄电池充电器 1
AX4

充电插座
UX5

充电插座
UX4

图 1-8-14

（十二）高压蓄电池充电器 1 AX4 和高压蓄电池充电器 2 AX5

这两个充电器安装在车辆前部，在前部电驱动装置电机的前上方，如图 1-8-15 所示。充电器 2 是选装的，充电功率为 22kW。三个整流器将操纵单元或充电桩上的交流电压转成直流电压用于给高压蓄电池 1 AX2 充电。每个整流器的最大工作能力为 16A。充电电流分配取决于实际的充电电流。传输是通过线圈感应（电流隔离）实现的。因此，交流网与车上高压系统之间，是没有导电连接的。充电器连接在高压蓄电池开关盒 SX6 上。充电电流是通过开关盒内的一个保险丝输送到高压蓄电池的。采用冷却液循环来冷却。连接的部件：

（1）高压蓄电池充电插座 1 UX4。

（2）高压蓄电池充电插座 2 UX5。

（3）充电插座的 LED 模块 1 L263。

（4）充电插座的 LED 模块 2 L264。

（5）高压充电插头锁执行器 1 F498。

（6）高压充电插头锁执行器 2 F499。

（7）充电插座护盖的驱动单元 2 VX87。

（8）充电插座护盖的驱动单元 1 VX86。

（9）充电插座温度传感器 1 G853。

（10）充电插座温度传感器 2 G854。

充电器通过一根等电位线与车身相连。
中间电路电容器会被动放电。

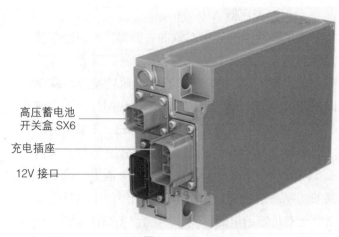

高压蓄电池
开关盒 SX6

充电插座

12V 接口

图 1-8-15

（十三）通信

集成的高压蓄电池充电器控制单元 J1050 和高压蓄电池充电器控制单元 2 J1239 连接在混合动力 CAN
总线上。高压蓄电池充电器控制单元 J1050 是主控制器，高压蓄电池充电器控制单元 2 J1239 是从控制器。
与奥迪 e-tron 充电系统或者充电桩的通信是通过 CP 和 PE 接口用 PWM 信号或者动力线通信来进行。在
通过 CHAdeMO 或者 China-DC 充电插座用直流电来充电时，是采用 CAN 总线来与充电桩通信的。在直
流充电时，整流器就不工作了。充电和空调的时间设置存储在高压充电器控制单元 J1050 内。

（十四）电动空调压缩机 V470

电动空调压缩机 V470 安装在车辆前部。通过高压蓄电池开关盒 SX6 内的一个保险丝来供应高压电，
如图 1-8-16 所示。集成的空调压缩机控制单元
J842 通过 LIN 总线来与温度管理控制单元 J1024 相
连。空调压缩机通过一根等电位线与车身相连。
中间电路电容器会被动放电。说明：在驻车空调
工作时，高压系统是激活的，高压部件是带电的。
充电和空调时间设置存储在高压充电器控制单元
J1050 内。

**（十五）高压加热器（PTC）Z115 和高压加
热器 2（PTC）Z190**

高压加热器安装在车辆前部，通过高压蓄电池
开关盒 SX6 内的一个保险丝来供应高压电。它们
会加热冷却液，以便让车内热起来或者给高压蓄电
池加热用，如图 1-8-17 所示。集成的控制单元
J848/J1238 通过 LIN 总线来与温度管理控制单元
J1024 相连。高压加热器通过一根等电位线与车身
相连。说明：在驻车空调工作时，高压系统是激活的，
高压部件是带电的。充电和空调时间设置存储在高压充电器控制单元 J1050 内。

图 1-8-16

（十六）中间电路电容器

在高压部件上，HV 正极和 HV 负极之间装有一个电容器，它用作蓄能器和电压稳定器。另外，电容
器上还并联有一个电阻，该电阻在点火开关关闭时会让电容器放电，如图 1-8-18 所示。在点火开关关闭时，
某些高压部件上的电容器由一个开关和电阻进行主动放电。

图 1-8-17

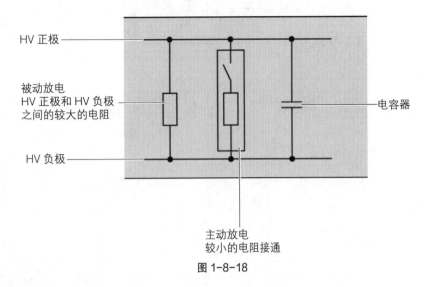

图 1-8-18

（十七）高压部件放电状态（如表 1-8-2 所示）

说明：在某些高压部件内有电容器，用于存储电能。电容器在断电时必须放电。因此必须按照车辆诊断仪内的检测表来实施停电操作，表 1-8-2 已考虑到放电时间了。高压设备的停电和检修工作只可由经过认证的人员来进行操作。

（十八）碰撞信号

在车辆发生碰撞时，安全气囊控制单元通过混合动力 CAN 总线把一个信号发送给蓄电池调节

表 1-8-2

高压部件	被动放电	主动放电
前部交流驱动装置 VX89	×	×
后部交流驱动装置 VX90	×	×
变压器 A19	×	×
高压蓄电池充电器 1 AX4 和 2 AX5	×	
电动空调压缩机 V470	×	

控制单元 J840、通过一个单独导线把一个信号发送给高压蓄电池开关盒 SX6 内的高压蓄电池切断点火器 N563。接触器于是就脱开，高压系统就被关闭。根据碰撞的严重程度，可通过关闭和接通端子 15 或者在某些条件下使用车辆诊断仪来再次激活高压系统。

（十九）安全线

车上的安全线分为四部分（如图 1-8-19 所示）：

（1）安全线 1 穿过蓄电池调节控制单元 J840、电动空调压缩机 V470、高压加热器 2（PTC）Z190、高压加热器（PTC）Z115、保养插头 TW 和高压蓄电池开关盒 SX6。

（2）安全线 2 在变压器 A19 内。

（3）安全线 3 在高压蓄电池充电器 1 AX4 内。

（4）安全线 4 在高压蓄电池充电器 2 AX5 内。

车上的这些安全线是 12V 环形线，穿过高压部件。蓄电池调节控制单元 J840、变压器 A19、高压蓄电池充电器 1 AX4 和高压蓄电池充电器 2 AX5 会把状态报告给数据总线诊断接口 J533。如果某个安全线中断了，比如拔下了插头，那么诊断接口 J533 就会从相关的控制单元处获得信息，并通过组合仪表 CAN 总线让组合仪表控制单元 J285 把信息显示给驾驶员看。关闭端子 15 前是可以继续开车行驶的，但无法再次激活驱动系统。

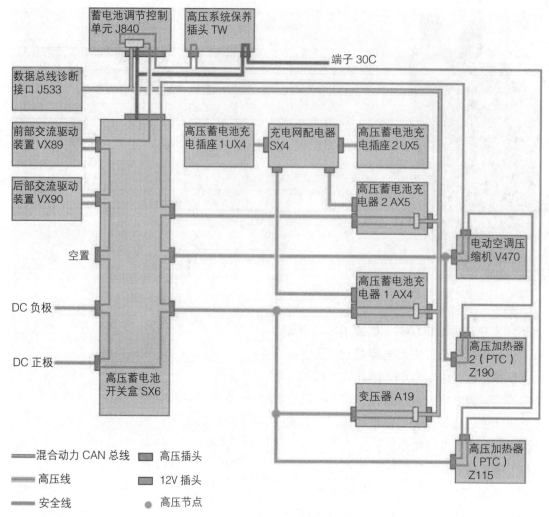

图 1-8-19

（二十）保养插头 TW

保养插头 TW 位于车辆左前部，它是高压蓄电池接触器的 12V 控制电路的电气连接，也是安全线的构件，如图 1-8-20 所示。如果这个保养插头脱开了，那么安全线也就断开了，接触器的 12V 控制电路也就断开了。这个保养插头是用于给高压系统断电的。请使用车辆诊断仪中的相应程序来专业地将高压系统脱开并断电。保养插头 TW 在脱开后，要使用专用工具 T40262/1 来防止其再次合闸。保养插头 TW 上有这个提示标签，如图 1-8-21 所示。

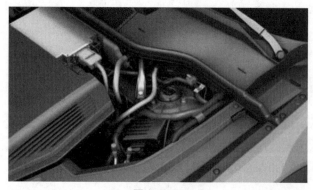

图 1-8-20

遵守救援卡上的提示　　　拔出插头

图 1-8-21

（二十一）供电保险丝

接触器控制电流的供电保险丝位于行李箱内左侧的保险丝支架上，如图 1-8-22 带有提示标签。这个保险丝带有提示标签，如图1-8-23所示。

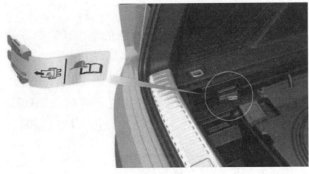

图1-8-22

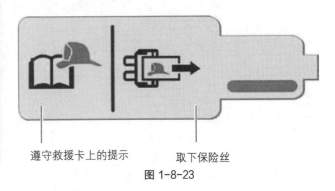

遵守救援卡上的提示　　取下保险丝

图1-8-23

（二十二）充电插座护盖

　　充电插座护盖后面就是用于给高压蓄电池充电的充电插座，如图1-8-24所示。要想打开这个护盖，必须给车辆解锁并按压按键。充电插座护盖驱动单元1 VX86使得护盖向外且向下运动，这时就可够到充电插座了。这个驱动单元由高压蓄电池充电器1 AX4通过LIN总线激活，护盖的位置被传给充电器。在充电插头插上后，这个护盖就不能关闭了。充电过程结束后，拔下插头，那么充电插座护盖会自动关闭。根据国别和装备情况，车上可能会有第二个充电插座。说明：带有便捷钥匙的车，若是便捷钥匙位于车辆附近，不必给车辆解锁。

五、车上的充电插座

　　护盖下面有充电插座、LED模块和LED显示

按键

充电插座护盖

图1-8-24

的说明。为了方便在黑暗中定位，还配备了照明，如图1-8-25所示。通过这个充电插座，可用交流（AC）或直流（DC）来给车辆充电。车上安装是AC和DC组合插座或者是AC插座或者是DC插座。

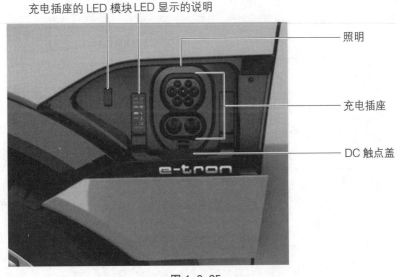

充电插座的LED模块LED显示的说明

照明

充电插座

DC触点盖

图1-8-25

（一）充电插座示例

表1-8-3展示的是一些国家所使用的充电插座示例。

表1-8-3

	美国	欧盟	中国	日本
型号1	○BFS			●FS
型号2		○BFS		
CCS 1	●FS			
CCS 2		●FS		
China AC			●FS	
China DC			●BFS	
CHAdeMO				●BFS

●标配；○选装；FS.驾驶员侧；BFS.副驾驶员侧。

说明：配备有两个充电插座的车，只能通过其中的一个来充电。

（二）充电插座的 LED 模块

这个 LED 模块通过各种颜色和灯模式来展现充电过程的状态。该 LED 模块旁边有显示说明，如图1-8-26所示。

充电插座 LED 模块显示一览，如表1-8-4所示。

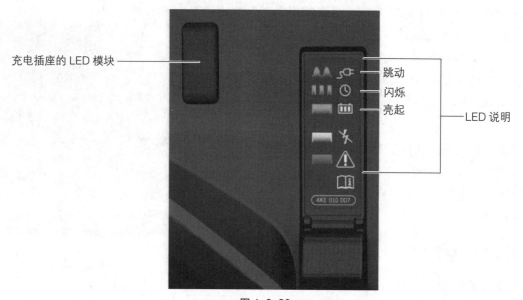

图 1-8-26

表 1-8-4

充电单元上的 LED		含义
关闭		车上的充电系统处于休眠状态，计时器可能处于激活状态，但充电尚未开始
		充电过程暂停
绿色	跳动	高压蓄电池正在充电
	闪烁	计时器已激活，但充电过程尚未开始
	亮起	高压蓄电池的充电过程已经结束
黄色	亮起	尽管插上了充电电缆，但是并未识别出充电电压。请检查充电电源的供电情况。在使用奥迪 e-tron 充电系统时，请检查操纵单元上的状态显示
	闪烁	车辆要溜车了。请检查是否挂入了行驶挡 P 及驻车制动器是否拉紧
红色	亮起	充电插头在车上的充电接口上没能正确锁定。请检查充电插头是否插好了。拔下充电插头并将其再次插上，或者使用另一个充电桩。如果该 LED 仍亮起，那就说明车辆充电系统或者电源有故障
		充电单元的两个护盖都打开了，请把不使用的充电单元护盖关上。如果该 LED 仍亮起，那就无法给高压蓄电池充电

(三)充电插座一览

根据类型不同,车辆在驾驶员侧和副驾驶员侧会配备不同的充电插座。高压蓄电池充电器 1 AX4 通过温度传感器来监控充电插座的温度,如果温度较高,它会逐渐降低充电电流,直至中止充电过程。如果温度降下去了,那么它会逐渐提高充电电流。

1. 组合式充电系统类型 1(CCS 1 或 Combo1)高压蓄电池充电系统充电插座 1 UX4

在这种充电插座上,可以用交流(AC)或直流(DC)来给高压蓄电池充电,如图 1-8-27 所示。DC 触点用盖保护着。充电桩和高压蓄电池充电器 1 AX4 之间的通信通过触点 CP 和 PE 来进行。

2. 组合式充电系统类型 2(CCS 2 或 Combo2)高压蓄电池充电系统充电插座 1 UX4

在这种充电插座上,可以用交流(AC)或直流(DC)来给高压蓄电池充电,如图 1-8-28 所示。DC 触点用盖保护着。充电桩和高压蓄电池充电器 1 AX4 之间的通信通过触点 CP 和 PE 来进行。

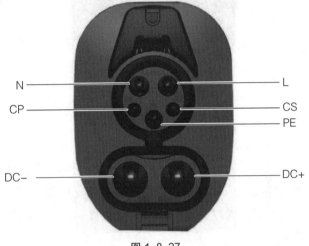

图 1-8-27

3. Charge de Move(CHAdeMO)高压蓄电池充电系统充电插座 1 UX4

用直流(DC)给高压蓄电池充电。充电桩和高压蓄电池充电器 1 AX4 之间的通信通过通信触点来进行,如图 1-8-29 所示。

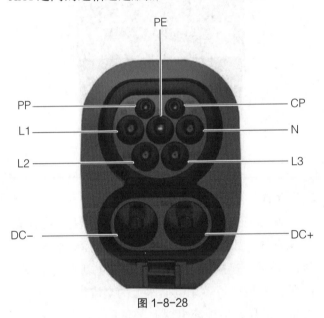

图 1-8-28

4. China DC 高压蓄电池充电系统充电插座 1 UX4

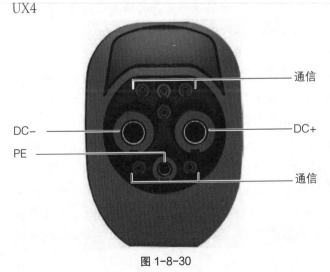

图 1-8-30

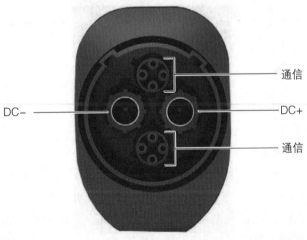

图 1-8-29

用直流(DC)给高压蓄电池充电。充电桩和高压蓄电池充电器 1 AX4 之间的通信通过通信触点来进行,如图 1-8-30 所示。

5. 类型 1 高压蓄电池充电系统充电插座 2 UX5

在这种充电插座上,可以用交流(AC)来给高压蓄电池充电。充电桩和高压蓄电池充电器1 AX4之间的通信通过触点CP和PE来进行,如图1-8-31所示。

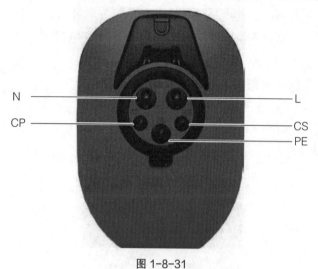

图 1-8-31

7.China-AC 充电系统充电插座 2 UX5

在这种充电插座上,可以用交流(AC)来给高压蓄电池充电。充电桩和高压蓄电池充电器1 AX4之间的通信通过触点CP和PE来进行,如图1-8-33所示。

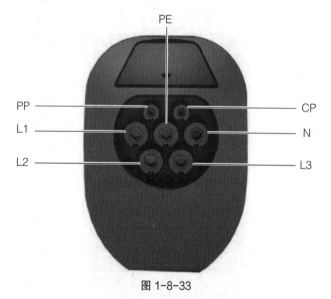

图 1-8-33

6.类型 2 Mennekes 高压蓄电池充电系统充电插座 2 UX5

在这种充电插座上,可以用交流(AC)来给高压蓄电池充电。充电桩和高压蓄电池充电器1 AX4之间的通信通过触点CP和PE来进行,如图1-8-32所示。

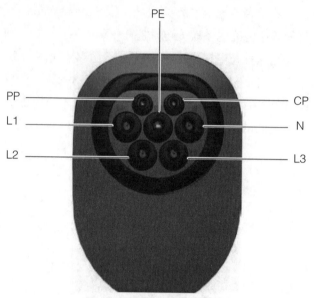

图 1-8-32

（四）给高压蓄电池充电

可用交流(AC)或者直流(DC)来给高压蓄电池充电,如图1-8-34所示。充电插座上的直流接口(DC)连接在开关盒上,直流电就直接输入到高压蓄电池内了。充电插座上的交流接口(AC)连接在高压蓄电池充电器上。在充电器内,交流转换为直流,并通过开关盒输入到高压蓄电池内。

说明:在充电过程中,高压系统就处于激活状态了,高压部件也都带电了。

（五）用交流(AC)来充电

车上的充电器按照蓄电池调节控制单元 J840 预设参数将交流(AC)转换为直流。在充电过程中,电压大小和电流大小始终在调整中。充电器(AX4)的充电功率是11kW,两个充电器加一起(AX4 和AX5)的而充电功率是22kW。在插上车辆的充电插头时,车辆首先通过触点 PE 与电源的地线(保护线)相连。随后是触点 PP 接触上,充电器通过触点 PE 和 PP 之间的电阻识别出插头并拉紧驻车制动器。随后L 相与零线就接触上了。最后,触点 CP 接触上,电源与车辆之间的通信开始了,充电插头也被锁定了。如果通信成功了,那么高压系统就被激活了,充电就开始了,模块上的 LED 呈绿色在跳动。电源会提供最大电流强度信息。蓄电池调节控制单元 J840 规定充电器的充电电压和充电电流、监控充电过程并更新这些规定值。当充电过程结束了,高压蓄电池内的接触器就脱开了。如果 LED 呈黄色亮起,说明没有识别出有电的电源。如果 LED 没亮起,说明没有识别出插头。

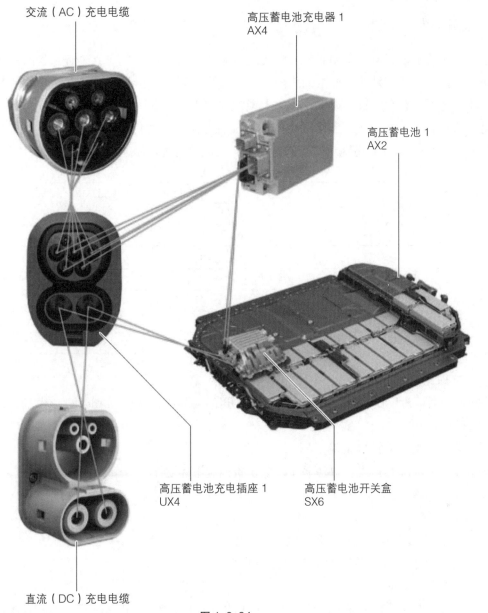

交流（AC）充电电缆

高压蓄电池充电器 1
AX4

高压蓄电池 1
AX2

高压蓄电池充电插座 1
UX4

高压蓄电池开关盒
SX6

直流（DC）充电电缆

图 1-8-34

（六）用直流（DC）来充电

用于直流（DC）来充电的话，高压蓄电池直接与电源相连。为此需要按照蓄电池调节控制单元 J840 的规定值来适配充电电压和充电电流。车辆方面的充电功率是受高压蓄电池限制的，最大可达 150kW。这时的充电器仅起与电源进行通信的作用了。在插上车辆的充电插头时，车辆首先通过触点 PE 与电源的地线（保护线）相连。随后是触点 PP 接触上，充电器通过触点 PE 和 PP 之间的电阻识别出插头并拉紧驻车制动器。随后 DC+ 和 DC- 就接触上了。最后，触点 CP 接触上，电源与车辆之间的通信开始了，充电插头也被锁定了。如果通信成功了，那么高压系统就被激活了，直流接触器就接合了，充电就开始了，模块上的 LED 呈绿色在跳动。电源将最大电压和电流信息发给充电器。蓄电池调节控制单元 J840 规定充电器的充电电压和充电电流、监控充电过程并更新这些规定值。当充电过程结束了，直流充电接触器和高压蓄电池内的接触器就脱开了。如果 LED 呈黄色亮起，说明没有识别出有电的电源。如果 LED 没亮起，说明没有识别出插头。说明：在使用 CHAdeMO 和 China-DC 时，插头识别和通信通过通信触点来进行。

六、车辆与电源的通信

要想给高压蓄电池充电，车辆需要与电源进行通信。要想建立起这个通信，车辆首先就要识别出充电插头并锁住插头。具体是通过充电插头内的一个电阻来识别出插头的。根据插头的情况，充电插头可以手动锁住，也可以在车上自动锁住，插头上锁方式如表1-8-5所示，插头通信方式如表1-8-6所示。如果充电插头锁住了，那么电源和车辆之间的通信就开始了。通信是通过PWM信号、动力线通信或者CAN总线来进行的。电源和蓄电池调节控制单元J840之间是通过高压充电器控制单元J1050来进行通信的。

表 1-8-5

充电插头锁	类型 1	CCS1	类型 2	CCS2	CHAdeMO	China-AC	China-DC
自动			×	×			
手动	×	×			×	×	×

表 1-8-6

通信	类型 1	CCS1	类型 2	CCS2	CHAdeMO	China-AC	China-DC
PWM，通过 CP	×		×			×	
PLC，通过 CP		×		×			
CAN 总线					×		×

（一）立即充电

如果充电定时器没工作，那么充电过程会立即开始。说明：通过CHAdeMO充电的话，必须在充电桩处开始充电过程。

（二）数据总线诊断接口 J533

数据总线诊断接口J533监控高压系统。它负责控制下述功能：

（1）监控安全线。

（2）监控绝缘值。

（3）允许高压蓄电池内接触器和充电接触器接合。

（4）通过仪表板内控制单元J285输出系统信息。

（三）自主工作状态

在自主工作状态时，高压系统在点火开关关闭的情况下是激活着的，不受驾驶员监控。示例：

（1）当高压蓄电池正在充电时。

（2）当驻车空调正在工作时。

（3）当高压蓄电池正在给12V蓄电池补充电量时。

七、外部声响

与内燃机车辆相比，本车在低速行驶时所产生的噪音是非常小的。一些国家要求要有外部声响，以便让人容易感觉到车辆。为此车辆需要安装下述部件：

（1）电机声响生成控制单元J943。

（2）电机声响生成执行器1 R257，如图1-8-35所示。

电机声响生成控制单元J943负责激活电机声响生成执行器1 R257。该控制单元连接在扩展CAN总线上，它会分析下述信息以便生成声响：

（1）车速。

（2）负荷力矩。

在电动行驶中，这个执行器会产生声响，该声响车速超过 30km/h 时会减小。车辆在停住时以及车速超过 50km/h 时，电机声响生成执行器 1 R257 不产生声响。这个声响类似于内燃机车辆的那种发动机声音。

电机声响生成控制单元 J943

电机声响生成执行器 1 R257

图 1-8-35

（一）可达里程的显示和设置

在菜单车辆－车辆信息中，可看到可达里程监视器。这个可达里程（如图 1-8-36 所示的 Reichweitenpotenzial）显示给驾驶员的是在关闭舒适功能的情况下，车辆还能行驶多少公里。

如果驾驶员激活了里程模式（如图 1-8-37 所示的 Range Mode），那么这些舒适功能就会被

图 1-8-36

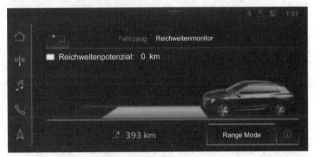

图 1-8-37

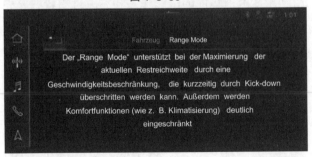

图 1-8-38

车速被限制为 90km/h。可以随时通过强制降挡功能来消除这个限制。在下部显示屏会显示里程模式的提示，如图 1-8-39 所示。

（二）充电设置

在菜单车辆－充电和效率－效率辅助系统中，可以激活预测提示（如图 1-8-40 所示中的 PrädiktiveHinweise）并设置能量回收（Rekuperation）的自动模式（Automatisch）或手动模式（Manuell）。

关闭，这个显示内容会逐渐减小至 0km，里程数则在增大。

驾驶员会收到功能和车速方面受限的提示信息。（如图 1-8-38 所示的外文含义为：里程模式通过限制车速来实现可行驶里程的最大化，但可以通过强制降挡来越过这个功能）。另外舒适功能（比如空调）会明显受限。

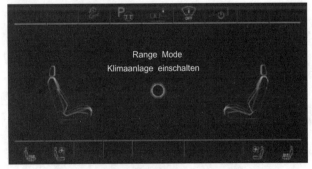

图 1-8-39

图 1-8-40

在菜单车辆－充电＆效率－充电－扩展充电 中，可指定充电地点名称并规定好充电设置，如图 1-8-42 所示。

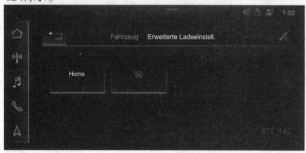

图 1-8-42

可确定高压蓄电池的充电目标值以及期望的充电时间。如果激活了最低充电（Mindestladung）这个选项，那么蓄电池会被充电至 25%，而不管定时器和期望的时间充电是如何的，如图 1-8-44 所示。

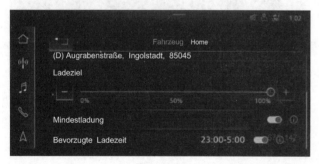

图 1-8-44

将蓄电池电能状态显示向左推，就进入到定时器设置界面了。可为 5 个不同的定时器设定时间。

图 1-8-46

在菜单车辆－充电和效率－效率辅助系统 中的充电设置（Einstellungen Laden）下，可以激活充电结束后的 DC- 充电插头开锁功能，如图 1-8-41 所示。

图 1-8-41

为此需要输入地址，所以车辆要利用 GPS 数据来识别充电地点，如图 1-8-43 所示。

图 1-8-43

（三）蓄电池状态和定时器显示

在菜单车辆－充电和效率－充电中，可以显示出高压蓄电池当前的电能状态和充电过程状态。充电过程中的充电目标值可设定为 50%~100% 之间的数，如图 1-8-45 所示。

图 1-8-45

具体的可以选择工作日并设定触发时间，如图 1-8-46 所示。

另外，在定时器上还可以激活车内的空调，如图 1-8-47 所示。

图 1-8-47

八、奥迪 e-tron 充电系统（袖珍式）

（一）高压充电系统操纵单元 E943

这款奥迪 e-tron 车上配备的是第二代奥迪 e-tron 充电系统，该系统位于电机舱中杂物箱内。当奥迪 e-tron 充电系统连接到交流电网上时，该操纵单元就被激活了。这时，内部接触器就脱开了，因此车辆充电插头上无电流通过。接触器仅在充电过程中才会接合。要想连接到车上，该操纵单元需要接上充电电缆（该电缆各国是不同的）。要想连接到交流电网上，每个连接电缆（该电缆各国是不同的）都配有家用插头和工业插头。与高压蓄电池充电器 1 AX4 的通信是通过触点 CP 和 PE 用 PWM 信号来进行的，如图 1-8-48 所示。

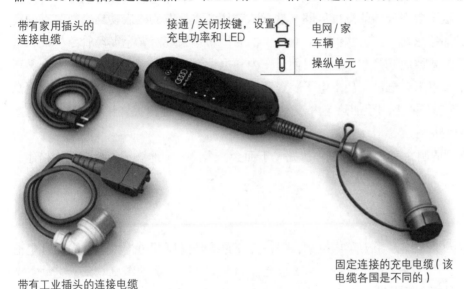

带有家用插头的连接电缆

接通/关闭按键，设置充电功率和LED

电网/家　车辆　操纵单元

带有工业插头的连接电缆

固定连接的充电电缆（该电缆各国是不同的）

图 1-8-48

连接在交流电网上时的最大充电功率：

（1）家用插座 1.8kW（8A）。

（2）工业插座 11kW（48A，单相或三相）。在连接到工业插座上时，充电功率被预置为 50%。可把充电功率提升至 100%，这个设置可一直保持到从电网上断开操纵单元为止。

充电功率可设置为 50% 或 100%。各国的操纵单元是不同的，请务必使用您所在国允许使用的奥迪 e-tron 充电系统。

（二）充电夹和插头座

充电夹和插头座比如可以固定在车库墙上。操纵单元可以放在充电夹内并用锁锁住。如果车辆不充电了，可以把充电电缆缠到充电夹上，并把车辆充电插头挂在插头座上，如图 1-8-49 所示。

（三）诊断

操纵单元通过 LED 来表示识别出的故障。可使用车辆诊断仪和适配器 VAS 611 009 来查寻故障。

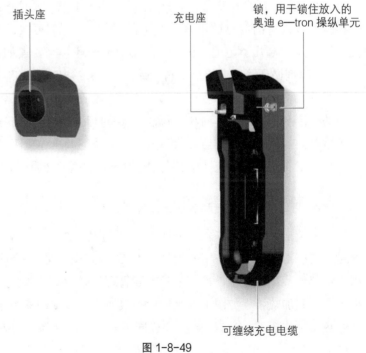

插头座

充电座

锁，用于锁住放入的奥迪 e—tron 操纵单元

可缠绕充电电缆

图 1-8-49

第九节　空调和温度管理系统

一、温度管理系统

从热力学角度讲，温度管理指的是对能量流的控制，尤其是热流的控制；从车辆技术角度讲，指的是车上与能量相关的热效率的优化。在电驱动车上，温度管理的目的是要降低功耗，从而提高可达里程。另外，温度管理系统还负责调控电动部件（比如高压蓄电池、充电器、电机及其相关件）。当然，保持车内温度舒适，也是温度管理系统的任务。目标是：电动部件产生的余热不能不利用就排到大气里，而是要实现检查一下车上部件的热量需求情况。这点就更加重要了，因为内燃机上废气温度与大气温度之间的温度差，要远大于电驱动装置电机的这种温度差了。比如：温度管理系统应在所有情况下都将高压蓄电池的温度保持在 25~35℃ 这个效率最佳的温度区间。这意味着从冬季月份的冷启动到炎热夏季的高速公路上的快速行驶这些工况都考虑到了。这款奥迪 e-tron 上的温度管理系统由 4 个循环管路构成，这几个循环管路可按需要以不同方式彼此连接在一起，以便对车内和电动系统加热或者冷却。这 4 个循环管路通过智能的彼此相连，来收集来自电机、功率电子装置和高压蓄电池的余热。热泵可使之到达更高温度，从而可用于加热车内。热循环不但用于加热车内，还可以用于给高压蓄电池提供热量。

温度管理系统的 4 个循环管路：

用于冷却和加热的 4 个不同的制冷剂 / 冷却液循环管路，下面会一个接一个地展示，带有功能描述，方便学习。

二、制冷剂循环

制冷剂环路分为两个支路：一个支路用于车内空调，另一个支路冷却高压蓄电池（通过高压蓄电池热交换器 E）。车内空调部件（从制冷剂循环管路开始）也能在如图 1-9-1 所示的图例看到：电动空调压缩机 V470、制冷剂压力和制冷剂温度传感器 1 G395、制冷剂压力和制冷剂温度传感器 2 G826、阀体 B、冷凝器 1、制冷剂循环管路止回阀 2、内部热交换器 3 和加热 / 空调器 A。制冷剂在热膨胀阀 4 内卸压，这样就可吸收车内的热量并引走热量了。随后制冷剂再次返回到电动空调压缩机。用于经高压蓄电池热交换器 E 来对高压蓄电池实施冷却的制冷剂循环管路要素如下（按功能顺序）：在制冷剂再次经过冷凝器 1、制冷剂循环管路上的止回阀 2 后，压缩并冷却下来的制冷剂流向制冷器 E，在制冷剂膨胀阀 2 N637 内膨胀并急剧冷却（就像空调器那样的），吸收冷却环路中的热量并返回到电动空调压缩机 V470。目前使用的制冷剂是 R1234yf。制冷剂循环管路的相互连接的第三种形式，是使用热泵的情况。在这种情况时，高压蓄电池的热交换器 E 会吸收热量，在电动空调压缩机 V470 中压缩并继续加热但并不卸压，以便把这些在热泵工作模式的热交换器 F（连同冷凝器）内的热量传送给车内空间加热循环管路，来加热车内。

三、制冷剂循环管路和加热循环管路

有两个加热循环管路：一个只用于通过高压加热器或者热泵来给车辆内部空间加热，另一个是在充电时给高压蓄电池加热。高压加热器（PTC）Z115〔另有一个选装的高压加热器 2（PTC）Z190，是串联的〕用于加热流经的冷却液，冷却液经温度管理系统冷却液温度传感器 2 G903 去往热交换器 8，这些热量就把车内空间加热了，如图 1-9-2 所示。被加热了的冷却液由温度管理系统冷却液泵 2 V618 来进行输送并流经热泵工作模式的热交换器 F（连同冷凝器）。冷却液切换阀 1 N632 可实现各种加热循环管路组合的切换。

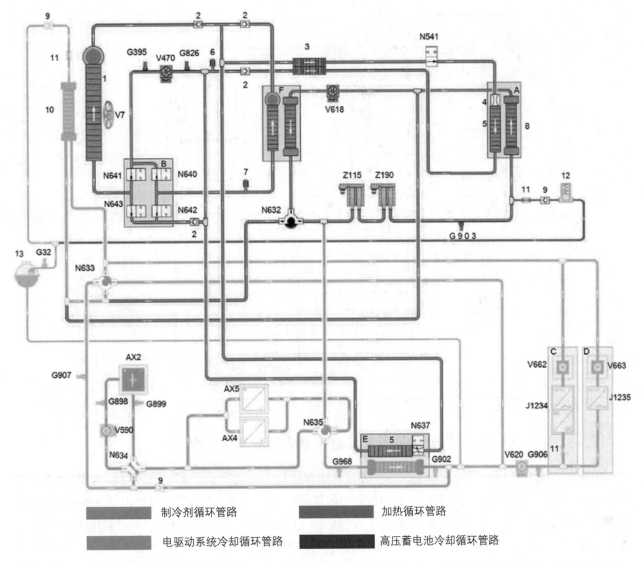

1. 冷凝器 2. 制冷剂循环管路上的止回阀 3. 内部热交换器 4. 热膨胀阀 5. 蒸发器 6. 低压侧保养接口 7. 高压侧保养接口 8. 加热热交换器 9. 止回阀 10. 低温散热器 11. 节流阀 12. 节温器 13. 冷却液膨胀罐2（用于高压系统） A. 加热/空调器 B. 阀体 C. 前桥 D. 后桥 E. 高压蓄电池热交换器（制冷器） F. 热泵工作模式的热交换器（连同冷凝器iCond） AX2. 高压蓄电池1 AX4. 高压蓄电池充电器1 AX5. 高压蓄电池充电器2 G32. 冷却液不足传感器 G395. 制冷剂压力和制冷剂温度传感器1 G826. 制冷剂压力和制冷剂温度传感器2 G898. 高压蓄电池冷却液温度传感器1 G899. 高压蓄电池冷却液温度传感器2 G902. 温度管理系统冷却液温度传感器1 G903. 温度管理系统冷却液温度传感器2 G906. 温度管理系统冷却液温度传感器5 G907. 温度管理系统冷却液温度传感器6 G968. 温度管理系统冷却液温度传感器8 N541. 加热/空调器制冷剂截止阀 N632. 冷却液切换阀1 N633. 冷却液切换阀2 N634. 冷却液切换阀3 N635. 冷却液切换阀4 N637. 制冷剂膨胀阀2 N640. 制冷剂截止阀2 N641. 制冷剂截止阀3 N642. 制冷剂截止阀4 N643. 制冷剂截止阀5 J1234. 前桥电驱动装置控制单元 J1235. 后桥电驱动装置控制单元 V7. 散热器风扇 V470. 电动空调压缩机 V590. 高压蓄电池冷却液泵 V618. 温度管理系统冷却液泵2 V620. 温度管理系统冷却液泵4 V662. 前桥电驱动装置电机 V663. 后桥电驱动装置电机 Z115. 高压加热器（PTC） Z190. 高压加热器2（PTC）

图 1-9-1

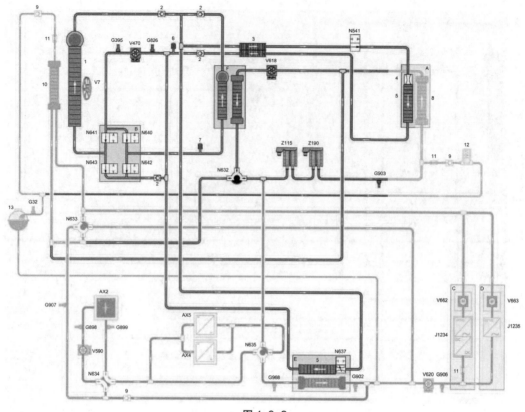

图 1-9-2

四、制冷剂循环管路、加热循环管路和高压蓄电池冷却循环管路

高压蓄电池冷却循环管路在 AC 充电时会对高压蓄电池 1 AX2 和高压蓄电池充电器 1 和 2（AX4 和 AX5）进行冷却。高压蓄电池可以被动地通过低温散热器来进行冷却，也可以主动地由制冷器通过制冷剂循环管路来冷却。高压蓄电池充电器 1 和 2（AX4 和 AX5）是通过低温散热器来冷却的，如图 1-9-3 所示。两个冷却液切换阀 N634 和 N635 负责管控高压蓄电池冷却循环管路是单独工作还是与加热循环管路或者与图 1-9-3 所示的电驱动系统冷却循环管路一同工作。目前使用的冷却液是 G12 evo。根据具体使用的国度情况，该冷却液是 40% 冷却液添加剂加 60% 蒸馏水，或者是 50% 冷却液添加剂加 50% 蒸馏水。

五、制冷剂循环管路、加热循环管路和高压蓄电池冷却循环管路和电驱动系统的冷却循环管路

温度管理系统冷却液泵 4 V620 输送的液流会经过前桥和后桥上的电驱动装置控制单元 J1234、J1235 和电驱动装置电机 V662、V663。冷却液从这里到达低温散热器 10（带着散热器风扇 V7）。这个散热器有个通气管经冷却液不足传感器 G32 通入到膨胀罐内，如图 1-9-4 所示。冷却液在流经低温散热器后，经冷却液切换阀 2 N633 又被送回到温度管理系统冷却液泵 4 V620 了。

六、温度管理系统的应用情形

在下述应用情形中，具体是发生了哪种情况，该情况发生了多长时间，是由温度管理系统控制单元 J1024 来测得的。该控制单元随后会激活冷却液切换阀、制冷剂截止阀、空调压缩机等，并相应地切换各种应用情形。这些情形并不是本章开始时描述的 4 个循环管路的所有可能的互联组合情况。下述的应用情形展示的是车上温度管理系统的典型互连情况。部件和元件的具体名称可参见本章开始时描述的 4 个温度管理系统循环管路的图例。

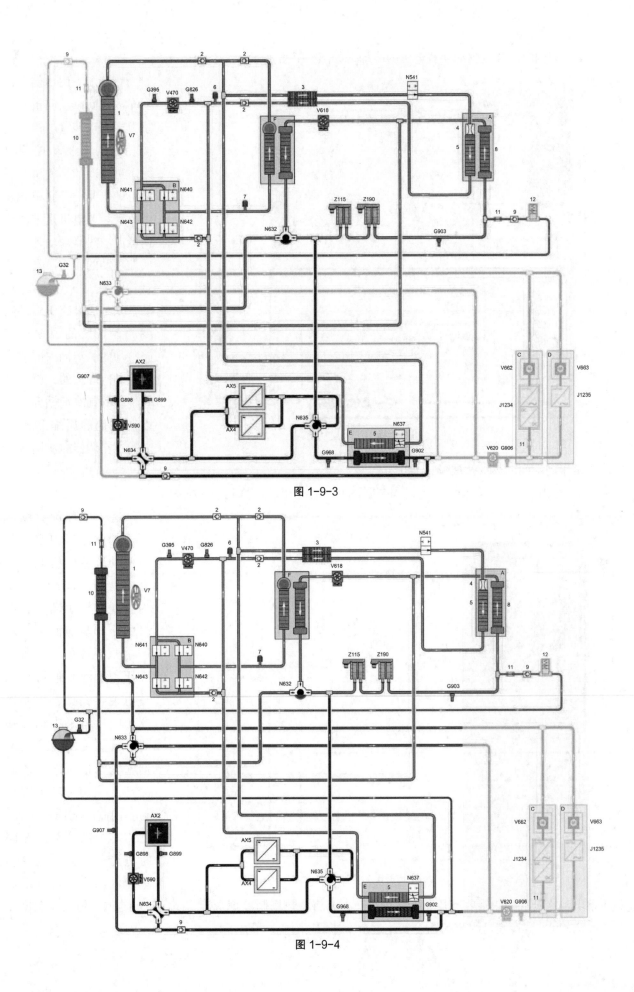

图 1-9-3

图 1-9-4

（1）车内空间和电驱动装置电机的冷却，如图1-9-5所示。

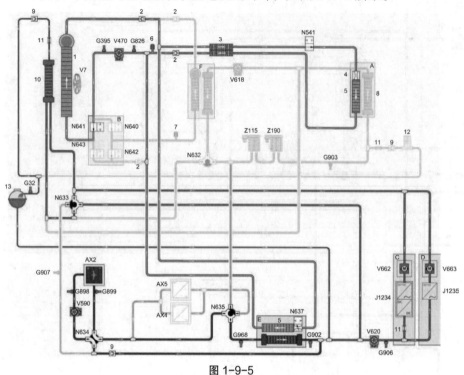

图1-9-5

在这个应用示例中，对车内空间以及前桥和后桥上电驱动装置电机（连同相应的电驱动控制单元）进行冷却。前桥和后桥上的电驱动控制单元和电驱动装置电机是被动地由低温散热器来冷却的。所谓被动的，指不是通过制冷剂接口来实施冷却的，只是通过高于外部温度的5~10℃的温差来实施冷却的。车辆内部空间是主动冷却式的，就是通过传统的制冷剂循环管路以制冷剂的压缩和卸压方式在空调器内实施冷却

的。于是车内空间的热量就被吸收了并引走了。

（2）车内空间和电驱动装置电机和高压蓄电池的冷却，如图1-9-6所示。

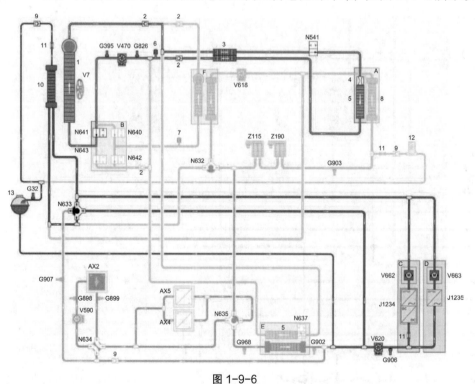

图1-9-6

这个原理示意图所展示的就是车内空间和电驱动装置电机和高压蓄电池的冷却情况。车内空间和电驱动装置电机的冷却与前面那个示例中是一样的。另外，高压蓄电池是通过高压蓄电池热交换器（制冷器）的接口来主动冷却的。具体说，通过制冷剂膨胀阀把压缩了的制冷剂送往制冷器（原理与车内制冷剂回路一样，且与车内制冷剂回路同时进行）。制冷剂在制冷器内卸压，就可以从

高压蓄电池冷却回路中吸收高压蓄电池的余热，并将余热用制冷剂带走。高压蓄电池的理想工作温度在25~35℃之间，温度超过约35℃就会实施这个冷却了。

（3）重新加热车内空间和热泵（冷却，去湿，加热），如图1-9-7所示。

重新加热的意思是先把空气冷下来（也就去湿了），以便随后再加热来使得车内空间热起来。这样可防止车窗玻璃起雾。具体说是通过高压蓄电池热交换器E来让制冷剂吸收来自电驱动系统冷却循环管路内的热量，随后被加热了制冷剂流经电动空调压缩机而被加热到一个很高的温度。这种热而未卸压的制冷剂流经热泵工作模式

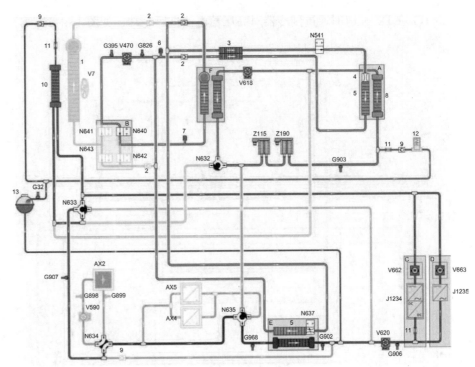

图 1-9-7

的热交换器F（连同冷凝器），可以把先前吸收的并剧增的热量传送到车内空间的加热循环管路中，由解热/空调器将这些热量释放到车内。当车外温度在5~20℃时该功能会被激活。

（4）重新加热车内空间（冷却、去湿、加热），如图1-9-8所示。

这个应用情形的加热原理与前一个温度管理系统应用情形是一致的，区别仅在于对车内的加热是通过接通高压加热器来实现的，这时热泵并未工作。电驱动系统冷却循环管路只是通过低温散热器来以被动方式在进行冷却，对车内加热并无热效应作用。

（5）用热泵加热车内空间，如图1-9-9所示。

将电驱动系统冷却循环管路中的余热在不激活高压蓄电池热交换器E中的低温冷却器的情况

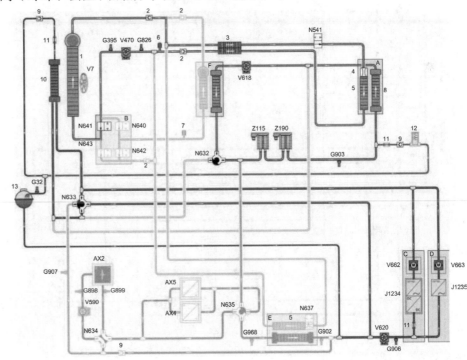

图 1-9-8

下，传至空调循环管路中的制冷剂中。制冷剂在空调压缩机中被压缩，从而把先前已吸收的余热升到一个更高的温度。热的制冷剂将热泵工作模式的热交换器F（连同冷凝器）中的热能传至车内加热循环管路。出于效率的原因，热泵仅在车外温度在 -20 ~ 20℃ 之间时才会激活去工作。

（6）在 DC 充电时通过制冷器对高压蓄电池进行冷却，如图 1-9-10 所示。

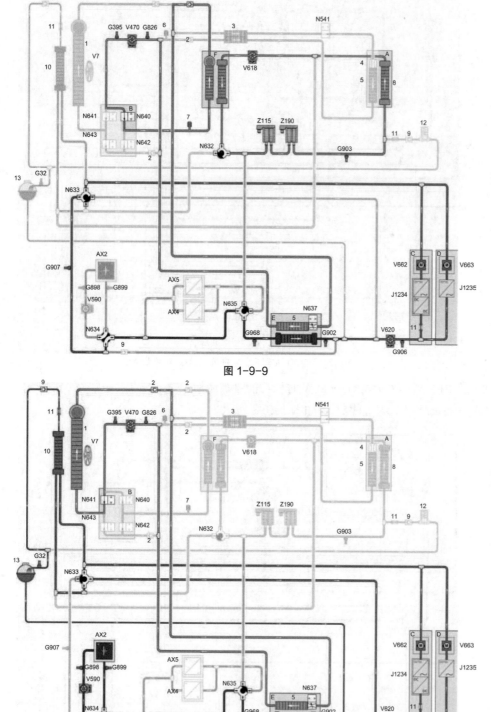

图 1-9-9

图 1-9-10

这个应用情形涉及的是直流充电过程。制冷剂在电动空调压缩机中被压缩、在冷凝器中冷下来并被送往高压蓄电池热交换器 E。制冷剂通过制冷剂膨胀阀卸压，这种强冷就可以吸收充电时高压蓄电池冷却循环管路中的余热了，余热随制冷剂就被带走了。电驱动系统的冷却循环管路是被动冷却的，与此无关。部件温度在超过约 35℃时，就会对高压蓄电池实施冷却了。对车内的冷却目前是优先于蓄电池冷却的。

（7）在 DC 充电时通过低温散热器对高压蓄电池进行冷却，如图 1-9-11 所示。

这个应用情形涉及的也是直流充电过程。高压蓄电池的冷却循环管路与电驱动系统的冷却循环管路彼此相连。冷却液吸收高压蓄电池的预热后流经电驱动装置电机和相应的电驱动装置控制单元并流向低温散热器。冷却液在低温散热器中把吸收的热量释放到大气中。

（8）在 AC 充电时通过低温散热器对充电器进行冷却，如图 1-9-12 所示。

这个应用情形涉及的是交流充电过程。高压蓄电池的冷却循环管路与电驱动系统的冷却循环管路彼此相连。用交流电充电时，充电器会热起来，产生的热量通过高压蓄电池充电器 1 和 2（AX4 和 AX5）被高压蓄电池冷却循环管路吸收。冷却液经电驱动装置电机和相应的电驱动装置控制单元并流向低温散热器。冷却液在低温散热器中把充电时所吸收的热量释放到大气中，循环管路就关闭了。

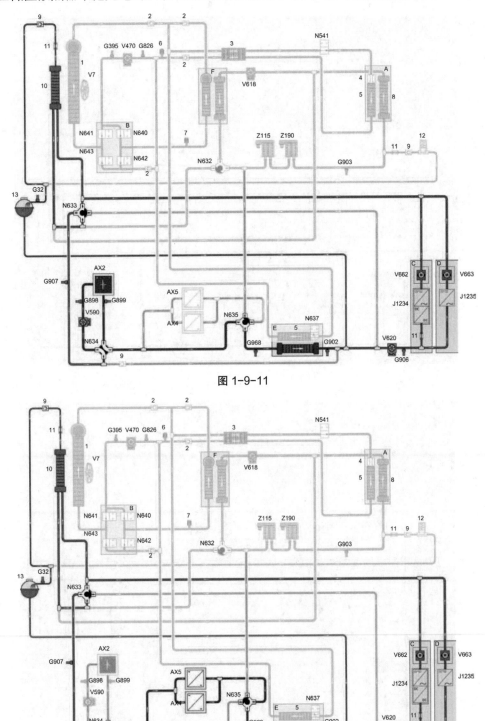

图 1-9-11

图 1-9-12

（9）在 DC 充电时对高压蓄电池进行加热，如图 1-9-13 所示。

在用直流进行充电的过程中，高压加热器在需要时会对冷却液进行加热。冷却液在流经加热 / 空调器后流向冷却液切换阀 2 N633，该阀将冷却液导向高压蓄电池。于是热起来的冷却液就把热量传给高压冷却液流经高压蓄电池了。冷却液流经高压蓄电池后会在循环管路中再循环。另外，电驱动系统的循环管路内总是保持着一个最小冷却液流量。在温度低于 −10℃时就会对高压蓄电池进行加热了。

（10）分别冲刷高压蓄电池冷却循环管路和电驱动装置冷却循环管路，如图 1-9-14 所示。

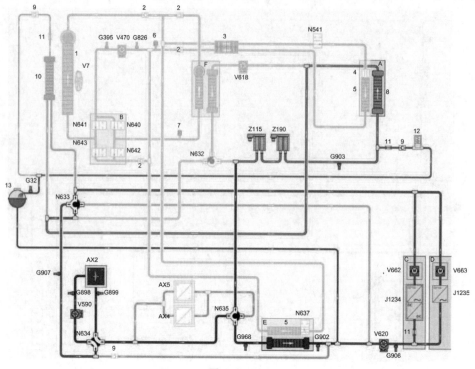

图 1-9-13

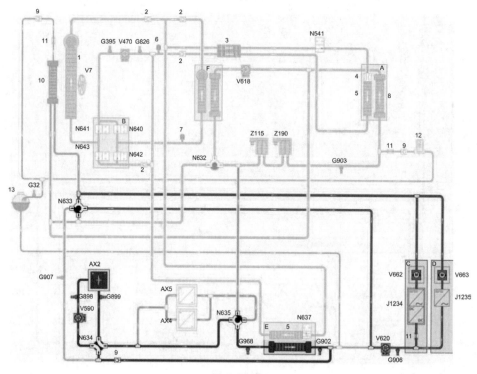

图 1-9-14

冲刷时，冷却液仅是在冷却循环管路中循环，不加热也不冷却。冲刷的目的是想让冷却循环管路上的部件热度均匀，就是说：比如让高压蓄电池内部温度或者电驱动装置电机温度相同。高压蓄电池冷却循环管路和电驱动系统冷却循环管路可分别冲刷（各自作为单独的回路，或者把这两个循环管路合在一起冲刷）。

（11）高压蓄电池冷却循环管路和电驱动装置冷却循环管路合在一起冲刷，如图 1-9-15 所示。

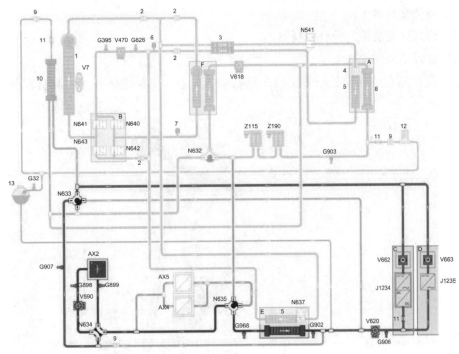

图 1-9-15

（12）温度管理系统控制单元 J1024。

温度管理系统控制单元 J1024 通过各种传感器来测量温度管理系统 4 个循环管路的实际状态，在分析这些情况后会通过车上制冷剂循环管路和冷却循环管路上的执行元件来调整规定状态，如图 1-9-16 所示。传感器比如有制冷剂压力和制冷剂温度传感器以及各种冷却液温度传感器。执行元件比如有电动空调压缩机、制冷剂截止阀、冷却液泵、冷却切换阀以及截止阀和散热器风扇。部件、传感器以及执行

温度管理系统控制单元 J1024

保养接口
制冷剂循环管路高压部分

保养接口
制冷剂循环管路低压部分

图 1-9-16

元件的具体名称可参见本节开始时描述的 4 个温度管理系统循环管路的图例。这些读取的输入量被转换成用于操控执行元件的输出量。温度管理系统控制单元 J1024 根据这些输入参数并使用特定的算法，就总是可以把车上的温度管理系统调节到一个最佳状态，并使得车辆处于能量使用最佳状态。具体来讲，就是将制冷剂循环管路和冷却循环管路以各种方式相互连接，形成单独的或者组合式的循环管路。

（13）热泵和高压蓄电池热交换器以及制冷剂循环阀总成。

在支座、支架以及底板上安装有下述部件（如图 1-9-17 所示），这些部件合成一个总成：

①阀体，带有制冷剂截止阀 N640、N641、N642 和 N643。

②制冷剂循环止回阀。

③高压蓄电池热交换器。

④热泵工作模式热交换器，带有冷凝器。

⑤制冷剂膨胀阀 2 N637。

该总成在保险杠后面的左前轮前方（按车辆行驶方向看）。为清晰起见，没有在图上画出用于安装部件的支座、支架。

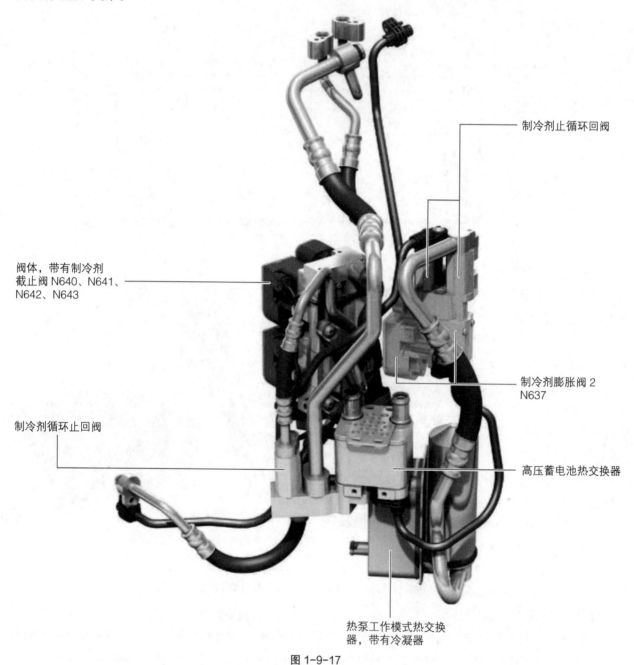

阀体，带有制冷剂截止阀 N640、N641、N642、N643

制冷剂止循环回阀

制冷剂循环止回阀

制冷剂膨胀阀 2 N637

高压蓄电池热交换器

热泵工作模式热交换器，带有冷凝器

图 1-9-17

七、冷却液膨胀罐

冷却液在最高加注量线时容量约为 2.0L；冷却液在最低加注量线时容量约为 1.57L，如图 1-9-18 所示。当膨胀罐内冷却液量约为 0.4L 时，冷却液不足传感器 G32 会触发警报。该冷却液膨胀罐理论总容量约为 3.0L。旋开封盖会进空气，因此该膨胀罐最多能加注约 2.7L 冷却液。

说明：如果尚未加注冷却液或者系统尚未排气，不得移动或拖动车辆，否则总成有损坏的可能。即使是在维修后仅补加了少量冷却液，也必须给冷却系统排气。

封盖
通气管
冷却液液面指示接口
浮子室顶
冷却液接口（压力过大）
冷却液接口

图 1-9-18

八、制冷剂循环管路、加热循环管路和冷却液循环管路一览和位置

图 1-9-19 展示了车上制冷剂循环管路、加热循环管路和高压蓄电池和电驱动系统冷却循环管路的管路和软管。为了容易理解，我们在前面已经用 2D 原理图展示了各个制冷剂循环管路和冷却液循环管路以及温度管理系统的各种应用情形。

后桥电驱动装置电机 V663
冷却液膨胀罐
前桥电驱动装置电机 V662
加热 / 空调器
高压加热器 2（PTC）Z190
高压蓄电池充电器 1 AX4
低温散热器和冷凝器
高压蓄电池充电器 2 AX5
总成
电动空调压缩机 V470
高压加热器（PTC）Z115

——制冷剂循环管路
——加热循环管路
——高压蓄电池冷却循环管路
——电驱动系统冷却循环管路

图 1-9-19

图 1-9-19 并未展示功能描述和应用情形，只是表示管路加注的是制冷剂和冷却液的情况。

九、冷却液切换阀和水泵的安装位置

冷却液切换阀通过不同的工作位置，就可以对加热循环管路、高压蓄电池冷却循环管路和电驱动系统冷却循环管路进行组合或者分离。于是就可以实现前面我们讲过的那些温度管理系统的应用情形了。水泵（冷却液泵）负责让冷却液在加热循环管路、高压蓄电池冷却循环管路和电驱动系统冷却循环管路中流动起来。如图 1-9-20 所示展示的是部件在车上的安装位置。

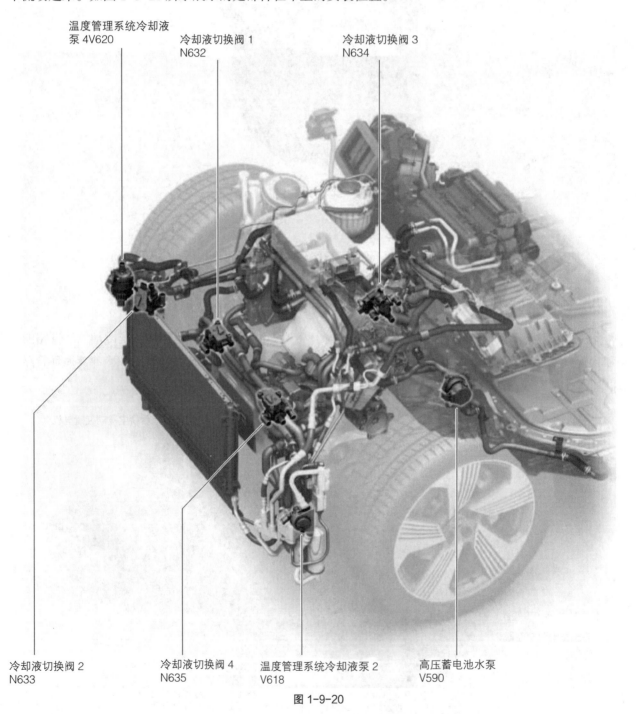

温度管理系统冷却液
泵 4V620

冷却液切换阀 1
N632

冷却液切换阀 3
N634

冷却液切换阀 2
N633

冷却液切换阀 4
N635

温度管理系统冷却液泵 2
V618

高压蓄电池水泵
V590

图 1-9-20

第十节　安全系统和辅助系统

一、驾驶员辅助系统

（一）因 ECE R79 而所需要做的系统更改

要想在一个国家销售新车型，必须获得该国政府颁发的许可证。但每个国家对于许可证的要求也不大相同。为了让这个许可证要求更为标准化，就有一个国际委员会制定出具体规程了。所有相关的车辆系统都有规程，所有成员国均可把这些规程当作自己的立法样板。ECE 是 Economic Commission of Europe 的缩写，是欧洲经济委员会的意思。该委员会负责制定这些规程。全世界目前共有 62 个国家使用 ECE 规程来作为本国的规定。这些国家包括了欧洲大部分国家，但也包括比如巴西、阿根廷、澳大利亚、新西兰、韩国、日本、以色列和墨西哥这些国家。车辆转向系统方面的规程称为 R79。在 R79 中，也有影响各种驾驶员辅助系统的规程，准确说是会干预车辆转向的驾驶员辅助系统。

在奥迪车上，这包括下述这些系统：

（1）车道引导（是自适应驾驶辅助的子系统）。

（2）车道偏离警告。

（3）紧急情况辅助。

修订版 ECE R79 在 2018 年获得通过，新的要求使得我们需要对干预转向的驾驶员辅助系统做相应的修改或调整，具体内容下面会讲到。

（二）车道引导和车道偏离警告的新显示

新的 ECE R79 规定了车道引导应该有哪些系统显示。就是说：现在汽车制造商用的某些系统状态和警告的显示是标准式的。就第 2 代纵置模块化平台（MLB）的奥迪车型来讲，这款奥迪 e-tron 是第一种满足这些要求的车型。为了满足新 ECE R79 的这些规定，显示方面有如下这些更改：

图 1-10-1

当车道引导激活时，组合仪表上的驾驶员辅助显示屏上显示的是绿色方向盘。因此，以前显示的车辆左、右两个绿色三角就不再使用了，如图 1-10-1 所示。

要求驾驶员接管车辆转向是通过一个标准符号来表示的：两手握在方向盘上。如果脱手识别功能识别出驾驶员的手没在方向盘上超过了一定时间或者当车道偏离警告已经第 2 次干预转向了，就会出

图 1-10-2

现这个接管转向请求。除了这个符号外，还会有文字信息，如图 1-10-2 所示。

在紧急情况辅助系统激活时，会显示一个标准符号和相应的文字信息，如图 1-10-3 所示。

（三）车辆横向引导接通和关闭的新方式

这款奥迪 e-tron 是第 2 代纵置模块化平台（MLB）的奥迪车型中第一个采用新的操纵方式来接通和关闭车辆横向引导功能的车。这种新的操纵方式涉及下述 2 个

图 1-10-3

系统：

（1）车道偏离警告（在车辆马上就要越过车道分界线前，车道偏离警告会进行转向干预）。

（2）自适应驾驶辅助的车道引导（车道偏离警告一直都在进行转向干预，以便将车辆保持在车道中间）。

转向拨杆上的转向辅助按键，如图1-10-4所示。

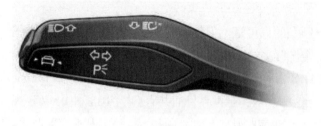

图 1-10-4

转向辅助按键是接通和关闭车辆横向引导的更高一级的"开关"，该按键位于转向拨杆的立面上。根据状态，该按键会激活车道偏离警告和自适应驾驶辅助的车道引导功能或者是关闭这两个系统。但是，是否能激活车道引导功能，还取决于在自适应驾驶辅助的MMI菜单上的车道引导处于"接通"还是"关闭"状态。在设置中可以关闭车道引导（与车道偏离警告无关）。关闭了车道引导功能，其结果就会是这样的：自适应驾驶辅助工作时，只对车辆进行纵向调节，但不会进行横向干预了。用于EU28+5这些国家的车，其车道偏离警告在每次接通点火开关后就会被激活。由于这个辅助系统是Euro NCAP所要求的，所以无法将其永久关闭。如果驾驶员并不想使用该系统，可随时通过转向辅助按键将其关闭。但下次接通点火开关后，该系统就又激活了。用于EU28+5这些国家以外的车，会存储车辆横向引导的上一次的系统状态，下次接通点火开关后，再次激活存储的系统状态。在这些市场也就可以永久关闭车道偏离警告。MMI上自适应驾驶辅助的车道引导（保持车道中间位置）功能的设置，如图1-10-5所示。

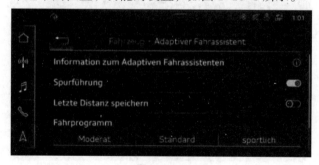

图 1-10-5

接通和关闭车辆横向引导共有下述3种系统状态（所有国家）：

（1）在车道偏离警告激活以及车道引导激活时行车。

车辆横向引导已接通，MMI上的车道引导在"接通"状态，自适应驾驶辅助已激活。

（2）在车道偏离警告激活以及车道引导关闭时行车（也是在自适应驾驶辅助激活时）。

车辆横向引导已接通，MMI上的车道引导在"关闭"状态，或者自适应驾驶辅助未激活。

（3）在车道偏离警告关闭以及车道引导关闭时行车。

车辆横向引导已关闭；在这种情况下，自适应驾驶辅助的激活状态和MMI上车道引导的设置无影响。

（四）通过车道偏离警告激活紧急情况辅助系统的变化

在利用辅助系统来对车辆进行横向引导时，驾驶员必须保证即使在系统激活时也要将手放在方向盘上。不允许把转向任务完全交给系统。该辅助系统在车辆转向时为驾驶员提供帮助，但驾驶员的手必须保持在方向盘上。驾驶员必须对车辆转向负全责。为了防止滥用驾驶员辅助系统，就要检查驾驶员的手是否放在了方向盘上。如果识别出驾驶员的手未放在方向盘上，就会要求驾驶员再次接管转向。如果驾驶员对这个请求没有做出反应，那么辅助系统就会关闭了。如果车上装备有紧急情况辅助系统，那么该系统随后就会被激活，会将车辆在本车道制动至停止。用于识别驾驶员的手是否放在方向盘上的软件功能，被称作脱手识别。脱手的意思，就是指未识别出驾驶员的手放在了方向盘上。反之则是识别出驾驶员的手放在了方向盘上。修订版ECE R79规定：在用于车道保持的辅助系统激活的情况下，仅当相应的系统确实介入了转向时，脱手识别才可以激活。这个变化会影响到车道偏离警告。这个辅助系统只有在觉得车辆在无意中要离开本车道时，才会干预转向。比如在未操纵相应转向灯时车辆接近某侧车道分界线时。如果在180s内该系统实施了2次转向干预而在此过程中并未识别出驾驶员有主动的转向动作，那么就会请求驾驶员接管转向。如果接下来仍未识别出驾驶员有行动，紧急情况辅助系统在第2次转向干预结束时就会被激活。如果在第3次转向干预开始时仍未识别出有驾驶员的转向干预，那么组合仪表上会显示相应的文字信息，紧急情况辅助系统就开始实施将车辆制动至停住这个过程了。通过车道偏离警告激活紧急情况辅助系统的具体示例，如图1-10-6所示。

在图1-10-6的例子中，驾驶员是在车道偏离警告已激活且自适应驾驶辅助系统未激活的情况下开车行驶的，驾驶员将手移离方向盘（如图1-10-6中1），这发生在时

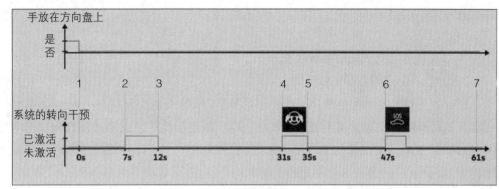

图 1-10-6

间点 $t = 0s$。在7s后，车辆向车道分界线方向偏移，偏移程度已经严重到车道偏离警报向车道中央方向实施了一次转向干预（如图1-10-6中2）。在本例中，这个转向干预持续了5s。在转向干预过程中脱手是并未被功能识别出驾驶员有主动的转向动作。在时间点 $t = 12s$ 时，第1次转向干预结束（如图1-10-6中3）。在时间点 $t = 31s$ 时，车辆再次向车道分界线方向偏移，偏移程度已经严重到车道偏离警报向车道中央方向实施了二次转向干预，这时就要求驾驶员接管转向了（如图1-10-6中4）。在第二次转向干预时仍未识别出驾驶员将手放在方向盘上，在时间点 $t = 35s$ 时，第2次转向干预结束（如图1-10-6中5）。因为第1次转向干预和第2次转向干预之间的时间间隔小于180s且在两次转向干预时为识别出驾驶员进行过转向干预，于是车道偏离警告就关闭了，与此同时紧急情况辅助系统在后台被激活了。在第3次转向干预（这是紧急情况辅助系统要求的）开始时，组合仪表上会显示"紧急情况辅助系统已激活"（如图1-10-6中6）。这时就会发生声音、视觉以及触觉警告了。由于驾驶员仍未有任何反应，车辆就被制动至停住了。在时间点 $t = 61s$，车辆被制动至停住（如图1-10-6中7）。

（五）用于脱手识别的电容式方向盘

在这款奥迪e-tron上，根据车辆装备情况，第一次采用了电容式方向盘。如果奥迪e-tron上装备有自适应驾驶辅助系统，那就会装备有电容式方向盘，反之则不会装备电容式方向盘。使用这种电容式方向盘可更为直接地进行脱手识别。方向盘内集成有电容式传感器，可用于脱手识别，方向盘内的一个独立的电子装置会对传感器信号进行分析。这个电子装置在售后服务中的名字是方向盘触摸识别控制单元J1158，它是连接在LIN总线上的，如图1-10-7所示。这个LIN总线支路上还有一个总线用户是多功能方向盘控制单元J453。这个LIN总线系统的主控制器是数据总线诊断接口J533。电容式传感器就连接在方向盘触摸识别控制单元J1158上，J1158根据测量的信号生成LIN总线信息，并把信息发送至数据总线诊断接口J533。J533将信息传至FlexRay总线，驾驶员辅助系统控制单元J1121就连接在FlexRay总线上。脱手识别的软件就在控制单元J1121内。

脱手识别的标准步骤：在以前，是通过分析转向力矩传感器的信号来实现脱手识别的。这种方式不会因多了硬件而引起额外费用，因为每个转向系统都是配备有转向力矩传感器的。由于对脱手识别的要求高了，因此现在首次采用了电容式方向盘。如果奥迪e-tron上没有自适应驾驶辅助系统，那么脱手识别仍是采用转向力矩传感器来实现的。这种情况下，脱手识别软件也是在驾驶员辅助系统控制单元J1121内。

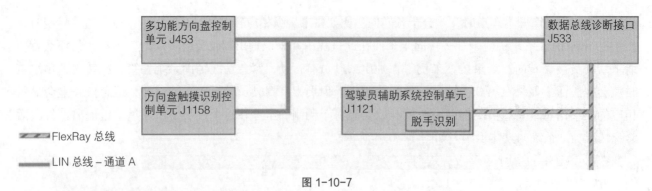

```
多功能方向盘控制          数据总线诊断接口
单元 J453               J533

方向盘触摸识别控         驾驶员辅助系统控制单元
制单元 J1158            J1121
                        脱手识别
```

▨▨▨ FlexRay 总线

━━━ LIN 总线 – 通道 A

图 1-10-7

（六）自适应驾驶辅助系统传感器

1. 激光车距调节控制单元 J1122

在这款奥迪 e-tron 上也使用了激光扫描装置，该装置首次是用在奥迪 A8（车型 4N）上了，如图 1-10-8 所示。该传感器单元是直接取自奥迪 A8 上的。激光扫描装置安装在前保险杠中间的牌照架下方。由于该激光扫描装置的高度位置几乎与奥迪 A8 上的完全相同，因此其调整步骤和所需设备也是相同的。其他的维修保养内容也与奥迪 A8 上的系统是相同的。

图 1-10-8

2. 车距调节控制单元 J428（ACC）

与奥迪 A8（车型 4N）一样，在这款奥迪 e-tron 上也只有一个雷达单元。另一个雷达单元的功能被激光扫描装置所取代了。这款奥迪 e-tron 上所使用的第 4 代系统在结构、工作原理和维修保养方面，与奥迪 A8（车型 4N）和 Q7（车型 4M）上的是一样的。这个雷达单元安装在前保险杠左侧（行驶方向看），在奥迪四环旁的塑料外皮下。这款奥迪 e-tron 上的车距调节控制单元 J428 也是通过 FlexRay 总线的 B 通道来进行通信的。使用时的重点放在预测效率辅助系统与取决于行驶程序的能量回收之间关系上。这时的目标是：通过经常和相对提前进入能量回收阶段，来保证较高的能源效率。

二、被动安全性

如图 1-10-9 所展示奥迪 e-tron（车型 GE）上的乘员保护系统一览。

（一）部件

根据所在市场和装备情况，奥迪 e-tron（车型 GE）上的被动乘员保护系统和行人保护系统由下述部件和系统组成：

（1）安全气囊控制单元。

（2）第 2 排座椅安全带自动卷带装置。

（3）自适应式驾驶员安全气囊驾驶员安全带张紧器。

（4）自适应式副驾驶员安全气囊（双级副驾驶员安全气囊）。

（5）第 2 排座椅安全带自动卷带装置。

（6）前部侧面安全气囊驾驶员安全带张紧器。

（7）第 2 排座椅侧面安全气囊。

车上的安全气囊
副驾驶员安全气囊
副驾驶员膝部安全气囊
前部侧面安全气囊
驾驶员和副驾驶员头部安全气囊
第2排座椅侧面安全气囊
驾驶员安全气囊
驾驶员膝部安全气囊
前部侧面安全气囊
第2排座椅侧面安全气囊

图 1-10-9

（8）驾驶员和副驾驶员的髋部安全带张紧器。

（9）头部安全气囊。

（10）所有座椅的安全带警报。

（11）膝部安全气囊。

（12）驾驶员座椅占用识别。

（13）正面安全气囊碰撞传感器。

（14）副驾驶员座椅占用识别。

（15）侧面碰撞识别传感器，在车门内。

（16）第2排座椅占用识别。

（17）侧面碰撞识别传感器，在C柱上。

（18）副驾驶员正面安全气囊关闭钥匙开关。

（19）侧面碰撞识别传感器，在B柱上。

（20）后部碰撞识别传感器，在后围板上。

（21）副驾驶员侧安全气囊 OFF 和 ON 指示灯。

（22）驾驶员和副驾驶员座椅位置识别。

（23）前部安全带自动卷带装置，带有烟火式安全带张紧器。

（24）蓄电池切断装置，12V 供电网。

（25）前部安全带自动卷带装置，带有电动式安全带张紧器。

（26）蓄电池切断装置，48V 子供电网。

（27）前部安全带自动卷带装置，带有可控式安全带力限制器。

（28）蓄电池切断装置，高压系统。

说明：本章所展示的被动安全性的图只是原理示意图，仅是为了更容易明白。

（二）系统一览

这个系统一览图展示出所有市场上的部件，如图1-10-10所示。请注意：这种配置在生产中其实不

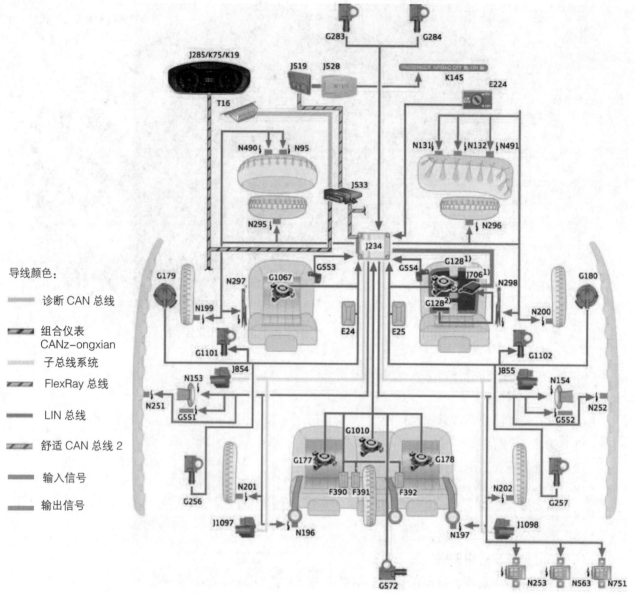

E24.驾驶员安全带开关　J855.右前安全带张紧器控制单元　E25.副驾驶员安全带开关　J1097.左后安全带张紧器控制单元　E224.副驾驶员安全气囊关闭钥匙开关　J1098.右后安全带张紧器控制单元　K19.安全带警告指示灯　F390.第2排座椅驾驶员侧安全带开关　K75.安全气囊指示灯　F391.第2排座椅中间安全带开关　K145.副驾驶员安全气囊关闭指示灯（用于显示副驾驶员安全气囊是处于接通状态还是关闭状态）　F392.第2排座椅副驾驶员侧安全带开关　N95.驾驶员安全气囊点火器　G128.副驾驶员座椅占用传感器　N131.副驾驶员安全气囊点火器1　G17.左后座椅占用传感器　N132.副驾驶员安全气囊点火器2　G178.右后座椅占用传感器　G17.驾驶员侧面安全气囊碰撞传感器　G180.副驾驶员侧面安全气囊碰撞传感器　N15.驾驶员安全带张紧器点火器1　G256.左后侧面安全气囊碰撞传感器　N15.副驾驶员安全带张紧器点火器1　G257.右后侧面安全气囊碰撞传感器　N19.左后安全带张紧器点火器　G283.驾驶员正面安全气囊碰撞传感器　N19.右后安全带张紧器点火器　G284.副驾驶员正面安全气囊碰撞传感器　N199.驾驶员侧面安全气囊点火器　G551.驾驶员安全带力限制器　N200.副驾驶员侧面安全气囊点火器　G552.副驾驶员安全带力限制器　N201.左后侧面安全气囊点火器　G553.驾驶员座椅位置传感器　N202.右后侧面安全气囊点火器　G554.副驾驶员座椅位置传感器　N251.驾驶员头部安全气囊点火器　G572.后部碰撞传感器　N252.副驾驶员头部安全气囊点火器　G1010.后部中间座椅占用传感器　N253.蓄电池切断点火器　G1067.驾驶员左右占用传感器　N295.驾驶员膝部安全气囊点火器　G1101.侧面安全气囊碰撞传感器，在驾驶员侧B柱上　N296.副驾驶员膝部安全气囊点火器　G1102.侧面安全气囊碰撞传感器，在副驾驶员侧B柱上　N297.驾驶员安全带张紧器点火器2　N298.副驾驶员安全带张紧器点火器2　J234.安全气囊控制单元　N490.驾驶员安全气囊放气阀点火器　J285.组合仪表内控制单元　N491.副驾驶员安全气囊放气阀点火器　J519.供电控制单元　N563.高压蓄电池切断点火器　J528.车顶电子控制单元　N751.蓄电池切断点火器，48V　J533.数据总线诊断接口（网关）　J706.座椅占用识别控制单元　T16.16针插头，诊断接口　J854.左前安全带张紧器控制单元

图1-10-10

可能出现。

副驾驶员座椅占用传感器 G128 的连接：副驾驶员座椅占用传感器的连接根据市场不同而不同。

北美市场（NAR）的车：副驾驶员座椅占用传感器 G128 是通过单独的导线连接在座椅占用识别控制单元 J706 上的，J706 是通过 LIN 总线来与安全气囊控制单元 J234 进行通信的。

世界其他地区（RdW）的车：副驾驶员座椅占用传感器 G128 是通过单独的导线连接在安全气囊控制单元 J234 上的，未安装座椅占用识别控制单元 J706。

三、安全气囊控制单元 J234

（一）碰撞信号

安全气囊控制单元 J234 根据内部和外部碰撞传感器提供的信息而记录下碰撞。根据碰撞的严重程度，如图 1-10-11 所示，该控制单元把碰撞分为"轻微"或者"严重"。具体的话，轻微碰撞的严重程度也是分为多个碰撞等级的。所谓严重碰撞，指车辆的约束系统（安全带张紧器，安全气囊）被触发了的情况。安全气囊控制单元 J234 会把事故严重程度信息（包括碰撞等级）发送至数据总线上。其他的总线用户接收到这些碰撞信号，可以执行不同的行动了，比如说接通车内灯。

（二）高压蓄电池对碰撞信号的反应

如果安全气囊控制单元识别出严重到一定程度的碰撞，那么高压蓄电池就会被切断，这是出于安全考虑。在发生碰撞时，安全气囊控制单元会将碰撞信号发送至数据总线上。网关（数据总线诊断接口 J533）会把这个信号传给蓄电池调节控制单元 J840。

图 1-10-11

（三）在发生轻微碰撞时

在发生轻微碰撞且碰撞达到了相应的等级的话，蓄电池调节控制单元 J840 就会切断高压蓄电池。可以通过端子 15 的切换，是可以将因轻微碰撞而被切断的高压蓄电池再次激活的。

（四）在发生严重碰撞时

在发生严重碰撞时，用于切断高压蓄电池的信号是通过两个不同路径传递的。因此，这种信号的传输是冗余式的（多重的）。

1. 路径 1

与发生轻微碰撞且碰撞达到了相应的等级的情况一样，蓄电池调节控制单元 J840 会切断高压蓄电池。

2. 路径 2

安全气囊控制单元 J234 是通过单独导线与高压蓄电池切断点火器 N563 连接的，如图 1-10-12 所示，这个点火器安装在高压蓄电池开关盒 SX6 内，该点火器与开关盒构成一个单元。尽管高压蓄电池切断点火器 N563 名字说的是点火器，但它并不是一个烟火式部件。在发生严重碰撞时，安全气囊控制单元会将 1.75~2A 大小的一个电流发送至点火器（开关盒），开关盒会分析这个信号（电流强度）并通过断开接触器来切断高压蓄电池。如果高压蓄电池因发生严重碰撞而被切断了，那就无法通过端子 15 的切换来把高压蓄电池激活。在发生严重碰撞时，需要使用故障导航功能来对高压蓄电池进行检查（分类）。如果这个检查判定高压蓄电池正常，那么就不需要因这种电子切断更换点火器（也就是开关盒）。

高压蓄电池切断点火器 N563 稍后会改换成烟火式部件。在这种情况下，高压蓄电池的切断就不是电子式的，而是实体式的了，具体说，就是借助烟火式点火器切断了电流（与高压蓄电池切断点火器 N563

相比之不同处）。由于点火器与开关盒构成一个单元，所以在这种情况下就必须更换开关盒了。这方面请留意电子备件目录、维修手册和故障导航等。

图 1-10-12

四、传感器

（一）碰撞传感器

奥迪 e-tron（车型 GE）为了进行碰撞识别，配备了右边列出的 9 个外部碰撞传感器，如图 1-10-13 所示。另外，安全气囊控制单元 J234 中还包含有内部碰撞传感器。与外部碰撞传感器不同的是，安全气囊控制单元内的内部碰撞传感器是不能单独更换的。

（1）驾驶员侧面安全气囊碰撞传感器 G179。

（2）副驾驶员侧面安全气囊碰撞传感器 G180。

（3）左后侧面安全气囊碰撞传感器 G256。

（4）右后侧面安全气囊碰撞传感器 G257。

（5）驾驶员正面安全气囊碰撞传感器 G283。

（6）副驾驶员正面安全气囊碰撞传感器 G284。

驾驶员正面安全气囊碰撞传感器 G283

副驾驶员正面安全气囊碰撞传感器 G284

后部碰撞传感器 G572

驾驶员侧面安全气囊碰撞传感器 G179
副驾驶员侧面安全气囊碰撞传感器 G180

驾驶员侧面安全气囊碰撞传感器 G1101，在 B 柱上
副驾驶员侧面安全气囊碰撞传感器 G1102，在 B 柱上

左后侧面安全气囊碰撞传感器 G256
右后侧面安全气囊碰撞传感器 G257

图 1-10-13

（7）后部碰撞传感器 G572。

（8）驾驶员侧面安全气囊碰撞传感器 G1101，在 B 柱上。

（9）副驾驶员侧面安全气囊碰撞传感器 G1102，在 B 柱上。

G179 和 G180 这两个碰撞传感器是压力传感器，安装在前门内，它们负责测量车门内部的压力和压力变化。如果车门在交通事故中被撞了，那么车门内部的压力就会因变形（容积变化）发生剧烈变化。压力传感器的信号用于判定碰撞的严重程度以及对侧面碰撞进行可靠性验证。G283、G284、G1101、G1102 和 G572 这 5 个碰撞传感器都是双轴加速度传感器，用于测量车辆的加速度和减速度。这些传感器在奥迪 e-tron（车型 GE）测量车辆运动时，测量的不是一个方向上的运动（比如 X 或 Y），如图 1-10-14 所示，而是测量两个方向上的运动（X 和 Y），因为这些传感器是组合式传感器。这 5 个传感器的信号用于确定碰撞的严重程度并验证侧面碰撞与纵向碰撞的可靠性。另外，需要有这 9 个碰撞传感器的另一个原因是：关闭高压蓄电池的时间要求高于触发约束系统（比如安全气囊、安全带张紧器）的时间要求。

另 2 个碰撞传感器 G256 和 G257 是单轴加速度传感器，只负责测量车辆在 Y 方向上的减速度或者加速度。这 2 个传感器的信号用于确定碰撞的严重程度并验证侧面碰撞的可靠性。

图 1-10-14

（二）后部碰撞传感器 G572

后部碰撞传感器 G572 用螺栓拧在后围板上的锁架附近，如图 1-10-15 所示。

（三）驾驶员座椅占用传感器

在奥迪 e-tron（车型 GE）上的驾驶员座椅也装备有座椅占用传感器。这个座椅占用传感器名称如下：驾驶员座椅占用传感器 G1067，如图 1-10-16 所示。

1.安装位置

驾驶员座椅占用传感器 G1067 是按键式的，卡夹在驾驶员座椅骨架的线框上。

2.驾驶员离车方案

驾驶员座椅占用传感器 G1067 与下述座椅占用传感器不同：

（1）副驾驶员座椅占用传感器 G128。

（2）右后座椅占用传感器 G178。

（3）左后座椅占用传感器 G177。

（4）后部中间座椅占用传感器 G1010。

驾驶员座椅占用传感器 G1067 并不属于安全带警报系统，该传感器是用于实现"驾驶员离车方案"的。这款奥迪 e-tron 上使用了驾驶员座椅占用传感

图 1-10-15

器，因为不想让车缓慢移动。就是说：当车辆停在平地上且未踏下制动踏板、驱动系统已激活而又挂入了某行驶挡的话，车辆就不会起步（指不会开始起步行驶）。通过驾驶员座椅占用传感器 G1067，就可识别出驾驶员已坐在驾驶员座椅上还是驾驶员已离开了车辆了。安全气囊控制单元 J234 读取驾驶员座椅占用传感器 G1067 的信号并把驾驶员座椅占用情况信息传至车辆总线上。其他的控制单元会分析这个信息，并触发相应的行动。这个座椅占用信息连同功能逻辑中的其他信号一起被分析，用于激活电动机械式驻

驾驶员座椅占用传感器 G1067

图 1-10-16

车制动器、电动机械式驻车锁以及用于请在求组合仪表上显示离车警告。

（四）副驾驶员座椅占用传感器和后座椅占用传感器

副驾驶员座椅占用传感器和后座椅占用传感器属于安全带警告系统，这与以前是一样的。

诊断：

驾驶员座椅占用传感器和副驾驶员座椅占用传感器是通过安全气囊控制单元 J234 来进行诊断的。该控制单元可以为这两个座椅占用传感器诊断出下述内容：

（1）00 = 在发生这个事件时不显示文字信息。当安全气囊控制单元内元件没有编制代码时（本不该安装），但控制单元识别出该元件了（元件连接上了），就会记录下这个故障内容。造成这种情况的原因，可能是安全气囊控制单元与车辆不匹配（比如把别的车的控制单元拿到本车上用了）。

（2）01 = 电气故障。

（3）11 = 对地短路。

（4）12 = 对正极短路。

（5）13 = 断路。

（6）53 = 关闭。

对于驾驶员座椅占用传感器，还可诊断出 "07 = 机械故障" 这个事件。如果识别出在 5 个行驶循环中驾驶员座椅占用传感器一直都处于激活状态，那么就会记录下这个故障内容。一个行驶循环指一个完整的行驶过程（就是驾驶员进入车内、开车行驶、停住车辆并离开车辆）。说明：对于驾驶员安全带锁扣内的安全带开关 E24，也可诊断出 "07 = 机械故障" 这个事件。如果识别出在 5 个行驶循环中驾驶员安全带开关一直都处于激活状态，那么就会记录下这个故障内容。后座椅占用传感器与相应的安全带锁扣是串联的。后座椅占用传感器没有自己的诊断路径，在这种情况下，安全气囊控制单元 J234 会对后座安全带锁扣进行诊断。

五、主动安全性

Audi pre sense 奥迪乘员预防保护系统：

基础型 Audi pre sense、后部 pre sense、侧面 pre sense、前部 pre sense 或者转弯辅助和规避辅助 Audi pre sense，其在这款奥迪 e-tron 上的功能与奥迪 A8（车型 4N）上都是相同的。当然了，部件和规格是针对奥迪 e-tron 做了适配了。下面列出了奥迪 A8（车型 4N）上的 Audi pre sense 与奥迪 e-tron 上的 Audi pre sense 之间的变化之处：在奥迪 e-tron 上，规避辅助 Audi pre sense 不会触发单个车轮制动。规避辅助 Audi pre sense 的流程图，如图 1-10-17 所示。

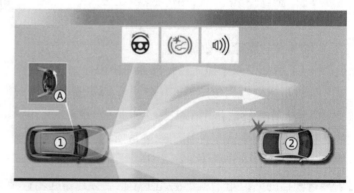

转向力矩辅助　　视觉预警和 / 或介入显示　　警报音
① 要执行规避的车辆 ② 障碍（接近的车辆）Ⓐ 驾驶员的转向或者规避运动

图 1-10-17

第十一节　信息娱乐系统和 Audi connect

一、简介和类型一览

这款奥迪 e-tron 上配备的是模块化信息娱乐系统 MIB 2+。用户可以选择 2 种 MMI 类型：

（1）MMI Radio plus，带有 MMI touch response。

（2）MMI Navigation plus，带有 MMI touch response。

这两种 MMI 都是基于 MIB 2+ 高端版本，有两个同样的 MMI 显示屏，如表 1-10-1 所示。在有些国家，用户可获得标配的 Audi connect 紧急呼叫（eCall）和全部的与车辆有关的 connect 服务，包括 Audi connect e-tron 服务。负责传递这些信息的是紧急呼叫和通信控制单元 J949，内部也称之为 Connectivity Box（连接盒）。该控制单元与网关一起控制与车辆有关的服务，首次是用在了北美市场的奥迪 A7（车型 4K）上了，现在也用于欧盟和其他市场了。Audi connect 信息娱乐服务在上市时，只有带 MMI touch response 的 MMI Navigation plus 上才有，用户必须订购 PR 号 I8T + 7UG 这个组合才行。

表 1-10-1

MMI Radio plus，带有 MMI touch response（I8T + 7Q0）	MMI Navigation plus，带有 MMI touch response（I8T + 7UG）
10.1″ 触屏 1540 像素×720 像素	10.1″ 触屏 1540 像素×720 像素
8.6″ 触屏 1280 像素×660 像素	8.6″ 触屏 1280 像素×660 像素
12.3″ Audi virtual cockpit（9S1）	12.3″ Audi virtual cockpit（9S1）
	3D 硬盘导航（7UG）
FM 收音机	FM 收音机
Audi music interface，带有 2 个 USB-A 接口和 1 个 SDXC 读卡器（UF7）	Audi music interface，带有 2 个 USB-A 接口、1 个 SDXC 读卡器和 1 个 SIM 读卡器 1）（UF7）
蓝牙接口（9ZX）	蓝牙接口（9ZX）
	UMTS/LTE 数据模块（EL3）
紧急呼叫 & Audi connect 车辆服务包括奥迪 e-tron 服务（IW3）	紧急呼叫 & Audi connect 车辆服务包括奥迪 e-tron 服务（IW3）
	Audi connect（IT1/IT3）
基本音响系统（8RM）	奥迪音响系统（9VD）
选装装备	选装装备
数字收音机（QV3）	数字收音机（QV3）
单碟 DVD 播放器（7D5）	单碟 DVD 播放器（7D5）

MMI Radio plus，带有 MMI touch response（I8T + 7Q0）	MMI Navigation plus，带有 MMI touch response（I8T + 7UG）
后座 Audi music interface，有 2 个 USB-A 接口（UF8）	后座 Audi music interface，有 2 个 USB-A 接口（UF8）
	奥迪智能手机接口（IU1）
Audi phone box（包括无线充电）（9ZE）	Audi phone box（包括无线充电）（9ZE）
Audi phone box 灯（仅用于无线充电）（9ZV）	udi phone box 灯（仅用于无线充电）（9ZV）
奥迪音响系统（9VD）	
Bang &Olufsen Premium Sound System，带有 3D 音效（9VS）	Bang &Olufsen Premium Sound System，带有 3D 音效（9VS）
Audi connect 钥匙（2F1）	Audi connect 钥匙（2F1）1
	TV 调谐器
后座娱乐准备系统（9WQ）	后座娱乐准备系统（9WQ）

二、音响系统

这款奥迪 e-tron 上根据 MMI 类型，标配有不同的音响系统。如果是带有 MMI touch response 的 MMI Radio plus，奥迪 e-tron 上装备的是基本音响系统（8RM）。这种音响系统总功率是 80W，8 个扬声器，4 个通道。如果是选装的带有 MMI touch response 的 MMI Navigation plus，标配的是奥迪音响系统（9VD）。这种音响系统总功率是 180W，10 个扬声器，6 个通道。奥迪音响系统（9VD），如图 1-11-1 所示。

图 1-11-1

Bang &Olufsen Premium 音响系统，带有 3D 音效（9VS），如图 1-11-2 所示。Bang &Olufsen Premium 音响系统（9VS）可为用户提供出色的音响效果。3D 音效是通过集成在 A 柱和 D 柱内 4 个扬声器来产生的。该音响系统对于这两种 MMI 类型说，都是选装装备，这种音响系统总功率是 705W，16 个扬声器，15 个通道。后门内的扬声器各使用一个通道。重低音扬声器通过两个通道连接在数字音响包控制单元 J525 上。

图 1-11-2

三、天线

在这款奥迪 e-tron 上，移动电话、GPS 和收音机天线分别在后保险杠内、车顶上、左后安全带自动卷带装置附近、后扰流板内、后风窗玻璃上以及右后侧面玻璃上。

1. 收音机和电视天线

收音机和电视的全部天线集成在后风窗玻璃内、右后侧面玻璃内以及后扰流板内，如图 1-11-3 所示。

2. 移动电话天线

在欧洲市场上，这款奥迪 e-tron 上标配有 Audi connect 紧急呼叫和 Audi connect 车辆服务（IW3）。负责此项功能的紧急呼叫模块和通信控制单元 J949 在后座底下，该控制单元永久地连接在紧急呼叫模块天线 R263（后保险杠上的主天线）以及左后安全带自动卷带装置附近的紧急呼叫模块天线 2 R322 上。如果车辆装备有 Audi phone box（奥迪电话盒），那么由集成在后保险杠右部的 LTE 天线来负责这个通信。与以往一样，手机放大器 R86 负责对电话信号进行必要的补偿，该放大器在行李箱内右侧。2 个用于 J794 的 LTE 天线位于后保险杠左侧和车顶（具体取决于市场）。通过这两个天线实现 Audi connect 信息娱乐服务，保险杠上的天线只负责接收。欧洲市场的移动电话天线示例，如图 1-11-4 所示。

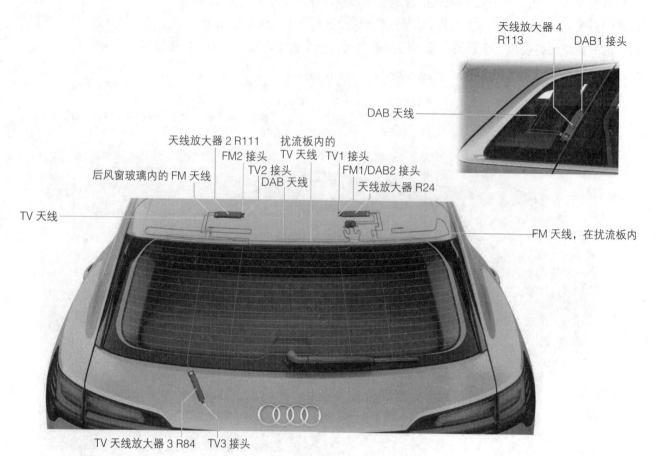

图 1-11-3

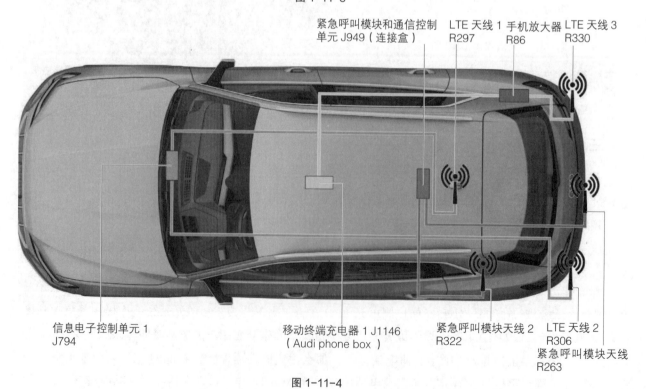

图 1-11-4

第十二节　保养、检查和紧急救援服务/故障服务

一、保养周期显示

会显示下述保养周期：

（1）按行驶里程的保养内容。

（2）按行驶时间的保养内容。

在新车上，按行驶里程的保养内容处的显示值是 30000km，该值以 100km 的步长在减少，如图 1-12-1 所示。按行驶时间的保养内容处显示月份和年份。在保养到期前 30 天就会开始在组合仪表和 MMI 上显示还有多少天就该进行保养了。需要使用车辆诊断仪来将保养周期显示复位。

二、紧急救援服务/故障服务

下面这些重要提示：

（1）安全规则。

（2）充电。

（3）应急操作。

（4）激活位置 P-OFF。

（5）警告标签。

（6）保养插头。

（7）碰撞信号。

图 1-12-1

（一）牵引

（1）如果车上的动力总成内尚未加注冷却液，那么只允许以不超过 7km/h 的车速来移动车辆，最大移动距离不得超过 700m。

（2）如果红色的冷却液警报灯没亮起，可以不超过 50km/h 的车速来牵引车辆，最大牵引距离不超过 50km。

（二）跨接启动

本车无法给其他车辆跨接启动。

第十三节　故障实例

一、2020 年奥迪 e-tron 目标充电量故障

车型：奥迪 e-tron。

故障现象：

客户抱怨，无论计时充电、定时充电还是设置离级充电，在第二天上班开车时，车辆都无法达到预期的充电效果（在 MMI 设定充电 80%），不能满足其上下班来回路程。客户习惯是从低续航电量充电至里程 40km 左右上下班，回家后使用 AC 交流充电。连续 3 天都这样，客户认为车辆有问题送来检修。

故障诊断：

（1）车辆到店后，使用诊断仪 VAS6150E 检查该车电控单元 00C6 高电压蓄电池充电器，发现故障

码 P31D200 出现了 3 次，故障码 P31D200 为充电插座 A 过热，查阅该故障发生时间在凌晨的 2∶52∶05，如图 1-13-1 所示。

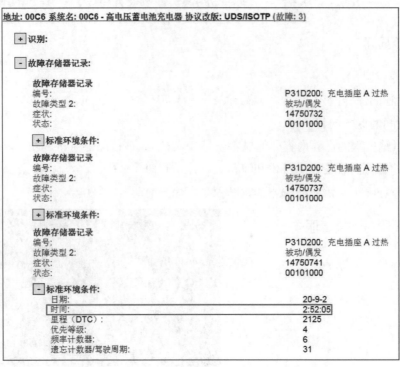

图 1-13-1

（2）根据以上故障码我们查询相关 TPI 和 SOST，未找到目前相关合适的技术文件。

（3）经过对该车辆高电压蓄电池充电插座 1 UX4 进行检查，没有发现变色、变形、脏污、电气触点腐蚀等。同时检查了车辆的其他各项电气性能，均未发现异常。决定按照 ElsaPro 中维修手册对车辆恢复后，在车间使用挂壁式充电墙盒，使用该车充电线对该车进行充电，同时在现场使用诊断仪 VAS6150C 读取 OBC-J1050 中充电情况及电压，都是稳定、正常状态。数据补充：正常充电情况下的各种参数；充电电压是 L1 209V、L2 210V、L3 209V；充电电流是 10.4A 左右；G853 温度最高是 38℃左右；充电插头车辆端温度是 37℃；充电墙盒处接口温度是 29℃；车辆外部空气温度传感器 28.5℃，如图 1-13-2 所示。

图 1-13-2

第二天车辆 MMI 显示达到设定的充电量 100%；续航里程显示可达到 465km，从而确定车辆本身不存在的充电系统故障，是外在原因引起的故障。

（4）与客户预约好时间上门服务。查看客户家中壁挂式充电墙盒在充电工作时是否存在问题，如图 1-13-3 所示。在客户家中使用充电盒，在现场使用诊断仪 VAS6150C 读取 OBC J1050 中充电情况，发现车辆控制单元中，在充电电压和充电电流基本稳定的情况下，AC 交流充电不到 40min G853 传感器温度从 58℃飙升到 79℃，如图 1-13-4 和 1-13-5 所示，而在红外检测仪下车辆 AC 充电枪接口外部温度持续上升到 48.6℃，如图 1-13-6 所示。

（6）这个时候使用测温仪测量客户家中壁挂式充电墙盒 AC 交流输入接线源，发现温度也在逐步升高，最后达到 54.1C，如图 1-13-7 所示。判断出是由于客户家中的壁挂式充电墙盒故障引起的 UX4 上的插头充

图 1-13-3

电插座的针脚上的温度升高，该针脚是离温度传感器 G853 最近的针脚。出于安全原因车辆系统自身切断充电，从而导致未达到预期的充电效果（在 MMI 设定充电 80%），同时再次存储故障码 P31D200。

故障原因：

（1）开始的时候根据故障码分析，初步认为可能引起故障原因有：

① AX4 充电装置控制单元问题；

② UX4 充电座问题；

③ UX4 充电插座温度传感器 1 G853 故障；

④ UX4 至 OBC J1050 之间线束问题；

⑤ AC 交流充电口问题；

⑥壁挂式充电墙盒问题。

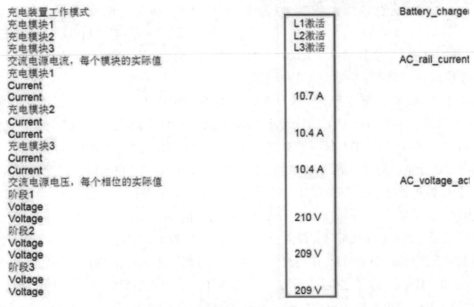

图 1-13-4

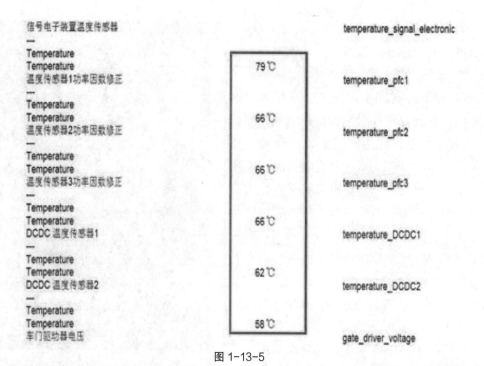

信号电子装置温度传感器		temperature_signal_electronic
...		
Temperature		
Temperature		
温度传感器1功率因数修正	79℃	temperature_pfc1
...		
Temperature		
Temperature		
温度传感器2功率因数修正	66℃	temperature_pfc2
...		
Temperature		
Temperature		
温度传感器3功率因数修正	66℃	temperature_pfc3
...		
Temperature		
Temperature		
DCDC 温度传感器1	66℃	temperature_DCDC1
...		
Temperature		
Temperature		
DCDC 温度传感器2	62℃	temperature_DCDC2
...		
Temperature		
Temperature	58℃	
车门驱动器电压		gate_driver_voltage

图 1-13-5

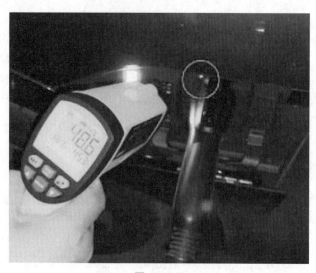

图 1-13-6

图 1-13-7

（2）新一代奥迪高压系统由以下高压组件组成：高压蓄电池、功率电子控制装置、电驱电动机、高压空调压缩机、高压加热器、充电系统和充电接口以及橙色的高压电缆。

（3）对高压电切断电后，按照 ElsaPro 维修手册脱开部件高压蓄电池充电器控制单元 J1050 上的下列插头连接：高压蓄电池 AX4 充电装置 1 的 12V 接口（T60a 按照 ElsaPro 电路图），如图 1-13-8 所示。

（4）接下来测量充电插座温度传感器 1 G853 的电阻，电阻为 1320.1 Ω，在高压蓄电池充电装置控制单元 J1050 上的插头连接 T60a 上。对于接下来的测量，使用专用工具 VAS 6356 测量，必须连接并使用 URDI 测量模块（测量盒 VAS 6356），否则程序会被中断。在已连接 U/R/D 测量导线（+）充电插座 1 温度传感器 G853 上的针脚 T60a/A27，已连接 COM 测量导线（-）充电插座 1 温度传感器 G853 上的针脚 T60a/A30：目标值正常：843.0~1573.0 Ω，目标值不正常：>2120.0Ω。单独测量充电插座 1 温度传感器 G853 的电阻值：1320.1 Ω，从测得的电阻中计算得出的温度值：82.9℃。

（5）高压系统上的所有操作都只允许由受过培训的高压技师和授权的专业企业按照奥迪规范进行。

（6）借助温度测量器 VAS6519（使用红外线测温枪）测量各个充电部件上的温度。提示：该针脚是离温度传感器最近的针脚。除了充电运行外，充电插座上不会出现危险电压。由于电源断开，充电插座上不会出现危险电压。充电插座 1 温度传感器 G853 上确定的温度为 82.9 ℃。检测高压蓄电池充电装置控制单元 J1050 上的插头连接 T60a 以及部件高压蓄电池充电装置充电插座 1 UX4 上的插头连接的温度为 29.0℃，如图 1-13-9 所示。 而报修车辆检测到的温度为 48.6℃，这个值明显过大。同时充电盒温度达到 54.1℃，明显是由于外部盒原因引起车辆的故障。

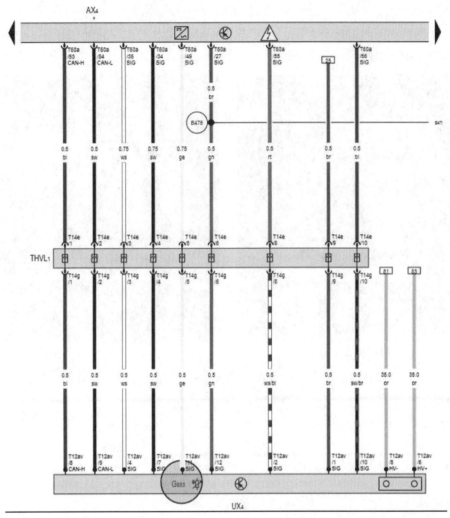

图 1-13-8

故障排除：

联系星星售后充电中心，更换星星牌壁挂式充电墙盒故障排除。

故障总结：

从这个故障案例检修过程中，一步一步地排除各个认为的有可能的故障点，直到最后故障排除。我们在面对电动车领域中一个陌生的故障时，理解掌握车辆结构的同时要意识到数据的重要性。有了各项检测数据再来分析当前问题，分析故障码背后的数据，就会一步步地缩小范围。这就要求我们学会利用各种诊断工具，获得各种诊断数据来辅助我们搞清楚故障的类型，再分析是外部充电部分的问题，还是车辆方面的问题，这样下手才有的放矢。

图 1-13-9

二、2020 年奥迪 e-tron 车辆，新车仪表提示电力系统故障，性能受限

车型：奥迪 e-tron。

故障现象：新车仪表提示电力系统故障，报故障时车辆无后驱。

故障诊断：车辆到车间时故障不存在，试车故障可以再现，确认故障确实存在，仪表故障灯点亮，如图 1-13-10 和图 1-13-11 所示。

图 1-13-10   图 1-13-11

此时用诊断仪检测，有故障记录：高压系统线路 3 打开，如图 1-13-12 所示。

故障存储器记录	
编号：	C11C5F3：高压系统 线路 3 打开
故障类型 2：	被动/偶发
症状：	16711835
状态：	00001000
☐ 标准环境条件：	
日期：	20-4-25
时间：	13:45:39
里程（DTC）：	23
优先等级：	4
频率计数器：	14
遗忘计数器/驾驶周期：	40

图 1-13-12

根据引导性故障查询确认高压系统线路 3 为 SX6 开关盒到 J1235 后部电驱动装置之间线束，为高压线缆，如图 1-13-13 所示。

 高压布线

☒ 高压元件导线回路 3：蓄电池调节控制单元 - J840，后桥上的电驱动装置控制单元 - J1235

图 1-13-13

到此检测计划结束，根据故障码故障现象以及引导性故障指示，基本可以确定故障可能原因：

（1）蓄电池开关盒故障；

（2）SX6 到后部驱动装置控制单元 J1235 之间线束故障；

（3）后部驱动电机装置故障。

首先分析蓄电池开关盒 SX6，由于蓄电池 SX6 位于蓄电池 AX2 上方，不便于拆装检查，拆装 SX6 必须拆下高压蓄电池 AX2，就算拆下 SX6 可能也无法确认是否存在故障，由于车辆为商品车，不便于拆装，于是读取 SX6 的各个供电的测量值，均正常，数据如图 1-13-14 所示。

高压组件上的电压

高压蓄电池充电器控制单元 J1050：393V
电动空调压缩机 V470：388V
蓄电池调节控制单元 J840：391V
前桥上的电驱动装置控制单元 J1234：391V
后桥上的电驱动装置控制单元 J1235：392V

图 1-13-14

　　根据测量值可以基本排除 SX6 未给 J1235 供电的可能性，基本可排除 SX6 的故障嫌疑。

　　检查 SX6 到 J1235 之间线束。这根高压线束也是从 SX6 的后部经过高压蓄电池 AX2 上面再到后桥的电驱动控制单元 J1235，从外观检查是不可行的，拆装难度较高，根据图 1-13-14 的测量值后桥电驱动控制单元 J1235 上的电压为 392V，线束外观出现故障可能性较小，但是检查高电压导线是否有故障除了上述的测量值外还可以加一个绝缘电阻测量，如果高电压某根导线外观都能看出有故障，那么绝缘电阻测量肯定会出现故障，检查绝缘电阻，结果正常，如图 1-13-15 所示。

高压蓄电池电量：38%
高压蓄电池（-）绝缘电阻：20470 kΩ
高压蓄电池（+）绝缘电阻：20470 kΩ
牵引电网（-）绝缘电阻：3730 kΩ
牵引电网（+）绝缘电阻：3720 kΩ

图 1-13-15

　　根据我们的测量，分析基本可以排除 SX6 到 J1235 之间的高压线束故障。

　　此时还剩下最后一个未检查的怀疑部件，后桥电驱动装置 J1235。J1235 其中一个功能是将 SX6 供给的直流电转化为三相交流电给后桥驱动电机 VX90，故此怀疑 J1235 本身故障导致未把 SX6 蓄电池开关盒供给的直流电转化为三相交流电给后桥驱动电机 VX90，造成车辆高压系统故障，车辆无后驱，此时只能找试驾车尝试替换 J1235，切记一定要先断电。根据维修手册指示和要求逐步替换 J1235，替换后故障依旧。到此时怀疑自己思路是否从开始就错了，还是检查中有遗漏，再次分析故障码及 e-tron 资料。J1235 已经替换，可完全排除，SX6 拆装复杂，也确实有供电到后桥电驱动装置，可先不考虑。此时还剩下 SX6 到 J1235 之间的线束，线束之前我们已做测量值跟绝缘电阻测量，可排除线束中部断路的可能，那么就只剩下线束的两个插头：SX6 端插头跟 J1235 端插头，图 1-13-16 为 e-tron 车辆的安全线线路图，SX6 端的插头均有安全线。

　　如果 SX6 端任何一个插头有故障，那么随之安全线也会断路，安全线断路车辆无法重新激活高压系统，而我们的车辆可以激活高压系统，可以行驶只是性能受限，车辆无后驱，可先排除 SX6 端插头故障，那么还剩下 J1235 端插头，检查 J1235 端插头，发现故障，如图 1-13-17 所示。

　　高压线束接头紧固螺丝滑丝松动导致虚接，之前在拆卸 J1235 时也检查过此插头，但是由于是高压车辆虽然已经断电，还是没能敢用 T20 工具紧固检查，导致多余的拆卸，希望大家工作中能够相信自己，相信我们的专用工具，胆大心细，安全第一。

　　故障原因：后桥电驱动装置 J1235 端高压线束接头虚接导致此故障。

　　故障排除：更换高压线路 3 SX6 到 J1235 之间高电压线束。

三、2020 年奥迪 e-tron 车无法直流充电

车型：奥迪 e-tron。

故障现象：

客户描述直流充电桩无法充电，连接直流充电桩以后电桩报警无法执行充电。

故障诊断：

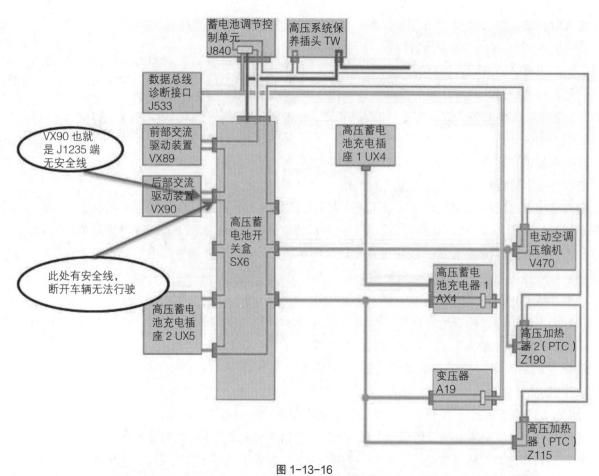

蓄电池调节控制单元 J840

高压系统保养插头 TW

数据总线诊断接口 J533

VX90 也就是 J1235 端无安全线

前部交流驱动装置 VX89

此处有安全线，断开车辆无法行驶

后部交流驱动装置 VX90

高压蓄电池开关盒 SX6

高压蓄电池充电插座 1 UX4

电动空调压缩机 V470

高压蓄电池充电器 1 AX4

高压加热器 2（PTC）Z190

高压蓄电池充电插座 2 UX5

变压器 A19

高压加热器（PTC）Z115

图 1-13-16

此处 T20 螺丝滑丝松动，且无法拧紧，无法取出，造成高压电虚接，导致此故障

图 1-13-17

142

（1）车辆进店，客户描述车辆无法充电，使用服务站充电桩充电发现在使用直流充电桩充电时无法充电。接着把车开到旁边充电站测试多个直流充电桩依然无法充电（使用交流充电桩充电时可以正常充电）。

（2）使用诊断仪 VAS 6150E 诊断发现 8C 存储故障码 P0AA600 混合动力/高压蓄电池系统，根据维修引导进行绝缘测量。

（3）查询开关盒结构图（如图 1-13-18 所示），对检测工具 VAS 6558A 及 VAS 6558A/30 进行验证并对高电压进行断电。根据引导分别对全车绝缘电阻、9 支路、6 支路进行测量，测量数据为全车绝缘电阻 1.09MΩ、9 支路绝缘电阻为 5.5GΩ、6 支路绝缘电阻为 44.43MΩ，引导提示该测量值均正常，使用工具 VAS 6558/22 对直流充电口进行测量，无法测量出准确数据（直流充电导线内部有继电器，无法测量出数据），此时无法确定故障点。

图 1-13-18

（4）查询 e-tron 高压组件连接示意图，如图 1-13-19 所示。

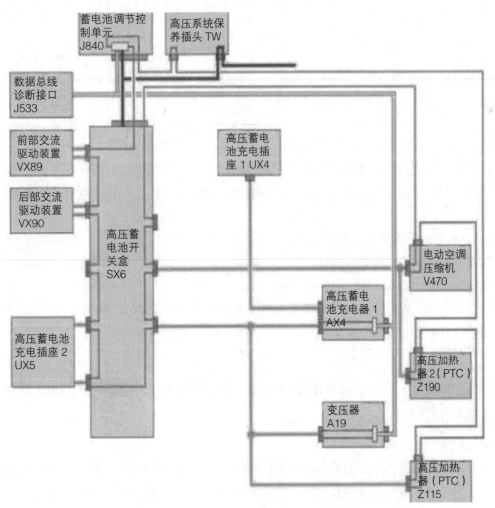

图 1-13-19

观察连接图后初步怀疑该故障点在 UX5 和 SX6 这段（确定其他支路均正常），因此向厂家技术反馈，寻求技术指导，厂家给出的回复是测量值错误，要求我们再次进行绝缘电阻测量并且与正常车辆做数据对比，根据引导测量的数据并不一定能发现故障点，此时我们使用工具 VAS 6558A 在不执行引导的情况下分别对故障车辆和正常车辆进行绝缘电阻的测量比对分析。

（5）分别对故障车辆和正常车辆进行绝缘电阻测量，奥迪 e-tron 车辆绝缘电阻测量数据对比如表 1-13-1 所示。

表 1-13-1

		故障车辆（WAURRCGE5LB004583）		正常车辆	
全车绝缘电阻	VAS 6558A/3 串联 SX6 和 9 支路	（+，PE）	1.09MΩ	（+，PE）	2.47MΩ
		（-，PE）	1.09MΩ	（-，PE）	2.46MΩ
断开插头 9	测量 9 支路一端	（+，PE）	5.5GΩ	（+，PE）	5.5GMΩ
		（-，PE）	5.5GΩ	（-，PE）	5.5GMΩ
	测量 SX6 一端	（+，PE）	1.09MΩ	（+，PE）	2.46MΩ
		（-，PE）	1.09MΩ	（-，PE）	2.49MΩ
断开插头 9，插头 6	测量 SX6 一端	（+，PE）	1.1MΩ	（+，PE）	2.73MΩ
		（-，PE）	1.1MΩ	（-，PE）	2.73MΩ
断开插头 9，插头 6，DCI	测量 SX6 一端	（+，PE）	1.38MΩ	（+，PE）	2.73MΩ
		（-，PE）	1.38MΩ	（-，PE）	2.72MΩ
断开插头 9，插头 6，DC+，DC-	测量 SX6 一端	（+，PE）	2.73MΩ	（+，PE）	2.73MΩ
		（-，PE）	2.73MΩ	（-，PE）	2.73MΩ
断开插头 9，插头 6，DC+，DC-，前部电机插头	测量 SX6 一端	（+，PE）	5.09MΩ	（+，PE）	5.05MΩ
		（-，PE）	5.09MΩ	（-，PE）	5.11MΩ

注：所有测试数据，工具 VAS 6558A/30 都连接在 SX6 端口测量。
通过两辆车绝缘电阻数据对比，当断开直流充电高压线束正负极后，绝缘电阻与正常车辆数据一致，怀疑该线束插头及其之后线束有绝缘保障，与正常车辆替换直流充电高压线后故障消除，建议更换直流高压充电线

观察数据对比表格发现，故障车辆的整车绝缘电阻与正常车辆的绝缘电阻存在差异，当断开直流充电连接插头后测量的绝缘数据与正常车辆一致。此时可以判定故障点在直流充电连接插头及插头以后的高压线束。

（6）查询备件后发现该高压线束为总成备件，不单独提供插头或者线束（UX5 连接到 SX6 这段为总成备件），为了验证我们的判断是否正确，我们将故障车辆的 UX5 充电导线和正常车辆的高压导线对调后故障成功转移，故障车辆故障解除，直流充电正常。

故障原因：绝缘电阻故障，对地短路，线束中出现绝缘故障，无法达到安全绝缘，可能会引起触电风险，所以车辆无法进行直流充电以保护人身安全。

故障排除：对比法（相同车辆数据对比分析）。

四、新能源车辆更换 BMC 或高压蓄电池后，8C 有蓄电池中国序列号的相关静态故障码

车型：奥迪 e-tron、Q2L e-tron 和 A6L TFSIe。

故障现象：

根据国家政策"新能源汽车动力蓄电池回收利用溯源管理规定"要求，奥迪厂家要求新能源车辆更换电池时，需上传电池编码、企业信息、车辆信息到国家系统。同时，车辆需要保证底盘号和电池序列号的对应关系。电池包信息保存在蓄电池管理单元 BMC（8C）中，通过匹配可以查询到，目前仅 Q2L e-tron

可以通过读取 8C 测量值获取。

故障诊断：

为此，在更换 BMC 或蓄电池总成、模组时，保存蓄电池标签的记录，是完成蓄电池追溯的前提。在这里，我为各位总结一下 Q2L e-tron、A6L TFSIe、奥迪 e-tron 三个车型蓄电池中国序列号匹配的经验。

（一）Q2L e-tron 蓄电池中国序列号匹配

（1）Q2L e-tron 更换 BMCe（总成件，包含 J840 与 SX6）后，8C 控制单元存有静态故障码 P062F00：控制单元 EEPROM 内部系统故障。根据引导，提示在部件蓄电池调节控制单元 J840 中以下故障存储器条目未以活跃状态记录 U153D00 中国版序列号，无效，如图 1-13-20 所示。

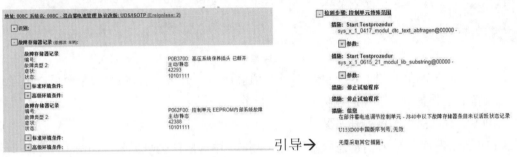

图 1-13-20

（2）读取 8C 测量值，发现更换新的控制单元后，ASSY 零件号、高电压 / 混合动力蓄电池序号和中国序列号三个测量值未填写。根据电池标签（第一次开包维修忘记拍照，侥幸保存维修前带有 8C 测量值的诊断报告）获取原车蓄电池相关信息，如图 1-13-21 所示。

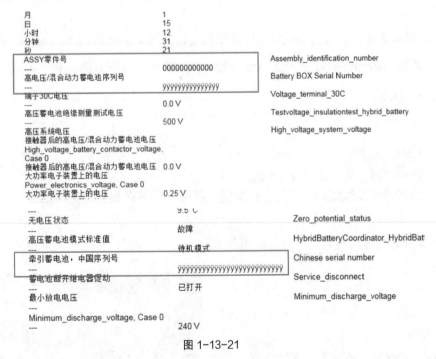

图 1-13-21

（3）通过 8C 自诊断进入"匹配"，找到"$484E 中国序列号"相应功能，此数据为空，如图 1-13-22 所示。

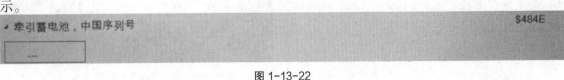

图 1-13-22

145

（4）尝试输入中国序列号不成功，刷新后数据依然为空，8C 静态故障无法删除。此时需要考虑其他两项 ASSY 零件号、高电压 / 混合动力蓄电池序号的匹配，其实在输入中国序列号之前，是要完成其他信息的输入。需要按照①ASSY 零件号②高电压 / 混合动力蓄电池序号③中国序列号的顺序完成，如图 1-13-23 所示。

图 1-13-23

（5）通过匹配完成三个信息的输入，读取 8C 测量值确认写入成功。引导 8C 故障码可以删除此静态故障，若仍无法删除，可根据静态故障码删除办法直接删除。

（二）A6L TFSIe 蓄电池中国序列号匹配

（1）车辆 PDI 检查发现，8C 存有静态故障码 U153D00：中国版序列号无效，如图 1-13-24 所示。

故障存储器记录

编号：	U153D00：中国版序列号 无效
故障类型 2：	主动/静态
症状：	32785
状态：	00101111

图 1-13-24

（2）根据引导要求输入 24 位或 26 位中国版序列号，如图 1-13-25 所示。

+ **服务: DiagnServi_WriteDataByIdentCalibData (牵引蓄电池，中国序列号)**

措施: 输入
输入混合动力蓄电池单元 - AX1 的序列号。

序列号可以为 24 位或 26 位。
序列号既以条型码的形式，也以明文的形式记录在蓄电池的标签上。

图 1-13-25

（3）在后备箱电池侧找到电池标签，根据要求输入 24 位中国序列号，提示无效，如图 1-13-26 和图 1-13-27 所示。

（4）通过 24 位序列号 08O** 前加字母"CN"或两个空格（建议采用空格）补充为 26 位后，引导后故障码可删除。

（5）通过 8C 测量值，不包含"中国序列号"测量值块。需要通过 8C 自诊断，匹配功能查询。再更换 J840 和蓄电池整包后，也可以通过匹配输入中国序列号，如图 1-13-28 所示。

图 1-13-26

⊞ 服务: DiagnServi_WriteDataByIdentCalibData (牵引蓄电池，中国序列号)

措施: 输入

输入混合动力蓄电池单元 - AX1 的序列号。

📓 *提示提示*

序列号可以为 **24 位或 26 位**。
序列号既以条型码的形式，也以明文的形式记录在蓄电池的标签上。

输入: 08OPEA40LFV0AA9BW0000008

图 1-13-27

008C：混合蓄电池管理 (UDS / ISOTP / 4KE915233F / 0231 / H15 / EV_BECM0042071 / 001004)		
匹配/参数	RDID	当前值
▷ 停用生产模式	$04FC	
▷ 启动和停用所有开发信息	$0902	
▷ 高压蓄电池充电保护关闭	$1823	
▷ 绝缘测量停用模式	$0920	
▷ 期望的车载诊断系统请求	$0AA3	
◁ 牵引蓄电池，中国序列号	$484E	

图 1-13-28

（三）奥迪 e-tron 蓄电池中国序列号匹配

（1）车辆 PDI 检查发现，8C 存有静态故障码 U153D00：中国版序列号无效，如图 1-13-29 所示。

地址: 008C 系统名: 008C - 混合蓄电池管理 协议改版: UDS/ISOTP (Ereignisse: 1)

⊞ **识别:**

⊟ **故障存储器记录** (数据源: 车辆):

故障存储器记录
编号: U153D00：中国版序列号 无效
故障类型 2:   主动/静态
症状: 32785
状态: 00101111

⊞ **标准环境条件:**
⊞ **高级环境条件:**

图 1-13-29

（2）与 C8 PHEV 相同，引导要求输入中国版序列号，但是问题是蓄电池标签贴在蓄电池右侧面，需要拆卸电池后才能看到，测量值不包含相应数据块，匹配里信息为空，如图 1-13-30 所示。

（3）寻求老师帮助，通过厂家电池追溯系统查询到 VIN 对应的电池中国序列号，引导故障码或匹配写入 24 位中国序列号，提示输入错误，如图 1-13-31 所示。

（4）遇到此情况，记得在 24 位序列号之前添

图 1-13-30

加两个空格才能完成写入。

序列号可以为24位或26位。
序列号既以条型码的形式，也以明文的形式记录在蓄电池的标签上。

输入：09QPEA00WAU0AA9860017733

措施：信息
输入了错误的序列号。是否要重复输入？

图 1-13-31

故障总结：

涉及蓄电池中国序列号的故障，请如实进行填写。24位不被接受时，通过前面添加两个空格补齐26位。拆卸更换蓄电池时保存蓄电池标签信息。

五、2021年一汽奥迪 e-tron 车间星星充电器无法充电

车型：一汽奥迪 e-tron。

故障现象：

车辆用车间星星充电器无法充电，充电指示灯不亮，仪表显示已连接充电器，如图 1-13-32 所示。

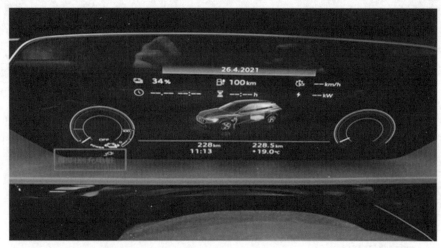

图 1-13-32

故障诊断：

用 VAS 6150E 检测高压蓄电池充电器控制单元有 P33E300：充电插座 A 通信故障（当插上充电头的时候是静态，拔下充电头的时候为偶发），尝试用另一台充电器也一样现象，其他车辆在这两台充电器上都能正常充电。该车是试驾车，刚到店用交流就无法充电，由于直流充电桩充电正常，前期销售一直没有开来检查。初步判断是车辆交流充电系统故障，通过引导型故障对高电压蓄电池充电插座 2 UX5 及线束检查都正常，要求更换部件高压蓄电池充电器控制单元 J1050，尝试找另一辆车来对换 J1050，还没有换之前发现该车也充不了，在做反馈的时候老师来电话要求用其车辆原车充电器试试，找了一个 Q2 e-tron 车载充电器发现充电正常。

故障原因：充电桩协议问题。

故障排除：联系星星充电桩售后。

故障总结：由于该充电桩其他车辆充电正常，并没有怀疑充电桩原因，也没有相关技术资料说明不同年款充电桩协议不一样，造成花费时间去检查。遇到新车型故障多咨询技术老师，找相同年款车型对比，避免浪费时间和精力。

六、2020 年奥迪 e-tron 行驶中突然动力受限

车型：奥迪 e-tron。

年款：2020 年。

电机号：EASA。

行驶里程：6621km。

故障现象：

车辆在正常行驶过程中仪表提示电力系统故障请安全停车，且有加不上油的感觉，如图 1-13-33 所示。

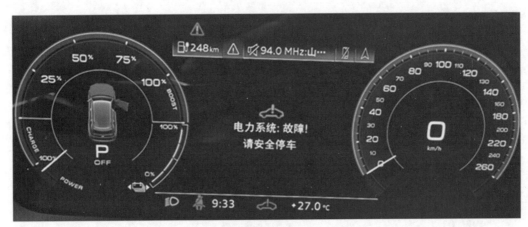

图 1-13-33

重新复位点火开关后可以行驶 50 米左右，出现"驾驶系统性能受限"和"电力系统故障请联系统服务站"，车辆无法自主行驶，如图 1-13-34 和 1-13-35 所示。

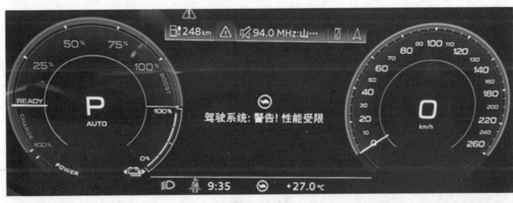

图 1-13-34

图 1-13-35

故障诊断：

该车到站后发现故障现象为静态，也就是重新复位点火开关后仅可行驶 50m 左右。通过问诊了解到该车刚从充电站充满电出来行驶不到 10km，我们从组合仪表的电量表显示上也看到了高压蓄电池电量是 100%，从这一点上初步排除高压蓄电池电量低而导致功能受限。用诊断仪检查在 008C 混合蓄电池管理控制单元内有故障码"P0B2600：混合动力 / 高电压蓄电池的蓄电池电压过高被动 / 偶发"和"P0BBD00：混合蓄电池总电压超出最大偏差被动 / 偶发"，如图 1-13-36 所示。

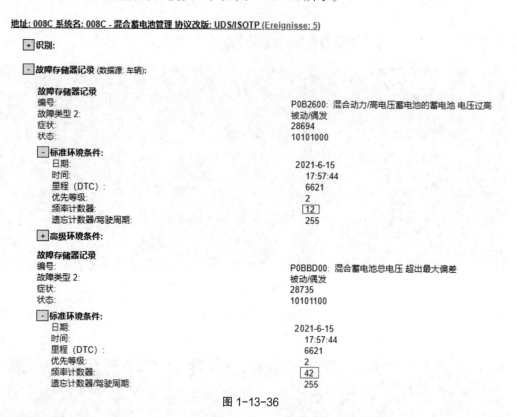

图 1-13-36

在 00CE- 电驱动装置 2 控制单元内有故障码"P0AFA00：混合动力 / 高电压蓄电池系统电压过低被动 / 偶发"，如图 1-13-37 所示。

图 1-13-37

在 0051- 电驱动装置控制单元内有故障码"P0AFA00：混合动力 / 高电压蓄电池系统电压过低被动 / 偶发"，如图 1-13-38 所示。

地址: 0051 系统名: 0051 - 电驱动装置 协议改版: UDS/ISOTP (Ereignisse: 2)

+ 识别:

- 故障存储器记录 (数据源: 车辆):

故障存储器记录
编号: P0AFA00: 混合动力/高电压蓄电池系统 电压过低
故障类型 2:   被动/偶发
症状: 49152
状态: 11101000

- 标准环境条件:
日期: 2021-6-15
时间: 17:57:43
里程 (DTC):   6621
优先等级: 2
频率计数器: 12
遗忘计数器/驾驶周期: 255

图 1-13-38

首先根据引导型故障测试计划对 J1234（也就是 0051 电驱动控制单元 1）内的 P0AFA00 高压蓄电池系统电压过低被动/偶发进行了检查结果如图 1-13-39 所示（检查过程忽略）。

- 功能检测 7: SYS_J1234_J1235_J1236_GE_X_1_0718_21_HV_Batterie_Spannung_zu_niedrig_00000

工时 (ZE): 1.2
16.06.2021 11:15:29,485 - 16.06.2021 11:16:03,213

结果: OK

- 检测步骤: 快进
措施:
sys_x_1_1218_21_modul_dtc_fehlertext@00000 -

- 参数:
RVar_str_dtc: P0AFA
RVar_str_fehlertext: 混合动力/高电压蓄电池系统, 电压过低

措施:

- 检测步骤: 检测描述
措施: 信息
检测描述:
▪ 分析故障存储器
▪ 检查冷却液是否溢出
▪ 测量并评估电压
▪ 检查高电压导线
▪ 检测控制单元配置

必备辅助工具:
▪ 汽车故障诊断仪

检测前提条件:
▪ 12V 蓄电池已充足电
▪ 12V 充电器已连接在汽车上

- 检测步骤: 分析故障存储器
措施: 信息
状态:
P0AFA00 - 混合动力/高电压蓄电池系统, 电压过低 - 静态

故障存储器记录不再存在。

图 1-13-39

检查 00CE 也就是电驱动控制单元 2 时其引导型测试计划结果和 0051 的结果完全一样无法得出精确结果。在检查中发现第 22 电池模组中的单格电压差为 92mV，已经为红色显示；但根据诊断仪提示单格电压差的极限值是 100mV，此时虽然是 92mV 且颜色已为红色显示（如图 1-13-40 所示），但引导型结果提示为"X"，不是直接提示需要更换高压蓄电池模组。

在上述检查没有精确结果的前提下检查了前后电机的防冻液渗漏情况，经检查该车后电机的储液罐里几乎没有防冻液（如图 1-13-41 所示）；而在前电机内收集到 140mL 的防冻液，根据维修手册提示应该是每 30000km 小于 30mL，而该车现行驶 6621km 说明前电机的防冻液渗漏情况严重超过规定值。

检测步骤: 108s4p

措施: 信息

最大蓄电池单格电压变化范围: 92mV

2.层:

模块 17 (2mV)
蓄电池单格 049: 4.101 V
蓄电池单格 050: 4.100 V
蓄电池单格 051: 4.102 V

模块 16 (1mV)
蓄电池单格 046: 4.101 V
蓄电池单格 047: 4.101 V
蓄电池单格 048: 4.102 V

模块 18 (1mV)
蓄电池单格 052: 4.101 V
蓄电池单格 053: 4.102 V
蓄电池单格 054: 4.101 V

模块 19 (1mV)
蓄电池单格 055: 4.101 V
蓄电池单格 056: 4.100 V
蓄电池单格 057: 4.101 V

模块 20 (2mV)
蓄电池单格 058: 4.101 V
蓄电池单格 059: 4.100 V
蓄电池单格 060: 4.102 V

1.层:

模块 13 (2mV)
蓄电池单格 037: 4.100 V
蓄电池单格 038: 4.102 V
蓄电池单格 039: 4.101 V

模块 15 (1mV)
蓄电池单格 043: 4.102 V
蓄电池单格 044: 4.101 V
蓄电池单格 045: 4.101 V

模块 12 (1mV)
蓄电池单格 034: 4.100 V
蓄电池单格 035: 4.101 V
蓄电池单格 036: 4.101 V

模块 14 (1mV)
蓄电池单格 040: 4.102 V
蓄电池单格 041: 4.101 V
蓄电池单格 042: 4.102 V

模块 21 (2mV)
蓄电池单格 061: 4.100 V
蓄电池单格 062: 4.100 V
蓄电池单格 063: 4.102 V

模块 11 (1mV)
蓄电池单格 031: 4.101 V
蓄电池单格 032: 4.102 V
蓄电池单格 033: 4.102 V

模块 10 (1mV)
蓄电池单格 028: 4.100 V
蓄电池单格 029: 4.100 V
蓄电池单格 030: 4.101 V

模块 22 (92mV)
蓄电池单格 064: 4.019 V
蓄电池单格 065: 4.111 V
蓄电池单格 066: 4.110 V

图 1-13-40

排液螺栓

储液罐

图 1-13-41

根据上述检查初步分析认为前电机总成因防冻液渗漏严重，存在绝缘性故障需要更换。另外高压蓄电池 22 模组的单格电偏差为 92mV，接近最大极限 100mV，分析是由于高压蓄电池模组单格电压差过大，导致高压蓄电池进行应急状态切断电压输出，导致本故障。

故障排除：

经更换模组 22 电池并做电压平衡后，发现高压蓄电池控制单元内故障码"P0BBD00 混合动力蓄电池电压超出最大偏差被动 / 偶发"，可以清除且不再出现。但车辆每次打开点火开关后仍只能行驶 50m 左右，说明根本故障点不在高压蓄电池。经更换前部驱动电机后车辆功能恢复正常，实车路试车辆各项功能正常。

故障总结：

该车是由于前电机防冻液渗漏超过了标准值，进而导致产生系统电压过低的故障码。此时高压蓄电池管理控制单元限制了电压的输出，从而产生功能故障。但在本故障中有一个不解的问题，电机防冻液渗漏应该是系统报绝缘类故障。但此车没有报绝缘类故障且故障码当时可以清除，只是每次行驶 50m 左右再次出现故障码。希望各位同行对本故障原因进行交流分析，共同提高诊断技能。

第二章 宝马 iX3 车系

第一节 整车

一、前言

G08 纯电动车是 BMW X3 车型系列的一款车辆，并且原则上基于的是 G01 的技术。G08 是 G01 的中国规格。对于在中国为全球市场生产的 G08 纯电动车，其主要区别在于使用了第 5.0 代电气化高电压驱动组件。通过使用第 5.0 代高电压技术，使得 BMW Group 的纯电动车适合用作家庭主要用车。根据法定的 WLTP 测试循环，电动行驶里程可达大约 460km，同时，充电功率也提高至最大 150kW，从而令上述期望得以实现。这意味着，只需充电大约 34min，就可以最高充至电池容量的 80%。

1. 电动车在 BMW 的历史

电动车在 BMW 的历史可以回溯到 1972 年。对于电气化驱动系统所需的部件，在最终验证确认达到适合日常使用的量产状态前，确实走过了一段漫长的道路。如图 2-1-1 所示的是不同的研发车型以及基于研发成果的量产车型。通过对高电压组件的持续改良研发，2020 年，BMW Group 凭借 BMW iX3，正式推出了第 5.0 代高电压系统。

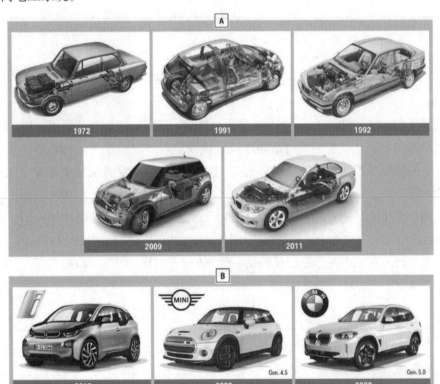

A.研发车型 B.量产车型 1972年BMW 1602e 1991年BMW E1 1992年BMW325 electric E36 2009年MINI E（MINI Electric） 2011年BMW ActiveE（E82E） 2013年BMW i3（I01）BMWi 2020年MINI Cooper SE（F56 BEV）Generation4.5 2020年BMW iX3（G08 BEV）Generation5.0

图 2-1-1

（1）BMW 1602e。

自 1969 年开始，BMW 首次制造了两套采用电动机的 1602 系列测试用车架。通过总共 12 块前后连接在一起的市售 12V 铅酸蓄电池为一台由博世研发的直流分流电机供电。电机功率相当于 12kW 的持续功率。在大约 50km/h 匀速行驶的情况下，可以实现大约 60km 的续航里程。350kg 重的蓄电池组被安装在原来的发动机室内。它可以被整体拆除，并且用一套刚刚充满电的蓄电池组加以更换。早在那时，电动机已经同时也被用作发电机，从而在制动时将产生的能量反馈入蓄电池（动能回收）。在 1972 年慕尼黑举办的夏季奥运会期间，出于测试的目的，一台 BMW 1602e 被用作竞走选手和马拉松选手的伴行车辆。技术数据如表 2-1-1 所示。

表 2-1-1

BMW 1602e	
驱动系统	后轮驱动
发动机	直流分流电机（博世）
峰值功率	32kW
持续功率	12kW
重量	85kg
蓄电池	12 块铅酸启动器蓄电池（Varta）
电量	12.6kWh
重量	350kg
行驶性能	
最高速度	100km/h
0～50km/h 加速	8s
城市交通续航里程	30km
50km/h 匀速条件下的续航里程	60km

（2）BMW E1。

开发序列代号为 Z11 的 BMW E1 于 1991 年在法兰克福国际车展上向公众展出。BMW Group 计划通过该车在实际应用中考察电驱动装置的日常适用性以及优缺点。研发工作的目标是落实适合日常使用的行驶性能、可以接受的续航里程、足够 4 人乘坐并且可以容纳行李的空间以及乘客安全性方面的高标准，同时还要尽可能降低车重。200kg 重的高能量蓄电池位于后座下的一个安全框架中。自主研发的电动机配套变速器可以集成到后桥中。通过一套全新设计的电子系统负责所有电气组件的控制。在专门研发的充电柱上，蓄电池的充电过程只需 2 个小时即可。BMW E1 在城市中的续航里程达 160km，因而可以满足用户在城市环境中的出行需求。而在经过改良的新一代 BMW E1 上，则进一步提升了车辆的行驶性能。技术数据如表 2-1-2 所示。

表 2-1-2

BMW E1（第 1/2 代）	
发动机	永磁交流电机
持续功率	32kW
蓄电池	钠硫高能量蓄电池 / 钠氯化镍高能量蓄电池
电量	19～19.2kWh

BMW E1（第1/2代）	
重量	200kg
行驶性能	
最高速度	120～125km/h
0～50km/h 加速	5.6～6s
城市交通续航里程	150km

（3）BMW 325 electric。

20世纪90年代初，推出了另一款车型，其目的是为了推动电气化驱动组件的研发，令其满足量产要求。在位于波罗的海的吕根岛上，用8台测试车辆开展了测试。具体涉及的是一个不同制造商的研发项目，它获得了来自联邦科研和技术部的支持。另有6台测试车辆加入到了巴伐利亚州政府的车队中。在1992年至1997年期间，通过对不同的电动机、变速器和蓄电池开始测试，取得了大量新的发现。例如，行驶过程中的动能回收水平取得了最高20%的提升。技术数据如表2-1-3所示。

表2-1-3

BMW 325 electric（1992-1997）	
驱动系统	后轮驱动
发动机	永磁交流电机
持续功率	32～45 kW
包括变速器在内的重量	65 kg
蓄电池	钠氯化镍高能量蓄电池
电量	21.7～29kWh
重量	260～350kg
行驶性能	
最高速度	128～135km/h
0～50 km/h 加速	6～8s
城市交通续航里程	120～150km

（4）MINI E。

早在2009年，BMW Group 就已经在"Project i"的框架条件下测试一套全新的电气化驱动系统。通过总计600台研发车辆，对局部无排放的驱动系统以及配套所需的充电基础设施开展了测试，以考察它们的日常适用性。MINI E 由一台功率为150kW、并且最大扭矩为220N·m的电动机驱动。它的能量来自专门为汽车应用而研发的锂离子蓄电池。电动续航里程最高达250km。技术数据如表2-1-4所示。

表2-1-4

MINI E	
驱动系统	后轮驱动
发动机	异步电机
持续功率	150kW
蓄电池	锂离子蓄电池
电量	35kWh
重量	260kg

MINI E	
行驶性能	
最高速度	152km/h
0～50 km/h 加速	8.5s
续航里程	250km

（5）BMW ActiveE。

开发序列代号为 E82E 的 BMW ActiveE 基于的是一款 BMW 1 系轿跑车的量产车型。它是继 MINI E 之后，BMW Group 第 2 款在 "Project i" 的框架条件下，投入全球测试的车型，而非作为量产车型。大约 1200 台测试用车被投放给了共享租车平台 DriveNow，以便测试它们的日常适用性。在此过程中，ActiveE 项目所要达成的目标包括：

对电驱动系统的组件开展技术测试，以便为日后生产量产车型 BMW i3 做好准备。

针对电动车的日常使用，收集更多发现。

和 1602 一样，在 2012 年伦敦举办的奥运会上，ActiveE 被用作火炬接力以及马拉松长跑的伴行车辆。技术数据如表 2-1-5 所示。

表 2-1-5

BMW ActiveE	
驱动系统	后轮驱动
发动机	永磁同步电机
功率	125kW
蓄电池	锂离子蓄电池
电量	32kWh
重量	450kg
行驶性能	
最高速度	145km/h
0～100 km/h 加速	9s
续航里程	160km

（6）BMW i3。

BMW Group 的首款量产电动车是开发序列代号为 I01 的 BMW i3。除此以外，BMW i3 同时也是 2010 年新创立的子品牌 BMW i 的首款量产车型。该车的特别之处在于，和其他知名汽车制造商不同，并非将电驱动装置简单地安装到任意一款车型上，而是针对电气化驱动系统，对车辆结构进行了设计，以确保完美匹配。而这恰恰也是这款独一无二的电动车的成功秘诀。下面是 BMW i3 的部分产品亮点：

LifeDrive 设计，将碳纤增强塑料（碳纤维）和铝合金材料组合到一起，实现了前所未有的轻量化设计；

使用能够快速再生以及回收利用的原材料，例如在标配的座椅上采用了回收塑料；

将不同的交通工具集成到路径引导中（联运导航系统）；

BMW i 远程应用程序，同时针对电动车应用对功能进行了调整；

可以维修的锂离子高压蓄电池 SE03（BMW i）；

永磁同步电机（BMW i）和传统永磁同步电机相比稀土的使用量减少最多 50%。

BMW i3 的最高速度限制为 150km/h，BMW i3s 的最高速度则限制为 160km/h。对于在不同的生产时间推出的 BMW i3 车型，通过表 2-1-6 可以概要地加以了解。

表 2-1-6

车型	高压蓄电池单元	日常续航里程
60Ah 60Ah，带有增程设备	21.6kWh 21.6kWh	130km 130km + 150km
94Ah	33kWh	200km
94Ah，带有增程设备 120Ah	33kWh 42.2kWh	200km + 150km 260km

（7）MINI Cooper SE。

2020 年推出的 MINI Cooper SE（开发序列代号 F56 BEV）对 BMW i3s 采用的驱动组件进行了小幅修改。在此过程中，对电气化驱动组件进行了调整，使得它们能够被集成到带有内燃机的 F56 的安装空间中。通过使用新型单格电池以及全新的制冷剂和冷却液循环回路，使得 F56 BEV 所采用的高压技术可以被归入第 4.5 代高压系统。

此处列举了 F56 BEV 上实现的最重要的一些改良研发成果：

通过冷却液加以冷却的高压蓄电池 SE14（32.6kWh）；

全新研发的制冷剂和冷却液循环回路；

第 1.5 代热泵。

2.BMW X3 驱动系统变形

在 BMW，"客户之选"意味着客户可以自己决定哪种驱动系统变形最适合他的出行需求。对于最新的 BMW X3 车型系列而言，现在，客户首次可以在高效的柴油或者汽油发动机 ICE、混合动力驱动系统 PHEV（两种驱动方式的完美组合）和纯电动车 BEV 之间进行选择。BMW X3 驱动系统变形如图 2-1-2 所示。

1.G01 ICE（汽油/柴油） 2.G01 PHEV 3.G08 BEV（中国规格，作为可以在全球使用的纯电动车） ICE.Internal combustion engine（内燃机） EM.电机

图 2-1-2

3. 技术数据

技术数据如表 2-1-7 所示。

表 2-1-7

G08 BEV	
车型	BMW iX3
续航里程	大约 460km（WLTP）超过 500km（NEFZ）
峰值功率（瞬时）	210kW
峰值扭矩（瞬时）	400N·m
最高速度	180km/h
0~100km/h 加速	6.8s
最高转速（转子）	17000r/min
挡位	P、D、B、R、N
挡位数	1
传动比	11∶1
空车重量（包括驾驶员在内）	2260kg
允许的总重量	2725kg
拖挂负荷	750kg
牵引杆垂直负荷	75kg
转弯直径	12.1m
离地间隙	191mm
高压电蓄电池 SE16	
重量	518kg
电池单元模块	10 个
单格电池	188 个
单格电池电压	3.67V
蓄电池电压	345V
可存储的能量	80kWh
可使用的能量	73.8kWh
冷却系统	冷却液冷却

4. 第 5.0 代高压系统

电气化驱动单元以及高压蓄电池单元采用的是由 BMW 从头开始自主研发的 eDrive 技术。而在功率和能量储备方面，可以灵活地对电气化驱动单元以及高压蓄电池单元进行调整。通过这种方式获得的高电压模块可以灵活地应用于不同的车辆设计和车辆级别，如图 2-1-3 所示。

G08 BEV 是首款应用这种全新研发的第 5.0 代高电压模块的 BMW Group，BMW Group 将来的车型项目同样也会选用全新的第 5.0 代高电压模块，如图 2-1-4 所示。

5. 资格培训

作为在混合动力车或者电动车的高电压系统上开展作业的前提条件，BMW Group 的员工必须具备下面的最低资质：

成功通过了现场培训"高电压技术基础知识"；

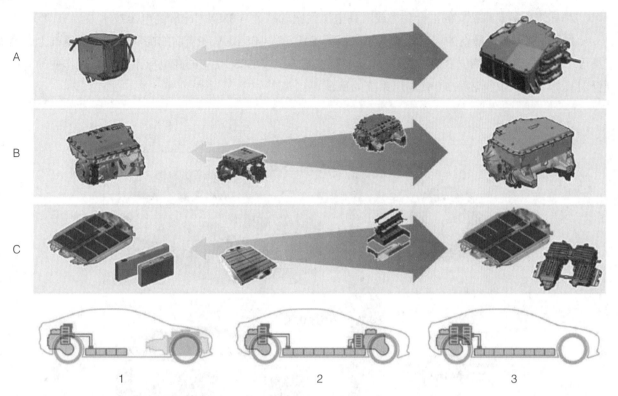

A.联合充电单元CCU B.电气化驱动单元 C.高压电蓄电池单元 1.应用于插件式混合动力车辆 2.用于电动车 3.应用于后轮驱动的电动车

图2-1-3

A.联合充电单元CCU B.电气化驱动单元 C.高压电蓄电池单元 1.BMW iX3（G08 BEV） 2.BMW 概念车 iNext 3.BMW 概念车 i4

图2-1-4

针对具体车辆获得相应的混合动力或者高电压代次的认证（BMW Group 高电压技术人员 HVT）。

（1）BMW Group 最新的电动车概览如图 2-1-5 所示。G08 BEV 在当前的高电压代次的基础上，增加了第 5.0 代。这意味着每位 BMW Group 的高电压技术人员在 G08 BEV 的高电压系统上开展作业前，都必须针对具体车型，取得对第 5.0 代高压系统的认证。

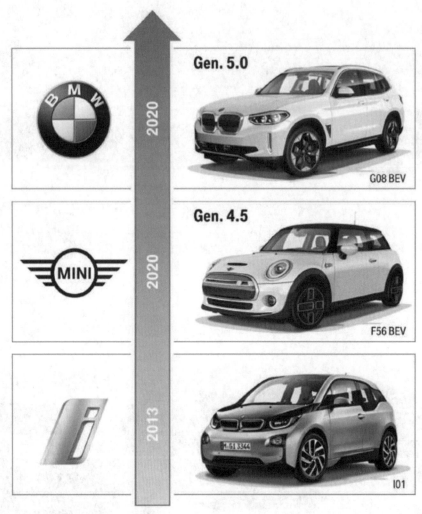

图 2-1-5

（2）第 5.0 代高压系统证书。

第 5.0 代高压系统资格培训包含下列 3 种不同的证书，如图 2-1-6 所示。

表 2-1-8 概要性地说明了具体的操作相应所需的证书。

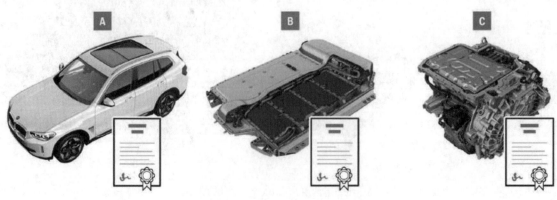

图 2-1-6

表 2-1-8

操作	高压组件，第 5.0 代	高压蓄电池 SE16	电气化驱动单元，第 5.0 代
拆卸和安装高压蓄电池单元	●		
拆卸和安装电气化驱动单元	●		
拆卸和安装 Combined Charging Unit CCU	●	● 2	
拆卸和安装高压充电接口	●		
更新高压蓄电池 SE16 的高电压接线区中的高压保险丝	● 1		
打开并且维修高压蓄电池 SE16		●	
更新电气化驱动单元上的油模块	●		●
更新电气化驱动单元上的驻车锁止模块	●		●
打开并且维修第 5.0 代电气化驱动单元	●	● 2	●
高压蓄电池 SE16 冷却液密封性测试	● 1		● 2
电气化驱动单元冷却液密封性测试	● 1		

注：1 在安装状态下。
2 在拆卸状态下。

二、底盘

G08 BEV 的底盘基本上基于的是成熟的技术，而其中一些则是首次应用在 BMW X3 上。在底盘部分，G08 BEV 的主要区别在于集成式动态稳定控制系统 DSCi。G08 BEV 底盘概览如图 2-1-7 所示。

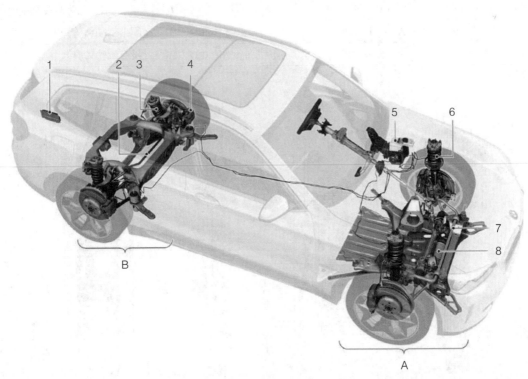

A.双横臂减震支柱前桥 B.五连杆后桥 C.拉力和压力 1.垂直动态管理平台VDP 2.后桥稳定杆 3.后桥减震支柱 4.电子机械式驻车制动器的制动钳 5.集成动态稳定控制系统 DSCi 6.前桥减震支柱 7.前桥稳定杆 8.电子助力转向系统EPS

图 2-1-7

1. 转向系

G08 BEV 采用的是应用于众多车型的双齿轮式电子动力转向 EPS，如图 2-1-8 所示。

2. 底盘变型

和 ICE 车型不同，G08 BEV 的基础款底盘就已经配备了动态减震控制系统 EDC 的减震器（中国规格除外）。表 2-1-9 提供了不同底盘变型的相关信息。

（1）取决于行程的液压回弹减震功能。

和过去使用的带有回弹限位弹簧的减震器不同，在中国规格的 G08 BEV 上，采用了带有取决于行程的液压回弹减震功能（Hydraulic Rebound Stop HRS）的减震器。图 2-1-9 对不同类型减震器的内部结构进行了对比。

1.转向阻力矩传感器　2.位置传感器（方向盘中间位置）　3.转向器　4. EPS 单元（EPS 控制单元和带有转子位置传感器的电机）　5.减速器（双齿轮）

图 2-1-8

表 2-1-9

底盘	选装配置	国家型号	特点
传统减震器	L8AAA	中国规格	带有取决于行程的液压回弹减震功能的减震器
自适应悬架	S223A S2VFA	标准底盘 *	EDC High，不带驾驶体验开关
M 运动型底盘		选装配置	EDC High，带有驾驶体验开关

注 * 中国规格除外。

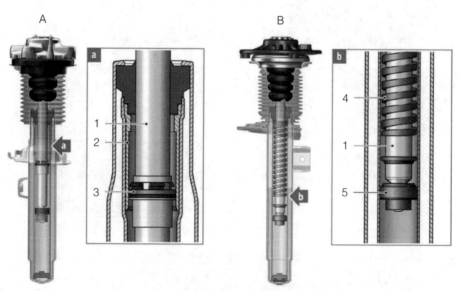

A.带有液压回弹止挡的减震器（G08 BEV）　B.带有回弹限位弹簧的减震器（G01）　1.活塞杆　2.轴套　3.控制环　4.回弹限位弹簧　5.带有活塞阀的工作活塞（拉伸阶段和压缩阶段）

图 2-1-9

和采用内燃机的 G01 相比，G08 BEV 的车重更大。出于这一原因，在 G08 BEV 上采用了带有取决于行程的液压回弹减震功能的减震器。带有液压回弹止挡的减震器如图 2-1-10 所示。

通过取决于行程的液压回弹减震功能，就可以在活塞杆伸出时，实现一个定义的辅助减震功能，直至达到极限位置。这样一来就可以确保操作稳定性，同时避免回弹止挡的机械噪音。取决于行程的液压回弹减震功能的工作原理如图 2-1-11 所示。

对于较小的车轮往复行程以及在正常行驶时，只有带有活塞阀的工作活塞和底阀起作用。但如果超过了一个定义的弹簧变形量，则一个额外定位在活塞杆上的控制环会伸入到一个集成在工作缸内的环形轴套中。机油因此会被压缩，并且通过相应集成在控制环中的节流横截面离开工作区域，继而以确定的方式，通过弹出行程对弹出动作加以抑制。为了在此过程中实现柔和的液压回弹止挡，为轴套配备了锥形凹槽。这样一来，就可以在回弹方向上产生增大的力。

（2）动态减震控制系统 EDC。

对于动态减震控制系统 EDC High，会根据外部影响因素，例如路况，持续调整减震特性。在底盘变型 M 运动型底盘中，驾驶员还有机会额外通过驾驶体验开关（SPORT、COMFORT）对车辆的减震特性施加影响。如图 2-1-12 所示的是 EDC High 的系统网络（M 运动型底盘）。带有自适应悬架的车辆具有和带有 M 运动型底盘的车辆相同的硬件。但自适应悬架的驾驶体验开关对车辆的减震特性不会产生任何影响。借助远程软件升级，客户可以通过他的 ConnectedDrive 账号，将自适应悬架变为 M 运动型底盘。

3. 集成动态稳定控制系统 DSCi

集成动态稳定控制系统 DSCi，如图 2-1-13 所示。

集成式动态稳定控制系统 DSCi 在开发

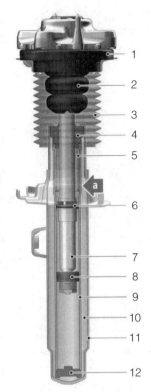
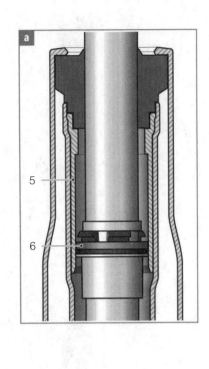

1.止推轴承 2.辅助减震器 3.保护管 4.活塞杆的密封件和导向件 5.轴套 6.控制环 7.活塞杆 8.带有活塞阀的工作活塞（拉伸阶段和压缩阶段）9.工作缸 10.机油补偿量 11.容器管道 12.底阀（拉伸阶段和压缩阶段）
图 2-1-10

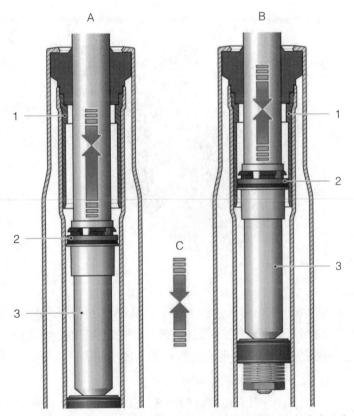

A.控制环在轴套外（液压回弹止挡不起作用）B.控制环在轴套内（液压回弹止挡起作用）1.轴套 2.控制环 3.活塞杆
图 2-1-11

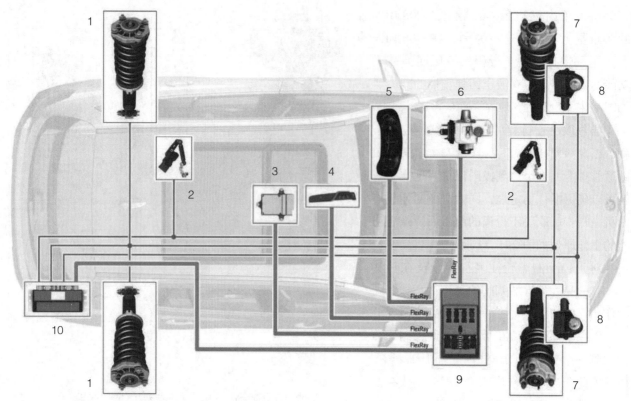

1.后桥的电子控制减震器 2.高度传感器 3.碰撞和安全模块 ACSM 4.驾驶体验开关 5.组合仪表 KOMBI 6.集成动态稳定控制系统 DSCi 7.前桥的电子控制减震器 8.垂直加速传感器 9.车身域控制器 10.垂直动态管理平台

图 2-1-12

图 2-1-13

序列代号为 G05 的 BMW X5 上首次得到应用。其他车型包括 BMW 8 系（G14、G15、G16）和 BMW 7 系 LCI（G11/G12 LCI）。这些车辆的制动系统同样也被称为集成式制动系统。而集成式制动系统的核心则是 DSCi。

（1）制动能量回收系统。

对于电动车上的应用，DSCi 的一项突出优点在于借助线控制动技术，令驾驶员与制动液压系统互不干扰。这样一来，就可以在制动能量回收方面实现最高效率。G08 BEV 制动时的信号流如图 2-1-14 所示。

对于减速要求较低的制动过程，完全可以借助制动能量回收，通过后桥上的电动机进行。随着制动要求的增加，会无级增大制动能量回收。对于制动系统的运行策略进行了设计，确保首先最大限度地通过制动能量回收实现减速。如果制动能量回收不足以满足驾驶员的制动要求，则会建立液压压力，以便额外通过车辆的车轮制动器为车辆减速。

（2）制动能量回收策略。

驾驶员可以借助选挡杆 GWS 2 选择不同的行驶挡，它们会对制动能量回收策略产生直接的影响。在行驶挡"B"（制动），在松开加速踏板时会始终用最高的制动能量回收通过后桥的车轮实现减速（单踏板行驶模式）。在行驶挡"B"中，不能对制动能量回收的程度进行设置。G08 BEV 中的制动模式如图

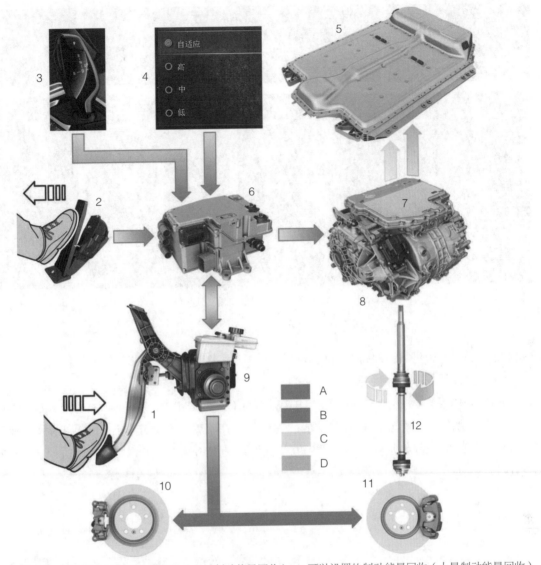

A.液压制动 B.信号流 C.可以设置的制动能量回收（少量制动能量回收） D.可以设置的制动能量回收（大量制动能量回收） 1.制动踏板 2.加速踏板 3.选挡开关GWS 4.CID中的设置菜单 5.高压电蓄电池SE16 6.联合充电单元CCU 7.电机电子装置EME 8.电气化驱动单元，第5.0代 9.集成动态稳定控制系统DSCi 10.前部制动器 11.后部制动器 12.输出轴

图 2-1-14

2-1-15 所示。

　　在行驶挡"D"（行驶），对于在松开加速踏板时激活的制动能量回收，可以对其程度进行设置。在此过程中，车辆的行驶性能等同于一辆配有自动变速器的车辆。G08 BEV 行驶挡D 中可以设置的制动能量回收如图 2-1-16 所示。由驾驶员选择的设

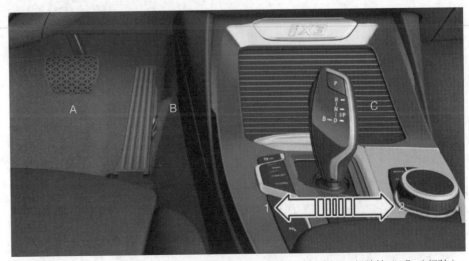

A.制动踏板 B.加速踏板 C.选挡开关 GWS 1.行驶挡"B"（制动） 2.行驶挡"D"（行驶）

图 2-1-15

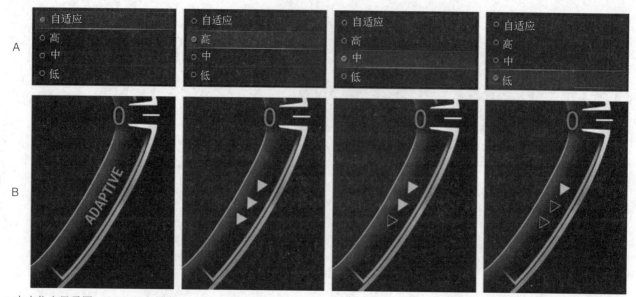

A.中央信息显示屏CID　B.组合仪表KOMBI　自适应.自适应，减速度0.3～1.9 m/s　高.高，减速度1.9 m/s　中.中，减速度1.3 m/s　低.低，减速器0.7m/s

图 2-1-16

置在一次总线端切换后仍然会保持激活状态，并且无须每次都重新执行。

（3）接近执行器的车轮滑移限制。

G08 BEV 采用了来自 MINI Cooper SE、BMW i3 LCI 或者 BMW 1 系（F40）的接近执行器的车轮滑移限制功能。接近执行器的车轮滑移限制功能的主要创新在于将自动稳定控制 ASC 以及发动机牵引力矩控制系统 MSR 从 DSC 控制单元转移到电机 – 电子伺控系统 EME 中。G08 BEV 接近执行器的车轮滑移限制如图 2-1-17 所示。

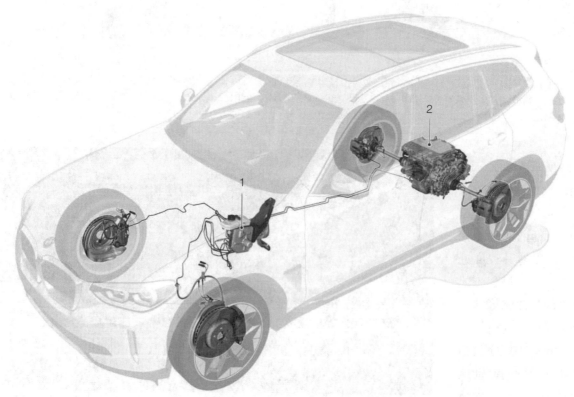

1.集成动态稳定控制系统 DSCi　2.电气化驱动单元中的电机，电子伺控系统 EME

图 2-1-17

这样一来，就可以显著缩短调控时间，同时显著提高调控精度。尤其是在恶劣气候条件下，驾驶员可以体会到他对车辆的控制能力显著提高。该功能在 G08 BEV 上不能停用，因而在 DSC 关闭时仍然会保持接通状态。DTC 模式（动态牵引力控制）可以实现运动的驾驶风格，或者在松软的路面上增大牵引力。对于接近执行器的车轮滑移限制功能而言，通过调整（减少）干预，使得上述效果成为可能。

4. 车轮和轮胎

G08 BEV 没有配备备用轮胎。而泄气保用轮胎则仅提供海湾国家规格。如图 2-1-18 所示的是全新的 Aero Dynamic Wheel 轮辋设计（配有整体式盖板的铸铝车轮）。

通过使用 Aero Dynamic Wheel，首次解决了空气动力学性能和重量之间的目标冲突。对于前轮和前轮罩稳定且低损耗的气流循环，轮辋的大面积设计配合风幕在很大程度上产生了积极的影响。提供 2 种 Aero Dynamic Wheels，尺寸为 19 寸和 20 寸，如图 2-1-19 所示。

针对不同的市场，会通过胎压监控 RPA 或者轮胎压力监控 RDCi 监控轮胎压力。采用了 G01 上的轮胎充气压力电子标牌。G08 BEV 没有装备用于传输轮胎数据的可编程车轮电子系统（带有二维码的轮胎）。

1.整体式盖板　2.铸铝车轮

图 2-1-18

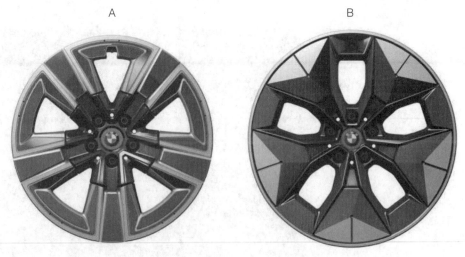

图 2-1-19

三、驱动系统

在 G08 BEV 的机组室内，存在下列高电压组件：

联合充电单元 CCU；

电气制冷剂压缩机 EKK；

用于高压蓄电池单元的电加热装置 EH；

用于车内空间的电子暖风装置 EH。

高压蓄电池 SE16 位于车辆底板中，如图 2-1-20 所示。电气化驱动单元则位于车尾。

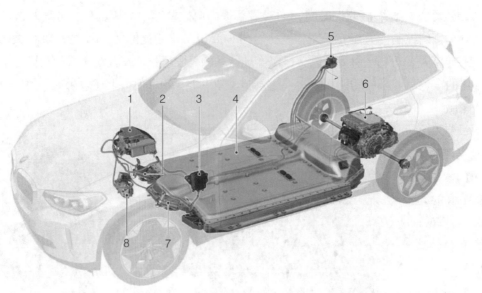

1.联合充电单元CCU　2.用于高压蓄电池单元的电加热装置EH　3.用于中国和日本规格的AC高压充电接口　4.高压电蓄电池SE16 5.用于欧洲规格的AC和DC高压充电接口（用于中国和日本规格的 DC）　6.电气化驱动单元　7.用于车内空间的电子暖风装置EH 8.电气制冷剂压缩机EKK

图 2-1-20

1. 机组室

如图 2-1-21 所示。

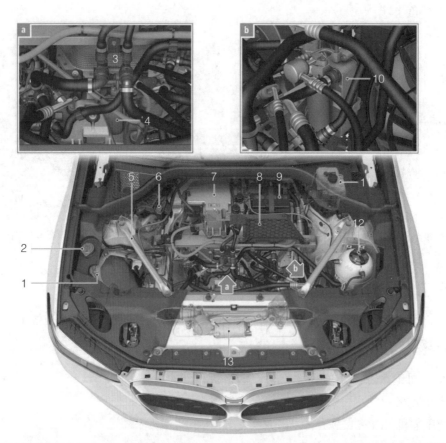

1.接地接线柱　2.车窗清洗装置液体容器　3.冷却液管连接器　4.电气制冷剂压缩机EKK　5.车顶撑杆　6.蓄电池正极接线柱　7.联合充电单元 CCU　8.隔热件　9.12V蓄电池　10.通过冷却液冷却的空调冷凝器　11.集成动态稳定控制系统 DSCi　12.冷却液补液罐　13.电子动力转向EPS（电动机械式伺服转向助力系统）

图 2-1-21

2. 电气化驱动单元，第 5.0 代

电气化驱动单元 220LR 如图 2-1-22 所示。

驱动组件都是由 BMW 自主研发的。在 G08 BEV 上，第 5.0 代电气化驱动单元的名称为 220LR。

（1）技术数据。

技术数据如表 2-1-10 所示。

（2）扭矩图表。

电气化驱动单元 220LR 的扭矩既可以作为发动机，用来驱动后桥，也可以作为发电机，用于减速（制动能量回收）。如图 2-1-23 所示的是加速和减速时转速和扭矩的变化情况。

（3）显示。

在中央信息显示器 CID 中，可以通过运动模式组合仪表菜单读取电驱动装置的功率和温度。G08 BEV 运动模式组合仪表如图 2-1-24 所示。

1.电机电子装置EME（图示无壳体端盖） 2.排气装置 3.电动驻车锁模块 4.机械式变速器（1 挡）及差速器 5.机油模块

图 2-1-22

表 2-1-10

电气化驱动单元	
第	5.0 代
名称	220LR
峰值功率（瞬时）	210kW
峰值扭矩（瞬时）	400N·m
最高速度	180km/h
转速	17000r/min
电机	他励同步电机
效率	93%
运行模式	发动机、发电机
重量	116kg
机油类型	Shell EF6 -> 变速器油 eFluid（83 22 5 A1D 718）
冷却液	HT-12（规格 BMW LC-18）
油泵	电动
驻车锁止器	电动

（4）售后服务信息。

对于电气化驱动单元 220LR 中的机油，不适用任何保养周期，因而只在由于各类损坏所导致的泄漏或者维修的情况下，才需要进行补充或者更新。电气化驱动单元 220LR 可以在保养时整体加以更新。但 BMW 则批准了一套维修方案，令性价比更高的维修成为可能的选项。下面的组件可以单独更新：

电动驻车锁止模块；

油模块；

电动油泵；

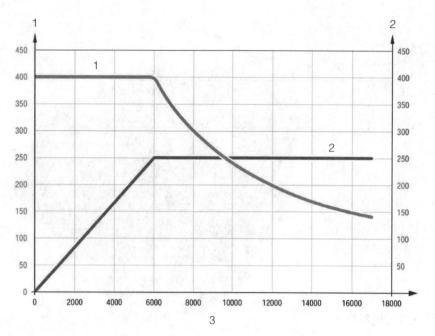

1.驱动力矩（电动机的发动机运行模式） 2.制动力矩（电动机的发电机运行模式）
3.电动机转速

图 2-1-23

油温传感器；
油压传感器；
低压电缆束；
输出轴的径向密封环；
带有密封环的放油螺塞；
带有密封环的注油螺栓；
电机 – 电子伺控系统 EME；
炭刷模块；
转子位置传感器；
高压接口；
压力补偿元件；
励磁导线。

对于电气化驱动单元的拆卸和安装以及加装件的更换，只需车型专属的认证"高电压组件，第 5.0 代（G08 BEV）" 即可。

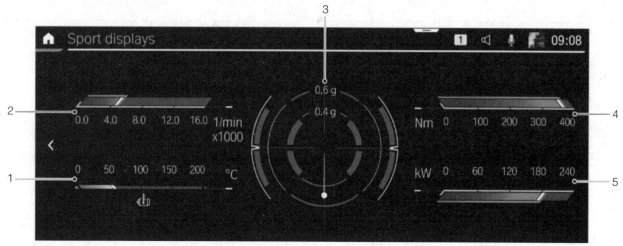

1.电气化驱动单元温度 2.转子转速 3.g值显示表 4.扭矩 5.功率

图 2-1-24

对于电气化驱动单元 220LR 中的维修作业（打开外壳），则需要单独的认证"电气化驱动单元，第 5.0 代"。

（5）电动变速器紧急解锁。

为了紧急解锁电动驻车锁止器，必须在车辆中连续操作启动 / 停止按钮 3 次（PAD 模式）。在组合仪表 KOMBI 中，会出现一条提示"PAD 模式激活"。之后，可以在踩住制动踏板的情况下，将行驶挡从 P（驻车）挂入 N（空挡），如图 2-1-25 所示。

3. 制冷剂和冷却液循环回路

针对新研发的电气化驱动单元以及高压蓄电池 SE16，对 G08 BEV 的制冷剂和冷却液循环回路进行了调整。对于这一全新代次的高压蓄电池（第 5.0 代），电池单元模块的冷却通过车辆冷却液循环回路进行。由于电池单元模块的冷却而受热的冷却液会通过冷却液 / 制冷剂热交换器和配套的制冷剂循环回路加以冷却。G08 BEV 中的制冷剂和冷却液循环回路负责下列一些任务：

为车厢内部供暖；

为车厢内部制冷；

对车辆的充电和驱动组件进行冷却；

对高压蓄电池单元进行冷却；

对高压蓄电池单元进行加热。

为了能够胜任这些任务，G08 BEV 拥有多条相互连接在一起的冷却液循环回路。用于不同冷却液循环回路的冷却液通过一个共用的冷却液膨胀罐进行补充。冷却系统的总容量为大约 17.6L 类型为 HT-12 的冷却液。

1.组合仪表中的提示文字 2.CID 中的提示文字 3.激活 PAD 模式 4.选择行驶挡 N

图 2-1-25

（1）加注量。

加注量如表 2-1-11 所示。

表 2-1-11

总容量	大约 17.6L
高压电蓄电池 SE16	大约 3.5L
电气化驱动单元	大约 0.8L

（2）示意图。

G08 BEV 制冷剂和冷却液循环回路如图 2-1-26 所示。

（3）制冷剂循环回路。

G08 BEV 制冷剂循环回路如图 2-1-27 所示。

（4）充电和驱动组件的冷却液循环回路。

充电和驱动组件的冷却液循环回路包含下列组件：

联合充电单元 CCU；

电机 – 电子伺控系统 EME；

电气化驱动单元。

G08 BEV 充电和驱动组件的冷却液循环回路如图 2-1-28 所示。

（5）车厢内部暖风装置的冷却液循环回路。

车厢内部的冷却液循环回路包含下列组件：

冷却液冷却的空调冷凝器；

电子暖风装置 EH；

车厢内部的暖风热交换器。

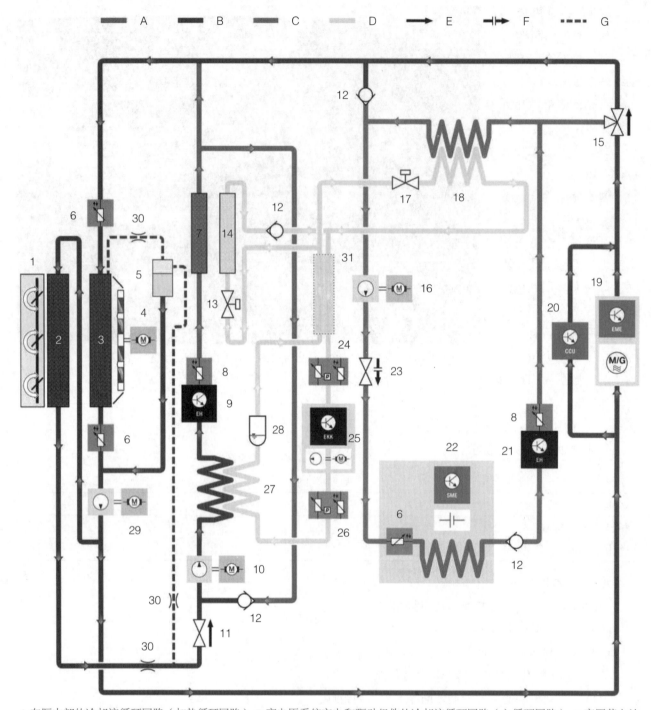

A.车厢内部的冷却液循环回路（加热循环回路） B.高电压系统充电和驱动组件的冷却液循环回路（主循环回路） C.高压蓄电池 SE16 的冷却液循环回路 D.制冷剂循环回路 E.无电流状态下的流动方向 F.断电状态下处于关闭状态 G.冷却液排气管 1.风门控制装置 2.车厢内部温度调节的附加冷却 3.高电压系统充电和驱动组件的冷却液散热器 4.电子扇 5.冷却液补液罐 6.冷却液温度传感器 7.车厢内部的暖风热交换器 8.电子暖风装置上的冷却液温度传感器 9.电子暖风装置 EH（车厢内部） 10.冷却液泵 3（20W） 11.冷却液截止阀 12.单向阀 13.膨胀和截止组合阀 14.冷暖空调器中的车厢内部蒸发器 15.冷却液转换阀 16.冷却液泵 2（80W） 17.电控膨胀阀 18.冷却液制冷剂热交换器 19.电气化驱动单元 20.联合充电单元 CCU 21.电加热装置 EH（高压蓄电池单元） 22.高压电蓄电池 SE16 23.冷却液截止阀 2 24.制冷剂压力温度传感器（低压侧） 25.电气制冷剂压缩机 EKK 26.制冷剂压力温度传感器（高压侧） 27.通过冷却液冷却的空调冷凝器 28.干燥瓶 29.冷却液泵（130W） 30.节流阀 31.内部热交换器

图 2-1-26

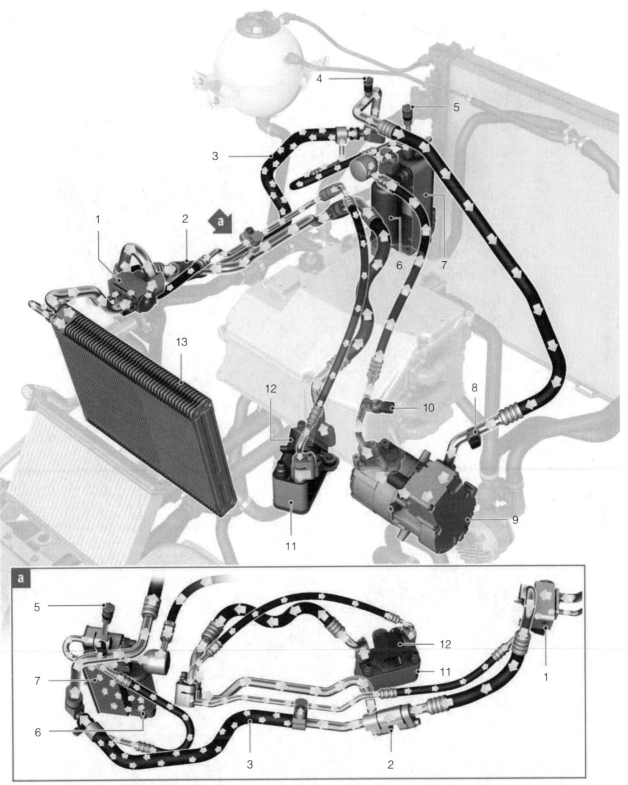

1.膨胀和截止组合阀 2.单向阀 3.内部热交换器 4.低压侧保养接口 5.高压侧保养接口 6.干燥瓶 7.通过冷却液冷却的空调冷凝器 8.制冷剂压力温度传感器（低压侧） 9.电气制冷剂压缩机EKK 10.制冷剂压力温度传感器（高压侧） 11.冷却液制冷剂热交换器 12.电控膨胀阀 13.冷暖空调器中的车厢内部蒸发器

图 2-1-27

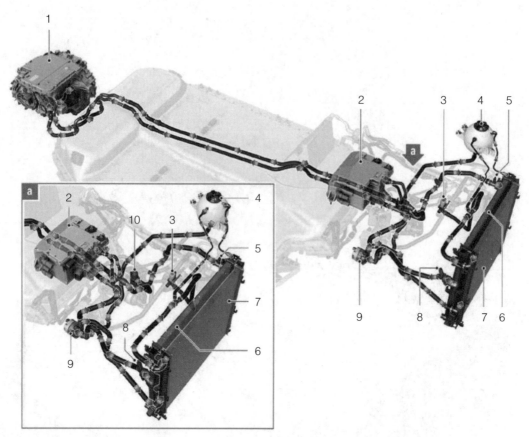

1.电气化驱动单元 2.联合充电单元CCU 3.冷却液截止阀 4.平衡罐 5.冷却液温度传感器 6.高电压系统充电和驱动组件的冷却液散热器 7.车厢内部温度调节的附加冷却 8.冷却液温度传感器 9.冷却液泵（130W） 10.冷却液转换阀

图 2-1-28

G08 BEV 车厢内部暖风装置的冷却液循环回路如图 2-1-29 所示。

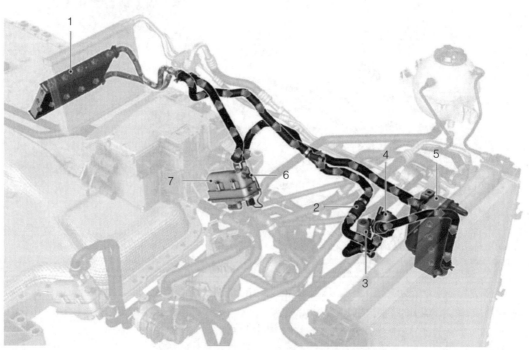

1.车厢内部的暖风热交换器 2.单向阀 3.冷却液截止阀 4.冷却液泵 3（20W） 5.通过冷却液冷却的空调冷凝器 6.电子暖风装置上的冷却液温度传感器 7.电子暖风装置 EH（车厢内部）

图 2-1-29

（6）高压蓄电池 SE16 的冷却液循环回路。

高压蓄电池 SE16 的冷却液循环回路包含下列组件：

冷却液/制冷剂热交换器；

高压蓄电池 SE16；

电加热装置 EH。

G08 BEV 高压蓄电池 SE16 的冷却液循环回路如图 2-1-30 所示。

高压蓄电池 SE16 或者第 5.0 代高压蓄电池延续了冷却液冷却的高压蓄电池单元的技术。表 2-1-12 概要性地展示了在之前的高压蓄电池单元上所采用的冷却方案。

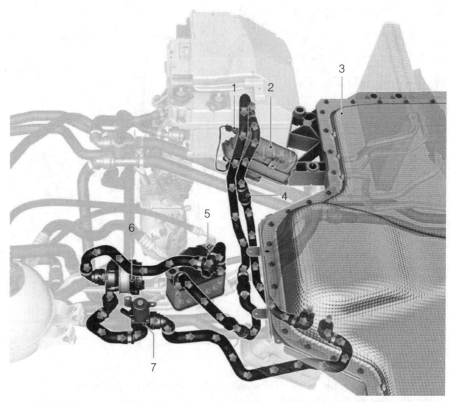

1.电子暖风装置上的冷却液温度传感器　2.电加热装置 EH（高压蓄电池单元）　3.高压电蓄电池 SE16　4.单向阀　5.冷却液制冷剂热交换器　6.冷却液泵 2（80W）　7.冷却液截止阀 2

图 2-1-30

表 2-1-12

蓄电池代次	冷却介质
1.0	冷却液（不能加热）
1.5	制冷剂
2.0	制冷剂
BMW i	制冷剂
3.0（F18 PHEV）	冷却液（不能加热）
3.0 & 4.0	制冷剂
4.5	冷却液（可以加热）
5.0	冷却液（可以加热）

（7）售后服务信息。

如果在维修过程中打开了冷却液循环回路，则接下来必须对其进行加注和排气。冷却液循环回路的加注必须使用真空加注机进行。除此以外，在加注前，必须从冷却系统中抽取最少 3L 的冷却液。这样做的目的是让真空加注机能够产生相应的负压，并且不会抽吸冷却液。为了加注高压蓄电池 SE16 的冷却液循环回路，必须借助 ISTA 中的服务功能促动冷却液切换阀以及冷却液截止阀。G08 BEV 冷却液循环回路的真空加注如图 2-1-31 所示。

ISTA 为下列操作提供了一个服务功能：

加注冷却系统；

为冷却系统排气。

在成功加注冷却液循环回路后，必须借助 ISTA 中的服务功能对冷却系统进行排气。在 G08 BEV 上，不能通过车辆手动激活制动系统排气程序。在加注时，只允许使用允许的冷却液，否则，会导致功能异常。

4.制冷剂和冷却液循环回路的运行状态

如图2-1-32所示的是制冷剂和冷却液循环回路一部分可能的运行状态。

（1）高压蓄电池SE16的加热。

高压蓄电池单元既可以在车辆状态驻车或者停留，也可以在车辆状态行驶下进行加热。

①驻车或者停留。

在下列情况下，高压蓄电池SE16会在车辆状态驻车或者停留下加热。

交流充电。在连接了充电电缆，并且激活启程时间的情况下，需要时会对高压蓄电池单元进行加热，以便在开始行驶时让单格电池处于理想的温度区间。为此，无须设置和激活车内空调。在此过程中，加热功率具体来自充电功率。

直流充电。在直流充电过程中，必要时会对高压蓄电池单元进行加热，以便在温度非常低的情况下尽快为单格电池提供最大充电功率。在此过程中，用于加热的电功率具体来自充电功率。

未连接充电电缆的情况下开始行驶前。在激活启程时间并且激活车内空调的情况下，必要时会对

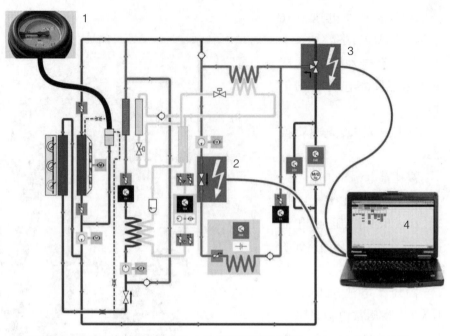

1.真空加注机　2.冷却液截止阀2的促动　3.冷却液切换阀的促动　4.ISTA中的服务功能

图2-1-31

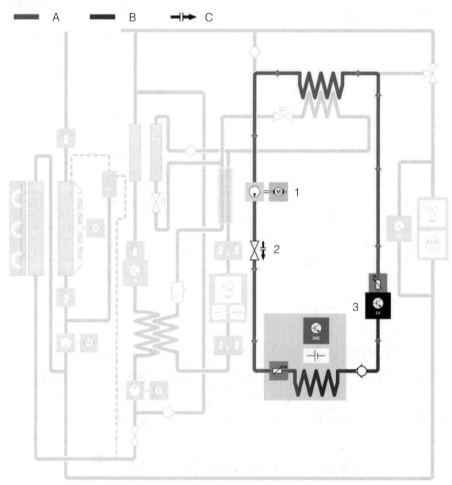

A.升温的冷却液　B.降温的冷却液　C.无电流状态下的流动方向　D.无电流状态下的流动方向关闭　1.电动冷却液泵2（80W），0～100%　2.冷却液截止阀2，通电　3.电气加热装置EH，0～100%

图2-1-32

176

高压蓄电池单元进行加热，以便在开始行驶时让单格电池处于理想的温度区间，包括在未插接充电电缆的情况下。在此过程中，用于加热的电功率具体来自高压蓄电池单元。但在能量储备低于15kWh的情况下，不能进行预调温。

②行驶。

在车辆状态行驶下，同样也会在车外温度极低的情况下对高压蓄电池SE16进行加热，以便能够尽快提供最大的电驱动功率。在此过程中，用于加热的电功率具体来自高压蓄电池单元。

（2）车厢内部的制热和高压蓄电池SE16的冷却。

G08 BEV 冷却系统图如图2-1-33所示。

（3）车厢内部的制热和高压蓄电池SE16的冷却。

G08 BEV 车厢内部制热和高压蓄电池SE16冷却如图2-1-34所示。

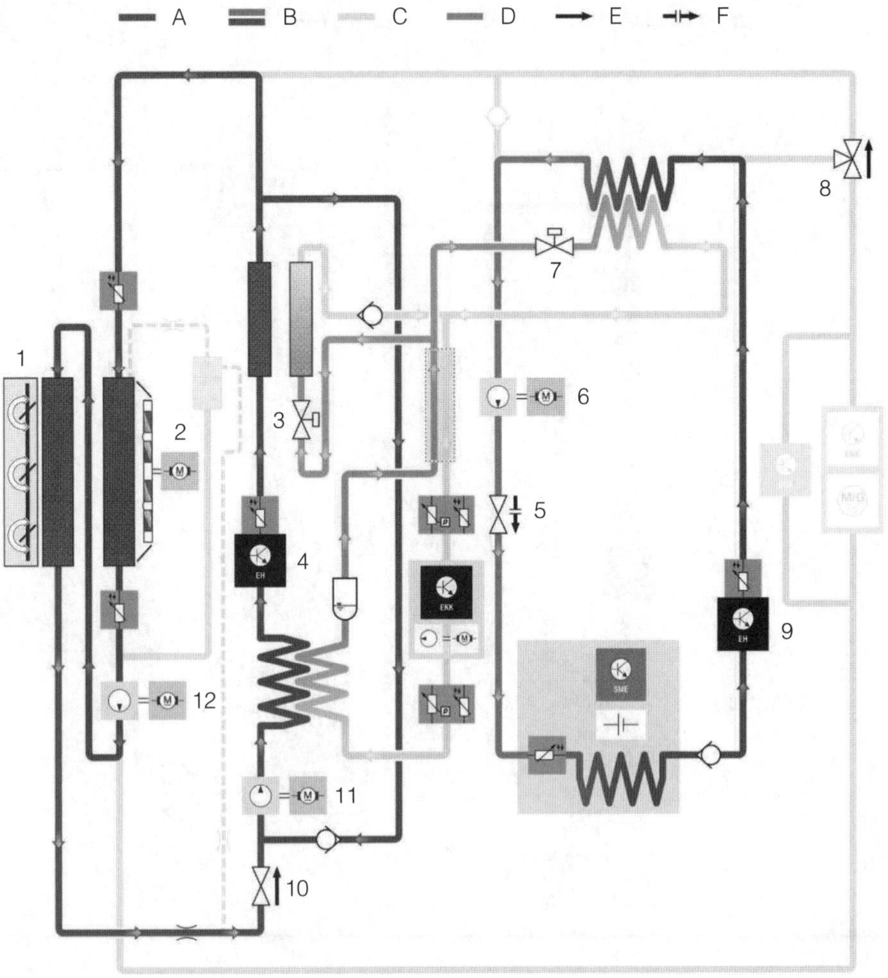

A.升温的冷却液 B.降温的冷却液 C.升温的制冷剂 D.降温的制冷剂 E.无电流状态下的流动方向 F.无电流状态下的流动方向关闭 1.风门控制装置 2.电子扇 3.组合式膨胀和单向阀 4.电气加热装置EH 5.截止阀2 6.电动冷却液泵2（80W） 7.电控膨胀阀 8.冷却液转换阀 9.电气加热装置EH 10.冷却液截止阀 11.电动冷却液泵3（20W） 12.电动冷却液泵（130W）

图 2-1-33

四、高电压系统

1.简介

和老代次的高电压系统相比，第5.0代高电压系统应用了许多创新。例如，采用了全新的高压插头、全新的高压控制单元和一条全新的通信总线。包括在高压安全性方面（高压触点监控、总线端30C、ACSM的碰撞信号），同样也落实了创新。G08 BEV的高压组件采用了固有安全的设计和构造。这表示，可能会引发危险的故障能够被可靠地检测出来。在车辆上作业时不要插接充电插头，以避免危险和事故。潜在危险的一个示例就是在充电激活的情况下，电动风扇可能会自动启动。在诊断过程中，对于功能检测或者故障查询，仅根据测试模块的指示插接充电插头。在每个高压组件的外壳上，都粘贴了一个标记，它会直观地提醒负责保养的员工或者任何其他车辆使用人员高电压可能导致的危险。所有高压导线都用警告色橙色加以标记。在标记的高压组件上，只允许满足所有前提条件的保养员工开展作业：专业资质，遵守安全规则，严格按照维修手册操作。在高压组件上开展作业前必须应用三条安全规则。

2.安全地开展作业

（1）3条安全规则。

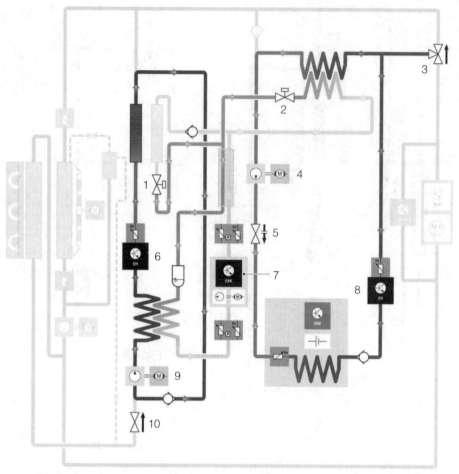

━━A ━━B ━━C ━━D →E ⇥F

A.升温的冷却液 B.降温的冷却液 C.升温的制冷剂 D.降温的制冷剂 E.无电流状态下的流动方向 F.无电流状态下的流动方向关闭 1.膨胀和截止组合阀 2.电控膨胀阀 3.冷却液转换阀 4.电动冷却液泵2（80W） 5.截止阀2 6.电气加热装置EH 7.电气制冷剂压缩机EKK 8.电气加热装置EH 9.电动冷却液泵3（20W） 10.冷却液截止阀

图 2-1-34

在 G08 BEV 的高压组件上作业前，必须遵守并且落实电气安全规则：

必须将高压系统断电；

必须对高压系统采取保险措施，防止重新接通；

必须确认高压系统的断电状态。

①准备工作。

在开始作业前，对车辆采取固定措施，避免滑动（例如挂入变速器的驻车锁止器）。必须拔下可能连接在车辆上的充电电缆。必须建立车辆状态驻车（例如通过长按主机的操作按钮）。除此以外，车辆的车载网络必须处于"休眠模式"（Sleep mode）。在休眠模式下，启动/停止按钮不会发光。

②将高电压系统断电。

在 G08 BEV 上，可以借助高压安全插头（Service

Disconnect）将高电压系统断电。高压安全插头是绿色的。高压安全插头作为单独的部件定位在右后行李箱内一块饰盖后面的配电器上方。G08 BEV 高压安全插头如图2-1-35 所示。

为了断电，必须将插头从所属的插口中拔出。这样一来，定义高压安全插头状态的导线会断路。除此以外，电动机械式接触器（总线端 30C）的供电也会断路，使得高电压系统断电。为了闭合高压安全插头（重新投入使用），必须注意的是，有一个锁止装置会通过机械方式阻止这一操作。因此，必须用一把工具以机械方式

1.闭合状态下的高压安全插头 2.断开状态下的高压安全插头，并且采取了保险措施，防止重新接通

图 2-1-35

将锁止装置解锁，以便将插头和高压安全插头的插口推到一起。这样一来，定义高压安全插头状态的导线会重新连接，并且会通过总线端 30C 恢复电动机械式接触器的供电。为了能够分离插口和插头，必须松开图示的机械锁止装置，如图 2-1-36 所示。

一般锁止装置松开，就可以将插头从插口中拉出数毫米，如图 2-1-37 所示。如果感觉到阻力，则不要继续拉出或者更用力地拉拽。插头和高压安全插头的插口不能完全相互分离。

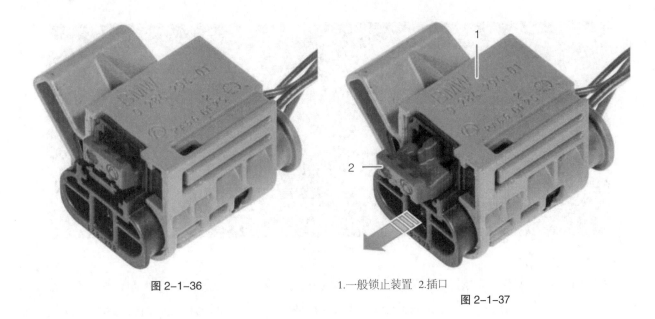

图 2-1-36

1.一般锁止装置 2.插口

图 2-1-37

③保护高电压系统，防止重新接通。

为了防止重新接通，保险措施同样也在高压安全插头上进行。为此，需要一把市售的挂锁（例如 ABUS®45/40）。通过将高压安全插头的插口和插头相互分离，一个穿过两个部件的孔会露出，如图 2-1-38 所示。在这个孔中穿入市售挂锁的锁箍。

现在，应锁上挂锁。在高电压系统上作业的过程中，应将钥匙存放在一个安全的地方，以避免无关人员将锁打开，如图 2-1-39 所示。通过在高压安全插头上将挂锁插入并且锁上，使得它不能再插接到一起。这样一来，就可以有效地避免高压系统在保养员工不知情的情况下被重新接通。

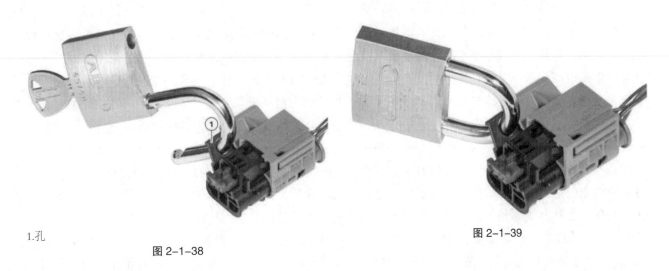

1.孔

图 2-1-38

图 2-1-39

④确认断电状态。

在 BMW 售后服务修理厂，不会借助测量仪确认断电状态。相反，高压组件会自行测量电压，并且将测量结果通过总线信号传输至组合仪表。仅当组合仪表 KOMBI 从所有相关高压组件接收到一致的断电状态的情况下，它才会生成检查控制信息，从而显示断电状态。这条红色的检查控制信息会显示一个带有删除线的闪电。除此以外，还会出现文字消息"高电压系统已关断"。在这里，需要引起注意的是，未和高电压系统关联在一起的控制单元同样也为检查控制信息"高电压系统已关断"提供重要的信息。例如，DSCi 控制单元会提供车轮转速传感器的信息。G08 BEV 检查控制信息"高电压系统已关断"如图 2-1-40 所示。

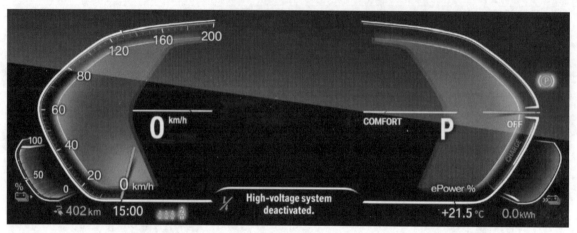

图 2-1-40

为了确认断电状态，保养人员必须接通 PAD 模式并且等待，直至他在组合仪表中看到检查控制信息和上文中所示的图表。此时，才可以最终确定高电压系统已断电。在确认断电状态后，在开始真正的作业前，必须重新建立车辆状态驻车。或者也可以通过 ISTA 维修车间系统确认断电状态。如果没有显示检查控制信息，则可以执行服务功能"将高电压系统断电：读取阻止原因"。如果通过服务功能仍然不能明确确认断电状态，则不允许在高压组件上开展作业。接下来，在作业开始前，必须由一名具备资质且通过认证的专业电工（1000V DC）用相应的检测设备/检测方法确定断电状态。接下来，必须用相应的警示牌对车辆进行标记。这些提示牌用作电动车的统一标识，可以方便识别。您必须确保任何人都能够立即明确地了解车辆高电压系统的具体状态。这些警示牌和它们的操作保存在 ISTA 维修车间系统的维修手册"高电压系统标记方面的提示"（REH-HIN-P-6125-24）中。

（2）发生事故后的操作步骤。

在发生事故时或者发生事故后，高电压系统的安全设计同样也可以确保不会对客户、救援人员或者保养人员构成危险。在发生事故时，高电压系统会自动关断，使得在可以从外部通达的高压组件上不再会有危险的电压。这一关断具体是通过安全蓄电池接线柱 SBK 实现的。它包含一个额外的常闭触点。这个开关触点在安全蓄电池接线柱 SBK 触发时会通过炸掉蓄电池正极导线及时地断开。一旦该开关触点断开，就会导致总线端 30C 关断。通过这一关断，就会断开高压蓄电池单元中的接触器，使得高压蓄电池单元不再会将危险的电压馈入高电压车载网络中。在安全蓄电池接线柱 SBK 触发后，高压组件电机-电子伺控系统 EME 和联合充电单元 CCU 通过总线端 30C 的供电同样也会断路。接下来，EME 以及 CCU 会立即将中间电路电容器放电。除此以外，电机的线圈会相互短接。在一次事故后，安全蓄电池接线柱 SBK 会保持上述状态，使得高压蓄电池单元不处于运行准备就绪状态。这样一来，高电压系统会保持不活跃状态。除此以外，如果传感器识别到相应严重程度的碰撞，则高压蓄电池单元中的 SM 控制单元会从 ACSM 控制单元接收到一个改变的按脉冲宽度调制的信号。接下来，会引爆高压蓄电池单元中的多个燃爆式安全开关。它们会断开连至单格电池负极路径的连接，并且确保 CCU 中的中间电路电容器安全地放电。G08 BEV 高电压系统安全性如图 2-1-41 所示。

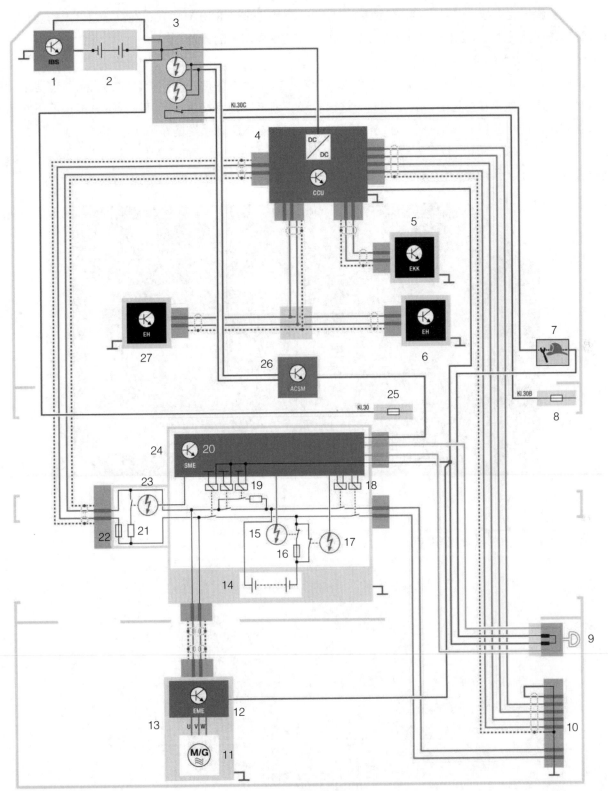

1.智能型蓄电池传感器IBS　2.12V 蓄电池　3.安全型蓄电池接线柱SBK　4.联合充电单元 CCU　5.电气制冷剂压缩机EKK　6.用于高压蓄电池单元的电加热装置　7.救援切割部位　8.接触器的供电（总线端30B，SBK 总线端30C 后）9.高压安全插头（Service Disconnect）10.高压充电接口（交流/直流）11.电机EM　12.电机−电子伺控系统 EME/总线端30C　13.电气化驱动单元　14.高压电蓄电池单元的蓄电池组电池　15.燃爆式安全开关 PSS 1　16.高电压负极路径中的保险丝（150A）17.燃爆式安全开关 PSS 4　18.DC 充电接触器　19.带有预充电接触器的主接触器　20.蓄能器管理电子装置 SME　21.短路电阻　22.高电压保险丝（100A）23.燃爆式充电装置（爆式安全开关 PSS 6）24.高压电蓄电池单元　25.总线端 30 供电　26.碰撞和安全模块 ACSM　27.用于车厢内部的电子暖风装置

图 2-1-41

对于一辆发生事故、并且安全蓄电池接线柱 SBK 已触发的 G08 BEV 而言，在高压组件上作业前，必须在开始作业前处理 ISTA 维修车间系统中保存的文件"事故车辆的评价"。

（3）救援切割部位。

救援分离点是一根导线，它的名称为总线端 30C。总线端 30C 的一个功能就是为高压蓄电池单元中的接触器供电。如果在标记的位置上切断了这根导线，则可以确保接触器断开。救援分离点可以在切断后重新修复。使用救援分离点是急救服务的要求，即在带有电驱动系统的车辆上必须提供 2 个位置相互独立的分离点。在车辆中，救援分离点原则上位于高压安全插头对面。如果高压安全插头位于行李箱内，则救援分离点将位于机组室中。G08 BEV 救援分离点如图 2-1-42 所示。

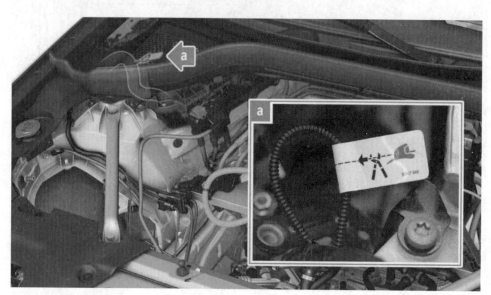

图 2-1-42

3. 系统组件

在图 2-1-43 中可以看到 G08 BEV 的高压组件。

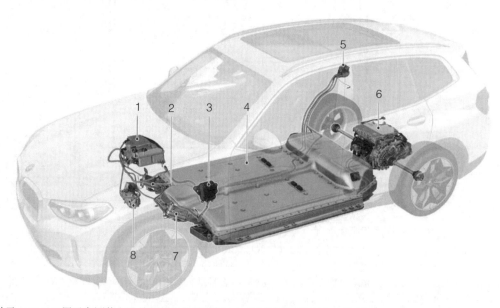

1.联合充电单元 CCU 2.用于高压蓄电池单元的电加热装置EH 3.用于中国和日本规格的 AC 高压充电接口 4.高压电蓄电池SE16
5.用于欧洲规格的 AC 和 DC 高压充电接口（用于中国和日本规格的 DC） 6.电气化驱动单元 7.用于车内空间的电子暖风装置EH
8.电气制冷剂压缩机EKK

图 2-1-43

对于中国和日本规格，交流充电接口位于左前侧围上。直流充电接口则位于右后侧围上。在所有其他国家规格中，交流以及直流充电接口都安装在右后侧围上。

　　4. 系统电路图

　　G08 BEV 高电压系统、带有 3 相交流充电接口的欧洲规格如图 2-1-44 所示。

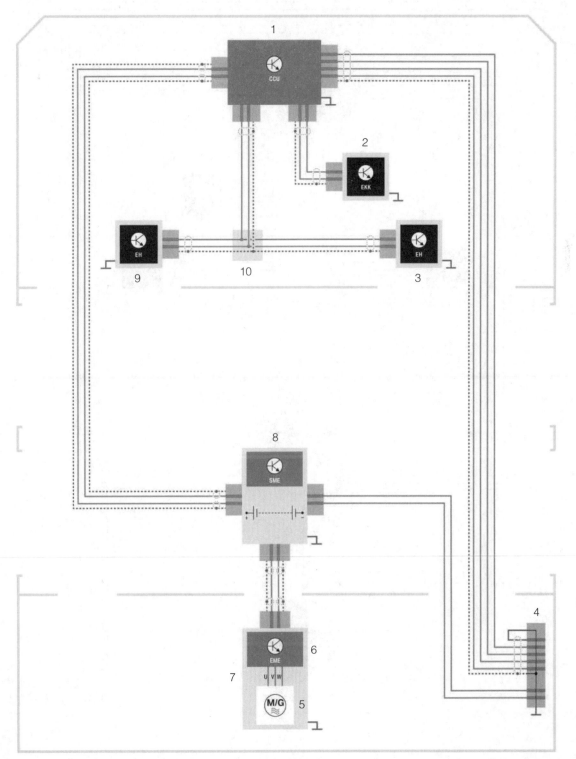

1.联合充电单元CCU　2.电气制冷剂压缩机EKK　3.用于高压蓄电池单元的电加热装置　4.高压充电接口（交流/直流）　5.电机EM
6.电机电子装置EME　7.电气化驱动单元　8.带有存储器电子管理系统SME的高压蓄电池SE16　9.用于车厢内部的电子暖风装置　10.电子暖风装置的高压配电器

图 2-1-44

概览图 2-1-45 中所示的是中国规格。

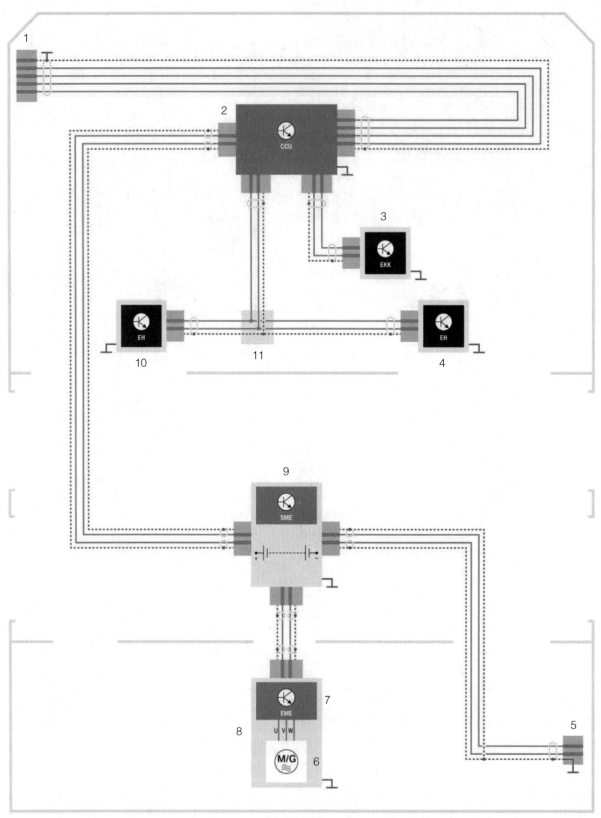

1.高压充电接口（交流）　2.联合充电单元 CCU　3.电气制冷剂压缩机EKK　4.用于高压蓄电池单元的电加热装置　5.高压充电接口（直流）　6.电机EM　7.电机电子装置EME　8.电气化驱动单元　9.带有存储器电子管理系统SME的高压蓄电池SE16　10.用于车厢内部的电子暖风装置　11.电子暖风装置的高压配电器

图 2-1-45

5.高压导线和插头

高压导线将高压组件相互连接在一起。车辆制造商统一用警告色橙色来标记高压导线。此处概要地展示了 G08 BEV 中所使用的高压导线或者高压插头。高压导线不得进行维修。一旦损坏，必须完整地更新高压导线，高压导线不允许过度弯曲或者折叠。这样做可能会导致导线屏蔽层损坏，继而导致高电压系统出现绝缘故障。最小弯曲半径取决于高压导线的外径。它大约为对应高压导线直径的 5 倍，如图 2-1-46 所示。

在 G08 BEV 中，使用了旧款车型已经采用的高压插头，并且首次使用了"Rosenberger®"高压插头。

（1）Hirschmann® 高压插头。

1.高压导线 2.弯曲半径
图 2-1-46

针对 G08 BEV 上的应用，对成熟的 2 芯圆形 Hirschmann 插头进行了改良。外部识别特征是全新的金属材质的外壳锁止装置。同样也对插头外壳以及高压接口的内部插接系统进行了改动。减小了连至高压组件的插头连接上的电阻，同时也降低了安装和拆卸时所需的插接力。提高了最大工作电压和电流承载能力，同时改善了抗震强度。尤其是安装和拆卸过程中所需力量的减小，使得可以大大改进保养过程中的操作。在两个电子暖风装置的高压接口上，使用的仍然是带有黑色塑料环的 Hirschmann 插头。通过这一特征可以确认，这属于旧款的高压插头。它们被称为"Hirschmann 插头 HPS40-1"。所有其他 2 芯圆形高压插头，以及电气空调压缩机 EKK、联合充电单元 CCU 和高压蓄电池单元上的接口都采用了金属材质的外壳锁止装置，因而可以认定是经过改良的版本。它们的名称为"Hirschmann 插头 HPS40-2"。联合充电单元 CCU 上的 3 个接口无论是在外壳侧还是在相应高压导线的插头上都进行了标记如图 2-1-47 所示。

（2）Tyco® 高压插头。

对于 3 相交流充电接口，采用的是四边形高压插头。这种 7 芯插头由 Tyco Electronics® 公司研发，

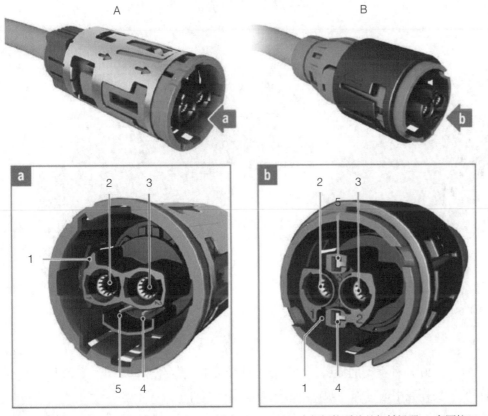

A.Hirschmann 插头 HPS40-2 B.Hirschmann 插头 HPS40-1 1.内部插接系统的机械设码 2.高压接口线脚1 3.高压接口线脚2 4.用于插头中高压触点监控桥架的接口1（如有，则不会使用桥架） 5.用于插头中高压触点监控桥架的接口 2（如有，则不会使用桥架）
图 2-1-47

并且可以承载最高 48A 电流。自 I01 LCI 2016 年投放市场以来，这种插头就被安装到 BMW 和 MINI 车辆中。在 G08 BEV 上，它将 3 相交流充电接口与联合充电单元 CCU 连接在一起。3 相交流充电接口的 Tyco 插头线脚布置如图 2-1-48 所示。

（3）Rosenberger® 高压插头。

首次使用的 2 芯 "Rosenberger®" 高压插头将高压蓄电池单元与直流充电接口以及电气化驱动单元连接在一起。Rosenberger 插头的优点在于特别良好的抗震强度，从而可以最大程度取消复杂的固定装置。和过去的扁平 Costal 插头® 相比，减小了连至高压组件的插头连接上的电阻，同时也

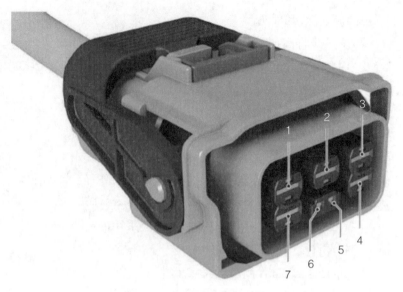

1.L1相 2.L2相 3.L3相 4.未占用 5.高压触点监控（G08 BEV上不使用）6.高压触点监控（G08 BEV上不使用）7.中性线N

图 2-1-48

降低了安装和拆卸时所需的插接力。提高了最大工作电压和电流承载能力。Rosenberger 插头存在 2 种不同的规格。对于 Rosenberger 插头 HVS 240 而言，高压铜芯线的最大导线横截面被限制为 50mm²，而在 Rosenberger 插头 HVS 420 上，最大导线横截面则达到了 95mm²。这样一来，就可以传输最大大约 400A 的电流。在图 2-1-50 中可以看到 Rosenberger 插头的两种变形。插头外壳的区别在于它们的尺寸。

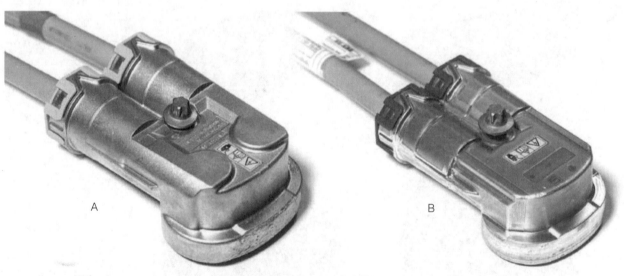

A.Rosenberger 插头 HVS 420 B. Rosenberger 插头 HVS 240（G08 BEV 上未使用）

图 2-1-49

G08 BEV 上仅使用了 HVS 420 这种类型的插头。高压蓄电池单元和电气化驱动单元之间高压导线的屏蔽层在 Rosenberger 插头的插头外壳中通过弹性触点过渡到对应高压组件的外壳上。

屏蔽层对于自动绝缘监控而言是必需的；

屏蔽层有助于确保电磁兼容性 EMC。

高压蓄电池单元和充电接口之间的高压导线没有屏蔽层。在直流充电期间，由直流充电站负责落实

绝缘监控。对于在配有 Rosenberger 插头的高压导线中是否存在屏蔽层，可以通过插头外壳上两个塑料端盖的彩色设码进行识别。对于 Rosenberger 插头中高压触点的接触保护，这一彩色设码得到了沿用。在 G08 BEV 上，采用了如表 2-1-13 所示颜色变型。

表 2-1-13

端盖的颜色	高压导线的屏蔽层
灰色	是
青绿色	否

无论是各类高压组件上的高压接口，还是高压插头上的高压接口，都配备有带电部件的接触保护。Rosenberger® 高压插头如图 2-1-50 所示。

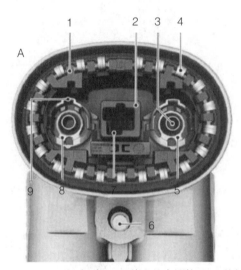

A.Rosenberger 插头　B.组件上的高压接口　1.外部设码　2.用于高压触点监控的插头外壳（G08 BEV上不使用）　3.高压触点的内部接触保护　4.屏蔽层的电触点　5.高压导线线脚 2（负极）的电触点　6.螺栓连接　7.内部机械设码　8.高压导线线脚 1（正极）的电触点　9.高压触点的外部接触保护

图 2-1-50

6. 联合充电单元 CCU

全新的联合充电单元CCU 是全新的集中高压组件，可以在高压车载网络和 12V车载网络中实现众多功能。对于过去分配到多个控制单元上的许多功能，现在，将它们汇总到了一个组件或者控制单元中，从而优化了安装空间。这样一来，就可以取消控制单元电子数字电机电控机构 EDME。G08 BEV联合充电单元 CCU 安装位置如图 2-1-51 所示。

联合充电单元CCU 通过

图 2-1-51

全新的数据总线 CAN-FD 与下列控制单元进行通信：

和集成在电气化驱动单元中的电机 – 电子伺控系统 EME，以便促动电动机；

和存储器电子管理系统 SME，以便检测可用的电功率；

和作为连至车辆的接口车身域控制器 BDC。

G08 BEV CCU 通过 CAN-FD 的总线连接如图 2-1-52 所示。

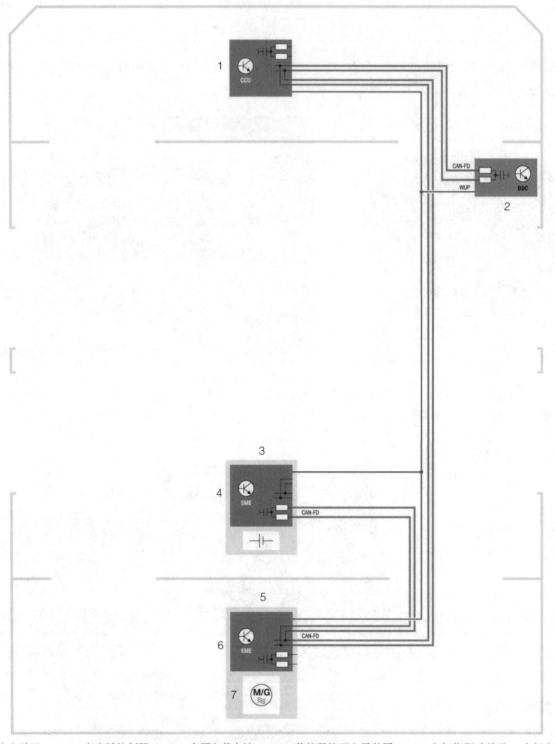

1.联合充电单元 CCU 2.车身域控制器 BDC 3.高压电蓄电池 SE16 4.蓄能器管理电子装置SME 5.电气化驱动单元 6.电机电子装置 EME 7.电机EM

图 2-1-52

（1）功能概览。

控制单元联合充电单元 CCU
在车载网络中负责控制下列功
能：

协调和监控充电过程；

和充电装置通信；

12V 车载网络的供电（DC/DC
转换器）；

热量管理；

eDrive 管理；

12V 动力管理；

高压动力管理；

将电能分配给电加热器 EH
和电气制冷剂压缩机 EKK；

通过 CAN-FD 和其他控制
单元通信；

诊断功能。

（2）接口。

图 2-1-53 所示的是联合充电
单元 CCU 的各类接口。

① 冷却液接口。

1.连至电子暖风装置 EH（车厢内部）和连至电加热装置 EH（高压蓄电池单元）的高压接口 2.连至电气空调压缩机 EKK 的高压接口 3.连至高压蓄电池单元的高压接口 4.低压电车载网络的接口 5.12V 供电正极（DC/DC 转换器输出端）6.12V 供电负极（DC/DC 转换器输出端）7.冷却液回流接口 8.冷却液进流接口 9.交流充电高压接口，充电接口的输入端

图 2-1-53

虽然 CCU 工作效率非常高，但在输出满负荷功率时，必须加以积极的冷却。因此，它被集成到电驱
动装置的冷却液循环回路中。

② 高压接口。

在 CCU 上有 4 个高压接口如表 2-1-14 所示。

表 2-1-14

至组件的连接	触点数量、电压类型、屏蔽层	连接方式
交流充电接口	3 相（L1、L2、L3 相和中性线 N）交流电 1 个屏蔽层，用于所有导线	四边形插头（Tyco®），带有机械式锁止装置
高压电蓄电池单元	2 芯 直流电 1 个屏蔽层，用于所有导线	圆形插头（Hirschmann®），带有机械式锁止装置
电气制冷剂压缩机 EKK	2 芯 直流电 1 个屏蔽层，用于所有导线	圆形插头（Hirschmann®），带有机械式锁止装置
电加热装置 EH	2 芯 直流电 1 个屏蔽层，用于所有导线	圆形插头（Hirschmann®），带有机械式锁止装置

图 2-1-54 所示的简化电路图展示的是联合充电单元 CCU 和其他高压组件之间的高电压连接。

③ 低压接口。

189

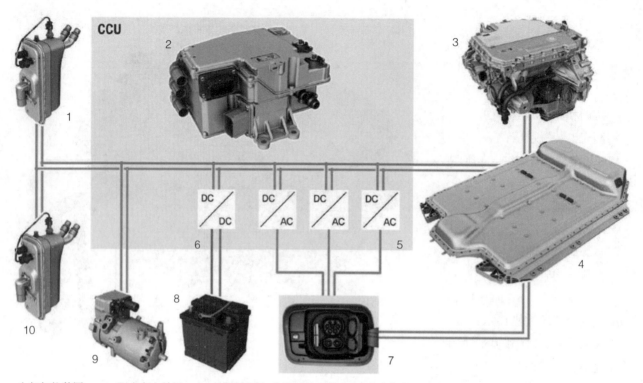

1.电气加热装置 EH　2.联合充电单元CCU　3.带有电机-电子伺控系统 EME 的电气化驱动单元　4.高压电蓄电池单元　5.整流器　6.单向 DC/DC 转换器　7.充电接口　8.12V 蓄电池　9.电气制冷剂压缩机EKK　10.电气加热装置EH

图 2-1-54

通过 2 个单独的低压接口和大横截面导线，将 CCU 和 12V 车载网络连在一起（总线端 30 和 31）。CCU 中的 DC/DC 转换器（也被称为直流斩波器）通过这一连接为整个 12V 车载网络供电。这两根导线和 CCU 之间的导通分别通过螺栓连接进行。除此以外，CCU 还具有一个 58 芯低压接口。这个接口汇总了下列一些导线和信号：

CCU 控制单元的供电（总线端 30B 和总线端 31）；

唤醒导线 WUP；

通过总线端 30C 的供电；

CAN-FD 接口；

加速踏板模块 FPM 的供电和信号导线；

电动风扇继电器的控制电路；

用于控制电动风扇、主动空气风门控制装置、电动冷却液泵（130W 和 80W）以及高压蓄电池单元的电加热装置 EH 的 LIN 总线接口；

冷却液出口上的温度传感器；

连至充电接口电子装置的本地 CAN 接口；

充电接口的控制和充电插头识别导线。

选挡杆 GWS 的信息（例如线控换挡功能）由车身域控制器 BDC 通过 CAN-FD 传输。驱动机构控制系统的输入 / 输出如图 2-1-55 所示。

（3）eDRIVE 管理。

在前面的图中可以看到，CCU 作为主控单元和协调器，负责驱动机构控制系统的主要功能。在传输驱动力矩前，CCU 必须检查是否建立了行驶就绪状态。会借助组合仪表中的 "Ready" 消息，向驾驶员显示行驶就绪状态。同时，会发出电驱动装置行驶就绪状态的声音，如表 2-1-15 所示。

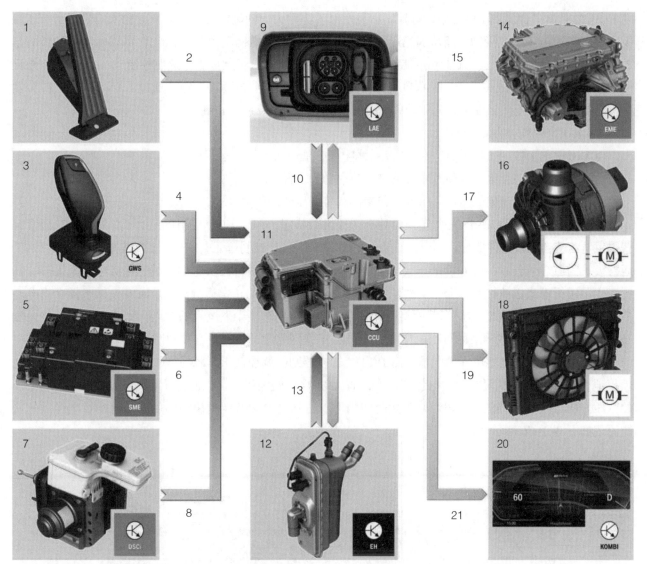

1.加速踏板模块 2.加速踏板角度信号 3.电子选挡杆GWS 4.电子选挡杆的操作信号 5.蓄能器管理电子装置 SME 6.有关高压蓄电池单元电量和可用电功率的信号 7.集成动态稳定控制系统 DSCi 8.有关动态行驶状态的信息，例如行驶速度和制动踏板操作 9.充电接口 10.充电接口电子装置 LAE 的本地 CAN 连接，控制和充电插头识别导线 11.联合充电单元CCU 12.高压蓄电池单元的电加热装置EH 13.高压蓄电池单元的电加热装置EH的控制（LIN 总线连接） 14.电机–电子伺控系统 EME（集成在电气化驱动单元中） 15.要求的驱动力矩（发动机/发电机） 16.电动冷却液泵 17.电动冷却液泵的控制（LIN 总线连接） 18.电子扇 19.电动风扇和空气风门控制装置的控制（LIN 总线连接） 20.组合仪表 KOMBI 21.显示信息，涉及电驱动装置的状态和故障时的检查控制信息

图 2-1-55

表 2-1-15

激活行驶就绪状态	前提条件
识别到有效的识别传感器	高压蓄电池已足量充电
驾驶员侧车门已关闭	充电电缆已插接
踩下了制动器，并同时按下了启动 / 停止按钮	

除此以外，CCU 还会询问电驱动系的所有子系统是否都正常运行。而这则是提供驱动力矩的另外一个前提条件。最后，CCU 还必须为驱动装置考虑到可用的电功率，它主要通过高压蓄电池单元的状态加以确定。通过对应的总线信号，存储器电子管理系统 SME 将这一状态传输至 CCU。这样一来，CCU 就可以确定是否可以提供驱动力矩，以及可以在多大程度上提供驱动力矩。如果存在故障，或者可用性受限，

则 CCU 会通过组合仪表输出一条检查控制信息。对于驱动力矩的确定，一个重要的输入信号就是加速踏板角度，它通过一条直接的线路从加速踏板模块传输至 CCU。借助这个信号，CCU 可以确定驾驶员的扭矩需求。CCU 必须比较这个需求和可能同时存在的其他扭矩需求（例如来自巡航控制或者 DSCi），并且加以协调。有了这些输入信息，CCU 就可以计算电动机实际需要的驱动力矩。通过 CAN-FD，CCU 会发送所需的驱动力矩至集成在电气化驱动单元中的电机 – 电子伺控系统 EME。

（4）DC/DC 转换器。

G08 BEV 的 CCU 中的 DC/DC 转换器从技术上而言能够采用下列运行模式：

待机（同样也包括组件故障时或者短路、功率电子装置关闭时）；

降压变压（能量流向低压侧，DC/DC 转换器调控低压侧的压力）。

如果 CCU 不运行，则 DC/DC 转换器处于"待机"状态。如果 CCU 控制单元由于总线端状态而没有获得供电，就会出现这种情况。同样，如果存在故障，则 CCU 控制单元会安排 DC/DC 转换器采用"待机"运行模式。在该运行模式下，在两个车载网络之间不会进行任何能量传递，它们会相互保持电绝缘状态。"降压变压"运行模式也被称为"降压模式"，是高电压系统激活时的正常运行模式。DC/DC 转换器会将电能从高电压车载网络传输至 12V 车载网络，并且会承担起传统车辆中发电机的功能。为此，DC/DC 转换器必须将来自高电压车载网络的可变电压降低至低压车载网络中的电压。在此过程中，高电压车载网络中的电压取决于高压蓄电池单元的电量。而 DC/DC 转换器则会调控低压车载网络中的电压，使得 12V 电池理想地充电，并且根据蓄电池的电量和温度设置大约 14V 的电压。可以向低压车载网络提供最高 15.5V 的电压。DC/DC 转换器的最高输出功率短时间内可以达到大约 4kW（取决于温度）。DC/DC 转换器的功能原理如图 2-1-56 所示。

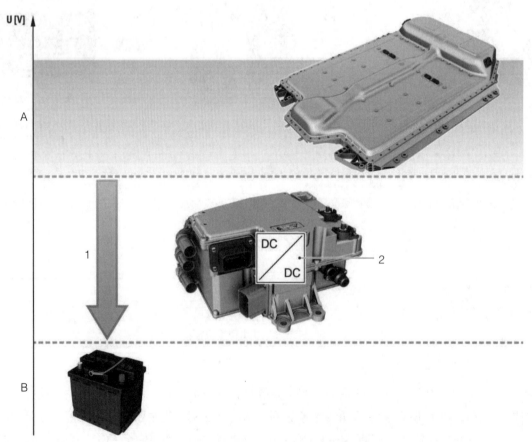

A.高压车载网络的电压水平　B.低压车载网络的电压水平，大约14V　1.降压变压　2.联合充电单元CCU中的DC/DC 转换器

图 2-1-56

借助一个温度传感器测量 DC/DC 转换器的温度，并且由 CCU 控制单元负责监控。在使用冷却液冷却的情况下，如果温度仍然超出允许范围，则为了保护组件，CCU 控制单元会降低 DC/DC 转换器的功率。

（5）固定。

CCU 和 12V 电池一起固定在车前盖下的装置支架上。G08 BEV CCU 的安装位置和紧固如图 2-1-57 所示。CCU 的重量为 16kg。

1.总成支架 2.紧固和等电位连接螺栓

图 2-1-57

（6）电位补偿。

和所有高压组件一样，同样也必须在 CCU 的外壳和车身接地之间确保一个低电阻的电气连接。只有这样，自动执行的绝缘电阻监控才能够正常地起作用。对于 CCU 而言，充电接口上交流电网的保护线 PE 同样也和车身接地相连。保护线和 CCU 的外壳必须位于同一电位上，以确保整流器交流一侧可能存在的绝缘故障能够被识别。出于这一目的，CCU 的外壳通过 4 个螺栓和装置支架连接，而装置支架则通过多个紧固螺栓和车身接地连接。通过这样的螺栓连接，实现了电位补偿。在安装等电位连接螺栓时，必须遵守下面的操作步骤：

①清洁孔的接触面和螺纹，并且让另外一人加以检查。

②用规定的扭矩拧紧紧固螺栓。

③安排另外一个人检查规定的扭矩。

④两个人必须在车辆档案中对正确的执行做好记录。为此，在 ISTA 中同样也提供了一份"电位均衡螺栓连接用表单"。

在 G08 BEV 中，仅当联合充电单元 CCU 已按规定紧固在装置支架上，并且装置支架通过其紧固螺栓与车身接地正确连接的情况下，才允许对高压蓄电池单元进行充电。对于 CCU 中实现充电功能和充电管理功能的部件。

7.电气化驱动单元，第 5.0 代

第五代 BMW eDrive 技术包含一个电气化驱动单元，它以高度集成的方式，将电动机、电机 – 电子伺控系统 EME 和变速器汇总到一个集中的外壳中。这样一来，和所提供的功率相比，就可以显著降低驱动技术在安装空间和质量方面的要求。这样一来，和过去的 BMW 电驱动装置相比，功率密度提高了大约 30%。电气化驱动单元 220LR G08 BEV 中的第 5.0 代如图 2-1-58 所示。

在变速器盖罩上安装了一个通风器。它的作用是在欠压或者过压情况下，确保电气化驱动单元的压力平衡。

（1）结构和功能。

电气化驱动单元 220LR 主要由下列组件构成：

电机-电子伺控系统 EME；

电动机、他励同步电机；

变速器；

油模块；

驻车锁止模块。

电气化驱动单元 220LR 内部结构如图 2-1-59 所示。

选用的电动机的一大特点在于，其设计构造不依赖于稀土（钪、钇、镧）。在 BMW 的量产车型上，目前为止使用的均为永磁同步电机。而在 G08 BEV 上，则首次采用了一台他励同步电机。

（2）冷却系统。

电气化驱动单元集成在车辆的冷却液循环回路中。冷却液会首先流入电机-电子伺控系统 EME。从电机-电子伺控系统 EME 出发，冷却液会流入油水热交换器，然后流入集中外壳中，以便冷却电动机。还会额外用油对电气化驱动

1.电机电子装置 EME（图示无壳体端盖）2.排气装置 3.电动驻车锁模块 4.机械式变速器（1 挡）及差速器 5.机油模块

图 2-1-58

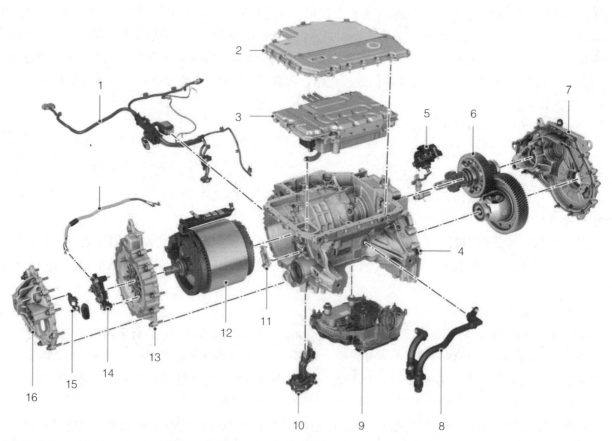

1.低压电缆束 2.壳体盖 3.电机电子装置 EME 4.发动机壳体 5.驻车锁止模块 6.变速器（单挡）7.变速器壳体盖 8.冷却液管 9.机油模块 10.高压电接口 11.壳体盖（高压插头连接/EME 的螺栓连接）12.电动机（他励同步电机）13.轴承盖 14.炭刷模块 15.转子位置传感器 16.壳体盖 17.励磁导线

图 2-1-59

单元进行冷却。

（3）机油模块。

机油模块最重要的功能就是根据需要提供确定的油量，以便润滑和冷却变速器，并且冷却电动机。同时，还会润滑电动机的滚珠轴承。调控电动油泵的转速所需的促动值（标准体积流量）会由 EME 通过不同的计算模型加以确定。标准转速通过一个 LIN 总线传输至电动油泵。电动油泵（12V）会在此基础上产生所需的体积量。油量会等分给变速器和电动机。接下来，润滑油会回流至储油腔。在油循环回路中，在油模块的油水热交换器前有一个温度控制的旁通阀。它在最高大约 50℃ 的情况下会保持打开状态，并且润滑油不会流过油水热交换器。从大约 50℃ 开始，旁通阀开始关闭，并且润滑油会流过油水热交换器。EME 会借助 2 个油温传感器和一个油压传感器监控油模块的正常功能。一个油温传感器会监控储油腔中的油温。另外一个则会监控油水热交换器后的油温。油压传感器会监控电动油泵所产生的油压。油压传感器会通过一个 SENT 信号，将信息返回给 EME。电气化驱动单元 220LR 油循环回路的部件如图 2-1-60 所示。

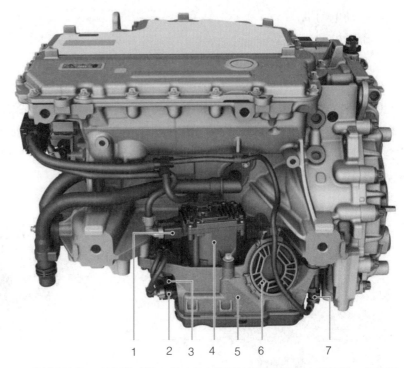

1.3 芯插头连接 2.油压传感器 3.油水热交换器油温传感器 4.电动油泵 5.机油模块 6.机油滤清器盖 7.储油腔油温传感器

图 2-1-60

售后服务信息：对于电气化驱动单元 220LR 中的机油以及滤清器，不适用任何保养周期，因而只在由于各类损坏所导致的泄漏或者维修的情况下，才需要进行补充或者更新。

（4）变速器和驻车锁止模块。

变速器的作用是将电动机产生的功率传递到后桥上受到驱动的车轮上。在此过程中，会通过一个圆柱齿轮减速机（倾斜啮合），将电动机的转速和扭矩传递到输出轴上。变速器的总传动比为 11∶1。也就是说，变速器输入端上的转速大于变速器输出端 11 倍。在变速器中，集成了差速器（不能锁止）以及驻车锁止模块。驻车锁止模块由 EME 负责促动。在驻车锁止模块中有一台电机，用来促动电机的末级为一个由大功率晶体管构成的电桥电路。电桥电路能够用所需的大约 6A 的电流在操作过程中为电机供电。电桥电路本身的设计，可以确保在输出端短路的情况下自身不会损坏（电流限制功能）。为了保护电机和导线防止过载，电机－电子伺控系统会监控末级的电流强度，并且在必要时额外加以限制。电机在驻车锁止模块中的位置通过霍耳传感器加以分析。电机－电子伺控系统负责为霍耳传感器供电。除此以外，EME 会读取霍耳传感器按脉冲宽度调制的信号，检查它们的可信度并且进行分析评价。在霍耳传感器信号的基础上，电机－电子伺控系统会确定驻车锁止器的状态（挂入或者脱出）。电机－电子伺控系统 EME 以总线信号的形式提供驻车锁止器的状态。电气化驱动单元 220LR 驻车锁止模块如图 2-1-61 所示。

（5）电机－电子伺控系统 EME。

在电气化驱动单元 220LR 中，电机－电子伺控系统 EME 负责下列任务：

和车辆的车载网络通信；

促动电动机；

促动电动油泵；

促动驻车锁止器。

在 EME 上，有一个 58 芯插头连接。通过这个插头连接，在 EME 上还连接了其他一些电气化驱动单元的部件。通过一个 15 芯插头连接建立和车辆电缆束的连接。EME 是 CAN-FD 上与总线相连的控制单元。高压接口（至高压蓄电池单元的连接）位于电气化驱动单元的外壳上。在可以单独更新的高压接口上，会通过相应的传感器进行温度监控。在电气化驱动单元内，通过相应的导电轨传输高压电压。电机 – 电子伺控系统 EME 接口如图 2-1-62 所示。

1.驻车锁止模块　2.连至车辆电缆线束的15芯插头连接

图 2-1-61

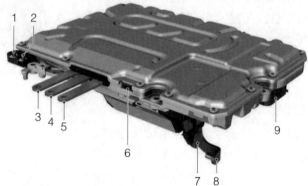

1.励磁导线接口　2.励磁导线接口　3.W相　4.V相　5.U相　6.6 芯插头连接　7.通过导电轨的直流高压接口负极　8.通过导电轨的直流高压接口正极　9.58 芯插头连接

图 2-1-62

电动机的促动。

在 EME 的内部有下列组件，它们是促动电动机所必需的：

整流器和逆变器；

DC/DC 转换器。

整流器和逆变器用作负责驱动车辆的他励同步电机的 3 个相位的电子控制装置。转子的磁场通过一个带有励磁电路的 DC/DC 转换器产生。通过一个转子位置传感器测量电动机的旋转角。在此过程中，整流器和逆变器负责将来自高压蓄电池单元的直流电转换为 3 相交流电，以便促动作为发动机的电动机。反过来，如果需要将电动机用作发电机，则整流器和逆变器会将电动机的 3 相交流电转换为直流电，从而可以为高压蓄电池单元充电。这一过程会在制动能量回收的过程中进行。对于这两种运行模式，需要一个双向 AC/DC 转换器，它可以用作逆变器和整流器。电机 – 电子伺控系统 EME– 双向整流器和逆变器的运行模式如图 2-1-63 所示。

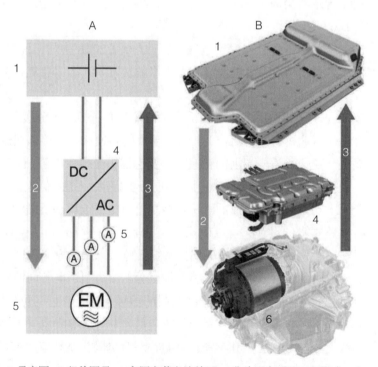

A.示意图　B.组件图示　1.高压电蓄电池单元　2.作为逆变器的运行模式，电动机用作发动机　3.作为整流器的运行模式，电动机用作发电机　4.EME 中的双向整流器和逆变器　5.电流传感器　6.电动机（他励同步电机）

图 2-1-63

由于使用了一台他励同步电机，因此，除了整流器和逆变器以外，还需要一台 DC/DC 转换器。这个 DC/DC 转换器会为转子的线圈提供产生磁场所需的电流。通过 2 根从 DC/DC 转换器连至炭刷模块的励磁导线，实现所需电流的传输。接下来，炭刷会将电流通过滑环传输到电动机的转子线圈上。和永磁电机不同，可以改变磁场的强度。这样一来，在调控方面就可以获得更多的自由度。电动机可以完美地匹配所要求的负荷状况。这样一来，就可以实现非常高的效率，尤其是在部分负荷情况下。除此以外，电动机还具有非常稳定的功率，包括非常高的转速。炭刷模块同样也负责承载转子位置传感器的磁铁。

（6）转子位置传感器。

转子位置传感器负责采集电动机转子的精确位置。转子位置传感器采用角度传感器的工作原理。在和变速器输入轴固定连接的转子上的一个线圈中，会馈入定义的交流电。传感器定子上的线圈绕着传感器转子，也就是绕着变速器输入轴铺设，并且分别错位 90°。对于通过转子的旋转在定子的绕组中激励的电压，EME 会对其加以分析，并且计算出转子的位置角。对于电动机以磁场为导向的精确调控，必须得出转子的位置角，以便根据转子的位置在电动机定子的绕组上产生电压。电气化驱动单元 220LR 转子位置传感器如图 2-1-64 所示。

（7）加装件和接口。

电气化驱动单元 220LR G08 BEV 中的加装件和接口如图 2-1-65 所示。

1.带有支架的低压电缆线束　2.连至高压蓄电池单元的高压接口　3.12芯插头连接　4.转子位置传感器

图 2-1-64

电气化驱动单元用 4 个带有橡胶支座的定位件固定在后桥架梁上。对于电位补偿功能，通过电气化驱动单元的外壳实现 EME 和车身接地之间的连接。通过两根等电势导线确保电气化驱动单元和车身接地之间的低电阻连接。

（8）维修方案。

电气化驱动单元 220LR 可以在保养时整体加以更新。作为准备工作，必须拆卸带有电气化驱动单元的后桥架梁。电气化驱动单元 220LR 提示牌和压力补偿元件如图 2-1-66 所示。

对于拆下的电气化驱动单元，必须确保压力补偿元件未受损，并且不得损坏压力补偿元件。而如果将工具放在外壳盖上，就有可能导致损坏。在标记的高压组件上，只允许满足所有前提条件的保养员工开展作业：专业资质，遵守安全规则，严格按照维修手册操作。原则上，必须以最新版本的维修手册中的规定和说明为准。但 BMW 则批准了一套维修方案，通过更换部分部件，令性价比更高的维修成为可能的选项。在执行维修作业时，需要留意所需的不同资质。下面的部件可以配合车辆专属的证书"高压组件，第 5.0 代（G08 BEV）"在电气化驱动单元上单独加以更新：

电动驻车锁止模块；

机油模块；

电动油泵；

油温传感器；

油压传感器；

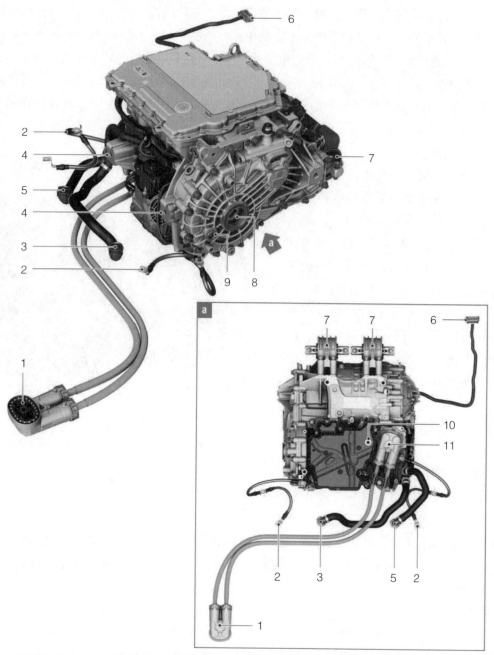

1.高压蓄电池SE16上的高压插头 2.等电势导线 3.冷却液进流管路 4.后桥架梁上的固定装置 5.冷却液回流管路 6.12V蓄电池车载网络的控制单元插头 7.用于固定在后桥架梁上的发动机支座 8.输出轴定位件 9.注油螺栓 10.机油模块 11.电气化驱动单元上的高压接口

图 2-1-65

低压电缆线束；

输出轴的径向密封环；

带有密封环的放油螺塞；

带有密封环的注油螺栓；

电机－电子伺控系统 EME；

炭刷模块；

转子位置传感器；

高压接口；

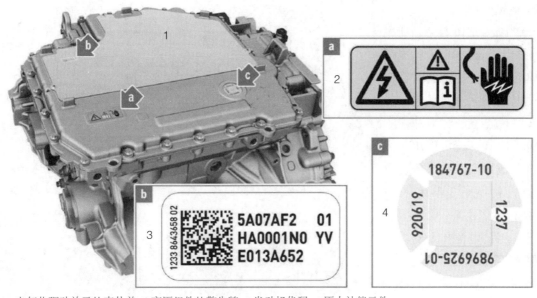

1.电气化驱动单元的壳体盖 2.高压组件的警告牌 3.发动机代码 4.压力补偿元件

图 2-1-66

压力补偿元件；

励磁导线。

对于电机－电子伺控系统 EME，有下列一些服务功能：

电气化驱动单元功能检查；

电气化驱动单元导线检测；

导线检测冷却系统密封性检测；

示教转子位置传感器；

油泵功能检查；

机油模块检测结果；

驻车锁止模块功能检查；

驻车锁止模块检测结果；

设置 Field Mode；

删除装配模式。

在打开冷却液循环回路后，必须始终对电气化驱动单元排气。在更新电气化驱动单元、EME、转子位置传感器或者炭刷模块时，必须重新示教转子位置传感器。在重新安装电气化驱动单元时，必须执行服务功能"电气化驱动单元功能检查"。电气化驱动单元在装配模式下交付。如果要更换电气化驱动单元，则必须重置该模式。根据实际的生产步骤，EME 控制单元会出于不同的编程和诊断模式下。在 Plant Mode 下，EME 控制单元提供扩展的编程和诊断选项，以满足工厂的生产和装配环节的需求。Field Mode 提供缩减的编程和诊断选项，并且会在交付的车辆上激活。之后，不再能够设置其他模式。在特殊情况下，或者对于相应的故障记录，可以借助服务功能设置 Field Mode。针对不同的服务功能，需要额外的专用工具和智能测量系统接口盒 IMIB。

8. 高压电蓄电池 SE16

高压蓄电池单元用于吸收、存储和提供电能，以供电驱动装置和高压车载网络使用。高压蓄电池单元由多个电池单元模块组装而成，每个电池单元模块分别带有多个单格电池。电池单元模块相互串联在一起。通过外部电网以及制动能量回收，可以为高压蓄电池单元充电。

（1）概览。

高压蓄电池 SE16 是全新研发的产物，并且是首款第 5.0 代高压蓄电池单元。通过冷却液对锂离子高压蓄电池单元进行调温。使用冷却液的优点在于，冷却液不仅可以用于冷却，还可以用于加热高压蓄电池单元。在高压蓄电池 SE16 上，粘贴了 3 张标牌：1 个铭牌和 2 张警示牌。铭牌上提供了关于高压蓄电池单元的具体信息（包括零件号码、系列号、装配号码等）以及最重要的技术数据（例如额定电压、容量等）。警示牌一方面会提示高压蓄电池单元中存在的高电压，另一方面也会提示采用的锂离子技术。对于与之相关的潜在危险，警示牌起到了警示的作用，并且还会提供废弃处理方面的提示。高压蓄电池 SE16 提示牌如图 2-1-67 所示。

技术数据如表 2-1-16 所示。

1.高压蓄电池单元的警告牌 2.带有技术数据的铭牌 3.高压组件的警告牌

图 2-1-67

表 2-1-16

高压蓄电池 SE16	
制造商	BMW
单格电池类型	锂离子
单格电池制造商	CATL
电压	345V（额定电压）最低 263.8V，最高 394.8V（电压范围）
单格电池数量	188 块单格电池（94s 2p），每块电压 3.67V
蓄电池容量	232Ah
可存储的最高能量	80kWh
可使用的最高能量	73.8kWh
最大功率（放电）	266kW（10s）
最大功率（直流充电）*	150kW
总重量	518kg
冷却系统	冷却液 HT12

注：* 高压蓄电池 SE16 的充电功率，不考虑车辆自身充电系统或者充电基础设施的限制。

图 2-1-68

对于 G08 BEV，为了达到希望的续航里程，对可存储的能量进行了相应的设计。而这对高压蓄电池单元的体积和重量都会产生影响。高压蓄电池单元是一个复杂的高压组件，务必小心操作，同时遵守安全规定。锂离子蓄电池不得过载，并且不得置于过高的温度条件下。否则，存在爆炸危险。

（2）安装位置。

高压蓄电池 SE16 大面积地安装在前桥和后桥之间的底板上。这样做的优点在于车辆的重心会进一步向下偏，从而提升车辆的性能。可以从车辆底板通达高压蓄电池单元的所有接口。G08 BEV 高压蓄电池 SE16 的安装位置如图 2-1-68 所示。

为了对高压蓄电池进行调温，将其集成到一个单独的冷却液循环回路中。电导线（高压接口和连至低压车载网络的接口）以及冷却液管脱开，同时无须为此拆卸高压蓄电池单元。

（3）机械接口。

高压蓄电池单元用总共 24 个紧固螺栓通过其外壳与车辆相连接。通过这种方式，来克服重力以及在行驶过程中在车身上产生的加速力。所有紧固螺栓都可以从车辆底板通达。在这里，用 14 个螺栓（M12×1.5×45）在车身上侧承梁区域中连接高压蓄电池。用另外 6 个螺栓（M12×1.5×110）在前部固定高压蓄电池，并且用 4 个螺栓（M12×1.5×110）在后部固定。G08 BEV 高压蓄电池 SE16 的紧固如图 2-1-69 所示。

在拆卸高压蓄电池单元时，必须首先执行所有最新的维修手册中

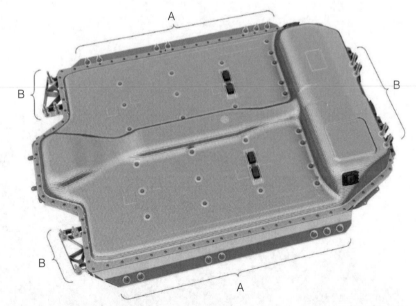

A.高压蓄电池在侧承梁区域中的螺栓连接，左侧和右侧各 7 个螺栓 B.6个前部高压蓄电池螺栓连接和4个后部高压蓄电池螺栓连接

图 2-1-69

确定的准备工作（诊断、拆卸饰板、断电、排放冷却液等）。如果在高压蓄电池内部确定存在冷却液泄漏的情况，则应停止作业，并且通知技术支持部。在松开紧固螺栓前，必须准备好带有合适的定位件的移动式升降台 MHT 1200，并且定位在高压蓄电池单元下方。高压蓄电池 SE16 连至车身接地的电位补偿低电阻连接是通过侧承梁上的螺栓连接加以落实的。必须确保无论是在高压蓄电池单元的外壳上还是在车身上，相应的孔均未进行涂漆处理，没有锈蚀，并且没有污染。同样也要确保相应螺纹的清洁干净。在紧固 14 个等电位连接螺栓前，必要时必须打磨至裸露出金属。

（4）电气接口。

除了高压接口以外，高压蓄电池同样也具有一个连至低压车载网络的 16 芯接口。通过它，为集成在高压蓄电池单元中的存储器电子管理系统 SME 供电，并且提供总线信号和其他信号。一个高压接口（Hirschmann 插头）将高压蓄电池单元和 CCU 连接在一起。通过这个接口，向高压蓄电池单元提供经过整流的充电电压。这个接口被称为高压连接区。另外一个高压接口（Rosenberger 插头）将高压蓄电池单元和电气化驱动单元连接在一起。第三个高压接口（Rosenberger 插头）将高压蓄电池单元直接和直流充电接口相连。高压蓄电池 SE16 电气接口如图 2-1-70 所示。

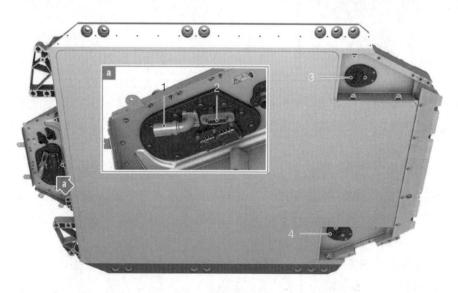

1.连至 CCU 的高压接口　2.连至低压车载网络的接口　3.连至电气化驱动单元的高压接口
4.直流充电高压接口

图 2-1-70

（5）连至冷却液循环回路的接口。

为了高压蓄电池单元调温，它集成在一个单独的冷却液循环回路中。为了能够以需求为导向实现调温，在高压蓄电池单元冷却液循环回路的进流管路中安装了一个电控单向阀。单向阀和存储器电子管理系统 SME 直接连接，并且由它促动。在断电状态下，单向阀处于关闭状态，也就是说没有冷却液流入高压蓄电池单元。在 SME 促动的情况下，单向阀会完全打开。所以，只有"关闭"和"打开"这两个阀门位置。冷却液的流入量取决于电动冷却液泵的促动，它是通过综合特性曲线调控的。高压蓄电池 SE16 冷却液接口如图 2-1-71 所示。

（6）蓄能器管理电子装

1.冷却液回流管路接口　2.高压蓄电池SE16冷却液接口

图 2-1-71

置 SME。

SME 控制单元集成在高压蓄电池单元中。为了最大程度延长高压蓄电池单元的使用寿命，SME 控制单元会确保它在一个精确定义的区间内运行（电量和温度）。SME 控制单元的其他任务包括在作为高电压系统主控单元的 CCU 的引导下，启动和关闭高电压系统，以及高压蓄电池单元内部的安全功能和确定可用的功率。SME 通过 CAN–FD 和其他控制单元通信。在高压蓄电池 SE16 中，将安全盒的任务和功能集成到了 SME 中。虽然取消了安全盒，但安全盒 CAN 仍然保留在 SME 内部。除此以外，

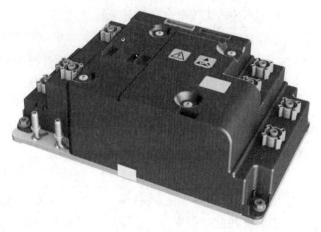

图 2-1-72

SME 被集成到高压蓄电池单元的冷却液循环回路中。原则上，可以通过诊断系统联系 SME，也可以对其进行编程。对于故障查询，需要了解的是，在 SME 的故障存储器中不仅可能会记录控制单元故障，而且也会提示高压蓄电池单元中其他组件的故障。蓄能器管理电子装置 SME 如图 2-1-72 所示。

从高压蓄电池单元外部无法通达 SME。为了在发生故障时更换 SME，必须首先打开高压蓄电池单元。必须由具备资质的人员负责打开高压蓄电池单元。除此以外，必须严格按照维修手册操作。尤其必须执行规定的、打开前的各项检测。

（7）从车辆中拆卸高压蓄电池单元。

负责执行高压蓄电池单元拆卸的保养员工必须满足下列重要的前提条件：

① 操作方面的资质和认证。

②严格使用诊断系统和专用工具。

③严格遵守最新的维修手册。

对于高压蓄电池单元的拆卸，只有具备相关的资质、并且通过认证的保养员工才允许执行这项作业。其中就包括一项针对 BMW Group 高压技术人员的培训以及车辆专属的认证"高压组件，第 5.0 代（G08 BEV）"。对于故障查询，在拆卸高压蓄电池单元前必须使用 BMW 诊断系统。仅当检测计划要求这样做，并且满足了前提条件"外部没有机械损坏"的情况下，才可以拆卸高压蓄电池单元。接下来，可以由一名具备相应资质的保养员工打开高压蓄电池单元，以便更换检测计划中识别到的有故障的组件。下面有关高压蓄电池单元拆卸的描述仅仅笼统地列举了内容和操作步骤。原则上，必须以最新版本的维修手册中的规定和说明为准。

①根据维修手册执行准备工作（例如拆卸底板饰板、轮罩盖）。

②借助高压安全插头将高电压系统断电，采取保险措施防止重新接通，并且在组合仪表中确认断电状态。

③通过断开蓄电池负极导线停用 12V 车载网络。

④首先排放冷却液，然后在使用相应的专用工具的情况下借助压缩空气将剩余的冷却液清除到指定的容器中。

⑤用密封塞封闭冷却液管接口。

⑥在高压蓄电池单元上脱开接口（低压车载网络、3 个高压接口和冷却液管）。

⑦准备好移动升降台和紧固件以及定位件。

⑧将移动升降台定位在高压蓄电池单元上，并且目视检查紧固件和定位件的位置是否正确。

⑨松开并且拆除高压蓄电池单元上的紧固螺栓。

⑩小心地将高压蓄电池单元降低。

⑪检查可通达性，从而避免损坏。

⑫在外壳上彻底地目视检查所有表面是否污染和损坏。

⑬对于涉及高压蓄电池单元不明状态的故障，检查是否存在温度异常情况。

⑭将移动式升降台运送至维修工位。

高压蓄电池单元是一个大尺寸且大重量的组件。因此，对于高压蓄电池单元的整体运输，不要使用修理厂起重机 WSK1000。

（8）将高压蓄电池单元安装到车辆中。

用移动式升降台小心地将高压蓄电池单元移动至车辆下方。在抬起高压蓄电池单元时，确保锁定和对准中心。在此过程中，必须使用相应的专用工具。缓慢地抬起高压蓄电池单元，并且在指定的固定点上放上紧固螺栓。在此过程中，将紧固螺栓拧入 3 至 4 道螺纹。先不要拧紧紧固螺栓。重要的是要继续移动高压蓄电池，直至放上所有紧固螺栓为止。然后，完整地抬起高压蓄电池单元，并且拧紧紧固螺栓。在此过程中，对于紧固螺栓的拧紧顺序和拧紧力矩，应始终参见最新的维修手册。

电位补偿连接：对于 G08 BEV 中的高压蓄电池 SE16，通过等电位连接螺栓实现电位补偿连接。在安装等电位连接螺栓时，必须遵守下面的操作步骤：

①清洁孔的接触面和螺纹，并且让另外一人加以检查。

③用规定的扭矩拧紧紧固螺栓。

③安排另外一个人检查规定的扭矩。

④两个人必须在车辆档案中对正确的执行做好记录。为此，在 ISTA 中同样也提供了一份"电位均衡螺栓连接用表单"。现在，在冷却液接口上将冷却液管重新和高压蓄电池连接，并且插接高压导线和低压接口的插头。

然后，应在诊断系统中执行服务功能"将高压蓄电池单元装入车辆后的试运行"。在之前用 IMIB-HV 执行的 EoS 测试中，不再显示任何检测代码。EoS 检测的结果已经存储在 ISTA 中。在 ISTA 中输入更换的组件的系列号和安装位置，从而做好记录。诊断系统会将这些数据传输至 SME 并且会重新激活接触器。最后，重新加注冷却液循环回路并且排气。将高压蓄电池单元充满电，并且最后读取一次故障存储器。

9. 电气加热装置 EH

在 G08 BEV 中，采用了 2 种电子暖风装置 EH，如图 2-1-73 所示。电子暖风装置（车厢内部的电子暖风装置和高压蓄电池单元的电加热装置）连接在高压车载网络上，并且采用了相同的结构。

电子暖风装置是独立的部件，采用的是电控辅助加热器的工作原理。通过 3 根加热螺旋体实现电加热功能，它们具有相同的功率，并且以相错位的方式通过脉冲宽度调制 PWM 实现时序控制。通过相错位的脉冲宽度调制，使得加热功率可以在大约 550W（相当于 10%）和最高 5.5kW（相当于 100%）之间无级调节。在电子暖风装置内部，

A.用于高压蓄电池单元的电加热装置 B.用于车内空间的电子暖风装置
图 2-1-73

加热螺旋体的开关（单独或者共同）通过电子开关（Power MOSFET）进行。会测量各条线路上的电流，并且通过"电子暖风装置"控制单元实现控制。在 250～400V 的电压范围内，最大电流可达 20A。通过两个电气加热装置的 LIN 总线连接发出加热请求。暖风和空调系统的控制单元与车辆内部空间的电气加热装置进行通信，而高压电蓄电池单元的电气加热装置则与 CCU 相连。电气加热装置出口处的电流消耗以及冷却液温度通过 LIN 总线传输。电气加热装置共用一个 CCU 高压电接口。它随着高压电导线分线，分别为两个电气加热装置单独供电。在电气加热装置内，高压电车载网络与低压电车载网络之间实现了电气分离。低压电插头上有 LIN 总线和供电（总线端 30B 和总线端 31）接口。电气加热装置 EH 接口和加热线圈如图 2-1-74 所示。

电气加热装置 EH 系统方框图如图 2-1-75 所示。

系统出现故障时，电气加热装置将会关闭。电气加热装置无须维护。

10. 电气制冷剂压缩机 EKK

G08 BEV 上使用电气运行的制冷剂压缩机。为了能够提供必需的功率，电气制冷剂压缩机 EKK 使用高压电电压运行。EKK 使空调系统在所有行驶状况下均可运行，并且

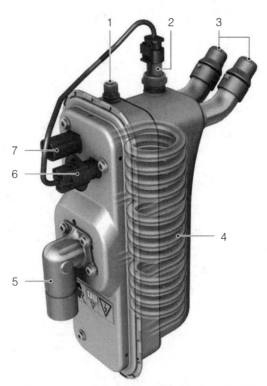

1.低压电插头　2.温度传感器（控制单元的电路板）
3.冷却液温度传感器　4.电气加热装置（控制单元）
5.电气加热装置　6.电气加热装置的高压电分配器　7.联合充电单元 CCU

图 2-1-74

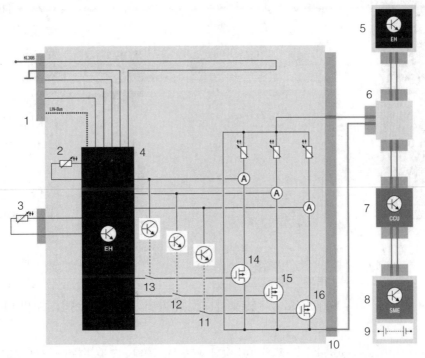

1.低压电插头　2.温度传感器（控制单元的电路板）　3.冷却液温度传感器　4.电气加热装置（控制单元）　5.电气加热装置　6.电气加热装置的高压电分配器　7.联合充电单元 CCU　8.蓄能器管理电子装置 SME　9.高压电蓄电池单元　10.电气加热装置的高压电接口　11.当加热线圈 3 内电流过高时硬件关闭　12.当加热线圈 2 内电流过高时硬件关闭　13.当加热线圈 1 内电流过高时硬件关闭　14.加热线圈 1 的电子开关（Power MOSFET）　15.加热线圈 2 的电子开关（Power MOSFET）　16.加热线圈 3 的电子开关（Power MOSFET）　17.加热线圈 1　18.加热线圈 2　19.加热线圈 3

图 2-1-75

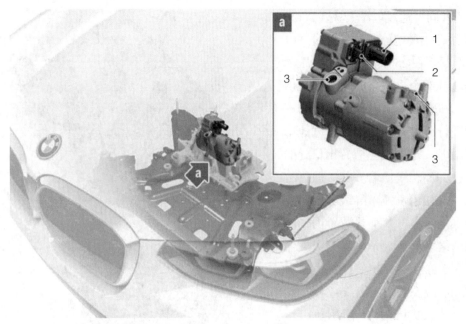

1.高压电接口 2.低压电插头 3.制冷剂管路接口

图 2-1-76

还保障了驻车空气调节的功能。不仅是车内空间的冷却系统,高压电蓄电池单元也间接通过制冷剂循环回路冷却。对于这种间接冷却,使用了冷却液制冷剂热交换器。为了改善声学性能,采用橡胶制成的固定元件将 EKK 安装于特制的总成支架中。因此,需要一根单独的电位补偿导线用于从 EKK 的壳体至车身接地之间的低阻电气连接。G08 BEV 电气制冷剂压缩机的安装位置和接口如图 2-1-76 所示。

EKK 控制单元位于制冷剂压缩机的壳体内,并通过 LIN 总线与 IHKA 控制单元(主控单元)相连。在制冷剂压缩机的壳体内集成有电子控制装置和逆变器。二者均被流过的制冷剂冷却。暖风和空调系统控制单元的请求在电子控制装置中予以分析。制冷剂压缩机使用交流电压运行。逆变器将直流电压转换为交流电压。制冷剂压缩机中的电子控制装置根据主控单元的请求调节三相同步电动机的转速。三相同步电动机在一定的

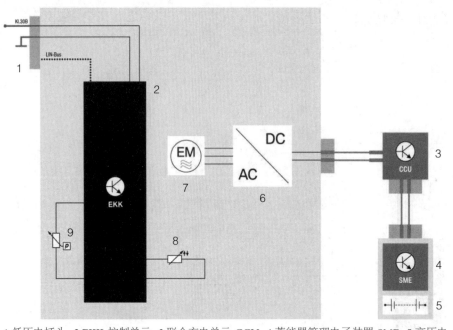

1.低压电插头 2.EKK 控制单元 3.联合充电单元 CCU 4.蓄能器管理电子装置 SME 5.高压电蓄电池单元 6.逆变器 7.三相同步电动机 8.温度传感器 9.压力传感器

图 2-1-77

转速区间内运行(例如 2000 ~ 8600r/min)。转速可以无级调节。电气制冷剂压缩机 EKK 系统方框图如图 2-1-77 所示。

低压电插头上有 LIN 总线和供电(总线端 30B 和总线端 31)接口。为了压缩制冷剂,使用螺旋压缩机(也称为涡旋式压缩机)。电气制冷剂压缩机 EKK 螺旋形盘如图 2-1-78 所示。

螺旋形内盘由三相同步电动机通过一根轴驱动并偏心旋转。气态制冷剂(低温和低压状态)通过固定的螺旋形外盘上两个开口被吸入,并通过两个盘的运动实现压缩和加热。电气制冷剂压缩机 EKK 制冷剂的压缩原理如图 2-1-79 所示。

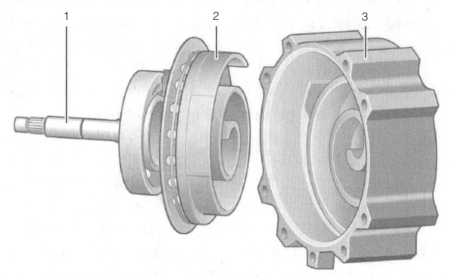

1.轴　2.螺旋形内盘　3.螺旋形外盘

图 2-1-78

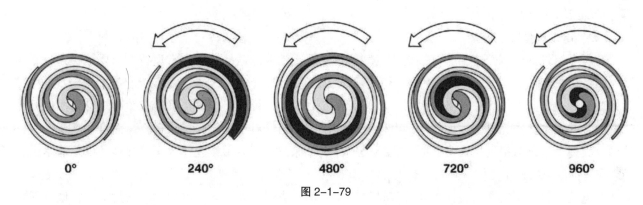

0°　　　　240°　　　　480°　　　　720°　　　　960°

图 2-1-79

电气制冷剂压缩机 EKK 制冷剂的压缩原理。被吸入的制冷剂经 3 转后完成压缩和加热，随后可以通过位于外盘中心的开口以气态逸出。从此时开始，具有高温高压的气态制冷剂经机油分离器朝冷凝器方向抵达制冷剂压缩机的接口。EKK 最大运行转速为 8600r/min，在此过程中产生最大 30kPa 的工作压力（取决于温度）。

11. 系统功能

（1）监控功能。

G08 BEV 中的高压电系统采用本质安全设计。这表示，可能会引发危险的故障能够被可靠地检测出来。以下所述功能正是为此而来。

①高压电安全插头。

在拔出状态下，高压电安全插头（售后服务断电开关）会中断总线端 30C 以及用于高压电安全插头状态检测的线路。这种线路中断（接地信号）在蓄能器管理电子装置 SME 中被分析。如果所有前提条件全部满足，则会通过总线系统在组合仪表中以相应的检查控制信息显示断电状态。老式高压电车辆中所用的高压电触点监控功能，在 G08 BEV 以及未来的 5.0 代车辆中将不再使用。用于高压电触点监控电路的触桥部分位于插头侧，但未予使用。

②绝缘监控。

绝缘监控确认有源高压电部件（如高压电导线）与车身接地之间的绝缘电阻是大于还是小于所需的

最小值。如果绝缘电阻低于最小值，则存在车辆部件经受危险电压的风险。如果有人触摸第二个有源高压电部件，则存在电击危险。因此，G08 BEV 的高压电系统具有全自动运行的绝缘监控。它由 CCU 在高压电系统活跃期间定时启用、检测并分析。此测量所需的硬件位于蓄能器管理电子装置 SME 中，它在这里也可以连续执行。此时，车身接地用作参考电位。如果没有附加措施，通过这种方式仅能确定高压电蓄电池单元中局部存在的绝缘故障。但是，确认车辆中敷设的高压电导线和其他高压电组件到车身接地的绝缘故障至少也同等重要。因此，高压电组件的所有导电壳体均与车身接地导电相连，并且如上所述，高压电导线与高压电组件的各个壳体采用屏蔽。这样，可以从中央位置通过绝缘监控来检测整个高压电车载网络中的绝缘故障。绝缘监控的反应具有 2 个等级。如果绝缘电阻低于第一限值，对人员尚无直接危险。因此，高压电系统保持活跃，不会发出检查控制信息，但是故障状态会保存在故障码存储器中。售后服务员工会在下一次维修期间注意到以上问题，并对高压电系统进行检查。如果低于第二个更低的绝缘电阻限值，则不仅会存储故障码条目，还会发出检查控制信息，要求驾驶员前往维修车间。由于这种绝缘故障对客户或售后服务员工不会产生直接危险，因此，高压电系统保持活跃，客户仍可继续行驶。尽管如此，还是要尽快让 BMW 售后服务检查高压电系统。为了找出高压电系统中导致绝缘故障的组件，售后服务员工必须有条理地限定故障。但是，售后服务员工原则上不得自行测量绝缘电阻——此任务由高压电系统通过绝缘监控进行。如果检测到绝缘故障，售后服务员工必须根据检测计划，在诊断系统中确定出现绝缘故障的实际位置。

（2）电位补偿导线连接。

高压电组件的所有壳体与车身接地的电气连接无误，是绝缘监控功能正常运行的重要前提条件。所以，如果它在维修工作期间中断过，则必须非常仔细地重新建立该电气连接。必须严格遵守维修说明（拧紧力矩、自攻螺丝）。此外，必须由第二名售后服务员工检查维修工作（正确的拧紧力矩与适当的裸露金属），并在维修委托单中书面记录。电位补偿螺栓连接不仅对于绝缘监控很重要，而且在高压电组件的两个壳体上出现有损健康的电压时，它还是一种故障保护功能。由于壳体至车身接地的电阻非常低，如果有人同时触摸两个壳体，则只会有极低电流流经人体。在上述情况下，这种电流强度不会危及生命。当然，电流的类型（交流或直流）和持续时间也起着重要作用。如果高压电组件未通过电位补偿导线或者电位补偿螺栓没有根据维修说明按规定与车身接地相连，则禁止运行高压电系统。

（3）启动。

用于控制高压电系统的主控单元是组合充电单元 CCU。如图 2-1-80 上展示了高压电系统及在各种情况下启动和关闭高压电系统所需的所有组件。

无论触发以下哪个事件，启动高压电系统的顺序始终相同：

将车辆状态由"驻车"切换到"行驶"或"停留"；

应开始为高压电蓄电池单元充电；

为行驶做好车辆准备（车辆内部空间的空气调节或高压电蓄电池单元的温度调节）。

启动高压电系统的详细步骤是：

① CCU 控制单元通过 CAN-FD 上的总线电码请求启动。

②高压电系统通过自诊断功能进行检查。

③高压电负路径中的接触器闭合。

④车辆侧高压电系统中的电压通过预充电电路增加。

⑤高压电正路径中的接触器闭合。

⑥预充电电路断开。

高压电系统的检查主要通过 CCU 和 SME 进行。其中会检查安全相关标准，例如绝缘电阻。但是，启

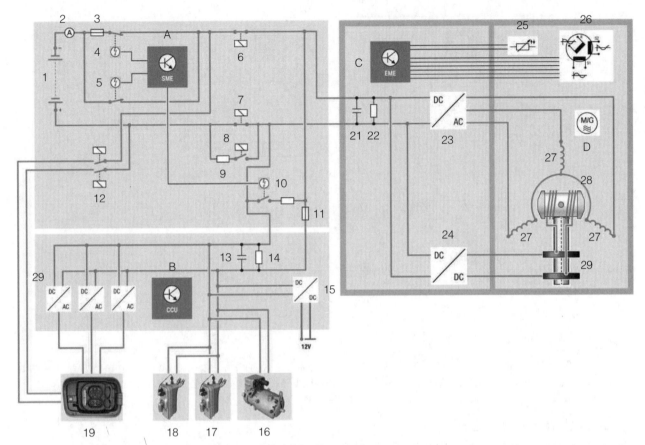

A.蓄能器管理电子装置SME　B.联合充电单元 CCU　C.电机-电子伺服系统EME　D.电机 EM　1.高压电蓄电池单元的蓄电池组电池
2.SME 高压电负路径中的电流传感器　3.SME 高压电负路径中的保险丝（150A）　4.SME 燃爆式安全开关 PSS 1　5.SME 燃爆式安
全开关 PSS 4　6.高压电负路径中的主接触器　7.高压电正路径中的主接触器　8.高压电正路径中的预充电电路　9.限制预充电电路接
通电流的电阻　10.高压电接口段中带有短路电阻的燃爆式放电装置（燃爆式安全开关 PSS 6）　11.高压电接口段中的高压电保险丝
（100A）12.DC 充电接触器　13.CCU 中间电路电容器　14.CCU 中间电路电容器的放电电阻　15.CCU 中的 DC/DC 转换器　16.电
气制冷剂压缩机 EKK　17.电气加热装置 EH　18.电气加热装置 EH　19.充电接口　20.整流器　21.EME 中间电路电容器　22.EME 中间
电路电容器的放电电阻　23.整流器和逆变器　24.DC/DC 转换器　25.温度传感器　26.EM 转子位置传感器　27.电机 EM 的绕组　28.转
子及线圈　29.电刷模块（滑环）

图 2-1-80

动还必须满足功能性条件，如所有子系统的运行准备状态等。G08 BEV EME 和 CCU 中间电路电容器通过
预充电电路充电如图 2-1-81 所示。

　　在启动期间，接触器先后发生的闭合在车辆中可以听到，不表示任何功能故障。如果高压电系统中
没有任何故障，则高压电系统的完整启动在 0.5s 左右完成。SME 将成功启动的信息作为总线电码通过
CAN-FD 发送至 CCU。故障状态也通过这条路径被发送，比如接触器的某个触点未能成功闭合。

　　（4）关闭。

　　高压电系统的关闭分为普通关闭和快速关闭。普通关闭可以保护所有相关部件，并监控高压电系统
的安全相关组件。

　　①普通关闭。

　　满足下列条件或标准时，高压电系统执行普通关闭：

　　驾驶员离开车辆（切换到车辆状态"驻车"且继续运行时间已到期，由 CCU 控制）；

　　车辆内部空间的空气调节（冷却或加热）或高压电蓄电池单元的温度调节功能结束；

　　高压电蓄电池单元的充电过程结束；

　　12V 蓄电池的充电过程结束；

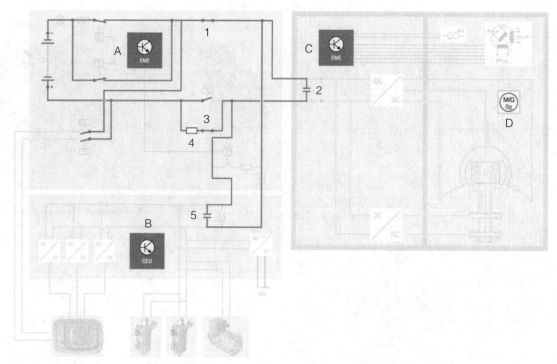

A.蓄能器管理电子装置SME　B.联合充电单元CCU　C.电机-电子伺控系统EME　D.电机EM　1.高压电负路径中的主接触器　2.EME
中间电路电容器　3.高压电正路径中的预充电电路　4.限制高压电正路径中预充电电路接通电流的电阻　5.CCU中间电路电容器

图2-1-81

高压电控制单元的编程过程。

无论触发事件如何，普通关闭时的顺序原则上始终按相同的具体步骤完成：

在继续运行时间到期后，CCU通过CAN-FD上的总线电码命令关闭；

高压电车载网络上的系统（CCU、EME、EKK、EH）将高压电车载网络中的电流减少到零；

高压电蓄电池单元中的接触器断开（由SME控制）；

高压电电路放电，即中间电路电容器被动放电（CCU、EME），电机绕组短接，EKK绕组短接；

高压电系统受到检查，比如电磁接触器是否按规定断开。

无论是切换到车辆状态"驻车"后的继续运行时间，还是关闭本身，都会需要几分钟。因此需要自动运行的监控功能。如果期间出现重新启动的请求或者需要快速关闭（主动关闭）的情况，普通关闭将会中断。

②快速关闭。

此处的目标是尽快关闭高压电系统。如果出于安全原因需要将高压电系统中的电压尽快降低到安全水平，则始终执行这种快速关闭。以下文介绍了导致快速关闭的触发条件及其作用链。

事故：发生交通事故时，高压电系统必须迅速关闭。这类似于采用燃爆技术的安全气囊。碰撞和安全模块ACSM借助相应的传感技术检测出事故。然后通过从12V蓄电池的正极断开安全型蓄电池接线柱SBK来切断总线端30C。这会中断高压电蓄电池单元中电磁接触器的供电，触点自动断开。总线端30C在高压电组件CCU和EME中同时中断。碰撞和安全模块ACSM根据事故的严重程度，通过"PWM碰撞信号"线路将占空因数变化后的PWM信号发送至高压电蓄电池单元中的SME。然后，SME 2点燃高压电供电负路径中的燃爆式安全开关（PSS 1和PSS 4），并随即打开燃爆式放电装置（燃爆式安全开关PSS 6），从而为中间电路电容器快速放电。此过程大约在3ms后完成，因此是使高压电系统断电的最快方法。与使用燃爆式安全开关断开相比，电磁接触器的断开需要更多时间才能中断来自高压电蓄电池单元的供电。此外，高压电控制单元还会通过数据总线系统FlexRay和CAN-FD从碰撞和安全模块ACSM收到关于安

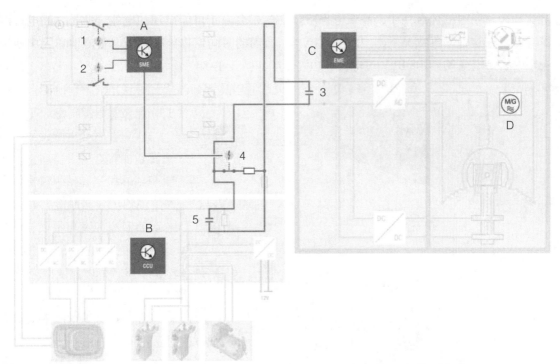

A.蓄能器管理电子装置 SME B.联合充电单元 CCU C.电机-电子伺控系统 EME D.电机 EM 1.SME 燃爆式安全开关（PSS 1） 2.SME 燃爆式安全开关（PSS 4） 3.EME 中间电路电容器 4.高压电接口段中带有短路电阻的燃爆式放电装置 5.CCU 中间电路电容器

图 2-1-82

全气囊触发的信息。G08 BEV 发生交通事故时关闭高压电系统如图 2-1-82 所示。

燃爆式放电装置及燃爆式安全开关无法单独更换，而是位于高压电接口段及 SME 中。后述两个部件可在高压电蓄电池 SE16 打开后单独更换。G08 BEV 高压电接口段中的燃爆式放电装置如图 2-1-83 所示。

发生碰撞后，为了使高压电系统能够重新运行，必须在触发过程后更换高压电蓄电池单元中燃爆式组件所在的部件。

过电流和短路监控：在高压电蓄电池 SE16 中，高压电负路径中有一个高压电保险丝（额定电流 150A），且在与高压电保险丝的并联电路中有一个燃爆式安全开关 PSS 4。借助高压电蓄电池单元中的电流传感器来监控高压电车载网络中的电流强度。此电流传感器位于 SME 中。如果检测到过高或者不可靠的电流，则 SME 控制单元会命令燃爆式安全开关 PSS 4 点火。此时，电流仅流过高压电保险丝，它在电流过高时会中断电路。

1.高压电接口段（可更换） 2.燃爆式放电装置（不可单独更换） 3.高压电接口（负极） 4.高压电接口（正极） 5.冷却液供给接口 6.冷却液回流接口

图 2-1-83

这种过电流和短路断电的优点在于，高压电保险丝的结构会阻止可能出现的电弧。此外，断电可以不依赖于工作电流。在这种紧急状况下，中断高压电电路所需的时间窗口比在高压电蓄电池单元中使用电磁接触器进行中断要短得多。G08 BEV 过电流和短路断电如图 2-1-84 所示。

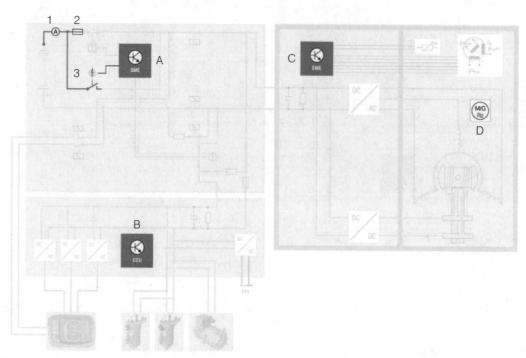

A.蓄能器管理电子装置SME B.联合充电单元CCU C.电机-电子伺控系统EME D.电机EM 1.SME高压电负路径中的电流传感器 2.SME 高压电负路径中的保险丝（150A） 3.SME 燃爆式安全开关 PSS 4

图 2-1-84

1.高压电蓄电池单元的高压电接口 2.高压电蓄电池单元的低压电接口 3.高压电保险丝 100A（可更换） 4.高压电保险丝的盖板用螺丝拧紧

图 2-1-85

高压电保险丝（150A）及燃爆式安全开关 PSS 4 无法单独更换。它们位于高压电蓄电池单元中 SME 内。

危急的单体电池状态：如果单体电池监控电子装置检测到蓄电池组电池上存在极度的欠压、过压或者温度过高，也会导致电磁接触器在负载下硬断开。尽管这会增加触点上的磨损，但是为了避免相关蓄电池组电池损坏，这种快速关闭仍是必要的。

高压电蓄电池单元中 12V 供电故障：在这种情况下，SME 不再运行，无法再对蓄电池组电池进行监控。高压电蓄电池单元中接触器的供电也会中断。因此，电磁接触器的触点此时也会自行断开。

③高压电保险丝。

高压电蓄电池单元的高压电接口段中的高压电保险丝（额定电流 100A）用于保护 CCU、两个电气加热装置和 EKK。无须打开高压电蓄电池 SE16 便可以将其单独更换。高压电蓄电池 SE16 高压电接口段中的保险丝（100A）如图 2-1-85 所示。

更换高压电接口段中的高压电保险丝（100A）时，需要根据高压电蓄电池 SE16 的状态提供不同的认证。如果高压电蓄电池单元仍安装在车辆中，则需要"5.0 代高压电组件（G08 BEV）"车辆专用认证。如果高压电蓄电池单元已卸下，则需要"高压电蓄电池 SE16"蓄电池专用认证。

（5）中间电路电容器放电。

除高压电系统中断外，中间电路电容器（CCU、EME）还会放电，而且电机绕组（EME，EKK）短接。为此，高压电控制单元通过总线信号或者总线端 30C 的关闭收到对此的请求。根据情况，中间电路电容器可以按以下方式放电：

通过并联的放电电阻被动放电；

通过电机转子的线圈主动放电；

通过燃爆式放电装置主动放电。

①中间电路电容器的被动放电。

每次离开车辆后，高压电系统的接触器会在一段时间后断开，并且中间电路电容器会通过 EME 和 CCU 中并联的电阻被动放电。中间电路电容器的被动放电最多持续 120s。高压电蓄电池 SE16 高压电接口段中的保险丝（100A）如图 2-1-86 所示。

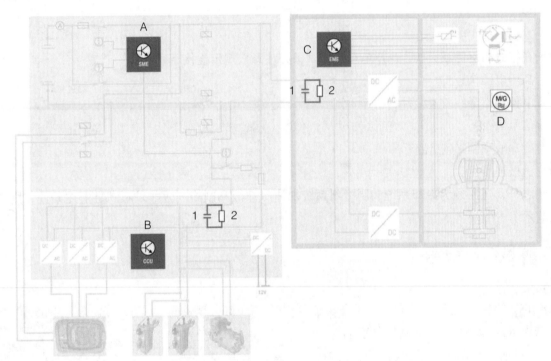

A.蓄能器管理电子装置SME B.联合充电单元 CCU C.电机-电子伺控系统EME D.电机EM 1.中间电路电容器 2.中间电路电容器的放电电阻

图 2-1-86

②中间电路电容器的主动放电。

如果在高压电系统运行期间检测到故障，则高压电系统会主动关闭。这借助于电机中转子的线圈来完成。G08 BEV 中间电路电容器通过转子的线圈主动放电如图 2-1-87 所示。

在高压电蓄电池单元的接触器断开后，EME DC/DC 转换器中的电子部件将中间电路电容器的高压电电压通过电刷模块传导到电机转子的线圈中。中间电路电容器的主动放电最多持续 4s，这种方法所需时间最短。

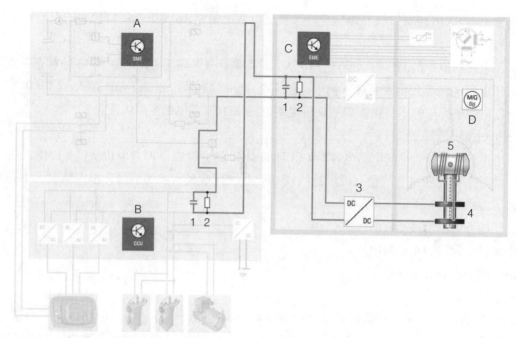

A.蓄能器管理电子装置SME B.联合充电单元CCU C.电机–电子伺控系统EME D.电机EM 1.中间电路电容器 2.中间电路电容器的放电电阻 3.DC/DC转换器 4.电刷模块（滑环）5.转子及线圈

图 2–1–87

（6）试运行。

如果在维修时拆卸或更换了高压电组件，则务必注意按规定连接下列组件：

所有高压电插头；

所有电位补偿导线及连接件；

所有信号插头；

所有冷却液和制冷剂管路；

所有机械连接件。

除此之外，还必须为冷却系统和制冷剂系统加注冷却液和制冷剂。如果不满足上述条件，则禁止运行高压电系统。

五、暖风和空调系统。

1.概览

G08 BEV 的标准配置已具有 3/1 区自动空调器。选装配置提供有"环境空气套件（SA 4NM）"。目前，空调操作面板与传统的 BMW X3 并无不同。它通过 LIN 总线连接到自动恒温空调 IHKA。G08 BEV 空调操作面板如图 2–1–88 所示。

2.组件

电气制冷剂压缩机 EKK。与所有电动车辆一样，G08 BEV 也配有电气制冷剂压缩机 EKK。它位于总成区域。

（1）封装。

图 2–1–88

为了将 EKK 在运行期间的噪音降至最低，采用了泡沫封装，如图 2-1-89 所示。

（2）固定。

EKK 本身并不直接与车身相连。它固定在一个总成支架上。而总成支架则通过橡胶支座连接到车身。G08 BEV EKK 总成支架如图 2-1-90 所示。

为了在电气制冷剂压缩机运行期间保持较低的噪音水平，将其通过橡胶支座连接到总成支架。G08 BEV EKK 与总成支架固定如图 2-1-91 所示。

3. 热泵

（1）基础介绍。

热泵功能是通过冷却剂和制冷剂循环回路中各组件的功能互连来实现的。它不是单个组件。

（2）1.7 代。

G08 BEV 中的热泵利用来自电动驱动装置、CCU、高压电蓄电池单元以及环境空气中的余热来加热车辆内部空间。

1.EKK封装

图 2-1-89

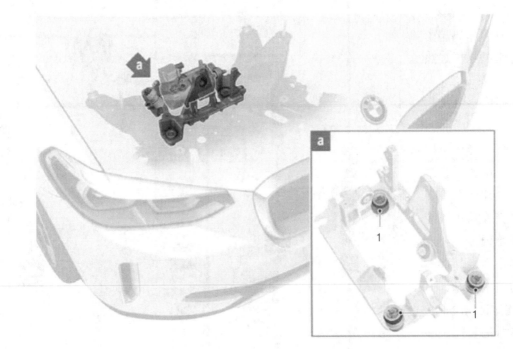

1.橡胶支座

图 2-1-90

（3）功能。

加热车辆内部空间所需的热量是通过热泵功能从冷却液循环回路中获取的。

①此时使用了下列热源：

电气制冷剂压缩机 EKK 压缩功的余热；

驱动组件的余热；

高压电蓄电池单元的余热；

来自环境空气的热量。

215

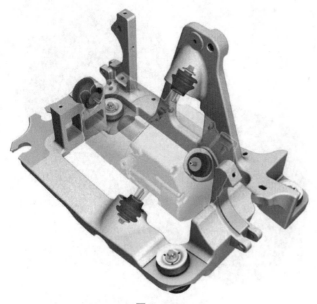

图 2-1-91

如果热泵的加热功率不足,可以通过控制电气加热装置 EH 生产额外的热量。

②加热车辆内部空间。

车外温度极低时,仍可借助热泵功能加热 G08 BEV 的车辆内部空间。驱动组件和高压电蓄电池单元的余热会加热冷却液。升温后的冷却液流向冷却液制冷剂热交换器。冷却液制冷剂热交换器是一个制冷剂蒸发器,它根据所需的加热功率(热泵功率)将升温后的冷却液冷却到与环境温度相同或略低的温度。制冷剂在冷却液制冷剂热交换器中吸收冷却液的热能。然后,制冷剂在 EKK 中被压缩。此时,制冷剂被强烈加热。在通过冷却液冷却的空调冷凝器中,经过大幅升温的制冷剂将其热能散发给暖风

循环回路中的冷却液。升温后的冷却液经过电气加热装置流向暖风热交换器。如果热泵功能的加热功率不足,还会通过电气加热装置 EH 来加热冷却液。

③来自环境空气的热量。

借助热泵功能还可以利用环境空气中的热量来提高效率。冷却液在冷却液制冷剂热交换器中被冷却到低于环境温度。在冷却液散热器中,冷却液不是被流过的空气冷却,而是被加热。在这种情况下,冷却液散热器的功能正好相反。冷却液从环境空气中吸收了一部分热能。G08 BEV 通过热泵功能加热车内空间如图 2-1-92 所示。

当车外温度较低(负值两位数)时,由于热泵的功能无法完全满足加热需求,因此还通过电气加热装置 EH 来加热车辆内

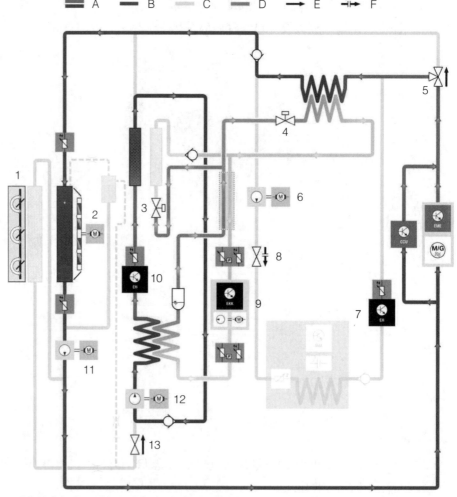

A.升温的冷却液 B.降温的冷却液 C.升温的制冷剂 D.降温的制冷剂 E.无电流状态下的流动方向 F.无电流状态下的流动方向关闭 1.风门控制装置 2.电子扇 3.膨胀和截止组合阀 4.电控膨胀阀 5.冷却液转换阀 6.冷却液泵 2(80W) 7.电气加热装置 EH 8.冷却液截止阀2 9.电气制冷剂压缩机 EKK 10.电气加热装置 EH 11.电动冷却液泵(130W) 12.电动冷却液泵3(20W) 13.冷却液截止阀

图 2-1-92

部空间。

通过电气加热装置 EH 加热车辆内部空间。当车外温度非常低而热泵功能无法保障车辆内部空间的加热时，则通过电气加热装置 EH 加热车内空间。G08 BEV 通过电气加热装置 EH 加热车内空间如图 2-1-93 所示。

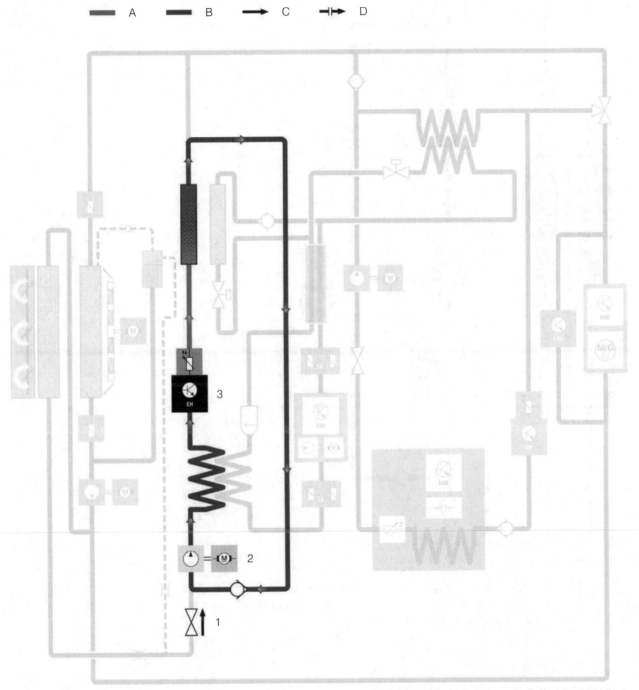

A.升温的冷却液　B.降温的冷却液　C.无电流状态下的流动方向　D.无电流状态下的流动方向关闭　1.冷却液截止阀　2.电动冷却液泵3（20W）　3.电气加热装置EH

图 2-1-93

4. 冷却车辆内部空间

G08 BEV 冷却车辆内部空间如图 2-1-94 所示。

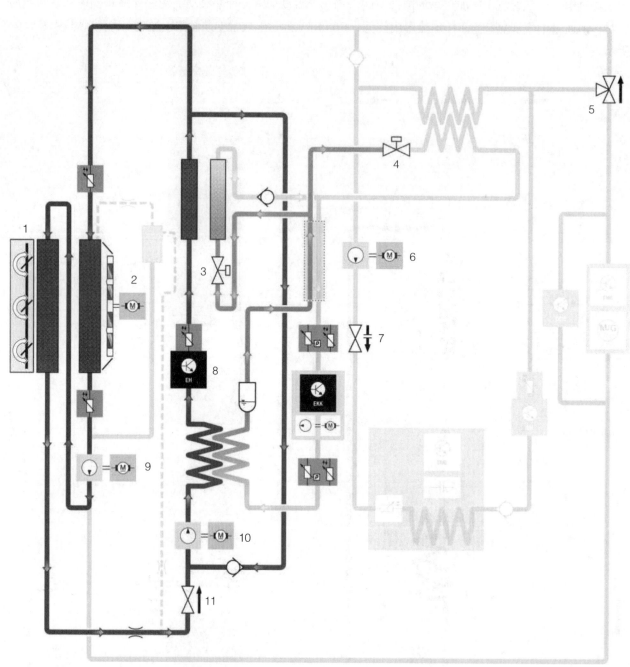

A.升温的冷却液 B.降温的冷却液 C.升温的制冷剂 D.降温的制冷剂 E.无电流状态下的流动方向 F.无电流状态下的流动方向关闭
1.风门控制装置 2.电子扇 3.膨胀和截止组合阀 4.电控膨胀阀 5.冷却液转换阀 6.电动冷却液泵2（80W） 7.截止阀2 8.电气加热装置EH 9.电动冷却液泵 10.电动冷却液泵3（20W） 11.冷却液截止阀

图 2-1-94

5. 系统电路图

G08 BEV 热泵 1.7 如图 2-1-95 所示。

组件的控制和分析，以下系统电路图显示了哪些组件 / 部件分别与各个控制单元相连。G08 BVE 信号和控制如图 2-1-96 所示。

6. 驻车空气调节

在行程开始前，驻车空气调节将车内空间冷却或加热到舒适的温度。这可以通过电气加热装置 EH 或

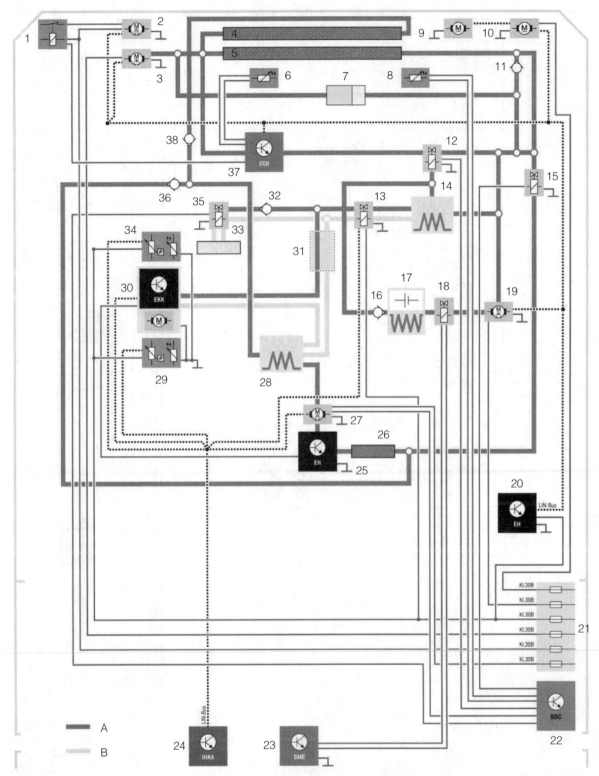

A.冷却液循环回路 B.制冷剂循环回路 1.风扇继电器 2.电子扇 3.电动冷却液泵 4.散热器 5.散热器 6.冷却液温度传感器 7.冷却液补液罐 8.冷却液温度传感器 9.电动风门控制装置的伺服电机 10.电动风门控制装置的伺服电机 11.单向阀 12.冷却液转换阀 13.电控膨胀阀 14.冷却液制冷剂热交换器 15.冷却液截止阀 16.单向阀 17.高压电蓄电池单元 18.截止阀2 19.电动冷却液泵2（80 W） 20.电气加热装置EH 21.前乘客侧配电盒保险丝 22.车身域控制器BDC 23.蓄能器管理电子装置SME 24.自动恒温空调IHKA 25.暖风热交换器 26.电气加热装置 EH 27.电动冷却液泵3（20 W） 28.通过冷却液冷却的空调冷凝器 29.制冷剂-压力和温度传感器 30.电气制冷剂压缩机 EKK 31.内部热交换器 32.单向阀 33.车辆内部空间蒸发器 34.制冷剂-压力和温度传感器 36.单向阀 37.联合充电单元CCU 38.单向阀

图 2-1-95

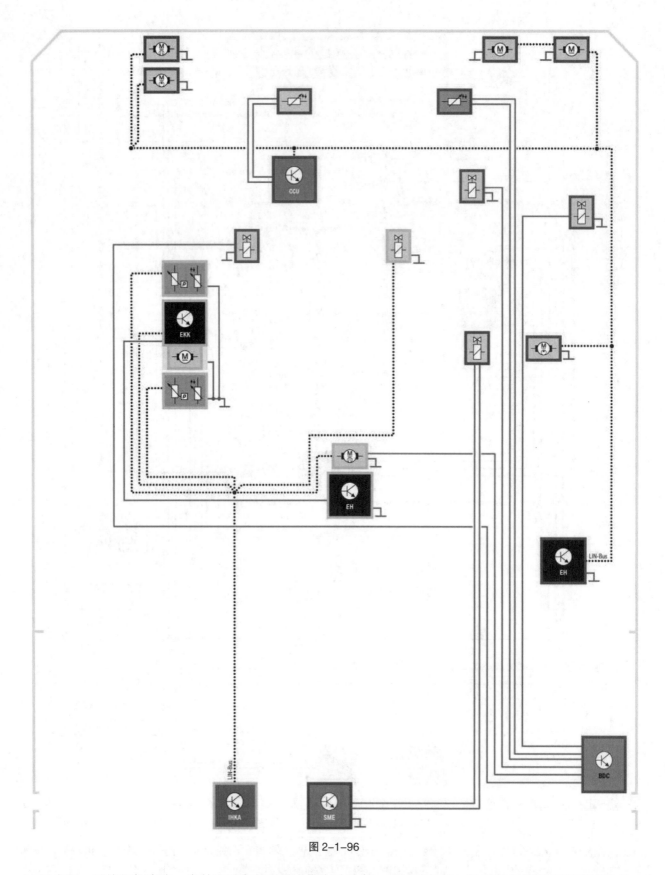

图 2-1-96

EKK 实现。系统根据车内、车外及设定的所需温度自动冷却、通风或加热。驻车空气调节可以直接启动，也可以在预选的出发时间启动。如果驻车空气调节在车辆充电期间处于启动状态，则在开始行驶时仅需要较低的空气调节功率。这增加了车辆的可达里程。

（1）功能前提。

车辆必须处于"停留"或"驻车"状态，不能是"行驶"状态。此外，高压电蓄电池单元必须具有充足的充电状态，或者高压电蓄电池单元通过充电电缆充电。若高压电蓄电池单元严重放电，则在连接充电电缆后需要一段时间才能运行驻车空气调节。

（2）直接接通空气调节。

系统可以通过各种方式直接接通。

空调操作面板按钮；

iDrive 系统；

ID 发射器。

30 分钟后，系统自动关闭。

① 空调操作面板按钮。

系统可以通过空调操作面板上的按钮接通。为此，按下空调操作面板上的任何一个按钮。以下除外：

后窗玻璃加热装置；

空气量左侧按钮；

座椅加热装置。

G08 BEV 空调操作面板如图 2-1-97 所示。

按下空气量左侧按钮或离开车辆时，系统会自动关闭。G08 BEV 空气量按钮如图 2-1-98 所示。

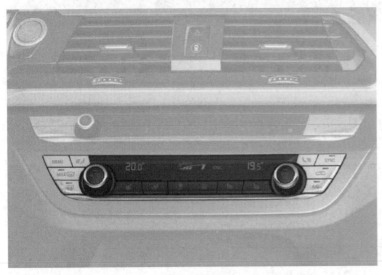

图 2-1-97

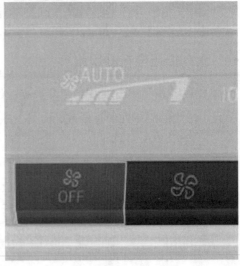

图 2-1-98

② iDrive 系统。

系统可以通过"驻车空气调节"菜单启动。G08 BEV 驻车空气调节如图 2-1-99 所示。

③ ID 发射器。

对于 ID 发射器上的按钮，必须设置驻车空气调节功能如

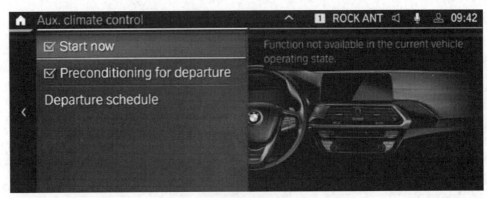

图 2-1-99

图 2-1-100 所示。按下 ID 发射器上的菱形符号按钮时，系统启动。30min 后或者启用行驶准备就绪时，系统会自行关闭。

（3）在出发时间进行空气调节。

为了获得舒适的车内温度，可以设置多个出发时间。接通时间会根据温度自动确定。在设定的出发时间数分钟后，它会自动关闭。在设置与计划的出发时间之间最少有 10min 的充足时间用于完成车内空间的空气调节。可通过不同方式设置出发时间：

iDrive 系统；

BMW Connected App。

iDrive 系统。G08 BEV 按出发时间提前调节空气如图 2-1-101 所示。

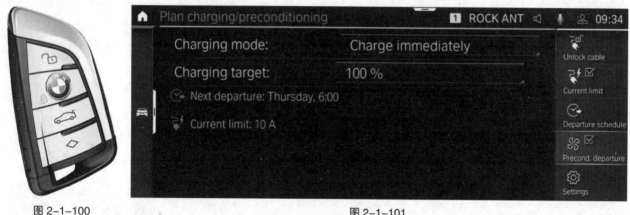

图 2-1-100   图 2-1-101

六、低压电车载网络

与 G01 不同，G08 BEV 配备带有 2018 服务包的车载网络。与 G01 的总线系统相比，增加了新的控制单元，一些控制单元经过修改，而另一些则已被取消。由此得出 G08 BEV 的总线概览如图 2-1-102 所示。

1. 总线概览

G08 BEV 总线概览如图 2-1-102 所示。

以下 G08 BEV 专用控制单元通过 LIN 总线连接到列举出的各组件。这些 LIN 总线组件的控制和诊断通过相应的控制单元进行如表 2-1-17 所示。

表 2-1-17

控制单元	组件
联合充电单元 CCU	风门控制装置
	电子扇
	电动冷却液泵（130W）
	电动冷却液泵（80W）
	电气加热装置 EH（高压电蓄电池单元）
自动恒温空调 IHKA	电气加热装置 EH（车内空间加热）
	电气制冷剂压缩机 EKK
	电动冷却液泵（20W）
	电控膨胀阀（冷却液制冷剂热交换器）
	制冷剂 – 压力和温度传感器（低压侧）
	制冷剂 – 压力和温度传感器（高压侧）
电机 – 电子伺控系统 EME	电动机油泵，电动
	驱动单元
车身域控制器 BDC	智能型蓄电池传感器 IBS

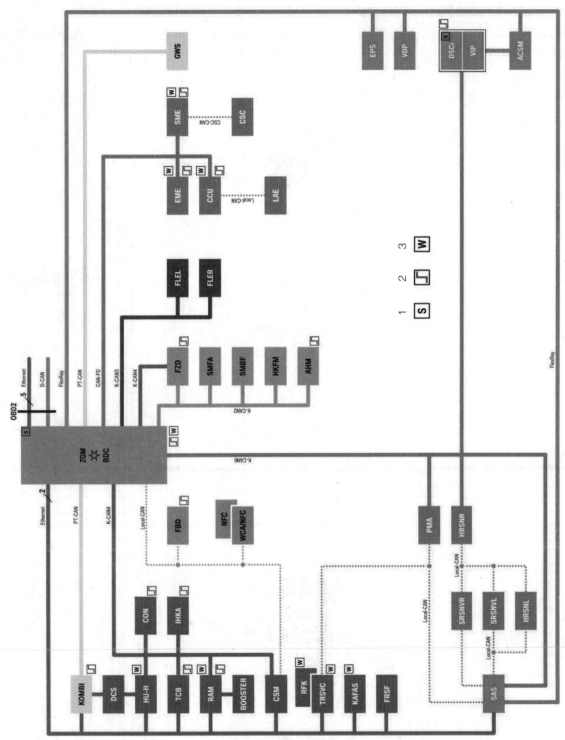

ACSM.碰撞和安全模块　AHM.挂车模块　BDC.车身域控制器　BOOSTER.放大器　CCU.联合充电单元　CON.控制器　CSC.单体电池监控电子装置　CSM.车辆共享模块　DCS.驾驶员摄像机系统　DSCi.集成动态稳定控制系统　EME.电机-电子伺控系统　EPS.电子助力转向系统（电动机械式助力转向系统）　FBD.遥控信号接收器　FLEL.左侧前部车灯电子装置　FLER.右侧前部车灯电子装置　FRSF.远距离前部雷达传感器　FZD.车顶功能中心　GWS.选挡开关　HKFM.行李箱盖功能模块　HU-H.Headunit High 3　HRSNL.左侧近距离车尾雷达传感器　HRSNR.右侧近距离车尾雷达传感器　IHKA.自动恒温空调　KAFAS.基于摄像机的驾驶员辅助系统　KOMBI.组合仪表　LAE.电子装置充电接口　NFC.近距离通信系统　PMA.驻车操作辅助系统　RAM.接收器音频模块　RFK.倒车摄像机　SAS.选装配置系统　SMBF.前乘客座椅模块　SME.蓄能器管理电子装置　SMFA.驾驶员座椅模块　SRSNVL.左前近距离侧面雷达传感器　SRSNVR.右前近距离侧面雷达传感器　TCB.远程通信系统盒　TRSVC.顶部后方侧视摄像机　VDP.垂直动态管理平台　VIP.虚拟集成平台　WCA/NFC.带有近距离通信电子控制装置的无线充电盒　ZGM.中央网关模块　1.用于FlexRay总线系统启动和同步的启动节点控制单元　2.有唤醒权限的控制单元　3.还与总线端15WUP连接的控制单元

图 2-1-102

（1）CAN-FD G08 BEV CAN-FD 总线系统电路图如图 2-1-103 所示。

随着 5.0 代高压电的应用，还使用了新的 CAN 总线。所谓的 CAN-FD（具有灵活数据速率的控制器局域网）是传统 CAN 总线的扩展版本，其可用数据长度增加（64 字节取代 8 字节）。因此，数据传输率

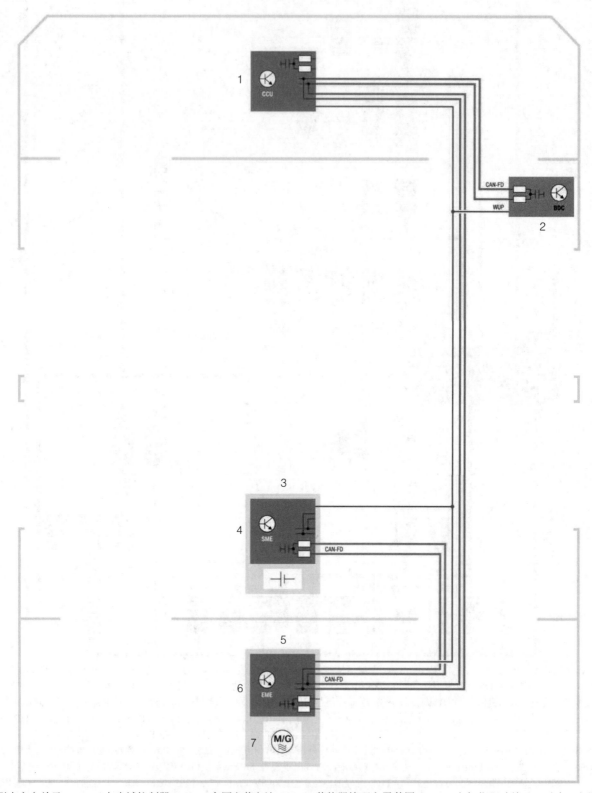

1.联合充电单元 CCU 2.车身域控制器 BDC 3.高压电蓄电池 SE16 4.蓄能器管理电子装置 SME 5.电气化驱动单元 6.电机-电子伺控系统 EME 7.电机

图 2-1-103

可以从 500kBit/s 提高到 2Mbit/s 左右。从前面的系统电路图中可以看出，CAN-FD 连接高压电组件，从而可以实现更快的数据交换。与 CAN 总线一样，CAN-FD 的线路也是双绞线，而且在 BDC 和 SME 中安装有终端电阻。这对于降低对干扰的敏感性是必需的。从系统电路图中可以看出，EME 和 CCU 还配备有终端电阻。它们目前并未被用到，而是保留用于未来的动力传动系型号。

（2）控制单元概览。

G08 BEV 控制单元概览如图 2-1-104 所示。

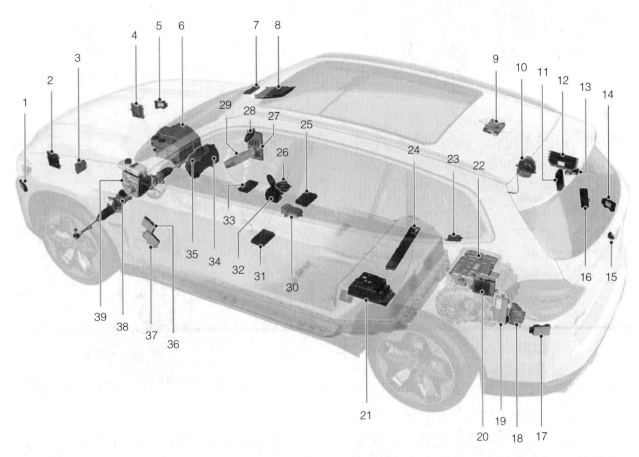

1.左前近距离侧面雷达传感器SRSNVL 2.左侧前部灯电子装置 FLEL 3.远距离前部雷达传感器FRSF 4.右侧前部车灯电子装置 FLER 5.右前近距离侧面雷达传感器 SRSNVR 6.联合充电单元 CCU 7.基于摄像机的驾驶员辅助系统 KAFAS 8.车顶功能中心 FZD 9.远程通信系统盒 TCB 10.高压电充电接口，含集成电子装置充电接口 LAE 11.挂车模块 AHM 12.垂直动态管理平台 VDP 13.驻车操作辅助系统 PMA 14.右侧近距离车尾雷达传感器 HRSNR 15.倒车摄像机 RFK 16.行李箱盖功能模块 HKFM 17.左侧近距离车尾雷达传感器HRSNL 18.接收器音频模块 RAM 19.顶部后方侧视摄像机TRSVC 20.放大器 21.蓄能器管理电子装置 SME 22.电机-电子伺控系统 EME 23.远程操作服务 FBD 24.单体电池监控电子装置 CSC 25.前乘客座椅模块 SMBF 26.控制器 CON 27.车身域控制器 BDC 28.自动恒温空调 IHKA 29.Headunit HU-H3 30.碰撞和安全模块 SMFA 31.驾驶员座椅模块 SMFA 32.选挡开关 GWS 33.带有近距离通信电子控制装置的无线充电盒 WCA/NFC 34.组合仪表 KOMBI 35.驾驶员摄像机系统 DCS 36.车辆共享模块 CSM 37.选装配置系统 SAS 38.电子助力转向系统 EPS 39.集成动态稳定控制系统 DSCi

图 2-1-104

（3）全新的控制单元。

①联合充电单元 CCU。

仅当联合充电单元 CCU 按规定固定在总成支架上，且其又通过固定螺栓与车辆接地正确连接的情况下，才允许为 G08 BEV 的高压电蓄电池单元充电。如图 2-1-105 所示 G08 BEV 联合充电单元 CCU。

CCU 用于为高压电蓄电池单元充电。CCU 实现了车辆与充电站之间的通信。CCU 通过本地 CAN 总线与充电插座中的新电子装置充电接口 LAE 进行通信。CCU 中不仅有整流器和逆变器，还有 DC/DC 转换器，

图 2-1-105

阀的控制,电子扇的控制,主动风门控制系统的控制。

CCU 通过 58 针插接连接件连接到低压电车载网络。

②选挡开关 GWS。

G08 BEV 选挡开关 GWS 如图 2-1-106 所示。

选挡开关 GWS 针对 G08 BEV 的要求经过调整。在 G08 BEV 中可以选择 2 个不同的行驶挡位。在行驶挡位"B"松开加速踏板时,车辆始终以最大能量回收利用通过驱动轮减速。在行驶挡"B"中,不能对制动能量回收的程度进行设置。在行驶挡位"D"中,可以设置松开加速踏板时能量回收利用的程度。选挡开关换挡逻辑的计算以及电动驻车锁何时挂入或挂出的条件在 CCU 中完成。CCU 将相

它用于为低压电车载网络供电。随着 5.0 代高压电的应用,驱动控制系统不再需要控制单元"电动数字式发动机电子系统 EDME"。驱动控制系统的一个重要部分已经集成到了 CCU 中,并负责以下主要功能:

分析驾驶员的请求加速踏板模块直接与 CCU 相连;

协调力矩要求(驾驶员请求,辅助系统);

运行策略,含应急运行时的行为;

分析选挡开关 GWS(线控换挡功能);

热量管理:电动冷却液泵的控制,冷却液截止

图 2-1-106

关信息发送到 EME。EME 负责实施,例如控制电机进行倒车或前进,或者控制驻车锁止执行机构。除了选挡开关外,还为线控换挡功能分析以下信号(如制动踏板操作、驾驶员车门锁触点和安全带锁扣触点)。在 G08 BEV 中,行驶挡位切换的实现方式与配备自动变速器和选挡开关的传统车辆相同。以下列举了一些重要条件与功能:

Interlock,仅在行驶准备就绪接通后,由 P 切换到其他行驶挡位;

Shiftlock,仅在同时踩下制动踏板时,由 P 或 N 切换到 D 或 R;

在操作选挡杆时,由 P 或 R 切换到 N 或 D;

自动挂入 P,当制动踏板和加速踏板均未被踩下、驾驶员车门开启及驾驶员安全带未插入安全带锁扣时,由其他行驶挡位自动挂入 P(车辆静止状态)。当行驶准备就绪关闭时,自动挂入 P;

自动洗车设备功能,当行驶准备就绪接通时挂入行驶挡位 N,则行驶准备就绪关闭。此时,N 保持挂入。

③充电接口电子装置 LAE。

在 G08 BEV 中,充电接口与 CCU 的通信首次通过本地 CAN 总线进行。为此,在充电接口中集成了一个电子装置充电接口 LAE。其中,CCU 规定充电接口的运行策略,而 LAE 则执行请求。电子装置充电接口 LAE 可以根据 CCU 的要求控制下列执行机构:

充电插头锁止装置;

充电接口盖的锁止装置；

内置状态照明和搜索照明的控制（状态、颜色、亮度）。

为了控制和监控充电过程，电子装置充电接口 LAE 将以下传感器信号发送至 CCU：

充电插头锁止装置的位置；

充电接口盖锁止装置的位置；

充电接口中的温度值和温度传感器。

控制导线和临近导线以简单的信号导线实现。这些信号导线是屏蔽的，且直接与 CCU 相连。

④蓄能器管理电子装置 SME。

G08 BEV 蓄能器管理电子装置 SME 如图 2-1-107 所示。

图 2-1-107

蓄能器管理电子装置 SME 集成在高压电蓄电池单元 SE16 中，并且在 G08 BEV 中结合了 SME 控制单元及 S-Box。为了最大化高压电蓄电池单元的使用寿命，SME 确保其在准确规定的范围内（充电状态和温度）运行。高压电蓄电池单元的温度调节（冷却/加热）根据需求通过冷却液循环回路进行。SME 的其他功能还包括：根据 CCU 的要求启动和关闭高压电系统、安全功能（如绝缘监控）以及确定高压电蓄电池单元的可用功率。此外，SME 还负责识别并存储高压电蓄电池单元中的故障状态并将其发送至 CCU。在高压电蓄电池单元外部，SME 在高压电接口段上通过一个 16 针插接连接件连接到 12V 车载网络。

⑤电机 - 电子伺控系统 EME。

5.0 代电动驱动单元 220LR 如图 2-1-108 所示。

1.电机-电子伺控系统 EME（图示无壳体端盖） 2.排气装置 3.电动驻车锁模块 4.机械式变速器（1 挡）及差速器 5.机油模块

图 2-1-108

EME 集成在电动驱动单元中。EME 的主要作用是控制并调节高压电车载网络中的电机。此外，EME 根据 CCU 的要求控制电动驻车锁。电动机油泵受到 EME 控制，用于电动驱动单元中的机油循环。电动驱动单元通过电动驱动单元的低压电导线束以 15 针插接连接件的形式连接到 12V 车载网络。

（4）车辆声音发生器。

为了避免电动驱动装置带来的无声行驶危害到行人和骑车人，许多市场上的法律规定要求安装车辆声音发生器 VSG。因此，无法再通过 iDrive 菜单关闭该功能。与 G01 PHEV 一样，G08 BEV 的 VSG 控制单元也集成在接收器音频模块 RAM 中。RAM 因而也负责控制 VSG 扬声器（仅一个执行机构）。G08 BEV 系统组件，车辆声音发生器 VSG（美规/选装配置 SA 4V1），如图 2-1-109 所示。

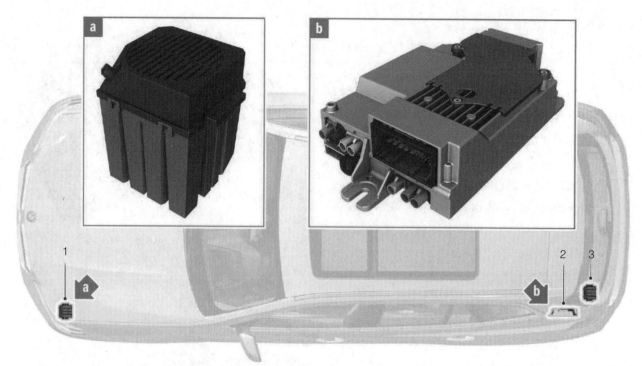

1.前侧VSG扬声器 2.接收器音频模块 RAM 3.后侧VSG扬声器（美规/选装配置SA 4V1）

图 2-1-109

在停止状态下以及至大约 30km/h 行驶期间，RAM 通过 VSG 扬声器生成 BMW 特殊声音，它随着车速加快变得越来越安静。产生的声音在前进和倒车时相同，但在倒车时更大。对于美规车辆，由于法律要求更加严格，因此在车辆尾部还增加了一个 VSG 扬声器，这与欧规现有的选装配置 "BMW IconicSound Electric"（SA 4V1）一样。仅 Mid 或 High 型号的接收器音频模块具有集成式 VSG 控制单元。G08 BEV 车辆声音发生器的系统电路图（美规/选装配置 SA 4V1）如图 2-1-110 所示。

2. 供电

CCU 内有 DC/DC 转换器用于 12V 车载网络的供电。一旦高压电蓄电池单元内的电动机械式接触器闭合，其便以相应的车载网络电压为 G08 BEV 的 50Ah AGM 蓄电池供电。DC/DC 转换器调节 12V 车载网络中的电压，使得 12V 蓄电池获得最佳充电，并根据蓄电池的充电状态和温度设置大约 14V 的电压。

（1）概览。

G08 BEV 供电如图 2-1-111 所示。

为了遵守 EMV 准则，DC/DC 转换器的接地输出端与 CCU 的壳体隔离安装。

（2）系统电路图。

G08 BEV 供电系统电路图如图 2-1-112 所示。

（3）安全型蓄电池接线柱 SBK。

发生交通事故时，由于接触保护件可能损坏，因此必须关闭高压电系统，以避免危害救援人员或乘客，并避免发生短路。检测到相应严重程度的碰撞事件时，安全型蓄电池接线柱 SBK 上的燃爆单元被 ACSM 控制单元点燃。从而会中断至总成区域配电盒的供电以及高压电蓄电池单元内部电磁接触器（总线端 30C）的供电。这会使得高压电系统在几毫秒以内主动关闭。安全型蓄电池接线柱 SBK 直接安装在蓄电池的正极上。

（4）12V 电源管理系统。

随着 G08 BEV 的应用，低压电车载网络的电源管理系统（包括诊断功能）被集成到了车身域控制器

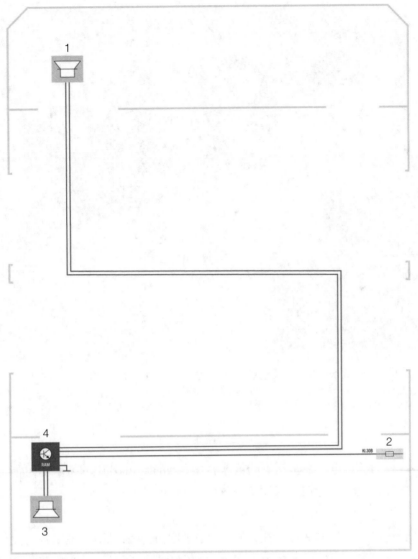

1.前侧 VSG 扬声器 2.右后配电盒内的保险丝 3.后侧 VSG 扬声器（美规/选装配置 SA 4V1） 4.接收器音频模块RAM

图 2-1-110

BDC 中。智能型蓄电池传感器 IBS 测定 12V 蓄电池的总线端电压、充电 / 放电电流和温度。测量数据通过 LIN 总线传输至车身域控制器 BDC。低压电车载网络中的电源管理系统包含现有的子功能：

确定用电器的当前能耗需求；

确定 12V 蓄电池的健康状态、充电状态和充电电流 / 放电电流；

控制 DC/DC 转换器的功率；

监控静态电流；

关闭总线端或用电器，以防止12V蓄电池由于大幅放电而损坏；

部分网络运行模式。

（5）售后服务信息。

对于 BMW 售后服务的员工，为高压电蓄电池充电时必须遵守以下重要安全规定：充电模式中，禁止对车辆开展任何作业。在开始工作前必须从车辆上拔出高压电充电电缆。出于作业安全的角度考虑，这对于电气化车辆至关重要。此外，电动冷却液泵和电子扇还可以在充电期间自动启用，以冷却高压电组件。

① 诊断和编程。

为了确保 12V 蓄电池在车辆诊断和车辆编程期间不会被放电，必须使用经 BMW 批准的 12V 充电器

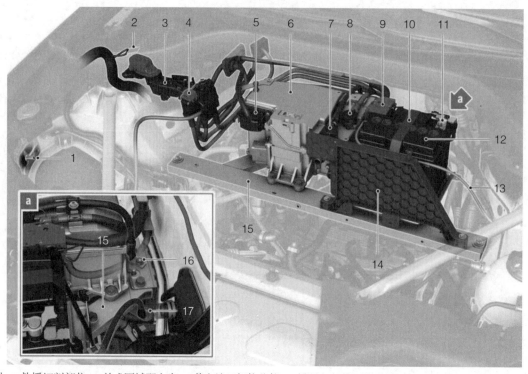

1.车身接地 2.救援切割部位 3.总成区域配电盒 4.蓄电池正极接线柱 5.低压电车载网络的接口 6.联合充电单元 CCU 7.12V 供电负极（DC/DC 转换器输出端） 8.12V 供电正极（DC/DC 转换器输出端） 9.安全型蓄电池接线柱 SBK 10.蓄电池支架 11.智能型蓄电池传感器 IBS 12.12V 蓄电池（50Ah AGM） 13.排气软管 14.蓄电池隔热板 15.总成支架 16.车身接地（CCU 的负极导线）17.车身接地（蓄电池正极导线）

图 2-1-111

连接蓄电池正极接线柱为其充电。在车辆诊断或车辆编程期间，SME 中的接触器可能会断开。在这种情况下，CCU 的 DC-DC 转换器不再为 12V 蓄电池充电。

②断开 12V 蓄电池。

如果由于修理工作需要断开 12V 蓄电池，则务必按照当前维修说明的规定进行操作。在没有低压电车载网络的情况下，电磁接触器的供电会中断，因此它们会自动断开。这意味着必须先按规定关闭高压电系统，然后才能断开 12V 蓄电池。

③蓄电池更换注册。

在更换完 12V 蓄电池后，必须执行服务功能"蓄电池更换注册"。注册蓄电池更换是必要的，从而可以告知 12V 电源管理系统车辆中已安装了新的蓄电池。如果不注册蓄电池更换，12V 电源管理系统将无法正常运行。这会导致检查控制信息的显示和功能限制，例如个别用电器弱化或关闭。

七、高压电蓄电池的充电

1. 充电方式

（1）简介。

G08 BEV 依据所连接的充电设备，拥有不同的充电方式。其原理为：其充电功率越高，完全充电高压电蓄电池的速度越快。但是，充电功率以及充电过程的持续时间取决于众多因素：

充电运行模式；

高压电蓄电池单元的状态（充电状态、温度、老化）；

车辆内的充电电子装置的功率；

充电损失；

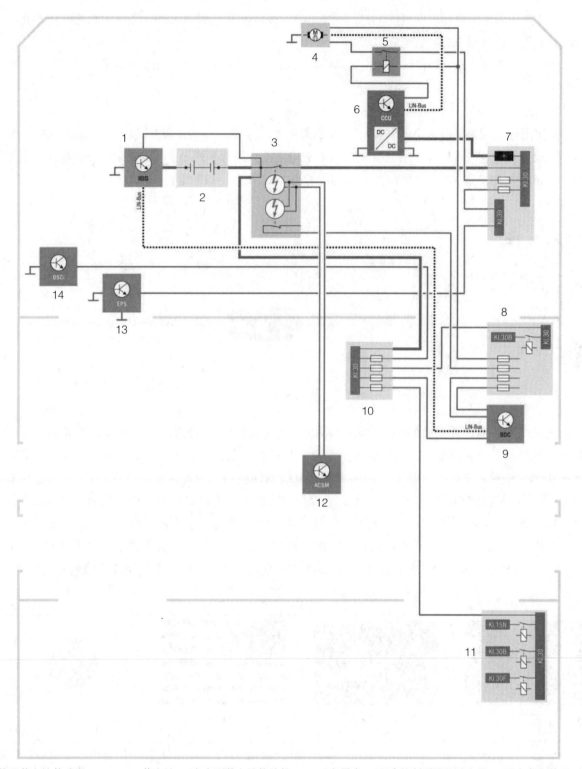

1.智能型蓄电池传感器 IBS　2.12V蓄电池　3.安全型蓄电池接线柱SBK　4.电子扇　5.风扇控制系统的继电器　6.联合充电单元 CCU
7.总成区域配电盒　8.右前车内空间配电盒　9.车身域控制器BDC　10.蓄电池配电盒（前乘客脚部空间）　11.右后车内空间配电盒
12.碰撞和安全模块 ACSM　13.电子助力转向系统 EPS　14.集成动态稳定控制系统 DSCi

图 2-1-112

充电站／充电装置的可用功率；

充电电缆的设计（单相／三相）；

车辆中的设置。

在考虑充电设备、充电功率和充电时间时，必须注意此链条中的"最薄弱环节"将决定充电功率。

231

示例 1：如果车辆最多可以整流 11kW 的交流电，高压电蓄电池单元也只能使用此充电功率充电，即使附墙充电箱可以提供 22kW 的充电功率。

示例 2：如果附墙充电箱仅以一相连接到旧建筑物，则即使附墙充电箱或车辆可以三相充电，车辆也只能以一相充电。

（2）概览。

G08 使用标准配置可以用交流电（AC）和直流电（DC）充电。为此使用 CCS Combo 2 充电接头。以下概述显示了欧洲版 G08 BEV 的各种充电方式和充电功率。同时还列出了新的选装配件"快速充电器"。G08 BEV 充电方式和充电功率（欧洲版本，德国版本）如图 2-1-113 所示。

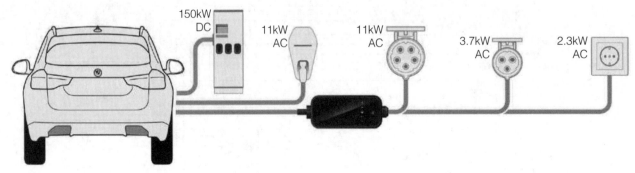

图 2-1-113

快速充电器可通过可更换的电源插头在家用和工业插座上以不超过 11kW 的交流电充电。使用带有匹配电源插头的快速充电器，在家用插座上充电。其最大充电功率为 2.3kW（230V）。客户在定购车辆后可在线定购快速充电器，无须加价。标准充电电缆无须使用，由快速充电器代替。AC 充电功率可达 11kW，通过附墙充电器或者充电站实现。充满高压电池组的充电时间约为 7.5h。在公共充电站进行充电需要使用三相充电电缆（模式 3 充电电缆）。该三相充电电缆属于标准配置的一部分，并在交付时随车辆一起提供。在 DC 充电站上可以实现高达 150kW 的 DC 充电功率。在最佳条件下，高压电蓄电池单元会在约 34min 内充电至 80%。表 2-1-18 总结了 G08 BEV 在提供的 4 种充电连接配置下的最大充电功率。

表 2-1-18

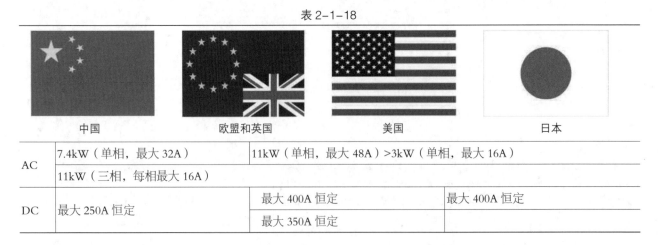

	中国	欧盟和英国	美国	日本
AC	7.4kW（单相，最大 32A）	11kW（单相，最大 48A）	>3kW（单相，最大 16A）	
	11kW（三相，每相最大 16A）			
DC	最大 250A 恒定	最大 400A 恒定		最大 400A 恒定
		最大 350A 恒定		

（3）快速充电器。

G08 BEV 生产开始时提供快速充电器。这个特殊配件可为所有插电式混合动力和电动汽车提供高达 11kW 的交流电，无论是家用还是在旅途中。电源插头可以互换，并与国际通用的家用和工业插座兼容。可以通过特定市场的选装套件单独购买。电缆的总长度为 6m。快速充电器如图 2-1-114 所示。

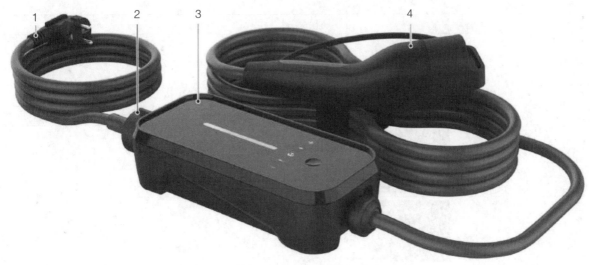

1.可更换的电源插头（家用插座示例）2.可断开的插接连接 3.线上控制盒 ICCB 4.充电插头

图 2-1-114

快速充电器的基本结构类似于标准充电电缆，并相当于充电运行模式 2。通信和保护设备位于线上控制盒 ICCB 中，以节省空间。ICCB 具有两个版本：

欧洲版（三相充电，每个相位 16A）；

美国版（单相充电，最大 40A）。

ICCB 具有如下保护和通信设备：

自测功能；

运行模式和故障状态 LED 显示；

充电状态指示灯；

通信电路（控制导线和邻近导线）；

ICCB 和电源插头中的温度监控；

故障电流保护开关（RCD）；

相位（L1、L2、L3）和零线（N）的零线（N）；

连通的接地线（PE）；

TN/TT 或 IT 系统接口的接地线识别（以挪威为例）。

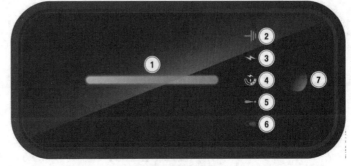

图 2-1-115

车辆上的充电插头不可更换，符合相应市场的充电标准。如果温度超过规定值，则降低 ICCB 的功耗或暂时完全关闭。快速充电器充电状态和功能显示如图 2-1-115 所示。充电状态和功能显示的 LED 灯提供功能如表 2-1-19 所示。

表 2-1-19

索引	说明	
1	充电状态指示灯	
		橙色闪烁 初始化
		蓝色长亮 充电就绪（待机）/充电过程结束

233

索引	说明	
	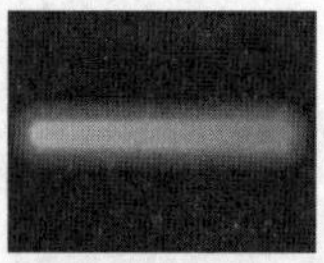	蓝色闪烁 充电过程激活
2	接地线识别	
		黄色长亮 IT 系统：无法执行接地线识别，LED 指示灯长亮，可充电
		红色长亮 TN/TT 系统：接地断开，无法充电
3	供电	
		红色长亮 输入电压（电源侧）过高 / 过低
4	充电电流限制	
		橙色长亮 充电电流限制为 6A
5		
	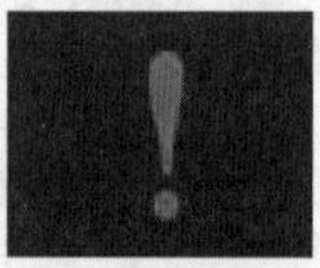	红色长亮 内部故障
	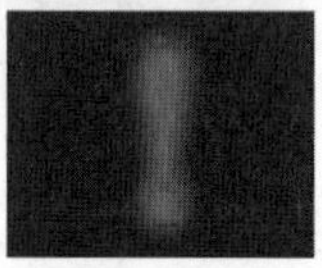	红色闪烁 自测功能故障，分离继电器故障
6	温度监控	
	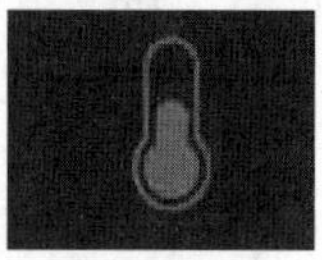	红色长亮 电源插头温度过高，温度保护激活
7	功能按钮	接通 / 关闭充电电流限制

发送快速充电器时，将激活充电电流限制。充电电流限制为 6A，相应的 LED 灯亮橙色。6A 的充电电流限制可通过长按功能按钮退出。使用家用插座为插电式混合动力或电动汽车充电，会使插座受到连续高负载，这在其他家用电中并不会发生。仅使用经电工专家检验过的家用或工业插座充电。

（4）插头版本和充电功率。

欧洲版的家用插座上的充电电流限制为 10A，与当前的 2.0 代标准充电电缆相同。如图 2-1-116 和表 2-1-20 所示为适用于欧洲和美国版本的电源插头以及最大的可能充电功率的示例。

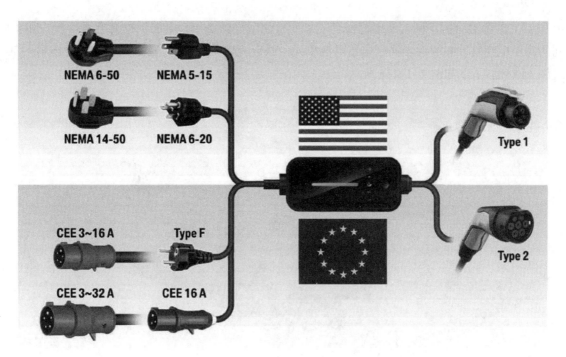

图 2-1-116

表 2-1-20

插头类型	最大充电功率
NEMA 5-15	1.2kW（10A/120V）
NEMA 6-20	3.8kW（16A/240V）
NEMA 6-50 和 NEMA 14-50	9.6kW（40A/240V）
类型 F	2.3kW（10A/230V）
CEE 蓝色	3.7kW（16A/230V）
CEE 红色	11kW（16A，三相，230V）

  当前快速充电器中国地区市场不可用。禁止 BMW 售后服务员工对充电电缆、充电插头、充电站或插座进行保养或维修工作。该规定同样适用于快速充电器。如果出现损坏或功能故障，必须联系制造商。

  2. 系统组件

  （1）概览。

  针对不同的地区和市场，需要提供不同的充电接口配置。这就要求 G08 BEV 集成 4 种充电接口配置。美国和欧洲版本使用具有相应充电标准的联合充电系统 CCS。这样可以通过右后侧的充电接口进行交流和直流充电。G08 BEV 地区和国家兼容型充电接口配置如图 2-1-117 所示。

  日本和中国版本右后侧仅适用 DC 充电接口。AC 充电接口位于左前侧。根据充电接口配置，

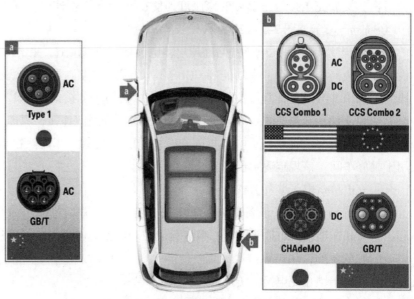

图 2-1-117

235

高压电和 12V 电源会有所不同。充电过程有一系列车辆组件的参与。电能根据充电运行模式和功率分配至不同的高压电组件，并引导至高压电蓄电池单元。联合充电单元 CCU 在这里起着核心作用。G08 BEV 充电组件（欧洲版本）如图 2-1-118 所示。

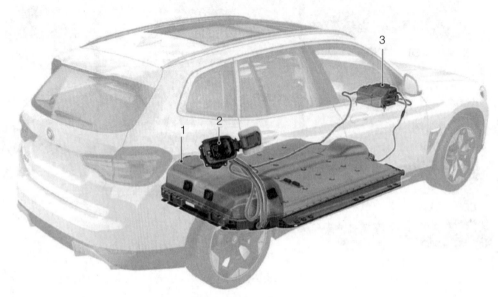

1.高压电蓄电池单元 2.充电接口（CCS Combo 2），配有集成充电接口电子装置 LAE 3.联合充电单元 CCU

图 2-1-118

不再使用便捷充电电子装置 KLE 和充电接口模块 LIM。大部分功能由 CCU 和集成在充电接口中的电子装置（LAE 充电接口电子装置）执行。其他的重要车辆信息（如驻车锁的状态或高压电蓄电池单元的实际充电状态）则由 12V 车载网络和高压电系统中的其他控制单元提供。

（2）系统电路图。

G08 BEV 充电系统电路图（欧洲版本）如图 2-1-119 所示。

（3）充电接口。

G08 BEV 上的充电接口正好位于传统车辆上安装燃油加注口的位置。与传统车辆上必须打开燃油箱盖板一样，G08 BEV 上也必须打开充电接口盖。实际充电接口由 2 个铰链盖（AC 和 DC 接口）防止受潮和污物。交流充电接口正上方的探照灯即使在环境照明不佳的情况下也很容易插入。G08 BEV 充电接口（CCS Combo 2）如图 2-1-120 所示。

DC 充电接口的高压电导线与高压电蓄电池单元直接相连。相位 L1、L2、L3 和 DC 充电接口的零线 N 设计为屏蔽高压电导线，末端连接 CCU 的 AC 接口。控制导线和邻近导线以简单的信号导线实现。信号线同样采用屏蔽设计，直接位于 CCU 内。地线紧邻充电接口，与车辆接地电气相连。这样，车辆接地在充电期间连接到充电装置。充电接口与 DC 线路保持固定连接，只能与 DC 线路同时更换。制造商可使用插头连接器拆除交流电缆，并在拆除充电接口时将其留在车内。在定稿时，尚不清楚该维修方案是否将用于维修车间。该规定适用于当前的维修手册。

①充电接口电子装置 LAE。

LAE 充电连接电子设备集成在高压充电接口中，并通过端子 30F 供电。LAE 通过本地 CAN 与 CCU 通信，因此在连接充电插头时可以唤醒其他控制设备。本地 CAN 的终端电阻位于 LAE 和 CCU 中。

LAE 的主要作用包括：

分析用于锁止充电接口盖的传感线路；

控制充电接口盖的电机；

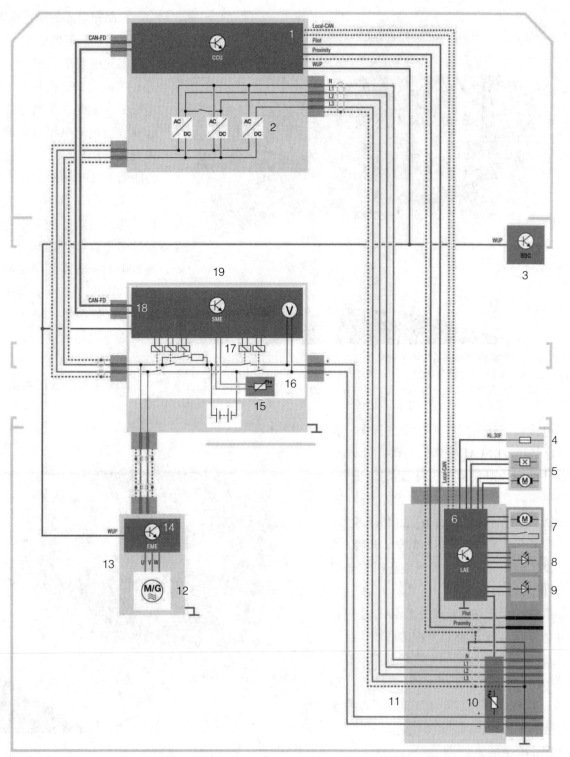

1.联合充电单元 CCU 2.整流器 3.车身域控制器 BDC 4.右后配电盒内的保险丝 5.充电接口盖的锁止机构 6.充电接口电子装置 LAE 7.充电插头的锁止机构 8.充电状态指示灯 9.搜索照明 10.插头触点温度传感器 11.充电接口 12.电机 13.电气化驱动单元 14.电机−电子伺服系统 EME 15.DC接触器温度传感器 16.DC 输入电压的电压测量 17.DC 充电的电动机械式接触器 18.蓄能器管理电子装置 SME 19.高压电蓄电池单元

图 2−1−119

将唤醒消息发送到 CCU；

控制充电状态指示灯；

控制探照灯；

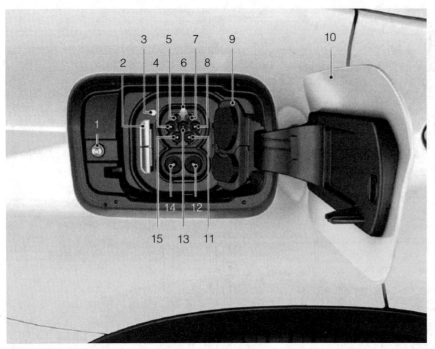

控制充电插头锁止机构；插头触点温度监控。

与充电设备的通信不是通过 LAE 进行的，而是通过 CCU 进行的。为此，控制导线和邻近导线通过充电接口形成环路并直接连接到 CCU。充电过程的协调（以前由 KLE 或 LIM 完成）在 G08 BEV 中由 CCU 执行。为了能够监视充电过程，通过多个温度传感器记录充电接口中的所有高压插头触点和零线的温度。温度值会传输到 CCU，以便在超过极限值时可以降低充电功率或暂时完全关闭充电功率。

②充电接口盖的锁止。

1.充电接口盖的锁止机构 2.铰链盖的锁止机构 3.充电状态指示灯 4.L1 相接口 5.邻近导线的接口 6.搜索照明 7.控制导线的接口 8.零线接口N 9.铰链盖 10.充电接口盖 11.L3 相接口 12.DC 正极导线的接口 13.地线接口 PE 14.DC 负极导线的接口 15.L2 相接口

图 2-1-120

充电接口盖通过中控锁功能进行锁止或解锁。这是通过由 LAE 控制的电动机实现的。LAE 收到来自 CCU 的解锁或锁定请求。此外，中控锁驱动装置中还装有一个位置传感器（霍耳传感器）。位置传感器的状态由 LAE 检测，提供了关于充电接口盖状态的信息（开启/关闭）。G08 BEV 充电接口盖的锁止机构如图 2-1-121 所示。

如果打开了充电接口盖，则 LAE 会记录下来并将该信息发送到 CCU。然后，其会要求 LAE 触发以白色显示的充电状态指示灯。如果车辆被锁止并且充电接口盖打开，则 LAE 通过本地 CAN 唤醒 CCU，然后通过唤醒线路唤醒其他控制单元。

③锁止充电插头。

在开始充电前，充电插头始终会自动锁

1.锁止机构

图 2-1-121

止到充电接口上。这可以防止充电过程中充电插头被拔出从而引发电弧。创新之处在于，充电插头在插入后立即锁定，而不仅仅是在开始充电之前。根据制造公差和充电插头的状况，可能会发生充电插头未正确锁定且充电状态指示灯呈红色闪烁的情况。通常建议将充电插头插入充电接口，直到正确锁定为止。G08 BEV 充电插头的锁定如图 2-1-122 所示。

只要有充电电流流过，电动锁止机构就会保持有效。其由 CCU 请求并由 LAE 实施。锁止状态通过锁止机构上的微型开关予以识别，并传输到 CCU。当车辆解锁或通过执行"结束充电过程"功能时，充电

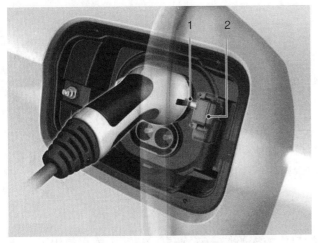

1.锁杆　2.用于锁止充电插头的电动驱动装置

图 2-1-122

图 2-1-123

插头也会被电动解锁。在此之前，正在运行的充电过程由 CCU 结束。G08 BEV 不提供通过拉线实现手动应急开锁（例如当锁止机构失灵时）。

④充电状态指示灯控制。

充电接口上安装有一个圆形 LED 单元。通过它来显示充电过程的状态。充电状态显示的照明由 LED 灯实现，它们由 LAE 控制。LAE 收到来自 CCU 的颜色和亮度请求。G08 BEV 充电接口盖的锁止机构如图 2-1-123 所示。

a. 充电准备。

充电接口盖打开后，充电状态指示灯亮起白灯。只要总线系统活跃，白色照明灯就保持亮起。同时，交流电充电接口上方的探照灯点亮为白色。

b. 初始化。

初始化过程在正确插入充电插头后立即启动。初始化过程持续最多 10s。此时，充电状态指示灯闪烁橙色，频率 1Hz。初始化成功后，可以开始为高压电蓄电池单元充电，如图 2-1-124 所示。

c. 充电开始等待。

当初始化过程已顺利完成且充电开始时间设定在将来某时刻（比如自电价更便宜的时刻开始充电），出现充电暂停或充电准备就绪的状态。此时，充电状态指示灯亮蓝色如图 2-1-125 所示。

d. 充电活跃。

高压电蓄电池单元当前活跃的充电过程通过充电状态指示灯闪蓝色予以表示。闪烁频率约为 0.7Hz，如图 2-1-126 所示。

e. 充电结束。

高压电蓄电池单元"充电完成"的充电状态通过充电状态指示灯持续亮起绿灯予以表示，如图 2-1-127

图 2-1-124

图 2-1-125

图 2-1-126

图 2-1-127

所示。

f. 充电时发生故障。

如果充电插头未正确插入或者在充电过程中出现故障，则该状态通过充电状态指示灯闪烁红色予以显示。此时，充电状态指示灯以约 0.5Hz 的频率闪烁 3 次，3 次之间的间隔约 0.8 s，如图 2-1-128 所示。

车辆锁定时，充电状态指示灯在一定时间后熄灭。车辆解锁后，充电状态指示灯持续闪烁黄色（充电过程活跃）。充电状态指示灯的其他颜色在一定时间后熄灭。要检查充电状态，请按无线电遥控器上的锁定按钮。充电状态通过充电状态指示条显示。

图 2-1-128

g. 控制探照灯。

通过打开充电连接挡板，LAE 可以分别控制充电接口中的探照灯。AC 充电接口正上方也使用了白色 LED。

（4）联合充电单元 CCU。

与电动驱动单元相似，联合充电单元 CCU 将在 5.0 代混合动力和电动汽车的不同版本中使用。这些版本的主要区别在于最大充电功率和所使用的相位。无论市场和国家版本如何，G08 BEV 始终使用 11kW 版本。充电时，CCU 执行如下功能：

通过控制导线和邻近导线与充电装置通信；

通过电力线通信 PLC 与充电设备进行通信；

充电过程的协调和监控（AC 和 DC 充电）；

与充电过程中相关的车辆部件进行通信；

协调和监视高压电车载网络中的电能（高压电电源管理）；

将电能分配给电加热器 EH 和电气制冷剂压缩机 EKK；

充电接口电子装置 LAE 控制；

将三相交流电压转换为直流电压。

可在此产品信息的相关位置查找 12V 车载网络中 CCU 的任务说明和驱动控制。

①通过控制导线和邻近导线与充电装置通信。

通过邻近导线检测充电插头在车辆充电接口中的插入情况，并确定充电电缆的最大载流量。在充电电缆的插头内，邻近接口与地线之间连接有一个电阻。CCU 接上测量电压，并确定邻近导线中的电阻值。电阻值规定了所用充电电缆允许的最大电流强度（取决于导线横截面）。电阻 – 电流强度的分类在标准 IEC 61851 中规定。控制导线是确定与传输充电装置所能提供的最大可用充电电流强度所必需的。控制信号是 PWM 信号（–12 ~ 12 V）。电压值和占空因数用于充电装置与 G08 BEV 之间各种状态的通信：

电动车辆充电准备就绪（是 / 否）；

存在故障（是 / 否）；

电网可提供的最大充电电流。

控制导线和邻近导线以简单的信号导线实现。这些信号线被屏蔽，并通过充电接口传输至 CCU。

②使用充电设备执行高级通信。

通过控制导线和邻近导线执行的纯通信也称为低级通信。G08 BEV 或 CCU 使用高级通信来实现与充电设备交换更为复杂的数据和充电信息。为此，将 Mhz 范围内的数字信号调制为控制导线的 PWM 信号。这种所谓的电力线通信 PLC 仅适用于充电模式 3 和 4，参见 DIN SPEC 70121 和 IEC/ISO 15118 标准中的描述。例如，以下数据和充电信息可以通过电力线通信在车辆和充电设备之间交换：

用户识别/认证；

充电接口信息；

充电时间；

充电模式；

充电状态规定；

充电过程费用计算；

电价计费模型；

诊断信息。

同时，PLC 构成了未来充电技术的通信基础，例如双向充电。表 2-1-21 所示总结了所使用的通信通道及其传输的信息。

表 2-1-21

信息/功能	实现方式
低级通信	通过控制导线传输 PWM 信号
充电电缆的最大载流量	邻近信号，该信号通过取决于电缆的横截面的电阻在插头中编码
最大可用充电电流	通过 PWM 信号的脉冲占空比进行编码
高级通信的能力	通过 PWM 信号的 5% 脉冲占空比进行编码
高级通信	将数字 PLC 信号调制为 PWM 信号，以传输更复杂的计费信息，例如身份验证、计费等

③充电过程的协调。

充电电缆插入后，LAE 唤醒车载网络中的控制单元（若尚未通过其他时间发生）。LAE 使用本地 CAN 传输至 CCU。直接连接到 BDC 控制单元的唤醒线不再使用。然后，CCU 检查充电的功能要求和安全相关条件。检测内容汇总如下：

行驶准备就绪关闭；

车速等于零；

驻车锁挂入；

已连接充电电缆（邻近）；

与充电设备的通信正常（控制）；

高压电系统活跃并且无故障。

当满足充电的所有前提条件时，CCU 中的高压电电源管理系统请求充电功率，充电过程开始。对于 DC 充电，除了控制和邻近通信外，还需要高级通信。此时，CCU 不仅发送电压和电流的规定值，还设定了最大充电电压和充电电流的限值。基本的通信协议是 DIN SPEC 70121，将来是 IEC/ISO 15118。以上数值视高压电蓄电池单元的实际状态（如充电状态和温度）以及其余车载网络的功率需求（如空气调节）而定。只有当车辆（CCU）与充电装置之间的通信通过控制导线顺利启动后，充电接口才会接上电压。这进一步增强了充电过程中面对电力危险的保护。

（5）蓄能器管理电子装置 SME。

使用外部的交流电网为高压电蓄电池单元充电时，SME 也具有重要作用。SME 位于高压电蓄电池单元中，并确定当前高压电蓄电池单元可以接受的最大充电电流。该充电电流限值通过 CAN FD 传输到 CCU，并在充电过程中控制过程和可达到的功率。在无故障状态下，最大充电电流依据以下规范：

热电流控制。基于当前电池温度的电流限制

特征电流控制。根据当前最高的电池电压（充电状态）和充电开始时的电池温度进行特征曲线控制的电流限制

电压控制。电流限制基于当前最高的电池电压及其与最大指定电池电压的差值。

通过不同的控制设定充电电流示例如图 2-1-129 所示。

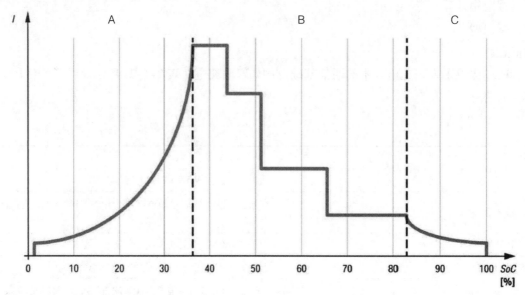

A.在充电过程开始时由于电池温度低而限制热充电电流 B.根据特征曲线中存储的限制电流来确定充电电流限制 C.充电过程结束时的电压调节充电电流限制

图 2-1-129

在充电过程中，SME 不仅确定达到的充电状态和单个电池电压，还确定电池温度。为了确保充电过程的最佳运行，SME 基于此数值也持续计算高压电蓄电池所需制冷或加热功率的当前恒定数值，并将其发送至 CCU。SME 中还有另外 2 个接触器。成功许可充电后，CCU 要求 SME 关闭这些 DC 接触器。SME 可以将直流充电站的直流电压切换到高压电蓄电池。使用直流充电时，车辆侧的绝缘监测不是由车辆执行，而是由直流充电站执行（对于 CCS 和 CHAdeMO 充电标准有效）。为此，SME 会关闭车辆侧绝缘监控。该操作可执行，因为高压电组件的所有外壳都连接到车身接地，而车身接地又通过地线（PE）连接到 DC 充电站。每次完成 DC 充电过程后，SME 都要检查接触器是否存在粘连（接触器无法断开触点）。接触器粘连（单一或双重）的情况由 SME 检测，并作为故障码发送至 CCU。

3.AC 充电

CCU 中由 3 个整流器组成的电路在 AC 充电过程中将交流电压转换为直流电压。每个整流器的电功率为 3.7kW。共能够实现 11kW 左右的 AC 充电功率。这些整流器由 CCU 控制单元控制。以上数值被计算出来并由 CCU 调节，使高压电蓄电池单元获得最佳充电，并为 G08 BEV 上的其他用电器提供充足的电能。根据所施加的充电电流和连接的相位，可以通过内部电路在整流器之间分配充电功率。CCU AC 充电类型如图 2-1-130 所示。

为了能够在美国版本中以 48A 进行充电，请断开充电接口中的相 L1（CCS Combo1），并将充电电流馈入 CCU 中的整流器。

4.DC 充电

（1）一般过程。

直流充电接口直接连接到高压电蓄电池单元。CCU 本身仅执行协调和监视 DC 充电功能。成功许可充

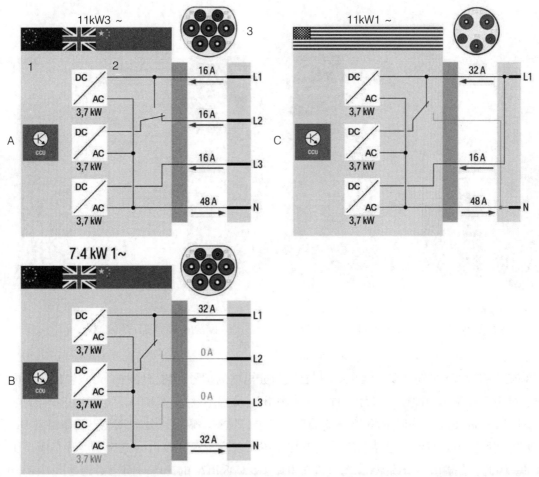

A.三相充电，每相最大16A　B.单相充电，最大32A　C.单相充电，最大48A　1.联合充电单元CCU　2.整流器　3.充电接口

图2-1-130

电后，CCU要求SME关闭这些DC接触器。SME可以将直流充电站的直流电压切换到高压电蓄电池。直流接触器输入端的直流电压由SME确定，并可供CCU使用，正电流路径的直流接触器温度也是如此。在充电过程中，如果CCU检测不到有效的控制信号，则必须在数毫秒以内断开接触器。

（2）充电时长及其影响。

大功率或大电流充电对所有涉及的组件都具有很高的要求，包括从充电站、高压线和CCU，以及单个电池。因此，仅在最佳框架条件下才能实现最大充电功率或最大充电电流。以下因素和条件可能会大大降低充电电流，从而增加充电时间：

充电站的最大可用充电电力；

高压电蓄电池单元的充电状态；

高压电蓄电池单元的温度；

出发时间的室内空调设置；

高压电蓄电池单元的老化状态；

DC充电数量。

① DC充电站的充电电流。

DC充电站上指定的充电功率是通过500～920V的电压和高达500A的电流来实现的。这意味着大功率充电器HPC的充电功率超过200kW。直流充电站输出的充电电压受车辆中高压电车载电网系统的电压限制在G08 BEV中约为345V。DC充电站电流限制示例如图2-1-131所示。

243

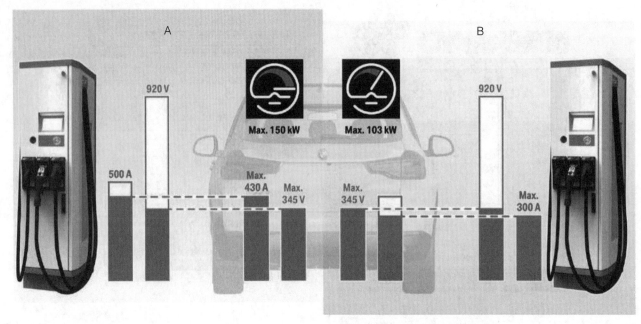

A.直流充电站电流限制允许车辆的最大充电功率　B.直流充电站的电流限制不允许车辆的最大充电功率

图 2-1-131

　　G08 BEV 的最大充电电流约为 430A。根据直流充电站的型号和内部结构，最大输出充电电流受制造商限制。对于某些版本，即使在最佳条件下，其输出电流也不会超过 300A。与车辆的 345V 电压相连，这可能意味着 G08 BEV 无法以全部 150kW 的功率充电，尽管车辆可以处理该充电功率并且 DC 充电站指示以该充电功率充电。直流充电站的实际充电功率主要取决于实际输出的电流强度和车辆高压电系统的电压水平。因此，在输出小于约 400A 的直流充电站上，G08 BEV 的充电时间会明显更长。在充电过程中，车辆中既没有显示也没有指示直流充电站的充电电流不足。表 2-1-22 显示了不同的直流充电站的示例，以及对提供的电流如何影响 G08 BEV 充电时间的评估。

表 2-1-22

制造商	最大充电电流	最大充电电压	充电时间
Siemens	200/400A	920V	高 / 中
CPC 150			
Delta Electronics Ultra Fast Charger	150 /400A（峰值）	1000V	高 / 中
Efacec HV160	300A	920V	中
Efacec HV175	200/250A	920V	高
Signet	250A	920V	中
Dispenser			
ABB	375A	920V	中
Terra HP175			
Alpitronic	500A	1000V	低
Hypercharger 150			
Tritium	500A	920V	低
PK 175-475			
BTC Power	350/500A（峰值）	1000V	低
EVP-FC200			

②充电过程和充电状态。

充电根据恒定电流/恒定电压充电过程进行。在充电过程的第一阶段，将以 CCU 或 SME 限制的恒定电流进行充电。确切的电流限值存储在特征缺陷中，并基于当前的充电状态和充电开始时的电池温度进行调整。图 2-1-132 所示可确保在高压电池单元的充电时间、温度和老化方面实现最佳充电过程。

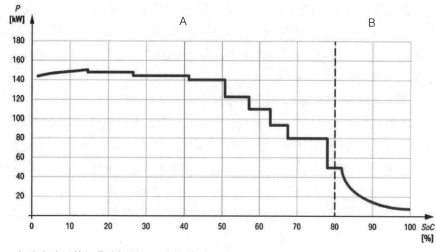

A.恒流方式（特征曲线控制）　B.恒压方式（电压控制）

图 2-1-132

随着充电状态的上升，从电流控制切换为电压控制，在充电过程的第二阶段，以恒定电压继续充电，直到达到最大电池电压或最大充电状态为止。电流以及充电功率继续降低。电压控制由此防止电池单元的过电压，并实现缓慢的完全充电。这对高压电蓄电池单元的使用寿命有积极影响。从图 2-1-132 可以看出，最大充电功率主要取决于充电状态。随着充电状态的增加，充电功率减小并且充电时间增加。结果，与高充电状态相比，低充电状态实现充电状态的增加要快得多，例如 20% 时。高压电池单元的充电状态越高，则充电功率越低。因此，在高充电状态的取件中充电比在低充电状态区间充电需要更长的时间。

③温度。

高压电蓄电池单元的电池温度也对充电功率具有决定性的影响。在较低的电池温度下，必须避免过高的充电电流，以避免电池单元过早老化。在高温下，必须防止升温到临界温度范围。为此，当电池温度过低或过高时，CCU 或 SME 会限制最大充电电流。图 2-1-133 显示了不同电池温度对充电电流减小的影响。

根据充电开始时的电池温度，特征曲线电流控制还规定了有效充电过程的相应电流限制。在较高或较低的电池温度下，充电功率会降低，充电时间会增加。为了能够以最大可能的功率给高压电蓄电池单元充电，在充电过程中对其进行加热或冷却。SME 根据温度要求加热或冷却。在非常冷的温度下，充电电流在一开始就受到限制，电气加热装置 EH 接通。随着电池温度的升高，热电流控制还会释放更多的充电电流，从而使充电功率增加。高压电蓄电池在充电过程中会变热，并且在温度升高时必须进行冷却。SME 就会要求进行制冷。在此，热电流控制也会限制充电电流，以避免电池

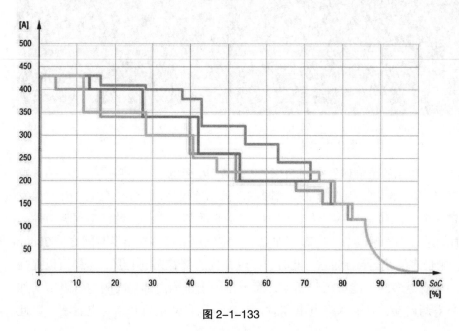

图 2-1-133

245

温度升高时出现过热现象。用于加热或冷却高压电蓄电池单元的电能取自充电电源,并且不再用于高压电蓄电池单元。因此会导致充电时间增加。出发时设置车内空调会降低充电功率并增加充电时间。根据车辆设置和车辆状态(驻车/停留),即使未连接充电电缆,高压电蓄电池单元也可以在设定的出发时间冷却或加热到最佳温度范围。

④老化和保护功能。

随着高压电池单元(SoH 健康状态)的老化,充电电流会相应降低。这对于保证高压电蓄电池单元的使用寿命是必要的。另外,高压电蓄电池单元或 SME 具有保护功能,可以在频繁的 DC 充电时降低充电功率。例如,如果长途行驶时以超过 50kW 进行多个连续 DC 充电过程,则可以在下一个 DC 充电过程中降低充电功率。如果车辆停放或行驶了足够长的时间,则软件方面的保护功能会随着时间的推移关闭。根据高压电池组的使用年限和直流充电过程的数量,可以降低充电功率,以满足高压电蓄电池单元使用寿命的要求。

5. 协调充电过程

驾驶员通过车辆菜单可利用多种方式来协调充电过程并进行个人设置。您在此可概要了解可行的设置与功能。

(1)计划充电过程。

驾驶员可选择在连接充电电缆后立即开始充电,或者设置充电的时间窗口。如需设置时间窗口内充电,必须设置一个出发时间。在 G08 BEV 中,首次可以在"充电目标"下设置高压电蓄电池单元的期望充电状态。车辆将充电过程限定充电状态。充电状态可以设置在 20% ~ 100% 之间。这使客户能够将充电状态依据计划的行驶路线进行调整,并避免对高压电蓄电池单元进行持续的完全充电。充电目标值设定在 80% 以下可提高高压电蓄电池的使用寿命。G08 BEV 协调充电过程如图 2-1-134 所示。

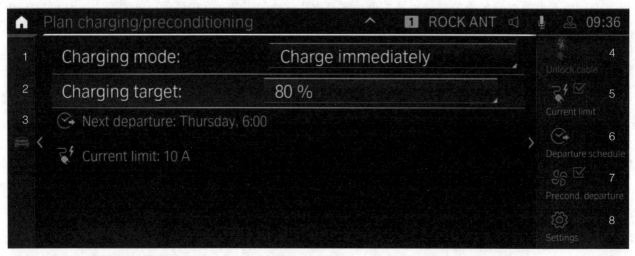

1.充电模式 2.充电目标值 3.当前设置概览 4.许可充电插头 5.电流限制 6.出发时间 7.出发时间空调设置 8.设置

图 2-1-134

驾驶员可通过"许可充电插头"功能从车辆内部空间结束 AC 或者 DC 充电过程。随后,充电插头解锁。"电流限制"功能可激活或停用在"设置"下选择的电流限制。该功能仅适用于 AC 充电。在"出发时间"下,驾驶员最多可以指定 3 个常规和一个一次性出发时间,并激活其中之一。设置空气调节后,车辆内部空间会在设定的出发时间进行空气预调节(冷却或加热)。空气调节最多在出发时间之前 30min 开启,如果驾驶员未准时出现,则最多继续运行 15min。此时,车辆最好连接着充电电缆。这样可以提高车辆的可达里程,因为行驶期间会有更多的电能可用于驱动,而不是用于车辆内部空间的空气调节。如果已经达到充电结束时间,则当空调启动并且插入充电电缆时,车辆可以自动重新开始充电过程。以此方式，可以对用于空调消耗的电能进行补充充电。但是，其仅在 AC 充电时才有可能，因为使用 DC 充电时，充电过程不能由车辆开始，而只能由 DC 充电站开始。如果需要在充电设备上进行新的身份验证，以在 AC 充电过程中开始新的自动充电，则此时车辆也无法启动充电过程。该设定主要针对公共充电过程。当退出车辆状态"停留"时，另一个设置选项（退出屏幕）自动出现在 CID 中。驾驶员无须切换到各个设置菜单，即可使充电过程适应当前情况。G08 BEV 离开车辆时的设置可能如图 2-1-135 所示。

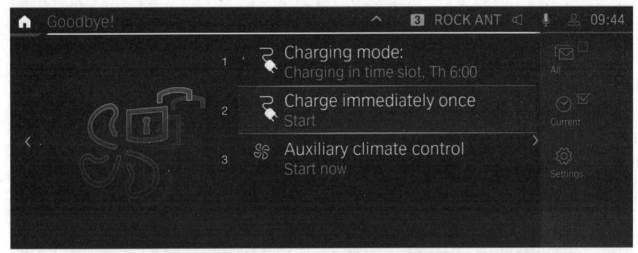

1. "充电模式"更改方式 2. "立即一次性充电"更改方式 3. "车内空调设置"更改方式

图 2-1-135

例如，可以立即开始一次性充电过程，并且可以在时间窗口（例如购物时）中跳过实际设置的充电过程。这适用于高压电蓄电池单元已充满电或充电电缆断开之前。

（2）充电设置。

"充电设置"菜单可分为 3 个区域：AC 充电、DC 充电和充电接口设置。

① AC 充电设置。

针对 AC 充电可设置最大的电流限制和时间窗口。如果不确定充电设备的最大充电容量，可以将车辆中的电流限制提前降低到 6A。为了在家用插座（标准充电电缆或快速充电器）上进行充电，ICCB 已将充电电流限制为最大 10A，无论车辆中的电流限制是否较高。G08 BEV 充电设置 AC 如图 2-1-136 所示。

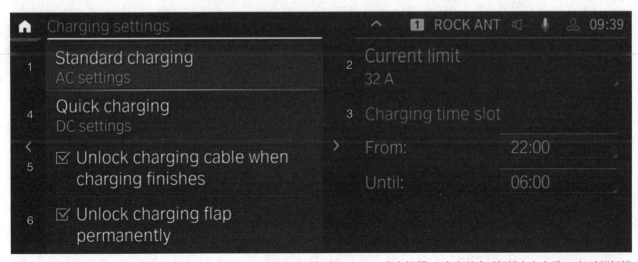

1.AC 充电设置 2.AC 充电电流限制（6~32A） 3.AC 充电的时间窗口 4.DC 充电设置 5.充电结束时解锁充电电缆 6.长时间解锁充电接口盖

图 2-1-136

首次交付车辆时，如果在交车检查后进行了更改，则必须将交流充电的电流限制设置为 6A。车间维修时，必须将交流充电的电流限制重置为客户的设置，然后才能交还车辆。

　　② DC 充电设置。

　　驾驶员可以使用 DC 设置来影响充电过程中出现的音量。无法设置电流限制。充电过程中的音量主要是由电风扇的运转引起的。但是 EKK 和运行中的冷却液泵也会引起噪音。根据白天或晚上的时间，这可能会在车辆充电时导致噪声污染。电风扇的启动主要基于高压电蓄电池单元和车内的冷却要求。发出的声音更大。

　　电池温度越高；

　　外部温度越高；

　　出发时设定的内部温度越低。

　　因此，驾驶员可以通过限制冷却能力来降低噪音水平。该操作可以通过车辆中的设置菜单来完成。G08 BEV DC 充电设置如图 2-1-137 所示。

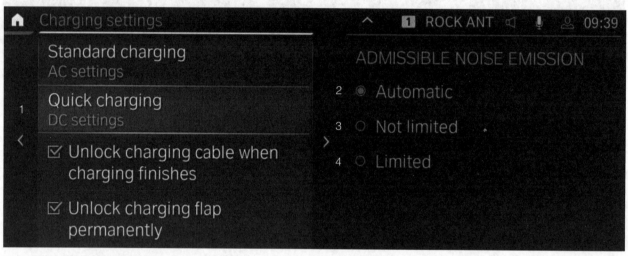

1.DC 充电设置 2.充电设置：自动 3.充电设置：不限制 4.充电设置：限制

图 2-1-137

　　设置"自动"会根据时间限制噪音。产生的声音水平基于每个国家/地区适用的噪声保护法规，因此可能会有所不同。不会评估车辆的位置。根据时间、外部温度和设置的内部空调，充电时间可能会增加，以免违反适用的噪音保护规定。默认情况下，交付车辆时会激活"自动"设置。设置为"不限制"可实现最大的制冷功率，从而缩短充电时间。出现的噪声水平最大为 64dB，并且可能超过噪声保护限制，尤其是在夜间。"限制"设置提供最大的声学舒适度并增加了充电时间。根据适用的噪音保护条例，所产生的噪音水平最大为 54dB 或更低。即使更换了端子，设置仍将保存。在表 2-1-23 中，以"德国"为示例查看设置及其值。

表 2-1-23

设置	值
限制	49dB
不限制	64dB
自动（白天/傍晚/夜间）	49 ~ 64dB
白天	06：00-22：00
傍晚	
夜间	22：00-06：00

在其他国家/地区值可能有所不同。如果在维修站期间给车辆充电，则必须将直流充电的设置重置为客户的设置。

③充电接口设置。

如果勾选了"充电结束时解锁充电电缆"，则充电插头会在高压电蓄电池单元充电后解锁，从而能将其拔出——即使车辆仍然锁止。在完成自身车辆的充电后，这有助于他人使用充电电缆或充电站。但此时必须注意：

如果充电电缆并不固定安装在充电站上（模式 3 充电电缆）或者连接在插座上（模式 2 充电电缆或快速充电器），则存在充电电缆被盗的风险；

如果在充电电缆拔出情况下，车辆在设定的出发时间之前进行内部空间的空气调节，将会缩短可达里程；

如果在拔下充电插头后没有用充电盖再次将其关闭，则有可能污染充电接口。

如果设置了"永久解锁充电接口盖"复选标记，则即使车辆被锁，充电接口盖也将永久解锁。例如，此设置对于在车队内使用或在酒店内提供充电服务非常有用。

八、辅助系统

自 G08 BEV 收到 2018 年新服务包以来，G01 上可用的各种辅助系统将通过新的传感器和功能进行扩展。不断的创新发展推进了高度自动化驾驶的进步。

1. 其他信息

该产品信息介绍了辅助系统的结构以及 G08 BEV 中传感器的安装位置。由于辅助系统数量众多，因此在以下产品信息（如表 2-1-24 所示）中提供了主要的、系统特定的功能描述以及已知的辅助系统。

表 2-1-24

产品信息	信息	
2018 辅助系统（创新）	KAFAS Mid 摄像机 KAFAS High 摄像机 驾驶员摄像机系统 DCS 碰撞警告系统 车道偏离警告系统 紧急停车辅助系统 堵车辅助系统	交叉路口警告系统 具有停车和起步功能的主动定速巡航控制系统 驻车操作辅助系统 PMA 倒车辅助系统 避让绕行辅助系统
G30 辅助系统（创新）	行人警告系统 交叉路口警告系统 车道偏离警告系统	定速巡航控制系统 驻车操作辅助系统 PMA 倒车辅助系统
G30 辅助系统（已知的）	碰撞警告系统 交通标志识别 错误行驶警告系统 优先行驶警告系统 交叉路口警告系统 车道偏离警告系统 车道变更警告系统 车道变更辅助系统	环视系统 远程 3D 视图 驻车距离监控系统 PDC 前部/后部交叉行驶警告系统 驻车操作辅助系统 PMA 转向和车道导向辅助系统 车道保持辅助系统 避让绕行辅助系统
G06 整车	辅助驾驶视图	
G21 整车	BMW 行车记录仪	
G30/G31/G32 LCI 整车	救援通道辅助系统 目的地引导启用时的车道更换	

2. 概览

（1）产品结构"行驶"。

在概述产品结构与所使用的辅助系统及其系统组件之间的关系。除此以外，它们还列出了 G08 BEV 中所有可用的辅助系统。该概览所提供的信息状态对应于欧规 G08 BEV 投产时刻的信息状态。根据具体的市场或者国家，可能会采用其他辅助系统或者功能特性，以及相互不同的产品结构。

①标准配置。

G08 BEV 的标准配置已经具有 Driving Assistant Professional（SA 5AU）选项。其包括如下特殊配置：

Active Guard（SA 5AV）；

具有制动功能的定速巡航控制系统（SA 544）；

行驶辅助系统（SA 5AS）；

带有停车和起步功能的主动定速巡航控制系统（SA 5DF）。

专业版行驶辅助系统（SA 5AU），如图 2-1-138 所示：

带城市制动功能的碰撞警告系统；

带城市制动功能的行人和自行车警告系统；

带有主动返回功能的车道偏离警告系统；

用于车速限制和禁止超车显示的限速信息系统；

车道变更警告系统；

前部/后部交叉行驶警告系统；

车尾碰撞警告系统；

带有停车和起步功能的主动定速巡航控制系统（至 210km/h）；

带制动功能的碰撞警告系统；

车距信息（仅搭配平视显示屏）；

转向和车道导向辅助系统包括堵车辅助系统；

带主动侧面碰撞警告系统的车道保持辅助系统；

自动限速辅助系统；

带城市制动功能的交叉路口警告系统；

错误行驶警告系统；

紧急停车辅助系统；

车道变更辅助系统；

路线设置；

救援通道辅助系统。

②选装配置。

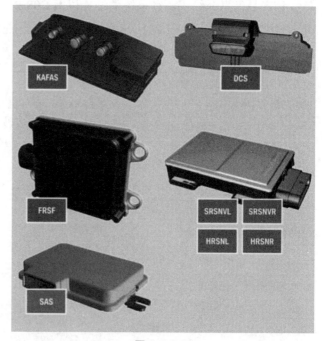

图 2-1-138

G08 BEV 提供如下特殊配置：堵车辅助系统（SA 5AR），高级辅助驾驶功能，带有不超过 60km/h 时的脱手功能。

（2）产品结构"驻车"。

①标准配置。

为 G08 BEV 提供了选装配置驻车辅助系统（SA 5DM）和驻车辅助系统升级版（SA 5DN）。在标准配置驻车辅助系统（SA 5DM）增加了倒车辅助系统和驶出停车位功能，而在选装配置高级驻车辅助系统（SA

5DN）中，产品结构不变。此外，BMW X3首次提供了选装配置BMW Drive Recorder（SA 6DR）。但是，其与选装配置高级驻车辅助系统（SA 5DN）相连。

驻车辅助系统（SA 5DM），如图2-1-139所示：

驻车距离监控系统PDC，前部和后部；

自动PDC；

主动式PDC；

带有纵向和横向泊车以及驶出停车位功能的驻车操作辅助系统PMA；

倒车辅助系统；

侧面保护；

倒车摄像机；

②选装配置。

高级驻车辅助系统（SA 5DN），如图2-1-140所示：

环视系统；

全景系统（基于GPS）；

远程3D视图[必须配套远程服务（SA 6AP）]。

BMW Drive Recorder（SA 6DR）（仅与SA 5DN配合使用），如图2-1-141所示：

事件记录仪；

碰撞记录仪。

（3）创新之处。

组合仪表配有一个朝向驾驶员的摄像机（驾驶员摄像机系统DCS）；

选装配置高级行驶辅助系统（SA 5AT）升级为专业版行驶辅助系统（SA 5AU）；

在多功能方向盘上辅助系统操作面板中增加了一个新的MODE按钮；

方向盘上有LED指示灯；

带有城市制动功能的行人警告系统现在同样也会针对自行车发出报警；

通过自动限速辅助系统，前方的限速可被自动应用到定速巡航控制系统中；

如果先前已通过带有KAFAS摄像机和2013、2015和2018车载网络服务包的其他BMW车辆将临时限速传输到后端，则自动限速辅助系统采用临时限速；

避让绕行辅助系统如今也能照顾到行人；

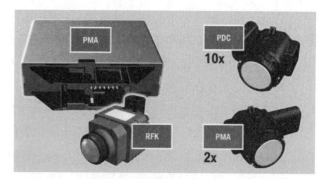

图2-1-139

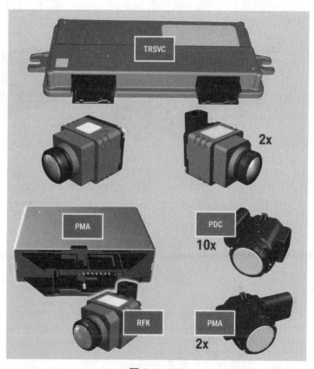

图2-1-140

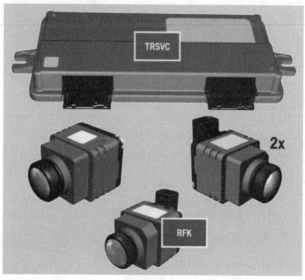

图2-1-141

为交叉路口警告系统增加了城市制动功能；

紧急停车辅助系统和车道变更辅助系统如今包含在选装配置专业版行驶辅助系统（SA 5AU）中；

驻车操作辅助系统 PMA 首次支持从纵向停车位中驶出；

在通过驻车操作辅助系统停车入位的过程中，不再需要按住驻车辅助按钮；

倒车辅助系统包含在选装配置驻车辅助系统（SA 5DM）内；

BMW 行车记录仪（SA 6DR）可作为选装配置提供；

可订购堵车辅助系统（SA 5AR），但是，其与选装配置专业版行驶辅助系统（SA 5AU）相连；

路线设置包含"目的地引导启用时的车道更换"功能。

（4）传感器安装位置。

根据具体车辆配置，会用到所示的传感器。新的或者改款传感器可放大显示如图 2-1-142 所示。

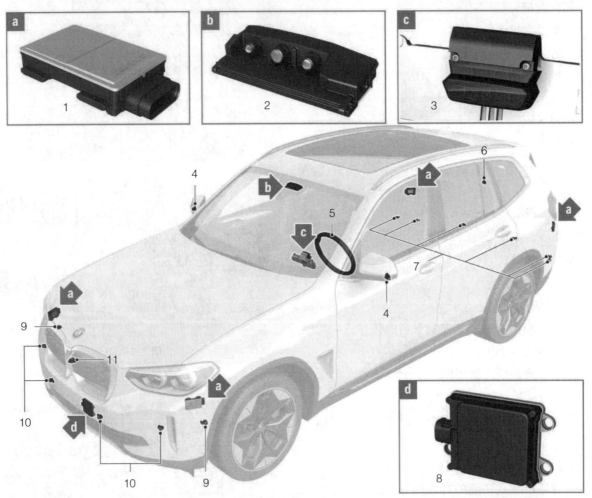

1.侧面雷达传感器（HRSNR、HRSNL、SRSNVR、SRSNVL）2.KAFAS High 摄像机　3.驾驶员摄像机系统 DCS　4.侧视摄像机　5.方向盘环圈上的电容式传感器垫　6.倒车摄像机 RFK　7.后部驻车距离监控系统 PDC 超声波传感器　8.远距离前部雷达传感器 FRSF　9.驻车操作辅助系统 PMA 超声波传感器　10.前部驻车距离监控系统 PDC 超声波传感器　11.前部摄像机

图 2-1-142

3. 操作元件

在行驶过程中，通过 3 个操作元件实现辅助系统的控制，如图 2-1-143 所示：

多功能方向盘上的操作面板；

智能型安全按钮；

中控台的按钮。

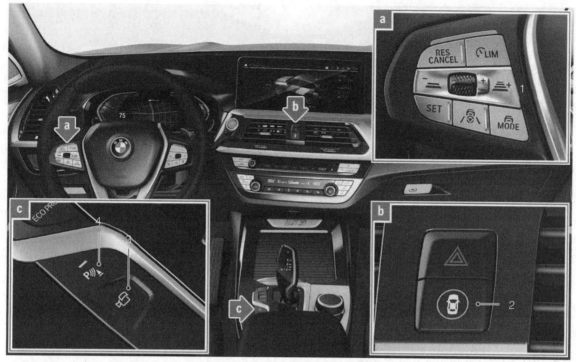

1.多功能方向盘上的辅助系统操作面板 2.智能型安全按钮 3.全景系统按钮 4.驻车辅助按钮

图 2-1-143

智能型安全菜单中的设置是通过控制器进行的。

（1）多功能方向盘。

G08 BEV 多功能方向盘上的辅助系统操作面板如图 2-1-144 所示。

在选装配置专业版行驶辅助系统（SA 5AU）中，辅助系统的数量超过了多功能方向盘中按钮的数量。因此，辅助系统的控制发生了变化。辅助系统的选择可以通过 MODE 按钮进行。然后，使用辅助按钮（左侧）确认选择。对于选装配置专业版行驶辅助系统（SA 5AU），在左侧和右侧操作面板上方均有一个 LED。两个 LED 完善了中央信息显示屏 CID 中组合仪表和处理说明的显示。

图 2-1-144

绿色：辅助系统处于活跃状态并且负责横向导向（取决于具体市场）。

黄色：即将中断辅助系统。

红色：辅助系统被停用。

G08 BEV CID 中 LED 照明元件设置菜单如图 2-1-145 所示。

通过 iDrive 菜单可以停用

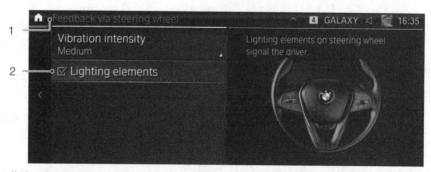

1.菜单"方向盘上的反馈" 2.方向盘上的照明元件（开启和关闭）

图 2-1-145

253

LED：

　　"设置"；

　　"驾驶员辅助"；

　　"方向盘上的反馈"；

　　"照明元件"。

　　（2）智能型安全按钮。

　　沿用 G01 已有的智能型安全按钮，不做更改。它实现了辅助系统的集中操作。通过智能型安全按钮既可以直接接通和关闭系统，也可以调用智能型安全菜单，以便开展进一步的个性化设置。

　　（3）驻车辅助按钮。

　　在使用驻车操作辅助系统 PMA 停车入库的过程中，不再需要按住驻车辅助按钮。只需一次性启用即可。当然，驾驶员在停车过程中仍要承担全部责任，并且必须能够随时施加干预。

九、运行策略

1. 挡位

（1）概览。

G08 BEV 选挡开关如图 2-1-146 所示。

1.选挡开关　2.控制器　3.电动机械式停车制动器　4.自动驻车　5.全景系统按钮　6.驻车辅助按钮　7.驾驶体验开关　8.动态稳定控制系统

图 2-1-146

　　与此前的插电式混合动力汽车相比，G08 BEV 的一个新功能是能够选择挡位。驾驶员可以在 D（驱动）挡和新的 B（制动）挡之间进行选择。为了从挡位 D 切换到 B，选挡开关必须向左按下，在常规车辆中对应为运动和手动模式。与 i3 相同，在搭载内燃机和自动变速器的车辆中，在 D 挡驾驶可以体验到"正常"的驾驶行为，而在 B 挡驾驶时，则可以激活单踏板感受（One Pedal Feeling）。B 挡的特征在于，当驾驶员将脚从加速踏板上移开时，车辆借助电机使车辆减速，并具有持续性的高回收等级。根据客户的需求，可以通过将挡位从 D 换到 B 来从根本上改变车辆的行驶特性。表 2-1-25 所示为挡位的主要区别特征。

表 2-1-25

选挡开关	挡位 R	挡位 B	挡位 D
	常规蠕动，具有固定的回收等级 调车／停车作业中的可控性好	持续高回收等级回收，直至静止并保持单踏板感受（One Pedal Feeling）	可调节的回收水平或自适应回收接近驻停状态的蠕行
蠕行★	是	否	是

注：★蠕行：制动踏板松开时，车辆缓慢移动。

可以根据交通情况激活适当的驾驶模式。

（2）任务。

任务如表 2-1-26 所示。

表 2-1-26

情况	建议的挡位	说明
驻车／调车 	D 或 R	为客户提供熟悉的蠕变功能和良好的可控性 前进和后退具有相同的减速水平
城市交通 	B 或 D 和自适应回收	根据个人需求： B 挡持续高滑行回收和保持功能； B 挡单踏板感受； B 挡时几乎无须制动操作； D 挡时依据具体情况进行减速和爬行

情况	建议的挡位	说明
郊区道路 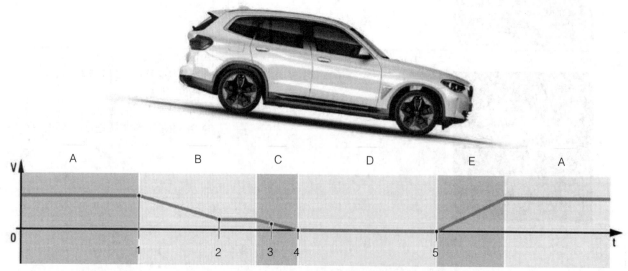	D 和自适应回收	轻松行驶：滑行，同时进行自适应回收根据具体状况减速 更加平稳的驾驶风格和更少的制动踏板操作提高了舒适度
高速公路	D 和自适应回收	舒适的长距离行驶：轻松行驶

（3）挡位 B 保持功能。

挡位 B 包括保持功能，该功能在车辆静止时激活。保持功能可在水平地面、上坡或下坡地面上为驾驶员提供支持。与之前的 i3（Hill Hold 坡道保持功能）相比，G08 BEV 中的保持功能不是由电机实现的，而是由 DSCi 激活液压制动器来实现的。以下概述显示了行驶操作的两个示例。

①示例 A。驾驶员松开油门且想要在不使用制动器的情况下保持在水平路面或斜坡上如图 2-1-147 所示。

②示例 B。下坡行驶时，驾驶员松开加速踏板如图 2-1-148 所示。

A.匀速行驶 B.松开加速踏板 C.通过制动器保持 D.起步 1.驾驶员松开加速踏板且想要在不使用制动器的情况下保持在水平路面或斜坡上 2.达到静止状态时，将建立稳定的制动压力 3.降低制动扭矩，与驱动扭矩保持平衡

图 2-1-147

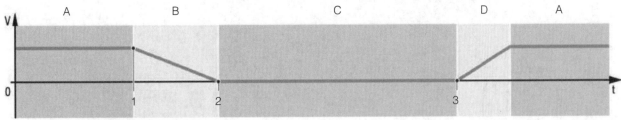

A.匀速行驶 B.松开加速踏板 C.制动器 D.通过制动器保持 E.起步 1.驾驶员松开加速踏板，需在下坡行驶时保持不动 2.无法通过回收实现保持功能，车辆继续缓慢向下滚动 3.驾驶员必须踩下制动踏板，保持车辆不动 4.达到静止状态时，将建立稳定的制动压力 5.匀速行驶

图 2-1-148

2. 驾驶体验开关

G08 BEV 驾驶体验开关如图 2-1-149 所示。

通过 G08 BEV，BMW 是第一个在驾驶体验开关领域应用功能扩展的公司。客户调查显示，许多客户希望在开始下一次旅行时更改终端或更改驾驶状态后，以其个性化配置（例如运动）自动采用上次旅行的驾驶模式。由于种种原因，此前无法实现这种设定，但是现在已经实现这一目标。这是提高客户满意度的又一个进步。

3. 自适应能量回收利用

G08 BEV 全系标配自适应能量回收利用。其中，滑行能量回收利用的使用和程度（及由此产生的车辆减速）根据交通情况和路线的实际状况智能地进行调整。该功能根据传感器数据（KAFAS 摄像头和车前雷达传感器）自行确定车辆是在滑行中还是处于能量回收状态，或者在行驶情况下能量回收的等级。结果，可以减少制动踏板的操作，提高驾驶舒适性，且可以最佳地利用车辆的动能。与第 4.0 代 PHEV 模型相比，与驾驶体验开关（例如 Sport/Comfort 或 ECO PRO）设置无关，自适应能量回收

图 2-1-149

通常在驾驶模式 D 下可用。交付状态通过设置菜单中的自适应能量回收预设，但是客户可以根据自己的需求来设置回收等级。使用自适应能量回收的基本要求是没有驾驶员辅助系统，例如 DCC/ACC Stop&Go 或限速辅助功能已激活，或者在行驶过程中没有其他系统（如碰撞警告）介入。

（1）功能。

自适应能量回收利用旨在根据实际情况更加智能化地利用车辆的动能。为此会分析车辆前方的交通

情况和路线。以下事件会被考虑。

①车辆前方的交通情况。

对车辆前方交通情况的分析可根据具体配置，通过 KAFAS 摄像机和前部雷达传感器进行。G08 BEV 自适应能量回收利用前方车辆分析如图 2-1-150 所示。

图 2-1-150

②路线。

对路线的分析通过导航系统的数据进行如表 2-1-27 所示。

表 2-1-27

识别出的情况	
限速	
驶入地区	
弯道	
交通环岛	
高速公路出口	
转弯优先道路	
红色交通信号灯	
目的地引导启用时的车道更换	

③功能扩展。

通过操纵方向指示器在无效路线引导下转向如图 2-1-151 所示。

仅搭配选装配置专业版行驶辅助系统（SA 5AU）

针对中国地区，不对路线或交通信号灯进行调整。如果系统检测到某个无须制动的交通情况，则当驾驶员将脚从加速踏板移开后，车辆开始滑行。如果系统检测到需要制动的交通情况，则通过能量回收利用有针对性地减速到当前或要求的速度。G08 BEV 自适应能量回收利用，路线评估如图 2-1-152 所示。

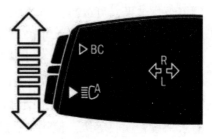

图 2-1-151

④示例：无自适应能量回收利用。

初始情况：驾驶员驾驶车辆，驶向车速更低的前方车辆。G08 BEV 无自适应能量回收利用的再生策

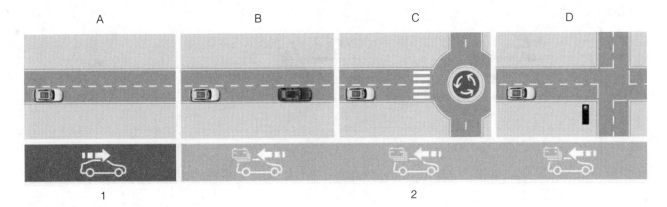

A.自由行驶 B.检测到前方车辆 C.减速情况 D.交通信号灯情况 1.滑行 2.根据相应情况调整滑行能量回收利用

图 2-1-152

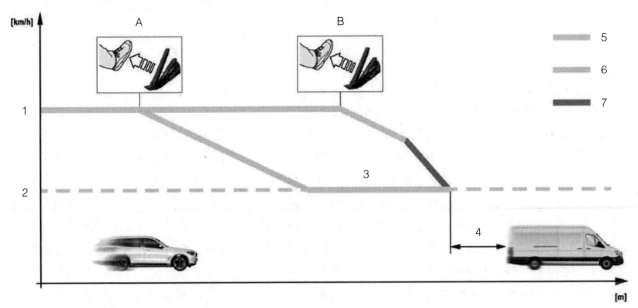

A.案例 A B.案例 B 1.自身车辆速度 2.前方车辆速度 3.更新的、可避免的牵引模式（双重能量转换） 4.计算得出的理论车距 5.牵引模式 6.设定的能量回收利用 7.驾驶员进行制动操作

图 2-1-153

略如图 2-1-153 所示。

案例 A：如果驾驶员过早松开加速踏板，设定的能量回收利用会根据回收设置和当前车速开始运行。自身车辆会大幅减速，因此需要驾驶员加速。这种情况低效且不舒适。

案例 B：如果驾驶员过晚松开加速踏板，设定的能量回收利用将不足以将自身车辆减速到前方车辆的速度。驾驶员必须主动做出制动干预。通过再生制动根据减速情况增强了能量回收利用，而且动能不会完全丧失。但这对于驾驶员并不舒适。

⑤具有自适应能量回收利用。

相同的初始情况：驾驶员驾驶车辆，驶向车速更低的前方车辆。G08 BEV 有自适应能量回收利用的再生策略如图 2-1-154 所示。

案例 A：如果驾驶员过早松开加速踏板，自适应能量回收利用会将仍然充足的距离用于滑行。只有随着车距的减小，车辆才会通过能量回收利用自动减速到前方车辆的速度。此时，能量回收利用的程度根据情况进行调整。在功能控制期间，会根据车速计算出理论车距。

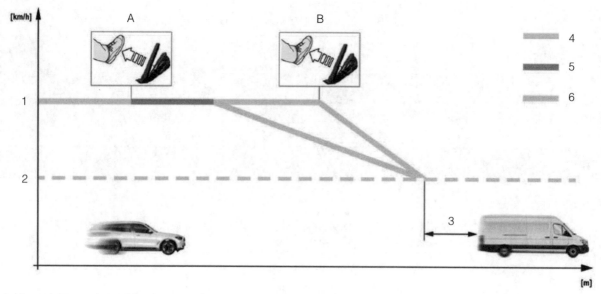

A.案例A B.案例 B 1.自身车辆速度 2.前方车辆速度 3.计算得出的理论车距 4.牵引模式 5.滑行 6.自适应能量回收利用

图 2-1-154

案例 B：如果驾驶员过晚松开加速踏板，自适应能量回收利用会禁止滑行，并立即开始能量回收利用。与案例 A 相比，能量回收利用增加，以实现充分的减速。

自适应能量回收利用持续评估当前的行驶状况。如果行驶状况在功能控制期间发生变化，变化后的状况将被评估，并根据情况再次实施功能控制。示例：自身车辆减速到了前方车辆的速度，但前方车辆此时离开了车道。如果自身车道上空闲或者出现比自己车速更高的前方车辆，将切换到滑行。如果自身车道被另一台更慢的前方车辆占据，将重新减速到其车速。在交通信号灯刚刚切换或车辆驶入自身车道的情况下，亦是如此。在狭窄弯道处，会根据半径计算出弯道驶入速度，有针对性地减速到这一速度。对于越窄的弯道，计算得出的弯道驶入速度越低，能量回收利用也越高。在减速到前方的车速限制进行能量回收利用时，使用加 10km/h 左右的公差值计算目标车速。因此，车辆有可能因这 10km/h 更快到达要求的车速限制。如果车辆在要求位置仍未达到规定车速，则继续进行能量回收利用，直到车辆达到要求的车速。操作制动踏板或加速踏板会停用自适应能量回收利用。自适应能量回收利用通过滑行能量回收利用实现了能量优化和舒适的减速。该功能不会对障碍物自动制动。驾驶员必须自行遵守车速及要求的最小车距。

⑥目的地引导。

自适应能量回收利用会使用前方道路预测辅助系统的数据和计算。因此，无论是在开启目的地引导还是不使用目的地引导的情况下，都能通过导航系统使用自适应能量回收利用。如果目的地引导未开启，则使用最可能的路线进行评估。优化系统的另一步骤是，通过激活方向指示器，前方道路预测辅助系统根据具体情况和自适应能量回收对计算状况进行调整，例如离开停车场或在下一街道转弯时。但是只有开启目的地引导，才能实现更准确、更高效的路线计算。

⑦减速。

依据减速情况，在能量回收利用期间自动启动制动信号灯。从具体的阈值开始启用制动信号灯。

（2）组件。

为确保识别出前方车辆，需要使用前部雷达传感器 FRS。G08 BEV 自适应能量回收输入 / 输出曲线如图 2-1-155 所示。

CCU 在目标扭矩之间进行中央协调，这些扭矩值由不同的控制单元输出。然后，更高的扭矩要求被

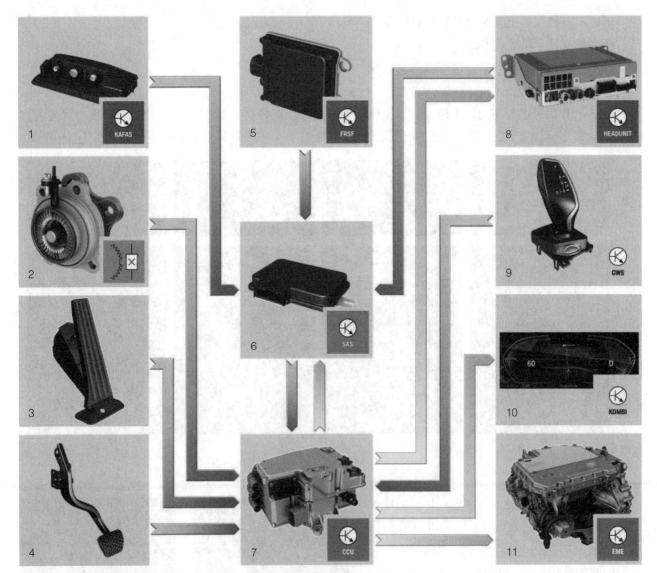

1.KAFAS High 摄像机 2.车轮转速传感器 3.加速踏板模块 4.制动踏板 5.远距离前部雷达传感器 FRSF 6.选装配置系统 SAS 7.联合充电单元 CCU 8.Headunit High 3 9.选挡开关 GWS 10.组合仪表 KOMBI 11.电驱动电源中的电机–电子伺控系统 EME

图 2-1-155

传输至电驱动单元。制动踏板的操作直接由 DSCi 单元检测并处理。

（3）功能和关闭标准。

①理论车距。

由系统计算得出与前方车辆的理论车距是粗略测定的，会受到驾驶员的影响。为此，必须在所需车距及与前车大致相同的速度条件下，持续保持加速踏板约 1s。功能保存下测定的车距用于行驶持续期间。切换到车辆状态"驻车"后，数值被删除。由自适应能量回收利用计算得出的理论车距不一定对应于法律规定的最小车距。驾驶员必须自行遵守规定的最小车距。

②关闭标准。

在下列条件下，会停止自适应能量回收利用：

踩下制动踏板时；

踩下加速踏板时；

更改为 B 挡时；

达到目标车速后；

定速巡航控制系统或纵向调节系统开启后；

所含组件发生系统故障时；

停用 DSC 时。

（4）可个性化设定的能量回收

与挡位 B 保持的较高的能力回收水平相比，驾驶员可以设置挡位 D 的能量回收水平。出厂设置为自适应，"常规车辆设置"设置菜单中可进行其他设置。G08 BEV D 挡下可设置的能量回收如图 2-1-156 所示。

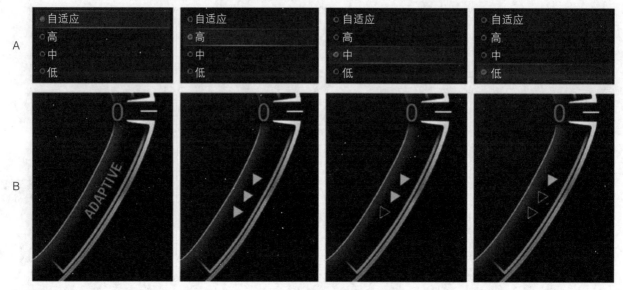

A.中央信息显示屏 CID B.组合仪表 KOMBI

图 2-1-156

B 挡和 D 挡的其他显示可能：D 挡的能量回收显示，若选择"自适应"时关闭 DSC 或存在系统错误如图 2-1-157 所示。更换端子后，能量回收的选择保持不变。

B 挡的能量回收显示如图 2-1-158 所示。

更换端子后，能量回收的选择保持不变，如表 2-1-28 所示。驾驶经验开关对能量回收性能没有进一步影响。所有程序（SPORT/COMFORT/ECO PRO）中选择的设置均相同。此前的 PHEV 车型中，无法配置能量回收，且自适应能量回收仅在 HYBRID ECO PRO 模式下可用。

图 2-1-157

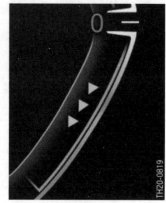

图 2-1-158

表 2-128

模式	减速度（m/s^2）
自适应	0.3 ~ 1.9
高	1.9
中	1.3
低	0.7

十、售后服务信息

1. 车辆交付

在车辆交付过程中，G08 BEV 与其他车辆一样，均处于所谓的运输模式。其中的一个特点是，高压电蓄电池单元最多只能充电至 24.8kWh。为了达到 100% 的充电状态，必须在进行充电之前使用 ISTA 诊断系统取消运输模式。

2. 展厅

处于展厅中的车辆，将不断从高压电蓄电池单元汲取能量。因此，展厅车辆的高压电蓄电池单元必须每天充满电。我们建议在开放时间以外使用外部充电电缆进行充电。

3. 车辆诊断和编程

在车辆诊断和编程过程中，必须通过 12V 充电器向低压车载网络持续供电。仅在 ISTA 诊断系统要求时，才允许在车辆诊断或其他维修工作期间为高压电蓄电池单元充电。仅在 ISTA 要求下，才允许在诊断或编程工作期间断开高压电系统的电压。

4. 喷漆作业

高压电蓄电池单元处于安装状态时，喷漆房中的最高允许温度不得超过 80℃。为避免高压电池过度老化，停留时间不得超过 60min。

5. 焊接作业

在车辆上进行焊接作业时，必须确保高压电系统已按规定断开电源，并且 12V 电池已断开。

6. 维护范围

由于驱动形式的变化，客户车辆的维护与保养需求减少。表 2-1-29 概要列举了预期的维护与保养范围。

表 2-1-29

售后服务与维护	定期服务（CBS）	非定期服务
制动液	●	
车辆检查	●	
内部空间过滤器		●
玻璃水		●
制动摩擦片		●
制动盘		●
轮胎		●

第二节　高压蓄电池

一、前言

高压蓄电池 SE16 是首款投入使用的第 5.0 代高压蓄电池单元。高压蓄电池单元并不作为完整的备件提供。因此，它同样也不能整个进行更换。对于第 5.0 代 G08 BEV，可以由具备资质的保养服务人员更换高压蓄电池单元内部的具体组件。通过这种方式，可以对高压蓄电池 SE16 进行维修。对于售后服务经销商的员工，对于高压蓄电池 SE16 的维修，会提供专门的资格培训措施。高压蓄电池 SE16 的外观视图如图 2-2-1 所示。

二、高压蓄电池单元

1. 概述

高压蓄电池 SE16 是全新研发的产物，并且是首款第 5.0 代高压蓄电池单元。它被用于 G08 BEV。通过冷却液对锂离子高压蓄电池单元进行调温。使用冷却液的优点在于，冷却液不仅可以用于冷却，还可以用于加热高压蓄电池。不过，还有众多其他创新，并且会在本产品信息中加以介绍。

（1）开发序列代号。

为了能够明确标识越来越多的高压蓄电池单元，在技术文档中一并记录了它们的开发序列代号。这一开发序列代号会在每块铭牌上进行标注，如图 2-2-2 所示。因而可以从每个高压蓄电池单元外部找到。开发序列代号由 2 个字母和 1 个数字组成。该高压蓄电池单元开发序列代号为"SE16"如表 2-2-1 所示。

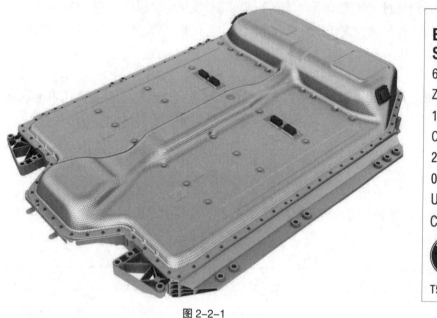

图 2-2-1

图 2-2-2

表 2-2-1

位置	含义	索引	说明
1	（高压）蓄能器	S	引申自英语术语" Electrical Energy Storage System"
2	配套的	E	电动车
	车型	H	混合动力车辆
		P	插件式混合动力车辆
3 + 4	连续编号	03 09	为每款高压蓄电池单元确定的研发编号
		16	

（2）第 5.0 代高压蓄电池。

如前文所述，高压蓄电池 SE16 是第一款投入使用的第 5.0 代高压蓄电池。它被安装在 G08 BEV 中。在高压蓄电池 SE16 中，采用了两种不同型号的电池单元模块。具体涉及的是 11s2p 电池单元模块和 9s2p 电池单元模块。详细的含义会在稍后的章节中加以阐述。高压蓄电池 SE16 一般通过高压充电接口充电，但除了外部供电以外同样也可以通过制动能量回收充电。在德国，在高压蓄电池 SE16 的充电方面存在如下一些变型：

标准充电电缆，充电功率最高 2.3kW（最大 10A）；

1 相交流充电站，充电功率从 3.7kW 至 7.4kW（16A 或者最高 32A 条件下）；

3 相交流充电站，充电功率最高 11kW（每相最高 16A）；

直流充电站，充电功率最高 150kW。

一辆电动车的高压蓄电池作为蓄能器相当于一台内燃机驱动的车辆中的燃油箱。为了达到可接受的续航里程，相应确定了高压蓄电池的尺寸。采用扁平式结构的高压蓄电池 SE16 大面积地安装在车辆底板下。G08 BEV 上的高压组件和高压导线如图 2-2-3 所示。

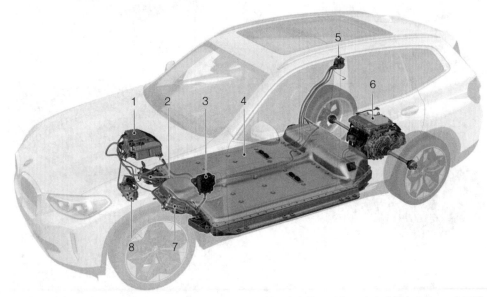

1.联合充电单元CCU 2.用于高压蓄电池的电气加热装置 EH 3.交流高压充电接口（仅日本和中国规格） 4.高压蓄电池 SE16 5.交流和直流高压充电接口（日本和中国规格在此仅提供直流高压充电接口） 6.电气化驱动单元EAE 7.用于车内空间的电气暖风装置 EH 8.电气空调压缩机EKK

图 2-2-3

（3）技术数据。

高压蓄电池 SE16 的组件由下列部分组成：

带有单格电池的电池单元模块；

电池监控电子设备 CSC；

存储器电子管理系统 SME；

带有热交换器和冷却液管的调温系统；

电缆线束；

高压导线；

接口（电气系统和冷却液）；

排气单元；

外壳和紧固件。

高压蓄电池 SE16 概览如图 2-2-4 所示。

单格电池由中国公司 CATL（Contemporary Amperex Technology Limited）交付。交付的单格电池首先在沈阳 BMW Brilliance Automotive 工厂组装成电池单元模块，然后和其他组件一起装配成为一块完整的高压蓄电池 SE16。在高压蓄电池中使用的单格电池属于锂离子单格电池（单格电池类型 NiMnCo/LiMnO Blend）。锂离子单格电池的阳极材料基本上是一种锂金属氧化物。NiMnCo/LiMnO Blend 这个名称提示的

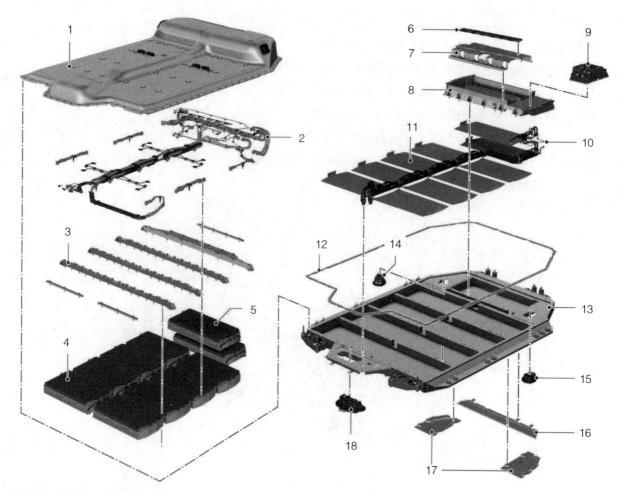

1.壳体盖 2.电接线 3.夹紧条 4.9s2p电池单元模块 5.11s2p电池单元模块 6.电池监控电子设备 CSC 7.CSC 支架 8.中间层 9.存储器电子管理系统 SME 10.带有冷却液管的调温系统 11.电池单元模块热交换器 12.外壳密封件 13.外壳下部件 14.连至直流充电插座的高压接口 15.连至电气化驱动单元 EAE 的高压接口 16.嵌条 17.高压接口饰盖 18.高压连接区

图 2-2-4

是在这种单格电池中所使用的金属材料。一方面是一种镍、锰和钴的混合物，另一方面则是一种锂锰氧化混合物。通过选择阳极材料，优化了高压蓄电池单元应用在电动车上时的性能（能量密度高并且循环次数多）。而作为阴极材料，则和往常一样使用了石墨。在放电时，锂离子会嵌入到石墨当中。通过单格电池中使用的材料，总计可以获得 3.67V 的额定电压。表 2-2-2 汇总了高压蓄电池 SE16 的一些重要技术数据。

表 2-2-2

高压蓄电池 SE16 的技术数据	
制造商	BMW
单格电池类型	锂离子
单格电池制造商	CATL
电压	345V（额定电压） 最低 263.8V，最高 394.8V （电压范围）
单格电池数量	188 块单格电池（94s2p），每块电压 3.67V
蓄电池容量	232Ah

高压蓄电池 SE16 的技术数据	
可存储的最高能量	80kWh
可使用的最高能量	73.8kWh
最大功率（放电）	266kW（10s）
最大功率（充电）*	150kW
总重量	518kg
冷却系统	冷却液 HT12

注：*高压蓄电池 SE16 的充电功率数据，不考虑车辆自身充电系统或者充电基础设施的限制。

高压蓄电池 SE16 的尺寸如图 2-2-5 所示。

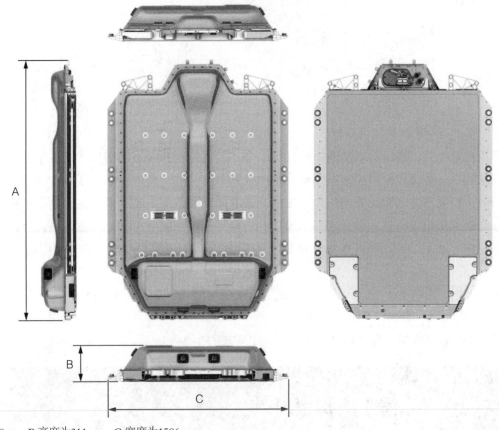

A.长度为2228mm B.高度为311mm   C.宽度为1586mm

图 2-2-5

（4）安装位置。

高压蓄电池 SE16 大面积地安装在前桥和后桥之间的底板上，如图 2-2-6 所示。这样做的优点在于车辆的重心会进一步向下偏，从而实现良好的车辆性能。可以从车辆底板通达高压蓄电池单元的所有接口。

最重要的外部特征包括：

高压导线或者接口；

连至低压车载网络的接口；

冷却液管或者接口；

提示牌；

4 个排气单元；

图 2-2-6

可以从外部进行更换的高压保险丝。

除了高压接口以外，高压蓄电池同样也具有一个连至低压车载网络的接口。它位于高压连接区上。通过这个低压接口，为集成在高压蓄电池单元中的控制单元供电，并且提供总线、传感器和监控信号。为了进行调温，将高压蓄电池集成到一个单独的冷却液循环回路中。高压蓄电池上的提示牌可以向在这些组件上作业的人员提供信息，包括所采用的技术以及可能存在的电气和化学危险。高压蓄电池的电压明显高于 60V DC。因此，在高压蓄电池单元上开展各类作业前，必须遵守电气安全规则：

断电；

采取保险措施，避免重新接通，并且将挂锁的钥匙存放在一个安全的地方；

确认断电状态。

G08 BEV 的组合仪表和消息"高电压系统已停用"如图 2-2-7 所示。

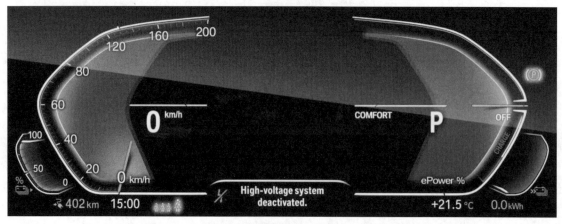

图 2-2-7

如果不能在组合仪表中或者在 ISTA 配套的服务功能中明确确定车辆的断电状态，则不允许在车辆上开展任何作业。在未确认断电状态时存在生命危险。在这种情况下，应将车辆标记为状态不明（黄色高压标记），并且借助高压截止带将其隔离。对隔离的区域应做好相应的标记。除此以外，必须通知技术支持部或者 BMW Group 的高压专家。接下来，必须由技术支持部或者 BMW Group 的高压专家用相应的测量设备／测量方法确定断电状态。电导线（高压接口和连至低压车载网络的接口）以及冷却液管可以脱开，同时无须为此拆卸高压蓄电池单元。

（5）系统电路图。

G08 BEV 中高压蓄电池 SE16 的系统电路图如图 2-2-8 所示。

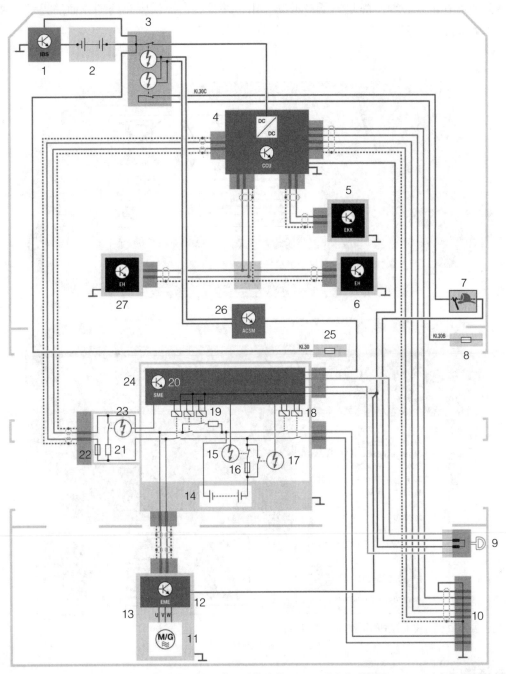

1.智能型蓄电池传感器IBS 2.低压车载网络蓄电池 3.安全蓄电池接线柱SBK 4.联合充电装置 CCU 5.电气空调压缩机 EKK 6.用于高压蓄电池的电气加热装置 EH 7.高电压分离点（救援分离点） 8.接触器的供电（总线端 30B，SBK 总线端 30C 后）9.高压安全插头（Service Disconnect） 10.高压充电接口（交流/直流）11.电动机 EM 12.电机-电子伺控系统 EME/总线端 30C 13.电气化驱动单元 EAE 14.高压蓄电池单元的单格电池 15.燃爆式安全开关 PSS 1 16.高电压负极路径中的保险丝（150A） 17.燃爆式安全开关 PSS 4 18.直流充电接触器 19.带有预充电接触器的主接触器（预充电电阻 15Ω） 20.蓄能器管理电子装置 SME 21.短路电阻（0.3Ω） 22.高电压保险丝（100A） 23.燃爆式安全开关 PSS 6 24.高压蓄电池 25.总线端 30 供电 26.碰撞安全模块 ACSM 27.用于车厢内部的电气暖风装置 EH

图 2-2-8

2.外部特征

（1）提示牌。

在高压蓄电池SE16上，粘贴了3张标牌：1张铭牌和2张警示牌。铭牌上提供了关于高压蓄电池单元的物流信息和个性化信息（包括零件号码、序列号、装配号码等）以及最重要的技术数据（例如额定电压、容量等）。警示牌一方面会提示高压蓄电池SE16中存在的高电压，另一方面也会提示采用的锂离子技术。对于与之相关的潜在危险，警示牌起到了警示的作用，并且还会提供废弃处理方面的提示。高压蓄电池SE16的提示牌如图2-2-9所示。

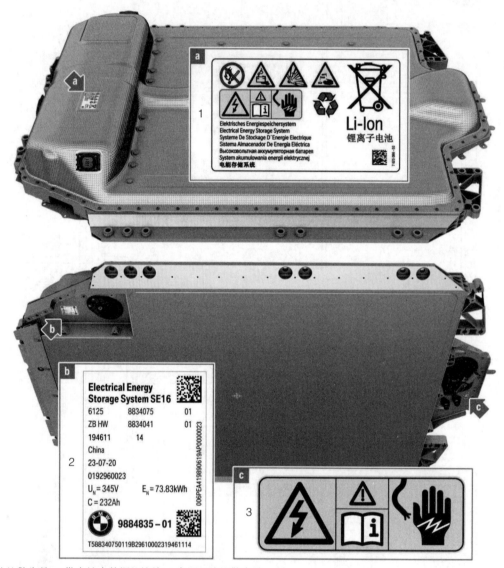

1.高压蓄电池的警告牌 2.带有技术数据的铭牌 3.高压组件的警告牌

图 2-2-9

（2）机械接口。

高压蓄电池单元的外壳通过共24个紧固螺栓和车辆连接。通过这种方式，来克服重力以及在行驶过程中在车身上产生的加速力。所有紧固螺栓都可以从车辆底板通达。在这里，用14个螺栓（M12×1.5×45）在承梁区域中将高压蓄电池与车身连接。用另外6个螺栓 （M12×1.5×110） 将高压蓄电池在前部固定在车身上，并且用4个螺栓 （M12×1.5×110） 在后部区域固定。G08 BEV上高压蓄电池SE16的固定如图2-2-10所示。

高压蓄电池 SE16 的外壳由一个外壳下部件和一个壳体盖组成。壳体盖采用塑料材质，它并非加强件，仅对高压蓄电池单元起到密封作用。壳体盖和外壳下部件相互通过螺栓连接。为此，在环绕的边缘上使用了 80 个螺栓（M5×19），并且在横梁上使用了 27 个螺栓（M8×23）。在重新安装壳体盖时，必须更换所有 107 个螺栓。高压蓄电池 SE16 的外壳如图 2-2-11 所示。

外壳下部件非常稳定，其设计可以确保能够经受住一定严重程度的侧面碰撞，不会在此过程中导致电池单元模块严重受损。为了达到外壳的稳定性和刚性，对于采用蜂巢结构的铝合金侧面挤压型材，通过具有支撑作用的横梁额外进行了加固。由塑料制成的壳体盖并非加强件，仅起到密封的作用。高压蓄电池 SE16 的外壳下部件如图 2-2-12 所示。

在拆卸高压蓄电池单元时，必须首先执行所有最新的维修手册中确定的准备工作（诊断、排放冷却液、断电、拆卸饰板等）。在松开紧固螺栓前，必须准备好带有合适的定位件的移动式升降台 MHT 1200，并且定位在高压蓄电池单元下方。通过车身上的侧面螺栓连接确保高压蓄电池 SE16 的电位补偿。高压蓄电池 SE16 的等电位连接螺栓如图 2-2-13 所示。

高压蓄电池外壳和车身之间的低电阻连接通过螺栓连接建立。由于电位补偿是通过所有 14 个侧面紧固螺栓实现的，因此，必须将这 14 个螺栓同样也作为等电位连接螺栓加以处理。高压蓄电池单元外壳和车身接地之间的低电阻连接是确保自动绝缘监控发挥正常功能的决定性前提条件。除此以外，它也是发生绝缘故障时的一个

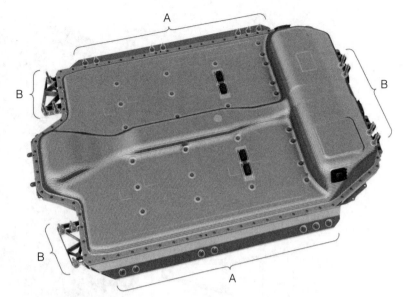

A.高压蓄电池在左侧和右侧承梁区域中的螺栓连接，各7个螺栓 B.6个前部高压蓄电池螺栓连接和4个后部高压蓄电池螺栓连接

图 2-2-10

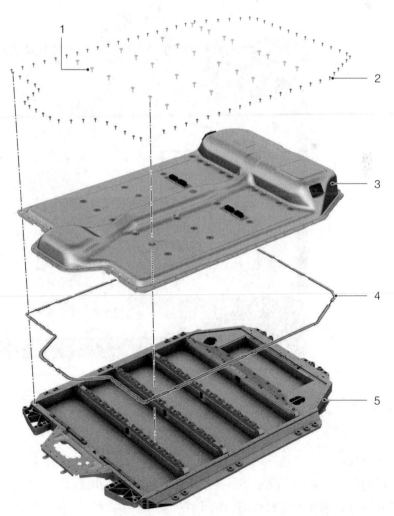

1.横梁上的壳体盖螺栓连接M8×23 2.边缘上的壳体盖螺栓连接M5×19 3.壳体盖 4.外壳密封件 5.外壳下部件

图 2-2-11

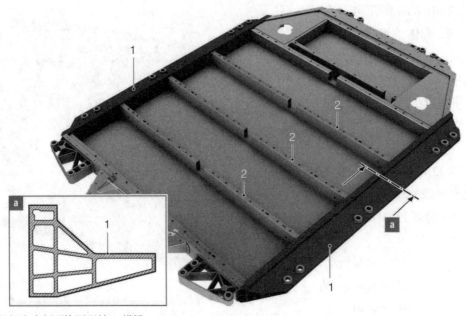

1.采用蜂巢结构的铝合金侧面挤压型材 2.横梁

图 2-2-12

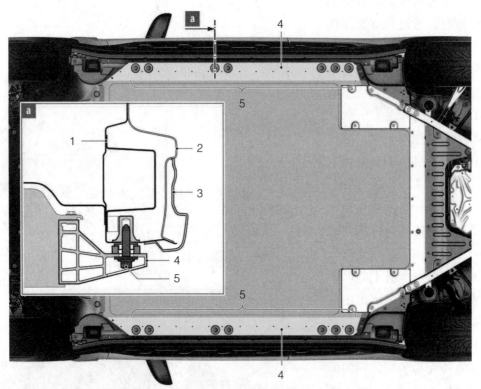

1.内部承梁加强件（顶帽型材） 2.车身外蒙皮 3.承梁饰板（塑料） 4.铝合金侧面挤压型材 5.等电位连接螺栓

图 2-2-13

额外保险。出于这一原因，必须用正确的扭矩拧紧电位补偿螺栓连接。除此以外，必须确保无论是在高压蓄电池单元的外壳上还是在车身上，相应的孔和接触面均未进行涂漆处理，没有锈蚀，并且没有污染。同样也要确保相应螺纹的清洁干净。如果高压蓄电池单元和车身接地之间的这一低电阻连接没有足够的导电能力，则可能不能探测到潜在的绝缘故障，继而对人员构成潜在危险。在拧紧紧固螺栓时，必须严格遵守操作步骤：

清洁孔的接触面和螺纹，并且让第二人加以检查；

用规定的扭矩拧紧装配螺栓；

安排第二人检查扭矩；

两个人必须在车辆档案中对正确的执行做好记录。为此，在 ISTA 中同样也提供了一份"电位均衡螺栓连接用表单"。

（3）电气接口。

在高压蓄电池单元上，存在 3 个高压接口和 1 个低压接口。

①高压接口。

在 BMW Group 的高压蓄电池单元上，高压接口的数量首次超过了 1 个。高压蓄电池 SE16 总共有 3 个高压接口。高压蓄电池 SE16 的电气接口如图 2-2-14 所示。

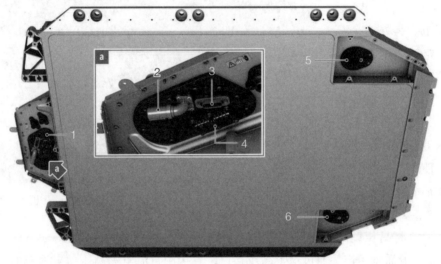

1.高压连接区　2.连至联合充电单元 CCU 的高压接口　3.连至低压车载网络的接口　4.100A 高电压保险丝　5.连至电气化驱动单元 EAE 的高压接口　6.用于直流充电的高压接口

图 2-2-14

在行驶方向上，在高压蓄电池中间前部的是高压连接区。它将高压蓄电池通过一个圆形高压插头（新一代 Hirschmann 插头）与联合充电单元 CCU 连接在一起。CCU 负责为高压组件车内空间的电气暖风装置 EH 和高压蓄电气池电气加热装置 EH 以及电气空调压缩机 EKK 提供高压电。在 CCU 上，同样也连接了交流充电插座的 3 个相位。通过 3 个 AC/DC 转换器，将在 CCU 中经过整流的充电电压通过这条线路重新馈入高压蓄电池进行充电。连至低压信号插头的接口同样也位于高压连接区上。在高压连接区部件的内部，同样也安装了带有所属短路电阻的燃爆式安全开关 PSS 6。高压连接区如图 2-2-15 所示。

作为高压附加

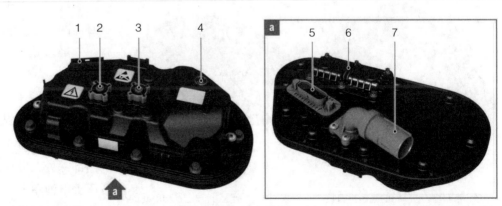

1.低压信号插头的内部接口　2.CCU的高压接口正极（输入端）　3.CCU的高压接口负极（输入端）　4.燃爆式安全开关PSS 6接口　5.低压信号插头的外部接口　6.100A 高电压保险丝　7.连至 CCU 的高压接口（输出端）

图 2-2-15

机组（车辆内部的电气暖风装置、高压蓄电池的电气加热装置和电气空调压缩机 EKK）以及 CCU 的电气保险措施，在高压连接区中安装了一个100A的高电压保险丝。这个高电压保险丝在维修时可以从外部进行更换。这意味着为此既无须拆卸高压蓄电池，也无须将其打开。高压连接区中的高电压保险丝如图 2-2-16 所示。

在更换高电压保险丝时，必须首先将车辆断电。另外一个高压接口将高压蓄电池和电气化驱动单元 EAE 连接在一起。这个高压接口在行驶方向上位于高压蓄电池上左后部，并且被称为电气化驱动单元 EAE 高压接口。作为高压连接插头，使用了一个扁平高压插头（Rosenberger 插头）。EAE 高压接口如图 2-2-17 所示。

第三个高压接口将高压蓄电池直接和高压直流充电插座相连。

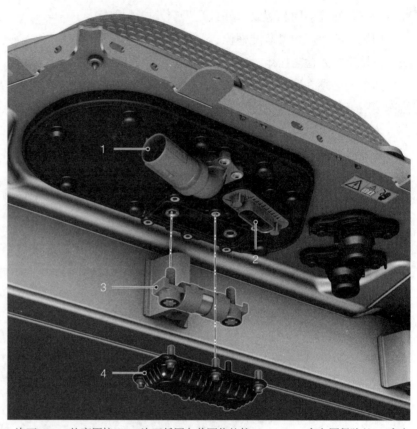

1.连至 CCU 的高压接口　2.连至低压车载网络的接口　3.100A 高电压保险丝　4.高电压保险丝的盖板

图 2-2-16

通过这个高压接口，直接用直流电为高压蓄电池充电。这个高压接口在行驶方向上位于右后部，并且被称作直流充电高压接口。直流充电高压接口如图 2-2-18 所示。

位于高压组件以外的高压导线有一层屏蔽层。这层屏蔽层始终与所连接的高压组件对应的外壳相连。这样一来，高压蓄电池高压导线的屏蔽层同样也会穿入至高压蓄电池单元的外壳内。对于 G08 BEV 而言，连至直流充电插座的高压导线是一个例外。由于这些高压导线在行驶时基本上是从高压蓄电池上脱开的，因此，在此处无须进行主动式绝缘监控。屏蔽层的功能：

屏蔽层对于自动绝缘监控而言是必需的；

屏蔽层有助于确保电磁兼容性 EMC。

除此以外，对于带电部件的接触，高压接口可以提供相应的保护。实际的接触面被置于高压插口的塑料外壳内部深处，因而是接触不到的。和高压蓄电池单元的其他组件一样，高压蓄电池的所有三个高压接口都可以作为单独的部件进行更新。相应的前提条件是具备资质的保养服务人员以及

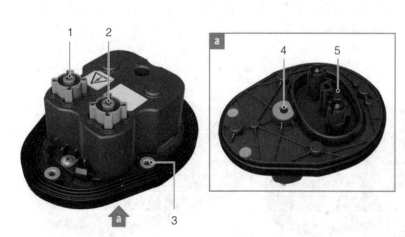

1.连至电气化驱动单元的高压接口负极（输入端）　2.连至电气化驱动单元的高压接口正极（输入端）　3.4个紧固螺栓，用于螺栓连接到高压蓄电池外壳下部件上　4.扁平高压插头（Rosenberger 插头）的紧固螺纹　5.连至电气化驱动单元的高压连接件（输出端）

图 2-2-17

严格遵守维修手册。

②高压插头。

对于高压蓄电池 SE16，在过去的高压蓄电池上使用的制造商 Kostal 的扁平高压插头已经不再使用。在高压连接区上安装了制造商 Hirschmann 经过改良的圆形高压插头，并且在另外两个高压接口上分别使用了一个制造商 Rosenberger 的新型扁平高压插头。经过改良的圆形高压插头不仅减小了接触电阻，提高了振动强度，而且还降低了插接力。外部识别特征是额外的金属材质的外壳锁止装置。制造商 Hirschmann 的新型圆形高压插头如图 2-2-19 所示。

Rosenberger 的扁平高压插头 HVS-420 不仅用在直流充电高压接口上，而且也用在电气化驱动单元高压接口上。这种高压插头具有接触保护性能特别好的高压插接口，并且用一个螺栓固定在其插接位置上。Rosenberger 插头 HVS-420 如图 2-2-20 所示。

Rosenberger 的扁平高压插头 VS-420 如图 2-2-21 所示。

③连至低压车载网络的接口。

在高压蓄电池单元上，有一个连至高压连接区上的低压车载网络的接口，它具有下列一些接口：

SME 控制单元的供电，通过总线端 30 和总线端 31；

总线端 30C 碰撞信号，用于电磁接触器的供电；

ACSM 的 PWM 碰撞信号；

车身域控制器 BDC 的唤醒导线；

高压安全插头的状态识别导线；

冷却液管入口中的单向阀；

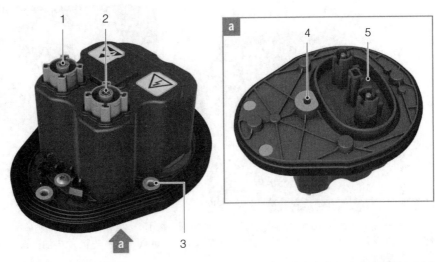
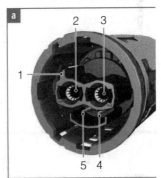

1.连至直流充电插座的高压接口负极（输入端）　2.连至直流充电插座的高压接口正极（输入端）　3.4个紧固螺栓，用于螺栓连接到高压蓄电池外壳下部件上　4.扁平高压插头（Rosenberger 插头）的紧固螺纹　5.连至直流充电插座的高压连接件（输出端）

图 2-2-18

1.内部插接系统的机械设码　2.高压导线线脚1（正极）的电触点　3.高压导线线脚2（负极）的电触点　4.用于插头中桥架的接口1（如果安装，则不会使用桥架）　5.用于插头中桥架的接口2（如果安装，则不会使用桥架）

图 2-2-19

图 2-2-20

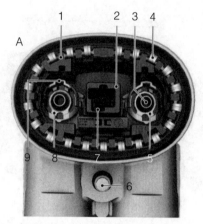

A.Rosenberger 高压插头　B.组件的高压接口　1.外部设码　2.用于高压触点监控的插头外壳（G08 BEV 上不使用）　3.高压触点的接触保护　4.屏蔽层的电触点　5.高压导线线脚 2（负极）的电触点　6.螺栓连接　7.内部设码　8.高压导线线脚 1（正极）的电触点　9.高压触点的接触保护

图 2-2-21

CAN-FD。

线脚布置如表 2-2-3 所示。

表 2-2-3

线脚	线脚布置
1	总线端 30
2	总线端 31
3	总线端 30C 低压正极供电，直至碰撞
4	唤醒导线（BDC 的唤醒）
5	未占用
6	未占用
7	高压安全插头状态识别 SD-1
8	高压安全插头状态识别 SD-0
9	ACSM 的 PWM 碰撞信号（crash-）
10	ACSM 的 PWM 碰撞信号（crash+）
11	CAN-FD 低速
12	CAN-FD 高速
13	未占用
14	未占用
15	冷却液入口单向阀 +
16	冷却液入口单向阀 -

④高压安全插头。

高压安全插头是高电压系统中的一个重要部件。但它并非高压蓄电池的组成部分，同样也不是高压组件。高压安全插头是绿色的。高压安全插头作为单独的部件定位在右后行李箱内一块饰盖后面的配电器前方。在断电前，必须满足下列前提条件：

固定车辆，防止溜车；

不得插接充电电缆；

车辆必须处于休眠模式。

G08 BEV 上高压安全插头的安装位置如图 2-2-22 所示。

高压安全插头具有 2 个功能：

高电压系统的断电；

作为保险措施，防止重新接通。

有两条电路从穿过高压安全插头。一个是高压安全插头状态识别，另外一个则是电磁接触器的总线端 30C 供电。如果拔下高压安全插头，则这两个电路会断路。在拔下高压安全插头的情况下，电磁接触器会断开，并且只要高压安全插头保持拔下状态，则电磁接触器接下来同样也不再能够闭合。为了避免重新接通，

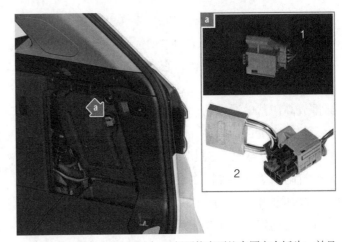

1.闭合状态下的高压安全插头 2.断开状态下的高压安全插头，并且采取了保险措施，避免重新接通

图 2-2-22

高压安全插头在拔下状态下带有一个开口，在其中必须插入一把市售的可以上锁的挂锁。插头和高压安全插头的插口不能完全相互分离。对两个部件采取了保险措施，避免完全相互分离。为了断开总线端 30C 和高压安全插头状态识别的电路，只需将两个部件适当地相互分离，直至插头内部件的圆形开口可以通达为止。接下来，会将一把挂锁安装并且锁到高压安全插头的开口上。为了防止重新接通，务必采取这项措施。不要使用数字密码挂锁！为了闭合高压安全插头（重新投入使用），必须注意的是，有一个锁止装置会通过机械方式阻止这一操作。因此，必须用一把合适工具以机械方式将锁止装置解锁，以便将插头和高压安全插头的插口推到一起。这样一来，就可以恢复高压安全插头状态识别的电路和电磁接触器总线端 30C 的供电电路。

（4）排气单元。

排气单元有两个功能。第一个功能是在高压蓄电池单元的内部和外部平衡压力差。在单格电池损坏的情况下，会产生较大的压力差。在这种情况下，单格电池会首先在高压蓄电池单元内部从标准断裂位置开始排气。接下来，在此过程中产生的气体必须通过排气单元排放至车外。在这里，在 -40 ~ 80 ℃ 的温度范围内，排气单元的触发压力介于 0.2 ~ 0.5bar 之间。接下来在排气单元中形成的开口横截面积为至少 600mm²。接下来，通过排气单元中的这个开口，产生的气体可以从高压蓄电池中排放。排气单元的横截面如图 2-2-23 所示。

排气单元的第二个功能是将高压蓄电池单元内部产生的冷凝水朝外排放。在高压蓄电池单元内部，除了技术组件以外，同样也存在空气。如果空气或者外壳由于环境温度较低或者由于激活了冷却功能而被冷却，则在高压蓄电池中，一部分水蒸气会从空气中冷凝。这样一来，在高压蓄电池单元内部就会形成少量的液态水。这些水一开始并不会造成任何功能影响。在下一次空气或者外壳受热时，水会再次蒸发，同时外壳内的压力会略微升高。通过让受热的空气朝外逃逸，排气单元就可以实现压力平衡。在此过程中，空气中所含的水蒸气会被一起排放到外部，而之前的液态冷凝水也会通过这种方式

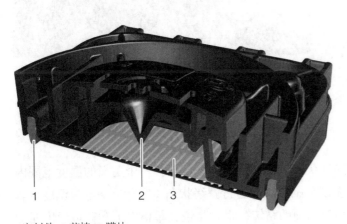

1.密封件 2.芯棒 3.膜片

图 2-2-23

实现排放。为了实现这一功能，排气单元有一个气体（和水蒸气）可以透过、但液体不能透过的膜片。在膜片上方，有一根芯棒，它在高压蓄电池单元过压的情况下会破坏膜片。这一点非常重要，以便能够排放高压蓄电池中的过压，继而避免更大的损失。为了阻止粗大的污垢，在其上方有一个两部分组成的饰盖。高压蓄电池 SE16 排气单元的安装位置（此处没有附加盖框）如图 2-2-24 所示。

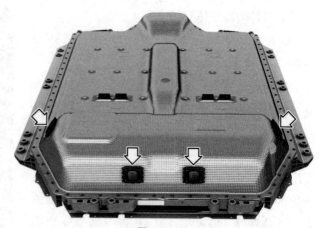

图 2-2-24

高压蓄电池 SE16 总共有 4 个排气单元。4 个排气单元的安装位置位于后部区域中的壳体盖上。带有附加盖框的排气单元如图 2-2-25 所示。

为了针对高温提供保护，排气单元拥有一个独立的附加饰盖。为了执行 End of Service 测试（EoS 测试），必须拆除这种附加盖框。在拆除后，不允许重新使用这种盖框，也就是说，必须更新它们。在保养环节，可以将排气单元作为整体进行更新。如果排气单元机械损坏，则必须更换。排气单元膜片损坏可能预示着单格电池损坏。如果出现这种情况，则在目视检查打开的高压蓄电池单元内部时必须格外小心。对于使用 EoS 测试设备进行的最终测试，必须为排气单元使用高压蓄电池 SE16 配套的检测接口。

（5）连至冷却液循环回路的接口。

为了实现高压蓄电池 SE16 调温，把它集成在一个单独的冷却液循环回路中。为了能够以需求为导向实现调温，在高压蓄电池单元冷却液循环回路的进流管路中安装了一个电控单向阀。单向阀和存储器电子管理系统 SME 直接连接，并且由它促动。在断电状态下，阀门处于关闭状态，也就是说没有冷却液流入高压蓄电池单元。阀门仅识别"关闭"和"打开"这两个位置。冷却液的流入量取决于通过综合特性曲线调控的电动冷却液泵的促动。高压蓄电池 SE16 的冷却液接口如图 2-2-26 所示。

1.附加盖框

图 2-2-25

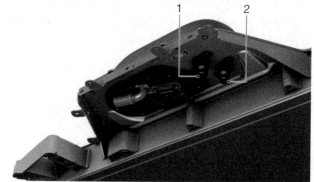

1.冷却液回流　2.冷却液进流

图 2-2-26

3.高压蓄电池单元的调温

（1）概述。

为了最大化高压蓄电池的使用寿命和效率，并且获得最大可能的功率，会在一个定义的温度范围内运行它。高压蓄电池单元原则上在 -40 ~ 55 ℃的温度范围内处于运行就绪状态（实际单格电池温度）。在温度特性方面，高压蓄电池从外部而言是一个相对迟钝的系统，也就是说，单格电池和环境温度匹配需要花费数小时时间。在极端高温或者低温环境中短暂停留并不意味着单格电池会有这样的温度。但对于使用寿命和性能而言，单格电池的理想温度范围十分有限，并且介于 25～40℃ 之间。如果单格电池温度长时间处于这一范围以外，同时还伴有很高的功率输出或者功率吸收，则这会对单格电池的使用寿命造成负面影响。高压蓄电池的使用温度范围如图 2-2-27 所示。

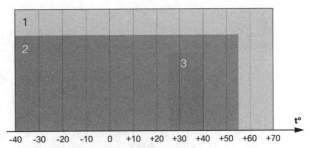

1.一般温度范围（存储温度范围） 2.高压蓄电池单元的工作温度范围 3.高压蓄电池单元的理想工作温度范围

图 2-2-27

为了应对这一效应，并且在所有车外温度条件下确保最佳的性能，G08 BEV 的高压蓄电池 SE16 有自动工作的调温装置。调温意味着会根据实际需要对高压蓄电池进行加热或者冷却。出于这一目的，它被集成到车辆的冷却液循环回路中。

调温：根据需要通过冷却液对高压蓄电池 SE16 进行冷却或者加热。在此过程中，空调的制冷剂循环回路只会通过冷却液/制冷剂热交换器间接冷却高压蓄电池单元。出于这一目的，空调由 2 条平行的分支构成。一条用于冷却车辆内部空间的分支，另外一条用于在冷却液/制冷剂热交换器中冷却冷却液的分支。SME 可以通过施加电压促动和打开冷却液管中的单向阀。单向阀位于连至高压蓄电池的冷却液进流管路中。这样一来，冷却液就可以流入高压蓄电池单元，并且在此过程中根据需要加热或者冷却高压蓄电池。

（2）功能。

在调温系统功能的基础上，存在 3 种运行状态：

加热接通；

冷却接通；

冷却和加热关闭。

运行状态取决于参数单格电池温度、车外温度、冷却液温度以及高压蓄电池消耗的或者获得的电功率。接下来，SME 会在这些输入参数的基础上，决定需要或者可以激活哪种运行模式。

①运行状态加热接通。

如果车辆较长时间（例如数日）停放在非常低的环境温度下，则单格电池随着时间的推移也会具有和环境温度一样的低温。在这种状态下，在开始行驶时可能不能获得充分的驱动电功率。BMW iX3（G08 BEV）可以在最低 -30℃ 的温度条件下运行。应避免在低于这一温度的环境中停放车辆超过 8 个小时。对于这一情况，会在组合仪表中以检查控制信息的形式显示给驾驶员。接下来，仅在加热高压蓄电池后才能获得全部的驱动电功率。不仅仅是在输出功率时，在充电时对高压蓄电池加热同样也可能是有意义的，或者是必须的。如果单格电池中的温度过低，则完整的 150kW 直流充电功率可能会损坏高压蓄电池。在这里，相关的组件会如下工作：

电气空调压缩机不处于运行状态；

高压蓄电池单元冷却液循环回路的进流管路中的单向阀会促动，并且保持打开状态；

根据需要，会促动高压组件高压蓄电池的电加热装置；

通过综合特性曲线调控促动冷却液泵。

运行状态"加热接通"时的冷却液流转如图 2-2-28 所示。

对于 G08 BEV，在加热高压蓄电池 SE16 时存在两种不同的场景。在车辆停留或者驻车状态时加热，以及在车辆行驶状态时加热。在车辆停留或者驻车状态时，原则上只会在插入充电电缆的情况下放行高压蓄电池的加热过程。在此过程中，高压蓄电池的电量必须比高压蓄电池的最低电量至少高出 360Wh。除此以外，驾驶员必须输入并激活一个启程时间，并且选择了车内空间的预调温。用于高压蓄电池 SE16 加热的能量全部来自外部（充电站、壁挂盒），并且会由联合充电单元（CCU）传输至高压蓄电池的电

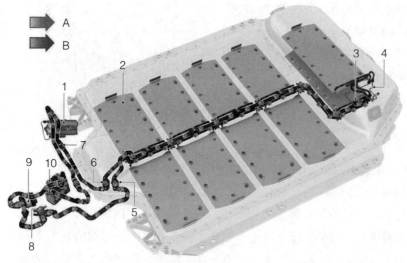

A.加热后的冷却液的入口 B.热量排放后的冷却液回流 1.高压蓄电池的电气加热装置 2.电池单元模块热交换器 3.进流中的冷却液温度传感器 4.SME冷却液管路 5.冷却液进流管路接口 6.冷却液回流管路接口 7.单向阀 8.单向阀 9.高压蓄电池的电动冷却液泵 10.冷却液/制冷剂热交换器

图 2-2-28

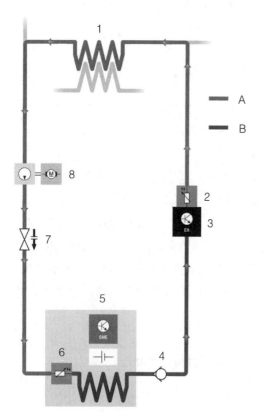

A.由高压蓄电池电加热装置加热的冷却液 B.热量输出至高压蓄电池后的冷却液回流 1.冷却液/制冷剂热交换器 2.电气加热装置上的温度传感器 3.高压蓄电池单元的电气加热装置(高压组件) 4.单向阀 5.高压蓄电池 SE16 6.冷却液进流管路中的温度传感器 7.由SME促动的单向阀(断电时关闭) 8.高压蓄电池冷却液循环回路中的电动冷却液泵(80W)

图 2-2-29

气加热装置上。再次简要地汇总车辆停留或者驻车状态的条件:

必须插入一根充电电缆;

必须输入并且激活了一个启程时间,以及车内空间的预调温;

电量高出高压蓄电池单元最低电量至少360Wh。

在车辆行驶状态下,始终会放行加热过程,并且可以在SME请求的情况下随时执行。除了单格电池温度以外,在这里,加热仅会受到驾驶体验开关的影响。在ECO PRO模式下,高压蓄电池SE16会预热至最高 -15℃,在COMFORT模式下预热至最高 -5℃,并且在运动模式下预热至最高5℃。在此过程中,加热前的初始。温度必须低于加热目标温度至少5℃。对此,参见下面的示例:车辆处于车辆状态行驶下并且处于COMFORT模式下。接下来,对于 -5℃的单格电池目标温度,实际初始温度必须为 -10℃或者更低,以便开始加热过程。高压蓄电池SE16的冷却液循环回路(在运行状态"加热接通"下)如图2-2-29所示。

②运行状态冷却接通。

正如充电或者行驶时那样(充电过程、电动行驶和制动能量回收),通过连续的功率输出和功率吸收,单格电池的温度会升高。现在,如果温度在高压蓄电池内部由于能量输出和能量吸收所产生的负荷而升高,则在达到一定阈值的情况下,SME会发出冷却接通请求。接下来,自动空调会决定是要冷却车内空间,还是高压蓄电池单元,或者冷却它们两者。如果SME发出的冷却请求的优先级较低,而车内空间的冷却需求则较高,则自动空调会拒绝SME的冷却请求,继而拒绝高压蓄电池的冷却请求。如果SME发出的冷却请求的优先级较高,则会始终优先对高压蓄电池单元进行冷却。SME首次集成到冷却液循环回路中。借助SME内部的冷却液管路,现在同样也会对该高压组件进行冷却。由于直流充电过程中可能存在很高的充电电流,以及在行驶时可能存在很高的放电电流,因此,这是必要的。对于冷却请求,自动空调会向联合充电单元(CCU)发出请求,要求为电气空调压缩机提供高压供电。运行状态"冷却接通"时的冷却液流转如图2-2-30所示。

在运行状态冷却时,组件的表现如下:

高压蓄电池单元冷却液循环回路的进流管路中的单向阀会促动，并且保持打开状态；

促动电气空调压缩机；

通过综合特性曲线调控促动冷却液泵。

随着低温冷却液流入电池单元模块热交换器，会吸收单格电池排放的热量，并且继续输送至冷却液/制冷剂热交换器。在那里，加热后的冷却液会重新通过制冷剂冷却下来。高压蓄电池 SE16 中的制冷剂和冷却液循环回路（在运行状态"冷却接通"下）如图 2-2-31 所示。

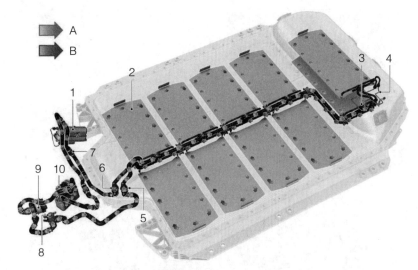

A.低温冷却液进流 B.加热后的冷却液回流 1.高压蓄电池的电气加热装置 2.电池单元模块热交换器 3.进流中的冷却液温度传感器 4.SME 冷却液管路 5.冷却液进流管路接口 6.冷却液回流管路接口 7.单向阀 8.单向阀 9.高压蓄电池的电动冷却液泵 10.冷却液/制冷剂热交换器

图 2-2-30

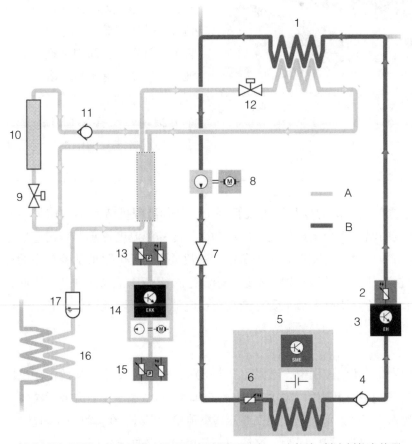

A.制冷剂循环回路 B.高压蓄电池的冷却液循环回路 1.冷却液/制冷剂热交换器 2.高压蓄电池电气加热装置的温度传感器 3.用于高压蓄电池的电气加热装置 4.单向阀 5.高压蓄电池 6.冷却液进流管路中的温度传感器 7.由 SME 促动的单向阀（断电时关闭） 8.高压蓄电池冷却液循环回路中的电动冷却液泵（80W） 9.车内空间蒸发器可以截止的膨胀阀 10.车内空间蒸发器 11.单向阀 12.冷却液/制冷剂热交换器可以截止的膨胀阀 13.低压侧制冷剂压力温度传感器 14.电气空调压缩机 EKK 15.高压侧制冷剂压力温度传感器 16.冷却冷却的空调冷凝器 17.干燥瓶

图 2-2-31

③冷却和加热关闭。

如果单格电池温度已经处于理想范围内，则会采用运行状态冷却和加热关闭。如果车辆在适当的环境温度条件下以较低的电功率行驶，或者在充电时将充电功率设置为"低"的话，则绝大部分情况下会处于上述的运行状态。这一运行状态是理想状态，因为无须额外的能量来冷却或者加热高压蓄电池。在这里，相关的组件工作如下：

电动空调压缩机不处于运行状态，或者在车内空间需要制冷的情况下以降低的功率运行；

高压蓄电池的电气加热装置不处于运行状态；

高压蓄电池单元冷却液循环回路的进流管路上的单向阀不会促动，并且会保持关闭状态。

（3）系统组件。

①电池单元模块热交换器。

11s2p 电池单元模块和 9s2p 电池单元模块位于高压蓄电池 SE16 中。在电池单元模块相应的底板上，

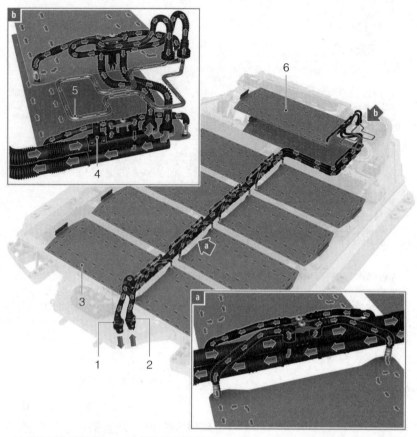

固定安装了电池单元模块热交换器，并且不能单独进行更换。借助螺栓连接的压紧条在侧面安装电池单元模块后，它们会悬挂在外壳下部件中。这意味着电池单元模块热交换器并非贴靠在外壳下部件底板上。高压蓄电池SE16中冷却液循环回路中的组件如图2-2-32所示。

电池单元模块热交换器不仅仅用于冷却，而且还用于电池单元模块的加热。为了让电池单元模块热交换器满足功能，为它们配套了一种导热膏，并且将它们固定集成在电池单元模块底板中。电池单元模块热交换器的制造商是法雷奥公司。电池单元模块的电池单元模块热交换器和电池单元模块一起形成一个单元，因此不能单独进行更换。在电池单元模块热交换器损坏的情况下，必须将涉及的电池单元模块

1.冷却液回流管路接口　2.冷却液进流管路接口　3.9s2p 电池单元模块的电池单元模块热交换器　4.冷却液进流管路中的温度传感器　5.SME的冷却液管路　6.11s2p电池单元模块的电池单元模块热交换器

图 2-2-32

作为整体进行更换。

②冷却液温度传感器。

冷却液温度传感器位于高压蓄电池单元内部的冷却液进流管路中。冷却液温度传感器的信号会被用于控制和监控调温功能。根据冷却液的温度，会确定可用的冷却功率。冷却液温度传感器直接连接在SME 控制单元上，后者会对信号开展分析评价。传感器是一个负温度系数电阻，其电阻值随着温度的升高减小。在发生故障时，可以单独更换冷却液温度传感器。不过，由于它位于高压蓄电池内部，因此，为此必须打开高压蓄电池单元。必须由具备资质的人员负责打开高压蓄电池单元。除此以外，必须严格按照维修手册操作，尤其是必须执行规定的打开前的检测。

③单向阀。

单向阀通过一个直接连接由 SME 促动。在此过程中，电促动只会识别 2 种运行状态：0V 的促动电压代表阀门保持关闭状态。12V 的促动电压则会打开阀门。因此，只存在两种运行状态，即打开或者关闭。在单向阀损坏的情况下，可以方便地更换它，因为单向阀定位在高压蓄电池单元以外。在车辆发生事故时，以及识别到加热冷却系统泄漏的情况下，不再促动单向阀。这样一来，单向阀会处于关闭状态，从而会避免在发生内部泄漏时继续有冷却液流入高压蓄电池单元的内部。

4. 内部结构

（1）电气和电子组件。

高压蓄电池 SE16 的系统电路图如图 2-2-33 所示。

从上面的系统电路图中可以看到，高压蓄电池 SE16 的单格电池被汇总到 10 个电池单元模块中。这

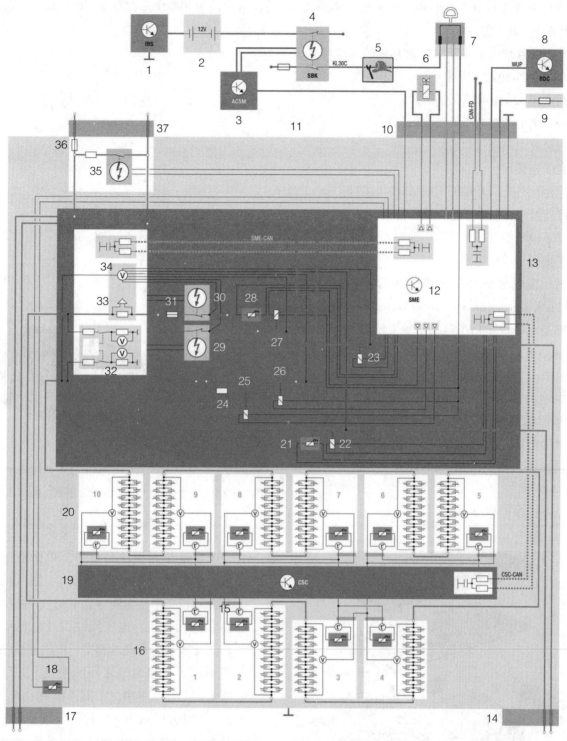

1.智能型蓄电池传感器 IBS　2.车载网络电池　3.碰撞安全模块 ACSM 和用于触发安全蓄电池接线柱并且发送 PWM 碰撞信号的控制线路　4.安全蓄电池接线柱SBK　5.高电压分离点（救援分离点）　6.高压蓄电池冷却液循环回路的冷却液进流管路中的单向阀　7.高压安全插头（Service Disconnect）　8.车身域控制器 BDC 和 SME 的唤醒导线　9.总线端30供电　10.高压连接区上的低压插接接口　11.高压蓄电池单元　12.蓄能器管理电子装置 SME 运算单元/电子线路板　13.蓄能器管理电子装置 SME 整体组件　14.直流充电高压接口　15.电池单元模块中的温度和电压传感器　16.11s2p 电池单元模块　17.电气化驱动单元 EAE 的高压接口　18.高压蓄电池中的冷却液进流管路温度传感器　19.电池监控电子设备 CSC　20.9s2p 电池单元模块　21.直流充电电磁接触器的温度传感器　22.直流充电电磁接触器 HV+　23.直流充电电磁接触器 HV-　24.预充电电阻　25.预充电接触器　26.主电磁接触器 HV+　27.主电磁接触器 HV-　28.主电磁接触器的温度传感器　29.燃爆式安全开关 PSS 4　30.燃爆式安全开关 PSS 1　31.高压负极导线中的保险丝（150A）　32.绝缘监控　33.高压负极导线中的电流和电压传感器（测量电阻）　34.主接触器前和后的电压测量设备　35.带有短路电阻的燃爆式安全开关 PSS 6　36.连至联合充电单元 CCU 的高压保险丝（100A）　37.高压连接区上连至联合充电单元的高压接口

图 2-2-33

10 个电池单元模块分为八个 9s2p 电池单元模块和两个 11s2p 电池单元模块。在高压蓄电池单元中包含下列一些电气/电子部件：

　　蓄能器管理电子装置 SME 和集成的接触器；

　　八个 9s2p 电池单元模块；

　　两个 11s2p 电池单元模块；

　　一个电池监控电子设备 CSC；

　　直流充电高压接口；

　　高压连接区；

　　连至电气化驱动单元 EAE 的高压接口；

　　冷却液进流管路中的温度传感器。

　　除了电气组件，高压蓄电池单元由冷却液管和电池单元模块的机械固定元件组成。

　　①锂离子单格电池。

高压蓄电池 SE16 的锂离子单格电池由中国公司 CATL（Contemporary Amperex Technology Limited）生产制造。一块单格电池的重量大约为 1740g，并且具有如下的尺寸：长度 302mm，宽度 26.5mm，高度 91mm（高度：单格电池底板至电极上缘）。单格电池的额定电压为 3.67V，容量为 116Ah，并且取整后的能量值 426Wh。一块损坏的单格电池不能单独更换，而是必须以一个电池单元模块的形式更换。高压蓄电池 SE16 的锂离子单格电池如图 2-2-34 所示。

　　②电池单元模块。

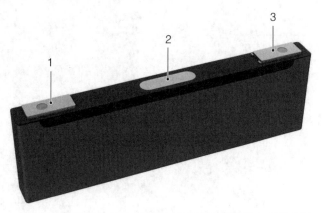

1.单格电池的负极　2.单格电池排气的标准断裂位置　3.单格电池的正极

图 2-2-34

电池单元模块是将多个单格电池组合成一个单元。高压组件电池单元模块的组成部分还包括单格电池触点系统、单格电池触点系统的饰盖，连接元件以及电池单元模块热交换器。在此过程中，单格电池触点系统形成了单格电池之间的连接，并且另一方面则是连至单格电池监控模块 CSC（Cell Supervision Circuit）的接口。对于高压蓄电池 SE16，热交换器同样也集成在电池单元模块中。在这里，电池单元模块热交换器始终水平地安装在电池单元模块的底板上。电池单元模块不允许进行拆解。如果损坏，必须始终整个地更换电池单元模块。11s2p 电池单元模块的结构如图 2-2-35 所示。

在高压蓄电池 SE16 的电池单元模块中，始终成对且相互呈 180° 夹角地布置单格电

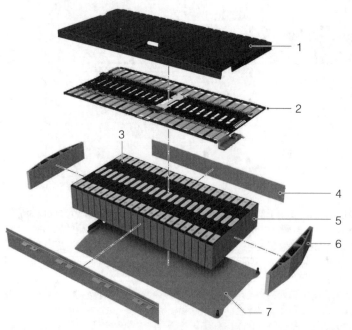

1.单格电池触点系统饰盖　2.单格电池触点系统　3.锂离子单格电池　4.拉杆板　5.绝缘膜　6.压盘　7.电池单元模块热交换器

图 2-2-35

池。这样一来，正极和负极就会始终成对地交替贴靠在一起。接下来，通过单格电池触点系统 ZKS，就会将正极和负极相互连接，从而形成由 2 个并联单格电池组成的串联电路。2 块单格电池的并联连接也被称为双电池单元模块。11s2p 电池单元模块的单格电池接线如图 2-2-36 所示。

③电池单元模块的变型。

高压蓄电池 SE16 由总共 10 个串联的电池单元模块组成。在这里，选用了两种不同的电池单元模块：所谓 11s2p 电池单元模块和 9s2p 电池单元模块。在这里，名称 11s2p 和 9s2p 提示的是电池单元模块中单格电池的接线方式。11s2p 表示 11 个单格电池串联的同时每 2 个单格电池会并联在一起。这样一来，对于一个 11s2p 电池单元模块，总共安装了 22 个单格电池（11×2）。相应的，对于 9s2p 电池单元模块，9 个单格电池串联的同时每 2 个单格电池会并联在一起。作为结果，在这个 9s2p 电池单元模块中，总共安装了 18 个单格电池（9×2）。无论是 11s2p 电池单元模块还是 9s2p 电池单元模块，每个电池单元模块始终拥有 2 个用来确定单格电池温度的温度传感器（负温度系数电阻）。至于电池单元模块的正极接口或者负极接口位于哪个位置上，可以在单格电池触点系统的饰盖上找到。11s2p 电池单元模块如图 2-2-37 所示。

一个 11s2p 电池单元模块的重量大约为 43.8kg。一个 11s2p 电池单元模块的额定电压为 40.4V。9s2p 电池单元模块如图 2-2-38 所示。

一个 9s2p 电池单元模块的重量大约为 36.1kg，并且具有如下的尺寸：长度 560mm，宽度 352mm，高度 115mm。一个 9s2p 电池单元模块的额定电压为 33.0V。电池单元模块的位置高压蓄电池 SE16 中电池单元模块的布置如图 2-2-39 所示。

高压蓄电池 SE16 的高压负极接口由第 1 个电池单元模块的负极接口构成，而高压蓄电池 SE16 的高压正极接口则由第 10 个电池单元模块的正极接口构成。接线的顺序同时也规定了电池单元模块的编号顺序。高压蓄电池 SE16 电池单元模块的接线如图 2-2-40 所示。

虽然原则上只有 2 种电池单元模块（11s2p 电池单元模块和 9s2p 电池单元模块），但为电池单元模

图 2-2-36

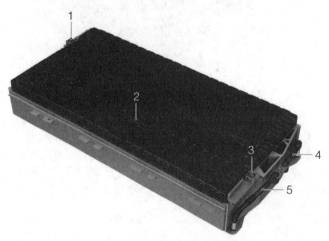

1.电池单元模块的正极接口　2.连至电池监控电子设备的插接接口
3.电池单元模块的负极接口　4.冷却液回流管路接口　5.冷却液进流管路接口

图 2-2-37

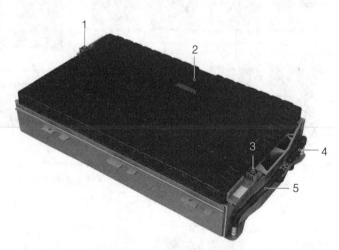

1.电池单元模块的负极接口　2.连至电池监控电子设备的插接接口
3.电池单元模块的正极接口　4.冷却液回流管路接口　5.冷却液进流管路接口

图 2-2-38

285

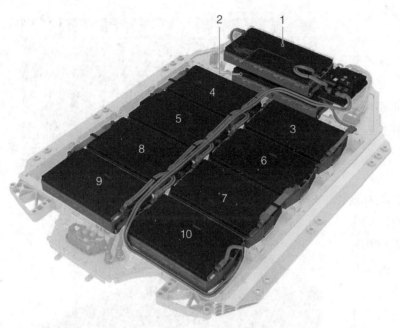

1.电池单元模块 1（11s2p 电池单元模块）　2.电池单元模块 2（11s2p 电池单元模块）　3.电池单元模块 3（9s2p 电池单元模块）　4.电池单元模块 4（9s2p 电池单元模块）　5.电池单元模块 5（9s2p 电池单元模块）　6.电池单元模块 6（9s2p 电池单元模块）　7.电池单元模块 7（9s2p 电池单元模块）　8.电池单元模块 8（9s2p 电池单元模块）　9.电池单元模块 9（9s2p 电池单元模块）　10.电池单元模块 10（9s2p 电池单元模块）

图 2-2-39

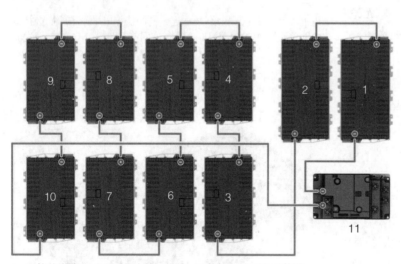

1-10.接线顺序1至10 的电池单元模块　11.蓄能器管理电子装置 SME

图 2-2-40

A.高压扁平编织电缆，横截面积为70mm²　B.高压双排电缆，横截面积为 2×50mm²

图 2-2-41

块总共分配了 4 个不同的零件号码（由于不同的子变型）。这些子变型基于电池单元模块热交换器不同的连接侧位置。由于两根冷却液进流和回流管路会经过高压蓄电池 SE16 的中间，因此，电池单元模块热交换器的冷却液接口也就顺理成章地连接在那里。这样一来，9s2p 电池单元模块 4、6、8 和 10 的电池单元模块热交换器接口就位于高压负极侧。而 9s2p 电池单元模块 3、5、7 和 9 的电池单元模块热交换器接口则位于高压正极侧。两个 11s2p 电池单元模块相互呈 180° 夹角定位。在这里，电池单元模块热交换器的连接侧同样也会因此不同。

④新的电池模块连接器。

为了相互连接电池单元模块，使用了 2 种高压电池模块连接器。两者的固定方式是相同的，都采用了具有接触保护功能的螺栓连接。两者选用的导线绝缘材料为硅树脂，而螺栓连接外壳则由塑料制成。高压蓄电池 SE16 的电池模块连接器如图 2-2-41 所示。

高压蓄电池 SE16 的电气螺栓连接如图 2-2-42 所示。

⑤电池监控电子设备。

电池监控电子设备（CSC）如图 2-2-43 所示。

电池监控电子设备位于高压蓄电池单元内部 CSC 支架上，而支架则位于电池单元 1 的上方。因此，只允许由具备资质的人员负责维修或者部件更换。在高压蓄电池内断开高压导线前，必须首先拔下 CSC 上的所有插头。这一操作步骤适用于所有第 5 代的高压蓄电池。电池监控电子设备也被称为 CSC。在这里，缩写 CSC 代表的是 "Cell Supervision Circuit"。在过去的

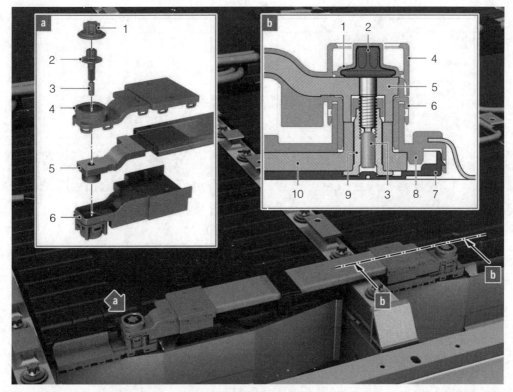

1.带外援驱动头的绝缘帽 2.特种螺栓 3.盖罩 4.导电轨盖板 5.高压扁平编织电缆的导电轨 6.导电轨定位件 7.单格电池触点系统（ZKS） 8.电池单元模块导电条绝缘层 9.螺纹修复件 10.电池单元模块导电条

图 2-2-42

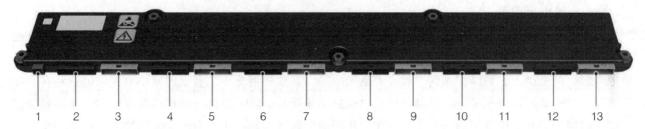

1.连至 SME 的 CSC-CAN 接口 2.电池单元模块 1 温度传感器接口 CSC1A 3.电池单元模块 1 电压传感器接口 CSC1B 4.电池单元模块 2 温度传感器接口 CSC2A 5.电池单元模块 2 电压传感器接口 CSC2B 6.电池单元模块 3 和电池单元模块 4 温度传感器接口 CSC3A 7.电池单元模块 3 和电池单元模块 4 电压传感器接口 CSC3B 8.电池单元模块 5 和电池单元模块 6 温度传感器接口 CSC4A 9.电池单元模块 5 和电池单元模块 6 电压传感器接口 CSC4B 10.电池单元模块 7 和电池单元模块 8 温度传感器接口 CSC5A 11.电池单元模块 7 和电池单元模块 8 电压传感器接口 CSC5B 12.电池单元模块 9 和电池单元模块 10 温度传感器接口 CSC6A 13.电池单元模块 9 和电池单元模块 10 电压传感器接口 CSC6B

图 2-2-43

高压蓄电池中，每个电池单元模块固定分配了一个，甚至是两个电池监控电子设备。而对于高压蓄电池 SE16，所有电池单元模块仅配备了一个电池监控电子设备。

电池监控电子设备会确定对应双电池单元模块的电压，以及电池单元模块中的温度。这些数据会通过 CSC CAN 继续传输至 SME。在电池监控电子设备的电压和温度值的基础上，SME 接下来会在高压蓄电池调温和电池电量均衡方面确定措施。除了采集数据，电池监控电子设备还有另外一项重要的功能。在 SME 请求的情况下，它会执行单格电池电压的调整，即所谓的"电池电量均衡"。高压蓄电池 SE16 的电池监控电子设备的系统电路图如图 2-2-44 所示。

总而言之，高压蓄电池 SE16 中的电池监控电子设备具有下列一些功能：

测量和监控双电池单元模块的电压；

测量和监控电池单元模块中的温度；

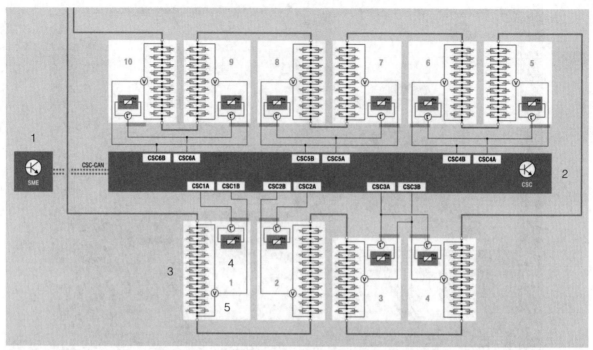

1.蓄能器管理电子装置 SME 2.电池监控电子设备 CSC 3.电池单元模块 4.电池单元模块中的温度传感器 5.电池单元模块中的电压传感器

图 2-2-44

将测得的测量参数传输至 SME；

执行电池电量均衡。

为了确保高压蓄电池 SE16 中使用的锂离子单格电池正常运行，必须满足特定的边界条件。单格电池电压和单格电池温度不允许低于或者高于特定的数值，否则，单格电池可能会受到永久性的损坏。在单格电池温度的基础上，可以识别到过载或者电气故障。在这种情况下，会立即减小电流强度或者在必要的情况下完全关断高电压系统，以避免单格电池进一步受损。除此以外，测得的温度还被用于控制调温系统，以便始终在温度范围内运行单格电池，从而确保其性能和使用寿命。电池监控电子设备会将由其测得的数值通过 CSC-CAN 传输至蓄能器管理电子装置 SME。在 SME 中，会对测量数据进行分析，并且在需要时触发对应的响应（例如控制冷却系统）。

⑥ CSC 的插头配置。

连至电池单元模块的单格电池监控模块（CSC）上的插头具有下面的名称和功能：

两个插头 CSC1A 和 CSC1B 都连接在 1 号 11s2p 电池单元模块上，而在插头 CSC1A 中还包含了温度传感器的接线以及分级电阻的接线。在插头 CSC1B 中包含了 1 号 11s2p 电池单元模块中双电池单元模块电压测定用的接线。这条接线同样也被用于电池电量均衡。两个插头 CSC2A 和 CSC2B 连接在 2 号 11s2p 电池单元模块上。在这里，插头的功能和接线、CSC1A 以及 CSC1B 的类似。

⑦对于 9s2p 电池单元模块，插头的配置有所不同。

插头 CSC3A 与 3 号和 4 号这两块 9s2p 电池单元模块相连。这个插头包含 3 号和 4 号 9s2p 电池单元模块的温度传感器接线以及分级电阻的接线。插头 CSC3B 同样也与 3 号和 4 号这两块 9s2p 电池单元模块相连。在这里，这个插头带有 3 号和 4 号 9s2p 电池单元模块中双电池单元模块电压测定用的接线。类似的，插头 CSC4A 和 CSC4B 以相同的接线策略连接在 5 号和 6 号这两块 9s2p 电池单元模块上。插头 CSC5A 和 CSC5B 采用相同的逻辑，连接至 7 号和 8 号这两块 9s2p 电池单元模块，并且插头 CSC6A 和 CSC6B 类似地连接至 9 号和 10 号 9s2p 电池单元模块。

⑧电池电量均衡。

在理论上的理想情况下，串联的所有单格电池始终具有相同的电压值。在这种理想情况下，所有单格电池在充电时始终会同时达到充电终止电压，或者在放电时达到放电终止电压。这样一来，就可以理想地利用每一块单格电池的能量。然而，单格电池始终会具有各自的电压值，它和其他单格电池之间会存在差别（即使是最微小的差别）。在这里，电压值最高的单格电池会决定充电结束点，而电压值最低的单格电池则决定了放电结束点。在这里，单格电池之间的偏差决定了不可利用的电量。随着时间的推移，如果不执行电池电量均衡，则单格电池之间的电压差会扩大。对于高压蓄电池 SE16，由于会分别将 2 块单格电池并联为一个双电池单元模块，因此，同样也只能测定这对电池的电压。也就是说，对于一个永久性的并联电路，不能测定每块单格电池的单格电池电压。这样一来，同样也只能够针对双电池单元模块开展电池电量均衡。在电池电量均衡时，首先会测定所有双电池单元模块的电压，并且由 SME 进行相互比较。如果所有双电池单元模块相互之间的电压差高于 8mV，则会由 SME 启动电池电量均衡过程。在这里，一个双电池单元模块最低的电压决定了电池电量均衡的目标值。所有比其他双电池单元模块电压更高的双电池单元模块会在此过程中针对性地放电。在此过程中，会由 SME 向电池监控电子设备发出放电请求。通过电池监控电子设备中的一个电阻（放电电阻），对每个双电池单元模块进行放电，直至达到规定的电压。一旦配套的电触点闭合，放电电流就会流过放电电阻。在启动放电过程后，即使期间主控制单元切换至休眠模式，电池监控电子设备仍然会负责放电过程的执行或者延续。为此，CSC 控制单元会从 SME 获得供电，而后者则直接由总线端 30 供电。如果一个双电池单元模块的电压水平达到了目标电压，则放电过程自动结束。电池电量均衡会一直持续，直至所有双电池单元模块达到相同的电压水平为止。原理电路图：高压蓄电池 SE16 的单格电池电压调整（电池电量均衡）如图 2-2-45 所示。

单格电池电压的调整虽然是一个有损耗的过程，但损失的电量非常低（低于蓄电池电量的 0.1%）。而相对的，优点则在于可以最大化高压蓄电池单元的可达续航里程和使用寿命。因此，单格电池电压的调整从总体而言是合理且必要的。当然，这个过程只能在车辆停放时执行。对于双电池单元模块电压的调整，具体的条件如下：

车辆处于休眠状态；

高电压系统已关机（没有激活的充电过程）；

双电池单元模块之间的电压偏差超过 8mV；

高压蓄电池单元的总蓄电池电量高于一个给定的最小阈值。

如果满足了说明的条件，则双电池单元模块电压的调整会自动进行。因此，

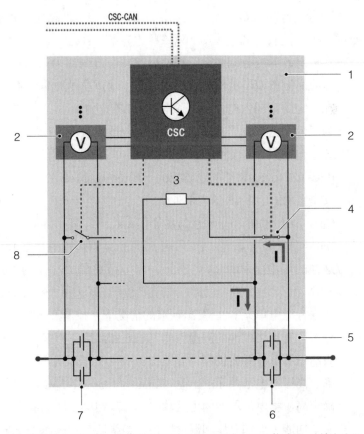

1.电池监控电子设备 2.用于测量双电池单元模块电压的传感器 3.放电电阻 4.闭合（激活的）触点，以便双电池单元模块放电 5.电池单元模块 6.将通过放电调整单格电池电压的双电池单元模块 7.不进行放电的双电池单元模块 8.断开的（未激活的）触点，双电池单元模块不会放电

图 2-2-45

289

客户既不会收到任何检查控制信息，也无须为此执行任何特殊操作。即使是在更换电池单元模块后，SME 控制单元仍然会自动识别是否需要对双电池单元模块电压进行调整。不过，如果双电池单元模块电压的偏差过大，或者双电池单元模块电压的调整未成功进行，则会在 SME 中生成一条故障记录。会通过一个检查控制信息引起客户对故障状态的注意。接下来，必须借助诊断系统分析故障存储器，并且执行对应的维修作业。

⑨蓄能器管理电子装置 SME。

高压蓄电池 SE16 的蓄能器管理电子装置如图 2-2-46 所示。

在高压蓄电池 SE16 中，首次将安全盒的任务和功能集成到了 SME 中。虽然取消了安全盒，但安全盒 CAN 仍然保留

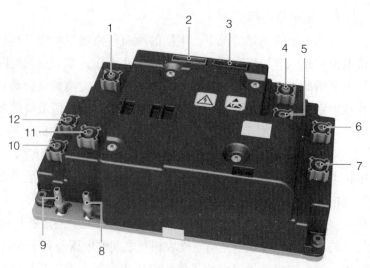

1.连至电气化驱动单元的 SME 高压接口 HV+ 2.通信插头接口，SME 插头 1（白色）3.通信插头接口，SME 插头 2（黑色）4.连至高压连接区的 SME 高压接口 HV+ 5.连至高压连接区的 SME 高压接口 HV- 6.连至电池单元模块 10 正极的 SME 高压接口 7.连至电池单元模块 1 负极的 SME 高压接口 8.冷却液进流 9.冷却液回流 10.连至直流充电的高压接口 HV- 11.连至电气化驱动单元的 SME 高压接口 HV- 12.连至直流充电的高压接口 HV+

图 2-2-46

在 SME 内部。对高压蓄电池单元的使用寿命提出了很高的要求（车辆使用寿命）。为了满足这一要求，不能随意运行高压蓄电池单元。相反，会在一个严格定义的范围内运行高压蓄电池单元，从而最大化其使用寿命和性能。具体涉及下列一些边界条件：

在理想的温度范围内运行单格电池（通过调温）；

需要时调整双电池单元模块的电量（通过电池电量均衡）；

在一定的范围内充分利用蓄电池可存储的电量。

为了满足这些边界条件，在高压蓄电池 SE16 中安装了一个控制单元，即蓄能器管理电子装置 SME。SME 连接到总共 3 个 CAN 总线上。

CSC-CAN，SME 和电池监控电子设备的通信；

安全盒 CAN，SME 的内部通信；

CAN-FD，SME 和车辆接口的通信。

CSC-CAN 和安全盒 CAN 采用 500kBit/s 的传输速率工作。CAN-FD 的传输速率则为 2MBit/s。和其他具有这样的传输速率的 CAN 总线一样，对总线导线进行了绞合，并且在其末端进行了终止。相应所需的 CSC-CAN 和安全盒 CAN 的终端电阻则位于 SME 中。SME 需要实现下列一些功能：

在联合充电单元 CCU 发出请求的情况下，控制高电压系统的启动和关机；

分析所有单格电池的测量信号、电压和温度，以及高电压电路中的电流强度；

为高压蓄电池单元控制调温系统；

确定高压蓄电池单元的电量（State of Charge，SoC）和老化状态（State of Health，SoH）；

确定高压蓄电池单元的可用功率，并且在必要时向联合充电单元 CCU 发出限制请求；

安全功能（例如电压和温度监控、绝缘监控和高压安全插头的状态识别）；

识别故障状态，保存故障记录，并且将故障状态传输至联合充电单元。

原则上，也可以通过诊断系统联系 SME 对其进行编程。对于故障查询，需要了解的是，在 SME 的故障存储器中不仅可能会记录控制单元故障，而且也会提示高压蓄电池单元中其他组件的故障。故障记录

可以归入不同的类别，具体取决于其严重程度以及仍然可用的功能性：

高电压系统立即关机：如果高电压系统的安全由于故障受到影响，或者故障可能会导致高压蓄电池单元损坏，则会立即关断高电压系统，并且电磁接触器的触点会断开。

功率受限：如果高压蓄电池单元不能提供全部功率或者全部电量，则为了保护组件，会对驱动功率和续航里程加以限制。在这种情况下，驾驶员可以在驱动功率显著减小的情况下继续行驶一小段路程。

对客户没有直接影响的故障：如果和 SME 或者 CSC 控制单元之间的通信短暂受到干扰，这并不意味着高电压系统的任何功能性限制或者其安全受到威胁。只会生成一条故障记录，它必须由售后服务公司借助诊断系统加以分析。不会出现任何检查控制信息。客户的功能不会受到任何限制。高压蓄电池单元的 SME 不能从外部通达。为了在发生故障时更换 SME，必须首先打开高压蓄电池单元。必须由具备资质的人员负责打开高压蓄电池单元。除此以外，必须严格按照维修手册操作，尤其是必须执行规定的打开前的检测。SME 的电气接口：

来自低压车载网络的 SME 的供电（总线端 30 和总线端 31）；

来自低压车载网络的电磁接触器的供电（总线端 30C 碰撞信号）；

ACSM 的 PWM 信号；

CAN-FD；

CSC-CAN；

车身域控制器 BDC 的唤醒导线；

SD-0 和 SD-1 输入端和输出端（高压安全插头状态识别）；

用来促动高压蓄电池单元冷却液循环回路中的单向阀的导线；

高压蓄电池单元中进流中的冷却液温度传感器。

高压蓄电池 SE16 中的电磁接触器由一个低压线路负责供电。这个线路被称为总线端 30 碰撞信号，简称总线端 30C。总线端名称中的 C 提示这个低电压在事故（碰撞）时会断开。除此以外，这条线路同样也穿过高压安全插头（Service Disconnect），使得在高电压系统断电时接触器的供电同样也会断路。这样一来，在供电断路时，电磁接触器会立即断开（例如在发生事故，并且安全蓄电池接线柱触发时）或者根本不能被闭合（例如在高压安全插头拔下时）。在这两种情况下，高压蓄电池单元中的两个电磁接触器如果之前处于闭合状态，则它们会立即断开。CSC-CAN 将 SME 和电池监控电子设备连接在一起。安全盒 CAN 负责 SME 内部的通信。通过这些总线，交换和传输必要的信息。

下列一些组件集成在 SME 中：

高压负极导线的电流电路中的电流传感器；

高压负极导线的电流电路中的电流保险丝；

用于高电压系统的 2 个电磁接触器（每条电流电路各一个开关触点）；

用于直流充电高压接口的 2 个电磁接触器（每条电流电路各一个开关触点）；

负责高电压系统受控启动的预充电电路；

用于接触器位置监控和总电压测量的电压传感器；

用于在两对接触器上监控温度的温度传感器；

用于绝缘监控的检测电路；

高压负极导线中的燃爆式安全开关 PSS 1 和 PSS 4。

⑩电缆线束。

在高压蓄电池单元中，存在一条低压电缆线束。在其中，集成了各个电池单元模块和 CSC 之间的连接，CSC 和 SME 之间的连接以及 SME 至车辆接口的连接。原则上，不允许在电缆线束上执行任何维修。如果电缆和插头之间的连接损坏或者松动，或者绝缘层损坏，则必须更换整个电缆线束。

（2）机械组件。

高压蓄电池单元的机械组件包括：

壳体盖和外壳下部件；

壳体盖和外壳下部件之间的密封件；

2 冷却液管；

4 个排气单元；

各类用于 SME 和电池监控电子设备的支架；

模块中间层；

用于固定电池单元模块的夹紧条。

5. 功能

在 G08 BEV 中，通过联合充电单元 CCU 控制和协调高电压系统的集中功能。具体包括：

将三相交流电转换为直流电（交流充电）；

将高压电转换为低压电（低压车载网络）；

高压动力管理；

低压执行器的促动（例如驻车锁止器）。

高压蓄电池单元和 SME 对于高电压系统的集中功能而言至关重要。具体包括：

启动；

正常关机；

快速关断；

蓄电池管理；

高压蓄电池单元的充电；

监控功能。

（1）高压安全性。

①高压触点监控的取消。

G08 BEV 采用了全新的经过改良的高压安全设计。由于全新设计的高压插头、经过改良的接触防护特性，因而可以完全取消过去常用的高压触点监控装置。而相应所需的节拍发生器和配套的电子分析装置也被取消。

②燃爆式安全开关。

燃爆式安全开关（缩写 PSS）就属于全新的经过改良的高压安全设计的一部分。燃爆式安全开关在电路中可以用作"常开触点"或者"常闭触点"。在高压蓄电池 SE16 中，安装了 3 个这样的燃爆式安全开关：PSS 1（作为常闭触点）、PSS 4（作为常闭触点）和 PSS 6（作为常开触点）。根据具体情形，它们可以单独或者一起被 SME 点燃。在高压蓄电池 SE16 上，存在 2 种可能的场景，会用到这些燃爆式安全开关。

在车辆发生事故时；

识别到过电流时（短路）。

③监控功能。

电磁接触器的低压供电：对于相应严重程度的事故，为了能够快速关断高电压系统，电磁接触器通过安全蓄电池接线柱获得低压供电。如果在发生事故时安全蓄电池接线柱断开，则这个供电电压（总线端 30C）会失效，并且接触器的触点会自行断开。除此以外，SME 还会通过电子方式分析这条线路上的电压，并且也会安排关断高电压系统，包括使得中间电路电容器放电以及电动机 3 个相位的主动短路。

接触器的触点：在高电压系统关机过程中，在 SME 请求断开接触器的触点后，会借助一次对触点的电压测量检查它们是否的确已经断开。在极少数情况下，如果接触器的触点未断开，则对客户或者保养服务人员还不构成任何直接的危险。尽管如此，出于安全原因，会阻止高电压系统的重新启动。接下来，不再能够继续行驶。

预充电电路：如果在高电压系统启动的过程中在预充电电路中确定存在故障，则会立即取消启动，并且高电压系统不会投入运行。

温度过高：高压蓄电池的调温系统在所有行驶状况下会确保单格电池的温度维持在它们理想的工作范围内。如果一块或者多块单格电池的温度升高，并且离开了理想的工作范围，则会首先通过优先级控制提高冷却功率。如果这样做还不够，则会在下一步降低高电压系统中的功率。如果温度仍然继续上升，并且可能会损坏单格电池，则会及时关断高电压系统。但为此会及时通过检查控制信息通知驾驶员。

过电流：在 SME 内部，通过一个电流传感器监控高压负极导线。电流传感器会测定流过的电流。SME 会对该数值检查可信度。如果识别到过电流（短路），则 SME 会点燃燃爆式安全开关 PSS 4。

低电压：通过持续监控，并且在必要时调整双电池单元模块的电压，从而避免双电池单元模块上出现低电压。同样也会监控整个高压蓄电池的总电压，并且用来确定电量。如果总电压降低，从而可能会导致高压蓄电池单元过度放电，则会阻止进一步的放电。接下来，不再能够继续行驶。

高压蓄电池内部冷却液泄漏：为了诊断高压蓄电池内部的冷却液泄漏，SME 会分析一段较长时间（15 min）内是否存在绝缘故障，以及上一次冷却请求的时间点。在怀疑存在冷却液泄漏的情况下，会在高压蓄电池中设置一条故障记录。在这种情况下，在高压蓄电池单元内部可能有冷却液溢出，并且在此过程中可能导致了一处绝缘故障。至于是否的确存在这样的故障症状，则必须加以澄清。为此，会在进厂检修时，对高压蓄电池单元的冷却液循环回路执行一次压力测试。如果在高压蓄电池内的冷却液循环回路中未发现任何压力损失，则应继续诊断工作，以便查找绝缘故障的原因。如果在高压蓄电池内的冷却液循环回路中存在压力损失，则可以停止诊断作业，并且联系技术支持部或者 BMW Group 的高压专家。由于冷却液缺失，系统的冷却功率同样也会降低。这可能会导致充电时间延长，以及高压功率降低。

绝缘监控：绝缘监控会确定带电的高压组件（例如高压导线）和车身接地之间的绝缘电阻是高于还是低于一个要求的最小值。如果绝缘电阻低于最小值，则车辆部件可能会带有危险的电压。如果有人接触了第二个带电且有故障的高压组件，则有可能会发生触电。因此，对于高电压系统，存在一套全自动运行的绝缘监控。绝缘监控位于蓄能器管理电子装置 SME 中。SME 会执行测量，并且评价结果。在高电压系统激活的情况下，SME 会定期通过一次电阻测量执行绝缘监控（间接绝缘监控）。在此过程中，SME 会每隔大约 5s 在高压正极导线和高压负极导线之间切换绝缘监控。在这里，车身接地将被用作基准电位。在没有额外措施的情况下，通过这种方式只能在高压蓄电池单元中确定局部存在的绝缘故障。但对于在车辆中铺设的高压导线至车身接地之间的绝缘故障，发现它们同样也至关重要。出于这一原因，高压组件所有导电的外壳都以导电的方式和车身接地相连。这样一来，就可以确定整个高压车载网络中的绝缘故障。在此过程中，仍然由高压蓄电池单元中的 SME 来负责确定。绝缘监控的响应分成两步。如果绝缘电阻低于第一个阈值，则对人员尚不构成直接危险。因此，高电压系统会保持激活，不会输出任何检查控制信息，但故障状态会保存到故障存储器中。这样一来，在下一次进厂检修时，就可以引起保养服务人员的注意，并且可以对高电压系统进行检查。如果绝缘电阻低于第二个更低的阈值，则不仅仅会进行故障记录，而且还会输出一条检查控制信息，要求驾驶员前往修理厂。由于这样的绝缘电阻并不会对客户或者保养服务人员构成任何直接的危险，因此，高电压系统会保持激活，并且客户可以继续行驶。尽管如此，应尽快由具备资质的售后服务公司检查高电压系统。为了在高电压系统中识别导致绝缘故障的组件，必须由保养服务人员系统地缩小故障的范围。但保养服务人员原则尚不必自行测量绝缘电阻，这一操作由高电压系统通过绝缘监控执行。如果识别到一处绝缘故障，则保养服务人员必须借助诊断系统中的一个检测计划，确定实际发生绝缘故障的地点。高压组件的所有外壳和车身接地的正常电气连接（电位补偿连接）是绝缘监控正常发挥功能的一项重要前提条件。相应的，如果在维修作业期间断开了这些电气连接，则在恢复时必须格外小心。为此，参见 ISTA 中维修和维护提示下的"针对电位补偿螺栓连接的提示"。

（2）启动。

无论下列的哪个事件是触发原因，高电压系统的启动顺序都是一样的：

通过启动/停止按钮建立行驶就绪状态（车辆状态"行驶"）；

应开始高压蓄电池单元的充电；

为行驶准备好车辆（高压蓄电池单元的调温或者车厢内部的空调）。

高电压系统启动的具体步骤包括：

CCU 通过 CAN-FD 上的总线信息请求启动；

通过自诊断功能检查高电压系统；

闭合高压负极导线的接触器；

通过一个预充电电路提高高电压系统中的电压；

闭合高压正极导线的接触器；

重新断开预充电电路。

主要通过 CCU 和 SME 对高电压系统开展检查。在此过程中，会检查涉及安全的事项，例如绝缘电阻。但为了启动，同样也必须满足功能性条件，例如所有子系统是否都处于运行就绪状态。由于高电压系统采用了容量值很高的电容器（功率电子装置中的中间电路电容器），因此，不能简单地闭合电磁接触器的触点。极高的电流脉冲既可能会损坏高压蓄电池单元，也可能会损坏中间电路电容器和接触器的触点。首先会在负极上闭合接触器。除了正极上的接触器以外，还设置了带有电阻（15Ω）的预充电电路。它首先会激活，并且一股通过电阻限制的接通电流会对中间电路电容器充电。如果中间电路电容器的电压大致达到了蓄电池电压的水平，则会在高压蓄电池单元的正极上闭合接触器，并最终断开预充电电路。现在，高电压系统完全处于运行就绪状态。启动过程中在车辆中可以听到连续发出的接触器闭合声，并不意味着发生故障。如果在高电压系统中没有故障，则高电压系统的整个启动会在大约 0.5s 内完成。SME 会将成功的启动以总线信号的形式通过 CAN-FD 传输至 CCU。如果某个接触器的一个触点未能成功地闭合，则同样也会通过同一路径传输故障状态。

（3）正常关机。

对于高电压系统的关机，应区分正常关机和快速关断。正常关机会保护所有涉及的部件，并且还会对高电压系统涉及安全的组件开展监控。如果满足下列条件或者标准，则会正常地将高电压系统关机：

驾驶员离开了车辆（车辆"驻车"状态）；

驻车温度调节、驻车暖风或者高压蓄电池单元调温功能结束；

高压蓄电池单元的充电过程结束；

车载网络电池的充电过程结束；

高压控制单元的编程过程。

无论是怎样的触发事件，正常关机时基本上会按顺序执行相同的步骤：

CCU 在车辆"驻车"状态下通过 CAN-FD 上的总线信号请求关机；

高压车载网络上的系统（EAE、CCU、EKK 和两个电子暖风装置）会减小高压车载网络中的电流直至零；

高压蓄电池单元中的接触器会断开（由 SME 控制）；

高电压系统必须检查电磁接触器的触点是否正常断开；

电动机的线圈会短接；

中间电路电容器会放电。

高电压系统的放电，也就是说 EME 和 CCU 中的中间电路电容器的放电：中间电路电容器会主动地通过电动机的转子线圈进行放电。这个放电过程会持续 4ms。无论出于怎样的原因，如果中间电路电容器不能通过电动机的转子线圈放电，则会通过一个被动电阻对它们进行放电。这个被动电阻具有相对较高的电阻值，并且永久地连接在高压正极导线和高压负极导线之间。中间电路电容器通过被动电阻的放电时间为大约 120s。

（4）快速关断。

在这里，首要目标是尽快关断高电压系统。如果出于安全原因必须尽快将高电压系统中的电压降低至一个没有危险的数值，则会始终执行该项快速关断。下面描述了触发条件以及导致快速关断的因果链条。

①事故。碰撞安全模块 ACSM 识别到一起事故。根据事故的严重程度，ACSM 会发送一个改变的 PWM 信号（脉冲宽度调制）。在这里，所发送的信息的基础频率为 1kHz。在正常车辆状态下（没有事故），PWM 信号的脉冲负载参数为 50：50，并且会根据事故的严重程度将脉冲负载参数变为 80：20。在这里，PWM 信号的脉冲负载参数对 SME 的后续响应有着直接的影响。在发生事故时，SME 会根据所述的顺序点燃燃爆式安全开关 PSS 1、PSS 4 和 PSS 6。在这里，燃爆式安全开关 PSS 1 和 PSS 4 都是"常闭触点"，它们会在 SME 内部断开高压负极导线。而燃爆式安全开关 PSS 6 则是一个"常开触点"，它通过一个电阻将高压正极导线和高压负极导线短接。两个部件 PSS 6 和短路电阻位于高压连接区中。通过这一短接，会在仅仅 3ms 内尽快将电机 - 电子伺控系统 EME 和联合充电单元 CCU 中的中间电路电容器放电。与此同时，PMW 信号会触发从低压蓄电池的正极上断开安全蓄电池接线柱（SBK）。这样一来，总线端 30C 就会断电，并且自动中断电磁接触器的供电。接触器会断开，并且接下来同样也不再能够闭合。事故场景中的燃爆式安全开关如图 2-2-47 所示。

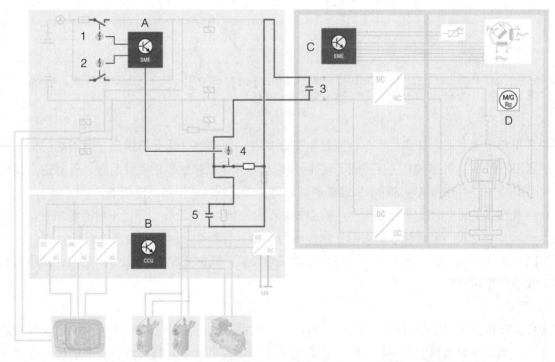

A.蓄能器管理电子装置 SME B.联合充电单元 CCU C.电机-电子伺控系统 EME D.电动机 1.燃爆式安全开关 PSS 1 2.燃爆式安全开关 PSS 4 3.EME 中的中间电路电容器 4.带有短路电阻的燃爆式安全开关 PSS 6 5.CCU 中的中间电路电容器

图 2-2-47

②过电流。借助 SME 中的电流传感器，会监控高压车载网络中的总电流强度。如果识别到一个过大的不可信的电流强度（短路），则 SME 会点燃燃爆式安全开关 PSS 4。在高压负极导线中的电流流过传感器后，负极导线会分成 2 条并联路径。一条路径带有保险丝（150A）和燃爆式安全开关 PSS 1。另一条路径则带有燃爆式安全开关 PSS 4。之后，两条路径又会重新汇总到一起。在正常运行时，电流会经过两条电流路径（在并联电路中对电流进行分流）。这样一来，通过保险丝的不会是总电流，而仅仅是一部分电流。如果现在识别到一个大的过电流，则会点燃燃爆式安全开关 PSS 4。PSS 4 是一个"常闭触点"。这样一来，这条并联路径就会断开，而很高的总电流就被迫流经剩下的带有保险丝的电流路径。在此过程中，保险丝会损毁，继而断开高压负极导线中最后剩下的电流路径。在这里，其中一个优点在于在损毁保险丝时不会形成电弧，而如果是一个机械开关在承受负荷时断开的话，则会产生电弧。过电流场景中的燃爆式安全开关如图 2-2-48 所示。

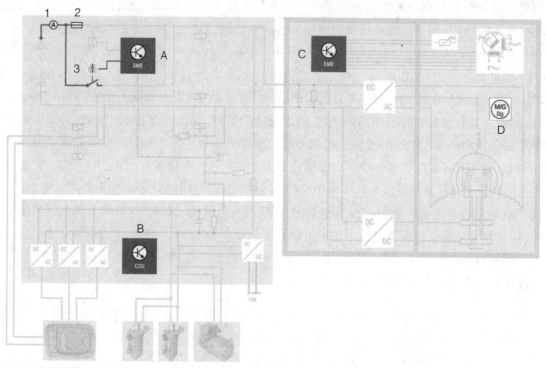

A.蓄能器管理电子装置 SME　B.联合充电单元 CCU　C.电机-电子伺服系统 EME　D.电动机　1.高压负极导线中的电流传感器（测量电阻）　2.高压负极导线中的保险丝（150A）　3.燃爆式安全开关 PSS 4

图 2-2-48

③临界单格电池状态。如果一个电池监控电子设备在一块单格电池上识别到一处极端的低电压、一处过压或者温度过高，则在 SME 的控制下，这同样也会导致电磁接触器的硬性断开。虽然这可能会在触点上导致磨损增加，但必须执行这样的快速关断，以避免相关涉及的单格电池损毁。

④高压蓄电池单元中低压供电的失灵。在这种情况下，SME 不再工作，并且不再能够监控单格电池。出于这个原因，在这里，电磁接触器的触点同样也会立即自行断开。除了高电压系统断路以外，中间电路电容器同样也会放电（CCU 和 EME），并且会短接电动机的线圈（EM、EKK）。为此，高压控制单元会通过总线信号收到请求。

（5）充电。

在高压蓄电池单元充电的过程中，无论是通过制动能量回收还是通过外部电网，SME 同样也扮演着重要的角色。根据单格电池的电量和温度，SME 会确定高压蓄电池单元当前能够吸收的最大电功率。这个数值会以总线信号的形式通过 CAN FD 传输至 CCU。在那里运行的高压动力管理功能会协调具体的功率需求。在充电过程中，SME 会不断确定已经达到的电量，并且监控关高压蓄电池单元的所有传感器信号。

为了确保充电过程的顺利进行，SME 同样也会在这些数值的基础上，持续为最大充电功率计算当前值，并且将它们传输至 CCU。在充电过程中，SME 同样也会连续监控高压蓄电池单元的调温系统，并且在必要时加以控制，从而确保快速而又高效的充电过程。为了能够达到尽可能高的电动续航里程，应在连接充电电缆的情况下，对车厢内部进行预调温（空调）（制热或者制冷）。这样一来，为此所需的电能不是来自高压蓄电池单元，而是直接由联合充电单元提供。

（6）保养说明。

在高压组件上开展作业前，必须遵守并且落实电气安全规则：

必须将高压系统断电；

必须对高压系统采取保险措施，防止重新接通；

必须确认高压系统的断电状态。

如果在高压蓄电池的内部确定发生了冷却液泄漏，则可以停止诊断作业，并且联系技术支持部或者 BMW Group 的高压专家。接下来，绝对不允许保养服务人员打开高压蓄电池。进一步的操作可以参见 ISTA 中的维修手册。

三、维修

1. 前提条件

下面有关高压蓄电池单元维修的描述仅仅笼统地列举了内容和操作步骤。原则上，必须以最新版本的维修手册中的规定和说明为准。

（1）组织方面。

必须满足一定的组织方面的前提条件，以便允许并且可以针对性地执行高压蓄电池单元的维修这些前提条件既涉及售后服务公司，也涉及保养服务人员。只允许在售后服务公司由具备相应资质的保养服务人员负责高压蓄电池单元的维修。除此以外，售后服务公司必须为维修提供必要的专用工具以及一个合适的工位。最重要的装备和专用工具包括：

一个双柱升降台；

配有完整工具套件的工具车；

移动式升降台 MHT 1200，编号 81 22 2 184 136，配有用于定位高压蓄电池单元的适配接口；

用于高压蓄电池单元电池单元模块的充电装置，编号 83 30 2 359 907，带有最新的软件；

电池模块充电导线组；

IMIB-HV，包括用于 EoS 测试的接口套件，编号 81 31 2 458 280，用于维修后的高压蓄电。电池单元的试运行，配有最新的软件；

用于在车辆外对 SME 进行编程：Y 电缆，编号 5 A26 BF8；

用于电池单元模块的升降设备，编号 5 A2D EB9 和 5 A2D EB8；

塑料饰板楔子，编号 83 30 2 298 505，用于在高压蓄电池单元内部松开夹子；

导线轧带钳，编号 83 30 2 359 966，用于用正确的扭矩拧紧导线轧带；

高压截止带，编号 81 69 2 355 211；

带有闪电粘贴标签的黄色警告三角标志，编号 81 72 2 355 389。

负责执行高压蓄电池单元维修的保养员工同样也必须满足下列重要的前提条件：

操作方面的资质和认证；

严格使用诊断系统和专用工具；

严格遵守维修手册。

对于高压蓄电池单元的维修，只有具备相关的资质、并且通过认证的保养员工才允许执行此类作业。这其中就包括"高压固有安全车辆上的作业专家"培训和高压蓄电池 SE16 上的认证。对于故障查询，在拆卸和打开高压蓄电池单元前必须使用 BMW 诊断系统。仅当检测计划要求这样做，并且满足了前提条件"外部没有机械损坏"的情况下，才可以打开高压蓄电池单元，并且更换由检测计划识别到的有故障的组件。除了更换有故障的组件以外，在高压蓄电池单元中没有安排任何维修作业。例如，损坏的电缆线束不会进行修理，而只是会用一根新的进行更换。为了更换有故障的组件，严格遵守维修手册是非常重要的。使用维修手册所述的专用工具同样至关重要。如果满足了这些前提条件，则保养服务人员就可以安全、谨慎地执行高压蓄电池单元的维修，同时达到所要求的高质量。在发生事故的高压车辆上作业前，必须留意维修手册文件中的指示和提示：

操作使用电动车的安全说明；

对事故车辆的评价；

事故后对高压蓄电池单元进行目视检查。

（2）安全规则

用于高压蓄电池单元维修的工位必须干净（没有油脂、油污和碎屑）、干燥（没有溢出的液体），并且没有飞溅的火花（不在车身作业的附近）。因此，应避免过于靠近车辆清洁工位（清洗车间）或者在车身上开展维修作业的工位。必要时，应使用起到隔离作用的隔板。

为了保护工位避免无关人员进入（资质不足的人员、客户、访客等），必须使用高压截止带。另外，如果高压固有安全性缺失或者状态不明，则也必须使用高压截止带。除此以外，必须用一块填写好的警示牌对这片区域进行标记。这类警示牌可以参见 ISTA 中"高电压系统标记方面的提示"项（REH-HIN-6125-24V-1）。在离开工位时，推荐设置带有闪电符号的黄色警告提示牌。

在拆卸前，应清除高压蓄电池单元壳体盖上残留的湿气和粗大的污垢。

在落实工作步骤时，或者在落实工作步骤前后，必须对正在加工的组件开展仔细的目视检查。例如，在更换一个组件时，必须检查因此露出的其他组件是否损坏。如果外壳或者内部高压组件损坏（外壳上的细小划痕除外），则必须通知技术支持部或者 BMW Group 的高压专家。出于安全原因，应立即停止高压蓄电池单元上的作业。

为了维修高压蓄电池单元，作为打开壳体盖后的第一步，应执行一次目视检查。在此过程中，留意机械损坏和其他异常情况。

在下一步，拔下电池监控电子设备（CSC）的所有插头。

在打开的高压蓄电池单元中继续作业前，必须脱开 9s2p 电池单元模块 5 和 9s2p 电池单元模块 6 之间的高压导线，以便中断串联。

在中断作业时，放上拆下的壳体盖，并且通过拧入部分螺栓采取保险措施，避免意外打开。推荐在壳体盖上放置一个黄色警告三角标志（高压标记）。

禁止使用带有尖锐边缘和切刃的工具，例如螺丝刀、斜口钳、电工刀等。允许使用塑料制成的安装工具，例如饰板楔子。

在低压电缆线束上以及在高压导线上打开导线轧带时必须使用组合钳。在安装导线轧带时，应使用相应的专用工具（83 30 2 359 966）。

在拆卸和安装电池单元模块时，在松开螺栓和拆卸时必须确保电池单元模块上的塑料饰盖不会松开。在其下存在带电的单格电池触点系统。为了拧紧和齐平地剪断高压蓄电池单元中的塑料导线轧带。在塑料饰盖松开的情况下，应将其固定。必须确保人员不会接触到带电部件。如果不再能够确保饰盖的紧固，或者饰盖断裂，则必须更换电池单元模块。

在高压蓄电池单元中污染的情况下，在查明原因后应相应地仔细清洁相关部位。为此，允许使用下列清洁剂：

酒精；

玻璃清洗液；

异丙醇（R2）；

蒸馏水；

带有塑料附加件的吸尘器。

在关闭上部壳体盖前，必须检查工具箱/工具车中工具是否齐全。不要将工具遗忘在高压蓄电池单元中。

对于高压蓄电池单元中丢失或者掉落的小零件或者螺栓，务必重新加以清除。为了在维修高压蓄电池单元时不丢失任何螺栓，推荐使用磁性工具。

在重新安装前，用规定的清洁剂清洁密封件和密封面（排气单元、高压插头、低压插头、冷却液管接口）。

电解质。电解质绝大部分绑定在固态的正电极材料中（主要为锂镍锰钴氧化物）和固态的负电极材料中（主要是石墨）。游离电解质的量在高压蓄电池单元中非常低。在发生泄漏的情况下，可能会释放出电解质和溶剂蒸气。在接触皮肤或者眼部的情况下，必须用大量清水冲洗，然后立即就医。在发生火灾时，主要会产生可燃性气体、氮气和损害健康的物质，例如一氧化碳、二氧化碳、氢气和炭化氢。小心，不要吸入！必须确保充足的新鲜空气供应。在呼吸停止的情况下，应执行人工呼吸，并且立即就医。在发生火灾时，通知消防部门。立即清理区域，并且封锁事故现场。在不伤及人员的情况下实施灭火，并且使用合适的灭火剂，例如水或者泡沫灭火器。

（3）电气和机械诊断。

分析是否存在阻止拆卸的故障（例如双层保护黏结剂）。

对不能明确说明高压蓄电池单元内部状态的故障加以分析（例如内部绝缘故障）。

从检测计划（诊断）中确定维修措施，并且打印位置图。在彻底修复高压蓄电池单元后才允许删除故障存储器。

如果通过诊断发现需要更新某个电池单元模块，则必须将新的电池单元模块的电压水平匹配其他电池单元模块的电压水平。一般情况下，这个需要设置的数值由诊断系统 ISTA 负责规定。在这里，需要注意的是 11s2p 电池单元模块的电压值和 9s2p 电池单元模块的电压值是不同的。

在更换所有电池单元模块时，使用一块新的 9s2p 电池单元模块作为基准值。为了读取：将充电/放电装置连接到一个新的电池单元模块上，读取电量/电压，并且用作所有其他 9s2p 电池单元模块的标准电压。两块 11s2p 电池单元模块的标准电压在 9s2p 电池单元模块的标准电压的基础上计算得出。

在安装状态下目视检查外壳以及接口是否污染和损坏。

（4）从车辆中拆卸高压蓄电池单元。

根据维修手册执行准备工作（例如拆卸底板饰板/轮罩盖等）。

借助高压安全插头将高电压系统断电，采取保险措施防止重新接通，并且确认断电状态。

排放冷却液，然后在使用相应的专用工具的情况下借助压缩空气将剩余的冷却液清除到一个指定的容器中。

用合适的密封塞封闭冷却液管接口。

将接口（低压车载网络插头和 3 个高压接口）在高压蓄电池上脱开。

准备好移动升降台和紧固件以及定位件。

将移动升降台定位在高压蓄电池单元下方，并且目视检查紧固件和定位件的位置是否正确。

松开并且拆除高压蓄电池单元上的紧固螺栓。

将高压蓄电池单元小心且缓慢地降低。

检查可通达性，从而避免损坏。

在外壳上目视检查所有表面是否污染和损坏，包括 4 个排气单元。其中一个排气单元的膜片损坏可能预示着单格电池损坏。如果出现这种情况，则在检查打开的高压蓄电池单元内部时必须格外小心。

对于涉及高压蓄电池单元不明状态的故障，检查是否存在温度异常情况。

将移动式升降台运送至维修工位。

2. 维修拆卸的高压蓄电池单元

下面有关高压蓄电池单元维修的描述仅仅笼统地列举了内容和操作步骤。原则上，必须以最新版本的维修手册中的规定和说明为准。

（1）概述和准备性措施。

高压蓄电池单元是一个大尺寸且大重量的组件。因此，对于高压蓄电池单元的整体运输，不要使用修理厂起重机 WSK 1000。在更换电池单元模块时，必须将旧的和新的电池单元模块的序列号，以及更换的组件的安装位置记录到打印的记录单上和 SME 中。这一点非常重要。为此，在诊断系统中有一个服务功能，用于在维修后"高压蓄电池单元的试运行"。如果没有按照位置图重新使用组件，则在再次维修高压蓄电池单元时，会为错误的安装位置显示诊断出的故障，并因此更换错误的电池单元模块。已经对反复维修进行了预编程！

（2）打开前的作业。

准备好工位：

准备好移动升降台和适配接口。注意：和标准组件中所含的相比，此处会需要更多的元件。留意最新的维修手册；

确保工位的干净清洁；

收集溢出的液体；

在工位上不要使用不需要的工具或者其他物品；

通过一个单独的房间或者截止带和其他工位形成空间隔离；

在附近不得有飞溅的火花，否则，安装相应的隔板。

（3）拆卸高压蓄电池单元的壳体件。

对于高压蓄电池单元上的所有工作步骤，原则上应遵守最新的维修手册。对于壳体盖的拆卸，规定了如下的操作步骤：首先清除壳体盖上的所有污垢和可能存在的湿气。作为清洁剂，允许使用下列清洁剂：

酒精；

玻璃清洗液；

异丙醇（R2）；

蒸馏水。

松开并且拆除壳体盖的所有螺栓。在壳体盖和外壳下部件之间的环绕边缘上有 80 个螺栓（M5×19），并且在壳体盖和内部横梁之间有 27 个螺栓（M8×23）。在拆除螺栓后，由 2 个人将壳体盖取下。对于打开的高压蓄电池单元，目视检查是否损坏和是否有湿气侵入。如果可以识别到损坏，则应立即停止作业，并且通知技术支持部或者 BMW Group 的高压专家。如果识别不到任何损坏，则在目视检查后首先拆除电池监控电子设备上的所有插接接口。为此，必须使用对应的专用工具。使用该专用工具既可以在 CSC 本身上解锁和松开插接接口，也可以在电池单元模块上解锁和松开插接接口。使用专用工具解锁并且松开 CSC 插头如图 2-2-49 所示。

图 2-2-49

之后，必须在高压蓄电池中脱开两个 9s2p 电池单元模块 5 和 6 之间的串联。脱开高压蓄电池 SE16 的高压串联如图 2-2-50 所示。

（4）拆卸和更换 SME。

在拆卸 SME 时，首先拆除所有电导线。在此过程中，拧下高压接口并且拔下低压接口。之后，拆除冷却液管，并且用盲塞将它们密封。然后，就可以从承梁上拆下 SME。如果必须更换 SME，则在拆卸高压蓄电池单元前始终必须通过 ISTA 进行一次数据恢复。如果之前未进行数据恢复，则无法再将高压蓄电池单元投入使用。

（5）拆卸电池单元模块。

1-10.串联电路中的电池单元模块 1 至 10 11.拔下的电池单元模块 6 的负极接口

图 2-2-50

下面有关高压蓄电池单元维修的描述仅仅笼统地列举了内容和操作步骤。原则上，必须以最新版本的维修手册中的规定和说明为准！在拆卸电池单元模块前，应从诊断系统中打印位置图。如果在高压蓄电池单元打开的情况下执行了针对损坏和潮气侵入的目视检查，并且在此过程中未识别到任何异常，则可以继续维修。在高压蓄电池 SE16 中，电池单元模块并非直接螺栓连接在高压蓄电池壳体上，而是借助夹紧条定位。首先，在应用安全规定前，必须在电池监控电子设备上拆除所有插头。为此，必须使用对应的专用工具。之后，脱开两个 9s2p 电池单元模块 5 和 6 之间的高压导线。现在，对于必须拆卸的所有电池单元模块，必须根据位置图加以编号。现在，可以拆卸所有相关涉及的电池单元模块。在此过程中，应挂下电池单元模块的高压插头，并且解锁和松开电池监控电子设备的插头。为了解锁和松开电池监控电子设备的插头，必须再次使用相应的专用工具。接下来，就可以以专业的方式（均匀地）松开电池单元模块夹紧条的固定螺栓。如有必要，大规模地松开 CSC 电缆束，或者同样也拆除其他电缆支架。需要时，为了松开，可以使用一个塑料饰板楔子。绝对不允许使用任何尖锐的工具。用规定的升降工具，和另外一个人一起小心地将电池单元模块抬出。在此过程中，必须确保电池单元模块之间可以自由移动。将电池单元模块底板朝下以防滑和防倾翻的方式放到一个干净且平整的表面上。现在，可以从各个方向上对电池单元模块开展鉴定。在抬出电池单元模块时，务必留意最新维修手册中的提示"电池单元模块的掉落"！

（6）安装电池单元模块前的准备工作。

在安装一个新的电池单元模块前，必须将新的电池单元模块的电量调整至之前读取的剩余电池单元模块的电量水平。对于新的电池单元模块，之前进行的诊断会规定一个标准电压值。通过电池单元模块充电装置，会将新的电池单元模块调整至标准电压值。为此，根据具体的数值，可以将电池单元模块充电至标准电压，或者，当标准电压低于当前电池单元模块电压时，将其放电至标准电压。对于 11s2p 电池单元模块和 9s2p 电池单元模块，需要留意它们不同的标准电压。如果更换所有电池单元模块，则作为代替，可以将一块 9s2p 电池单元模块的电压作为标准电压应用于所有其他 9s2p 电池单元模块。接下来，必须单独计算 11s2p 电池单元模块的标准电压。计算公式：将 9s2p 电池单元模块的标准电压除以 9，然后乘以 11，就可以得到 11s2p 电池单元模块的标准电压。计算精度：小数点后两位数字。

（7）电池单元模块的安装。

在即将安装电池单元模块前，再次进行目视检查。接下来，必须借助升降工具（专用工具），和另外一个人一起小心地将电池单元模块安装到其所属的位置上。在此过程中，始终留意邻近的部件。在安装电池单元模块时，务必留意最新维修手册中的提示"电池单元模块的掉落"。在安装时，必须以专业的方式（均匀地）用规定的扭矩拧紧固定螺栓。在安装电池单元模块后，将电池单元模块重新和 CSC 电缆线束连接。现在，可以重新旋接相关电池单元模块的高压插头。但在此过程中，不得重新完整地闭合串联电路，也就是说，9s2p 电池单元模块 5 和 9s2p 电池单元模块 6 之间的高压连接继续保持断开状态！在每个工作步骤之间，应始终执行一次目视检查。在此过程中，再次检查所有导线和插头是否都正确铺设和连接。在重新连接高压蓄电池中 9s2p 电池单元模块 5 和 9s2p 电池单元模块 6 之间的串联电路前，最后对之前在高压蓄电池上进行的工作再执行一次检查。除此以外，必须确保对于高压导线的连接操作，电池监控电子设备上的所有插头都已拔下。在这项最终检查之后，才可以重新连接 9s2p 电池单元模块 5 和 9s2p 电池单元模块 6 之间的高压导线。在所有高压导线连接后，才可以在电池监控电子设备上重新插接 CSC 插头。旧的以及新的电池单元模块的序列号和它们在高压蓄电池单元中的安装位置必须记录到之前打印的、来自诊断系统的表单上。在修理厂信息系统 ISTA 中，在维修后存在一个服务功能，以便"将高压蓄电池单元投入使用"。在这里，必须将旧的电池单元模块和新的电池单元模块的序列号记录到存储器电子管理系统中。

（8）电池监控电子设备的拆卸。

在拆卸电池监控电子设备（CSC）前，必须在 CSC 上拔下所有插头。为此，必须使用相应的专用工具，以便解锁和拔下。之后才可以应用安全规定，并且脱开 9s2p 电池单元模块 5 和 9s2p 电池单元模块 6 之间的高压导线。接下来，可以从 CSC 支架中拆卸单格电池监控模块。

（9）电池监控电子设备的安装。

将电池监控电子设备在 CSC 支架上固定到指定的安装位置上。现在，还不要将任何插头连接到 CSC 上。在高压蓄电池中连接了所有高压导线，包括闭合了 9s2p 电池单元模块 5 和 9s2p 电池单元模块 6 之间的串联电路后，才可以连接电池监控电子设备（CSC）。在维修厂信息系统 ISTA 中，在维修后必须执行服务功能，以便"将高压蓄电池单元投入使用"。

（10）电池单元模块热交换器上的损坏。

如果在电池单元模块热交换器出现损坏（不密封或者堵塞），则必须更新整个电池单元模块（11s2p 电池单元模块或者 9s2p 电池单元模块）以及集成的电池单元模块热交换器。电池单元模块热交换器不能单独进行更换。电池单元模块更换的操作步骤参见电池单元模块的安装。

（11）安装壳体盖的准备工作。

在将外壳上部件螺栓连接到外壳下部件上前，需要落实准备工作。这样一来，就可以确保冷却系统的密封性。必须根据维修手册执行一次压力检查。高压蓄电池 SE16 组装前的压力检查如图 2-2-51 所示。

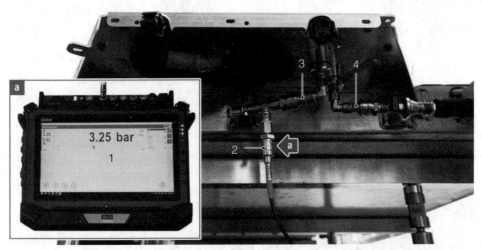

1.IMIB 中的压力显示 2.压力传感器接口 3.回流管路适配接口和压力传感器定位件 4.进流管路适配接口和减压器

图 2-2-51

（12）高压蓄电池单元壳体盖的安装。

检查壳体盖和外壳下部件的密封面，并且在污染时加以清洁。在此过程中必须留意维修手册说明。在恢复 9s2p 电池单元模块 5 和 9s2p 电池单元模块 6 之间的高压导线串联电路前，最后对之前在高压蓄电池单元上进行的工作再执行一次检查。在这项最终目视检查之后，才可以重新连接两个 9s2p 电池单元模块 5 和 6 之间的高压导线。在高压蓄电池内部连接了最后一根高压导线后，才可以将插头重新插接到电池监控电子设备上。现在，可以在另外一个人的帮助下，小心地放上壳体盖，并且用 107 个螺栓固定在外壳下部件上。必须更新所有螺栓，并且用规定的扭矩以专业的方式（均匀地）拧紧。在组装过程中，不允许使用电动螺丝刀。

3. 修整

（1）使用 IMIB-HV 落实最终的 End of Service 测试。

在将高压蓄电池单元重新装入车辆前，必须用 IMIB-HV 执行一次 End of Service 测试（EoS 测试）。为此，必须首先在 IMIB-HV 上完成必要的自检，以确保正常的功能。所有第 5 代高压蓄电池单元都需要全新的 IMIB-HV，以便落实 End of Service 测试。在这里，不再可以使用过去制造商 TKR 的 EoS 测试仪。IMIB-HV，制造商 AVL 的新型 End of Service 测试仪如图 2-2-52 所示。

接下来，会针对 EoS 测试，将高压蓄电池单元做好准备。在此过程中，在高压连接区上插上圆形高压虚设插头（Hirschmann），并且将合适的压力检测接口安装到 4 个排气单元上。接下来，连接压力检测接口的检测接口、高压插头和低压车载网络插头。在高压连接区连接低压信号插头，并且将虚设适配接口插入到 Hirschmann 圆形高压插头上，如图 2-2-53 所示。

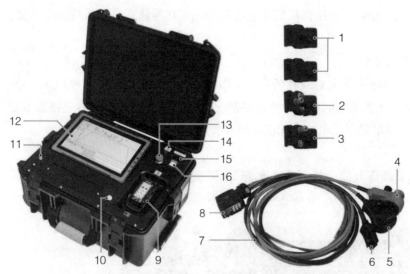

1.2 个压力检测接口，不包括接口 2.绿色压力检测接口 3.蓝色压力检测接口 4.用于电气化驱动单元插头的高压检测接口（橙色） 5.用于直流充电插座插头的高压检测接口（黑色） 6.低压信号插头的接口 7.IMIB-HV 检查缆线 8.检查电缆的主连接插头 9.IMIB-HV 上的主连接插头 10.指示灯 11.状态指示灯 12.高级平板电脑 13.紧急停止开关 14.电气设备保险丝 15.IMIB-HV 的供电（230V） 16.IMIB-HV 的开/关键

图 2-2-52

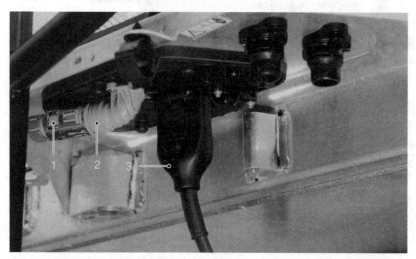

1.圆形高压虚设插头 2.连至联合充电单元的高压接口 3.连至 IMIB-HV 的低压信号插头

图 2-2-53

高压蓄电池 SE16 连至 IMIB-HV 的高压接口如图 2-2-54 所示。

在运行 IMIB-HV 时，确保供电插座具有一条状态正常的 PE 导线。在安装 4 个压力检测接口前，必须在排气单元上拆除额外的盖框。高压蓄电池 SE16 的 End of Service 测试如图 2-2-55 所示。

为了开始 End of Service 测试，必须将 IMIB-HV 集成到 ISTA 环境中。这样一来，就无须记录检测代码，以及接下来在"将高压蓄电池单元投入使用"时输入检测代码。新的 IMIB-HV 不能在"脱机"运行模式下完成 End of Service 测试（EoS 测试）。

（2）将高压蓄电池单元安装到车辆中。

用移动式升降台小心地将高压蓄电池单元移动至车辆下方。为了举升高压蓄电池单元，应使用维修手册中所述的辅助工具（铅垂线），以便完美地对齐升降台。缓慢地抬起高压蓄电池单元，并且在指定的固定点上放上紧固螺栓。在此过程中，将紧固螺栓拧入 3 至 4 道螺纹。尚不要拧紧紧固螺栓。重要的是要继续移动高压蓄电池单元，直至放上所有紧固螺栓为止。然后，完整地抬起高压蓄电池单元，并且拧紧紧固螺栓。在此过程中，对于紧固螺栓的拧紧顺序和拧紧力矩，应始终参见最新的维修手册。

电位补偿连接：对于 G08 BEV 中的高压蓄电池 SE16，通过侧面紧固螺栓实现电位补偿连接，如图 2-2-56 所示。

在螺栓连接等电位连接螺栓时，必须遵守下面的操作步骤：

清洁孔的接触面和螺纹，并且让另外一人加以检查；

用规定的扭矩拧紧紧固螺栓；

安排另外一个人检查扭矩。

两个人必须在车辆档案中对正确的执行做好记录。为此，在 ISTA 中同样也提供了一份"电位均衡螺栓连接用表单"。最后，在冷却液接口上将冷却液管重新和高压蓄电池单元连接，并且插接 3 个高压接口插头和低压接口。

（3）最后的电气诊断。

在诊断系统中，应启动服务功能，以便"将高压蓄电池单元投入使用"。在之前用 IMIB-HV 执行的 EoS 测试中，不再显示任何检测代码。EoS 检测的结果已经存储在 ISTA 中。在 ISTA 中输入更换的组件的序列号和安装位置，从而做好记录。诊断系统会将这些数据传输至 SME 并且会重新激活接触器。最后，重新加注冷却液循环回路并且排气。将高压蓄电池单元充满电，并且读取故障存储器。

四、电池单元模块的更新

单格电池中所含的元素令电池单元模块成了十分宝贵的组件。设置相应流程来记录已更换电池单元模块的数量，并证明已对其进行回收。

1. 跟踪回溯

（1）流程。

不仅仅会将新的电池单元模块的序列号输入到 ISTA 中，而且也必须将更换下来的电池单元模块的序列号记录到 ISTA 中。通过这种方式，同样也会在 ISTA 中记录更换下来的电池单元模块。为了让电池单元模块序列号的输入能够更灵活地匹配工作流程，提供了一个服务功能，它无须进行任何车辆通信。这样一来，就可以在拆卸高压蓄电池单元的过程中，在其仍然打开并且序列号可以方便通达的情况下，执行服务功能"高压蓄电池单元：记录电池单元模块的序列号"。为此，

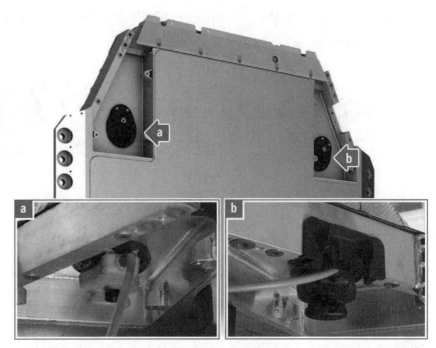

a.连至 IMIB-HV 的电气化驱动单元高压接口 b.连至 IMIB-HV 的直流充电高压接口

图 2-2-54

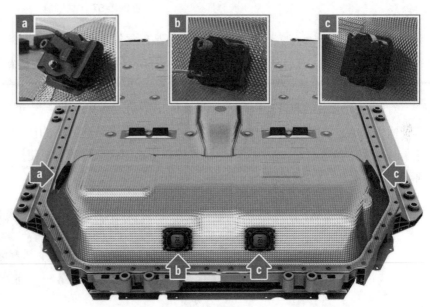

a.排气单元 1 上的绿色压力检测接口 b.排气单元 2 上的蓝色压力检测接口 c.排气单元 3 和 4 上没有接口的压力检测接口

图 2-2-55

图 2-2-56

只需重新打开所属车辆的最后一个 ISTA 过程即可。在电池单元模块更换过程中记录序列号，手动输入过程如图 2-2-57 所示。

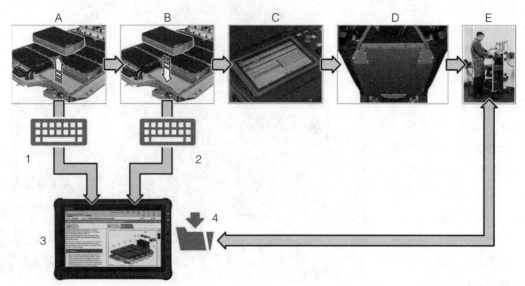

A.电池单元模块的拆卸　B.电池单元模块的安装　C.EoS 测试　D.将高压蓄电池单元安装到车辆中　E.高压蓄电池单元的试运行　1.输入拆卸下来的电池单元模块的序列号　2.输入新的电池单元模块的序列号　3.服务功能"高压蓄电池单元：记录电池单元模块的序列号"　4.保存并且自动调用输入的序列号

图 2-2-57

如果通过键盘输入序列号，则会在本地保存它们，并且在"将高压蓄电池单元的试运行投入使用"时自动传输至 ISTA。这样一来，在试运行的框架条件下，不再需要重新输入序列号。

（2）使用二维条码扫描器的流程。

对于更换下来的和新的电池单元模块的序列号，可以借助一个市售的二维条码扫描器输入，从而提高舒适性。为此，必须通过 USB 接口将二维条码扫描器和使用的修理厂诊断系统连接，并且在服务功能开始时也要选择这一输入选项。电池单元模块更换时记录序列号，使用二维条码扫描器的流程如图 2-2-58 所示。

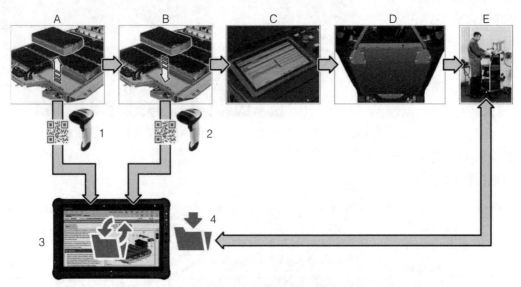

A.电池单元模块的拆卸　B.电池单元模块的安装　C.EoS 测试　D.将高压蓄电池单元安装到车辆中　E.高压蓄电池单元的试运行　1.扫描拆卸下来的电池单元模块的序列号　2.扫描新的电池单元模块的序列号　3.服务功能"高压蓄电池单元：记录电池单元模块的序列号"　4.保存并且自动调用扫描的序列号

图 2-2-58

接下来，在服务功能请求的时候，就可以扫描相应电池单元模块的二维条码（DMC）。通过这种方式，无须通过键盘输入很长的序列号。

（3）电池单元模块的二维条码和原始数据。

所需的电池单元模块更换数据位于电池单元模块自身上，一方面以二维条码的形式存在，另一方面以印刻的原始数据的形式存在。这些信息位于电池单元模块的侧面，并且在电池单元模块

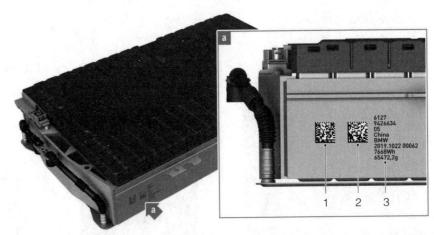

1.BMW Group 标准的二维条码（用于扫描）　2.BBA 标准的二维条码　3.电池单元模块原始数据（用于手动输入）

图 2-2-59

安装状态下不能进行读取。高压蓄电池 SE16 的一个电池单元模块的二维条码位置如图 2-2-59 所示。

2. 电量调整

在安装一个新的电池单元模块前，必须将新的电池单元模块的电量调整至之前读取的剩余电池单元模块的电量水平。为此，会用到电池单元模块充电装置。对于新的电池单元模块，之前进行的诊断会规定一个电压值。在此过程中需要注意的是，11s2p 电池单元模块的电压值和 9s2p 电池单元模块的电压值是不同的。这是因为串联的双电池单元模块的数量是不同的。通过电池单元模块充电装置，会将新的电池单元模块调整至电压值。为此，需要电池单元模块充电装置 DBL 1200HV-60（83 30 2 359 907）。随着时间的推移，总会有新的采用新型电池单元模块的高压蓄电池单元投放市场，因此，对电池单元模块充电装置的技术要求也会发生变化。为了在要求不断变化的情况下确保电池单元模块充电装置的使用，必须始终将软件更新为最新版本，同时为对应的电池单元模块配套提供所需的导线和充电电缆。软件由 Deutronic 公司在线提供。该软件使得电池单元模块充电装置能够满足最新的要求。必须根据 Deutronic 服务工具文档中确定的操作步骤，执行软件的更新。在一次软件更新后首次使用前，必须阅读新的操作说明书。最新的操作说明书由 Deutronic 公司在线提供。另外一种使用的工具就是电池单元模块充电电缆。电池单元模块充电电缆会建立电池单元模块和电池单元模块充电装置之间的连接。在电压调整时，需要注意的是，11s2p 电池单元模块的电压值和 9s2p 电池单元模块的电压值是不同的。

五、废气处理

1. 高压蓄电池单元直至废弃处理的存放

高压蓄电池单元及其组件，例如电池单元模块必须存放在带有自动喷淋设备的房间内。除此以外，必须安装火灾报警器，以便在非工作时间同样也能够识别可能的火灾。原则上，高压蓄电池单元不允许存放在地面上，而是必须存放在货架上。单独的电池单元模块必须存放在一个可以上锁的安全柜中。如果一个高压蓄电池单元有缺陷，但未损坏，则可以将其像起动蓄电池那样存放在运输容器中。完好的高压蓄电池单元和电池单元模块的存放如图 2-2-60 所示。

2. 损坏的高压蓄电池单元的存放

下列情况下，可以认定一个高压蓄电池单元损坏：

存在明显的过火痕迹；

明显的发热；

有烟气溢出；

外壳变形或者破裂。

在最终可以废弃处理前，损坏的高压蓄电池单元必须在室外临时存放在一个专门标记的容器中至少48小时。用于存放损坏的高压蓄电池单元的容器如图2-2-61所示。

图2-2-60   图2-2-61

存放地点必须距离建筑物、车辆或者其他可燃物，例如废料容器至少5米。外部损坏的高压蓄电池单元必须存放在一个耐酸且不会渗漏的槽池中，以避免溢出的电解质侵入土壤。同样也必须避免消防用水不受控制的排放。

3. 确定运输能力

为了杜绝可能的危险，必须对技术状态开展评价。会根据"运输能力确定指南"执行检查。可以由"BMW Group高压技术人员"或者由"高压蓄电池单元作业专家"负责确定。

（1）针对具有诊断能力的电池单元模块确定运输能力。

如果在车辆上通过诊断确定有一个电池单元模块损坏，在修理厂评价电池单元模块的运输能力，由"BMW Group高压技术人员"或者由"高压蓄电池单元作业专家"负责确定运输能力。

（2）针对不具有诊断能力的电池单元模块确定运输能力。

如果在一次事故后不能借助修理厂系统在车辆上或者在高压蓄电池单元上开展诊断，因而无法确定电池单元模块是否存在故障，则规定了下面的操作步骤：会根据"运输能力确定指南"执行检查。必须由"BMW Group高压技术人员"或者由"高压蓄电池单元作业专家"负责确定，他们必须在培训学院额外参加一项相应的培训（培训08807）。

运输能力的确定分为2个部分：

电气方面的评价；

外观评价。

（3）电气方面的评价。

为了检查运输能力，必须首先通过诊断处理电池单元模块的测试模块，诊断运输能力开展电气方面的评价。如果不能进行诊断，则必须由BMW Group高压专家负责确定。

（4）外观评价。

在外观评价时，必须检查下列事项：

烟气；

过火痕迹；

发热；

外壳上的裂纹或者开口；

外壳中的凹陷、变形、变色情况；

受到腐蚀影响的部件/组件；

接口松动，松开，损坏；

序列号/粘贴标签、安全粘贴标签不可读；

怀疑存在浸水损坏情况。

如果上述项目中有一项或者多项的回答为"是"，则必须和 BMW Group 高压专家或者技术支持部协商确认接下来的操作步骤。除此以外，必须借助截止带封锁拆卸下来的高压蓄电池单元。对于仍然位于车辆中的高压蓄电池单元，必须隔离或者封锁车辆。

在确定高压蓄电池单元和具体的电池单元模块的运输能力时，应始终留意最新的维修和维护提示。

4. 废弃处理高压蓄电池单元的电池单元模块

（1）概述。

在将来，BMW AG 将会越来越多地关注混合动力车和电动车，因而也会越来越多地关注电驱动装置。除了电动机、功率电子装置和其他电气组件以外，高压蓄电池单元同样也属于这类驱动装置。在首次将镍氢高压单格电池用作混合动力车辆的电能储存器后（ActiveHybrid X6），现如今，主要采用的是锂离子蓄电池。这类锂离子蓄电池和镍氢蓄电池相比，具有众多优点。而缺点则主要集中在此类蓄电池的运输方面，因为和镍氢蓄电池相比，其包装、运输准备和处理方面的开销将会提高。除此以外，由于技术相对较新，因此，锂离子蓄电池回收利用方面的产能仍然有限，但这一问题预计在接下来的数年中会出现改观。在世界上的许多国家，都通过立法规定必须对高压蓄电池单元进行回收利用。对于蓄电池的回收利用，通过立法创造了相应的经济基础，为新的回收利用技术和产能提供了投资保障。在这里，EME 是下列英语术语的缩写：Environmental Management Expert。

（2）回收企业。

锂离子蓄电池的电池回收最早可以回溯至消费品蓄电池的回收利用，并且绝大部分工业蓄电池废弃处理专业企业也都是来自这一行业背景。在这里，同样也可以了解到工业蓄电池废弃处理专业企业数量少的原因，因为投资新的工厂成本非常高昂，而对于与现有的过程相配套的规模而言，目前，拆卸工业蓄电池的开销仍然非常高。拆卸工业蓄电池同时也要求员工具备相应的资质。目前，世界范围内能够回收处理工业和车辆蓄电池的废弃处理专业企业的数量呈上升趋势。它们主要分布在欧洲、北美和部分亚洲部分地区。具体的原因是对应的国家在法律框架条件方面的发展历程。在许多国家，针对蓄电池的回收利用已经并且正在颁布新的法律法规（例如巴西、中国、墨西哥等）。这样一来，在中国已经出现了多家供应商。同样，也出现了新的技术，使得回收利用过程完全或者部分变为了移动应用。这意味着，在将来，不再需要将蓄电池送至处理设备，而是将处理设备移动至存放的蓄电池。除此以外，对来自蓄电池的二次材料的需求也在不断增长，使得废弃处理成为了有利可图的一项业务。BMW 的目标是在对应的国家为市场和工厂寻求相应的回收利用选项。为此，相应的 EME 应在各自的市场和工厂寻求或者开发本地解决方案。废弃处理专业企业示例（蓄电池）如表 2-2-4 所示。

表 2-2-4

国家	公司	工艺
比利时 B	UMICORE	湿法冶金和火法冶金
中国 CN	BRUNP	湿法冶金和火法冶金
德国 D	ACCUREC	机械电池处理过程和湿法/火法冶金
法国 F	RECUPYL	机械电池处理过程和湿法冶金

国家	公司	工艺
加拿大 CA	Xstrata Niederlande N	集成在 Co/Ni 冶金工艺中
韩国 KR	SungEel	
荷兰 NL	Xstrata	集成在 Co/Ni 冶金工艺中
瑞典 S	UMICORE	湿法冶金和火法冶金
瑞士 CH	BATREC	机械电池处理过程
美国 USA	ToxCo	湿法冶金
美国 USA	INMETCO	火法冶金

由于供应商的数量不断增加，因此，可以通过互联网了解具体国家的废弃处理企业。

（3）工艺。

对于锂离子电池、锂离子模块和锂离子单格电池的回收，基本上分为 2 种不同的工艺。绝大部分废弃处理专业企业将这两种工艺配合起来使用，以便能够满足所要求的配额。一方面，采用的是所谓的湿法冶金工艺，它是一种化学工艺。在这里，通过酸、碱、有机溶液和 / 或细菌提取物质。另一方面，采用的是火法冶金工艺，即高温再处理。对于这种工艺，通过高温将蓄电池、模块或者单格电池熔化，并且分离金属。在该工艺过程中，有机物质会损失，它们会被烧毁。

（4）操作步骤。

在有废弃处理需求时，售后服务经销商负责人会联系负责对应市场的废弃处理专业企业。在委托一家废弃处理服务供应商时，必须确保它满足多边协议 259 的条件。如果是不了解的废弃处理服务供应商，并且在废弃处理方面存在有待解决的问题，则售后服务经销商负责人会联系对应市场的 Environmental Management ExpertEME。售后服务经销商负责人会确保对货物采取包装和保险措施。对于没有损坏的蓄电池，可以使用备件的运输包装。对于损坏的蓄电池，如果有液体流出，则必须使用专用容器，并且将其作为危险品运输。售后服务经销商负责人确保损坏的电池单元模块或者高压蓄电池单元在废弃处理前临时存放了 48h，并且安排一名 BMW Group 高压专家确定运输能力。在运输前，必须根据规定（包括本地作业指导书）存放电池单元模块或者高压蓄电池单元。在此过程中，必须确保在运输包装和 / 或高压蓄电池单元上，不会由于叉车的操作、液体等而出现任何损坏。如果怀疑高压蓄电池单元不再具备运输能力 – 例如由于运输包装出现明显的损坏 – 则必须在使用维修手册的情况下，重新确定运输能力。

（5）损坏和有缺陷的电池单元模块的运输。

根据多边协议 259，损坏和有缺陷的电池单元模块可以采用公路运输的方式 ADR（European Agreement concerning the International Carriage of Dangerous Goods by Road）。目前，比利时、丹麦、德国、法国、爱尔兰、意大利、卢森堡、荷兰、挪威、葡萄牙、瑞典、瑞士、西班牙和英国都签署了多边协议。为此，必须满足下列一些条件：

用文字"损坏 / 有缺陷的锂离子蓄电池"或者"损坏 / 有缺陷的锂金属蓄电池"标记货物；

根据包装指导书 P908 或者 LP904 包装单格电池和蓄电池；

在发货单上，应标注"根据 ADR（M259）第 1.5.1 章节的条件安排的运输"；

每次运输都必须上报至对应市场相关负责的政府部门（无须审批）。在德国市场，相关负责的部门包括 BAM，即德国联邦材料研究和检测所；

对于在一般运输条件下可能会快速分解，发生危险反应，形成火焰，导致危险的发热或者排放危险的有毒、腐蚀性或者可燃气体或者蒸汽的单格电池和蓄电池，必须在相关负责的政府部门确定的条件下进行运输。

第三节　驾驶员交互系统

一、前言

1. 驾驶员接口的概念定义

驾驶员接口将显示和操作方案以及各信息娱乐系统汇总到了一个产品信息中。对于显示或者操作方案而言，现代化的信息娱乐系统会以数字（触控屏、手势）、语音以及通过 iDrive 控制器的传统形式（触觉）实现输入。它们呈 360° 角定位在驾驶员周围，并且可以借助所述的选项，实现个性化的操作。为此，BMW 于 2015 年凭借 7 系树立了一个重要的里程碑。除了全新的平铺显示以外，操作系统 ID 5 的主要亮点包括触控屏上的触控操作和在线语音输入。2018 年，通过 X5（G05）或者 BMW 8 系（G15）中的第 4 代 BMW Operating System 7，对整个驾驶舱进行了重新定义。一套凌驾于所有"iDrive 组件"（组合仪表、平视显示系统、中央信息显示器、控制器、主机）的操作系统。这样一来，为所有显示或者操作方案以及通信和信息娱乐系统功能创建了一个共享的驾驶员接口。2019 年 3 月，凭借新款 BMW 3 系（G20）的 BMW 智能个人助理，在配合 BMW 后端的情况下在车辆内的语音处理方面树立了一座里程碑。所有这些创新在 G08 BEV 上都以最新的形式得到了体现。

2. 差异化特征

接下来，将会深入探讨 G08 BEV 和其他 X3 衍生品之间的差异化特征。BMW iX3（G08 BEV）是 BMW 研发的首款全电动 BMW X3。在这里，客户可以在一个全新的层面上，体验专门为电动车配套的显示和操作方案以及在线语音输入功能。创新的信息娱乐系统能够进一步提升舒适感和驾驶乐趣。除此以外，在 G08 BEV 上，还可以找到大量首次应用于 BMW 车辆的创新。因此，本产品信息同样也可以为所有对 BMW 家族其他车辆感兴趣的人士提供相关信息。在本文中，会反复将 BMW iX3（G08 BEV）和采用内燃机的衍生品，例如 X3 3.0i（G01）或者插件式混合动力车型 X3 xDrive 30e（G01 PHEV）进行对比。对于本信息的读者而言，这样做非常有帮助，因为不同驱动形式的 X3 的显示和操作方案第一眼看上去非常相似。但在仔细观察的情况下，它们还是存在很大的区别。在信息开始部分，作为示例，会对不同的内部装备和车厢内部设计进行比较。作为简化，从现在起，会在产品信息中使用 X3 车型的 E 代码。

G01；

G01 PHEV；

G08 BEV。

将会重点关注车辆内部装备的识别特征。会区别"外观"识别特征和"功能"识别特征。 在这里，在 G08 BEV 中，专门针对纯电动车对 2018 年问世的显示和操作方案进行了调整和重新诠释。在中央信息显示器中、组合仪表中和作为选装配置额外在平视显示系统中提供了独有的驾驶模式和专属的显示方案。而在手势控制方面，同样也落实了一些创新。在 G08 BEV 中，作为标准装备的智能互联驾驶座舱专业版（SA 6U3）和 Headunit High 3 Flash 以及 BMW 互联驾驶服务（SA 6C2 或者 6C3/6C4）一起，可以为客户提供全方位的服务。在 G08 BEV 中，RAM 和后置放大器系统的升级对扬声器系统、调谐器系统和天线系统都产生了决定性的影响。一方面通过 3 套音响系统其中之一让客户能够享受到娱乐系统带来的乐趣，另一方面则是一套全新的选装配置，即 BMW 专属电驱声效（SA 4V1）的音响功能。作为远程控制单元，TCB3 作为硬件装备集成了 SIM 卡和 LTE 数据连接，可以为客户提供远程信息处理服务和 BMW 互联驾驶服务。在 BMW 互联驾驶方面，在 G08 BEV 中为 BMW 互联驾驶服务扩展了全新的功能，包括选装配置"集成智能手机（SA 6Cp）"，它搭配了 Android Auto™ 以及最新版本的 Apple CarPlay®。除此以外，现在还可以用 iPhone® 打开车辆。在车辆中，通过作为附加功能的选装配置"无钥匙进入功能"BMW 数字钥匙（版本 1.5）实现功能。

由于这一新的完全面向客户的导向，使得 BMW Group 在车辆显示和操作领域以及在信息系统方面掀开了全新的篇章。

二、X3 衍生品的车厢内部比较

车辆直接对比

（1）区别。

不同"X3 衍生品"的区别在仔细观察的情况下才能够加以识别。这一点尤其适用于内燃机驱动的车辆（G01）和插件式混合动力车辆（G01 PHEV）之间的区别。X3 BEV 采用了大量"蓝色"提亮的车厢内部元素，令其和 X3 的内燃机车型以及插件式混合动力车型相比立刻显得独树一帜。

（2）X3-G01（2017）。

配有内燃机和 ID6 的 2017 款 X3（G01）如图 2-3-1 所示。

G01 或者也包括 G08（G01 的中国变型）这两款车型都以 iDrive 系统 ID6 起步。它们采用了三款不同变型的组合仪表（5.7 英寸基础款组合仪表、8.8 英寸高级版组合仪表、12.3 英寸多功能组合仪表）。收音机专业版和商务导航系统（带有 HU-B2 的标准装备）分别拥有各自的控制器，以及一个 6.5 英寸不带触控操作功能的中央信息显示器 CID（至 2019 年 7 月，接下来为 8.8 英寸带有触控操作功能）。仅配有 HU-B2 的导航系统专业版（现在为 SA 6U3；过去为 SA 609）在推出时已经配套了一个 8.8 英寸的带有触控操作功能的 CID（从 2019 年 8 月起配套 10.25 英寸和 BMW Operating System 7）。

（3）X3-G01 PHEV（2019/2020）。

图 2-3-1

图 2-3-2

X3 PHEV 已经配套 BMW Operating System7 如图 2-3-2 所示。

自 2020 年年初起，客户可以订购 G01 PHEV。在车厢内部，显示和操作方案的"BMW Operating System 7"元素会立即映入眼帘。对于 X3 内燃机款 G01 而言，在相同的投放时刻，客户同样也可以获得 BMW Operating System 7 及其显示和操作方案。在最高扩展阶段，G01 PHEV 提供了 12.3 英寸多功能组合仪表和一套全新的 10.25 英寸且配有触控操作功能的悬浮式中央信息显示器。

（4）X3-G08 BEV（2020）

X3 首次采用"纯"电动驱动方式-2020 款 G08 BEV 如图 2-3-3 所示。

和其衍生品相比，G08 BEV 交付时仅配套提供智能互联驾驶座舱专业版（SA 6U3，过去的导航系统专业版）。这样一来，在 G08 BEV 中，不再配套任何 iDrive 系统 ID6。除此以外，组合仪表的变型也减少为了一种（KOMBI FBK = 可以自由编程的组合仪表，配有 12.3 英寸屏幕）。

三、识别特征和创新

1. 概览图

对于 G08 BEV 中安装的显示和操作方案、升级可能或者电话功能和连通性，为了对系统蓝图快速加以了解，可以参见下面的插图如图 2-3-4 所示。

2. G08 BEV 创新外观方面

对于 G08 BEV 的客户而言，首先引起他们注意的莫过于绝大部分采用蓝色色调的外观改变，以及"iX3"标记。G08 BEV 中的外观细节 如图 2-3-5 所示。

3. G08 BEV 创新功能方面

除了 G08 中的外观改变以外，对于客户而言，在 G08 BEV 中同样也存在功能方面的区别/创新。虽然第一眼并不能立即将它们识别为特色（例如选挡杆中新设计的"B挡"），但它们对行驶性能、设置以及显示和信息都会产生巨大的影响。G08 BEV 中的新功能概览如图 2-3-6 所示。

图 2-3-3

1.显示方案 2.ABK = 显示和操作方案 = iDrive 系统变型或者 BMW Operating System 变型 3.操作/控制系统 4.升级 5.电话功能 6.连通性 7.量产 = 标准配置 8.选装 = 选装配置 9.2×USB 充电选项，同时可以和主机实现数据连接（媒体播放） 10.3 年远程软件升级 RSU，包括可以通过 RSU 在车辆中载入新的功能

图 2-3-4

1.G08 BEV 中带有蓝色边缘的方向盘标志"BMW" 2.采用蓝色设计的启动/关闭按钮 3.G08 BEV 中的 iX3 标记 4.G08 BEV 选挡杆中的蓝色饰条

图 2-3-5

四、显示和操作方案细节

自 2018 年在 BMW 推出的 BMW Operating System 7 在 G08 BEV 中作为显示和操作方案，专门针对纯电动车进行了调整，并且重新进行了诠释。BMW 目前的三款最新的电动车 I03（i3）和 I12、I15（i8 双

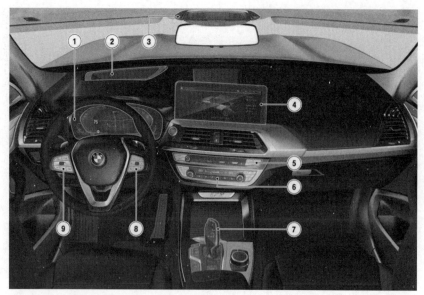

1.配套 BMW Operating System 7 的组合仪表，针对 G08 BEV 中的显示和操作方案
进行了匹配 2.作为选装配置（SA 610）的平视显示系统（High 3.0），采用专门用
于 G08 BEV 的显示设计，可以和组合仪表进行交互 3.车顶功能中心，包括作为选装
配置的手势控制（SA 6U8） 4.10.25英寸CID，标配 BMW Operating System 7 5.G08
BEV 音频操作单元（不再集成"CD/DVD 驱动器"） 6.用于 G08 BEV 中标配的
"3/1 区冷暖空调器"的空调操作面板 7.带有新设计的行驶挡"B"的选挡杆 8.多功
能方向盘右侧开关组 9.多功能方向盘左侧开关组

图 2-3-6

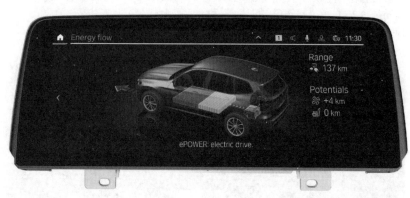

图 2-3-7

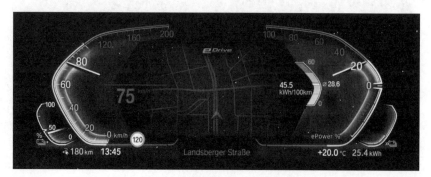

图 2-3-8

门轿跑车和双门跑车）仍然通
过 iDrive 系统进行操作，而在
G08 BEV 中，客户已经可以用上
BMW Operating System 7。

　　1.操作系统 iDrive

　　G08 BEV 的 iDrive 系统完全
针对 BMW Operating System 7 进行
了调整。取消了过去基于 ID6 的
入门变型。

　　BMW Operating System 7。

　　显示系统的组成元素包括：

　　中央信息显示器；

　　组合仪表；

　　平视显示系统。

　　中央信息显示器 CID 的显
示 G08 BEV 中的 BMW Operating
System 7；CID 中的能量流转显示
如图 2-3-7 所示。

　　组合仪表 KOMBI 的显示
G08 BEV 组合仪表中的 BMW
Operating System 7 如图 2-3-8 所
示。

　　平视显示系统的显示 G08
BEV 中平视显示系统的显示如图
2-3-9 所示。

图 2-3-9

1.平视显示系统；选择视听设备源示例：
此处通过"集成智能手机"播放音乐；
最新的采用"Android Auto™"的流媒体
技术

2.组合仪表

（1）前言。

G08 BEV 中的组合仪表为客户提供了多样的信息选项。在不同的驾驶模式下，信息的类型有时会有所区别。

（2）充电显示。

标准装备的 G08 已经可以通过交流电（AC）和直流电（DC）进行充电。驾驶员可以选择在连接充电电缆后立即开始充电，或者是一个充电时间段。对应的设置在主菜单"CAR"的子菜单"规划充电/空调"中进行。为了在一个预定义的时间段内充电，必须设置一个启程时间。在 G08 BEV 中，首次可以在"充电目标"项下设置希望的高压蓄电池单元的电量。接下来显示的是组合仪表中的所谓"充电屏幕"，它会作为欢迎界面，显示给驾驶员。接通点火装置时组合仪表中的充电显示如图 2-3-10 所示。

（3）显示概览。

对于组合仪表中不同的显示仪表，G08 BEV 组合仪表，显示仪表概览如图 2-3-11 所示。

3.驾驶模式

（1）变型比较。

不同的驾驶模式采用不同的驱动方式，具体涉及命名和功能。如图 2-3-12 中针对不同的驾驶模式显示了 X3 的不同驱动方式的组合仪表，从而令图示更一目了然，X3 各个衍生品的组合仪表比较如下。

（2）ECO PRO。

1.当前的续航里程 2.当前的充电功率 3.达到充电目标的时间：2：25 4.启程时间：6：00

图 2-3-10

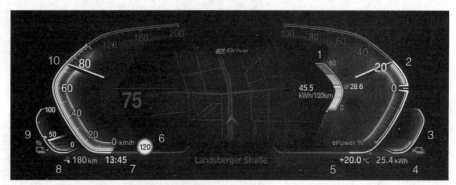

1.小组件区域：以 kWh/100km 为单位显示当前耗电量，耗电量的图形显示（没有充电显示），平均耗电量 2.（上部）功率显示，单位：%；（中间）滑行点显示；（下部）eDrive 区域，带有"Charge"充电区域，用于显示制动能量回收 3.当前耗电量"耗电量的图形显示"，不包括充电 4.当前耗电量数字显示 5.车外温度 6.限速信息/BMW 服务支持显示 7.时间 8.续航里程 9.高压蓄电池单元的电量显示 10.车速表（G08 BEV 中的范围最大至 200km/h）

图 2-3-11

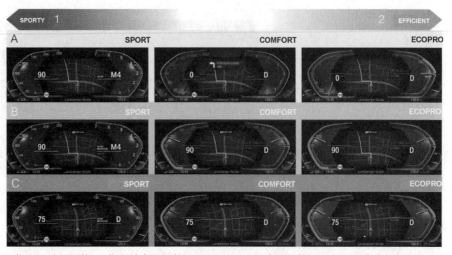

1.偏向运动的调校 2.偏向效率的调校 A.G01（G08 = 中国规格 G01），配有内燃机 B.G01 PHEV C.G08 BEV

图 2-3-12

在 G08 BEV 中，"ECO PRO"和 "COMFORT" 模式的显示对于客户而言采用了相似的设计（在这里，主要区别是颜色设计），而 "SPORT"模式则在结构和功能方面和另外两种模式区别显著。在 G08 BEV 中在驾驶体验开关上设置了 "ECO PRO" 驾驶模式如图 2-3-13 所示。

（3）COMFOR。

在 COMFORT 模式下，在车速表中取消了在 ECO PRO 模式下针对最大车速突出显示的蓝色区域，以及功率显示中针对最大可用功率突出显示的蓝色区域。在 G08 BEV 中在驾驶体验开关上选择了 "COMFORT" 驾驶模式如图 2-3-14 所示。

（4）SPORT。

在 G08 BEV 中在驾驶体验开关上设置了 "SPORT"驾驶模式如图 2-3-15 所示。在运动模式下，通过一个红色拖动指针显示车速和功率。

（5）SPORT 模式下的特殊区域。

和另外两种模式相比，SPORT 驾驶模式下的显示不仅仅在外观上有所变化。在车辆中还可以看到额外的显示内容，如图 2-3-16 所示。

4. 手势控制

（1）引言/历史。

首次于 2015 年在 G11/G12 上通过一套手势控制装置（SA 6U8）在车辆中激活、控制或者停用功能。可以通过选挡杆和操作元件支架之间的定向手指动作，可以舒适且方便地执行功能，例如将回家地址输入目的地导航中。

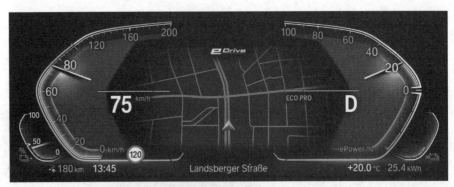

图 2-3-13

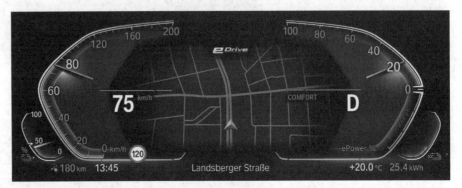

图 2-3-14

图 2-3-15

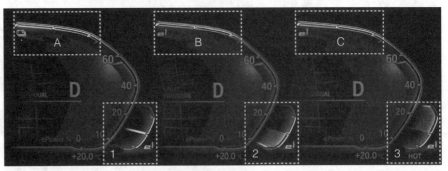

A.高压蓄电池单元已放空　B.高压蓄电池单元温度低　C.高压蓄电池单元过热　1.低温状态的电驱动装置　2.电驱动装置的正常工作温度　3.过热状态的电驱动装置

图 2-3-16

（2）G08 BEV 中的手势控制。

手势控制摄像机位于 G08 BEV 中，并且在衍生品中同样也位于车顶功能中心中。G08 BEV 中的手势控制如图 2-3-17 所示。

G08 BEV 中的手势控制基于的是通过时间方法，采用一台 3D 摄像机系统和发射光脉冲的 LED。这套也被称为"飞行时间"的系统会为每个像点测量光线前往对象并且重新返回所需的时间。详细内容可以参见产品信息 G11/G12 显示和操作方案，或者技术百科全书系统。左侧：车顶功能中心中的手势摄像机和 LED；右侧："飞行时间"原理如图 2-3-18 所示。

1.带有手势摄像机和手势控制 LED 的车顶功能中心

图 2-3-17

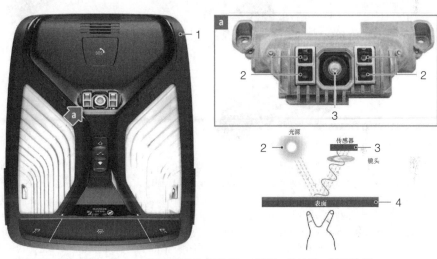

1.车顶功能中心 2.LED 3.3D"飞行时间"摄像机 4.表面，此处以一只手为例

图 2-3-18

（3）概述。

由于手势在最近的 5 年中同样也得到了改进，因此，通过接下来的概览，可以了解在 BMW，尤其是在 G08 BEV 中都应用了哪些手势，所有可用的手势如图 2-3-19 所示。

（4）车辆中的设置选项。

对于手势控制，在车辆中提供了多样的设置选项。可以在菜单"CAR > 通用设置"中在"iDrive 设置 / 手势控制"区域找到它们。G08 BEV 中的手势控制设置菜单如图 2-3-20 所示。

（5）G08 BEV 中可以自由配置的手势 G08 BEV 中可以自由配置的两个手势概览如图 2-3-21 所示。

（6）可以自由配置的手势的选项如图 2-3-22 所示。

凭借 G08 BEV，BMW 首次令两个可以个性化配置的手势能够共享一份清单。客户可以选择下列一些设置：

静音 / 播放；

打开 / 关闭控制显示器；

回家地址的目的地导航；

最近的电话；

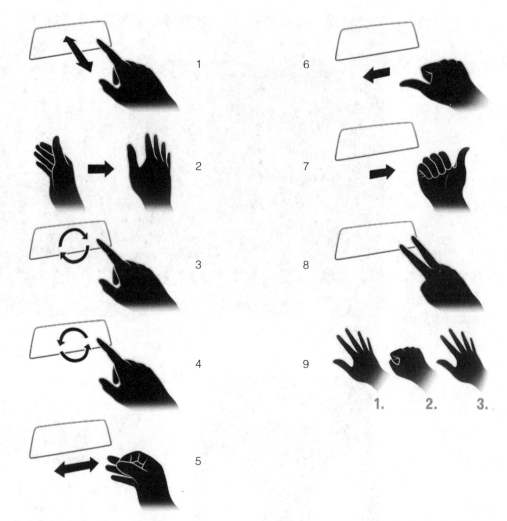

1.点击：食指朝显示器方向移动并且返回；用于：接听电话、选择语音输入条目、继续目的地导航 2.向右拍击：用手掌朝乘客侧方向拍击；用于拒绝、关闭、结束：例如拒听电话、关闭弹出窗口、结束语音输入、结束目的地导航或者交通播报 3.向右旋转：将小臂在食指向前伸出的情况下缓慢地朝顺时针方向做圆周动作；用于：增大音量 4.向左旋转：将小臂在食指向前伸出的情况下缓慢地朝逆时针方向做圆周动作；用于：减小音量 5.夹持：用大拇指和食指拿住，并且将手向右或者向左移动；用于：转动环视功能的摄像机视图 6.大拇指朝左：在向左伸出大拇指的情况下将拳头向左移动并且在转折点收回；用于娱乐系统"快退/跳转返回至前一个曲目" 7.大拇指朝右：在向右伸出大拇指的情况下将拳头向右移动并且在转折点收回；用于"快进跳至下一个曲目" 8.双指/兔子手势：将食指和中指伸出朝向显示器；用于：可以进行个性化配置 9.比划十：将打开的手（所有 5 根手指）握成拳头，并且重新完全打开：可以进行个性化配置

图 2-3-19

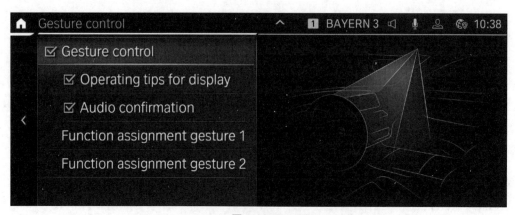

图 2-3-20

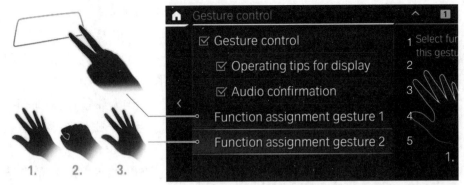

1.打开/关闭手势控制 2.操作帮助显示 3.声音反馈 4.可以个性化（自由）配置的手势 1 5.可以个性化（自由）配置的手势 2

图 2-3-21

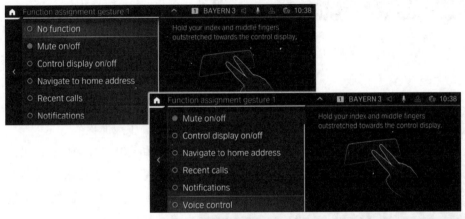

图 2-3-22

通知；

语音控制；

互联音乐（取决于选装配置）；

BMW 夜视系统（取决于选装配置）；

没有功能。

（7）系统的限制。

①摄像机的限制。

有时候，手势有可能不会被手势控制系统识别。接下来，会对此列举一些会发生这种情况的示例：

摄像机镜头被遮盖；

穿戴手套或者佩戴首饰；

在车内吸烟。

②手势的识别区域。

除了摄像机镜头的功能受到影响这种情况以外，如果在识别区域以外操作手势，则它们同样也不会被识别。

③"受限区域"侧视图。

如图 2-3-23 中所示的区域 2 同样也是一个除外区域。在靠近中控面板的区域，会额外阻止识别，以避免在操作空调/收音机时发生错误识别。手势控制的理想区域位于中控面板前方和 CID 前方，但同时又位于选挡杆后面。

④"受限区域"正视图。

系统限制正视图如图 2-3-24 所示。

5. 中央信息显示器

（1）显示器尺寸。

对于 G08 BEV 的中央信息显示器而言，在车辆中安装了一个 10.25 英寸的显示器。显示器的分辨率为 1920×720 像素。设计方面部分以驾驶模式为导向，并且针对组合仪表中的显示进行了匹配。操作系统 BMW Operating System 7 被设计为通过控制器、手势控制、语音控制和显示器上的触控（触控操作）实现操作，如图

1.方向盘操作区域；不属于手势控制的区域 2.靠近中控面板的操作区域-前部中央控制台；手势控制受限的区域 3.选挡杆操作区域；手势控制受限的区域 4.中央控制台开关中心的操作区域；不属于手势控制的区域

图 2-3-23

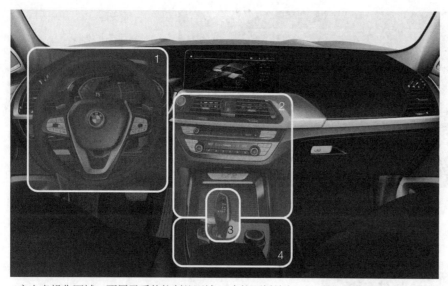

1.方向盘操作区域；不属于手势控制的区域 2.中控面板前和 CID 前的操作区域-前部中央控制台；手势控制的区域 3.选挡杆操作区域；手势控制受限的区域 4.中央控制台开关中心的区域；不属于手势控制的区域

图 2-3-24

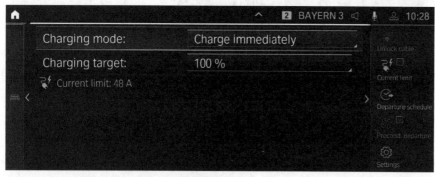

图 2-3-25

图 2-3-26

2-3-25 所示。

（2）正视图。

CID 显示内容的正视图如图 2-3-26 所示。

和绝大部分 BMW 车辆一样，用两个螺栓将中央信息显示器固定在仪表板上。有关拆卸和安装的详细信息请使用"售后信息研究门户"-AIR 中的维修手册。

（3）后视图。

后视图如图 2-3-27 所示。

通过 APIX 2 接口实现和车载网络的连接。在拆除该组件时，必须留意静电放电的相关规定。

6. 中控面板

和 G01/G01 PHEV 相比，由音频操作单元和空调操作面板组成的中控面板具体包括：

概述。

G01/G01 PHEV 和 G08 BEV 的对比如图 2-3-28 所示。

7. 驾驶体验开关比较

（1）G01 驾驶体验开关和控制器。

配有内燃机驱动的 G01 车辆中的中控台操作单元和控制器如图 2-3-29 所示。

（2）G01 PHEV 驾驶体验开关。

G01 PHEV 驾驶体验开关，如图 2-3-30 所示。

（3）G08 BEV 驾驶体验开关。

G08 BEV 驾驶体验开关，如图 2-3-31 所示。

（4）选挡杆。

在 G08 BEV 上，选挡杆尤为突出：外观方面配有特殊的"蓝色饰条"。功能方面，G08 BEV 的特别之处在于一个全新的行驶挡。用于 Brake（制动）的行驶挡"B"。在这里，通过所谓的"One Padel

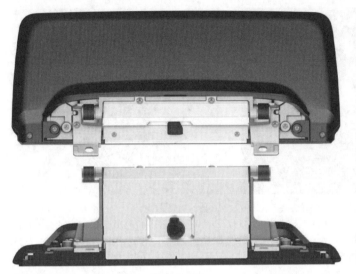

图 2-3-27

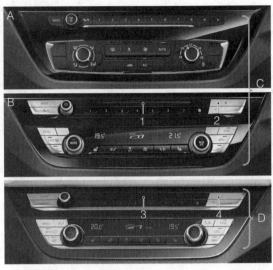

A.音频操作单元/空调操作面板标准装备　B.音频操作单元/2/1 分区空调操作面板　C.G01/G01 PHEV 变型概览　D.G08 BEV 变型概览　1.CD/DVD 插口槽　2.弹出按钮　3.G08 BEV 取消 CD/DVD 播放器/插口槽　4.G08 BEV 中取消弹出按钮

图 2-3-28

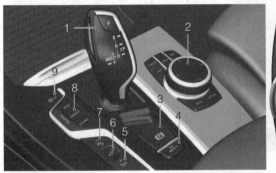

1.选挡杆　2.控制器　3.驻车制动器　4.自动驻车功能按钮（驻车制动器）5.HDC 按钮（Hill Descent Control = 下坡车速控制系统）6.环视功能按钮-激活环绕车辆的环视摄像机系统（鸟瞰图）7."驻车距离监控"按钮　8.带有模式"ECO PRO、COMFORT、SPORT 和 Adaptive"的驾驶体验开关 9.DSC 按钮

图 2-3-29

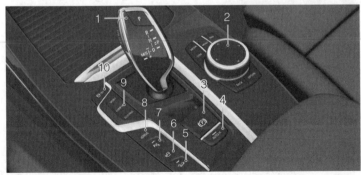

1.选挡杆　2.控制器　3.驻车制动器按钮　4.自动驻车功能按钮（驻车制动器）5.HDC 按钮（Hill Descent Control = 下坡车速控制系统）6.环视功能按钮-激活环绕车辆的环视摄像机系统（鸟瞰图）7.PDC 按钮（Park Distance Control = 前部和后部保险杠中借助超声波传感器的驻车距离监控）8.eDrive 按钮，带有模式：AUTO eDrive、MAX eDrive & Battery Control 9.驾驶体验开关，带有模式：ECO PRO、COMFORT & SPORT 10.DSC 按钮

图 2-3-30

Feeling"（一起都可以用一个踏板操作），为客户创造增值。行驶挡"B"的特点在于非常高的制动能量回收（发动机制动）以及完全停用了爬行。除此以外，和行驶挡"P"不同的是，行驶挡"B"不能任意进行配置。G08 BEV 中的选挡杆如图 2-3-32 所示。

8.方向盘上的 MFL 按钮区

和最初的 G01 以及 G01 PHEV 车型相比，在 G08 BEV 上，对多功能方向盘的按钮区进行了改动。在 2017 年推出的 G01 上，对功能方向盘按钮区仍然采用了 ID6 的外观设计。对于 2019 年推出的 G01 PHEV，保留了色彩设计。但针对 BMW Operating System 7 对逻辑进行了调整。而在 G08 BEV 上，则采用了全新的银色按钮区。G08 BEV 的多功能方向盘按钮区设计更多地以 BMW Operating System 7 为导向。

（1）娱乐功能区域。

G01/ID6（2017）操作方案，位于右侧的多功能方向盘按钮区；G01（2017）如图 2-3-33 所示。

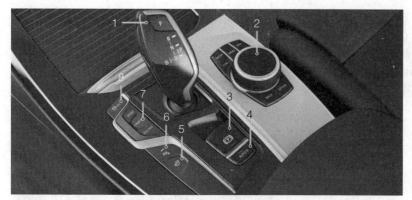

1.选挡杆 2.控制器 3.驻车制动器按钮 4.自动驻车功能按钮（驻车制动器） 5.环视功能按钮-激活环绕车辆的环视摄像机系统（鸟瞰图） 6.PDC 按钮（Park Distance Control = 前部和后部保险杠中借助超声波传感器的驻车距离监控）7.带有模式 ECO PRO、COMFORT、SPORT 的驾驶体验开关 8.DSC 按钮

图 2-3-31

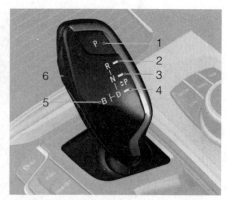

1.行驶挡"P"（驻车）的开关 2.倒车的行驶挡"R" 3.空挡的行驶挡"N" 4.行驶的行驶挡"D" 5."One Pedal Feeling"的行驶挡"B"（制动）6.用于解锁选挡杆的开关

图 2-3-32

1.MODE 按钮；切换视听设备源 2.增大音量 3.减小音量 4.语音操作系统 5.电话 6.调节轮：列表选择

图 2-3-33

G08 BEV 操作方案，G08 BEV 2020 中的右侧多功能方向盘按钮区如图 2-3-34 所示。

（2）驾驶员辅助系统多功能方向盘按钮区的操作。

G01（2017）位于左侧的多功能方向盘按钮区，如图 2-3-35 所示。

G08 BEV 操作方案，G08 BEV 2020 的左侧多功能方向盘按钮区如图 2-3-36 所示。

9.HUD（High 3+）

代次为 High 3+ 的 HUD 随着 G08 BEV 一起，首次安装到一台纯电动的 BMW 上。它是一种全彩色平视显示系统，简称 HUD，其显示器尺寸为 7 英寸 ×3.5 英寸。客户可以借助平视显示系统在行驶的过程中观察车道，同时仍然可以关注所有相关的信息。优点在于，和将视线转向组合仪表或者 CID 不同，眼睛不必重新聚焦。这样一来，客户就可以更好地关注交通情况。通过这种方式，HUD 可以自动在主动安全性方面做出贡献。在设置菜单"CAR > DISPLAYS"中，客户可以进行如下：

打开 / 关闭 HUD；

1.减小音量 2.增大音量 3.切换频道/曲目，长按：快进曲目 4.语音操作系统 5.打开视听设备列表 6.电话 7.切换频道/曲目，长按：快退曲目 8.调节轮：列表选择

图 2-3-34

图像内容；

挡风玻璃上HUD显示的高度设置；

图像亮度；

图像旋转（水平）；

显示模式的配置。

除此以外，在诊断的服务功能中，还提供了下列修正功能：

图像旋转和图像高度；

图像形状的修正（专业术语：图像扭转）。

对于Product Genius，仍然可以通过展厅模式或者借助Genius Tools在iPad上在一个测试步骤中展示与客户有关的视图。在本产品信息发布时刻，已经在下列国家推出了Genius Tool：

德国；

比利时；

意大利；

英国；

美国；

俄罗斯；

澳大利亚。

HUD的硬件由两面镜子（其中一面为光学镜）和一个RGB全彩色显示器组成。显示器本身的尺寸为3.1英寸，并且分辨率为800像素×480像素。

和其他BMW车辆类似，车载网络连接是通过APIX2连接到组合仪表上的。

10.驾驶信息

菜单"CAR>驾驶信息"向客户提供了下列一些专门的显示选项：

行驶数据；

运动显示；

驾驶风格分析；

和能量流转。

G08 BEV中的能量流转显示如图2-3-37所示。

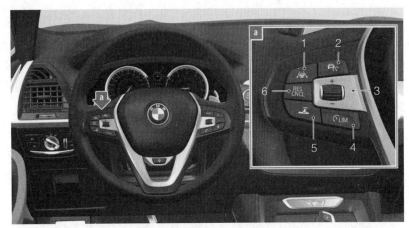

1.激活/停用转向和车道控制辅助　2.打开/关闭巡航控制"Active Cruise Control"　3.改变设置速度的调节轮　4.打开/关闭限速　5.增加/减小和前车的距离　6.中断巡航控制/用保存的设置速度继续巡航控制

图 2-3-35

1.中断巡航控制/用保存的设置速度继续巡航控制　2.打开/关闭限速　3.改变设置速度的调节轮　4.增加/减小和前车的距离　5.打开/关闭巡航控制"Active Cruise Control"　6.激活/停用转向和车道控制辅助

图 2-3-36

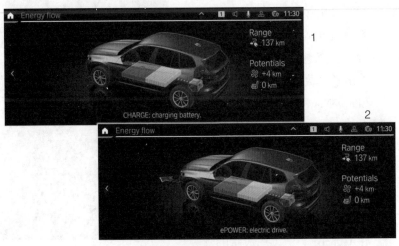

1.高压蓄电池单元正在充电（制动能量回收）　2.电驱动装置/ePOWER

图 2-3-37

五、导航系统

伴随着 G08 BEV，BMW 在导航系统领域引入了一些全新的振奋人心的功能。伴随着 BMW iX3，一些早已为人熟识的元素首次出现在配套 BMW Operating System 7 的纯电动 BMW 车辆上。[BMW i3（I01）在 2020 年 7 月仍然配备 ID6，并且会维持 ID6，直至停产]。

1.BMW Maps

为了让客户的出行变得舒适、更具个性并且简单透明，从 2020 年 7 月起，在 BMW Maps 中绑定了互联出行服务（涉及导航系统）：

地图更新（USB/ OTA）；

直观的目的地输入和查找（新功能：兴趣点中的预览图 = POI Enrichment powered by Yelp！）；

互联导航：提供实时路况信息；新功能–改进的基于云的路线计算；

多样的 App 功能：使用全新的"My BMW App"搜索目的地；

互联驻车（新功能：现在在计算停车位时会一并考虑车辆尺寸）；

互联充电。

2. 导航系统 E–Route（在充电的基础上经过优化的路线）

根据装备和国家规格，在输入目的地后，会立即提示充电，或者正如下面的示例中一样，在充电的基础上计算路线。前提条件是输入的目的地用当前的车辆电量是不能抵达的。G08 BEV 中在充电的基础上经过优化的路线如图 2–3–38 所示。

3. 充电站显示

（1）最近的充电站。

距离最近的充电站（也包括家中的充电站）的地址会自动保存。这些充电站可以在车辆"我的目的地–最近的充电站"中访问，并且重新作为目的地应用到目的地导航中。

（2）出行途中的充电站。

根据具体装备，在地图视图中会显示不同的充电站图标：

交流充电站；

直流充电站（如有，同样也可以进行交流充电）；

充电功率高的快速充电站；

ChargeNow 充电站（必须配合有效的 ChargeNow 合同，借助地图或者 App 才可以使用）。

G08 BEV 中作为兴趣点的充电站，如图 2–3–39 所示。

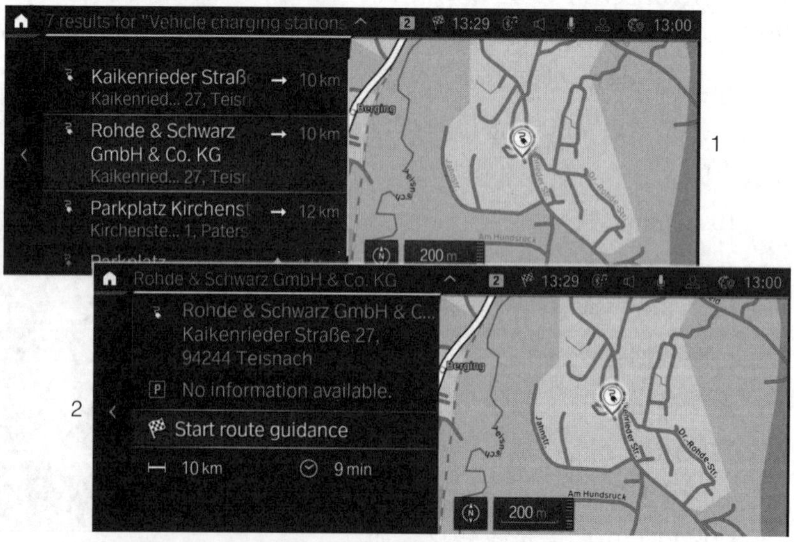

4. 续航里程圆圈

在 G08 BEV 中，用最新的驾驶体验开关程序和地图中对应的缩放

1.路线详情，包括具体的充电途经点　2.地图中各个途经点的显示

图 2–3–38

1.从一个带有7个查询结果的列表中选择的充电站　2.开始至对应充电站的路线计算

图 2–3–39

功能以彩色续航里程圆圈的形式来显示续航里程，如图2-3-40所示。在G08 BEV，未采用I01上采用的续航里程蛛网的形式。

5.路线预览

路线预览中的简化显示仅限于交通流的显示。如果删除了选择框"简化显示"中的勾号，则可以额外显示并且选择"蓝色P=停车选项"。接下来，可以将兴趣点（例如旅馆）选择为途经点，如图2-3-41所示。

6.备选路线

备选路线会一张当前路线的概览图，并且结合用不同颜色建议的备选路线。在这里，"树叶符号"表示备选路线的能耗具体有多高。显示的树叶越多，路线的能耗也就越优化，BMW Operating System 8中的备选路线如图2-3-42所示。

六、语音处理

1.语音处理：历史和现状

（1）BMW"基于云的"语音处理系统历史。

2013年，通过Nuance Dragon Drive的指令功能，首次可以在BMW车辆上使用一套基于云的服务，从而实现主动语音识别。对于服务，和第三方供应商Nuance签署了一份单独的合同。在这里，通过蓝牙将一部兼容的智能手机和车辆连接。接下来，通过远程控制单元及其P SIM卡传输语音文本数据。通过该功能，就可以通过语音撰写短消息或者电子邮件，并且将它们以文本的形式传入车辆中。该功能同样也被称为"Speech-to-text"功能。

1.G08 BEV中的续航里程圆圈（此处通过颜色和地区的剩余部分形成反差）

图2-3-40

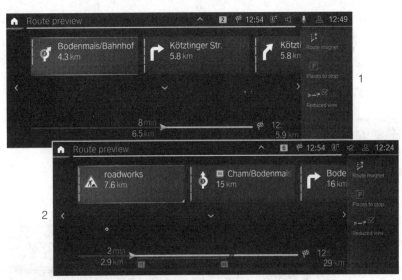

1.简化视图"激活"　2.右侧"蓝色P"，用于选择兴趣点/停车选项

图2-3-41

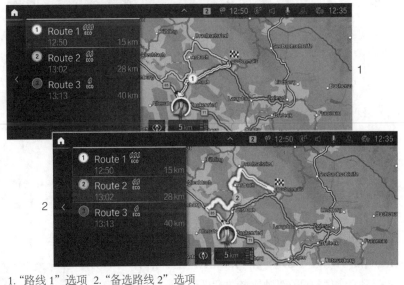

1."路线1"选项　2."备选路线2"选项

图2-3-42

伴随着G11/G12，树立了另外一座里程碑。除了硬盘支持的语音处理以外（闻名于1990年代的E系列车型），现在，同样也可以在线（基于云）用自然的人声发出语音指令。"智能语音处理"从此诞生。也被称为在线语音处理系统或者自然语音输入，缩写为NLU（英语natural language understanding）。直至2019年2

月，同样也被称为"在线语音处理系统"。在智能语音操作或者识别系统中，车辆可以理解或者处理具体的语音指令，并且做出应答。这样一来，就可以非常方便地通过自然语音输入导航目的地。为了开始至巴黎的目的地导航，只需输入"驾车前往巴黎"即可。指令"我想吃比萨"会显示车辆附近的几处比萨店。

（2）BMW 智能个人助理。

凭借 2018/2019 年推出的 BMW 车型，通过 BMW 智能个人助理为车辆植入了一项"智能化"的数字特质。它可以算得上是在线语音处理系统或者智能语音操作系统的迭代进化。BMW 智能个人助理在 BMW 互联驾驶国家提供了配套的智能互联驾驶座舱专业版（SA 6U3）。有了它，驾驶员将可以获得他自己的个人助理，在需要时在许多方面提供支持，并且将车辆的许多功能提升到了一个全新的舒适度水平。从 2020 年 7 月起，为 BMW 智能个人助理创建了专门的登录页面：

德语版：https：//www.bmw-connecteddrive.de/special/en/BMW-intelligent-personal-assistant.html；

英语版：https：//www.bmw-connecteddrive.de/special/en/BMW-intelligent-personal-assistant.html。

BMW 智能个人助理不仅仅是功能操控方面的助理，同时还是驾驶员的一个信息平台，类似于 Apple 的 Siri。因此，它可以成为驾驶员"值得信赖的交流伙伴"，并且可以通过为它取名赋予它更多的个性化和人格色彩。通过激活词"Hey BMW"启动语音控制或者人工智能。可以将激活词调整为一个额外的个人激活词。凭借这样的个性化选项，使得这套辅助系统集咨询、陪伴和交流伙伴等角色于一身。采用新版可视化系统的 BMW 智能个人助理（从 07/2020 起的 BMW 车辆）如图 2-3-43 所示。

在 G08 BEV 中，同样也可以将智能功能用于访问车辆中的设置。这样一来，就可以通过语音，激活有关"驾驶信息"的数据，并且将它们显示出来。

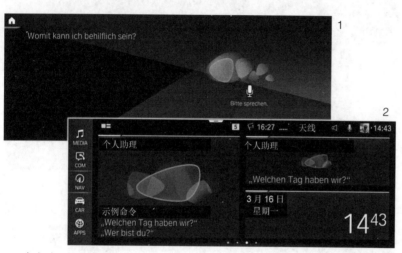

1."个人助理"的激活（全屏模式） 2.BMW Operating System 7 主菜单中的"个人助理"

图 2-3-43

七、信息娱乐系统主机

Headunit High 3 Flash。

（1）硬件以及和 HU-H3（HDD）之间的区别。

G08 BEV 交付时标配了智能互联驾驶座舱专业版（SA 6U3）。除了 TCB3 以外，作为中央控制单元，每辆 G08 BEV 都配有作为唯一可用主机的 Headunit High 3 Flash。在 G08 BEV 上，客户可以充分利用智能互联驾驶座舱专业版以及 BMW 互联驾驶服务（SA 6C2 或者 6C3/6C4）。通过使用 HU-H3 Flash，取消了硬盘，取而代之的是容量为 128 GB 的闪存，如图 2-3-44 所示。随着 HU-H3 Flash 的使用，取消了音乐收藏。除此以外，在车辆中也不

图 2-3-44

再提供 CD 播放器（包括也不支持加装）。为此，可以通过 Spotify®（世界各地）或者 QQ 音乐（中国），实现基于互联音乐的音乐流媒体。

随着 HU–H3 Flash 的使用，取消了音乐收藏。除此以外，在车辆中也不再提供 CD 播放器（包括也不支持加装）。为此，可以通过 Spotify（世界各地）或者 QQ 音乐（中国），实现基于互联音乐的音乐流媒体。对于互联音乐而言，部分流媒体服务供应商于 2020 年 7 月起解约。对于最新的基于"互联音乐"的流媒体服务以及 HU–H3 Flash，更多细节参见产品信息"BMW 信息娱乐系统 2020/2"。

（2）Headunit High 3 电路图。

Headunit High 3 电路图，如图 2–3–45 所示。

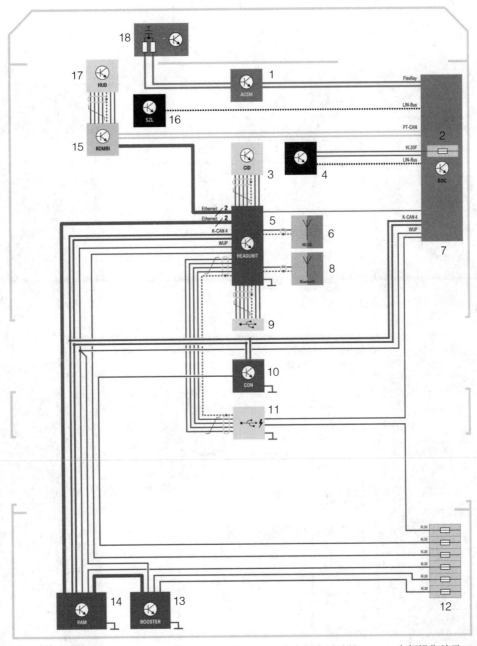

1.碰撞安全模块 ACSM 2.车身域控制器 BDC 中的总线端 30F 保险丝 3.中央信息显示器 CID 4.音频操作单元 5.Headunit High 3 Flash 6.无线局域网天线 7.车身域控制器 8.蓝牙天线 9.中控面板中的 USB 接口 10.控制器 CON 11.中央控制台中的 3A USB 接口（数据/充电） 12.后部配电器 13.后置放大器 14.接收器音频模块 RAM 15.组合仪表 KOMBI 16.转向柱开关中心 SZL 17.平视显示系统 HUD 18.驾驶员安全气囊

图 2–3–45

（3）驾驶员接口的组件

接下来，可以看到一张插图，其中包含了 G08 BEV 驾驶员接口的所有重要组件（娱乐功能、信息娱乐系统和显示/操作元件，如图 2-3-46 所示）。

八、远程信息处理

1.TCB 3 的详情

2017 年，G01 在当时配备的还是远程通信箱 2 TCB2。而现如今，G01、G08、G01 PHEV 以及 G08 BEV 都已全部配备 TCB3。于 2018 年在 BMW 引入的远程控制单元提供了下列一些功能：

最高 300Mbit/s 的输出传输；

LTE advanced（4.5G）；

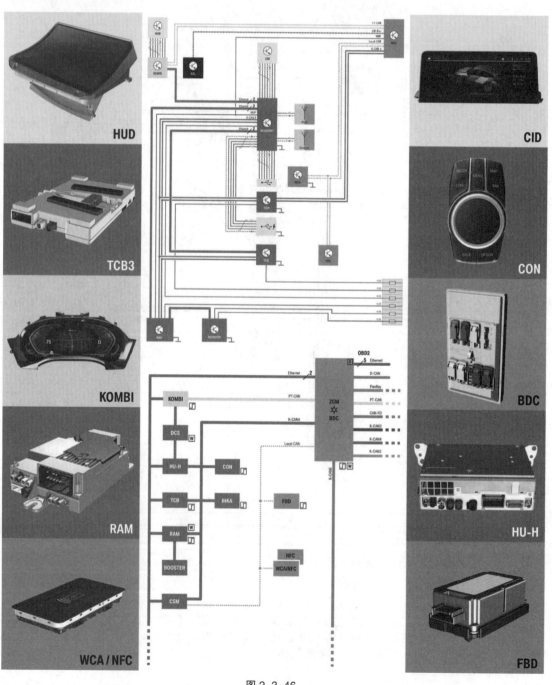

图 2-3-46

改进的安全标准（IPSEC）；

无线网络热点现在位于主机中，而不是像过去那样（至 TCB2）位于远程控制单元中。

TCB3 的安装位置。远程控制单元在 G08 BEV 中的安装位置为车顶天线空壳下车顶的后部区域，如图 2-3-47 所示。

2.G08 BEV 远程通信系统电路图

自 2018 年问世的远程控制单元"远程通信箱 3"（缩写为 TCB3）同样也被集成到 G08 BEV 的车载网络中。G08 BEV 远程通信系统电路图，如图 2-3-48 所示。

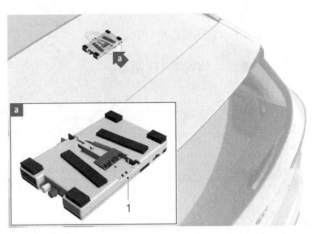

1.远程通信箱 3 TCB3

图 2-3-47

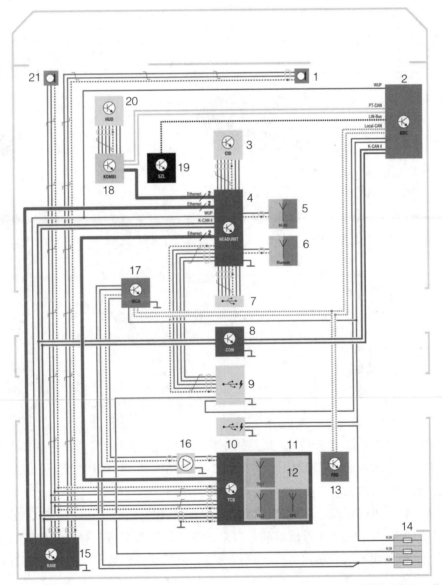

1.副驾驶话筒　2.车身域控制器 BDC　3.中央信息显示器 CID　4.Headunit High 3 Flash　5.无线局域网天线　6.蓝牙天线　7.中控面板 USB 接口　8.控制器 CON　9.中央控制台 2.1A USB 接口　10.后座区 2.1A USB 双接口（仅充电）　11.远程通信箱3 TCB3　12.车顶天线空壳，带有电话 1、电话 2 和 GPS 天线　13.遥控操作 FBD　14.后部配电器　15.接收器音频模块 RAM　16.电话外部天线功率补偿器　17.无线充电板 WCA　18.组合仪表 KOMBI　19.转向柱开关中心 SZL　20.平视显示系统 HUD　21.驾驶员侧话筒

图 2-3-48

九、扬声器系统

产品概览，如表 2-3-1 所示。

表 2-3-1

	立体声	高保真	顶级高保真系统
品牌	无	无	harman/kardon®
核心功能	基础功能	扩展的基础功能	环绕声、7 段均衡器、行驶动态音响控制
扬声器 数量	6	10	16
详情	4× 宽频带扬声器 2× 低音扬声器	3× 高音扬声器 5× 中音扬声器 2× 低音扬声器	7× 高音扬声器 7× 中音扬声器 2× 低音扬声器
盖板	金属外观喷射铸造	金属外观喷射铸造	六边形板，带有 3D 印刻和镜角中的品牌标识
系统功率	100W	205W	464W

1. 立体声扬声器系统

立体声扬声器系统，如图 2-3-49 所示。

2. 高保真系统

高保真系统，如图 2-3-50 所示。

3. 顶级高保真系统

顶级高保真系统，如图 2-3-51 所示。

十、车辆声音发生器和主动音效设计

伴随着 G08 BEV，主动音效设计（ASD）和用于外部声音的车辆声音发生器（VSG）首次被集成到一个硬件组件中。在本文

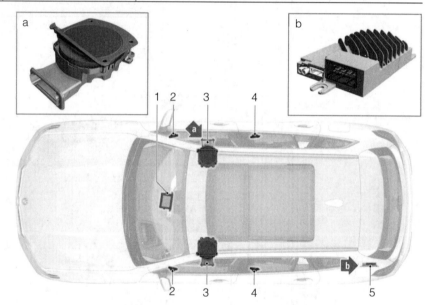

1.Headunit High 3 Flash 2.前部宽频带扬声器 3.前排座椅下的低音扬声器 4.后部宽频带扬声器 5.基础版 RAM a.低音扬 b.基础版 RAM（放大视图）

图 2-3-49

中描述的是主动式行人保护系统（VSG），还是用于娱乐系统或者内部/外部声音的扬声器系统（通过主动音效设计），对于这个问题，可以通过图标（如图 2-3-52 所示）进行识别。

1. 借助车辆声音发生器的主动式行人保护系统历史

在道路交通中，内燃机的声音是一个固定的参数。与之相比，电动车在时速 25km/h 以下几乎没有任何噪音。随着 2013 年 BMW 通过 I01 推出电动车以来，在公共道路交通中对此类车辆的感知问题已经激起了多次公开讨论。新的出行方式虽然减少了噪声污染，但同样也制造了风险，因而对其他交通参与者构成危险。

（1）VSG I01。

由于通过听力可以对环境实现 360°全方位的覆盖，因此，车辆发出的确定的声音是道路交通安全的一个重要组成部分。这一点同样也引起了立法者的重视，并且因此针对所谓的"Quiet Cars"（安静的

汽车）准备了对应的规定。为此，会通过车辆声音发生器发出对应的警告噪音，从而落实行人保护，如图2-3-53所示。

在I01上，车辆声音发生器位于右前轮罩区域中。在车辆声音发生器的外壳中，已经集成了控制单元，并且通过CAN连接集成到车辆的车载网络中。在车辆底部，设置了声音开口。车辆声音发生器电路图，如图2-3-54所示。

可以借助编程对音量和声音进行调整。这样一来，就可以针对具体国家进行调整，或者进行后续改动。在I01上，研发部门在距离车辆2s的地方执行了音量测量，并且限制为63dB。会根据车速和扭矩对音量和声音输出进行控制。从30km/h开始，随着车速的增加，会缓慢地减弱声音输出。从50km/h开始，会完全停用声音输出。此处的背景是从50km/h的车速开始，主要的噪音是风噪和轮胎滚动噪音。但在减弱声音输出的过程中，控制单元仍会继续保持活动状态，以便在车速降低的情况下随时能够重新启动声音输出。对于带有选装配置"增程设备"的车辆，在增程设备激活的情况下会永久关闭声音输出，带有不同音量配置的插图如图2-3-55所示。

（2）I08中的车辆声音发生器。

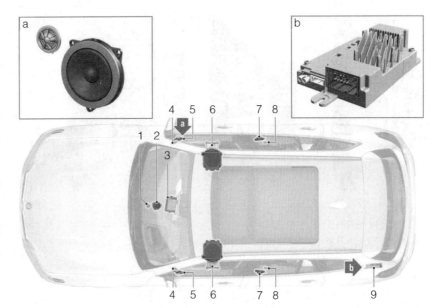

1.中央高音扬声器 2.中央中音扬声器 3.Headunit High 3 Flash 4.前车门高音扬声器 5.前车门中音扬声器 6.前排座椅下的低音扬声器 7.后部中音扬声器 8.后部高音扬声器 9.RAM MID 或者 RAM High（如果是DAB或者SDARS）a.前车门中的高音扬声器和中音扬声器（放大视图）b.RAM（放大视图）

图 2-3-50

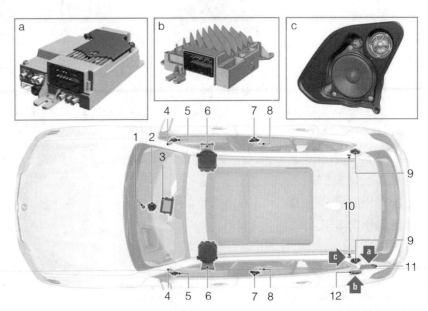

1.中央高音扬声器 2.中央中音扬声器 3.Headunit High 3 Flash 4.前车门高音扬声器 5.前车门中音扬声器 6.前排座椅下的低音扬声器 7.后部中音扬声器 8.后部高音扬声器 9."D柱"中音扬声器 10."D柱"高音扬声器 11.RAM High（安装位置）12.后置放大器（安装位置）a.RAM High（放大视图）b.后置放大器（放大视图）c."D柱"中的高音和中音扬声器（放大视图）

图 2-3-51

车辆声音发生器位于右前轮罩区域中。控制单元集成在车辆声音发生器的外壳中，并且在I08上通过CAN连接（CAN端子）集成到车辆的车载网络中。在车辆底部，设置了声音开口。借助车辆声音发生器的主动式行人保护系统，此处为BMW i8（I12）如图2-3-56所示。

车辆声音发生器可以在"设置"菜单中借助控制器接通和关闭。设置选项取决于具体的国家，因而并未在所有规格中都提供了设置选项。如果驾驶员关闭了车辆声音发生器的声音输出，则在电动行驶过

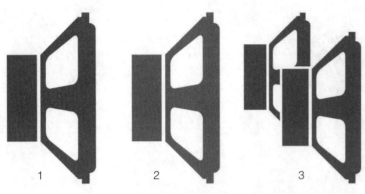

1.VSG，用于主动式行人保护的车辆声音发生器　2.用于车厢内部主动音效设计的娱乐扬声器系统　3.主动音效设计：通过一个单独的扬声器或者通过多个单独的扬声器发出的外部声音

图 2-3-52

程中，车内和车外区域主动音效设计的声音支持同样也会被停用。

（3）MINI F56 BEV 中的车辆声音发生器。

使用电驱动装置行驶时不会发出噪音，而为了避免因此对行人或者骑自行车的人构成危险，自 2013 年推出开始，车辆声音发生器在越来越多的市场上通过法律进行了规定。对于车辆声音发生器已经成为法律规定的市场，不能再设置菜单中停用人为产生的车辆声音。最新的情况是，对于第一款纯电动 MINI，即 MINI F56 BEV 而言，在美国市场上，现在，首次有 2 种车辆声音发生器同时被投入使用。车辆声音发生器的功能可以借助 BMW/MINI 诊断系统控制单元概览中的部件促动功能加以触发，并且进行检查，MINI F56 BEV 中的车辆声音发生器如图 2-3-57 所示。

2. 主动音效设计历史和概览

首款机械式主动音效设计系统于 2002 年在 BMW 投入使用。当时，在 BMW E85 Z4 sDrive30i 中，首次安装了一套发动机声音系统。发动机的进气噪音借助一个谐振体和管路引导至乘客车厢。

（1）ASD I12。

伴随着 BMW i8（I12），首次也将外部声音借助一个排气系统旁的单独扬声器进行放大处理。在这里，无论是在纯电动行驶过程中，还是在内燃机运行期间，主动音效设计都会保持活跃状态。正如主动音效设计 ASD 这个名

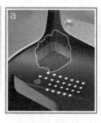

1.车辆声音发生器　2.车辆声音发生器图标，用于借助警告噪音落实行人保护　3.BMW i3（I01）中车辆声音发生器安装位置　a.车辆声音发生器安装位置（放大视图）

图 2-3-53

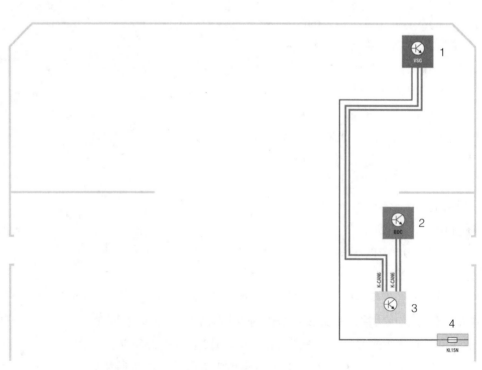

1.车辆声音发生器　2.车身域控制器　3.CAN 端子　4.保险丝

图 2-3-54

332

称已经表达的那样，主动音效设计是一套主动系统。会借助一个单独的控制单元计算发动机声音。根据编程设置的声音要求和不同的参数，例如加速踏板角度（驾驶员负荷希望值）、发动机转速和扭矩，会在 ASD 控制单元中为内部声音计算发动机声音。接下来，经过相应调整的发动机声音会通过车辆自身的高保真系统在乘客车厢内输出。对于外部声音，同样也会使用 ASD 控制单元进行声音调整方面的计算，带有内部和外部声音主动音效设计的 BMW I12 如图 2-3-58 所示。

（2）BMW X5 中的主动音效设计。

① X5-F15。

BMW X5（F15）作为内燃机驱动的车辆仅为内部声音（仅限车厢内部）设置了主动音效设计。车载网络包含一个单独的 ASD 控制单元。集成了 ASD 控制单元的 F15 车载网络如图 2-3-59 所示。

② X5-G05。

接下来，对于 BMW X5（G05），已经针对内部和外部声音落实了主动音效设计。为此，用于计算内

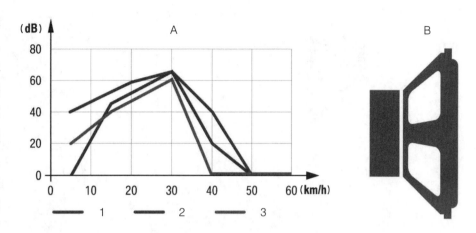

A.车辆声音发生器插图（音量取决于车速） B.车辆声音发生器图标 1.编程变型 1（取决于具体国家） 2.编程变型 2（取决于具体国家） 3.编程变型 3（取决于具体国家）

图 2-3-55 带有不同音量配置的插图

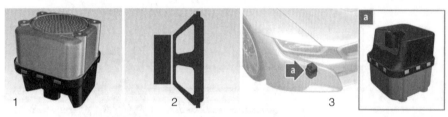

1.BMW i8（I12）中的车辆声音发生器 2.车辆声音发生器图标 3.I12 中左前保险杆区域中车辆声音发生器的安装位置 a.I12 车辆声音发生器（放大视图）

图 2-3-56

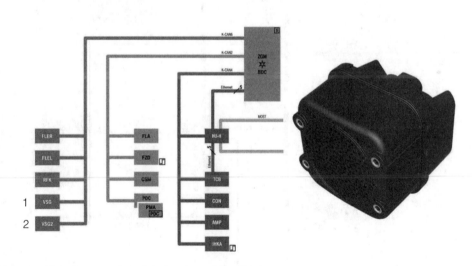

1.车辆声音发生器 2.车辆声音发生器 2（仅限美规车辆）

图 2-3-57

部和外部声音的电子装置被集成到了接收器音频模块 RAM 中。这样一来，取消了额外的 ASD 控制单元。外部声音扬声器自 2018 年开始连接到当时新推出的"后置放大器"上，G05 中的娱乐扬声器系统和外部声音如图 2-3-60 所示。

接下来会再次详细展示 G05 中的硬件组件，如图 2-3-61 所示。

3.G08 BEV 中的主动音效设计 / 车辆声音发生器

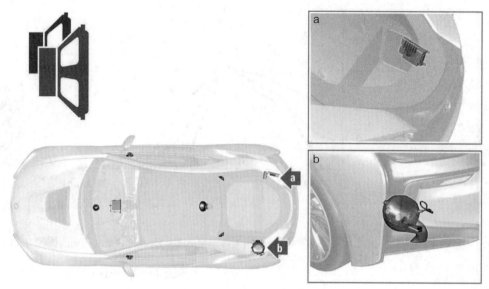

a.右后车尾区域中 ASD 控制单元的安装位置　b.I12 中外部声音的扬声器

图 2-3-58

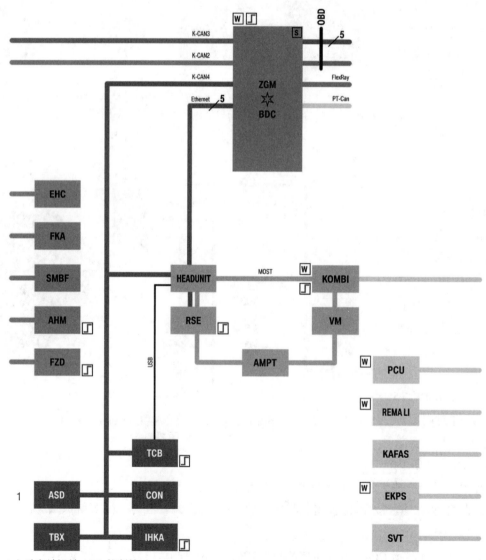

1.主动音效设计 ASD 控制单元

图 2-3-59

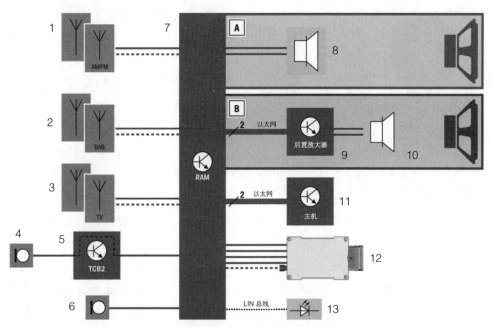

1.AM/FM 天线 2.DAB 波段 Ⅲ 天线 3.电视天线 4.驾驶员侧话筒 5.远程通信箱 TCB 6.乘客侧话筒 7.接收器音频模块 RAM 8.高保真系统的娱乐扬声器 9.后置放大器 10.外部声音扬声器 11.主机 12.付费电视读卡器 13.Bowers & Wilkins 环绕音响系统照明

图 2-3-60

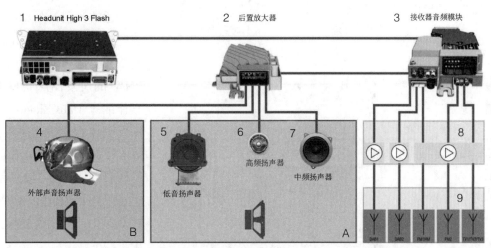

1.Headunit High 3 Flash 2.后置放大器 3.接收器音频模块 RAM 4.外部声音扬声器 B.外部声音图标 5.低音扬声器 6.高音扬声器 7.中音扬声器 8.天线放大器 9.电视和收音机天线 A.内部声音图标

图 2-3-61

（1）VSG。

在 G08 BEV 中，与 MINI F56 BEV 一样，同样也针对车辆声音发生器行人保护，使用了一个额外的扬声器。在美规车辆上，它被用作车辆声音发生器系统的第二个车辆声音发生器扬声器。MINI 上采用的仍然是车载网络 2015，而 G08 则已经采用了车载网络 2020 服务包 2018。在这里，一个 RAM 构成了中央控制单元，G08 BEV 中的车辆声音发生器如图 2-3-62 所示。

（2）主动音效设计和车辆声音发生器的组合。

和 G05 一样，内部声音的主动音效设计通过娱乐扬声器系统加以落实。G08 BEV 中使用娱乐扬声器系统实现的内部声音的主动音效设计如图 2-3-63 所示。

在 BMW，首次不为外部声音主动音效设计使用单独的扬声器，而是使用车辆声音发生器的扬声器（根据具体的车辆装备）。下面的图 2-3-64 所示的是 G08 BEV 中的车辆声音发生器和外部声音（标准装备和

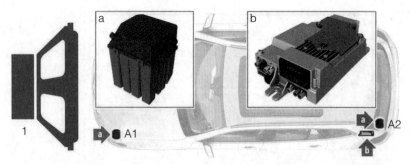

1.车辆声音发生器图标　A1.左前车辆声音发生器　A2.左后车辆声音发生器　a.车辆声音发生器（放大视图）　b.接收器音频模块 RAM（放大视图）

图 2-3-62

1.内部声音的主动音效设计的娱乐扬声器系统图标

图 2-3-63

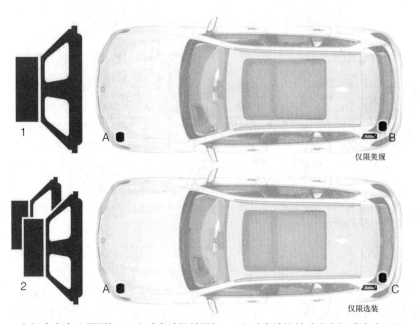

仅限美规

仅限选装

1.车辆声音发生器图标　2.主动音效设计图标　A.主动音效设计或者车辆声音发生器（基本装备始终提供）　B.美规的车辆声音发生器 2　C.主动音效设计和车辆声音发生器 2（选装配置 SA 4V1 BMW 专属电驱声效）

图 2-3-64

根据法律规定配套一个车辆声音发生器。最后，正在设计开发第 3 代车辆声音发生器，它预计将于 2022 年投放市场。

选装配置）。

4.BMW 专属电驱声效

在 G08 的标准装备中，在操作启动/关闭按钮时已经会用典型的 BMW e-Sound，生成一个额外的音色效果模式。在 G08 BEV，即 BMW 的首款纯电动 X 衍生品中，通过选装配置 BMW 专属电驱声效，借助声音反馈来提升电动驾驶体验。选装配置 BMW 专属电驱声效（SA 4V1）是一种取决于负载的行驶声音，针对内部和外部声音，为主动音效设计提供 2 种不同的音色（运动型声音和舒适型声音）。滑行和制动阶段的制动能量回收会伴以一种"经过柔和滤波的声音反馈"，使得每种行驶状态都配有一个合适的音色。在 G08 BEV 上，选装配置必须配合 Impressive 装备系列，并且必须在出厂时加装到位。BMW 的研发团队获得了好莱坞电影作曲家 Hans Zimmer 的支持。借助驾驶体验开关选择音色，并且可以在 BMW Operating System 7 中进行调整，如表 2-3-2 所示。

下面的视图 2-3-65 所示的是在菜单中"根据驾驶模式"选择的设置。

5.未来展望

图 2-3-66 简要地展示了 BMW 车辆声音发生器的历史：从 2013 年的第 1 代车辆声音发生器（VSG 1.0）开始。接下来是 2016 年法律法规的收紧，直至车辆声音发生器和外部声音主动音效设计的融合（VSG 2.0）。从 2020 年末开始，所有 BMW PHEV 和 BEV 车型都将

表 2-3-2

BMW Operating System 7		取决于驾驶模式	运动	均衡	低调
FES	ECO PRO	没有声音	运动型声音	舒适型声音	没有声音
	COMFORT	舒适型声音	运动型声音	舒适型声音	没有声音
	SPORT	运动型声音	运动型声音	舒适型声音	没有声音

图 2-3-65

1.I03 中的第一代车辆声音发生器　2.针对"Quiet Cars"的法律基础变更　3.MINI F56 BEV 中的车辆声音发生器 2　4.在 BMW iX3（G08 BEV）中将车辆声音发生器和主动音效设计融合在一起/其他法律变更　5.车辆声音发生器3目前正在筹划

图 2-3-66

十一、连通性和接口

1. 无线充电板

G08 BEV 在量产开始时仅在配套选装配置"无钥匙进入功能"（SA 344）的情况下可以通过选装配置"手机无线充电"（SA 6NW/6NV）获得一块无线充电板。这样一来，在这些车辆上始终安装了一个组合式无线充电 / 近场通信板。G08 BEV 中的组合式无线充电 / 近场通信板如图 2-3-67 所示。

2.G08 BEV 中的 USB 接口

在 G08 BEV 中，如表 2-3-3 所示，在车辆中实现了 USB 接口。

表 2-3-3

安装位置	充电	数据	USB 类型
中控面板	x	x	A
中央控制台	x	x	C
后部中控面板	x（2 个）		C

1.G08 BEV 中的组合式无线充电/近场通信板以及对应的图标（用于近场通信的无线网络图标和用于充电的蓄电池图标）；BMW iX3 配有其他 X3 衍生品已经采用的充电 LED 以及对应的显示

图 2-3-67

十二、BMW 互联驾驶应用程序

1.BMW 应用程序历史

伴随着选装配置 SA 6NR "BMW 应用程序"，2010 年，客户首次可以在 BMW 的车辆中，使用在 iPhone 上可以使用的功能。该功能的激活和控制是通过当时最新的操作界面 "ID4" 实现的。创新之处在于，具体功能的软件通过应用程序只安装到 iPhone 上，而不会安装到主机中或者当时的 "Combox" 的电话控制单元中。主机仅用于集成功能，并且借助 CID 实现在车辆中的显示。这样一来，BMW 应用程序的功能主要依赖于 BMW 应用程序的开发人员以及 iPhone 操作系统的稳定性。伴随着 BMW 应用程序的集成，iDrive 系统的采购机构同样也发生了变化。主菜单中的菜单项 "BMW 服务" 当时在 ID4 中被更名为 "BMW 互联驾驶"。当时，最初的服务包括第三方服务提供商脸书或者推特，它们于 2010 年集成到 "BMW

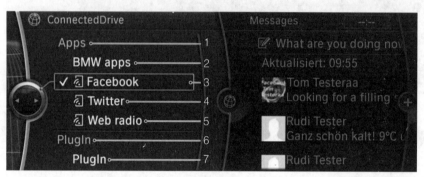

图 2-3-68

Connected Classic" 应用程序中。此外，在应用程序中还集成了一个网络收音机（来自服务提供商 Tune In）。首次引入了 "Last Mile" 功能，以便在离开车辆后借助智能手机前往最终的目的地。ID4 中激活的 BMW Classic 应用程序如图 2-3-68 所示。

（1）My BMW Remote 应用程序。

除了 "BMW Connected Classic" 以外，BMW ASSIST 当时同样也为客户提供了 "My BMW Remote 应用程序"。对于从制造年份 2008 年 9 月起的车辆，客户可以通过该应用程序自 2010 年开始使用所谓的远程功能。在当时，功能的组成部分已经包括车辆的连锁和解锁，以及 Google 的 "本地搜索"。在当时，车辆所在地的搜索还仅仅局限在半径大约 1.5 km 的范围内。2010 年 "My BMW Remote 应用程序" 中的 Google 本地搜索，如图 2-3-69 所示。

（2）Android。

2014 年，除了安装有 iOS 的 Apple 设备以外，同样也推出了安装有 Android 操作系统的首批智能手机。这为在 BMW 车辆中配合 Android 设备使用 "BMW Connected App Classic" 创造了条件。预计至 2021 年年中，仍然可以在 Google Play 商店中下载 Connected App Classic。BMW Connected App Classic：iOS 和 Android 智能手机对比如图 2-3-70 所示。

2015 年，除了对 BMW Remote 应用程序进行调整以外，伴随着 G11/G12 投放市场，同样也专门为 BMW 7 系推出了 "BMW Connected App Classic" 特

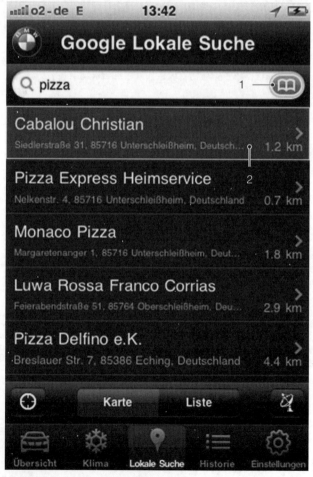

图 2-3-69

1.BMW Connected App Classic iOS 版；2010 年推出　2.BMW Connected App Classic Android版；2014 年推出

图 2-3-70

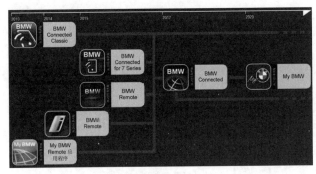

图 2-3-71

别版："BMW Connected App for 7 Series"。"BMW Connected App Classic"和"My BMW Remote 应用程序"所有的旧版本从 2017 年开始整合为当时的现款软件 BMW Connected 应用程序。自 2017 年年初开始，亮点在于借助"远程 3D 视图"，可以通过应用程序远程访问车辆不同的摄像机系统。BMW 智能手机应用程序的年代顺序如图 2-3-71 所示。

2020 年 07 月 27 日，BMW 智能手机应用程序家族迎来了新成员"My BMW 应用程序"。根据计划，它在 2021 年完全取代 iOS 和 Android 版的 BMW Connected 应用程序，以及 Android™版的 BMW Classic 应用程序。

2.BMW 互联驾驶 BMW 智能手机应用程序

（1）"My BMW 应用程序"的创新。

为了确保最新版的 BMW 智能手机应用程序的使用变得更简单且更直观，推出了新版"My BMW 应用程序"。它在客户的移动电话和 BMW 车辆之间形成了一个高科技且功能多样的接口。旧版智能手机应用程序"BMW Connected 应用程序"和新版"My BMW 应用程序"的对比如图 2-3-72 所示。

"My BMW 应用程序"是可以让人身临其境的移动出行体验。在与您的车辆同色且一目了然的显示器上，可以一眼识别您的 BMW 是否一切正常。新的菜单在设计方面特别简洁清晰，让您能够方便地找到众多的应用程序功能。应用程序的界面采用了直观的结构，使得用户能够以前所未有的速度，找到所需的功能和信息。新版 My BMW 应用程序的 5 大特色如图 2-3-73 所示。在这里，特别聚焦于五个方面。

为了推出"My BMW 应用程序"，计划每隔大约 2 个月在 Apple 和 Google 各自的商店中推出一次应用程序的升级。推出新版"My BMW 应用程序"的同时，BMW 智能手机应用程序：BMW Connected 应用程序和 BMW Connected Classic 应用程序暂时仍将继续提供给客户使用。因此，一些特点的配合车辆的功能只能够用旧版的"My BMW 应用程序"执行。新版智能手机应用程序"My BMW 应用程序"专门针对 2014 年起生产的配有远程售后服务（SA 6AE）的车辆进行了优化。

（2）新版应用程序的结构。

新版"My BMW 应用程序"采用了非常清晰且系统化的结构。由于用于 Apple iOS 和 Android 系统的"My BMW 应用程序"是一起进行编程的，因此，在将来，取消了不同的升级步骤或者版本管理，因而对于 Apple iOS 或者 Android 操作系统而言，也就不存在不同的发布时间。新版"My BMW 应用程序"

1.BMW Connected 应用程序（自 2017 年起）　2.My BMW 应用程序（自 2020 年7月起）

图 2-3-72

1 新的设计语言　4 电动出行功能
2 改进的用户体验　5 功能对等
3 提高的质量

图 2-3-73　　　　　　　　　　　　　　图 2-3-74

1.全新的设计　2.改进的用户体验　3.提高的质量和性能　4.电动出行功能　5.Apple ios和Ardroid具有相同的功能（对等）

图 2-3-75

A.在"车辆标签页"中，汇总了和车辆有关的所有信息和功能，包括远程功能、电动出行功能或者售后服务功能。背景中突出显示的状态"ALL GOOD"（一切正常）是可变的，并且会持续提示客户车辆状态可能的改变（例如保养提示、车门处于打开状态、车窗处于打开状态等）　B.借助"地图标签页"，可以对出行进行规划，将目的地发送给车辆，或者访问相关兴趣点的信息（例如充电桩、车库、经销商等）　C.在"配置标签页"中，客户可以访问他的个人配置以及应用程序设置。除此以外，客户可以访问商店以及（在部分国家）金融服务自助平台。除了引人入胜的BMW（Group）新闻以外，插件式混合动力车辆的驾驶员（指定的车型）还可以使用忠诚度程序"BMW Points"免费获取积分，继而用于充电

图 2-3-76

的界面外观如图 2-3-74 所示。

"My BMW 应用程序"不仅可以在 Apple iOS 的 iTunes 商店进行下载，而且也可以在 Android 操作系统的 Google Play 商店中获取，如图 2-3-75 所示。

（3）"My BMW 应用程序"的布局。

新版 My BMW 应用程序分为三个标签页（主菜单访问点或者标签页），如图 2-3-76 所示。方便客户进行操作。

和 BMW Connected 应用程序不同，取消了"枢纽标签页"和"活动标签页"。其中包含的功能现在分配到了其他三个标签页中，如图 2-3-77 所示。

3. 智能手机／操作系统需要满足的前提条件

为了能够配合 BMW 车辆使用"My BMW 应用程序"或者正常地进行安装，请留意 Apple 应用程序商店中 Apple。智能手机（iOS）的安装提示。对于 Android 设备，请留意 Google Play 商店中的相关信息。

4. 车辆中的前提条件

对于"最后状态调用"和"Condition Base Service"显示，车辆

的远程售后服务功能（SA 6AE）必须正常。它在 BMW 互联驾驶市场中已经作为标准装备。在这里，"My BMW 应用程序"将会支持配套 ID4、ID5、ID6 或者 BMW Operating System 7 的车辆。对于"远程和发送至车辆功能"，例如"状态显示车窗处于打开状态"或者"将地址发送至车辆"，必须激活 BMW 互联驾驶服务（SA 6AK）和远程服务。如前文所述，对于 iPhone（不适用于 Android），ID5 和 ID6 仍然可以通过"BMW Connected 应用程序"访问"Amazon Alexa Car Integration"服务。对于 2020 年 11 月起的 BMW Operating System 7，以及 2021 年 03 月起的

1.用于 iOS 或者 Android的 BMW Connected 应用程序：在 BMW Connected 应用程序中打开的包含保养服务 BMW 枢纽标签页（仍然采用 5 个标签页） 1a.BMW Connected 应用程序：BMW Connected 应用程序中的"BMW 枢纽标签页" 2.My BMW 应用程序：带有 3 个标签页、保养服务部分和特别内容的开始界面车辆上方的栏目会显示各类消息，否则，会显示字样"ALL GOOD"或者"一切正常" 2a.My BMW 应用程序：车辆的保养服务部分，包含下列一些区域：车门和车窗、检查控制信息和服务，例如轮胎压力显示。其他保养服务，包括"机油保养""制动液""车辆保养检查""车辆检查"和远程软件更新（从 2020 年 11 月起）

图 2-3-77

ID5 和 ID6，"My BMW 应用程序"将会支持"Amazon Alexa Car Integration"服务。对于 ID5 和 ID6 客户，可以在 2021 年 3 月前，同时使用"My BMW 应用程序"和"Amazon Alexa Car Integration"，前提条件是在智能手机上仍然安装并且激活 BMW Connected 应用程序。对于 BMW Operating System 7 配合新版"My BMW 应用程序"的情形，相关的功能于 2021 年推出。在这里，对于 Amazon Alexa Car Integration，同样也要留意 Google Play™ 商店和 Apple 应用程序商店中有关"My BMW 应用程序"的更新提示。对于 BMW POINTS、远程软件更新服务以及 BMW 数字钥匙服务，"My BMW 应用程序"必须配合采用 Operation System 7 操作系统的车辆才能发挥功能。对于 ID6 车辆，在 2021 年 7 月前仍然会为三星智能手机在 BMW Connected 应用程序中提供服务"BMW 数字钥匙（1.0）"。但这仅限 2020 年 7 月前生产的车辆。

5. 标签页"Vehicle/ 车辆"第 1 部分

（1）最后状态调用。

"最后状态调用"功能（行驶结束时将状态传输至智能手机）在 BMW Connected 应用程序中已经实现，在新版"My BMW 应用程序"中同样也可以找到。功能包含的状态信息涉及油箱中的油量/高压蓄电池单元的电量（对于纯电动和插件式混合动力车辆），以及车辆的续航里程。在过去，服务的稳定性始终存在一定的问题。而伴随着"My BMW 应用程序"的全新研发，功能的可靠性得到了显著的改善。为此，BMW AG 后端的改造工程已经完成。对于采用操作菜单 ID4/ID5/ID6 和 BMW Operating System 7 的车辆，在激活远程服务的情况下，就可以充分且可靠地发挥"最后状态调用"的功能。当然，客户必须始终确保车辆位于移动式无线电网络的接收范围内。车辆必须能够登录移动式无线电网络，并且在行驶结束后立即将数据传输至 BMW 互联驾驶服务器。在这种情况下，"最后状态调用"才能发挥作用。对于可靠的无线电接收，地下车库被视为受到严重限制的区域。最后状态调用比较如图 2-3-78 所示。

（2）车库。

① BMW Connected 应用程序历史。

作为"车辆"标签页子菜单的"车库"一直以来是 BMW Connected 应用程序中一个相对"隐蔽"的功能区域。通过点击车型名称右侧的"车辆图标"（Android），就可以显示已经"关联的车辆"。在用

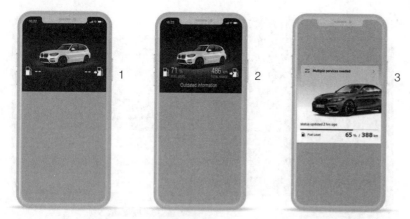

1.BMW Connected 应用程序和最后状态调用显示，未更新数据　2.BMW Connected 应用程序存在连接问题，车辆数据未更新　3."My BMW 应用程序"和车辆的最新数据（2 小时前最后一次更新）

图 2-3-78

于 Apple iPhone® 的 "BMW Connected 应用程序"中，通过点击车型名称旁右上角的 ">"图标。在 "BMW Connected 应用程序"中，可以通过 "+"图标添加，或者说 "关联"其他车辆。

② My BMW 应用程序。

通过新版 "My BMW"应用程序，现在，对于已经 "关联的"车辆，可以非常清楚地将 "关联车辆"的车库识别为它们的存放地点。现在，通过菜单项 "ADD VEHICLE"，就可以和过去通过 "+"图标那样，关联一辆新车，BMW Connected 应用程序和 My BMW 应用程序 "车库"菜单项对比如图 2-3-79 所示。

除此以外，在新版 "My BMW"应用程序中实现了功能 "取消分配"。

③取消分配。

在新版 "My BMW"应用程序中，同样也可以方便地 "取消分配"，如图 2-3-80 所示。通过将其中一台车向左移动，会显示栏目 "Remove/ 删除"。通过操作这个 "删除"功能，会出现一条消息，要求客户确认接下来车辆会被删除。在这个所谓的 "取消分配过程"中，会断开 "客户的 BMW 互联驾驶账户"和 "车辆的 BMW 后端服务器"之间的连接。

对于 Android 智能手机，过去只能在 BMW Connected 应用程序中通过按压右上角的三个点来删除一辆车。而有了 "My BMW"应用程序，现在，对于所有智能手机设备，无论它们采用的是怎样的操作系统，取消分配的操作从现在开始都是一样的。

（3）远程服务。

①远程功能。

1.BMW Connected 应用程序和 "车库部分"　1a. "BMW Connected 应用程序"中的车库概览和 "关联的车辆"　2. "My BMW 应用程序"中的车库　2a. "My BMW"应用程序中的车库概览和 "关联的车辆"

图 2-3-79

图 2-3-80

远程功能，如图 2-3-81 所示。与旧版的 BMW 智能手机应用程序一样，可以通过远程功能解锁和连锁车门。除此以外，可以显示车撞和车前盖的状态信息（打开/关闭）。另外，还可以通过远程功能实现车辆的调温。

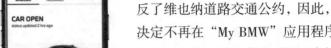

1. "My BMW"应用程序中的远程服务概览 2.最后状态调用视图和远程功能的控制栏 3.具体远程功能的详细视图。

图 2-3-81

远程服务已激活；

在登录或者关联后，激活的服务在车辆中处于活跃状态；

外后视镜在驻车位置上未收起或者未手动收回；

对于行驶结束时的远程设置，在车辆中接受了数据保护设置。

（4）出电动车/插件式混合动力车辆的远程服务。

充电和空调定时器。

对于插件式混合动力车辆和纯电动车，实现了下列一些功能：

如果车辆和电源连接，则会立即开始充电（对于下列场景而言很有用：如果激活的是一个星期定时器，但却需要开始充电，因为晚上可能还需要用车去参见一项活动）。

对于预设置的启程时间，可以在停车状态下对车辆进行制热或者制冷（具体根据车辆中的温度设置，或者当前环境的车外温度）。

（5）远程软件更新。

对于远程软件更新的信息，客户可以在即将下车前在车辆中获得，或者在"My BMW"应用程序中获得。对于可用的"远程软件更新"，客户可以在标签页"车辆"中在服务部分了解相关信息。

"服务"部分的远程软件更新如图 2-3-82 所示。

②取消"喇叭/闪光"。

由于喇叭声音的远程触发违反了维也纳道路交通公约，因此，决定不再在"My BMW"应用程序中实现远程功能"触发喇叭/大灯变光功能"。如果法律规定发生改变，则将来会为部分市场重新应用这一功能。

③远程 3D 视图/Remote 360。

远程 3D 视图功能将来在"My BMW"应用程序中同样也可以使用。于 2020 年秋季在版本更新中加以落实。为了让远程 3D 视图正常发挥功能，下列因素必不可少：

1.可以显示详细的车辆状态，具体方法是在车辆标签页中点击车辆 2a."服务"标签页 2b.车辆服务：远程软件更新 3a."远程软件更新"检查区域。图中示例："软件是最新的" 3b."远程软件更新"的下载设置

图 2-3-82 "服务"部分的远程软件更新

6．"Map/地图"标签页

（1）在地图范围内搜索。

"My BMW"应用程序具有地图功能，在它的帮助下可以将选定的一个目的地直接发送到车辆中的导航系统上。对于电气化的 BMW 车型（插件式混合动力车辆和纯电动车），这可以是一个充电站。它可以更方便地用"My BMW"应用程序找到。除此以外，在"My BMW"应用程序中还显著改进了自由文本搜索功能。用于导航目的地输入的地图区域如图 2-3-83 所示。

（2）分享（目的地分享）。

1.提供改进的"模糊"搜索功能的输入界面（模糊搜索）。在这里，会自动修正书写潦草的字符串　2.将目的地发送至车辆　3.地址详情　4.开放时间、收费、网址　5.反馈"目的地已成功发送至车辆"

图 2-3-83

可以用智能手机上的其他应用程序向"My BMW"应用程序推送导航地址，并且使用推送的地址。例如，"Apple Maps"应用程序或者"Google Maps"应用程序可以使用这里的"分享"功能。在那里选择的目的地可以通过该功能推送给"My BMW"应用程序。客户同样也可以从那里将这些地址直接发送至车辆。

1.客户姓名和个人配置照片显示（由客户上传照片）　2.访问设置菜单"编辑个人配置照片"；选择个人配置照片（从相册中），拍摄新的照片或者删除照片　3.BMW 积分系统"BMW POINTS"　4.至"BMW 金融服务"的跳转菜单　5.至"Discover BMW"的跳转菜单　6."配置"标签页

图 2-3-84

7．"配置"标签页

（1）新的个人配置照片。

在"配置"标签页中，客户可以非常方便地变更他的个人配置照片。通过点击照片占位符，就可以访问一张已经存在的照片，或者拍摄一张新照片。除此以外，可以在"配置"标签页中进行多样的选择。其中一些过去被设置在 BMW Connected 应用程序的"枢纽"标签页中。部分功能，例如 BMW POINTS 是首次在 BMW 的智能手机应用程序中得以实现，如图 2-3-84 所示。

（2）客户积分程序"BMW POINTS"。

随着"My BMW 应用程序"的推出，针对新版应用程序启用了一款客户积分程序。客户借助它可以以奖励的形式获得额外的 BMW 服务（例如一张充电券）。这样一来，对于以纯电动方式行驶的里程，BMW 插件式混合动力车辆的驾驶员就有机会换取积分。只会为关联的插件式混合动力车辆显示"BMW POINTS"功能。在这里，获得的积分会有所区别。一种是电动行驶获得的积分，另一种则是在"eDrive 区域"中行驶时获得的积分（双倍积分）。BMW POINTS 积分系统如图 2-3-85 所示。

8．计划的功能

（1）扫描二维码。

从 2020 年末开始，"My BMW"应用程序在配合 BMW Operating System 7 以及生产日期 2020 年 11 月（出厂生产日期）的情况下，可以用于直接在车辆中通过二维码激活客户的 BMW 互联驾驶账户，如图 2-3-86 所示。这样一来，就可以取消烦琐的通过车辆中 CID 的屏幕键盘进行登录的过程。在这里，前提条件是在智能手机上激活了"My BMW"应用程序，并且智能手机的摄像头适合进行二维码扫描。跳转点将会是"配置"标签页下的一个单独的菜单。这样一来，二维码扫描进一步完善了个人配置，同时也为客户创建个人配置提供了额外的选项。

现在，在成功应用后，就可以在车辆中在默认配置"访客"旁看到客户的个人配置照片和姓名，如图 2-3-87 所示。

（2）访客配置的应用。

前提条件：采用 BMW Operating System 7 的车辆在使用"My BMW"应用程序前已经在"访客"配置下移动过，因而已经完成了车辆的个人配置。在此过程中，调整了座椅设置，外后视镜设置等。而随着"My BMW"应用程序的推出，从 2020 年 7 月开始，无论是怎样的智能手机应用程序，都可以将"访问"配置应用到一个新的客户配置上。在这里，在配置的应用方面提供如下一些选项：

客户已经拥有一个来自一辆旧款 BMW 车辆的配置，或者拥有一个新创建的 BMW 互联驾驶账户（BMW ID）。他以访客身份登车，并且落实配置的应用。

客户之前还不是 BMW 的客户，但已经在车辆中创建了一个全新的配置，并且现在在访客配置的基础上应用配置。

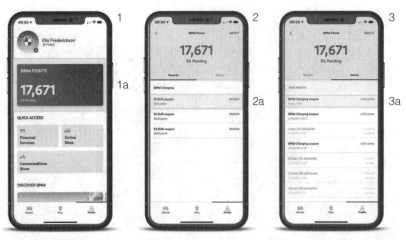

1."配置"标签页 1a."BMW POINTS"积分系统视图 2.访问子菜单"BMW POINTS" 2a."用 1250 BMW POINTS 可以兑换 10 欧元的充电券"视图 3.子菜单"BMW POINTS" 3a.确认"1250 POINTS"已兑换
图 2-3-85

图 2-3-86

1."My BMW"应用程序和一个已经存在的客户配置 2.将配置从"My BMW"应用程序传输至车辆 3.成功地将配置从"My BMW"应用程序传输至车辆的 Operation System 7，现在用客户的个人配置照片和姓名打招呼
图 2-3-87

客户尚未在车辆中添加任何驾驶员配置。作为下一步，现在，客户在车辆中添加一个驾驶员配置，并且为此借助屏幕键盘或者借助"My BMW 应用程序"和二维码（从 2020 年末开始）登录。

将"访客"配置应用到车辆中的新配置中，如图 2-3-88 所示。

1.应用已有的"访客"设置 2a.从"访客"配置将设置 … 2b. …应用到激活的"客户"配置上（此处为 Alice Ashton） 3.车辆中配置的设置选项，例如座椅设置、方向盘设置、后视镜设置、收藏按钮（不包括收音机）、加热/空调设置、通过智能安全菜单的 FAS 设置、导航设置（例如最近的目的地、地图设置等）也包括 BMW 智能个人助理（个人激活密码）

图 2-3-88

（3）BMW 数字钥匙。

对于 BMW 数字钥匙 1.5 和 iPhone 的组合，并非强制需要用到"My BMW"应用程序。但它可以通过下列功能为客户提供支持：

注册一个 BMW 互联驾驶账户；

将车辆关联至 BMW 互联驾驶账户；

至 2020 年末，用 BMW Connected 应用程序激活数字钥匙 1.5；

从 2020 年末开始：针对 Apple iOS 的数字钥匙激活说明书，或者为了启动车辆，必须将 iPhone 放在哪里。

与配套 Android 智能手机（BMW Connected 应用程序）的数字钥匙 1.0 不同，为了配合 iPhone 使用和激活数字钥匙 1.5，不再强制要求预装"My BMW"应用程序。可以在车辆中在 BMW Operating System 7（设置菜单）中进行激活。作为备选，同样也可以通过"BMW Connected 应用程序"（版本状态 2020 年 7 月底），为 iPhone"钱包"激活主钥匙。

（4）Alexa Car Integration。

①历史 Amazon Echo 上的 BMW ConnectedDrive Skill。

自 2016 年秋天开始，可以为 Amazon Alexa 下载一个 BMW Connected Skill（Amazon Alexa 的应用程序名称）。通过这个 Skill，就可以用 Amazon 语音输入系统了解车辆的信息，例如车辆的续航里程，或者车窗是否已经关闭。为了使用，需要一个 Amazon Echo 和一个有效的 Amazon 账户。除此以外，车辆的远程服务必须处于活跃状态。2020 年末，Amazon 不再提供 Skill 服务。通过 Amazon Echo 的 Amazon Alexa 和车辆中的 Amazon Alexa Car Integration，如图 2-3-89 所示。

②车辆中的应用程序集成。

对于 Amazon Alexa 的集成，目前的前提条件包括：

最新版本的"BMW Connected 应用程序"（2020 年 7 月为版本 10）；

有效的 Amazon 账户；

客户只能在出厂时在车辆中获得 Alexa Car Integration，并且必须配合专业版导航系统 SA 609 或者商务版导航系统 SA606 或者为 BMW 前轮驱动车辆配套的导航系统变型（SA6UN 或者 SA6UP）；

在这里，BMW 互联驾驶服务 SA 6AK 是一个强制性的前提条件；

具备能力的车辆当前装备了基础版主机 2 HU–B2（ID5 或者 Id6）或者一台 Headunit High 2 HU–H2（ID5/ID6）。

针对 ID5 和 ID6，于 2021 年年初/年中为"My BMW"应用程序集成 Alexa Car Integration。在欧洲，于 2020 年秋季/冬季，首次将 Alexa Car Integration 用于配有 Headunit High 3 以及所属操作系统 BMW Operating System 7 的车辆中。接下来，全球其他支持 Alexa Car Integration 的 BMW 互联驾驶市场于 2021 年年初跟进。目前，对于 Alexa Car Integration，仍然使用的是智能手机应用程序"BMW Connected"。

③技术实现。

智能手机必须通过蓝牙（智能手机应用程序/A4A）和主机连接。此处的原因是 Amazon Alexa 的一些特定应用在车辆中是通过车辆内部的 SIM 卡（P–SIM）执行的，而其他应用则通过智能手机的 SIM 卡（C–SIM）执行。目前，Alexa Car Integration 必须配合一部 iPhone 才能正常工作。如果订购的智能手机数据容量耗尽，则仍然可以通过车辆内部的 SIM 卡通过 Amazon Alexa 执行特定的应用。

1.BMW Connected 应用程序和"枢纽"标签页以及针对 Amazon Alexa 的提示

图 2-3-89

1.在 BMW Connected 应用程序上调用"枢纽" 2.登录客户对应的 Amazon 账户 3.检查表，确认Amazon 服务器、智能手机和BMW 车辆之间连接的所有三个前提条件均得到满足（1.Alexa Car Integration 或者Connected Voice Services 在车辆中已激活；2.已连接 Amazon 账户；3.已选择了语言）

图 2-3-90

Alex–In–Car 通过蓝牙的连接步骤/智能手机应用程序和 BMW Connected 应用程序，如图 2-3-90 所示。

（4）集成到"My BMW"应用程序中。

对于 Alexa Car Integration，为秋季/冬季计划的"My BMW"应用程序的集成一旦完成，就将在支持 Apple 的同时首次也支持 Android。于 2020 年秋季发布的 My BMW Connected 应用程序中 Alex Car Integration 的设计视图如图 2-3-91 所示。

（5）BMW 日历应用程序。

在采用 iDrive 系统 ID4++ 至 ID6 的车辆中，可以使用兼容的智能手机通过"BMW Connected"应用程序将一个额外的日历传输至车辆并且加以显示。会随着 BMW Connected 应用程序的启动自动启动（在车辆 CID 中的子菜单"智能手机应用程序"中作为其他应用程序可见）。由于使用这个日历的客户非常少，因此，在新的"My BMW"应用程序中，不再更新和实现这个日历功能。在装备了选装配置集成智

1."配置"标签页，与位于"第三方服务供应商 – 3rd Party Services"区域中的 Amazon Alexa 2.Amazon Alex 设置 3.至 Amazon 页面的链接（登录）

图 2-3-91

能手机的情况下，客户仍然可以通过 Google（Android Auto）或者通过 Apple（Apple CarPlay）访问日历。

（6）第三方供应商应用程序。

对于第三方 Android 供应商应用程序的功能，需要一个 BMW 或者 MINI 智能手机应用程序。由于 2020 年 7 月已经停止通过 BMW iDrive 操作系统为 Android Spotify 应用程序提供操作支持，并且 BMW Operating System 7 同样也不再支持这一功能，因此，不再考虑将第三方供应商应用程序集成到"My BMW"应用程序中。对于 iPhone 和采用 ID4 至 ID6 的车辆，仍然可以通过 BMW iDrive 操作系统，在配套选装配置"BMW 应用程序"的情况下操作 Spotify。

9.市场

正如前面"2020 年的智能手机应用程序"中提到的，对于"My BMW"应用程序的投放，计划了三个阶段。除了在各个阶段数量会越来越多的功能以外，可以使用新版"My BMW"应用程序的市场数量同样也会增加。对于哪些市场具体在何时启动市场投放，最终的决定请参见 Connected Company 相应最新的产品销售依据（在销售和市场营销门户上），或者使用您所在国家的 Google Play 商店或者 Apple 应用程序商店，以便进行信息搜索。"My BMW"应用程序在不同 BMW 互联驾驶市场中的"投放波次"展示，如图 2-3-92 所示。

十三、BMW 互联驾驶智能手机集成

1.BMW 互联驾驶服务概览

（1）DIPS 2020。

通过使用 Headunit High 3 Flash，从 2020 年 7 月开始，选装配置智能互联驾驶座舱高级版（SA 6U2）和智能互联驾驶座舱专业版（SA 6U3）的数字服务将会相互融合，2020 年 7 月的数字产品和服务如图 2-3-93 所示。

（2）新加入的"集成智能手机"。

对于所有配有智能互联驾驶座舱高级版和智能互联驾驶座舱专业版以及 BMW Operating System7 的 BMW 车辆，2016 年推

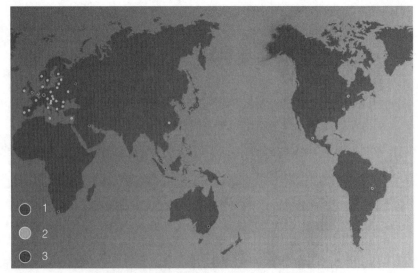

1.第 1 波-中欧国家 2.第 2 波-南欧、北欧和东欧国家 3.第 3 波-北美、中南美、亚洲其他地区、澳大利亚和新西兰

图 2-3-92

出的选装配置"Apple CarPlay"将从 2020 年 7 月开始扩展添加"Android Auto"。相关所需的配置为 BMW 互联出行包专业版（SA 6C3/6C4）。新的服务由 Apple CarPlay 和 Android Auto 组成，并且将被称为集成智能手机。在中国、中国香港和中国澳门，会额外提供 Baidu Carlife。同时，Google 的服务"Android Auto"则会取消。这样一来，客户就可以根据具体配置或者客户的智能手机，通过"集成智能手机"使用与他配套的第三方供应商产品。BMW 互联出行包专业版是为 BMW 互联驾驶市场而设计的。非 BMW 互联驾驶市场将会继续订购选装配置 SA 6CP。现在，它同样也被从"Apple CarPlay 预留设施"更名为"集成智能手机"。注意：如果已经在市场中获得了 BMW 互联出行包专业版（SA 6C3/6C4），则不要通

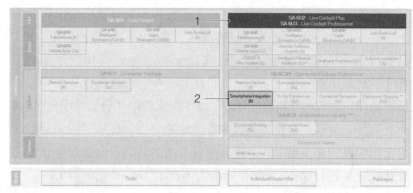

1.用于 SA 6U2 和 SA 6U3 的 BMW 互联驾驶服务 2.新的选装配置"集成智能手机"

图 2-3-93

图 2-3-94

过 SA 6CP 订购选装配置集成智能手机。如果没有在出厂时订购选装配置 SA 6CP 或者 6C3/6C4，则原则上不能加装或者在商店中后续订购。如果要通过远程软件更新进行升级，同样也必须配套 SA 6C3/6C4 或者 6CP。

BMW 车辆中的 Android Auto 如图 2-3-94 所示。

对于采用 ID5 和 ID6 的车辆，不提供"集成智能手机"，也就是说，同样也没有 Android Auto。对于 MINI 品牌的车辆，同样也适用。

2.Android Auto 市场

从 2020 年 7 月开始，会借助集成智能手机在下列市场投放 Android Auto：阿根廷、澳大利亚、奥地利、玻利维亚、巴西、加拿大、智利、哥伦比亚、哥斯达黎加、多米尼克共和国、厄瓜多尔、德国、危地马拉、法国、印度、爱尔兰、意大利、墨西哥、新西兰、巴拿马、巴拉圭、秘鲁、菲律宾、波多黎各、新加坡、南非、西班牙、瑞士、中国台湾、英国、美国、乌拉圭和委内瑞拉。如前面的内容所述，在中国、中国香港和中国澳门，不提供 Android Auto。有问题的是 5 Ghz 频段出于法律原因不允许用于无线网络的市场。这些市场（日本、俄罗斯和以色列）将不会参与市场启动。但会和智能手机的制造商一起编制一套解决方案。丹麦、瑞典和挪威市场会在 2020 年的 11 月份跟进。对于 Google 会在哪些市场启动投放这一问题，相关的提示可以参见下面的链接：https：//support.Google™.com/Android™auto/answer/6348019?hl=en。

针对 Android Auto，对于 Google 不提供支持的市场，BMW 车辆同样也不会在这些市场提供支持。除此以外，在这些市场，会在 BMW 车辆中取消 Android Auto（如图 2-3-95）的通信选项。

（1）Android Auto 产品和服务。

凭借简洁的用户界面、大而清晰的按钮和性能强劲的语音助手，Android Auto 让用户现在同样也可以在 BMW 车辆中使用他收藏的智能手机应用程序。这样一来，Android Auto 将用户最爱的智能手机应用程序置于一处，并且让驾驶员能够在出行途中更方便地访问它收藏的导航应用程序、媒体应用程序和通信应用程序。除此以外，这样一来还可以最大程度避免分心。凭借平视显示系统令视线保持在车道上。通过方向盘上的多功能方向盘按钮获得支持，并且进行操作。现在，通过 Android Auto 所提供的 Google 助手，驾驶员可以通过语音执行操作，同时将视线保持在车道上，并且将手保持在方向盘上，车辆中 Android Auto 的应用选项如图 2-3-96 所示。

图 2-3-95

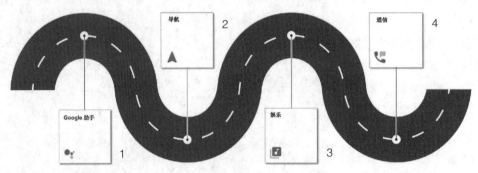

1.Google助手 2.导航系统 3.娱乐 4.通信系统

图 2-3-96

（2）前提条件。

①车辆中的前提条件。

在开始时已经提到过，需要一个用于"集成智能手机"的 Headunit High 3。带有服务包 2015 或者服务包 2018 的车辆支持集成智能手机。车辆中的信道会同时使用蓝牙和无线网络。和 Apple CarPlay 不同，在激活第三方服务商系统后，不会自动通过 Voice over IP 拨打电话，而是选择车辆中的传统蓝牙通话方式。操作通过 BMW Operating System 7 进行。连至车辆和智能手机的接口如图 2-3-97 所示。

② Android 智能

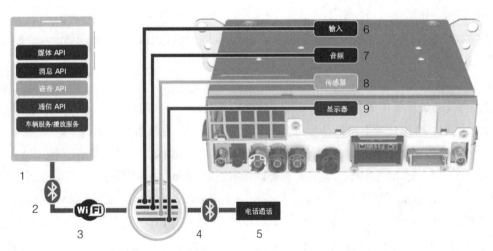

1.智能手机 2.蓝牙激活：建立连接和数据传输 3.用于数据传输的无线网络连接 4.蓝牙免提装置：BMW Operating System 7.0 备选方案；传统的蓝牙通话 5.BMW 蓝牙通话 6.借助连至智能手机的无线网络连接，通过主机为操作系统提供输入并且进行控制 7.通过无线网络的音频连接（智能手机、主机、RAM、扬声器系统） 8.智能手机的 GPS 传感器和加速度传感器，通过无线网络，用于导航应用程序 9.至智能手机的无线网络连接，Android Auto屏幕会呈现在车辆中（投影模式）

图 2-3-97

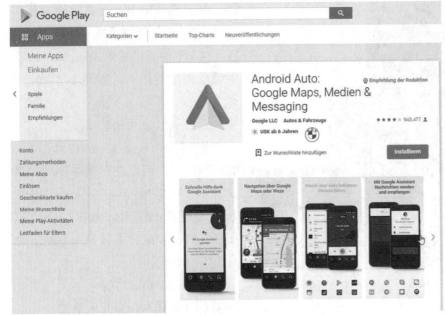

图 2-3-98

1.无线显示（打开/关闭激活）

图 2-3-99

手机的前提条件。

Google Play 商店中的 Android Auto 应用程序如图 2-3-98 所示。

在智能手机上，必须强制通过 Google Play 商店安装 Android Auto 应用程序。作为基本前提条件，智能手机上必须安装 Google Android 9 或者更高版本。必须使用 Android Auto "无线投影"（即 Android 的无线流媒体技术）。在这里，不能借助 USB C 电缆传输 Android Auto。对于安装了 Android 10 或者更高版本的智能手机，Android Auto 应用程序已经是操作系统的组成部分，因而无须单独安装。在从 Google Play 商店安装后，必须在 Android Auto 应用程序的设置菜单中检查流媒体功能"无线投影"是否激活。只有这样，Android Auto 才能在车辆中正常运行。Android Auto 设置菜单如图 2-3-99 所示。

在互联网上，对于所谓的"开发者模式"进行了描述。如果在设备的设置下默认不显示，那么，通过它就可以将设置菜单"无线投影"显示出来。在通过"开发者模式"激活"无线投影"后，对于 Android Auto 在车辆中是否仍然能够正常运行这个问题，BMW 将不承担任何责任。对于这个模式的激活和使用，客户将自行承担相应的风险。

（3）配对。

智能手机和主机之间的连接建立方式和 Apple CarPlay 的连接建立方式相似，如图 2-3-100 所示。

除了 Apple CarPlay 以外，新增加了额外的 Android Auto 选

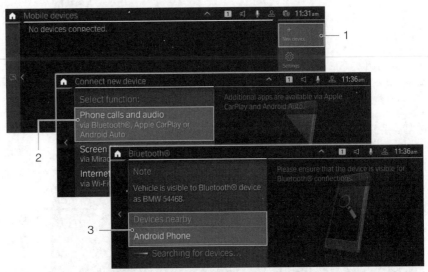

1.添加新的设备 2.电话通话和音频 = 通过蓝牙®、Apple CarPlay® 或者 Android Auto™ 进行电话通话和音频连接 3.在附近找到的智能手机设备

图 2-3-100

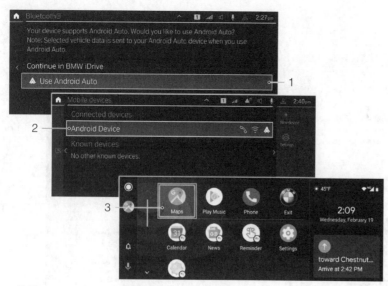

1.使用 Android Auto 2.Android 设备（连接概览） 3.Android Auto 已启动；此处以 "Google™ 导航" 登录点为例

图 2-3-101

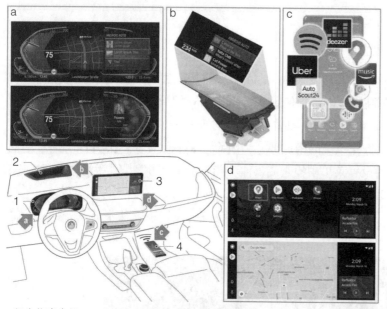

1.组合仪表中的 Android Auto 显示 a.放大镜：组合仪表中的 Android Auto 视图 2.平视显示系统 b.放大镜：平视显示系统中的 Android Auto 视图；以娱乐为示例 3.中央信息显示器 CID d.放大镜：CID 和显示的 Android Auto 以及显示的 Google Maps 导航 4.安装了 Android Auto 应用程序的智能手机 c.放大镜：显示在智能手机上的 Android Auto；以部分可用的应用程序为例

图 2-3-102

图 2-3-103

项。在配置菜单中，会显示通过哪些通道/功能连接智能手机。在成功激活后，在车辆中可以看到 Android Auto 菜单以及相应的选项，如图 2-3-101 所示。

（4）操作和可选选项。

通过 BMW Operating System 7 和 Android Auto 的组合，可以在车辆中不同的地方显示并且操作 Android Auto。BMW iDrive 系统和 BMW Operation System 7 以及额外的选装配置平视显示系统，如图 2-3-102 所示。

2.Android Auto 功能

（1）娱乐和信息娱乐系统。

有了 Android Auto，客户就可以在车辆中以流媒体服务的形式播放音乐、新闻频道或者有声读物和播客，如图 2-3-103 所示。

（2）导航和音乐播放器。

可以在 Google Play 商店中为 Android Auto 找到大量导航应用程序。此处以 "WAZE" 应用程序为例：如果在希望的路线上发生堵车，则会发出路线报警。除了显示导航内容以外，也会在右侧显示音乐播放器，如图 2-3-104 所示。

和 Apple CarPlay 一样，对于 Android Auto 的使用，同样也不会使用集成在车辆中的 SIM 卡，而是客户智能手机的移动无线连接。这样一来，客户可能需要支付额外的费用，或者在行驶过程中，客户的数据流量可能会急剧降低。

（3）电话功能。

电话通话、消息发送（通信）、聊天应用程序：Android Auto 支持所有这些功能。对于 Apple CarPlay 而言，只会通过 Voice over IP（无线网络电话通话）执行电话通话。与之不同，Android Auto 采用的是传统的蓝牙电话。这意味着无论是原生电话 HMI（BMW Operating System 7），还是 Android HMI（Android Auto），都可以相应地用于电话通话。两者同样也始终会显示最新的通话状态。在有电话呼入的时候，重要的是正好处于哪个"环境"中。如果处于 Android 环境中，则会显示 Android 通话。如果处于 BMW Operating Systems 7 系统环境中，则会显示 BMW 通话。对于一次电话通话，在"BMW Operating System 7"操作界面上，会将客户引导至熟悉的 BMW 蓝牙通话界面，如图 2-3-105 所示。

图 2-3-104

图 2-3-105

（4）Google 助手。

"Google 助手"借助语音控制在车辆中为 Android Auto 提供支持。这样一来，驾驶员就可以更好地专注于车道，并且在 Android Auto 的操作方面避免分心。Google 助手如图 2-3-106 所示。

（5）通过 BMW 智能个人助理的 Android Auto。

"Android Auto"或者"Google 助手"从 2020 年 7 月开始还可以通过 BMW 智能个人助理进行访问。BMW 智能个人助理如图 2-3-107 所示。

4. 远程软件更新 / 集成智能手机

借助"远程软件更新"，同样也可以为 2020 年 7 月前的车辆激活"集成智能手机"。获得远程软件更新的前提条件是一套 BMW Operation System 7，它在交付时配套了智能互联驾驶座舱专业版（SA6U3）和互联出行包专业版（6C3/4）。这样的远程软件更新适用于下列车型：BMW X5、BMW X6、BMW X7、BMW 1 系、BMW 2 系、BMW 3 系和 BMW 4 系以及 BMW 8 系车辆。下列 BMW 车辆不会获得"Android Auto"（集成智能手机）远程软件更新，即使它们装备了智能互联驾驶座舱专业版：BMW 5 系、BMW 6 系和 BMW 7 系。此外还包括 BMW X3 和 BMW X4。由于从官方角度属于"服务包 15 车辆"，因此，车辆系统中缺少对应的控制单元，不能以"over the Air"的形式，实现具备完整功能性的软件升级。在 BMW 内部，正在检查是否可以通过经销商提供一套流程，使得这些车

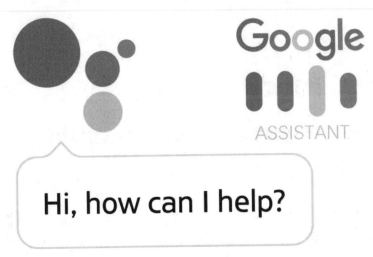

图 2-3-106

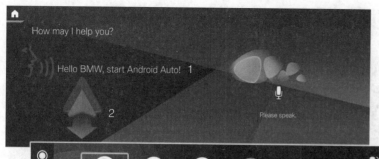

1.通过 BMW 智能个人助理访问 "Android Auto"　2.启动 Android Auto　3.车辆从 BMW Operating System 7 切换至 Android Auto 系统

图 2-3-107

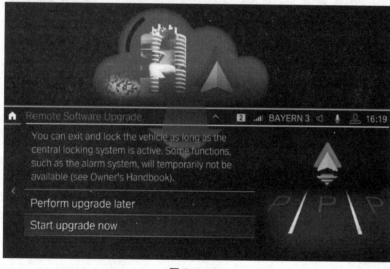

图 2-3-108

接后，应该可以顺利地使用 Android Auto。

辆能够具备集成智能手机能力。启动远程软件升级，通过功能"集成智能手机"下载更新包，如图 2-3-108 所示。

5. 针对 Android Auto 的打补丁 / 故障检修

与通过 Apple CarPlay 连接一样，对于 Android Auto，由于复杂的"智能手机 – 主机"系统结构，因此，同样也可能出现零星的连接问题。为了排除问题，在此建议采用 3 步法，该方法已经成功地应用于 Apple CarPlay。

在车辆中：在车辆的电话设置菜单中"删除设备"；

在智能手机上：在智能手机的设置菜单中删除蓝牙连接；脱开"BMW 12345"（示例，因为每台车是不相同的）；

在智能手机上：在车辆的设置菜单中删除无线网络连接"DIRECT BMW 12345"（示例）。如果这样做仍然不能达到目的，则额外在 Android Auto™ 设置菜单中：

在智能手机上：在 Android Auto 设置菜单中选择并且激活"连接的车辆"；"删除所有车辆"。在接下来成功将智能手机和主机重新连

第四节　故障实例

2021 年华晨宝马 iX3(G08) BEV 车辆提示传动系统损坏，无法驾驶，呼叫道路救援。

车型：2021 年华晨宝马 iX3（G08）BEV。

行驶里程：4861km。

故障现象：车辆行驶中抛锚，拖车进店，显示传动系统损坏。

故障确认：接车后检查车辆点火开关打不开，全车没电。

故障诊断：

（1）连接充电机给车辆充电，点火开关依旧打不开，使用蓄电池检测仪检测12V蓄电池电压3.26V。

（2）把12V蓄电池拆下来充满电后，点火开关可以打开；CID提示传动系统损坏，无法驾驶，呼叫道路救援、供电管理报警；车辆无法Ready，无法解除P挡，如图2-4-1所示。

图 2-4-1

（3）使用ISTA诊断故障码存储器有103个故障码。

（4）执行检测计划ABL高压系统：自动检查CCU的电流，计算出的总电流0.1A，需要更换联合充电单元（CCU）。

（5）更换CCU并编程后试车，车辆仍然无法Ready，但可以解除P挡。CID提示呼叫道路救援、传动系统损坏，直流充电站出错，如图2-4-2所示。

（6）使用ISTA诊断有故障码8个，如图2-4-3所示。

（7）执行检测计划ABL高压系统：检查高压蓄电池单元前部接口通往CCU的100A的保险丝断路，如图2-4-4所示。

（8）更换该保险丝后试车正常。

故障总结：车辆在交流充电后，车辆充电报警，行驶大约200米后提示传动系统损坏，停车后无法行驶，拖车进店，在更换完CCU后，车辆可以解P挡，但仍然无法行驶。提醒大家在遇到相同问题时一定要检查高压蓄电池单元通往CCU的100A保险丝是否熔断，该保险丝外观无法看出，只能通过测量得知。

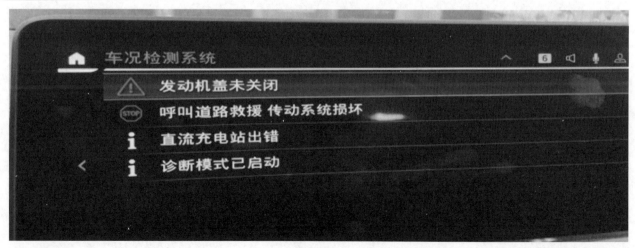

图 2-4-2

ISTA 系统状态:4.34.40.26161   数据状态:R4.34.40   编程数据:4.34.50

车架号::LBV41DU05NS216595   车辆::X'/G08/越野车/iX3   M
                                   Sport/HA0/-/ECE/左座驾驶
                                   型/2021/07

工厂整合等级:S15C-21-07-535   整合等级 (实际):S15C-22-03-540   整合等级 (目标):S15C-22-03-540

总行驶里程:4861 km

代码	说明	里程数	存在	类别
S 0852	CCU, Locking Configuration Switch:一个或者多个安全开关错误设置	4861	是	
224F8A	功能:加速性能不可用	4861	是	
224F90	功能:立即需要保养	4861	是	
80121A	电功空调压缩机:高电压供电未插接	4861	是	
80124E	电控辅助加热器:已联锁	4861	是	
801248	电控辅助加热器:高电压供电未插接	4861	是	
224167	高压蓄电池单元的电控辅助加热器:高压插头已拔下	4861	是	
BA0026	高压蓄电池单元, 高压接线板:高压保险丝已触发或插头未正确插入	4861	是	

图 2-4-3

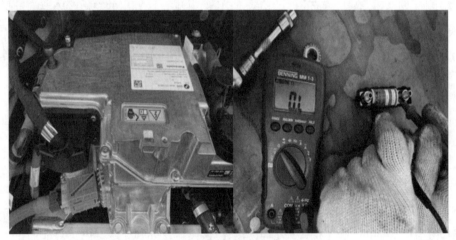

图 2-4-4

第三章　奔驰车系

第一节　奔驰 EQC 新技术剖析

一、序言

始于 2019 年，基于梅赛德斯–奔驰 GLC 的新一代电动车辆开启，通过 EQC，EQ 产品和技术品牌的第一辆梅赛德斯–奔驰车辆即将问世。EQC 是 EQ 品牌的首款梅赛德斯–奔驰车型。凭借其无缝、清晰的设计和品牌典型的色彩基调，它是前卫电子美学的先驱，同时代表进步奢华的设计语言。至于其质量、安全性和舒适性，EQC 是电动汽车中的梅赛德斯–奔驰，其总体性能令人信服。除此之外，由于前后桥上有两个组合功率为 300kW 的电机，因此整车的驱动动力高，如图 3–1–1 所示。如图 3–1–2 所示目前以 EQ 命名的产品有 48V 技术的 EQ Boost，插电混动 EQ Power，插电的 AMG 车型 EQ Power+，然后发展到 EQ 纯电系列的第一款车型 EQC。EQC 是一款 5 座中型豪华 SUV，其轮廓类似于轿跑车。为了从视觉上与装配内燃机的梅赛德斯–奔驰 SUV 进行区分，EQC 拥有自己独特的外饰和内饰设计。例如，前大灯和进气格栅合并在"黑色饰板"表面。新 EQC 400 4MATIC 提供 300kW 的性能变化。EQC 通过新的全电动驱动系统进行驱动，后者在前轴和后轴处各有一个电机。控制装置允许两个驱动轴之间的动态扭矩分配介于 0~100% 之间，从而创建高车辆动态的先决条件。电机的电能由大功率高压蓄电池提供。其可用的总能量约为 80 kWh 并且位于 EQC 的底板中。总的来说，EQC 的可达里程为 471km（NEDC）。高压蓄电池可通过家用插座，梅赛德斯–奔驰壁挂式充电盒或公共充电站进行充电。可通过公共充电站的直流电进行充电是新的特性。这再一次明显缩短了充电时间。新的 EQ 服务（例如 eRouting，熟知的梅赛德斯–奔驰壁挂式充电盒或快速充电网络访问）支持面向客户的现代的充电基础设施。EQC 400 4MATIC，车型代码 293.890，发动机代码 780.998，输出功率 300kW 和扭矩 760N·m。

图 3–1–1

在技术方面，新款车型的亮点：

纯电动驱动系统，前后轴各带有一个电机（总功率：300kW）；

单独控制电机，极具动态性的全轮驱动，前后桥之间的功率分布从 0~100% 完全可变；

还有较低的重心，高压蓄电池置于前后桥之间，其额定容量为 80kWh；

357

图 3-1-2

在公共快速充电站快充 40min（电量从 10% 升至 80%，直流充电时间），梅赛德斯 - 奔驰 Wallbox 夜间充电 11 个小时（电量从 10% 升至 100%）；

单腔室空气悬架，后桥采用集成式液位控制系统，如图 3-1-3 所示。

二、设计

（一）外饰

通过采用无缝简明的设计，EQC 明显区别与装配内燃机的梅赛德斯–奔驰 SUV。卷边和特征线大大减少。大灯和进气格栅融合在一块黑色面板表面上。作为新款梅赛德斯–奔驰架构的首款车型，新款 EQC 多处采用时尚设计细节，类似全电动车辆的特征：

"黑色面板" 表面用连续的发光条环绕大灯功能和冷却器格栅功能；

黑色背景上带 EQ 蓝色条带的前大灯；

发光星徽（美国版/代码 494）；

装配底部带 2 个散热器片的大型进气格栅的前保险杠；

各侧翼子板上装配一个"EQC"徽标；

带镀铬嵌件的黑色纵梁板（标配）或带不锈钢嵌件的黑色行车侧踏板（选配）；

新设计的带两件式尾灯和连续发光条的掀开式尾门；

饰板中带车牌号的后保险杠。

EQC 400 4MATIC，右前侧视图如图 3-1-4 所示。

EQC 400 4MATIC，左前侧视图如图 3-1-5 所示。

EQC 400 4MATIC，右后后视图如图 3-1-6 所示。

图 3-1-3

图 3-1-4

图 3-1-5

（二）内饰

EQC 的内饰重新诠释了梅赛德斯–奔驰的 "电镀美学" 设计。整体设计风格源自消费性电子产品的外观特征，控制元件采用方形设计样式。

内饰设计的主要特征：

仪表板的设计更有助于实现最佳驾驶，在容量和复杂性方面大大简化，同时保留了关键功能；

仪表板设计的一大亮点是采用金属镀锌的高科技盒式设计，装配有集成式出风口，进一步展现出 EQ 的 "电镀设计"；

图 3-1-6

采用集成式控制和显示理念是梅赛德斯–奔驰操作哲学的一部分；

独立式驾驶室显示屏（采用 "黏合玻璃技术"） "漂浮" 于仪表板的切口中；

仪表板采用金属外观的 "薄片" 框架；

金属外观的 "薄片" 设计同样是车门饰板饰件的设计亮点，同时集成了中音扬声器；

经历过现代世界的多彩后更能凸显出 EQ 的内饰特征，以及新研发的创新型外观设计。

EQC 400 4MATIC，ARTICO 人造皮革内饰如图 3-1-7 和 3-8 所示。

图 3-1-7

图 3-1-8

三、技术数据

技术数据如表 3-1-1 所示。

表 3-1-1

特性	值	单位
车辆长度	4761	mm
车外后视镜展开时的车辆宽度	2096	mm
车辆高度	1623	mm
轴距	2873	mm
前轴轮距	1625	mm
后轴轮距	1615	mm
空车重量 DIN	2420	kg

续表

特性	值	单位
空车重量 EG	2495	kg
有效载荷 EG	445	kg
牵引系数 cw	0.29（基本车型） 0.28（带行车侧踏板装备）	

359

特性	值	单位
车辆数据（电动版）2 异步电机，全轮驱动		
CO_2 排放	0	g/km
耗电量（NEDC）	19.7~20.8	kWh/100km
里程（NEDC）	445~471	km
额定功率	300	kW
最大扭矩	760	N·m
最大车速	180（可调节）	km/h
0~100 km/h 加速	5.1	s
前轴电机		
结构	内部转子	
标称工作电压	330	V
最大输出（符合 ECE-R85）	148	kW
最大输出时的转速	3850	r/min 时
最大扭矩	380（已认证）	N·m
最大扭矩时的转速	0~3500	r/min 时
后轴电机		
结构	内部转子	
标称工作电压	330	V
最大输出（符合 ECE-R85）	162	kW
最大输出时的转速	5400	r/min 时
最大扭矩	375（已认证）	N·m

特性	值	单位
最大扭矩时的转速	0~4000	r/min 时
高压蓄电池		
车型	锂离子	
重量	652	kg
模块数量	6	
电池数量	384（2×48/4×72）	
容量（可用/已安装）	231	AH
能量（NEDC）	80	kWh
最大输出功率	360	kW
标称电压	349	V
AC 充电 AC 充电时间 10~100% SOC（充电电量-充电水平）（净）		
供电插座 1.8kW	53.25	高度（h）
供电插座 2.3kW	40.75	高度（h）
壁箱充电站 3.7kW	21.5	高度（h）
公用 7.4kW	10.5	高度（h）
DC 充电 DC 充电时间 10~80% SOC（充电电量-充电水平）（净）		
公用 22kW	40	最小

四、保养策略

根据已经熟知的保养逻辑，新 EQC 需要进行保养。保养范围，特别是 A 类保养和 B 类保养，根据相关流程和车辆相关标准进行编制。但是，仍保留了规定的保养间隔 25000km 或 12 个月 [欧洲经济委员会（ECE）] 以及具体国家可能不同的里程间隔。此外，保养 A 和保养 B 继续按顺序应用且客户可自由选择"附加服务"。在每次保养时更换滤尘器；在每次 B 类保养时更换活性炭滤清器。

1. 附加保养作业

车辆规定的附加保养作业的间隔如下：

（1）更换制动液每 2 年。

（2）更换冷却液（两条回路）每 200000km 或每 10 年。

（3）每次 B 类保养时测试挂车挂钩的状况和功能。

保持附加保养间隔。

2. 保养合约

对于新 EQC，我们会将签订保养合约的客户连入我们的长期服务网络。自 2018 年 12 月起，"上市信息营销"中提供所有信息和费用转换表，之后，在"上市信息平台"中也提供相应信息。因此，自开始销售起，就有足够的时间为客户全面完整地计算保养合约费用并提供给客户。对于全部新车型，必须确保每个市场都提供产品系列"优秀"（全套保养）且至少有一个其他保养合约产品。请联系戴姆勒金融服务的相关人员，获取金融服务，保险和保养合约方面感兴趣的产品包并在必要时提供支持。

五、操作和显示概念

（一）概述

EQC 采用适用于电动版的操作和显示理念。新研发的目的是扩展通过手势、触摸或语音控制系统与车辆及其功能之间的交互。EQC 装配了四种自定义的用户界面。除仪表盘和多媒体显示屏外，空调系统还装配了一个平视显示屏（A40/12）和一个控制元件。基于 NTG6 平台的 MBUX 系统。

（二）仪表盘（如图 3-1-9 所示）

EQC 的仪表盘包含一个 10.25 英寸的显示屏。屏幕上熟悉的仪表盘圆形显示可选。

左侧圆形显示：

驱动系统的最大可用输出；

充电状态；

总里程；

ECO 显示；

当前车速；

特定指示灯。

右侧圆形显示：

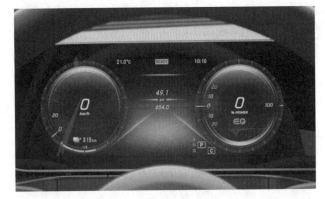

图 3-1-9

电量显示（带当前调用的电量输出或当前能量回收显示）。

多功能显示屏：

驾驶模式状态显示；

变速器挡位状态显示；

发声器，不工作；

辅助系统状态显示；

驱动系统准备就绪。

1. 电量显示

EQC 的电量显示有一个专用位置显示电量输出。会显示当前的电量请求或当前的能量回收情况。当前的电量请求以半圆形分段显示在上边缘（差量 1%，0~100%）；当前输出以百分比形式显示在中央位置。当前的能量回收情况也以半圆形显示，但是是以百分比分段显示在底部。车辆处于能量回收阶段时，会显示能量回收的百分比值。如果电动操作能量输入由于高压蓄电池电量低或车外温度极低而受限，则条件限制的状态会永久显示，以提示驾驶员正在使用高压蓄电池的能量。如果达到驱动能量的规定下限，则驾驶员必须对中间显示区域出现的警告信息进行确认。可以选择右侧圆形显示时，左侧圆形显示会持续可见。

2. 指示灯和警告信息

EQC 装配自 GLC 350 e 4MATIC 增强版开始熟知的与高压蓄电池相关的指示灯和警告信息。这包括，例如由于以下原因导致的操作能量输入降低时的警告信息：

高压蓄电池充电电量较低；

高压蓄电池温度过低/过高。

3. 里程计算机

EQC 的里程计算机提供关于里程时间、平均速度、距离和剩余可行驶里程的数据和信息。信息在多功能显示屏中显示。"启动后/复位后"的显示可进行单位和标度更改，如平均耗电量使用 kWh 为单位。显示"车辆侧面"可视化显示用于 DC 充电或 AC 充电的车辆插座的位置。充电电流受限时显示的电流值仍为最新值。里程计算机的复位还可通过"复位值"菜单上滑或下滑控制元件（方向盘上的左侧手指导航垫）实现。

4. 能量流显示

在多媒体显示屏，主机/仪表盘显示屏组（A40/16）的右侧 10.25″显示屏中，会向驾驶员显示多种操作状态的能量流，图 3-1-10 所示为能量流显示视图。例如充电时的能量流，能量回收情况和加速和驾驶时的放电情况都会显示。驱动系统的启用部件上会高亮显示能量流情况。各部件之间的能量流彩色显示。根据操作状态，能量流显示不同的颜色：

白色：强力加速（助力效果）；

紫铜色：定速驾驶或中速加速；

蓝色：能量回收（高压蓄电池充电）或超速运转模式。

（三）ECO 显示

节能显示 2.0 可在仪表盘中就加速、滑行以及平稳驾驶方面向驾驶员显示他们的驾驶方式，如图 3-1-11 所示。因此驾驶员可检查他们驾驶方式的效果，以便在必要时做出调整，节能显示通过彩色高亮图标提供针对具体情况的驾驶方式评估。通过节能显示，驾驶员可立即得知能最有效地利用驾驶方式并继续更高效率行驶。与运动型驾驶方式相比达到的里程显示为奖励里程。所有区段一旦变满，就会发光表明驾驶方式省油。

（四）平视显示屏

平视显示屏（A40/12）向驾驶员视野区域凸出（如图 3-1-12 所示）：

导航系统信息；

驾驶员辅助系统信息；

警告信息。

六、运行策略

EQC 的工作仅通过高压蓄电池的能量进行。高压蓄电池为车辆的高压车载电气系统提供 80kWh（NEDC）的能量。消耗和可达里程在很大程度上

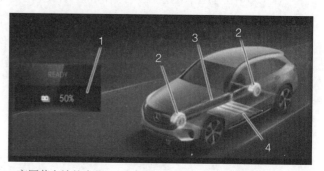

1.高压蓄电池的电量　2.电机（驱动系统）　3.能量传输　4.高压蓄电池

图 3-1-10

图 3-1-11

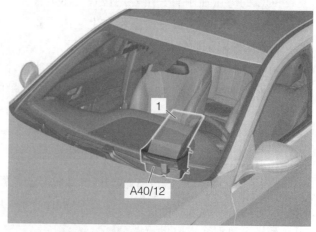

A40/12.平视显示屏　1.投影面

图 3-1-12

取决于驾驶风格，电动车辆也是如此。再生制动期间，理想状态下，电机产生整个制动扭矩作为已生成的。高压蓄电池通过在此过程中产生的电能进行充电。如果高压蓄电池电量耗尽，则该情况自动出现。

以下参数影响 EQC 的消耗和可达里程：

可变的全轮分配；

高压能源管理（EMM）；

预处理空调；

高压蓄电池的预热；

变速器模式；

再生制动系统（RBS）；

智能发动机管理。

（一）可变的全轮分配

最佳能量效率可通过全轮分配的所需和连续控制实现。如果没有调用全部输出，则可完全关闭不需要的电机。通过理想的全轮分配（例如 70% 前轴，30% 后轴）实现最大再生减速度并实现最佳能量回收。为确保即便在冰雪天气下的最大牵引和行驶稳定性，操作策略识别空转车轮。因为两个电机相互独立促动，失去牵引力的情况下，一个车轴处的扭矩可在另一车轴处产生。

（二）高压能源管理（EMM）

高压能源管理是高压蓄电池和相应高电压部件（由操作策略进行调节）之间的链接。下面列出了一些重要任务：

根据 HV 安全要求启用和停用高压部件；

确定高压蓄电池的可用能量；

基于可用能量的 HV 部件之间的能量分配；

预测传动系统的当前可用电力输出；

协调充电过程（高压蓄电池和充电部件之间的相互作用）；

计算旅程计算机的电力范围和电力消耗；

检查 HV 安全要求并根据需要转移至安全状态。

（三）预处理空调

计划的行驶之前和即将开始充电过程之前，预进入智能气候控制系统允许预处理车内和/或高压蓄电池。在此过程中涉及智能气候控制系统，蓄电池冷却液系统，EMM 和充电器。车辆关闭时，车内可以用空调调节。如果车辆连接至电源设备，则高压蓄电池的充电优先达到规定的最低充电电量。在以下情况下，可减少预进入智能气候控制系统的运行时间：

车辆未连接至电源设备；

高压蓄电池未充满电。

通过启用的预进入智能气候控制系统，即使插入充电电缆连接器，也可减少高压蓄电池的充电电量冷却/加热期间，根据需要开启以下功能：

自动空调；

鼓风机；

座椅通风；

方向盘加热器；

壁挂式加热装置；

后视镜加热装置；

可加热后车窗；

香氛喷雾；

离子化。

（四）高压蓄电池的预热

高压蓄电池的预处理与为了速比范围扩展的加热有关或与缩短充电时间的加热或冷却有关。其根据各种环境和系统温度以及逻辑链接自动启用，以识别即将到来的长途旅程和即将开始的充电过程。

（五）变速器模式

EQC 的驾驶模式包括：

个性化模式（INDIVIDUAL）单独使用一组多个参数；

运动模式（SPORT）意味着传动系统的设计达到最高驾驶性能；

舒适模式（COMFORT）是默认设置，并且不仅提供便捷的协调，还确保理想智能气候控制；

节能模式（ECO）意味着为降低消耗而优化车辆行为；

最大可达里程是智能驾驶模式，可实现最大可能里程．仅适用于所选择的国家或地区，例如西欧、加拿大、美国。可使用左下部控制面板中的动态操控选择（DYNAMICSELECT）开关（N724）选择变速器模式。电控车辆稳定行驶系统（ESP®）关闭功能通过多媒体显示屏中的软功能键在 EQC 中实现。带下部控制面板的触摸板如图 3-1-13 所示。

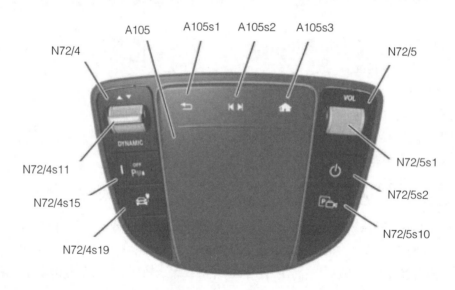

A105.触摸板　A105s1."返回"按钮　A105s2.背景音频按钮　A105s3."主页"和"收藏夹"按钮　N72/4.左侧下部控制面板 N72/4s11.动态操控选择（DYNAMIC SELECT）开关　N72/4s15.驻车定位系统（PARKTRONIC）按钮[装配带驻车定位系统（PARKTRONIC）的主动式驻车辅助系统/代码235] N72/4s19.HU 按钮（EQ 菜单，主机）　N72/5.右侧下部控制面板　N72/5s1.音量调节按钮　N72/5s2."开启"按钮　N72/5s10.驻车系统按钮[装配带驻车定位系统（PARKTRONIC）的主动式驻车辅助系统/代码235]

图 3-1-13

（六）再生制动系统（RBS）

驾驶概念允许在车辆减速期间进行能量回收。电机作为发电机工作并在车轮上产生制动扭矩。产生的电能流回到高压蓄电池中。能源管理控制能量的回流。可能的再生电量取决于高压蓄电池的状态（充电状态和温度）。驾驶员可自行通过制动踏板影响能量回收的强度和相关阻力减速度（约10%踏板行程）。稍稍踩下制动踏板时，电机使车辆减速更强劲且能量回收增加。如果更用力踩下制动踏板，行车制动器还用于使车辆减速。两个系统在这些行驶条件下共同工作。两个后部方向盘换挡按钮还提供另一种手动影响回收能量的可能。如果松开加速踏板，以下回收等级与减速度相关（减速度能量回收）：

D auto 带 ECO 辅助的智能回收；

D+ 无能量回收：车辆自由滑行，加速；

D 正常的能量回收相当于较弱的能量回收（默认设置）；

D– 中等能量回收；

D–– 较强的能量回收：超速运转模式下的最大车辆减速度。

另一车辆启动后或重新接合变速器挡位"D"后，默认设置自动设置。带方向盘换挡按钮的标准装备允许客户升挡或降挡（如图 3–1–14 所示），如同传统驱动一样。为进入手动能量回收模式，需要快速按下一个方向盘换挡按钮。右侧方向盘换挡按钮减少能量回收（如同传统驱动的升挡一样）。通过左侧方向盘换挡按钮，阻力能量回收增加（如同传统驱动的主动降挡一样）。可用最大能量回收取决于车速以及高压蓄电池的当前充电水平和温度。

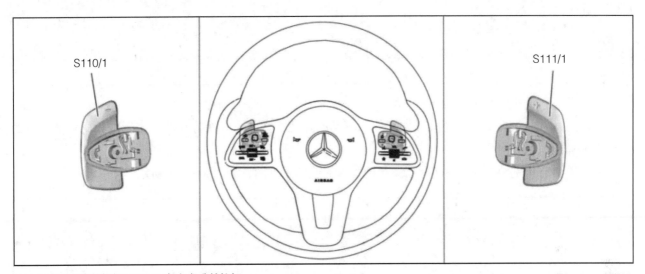

S110/1.方向盘降挡按钮　S111/1.方向盘升挡按钮

图 3–1–14

（七）智能发动机管理

智能驱动管理提前考虑道路路线和交通状况，以便在驾驶时以最佳能量效率消耗高压蓄电池的能量。为此，使用雷达传感器系统，多功能摄像头和导航系统的相关信息。智能驱动管理还减少车辆的消耗并增加电力范围。最后也是很重要的，其在多种驾驶情况下提供支持并因此为驾驶员提供高水平的舒适性。智能驾驶管理的功能如下：

智能能量回收；

ECO 辅助系统；

主动可达里程监测；

EQ 优化导航。

1. 智能能量回收

根据驾驶状况，要使用电机，可将再生制动系统作为发电机进行能量回收。根据当前和未来交通状况，灵活调节能量回收。为此，除了来自雷达的数据外，车辆还评估来自交通标志辅助系统的信息，如地图和摄像头数据。根据状况的不同，再次获得的能量可有效存储为动能或电能，以此增加能量范围。该功能通过有效利用能量增加可达里程：

在滑行操作可行的情况下存储为动能；

在通过能量回收减速可行的情况下存储为电能。

在雷达数据，摄像头数据和地图数据的帮助下，使用周围环境的信息对驾驶状况进行评估。可通过能量回收从自由加速到预定义减速对再生扭矩进行无级调整。有关距离和速度差的信息通过雷达传感器系统提供。距离控制系统根据交通状况计算理想的加速度或减速度。此外，会评估通过多功能摄像头记录的限速并应用到能量回收。提前评估来自地图数据的限速并通过滑行模拟应用到能量回收。对于客户来说，能量回收的调校通过主机的能量流图并通过能量计中的当前再生能量进行可视化。

通过具有识别装置的雷达传感器系统的能量回收的示意图，雷达检测到前方行驶更慢的车辆并在悬挂 FlexRay 上提供相关数据（距离、相关车速等），如图 3-1-15 所示。

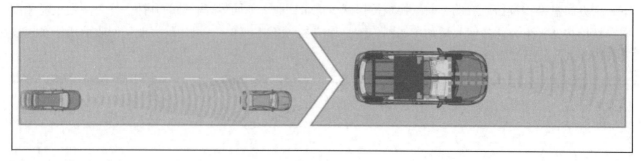

图 3-1-15

自动启用能量回收的无级增加（如同传动驱动的降挡一样），以保持与前方车辆的相同距离来节约电能中的动能。

通过不具有识别装置的雷达传感器系统的能量回收的示意图，如图 3-1-16 所示。

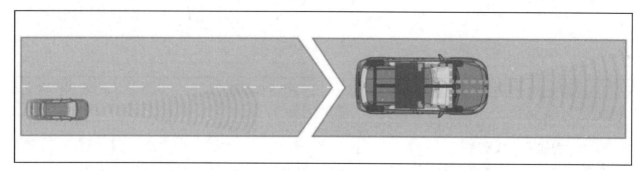

图 3-1-16

雷达探测范围内没有车辆或检测到的车辆正在移动，能量回收自动无级减少，直至确保自由加速/超速运转模式。为防止自由加速，例如对于红色交通信号灯或交叉口，超速运转模式在城市交通中受到限制。为防止车速过度提高，调节在陡坡上下坡时的能量回收。没有能量消耗。通过地图和摄像头数据的能量回收示意图，如图 3-1-17 所示。

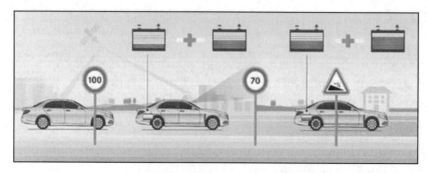

图 3-1-17

2.ECO 辅助系统（如图 3-1-18 所示）

通过节能辅助，节约能源从未如此舒适。当启动时，驾驶员在适当时接收建议以释放当前驾驶情况的加速踏板。遵循节能辅助建议的奖励是降低能耗，从而获得更大的电力范围。

由于支持高效的驾驶风格，因此更节能，可达里程更大；

加强预防性驾驶；

ECO 辅助系统在其效率策略中考虑了路线概况，限速和与前方车辆的距离；

ECO 辅助系统在后台持续生成滑行模式：根据高压蓄电池的充电电量和交通状况，其计算车辆是否在尽可能小的行驶阻力下理想地自由加速（滑行）或为了有效对高压蓄电池进行充电是否应减速（能量回收）；

在系统限制范围内，一旦驾驶员的脚离开加速踏板，ECO 辅助系统根据情况调节驾驶（能量回收）；

通过"松开加速踏板"（脚部离开）标识，向驾驶员提供分离请求，以松开加速踏板；

同时，具有向驾驶员提供推荐理由的图形（例如，"前方交叉"或"前方倾斜"）。

ECO 辅助在回收等级 D auto 时启用。

ECO 辅助评估关于车辆预期路线的数据。如果系统已识别即将发生的事件，其显示在多功能显示屏中。识别并显示以下事件：

前方车辆；

限速；

下坡坡度；

十字路口和环形交叉路口；

拐弯处。

确认事件的图形文字符号如图 3-1-19 所示。

图 3-1-18

图 3-1-19

3. 主动可达里程监测（如图 3-1-20 所示）

通过主动可达里程监测，全电动驾驶比以往更舒适。驾驶员不再需要考虑可实现的最佳可达里程。主动导航期间，主动可达里程监测支持驾驶员到达下一个充电站或目的地。如果需要到达目的地，则建议驾驶员更改智能气候控制或驾驶模式。如果驾驶员改为其中一种节能驾驶模式"ECO"或"最大可达里程"，则主动可达里程监测利用触摸加速踏板调节加速度和车速。为此，其建议根据相关情况在压力点以上将有效加速度和车速提供给驾驶员，以到达目的地。这样可以实现无压力驾驶，减少对可达里程不足的恐惧。

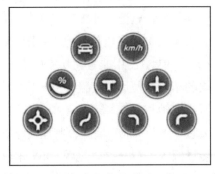

图 3-1-20

4.EQ 优化导航

路线引导期间，EQ 优化导航会考虑电力范围以及当前消耗和地形，如有必要，会规划路线上的充电站。最快的路线始终用作路线引导的基础，并根据充电容量和充电站的可用性，以时间优化的方式规划充电站。EQ 优化导航均可在车辆主机中以及通过 Mercedes me App 使用，以便客户能可靠地规划自己的旅程。由于更高的透明度，通过考虑可用的 EV 充电站和充电时间，可以为客户计划更精确和可能的到达时间以及更精确和可能的行程时间。始终使用最节省时间的路线。

计算路线需要以下先决条件：

梅赛德斯智能互联可用；

梅赛德斯智能互联上设置了用户账户且车辆连接至该账户。

以下服务可在 Mercedes me 门户网站中使用并启用：

"EQ 远程和导航服务"；

"EQ 优化导航"；

"显示充电站"；

路线选项 "EQ 优化" 开启。

七、电气系统

（一）车载电气系统概述

EQC 中的电源由两个独立的车载电气系统提供，带高压蓄电池的高压车载电气系统以及带 12V 车载电气系统蓄电池的 12V 车载电气系统。

（二）带高压蓄电池的高压车载电气系统

EQC 中使用非常大功率的高压蓄电池。装配带 48 块电池的两个模块以及装配带 72 块电池的四个模块的车身可使用紧凑设计。高压蓄电池可用的总能量为 80kWh 并且位于 EQC 的底板中。在 NEDC 中，高压蓄电池可仅利用蓄电池电量行驶约 471km。通过车辆自身的高压蓄电池的交流充电器或直流充电连接装置，通过 230V 插座，壁挂式充电盒充电站或公共充电站进行外部充电。在减速模式和制动期间，通过能量回收进行充电。然后，电机作为发电机工作。

（三）带车载电网蓄电池的 12V 车载电气系统

12V 车载电气系统利用直流/直流转换器通过高压车载电气系统供电。在该过程期间，直流/直流转换器将高压车载电气系统的 HV 直流电压转换为 12V 直流电压，并对车载电网蓄电池（G1）进行充电如图 3-1-21 和 3-1-22 所示。车载电网蓄电池位于发动机舱中。

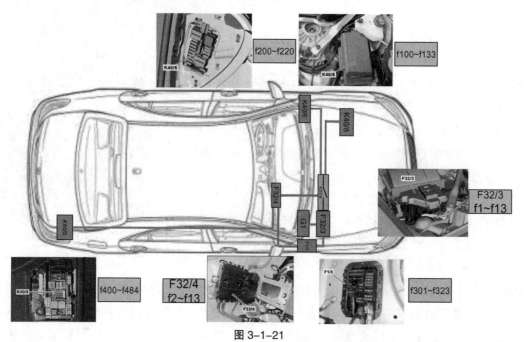

图 3-1-21

（四）车辆网络支持

所有使用的 EQC 控制单元通过车载电网蓄电池供电。车载电气系统提供支持以确保其始终充电。行驶状态期间，如果车载电网蓄电池的充电电量低于阈值，其通过直流/直流转换器进行充电。进行此操作时，车载电气系统中的舒适型功能在充电期间将关闭。

（五）高压部件的概述

主要高电压部件一览如图 3-1-23 所示。发动机舱高电压部件安装位置如图 3-1-24 所示。后备箱高电压部件安装位置如图 3-1-25 所示。高电压部件的概述如图 3-1-26 所示。高电压部件示意图如图 3-1-27 所示。

1.高压蓄电池

EQC 配有最新一代锂离子（Li-Ion）蓄电池，作为两台电机的电源，如图 3-1-28 所示。蓄电池包括 384 个电池，位于前桥和后桥之间的车身底部。蓄电池采用模块化系统设计，它包括：

2 个模块，各带有 48 个电池；

4 个模块，72 个电池；

高压蓄电池的电压 408V；

其容量（可用/安装）为 231Ah，能量含量为 80kWh；

电池重量 652kg，需要专用设备。

附件进行处理：W000 588 16 31 00；W001 588 00 54 00。

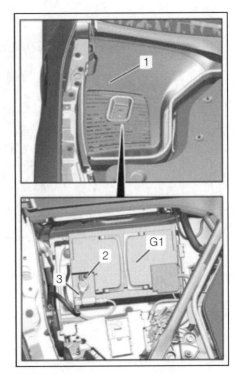

G1.车载电网蓄电池 1.护盖 2.螺母 3.接地电缆

图 3-1-22

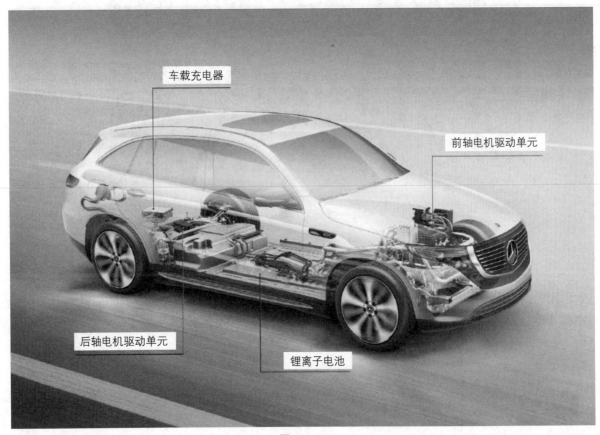

图 3-1-23

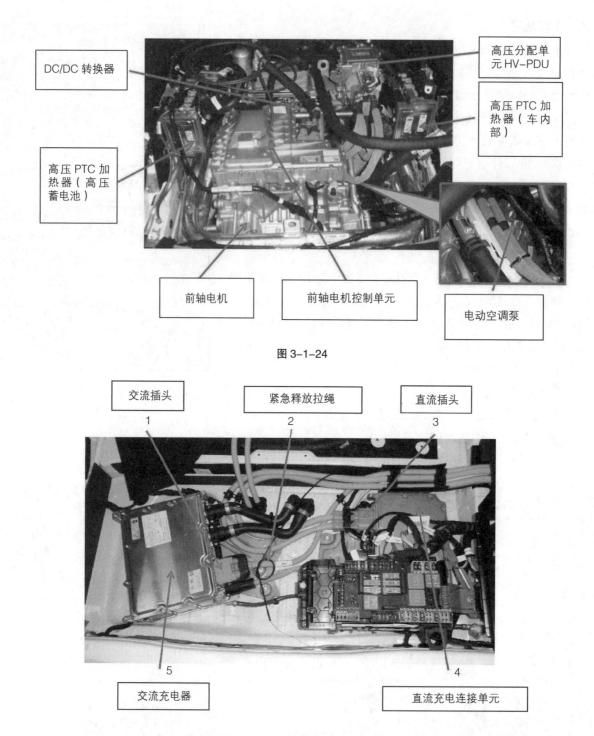

图 3-1-24

图 3-1-25

无须用到蓄电池专用工具。

高压蓄电池具有三个控制单元。其中两个控制蓄电池管理，第三个，即网关，确保前两个单元之间的通信。蓄电池管理系统控制单元监测以下参数：

互锁电路；

电压；

电流；

温度；

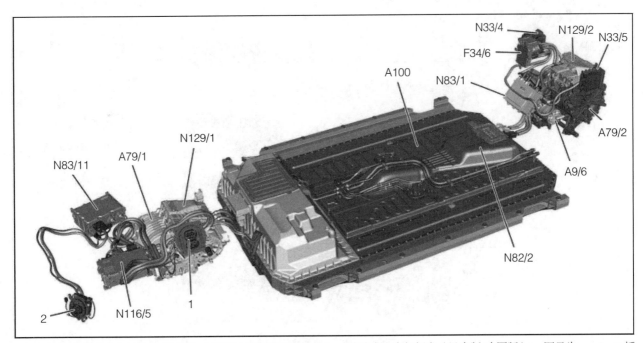

1.直流充电/交流充电车辆插座[日本版/中国版（高压蓄电池除外） 或直流充电车辆插座（日本版/中国版）]，图示为 combo 2 插座（日本版/中国版除外） 2.交流充电车辆插座（日本版/中国版） A9/6.电动制冷剂压缩机 A79/1.电机 1 A79/2.电机2 A100.高压蓄电池单元 F34/6.高压电源分配器 N33/4.高电压正温度系数 N33/5.高电压正温度系数（PTC） 加热器（高压蓄电池）N82/2.蓄电池管理系统门户控制单元 N83/1.直流/直流转换器控制单元 N83/11.高压蓄电池交流充电器 N116/5.直流充电连接单元 N129/1.电力电子控制单元/1 N129/2.电机 2 电力电子控制单元 N33/4.高电压正温度系数（PTC） 加热器（车内）

图 3-1-26

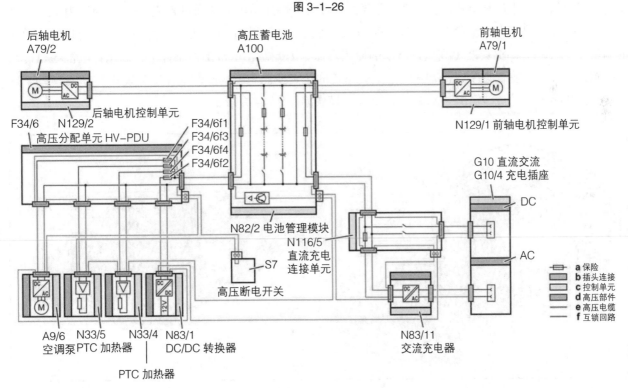

A9/6.电动制冷剂压缩机 N116/5.直流充电连接单元 A79/1.电机 1 N129/1.电机 1 电力电子控制单元 A79/2.电机 2 N129/2.电机 2 电力电子控制单元 A100.高压蓄电池模块 S7.高压断开装置 F34/6.高压电源分配器 G10.直流/交流充电车辆插座 F34/6f1.保险丝 1 G10/4.流充电车辆插座 F34/6f2.保险丝2 AC.交流电 F34/6f3.保险丝3 DC.直流电 F34/6f4.保险丝4 a.保险丝 N33/4.高电压正温度系数（PTC） 加热器（车内） b.插入式连接器 N33/5.高电压正温度系数（PTC） 加热器（高压蓄电池）c.控制单元 N82/2.蓄电池管理系统门户控制单元 d.高电压部件 N83/1.直流/直流转换器控制单元 e.高压导线 N83/11.高压蓄电池交流充电器 f.连锁线路

图 3-1-27

371

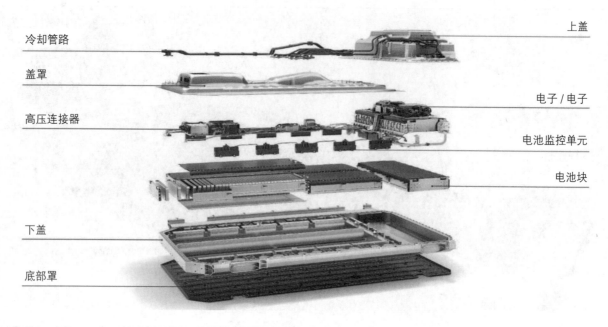

冷却管路
盖罩
高压连接器
下盖
底部罩

上盖
电子 / 电子
电池监控单元
电池块

图 3-1-28

接触器的状态；

绝缘监测的状态。

充满电时，高压蓄电池输送 365V 的标称输出电压。如有必要，集成在高压蓄电池模块中的接触器可将高压蓄电池的高电压出口从高压车载电气系统上断开。高压蓄电池还通过直流 / 直流转换器为 12V 车载电气系统供电。高压蓄电池的允许工作温度为 –25~60℃。高压蓄电池的温度记录在蓄电池管理控制单元的温度传感器中。高温会缩短高压蓄电池的使用寿命。因此，在正常工作条件下，高压蓄电池通过冷却液回路进行冷却。在高温下，冷却液通过空调系统的热交换器制冷剂冷却液（冷却装置）进行冷却。这可确保高压蓄电池的最佳输出。A100 高压蓄电池模块如图 3-1-29 所示。

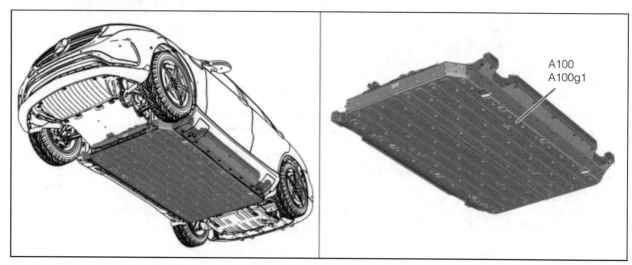

A100
A100g1

图 3-1-29

连接接头如图 3-1-30 所示。

（1）关于高压蓄电池的说明。

正确使用时，高压蓄电池不存在任何危险。关于安全操作的信息为排除短路的危险，必须避免诸如由压力引起的机械损坏。此外，高压蓄电池不得承受热负荷，例如通过加热或焊接的影响。根据修理说

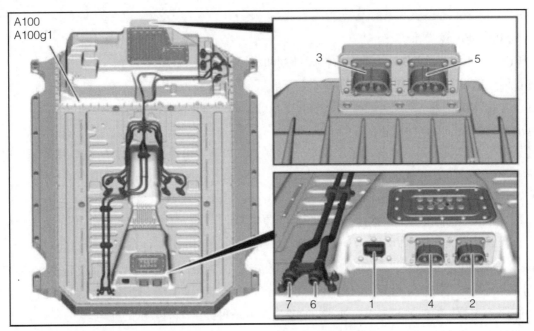

1.车载电子设备连接 2.高压电源分配器（F34/6）高压连接 3.电机2电力电子控制单元高压连接（N129/2） 4.电机1电力电子控制单元高压连接（N129/1） 5.直流电充电连接单元高压连接（N116/5） 6.冷却液供给管 7.冷却液回流 A100.高压蓄电池模块 A100g1.高压蓄电池

图 3-1-30

明中的信息，除了安全鞋，还要穿戴个人保护装备。

（2）关于高压蓄电池的使用寿命的说明。

如果车辆长时间关闭，确保高压蓄电池的充足充电量（充电状态-充电电量），否则其可能会由于深度放电预损坏或损坏。车辆处于温度低于 -25℃ 和高于 40℃ 的情况下 7 天以上时，可能会导致不可逆转的蓄电池损坏。在高压蓄电池放电的情况下，车辆不得静止 14 天以上。否则可能会损坏蓄电池。处理由于运转操作或事故导致损坏的高压蓄电池时，根据 " 锂电池的安全处理 " 指南进行操作（例如通过 XENTRY Portal）。

（3）保修。

除了整车的两年保修（不同国家可能存在差异）之外，高压蓄电池还具有全球延长保修期。当最大蓄电池容量小于 162Ah 时，可进行保修索赔。高压蓄电池损坏由 EVA/VEGA 进行处理。市场保障、流动服务和法律法规不受此影响。备注：高压蓄电池的保修期为自交付之日或首次批准之日（以先到者为准）起 8 年时间，或最高行驶里程 160000km。

2.电源设备

EQC 充电过程中的所有相关部件（高压蓄电池的交流充电器、直流充电连接装置、车辆插座、充电电缆）根据国际标准（例如 IEC62196-2）以面向未来的方式进行标准化。这有助于通过差别较大的电网和电源设备轻松充电。EQC 可通过供电插座和公共充电站或壁挂式充电盒充电站进行充电。通过电源插座充电时，如果必要，则必须限制充电电流，以确保区域电网不过载。一旦连接了充电电缆，车辆自身的高压蓄电池的交流电充电器通过离散控制线路（先导控制装置）与充电电缆或充电站中的控制箱进行通信。同时，传送有关电源设备的性能数据并相应地调节高压蓄电池的交流电充电器的耗电量。仅在此之后，交流电充电器开始充电流程。同时，其监测电压，充电量和充电时间，以保护高压蓄电池。通过安装在 EQC 中的高压蓄电池交流充电器，最大的充电容量可达 7.4kW。通过安装在 EQC 中的高压蓄电池的直流充电连接装置，最大的充电容量可达 110kW（ECE）。这样，10%~80% 充电量的充电行程时，充电时间约为 40min。

（1）优化的充电设置和状态。

通过 EQC 的引入，可实现电力范围的精确计划和可预测性并优化充电过程：

通过各种充电设置优化充电过程，例如最大充电量释放（最大充电电量）；

通过包含的驾驶员辅助系统实现电力范围的更精确计划和可预测性；

充电设置确保充分的机动性和精确计划；

通过充电过程的最大透明度改进了状态显示（例如，当前充电电量，定义的充电量的预估时间和充电过程开始或结束时的推送通知）。

（2）Mercedes me 充电和 IONITY。

"Mercedes me 充电"和"IONITY"（折扣的快速充电）使车辆在公共充电站简单且廉价充电。通过 Mercedes me App 和主机（A26/17），利用远程访问可以轻松认证对充电站的访问。或者，可通过 Mercedes me 充电 RFID 卡认证。访问"IONITY"还包含在"Mercedes me 充电"服务中。IONITY 是欧洲高速公路沿线的综合快速充电网络，电站最高输出功率为 350kW。 这可实现无故障长距离行驶。通过"IONITY"服务（折扣的快速充电），通过 IONITY 充电站可提供车辆廉价的充电。

（3）充电器馈入插座。

充电器馈入插座确保与充电电缆的电气接触。对于装配交流插座（日本版/中国版）或 combo 插座（日本版/中国版除外）的车辆，在充电过程中通过促动器电机锁止充电电缆连接器。交流充电/直流充电车辆插座（日版本/中国版除外），图 3-1-31 为 combo 2 插座。

（4）直流充电/交流充电车辆插座指示灯（日本版/中国版除外）。

锁止状态指示灯（如图 3-1-31 中 4）呈白色常亮表示直流充电/交流充电车辆插座（G10）解锁。如果锁止状态指示灯（如图 3-1-31 中 4）呈白色闪烁，则表示锁止或解锁期间出现故障。充电过程指示灯（如图 3-1-31 中 5）如表 3-1-2 所示。

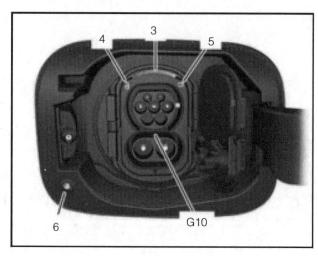

G10.直流/交流充电车辆插座　3.状态指示　4.锁止状态指示灯　5.充电过程指示灯　6.中止充电按钮

图 3-1-31

表 3-1-2

发光二极管	功能
关闭	–
呈橙色闪烁	连接
呈绿色闪烁	蓄电池正在充电
呈绿色亮起	蓄电池充满电
呈红色高频率闪烁（90s）	车辆故障-无法实现充电过程

（6）取消充电过程并解锁充电电缆。

仅当通过解锁开关或解锁驾驶员车门来解锁中央锁止系统时，车辆解锁直流充电/交流充电车辆插座。同样地，如果驾驶认可系统识别到代码 889[无钥匙启动（KEYLESS-GO）] 的有效密匙，则直流充电/交流充电车辆插座解锁。因此，按照以下顺序解锁充电电缆：

车辆解锁或识别到代码 889[无钥匙启动（KEYLESS-GO）] 的有效密匙；

或按下中止充电按钮；

按下开关后，充电过程指示灯呈橙色闪烁；

充电过程指示灯熄灭后，锁止状态指示灯呈白色常亮；

现在可拆下充电电缆。

直流充电车辆插座（日本版）如图 3-1-32 所示。

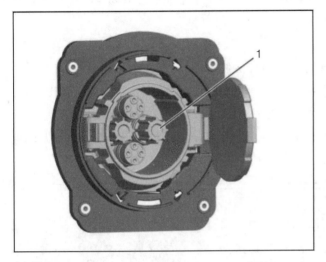

1.电触点

图 3-1-32

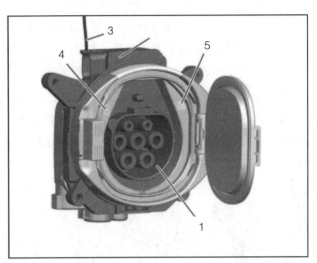

1.电触点　2.促动器电机（用于以电子方式锁止充电电缆连接器）　3.紧急解锁系索　4.锁止/解锁 LED　5.充电监测器 LED

图 3-1-33

交流充电车辆插座（日本版/中国版）如图 3-1-33 所示。

根据相关版本，直流充电/交流充电车辆插座包含以下电气触点。

相应充电电流的触点：

交流电或三相电流（L1、L2、L3、N 和 PE）；

直流电（DC+ 和 DC-）；

用于与充电站通信的先导控制装置触点（CP）；

先导接近触点（PP）。

先导接近触点具有以下任务：

检测车辆和/或充电站插接是否已插入；

通过电阻器给充电电缆的最大电流承载力进行编码。

此外，锁止和解锁 LED 和充电监测 LED 位于交流充电车辆插座（日本版/中国版）或组合插座（日版本/中国版除外）的电气触点的正下方。其直观地表现了充电器馈入插座的当前状态。以下附加部件位于交流充电车辆插座（日版本/中国版）或组合插座（日本版/中国版除外）处：

促动器电机（用于以电子方式锁止充电电缆连接器）；

带紧急解锁系索的机械装置用于紧急解锁充电电缆连接器。

（7）紧急解锁充电电缆连接器 [交流充电车辆插座（日版本/中国版）或组合插座（日本版/中国版除外）]。

在充电过程中，会以电子的方式将充电电缆连接器锁止到充电器馈入插座中，防止其在未经授权的情况下被拆下。如果通过充电器馈入插座进行充电后无法拆下充电电缆连接器（出现故障的情况下），则可通过拉动紧急解锁系索以机械的方式解锁。紧急解锁系索位于载物舱或行李箱侧面后方或底部饰板处。

（8）通过供电插座进行充电的充电电缆（模式2）。

具有两种长度型号的一相充电电缆已进行改装，以使其符合特定国家标准，其通过载物舱中的插座供电。充电电缆包含"电缆内部控制和保护装置"（IC–CPD）。为满足 IEC61851 的安全规定，集成了一个接地故障断路器和一个通信装置（脉冲宽度调制模块）来设定电源。为保护用户和电动车辆，IC–CPD 固定在充电电缆中，开闭车辆插入式连接和设施之间的电源触点，并将充电电流上限传送至车辆。如果出现故障或存在电压下降，则立即中断充电过程。充电电缆仅在车辆请求电压后才开闭车辆插入式连接和防触电插头之间的电源触点。未插入的连接器则会断电。

（9）公共充电站的充电电缆（模式3）。

一相充电电缆已进行改装，以使其满足特定国家标准，可作为特殊装备获得，共有两种长度型号。模式3充电电缆根据 IEC61851 在车辆和标准电源之间建立连接，即所谓的"电动车辆供电装备"（EVSE），如图 3–1–34 所示。故障和过载保护，切断功能和规定的车辆插座集成在 EVSE 中充电电缆带有电缆最大电流负载能力的电阻编码和连接至车辆和设施的标准插入式触点。充电站仅在车辆请求电压后才开闭电源触点。因此，车辆或未插入车辆的充电站连接会断电。

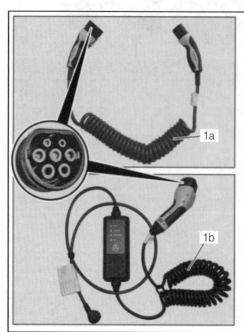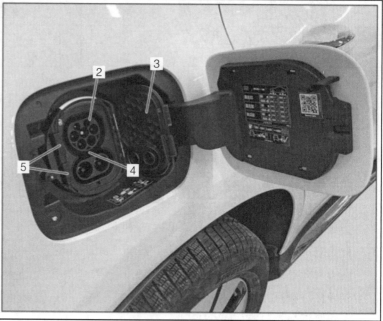

1a.充电电缆[带壁挂式充电盒充电站充电电缆/充电站型号2（模式3），4m/代码E4L] 1b.带电缆检查盒的充电电缆（模式2） 2.充电器馈入插座 3.盖 4.放泄口 5.锁止装置

图 3–1–34

（10）启动保护装置。

为防止充电过程中或插入充电电缆时车辆驶离，当检测到插入式充电电缆连接器时启动保护装置启用（接近触点 =ON/SNA）。仪表盘显示该影响的警告信息。根据车速，以两种方式实现启动保护装置功能：

行驶期间（$v > 5$km/h）检测到插入充电电缆连接器。行驶（$v>5$km/h）时，如果检测到插入假定的充电电缆连接器（接近触点 =ON）或充电器故障，检测到替代值（接近触点 =SNA），则行驶挡位处于"P"时，启动保护装置启用。静止（$v < 5$km/h）时，检测到插入式充电电缆连接器。如果在挡位范围"P"或 $v<5$ km/h 时检测到插电式充电电缆连接器（接近触点 =ON），则启动保护装置立即启用。如果充电器

出现故障，则形成替代值（接近触点 =SNA）。在此情况下，只有接合挡位"P"后才会启用驶离保护。

（11）直流充电连接单元。

直流充电连接装置位于载物舱底板的右下方，如图 3-1-35 所示。除了在"正常"网络接入（AC）处充电的可能性外，还具有通过直流充电站处对车辆进行充电的可能性。其通常被描述为快速充电站。直流充电连接装置可对以下系统进行直流充电：

使用欧洲版 combo 2 插头时的组合充电系统（CCS）；

使用美国版 combo 1 插头时的组合充电系统（CCS）；

CHAdeMO 是日本市场的充电系统，需要附加车辆插座和其他拓扑；

GB/T 是中国市场的充电系统，需要附加车辆插座和其他拓扑。

（12）连接接头。

连接接头如图 3-1-36 所示。

（13）高压蓄电池交流充电器。

高压蓄电池的交流充电器位于载物舱底板的左下方，如图 3-1-37 和 3-1-38 所示。其将外部电压源（例如充电站）的交流电压转换为直流电压。

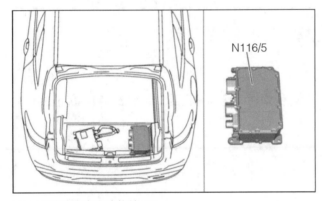

N116/5.直流电充电连接单元

图 3-1-35

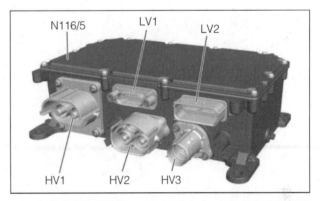

LV1.车载电子设备连接　LV2.直流充电/交流充电车辆插座（G10）和锁止发电机的连接（插座盖板和充电电缆连接器）　HV1.充电器馈入插座高压连接　HV2.高压蓄电池高压连接（A100g1）　HV3.高压蓄电池交流充电器的高压连接（N83/11）　N116/5 直流电充电连接单元

图 3-1-36

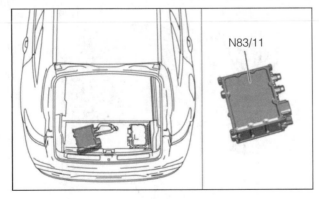

N83/11.高压蓄电池交流充电器

图 3-1-37

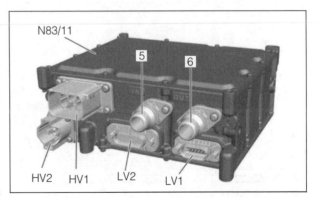

N83/11.高压蓄电池交流充电器　LV1.车载电子设备连接　LV2.未分配　HV2.直流电充电连接单元高压连接（N116/5）　HV1.直流充电/交流充电车辆插座高压连接　5.冷却液供给管　6.冷却液回流

图 3-1-38

3. 直流/直流转换器控制单元

直流/直流转换器控制单元位于发动机舱的后方区域，支架上，如图 3-1-39 所示。其将高压蓄电池的直流电压转换成 12V 直流电压用于 12V 车载电气系统。

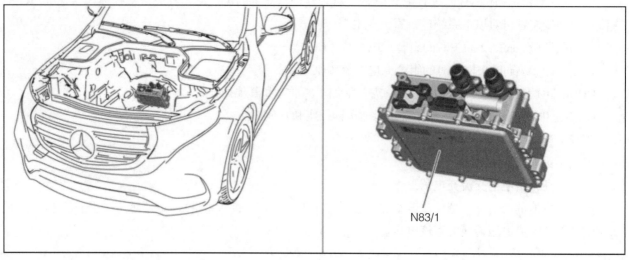

N83/1.直流/直流转换器控制单元

图 3-1-39

4. 电力电子装置

电力电子装置集成在驱动系统中并直接连接至高压蓄电池模块和冷却液回路中，如图 3-1-40 和 3-1-41 所示。其任务如下：

电源；

控制电机；

监测电机的温度和位置；

为传动系统控制单元创建可用扭矩的诊断和预测；

为操作电机，电力电子装置中的交流/直流转换器将高压蓄电池的直流电压转换为 3 相交流电压。因此，电机的转速和温度由电力电子装置进行记录。在超速运转模式下，如果电机作为发电机工作，则电力电子装置将感应的交流电压转换为直流电压并用于高压车载电气系统。

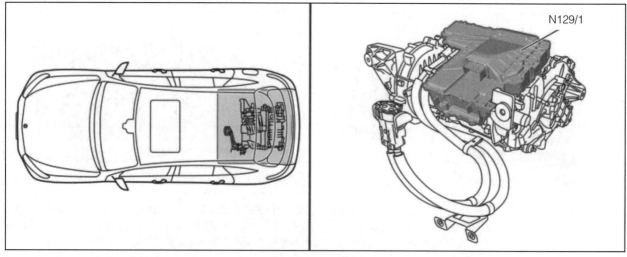

N129/1.电机 1 电力电子控制单元

图 3-1-40

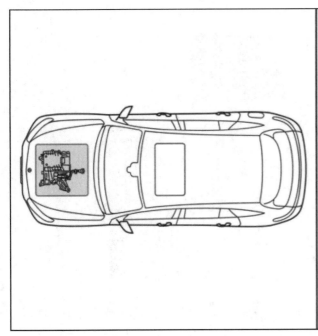
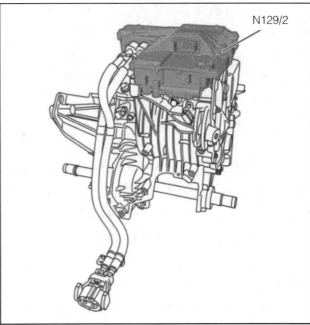

N129/2.电机 2 电力电子控制单元

图 3-1-41

5. 高压电源分配器

高电压电源分配器（F34/6）位于发动机舱的后方区域的 EQC 中，其由高压蓄电池提供高电压直流电压并为以下高电压部件供电：

电动制冷剂压缩机（A9/6）；

高电压正温度系数（PTC）加热器（车内）（N33/4）；

高电压正温度系数（PTC）加热器（高压蓄电池）（N33/5）；

直流/直流转换器控制单元（N83/1）。

为保护高电压部件的线路，4 个固定装置位于高电压电源分配器中，如图 3-1-42 所示。固定装置可以访问并可以更改。

6. 高压正温度变化系数（PTC）加热器

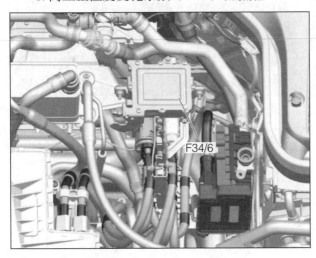

F34/6.高压电源分配器

图 3-1-42

N33/4.高电压正温度系数（PTC）加热器（车内）　N33/5.高电压正温度系数（PTC）加热器（高压蓄电池）

图 3-1-43

高电压正温度系数（PTC）加热器 N33/4 和
N33/5 位于发动机舱中，并由高电压电源分配器供
电，如图 3-1-43 所示。两个正温度系数（PTC）
加热器都是高电压水加热器并且结构相同。正温度
系数（PTC）加热器 N33/4 为车内产生热量。如有
必要，其为车内产生附加热量。

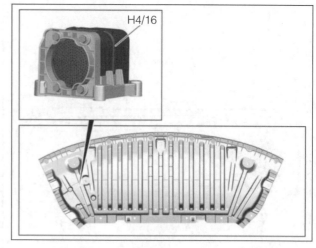

H4/16.声音发生器

图 3-1-44

7.声音环境保护

因为在所有操作模式下，低速时车辆非常安静，
存在不被其他道路使用者注意到的危险，或直至非
常晚的阶段才注意到。结构相同的两个发声器用
作 EQC 中现场声音指示器的技术版本。发声器包
含一个控制单元，一个音频结束级和一个扬声器。
根据车速和加速踏板位置，发声器在 0 和 30km/h
时产生音频信号。车速超过 30km/h 后，发声器停用，因为电动车的滚动噪音和风噪足够大。发声器位
于车辆的右前方，发动机舱的底部，如图 3-1-44 所示。后端发声器位于底板的后部区域，如图 3-1-45
所示。

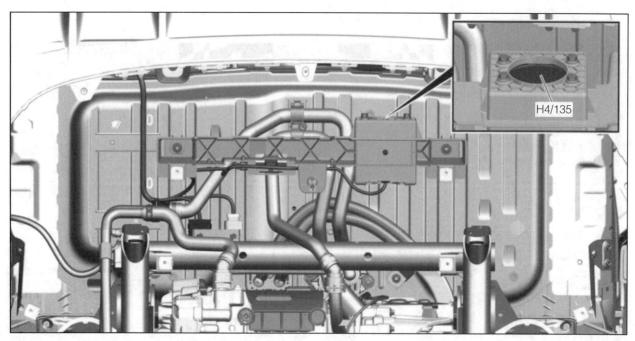

H4/135.后端发声器

图 3-1-45

八、冷却装置

EQC 的热量管理包括高压车载电气系统部件的冷却和车内的空调控制。高压车载电气系统部件的冷
却通过两个相互未连接的封闭冷却液回路实现：

低温回路 1；

低温回路 2。

低温回路 1 冷却电机 1 和 2，直流/直流转换器以及高压蓄电池的交流充电器。低温回路 2 冷却高压

蓄电池。每条低温回路都有一个转速可调的冷却液泵和多个调节阀。为降低能量消耗和车速较高时发动机舱中的冷却速度，冷却器前方安装了空气调节系统。在特定情况下两个促动电机会打开和关闭空气调节系统。低温回路的两个冷却器集成在一个冷却模块中。后部中央位置有一个风扇电机（M4/7）用于为冷却模块通风。传动系统控制单元（N127）通过局域互联网（LIN）促动风扇电机，空气调节系统和所有冷却液泵。

1. 低温回路 1

低温回路 1 冷却电机，直流/直流转换器以及高压蓄电池的交流充电器，如图 3-1-46 所示。传动系统控制单元调节低温回路 1，其对低温冷却液回路 1 温度传感器的数据进行评估并在必要时促动低温回路 1 冷却液循环泵。车外温度较低时冷却液还以最低流率（具体取决于冷却液温度）流过电力电子装置。

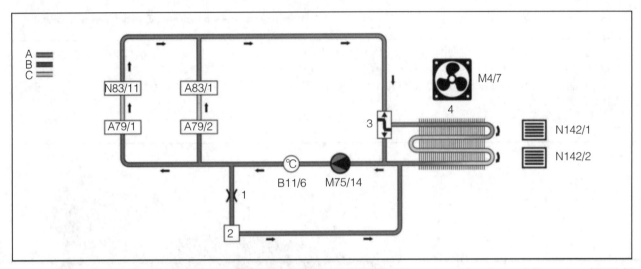

1.2mm限制器　2.低温回路 1 膨胀容器　3.低温回路1自调节节温器　4.散热器低温回路1　A79/1.电机1　A79/2.电机 2　B11/6.低温冷却液回路 1 温度传感器　M4/7.风扇电机　M75/14.低温回路冷却液循环泵1　N83/1.直流/直流转换器控制单元　N83/11.高压蓄电池交流充电器　N142/1.上部空气调节系统控制单元　N142/2.下部空气调节系统控制单元　A.加热后的冷却液　B.冷却后的冷却液　C.部分加热或冷却的冷却液

图 3-1-46

2. 低温回路 2

低温回路 2 冷却高压蓄电池，如图 3-1-47 所示。传动系统控制单元调节低温回路 2，其对低温冷却液回路 2 温度传感器的数据进行评估并在必要时促动低温回路 2 冷却液循环泵。根据车外温度，高压蓄电池的废热通过连接至制冷剂回路的低温回路 2 冷却器或通过热交换器发散。通过促动高压蓄电池冷却转换阀调节低温回路 2。热交换器通过喷射到热交换器中并蒸发的制冷剂对冷却液进行冷却。冷却后的冷却液随后可传送至低温回路 2。高压蓄电池温度较低时，冷却液流过与高压蓄电池冷却膨胀阀隔离的热交换器。如果能源管理系统确定启用，则传动系统控制单元通过控制器区域网络（CAN）请求智能气候控制系统控制单元（N22/1）促动电动制冷剂压缩机。智能气候控制系统控制单元随后通过局域互联网（LIN）促动电动制冷剂压缩机。高压蓄电池冷却膨胀阀由智能气候控制系统控制单元打开，制冷剂流过热交换器。通过此方式，从低温回路 2 提取热量。冷却输出主要取决于电动制冷剂压缩机的促动水平。如果高压蓄电池的充电量过低，则电动制冷剂压缩机的输出功率被调节降至 0kW。

九、传动系统概述

传动系统结构如图 3-1-48 所示。

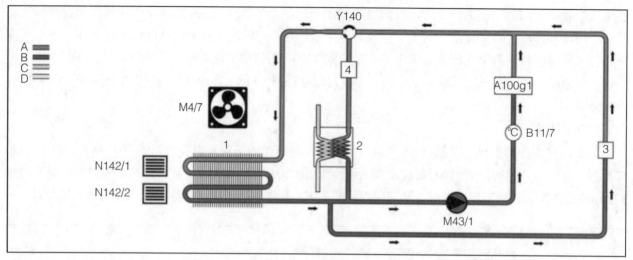

1.低温回路　2.冷却器2热交换器　3.低温回路2膨胀容器　4.高压正温度变化系数（PTC）加热器　A100g1.高压蓄电池　B11/7.低温冷却液回路2温度传感器　M4/7.风扇电机　M43/1.低温回路冷却液循环泵2　N142/1.上部空气调节系统控制单元　N142/2.下部空气调节系统控制单元　Y140.高压蓄电池冷却系统转换阀　A.加热后的冷却液　B.冷却后的冷却液　C.制冷剂（高压，液态）　D.制冷剂（低压，气态）

图 3-1-47

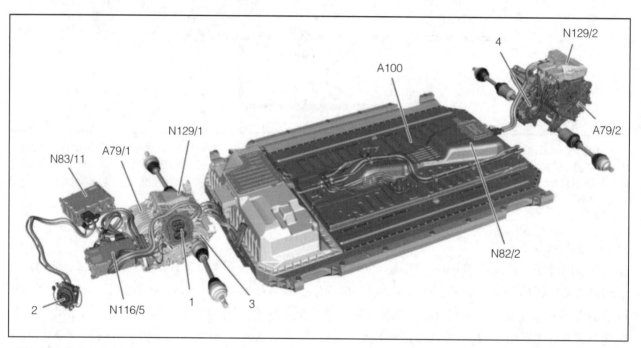

1.直流充电/交流充电车辆插锁（日本版/中国版除外），图示为 Combo-2 插座　2.交流电车辆插座（日本版/中国版），为型号2　3.电机1变速器　4.电机2变速器　A79/1.电机1　A79/2.电机2　A100.高压蓄电池模块　N82/2.蓄电池管理系统门户控制单元　N83/11.高压蓄电池交流充电器　N116/5.直流充电连接单元　N129/1.电力电子控制单元/1　N129/2.电力电子控制单元/2

图 3-1-48

　　作为新 EQ 产品和技术品牌的第一个梅赛德斯-奔驰代表，EQC 采用了全新研发的驱动系统。EQC 的前轴和后轴上采用紧凑型电传动系统。电传动系统是一个紧凑型单元，包括电机、直流/交流转换器和变速器，通过该装置，后轴上装配了附加驻车止动爪。变速器由一个 2 级输入变速器和一个集成式斜角齿轮驱动差速器组成。左侧行驶方向电机 2 的变速器和右侧行驶方向电机 1 的变速器安装在电机上。由于电机具备的特征，不需要使用离合器。只要电机和促动器连接（能量回收），则会驱动电机，与行驶方向无关。在减速和制动模式，机械旋转运动会转化为电能为高压蓄电池充电。两个传动系统联合最大输出为 300kW 并具备全轮驱动的驾驶特性。通过智能控制可在两个传动轴之间动态进行扭矩分配，操作范围更广，从而为较高程度的车辆动态提供前提条件。A79/2 电机 2 位置如图 3-1-49 所示，结构如图 3-1-50 所示。A79/1 电机 1 位置如图 3-1-51 所示，结构如图 3-1-52 所示。

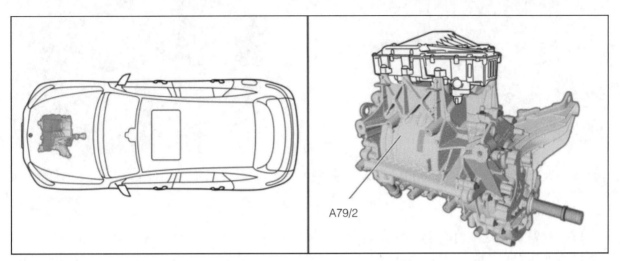

A79/2.电机2

图 3-1-49

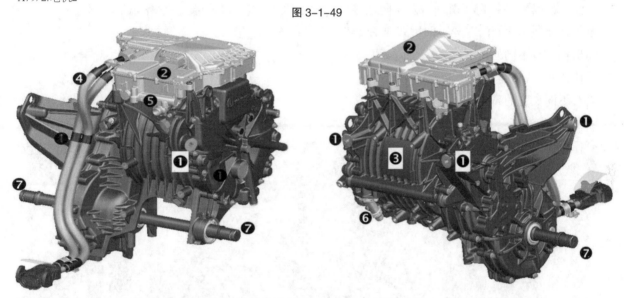

1.支撑臂端口 2.逆变器 3.电动机 4.高压直流线路到高压电池 5.冷却液进口 6.冷却液出口 7.输出轴

图 3-1-50

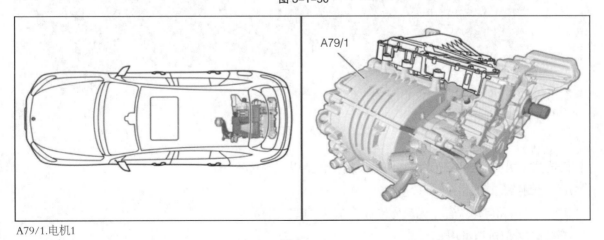

A79/1.电机1

图 3-1-51

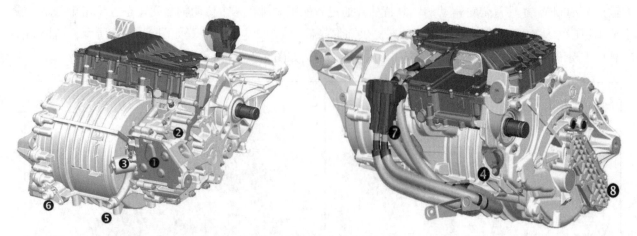

1.驻车爪罩 2.驻车爪传感器 3.驻车爪紧急执行器 4.定子的两个温度传感器电气接头 5.冷却液进口 6.冷却液出口 7.高压直流线路
到高压蓄电池 8.转子冷却水

图 3-1-52

eATS 前桥和后桥之间的差异汇总：

驻车棘爪仅存在后桥，如图 3-1-53 所示；

直流/交流转换器 [除了驻车棘爪（附加接口）的驱动外，电力电子装置是相同的]；

定子绕组版本之间的差异（前桥有 7 个绕组，后桥有 5 个绕组）；

输出轴具有不同的长度；

后桥具有 NVH 盖；

具有不同长度的高压直流线。

除了 EIS N73 外，驱动授权系统还存储在电力电子控制单元 N129/1 和 N129/2 中。

图 3-1-53

直接选挡（DIRECT SELECT）方向盘换挡杆包括以下挡位：

"R"，倒挡；

"N"，空挡和启动位置（无动力传输，车辆可以自由移动）；

"D"，1 个前进挡可用。

换挡杆具有不同的挡位和动力级：

驻车挡；

换入"N"挡，跨过一个动力级；

换入"D"或"R"，跨过更高的动力级。

车速 <7km/h 时可请求驻车制动爪。

转向柱管模块前视图如图 3-1-54 所示。

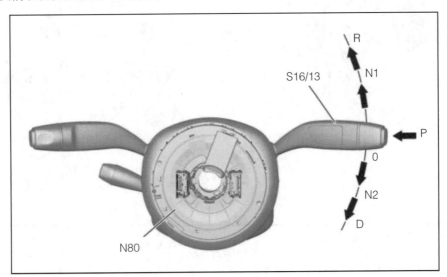

0.驻车挡 D.驱动装置 P.驻车锁止和启动位置 R.倒挡 N1.空挡1 N2.空挡 2 N80.转向柱模块控制单元 S16/13.直接选挡（DIRECT SELECT）换挡杆

图 3-1-54

十、车轴和悬架系统

图 3-1-55 所示为悬架/转向机构 EQC 400 4MATIC。

1. 前轴

图 3-1-55

前悬架来自当前的车型系列 253 并设计为四连杆前轴。图 3-1-56 所示为四连杆前轴。

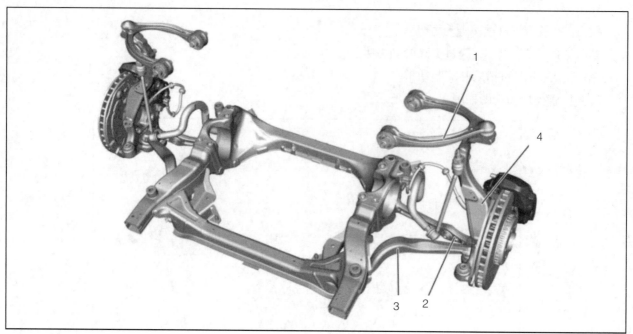

1.上部横向控制臂 2.弹簧控制臂 3.支撑杆 4.转向节

图 3-1-56

2. 后轴

后轴来自当前的车型系列 253 并设计为五连杆后轴。图 3-1-57 所示为五连杆后轴。

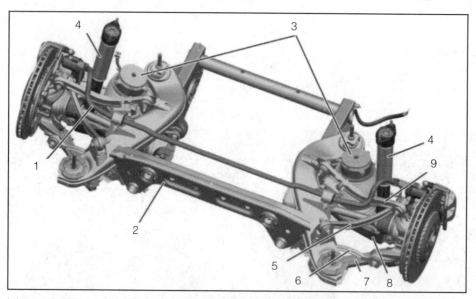

1.稳定杆 2.后轴支架 3.空气悬架 4.后轴减震器 5.支撑杆 6.转向横拉杆 7.推力臂 8.弹簧控制臂 9.车轮外倾支撑

图 3-1-57

3. 悬架和减震

EQC 的前轴标配了传统的钢制悬架，后轴为带集成式水平高度控制系统的单室空气悬架。

（1）电子后轴水平高度控制。

电子后轴水平高度控制监测后轴高度，通过两个空气悬架气囊实现。后轴电子水平高度控制系统的目的是始终保持后轴水平高度恒定,与负荷状态和任何与行驶动态相关的车辆倾斜情况无关。对于装配后轴电子水平高度控制系统的车辆,与装配主动车身控制系统/代码489的车辆上使用相同的部件(主动车身控制系统继电器,主动车身控制系统压缩机和主动车身控制系统减压阀)。

4. 制动

EQC采用了当前车型系列253的前轴制动器,带内部通风和穿孔式复合制动盘。后轴制动器来自车型系列W213。

(1)复合式制动盘。

EQC与车型系列253一样,装配了新款复合制动盘。复合制动盘为两件式结构,由内侧的一个压型钢板壳体和一个由铸铁制成的带齿制动板组成。此系统新研发的组合防腐理念包括对金属壳体进行电镀并对整个部件进行额外喷漆。

(2)电动驻车制动器(EFB)。

EQC装配了车型系列253上熟知的电动驻车制动器。后轴上安装了带电动驻车制动功能的组合式浮式制动钳。电动驻车制动器的控制单元位于仪表盘左侧,旋转灯开关下方。

5. 转向机构

EQC与车型系列253相同,标配了熟知的电磁辅助齿轮齿条式转向机构。电动动力转向机构包括转向机,齿轮齿条式转向机构,电动动力转向机构扭矩传感器,电动动力转向机构促动电机和电动动力转向机构控制单元。电动动力转向机构可以使转向辅助随车速调节。

十一、车载电气系统网络连接

车载电气系统网络连接位置图如图3-1-58所示,网络拓扑图如图3-1-59所示。

(一)高压安全性

互锁电路用于识别完全连接的高压系统并用作安全措施,以防接触启用部件。为此,来自互锁电路的(±)20mA/88Hz的信号会在要断开的所有高压车载电气系统部件间回环。为此,在每个可移动但不可松开的高压连接中都有一个跨接线,将高压触点隐藏起来。断开或松开高压连接时,跨接线会中断互锁电路。连锁电路还可以通过高压部件的12V控制单元连接器在串联电路中进行开关。当分开控制单元连接器时,互锁电路通过互锁输入单元和输出单元的触点断开。驾驶时断开互锁电路不会导致高压车载电气系统断开。仅在换挡杆位置"N"或"P"接合时间超过3s且车速<5km/h才会关闭高压车载电气系统。此外,换挡杆位置位于"D"时打开发动机罩也会断开高压车载电气系统。关闭点火开关后,如果互锁电路中出现故障,则车辆不能再次启动。如果互锁电路中存在故障,则车辆静止功能(点火开关"关闭")中断且高压车载电气系统停用。每次使用高压车载电气系统都会导致互锁电路中断,从而导致高压车载电气系统在上述情况下停用。注意:电力电子装置控制单元,蓄电池管理系统控制单元,高压蓄电池交流电充电器以及直流/直流转换器控制单元装有互锁信号的评估电路。互锁发电机位于两个蓄电池管理系统控制单元之一中。在每个启用的高压部件(例如高压蓄电池和高压蓄电池交流电充电器)中,都有一个互锁评估逻辑用于执行自身评估。故障状态还可以通过评估来自启用的高压部件的互锁电路的信号(例如断路、短路)确定。在其他部件(电动制冷剂压缩机、高压正温度系数(PTC)加热器)中,会在互锁电路中回环。注意:如果发生碰撞时,辅助防护系统(SRS)控制单元触发燃爆保险丝(F63)或如果高压断开装置断开,则电路30c信号线路会中断且以下系统关闭:

高压车载电气系统;

充电系统;

电传动。

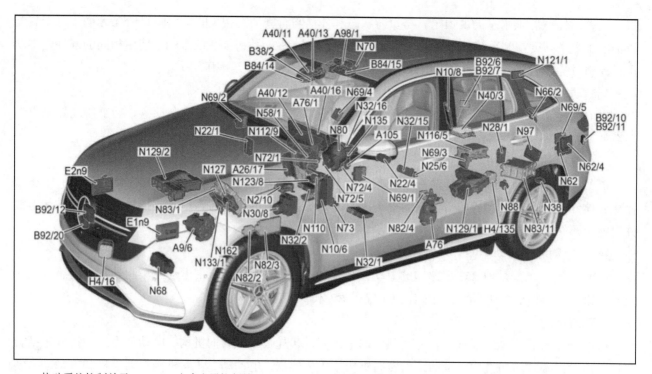

N127.传动系统控制单元 N129/1.电力电子控制单元1 N129/2.电力电子控制单元2 A26/17.主机 A40/12.平视显示屏 A76.左前可逆式安全带紧急拉紧器 A76/1.右前可逆式安全带紧急拉紧器 B84/14.增强现实摄像头 N2/10.辅助防护系统控制单元 N66/2.后视摄像头控制单元 N73.点火锁定控制单元 N88.轮胎压力监测器控制单元 N133/1.仪表盘控制单元 N73.点火锁定控制单元 N112/9.HERMES 控制单元 H4/16.声音发生器 H4/135.后端发声器 N82/2.蓄电池管理系统门户控制单元 N82/3.蓄电池管理系统控制单元 N82/4.蓄电池管理系统控制单元 N83/1.直流/直流转换器控制单元 N83/11.高压蓄电池交流充电器 N112/9.HERMES 控制单元 N116/5.直流充电连接单元 N127.传动系统控制单元 N2/10.辅助防护系统控制单元 N30/8.再生制动系统控制单元 A98/1.滑动天窗控制模块 N10/6.前部中央控制单元 N10/8.后排中央控制单元 N22/1.智能气候控制系统控制单元 N28/1.挂车识别控制单元 N32/1.驾驶员座椅控制单元 N32/2.前排乘客座椅控制单元 N32/15.驾驶员多仿形座椅控制单元 N32/16.前排乘客侧多仿形座椅控制单元 N69/1.驾驶员车门控制单元 N69/2.前排乘客侧车门控制单元 N69/3.左后车门控制单元 N69/4.右后车门控制单元 N69/5.无钥匙启动（KEYLESS-GO）控制单元 N70.车顶控制面板控制单元 N73.点火锁定控制单元 N121/1.行李箱盖/掀开式尾门控制系统控制单元 N162.环境照明灯控制单元 N80.转向柱模块控制单元 N135.方向盘电子设备 A40/11.平面探测多功能摄像头 B92/6.外部右后集成式雷达传感器 B92/11.外部左后集成式雷达传感器 E1n9.左侧大灯控制单元 E2n9.右侧大灯控制单元 N73.点火锁定控制单元 N127.传动系统控制单元 B92/7.外部右后雷达传感器 B92/10.外部左后雷达传感器 N62/4.梅赛德斯-奔驰智能行驶控制单元 A26/17.主机 A40/16.主机/仪表盘显示屏组 A105.触摸板 B84/15.手势感测器 N123/8.移动电话托座控制单元 A40/11.平面探测多功能摄像头 A40/13.立体探测多功能摄像头 B92/12.近距离和远距离雷达传感器 B92/20.碰撞警告系统雷达传感器 N30/8.再生制动系统控制单元 N62.驻车系统控制单元 N62/4.梅赛德斯-奔驰智能行驶控制单元 N68.电动动力转向机构控制单元 N73.点火锁定控制单元 N80.转向柱模块控制单元 N97.转轴电子水平高度控制系统控制单元 N127.传动系统控制单元 A26/17.主机 N40/3.音响系统放大器控制单元 N10/8.后排中央控制单元 N25/6.后排座椅加热器控制单元 N32/1.驾驶员座椅控制单元 N32/2.前排乘客座椅控制单元 N38.后部换挡模块 N69/5.无钥匙启动（KEYLESS-GO）控制单元 N22/1.智能气候控制系统控制单元 N22/4.后排空调操作单元 N58/1.智能气候操纵单元 A9/6.电动制冷剂压缩机 N22/1.智能气候控制系统控制单元 B38/2.带附加功能的雨量/光线传感器 N10/6.前部中央控制单元 N2/10.辅助防护系统控制单元 N110.重量传感系统（WSS）控制单元 N112/9.HERMES 控制单元 N72/1.车顶控制板控制单元 N72/4.左侧下部控制面板 N72/5.右侧下部控制面板

图 3-1-58

（二）安全措施

高压互锁和 30c。

高压互锁电路如图 3-1-60 所示，端子 30c 从高温保险丝向高压部件供电。

高压功率分配器、电动制冷剂压缩机和两个高压 PTC 加热器的高压部件没有端子 30c。

高温保险丝通过以下路径接收端子 30：高压断开装置 S7> 救援断开点 > 高温保险丝。

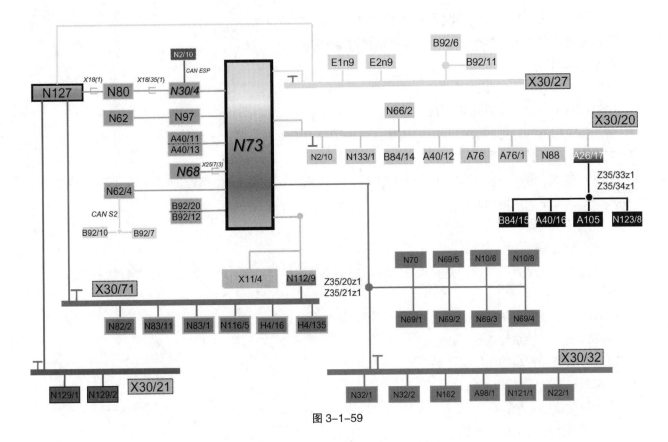

图 3-1-59

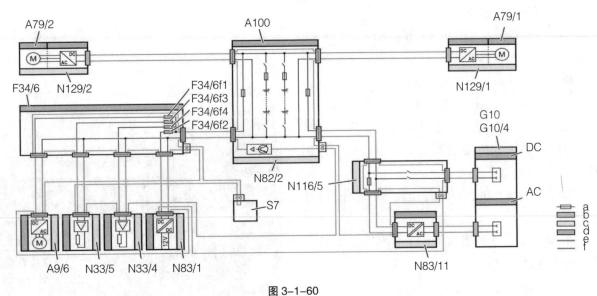

图 3-1-60

十二、驾驶员辅助系统

由于增强了驾驶员辅助功能，驾驶员辅助系统提供更佳的安全性和舒适性。在跨系统概念的基础上，区域整体安全性和梅赛德斯–奔驰智能驾驶的相互作用和协同合作增加。EQC采用当前版本的驾驶辅助组件（FAP 4.5）。EQC为驾驶辅助系统提供模块。除标准装备之外，选装装备在驾驶员辅助的相关方面提供了自定义构建车辆的可能性。最重要的驾驶员辅助系统被编译为组件。

以下驾驶员辅助系统可作为自定义系统提供：

盲点辅助系统（装配盲点辅助系统/代码234）；

交通标志辅助系统（装配交通标志辅助系统/代码513）。

驾驶辅助组件：

驾驶辅助组件，代码23P；

DISTRONIC主动式车距辅助系统；

对于静止物体的舒适制动；

交通堵塞时延长自动重新启动；

路线（弯道、环路、收费站、T形交叉口）产生之前以及转出/驶出高速公路/快车道时DISTRONIC主动式车距辅助系统调节地面速度；

主动式转向辅助；

主动式车道保持辅助系统；

车辆静止时，带自动解锁的主动式紧急停车辅助系统向梅赛德斯–奔驰紧急中心拨打紧急呼叫（取决于国家）；

针对限速改变的带预先反应的主动式速度限制辅助系统；

主动式制动辅助系统指示灯；

带转弯和交叉行车功能；

带车队尾部紧急制动功能；

避让转向辅助系统；

主动式车道保持辅助系统；

主动式盲点辅助系统；

预防性安全系统增强版（PRE-SAFE® PLUS）。

（一）驻车辅助系统

以下装备作为驻车辅助系统提供：

后视摄像头（装配后视摄像头/代码218）；

主动式驻车辅助系统[装配带驻车定位系统（PARKTRONIC）的主动式驻车辅助系统/代码235]；

带后视摄像头的驻车组件（装配驻车组件/代码P44）；

带360°摄像头的驻车组件（装配带360°摄像头的驻车组件/代码P47）。

（二）方向盘

EQC使用新一代方向盘，如图3-1-61所示。驾驶员辅助系统定速巡航控制/限速器和DISTRONIC车距辅助系统的控制元件位于多功能方向盘上。通过触控功能进行操作时会发出声音反馈（手指导航垫）。车内的扬声器发出操作声音反馈。可通过多媒体系统进行设置。

图3-1-61

十三、信息、多媒体和通信系统

EQC采用新款第6代车载智能信息系统，如图3-1-62所示。装配CONNECT20的音频系统[代码

图 3-1-62

表 3-1-3

特性	说明
个性化, 主题	8 个用户配置文件下可保存不同的设置
增强现实（装配增强现实/代码 U19）	导航期间, 在多媒体系统显示屏的路线即视影像中会显示如导航指示, 街道名称和门牌号等信息
声控系统	自然语音识别可用便捷式语音控制。用户无须学习任何语音命令。也可通过语音控制操作多个车辆功能
服务激活/启用	在线服务的激活和启用已通过软件开关标准化
汽车共享	多媒体系统通过 car2go 服务提供更多选择

548（Connect 20 MID（NTG6）] 为标配。选装装备 CONNECT 20[代码 549（Connect 20 HIGHNTG6）]。由于引入了人工智能, 该系统可自主学习并可由用户进行个性化设置, 如表 3-1-3 所示。附加选装装备为高分辨率宽屏幕驾驶室（带触摸屏操作）和带自然语音识别的智能语音控制系统。

（一）个性化设置

个性化设置允许创建并管理最多 7 个不同的驾驶员配置文件和一个宾客配置文件。根据车辆设备, 以下设置可保存在一个配置文件中：

智能气候控制；

多媒体系统的显示风格；

收藏夹, 主题显示和建议；

收音机（包括电台列表）；

驾驶员座椅和后视镜设置（装配带记忆功能的电动调节式驾驶员座椅/代码 275）；

最近的导航目的地；

环境照明灯 [装配环境照明灯（代码 877）]；

动态操控选择（DYNAMIC SELECT）I（自定义）。

对于经常出现的驾驶状况，例如高速公路上的长途旅程，可合并常用设置并保存。在此过程中，可设置如导航地图和常用收音机电台以及优先驾驶模式的显示。在创建所需名称（例如长途旅程）下的主题显示时，可保存这些设置。在下一高速公路旅程中，无须重新了解各个性化设置，可直接选择该主题显示。

根据车辆设备，以下设置可保存在一个主题显示中：

多媒体系统显示屏中的视觉风格；

用于多媒体系统显示屏的主菜单；

内置音频源（如收音机或 USB）；

导航设定；

环境照明灯 [装配环境照明灯（代码 877 ）]；

动态操控选择驾驶模式。

（二）增强现实（装配增强现实/代码 U19）

由摄像头记录车辆前方的风景并显示在多媒体系统显示屏中。随之图像中显示虚拟物体和标记。例如，会显示街道名称，门牌号和导航指示。

（三）宽屏幕驾驶室

EQC 的创新在于装配有同一玻璃罩下集仪表盘和多媒体系统显示为一体的独立式宽屏幕驾驶室。两个显示屏对角尺寸为 10.25 英寸（26cm）。可通过触控功能控制仪表盘中的设置（方向盘上的左侧手指导航垫）。多媒体系统内容的控制通过触动式控制功能（方向盘上的右侧手指导航垫）实现。仪表盘的特点在于具有两个直接可选区域的直观操作。在不同情况下，通过单独的控制单元促动仪表盘和多媒体系统显示屏。

（四）平视显示系统（装配平视显示系统/代码 463）

平视显示屏（A40/12）将驾驶相关信息（如车速，导航信息）投射到风挡玻璃上驾驶员方便看见的区域。此时，仪表盘中仅显示剩余的信息，显示该信息意味着驾驶员无须从当前驾驶操作中转移注意力。

（五）控制可能性

1. 触控功能（方向盘上的手指导航垫）

在 EQC 中，触动式控制功能通过方向盘上的手指导航垫提供。可通过手指导航垫操作仪表盘和多媒体系统显示屏中的所有功能。

2. 中央控制台中的触摸板（仅装配触摸板/代码 446）

使用该触摸板，可通过手势（与使用智能手机和平板电脑时的手势相同）操作多媒体系统显示屏中的所有功能。此外，触摸板还可通过手写识别功能输入导航的目的地地址。

3. 多媒体系统显示屏（触摸屏）

多媒体系统的显示屏设计为触摸屏。除了通过触控功能和触摸板的经实践验证的交互式操作，还可通过多媒体系统显示屏操作多媒体和通信系统。

4. LINGUATRONIC 语音控制

通过声控系统（LINGUATRONIC），不同系统的操作变得简单且更方便。声控系统（LINGUATRONIC）可识别自然语音且用户无须学习语音指令，可自由制定请求。此外，声控系统（LINGUATRONIC）通过单个语音输入，例如，"送我到斯图加特的梅赛德斯大街 100 号"，通过关键词 "你好，梅赛德斯"启用语音控制也是全新的功能。除了方向盘上的语音控制开关，还可使用此方法。通过梅赛德斯 EQ 特有的语音命令实现以下功能：

显示能量流："显示能量流"；

读出充电设定："我的充电设定是什么？"；

调整最大 SOC："充电至 85%"；

打开或关闭辅助智能气候控制"打开/关闭辅助气候控制"或"保持车辆空调"；

搜索充电站："下一个充电站在哪里？"或"下一个充电站在哪里"；

剩余续航里程"还能行驶多远"或者"告诉我当前续航里程"。

5. 梅赛德斯智能互联

对于欧洲市场（马斯特里赫特的客户帮助中心支持 15 个国家），梅赛德斯智能互联将作为设备组件提供。此外，梅赛德斯智能互联提供以下服务：

事故和故障管理（Mercedes me 按钮和/或自动事故或故障检测）；

礼宾服务（如以启用该服务），售后预约或类似请求（Mercedes me 按钮）；

梅赛德斯–奔驰紧急呼叫系统（SOS 按钮）礼宾服务仅在美国、加拿大、日本、韩国和中国可用。

在 EQC 中，集成在上部控制面板（服务和信息）中的按钮全部配置到上部控制面板中的 Mercedes me 按钮中。

（六）电话

1. 免提功能

具有免提功能的话筒不再置于车内后视镜外壳中，而是位于车顶内衬的前方。

2. 集成式智能电话（装配智能手机集成式组件/代码 14U）

支持以下智能手机集成技术：

CarPlay（苹果）；

Auto（安卓）。

集成式智能电话可使驾驶员进入智能手机中的应用程序。智能手机提供人机界面（HMI），在驾驶过程中也可使用。对于所有的技术，需要相应设备已开发并发布的指定应用程序。智能手机上可预先安装基本的应用程序。

3. 感应充电（装配无线移动电话充电器/代码 897）

通过移动电话托座控制单元的接触面进行移动电话的感应充电。在车辆中可为合适的智能手机进行无线充电的情况下。充电垫置于中央控制台前方区域的一个储物箱/托盘中。仅装配多功能电话/代码 899：利用移动电话托座控制单元中的天线，移动电话电容耦合到车外天线上。

（七）音响系统

可在 EQC 中选择以下音响系统：

1. 标准音响系统（标准）

扬声器 6（包括前置低音音响系统 1）；

最大总功率：100W。

2. 高级音响系统（装配"中端型"音响系统/代码 853）

扬声器 9（包括前置低音音响系统 2）；

1 个外置辅助放大器；

最大总功率：225W。

3. Burmester® 环绕立体声音响系统（装配音响系统/代码 810）

高级音响扬声器 13（包括前置低音音响系统 2）；

1 个外置 D 级放大器；

Burmester® 印字；

优化的声音模式；

最大总功率：590W。

（八）数字用户手册

已将车辆的用户手册的数字化。其中包含的信息可通过多媒体系统显示屏中的上述操作选项调用。

十四、外车灯

EQC 采用 MULTIBEAM LED 大灯，标配了 ILS（智能照明系统）和主动式远光灯辅助系统增强版。图 3-1-63 为 EQC 400 4MATIC，装配动态 LED 大灯（MULTIBEAM LED），左侧安装。

图 3-1-63

（一）动态 LED 大灯（MULTIBEAM LED）

EQC 采用最新的带 MULTIBEAM LED 照明系统的大灯，可持续开启远光的情况下防眩光行驶。MULTIBEAM LED 照明系统有助于在不同驾驶条件和天气状况下优化道路照明。多种照明功能通过调节灯光输出和调节灯光分布实现。LED 矩阵由两排 24 个独立的 LED 组成。这样形成远光条形矩阵，从而实现防眩光远光。在远光情况下，由于条形矩阵的灯光中心发生位移，形成曲线形远光。由于照明系统的控制选项，有助于促进以下附加功能：

主动式远光灯辅助系统增强版；

城市照明；

高速公路照明；

转向照明；

圆形交通灯/路口灯。

（二）散热器格栅中的发光条

EQC 的散热器格栅顶端有发光条，外观类似一条横向的光缆。发光条为 EQC 的特征并用作位置灯，或用作 EQC 中的回家灯功能。

（三）梅赛德斯三叉星徽

在北美市场的选装装备中，EQC 可装配发光的品牌标志。近光灯打开时，品牌标志会作为附加位置灯亮起。

（四）尾灯

EQC 尾部灯分为三部分。一个一件式发光条，完全采用 LED，位于两个尾部灯之间，后者也完全采用 LED 根据驾驶状况和环境亮度（日间/夜间）（多水平功能），按照在不同光照条件下操作制动灯和转向信号灯。发光条中集成了尾部灯和后雾灯功能。图 3-1-64 所示为 EQC 400 4MATIC，LED 技术的尾部灯（带发光条），左侧安装。

图 3-1-64

十五、车内照明

车内照明在 EQC 中，环境氛围照明系统（代码 877）作为选装装备提供，如图 3-1-65 所示。利用环境氛围照明系统，可提供通过混合原色红色、绿色和蓝色创造的 64 种灯光颜色。芯片会促动相应的 LED。除 64 种灯光颜色之外，还提供了 10 种所谓的色彩世界，车内通过多种协调的灯光颜色进行照明。色彩世界可以与可用的显示屏样式相结合，从而创造和谐的整体印象。还可增加灯光效果，可自定义启用。这可营造出欢迎效果。亮度可以在 0 到 10 的两个亮度区域中进行配置。这里特别值得注意的是车内环境照明的进一步发展和布局。这种新类型的环境氛围照明系统是有形的，特别是在仪表板上部和下部的过度区域。独立式宽屏幕驾驶室以及中央控制台也与环境照明相融合。

图 3-1-65

十六、座椅

EQC 的座椅在舒适性，安全性和材料选择方面达到最高标准。对座椅的布线，组件和选装装备组合选项进行了重组。座椅通过其轮廓，接缝方式和护罩材料以及头枕类型进行区分。诸如座椅加热器，座椅通风装置或多仿形座椅的选装装备会增加车辆驾驶员及乘客的驾乘舒适度。

1. 空调座椅（装配驾驶员和前排乘客空调座椅/代码 401）

空调座椅包括座椅加热器和座椅通风装置。对于座椅通风装置，在不同情况下，有一个径向风扇位于坐垫和靠背装饰中，其通过座椅结构供气。进气通过座椅结构流动并通过风扇向下和向后传送。车辆驾驶员及乘客被宜人的气流包围。车内特别热的情况下也是如此，冷却器环境空气的进气会使较热的座椅表面非常快速地冷却至皮肤温度。由于通风阶段，座椅表面具有宜人的温度且水分消散。通风水平（风扇转速和空气速度）有三个阶段。

2. 多仿形座椅（装配左前/右前多仿形座椅/代码 409）

由于电动驱动气动泵，驾驶员和前排乘客的座椅侧面支撑和腰部支撑可进行自定义设置。由于可调节的座椅侧面支撑，通过改变靠背宽度可获得更好的侧面支撑。腰部支撑的脉动和/或波浪形充气和紧缩为腰部区域提供了按摩效果。多仿形座椅功能通过多媒体系统显示屏（触摸屏）操作。

图 3-1-66

十七、滑动天窗

滑动天窗（代码 414）作为选装装备，EQC 可装配电动内部滑动天窗。EQC 400 4MATIC，滑动天窗（代码 414），右前侧视图如图 3-1-66 所示。

十八、恒温控制

EQC 标配了 2 分区自动空调系统（THERMATIC）（装配空调/代码 580）。带 2 分区温度调节的空调系统为车辆左右两侧装配了温度调节。带自动空调/代码 581 的 3 分区自动空调系统（THERMOTRONIC）

作为选装装备提供。根据相应市场和发动机提供为标准或选装装备。EQC 的加热根据环境温度和高压蓄电池温度的不同而不同。在环境温度低于 5℃ 且蓄电池温度温暖时，冷却回路的热量通过电动制冷剂压缩机和制冷剂回路传递至车内的加热器回路（根据热胀原理）。如果此热量不足以加热车内温度，则会促动加热器回路中上游的电动正温度系数（PTC）暖气增强系统（N33/4）。在环境温度介于 −5~5℃ 之间时，如果废热从高压蓄电池散出，则会通过加热器回路中的电动正温度系数（PTC）暖气增强系统（N33/4）进行加热。如果车内快速升温并达到适当温度，则会促动冷却回路中的另一个上游的电动正温度系数（PTC）暖气增强系统（N33/5）。冷却回路中的正温度系数（PTC）暖气增强系统主要用于加热高压蓄电池。在环境温度超过 5℃ 时，蒸发器上的冷凝热量和压缩机的废热用于对车内进行加热。如果热量不足，则可通过加热器回路中的高压正温度系数（PTC）重新加热。

1. 预处理空调

EQC 中的预进入智能气候控制系统还在进入车辆时提供了更好的舒适性。车内已经预先进行加热或冷却且空气质量（装配空气质量组件/代码 P21）得到改善。预进入智能气候控制系统高效进行温度调节，而无须使用高压蓄电池。暂时启用预进入智能气候控制：

通过上车时解锁；

通过预进入气候控制按钮；

启用主机中的离开时间；

通过浏览器/应用程序，例如智能手机，平板电脑或电脑。

预进入智能气候控制的范围包括：

自动空调；

后视镜和后车窗加热；

座椅加热器。

通过 CONNECT 20 和 Mercedes me connect 的使用，可通过车辆钥匙配置带预进入智能气候控制的车辆的解锁连接。通常，智能气候控制时间取决于所选功能。如果车辆解锁，加热模式可启用最长

30min。在此时间过去后，车辆启动时，预进入智能气候控制按钮促动时加热模式会结束。通过应用程序或预进入智能气候控制按钮操作预进入智能气候控制期间，时间限定为 30min。如果车载电气系统电量充足，还可继续再次启用 30min。如果预进入智能气候控制通过离开时间促动，则最长空调启用时间取决于环境条件。

2. 通过应用程序操作车辆预进入智能气候控制

离开前通过车内预进入智能气候控制使车内达到最佳温度。无论每周或每天通过智能手机应用程序在之前确定的时间或灵活促动该功能，客户都可预加热或冷却车内温度。客户始终可通过推送通知，例如预进入智能气候控制启动或结束或故障等，明确得知关于预进入智能气候控制流程的信息。如果有规律地使用该功能，可创建一个每周模式。因此，客户无须记得按时手动启动预进入智能气候控制，实现自动进行车内预加热。通过应用程序预处理车辆的视图如图 3-1-67 所示。

图 3-1-67

3. 车内空气调节组件（装配空气质量组件/代码 P21）

空气质量组件包括离子化装置，香氛系统和改良的车内空气滤清器。内部空气电离是无味的，因为这样的车辆乘客不能直接感知它。通过控制气候控制来控制电离器。

4. 畅心醒神便捷控制（装配畅心醒神组件/代码 PBP）

装配畅心醒神组件/代码 PBP 的畅心醒神便捷控制结合了不同的个性化功能（如车内照明、智能气候控制、音响）以形成分配至特定指导主题的程序。这些自定义功能的特性通常用于提高驾驶员/所有车辆乘客的自定义操作的便利性。由于多种感觉的协调响应，还可增加精神和身体舒适度。驾驶员可在单调驾驶时，通过播放活跃或提神的程序或在情绪紧张情况下通过放松或热身程序来为驾驶员提供辅助。带指导性放松练习的程序有助于缓解紧张。基本配备中包含以下部件：

Connect 20 HIGH（NTG6）（代码 549）；

环境氛围照明系统（代码 876）。

驾驶员和前排乘客的座椅加热器（代码 873）包含在组件中。

5. 畅心醒神便捷控制（装配畅心醒神组件增强版/代码 PBR）

还需要以下选装装备：

装配前排左侧/右侧多仿形座椅/代码 409；

装配驾驶员和前排乘客空调座椅/代码 401。

十九、关闭和安全

（一）无钥匙启动（KEYLESS-GO）

EQC 采用新一代关闭和驾驶认可系统。新特性为：

钥匙设计；

系统新功能或扩展功能；

无钥匙启动（KEYLESS-GO）启动/停止按钮 [与无钥匙启动（KEYLESS-GO）组件系列/代码（P17）配套使用]；

遥控尾门关闭（也通过钥匙）；

通过智能手机获取车辆进入与驾驶许可（作为备用 "钥匙"）。

通过 EQC，提供有无钥匙进入（KEYLESS-GO）舒适组件。

无钥匙启动（KEYLESS-GO）舒适组件（装配无钥匙启动组件/代码 P17）：

无钥匙启动（KEYLESS-GO）；

无钥匙启动（装配无钥匙启动的车辆）；

免提开启功能（装配免提开启功能的车辆）。

免提开启功能（HANDS-FREE ACCESS）是另外一项舒适性功能，作为特殊装配提供，与无钥匙启动（KEYLESS-GO）便捷组件配套使用。用脚踢后保险杠下方中央区域可完全自动打开和关闭行李箱盖。纵向连接的两个电容式传感器可检测踢腿运动。检测到踢腿运动时，控制单元搜索有效钥匙。如果在探测范围内发现钥匙，则控制单元开始打开行李箱盖。可随时通过踢腿运动中断和反向操作行李箱盖。通过免提开启功能（HANDS-FREE ACCESS）打开和关闭行李箱盖时会发出警告音以示注意。一旦检测到障碍物，障碍物检测就会停止行李箱盖的移动。

（二）便捷装载（EASY-PACK）掀开式尾门（代码 890）

通过便捷装载（EASY-PACK）选装装备，可通过按下按钮方便地自动打开或关闭掀开式尾门。这特别为体型较小的人员在关闭掀开式尾门时提供帮助。由于采用指定的开启限制器，额外降低了损坏风险。

掀开式尾门的开启程序可通过钥匙上的按钮，驾驶员车门中的开关或掀开式尾门上的解锁把手启用。例如要避免与车库门之间发生任意接触，掀开式尾门可以停在任意给定位置。基于安全理由，自动关闭仅可通过掀开式尾门上的开关启用，如果有货物阻碍关闭，则会自动中断关闭过程。除此之外，可通过掀开式尾门上的解锁把手手动打开和关闭。

（三）智能手机数字密匙（通过移动电话获取车辆的进入和驾驶认可/代码896）

通过数字钥匙，客户多了一个选择解锁/锁止车辆以及获取驾驶认可。可通过智能手机与便捷电话增强版结合提供系统进入和驾驶认可。

要求：

通过梅赛德斯智能互联注册并设置；为此，还要确认车主的手机号码；

带链接安全模块的可使用近场通信（NFC）的或 Vodafone NFC SIM 的智能手机。

如果客户将其智能手机靠近驾驶员侧车门的车门把手，则通过 NFC 在智能手机和车辆之间进行认证。NFC 在很短的距离内传输数据，因此传输过程中出现数据窃取的可能性非常小。将智能手机放在车中可使用近场通信（NFC）的储物盘中。一旦认证了驾驶认可系统，可通过启动/停止按钮启动车辆。可同时或单独使用智能手机和钥匙用于进入和/或驾驶认可。但是，目前可通过钥匙执行的功能数比智能手机多。除支持 NFC 的智能手机外，还可使用数字钥匙装饰膜，例如粘贴在智能手机上。像之前说明的一样，数字钥匙的所有功能也可通过数字钥匙装饰膜使用。

二十、车内乘客保护

（一）安全性概念

EQC 的整体安全理念源自车型系列 253。EQC 提供广泛的驾驶员辅助系统。对于被动安全方面，高压蓄电池采用了特别严格的安全规格。EQC 的驾驶部件安装在发动机舱和底板中，以便节省空间并形成保护。

（二）关闭高压车载电气系统

维修期间，必须关闭高压车载电气系统。为此，高压蓄电池的高压输出可通过由蓄电池管理系统控制单元促动的接触器与高压车载电气系统断开。燃爆保险丝和高压关闭装置位于串联的接触器的控制线路中。

（三）事故

通过轮辋上的 EQ 蓝色条带和侧翼子板上的名称"EQC"可识别 EQC 的可选驱动类型。去除此字样的特殊要求不会被受理（违反正常情况）。这意味着救援服务可识别出高压部件车辆。在发生事故时，可通过辅助防护系统（SRS）控制单元切断高压车载电气系统。此外，还有一个可选的救援分离点（救援服务的导电回路物理切断），适用于 A 柱上左侧保险丝盒上高压车载电气系统的立即停用。进入所有梅赛德斯——奔驰乘用车救援数据表（救援卡）的功能由戴姆勒股份公司的移动应用"救援辅助"提供。除救援贴纸的二维码扫描外，此应用还可用于以列表方式数字下载事故车辆的救援数据表。

（四）发生碰撞时高电压快速放电

如果发生碰撞（燃爆保险丝点燃或 CAN 上出现碰撞信号），高压蓄电池的接触器会断开且高压车载电气系统在 5s 内放电至 60V 以下的电压。从而高压部件将能量转化为热量。

（五）事故后的安全功能–由防护系统控制单元切断

高压蓄电池的自动切断和高压部件放电在驾驶期间或打开点火开关时通过防护系统控制单元执行。根据事故的严重程度和冲击部位，高压车载电气系统以可逆或不可逆的方式关闭。如果以可逆方式关闭，则可重新启动。如果以不可逆方式关闭，则高压车载电气系统通过燃爆保险丝停用，仅在更换燃爆保险丝后由授权服务中心人员重新运行。侧翼子板上的 "EQC" 徽标如图 3-1-68 所示。

二十一、车身外壳组件

总成框架和发动机支座的视图如图 3-1-69 所示。

电动车辆以安静著称，特别是无内燃机噪音。但是电动车辆约 13000r/min 电机的最高发动机转速需要进行噪音解耦。在 EQC 中，通过各种措施实现了绝佳的噪音舒适度。在 EQC 中，电动传动系统通过人造橡胶轴承解耦两次：

前部传动系统正对总成框架（4 类型）；

图 3-1-68

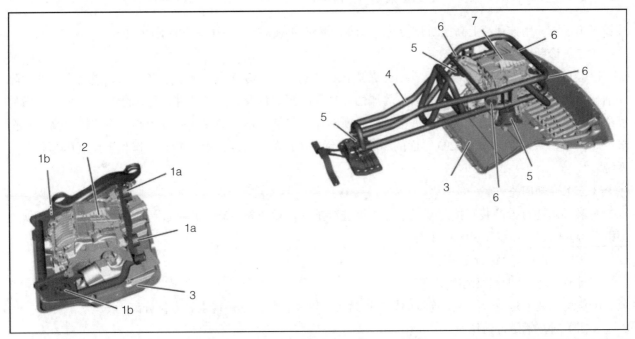

1a.前部电动传动系统的轴承（后轴） 1b.后部电动传动系统的轴承（后轴） 2.后轴电机 3.传动系统护盖 4.前部传动系统总成框架加强件 5.发动机前支座 6.电动传动系统的轴承（前轴） 7.前轴电机

图 3-1-69

前部总成框架正对车身（3 类型）；

后部传动系统正对总成框架（4 类型）；

后部总成框架正对车身（4 类型）。

二十二、保养信息

（一）断开电源

为确保在修理和保养操作过程中不会受到电击，必须将电源从高压车载电气系统上断开且必须将其固定，防止再次开启。将启用和重新启动程序记录在车辆电源禁用事件日志或车辆重新启动程序日志中。将事件日志与车辆温度文档存放在一起。高压车载电气系统的基于诊断的电源通过车辆诊断系统断开。在 EQC 中，安装了手动高压断开装置（如图 3-1-70 所示），以确保安全，防止操作发动机罩下的冷却

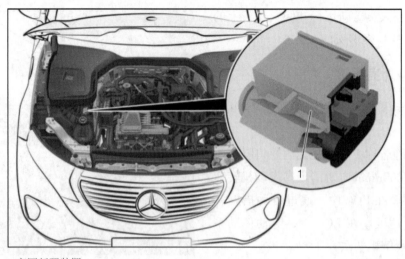

1.高压断开装置

图 3-1-70

液膨胀箱区域。用挂锁锁上高压断开装置，以防非授权的高压车载电气系统的促动。

（二）诊断

EQC 的诊断通过 XENTRY Diagnostics 常规执行。这可以体现车辆的所有装备特点并进行准确的故障评估，故障校正及车辆特定数值和参数的评估。对高电压车辆及其高压部件进行诊断时，要采取专门的资格认证措施。无资质的人员不得进行任何诊断操作。仅经过培训的授权服务中心人员（操作高压安全量产车，车型系列 EQC 车型 293 方面的专家）才允许执行基于诊断的电源断开操作和操作高压车载电气系统。

（三）冷却回路

车辆必须通过诊断装置按照排气常规流程进行排气。对两条冷却液回路进行加注和排气时，必须遵照以下维修间资料系统（WIS）文档：

"排放/加注主回路的冷却液"；

"排放/加注辅助回路的冷却液"。

电位均衡装置是一个与底盘连接的导电连接（车辆）。特定部件请求：电位分离。

（四）对车辆进行的作业

仅经过培训的授权服务中心人员（操作高压安全量产车，车型系列 EQC 车型 293 方面的专家）才允许执行手动电源断开操作和操作高压车载电气系统。进行手动启用时，还需要其他培训。

（五）发生事故和出现短路时停用高压车载电气系统

事故时停用高压车载电气系统通过触发燃爆保险丝执行。检测到发生碰撞时，分离器元件由辅助防护系统（SRS）控制单元促动。这可以使所有电极从电源上分开，以停用发电机模式，并将电容器的电量放出至危险电压范围以下。如果出现短路，则通过软件和保险丝逐渐停用高压车载电气系统。

（六）安全注意事项

为防止接触高压车载电气系统发生触电，采取了多种安全措施。整个系统的外壳，隔热层和护盖都带有防意外接触保护装置。高压车载电气系统的部件通过带高压电的电线连接。高压车载电气系统的正极或负极都不能连接至车辆上。防意外接触保护安全措施的结构：

外壳；

护盖；

隔热层；

电气连接器。

电位均衡装置是一个与底盘连接的导电连接（车辆）。

特定部件请求：

绝缘电阻；

电压支撑能力。

具体系统要求：

总电阻；

绝缘电阻；

包装要求。

警告标签如图 3-1-71 所示。

图 3-1-71

（七）救援服务的 QR 代码

通过救援服务的二维码黏结标签，可以快速直接地查看车辆的救援卡。二维码可通过可联网的移动终端和免费应用程序进行扫描。救援卡将以终端中设定的语言进行显示。车辆上贴有两个二维码黏结标签。一个黏结标签粘贴在加油口盖板内侧，另一个粘贴在对面的 B 柱上。牵引可以在最高车速 50km/h 时牵引车辆最多 50km。要求：

换挡杆位于"N"挡；

前轴已升起或两个车轴均未离地。

如果发生下列任一事件，必须采用合适的运输方式运输车辆：

变速器无法换入"P"挡；

多功能显示屏故障；

车辆运输超过 50km；

出现以下显示信息：不允许牵引。

二十三、专用工具概览

1. 冲子

用于将驱动轴的径向轴密封圈装配到电机变速器上的冲子，如图 3-1-72 所示。

2. 拔取和嵌入工具

用于拔取和插入后轴托架中的弹簧连杆衬套的拔取和嵌入，如图 3-1-73 所示。

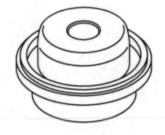

图 3-1-72

3. 拔取和嵌入工具

用于拔取和插入前轴和后轴上的电机轴承的拔取和嵌入工具，如图 3-1-74 所示。

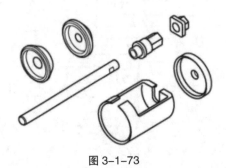

图 3-1-73

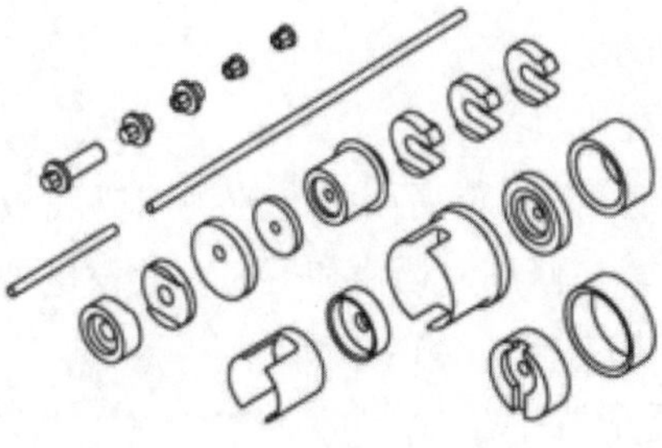

图 3-1-74

4. 车身测量系统（BLACKHAWK）

车身测量系统用于在重新塑形作业前后根据梅赛德斯–奔驰标准测量和评估车身结构如图3-1-75所示。

5. 车身测量系统（CAR BENCH）

车身测量系统用于在重新塑形作业前后根据梅赛德斯–奔驰标准测量和评估车身结构，如图3-1-76所示。

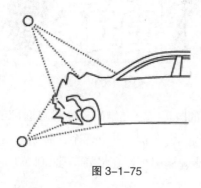

图 3-1-75

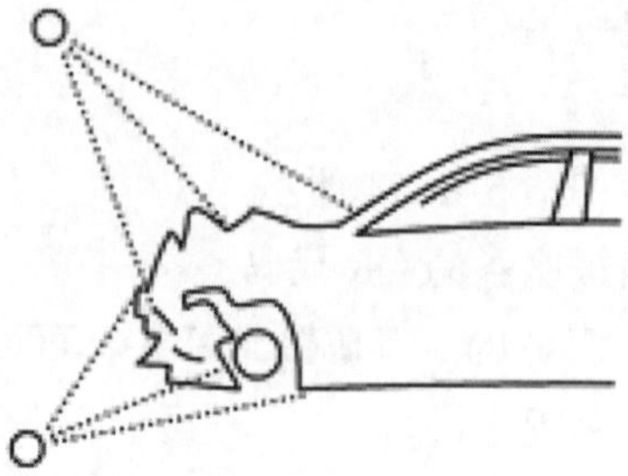

图 3-1-76

6. 车身测量系统（CAR–O–LINER）

车身测量系统用于在重新塑形作业前后根据梅赛德斯–奔驰标准测量和评估车身结构，如图3-1-77所示。

7. 车身测量系统

车身测量系统用于在重新塑形作业前后根据梅赛德斯–奔驰标准测量和评估车身结构，如图3-1-78所示。

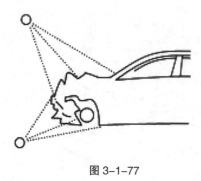

图 3-1-77

图 3-1-78

8. 数据表（CAR–BENCH）

用于在车身修理作业期间根据梅赛德斯–奔驰标准检查和固定结构件的车辆专用装配计划，如图3-1-79所示。

9. 装配工具

用于拆卸/安装高压蓄电池到车辆底板的装配工具。此外，在修理，运输和暂时存放蓄电池时可将装配工具插入，如图3-1-80所示。

10. 适配器

用于安装高压蓄电池的适配器，使其可以用车辆

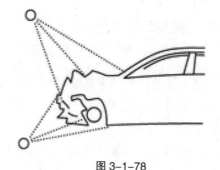

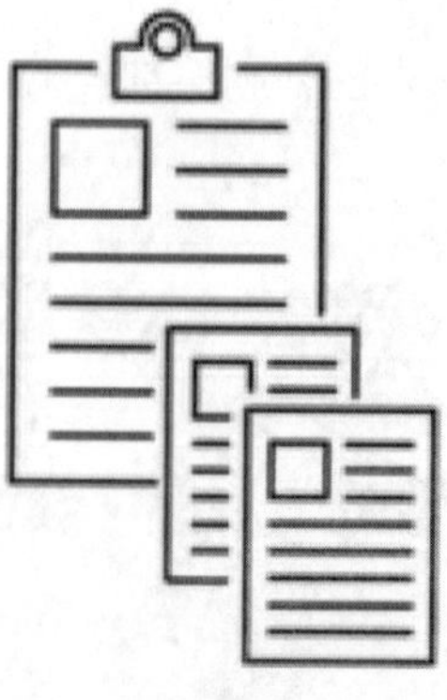

图 3-1-79

举升机抬高，如图 3-1-81 所示。

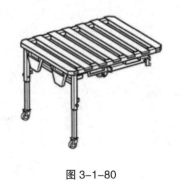

图 3-1-80

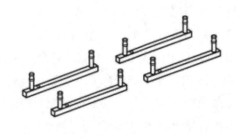

图 3-1-81

第二节　奔驰 EQA 新技术剖析

一、介绍

新款 5 座 EQA 是继 EQC 之后来自梅赛德斯－奔驰 EQ 产品和技术品牌的又一款全电动车辆。该款独立 SUV 属于紧凑型车辆，因此以高产量，持续增长的优势作为主打品牌。与 EQC 相比，EQA 沿用了 EQ 家族特有的外饰和内饰设计，完美结合了 EQ 车辆的"先锋豪华"设计语言，从而令其辨识度十足。电机的电能由大功率高压蓄电池提供。对 EQA 的底板进行了调整，使车辆重心低于装配内燃机的车辆。新款梅赛德斯－奔驰 EQA 提供非常广泛的标准装备，输出功率类型分为 140kW（EQA 250）、165kW（EQA 300 4MATIC）和 210kW（EQA 350 4MATIC）。

EQA 因以下产品特征脱颖而出：

全电动前轮驱动或全轮驱动；

电驱动具有 3 个输出等级：140kW——前部一个电机；165kW——前后 2 个电机，全轮驱动；210kW——前后 2 个电机，全轮驱动；

高压蓄电池位于车辆底板中，前轴和后轴之间；

高压蓄电池还利用直流/直流转换器为车辆低压系统供电；

通过交流电或直流电给高压蓄电池充电；

单向交流充电，6~9.6kW；

三向交流充电，10~11kW；

直流电，110kW。

二、设计

侧翼子板上的"EQA"徽标，如图 3-2-1 所示。

1. 外饰

通过采用无缝简明的设计，EQA 明显区别于装配内燃机的梅赛德斯－奔驰 SUV。卷边和特征线大大减少。大灯和进气格栅融合在一块黑色面板表面上。

新款 EQA 包括很多具有未来全电动车辆特性

图 3-2-1

的风格细节：

装配集成式 LED 大灯的黑色面板格栅；

照明式梅赛德斯三叉星徽（选装）；

车辆前方和后方区域的发光条；

采用新设计的 18 英寸和 20 英寸轻合金车轮；

19 英寸 5 辐车轮，带蓝色 EQ 元素（装配 5 辐轻合金车轮，48.3cm/ 代码 48R）；

采用抛光铝的车顶轨（装配电抛光铝车顶轨/代码 725）；

集成在后保险杠中的车牌号；

肩线处的镀铬装饰（选装）。

2. 内饰

内饰设计的主要特征：

两种 EQ 特有的内饰设计（选装）；

版本 1：座椅套采用 neva 灰真皮，数字雨图案以及带有 EQ 蓝色装饰环的出风口；

Electric Art：座椅套采用钛灰色/玫瑰金色 ARTICO 人造革/织物以及带玫瑰金装饰环的出风口（装配 Electric Art/ 代码 PTD）；

螺旋形照明式饰件（选装）；

带有照明式 EQA 字样的登车护板；

EQ 特有的车辆钥匙（选装）。

3. 套件和组件

基于 PROGRESSIVE 套件的标准设备（装配 Progressive/代码 P59）；

Electric Art（装配 Electric Art/代码 PTD）；

AMG（装配 AMG 运动组件/代码 950 或 AMG 风格–前扰流板，侧裙/代码 772）；

夜色组件（装配夜色组件/代码 P55）。

4. 尺寸图

车型系列 243 的 EQA 基于车型系列 247 的 GLA 设计。在外观方面，前后保险杠，保险杠到发动机罩的过渡以及尾门下部区域的设计不同，由此可区分出电动车辆和内燃机车辆。内燃机车辆和电动车辆的宽度并无差别。在长度方面，EQA 比基础车辆长 53mm，其中 8mm 属于前悬伸部分，45mm 属于后悬伸部分。为容纳蓄电池电动车辆的各部件，车内后排乘客的座椅位置和载物舱底板的高度升高。为最大化头部空间并实现高水平的座椅舒适度，将后排座椅稍稍向载物舱移动。尺寸图如表 3-2-1 所示。

表 3-2-1

特性	参数
车辆长度	4463mm
车辆高度	1620mm
车辆宽度	1834mm
车外后视镜展开时的车辆宽度	2020mm
车外后视镜折合时的车辆宽度	1828mm
前悬伸长度	913mm
后悬伸长度	821mm
轴距	2729mm
前轮距	1585mm
轮距，后部	1584mm
转弯半径	11.4mm
阻力 C_w 系数	0.28
车辆空载时的车重	1935~2000kg
允许总质量	2455~2520kg

三、保养策略

根据已经熟知的保养逻辑，新 EQA 需要进行保养。保养范围，特别是 A 类保养和 B 类保养，已根据相关流程和车辆相关标准进行重新编译。但是，仍保留了规定的保养间隔 25000km 或 12 个月 [欧洲经济委员会（ECE）] 以及具体国家可能不同的里程间隔。此外，保养 A 和保养 B 继续按顺序应用且客户可自由选择"附加服务"。每次保养时必须更换活性炭微粒滤清器。

1. 附加保养作业

车辆规定的附加保养作业的间隔如下：

更换制动液（每 2 年）；

全景式滑动天窗：清洁并润滑导向机构，每 50000 公里或 3 年；

更换低温回路冷却液，每 200000 公里或 10 年；

更换高压蓄电池冷却液，每 200000 公里或 10 年；

每次 B 类保养时检查挂车装置的状况并测试其功能。

2. 保养合约

对于新款 EQA，我们还会将签订保养合约的客户连入梅赛德斯–奔驰的长期服务网络。所有信息和成本转换表之前通过"上市信息营销"获取，从现在开始通过"上市信息平台"获取。因此，自开始销售起，就有足够的时间为客户全面完整地计算保养合约费用并提供给客户。对于全部新车型，必须确保每个市场都提供产品系列"优秀"（全套保养）且至少有一个其他保养合约产品。自销售之日起必须在相应市场提供所有相关服务。

四、保养信息

1. 断开电源

为确保在修理和保养操作过程中不会受到电击，必须将电源从高压车载电气系统上断开且必须将其固定，防止再次开启。将启用和重新启动程序记录在车辆电源禁用事件日志或车辆重新启动程序日志中。事件日志要与车辆修理文件放在一起。高压车载电气系统的基于诊断的电源通过车辆诊断系统断开。

在 EQA 中，手动高压断开装置安装在悬架减震柱前方的发动机舱中（右舵驾驶车辆如图 3-2-2 所示），防止意外操作：

左舵驾驶车辆：位于发动机舱右侧；

右舵驾驶车辆：位于发动机舱左侧。

用挂锁锁上高压断开装置，以防非授权的高压车载电气系统的促动。

2. 诊断

EQA 的诊断通过 XENTRY Diagnostics 常规执行。这可以体现车辆的所有装备特点并进行准确的故障评估，故障校正及车辆特定数值和参数的评估。

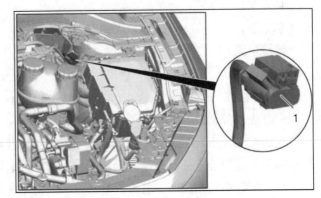

1. 高压断开装置

图 3-2-2

对高压车辆及其高压部件进行诊断时，要采取专门的资格认证措施。无资质的人员不得进行任何诊断操作。仅经过培训的授权服务中心人员（操作高压安全量产车，车型系列 EQA 车型 243.7 方面的专家）才允许执行基于诊断的电源断开操作和操作高压车载电气系统。

3. 冷却回路

注意：车辆必须通过诊断装置按照排气常规流程进行排气。对两条冷却液回路进行加注和排气时，必须遵照以下维修间资料系统（WIS）文档：

AR08.50-P-0023EQA，"排放/加注主回路的冷却液"；

AR08.50–P–0022EQA,"排放／加注辅助回路的冷却液"。

4. 对车辆进行的作业

注意：车辆的启用和重新启动程序只能由具备高压系统（FfHV）专家资质的人员或有资质的电气技师（EFK）执行。必须遵照保养信息 SI54.10–P–0047A："操作高压车载电气系统时的个人防护装备"。

进行手动启用时，还需要其他培训。发生事故和出现短路时停用高压车载电气系统事故时停用高压车载电气系统通过触发燃爆保险丝执行。检测到发生碰撞时，分离器由辅助防护系统（SRS）控制单元促动。这可以使所有电极从电源上分开，以停用电机发电机模式，并将电容器的电量放出至危险电压范围以下。如果出现短路，则通过软件和保险丝逐渐停用高压车载电气系统。

5. 安全注意事项

为防止接触高压车载电气系统发生触电，采取了多种安全措施。整个系统的外壳，隔热层和护盖都带有防意外接触保护装置。高压车载电气系统的部件通过带高压电的电线连接。高压车载电气系统的正极或负极都不能连接至车辆上。

防意外接触保护安全措施的结构：

外壳；

护盖；

隔热层；

电气连接器。

电位均衡装置是一个与底盘连接的导电连接（车辆）。

特定部件请求：

电位分离；

绝缘电阻；

电压支撑能力。

具体系统要求：

总电阻；

绝缘电阻；

包装要求。

警告标签如图 3–2–3 所示。

图 3–2–3

6. 救援服务的 QR 代码

通过救援服务的二维码黏结标签，可以快速直接地查看车辆的救援卡。二维码可通过可联网的移动终端和免费应用程序进行扫描。救援卡将以终端中设定的语言进行显示。车辆上贴有两个二维码黏结标签。一个黏结标签粘贴在加油口盖板内侧，另一个粘贴在对面的 B 柱上。

7. 牵引

可以在最高车速 50km/h 时牵引车辆最多 50km。要求：

换挡杆位于"N"挡；

前轴已升起或两个车轴均未离地；

如果发生下列任一事件，必须采用合适的运输方式运输车辆：

变速器无法换入"P"挡；

电动驻车制动器无法释放；

多功能显示屏故障；

车辆运输距离＞50km；

显示屏上显示信息"禁止牵引"（Towing prohibited）。

五、电气系统

（一）车载电气系统概述

EQA 的车载电气系统包括高压车载电气系统以及具有低压范围的 12V 车载电气系统。高压车载电气系统的元件包括高压蓄电池，电机和车辆的电源设备，安装位置如图 3-2-4 所示。低压范围向车内的用电设备供电，如控制单元，信息娱乐系统或车内照明。

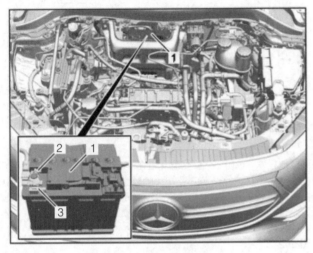

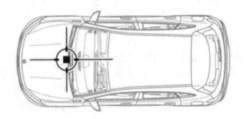

1.车载电网蓄电池　2.负极接头螺母　3.接地电缆

图 3-2-4

1. 带车载电网蓄电池的 12V 车载电气系统

12V 车载电气系统利用直流/直流转换器通过高压车载电气系统供电。在该过程期间，直流/直流转换器将高压车载电气系统的直流电压转换为 12V 直流电压，并对车载电网蓄电池进行充电。车载电网蓄电池位于发动机舱中。

2. 车辆网络支持

EQA 中使用的所有控制单元均通过车载电网蓄电池供电。车载电气系统提供支持以确保其充电。行驶状态期间，如果车载电网蓄电池的充电电量低于阈值，其通过直流/直流转换器进行充电。进行此操作时，车载电气系统中的舒适型功能在充电期间将关闭。

（二）高压部件的概述

高压部件的概述如图 3-2-5 所示。

1. 高压蓄电池

EQA 配备具有高能量密度的创新型锂离子高压蓄电池，可作为两个电机的蓄能器。其位于前轴和后轴之间的车辆底板中，通过铝制外壳和专用底板防止腐蚀和石击，安装位置 3-2-6 所示。强劲的高压蓄电池可提供最大 420V 的电压。EB311（适用于全球型号，中国除外）的额定容量为 188Ah；EB312 的额定容量为 190Ah。两个蓄电池的可用内能约为 66.2 kWh。蓄电池管理系统控制单元监测以下参数：

互锁回路；

蓄电池电压；

电流；

蓄电池温度；

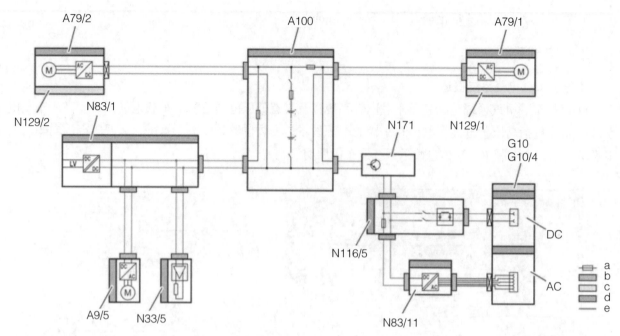

A9/5.电动制冷剂压缩机 A79/1.电机（前） A100.高压蓄电池模块 G10.直流/交流充电车辆插座 G10/4.交流充电车辆插座 N33/5.高压正温度系数（PTC）加热器（高压蓄电池） N83/1.直流/直流转换器控制单元 N83/11.高压蓄电池交流充电器 N116/5.直流充电连接单元 N129/1.电机1电力电子控制单元 N129/2.电机2电力电子控制单元（仅适用于4×4全轮驱动） A79/2.电机（后，仅适用于4×4全轮驱动） N171.高压断开装置控制单元（仅适用于7座） AC.交流电 DC.直流电 a.保险丝 b.插入式连接器 c.控制单元 d.高电压部件 e.高压导线

图 3-2-5

接触器的状态；

绝缘监测的状态。

高压蓄电池的允许工作温度介于 –25~60℃ 之间。高压蓄电池的温度记录在蓄电池管理控制单元的温度传感器中。高温会缩短高压蓄电池的使用寿命。因此，在正常工作条件下，高压蓄电池通过冷却液回路进行冷却。在高温下，冷却液通过空调系统的热交换器制冷剂冷却液进行冷却。这可确保高压蓄电池的最佳输出。

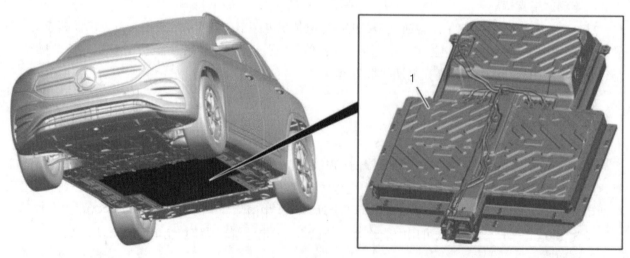

1.高压蓄电池模块

图 3-2-6

（1）连接接头如图 3-2-7 所示。

（2）关于高压蓄电池的说明

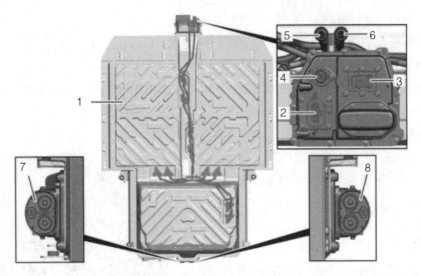

1.高压蓄电池模块　2.电机2电力电子控制单元的高压连接（仅适用于4×4全轮驱动）　3.车载电子设备连接　4.直流/直流转换器控制单元高压连接　5.冷却液供给管　6.冷却液回流　7.电机1电力电子控制单元的高压连接　8.直流充电连接装置高压连接

图 3-2-7

正确使用时，高压蓄电池不存在任何危险。

①关于安全操作的信息。

为排除短路的危险，必须避免诸如由压力引起的机械损坏。此外，高压蓄电池不得承受热负荷，例如通过加热或焊接的影响。在喷漆作业和干燥期间，请遵守保养信息 SI98.00- P-0020A 形成的有毒和腐蚀性气体有导致伤害的风险。根据修理说明中的信息，除了安全鞋，还要穿戴个人保护装备。

②关于高压蓄电池的使用寿命的说明。

如果车辆长时间关闭，确保高压蓄电池的充足充电量（充电状态-充电电量），否则其可能会由于深度放电预损坏或损坏。在较长的非作业时间过程中，必须遵照保养信息。车辆处于低于 -30℃ 和高于 55℃ 的温度下 5 天以上时，可能会导致不可逆转的蓄电池损坏。在高压蓄电池放电的情况下，车辆不得静止 14 天以上，否则可能会损坏蓄电池。注意：处理由于运转操作或事故导致损坏的高压蓄电池时，根据"锂电池的安全处理"指南进行操作（例如通过 XENTRY Portal）。

2. 电源设备

EQA 充电过程中的所有相关部件（高压蓄电池的交流充电器、直流充电连接装置、车辆插座、充电电缆）根据国际标准（例如，IEC62196-2）以面向未来的方式进行标准化。这有助于通过差别较大的电网和电源设备轻松充电。可通过供电插座以及公共充电站或壁挂式充电盒充电站进行充电。通过电源插座充电时，如果必要，则必须限制充电电流，以确保区域电网不过载。一旦连接了充电电缆，车辆自身的高压蓄电池的交流电充电器通过离散控制线路（先导控制装置）与充电电缆或充电站中的控制箱进行通信。同时，传送有关电源设备的性能数据并相应地调节高压蓄电池的交流电充电器的耗电量。仅在此之后，交流电充电器开始充电流程。同时，其监测电压、充电量和充电时间，以保护高压蓄电池。通过安装在 EQA 中的高压蓄电池交流充电器，最大的充电容量可达 9.6kW。通过安装在 EQA 中的直流充电连接装置，最大的充电容量可达 110kW（EU）。这样经过一个充电行程，约 45min 的充电时间即可达到 10%~80% 的充电量。充电过程的精确程序和各种充电可能性，请参见当前"用户手册"。

（1）优化的充电设置和状态。

通过 EQA 的引入，可实现电力范围的更精确计划和可预测性并优化充电过程：

通过各种充电设置优化充电过程，例如最大充电量；

通过包含的驾驶员辅助系统实现电力范围的更精确计划和可预测性；

充电设定可确保充分移动性和精确规划；

通过充电过程的最大透明度改进了状态显示（例如，当前充电量，定义的充电量的预估时间和充电过程开始或结束时的推送通知）。

（2）Mercedes me 充电和 IONITY。

"Mercedes me 充电"和"IONITY"（折扣的快速充电）使车辆在公共充电站简单且廉价充电。通过 Mercedes me App 和主机，利用远程访问可以轻松认证对充电站的访问。或者，可通过 Mercedes me 充电 RFID 卡认证。访问"IONITY"还包含在"Mercedes me 充电"服务中。IONITY 是欧洲高速公路沿线的综合快速充电网络，电站最高输出功率为 350kW。这可实现无故障长距离行驶。通过"IONITY"服务，可在 IONITY 充电站为车辆提供低价充电。充电器馈入插座充电器馈入插座确保与充电电缆的电气接触。对于装配交流插座（日本版/中国版）或 combo 插座（日本版/中国版除外）的车辆，在充电过程中通过促动器电机锁止充电电缆连接器。图 3-2-88 所示为交流充电/直流充电车辆插座 combo 2 插座。

锁止状态指示灯（如图 3-2-8 中 4）呈白色常亮表示交流充电/直流充电车辆插座解锁。如果锁止状态指示灯（如图 3-2-8 中 4）呈白色闪烁，则表示锁止或解锁期间出现故障，充电过程指示灯（如图 3-2-8 中 5）概述如表 3-2-2 所示。

（3）取消充电过程并解锁充电电缆。

仅当通过解锁开关或解锁驾驶员车门来解锁中央锁止系统时，车辆解锁直流充电/交流充电车辆插座。同样地，如果驾驶认可系统识别到代码 889[无钥匙启动（KEYLESS-GO）]的有效密匙，则直流充电/交流充电车辆插座解锁。因此，按照以下顺序解锁充电电缆：

车辆解锁或识别到具有无钥匙启动功能（KEYLESSGO）/代码 889 的有效密匙；

或按下中止充电按钮；

按下开关后，充电过程指示灯以橙光闪烁；

充电过程指示灯熄灭后，锁定状态指示灯以白光恒定亮起；

此时可以拆下充电电缆。

（4）直流充电车辆插座（日本版）。

直流充电车辆插座（日本版）如图 3-2-9 所示。

（5）交流充电车辆插座（日本版/中国版）

交流充电车辆插座（日本版/中国版）如图 3-2-10 所示。

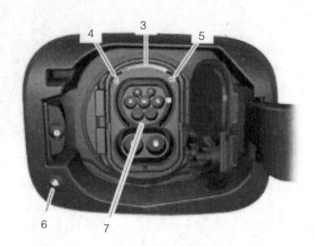

3.状态指示　4.锁止状态指示灯　5.充电过程指示灯　6.中止充电按钮　7.交流充电/直流充电车辆插座（日本版/中国版除外）

图 3-2-8

表 3-2-2

充电过程指示灯（5）概述	
发光二极管	功能
关闭	—
呈橙色闪烁	连接
呈绿色闪烁	蓄电池充电中
呈绿色亮起	蓄电池充满电
呈红色高频率闪烁（90 s）	车辆故障–无法实现充电过程

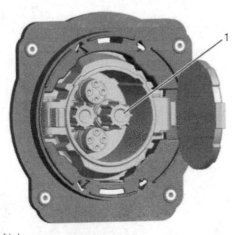

1.电触点

图3-2-9

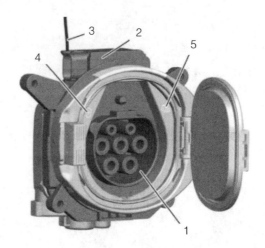

1.电触点　2.促动器电机（用于以电子方式锁止充电电缆连接器）　3.紧急解锁系索　4.锁止/解锁LED　5.充电监测器LED

图3-2-10

根据相关版本，直流充电/交流充电车辆插座包含以下电气触点。

相应充电电流的触点；

交流电或三相电流（L1、L2、L3、N和PE）；

直流电（DC+和DC-）；

用于与充电站通信的先导控制装置触点；

先导接近触点。

先导接近触点具有以下任务：

确认车辆插接或充电站插接是否已插入；

通过电阻器给充电电缆的最大电流承载力进行编码。

此外，锁止和解锁LED和充电监测LED位于交流充电车辆插座（日本版/中国版）或组合插座（日版本/中国版除外）的电气触点的正下方。其直观地表现了充电器馈入插座的当前状态。以下附加部件位于交流充电车辆插座（日版本/中国版）或组合插座（日本版/中国版除外）处：

促动器电机（用于以电子方式锁止充电电缆连接器）；

带紧急解锁系索的机械装置用于紧急解锁充电电缆连接器。

（6）充电电缆连接器紧急解锁装置。

在充电过程中，会以电子的方式将充电电缆连接器锁止到充电器馈入插座中，防止其在未经授权的情况下被拆下。如果通过充电器馈入插座进行充电后无法拆下充电电缆连接器（出现故障的情况下），则可通过拉动紧急解锁系索以机械的方式解锁。注意：紧急解锁系索位于载物舱或行李箱侧面后方或底部饰板处。

（7）充电电缆。

车辆插座到充电器的线束的任务是将来自外部供能网络的电流输送至充电器，并确保高压蓄电池通过充电器或直流保护箱进行充电，如图3-2-11所示。线束固定在车辆中且设计为环境温度范围介于-40~85℃之间。其由两个主要部件组成：用于动力传输的高压部件；用于促动盖板锁，接头锁（用于温度监测）和状态显示（用于充电过程）的低压部件。对于锂离子高压蓄电池的外部充电，车辆可通过两个不同的充电电缆连接至适合的电源。

适用于公共充电（模式3）的充电电缆：

与外部电源（400V）连接；

EU：标准装备。

适用于家庭充电（模式2）的充电电缆：

NAFTA：120V，标准装备；

EU：230V，选装装备。

模式2充电电缆配备剩余电流保护装置（RCD）。

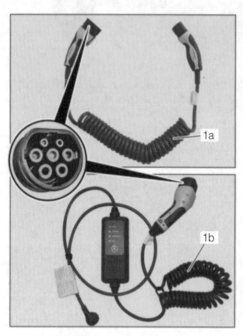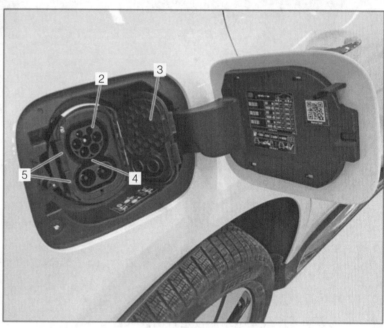

1a.充电电缆（模式3） 1b.带电缆控制箱的充电电缆（模式2） 2.充电器馈入插座 3.盖 4.放泄口 5.锁止装置

图3-2-11

（8）启动保护装置。

为防止充电过程中或插入充电电缆时车辆驶离，当检测到插入式充电电缆连接器时启动保护装置启用（接近触点＝ON/SNA）。仪表盘显示该影响的警告信息。根据车速，以两种方式实现启动保护装置功能：

行驶期间（$v>$5km/h），检测到插入充电电缆连接器；

行驶（$v>$5km/h）时，如果检测到插入假定的充电电缆连接器（接近触点＝ON）或充电器故障，检测到替代值（接近触点＝SNA），则行驶挡位处于"P"时，启动保护装置启用；

静止（$v<$5km/h）时，检测到插入式充电电缆连接器；

如果在挡位范围"P"或$v<$5km/h时检测到插电式充电电缆连接器（接近触点＝ON），则启动保护装置立即启用。如果充电器出现故障，则形成替代值（接近触点＝SNA）。在此情况下，只有接合行驶挡位"P"后才会启用启动保护。

（9）交流/直流充电。

EQA配备"第4代"电位隔离充电器和直流保护箱。从而可通过直流电源和交流电源进行充电。在两种情况下，直流电（以及来自交流充电器的输出）通过直流保护箱流入蓄电池。充满电所需的相应充电时间取决于可用的基础设施和国家规定的车辆设备。

（10）交流电充电。

一般而言，在输出功率为11kW[欧洲经济委员会（ECE）]的交流充电过程中使用相应的电源设备，高压蓄电池充满电大约需要6h。根据电网和型号，充电器可在输出功率介于6~9.6kW（40A，240V）的情况下单向运行（SAE），在输出功率介于10~11kW（16A，230V）的情况下三相运行（ECE）。由此，可利用通用家庭插座使用模式2充电电缆或在壁挂式充电盒/交流充电站使用模式3充电电缆通过交流电进行充电。

（11）直流充电。

对于直流充电，最大电流强度为300A（中国：200A；CHAdeMO：125A），充电时间为15min。在此过程中可达到的最大充电容量为110kW。充电容量取决于当前充电量和蓄电池温度。

（12）充电器。

第四代充电器为电位隔离充电器，采用独立的水冷式部件。充电器始终安装在车辆后轴上方，其主要任务是利用高达240V的线间电压，通过以单相和三相运行的公共电网给车辆的高压蓄电池充电。同时，在此过程中起到将交流电压/交流电转换为直流电压/直流电并控制充电电压的作用。允许通过模式2充电电缆和交流充电站（模式3）进行充电，以将外部电网的可用输出利用到最大程度。高压蓄电池交流充电器安装位置如图3-2-12所示。

高压蓄电池交流充电器，连接如图3-2-13所示。

1.高压蓄电池交流充电器

图 3-2-12

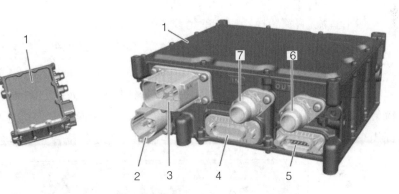

1.高压蓄电池交流充电器 2.直流充电连接装置高压连接 3.直流充电/交流充电车辆插座高压连接 4.未分配 5.车载电子设备连接 6.冷却液回流 7.冷却液供给管

图 3-2-13

（13）直流箱。

除了在"正常"网络接入（交流）处使用充电器充电的可能性外，还具有通过直流充电站处对车辆进行充电的可能性。其通常被描述为快速充电站。直流保护箱可利用熟知的系统进行直流充电：

使用欧洲版combo 2插头时的组合充电系统（CCS）；

使用美国版combo 1插头时的组合充电系统（CCS）；

CHAdeMO是日本市场的充电系统，需要附加车辆插座和其他拓扑；

在中国进行直流充电时，根据现行标准采用CHAdeMO系统[GB/T（DC）]修改后的版本。

直流箱检查各车辆充电输入，与车内其他控制单元通信且具有以下功能：

控制连接至车辆的CAN接口；

直流充电过程中检测静止冲击；

获取内部参数（电流，电压等）；

促动车辆插座（包括通信）；

EMC过滤器；

外壳强度为100kN，气密性达到IP6K6K和IPX9K。

直流充电连接单元安装位置如图 3-2-14 所示。

直流充电连接装置，连接如图 3-2-15 所示。

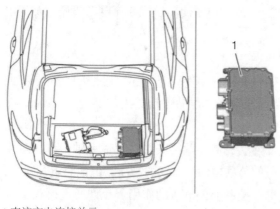

1.直流充电连接单元

图 3-2-14

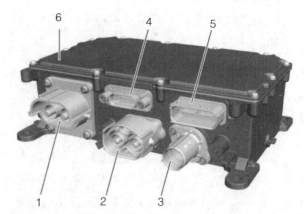

1.充电器馈入插座高压连接 2.高压蓄电池高压连接 3.高压蓄电池高压连接的交流充电器 4.车载电子设备连接 5.直流充电/交流充电车辆插座和锁止发电机的连接（插座盖板和充电电缆连接器） 6.直流充电连接单元

图 3-2-15

（14）直流/直流转换器控制单元。

第 4 代直流/直流转换器为装配高压电源部件的自动部件，安装在电传动系统前轴承的支承框架上。直流/直流转换器将来自高压车载电气系统的直流电压转换为低压直流电压，以向 12V 车载电气系统供电。同时，直流/直流转换器作为 12V 发电机的替代件为 12V 蓄电池充电，并向低压用电器（收音机，娱乐系统等）提供电能。高压电源部件集成在直流/直流转换器中。其他辅助设备通过两个附加高压插头连接至高压车载电气系统。直流/直流转换器控制单元，安装位置如图 3-2-16 所示。

1.高压电源分配器

图 3-2-16

3.电力电子装置

电力电子装置集成在驱动系统中并直接连接至高压蓄电池模块和冷却液回路中。其任务如下：

电源；

控制电机；

监测电机的温度和位置；

为传动系统控制单元创建可用扭矩的诊断和预测。

在超速运转模式下，如果电机作为发电机工作，则电力电子装置将感应的交流电压转换为直流电压并用于高压车载电气系统。

前部电机，安装位置如图 3-2-17 所示。

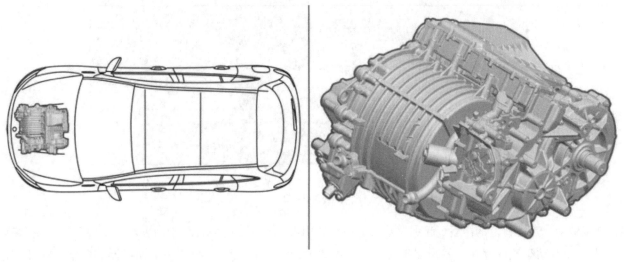

图 3-2-17

后部电机，安装位置如图 3-2-18 所示。

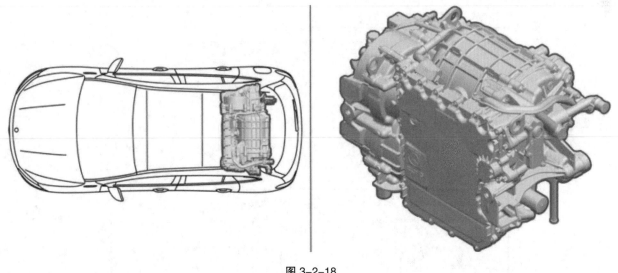

图 3-2-18

（1）高压正温度系数（PTC）加热器。

高压正温度系数（PTC）加热器用于在低车外温度时加热高压蓄电池。如有必要，其为车内产生附加热量。安装位置如图 3-2-19 所示。

（2）声音环境保护。

EQA 配有现场声音指示器（AVAS：声学车辆报警系统）（车速较低时）。车辆前部和后部发生器发

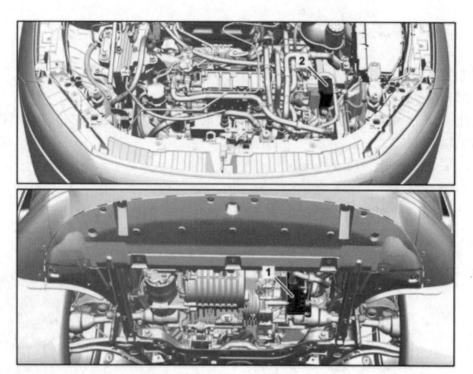

1.高压正温度系数（PTC）加热器（高压蓄电池） 2.正温度系数（PTC）暖气增强系统（车内）

图 3-2-19

出梅赛德斯–奔驰特定的声音，起到保护其他道路使用者的作用。此声音对于周围环境不会产生干扰影响，以此感知电动车辆的存在。发声器包含一个控制单元，一个音频结束级和一个扬声器。根据车速和加速踏板位置，发声器在 0~30km/h 时产生音频信号。车速超过 30km/h 后，发声器停用，因为电动车的滚动噪音和风噪足够大。从行驶方向看，发生器位于右前车轮拱罩和底板后部区域中。前部声音发生器，安装位置如图 3-2-20 所示。

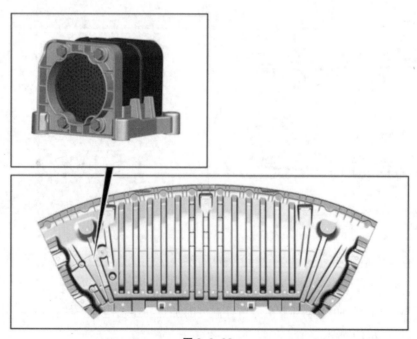

图 3-2-20

后部声音发生器，安装位置如图 3-2-21 所示。

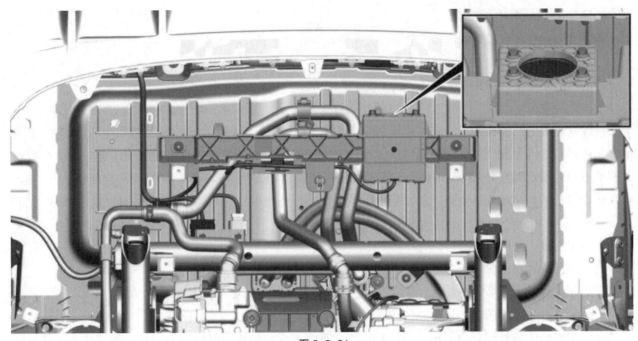

图 3-2-21

六、运行策略

（一）概述

EQA 的操作仅通过高压蓄电池的能量进行。消耗和可达里程在很大程度上取决于驾驶风格，电动车辆也是如此。再生制动期间，理想状态下，电机产生整个制动扭矩作为已生成的。高压蓄电池通过在此过程中产生的电能进行充电。如果高压蓄电池电量耗尽，则该情况自动出现。以下参数影响 EQA 的消耗和可达里程：

高压能源管理；

预处理空调；

高压蓄电池的预热；

变速器模式；

再生制动系统；

智能发动机管理。

（二）可变的全轮分配（仅 EQA300、EQA350）

最佳能量效率可通过扭矩分配的所需和高效优化连续控制实现。根据所需扭矩，高压中间回路的电流电压和驱动器的扭矩限制，通过运行时间的优化过程确定最有效的全轮分配。通过理想的全轮分配（如前轴 70%，后轴 30%）实现最大再生减速度并实现最佳能量回收。为确保即便在冰雪天气下的最大牵引力和行驶稳定性，操作策略识别空转车轮并相应地调节扭矩分配。因为两个电机相互独立促动，失去牵引力的情况下，一个车轴处的扭矩可继续供至另一车轴处。

1. 高压能源管理

高压能源管理是高压蓄电池和相应高电压部件（由操作策略进行调节）之间的链接。下面列出了一些重要任务：

根据高压安全规格启用和/或停用高压部件；

确定高压蓄电池的可用能量；

根据可用电能在高压部件之间分配电能；

417

预测传动系统的当前可用电力；

协调充电过程（高压蓄电池和充电部件之间的相互作用）；

计算旅程计算机的电力范围和电力消耗；

检查高压安全规格，并根据需要切换至安全状态。

2. 预处理空调

在计划行程之前或即将开始充电过程之前，预进入智能气候控制系统允许预处理车内和/或高压蓄电池。在此过程中涉及智能气候控制系统，蓄电池冷却液系统，高压能量管理系统和充电器。可由客户通过四个不同的预处理类型执行车内预处理车辆关闭时，车内可以用空调调节。如果车辆连接至电源设备，则高压蓄电池的充电优先达到规定的最低充电电量。在以下情况下，可减少预进入智能气候控制系统的运行时间：

车辆未连接至电源设备；

高电压蓄电池未充满电。

启用预进入智能气候控制系统，即使在充电过程中也可减少高电压蓄电池的充电量。

3. 高压蓄电池的预热

高压蓄电池的预处理与为了速比范围扩展的加热有关或与缩短充电时间的加热或冷却有关。其根据各种环境和系统温度以及逻辑链接自动启用，以识别即将到来的长途旅程。

4. 变速器模式

EQA 的驾驶模式包括：

个性化模式（INDIVIDUAL）用于单独设置多个参数；

运动模式（SPORT）表示传动系统的设计达到最大驾驶性能；.

舒适模式（COMFORT）是默认设置，不仅提供便捷的协调，还提供理想智能气候控制；

节能模式（ECO）表示为降低消耗而优化车辆行为。

可通过左侧下部控制面板（如图 3-2-22 中 5）上的动态操控选择（DYNAMIC SELECT）开关（如图 3-2-22 中 6）选择驾驶模式。注意：电控车辆稳定行驶系统（ESP®）关闭功能通过多媒体显示屏中的软功能键在 EQA 中实现。

5. 能量回收

EQA 提供多种能量回收情况。电机将动能转换为电能为高压蓄电池充电。此外，驾驶员可利用方向盘后方的两个方向盘换挡按钮（如图 3-2-23 中 1 和 2）影响能量回收性能。方向盘降挡按钮（如图 3-2-23 中 1）用于在以 2.5m/s^2 的加速度减速的情况下提升能量回收强度，方向盘升挡按钮（如图 3-2-23 中 2）则是降低能量回收强度。设置的当前状态显示在仪表盘底部：

"D AUTO"：带 ECO 辅助的智能回收；

"D+"：无能量回收，车辆自由滑行；

"D"：正常的能量回收：相当于较弱的能量回收（默认设置）；

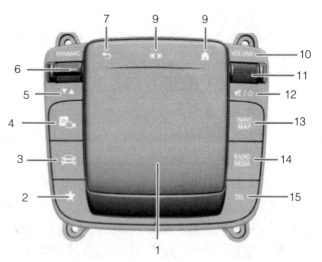

1.触摸板 2.收藏按钮 3.主机（HU）按钮（EQ 菜单） 4.驻车定位系统（PARKTRONIC）按钮（装配主动式驻车辅助系统/代码235） 5.左侧下部控制面板 6.动态操控选择（DYNAMIC SELECT）开关 7."返回"按钮 8.背景音频按钮 9."主页"和"收藏夹"按钮 10.右侧下部控制面板 11.音量设置控制器 12."打开"（ON）标识 13."导航/地图"（NAVI/MAP）按钮 14."收音机/媒体"（RADIO/MEDIA）按钮 15."电话"（TEL）按钮

图 3-2-22

"D–"（中幅能量回收）；

"D––"：较强的能量回收：超速运转模式下的最大车辆减速度。

1.方向盘降挡按钮 2.方向盘升挡按钮

图 3-2-23

注意：对于入门级车型，选择"D AUTO"功能时，再重启，行驶过程中休息或直至开始下一次行程前的情况下会保持该模式。在"D AUTO"模式下，参考 ECO 辅助。

带方向盘换挡按钮的标准装备允许客户升挡或降挡，如同传统驱动一样。为进入再生制动的手动模式，需要快速按下一个方向盘换挡按钮。右侧方向盘换挡按钮减少能量回收（如同传统驱动的升挡一样）。通过左侧方向盘换挡按钮，阻力能量回收增加（如同传统驱动的主动降挡一样）。可用最大能量回收取决于车速以及高压蓄电池的当前充电水平和温度。

智能能量回收。

在 EQA 中，ECO 辅助功能可实现以下操作特性：

通过自动调节能量回收减速；

接近车速较慢的车辆；

使目标车辆减速；

顺着车辆下坡；

通过地图和摄像头数据调节能量回收。

ECO 辅助以不同的方式将以下事件考虑在内：

限速；

T 形交叉口；

十字路口；

拐弯处；

与前方车辆的车距；

坡度范围。

通过滑行模式和更高/更长再生制动阶段的智能组合降低能量消耗或增加可达里程。踩下加速踏板或制动踏板时，该功能自动启用。车辆以足够的速度行驶时，如果驾驶员踩下加速踏板，则 ECO 辅助会向驾驶员发出"松油门"的建议。ECO 辅助的工作范围与可通过两个方向盘换挡按钮手动选择的回收等级一致。通过按住两个方向盘换挡按钮中的一个或选择行驶挡位"D"可重启 ECO 辅助功能。无法获取来

419

自雷达传感器的信息时（例如，由于故障），能量回收自动切换至标准设置"D"。智能回收示意图如图 3-2-24 所示。

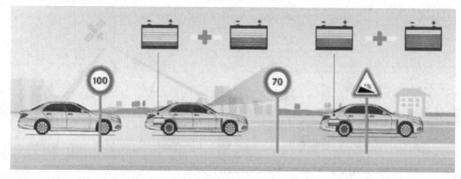

图 3-2-24

6. 主动可达里程监测

可达里程辅助为驾驶员计算路径（包括充电站），以帮助驾驶员到达目的地。通过智能手机上的应用程序可提前规划路径。通过这种方式，用户可在出发前无须进入车辆即可获取重要信息。如果驾驶员在车辆导航系统中再次输入目的地，则会根据最新的交通信息重新计算路径。如果在行驶过程中出现交通堵塞，导致车辆无法以目标方式达到充电站，则导航系统将通过可达里程辅助的算法计算新路径。

7. 高级可达里程辅助

通过高级可达里程辅助，ELVIRA（电动车辆智能可达里程辅助）和限距控制系统（DISTRONIC）功能实现互联。可达里程辅助计划行程（包括多个充电站）并在路上引导驾驶员。如果可达里程过少，ELVIRA 将计算合适的速度后进行显示。启用限距控制系统（DISTRONIC）时，采用该速度。相应地，车辆以更慢的速度行驶，到达计划的充电站。

七、驱动结构

传动系统概述（图示为 4×4 全轮驱动），如图 3-2-25 所示。

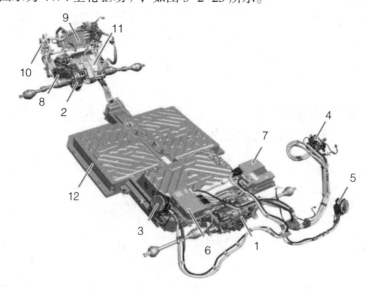

1.后部电机 2.前部电机 3.交流充电车辆插座（仅适用于中国版；图示为类型 2 插座） 4.直流充电/交流充电车辆插座（日本版/中国版除外；图示为 Combo2 插座） 5.交流充电车辆插座（仅适用于日本版；图示为类型2插座） 6.直流充电连接单元 7.高压蓄电池交流充电器 8.高压正温度系数（PTC）加热器（高压蓄电池） 9.电压转换器 10.正温度系数（PTC）暖气增强系统（车内） 11.前部电机电力电子控制单元 12.高压蓄电池模块

图 3-2-25

电传动系统将电能转换为机械能。电传动系统是一个紧凑型单元,包括电机、直流/交流转换器和变速器,通过该装置 EQA 前轴上装配了驻车止动爪。只要电机和促动器连接(能量回收),则会驱动电机,与行驶方向无关。在减速和制动模式,机械旋转运动会转化为电能为高压蓄电池充电。出于安装空间和重量的考虑,直流/交流转换器和电机之间采用直连。采用 165kW 或 210kW 和 4MATIC 的 EQA 有两个电传动装置。前部传动系统延续了 EQC 的高水准技术。后部传动系统专为 EQA 研发。

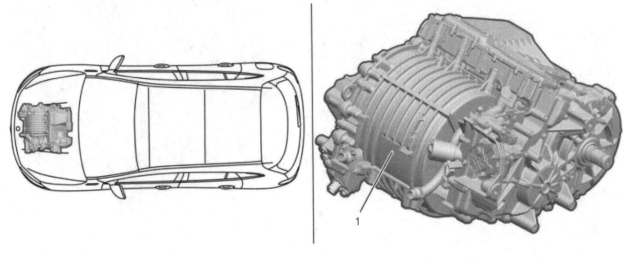

1.前部电机

图 3-2-26

1. 前部电传动系统(EQA 4×2 和 4×4)

前部电传动系统沿用了 EQC 的电传动系统,其安装在后轴中且配备驻车止动爪。为此,改进了 EQC 后轴的电传动系统并用于 EQA 的前端总成,如图 3-2-26 所示。

目的在于尽可能多地与 EQC 后轴电传动系统共享零件,使其通用化。前部电传动系统具有以下接口:

高压直流连接;

低电压信号连接器;

冷却液进口/出口;

侧轴;

电传动系统的支座(4 个轴承);

高压正温度系数(PTC)加热器的支座;

电动制冷剂压缩机;

发声器;

支承框架。

为了优化 NVH(噪声、震动和声振粗糙度)特性,提供了高于标准 1.5 倍的隔离装置。这样,电传动系统与支承框架分开且支承框架与车身外壳分开。

2. 后轴的电传动系统(EQA 4×4)

后部电传动系统是专为 EQA 新研发的,电传动系统安装在多连杆轴中,如图 3-2-27 所示。其以紧凑和效率优化结构为特征,同时设计为在低运行范围和低负载下驱动车辆,适用于城市交通。后轴的电传动系统具有以下接口:

高压直流连接;

低电压信号连接器;

冷却液进口/出口；

侧轴；

电传动系统的支座（4个轴承）。

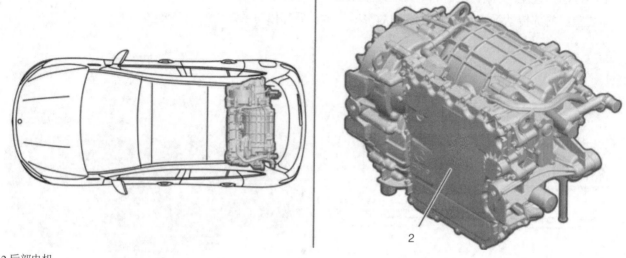

2.后部电机

图 3-2-27

3. 直接选挡（DIRECT SELECT）

直接选挡（DIRECT SELECT）方向盘换挡杆包括以下挡位：

"R"，倒挡；

"N"，空挡和启动位置（无动力传输，车辆可以自由移动）；

"D"，1 个前进挡可用。

换挡杆具有不同的挡位和动力级：

驻车挡；

换入"N"挡，跨过一个动力级；

换入"D"或"R"，跨过更高的动力级。

车速 <7km/h 时可请求驻车制动爪。

4. 转向柱管模块前视图

转向柱管模块前视图如图 3-2-28 所示。

5. 冷却装置

EQA 的热量管理包括高压车载电气系统部件的冷却和车内的空调控制。高压车载电气系统部件的冷却通过两个相互未连接的封闭冷却液回路实现：

空气通道；

低温回路 1；

低温回路 2；

加热回路。

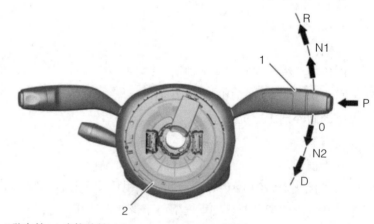

0.驻车挡 1.直接选挡（DIRECT SELECT）换挡杆 2.转向柱模块控制单元
D.驱动装置 P.驻车锁止和启动位置 R.倒挡 N1.空挡1 N2.空挡2

图 3-2-28

422

（1）空气通道。

冷却模块包括两个冷却液冷却器、风扇和百叶窗。为提高系统效率，周围的密封件可防止由冷却模块加热的废气在冷却模块上游再循环并用作空气通道。带自身控制单元的前部百叶窗可通过局域互联网（LIN）总线控制根据需要促动。该措施优化了阻力系数，增加了可达里程，而且优化了车外温度较低时加热所需的能量。

（2）低温回路1。

在此回路中，可通过主散热器冷却电机和电力电子装置等部件。如果电机有足够的废热，可通过相应的阀门 [低温回路1转换阀（如图3-2-29中11）] 连接回路1和2。如此，损失的能量会直接传送至加热回路的低温回路2。这样可以在温度较低时有效加热车内。在此过程中，此回路中的泵会根据需要控制冷却液流量。车外温度较低时冷却液还以最低流率（具体取决于冷却液温度）流过电力电子装置。电驱动低温回路（低温回路1）的功能原理图如图3-2-29所示。

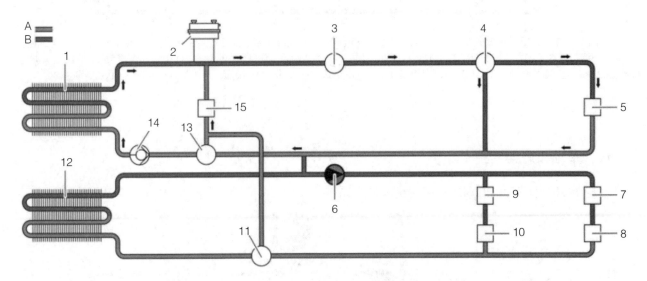

1.低温回路2冷却器　2.低温回路2膨胀容器　3.低温回路冷却液循环泵2　4.高压蓄电池冷却系统转换阀　5.高压蓄电池　6.低温回路冷却液循环泵1　7.高压蓄电池交流充电器　8.电机1电力电子控制单元　9.直流充电连接单元　10.电机2电力电子控制单元　11.低温回路1转换阀　12.低温回路1冷却器　13.低温回路2转换阀　14.止回阀　15.高压正温度系数（PTC）加热器　A.加热后的冷却液　B.冷却后的冷却液

图3-2-29

（3）低温回路2。

根据具体温度，高压蓄电池通过电子转换阀以两种不同的方式冷却。为此，转换阀根据蓄电池的电池温度或蓄电池通流温度在热交换器和散热器操作之间进行切换。环境温度较低时，冷却液通过气冷式热交换器进行冷却。环境温度较高时，冷却液通过集成在空调回路中的制冷剂–冷却液热交换器进行冷却。在车外温度极低时，小蓄电池冷却回路（不带冷却）还用于更快加热蓄电池。集成的高压正温度系数（PTC）加热器用于加热车内和蓄电池。在车外温度极低时，转换阀可确保对蓄电池进行加热，从而使蓄电池达到合适的工作温度。为对车内进行加热，也使用高压正温度系数（PTC）加热，直接将能量通过加热泵系统传递至加热回路（水侧冷凝器）。如此，能在循环中高效传递能量。在此过程中，此回路中的泵会根据需要控制冷却液流量。高压蓄电池低温回路（低温回路2）的功能原理图如图3-2-30所示。

（4）加热回路。

加热回路包括一个水侧冷凝器、一个加热器芯和一个泵。来自低温回路2的热量通过冷凝器传递至加热回路。加热器芯对空气进行加热，然后将其直接供至车内。在此过程中，此回路中的泵会根据需要控制冷却液流量。

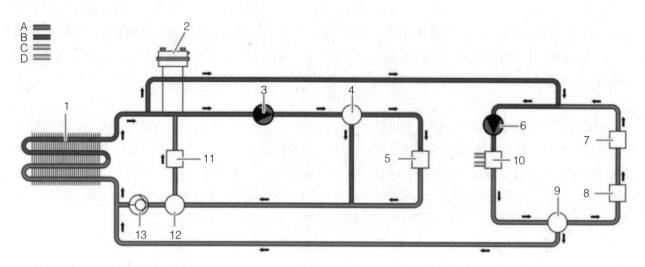

1.低温回路2冷却器　2.低温回路2膨胀容器　3.低温回路冷却液循环泵2　4.高压蓄电池冷却系统转换阀　5.高压蓄电池　6.冷却液循环泵　7.正温度系数（PTC）暖气增压器（12V）　8.热交换器　9.冷却液泵转换阀　10.冷凝器　11.高压正温度系数（PTC）加热器　12.低温回路2转换阀　13.止回阀　A.加热后的冷却液　B.冷却后的冷却液　C.制冷剂（高压，液态）　D.制冷剂（低压，气态）

图 3-2-30

八、车轴和悬架系统

图 3-2-31 所示 EQC 400 4MATIC 悬架和转向系统。

图 3-2-31

1. 前轴

前悬架采用 MacPherson 前架挂，如图 3-2-32 所示。与 GLB 级相同，新款 EQA 采用了改装后适合更宽轮距的 MacPherson 前架挂。由于这种结构非悬架质量低，支撑底座大，受力较小且需要空间较少，因此这种经过检验的前轴结构特别适用于采用前轮驱动的紧凑型车辆。在新款 EQA 的前轴模块中，均将车轮轴承单元拧入铸铝转向节上。在每种情况下，车轮控制装置控制车轮中央下方的一个横向控制臂，一个悬架减震柱和一个转向横拉杆。新 EQA 中的转向控制臂为铸铝转向节锻造，因此减轻了重量，同时降低非悬架质量。

2. 前轴悬架

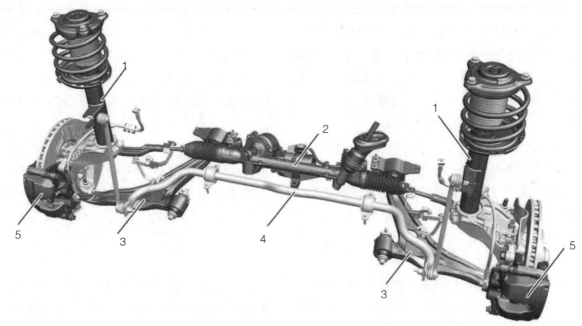

1.悬架减震柱 2.转向机 3.横向控制臂 4.稳定杆 5.制动钳

图 3-2-32

前轴采用 MacPherson 悬架减震柱进行车轮控制，包括带辅助弹簧的双管充气式减震器，横向力优化的螺旋弹簧和紧凑型支撑轴套。

3. 后轴

对于新款 EQA，采用的 GLB 级的四连杆后轴经过彻底优化，调整后更适应 EQA 的较大重量，如图 3-2-33 所示。因此，EQA 中采用了更大的车轮轴承。为优化 NVH（噪音、震动和粗糙度）特性，EQA 也将采用通过人造橡胶轴承与车身外壳脱离的后轴托架。在四连杆后轴中，每个后轮有三个控制臂和一个拖曳臂用于吸收产生的力和扭矩，因此车辆纵向和横向的动力学特性可进行相应调节且几乎相互独立。从而实现最大行驶稳定性和驾乘舒适性。

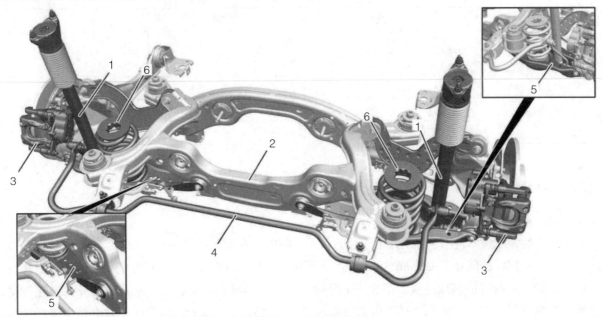

1.后轴减震器 2.后轴支架 3.制动钳 4.稳定杆 5.弹簧控制臂 6.上部弹簧轴承

图 3-2-33

4. 后轴悬架

四连杆后轴装配了单独安装的单管减震器和螺旋弹簧。此处通过两个人造橡胶垫片还可以在车身与后轴之间实现高效的螺旋弹簧隔噪。下部人造橡胶垫片中采用锌制嵌件，从而高效防止下部弹簧线圈的腐蚀。减震器通过铝制顶部安装件连接至车身。这样拥有一个软的万向轴承，有助于降低减震器中的摩擦，改善响应特性。减震器的位置和比率可以在滚动和俯仰减震之间实现最佳的悬架调节。此外，有意倾斜减震器可以实现车轴纵向减震。后轴处的减震特性也稍稍降低。四连杆后轴采用了带模制人造橡胶轴承的稳定杆，以减少车辆的侧倾情况。

5. 制动

将所谓的 X 配置中的液压双回路制动系统与标准制动功能自适应制动（ADAPTIVE BRAKE）配套使用。该制动系统实现了梅赛德斯 - 奔驰车辆常有的高品质特性，在制动距离、响应时间、制动片的耐久性和使用寿命以及制动时的方向稳定性方面表现良好。因此，应考虑车辆特定情况，例如车轴载荷分配，重量和性能。

6. 机械设计

前部盘式制动器的浮式制动钳位于前轴中央的前方，后部盘式制动器的滑动制动钳位于后轴中央的后方。通过安装在右前制动钳上的磨损传感器监测制动片磨损情况。如果前轴和后轴上有磨损的制动片，则仪表盘上会显示文本信息"制动片磨损"（Brakepad wear）（欧盟地区车辆）。通过后部组合浮式制动钳中的电动驻车制动器实现驻车制动功能。

7. 电动驻车制动器（EFB）

EQA 装配了电动驻车制动器，技术参数如表 3-2-3 所示。

电动动力转向机构。

EQA 标配了熟知的电磁辅助齿轮齿条式转向机构。电动动力转向机构包括转向机、齿轮齿条式转向机构，电动动力转向机构扭矩传感器，电动动力转向机构促动电机和电动动力转向机构控制单元。电动动力转向系统对动力转向系统进行车速感应式无级调节。

表 3-2-3

部件		前轴	后轴
制动盘	类型	内通风式	非通风式
	直径（mm）	330	320
	宽度（mm）	30	12
制动钳	类型	2 件式浮式制动钳	1 件式浮式制动钳
	活塞直径（mm）	44	44

九、车载电气系统网络连接

车载电气系统网络连接如图 3-2-34 所示。

高压安全性：互锁回路用于识别完全连接的高压车载电气系统并用作安全措施，以防接触启用部件。为此，来自互锁回路的信号（±20mA/88Hz）会循环通过可断开的所有高压车载电气系统部件。为此，在每个可移动但不可松开的高压连接中都有一个跨接线，将高压触点隐藏起来。断开或松开高压连接时，跨接线会中断互锁回路。互锁回路还可以通过高压部件的 12V 控制单元连接器在串联电路中进行开关。分开控制单元插接时，互锁回路中断。驾驶时断开互锁回路不会导致高压车载电气系统断开。仅在换挡

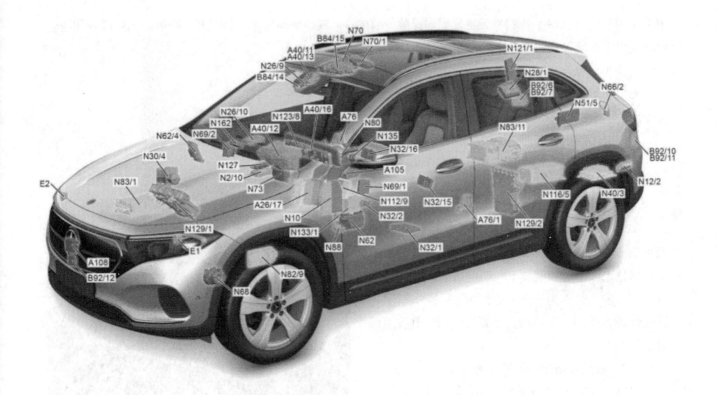

A26/17.主机 A40/16.主机/仪表盘显示屏组 A105.触摸板 B84/15.手势感测器 N123/8.移动电话托座控制单元 N10.信号采集及促动控制模组 N28/1.挂车识别控制单元 N32/1.驾驶员座椅控制单元 N32/2.前排乘客座椅控制单元 N32/15.驾驶员多仿形座椅控制单元 N32/16.前排乘客侧多仿形座椅控制单元 N69/1.驾驶员车门控制单元 N69/2.前排乘客侧车门控制单元 N70.车顶控制面板控制单元 N70/1.全景式滑动天窗控制单元 N73.电子点火开关控制单元 N121/1.行李箱盖/掀开式尾门控制系统控制单元 N162.环境照明灯控制单元 N127.传动系统控制单元 N129/1.电机1电力电子控制单元 N129/2.电机2电力电子控制单元 N26/10.汽车共享（Carsharing）系统控制单元 N112/9.HERMES控制单元 X11/4.诊断连接器 N12/2.发声器控制单元 N82/9.蓄电池管理系统控制单元 N83/1.直流/直流转换器控制单元 N83/11.高压蓄电池交流充电器 N116/5.直流充电连接单元 N2/10.辅助防护系统控制单元 N30/4.电控车辆稳定行驶系统（ESP）控制单元 A40/12.平视显示屏 A76.左前可逆式安全带紧急拉紧器 A76/1.右前可逆式安全带紧急拉紧器 B84/14.增强现实摄像头 N66/2.后视摄像头 N88.轮胎压力监测器控制单元 N133/1.仪表盘控制单元 N26/9.特种车辆多功能控制模组控制单元（MSS） A40/11.平面探测多功能摄像头 B92/6.外部右后集成式雷达传感器 B92/11.外部左后集成式雷达传感器 E1.左前灯组 E2.右前灯组 N80.转向柱模块控制单元 N135.方向盘电子设备 B92/7.外部右后雷达传感器 B92/10.外部左后雷达传感器 N62/4.梅赛德斯－奔驰智能行驶控制单元 A40/13.立体探测多功能摄像头 A108.主动式制动辅助系统控制单元 B92/12.近距离和远距离雷达传感器 N26/9.特种车辆多功能控制模组控制单元（MSS） N51/5.自适应减震系统（ADS） N62.驻车系统控制单元 N68.电动动力转向机构控制单元 N80.转向柱模块控制单元 N40/3.音响系统放大器控制单元 A32.空调外壳 B31.空气质量传感器 N10.信号采集及促动控制模组 R22/3.正温度变化系数（PTC）暖气增压器 N58/1.空调控制面板 B95.蓄电池传感器 B95.蓄电池传感器 N69/3.左后车门控制单元 N69/4.右后车门控制单元

图 3-2-34

杆位置"N"或"P"接合时间超过3s且车速低于5km/h才会断开高压车载电气系统。此外，换挡杆位置位于"D"时打开发动机罩也会断开高压车载电气系统。关闭点火开关后，如果互锁回路中出现故障，则车辆不能再次启动。如果互锁回路中存在故障，则车辆静止功能（点火开关关闭）中断且高压车载电气系统停用。每次使用高压车载电气系统都会导致互锁回路中断，从而导致高压车载电气系统在上述情况下停用。注意：电力电子控制单元，蓄电池管理系统控制单元，高压蓄电池交流电充电器以及直流/直流转换器控制单元装有互锁信号的评估电路。互锁发电机位于蓄电池管理系统控制单元中。在每个启用的高压部件（例如高压蓄电池和高压蓄电池交流电充电器）中，都有一个互锁评估逻辑用于执行自身评估。故障状态还可以通过评估来自启用的高压部件的互锁回路的信号（例如断路、短路）确定。在其他部件[电动制冷剂压缩机、高压正温度系数（PTC）加热器]中，会在互锁回路中回环。发生碰撞时，辅助防护系统（SRS）控制单元触发燃爆保险丝（F63）或如果高压断开装置开，则电路30c信号线路会中断且以下系统关闭：

高压车载电气系统；

充电系统；

电传动。

十、照明系统

1. 外车灯

（1）LED高性能。

一方面，EAQ的车外照明支持装配传统驱动器车辆所需的视觉差异，另一方面提供与其他车型中最新技术匹配的照明技术和照明功能。EQA装配LED高性能大灯作为标准装备，如图3-2-35所示。近光灯技术采用投射模块。远光灯采用反射技术照射。

（2）散热器格栅中的发光条。

EQA的散热器格栅顶端有发光条，外观类似一条横向的光缆。发光条为EQA的特征并用作位置灯，或当EQA静止时作为回家灯功能。

图3-2-35

（3）尾部灯。

EQA尾部灯分为三部分。一个一件式发光条，完全采用LED，位于两个尾部灯之间，后者也完全采用LED，如图3-2-36所示。尾灯和后雾灯集成在发光条内。制动灯和转向信号指示灯的亮度白天和夜间存在差异，但在法律要求范围内（多级功能性）。

2. 车外照明功能

如果通过无线遥控器锁止或解锁车辆，离家或回家功能启用，由此光纤电缆短时间内以红色或白色逐渐变亮。

图3-2-36

3. 车内照明

在车内照明的发展过程中，重点在于通过颜色和照明设计进一步通过照明使车内环境适应不同情境，营造氛围，打造舒适宜人的车内环境。仅节能LED作为灯具使用。

（1）标准装备。

上方控制面板（OCP）；

带阅读灯按钮的后部横向车内灯和阅读灯；

行李箱照明灯；

手套箱。

（2）灯和视觉组件（选装装备）。

车门关闭把手/开启器的间接照明；

前部脚部位置照明灯；

驾驶员和前排乘客带照明的梳妆镜；

带无炫目阅读灯的车内后视镜；

中央控制台中存放盒和杯座的照明灯；

驾驶员和前排乘客侧车门中的下车和警告灯。

（3）环境照明灯。

色彩数量为 64 色。这些颜色通过将三种基本颜色混合而成——红色，绿色和蓝色。为此，所使用的 LED 提供有 3 款芯片，后者会相应地促动。除 64 种灯光颜色之外，还提供了 10 种所谓的色彩世界，车内通过多种协调的灯光颜色进行照明。色彩世界可以与可用的显示屏样式相结合，从而创造和谐的整体印象。而且，用户还可单独启用其他 6 种照明效果（取决于计算方法）。这些包括调节智能气候控制装置时出风口的灯光效果和迎宾效果。亮度可以在 0 至 10 的 3 个亮度区域中进行配置。这里特别值得注意的是车内环境照明的进一步发展和布局。由于间接照明和直接照明的接合，这种新型环境照明尤其可在仪表板上部和下部之间的过渡区域中体验。其中一个亮点是出风口内部的照明，给人以喷气发动机的印象。

（4）"健康"组件。

作为基础配置，畅心醒神（ENERGIZING）便捷控制（装配高级健康组件/代码 PBR）要求装配环境氛围照明系统/代码 877，相应的 MBUX 系统，自动空调/代码 581，前排座椅智能气候控制/代码 401，左侧和右侧驾驶员座椅加热/代码 873 以及左侧和右侧前排多仿形座椅/代码（409）或 AMG 运动型组件/代码（950）。提供以下程序（关键主题）：

清新；

和煦；

活力；

愉悦；

康乐；

能量盹；

训练；

建议。

客户选择 "舒适" 然后选择其中一个畅心醒神主题后，就会启用该程序下包含的舒适性功能。此时应注意，并非所有系统都包含在某一程序或关键主题中，因为是由关键主题确定其所使用的功能。同样地，用户可提前结束程序或切换至另一程序。这些操作步骤少，简单便捷。此外，还可通过语音控制启用程序。而且，畅心阁（ENERGIZING COACH）功能可向车辆推送消息，随后显示在显示屏上。用户确认后会启用相应的程序（手动或语音）。车辆静止或移动时显示屏上的动画特别是训练视频的使用。

十一、关闭和安全

1. 带智能开启功能（HANDS-FREE ACCESS）的无钥匙启动（KEYLESS-GO）功能

智能开启功能（HANDS-FREE ACCESS）是一项舒适性功能，作为选装装备提供，与无钥匙进入（KEYLESS-GO）舒适组件配套使用。在保险杠下方做踢腿动作即可完全自动打开和关闭尾门。保险杠中纵向连接的两个传感器可检测踢腿运动。系统利用两个传感器可区分有意和无意的踢腿运动。上部传感器监测胫骨至踝骨的区域，下部传感器监测脚部。行李箱盖开始操作后，可随时通过踢腿运动中断和反向操作行李箱盖。通过智能开启功能（HANDS-FREE ACCESS）打开和关闭行李箱盖时会发出警告音以示注意。一旦检测到障碍物，障碍物检测就会停止行李箱盖的移动。

2.NFC 钥匙卡预留装置

"智能手机的数字车辆钥匙"功能作为集成解决方案无法适用于所有智能手机，因此替换为"NFC 钥匙卡预留装置"。需线上订购的 NFC 钥匙卡粘贴在智能手机背部，以锁止或解锁车辆以及启动发动机。为确保检测到车辆中的 NFC 钥匙卡，必须将已粘贴 NFC 钥匙卡的智能手机放在中央控制台中，这样可以在数字车辆钥匙和车辆之间建立连接。"NFC 钥匙卡预留装置"功能是梅赛德斯智能互联的其中一项服务。

3.防盗保护组件

通过防盗警报系统（ATA）的传感器系统/代码（852）和防盗警报系统的传感器系统和警笛/代码（882），与 Mercedes me 配合为车辆提供综合监测。

防盗保护组件包含以下各项：

防盗警报系统；

防拖车保护，带视觉警告及警告音（检测到车辆位置变化时）；

警笛；

车内保护系统（监测到车内运动时触发警笛）；

防盗和驻车碰撞检测的预留装置。

车辆驻车且锁止时，传感器可检测到来自其他驻车操作的撞击以及试图拖车或闯入车辆。启用该服务后，会通过 Mercedes me 应用程序告知已注册的车主。会通过推送通知接收关于驻车损坏的信息。车辆重启后，多媒体显示屏上会一次性出现通知。

4.增强型防盗保护

代码 885（增强型防盗保护）还包括在车辆被偷时确定车辆的位置。

十二、车内乘客保护

检测到潜在的事故状况时，则 PRE-SAFE® [装配预防性安全系统（PRE-SAFE）/ 代码 299] 启用可逆措施，以保护驾驶员及乘客。如需执行其功能，在此过程中，PRE-SAFE® 系统利用多个车辆系统和传感器并使各控制单元相互连接。通过分散执行硬件和软件以及机电和逻辑部件，会充分利用已有车辆系统的增值潜能，从而为乘员提供预防性保护。检测到以下危险情况时，会启用 PRE-SAFE® 措施：

驾驶员行为；

紧急停止；

完全制动；

危险转向操作（包括低速时）；

从加速踏板到制动踏板快速切换；

车辆行为；

严重转向过度；

严重转向不足；

通过侧风稳定控制辅助系统干预；

环境评估；

通过驾驶员辅助系统进行强力制动助力；

通过驾驶员辅助系统进行自动制动干预；

通过驾驶员辅助系统大幅修正路线；

正面碰撞物体检测（预碰撞信号）。

详细信息：

（1）危险转向操作（包括低速时）。

PRE-SAFE® 之前仅在车速较高时（$v > 140km/h$）时通过危险转向操作（驾驶员惊吓反应）触发，因为根据车辆动态很可能会导致危险状况。因此增强了 PRE-SAFE®，以在低速时根据驾驶员执行的转向操作也可以识别潜在的危险状况。为此，运算法则增加了稳健性措施（如促动低安全带张紧力和识别车辆何时稳健前行）。

（2）从加速踏板到制动踏板快速切换。

松开加速踏板后立即操作制动踏板可理解为驾驶员面对可能的危险情况受到惊吓而做出的反应。根据松开加速踏板和操作制动踏板之间的转换时间检测该情况。ESP® 关闭时将稳健性措施考虑在内。

（3）通过侧风稳定控制辅助系统干预。

侧风稳定可理解为通过来自 ESP® 系统的横摆力矩干预进行路线修正，以减少由强劲侧风导致的偏离指定车道。

（4）乘员可预先调节预防性安全系统（PRE-SAFE®）听力保护功能。

乘员可预先调节预防性安全系统可减少碰撞时噪音对人耳的影响。如果预防性安全系统（PRE-SAFE®）检测到确定的危险状况，会通过音响系统在车里发出简短的噪音信号以对人类听觉系统进行"预警"。在很多情况下可触发自然反射。通过反射机制，镫骨肌收缩且暂时地将耳鼓膜和内耳之间的连接最小化，以此更好地保护内耳不受高声压级的影响（生物力学听力保护）。检测到危险情况时，可执行以下功能以增强驾驶员和乘客保护（如表 3-3-4 所示）。

表 3-3-4

限制措施	可逆的驾驶员/前排乘客座椅安全带张紧
	为插在驾驶员/前排乘客多仿形座椅中的横向支撑充气
定位措施	前排乘客座椅定位（装配带记忆功能的左侧电动调节式驾驶员座椅/代码 241 或带记忆功能的右侧电动调节式驾驶员座椅/代码 242）
调节措施	关闭侧窗
	关闭全景式滑动天窗（如装备）
	装配预防性安全系统（PRE-SAFE）/代码 299，标准
敏化措施	敏化碰撞运算法则（PRE-SENSE）

如果事故避免了，一旦车辆返回至平稳和受控的行驶工况，则逆转可逆的安全预防措施。安全带再次松弛。车辆驾驶员及乘客可以将其他相关系统恢复至所需设置。系统是可逆的且对于新的危险情况可立即准备就绪。

（5）预防性安全系统增强版（PRE-SAFE® PLUS）。

预防性安全系统增强版（PRE-SAFE® PLUS）包括整合在 PRE-SAFE® 保护概念中的驾驶辅助组件的环境传感器系统（雷达）。该传感器系统可检测即将发生的后方碰撞，以采取预防安全措施。通过反射的雷达脉冲，雷达传感器系统提供关于车速变化以及车辆和正在接近车辆之间的距离（碰撞预测）信息。如果即将发生碰撞，系统根据状况触发多种响应，如：利用以更大频率闪烁的危险警告灯警告后方交通；

车辆静止时施加制动，这样可防止二次碰撞或降低其影响（如在前方有车辆且有行人或其他道路使用者的十字路口）；

触发预防性驾驶员及乘客保护措施。

如果该状况不会导致事故，则根据 PRE-SAFE® 逻辑该措施恢复至其初始状态。系统是可逆的且对于新的危险情况可立即准备就绪。

（6）被动安全性。

根据事故的严重程度，高压车载电气系统在发生碰撞时以可逆或不可逆的方式关闭。此时，通过辅助防护系统（SRS）控制单元有针对性地切换高压蓄电池中的接触器，高压蓄电池因此从其余车辆高压电源上断开。

关闭时，蓄电池外高压车载电气系统中的电压在非常短的时间内降至与安全有关的电压限值以下；

综合高压安全概念还包括车辆静止时，如果在快速充电（直流充电）期间检测到碰撞，则会自动停用充电过程。

（7）辅助防护装置。

通过车身、安全带、气囊系统和传感器的交互实现高效保护。

（8）安全带。

驾驶员座椅和前排乘客座椅各配备一个带烟火装置的安全带张紧器和安全带收紧力限制器的三点式安全带。与 PRE-SAFE® 选装装备配套使用，前排座椅还配备电动可逆式安全带张紧器。两个后排乘客的外侧座椅各配备一个带安全带张紧器和安全带收紧力限制器的三点式安全带以供其使用。作为标准三点式安全带，腿部安全带集成在座椅靠背中。

（9）气囊。

EU 版本装配以下气囊作为标准装备：

驾驶员气囊；

乘客气囊；

驾驶员膝部气囊；

前部侧气囊。

十三、驾驶员辅助系统

新款 EQA 采用了最新一代的驾驶辅助组件（FAP 4.5 Evo1）。EQA 采用模块化的驾驶员辅助系统。除标准装备之外，选装装备在驾驶员辅助的相关方面提供了自定义构建车辆的可能性。最重要的驾驶员辅助系统被编译为组件。通过采用驾驶员辅助组件，驾驶员体验向全自动驾驶更进一步。因此，可使车辆乘员可轻松惬意地到达目的地。此最先进的驾驶员辅助系统根据速度调节、转向机构、变道和碰撞风险等相关情况为驾驶员提供辅助。从而降低事故风险，为车辆乘员及其他道路使用者提供有效保护。提供高度舒适的乘坐环境，特别是在单调交通中，例如，长途行车时，时走时停的路况以及交通拥堵、前方弯路、环岛、T 字路口以及队尾行车时。通过整合不同的雷达、超声波和摄像头传感器，地图数据和实时交通信息，与标准版及其具体功能相比，功能更强大。

1. 驾驶辅助组件

驾驶辅助组件中包含以下驾驶员辅助系统：

带以下功能的 DISTRONIC 主动式车距辅助系统；

对速度限制变化做出反应的主动式速度限制辅助系统（与交通标志识别/代码 513 配套使用）；

交通拥堵时的扩展功能自动重新启动（与主动式驻车辅助系统/代码 235 配套使用）；

ECO 驾驶模式中启用"滑行"；

设置限速；

带以下功能的主动式转向辅助系统；

车辆静止时，带自动解锁的主动式紧急停车辅助系统向梅赛德斯-奔驰紧急中心拨打紧急呼叫（取决于国家）；

紧急通道功能；在高速公路发生交通拥堵时，该功能会在车辆偏离道路中心时提供辅助引导，以确保保留紧急通道；

基于路线的速度调整，弯道前、环岛、收费站和 T 字路口以及转出或驶出高速公路/快车道时接近车尾时也会减速（与导航系统配套使用）；

避让转向辅助系统；

主动式车道保持辅助系统；

带驶出警告的主动式盲点辅助系统；

带转弯和交叉行车功能的主动式制动辅助系统；

车队尾部紧急制动功能；

预防性安全系统增强版（PRE-SAFE®）。

2. 多功能方向盘

驾驶员辅助系统定速巡航控制/限速器和 DISTRONIC 主动式车距辅助系统的控制元件位于多功能方向盘上，如图 3-2-37 所示。通过触控功能进行操作时会发出声音反馈（手指导航垫）。车内的扬声器发出操作声音反馈，可通过多媒体系统进行调节。

图 3-2-37

十四、恒温控制

1. 智能气候控制

由于电动车没有内燃机产生的废热，相比之下电机产生的废热相对较少，EQA 的车内通过热泵加热，辅以正温度系数（PTC）暖气增压器。车内制冷时，物理原理相反。此处，将相同的正温度系数（PTC）暖气增压器用作高压蓄电池加热器，通过加热冷却液确保高压蓄电池的最佳输出功率和效果范围。空调系统（装配空调系统/代码 580）作为标准装备提供，自动智能气候控制系统/代码 581（自动空调）作为选装装备提供，如表 3-3-5 所示。

2. 空调控制面板

空调采用模块化设计，即通过空调的模块化布局可实现空调系统和自动智能气候控制系统之间的功能区分。空气经空气内循环风门和带无刷直流电机的单管路鼓风机吸入。鼓风机电机通过专用橡胶元件自外壳机械分离，从而减小驾驶室中的震动，降低鼓风机噪音。鼓风机通过不同版本的脉冲控制器不断变化。细小微粒和异味的过滤通过活性炭过滤器执行。净化后的空气通过平板式蒸发器冷却至所需温度。

3. 加热器和制冷剂回路

在车辆侧，EQA 采用了电路拓扑，最先用于 MFA2 家族，后来进行了扩展，可以满足加热泵系统的要求。例如，使用的部件包括电传动制冷剂压缩机、蒸发器、内部蒸发器、水冷式冷凝器以及加热和冷却功能的各种线路。作为制冷剂，通过媒介在蒸发过程中吸收热量并在冷凝过程中将其释放。EQA 中的电路拓扑设计使冷凝过程中产生的热量可用于加热车内。在此过程中，热量来源于车内空气供给蒸发器和另一个吸收高压蓄电池和电机废热的蒸发器并将热量传递至车内。如果来自这两个来源的废热不足以为车内

表 3-3-5

空调系统概述 功能和传感器	空调	自动空调
代码	空调系统/代码580	自动空调系统/代码581
单区空调系统	是	否
双区空调系统	否	是
气流分配控制	自动	自动
驾驶员/前排乘客温度控制	共有	单独
空气内循环开关，带"关闭车窗"的舒适性功能	自动	自动
隧道模式切换（与导航系统配套）	是	是
细尘过滤器	是	否
细小颗粒物和活性炭过滤器	否	是
传感器数量	1	1
湿度和温度传感器的数量	1	1
空气质量传感器的数量	1	1
出风口温度传感器的数量	2	4
车内温度传感器数量	1	1

提供舒适热量，其他热量会在正温度系数（PTC）暖气增压器中产生并通过热交换器和空调系统传送至车内。

4. 操作单元

空调系统和自动智能气候控制系统执行的智能气候控制是一种以满足许多客户舒适性要求为目标的自动模式。为根据需要冷却或加热空气，采用多个传感器测量车内温度和车外温度并判定太阳位置。为防止车窗起雾，露点传感器测量风挡玻璃处的空气湿度。智能气候控制集成在信号采集及促动控制模组中。其位于前排乘客脚部位置，通过车内控制器区域网络（CAN）（CAN B）整合在车辆数据拓扑中。通过这种总线系统，从车速到故障诊断或软件更新安装的所有所需信息都可与相应的控制单元交换数据。某些传感器，例如蒸发器传感器、冷却液温度传感器和车外温度传感器以及出风口温度传感器直接与控制单元相连。包括雨量和光线传感器、微粒传感器和空气质量传感器在内的传感器以及风门促动器电机通过局域互联网（LIN）总线促动或读取。

5. 自动功能

如果按下空调系统或多区域智能空调（THERMOTRONIC）的AUTO（自动）按钮，会自动调节相应鼓风机设置的空气流率和空气分配。可设定和存储五种不同的自动配置。如果车辆重新启动，将会启用最后的设置。

6. 带舒适性功能和隧道功能的空气内循环功能

为提高效率，通常加热泵会以特定的空气模式以5℃以上的温度工作，在空气内循环模式，仅短时间工作（冷却）。如果车外空气中有异味，新鲜空气供给会暂时关闭。为了防止车窗结雾，系统尽可能由空气内循环模式自动切换回空调系统和多区域智能空调（THERMOTRONIC）的外部浮子室通风。舒适性功能可确保在空气内循环模式，侧车窗和滑动天窗在必要时关闭，随后恢复默认位置。如果按住空气内循环按钮的时间长于2s，侧车窗和滑动天窗会关闭。如果再次按住空气内循环按钮（时间长于2s），侧车窗和滑动天窗会恢复之前位置。如果车辆装配了导航系统，如果位置数据指示车辆即将进入隧道，其会自动切换至空气内循环模式。

7. 个性化设置

空调系统设置可分别配置 8 个不同的用户配置文件。7 个配置文件为用户文件，1 个为来宾配置文件。该功能集成在语音控制中。

8. 除霜功能

为通过鼓风机最大风量快速为风挡玻璃除霜，必须按下除霜（DEFROST）按钮。

9. 预进入智能气候控制

可通过 Mercedes me 或在车内，选择特定时间的车内温度，通过加热或冷却实现。此时会根据车辆是否位于充电站进行区分。为避免因加热或冷却使蓄电池负载过多，如果车辆未连接至充电站，则会限制预进入智能气候控制的运行时间。

10. 正温度变化系数（PTC）暖气增压器

正温度变化系数（PTC）暖气增压器也用于对车内进行舒适性加热。正温度变化系数（PTC）暖气增压器在加热模式为加热泵提供辅助，确保将车内加热至舒适温度，安装位置如图 3-2-38 所示。电子正温度变化系数（PTC）暖气增压器确认可有效加热，但是也会耗费很多高压蓄电池的电能以满足需要，因此会减少车辆的可行驶里程。但是，通过加热泵可确保必要时再使用正温度变化系数（PTC）暖气增压器。

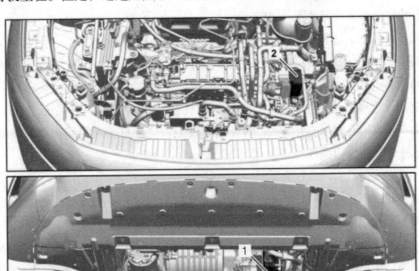

1.高压正温度系数（PTC）加热器（高压蓄电池）　2.正温度变化系数（PTC）暖气增压器（车内）

图 3-2-38

11. "健康"组件

该组件的目的 [装配高级健康组件/代码 PBR] 是确保驾驶员身体健康，精力充沛。为此，将车辆中各舒适性系统与精确设定的程序相链接，与畅心阁（ENERGIZING COACH）服务配套使用，作为用户接口功能可由驾驶员操作。

组件包括以下基本元件：

畅心醒神（ENERGIZING）便捷控制；

畅心阁（ENERGIZING COACH）。

（1）畅心醒神（ENERGIZING）便捷控制。

畅心醒神（ENERGIZING）便捷控制在单调的驾驶情况下为驾驶员提供辅助，目的是提升健康感。其中集成了智能气候控制、照明效果、音乐、视频、加热、座椅通风和按摩功能等。此处的智能原理为主功能控制辅助功能，从而会增强每隔 10min 程序的预想效果。例如，这可能包括始终由环境氛围照明系统调节照明效果。"清新"程序是在长途行车过程中为乘员提供新鲜空气，通风醒神，因此多区域智能空调（THERMOTRONIC）通过提供强气流（空气脉冲）实现最强效果。驾驶员会感受到车内的环境就像夏天暴风雨过后的空气，畅心醒神，令人振奋。该程序由主动式座椅通风完成。如果驾驶员或乘客需要一股新能量来继续完成工作，带主题刺激音乐的"活力"程序将会提供辅助。为此，多媒体系统中会存储一份节奏充满活力的合适的播放列表。主动（非被动）是"训练"程序的主导主题。其鼓励您根据存储的视频完成总共九项锻炼。在"和煦"程序中会通过加热座椅实现放松。选择"愉悦"后会真正体验其中的含义。此处的主题是腰部支撑提供的波浪式运动。"康乐"程序也会运行 10min，会使用腰部支撑提供的愉快效果。两项程序都提供了 AMG 运动组件，但不提供按摩功能。例如，"能量吨"程序适用于高速公路长途行驶后停车休息时。通过这三个阶段，效果性能明显，用户恢复活力。使用这些程序时，必须满足以下前提条件：

车辆必须处于静止状态，这样驻车制动器才能自动接合，车门和行李箱才可锁止，滑动天窗，车窗和遮阳帘才可关闭；

高压蓄电池中的电量必须充足（至少 30%）。

七项程序都会对照明效果进行调节。因此，环境氛围照明系统自动设置以下颜色：蓝色/绿色（清新）、红色（活力）、绿色/白色（训练）、橙色/黄色（和煦）、黄色（愉悦）和淡紫色/粉色（康乐）。会启用所有座椅的中央气候控制和照明功能。例如可通过多媒体系统选择按摩或座椅空调控制，驾驶员座椅单独进行控制。作为畅心醒神（ENERGIZING）便捷控制的一部分，有关于 头部、肩部、上身、腰部和盆骨区域的贴心建议。在最长持续 3min 的音频片段中，会在行驶时持续为驾驶员提供关于健康保健方面的信息，以促进日常的健康锻炼。

（2）畅心阁（ENERGIZING COACH）。

畅心阁（ENERGIZING COACH）是畅心醒神（ENERGIZING）便捷控制的智能程序推荐。为此，该功能会根据车辆相关数据以及周围环境做出判断。如果佩戴了与该系统兼容的可穿戴智能手表，关于根据脉搏数推算的睡眠质量和压力水平等相关信息也会整合到后端算法中，从而根据具体情况计算出适合的推荐。畅心阁（ENERGIZING COACH）仅与畅心醒神（ENERGIZING）便捷控制配套使用。

十五、座椅

将高压蓄电池安装于地板上的 ENERGY SPACE 理念影响了前排和后排座椅的安装位置。

1.前排座椅

EQA 可以装配基本座椅，舒适型悬挂式座椅或带可调头枕的运动型座椅。不同系列，组件和特殊设备提供有不同的座椅类型。EQA 提供了选装装备，如空调座椅或带腰部按摩功能采用畅心醒神（ENERGIZING）座椅动力学功能的多仿形座椅，使车内乘员在旅途中更加舒适。

2.带记忆功能的全电动座椅调节

作为选装装备，带三个记忆位置的电动座椅调节功能可记忆驾驶员座椅或两个前排座椅。电动功能包括：

前后调节；

座椅高度调节；

靠背角度调节；

坐垫倾斜度调节。

此外，客户可预先设定前排乘客侧车外后视镜的驻车位置，在接合倒挡时会自动设置。这样驾驶员可更好地看清路缘的位置。

3. 畅心醒神（ENERGIZING）座椅动力学功能

鉴于进一步增强旅途健康舒适度的理念，前排座椅装配了畅心醒神（ENERGIZING）座椅动力学功能，与带记忆功能的全电动座椅调节功能配套使用。通过畅心醒神（ENERGIZING）座椅动力学功能可将坐垫倾斜度从选定的角度上下调节 2.4° 左右。座椅靠背中心点可从选定倾斜角度前后调节 1° 左右。如果坐垫或座椅靠背已在极限位置，则畅心醒神（ENERGIZING）座椅动力学功能无法使用。畅心醒神（ENERGIZING）座椅动力学功能包括多种不同程序，有不同的时长和循环数量。对于所有程序，可调节靠背和坐垫的倾斜度，也可单独调节两个角度。畅心醒神（ENERGIZING）座椅动力学功能启用时，用户在旅途中会有更好的健康舒适体验。畅心醒神（ENERGIZING）座椅动力学功能可防止乘员乘坐时疲劳紧张或偶尔在座椅上"扭动"，以使其当前乘坐位置更加舒适。

十六、操作和显示概念

（一）概述

开关面板和开关的理念基于 GLA，车型系列 247 的设计理念。在 EQA 中，通过电动车辆的新增功能进一步强化这一理念。EQA 装配以下控制和显示元件：

两个方向盘开关面板上的触控按钮——左侧和右侧；

方向盘开关面板上的定速巡航控制或限速器操作；

带涡轮外形的无钥匙启动（KEYLESS-GO）启动按钮：带启动/停止（start/stop）字样和蓝色 LED 照明的 EQ 特有设计；

方向盘后方的换挡拨片（手动设置能量回收力度）；

多媒体显示屏（特点包括带触控操作）；

带动画和听觉操作反馈的用户界面；

下部控制面板上多媒体显示屏 EQ 菜单的直接访问按钮；

收藏夹定义，例如媒体、收音机、TV、电话联系人和导航的目的地存储；

预进入智能气候控制手动启用的控制元件；

插座凹槽中用于启用充电中断的按钮开关；

驾驶辅助系统的功能通过多媒体显示屏上的软键操作；

中央控制台中的多功能触摸板。

多媒体显示屏上可配置和显示的设置情况如下：

驾驶员特定的充电电流限制；

离开时间调节。

（二）装配显示

EQA 中驾驶室显示屏上的显示包括：

动力表（百分比）；

可用输出功率（百分比）；

当前电力输出；

蓄电池符号；

蓄电池充电量；

系统就绪符号；

EV 特有的旅程计算机。

（三）多功能显示屏

显示包括：

能量流显示（如滑行或能量回收阶段）；

燃油消耗量图表；

导航画面上的充电站；

导航画面地图上的可达里程（基于要涵盖的路线的拓扑信息）；

预进入智能气候控制相关信息；

充电电流信息；

关于编程文件设置信息的相关信息（充电时启用最大充电电流的监测）；

远程服务。

（四）仪表盘

EQA 的仪表盘包括一个 7 英寸 TFT 彩色显示屏（标准装备）或一个 10.25 英寸 TFT 彩色显示屏（选装）。屏幕上会光学显示熟悉的仪表盘圆盘。

仪表盘显示屏，图 3-2-39 所示为"渐进款"可以进行显示屏定制。提供以下显示类型：

现代经典款；

运动款；

渐进款。

（五）ECO 显示

通过安装的仪表盘显示屏，可对加速、滑行和定速行驶的情况进行评估。因此驾驶员可检查他们驾驶方式的效果，以便在必要时做出调整，ECO 显示通过彩色高亮图标提供针对具体情况的驾驶方式评估。通过节能显示，驾驶员可立即得知能最有效地利用驾驶方式并继续更高效率行驶。与运动型驾驶方式相比达到的里程显示为奖励里程。所有区段一旦变满，就会发光表明驾驶方式省油。ECO 显示视图如图 3-2-40 所示。

（六）平视显示屏功能

平视显示屏可作为选装装配订购。会在发动机罩上方 2.5m 位置向驾驶员显示约 24cm×8cm 的虚拟彩色图像。平视显示屏向驾驶员显示中央信息，如车速、最高允许车速、警告信息和语音导航。获取和显示该信息意味着驾驶员无须从当前驾驶操作中转移注意力，平视显示屏如图 3-2-41 所示。

图 3-2-39

图 3-2-40

图 3-2-41

十七、信息、多媒体和通信系统

（一）信息、多媒体和通信系统

EQA 中使用的控制器和显示概念以人体工程学，控制舒适性和安全性为重点。新研发的目的是扩展通过手势、触摸或语音控制系统与车辆及其功能之间的交互。在很大程度上，通过使用 NTG6 车载智能信息系统单元版本（UI2018），KIG 2.7 驾驶室显示屏版本（UI 2018）和 STAR2.5 整体车辆架构实现。可展示 NTG6 内容的多媒体显示屏具备创新性的触控功能。与其他车型系列相同，两个触控按钮也位于多功能方向盘的两个开关面板中，用于操作驾驶室显示屏（左侧按钮）和多媒体显示屏（右侧按钮）。

（二）MBUX 多媒体系统

根据选装装备的不同，EQA 中装配了两种不同的 MBUX 系统。装配 Connect 20 MID（NTG6）/代码 548 的 MBUX 系统和装配 Connect 20 HIGH（NTG6）/代码 549 的 MBUX 系统。MBUX 2018 多媒体系统包含以下功能且可根据附加组件进行扩展：

带可选个性化功能的 MBUX；

尺寸可自选的驾驶室和多媒体显示屏 7 英寸（18.8cm）或 10.25 英寸（26cm）；

带实时交通信息和 Car-to-X 通信的导航服务；

交通标志辅助系统；

可达里程辅助；

标准非车载语音控制，选装车载语音控制；

方向盘上的两个触控按钮；

中央控制台中的多功能触摸板；

双电话模式；

免提电话；

集成式多媒体接口；

标准音响和扬声器；

全球定位系统（GPS）天线；

带 MMC 基本服务和 EV 服务的 HERMES LTE；

紧急呼叫功能（国家具体版本）；

可达里程辅助。

可选择：

智能手机集成标准；

无线充电；

使用手势非触控；

数字音频广播（DAB）；

Burmester® 环绕立体声音响系统；

平视显示屏；

导航系统增强现实功能（基于摄像头，某些国家版本提供录像功能）；

TV（仅适用于日本和韩国市场）；

畅心醒神（ENERGIZING）组件和畅心醒神。

（三）增强现实

装配增强现实视频/代码 U19 的车辆：由摄像头记录车辆前方的风景并显示在多媒体系统显示屏中。

随之图像中显示虚拟物体和标记。例如，会显示街道名称、门牌号和导航指示。

（四）宽屏幕驾驶室

EQA 的一项独特功能是全数字宽屏幕驾驶室，驾驶室和多媒体显示屏组成一个整体单元。来自两个系统的信息显示在独立式显示屏组的两个高分辨率显示屏中，用户可对显示屏自行个性化设置。根据需要，驾驶室和多媒体显示屏尺寸可选 7 英寸（17.8cm）或 10.25 英寸（26cm）。对于此系统的操作，EQA 依靠经过检验的梅赛德斯–奔驰操作理念（方向盘和多功能触摸板后方带直接选挡（DIRECT SELECT）换挡杆）。触控多媒体显示屏显示 NTG6 内容。与其他车型系列相同，两个触控按钮也位于多功能方向盘的两个开关面板中，用于操作驾驶室显示屏（左侧按钮）和多媒体显示屏（右侧按钮）。

（五）平视显示屏

平视显示屏可作为选装装配订购。会在发动机罩上方 2.5m 位置向驾驶员显示约 24cm×8cm 的虚拟彩色图像。平视显示屏向驾驶员显示中央信息，如车速，最高允许车速、警告信息和语音导航。获取和显示该信息意味着驾驶员无须从当前驾驶操作中转移注意力。

（六）电话和免提功能

多功能电话与车外天线建立无线连接，可以通过中央控制台的充电表面为支持 Qi 标准的移动电话无线充电。此外，多功能电话还包含近场通信（NFC）功能。移动端设备的 NFC 连接器近场通信（NFC）是短距离内无线数据交换的国际传输标准。NFC 应用程序包括通过"触按"和"确认"实现蓝牙设备的简单配对以及已经配对过的设备的简单选择和连接，例如，更换驾驶员后，通过"触按"。优点在于大大减少了操作步骤和配对过程的规范化。无须再输入或对比代码。NFC 芯片和相关天线位于感应充电垫的外壳中。

（七）信息

信息意为车辆车载智能信息系统可发送、接收、显示和传送的 SMS 信息。MAP 蓝牙配置文件用作标准记录。这与绝大多数的移动电话 / 智能手机兼容。与 MBUX 代码 548[Connect 20 MID（NTG6）] 和 549[Connect 20 HIGH（NTG6）] 配套使用功能范围多样。代码 549 [Connect 20 HIGH（NTG6）] 的最大功能范围包括：

接收，发送和传送 SMS 信息；

利用语音输入的听写功能；

再次使用信息文本中的电话号码；

使用嵌入式链接（URL）。

（八）已连接 Car 系统

Mercedes me 涉及所有车辆的在线服务，可通过互联网调用具体内容。关于当前提供的数字服务以及关于价格、运行时间和扩展选择等方面的内容，可参见 Mercedes me Store。希望在车辆中使用这些功能的用户需要有一个车载的 LTE 通信模块。根据相应的应用市场，EQA 可装配如下数字服务：

梅赛德斯–奔驰紧急呼叫系统；

礼宾服务；

CAR sharing 预留装置；

vehicle monitoring 预留装置；

vehicle setup 预留装置；

Mercedes–Benz Link 预留装置；

e-mobility 预留装置。

（九）音响系统

1. 标准音响系统

作为标准装备，EQA 装配了四个低音/中音扬声器和两个高音扬声器（A 柱饰板中）。用于紧急呼叫系统的中音/中置扬声器位于仪表板上。用于输出驾驶室显示屏的信号音和警告音的扬声器位于驾驶员侧脚凳饰板中。系统的总输出功率为 100W。可订购有四个低音/中音扬声器位于车门中，两个高音扬声器位于 A 柱饰板中，两个高音扬声器位于后门中的音响系统，为代码 853（"中端"音响系统）下的选装装备。中音/中置扬声器（双线圈）与紧急呼叫系统配套，位于仪表板上。用于输出驾驶室显示屏的信号音和警告音的扬声器位于驾驶员侧脚凳饰板中。装配"中端"音响系统/代码 853 的音响系统由车辆后方的低音音箱提供辅助 [装配辅助放大器（增强器） 的车辆]。带低音音箱的扬声器输出功率为 225W。

2.Burmester® 环绕立体声音响系统

Burmester® 环绕立体声音响系统 （装配高级音响系统/代 码 810）作为选装装备提供。音响系统和 Burmester® 环绕立体声音响系统之间的差别特别体现在九声道放大器，Burmester® 环绕立体声音响系统的外观以及扬声器的数量和品质。Burmester® 环绕立体声音响系统包含十二个扬声器和一个放大器。车门中有四个高级低音/中音扬声器，有四个高音扬声器，两个位于 A 柱饰板中，两个位于后车门中有腰线下方。此外，D 柱周围区域有两个高级环绕扬声器，如果装配紧急呼叫系统，还会有一个中置扬声器。用于输出驾驶室显示屏的信号音和警告音的扬声器位于驾驶员侧脚凳饰板中。Burmester® 环绕立体声音响系统还附带一个位于后部区域的低音音箱。Burmester® 环绕立体声音响系统选装装备的总输出功率为 590W。

十八、专用工具概览

（1）检测封盖如图 3-2-42 所示。

（2）拔取和嵌入工具如图 3-2-43 所示。

图 3-2-42

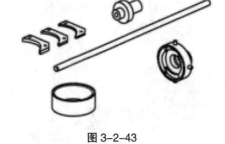

图 3-2-43

（3）拔取和嵌入工具如图 3-2-44 所示。

（4）适配器如图 3-2-45 所示。

图 3-2-44

图 3-2-45

（5）主总成支架如图 3-2-46 所示。

（6）负载装置如图 3-2-47 所示。

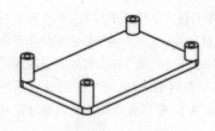

图 3-2-46

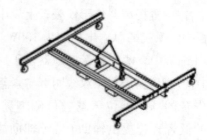

图 3-2-47

（7）夹板如图 3-2-48 所示。

（8）吊车如图 3-2-49 所示。

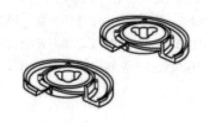

图 3-2-48

图 3-2-49

（9）悬吊装置如图 3-2-50 所示。

（10）泄漏测试仪如图 3-2-51 所示。

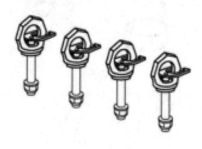

图 3-2-50

图 3-2-51

第三节　奔驰 EQS 新技术剖析

一、概述

（一）导言

新款 EQS 是梅赛德斯 EQ 产品和技术品牌的第一款全电动高级轿车。EQS 产品理念包括 EQ 独特的外饰和内饰设计，采用轿跑车风格，较大的掀开式尾门延伸到车顶，装配四个车门和五个座椅。新款 EQS 具备较低的风阻系数 0.20。对于外饰尺寸，新款 EQS 的车辆长度和轴距介于 S 级车型 223 的短轴距和长轴距之间。内饰方面，由于高压蓄电池的位置，座椅高度较高。投放市场时，新款 EQS 将提供两种输出功率类型，245kW 和 385kW。EQS 由后轴处带电机的新款全电动系统驱动。全时四轮驱动（4MATIC）车型在前轴处装配的电机更小。通过调节可实现两个传动轴之间 0 至 100% 的动态扭矩分配，从而为较高程度的车辆动态提供前提条件。电机的电能由安装在 EQS 底板中的高性能高压蓄电池提供。为实现不同操作能量输入，高压蓄电池有 2 种不同的尺寸和容量。此外，因蓄电池单元格的领先技术，与之前的高压蓄电池相比，重量降低，空间缩小。通过采用高性能高压蓄电池，EQS 的总续航里程可达 770km（WLTP 低）。高压蓄电池可通过插座，正确测试和安装的壁挂式充电盒或公共充电站进行充电。可通过公共充电站的直流电进行充电，再次大幅缩短了充电时间。EQ 服务（例如，Plug &Charge，熟知的梅赛德斯-奔驰壁挂式充电盒或改进的快速充电网络 IONITY 访问）支持面向客户的现代电源设备。

新款 EQS 因以下产品特征脱颖而出：

（1）带部分自动化功能的驾驶辅助系统（FAP 5.0）或带高度自动化行驶功能的 DRIVE PILOT（SA）（2022 年）。

（2）带选装装备 MBUX Hyperscreen 的现代操作和显示理念。

（3）带较高实用价值的现代信息娱乐系统（NTG7）（通过触摸操作，新显示屏和智能语音控制）。

（4）静态 LED 高性能大灯作为标准装备安装。已在新款 S 级中使用的新型照明系统 DIGITAL LIGHT 作为选装装备提供。

（5）后轴处带较小转向角的机电转向系统作为标准装备提供，而带较大转向角的型号作为选装装备提供。

（6）通过中央显示屏，高压正温度系数（PTC）加热器（车内）和新 HEPA 滤清器技术操作的空调系统。

（7）舒适性更高，安全性更强和物料种类更佳的新型座椅。

（8）隐藏式可升降电动伸缩车外门把手作为标准装备提供，电动舒适性车门作为选装装备提供。

（9）左前翼子板中清洗液的保养盖。

（10）电动促动式插座盖板。

（11）通过局部互锁系统提高高压安全性和诊断性能。

（12）通过车身区域电机和减震材料的独特安装理念实现了独具舒适性的 NVH。

（二）车型一览

车型和主总成车型一览如表 3-3-1 所示。

表 3-3-1

类型	车辆	投放市场	蓄电池	电机	输出功率（kW）	扭矩（总）（N·m）
EQS 350	297.121	10/2021 ECE 版	EB 421（90.56）	780.600（后）	210	—
		12/2021 其他国家和地区				
EQS 450+	297.123	08/2021 ECE 版 / 美国版	EB 401（107.8）	780.600（后）	245	568
		10/2021 ROW 1				

类型	车辆	投放市场	蓄电池	电机	输出功率（kW）	扭矩（总）（N·m）
EQS 580 4MATIC	297.144	12/2021 ROW 2	EB 402 （107.8）	780.600 （后）	245	855
		08/2021 ECE 版/美国版				
		10/2021 ROW 1				
		12/2021 ROW 2		780.300 （前）	140	
梅赛德斯 AMG EQS 53 4MATIC+	297.155	10/2021 ECE 版	EB 406 （107.8）	780.600 （后）	300	—
		12/2021 其他国家和地区		780.300 （前）	170	

二、整车

（一）设计

1. 外饰

新款 EQS 是首款全电动高级轿车，这代表着开启了豪华车领域的新一代车型。通过采用无缝简明的设计，EQS 明显区别于装配内燃机的梅赛德斯–奔驰车型。珠饰和特征线大大减少。大灯和进气格栅融合在一块黑色面板表面上。驾驶室前移的设计在该领域是新颖且独特的。由于风挡玻璃前移和轴距加长，车内空间增大。

新款 EQS 具有以下风格特征：

（1）黑色面板表面通过贯穿式灯带围绕大灯和散热器格栅（特别版）。

（2）带自适应远光灯辅助系统的静态全 LED 高性能大灯。新型照明系统 DIGITAL LIGHT 作为选装装备提供。

（3）创新型散热器格栅，集成式 3D 星徽设计作为选装件。

（4）左前翼子板中用于清洗液的集成式保养盖板。

（5）前部三角窗中的 EQS EDITION ONE 标志。

（6）采用轻量化设计的电动无框舒适型车门。

（7）隐藏式电动伸缩车门外把手。

（8）新设计的圆形尾部，大掀开式尾门，两件式尾灯和贯穿式灯带。

（9）掀开式尾门上的 EQS 车型标志。

EQS 580 4MATIC，右前侧视图如图 3-3-1 所示。

EQS 580 4MATIC，左前侧视图如图 3-3-2 所示。

EQS 580 4MATIC，左后侧视图如图 3-3-3 所示。

2. 内饰

图 3-3-1

图 3-3-2   图 3-3-3

　　EQS 的内饰重新诠释了梅赛德斯–奔驰 EQ 品牌豪华轿车的前卫设计。仪表板的一大亮点是采用数字化设计，具有多样化操作和 Hyperscreen 显示元素。

　　内饰设计的附加主要特征：

　　（1）仪表板的标准装备为独立的驾驶员显示屏和中央显示屏。

　　（2）作为选装装备提供的 MBUX Hyperscreen 横跨了仪表板的整个宽度，且驾驶员显示屏，中央显示屏和新的前排乘客显示屏位于下方。

　　（3）仪表板的另一个亮点是极细的横向通风口带。

　　（4）带集成式功能照明的涡轮状出风口。

　　（5）取消了传动轴通道而采用全新设计的中央控制台，储物箱位于下方。

　　（6）环绕式车门饰板延伸了仪表板的设计。从而使内饰看起来更具整体性。

　　（7）新款方向盘通过突出的辐条设计更加凸显了内饰的与众不同。

　　（8）新设计的座椅使用了新材料并采用织物样式。

　　EQS 580 4MATIC，前部内饰，装配选装装备高级显示屏组件/代码 PAG 如图 3-3-4 所示。

图 3-3-4

　　EQS 580 4MATIC，后部内饰，装配前向折叠后排长座椅，装配选装装备入门级显示屏组件/代码 PAI 如图 3-3-5 所示。

图 3-3-5

EQS 580 4MATIC，后部内饰如图 3-3-6 所示。

图 3-3-6

（二）技术数据

技术参数如表 3-3-2~3-3-4 所示。

表 3-3-2

特性	值	单位
车辆长度	5216~5265	mm
车外后视镜展开时的车辆宽度	2125	mm
车辆高度[1]	1512	mm

轴距	3210	mm
转弯半径（墙到墙）	11.9~12.1	m
前轴轮距	1660~1667	mm
后轴轮距	1653~1682	mm
空车重量 [2]	2480~2680	kg
允许满载重量	2945~3225	kg
阻力系数 Cw [3]	0.20	—
前悬伸长度	915~922	mm
后悬伸长度	1091~1140	mm

注：1 在最佳条件下（例如，根据高压蓄电池的温度和/或环境温度）。

　　2 符合 EC。

　　3 装配 19 英寸 AMG 车轮/轮胎组合（自 2021 年底欧盟国家可用），运动驾驶模式。

表 3-3-3

临时车辆数据（电动）		
特性	值	单位
CO_2 排放	0	g/km
耗电量（NEDC）	16~20	kWh/100km
可达里程（WLTP）	770	km
最大总输出功率	245~470	kW
最大总扭矩	568~855	N·m
允许的最高车速	210~250	km/h
加速 0~100km/h	4.3~6.2	s
前轴电机（代码 M005）		
结构	内部转子	
最大输出（符合 ECE-R85）	140	kW
最大扭矩	270	N·m
后轴电机		
结构	内部转子	
最大输出（符合 ECE-R85）	245	kW
最大扭矩	568	N·m
高压蓄电池		
类型	锂离子	
重量	690~692	kg
模块数量	12	
电池单元格数量	216	
电池单元格类型	Hardcase	
容积	282	Ah
内能（装机/可用）	107，8	kWh

临时车辆数据（电动）		
最大输出功率	420（EB401/EB402/EB421）	kW
	530（EB406）	
标称电压	396	V
交流充电 交流充电时间 10%~100% SoC（充电量）（净）4		
单相（中国版）7kW	至少 13	h
单相（美国版）9.6kW	至少 9.5	h

表 3-3-4

临时车辆数据（电动）		
单相（日本版）6.4kW	至少 14.25	h
三相（ECE 版）11kW	至少 8.25	h
三相（ECE 版）22kW	至少 4.25	h
直流充电 直流充电时间 10%~80% SoC（充电量）（净）4		
公用 200kW（ECE 版）	至少 30	min
公用 140kW（美国版）	至少 35	min
公用 100kW（中国版）	至少 50	min
公用 160kW（日本版）	至少 35	min

注：4 在最佳条件下（例如，根据高压蓄电池的温度和/或环境温度）。

三、保养

根据已经熟知的保养逻辑，新款 EQS 需要进行保养。保养范围，特别是 A 类保养 B 类保养，已根据相关流程和车辆相关标准进行重新编译。但是，仍保留了保养间隔 30000km 或 24 个月 [欧洲经济委员会（ECE）] 以及特定国家可能不同的里程间隔。此外，保养 A 和保养 B 继续按顺序应用且客户可自由选择"附加服务"。每次保养时更换滤尘器。

1. 附加保养作业

车辆规定的附加保养作业的间隔如下：

（1）更换制动液：每 2 年。

（2）挂车装置 – 检查状况和功能：每次 B 类保养时。

（3）更换活性炭细尘过滤器：60000km 或每 2 年。

（4）全景式滑动天窗：清洁并润滑导向机构，每 60000km 或每 4 年。

（5）更换细尘过滤器（HEPA 过滤器）（代码 914）：每 120000km 或每 4 年。

（6）更换冷却液：每 210000km 或每 12 年。

2. 保养合约

对于新款 EQS，我们还会将签订保养合约的客户连入梅赛德斯 – 奔驰的长期服务网络。因此，自开始销售起，就有足够的时间为客户全面完整地计算保养合约费用并提供给客户。对于全部新车型，必须确保每个市场都提供产品系列"优秀"（全套保养）且至少有一个其他保养合约产品。自销售之日起必须在相应市场提供所有相关服务。

四、车辆和产品安全

1. 断开电源

为了在执行维修和保养操作时不存在任何风险，必须将高压车载电气系统断电并进行保护以防止重新启用。将电源禁用以及重启程序记录在规定车辆电源禁用事件日志和/或车辆试运行日志中。将事件日志与车辆温度文档存放在一起。高压车载电气系统的基于诊断的电源断开操作通过 XENTRY Diagnosis 中的菜单引导执行。在 EQS 中，手动高压断开装置以防篡改的方式安装在前排乘客脚部位置，如图 3-3-7 所示。用挂锁锁上高压断开装置，以防非授权的高压车载电气系统启用。

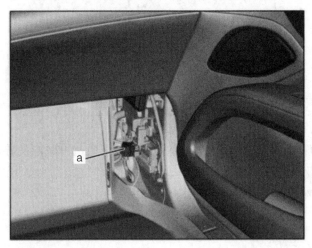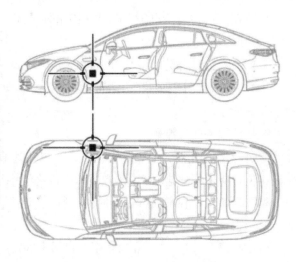

a 高压断开装置

图 3-3-7

2. 诊断

EQS 的诊断通过 XENTRY Diagnosis 常规执行。这可以体现车辆的所有装备特点并进行准确的故障评估，故障校正及车辆特定数值和参数的评估。对高电压车辆及其高压部件进行诊断时，要采取专门的资格认证措施。无资质的人员不得进行任何诊断操作。注：仅经过培训的授权服务中心人员（操作高压安全量产车，车型系列 EQS 车型 297 方面的专家）才允许执行基于诊断的电源断开操作和操作高压车载电气系统。

3. 冷却回路

注：车辆必须通过诊断装置按照排气常规流程进行排气。对两条冷却液回路进行加注和排气时，必须遵照以下维修间资料系统（WIS）文档。

4. 对车辆进行的作业

仅经过培训的授权服务中心人员（操作高压安全量产车，车型系列 EQS 车型 297 方面的专家）才允许执行电源断开操作和操作高压车载电气系统。

5. 发生事故和出现短路时停用高压车载电气系统

为减少在车辆严重损坏时不会受到电击，以电子的方式将高压车载电气系统从高压蓄电池上断开并在检测到相关事故严重性处进行被动放电。通过打开蓄电池接触器实现高压蓄电池断电。然后，高电车载电气系统中的电压最晚 5s 后必须降至低于 60V DC 和/或 30V AC。对于因高内能而导致被动放电不足的部件，还会启用主动式短路。高压断开与碰撞检测和乘员防护系统的展开相关联。两种类型的断开存在区别。如果事故严重性较低，仅安全带紧急拉紧器触发或气囊处于第 1 阶段，则高压车载电气系统以可逆的方式断开。如果未检测到绝缘故障（自诊断），可重新启用高压车载电气系统。因此，在发生轻微事故后仍可行驶的车辆可重新启动。如果是严重事故，高压车载电气系统以不可逆的方式断开，即发生事故后无法再立即重新启动。

6. 安全注意事项

装配高压车载电气系统的电动车辆具有本质安全性。本质安全表示通过对高压车载电气系统执行适当的技术措施创建一套完整的接触和电弧保护系统，以确保用户的安全。

7. 警告标签

发生故障时，除断开高压蓄电池外，主动放电也是很重要的一方面。储压器（如电容器）和所有高压部件（高压蓄电池除外）放电，这样高压车载电气系统就不存在危险电压。除技术措施外，还有高压识别保护措施：

（1）所有高压部件上的警告标签。

（2）高压部件外的高压线路以橙色区分，如图3-3-8所示。

图3-3-8

8. 救援服务的二维码

通过救援服务的二维码黏结标签，可以快速直接地查看车辆的救援卡。二维码可通过可联网的移动终端和免费应用程序进行扫描。救援卡将以终端中设定的语言进行显示。车辆上贴有两个二维码黏结标签。一个黏结标签粘贴在加油口盖板内侧，另一个粘贴在对面的B柱上。

9. 牵引

可以在最高车速50km/h时牵引车辆最多50km。要求：

（1）换挡杆位于位置"N"。

（2）后轴升高，仅适用于未装配全时四轮驱动系统（4MATIC）的车辆。

（3）两个车轴位于地面，仅朝向行驶方向且驾驶员位于驾驶舱内。

如果发生下列任一事件，必须采用合适的运输方式运输车辆：

（1）变速器无法设置到位置"N"。

（2）12V蓄电池断开或放电。

（3）驾驶员显示屏故障。

（4）出现以下显示信息。

①禁止牵引。

②加满冷却液。

③停车，发动机关闭。

（5）车辆运输超过50km。

五、备选驱动系统

（一）驱动机构

1. 高压部件的概述

高压部件一览如图3-3-9所示。

作为新EQ产品和技术品牌的第一个梅赛德斯－奔驰代表，EQC采用了模块驱动系统。EQS的后轴上（或对于4MATIC车型，在前轴和后轴上）配备紧凑型电驱动单元。后驱动单元提供至少210kW的功率。在4MATIC车型中，顶级设备中的两个驱动单元联合最大输出为470kW并具备全轮驱动的驾驶特性。

1.前部电驱动单元（代码M005）2.前轴驱动轴 3.后轴驱动轴 4.后部电驱动单元 5.12V蓄电池 6.直流/直流转换器控制单元 7.高压蓄电池模块 8.直流/交流充电车辆插座 9.直流充电连接单元 10.高压蓄电池交流充电器（9.6 kW和/或11kW）

图3-3-9

通过智能控制可在两个传动轴之间动态进行扭矩分配，操作范围更广，从而为较高程度的车辆动态提供前提条件。

电驱动单元为紧凑型装置，包括：

①电机。

②电力电子装置。

③带机油泵的变速器。

④热交换器。

因此，设想在后轴上也安装一个驻车止动爪。在4MATIC车型中，前部驱动单元支持电动制冷剂压缩机并提供电能。从技术角度来说，该电机根据三相永磁同步电机励磁的原理采用内转子设计。变速器仅具有一个固定传动比的齿轮。在两个传动系统中，变速器安装在电机右侧（从行驶方向观察）。由于电机具备的特征，不需要使用离合器。只要电机和促动器连接（能量回收），则会驱动电机，与行驶方向无关。在减速和制动模式，机械旋转运动会转化为电能为高压蓄电池充电。

（1）电力电子装置。

电力电子装置集成在驱动系统中并直接连接至高压蓄电池模块和冷却液回路。其任务如下：

①向电机供电。

②控制电机。

③向电动制冷剂压缩机供电（仅适用于4MATIC车型）。

④监测电机的温度和位置。

⑤为传动系统控制单元创建可用扭矩的诊断和预测。

为操作电机，电力电子装置中的交流/直流转换器将高压蓄电池的直流电压转换为3相交流电压。因此，电机的转速和温度由电力电子装置进行记录。在超速运转模式下，如果电机作为发电机工作，则电力电子装置将感应的交流电压转换为直流电压并用于高压车载电气系统。

（2）后部电驱动单元。

后部电驱动单元如图 3-3-10 所示。

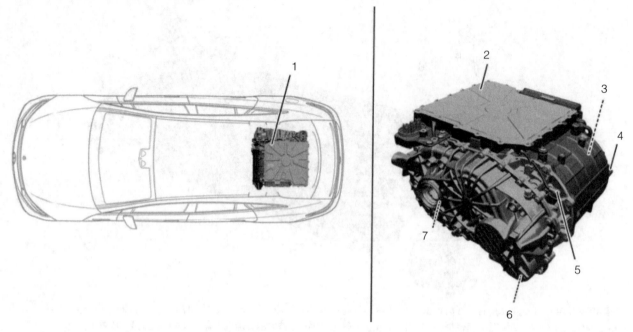

1.电驱动系统单元　2.电力电子控制单元　3.电机　4.至车辆的动力输出　5.位置传感器　6.驻车止动爪　7.变速器

图 3-3-10

（3）前部电驱动单元。

前部电驱动单元如图 3-3-11 所示。

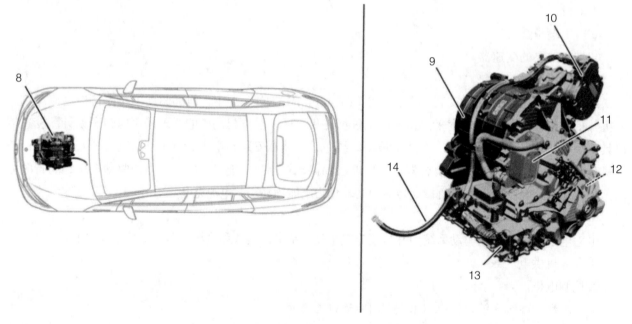

8.电驱动系统单元　9.电机　10.电动制冷剂压缩机　11.热交换器　12.变速器　13.电力电子控制单元　14.等电位联结线

图 3-3-11

2. 直接选挡（DIRECT SELECT）

直接选挡（DIRECT SELECT）方向盘换挡杆包括以下挡位：

（1）"R"，倒挡。

（2）"N"，空挡和启动位置（无动力传输，车辆可以自由移动）。

（3）"D"，1个前进挡可用。

换挡杆具有不同的挡位和动力级：

（1）驻车挡。

（2）换入"N"挡，跨过一个动力级。

（3）换入"D"或"R"，跨过更高的动力级。

车速＜7km/h时可请求驻车制动爪。

3．转向柱管模块

转向柱管模块的示例图如图3-3-12所示。

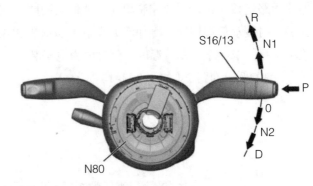

0.驻车挡 D.行驶挡 P.驻车止动爪 R.倒挡 N1.空挡1 N2.空挡2 N80.转向柱模块控制单元 S16/13.直接选挡（DIRECTSELECT）换挡杆

图3-3-12

（二）冷却装置

EQS的热量管理包括高压车载电气系统部件的冷却和车内的空调控制。高压车载电气系统部件的冷却通过两个相互未连接的封闭冷却液回路实现：

低温回路1；

低温回路2。

低温回路1冷却电驱动部件，低温回路2冷却高压蓄电池。每条低温回路都有一个转速可调的冷却液泵和多个调节阀。为降低能量消耗和车速较高时前部机组室的冷却速度，冷却器前方安装了空气调节系统。在特定情况下促动器电机会打开和关闭空气调节系统。低温回路的两个冷却器集成在一个冷却模块中。后部中央位置有一个风扇电机，用于为冷却模块通风。传动系统控制单元通过局域互联网（LIN）促动风扇电机，空气调节系统和所有冷却液泵（车内加热回路冷却液循环泵除外）。其通过前部信号采集及促动控制模组控制单元和局域互联网（LIN）控制。

（1）低温回路1（如图3-3-13所示）。

低温回路1冷却电机（如图3-3-13中9、10），直流/直流转换器（如图3-3-13中15），直流充电连接装置（如图3-3-13中13）和高压蓄电池交流充电器（如图3-3-13中12）。低温回路1还与车内的

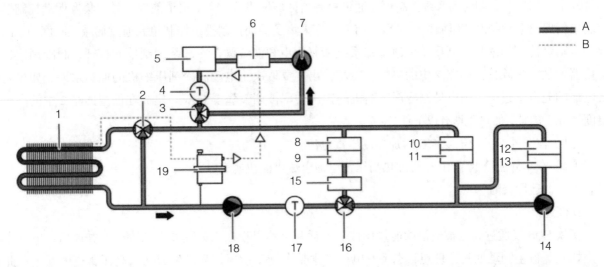

1.低温回路1冷却器 2.调节阀1低温回路1 3.车内加热回路转换阀 4.加热回路温度传感器 5.加热系统热交换器 6.高电压正温度系数（PTC）加热器 7.加热回路冷却液泵 8.前轴电机（全轮驱动车辆） 9.前轴电力电子控制单元（全轮驱动车辆） 10.后轴电机 11.后轴电力电子控制单元 12.直流充电连接单元 13.高压蓄电池交流充电器 14.冷却液泵1低温回路1 15.直流/直流转换器控制单元 16.调节阀2低温回路1 17.冷却液温度传感器1低温回路1 18.冷却液泵2低温回路1 19.低温回路1膨胀容器 A.低温回路冷却液管路1 B.低温回路通风管路1

图3-3-13

加热回路连接。传动系统控制单元调节低温回路1。其对低温冷却液回路1温度传感器的数据进行评估并在必要时促动低温回路1冷却液循环泵（如图3-3-13中14、18）。注：车外温度较低时冷却液还以最低流率（具体取决于冷却液温度）流过电力电子装置。

（2）低温回路2（如图3-3-14所示）。

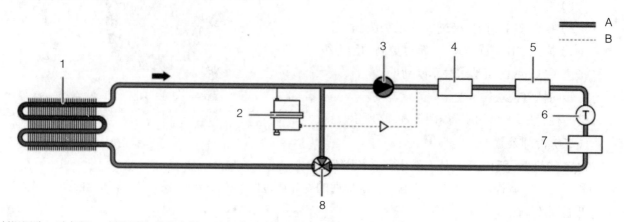

1.低温回路2冷却器 2.低温回路2膨胀容器 3.冷却液泵1低温回路2 4.热交换器 5.高电压正温度系数（PTC）加热器 6.冷却液温度传感器1低温回路2 7.高压蓄电池 8.调节阀1低温回路2 A.低温回路冷却液管路2 B.低温回路通风管路2

图3-3-14

低温回路2对高压蓄电池（如图3-3-14中7）进行冷却和加热。传动系统控制单元调节低温回路2。其对低温冷却液回路2温度传感器（如图3-3-14中6）的数据进行评估并在必要时促动低温回路2冷却液循环泵（如图3-3-14中3）。根据环境温度，高压蓄电池（如图3-3-14中7）的废热通过低温回路2冷却器（如图3-3-14中1）或通过制冷剂回路上的热交换器（如图3-3-14中4）发散。通过促动高压蓄电池冷却系统转换阀（如图3-3-14中8）调节低温回路2。热交换器（如图3-3-14中4）通过喷射到热交换器中并蒸发的制冷剂对冷却液进行冷却。冷却后的冷却液随后可传送至低温回路2。高压蓄电池（如图3-3-14中7）温度较低时，冷却液流过与高压蓄电池冷却系统膨胀阀隔离的热交换器。如果能源管理系统发出启用信号，则传动系统控制单元通过控制器区域网络（CAN）请求前部信号采集及促动控制模组控制单元促动电动制冷剂压缩机。然后，前部信号采集及促动控制模组控制单元通过局域互联网（LIN）促动电动制冷剂压缩机。高压蓄电池冷却系统膨胀阀由智能气候控冷却装置制单元打开，制冷剂流过热交换器。从而去除低温回路2中的热能。冷却输出主要取决于电动制冷剂压缩机的促动水平。如果高压蓄电池的充电量过低，则电动制冷剂压缩机的输出功率被调节降至0kW。集成在低温回路2中的高压正温度系数（PTC）加热器具有以下任务：

（1）在车外温度低于–25℃时加热高压蓄电池。

（2）在车外温度低于10℃时加热高压蓄电池以尽可能快速充电。

（三）运行策略

1.概述

新款EQS仅通过高压蓄电池的能量操作。消耗和可达里程在很大程度上取决于驾驶风格，电动车辆也是如此。再生制动期间，理想状态下，电机产生整个制动扭矩作为已生成的。高压蓄电池通过在此过程中产生的电能进行充电。蓄电池未充满电时此过程自动执行。以下参数影响EQS的消耗和可达里程：

可变全轮驱动分配（仅4MATIC车型）；

高压能源管理；

预处理空调；

高压蓄电池的预热；

变速器模式；

再生制动系统；

智能发动机管理。

（1）可变全轮驱动分配（仅 4MATIC 车型）。

最佳能量效率可通过扭矩分配的所需和高效优化连续控制实现。根据所需扭矩，高压中间回路的电流电压和驱动器的扭矩限制，通过运行时间的优化过程确定最有效的全轮分配。通过理想的全轮分配（如前轴 70%，后轴 30%）实现最大再生减速度并实现最佳能量回收。为确保即便在冰雪天气下的最大牵引力和行驶稳定性，操作策略识别空转车轮并相应地调节扭矩分配。因为两个电机相互独立促动，失去牵引力的情况下，一个车轴处的扭矩可继续供至另一车轴处。

（2）高压能源管理。

高压能源管理是高压蓄电池和相应高电压部件（由操作策略进行调节）之间的链接。下面列出了一些重要任务：

检查高压安全规格和按需切换至安全状态的情况；

根据高压安全规格启用和/或停用高压部件；

确定高压蓄电池的可用能量；

根据可用能量在高压部件之间分配能量；

评估传动系统的当前可用电力输出；

协调充电过程（高压蓄电池和充电部件之间的相互作用）；

计算旅程计算机的电力范围和电力消耗。

（3）预处理空调。

在计划行程之前或即将开始充电过程之前，预进入智能气候控制系统允许预处理车内和/或高压蓄电池。在此过程中涉及智能气候控制系统，蓄电池冷却液系统，高压能量管理系统和充电器。可由客户通过四个不同的预处理类型执行车内预处理车辆关闭时，车内可以用空调调节。如果车辆连接至电源设备，则高压蓄电池的充电优先达到规定的最低充电电量。 在以下情况下，可减少预进入智能气候控制系统的运行时间：

车辆未连接至电源设备；

高电压蓄电池未充满电。

启用预进入智能气候控制系统，即使在充电过程中也可减少高电压蓄电池的充电量。

（4）高压蓄电池的预热。

高压蓄电池的预处理与为了速比范围扩展的加热有关或与缩短充电时间的加热或冷却有关。其根据不同环境和系统温度以及逻辑操作自动启用，以识别即将到来的长途旅程和即将开始的充电过程。

（5）变速器模式。

在新款 EQS 中，可通过动态操作选择（DYNAMICSELECT）按钮选择驾驶模式，从而改变以下车辆特性：

驱动装置；

底盘；

转向机构；

电控车辆稳定行驶系统（ESP®）；

高级音响系统（代码 810）；

触控加速踏板中的压力点。

新款 EQS 中的可用驾驶模式：

I（个性化模式）用于单独设置多种参数；

S（运动模式）表示传动系统的设计可实现最佳运动驾驶性能；

C（舒适模式）为默认设置，提供较舒适的操控性能；

E（节能模式）表示降低消耗而优化车辆性能，还会启用触控加速踏板中的压力点。

注：E（节能）驾驶模式的可用性取决于安装的设备。

下方控制面板[装配高级显示屏组件设备（代码 PAG）]如图 3-3-15 所示。

1.动态操控选择（DYNAMIC SELECT）按钮

图 3-3-15

上方控制面板[装配基础显示屏组件设备（代码 PAI）]如图 3-3-16 所示。

（6）再生制动系统。

在减速模式下，车辆启用电机，由于离合器不可用，传动系统中始终存在摩擦连接。如果车辆溜车时未踩下加速踏板，则滑行模式启用或电机吸收动能并将其转换为电能（再生制动）。能量流从两个车轴通过相应的电机传输到高压蓄电池。车辆动能由两个电机转换为电能。其通过电力电子控制单元存储在高压蓄电池中。全轮驱动的能量回收（两个电机用作发电机工作），如图 3-3-17 所示。

1.带集成式动态操控选择（DYNAMIC SELECT）按钮的上方控制面板

图 3-3-16

图 3-3-17

再生制动期间电机产生制动效果。该制动效果可设置为多个再生制动等级或自动控制。此外，驾驶员可利用方向盘后方的两个方向盘换挡按钮（如图3-3-18中a、b）影响能量回收性能。方向盘降挡按钮（如图3-3-18中a）用于在以不超过2.5m/s²的加速度减速的情况下提升能量回收强度，方向盘升挡按钮（如图3-3-18中b）则是降低能量回收强度。设置的当前状态显示在仪表盘底部：

"D AUTO"：带ECO辅助的智能回收；

"D+"：无能量回收；车辆自由滑行；

"D"：正常的能量回收；相当于较弱的能量回收（默认设置）；

"D-"：增强的能量回收；超速运转模式下增加车辆减速度。

注：选择"DAUTO"功能时，重新启动，行程中断或开始下一行程前等情况下会保持此模式（上一模式）。在"DAUTO"模式下，参考ECO辅助。由于标配了方向盘换挡按钮（如图3-3-18中a、b），客户可以像传统驾驶的情况一样进行升挡和降挡操作。必须短按方向盘换挡按钮（如图3-3-18中a、b）中的其中一个，进入再生制动手动模式。可用最大能量回收取决于车速以及高压蓄电池的当前充电水平和温度。

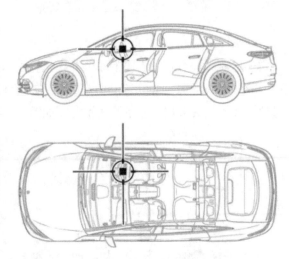

a.方向盘降挡按钮　b.方向盘升挡按钮

图3-3-18

（7）智能发动机管理。

智能驱动管理提前考虑道路路线和交通状况，以便在驾驶时以最佳能量效率消耗高压蓄电池的能量。为此，使用雷达传感器系统，多功能摄像头和导航系统的相关信息。智能驱动管理还减少车辆的消耗并增加电力范围。最后也是很重要的，其在多种驾驶情况下提供支持并因此为驾驶员提供高水平的舒适性。智能驾驶管理的功能如下：

智能能量回收；

节能（ECO）辅助系统；

主动可达里程监测；

电子智能导航。

（8）智能能量回收。

根据驾驶状况，要使用电机，可将再生制动系统作为发电机进行能量回收。根据当前和未来交通状况，灵活调节能量回收。为此，除了来自雷达的数据外，车辆还评估来自交通标志辅助系统的信息，如地图和摄像头数据。根据状况的不同，再次获得的能量可有效存储为动能或电能，以此增加能量范围。该功能通过有效利用能量增加可达里程：

在滑行操作可行的情况下存储为动能；

在通过能量回收减速可行的情况下存储为电能。

在雷达数据，摄像头数据和地图数据的帮助下，使用周围环境的信息对驾驶状况进行评估。可通过能量回收从自由加速到预定义减速对再生扭矩进行无级调整。有关距离和速度差的信息通过雷达传感器系统提供。距离控制系统根据交通状况计算理想的加速度或减速度。此外，会评估通过多功能摄像头记录的限速并应用到能量回收。提前评估来自地图数据的限速并通过滑行模拟应用到能量回收。对于客户来说，能量回收的调节情况通过动力表中的当前回收性能展示在中央显示屏的能量流图中。通过具有识别装置的雷达传感器系统的能量回收的示意图如图 3-3-19 所示。

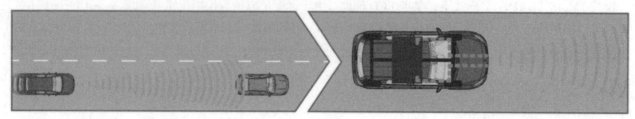

图 3-3-19

雷达检测到前方行驶更慢的车辆并在悬挂 FlexRay 上提供相关数据（距离、相关车速等）。自动启用能量回收的无级增加（如同传动驱动的降挡一样），以保持与前方车辆的相同距离，将动能存储为电能。通过地图和摄像头数据的能量回收示意图如图 3-3-20 所示。

图 3-3-20

（9）节能（ECO）辅助系统。

通过节能（ECO）辅助系统，节约能源从未如此舒适。当启动时，驾驶员在适当时接收建议以释放当前驾驶情况的加速踏板。遵循节能（ECO）辅助系统建议的奖励是降低能耗，从而获得更大的电力范围。

由于高效驾驶风格的支持，车辆更节能，因此可达里程也更远；

加强预防性驾驶。

节能（ECO）辅助系统在其效率策略中考虑了路线概况，限速和与前方行驶车辆的距离；

节能（ECO）辅助在后台持续生成滑行模式：根据高压蓄电池的充电量和交通状况，其计算车辆是否在尽可能小的行驶阻力下理想地"滑行"或为了有效对高压蓄电池进行充电是否应减速（能量回收）；

在系统限制范围内，一旦驾驶员的脚离开加速踏板，节能（ECO）辅助系统就会根据情况调节驱动（能量回收）；

通过"松开加速踏板"（脚部离开）标识，向驾驶员提供分离请求，以松开加速踏板；

同时，存在向驾驶员提供推荐理由的图形（例如，"前方十字路口"或"前方斜坡"）。

节能（ECO）辅助系统评估关于车辆预期路线的数据。如果系统已识别即将发生的事件，其显示在驾驶员显示屏中。识别并显示以下事件：

前方车辆；

限速；

下坡坡度；

十字路口和环形交叉路口；

拐弯处。

注：节能（ECO）辅助系统在回收等级 Dauto 时启用。

确认事件的图形文字符号如图 3-3-21 所示。

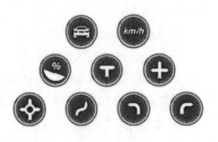

图 3-3-21

（10）主动可达里程监测。

通过主动可达里程监测，全电动驾驶比以往更舒适。驾驶员不再需要考虑可实现的最佳可达里程。主动导航期间，主动可达里程监测支持驾驶员到达下一个充电站或目的地。如果需要到达目的地，则建议驾驶员更改智能气候控制或驾驶模式。如果驾驶员改为其中一种节能驾驶模式"ECO"或"最大可达里程"，则主动可达里程监测利用触摸加速踏板调节加速度和车速。为此，其建议根据相关

图 3-3-22

情况在压力点以上将有效加速度和车速提供给驾驶员，以到达目的地。这样可以实现无压力驾驶，减少对可达里程不足的恐惧。图 3-3-22 所示为主动可达里程监测。

（11）电子智能导航。

在路线向导期间，电子智能导航会考虑电气范围和电流功耗及地形，必要时还会规划路线沿途的充电站。此时，均会在考虑充电站的情况下确定最快路线。电子智能导航均可在车辆主机中以及通过 Mercedes me 应用程序使用，以便客户能可靠地规划自己的旅程。由于更高的透明度，通过考虑可用的 EV 充电站和充电时间，可以为客户计划更精确和可能的到达时间以及更精确和可能的行程时间。始终使用最节省时间的路线。计算路线需要以下先决条件：

梅赛德斯智能互联可用；

梅赛德斯智能互联上设置了用户账户且车辆连接至该账户。

以下服务可在 Mercedes me 门户网站中使用并启用：

电子智能导航；

Mercedes me 充电；

"显示充电站"；

"显示充电站"路线选项启用。

六、底盘

（一）车轴和悬架系统

新款 EQS 仅提供悬架和减震系统 [带可调减震系统（ADS+）的空气悬架系统（AIRMATIC）/ 代码

489] 作为标准装备。

空气悬架系统（AIRMATIC）具备以下新功能：

通过开放式的空气供给降低和升高底盘，并在控制单元中控制新型空气悬架系统；

以更快的速度自动降低，从而降低能量消耗；

水平高度调节器还可在车辆负载的情况下确保最佳悬架性能和相同的离地间隙；

通过自动降低功能与运动型空气悬架系统驾驶模式结合使用使车辆动态性能更佳；

可在车速最高为50km/h的情况下提高行车高度（离地间隙与负载无关）。

图3-3-23所示为装配全时四轮驱动（4MATIC）的EQS580的前轴，装配电动传动系统的悬架。

图 3-3-23

（二）方向盘

新款EQS后轴配备一个带较小转向角的电子机械转向系统（代码201）。带较大转向角的后轴转向系统（代码216）作为选装装备提供。其用于在不同车速情况下提高行驶稳定性和舒适性以及减少驻车时的回转半径。由集成的车辆动态控制系统进行控制。会在电控车辆稳定行驶系统（ESP®）控制单元中执行集成的车辆动态控制并启用各目标车轮制动干预以及后轴转向。根据行驶状况，后轮会沿前轮转向方向相反的方向（如图3-3-24中A）或相同的方向（如图3-3-24中B）转向。

图3-3-25所示为后轴转向系统。

图3-3-26所示为后轴转向系统的转向机。

皮带驱动的详细视图如图3-3-27所示。

安装了后轴转向系统，取代了标准横拉杆和横

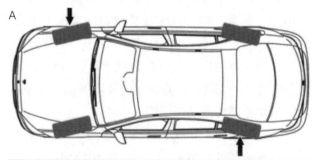

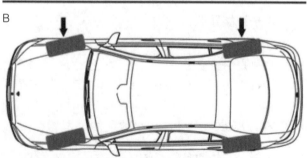

A.与前轮相反的反向转向　B.与前轮相同的方向转向

图 3-3-24

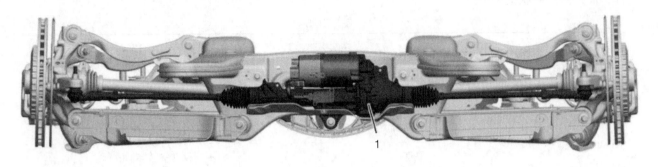

1.后轴转向

图 3-3-25

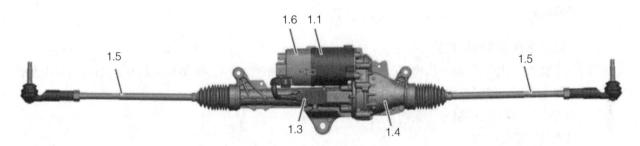

1.1.电动机 1.3.位置传感器 1.4.皮带驱动装置 1.5.转向横拉杆 1.6.后轴转向系统控制单元

图 3-3-26

1.1.电动机 1.2.电动机小齿轮 1.6.后轴转向系统控制单元 2.安全带 3.皮带轮 4.中央芯轴 5.短固定销 6.长固定销

图 3-3-27

拉杆适配器。转向系统源自电动机,后者通过皮带驱动中央芯轴。中央芯轴移动通过接头固定在车轮支架上的横拉杆。根据电动机的转动方向,横拉杆和跟踪器头部相应地从左向右移动。行程传感器利用安装在长固定销上的磁铁记录行程。记录的行程传送至后轴转向系统控制单元。后轴转向系统控制单元比较这些数值,利用其计算转向角并触发电动机。出现故障时,系统会自锁,无法移动。后轴转向系统有四种不同的转向策略,如表 3-3-5 所示。根据安装的设备情况,不会采用所有转向策略。转向策略无法

461

选择，而是由驾驶状况决定。

表 3-3-5

车速	转向策略	转向角度
< 60km/h，车轮角度与前轴反向	驻车	不超过 10° 转向角度
	城市出行	不超过 4.5° 转向角度
> 60km/h，前轴车轮角度	车辆动态	不超过 2.5° 转向角度
	高速	不超过 2.5° 转向角度

注：防滑链模式。如果该功能启用，则车辆自行对已安装的防滑链进行调节。在这种情况下，后轮的最大转向受到限制。

七、网络连接

（一）车载电气系统网络连接

在新款 EQS 中，将采用新一代梅赛德斯-奔驰 EE 架构和 STAR 3，该架构采用层级结构。新架构的核心是以太网主干网，有以下特征：

带域计算机和/或网关的域专用架构；

显著提高的数据传输率；

梅赛德斯遥控服务扩展-多个控制单元的无线下载（OTA）软件更新。

多级安全理念包括：

外部车辆访问验证；

保护车辆总线上的车载通信；

使用相应/单个控制单元中的硬件安全模块。

由于额外使用了更快的 CAN 网络（CAN FD），为优化所选的 CAN 网络，在这些网络中无星点分配。与相关控制单元的连接通过总线上连接的线路和线束实现。

连接架构的其他子网络：

通过不同的子网络进行控制器区域网络（CAN）FD 通信；

悬架 FlexRay™ 总线系统；

MOST 总线（多媒体传输系统）；

多个子集系统设计为单线总线系统（LIN）。

子网络通过网关进行连接：

电子点火开关控制单元；

前部信号采集及促动控制模组控制单元；

主机；

主动式环境氛围照明系统控制单元；

驻车系统控制单元；

仪表盘控制单元；

自学高精度地图控制单元；

传动系统控制单元；

梅赛德斯-奔驰智能行驶控制单元。

车载电器系统网络连接如图 3-3-28 所示。

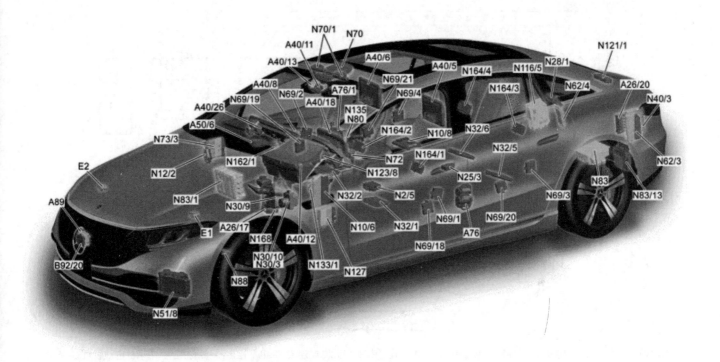

N70/1.全景式滑动天窗控制单元　N10/6.前部信号采集及促动控制模组控制单元　N10/8.后部信号采集及促动控制模组控制单元
N28/1.挂车识别控制单元　N69/1.左前车门控制单元　N69/2.右前车门控制单元　N69/3.左后车门控制单元　N69/4.右后车门控制单
元　N69/18.左前车门控制单元　N69/19.右前车门控制单元　N69/20.左后车门控制单元　N69/21.右后车门控制单元　N70.车顶控制面
板控制单元　N73/3.电子点火开关控制单元　N25/3.后排座椅加热器控制单元　N32/1.驾驶员座椅控制单元　N32/2.前排乘客座椅控
制单元　N32/5.左后座椅控制单元　N32/6.右后座椅控制单元　N164/1.左前多仿形座椅控制单元　N164/2.右前多仿形座椅控制单元
N164/3.左后多仿形座椅控制单元　N164/4.右后多仿形座椅控制单元　A76.左前可逆式安全带紧急拉紧器　A76/1.右前可逆式安全带
紧急拉紧器　N83/13.直流/直流转换器控制单元　N121/1.行李箱盖/掀开式尾门控制系统控制单元　N127.传动系统控制单元　N147.
电力电子控制单元　N147/4.电力电子控制单元　N82/2.蓄电池管理系统控制单元　N83.高压蓄电池交流充电器　N83/1.直流/直流转
换器控制单元　N116/5.直流充电连接单元　N80.转向柱模块控制单元　N135.方向盘电子设备　E1.左前灯组　E2.右前灯组　N88.轮胎
压力监测器控制单元　B29/11.左前短程雷达传感器　B29/12.右前短程雷达传感器　B29/13.左后短程雷达传感器　B29/14.右后短程雷
达传感器　A40/8.触摸屏　A40/12.平视显示屏　A40/18.仪表盘显示屏　A40/26.触摸屏　A50/6.收费系统控制单元　N72.下部控制面板
N72/1.上部控制面板控制单元　N123/8.移动电话托座控制单元　N123/14.移动电话托座控制单元　N133/1.仪表盘控制单元　A26/20.
后排娱乐装置控制单元　A40/5.触摸屏　A40/6.触摸屏　A105/6.平板电脑托座　N123/11.移动电话托座控制单元　N168.手势识别系统
控制单元　E34/1.左侧驾驶舱发光二极管条　E34/2.右侧驾驶舱发光二极管条　E34/3.左前车门发光二极管条　E34/5.左后车门发光
二极管条　E34/4.右前车门发光二极管条　E34/6.右后车门发光二极管条　A40/11.多功能摄像头　B92/20.中程雷达传感器　N2/5.辅
助防护系统控制单元　N30/3.电控车辆稳定行驶系统　N30/9.制动装置控制单元　N30/10.电控车辆稳定行驶系统（ESP）控制单元
N51/8.悬架和减震系统控制单元　N62/3.驻车系统控制单元　N68.动力转向系统控制单元　N68/4.后轴转向系统控制单元　A40/13.多
功能摄像头　A89.远程雷达传感器　N62/3.驻车系统控制单元　N62/4.驾驶员辅助系统控制单元　N112/2.车载智能信息服务通信模块
N40/3.音响系统放大器控制单元　N156/1.发声器控制单元

图 3-3-28

　　带互锁回路的高压部件概览，未装配全时四轮驱动（4MATIC）/全轮驱动/代码 M005 的车辆如图 3-3-29
所示。

　　带互锁回路的高压部件概览，装配全时四轮驱动（4MATIC）/全轮驱动/代码 M005 的车辆，如图 3-3-30
所示。

　　高压安全性：互锁电路提供保护，以防意外接触高压部件的带电部件。每个具有可拆卸高压连接的
高压部件会自行监测该连接（分散式互锁）。利用循环通过自身所有高压连接的互锁电压信号来实现。

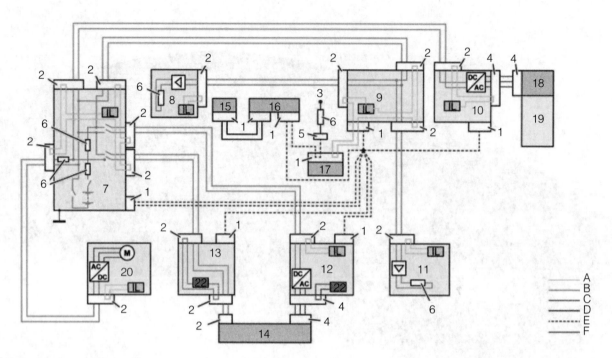

1.12V连接器　2.直流电高压连接器　3.电路30　4.AC电力电子控制单元高压连接　5.电气连接器　6.保险丝　7.带蓄电池管理系统控制单元的高压蓄电池模块　8.高压正温度系数（PTC）加热器　9.直流高压电源分配器　10.电力电子控制单元　11.高压正温度系数（PTC）加热器　12.高压蓄电池交流充电器　13.直流充电连接单元　14.直流/交流充电车辆插座　15.辅助防护系统（SRS）控制单元　16.热敏保险丝　17.高压断开装置　18.后部电机高压连接　19.后部电机　20.电动制冷剂压缩机　22.连接器监测　A.互锁信号线　B.高压直流电线路　C.高压交流电线路　D.电路30　E.电路30c信号线　F.连接器监测信号线　IL.分散式互锁探测器

图 3-3-29

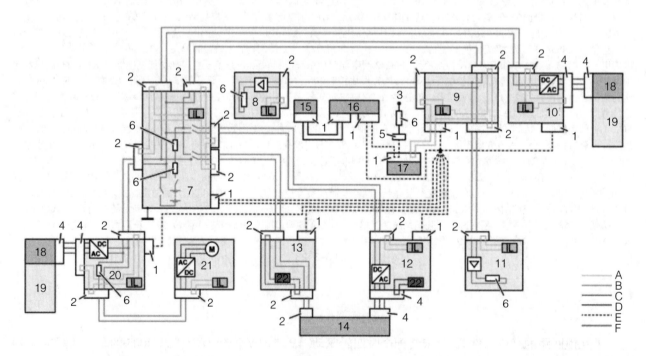

1.12V连接器　2.直流电高压连接器　3.电路30　4.AC电力电子控制单元高压连接　5.电气连接器　6.保险丝　7.带蓄电池管理系统控制单元的高压蓄电池模块　8.高压正温度系数（PTC）加热器　9.直流高压电源分配器　10.后部电机电力电子控制单元　11.高压正温度系数（PTC）加热器　12.高压蓄电池交流充电器　13.直流充电连接单元　14.直流/交流充电车辆插座　15.辅助防护系统（SRS）控制单元　16.热敏保险丝　17.高压断开装置　18.电机的高压连接　19.电机　20.前部电机电力电子控制　21.电动制冷剂压缩机　22.连接器监测　A.互锁信号线　B.高压直流电线路　C.高压交流电线路　D.电路30　E.电路30c信号线　F.连接器监测信号线　IL.分散式互锁探测器

图 3-3-30

464

拆下高压连接时，其中的跨接装置会中断电压信号。会对高压部件进行评估，从而检测到高压连接断开并将互锁信息通过网络传送至传动系统控制单元，以进行集中评估。行驶时，互锁信息不会导致高压车载电气系统关闭。仅在换挡杆位置"N"或"P"接合时间 >3s 且车速 <5km/h 时关闭高压车载电气系统。此外，换挡杆位置位于"D"时打开发动机罩也会关闭高压车载电气系统。如果车辆关闭且互锁信息启用，则车辆无法行驶。如果发生碰撞时，辅助防护系统（SRS）控制单元触发燃爆保险丝（F63）或如果高压断开装置断开，则电路 30c 信号线路会中断且以下系统关闭：

高压车载电气系统；

充电系统；

电传动。

（二）电气系统

1. 高压部件的概述

高压部件的概述如图 3-3-31 所示。

1.前部电驱动单元（代码 M005） 2.前部发声器 3.高电压正温度系数（PTC）加热器（高压蓄电池） 4.电动制冷剂压缩机 5.12V蓄电池 6.直流/直流转换器控制单元 7.高压蓄电池模块 8.直流/交流充电车辆插座（日本版/中国版除外） 9.直流充电连接单元 10.高压蓄电池交流充电器 11.后部电驱动单元 12.后部发声器 13.高电压正温度系数（PTC）加热器（车内）

图 3-3-31

2. 车载电气系统概述

EQS 中的电源由两个独立的车载电气系统，带高压蓄电池的高压车载电气系统和带 12V 车载电气系统蓄电池的 12V 车载电气系统提供。

（1）带车载电网蓄电池的 12V 车载电气系统。

12V 车载电气系统利用直流/直流转换器通过高压车载电气系统供电，如图 3-3-32 所示。在此期间，直流/直流转换器将高压车载电气系统的高压直流电压转换为 12V 直流电压，并对车载电网蓄电池进行充电。

（2）车辆网络支持。

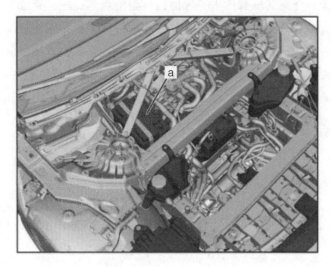
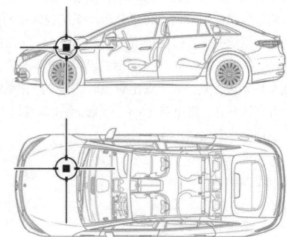

a.车载电网蓄电池

图 3-3-32

EQS 中使用的所有控制单元均通过车载电网蓄电池供电。车载支持用于确保其充电。行驶状态期间，如果车载电网蓄电池的充电电量低于阈值，其通过直流/直流转换器进行充电。

（3）带高压蓄电池的高压车载电气系统。

在 EQS 中，采用了两个不同尺寸和内能的高性能高压蓄电池。采用 10 个模块或 12 个模块的设计使电机有不同输出，使新款 EQS 有不同的续航里程。高压蓄电池可用的内能为 91kWh 和 108kWh 并且位于 EQS 的底板中，如图 3-3-33 所示。根据蓄电池类型的不同，高压蓄电池有 500~770km（WLTP）的电量续航里程。通过高压蓄电池的交流充电器和/或直流充电连接装置，通过标准家用插座，壁挂式充电盒充电站或公共充电站进行充电。

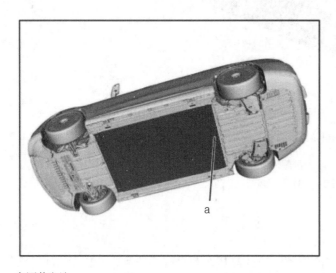
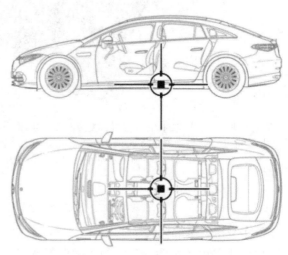

a.高压蓄电池

图 3-3-33

带电槽的 EQS 高压蓄电池，装配全时四轮驱动（4MATIC）/全轮驱动/代码 M005 如图 3-3-34 所示。

对于未装配全时四轮驱动（4MATIC）/全轮驱动/代码 M005 的车辆，电动制冷剂压缩机的电源通过高压蓄电池中的保险丝进行保护。可通过高压蓄电池检修盖操作和更换保险丝。充满电时，高压蓄电池输送 330V 和/或 396V 的标称输出电压。如有必要，集成在高压蓄电池模块中的接触器可将高压蓄电池的

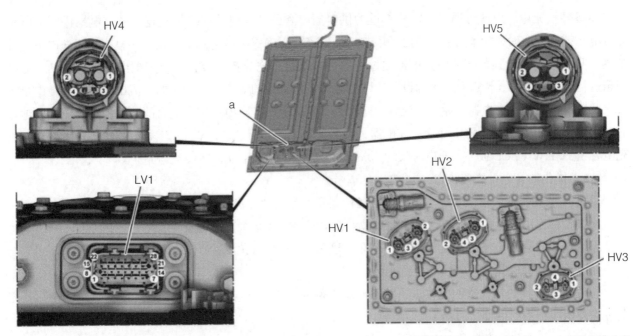

LV1.12V电槽 HV1.高压电槽（后部电机） HV2.高压电槽（直流充电连接装置）HV3.高压电槽（前部电机） HV4.高压电槽（直流/直流转换器控制单元） HV5.高压电槽（高压蓄电池交流充电器）

图 3-3-34

高压出口从高压车载电气系统上断开。高压蓄电池还通过直流/直流转换器为12V车载电气系统供电。高压蓄电池的允许工作温度为 −25~60℃。由温度传感器通过蓄电池管理控制单元检测温度。高温会缩短高压蓄电池的使用寿命。因此，在正常工况下通过低温回路2进行冷却。高压蓄电池检修盖下方的电动制冷剂压缩机保险丝如图 3-3-35 所示。

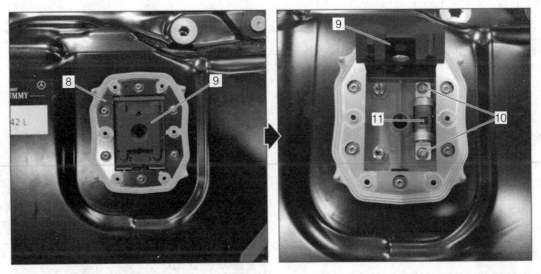

8.密封件 9.检修盖 10.螺栓 11.保险丝

图 3-3-35

关于高压蓄电池的说明：正确使用时，高压蓄电池不存在任何危险。注：处理由于运转操作或事故导致损坏的高压蓄电池时，根据"锂电池的安全处理"指南进行操作（例如通过 XENTRY Portal）。

3.电源设备

EQS 充电过程中的所有相关部件（高压蓄电池的交流充电器，直流充电连接装置，车辆插座，充电电缆）均按照国际标准（例如，IEC62196-2）以面向未来的方式进行标准化。这有助于通过差别较大的电网和电源设备轻松充电。EQS可通过之前检查过的供电插座和公共充电站或壁挂式充电盒充电站进行充电。通过电源插座充电时，如果必要，则必须限制充电电流，以确保区域电网不过载。一旦连接了充电电缆，车辆自身的高压蓄电池的交流电充电器通过离散控制线路（先导控制装置）与充电电缆或充电站中的控制箱进行通信。同时，传送有关电源设备的性能数据并相应地调节高压蓄电池的交流电充电器的耗电量。仅在此之后，交流电充电器开始充电流程。同时，其监测电压、充电量和充电时间，以保护高压蓄电池。通过安装在EQS中的高压蓄电池交流充电器，最大的充电容量可达22kW。直流充电连接装置可实现最大充电容量200kW（ECE版），充电时长约30min，充电范围10%~80%SoC（充电量）。

（1）优化的充电设置和状态。

通过EQS的引入，可实现电力范围的精确计划和可预测性并优化充电过程：

通过各种充电设置优化充电过程，例如最大充电量释放（最大充电电量）；

通过包含的驾驶员辅助系统实现电力范围的更精确计划和可预测性；

充电设定可确保充分移动性和精确规划；

通过充电过程的最大透明度改进了状态显示（例如，当前充电电量，定义的充电量的预估时间和充电过程开始或结束时的推送通知）。

（2）Mercedes me充电和IONITY。

"Mercedes me充电"和"IONITY"（折扣的快速充电）使车辆在公共充电站简单且廉价充电。通过Mercedes me应用程序和/或中央显示屏，利用远程访问可以轻松认证对充电站的访问。或者，可通过Mercedes me充电RFID卡认证。访问"IONITY"还包含在"Mercedes me充电"服务中。IONITY是欧洲高速公路沿线的综合快速充电网络，电站最高输出功率为350kW，这可实现无故障长距离行驶。通过"IONITY"服务（折扣的快速充电），通过IONITY充电站可提供车辆廉价的充电。插入充电电缆后，充电过程立即开始，无须其他认证。

（3）直流/交流充电车辆插座。

直流/交流充电车辆插座确保充电电缆的电气接触。在充电过程中，充电电缆连接器通过促动器电机锁止。在新款EQS中，直流/交流充电车辆插座的盖为电子促动式。其自动打开和关闭。直流/交流充电车辆插座（Combo 2）（带连接的充电电缆和充电过程指示灯）如图3-3-36所示。

根据相关版本，直流/交流充电车辆插座包含以下电气触点：

相应充电电流的触点：交流电或三相电流（L1、L2、L3、N和PE）；直流电（DC+和DC-）；

用于与充电站通信的先导控制装置触点（CP）；

先导接近触点（PP）。

先导接近触点具有以下任务：

确认车辆插接或充电站插接是否已插入；

通过电阻器给充电电缆的最大电流承载力进行编码。

此外，锁止/解锁LED和充电指示灯LED位于交流充电车辆插座（日本版/中国版）的正上方和/或Combo插座（日版本/中国版除外）的电气触点附近。其直观地表现了充电器馈入插座的当前状态。

图3-3-36

①直流充电／交流充电车辆插座指示灯（日本版／中国版除外）。

锁止状态指示灯呈白色常亮表示直流／交流充电车辆插座解锁，如表3-3-6所示。如果锁止状态指示灯呈白色闪烁，表示存在锁止／解锁故障。

②取消充电过程并解锁充电电缆。

仅当通过解锁开关或解锁驾驶员车门来解锁中央锁止系统时，车辆解锁直流充电／交流充电车辆插座。同样地，如果驾驶认可系统识别到代码889[无钥匙启动（KEYLESS-GO）]的有效密匙，则直流充电／交流充电车辆插座解锁。因此，按照以下顺序解锁充电电缆：

解锁车辆或检测到有效钥匙[无钥匙启动功能（KEYLESS-GO）/代码889]；

或按下充电中断按钮；

按下开关后，充电过程指示灯以橙光闪烁；

充电过程指示灯熄灭后，锁定状态指示灯以白光恒定亮起；

此时可以拆下充电电缆。

以下附加部件位于交流充电车辆插座（日版本／中国版）或组合插座（日本版／中国版除外）处：

促动器电机（用于以电子方式锁止充电电缆连接器）；

带紧急解锁系索的机械装置用于紧急解锁充电电缆连接器。

（4）紧急解锁充电电缆连接器[交流充电车辆插座（日版本／中国版）或组合插座（日本版／中国版除外）]。

在充电过程中，会以电子的方式将充电电缆连接器锁止到充电器馈入插座中，防止其在未经授权的情况下被拆下。如果通过充电器馈入插座进行充电后无法拆下充电电缆连接器（出现故障的情况下），则可通过拉动紧急解锁系索以机械的方式解锁。注：紧急解锁系索位于载物舱或行李箱侧面后方或底部饰板处。

①图3-3-37所示为Combo 2插座。

表3-3-6

充电过程指示灯	功能
关闭	—
呈橙色闪烁	连接
呈橙色亮起	充电暂停
呈绿色闪烁	蓄电池充电中
呈绿色亮起	蓄电池充满电
呈红色高频率闪烁（90s）	车辆故障－无法实现充电过程

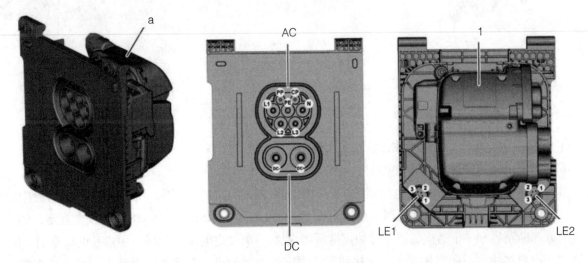

a.直流／交流充电车辆插座 LE1.充电过程指示灯1电气连接 AC.交流电电气连接 LE2.充电过程指示灯2电气连接 DC.直流电电气连接

图3-3-37

②图 3-3-38 所示为 Combo 1 插座。

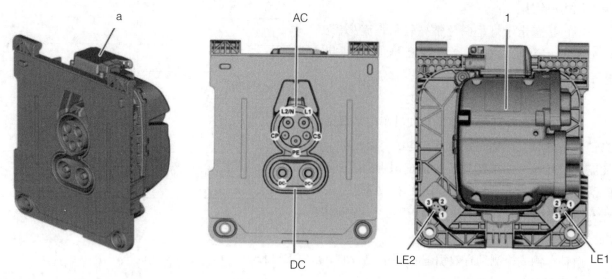

a.直流/交流充电车辆插座 LE1.充电过程指示灯1电气连接 AC.交流电电气连接 LE2.充电过程指示灯2电气连接 DC.直流电电气连接

图 3-3-38

③直流/交流充电车辆插座（日本版），如图 3-3-39 所示。

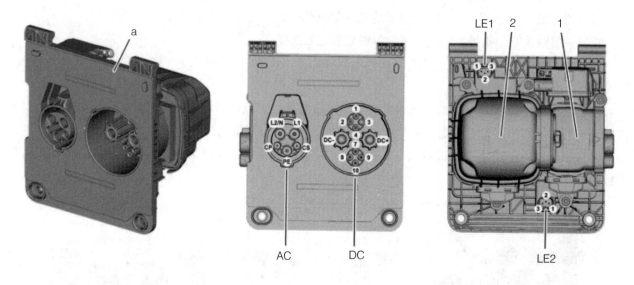

a.直流/交流充电车辆插座 LE1.充电过程指示灯1电气连接 AC.交流电电气连接 LE2.充电过程指示灯2电气连接 DC.直流电电气连接

图 3-3-39

④直流/交流充电车辆插座（中国版）如图 3-3-40 所示。

⑤通过供电插座进行充电的充电电缆（模式 2）。

具有两种长度型号的单相充电电缆已进行改装，以使其符合特定国家标准，其通过载物舱中的插座供电。充电电缆包含"电缆内部控制和保护装置"（IC-CPD）。为满足 IEC61851 的安全规定，集成了一个接地故障断路器和一个通信装置（脉冲宽度调制模块）来设定电源。为保护用户和电动车辆，IC-CPD 固定在充电电缆中，开闭车辆插入式连接和设施之间的电源触点，并将充电电流上限传送至车辆。如果出现故障或存在电压下降，则立即中断充电过程。充电电缆仅在车辆请求电压后才开闭车辆插入式连接

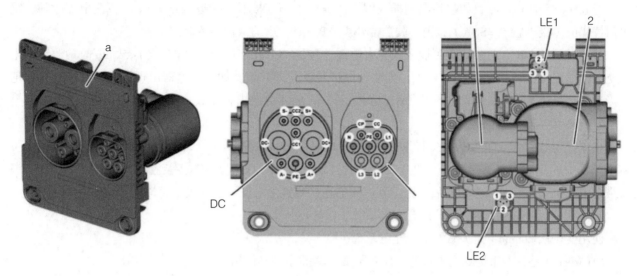

a.直流/交流充电车辆插座 LE1.充电过程指示灯1电气连接 AC.交流电电气连接 LE2.充电过程指示灯2电气连接 DC.直流电电气连接

图 3-3-40

和防触电插头之间的电源触点。未插入的连接器则会断电。

⑥公共充电站的充电电缆（模式3）。

单相充电电缆已进行改装，以使其满足特定国家标准，可作为选装装备获得，共有两种长度型号。模式3充电电缆根据IEC61851在车辆和标准电源之间建立连接，即所谓的"电动车辆供电装备"（EVSE）。故障和过载保护，切断功能和规定的车辆插座集成在EVSE中。充电电缆带有电缆最大电流负载能力的电阻编码和连接至车辆和设施的标准插入式触点。充电站仅在车辆请求电压后才开闭电源触点。因此，车辆或未插入车辆的充电站连接会断电。

⑦带电缆检查盒的家用插座的充电电缆（模式2）如图3-3-41所示。

⑧壁挂式充电盒充电站和公共充电站的充电电缆（模式3），如图3-3-42所示。

图 3-3-41

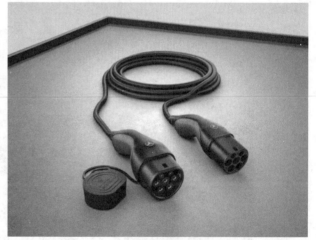

图 3-3-42

4. 启动保护装置

为防止充电过程中或插入充电电缆时车辆驶离，当检测到插入式充电电缆连接器时启动保护装置启用（接近触点 =ON/SNA）。仪表盘显示该影响的警告信息。根据车速，以两种方式实现启动保护装置功能：

行驶期间（v>5km/h），检测到插入充电电缆连接器。

471

行驶（v>5km/h）时，如果检测到插入假定的充电电缆连接器（接近触点=ON）或充电器故障，检测到替代值（接近触点=SNA），则行驶挡位处于"P"时，启动保护装置启用。

静止（v<5km/h）时，检测到插入式充电电缆连接器如果在挡位范围"P"或v<5km/h时检测到插电式充电电缆连接器（接近触点=ON），则启动保护装置立即启用。如果充电器出现故障，则形成替代值（接近触点=SNA）。在此情况下，只有接合挡位"P"后才会启用驶离保护。

5.直流充电连接单元

直流充电连接单元安装位置如图3-3-43所示，结构如图3-3-44所示。除了通过交流电充电，也可利用车辆中的直流充电连接装置在快速充电站通过直流充电。直流充电连接装置为水冷式，集成在低温回路2中，位于保险杠后方的右后位置。直流充电连接装置可对以下系统进行直流充电：

使用欧洲版combo 2插头时的组合充电系统（CCS）；

使用美国版combo 1插头时的组合充电系统（CCS）；

CHAdeMO是日本市场的充电系统，需要附加车辆插座和其他拓扑；

GB/T是中国市场的充电系统，需要附加车辆插座和其他拓扑。

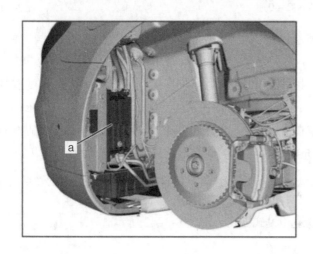
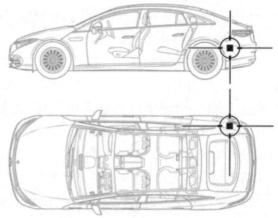

a.直流充电连接单元

图3-3-43

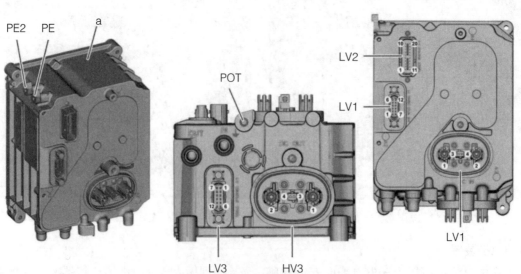

a.直流充电连接单元 LV1.12V 电槽（车载电气系统） LV2.12V电槽（直流/交流充电车辆插座） LV3.12V电槽（直流/交流充电车辆插座） HV1.高压电槽（直流/交流充电车辆插座） HV2.高压电槽（高压蓄电池）

图3-3-44

6. 高压蓄电池交流充电器

高压蓄电池交流充电器将来自外部电源（例如充电站）的交流电压转化为直流电压。高压蓄电池的交流充电器为水冷式，集成在低温回路 2 中。图 3-3-45 所示为 9.6 和/或 11kW 充电器的位置。

 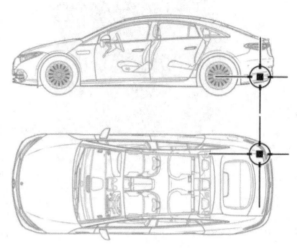

a.高压蓄电池交流充电器

图 3-3-45

图 3-3-46 所示为 22kW 充电器的位置。

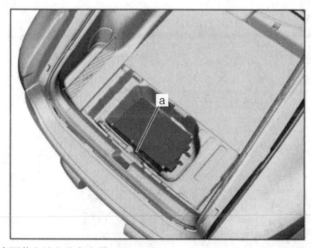

a.高压蓄电池交流充电器

图 3-3-46

图 3-3-47 所示为 9.6 和/或 11kW 充电器。

7. 直流/直流转换器控制单元

直流/直流转换器控制单元安装位置如图 3-3-48 所示，结构如图 3-3-49 所示。直流/直流转换器控制单元可使高压车载电气系统和 12V 车载电气系统之间进行能量交换。此外，高压正温度系数（PTC）加热器（高压蓄电池）和高压正温度系数（PTC）加热器（车内）通过集成式直流高压电源分配器供电。直流/直流转换器控制单元为水冷式，集成在低温回路 1 中。

8. 电动制冷剂压缩机

电动制冷剂压缩机提供热舒适性，不受电机负载情况的影响。如果充电量较低或因噪音原因，功能

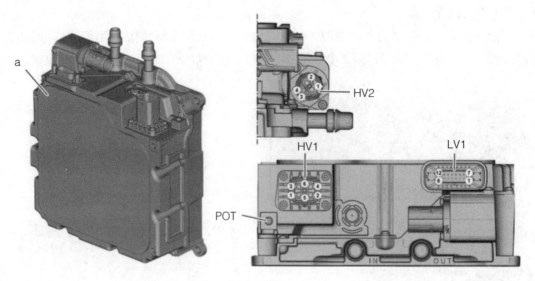

a.高压蓄电池交流充电器　HV1.高压电槽（蓄电池管理系统控制单元）　LV1.12V电槽（车载电气系统）　HV2.高压电槽（直流/交流充电车辆插座）

图 3-3-47

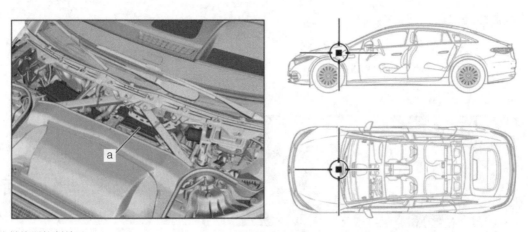

a.直流/直流转换器控制单元

图 3-3-48

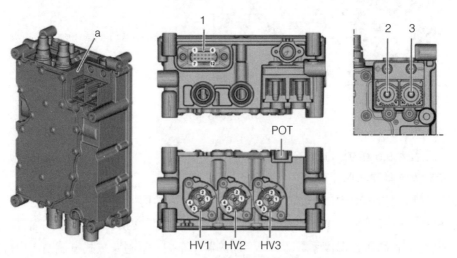

a.直流/直流转换器控制单元　1.12V电槽（车载电气系统）　2.12V车载电气系统蓄电池连接电槽　3.12V车载电气系统蓄电池连接电槽　HV1.高压正温度系数（PTC）加热器（车内）高压电槽　HV2.高压正温度系数（PTC）加热器（高压蓄电池）高压电槽　HV3.蓄电池管理系统控制单元高压电槽

图 3-3-49

会受限。电动制冷剂压缩机通过车辆[未装配全时四轮驱动（4MATIC）/全轮驱动/代码M005]中的高压蓄电池供电。对于装配全时四轮驱动（4MATIC）/全轮驱动/代码M005的车辆，前部电机的电力电子装置为电动制冷剂压缩机供电。图3-3-50所示为未装配全时四轮驱动（4MATIC）/全轮驱动/代码M005的车辆中的位置，结构如图3-3-51所示。

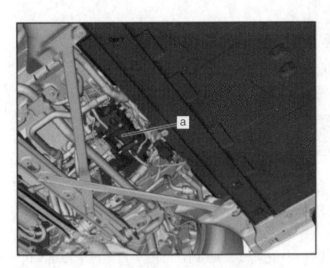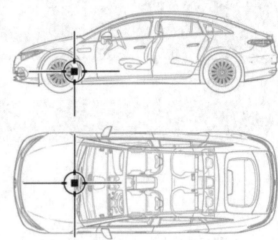

a.电动制冷剂压缩机

图 3-3-50

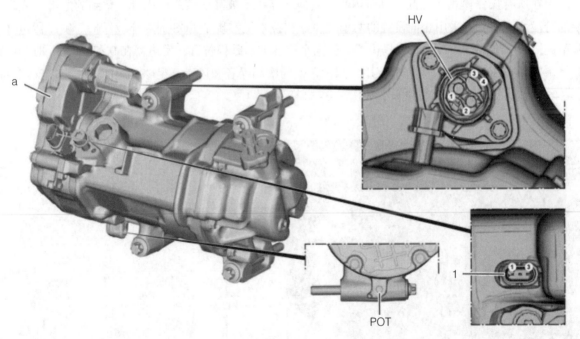

a.电动制冷剂压缩机　HV.蓄电池管理系统控制单元或电力电子控制单元高压电槽（代码M005）　1.12V车载电气系统蓄电池连接电槽　POT.等电位连接带

图 3-3-51

9. 高压正温度系数（PTC）加热器

高压正温度系数（PTC）加热器（车内）和高压正温度系数（PTC）加热器（高压蓄电池）安装在发动机舱内，由直流/直流转换器控制单元的直流高压电源分配器供电，如图3-3-52所示。两个正温度系数

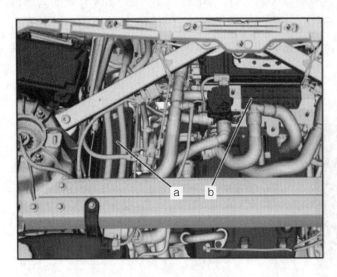
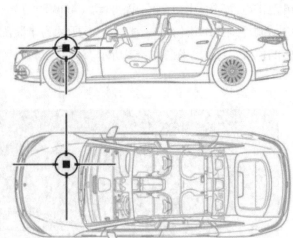

a.高电压正温度系数（PTC）加热器（高压蓄电池）　b.高电压正温度系数（PTC）加热器（车内）

图 3-3-52

（PTC）加热器都是高电压水加热器并且结构相同。其中一个正温度系统（PTC）加热器产生热量加热车内时，另一加热器会在车外温度较低时对高压蓄电池进行加热。

10. 声音环境保护

因为在所有操作模式下，低速时车辆非常安静，存在不被其他道路使用者注意到的危险，或直至非常晚的阶段才注意到。采用相同设计的两个发声器在技术上实现了 EQS 的声环境保护。发声器包含一个控制单元，一个音频结束级和一个扬声器。根据车速和加速踏板位置，发声器在 0 和 30km/h 时产生音频信号。车速高于 30km/h 时，发声器停用，因为车辆的滚动噪音和风噪已足够大。前部发声器安装位置如图 3-3-53 所示，后端发声器安装位置如图 3-3-54 所示。

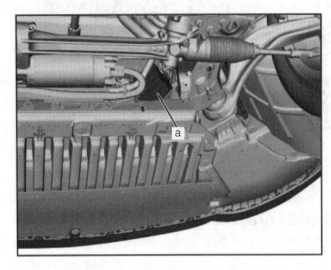
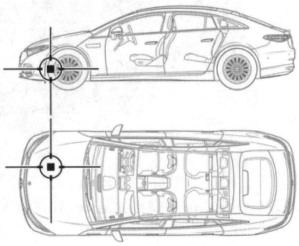

a.前部发声器

图 3-3-53

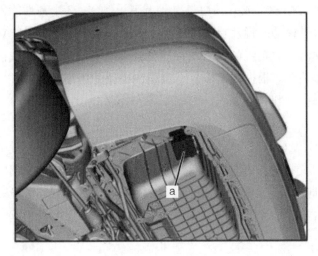
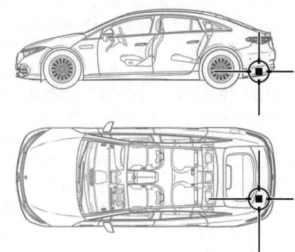

a.后端发声器

图 3-3-54

八、照明

（一）外车灯

在新款 EQS 中，带自适应远光灯辅助系统的静态 LED 高性能大灯系统作为标准装备提供装配高级照明组件 / 代码 PAX 的新型 DIGITAL LIGHT 照明系统作为选装装备提供，与以下装备配套使用：

数字 LED 大灯，SAE 版（右侧驾驶）/代码 316；

数字 LED 大灯，左侧驾驶/代码 317；

数字 LED 大灯，右侧驾驶/代码 318；

投影功能，通过大灯 – 线路/代码 30U；

投影功能，通过大灯 – 标识/代码 42U；

投影功能，通过大灯 – 动画/代码 43U；

前部贯穿式灯带 / 代码 324。

图 3-3-55 所示为 EQS 580 4MATIC，静态全 LED 大灯，行车灯已打开，左侧安装。

图 3-3-56 所示为 EQS 580 4MATIC，全 LED 大灯 DIGITAL LIGHT，行车灯已打开，左侧安装。

图 3-3-55

图 3-3-56

1.DIGITAL LIGHT

新型 DIGITAL LIGHT 照明系统，结合了主动式几何多光束 LED 大灯的常用功能和革新的高分辨率照明技术。DIGITAL LIGHT 大灯有两个光源。除采用 MULTIBEAMLED 技术，每个大灯中还集成了一个微镜促动器。微镜促动器由约130万个以矩阵形排列的微镜组成，其通过电子调节可倾斜。3个高性能发光二极管照亮反光面，与投影机原理相似，该灯通过移动的镜片投射到道路上。新型选装装备 DIGITAL LIGHT 还提升了自适应远光灯辅助系统增强版的功能。更精细的像素结构能更精确地降低对面来车或前面车辆照明的不良影响。另一项革新之处在于地形补偿。根据地图数据，会检测道路的高度差，将大灯的光程范围保持在接近固定值的水平，实现道路的理想照明。

2. 辅助功能

除了可以为各种驾驶条件提供理想照明外，DIGITALLIGHT 大灯还可以为驾驶员辅助系统提供视觉辅助。通过 DIGITAL LIGHT 功能可实现高清质量的灯光投射。驾驶时会将灯光投射到车辆前方道路，驾驶员的视野范围中。在紧急情况下，如较窄的建筑工地通道，会通过道路上投射的目标引导线引导驾驶员。其他灯光投射包括符号和指示，例如方向箭头或警告。注：符号补充了驾驶员显示屏的光学信息；但是，驾驶员不能完全依赖于此。

3. 新辅助特性

行驶方向错误警告功能（如果驾驶员沿规定行驶方向的反方向行驶，例如高速公路上）；

红灯警告功能（如果驾驶员在红灯时行驶车辆且未减速）；

停车标志警告功能（如果驾驶员向停车标志行驶车辆且未减速）；

聚光灯（例如，在路肩处检测到行人）；

引导线（驶过建筑工地时，会在车道上投射两个光束，用作引导线）；

建筑工地警告或建筑工地警告灯（进入建筑工地时，会通过在道路上投射符号提示驾驶员）。

4. 前部贯穿式灯带

EQS 的散热器格栅顶端有贯穿式灯带，外观类似一条横向的光缆。贯穿式灯带为 EQS 的特征并用作位置灯，或当 EQS 静止时作为回家灯功能。该设备仅与高级照明组件/代码 PAX 配套使用。

5. 尾灯

EQS 的尾灯采用三件式设计。整体贯穿式 LED 灯带位于两个尾灯之间，后者也完全采用 LED。根据驾驶状况和环境亮度（日间/夜间）（多水平功能），按照在不同光照条件下操作制动灯和转向信号灯。贯穿式灯带中集成了以下功能：尾灯、倒车灯和后雾灯。尾灯的制动灯和转向信号指示灯由 8 个间接照明的独立反射器组成。独立反射器实现了设计元素，位于盖板后方。通过反射器上的

图 3-3-57

自由视角实现景深效果。根据驾驶状况和环境亮度（日间/夜间），在不同光照条件下操作制动灯和转向信号灯。例如，如果驾驶员在夜间红灯时促动制动踏板，则自动降低制动灯的亮度，从而不会使跟随车辆的驾驶员炫目。图 3-3-57 所示为 EQS 580 4MATIC，采用 LED 技术的尾灯（带贯穿式灯带），左侧安装。

（二）车内照明

在新款 EQS 中采用了高级增强版环境照明系统（代码 894）。为了使新款 EQS 车内的安全性，舒适性以及惬意的氛围达到一个全新的高度，提供以下选装装备：

主动式环境氛围照明系统（代码 878）；

自适应后座车内灯（代码 236）。

1. 环境照明灯

作为标配提供的高级环境照明系统（代码891）提供了以下附加功能：

将自适应尾灯集成在环境照明系统中；

提升了车门（辅助把手和电动车窗操作），后排中央控制台和上方控制面板中的环境照明；

不同功能扩展。

根据功能的不同，可通过中央显示屏或语音控制系统操作环境照明功能。

2. 主动式环境氛围照明系统

新款EQS的内部照明的特色在于主动式环境照明系统（代码878）。利用约250个LED工作，这些LED以15mm的间隔分布在车内。因此，看到的不是单独的LED，而是一个光带。通过白天和夜间模式，主动式环境氛围照明系统独立于环境亮度且可单独调暗。其他附加功能包括：

通过语音对话系统进行座椅具体操作；

通过以下驾驶辅助功能的视觉支持提高主动安全性：主动式盲点辅助系统；主动式车道保持辅助系统；主动式制动辅助系统；驻车或挪车功能；电动模式和充电反馈显示。

主动式环境照明系统（代码878）和前排乘客侧主动式盲点辅助功能的可视化辅助如图3-3-58所示。

图 3-3-58

3. 自适应后排车内照明灯

通过附加功能改进了后排乘客车顶把手的内部照明。左后和右后区域的目标照明通过LED执行，可单独打开。后排乘客可各自在20种亮度级别中进行选择。可单独调节两个阅读灯光束的位置、形状和大小。自适应车内照明可通过MBUX语音辅助和选装的MBUX车内助手实现无接触式控制。详细设置通过MBUX后排平板电脑或MBUX高端后座娱乐系统的触摸屏实现。

九、安全

（一）关闭和安全

1. 关闭系统

新款EQS中将装配新一代锁止系统。除优化关闭和打开操作外，标配的车外门把手为隐藏式并可电动伸缩。在车内，驾驶员车门LED替代了车门上之前使用的销子。从而可通过灯光提示看到车门的锁止状态。隐藏式车门把手，驾驶员侧如图 3-3-59 所示。

图 3-3-59

2. 装配自动驾驶员侧车门/代码 67B 和自动后车门/代码 68B 的舒适型车门

在新款 EQS 中，自动舒适型车门可与装备包 P24（KEYLESS-GO 舒适套件增强版）配套使用，在前部和后部可选装。可通过相应车门中的电动装置自动打开或关闭所有 4 个车门。通过车门传动系统还可进行车门检查，障碍物识别以及倒车等功能。自动打开和关闭舒适型车门时需要以下功能：

无钥匙启动（KEYLESS-GO）；

电动关闭装置；

带 360° 摄像头的驻车组件；

带后视镜组件的遥控驻车辅助系统；

主动式盲点辅助系统。

打开或关闭舒适型车门时以下选项可用：

钥匙（打开和关闭驾驶员侧车门或前排乘客侧车门）；

接近车辆（打开驾驶员侧车门）；

踩下制动踏板（关闭驾驶员侧车门）；

内部和外部车门把手；

推车门（关闭车门）；

手势操作；

多媒体系统。

3. 清洗液盖

在新款 EQS 中，风挡玻璃清洗系统通过左侧翼子板侧面盖后方的清洗液加注槽口加注，如图 3-3-60 所示。清洗液加注口盖集成在中央锁止系统中。如果中央门锁电机解锁，则可通过按压后部区域打开清

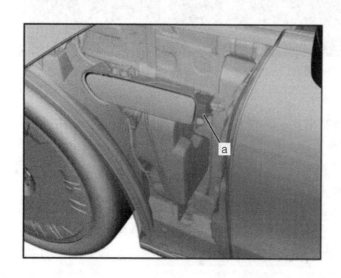

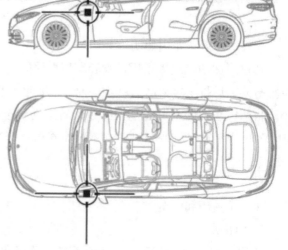

a.带中央门锁电机的清洗液加注口盖

图 3-3-60

洗液盖。

（二）车内乘员保护

1. 安全性概念

新款 EQS 的整体安全概念提供了综合性的驾驶员辅助系统。对于被动安全方面，高压蓄电池采用了特别严格的安全规格。EQ 的驱动部件安装在发动机舱和底板中，以便节省空间并形成保护。

2. 关闭高压车载电气系统

维修期间，必须关闭高压车载电气系统。为此，高压蓄电池的高压输出可通过由蓄电池管理系统控制单元促动的接触器与高压车载电气系统断开。燃爆保险丝和高压断开装置位于串联的接触器的控制线路中。

3. 事故

掀开式尾门中的 EQS 车型名称以及前部三角窗中的名称"EQS EDITION ONE"便于识别 EQS 可替代驱动概念。去除此字样的特殊要求不会被受理（违反正常情况）。这意味着救援服务可识别出高压部件车辆。在发生事故时，可通过辅助防护系统（SRS）控制单元切断高压车载电气系统。此外，还有一个可选的救援分离点（救援服务的导电回路物理切断），适用于 A 柱上左侧保险丝盒上高压车载电气系统的立即停用。注：进入所有梅赛德斯-奔驰乘用车救援数据表（救援卡）的功能由戴姆勒股份公司的移动应用"救援辅助"提供。除救援贴纸的二维码扫描外，此应用还提供以列表方式数字下载相应车辆的救援数据表。驾驶员侧前部三角窗中的

图 3-3-61

"EQS EDITION ONE"标志如图 3-3-61 所示。

4. 发生碰撞时高电压快速放电

如果发生碰撞（燃爆保险丝点燃或 CAN 上出现碰撞信号），高压蓄电池的接触器会断开且高压车载电气系统在 5s 内放电至 60V 以下的电压。从而高压部件将能量转化为热量。

5. 事故后的安全功能-由防护系统控制单元切断

高压蓄电池的自动切断和高压部件放电在驾驶期间或打开点火开关时通过防护系统控制单元执行。根据事故的严重程度和冲击部位，高压车载电气系统以可逆或不可逆的方式关闭。如果以可逆方式关闭，则可重新启动。如果以不可逆方式断开，则高压车载电气系统通过燃爆保险丝停用。

6. 识别蓄电池热失控

在唤醒状态下（例如驾驶、充电），蓄电池系统可检测到不可逆的电池过热并请求仪表盘发出警告："蓄电池过热！停车，所有人下车！如可能，去户外"。此时，适当的预警时间可使车辆安全停止以及车辆驾驶员和所有乘客下车。会自动触发附加操作（例如关闭空气内循环风门，关闭车窗和天窗）以辅助车辆。

7. 预防性安全系统（PRE-SAFE®）驾驶员及乘客保护系统

新款 EQS 的被动安全性基于智能设计的车身，以及极具刚性的乘客车厢和特殊的可变形碰撞结构。保护概念还包括标准的预防性驾驶员及乘客保护系统预防性安全系统（PRE-SAFE®）和防护系统。对预防性驾驶员及乘客保护系统预防性安全系统（PRE-SAFE®）进行了扩展，包括以下功能性：

（1）触发预防性安全系统（PRE-SAFE®）措施。

①从加速踏板到制动踏板快速切换时。

②通过侧风稳定控制辅助系统进行明显路径校正时。

（2）以及低速时进行临界转向操作时。

（3）即将发生侧面碰撞时（侧面障碍物识别）[装配预防性安全系统自适应安全带收紧功能（PRE-SAFE®Impulse）/代码292]。

（4）预防性安全系统自适应安全带收紧功能（PRE-SAFE®Impulse），作为代码P20的驾驶辅助组件增强版选装装备的部分功能。如果检测到即将发生侧面碰撞，预防性安全系统自适应安全带收紧功能（PRE-SAFE®Impulse）会将驾驶员或前排乘客移至车辆中央位置。预先反应的防护系统用于将空气隔离在座椅靠背的侧面支撑中。如果无法避免侧面碰撞，气囊会在几分之一秒内充气并将车辆驾驶员及乘客轻轻推到一侧。从而使车辆驾驶员及乘客远离车门。同时，车辆和车辆驾驶员及乘客之间的相对速度降低，以减少随后与车门饰板的接触。

（5）驾驶员可预先调节预防性安全系统（PRE-SAFE®）听力保护功能。在发生事故时，会产生带声压级的噪音，可能会对听力造成损害。如果预防性安全系统（PRE-SAFE®）系统检测到确定的危险状况，会通过音响系统在车里发出简短的噪音信号以进行预警。由于镫骨肌的自然反射机制，内耳可迅速自我保护免受高声音压力的损害。

（6）预防性安全系统增强版（PRE-SAFE® PLUS）后方碰撞警告系统是预防性驾驶员及乘客保护系统的扩展，同时还将以下车辆导致的危险状况（后方碰撞）考虑在内。以基于雷达的方式监测车辆后方的交通状况。后方碰撞警告系统分析雷达传感器系统信息，并计算以下车辆的接近速度以及与本车的距离。即将发生后方碰撞时，该系统警告以下车辆并执行不同的预防性乘客保护措施。因此对于车辆驾驶员及乘客来说，可减少可能发生的事故后果。

8.防护系统

新款EQS的防护系统包括：

驾驶员和前排乘客的可逆式安全带收紧器；

装配带烟火装置的皮带张紧器和安全带收紧力限制器的三点式安全带（驾驶员、前排乘客、外侧后部）；

驾驶员和前排乘客气囊；

驾驶员膝部气囊；

驾驶员座椅中中央控制台侧面的中央气囊（代码325）；

组合前排胸部–骨盆侧部气囊；

安全带气囊（带集成式气囊的后排座椅安全带），用于外侧后排乘客（代码306）；

后排骨盆侧部气囊（装配后排侧部气囊/代码293）；

车窗气囊。

如果与弱势道路使用者发生碰撞，例如行人，则采取以下措施以减少事故影响：

防撞缓冲区位于发动机罩和下方部件之间；

新增：前端横梁；

碰撞相关部件，采用塑料PA6 GF30（含30%玻璃纤维加强材料的聚酰胺）；

整合多种碰撞等级，以尽量均匀分布受力；

专门设计的保险杠泡沫；

保护性发动机罩：在某些情况下，发动机罩可由风挡玻璃铰链区域中的触发器盒抬起。

十、驾驶员辅助系统

新款 EQS 可选装带部分自动驾驶功能（SAE 等级 2）的 FAP 5.0 代驾驶辅助组件增强版（代码 P20）。此最先进的驾驶员辅助系统根据速度调节、转向机构、变道和碰撞风险等相关情况为驾驶员提供辅助。由于增强了驾驶员辅助功能，驾驶员辅助系统提供更佳的安全性和舒适性。在跨系统概念的基础上，区域整体安全性和梅赛德斯–奔驰智能驾驶的相互作用和协同合作增加。最重要的驾驶员辅助系统以组件进行编译。与带 DRIVE PILOT 的驾驶辅助组件（代码 P26）相结合，DRIVE PILOT（代码 200）可用，最初适用于德国市场（选装装备）。为使出行更加安全便捷，梅赛德斯–奔驰将首次提供符合 SAE 等级 3 的带高度自动化行驶功能的 DRIVEPILOT。在车流量较大时或所选高速公路路段出现车速低于 60km/h 的交通拥堵时为驾驶员提供辅助。这有助于减少驾驶员的工作负荷，让驾驶员可以进行周边活动，例如通过 In Car Office 平台上网或处理邮件。只有采用带拓展功能的传感器套件，才能实现系统的安全操作。这包括附加选装车距和车速测量，高精度定位功能和高清地图（高清质量电子地图）。因此，该系统还可确保不同情况下可靠地由驾驶员接管。因此，需要以下设备与 DRIVE PILOT 配套使用：

驾驶辅助组件增强版（代码 P20）；

360° 摄像头（代码 501）；

Connect 20 Premium（NTG7）（代码 535）；

高级显示屏组件（代码 PAG）；

带增强现实功能的平视显示系统（代码 445）。

DRIVE PILOT 通过方向盘上的高度自动化行驶按钮组促动。启用能力尤其取决于以下情况：

DRIVE PILOT 已许可高速公路路段和车道；

日间，干燥情况（降雨量少）且温度高于 4℃；

车辆的当前车速和周围交通 ≤ 60km/h；

与前车保持适当车距；

行车灯打开且风挡玻璃雨刮器处于自动模式。

如果满足所有条件，则会通过将方向盘上的高度自动化行驶按钮组呈白色亮起并通过驾驶员显示屏向驾驶员显示可以启用 DRIVE PILOT。通过按下两个按钮组中的其中一个请求启用 DRIVE PILOT。成功启用后，按钮组会呈绿松石色亮起，驾驶员显示屏上会显示确认信息。DRIVE PILOT 功能调节车速和车距并将车辆保持在车道内。系统会对之后的路线，路线结果和交通标志进行评估并自动考虑在内。DRIVE PILOT 还会识别紧急交通情况，通过制动或规避操作和 / 或输出较早警告进行独立控制并将车辆交由驾驶员操作。DRIVE PILOT 启用时，驾驶员无须一直关注交通情况，可专心进行其他某些活动。在 DRIVEPILOT 模式时，可启用驾驶时禁用的某些功能。注：只能在特定情况下才能由系统接管车辆控制。但是，仍需要驾驶员在系统出现相应请求或出现明显状况时在几秒内再次接管车辆控制。驾驶员可随时停用 DRIVEPILOT，不受系统接管请求影响。可通过方向盘上的高度自动化行驶按钮组或通过刻意手动干预车辆控制装备等停用。EQS 中的方向盘，图 3-3-62 所示有右舵驾驶车辆。

1. 主动式驻车辅助系统

除性能提升外，新一代驻车系统 5.0 还具备新功能和新的用户界面。作为基本的辅助系统，主动式驻车辅助系统应用于所有驻车组件。主动式驻车辅助系统是一种驻车系统，在新款 EQS 中作为标准装备提供，是采用的驻车组件的一部分。以下组件可用：

带后视摄像头的驻车组件（装配驻车组件/代码 P44）–标准装备：

主动式驻车辅助系统（装配主动式驻车辅助系统/代码 235）；

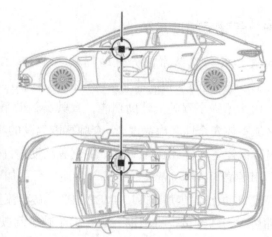

a.高度自动化行驶按钮组1 b.高度自动化行驶按钮组2

图 3-3-62

后视摄像头（装配后视摄像头/代码 218）。

带 360° 摄像头的驻车组件（装配带 360° 摄像头的驻车组件/代码 P47）-选装装备：

主动式驻车辅助系统（装配主动式驻车辅助系统/代码 235）；

360° 摄像头（装配 360° 摄像头/代码 501）。

带遥控驻车功能的驻车组件（装配遥控驻车组件/代码 PBH）-选装装备：

主动式驻车辅助系统（装配主动式驻车辅助系统/代码 235）；

360° 摄像头（装配 360° 摄像头/代码 501）；

遥控驻车辅助（装配遥控驻车装置/代码 503）；

记忆驻车辅助（装配高级遥控驻车引导装置/代码 507）；

遥控驻车应用程序。

智能驻车引导预留装置/代码 27U-选装装备。

注：智能驻车引导预留装置：尚不可使用该功能。智能驻车引导功能只能在以后国家法律允许自动泊车服务后才可使用；多层停车场已经装配所需的基础设施且已预订相应的梅赛德斯智能互联服务。自动代客泊车在自动泊车服务层面来讲，通过代客泊车功能实现。驾驶员在多层停车场的预定即停即离区内驻车。通过智能手机应用程序，可移交车辆，然后以自动方式将车辆行驶并停驻在免费停车位。限定车速为 8km/h。相应地，还可通过应用程序请求车辆，随后车辆将自动行驶至接送区。

2. 方向盘

在新款 EQS 中，采用了新一代方向盘。对位于两个水平方向盘辐条上左右两侧的两个按钮组进行了新的排列，采用了新的操作理念。用于手指导航垫的物理原理由光学改为电容。这一代方向盘的另一个革新之处在于采用了人手检测传感器，该传感器用于检测驾驶员手部在多功能方向盘上的触碰操作。人手检测传感器由一块位于方向盘表面之下的方向盘轮缘处的电容垫组成。EQS 中带车载电脑/定速巡航控制和限速器/限距控制系统（DISTRONIC）操作功能组和 MBUX 多媒体系统操作功能组的方向盘如图 3-3-63 所示。

图 3-3-63

十一、舒适系统

（一）恒温控制

新款 EQS 标配了 2 分区自动空调系统（THERMATIC）（装配空调系统/代码 580）。带自动空调/代码（581）的 4 区自动智能气候控制系统（THERMOTRONIC）作为选装装备提供，参数如表 3-3-7 所示。根据相应市场提供为标准或选装装备。

表 3-3-7

EQS 中的智能气候控制	THERMATIC 代码 580 标配范围	THERMOTRONIC 代码 581 选装装备（中国市场标配）
气候区	2	4
自动模式	二区	四区
气流分配	单区	四区
气流量	单区	四区
空气内循环开关，带"关闭车窗"的舒适性功能	自动（不适用于美国版和加拿大版）	自动（不适用于美国版和加拿大版）
HEPA 级联预滤器（仅适用于新鲜空气的功能）	仅装配电离器/代码 914 或装配空气质量组件/代码 P53	仅装配电离器/代码 914 或装配空气质量组件/代码 P53
空调滤清器（空调中）	是（活性炭），升级为宽频带滤清器，装配空气质量组件/代码 P21	是（活性炭），升级为宽频带滤清器，装配空气质量组件/代码 P21
日光传感器	雨量/光线传感器中的一个传感器	雨量/光线传感器中的一个传感器
微粒传感器	1，装配电离器/代码 914 或装配空气质量组件/代码 P53	1，装配电离器/代码 914 或装配空气质量组件/代码 P53
湿度和温度传感器的数量	2	2
空气质量传感器的数量	1 仅装配电离器/代码 914 或装配空气质量组件/代码 P53	1，或装配电离器/代码 914 或装配空气质量组件/代码 P53
出风口温度传感器的数量	4	6
车内温度传感器的数量	2	2
步进调节电机的数量	4	18

注：新款 EQS 中，智能气候控制集成在前部信号采集及促动控制模组控制单元中。不存在独立的智能气候控制单元。前部信号采集及促动控制模组控制单元的软件更新后，智能气候控制必须重新编码。注：在新款 EQS 中，标准装备基础显示组件（代码 PAI）中的空调系统通过中央显示屏或通过 MBUXHyperscreen 中的显示屏 [选装装备高级显示屏组件（代码 PAG）] 操作。

通过 4 区自动智能气候控制系统（THERMOTRONIK），可以有针对性地调节车内空调以满足车辆驾驶员及乘客的个性化需求。与 2 区自动空调（THERMATIC）相比，THERMOTRONIC 提供的功能范围更广。自动智能气候控制系统（THERMOTRONIC）为驾驶员，前排乘客和后排乘客提供单独的气候区，并配备了以下部件和功能：

驾驶员和前排乘客以及后座区左侧和右侧提供单独的温度和空气分配控制；

通过空气质量传感器和导航系统进行自动空气再循环；

后座区的辅助操作单元（如图 3-3-64 所示）；

B柱中的附加通风口。

车内的热源是一个 8kW 正温度系数（PTC）加热器。这会对水进行加热，使其通过热交换器将热量释放到车内空气中。传动系统的废热也可用来对车内进行加热。如果传动系统温度较高，PTC 会串联至供给的废热。然后将两种能量的总和通过加热器芯子输出至流入的空气。

1. 预处理空调

此外，EQS 中的预进入智能气候控制系统在进入车辆时提供更好的舒适性。车内已经预先进行加热或冷却且空气质量（装配空气质量组件/代码P21）得到改善。预进入智能气候控制系统高效进行温度调节，而无须使用高压蓄电池。暂时启用预进入智能气候控制：

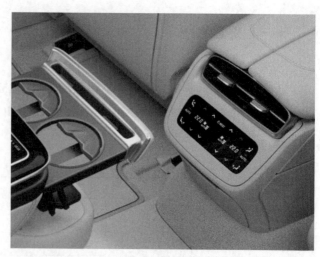

1. 后排空调操作单元

图 3-3-64

通过上车时解锁；

通过启用多媒体显示屏中的离开时间（仅适用于预编程）；

通过浏览器/应用程序，例如智能手机，平板电脑或电脑（仅适用于预编程）。

预进入智能气候控制的范围包括：

自动空调；

座椅加热器；

后视镜和方向盘加热；

风挡玻璃和后车窗加热。

根据车辆装备，如果在常规车辆工作期间打开，香氛和离子化功能也通过预进入智能气候控制调节。通过 CONNECT 20 和 Mercedes me connect 的使用，可通过车辆钥匙配置带预进入智能气候控制的车辆的解锁连接。通常，智能气候控制时间取决于所选功能。如果车辆解锁，则在预热和预冷期间智能气候控制功能打开最长 5min。驻车且解锁时，预进入智能气候控制无法连续启用超过 3 次。在选定的离开时间前，离开时间的预进入智能气候控制打开最多 50min。如果离开延迟，则继续多运行 5min。

2. 通过应用程序操作车辆预进入智能气候控制

离开前通过车内预进入智能气候控制使车内达到最佳温度。无论每周或每天通过智能手机应用程序在之前确定的时间或灵活促动该功能，客户都可预加热或冷却车内温度。客户始终可通过推送通知，例如预进入智能气候控制启动或结束或故障等，明确得知关于预进入智能气候控制流程的信息。如果有规律地使用该功能，可创建一个每周模式。因此，客户无须记得按时手动启动预进入智能气候控制，实现自动进行车内预加热。

3. 畅心醒神（ENERGIZING）便捷控制和 ENERGIZINGCOACH

畅心醒神（ENERGIZING）便捷控制和 ENERGIZINGCOACH 功能的中央元件为 MBUX 多媒体系统中的控制软件，可根据选择情况，启用车辆中的某些舒适性功能，以根据需要维护车辆乘员的健康。ENERGIZING 前部组件（代码 PBS）和后部组件（代码 PBT）包括舒适性控制的各种选择，通过车辆中不同舒适性系统的网络以及与 ENERGIZING COACH 功能之间的互动可用作用户界面功能，仅一步增强性能并提升舒适性。

畅心醒神（ENERGIZING）便捷控制：驾驶员（和/或前排乘客、后排乘客）可从暂时可用的多个项目中选择最适合当前情况的项目，目标是改善驾驶或休息时的健康状况和性能。

ENERGIZING COACH：根据多种参数，例如疲劳程度、睡眠质量、路途时长等向驾驶员推荐畅心醒神（ENERGIZING）舒适型项目。

4. 畅心醒神（ENERGIZING）便捷控制（装配前部健康组件/代码 PBS）

畅心醒神（ENERGIZING）便捷控制（代码 PBS）结合了不同的个性化功能（如车内照明、智能气候控制、音响）以处理分配至特定指导主题的项目。这些自定义功能的特性通常用于提高驾驶员/所有车辆乘客的自定义操作的便利性。由于多种感觉的协调响应，还可增加精神和身体舒适度。可在单调驾驶时通过播放活跃或提神的程序或通过在情绪紧张情况下的放松或热身程序为驾驶员提供辅助。带指导性放松练习的程序有助于缓解紧张。畅心醒神（ENERGIZING）便捷控制（代码 PBS）需 MBUX 高级主机类型（代码 534）并包含选装装备：

空气质量组件（代码 P21）；

方向盘加热器（代码 443）；

驾驶员和前排乘客空调座椅（代码 401）；

驾驶员和前排乘客的多仿形座椅（代码 399）。

5. 畅心醒神（ENERGIZING）便捷控制（装配后部健康组件/代码 PBT）

畅心醒神（ENERGIZING）便捷控制（代码 PBT）还需要以下选装装备（代码 PBS）：

后排座椅舒适组件（代码 P43）；

MBUX 后排平板电脑（代码 447）；

后排舒适型扶手（代码 326）；

后排豪华型头枕（代码 437）；

后排座椅娱乐系统增强版（代码 854）；

后排移动终端无线充电系统（代码 898）；

电动可调后排座椅（代码 223）；

USB 组件增强版（代码 72B）；

后排空调座椅（代码 402）；

后排侧部气囊（代码 293）。

6. 加热式风挡玻璃（代码 597）

新款 EQS 中，可加热风挡玻璃作为选装装备提供。从技术层面来讲，可加热风挡玻璃不再通过细金属丝实现加热，而是通过玻璃上几乎看不见的涂层。

（二）座椅

新款 EQS 新开发了五座座椅系统，类型分为舒适型悬挂式座椅和运动型座椅，在外观上存在明显的不同。除了座椅舒适性属性，座椅设计还包括被动安全元件。座椅系统概念的目的在于为后排乘客提供与驾驶员和前排乘客相同的舒适性和被动安全性。因此，新款 EQS 首次配备带可折叠电动调节后排靠背的后排长座椅，可提供先前车型前排座椅的舒适性功能。座椅功能可通过以下方式操作：

相应车门中的操作元件；

后排平板电脑（选装装备）。

1. 前排座椅

（1）座椅调节。

作为标准装备，前排座椅可以电子方式进行如下调节：前/后调节、高度、坐垫倾斜度、坐垫长度、头枕高度以及座椅靠背倾斜度。带记忆功能的全电动座椅调节为标准装备。

（2）座椅加热器。

与标准座椅加热器相比，装配前排乘客舒适型座椅加热器/代码902可使坐垫和座椅靠背更快加热。前排乘客舒适型座椅加热器仅与带按摩功能的前排多仿形座椅/代码399配套使用。

（3）其他。

驾驶员座椅靠背内衬侧面的 LED 轮廓灯是新的；其具有现代感的外观突出了座椅设计，有助于增强环境照明的整体印象。

2. 后排座椅

新款 EQS 提供多种版本的后排长座椅：

标准后排座椅；

适用于中国市场的标准后排座椅；

高级后排座椅。

标准后排座椅的座椅靠背按 40%/20%/40% 的比例拆分且可单独折叠。可通过座椅靠背上边缘的机械锁止装置松开各靠背部件。如果座椅靠背未锁止，则可以看到一个红色的锁。仅中国市场提供带舒适型扶手的后排长座椅，其可按 60%/40% 的比例拆分。高级后排座椅提供两种组件。后排座椅组件（代码 PAS）包括以下设备：

电动后排座椅靠背调节和头枕/代码 223；

左后和右后侧部气囊/代码 293；

后排座椅智能气候控制/代码 402；

后排座椅豪华型头枕/代码 437；

高级后排座椅扶手/代码 326，后座区无线电话充电功能/代码 898。

后排座椅组件增强版（代码 PAT）还包括以下设备：

后排座椅舒适组件（代码 P43）包括：

后排多仿形座椅/代码 406；

后排舒适型座椅加热器/代码 903；

高级后排座椅扶手/代码 326，后座区触摸屏/代码 447（如图 3-3-65 所示）；

后排座椅头部区域加热器/代码 322（如图 3-3-66 所示）。

图 3-3-65

图 3-3-66

对于中国市场，还提供装配人造皮革座椅套的"入门级"型号，不带通风功能且装配舒适型扶手/代码（PAS）。

（三）全景式滑动天窗

新款 EQS 将电驱动全景式滑动天窗（装配全景式滑动天窗/玻璃天窗/代码 413 作为选装装备提供，

如图 3-3-67 所示。该全景式滑动天窗可提供最大可见度和开度，同时确保较高的车辆刚度。全景式滑动天窗具有以下功能：

1. 全景式滑动天窗操作

全景式滑动天窗和遮阳帘可通过滑动和按压上方控制面板中的触摸滑块进行操作。

2. 逆流功能

如果全景式滑动天窗完全打开，前遮阳帘设置在指定位置，这样会保护车辆驾驶员及乘客不受气流影响。

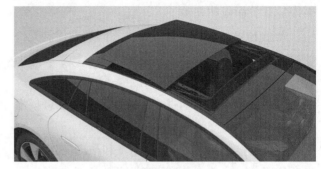

图 3-3-67

3. 自动降低

如果全景式滑动天窗从后部升起，在车速较高时会自动稍稍降低。车速较低时，则会自动升起。

4. 语音控制系统

通过新的语音控制系统，遮阳帘的操作变得简单且更方便。例如，只需要发出命令："关闭遮阳帘"，遮阳帘就会自动展开，无须按下按钮。

5.Mercedes me

可通过 Mercedes me 执行命令"打开全景天窗"。在此过程中，遮阳帘先打开，然后是全景天窗。如果发出的命令是"关闭全景天窗"，则仅关闭全景天窗，而非遮阳帘。

十二、音频和通信

（一）操作和显示

1. 概述

新款 EQS 具有一套完整的新型操作和显示系统如图 3-3-68。该系统包括中央控制台上的驾驶员显示屏和中央显示屏，以及作为选装装备提供的前排乘客显示屏。作为附加的选装装备，平视显示系统用作第四个用户界面。显示屏的设计是为了将功能体验最优化，而非分散驾驶员的注意力。自定义选项提升了驾驶员显示屏和中央显示屏的显示体验。除了可以通过触控，手势和语言进行操作外，目光控制进一步丰富了操作选择。人工智能为车辆乘员提供辅助，可更快速地理解且更方便地操作车辆功能。通过人工智能，车辆可适应车辆乘员的偏好和习惯。从而，可在特定时间推荐合适的音乐或回家路线。通过新款操作和显示系统，与车辆相连的信息流增多，满足了更高要求，从而实现了自动驾驶的更多条件。

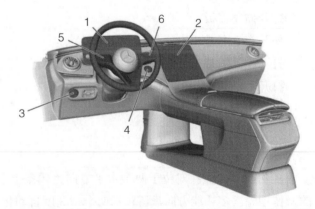

1.驾驶员显示屏 2.中央显示屏，上部控制面板位于下方 3.照明开关 4.启动/停止按钮 5.左侧方向盘操作组 6.右侧方向盘操作组

图 3-3-68

2.MBUX Hyperscreen（装配高级显示屏组件/代码 PAG）

新款 EQS 的独特亮点为 MBUX Hyperscreen。可在无缝连接的玻璃表面后方看到驾驶员显示屏，中央显示屏和前排乘客显示屏，如图 3-3-69 所示。因此，Hyperscreen 覆盖了仪表板的整个宽度且采用贯穿中央控制台的曲面设计。显示屏采用了 OLED 技术，确保最佳的聚焦，可读性和高色彩亮度。

3. 开关面板和开关

新款 EQS 的操作概念设想是不同类型控制元件的组合。这包括触控滑条、传统开关、触感开关面板和集成了触觉反馈的控制元件。

全景式滑动天窗通过上方控制面板中的触摸滑块进行操作。

在上部控制面板（代码 PAI）和/或下部控制面板（代码 PAG）中，全套设备提供以下功能：

动态操控选择驾驶模式；

驻车系统；

EQ 菜单；

快速车辆访问；

危险警告系统；

指纹传感器（RGB 彩色照明）；

打开/关闭 MBUX 多媒体系统；

静音按钮；

音量控制；

启动/停止按钮（仅在下方控制面板中）。

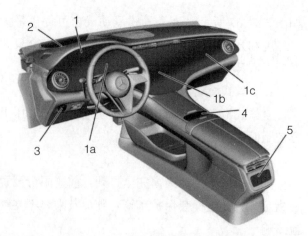

1.MBUX Hyperscreen 1a.驾驶员显示屏 1b.中央显示屏 1c.副驾驶显示屏 2.平视显示屏 3.照明开关 4.带集成式启动/停止按钮的下部控制面板 5.后排空调系统操作单元

图 3-3-69

注：除危险警告灯按钮和启动/停止按钮（仅在下方控制面板中）外，所有按钮均为触控感应式。

通过上部控制面板（代码 PAI）和/或下部控制面板（代码 PAG）的"EQ 菜单"按钮，可直接进入以下显示在多媒体系统中的充电设置：

设置充电程序；

打开插座盖板；

松开充电电缆（模式 3 或 4）；

打开或关闭基于位置充电；

打开/关闭节能模式（ECO）充电；

设置出发时间；

设置每周资料；

设置充电中止；

多功能方向盘：对位于两个水平方向盘辐条上左右两侧的两个开关面板进行了新的排列，采用了新的操作理念。多功能方向盘还包括两个"高度自动化"按钮组（选装装备，代码 200）。用于触控按钮的物理概念从可视化变为电容式。

新款 EQS 中空调系统的中央出风口是非常平直的通风口带，延伸至前排乘客侧车门。

空调系统完全通过新的中央显示屏进行操作。

4. 驾驶员显示屏

新款 EQS 的驾驶员显示屏为独立且不带导风口的 LCD 彩色显示屏，其作为标准装备提供。显示屏对角尺寸为 12.3 英寸（31.2cm），分辨率为 2400 像素 × 900 像素。驾驶员显示屏的内容通过方向盘左侧的控制元件进行控制。可访问以下菜单：

动感；

精细；

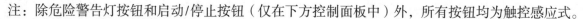

经典型（如图 3-3-70 所示）；

导航；

辅助；

保养。

在这些菜单中，可进行如下操作：

选择在显示区域显示不同内容；

显示/隐藏显示屏内容；

切换视图。

此外，每个菜单都有"选项"（Options）子菜单，可通过该菜单进一步调节菜单显示内容的设置情况。与具体的情况无关，关于车速和驾驶员辅助系统的信息始终显示在上方中央位置。在"精细"菜单中，还可额外选择 7 种不同的颜色设置。根据安装的设备，选择的颜色设置应用于环境氛围照明系统和中央显示屏。

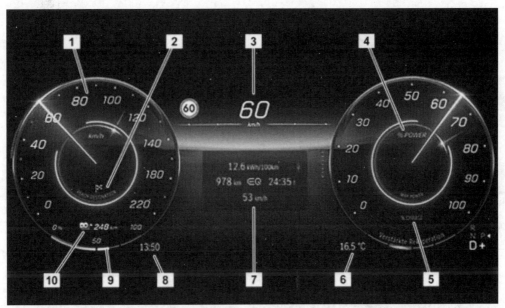

1.车速表 2.推荐的可达里程监测的最大速度和主动式路径引导 3.数字速度显示屏 4.用于操作能量输入的显示区域 5.用于回收电力（能量回收）的显示区域 6.车外温度 7.中央显示屏内容（例如，旅程计算机） 8.时间 9.充电指示灯 10.标准能耗后的可达里程

图 3-3-70

5. 中央显示屏

位于中央的触摸屏是车载智能信息系统和车辆功能的中央操作单元，作为标准装备提供。其采用 OLED 技术，尺寸为 12.8 英寸，分辨率为 1888×1728 像素且带触觉反馈。配备高级显示屏组件/代码PAG时，中央显示屏为 MBUX 屏幕的一部分。与标准车型相比，处于相同的位置且具有相同的功能。但是，其尺寸更大，为 17.7 英寸且分辨率为 3088×1728 像素。

操作触摸屏：

触摸；

一根，两根或三根手指滑动操作；

触摸，保持和拖动；

触摸并保持；

调节触摸屏的触觉操作，如果启用该功能，会通过操作期间的震动提供可感知的触觉反馈；

调节压力触觉，选择期间，通过该功能可感觉到类似按下按钮的反应。

标准装备入门级显示屏组件（代码PAI）如图3-3-71所示，MBUX Hyperscreen[装配高级显示屏组件/代码（PAG）] 如图3-3-72所示。中央显示屏主页概况如图3-3-73所示。

6. 前排乘客显示屏

装配MBUX Hyperscreen/代码PAG的前排乘客显示屏仅作为选装装备提供，如图3-3-74所示。带触觉反馈的触摸屏采用OLED技术，其对角尺寸为12.3英寸（31.2cm），分辨率为2400像素×900像素。由于前排乘客显示屏的主屏幕与驾驶

1.中央显示屏

图 3-3-71

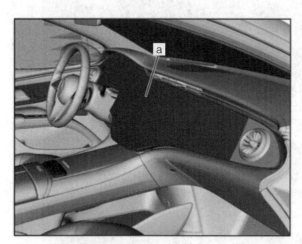

a.中央显示屏

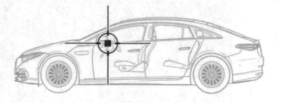
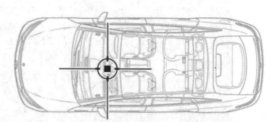

图 3-3-72

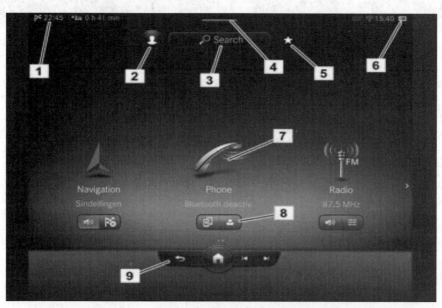

1.状态栏 2.访问用户文件设置和用户切换 3.使用全文搜索 4.访问控制中心 5.访问收藏夹 6.访问通知中心 7.访问应用程序 8.应用程序快速访问 9.全局菜单

图 3-3-73

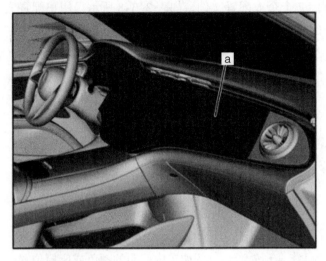 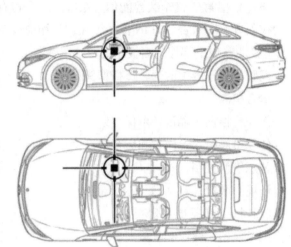

a.前排乘客显示屏

图 3-3-74

员显示屏一致，因此前排乘客可在一定程度上执行驾驶员的设置和/或支持驾驶员（例如，导航或电话）。

7. 平视显示屏

平视显示屏向驾驶员视野区域凸出：

导航系统信息；

驾驶员辅助系统信息；

警告信息。

在新款 EQS 中，提供两种不同的平视显示系统。带高级平视显示系统（HUD）/代码 444 的平视显示屏在距离约 4m 的位置投射带行驶相关信息的驾驶员视野的虚拟画面。带增强现实功能的平视显示屏/代码 445 的平视显示屏在距离约 10m 的位置投射带附加的增强现实内容的明显更大的虚拟画面。例如，会显示驾驶员的预计行驶车道（虚拟行驶车道）或车道上的虚拟引导箭头。

（二）信息、多媒体和通信系统

1. 概述

新款 EQS 采用新的第 7 代车载智能信息系统。得益于人工智能，系统能够进行学习并且可由用户进行个性化设置。根据设备，其额外的亮点包括带触摸屏操作的高分辨率中央显示屏。带自然语音识别的智能语音控制也是全新的功能。通过 MBUX 高端后排座椅娱乐系统，后排座椅乘客可通过座椅注册为 Mercedes me 用户。通过多座椅配置管理，可同时启用多个座椅配置。其中包括功能及其操作，例如后排座椅乘客视频会议功能，单个座椅的个性化设置以及座椅之间的互动选择。

2. 型号

与传统不同，不可再选择主机，根据选装装备自动添加。根据选择的选装装备，例如导航系统，分为以下设备系列：

CONNECT 20 [装配 Connect 20 Premium （NTG7）/代码 534]，仅与显示屏组件 /代码（PAI）配套使用；

CONNECT 20[装配 Connect 20 Premium （NTG7）/代码 535]，仅与 MBUX Hyperscreen/代码 PAG 配套使用。

基于选择的装备系列，可后续选择其他选装装备。

3. 个性化设置 [装配 Connect 20 Premium （NTG7）/代码 534 或 Connect 20 Premium （NTG7）/代码

535]

通过新型第 7 代车载智能信息系统，最多可存储 7 个个人配置文件，如表 3-3-8 所示。用户配置文件的权限有 Mercedes me PIN 保护，在装配相应设备的车辆中，可通过生物识别传感器启用。包括：

上部和 / 或下部控制面板中的指纹传感器；

驾驶员显示屏中的驾驶员摄像头；

语音检测。

例如，根据车辆设备可保存以下设置：

驾驶员座椅、方向盘和后视镜设置；

智能气候控制；

环境照明灯；

收音机（包括电台列表）；

主题显示，建议和收藏夹。

将车辆钥匙分配至配置文件时，某些个性化设置可能会预先激活，例如车内照明的颜色或座椅位置。对于经常出现的驾驶状况，例如高速公路上的长途旅程，可合并常用设置并保存。在这种情况下，可设置如导航地图、转速表、旅程计算机和常用收音机电台以及优先驾驶模式的显示。在创建所需名称（例如，"长途旅程"）下的主题显示时，可保存这些设置。在下一高度公路旅程中，无须重新了解各个性化设置，可直接选择该主题显示。与之前的方法相比，新增了个性化信息的访问协议，从而防止未授权访问地址，支付功能或 In-CAR Office。注：如果创建了带不同动态操控选择（DYNAMICSELECT）I（自定义）数据的多个主题显示，会将最新保存的动态操控选择（DYNAMIC SELECT）I（自定义）数据保存在这些主题显示中。也就是说，最初创建的主题显示会更新动态操控选择（DYNAMIC SELECT）I（自定义）数据。根据车辆设备，以下设置可保存在一个主题显示中：

驾驶员显示屏设置；

平视显示屏设置；

环境氛围照明设置；

内置音频源（如收音机或 USB）；

中央显示屏主菜单；

风格：风格取决于驾驶员显示屏的设置情况，例如性能；

动态操控选择驾驶模式；

导航设置（装配 Connect 20 Premium（NTG7）代码 534）或 Connect 20 Premium（NTG7）/ 代码 535）。

表 3-3-8

特性	说明
个性化，主题	7 个用户配置文件下可保存不同的设置
增强现实录像机（装配增强现实录像机/代码 U19）	导航期间，在多媒体系统显示屏的路线即视影像中会显示如导航指示，街道名称和门牌号等信息
声控系统	自然语音识别可用便捷式语音控制。用户无须学习任何语音命令。也可通过语音控制操作多个车辆功能
手势检测	MBUX 内部辅助系统通过上方控制面板中的 3D 激光摄像头记录前排车辆座椅的乘坐情况。根据具体情况或驾驶员或前排乘客的明确要求，辅助系统会对手部，身体和头部的动作进行理解分析。由此，辅助系统可自动启用车内功能并根据情况提供辅助
服务激活 / 启用	在线服务的激活和启用已通过软件开关标准化

4.增强现实（装配增强现实录像机/代码U19）

由摄像头记录车辆前方的风景并显示在多媒体系统显示屏中。随之图像中显示虚拟物体和标记。例如，会显示街道名称、转弯箭头和导航指示。

（1）控制可能性。

①方向盘上的手指导航垫。

新款EQS的方向盘上提供有手指导航垫。可通过手指导航垫操作驾驶员显示屏和中央显示屏中的所有功能。

②带触摸功能的中央显示屏。

多媒体系统的显示屏设计为触摸屏。除了通过方向盘和触摸板上手指导航垫的经实践验证的交互式操作，还可通过多媒体系统显示屏操作多媒体和通信系统。

③带指纹传感器的上部和/或下部控制面板。

带指纹传感器的开关面板，打开或关闭MBUX多媒体系统，打开或关闭音响和调节音量。

④MBUX语音助手。

通过MBUX语音助手可进行语音拨号。说出"HeyMercedes"后开始语音操作。MBUX多媒体系统的操作[装配标准装备入门级显示屏组件（代码PAI）]如图3-3-75所示。MBUX多媒体系统的操作（装配高级显示屏组件/代码PAG）如图3-3-76所示。

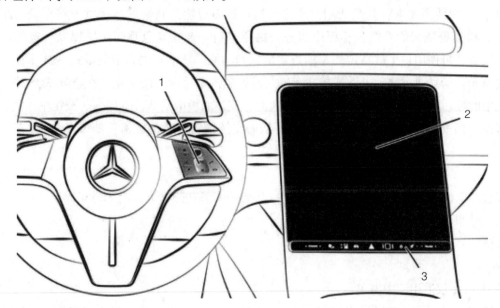

1.MBUX多媒体系统触控和操作组 2.带触摸功能的中央显示屏 3.带指纹传感器的上部控制面板

图3-3-75

⑤MBUX内部助手。

如果车辆装配有MBUX内部助手，则可使用车辆和信息娱乐功能。在此情况下，可智能互动，可做出响应或通过手部或头部移动指示。

⑥装配驾驶员摄像头的设备。

通过驾驶员摄像头，可使用"Look & Ask"和"Look & Answer"提供说明和启用功能。

5.Mercedes me互联

对于欧洲市场（马斯特里赫特的客户帮助中心支持15个国家），梅赛德斯智能互联将作为设备组件提供。此外，Mercedes me互联提供以下服务：

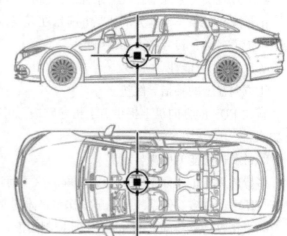

a.带指纹传感器的下部控制面板

图 3-3-76

事故和故障管理（Mercedes me 按钮和 / 或自动事故或故障检测）；

礼宾服务（如已启用该服务），售后预约或类似请求（Mercedes me 按钮）。

Mercedes me 的使用要求就是激活用户账户。梅赛德斯智能互联通过数字世界将车辆与车主和车辆使用者相连。梅赛德斯智能互联包括标准服务，梅赛德斯 – 奔驰紧急呼叫系统以及可选的远程在线服务。远程在线服务可使用户了解特定的车辆指定信息和功能。技术根据为带集成式 SIM 卡的车载智能信息服务控制单元。信息通过移动电话连接在车辆与戴姆勒汽车后台之间交换。在新款 EQS 中，集成在上方控制面板中的按钮（服务和信息）全部配置到上方控制面板中的 Mercedes me 按钮中。注：通信模块 RAMSES 替换了当前使用的通信模块 HERMES，从而支持最新的通信技术，如可多输入 / 多输出的 LTE 升级版。

6. 电话

集成式智能电话（装配智能手机集成式组件 / 代码 14U）支持以下智能手机集成技术：

CarPlay（苹果）；

Auto（安卓）；

MB Link；

百度 CarLife（仅适用于中国）。

集成式智能电话可使驾驶员进入智能手机中的应用程序。智能手机提供人机界面（HMI），在驾驶过程中也可使用。对于所有的技术，需要相应设备已开发并发布的指定应用程序。智能手机上可预先安装基本的应用程序。

7. 感应充电

感应充电垫允许适合的智能手机在车内前部和后部进行无线充电。前部充电垫位于前部储物箱中，后部充电垫位于扶手下方的中央控制台中。设想三种类型的感应充电：

带前部无线电话充电功能 / 代码 897 的感应充电，未与车辆外部天线连接；

带后部无线电话充电功能 / 代码 898 的感应充电；

与车辆外部天线连接时的感应充电（装配多功能电话 / 代码 899）。

如果与车辆外部天线连接时进行感应充电，智能手机一放到充电垫上时就会与车辆配对。此外，可通过将智能手机放到充电垫上来设置车辆 WiFi 热点。所有类型均包括近场通信（NFC）功能。近场通信

（NFC）是短距离内无线数据交换的国际传输标准。优点在于大大减少了操作步骤和配对过程的规范化。无须再输入或对比代码。NFC 芯片和相关天线位于感应充电垫的外壳中。

8. 音响系统

在新款 EQS 中，前排乘客侧带 Frontbass 扬声器的 Frontbass 系统和总共 7 个扬声器作为标准装备提供。"中端型" 音响系统 （代码 853） 和 Burmester® 3D 环绕立体声音响系统 （代码 810） 作为选装装备提供。为传送来自驾驶员显示屏的声讯和警告信息，在驾驶员侧仪表板下方安装了信号扬声器。对于车载紧急呼叫服务和礼宾服务，仪表板的上部中央位置安装了中置扬声器。

（1）音响系统（装配"中端型"音响系统 / 代码 853）。

① 11 个扬声器（包括 2 个 Frontbass）。

② 1 个外置辅助放大器。

③ 最大总功率：225 W。

（2）Burmester® 3D 环绕立体声音响系统 （装配高级音响系统 / 代码 810）。

① 15 个高级音响扬声器。

② 1 个外置 D 级放大器。

③ Burmester® 印字。

④ 优化的声音模式。

Burmester® 3D 环绕立体声音响系统采用 15 个扬声器和一个带数字声音处理功能的附加放大器 （输出功率 710 W），该系统作为附加选装装备提供。通过高级音响系统，所有的扬声器的性能都得到优化。在收音机和多媒体模式中所有功能均可用。车内的 3D 电动汽车声和所谓的声音个性化设置 （代码 32U）也是 Burmester® 环绕立体声音响系统的一部分。电动汽车声包括车内的车辆噪音以及启动和停止电驱动时的反馈声。因此，车辆 / 驾驶员的互动是以情感为基础设计的，会进行智能反馈。全部的电动汽车声音反馈可通过多媒体显示屏中的菜单启用和停用。注：法律规定的电动车辆外部噪音和电动汽车声是完全独立的系统，不会相互作用。

9. 后排娱乐系统

在新款 EQS 中，后排娱乐系统增强版 / 代码 854 作为选装装备提供。后排娱乐系统增强版提供多种媒体、娱乐和车辆功能，包括：

带电容式触摸屏的两个后排显示器，位于前排座椅头枕后方；

一个适用于有线耳机的终端插孔；

两个用于 USB 设备充电的 USB 接口；

两个 HDMI 接头（mini）。

根据设备，后排座椅娱乐系统增强版通过以下方式操作：

后排显示器的触摸屏；

MBUX 后排平板电脑（代码 447）；

MBUX 语音助手。

10. 数字用户手册

已将车辆的用户手册的数字化。包含的信息可通过 MBUX 语音助手，方向盘上的手指导航垫或直接通过中央显示屏的触摸屏调用。

十三、车身外壳组件

1. 解耦驱动单元

电动车辆以安静著称，特别是无发动机噪音。但是电动车辆约 13000 r/min 电机的最高发动机转速需要进行噪音解耦。在新款 EQS 中，通过各种措施实现了绝佳的噪音舒适度。主要措施包括：

从车身上解耦电动传动系统；

电驱动装置周围的绝缘垫；

底板护板；

根据 NVH 优化转动部件：电机；变速器；电动制冷剂压缩机。

在 EQS 中，所有电动传动系统通过人造橡胶轴承从车身上双重解耦。前部电动传动系统安装在支承架中，后部电动传动系统安装在后轴托架中。

前部传动系统朝向支承架（四重）；

支承架朝向集成式托架（四重）；

后部传动系统朝向后轴托架（四重）；

后轴托架朝向车身（四重）。

固定和减震部件概述如图 3-3-77 所示。

1.底板护盖 2.框架式整体支架 3.电动传动系统支承架（前轴） 4.支承架–集成式托架支座 5.前部传动系统–支承架支座 6.减震垫

图 3-3-77

十四、维修间装备

1. 安全插头

安全插头，用于遮盖高压触点和高压触点上相关测量点的布线，如图 3-3-78 所示。

2. 数据表

车辆专用装配信息，矫正工具范围和龙门架工具范围，用于在根据梅赛德斯 – 奔驰标准进行车身修理工作期间测试和固定结构件，如图 3-3-79 所示。

3. 拉拔器组件

拉拔装置套件，用于在发生事故损坏的情况下，矫直前纵梁和解除后端结构张力，如图 3-3-80 所示。

4. 紧急缓冲垫套件

紧急缓冲垫套件，用于对前轴空气悬架执行维修作业或移动装配非承压悬架减震柱的车辆，如图 3-3-81 所示。

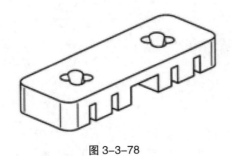

图 3-3-78

图 3-3-79

图 3-3-80

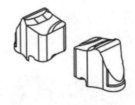

图 3-3-81

5. 拔取和嵌入工具

用于更换主总成框架上电机的 4 个发动机支座的拔取和嵌入工具，如图 3-3-82 所示。

6. 解锁工具

用于松开驾驶员侧和前排乘客侧座椅上的靠背内衬的解锁工具，如图 3-3-83 所示。

7. 适配器

用于冲洗空调系统制冷剂回路的适配器，如图 3-3-84 所示。

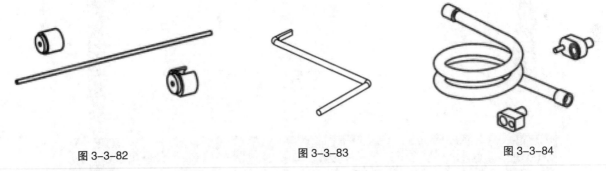

图 3-3-82   图 3-3-83   图 3-3-84

8. 千分表座

用于测量转向机上止推件游隙的千分表的千分表座，如图 3-3-85 所示。

9. 拔取和嵌入工具

用于更换悬架辅助车架托架的拔取和嵌入工具，如图 3-3-86 所示。

图 3-3-85

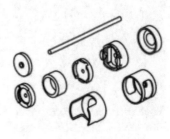

图 3-3-86

第四节　故障实例

一、奔驰 EQC400 纯电动汽车无法充电故障

故障现象：

2019 年 11 月生产的国产奔驰 EQC400 纯电动汽车，行驶里程为 6361km，客户投诉车辆多次充不了电。

故障诊断：

询问客户得知，根据车载导航给出的充电地址，去了多个公共充电桩充电，但都不能充电，充电桩显示超时或无法启动充电，如图 3-4-1 和图 3-4-2 所示。

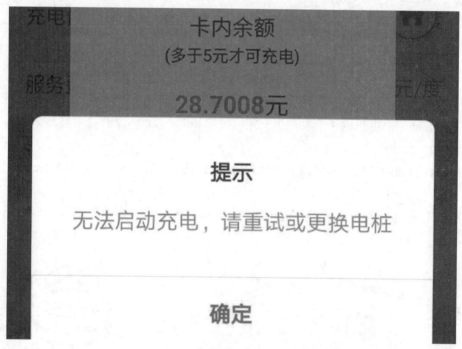

图 3-4-1

图 3-4-2

使用公司的直流充电桩和交流充电桩对车辆进行充电，可以正常充电；开车前往公司附近的公共充电桩充电，结果车辆不能充电。开公司的车前往同一充电桩充电，结果车辆充电正常，即公共充电桩正常。用奔驰专用诊断仪（XENTRY）对车辆进行快速测试，结果直流充电连接单元有故障码，而充电装置无故障码，诊断结果如图 3-4-3 所示。

N116/5 - Direct current charge connection unit (DCCU)　-i-

Model	Part number	Supplier	Version
Hardware	000 901 93 12	LG Electronics	18/50 000
Software	000 902 03 63	LG Electronics	19/27 000
Software	000 903 73 44	LG Electronics	19/27 000
Boot software	---	---	19/07 000
Diagnosis identifier	000010	Control unit variant	DCB167_Variant_000016_V C9_2018_17

Event	Text	Status
P0E6900	The monitoring of the power supply (low voltage) has a malfunction during the charging process. _	S
U041300	Implausible data were received from control unit "High-voltage battery". _	S

P0E6900　电源（低压电）的监控在充电过程中存在功能故障。 _

U041300　接收到来自"高电压蓄电池"控制单元的不可信数据。 _

N83/11 - Charger (SG-LG)　-√-

Model	Part number	Supplier	Version
Hardware	000 901 72 10	Panasonic	18/46 000
Software	000 902 56 42	Panasonic	18/34 000
Boot software	---	---	17/25 000
Diagnosis identifier	004009	Control unit variant	OBL222_7KW_Var_004009 _Gen3

图 3-4-3

鉴于 EQC 是梅赛德斯-奔驰最新研发的纯电动汽车，在此，首先简要介绍该车型的动力电池充电原理：车辆通过车载插座连接至外部充电站，外部电源的直流电由直流充电器对高压蓄电池进行充电，俗称快充；外部电源的交流电由交流充电器转换为直流电，再由直流充电器对高压蓄电池进行充电，俗称慢充。两个充电器分别位于载物舱底板的右下方和左下方。N116/5 直流充电连接单元如图 3-4-4 所示。N83/11 交流充电器如图 3-4-5 所示。充放电原理图如图 3-4-6 所示。

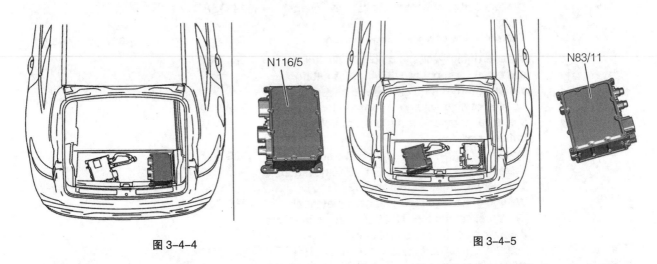

N116/5

N83/11

图 3-4-4　　　　　　　　　　　　　　　　　图 3-4-5

根据上述原理，分析影响充电的因素分别有直流充电器、交流充电器、高压蓄电池以及相关的线束，结合此故障现象和 XENTRY 结果，判断故障是由直流充电器或其线路引起的。在此需要注意的是，用公

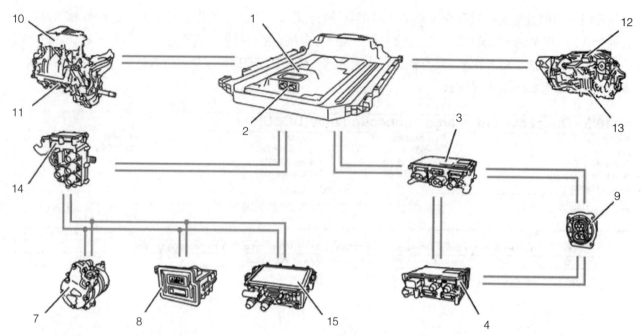

1.高压蓄电池 2.蓄电池管理系统控制单元 3.直流充电器 4.交流充电器 7.电动制冷剂压缩机 8.PTC加热器 9.车辆插座（连接至外部充电站）10.带交流/直流转换器的前部电力电子装置 11.前部电机 12.带交流/直流转换器的后部电力电子装置 13.后部电机 14.带保险丝的高压电源分配器 15.直流/直流转换器

图 3-4-6

司的直流和交流充电桩均可以正常充电，这 4S 店的充电桩与公共充电桩有什么区别呢？或者说这能否说明直流充电器或其线路是正常的呢？答案不得而知，但可尝试从直流充电器、车载插座以及二者之间的线束入手，查找具体原因。

按以上分析，读取高压系统的实际值，如绝缘阻值、互锁回路、接触器状态和单个电池等数据值，结果未见异常。高压系统实际值如图 3-4-7~ 图 3-4-11 所示。

	No.		Name	Actual value	Specified value
☐	319		Voltage of high-voltage battery - N82/3 (Battery management system control unit)	378.95V	[300.00 .. 420.00]
☐	710	ⓘ	Current status of contactors in high-voltage battery	CLOSED	
☐	849	ⓘ	Current value of high-voltage battery	0.00A	[-325.00 .. 145.00]
☐	690	ⓘ	Voltage of high-voltage on-board electrical system at component 'N83/11 (Alternating current charger for high-voltage battery)'	381.60V	
☐	769	ⓘ	Voltage of high-voltage on-board electrical system at component 'A100 (High-voltage battery module)'	378.97V	
☐	378		Voltage of high-voltage on-board electrical system at component 'N129/1 (Electric machine 1 power electronics control unit)'	380.00V	
☐	378		Voltage of high-voltage on-board electrical system at component 'N129/2 (Electric machine 2 power electronics control unit)'	380.00V	
☐	460		Voltage of high-voltage on-board electrical system at component 'N83/1 (DC/DC converter control unit)'	381.90V	

图 3-4-7

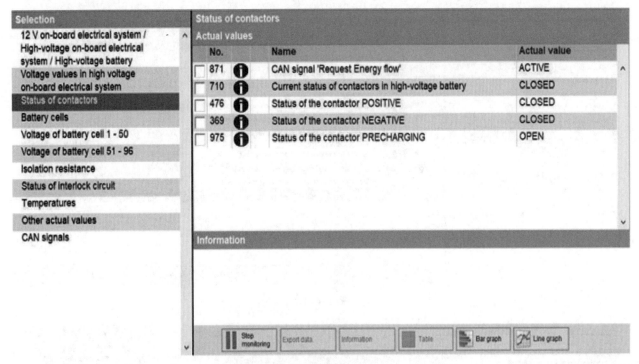

图 3-4-8

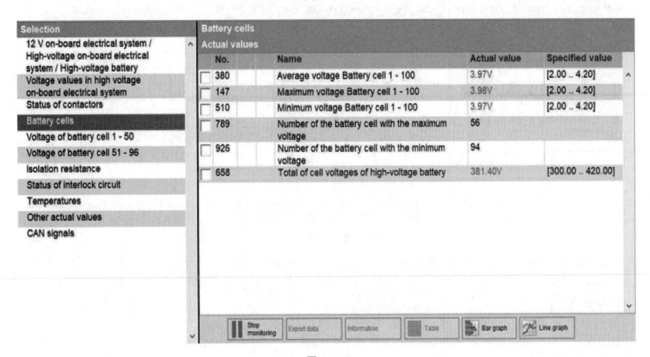

图 3-4-9

　　执行故障码的引导测试，结果引导为检查线束和插头，与上述判断相同。这样，将检查思路转移至直流充电器及其线束上。对于直流充电器，可采用与其他对调的方法进行确认，但在此暂不考虑该方案。引导测试如图 3-4-12 所示。

　　在 WIS 中查找直流充电器至快充口的电路（如图 3-4-13 所示），得知除了两条高压充电线之外，还有若干条低压导线，高压线束横截面积较大且绝缘层厚，沿着其走向观察线束表面，无任何损坏痕迹，排除高压线束的可能。接下来检查低压线，逐根导线测量是否短路或断路，结果发现 G10f2 已烧断（如图3-4-14 所示），测量保险丝上下游的线路，没有短路，更换保险丝后，测试充电正常。

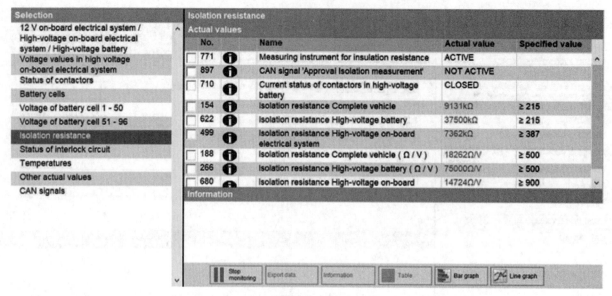

图 3-4-10

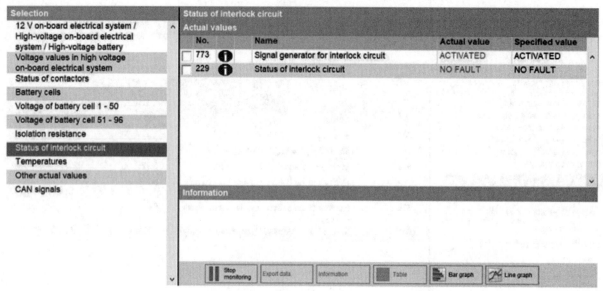

图 3-4-11

Communication with control unit 'N82/2 - Battery management system (BMS10EVA1)' was tested and is OK.

In the event of stored faults with high frequency count or in the event of customer complaints, check electrical lines and connectors for loose contact and corrosion.

中文意思：

与控制单元N82/2 – 蓄电池管理系统（BMS10EVA1）的通信测试是正常的。

在频繁存储故障码或客户抱怨的情况下，检查线束和插头的接触不良和腐蚀。

图 3-4-12

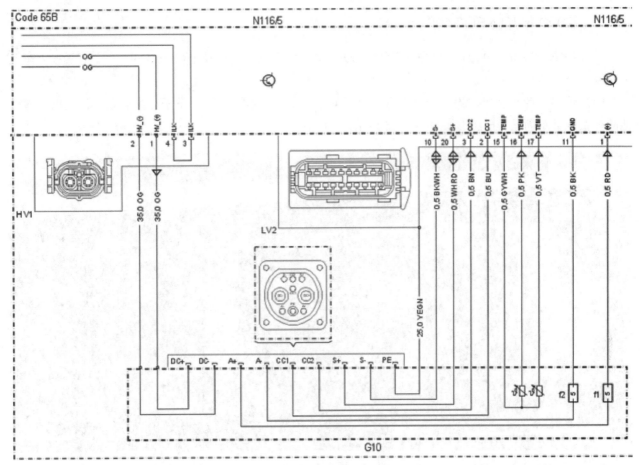

Code 65B.车辆插座 XEV.充电插座–中国标准 GB/T N116/5.充电器直流/直流转换器 G10.直流/交流充电车辆插座 G10f1.保险丝
1 G10f2.保险丝2

图 3-4-13

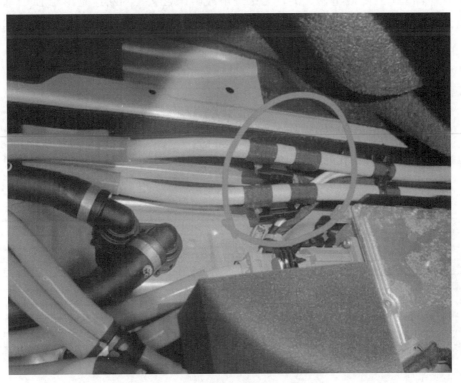

图 3-4-14

二、2020 年奔驰 EQC400 无法启动

故障现象：2020 年 06 月生产的国产奔驰 EQC400 纯电动汽车，行驶里程 981km 左右。客户投诉车辆无法换挡。

故障诊断：此车客户购买一个月左右，无任何维修记录。检查车辆，车子无法启动，仪表出现蓄电池故障报警且车辆无法挂挡，如图 3-4-15 所示。

图 3-4-15

用奔驰专用诊断仪（XENTRY）对车辆进行快速测试，结果蓄电池管理系统 N82/3 和 N82/4 有较多故障码，其中有若干个故障码是德文的，无法理解故障码含义，判断这是由于 EQC 车型上市不久，诊断软件功能尚未完全成熟引起的，尽管如此，可通过引导测试了解诊断范围，如图 3-4-16 和图 3-17 所示。

N82/3 - 蓄电池管理系统（BMS20EVA1A）　　　　　　　　　　　　　　　　-f-

型号	零件号	供货商	版本
硬件	789 901 91 00	Deutsche Accumotive GmbH & Co KG	18/05 000
软件	293 902 98 00	Deutsche Accumotive GmbH & Co KG	19/44 000
引导程序软件	789 904 58 00	Deutsche Accumotive GmbH & Co KG	16/42 000
诊断标识	007015	控制单元型号	BMS20EVA1A_Variant_Serie _EB301_2

故障	文本	状态
P2C8800	Es liegt eine Isolationswarnung im Hybrid/Hochvolt-Bordnetz vor. _	S
P2C8600	Es liegt eine batterieinterne Isolationswarnung im Hybrid/Hochvoltbatteriemodul vor. _	S
P0E7400	Es liegt ein batterieinterner Isolationsfehler im Hybrid/Hochvoltbatteriemodul vor. _	S
P0AA600	Es liegt ein Isolationsfehler im Hybrid/Hochvolt-Bordnetz vor. _	S
事件	文本	状态
P2C8500	Es liegt ein fahrzeugseitiger Isolationsfehler im Hybrid/Hochvolt-Bordnetz vor. _	S
P142A00	高电压车载电网中存在一个车辆绝缘预警。 _	S
U041100	接收到来自"集成式启动发电机A"控制单元的不可信数据。 _	S
U040100	控制单元'N127 （传动系统控制单元）'接收到不可信的数据。 _	S
P2C8700	Es liegt eine fahrzeugseitige Isolationswarnung im Hybrid/Hochvolt-Bordnetz vor. _	S

S=已存储

图 3-4-16

506

N82/4 - 蓄电池管理系统（BMS20EVA1B） -f-

型号	零件号	供货商	版本
硬件	789 901 91 00	Deutsche Accumotive GmbH & Co KG	18/05 000
软件	293 902 98 00	Deutsche Accumotive GmbH & Co KG	19/44 000
引导程序软件	789 904 58 00	Deutsche Accumotive GmbH & Co KG	16/42 000
诊断标识	007015	控制单元型号	BMS20EVA1B_Variant_Serie _EB301_2

故障	文本	状态
P2C8800	Es liegt eine Isolationswarnung im Hybrid/Hochvolt-Bordnetz vor. _	S
P2C8600	Es liegt eine batterieinterne Isolationswarnung im Hybrid/Hochvoltbatteriemodul vor. _	S
事件	文本	状态
U041100	接收到来自"集成式启动发电机A"控制单元的不可信数据。_	S
U040100	控制单元"N127（传动系统控制单元）"接收到不可信的数据。_	S
U049C00	从车辆内置充电装置接收到不可信的数据。_	S
P2C8700	Es liegt eine fahrzeugseitige Isolationswarnung im Hybrid/Hochvolt-Bordnetz vor. _	S

S=已存储

图 3-4-17

EQC 作为新产品，代表了梅赛德斯－奔驰全新研发的纯电动汽车，在这首先简要介绍该款车型三电系统的工作原理（三电原理图如图 3-4-18 所示）：高压蓄电池通过电力电子装置向电机供电，使电机运转，驱动车辆行驶。此外，它还为其他耗电量高的用户提供电能，如制冷剂压缩机或 PTC 加热器等，并通过直流/直流转换器为 12V 车载蓄电池充电。高压部件之间通过高压电源分配器相互连接，电源分配器上的保险丝用于保护高压用电器。

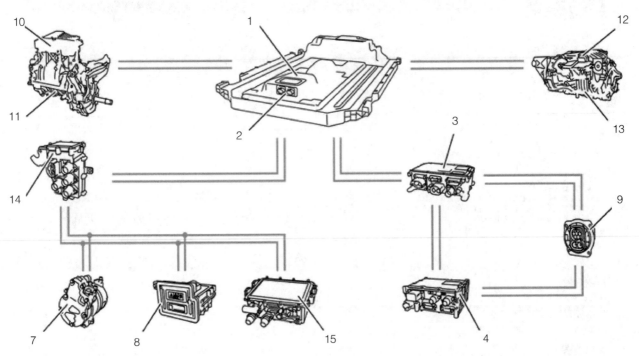

1.高压蓄电池 2.蓄电池管理系统控制单元 3.直流充电器 4.交流充电器 7.电动制冷剂压缩机 8. PTC加热器 9.车辆插座（连接至外部充电站）10.带交流/直流转换器的前部电力电子装置 11.前部电机 12.带交流/直流转换器的后部电力电子装置 13.后部电机 14.带保险丝的高压电源分配器15.直流/直流转换器

图 3-4-18

在了解基本原理后，着手检查此车故障，首先对故障码进行引导测试，引导过程中有些实际值不在标准范围内，并提示更换高压蓄电池，而最终结果为需要对 N83/11、N127、N129/1 和 N129/2 进行 SCN 设码。引导步骤如图 3-4-19~图 3-4-23 所示。

检查绝缘故障

检测的前提条件

- Es liegt ein fahrzeugseitiger Isolationsfehler im Hybrid/Hochvolt-Bordnetz vor.
- 已执行高电压车载电气系统电压切断。
- 高电压车载电网的所有电气连接器已正确连接。
- 如果您手动断开了高电压车载电气系统，那么接着必须重新连接高电压车载电气系统的所有电气连接器。
- 高压组件锁未激活。

ℹ 高电压车载电气系统的启用流程见于选项卡'高压车载电网'下。

⊗注意！

对于后续操作，请注意所要求的职业资质，该资质可通过参加课程编号为T1192F的培训获得。

相应的实际值状态

姓名	实际值	标准值
⚠ 接头30c电压	12.34V	≤ 5.00
部件 "'N82/3 （蓄电池管理系统控制单元）'" 内高电压元件的锁止状态	已解锁	已解锁
部件 "'N82/4 （蓄电池管理系统控制单元）'" 内高电压元件的锁止状态	已解锁	已解锁
⚠ 接触器状态 - N82/3 （蓄电池管理系统控制单元）	已关闭	已打开
⚠ 接触器状态 - N82/4 （蓄电池管理系统控制单元）	已关闭	已打开

用按钮'继续'开始检测。

图 3-4-19

可能的原因和补救措施

- Es liegt ein batterieinterner Isolationsfehler im Hybrid/Hochvoltbatteriemodul vor.
- 删除控制单元'N82/3 （蓄电池管理系统控制单元）'的故障存储器的故障记忆。
- 如果仍存在当前故障代码，则更换部件 "A100 （高电压蓄电池模块）"。

相应的实际值状态

姓名	实际值	标准值
绝缘电阻 高压蓄电池	main switch not closed in this DC or signal not available	≥ 215.00kΩ
绝缘电阻 高压蓄电池 （Ω / V）	main switch not closed in this DC or signal not available	≥ 500.00Ω/V
绝缘电阻 故障	――	未激活
绝缘电阻 - 警告	――	未激活
⚠ 绝缘电阻 - 预警	NO_WARN	未激活

信息

💡 通过按钮'绝缘电阻'获取其他实际值

重要提示

- 按照维修说明更换部件'A100 （高电压蓄电池模块）'。
- 务必注意高压车载电网作业的安全规范！
- 高电压车载电气系统的启用流程见于选项卡'高压车载电网'下。
- 高电压蓄电池不具备运输安全性。

检测结束

图 3-4-20

检测过程：

- 进行控制单元'N129/1 （电机1功率电子装置控制单元）'的软件校准编号（SCN）编码。
- 进行控制单元'N129/2 （电机2功率电子装置控制单元）'的软件校准编号（SCN）编码。
- 删除故障记忆。
- 在发射器控制单元中继续故障查询。

检测结束

图 3-4-21

508

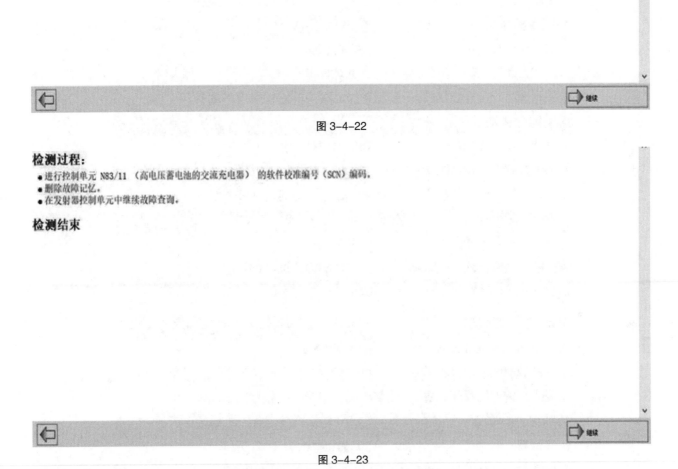

检测过程：
- 进行控制单元 N127 （传动系统控制单元）的软件校准编号（SCN）编码。
- 删除故障记忆。
- 在发射器控制单元中继续故障查询。

检测结束

图 3-4-22

检测过程：
- 进行控制单元 N83/11 （高电压蓄电池的交流充电器） 的软件校准编号（SCN）编码。
- 删除故障记忆。
- 在发射器控制单元中继续故障查询。

检测结束

图 3-4-23

根据引导测试结果，检查相关控制单元的软件，高压部件的所有控制单元和传动系统控制单元均为最新软件版本（如图 3-4-24 所示），排除软件可能。

分析引导测试，有 2 个线索：一个是更换高压蓄电池，直接更换太武断了；另一个是部分实际值不正常。据此提示，读取高压和 12V 系统的实际值，结果发现绝缘阻值不正常。绝缘电阻实际值如图 3-4-25 所示。

根据上一步的检查发现，需要检查绝缘阻值是否正常，也就是使用兆欧表施加 500V 的电压，然后测量高压蓄电池上的 4 个高压插头的绝缘阻值。这样，在 WIS 中查找高压蓄电池的电路图如图 3-4-26~ 图 3-4-28 所示。然后逐个脱开高压插头测量绝缘阻值，结果发现 N129/2 的 HV+ 和 HV- 绝缘阻值分别为 1.5MΩ 和 1.1MΩ （如图 3-4-29 和图 3-30 所示），均不正常，即前部电机有故障。

根据上一步的检查结果，更换前部电机（如图 3-4-31 所示），然后删除故障码，车子顺利启动，故障彻底排除。

蓄电池管理系统

梅赛德斯—奔驰硬件号	7899019100
当前的控制单元软件版本:	2939029800, 7899045800

未发现新的控制模块软件。 控制单元已用当前的软件版本编程。

传动系统

梅赛德斯—奔驰硬件号	0009018003
当前的控制单元软件版本:	0009049400, 0009027070, 0009039246

未发现新的控制模块软件。 控制单元已用当前的软件版本编程。

蓄电池管理系统

梅赛德斯—奔驰硬件号	7899010701
当前的控制单元软件版本:	2939026601

未发现新的控制模块软件。 控制单元已用当前的软件版本编程。

蓄电池管理系统

梅赛德斯—奔驰硬件号	7899019100
当前的控制单元软件版本:	2939029800, 7899045800

未发现新的控制模块软件。 控制单元已用当前的软件版本编程。

直流充电连接单元

梅赛德斯—奔驰硬件号	0009019312
当前的控制单元软件版本:	0009020363, 0009037344

未发现新的控制模块软件。 控制单元已用当前的软件版本编程。

直流/直流变换器

梅赛德斯—奔驰硬件号	0003421000
当前的控制单元软件版本:	0009022652

未发现新的控制模块软件。 控制单元已用当前的软件版本编程。

后轴电力电子装置

梅赛德斯—奔驰硬件号	2939012400
当前的控制单元软件版本:	2939023501, 2939033000

未发现新的控制模块软件。 控制单元已用当前的软件版本编程。

前轴电力电子装置

梅赛德斯—奔驰硬件号	2939012300
当前的控制单元软件版本:	2939023401, 2939032900

未发现新的控制模块软件。 控制单元已用当前的软件版本编程。

充电装置

梅赛德斯—奔驰硬件号	0009017210
当前的控制单元软件版本:	0009025642

未发现新的控制模块软件。 控制单元已用当前的软件版本编程。

图 3-4-24

编号		姓名	实际值	标准值
□ 771	ℹ	绝缘电阻测量装置	未激活	
□ 897	ℹ	控制器区域网络（CAN）信号 "'批准 绝缘测量'"	未激活	
□ 710	ℹ	高电压蓄电池中接触器的当前状态	已关闭	
□ 121	ℹ	绝缘电阻 - 预警	SNA	未激活
□ 154	ℹ	绝缘电阻 整车	main switch not closed in this DC or signal not available	≥ 215.00kΩ
□ 622	ℹ	绝缘电阻 高压蓄电池	main switch not closed in this DC or signal not available	≥ 215.00kΩ
□ 499	ℹ	绝缘电阻 高压车载电网	main switch not closed in this DC or signal not available	≥ 387.00kΩ
□ 188	ℹ	绝缘电阻 整车（Ω/V）	main switch not closed in this DC or signal not available	≥ 500Ω/V
□ 266	ℹ	绝缘电阻 高压蓄电池（Ω/V）	main switch not closed in this DC or signal not available	≥ 500Ω/V
□ 680	ℹ	绝缘电阻 高压车载电网（Ω/V）	main switch not closed in this DC or signal not available	≥ 900Ω/V

图 3-4-25

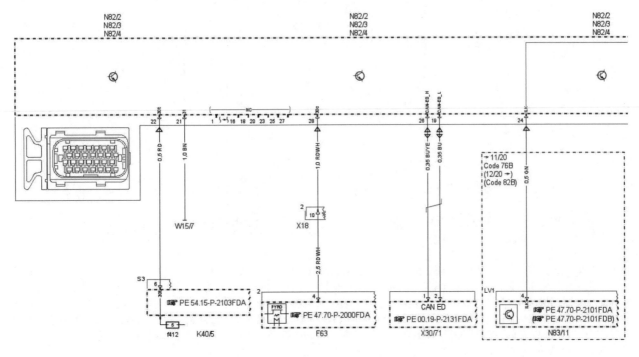

图 3-4-26

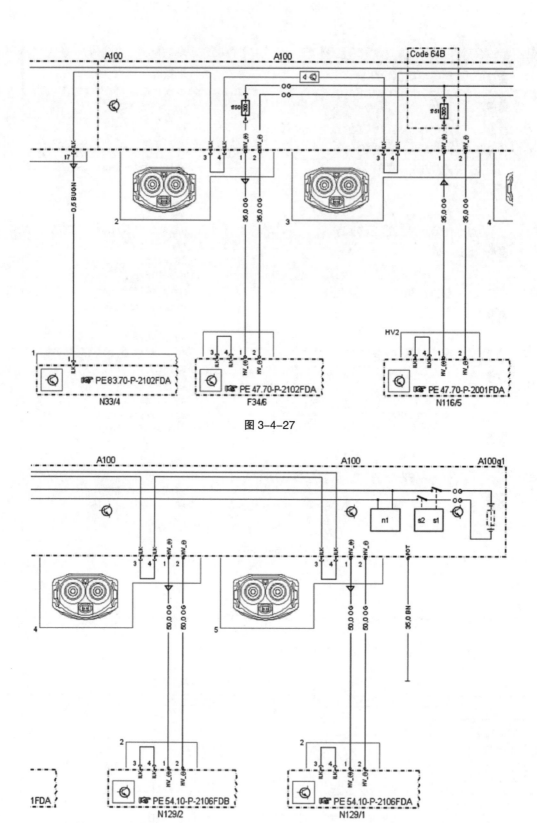

图 3-4-27

图 3-4-28

N82/2.蓄电池管理系统网关控制单元 N82/3.蓄电池管理系统控制单元 N82/4.蓄电池管理系统控制单元 W15/7.右前脚坑接地点 X18.驾驶室线束和车架地板总成电气连接器 Code 76B.充电功率为7.4kW的交流充电功能 Code 82B.充电功率为11kW的交流充电功能 K40/5.后排保险丝和继电器模块 K40/5f412.保险丝412 F63.燃爆保险丝 X30/71.电传动控制器区域网络(CAN ED)分配器 N83/11.高压蓄电池的交流充电器 A100.高电压蓄电池模块 Code 64B.充电插座–CHADEMO / 型号1 N33/4.高压电正温度系数（PTC）加热器 F34/6.高压电源分配器 N116/5.充电器直流/直流转换器 N129/1.电机1功率电子装置控制单元 N129/2.电机2功率电子装置控制单元

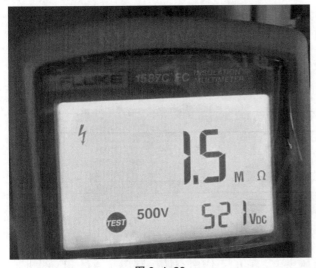

图 3-4-29   图 3-4-30

图 3-4-31

三、奔驰 EQC350 空调不制冷

故障现象：

一辆 2020 年 07 月产奔驰 EQC 350 纯电动汽车，行驶里程为 1407km，客户投诉空调不制冷。

故障诊断：

（1）在经销商管理系统（DMS）上查看车辆信息，客户购车 1 个左右，没有做过任何维修。

（2）根据客户的描述，打开空调，结果空调出风口吹出自然风，不制冷，风量调节正常。

（3）接上奔驰专用诊断仪（XENTRY）对车辆进行快速测试，结果空调控制单元没有故障码，快速测试结果如图 3-4-32 所示。

N22/1 - 空调（KLA）			-√-
型号	零件号	供货商	版本
硬件	000 901 97 06	Hella	17/40 001
软件	000 902 60 72	Hella	20/04 001
引导程序软件	---		16/04 003
诊断标识	008239	控制单元型号	HVAC222_HVAC_HSW17

图 3-4-32

（4）纯电动汽车的空调压缩机同时拥有高压和低压供电，它的工作由空调控制单元通过 LIN 线进行控制。鉴于快速测试结果没有故障码指引，尝试从空调系统的实际值入手，观察各温度传感器的信号变化，从中获取线索，结果压缩机的实际转速和耗电量均为 0，空调压缩机关闭，其原因显示部件"电动制冷剂压缩机"报告一个内部故障，局域互联网（LIN）总线存在功能故障，空调实际值如图 3-4-33 所示。

	编号		姓名	实际值	标准值
☐	203	❶	关闭制冷剂压缩机的原因	部件"电动制冷剂压缩机"报告一个内部故障。局域互联网（LIN）总线存在功能故障。	
☐	216		部件 A9/5（电动制冷剂压缩机）的耗电量	0.0A	[.. 60.0]
☐	142		制冷剂压缩机的标准转速	0%	[0 .. 100]
☐	615		制冷剂压缩机的实际转速	0%	[0 .. 100]
☐	483	❶	部件 A9/5（电动制冷剂压缩机）状态	部件'已停用'	
☐	598	❶	对于部件 Y19/1（高压蓄电池冷却系统关闭阀）的请求	已打开	
☐	450	❶	部件 Y19/1（高压蓄电池冷却系统关闭阀）状态	已关闭	
☐	303		B161/2（制冷剂压缩机后的压力和温度传感器）	7.9bar	
☐	360	❶	B10/6（蒸发器温度传感器）	33.2° C	[-50.0 .. 90.0]
☐	708	❶	D14（外部温度传感器）	31.0° C	[-40.0 .. 90.0]
☐	053		车外温度	31.0° C	
☐	622	❶	N70b1（带集成式风扇的车内温度传感器）	33.5° C	[-40.0 .. 90.0]
☐	673	❶	N70b1（带集成式风扇的车内温度传感器）：内部风扇	运行	
☐	143	❶	B10/35（左侧脚坑出风口的出风温度传感器）	32.10° C	[-50.00 .. 90.00]
☐	408	❶	B10/36（右侧脚坑出风口的出风温度传感器）	32.2° C	[-50.0 .. 90.0]
☐	077	❶	B10/31（左侧出风口的出风温度传感器）	33.0° C	[-50.0 .. 90.0]
☐	425	❶	B10/32（右侧出风口的出风温度传感器）	32.6° C	[-50.0 .. 90.0]
☐	462	❶	冷却液温度	31.0° C	[-40.0 .. 125.0]
☐	910	❶	发动机转速	0 1/min	
☐	944		B94/29（冷却液温度传感器（冷凝器出口））	0.0° C	

图 3-4-33

（5）根据上一步检查结果，在 WIS 中查找空调压缩机的电路图（如图 3-4-34 所示），并从图中得知：电池包通过高压分配盒向空调压缩机供电，分配盒上的保险丝用于保护用电器；除了高压外，还有 F1/3f313 的低压供电，然后通过 Z6/56z2 接地；N22/ 与 A9/61 通过 LIN 2 线相互通信。

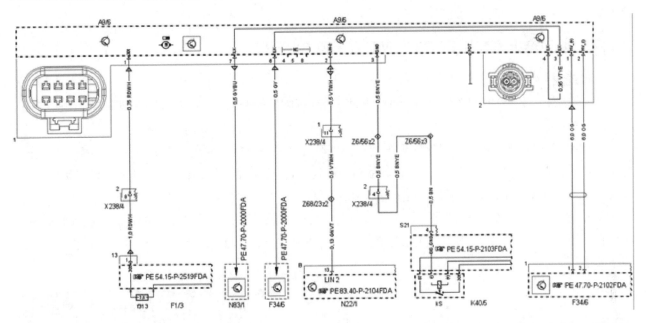

A9/6.电动制冷剂压缩机　X238/4.车内空间/前部驱动系统电气连接器　F1/3.前排乘客侧 A 柱保险丝盒　F1/3f313.保险丝313　N83/1. 直流/直流转换器控制单元　F34/6.高压电源分配器　Z6/56z2.端子31节点　Z6/56z3.端子31节点　K40/5.后排保险丝和继电器模块 K40/5kS.继电器S　Z68/23z2.供电节点　N22/1.恒温控制控制单元

图 3-4-34

（6）按电路图所示，高压线为橙色，较为显眼且横截面积也比较大，沿着线束走向观察表面，无任何损坏痕迹，即高压线束无异常；断开高压电，测量高压分配盒内的 3 个高压保险丝，结果保险丝均正常，这样，可以判定高压供电正常。

（7）将万用表一端接在低压插头的 1 针脚，另一端接在 3 针脚，测得电压均在 12.3V 左右，正常，排除 12V 供电异常或接地故障的可能。

（8）接下来考虑空调控制单元至压缩机的 LIN 总线，将奔驰原厂示波器连接至 LIN 线上，测量 LIN 波形，结果 LIN 电压在 13V 左右且波形呈现规则变化，即 LIN 总线通信正常。LIN 波形如图 3-4-35 所示。

（9）目测空调管路，没有泄漏痕迹，用抽氨机

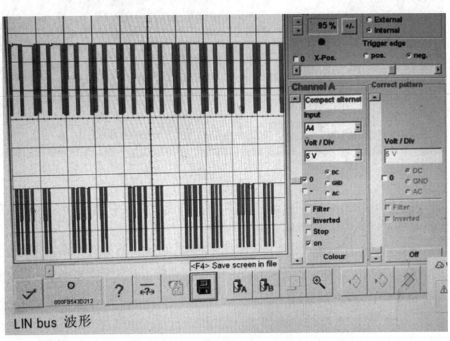

图 3-4-35

回收制冷剂，回收量正常，抽氨机对空调系统的气密性测试结果也是正常的；重新加注制冷剂，然后测试空调功能，依旧不冷。

（10）根据以上检查，判断空调压缩机自身故障引起关闭的，因此，更换压缩机和干燥剂，故障彻底排除。

四、2020 年北京奔驰 EQC350 仪表高压蓄电池报警

故障现象：

2020 年 08 月生产的国产奔驰 EQC350 纯电动汽车，行驶里程 1511km 左右，客户投诉车辆蓄电池报警。

故障诊断：

（1）车辆通过拖车进店，目检发现车辆左侧停车灯开关一直打开的，仪表不亮，钥匙解锁和锁车无反应；用蓄电池检测仪测试低压蓄电池电压为 5V，将其充满电，启动车辆，结果车子无法启动且无法挂挡，仪表上显示高压蓄电池故障、不允许拖车等提示。

（2）询问客户得知车子购买一个月不到，无任何维修记录。在加油站用充电桩对车辆进行快充，之后行驶不久车辆就突然失去动力无法行驶了，下电重新启动，车子无法启动，仪表出现报警信息，如图 3-4-36 所示。

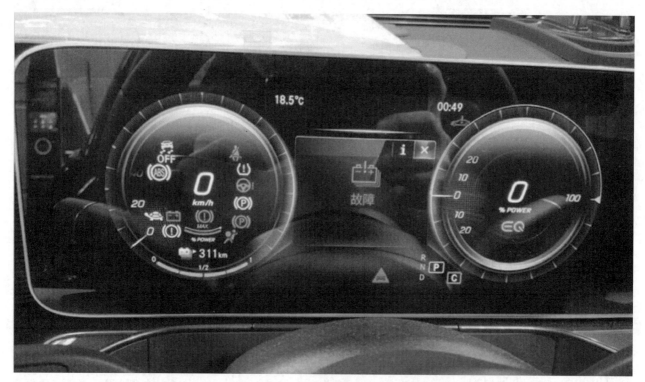

图 3-4-36

（3）用奔驰专用诊断仪（XENTRY）对车辆进行快速测试，结果 N116/5、N127、N82/2、N82/3、N82/4 和 N83/11 等控制单元有较多故障码，如图 3-4-37 所示。

（4）EQC 作为新产品，代表了梅赛德斯 – 奔驰全新研发的纯电动汽车，在这首先简要介绍该款车型三电系统的工作原理（如图 3-4-38 所示）：高压蓄电池是全车的电源，通过电力电子装置向电机供电，使电机运转，驱动车辆行驶；通过高压分配盒为其他耗电量高的用户如空调压缩机或 PTC 加热器等提供电能，分配盒上的保险丝用于保护高压用电器；此外它还通过直流 / 直流转换器为 12V 车载蓄电池充电。高压蓄电池具有 3 个控制单元，两个控制蓄电池管理，第 3 个即网关，确保前两个单元之间的通信；蓄

图 3-4-37

N82/3 - Battery management system (BMS20EVA1A)

Model	Part number	Supplier	Version
Hardware	789 901 93 12	Deutsche Accumotive GmbH & Co KG	18/05 000
Software	293 902 98 00	Deutsche Accumotive GmbH & Co KG	19/44 000
Boot software	789 904 58 00	Deutsche Accumotive GmbH & Co KG	16/42 000

Diagnosis identifier	Control unit variant	
007015		BMS20EVA1A_Variant_Serie_EB301_2

Event	Text	Status
U041100	Implausible data were received from control unit "Electric machine A".	S
U040100	Implausible data were received from control unit 'N127 (Drivetrain control unit)'.	S
B210A00	The power supply in the system is too low.	S

中文意思：
B210A00 系统内的供电过低。
U040100 接收到来自控制单元 N127 （传动系统控制单元） 的不可信数据。
U041100 接收到来自 "集成式启动发电机A" 控制单元的不可信数据。

N82/4 - Battery management system (BMS20EVA1B)

Model	Part number	Supplier	Version
Hardware	789 901 91 00	Deutsche Accumotive GmbH & Co KG	18/05 000
Software	293 902 98 00	Deutsche Accumotive GmbH & Co KG	19/44 000
Boot software	789 904 58 00	Deutsche Accumotive GmbH & Co KG	16/42 000

Diagnosis identifier	Control unit variant	
007015		BMS20EVA1B_Variant_Serie_EB301_2

Event	Text	Status
U041100	Implausible data were received from control unit "Electric machine A".	S
U040100	Implausible data were received from control unit 'N127 (Drivetrain control unit)'.	S
P1CB700	The power supply for circuit 30c is too low.	S
P056200	The on-board power supply voltage is too low.	S-STORED

中文意思：
B210A00 系统内的供电过低。
P1CB700 端子30c的供电电压过低。
U040100 接收到来自控制单元 N127 （传动系统控制单元） 的不可信数据。
U041100 接收到来自 "集成式启动发电机A" 控制单元的不可信数据。
P056200 车载电网电压过低。

N83/11 - Charger (SG-LG)

Model	Part number	Supplier	Version
Hardware	000 901 72 10	Panasonic	18/46 000
Software	000 902 56 42	Panasonic	18/34 000
Boot software	--		17/25 000

Diagnosis identifier	Control unit variant	
004009		OBL222_7KW_Var_004009_Gen3

Event	Text	Status
P056200	The on-board power supply voltage is too low.	S
P0CF763	The electric circuit of the pilot function has a sporadic malfunction. The duration of the actuation was exceeded: overload protection is active.	S
P0D5763	The sensor for contact detection between the female contact and the charging cable has a malfunction. The duration of the actuation was exceeded: overload protection is active.	S
P0D5A00	The sensor for contact detection between the female contact and the charging cable has a sporadic malfunction.	S
B210A00	The power supply in the system is too low.	S-STORED

中文意思：
B210A00 系统内的供电过低。
P056200 车载电网电压过低。
P0CF763 引导功能的电路存在偶发性功能故障。 已超出促动持续时间：过载保护功能已激活。
P0D5763 孔接口与充电电缆之间的接触识别传感器存在功能故障。 已超出促动持续时间：过载保护功能故障。
P0D5A00 接触插座与充电电缆之间的接触识别传感器存在偶发性功能故障。

N116/5 - Direct current charge connection unit (DCCU)

17341, 17343, 17345, 17346, 17349, 17351, 17353, 17354, 17355, 17357, 17358, 17360, 17362, 17363, 17366, 17369, 17370, 17373, 17374, 17376, 17379, 17382, 17385, 17389, 17390, 17391, 17392, 17394, 17395, 17396, 17397, 17398, 17399, 17401, 17403, 17404, 17405, 17406, 17409, 17412, 17419, 17421

Model	Part number	Supplier	Version
Hardware	000 901 93 12	LG Electronics	18/50 000
Software	000 902 03 63	LG Electronics	19/27 000
Software	000 903 73 44	LG Electronics	19/27 000
Boot software	--		19/07 000

Diagnosis identifier	Control unit variant	
000010		DCB167_Variant_000016_V C9_2018_17

Fault	Text	Status
P056200	The on-board power supply voltage is too low.	S
P2BC500	The contact "Positive terminal" of the contactor in the on-board DC current charge-connection unit is jammed closed.	A÷S

Event	Text	Status
P1CADFC	There is an external malfunction in the communication with the charging station.	S-STORED, A÷S=CURRENT and STORED
U041300	Implausible data were received from control unit "High-voltage battery".	--

中文意思：
P056200 车载电网电压过低。
P2BC500 车辆内置直流充电连接装置内接触器的 "正极端子" 触点卡在闭合位置。
P1CADFC 与充电站的通信存在外部故障。
U041300 接收到来自 "高电压蓄电池" 控制单元的不可信数据。

A26/17 - MBUX multimedia system (Head unit)

Model	Part number	Supplier	Version
Hardware	253 901 76 01	Harman / Becker	18/29 000
Software	167 902 07 07	Harman / Becker	19/19 020

N127 - Drivetrain (PTCU)

Model	Part number	Supplier	Version
Hardware	000 901 60 03	Delphi	16/07 000
Software	000 902 70 70	Delphi	19/49 002
Software	000 903 93 46	Delphi	19/49 004
Boot software	000 904 94 00	Delphi	17/26 003

Diagnosis identifier	Control unit variant	
023186		CEPC253_19B_Re9_EV A1

Fault	Text	Status
U109087	Communication with the control unit for telematics services has a malfunction. The message is missing.	S
P056200	The on-board power supply voltage is too low.	S
P142113	The actuator 'Haptic accelerator pedal module' has a malfunction. There is an open circuit.	S

中文意思：
U109087 与车载智能信息服务控制单元的通信存在功能故障。 信息缺失。
P056200 车载电网电压过低。
P142113 "触觉加速踏板模块" 促动器存在功能故障。 存在断路。

N82/2 - Battery management system (BMS10EVA1)

Model	Part number	Supplier	Version
Hardware	789 901 07 01	Deutsche Accumotive GmbH & Co KG	19/40 000
Software	293 902 66 01	Deutsche Accumotive GmbH & Co KG	20/05 000
Boot software	--		19/40 000

Diagnosis identifier	Control unit variant	
008004		BMS10EVA1_008004_Application

Event	Text	Status
B210D00	The power supply is too low.	S

中文意思：
B210D00 供电过低。

电池管理系统控制单元监测互锁电路、电压、电流、温度、接触器的状态、绝缘监测的状态等参数。

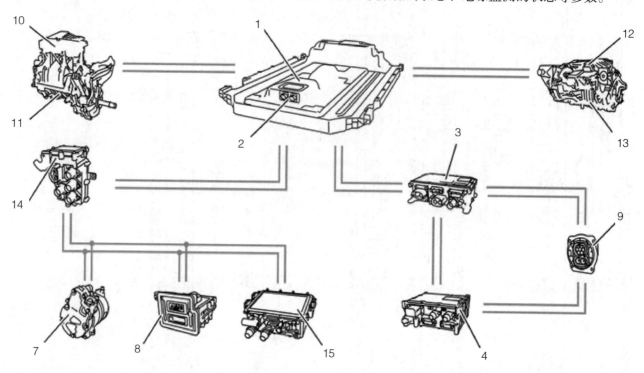

1.高压蓄电池 2.蓄电池管理系统控制单元 3.直流充电器 4.交流充电器 7.电动制冷剂压缩机 8.PTC加热器 9.车辆插座（连接至外部充电站） 10.带交流/直流转换器的前部电力电子装置 11.前部电机 12.带交流/直流转换器的后部电力电子装置 13.后部电机 14.带保险丝的高压电源分配器 15.直流/直流转换器

图 3-4-38

（5）在了解基本原理后，着手分析故障码，这几个控制单元都存在供电过低的故障码，而供电是任何用电器工作的前提条件，因此，检查方向应该首先从供电入手；另外，N116/5 的故障码是当前存在的，并且故障码说明了直流充电连接单元内部的触点卡滞，换言之，N116/5 内部存在故障。

（6）按上述分析，优先从 N116/5 的故障码进行检查，执行故障码 P2BC500 的引导测试，结果无有价值的线索或指引，引导步骤如图 3-4-39 所示。

Preconditions
- The ignition must be switched on.
- The charging cable must be unplugged at the vehicle end.
- The exterior socket flap of the vehicle socket must be closed.

The following preconditions must always be met.

点击继续，重新回到故障码的界面

Continue

图 3-4-39

（7）在 WIS 中查找 N116/5 的电路图（如图 3-4-40 所示），得知 N116/5 的供电分别来自 K40/5f471 和 F63，两个接地分别为 W3/8 和 W92/6。这样，将万用表一端分别接在 FLV1 头 1 针脚和 3 针脚，另一端分别接在 7 针脚，测得电压均在 12V 左右。沿着供电线和接地线的走向，不断摇晃导线，结果电压依旧没变化，确认供电和接地无异常；同样，检查 W92/6 也是正常的。

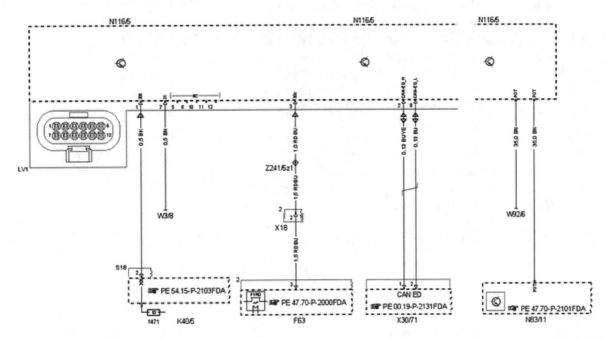

N116/5.充电器的直流/直流转换器　W3/8.右后轮罩接地点　Z241/5z1.端子30c节点　X18.驾驶室线束和车架地板总成电气连接器　W92/6.电位均衡接地点　K40/5.后排保险丝和继电器模块　K40/5f471.保险丝471　F63.燃爆保险丝　X30/71.电传动控制器区域网络分配器　N83/11.高电压蓄电池的交流充电器

图 3-4-40

（8）根据上述分析和检查情况，判断直流充电连接单元内部故障，这是否有必要通过与其他车对调的方式进行确认呢？或者是否需要检查其他控制单元的供电呢？

（9）带着疑问，查看高压系统的实际值，尝试是否可以发现故障线索，结果读取到直流充电连接单元内部正极端子触点卡在闭合位置、高压电池包的电压正常，但电池包内部的单格电池电压过高而超出标准范围，触点卡滞测量值如图 3-4-41 所示，电池包电压测量值如图 3-4-42 所示，单格电池电压测量值如图 3-4-43~ 图 3-4-45 所示。

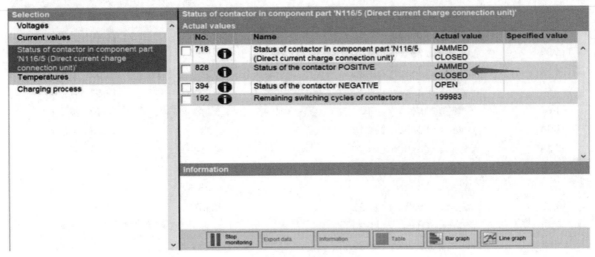

图 3-4-41

519

No.		Name	Actual value	Specified value
690		Voltage of high-voltage battery	408.80V	[300.00 .. 420.00]
537	ℹ	Current value of high-voltage battery	0.00A	[-325.00 .. 145.00]
340	ℹ	Voltage of high-voltage on-board electrical system at component 'A100 (High-voltage battery module)'	0.90V	
690	ℹ	Voltage of high-voltage on-board electrical system at component 'N83/11 (Alternating current charger for high-voltage battery)'	1.30V	
378	ℹ	Voltage of high-voltage on-board electrical system at component 'N129/1 (Electric machine 1 power electronics control unit)'	0.00V	
378		Voltage of high-voltage on-board electrical system at component 'N129/2 (Electric machine 2 power electronics control unit)'	0.00V	
460	ℹ	Voltage of high-voltage on-board electrical system at component 'N83/1 (DC/DC converter control unit)'	1.10V	
591		Charge level of high-voltage battery	97.90%	

图 3-4-42

594	Voltage of battery cell 1	4.26V	[2.00 .. 4.20]
642	Voltage of battery cell 2	4.26V	[2.00 .. 4.20]
051	Voltage of battery cell 3	4.26V	[2.00 .. 4.20]
863	Voltage of battery cell 4	4.26V	[2.00 .. 4.20]
816	Voltage of battery cell 5	4.26V	[2.00 .. 4.20]
313	Voltage of battery cell 6	4.26V	[2.00 .. 4.20]
562	Voltage of battery cell 7	4.27V	[2.00 .. 4.20]
274	Voltage of battery cell 8	4.26V	[2.00 .. 4.20]
241	Voltage of battery cell 9	4.26V	[2.00 .. 4.20]
788	Voltage of battery cell 10	4.26V	[2.00 .. 4.20]
017	Voltage of battery cell 11	4.26V	[2.00 .. 4.20]
774	Voltage of battery cell 12	4.26V	[2.00 .. 4.20]
958	Voltage of battery cell 13	4.26V	[2.00 .. 4.20]
331	Voltage of battery cell 14	4.26V	[2.00 .. 4.20]
998	Voltage of battery cell 15	4.26V	[2.00 .. 4.20]
227	Voltage of battery cell 16	4.26V	[2.00 .. 4.20]
250	Voltage of battery cell 17	4.26V	[2.00 .. 4.20]
571	Voltage of battery cell 18	4.26V	[2.00 .. 4.20]
504	Voltage of battery cell 19	4.26V	[2.00 .. 4.20]
129	Voltage of battery cell 20	4.25V	[2.00 .. 4.20]
388	Voltage of battery cell 21	4.26V	[2.00 .. 4.20]
378	Voltage of battery cell 22	4.26V	[2.00 .. 4.20]
736	Voltage of battery cell 23	4.26V	[2.00 .. 4.20]
862	Voltage of battery cell 24	4.26V	[2.00 .. 4.20]
856	Voltage of battery cell 25	4.26V	[2.00 .. 4.20]

图 3-4-43

☐ 046		Voltage of battery cell 26	4.26V	[2.00 .. 4.20]
☐ 467		Voltage of battery cell 27	4.26V	[2.00 .. 4.20]
☐ 406		Voltage of battery cell 28	4.26V	[2.00 .. 4.20]
☐ 480		Voltage of battery cell 29	4.26V	[2.00 .. 4.20]
☐ 806		Voltage of battery cell 30	4.26V	[2.00 .. 4.20]
☐ 295		Voltage of battery cell 31	4.26V	[2.00 .. 4.20]
☐ 338		Voltage of battery cell 32	4.26V	[2.00 .. 4.20]
☐ 911		Voltage of battery cell 33	4.26V	[2.00 .. 4.20]
☐ 300		Voltage of battery cell 34	4.26V	[2.00 .. 4.20]
☐ 151		Voltage of battery cell 35	4.26V	[2.00 .. 4.20]
☐ 861		Voltage of battery cell 36	4.26V	[2.00 .. 4.20]
☐ 225		Voltage of battery cell 37	4.26V	[2.00 .. 4.20]
☐ 126		Voltage of battery cell 38	4.26V	[2.00 .. 4.20]
☐ 423		Voltage of battery cell 39	4.26V	[2.00 .. 4.20]
☐ 081		Voltage of battery cell 40	4.26V	[2.00 .. 4.20]
☐ 291		Voltage of battery cell 41	4.26V	[2.00 .. 4.20]
☐ 966		Voltage of battery cell 42	4.26V	[2.00 .. 4.20]
☐ 345		Voltage of battery cell 43	4.26V	[2.00 .. 4.20]
☐ 753		Voltage of battery cell 44	4.26V	[2.00 .. 4.20]
☐ 729		Voltage of battery cell 45	4.26V	[2.00 .. 4.20]
☐ 465		Voltage of battery cell 46	4.26V	[2.00 .. 4.20]
☐ 697		Voltage of battery cell 47	4.26V	[2.00 .. 4.20]
☐ 972		Voltage of battery cell 48	4.26V	[2.00 .. 4.20]
☐ 967		Voltage of battery cell 49	4.27V	[2.00 .. 4.20]
☐ 410		Voltage of battery cell 50	4.26V	[2.00 .. 4.20]
☐ 832		Voltage of battery cell 51	4.26V	[2.00 .. 4.20]
☐ 572		Voltage of battery cell 52	4.26V	[2.00 .. 4.20]
☐ 453		Voltage of battery cell 53	4.26V	[2.00 .. 4.20]
☐ 718		Voltage of battery cell 54	4.26V	[2.00 .. 4.20]
☐ 890		Voltage of battery cell 55	4.27V	[2.00 .. 4.20]
☐ 860		Voltage of battery cell 56	4.26V	[2.00 .. 4.20]
☐ 776		Voltage of battery cell 57	4.26V	[2.00 .. 4.20]
☐ 378		Voltage of battery cell 58	4.26V	[2.00 .. 4.20]
☐ 646		Voltage of battery cell 59	4.26V	[2.00 .. 4.20]
☐ 809		Voltage of battery cell 60	4.26V	[2.00 .. 4.20]
☐ 452		Voltage of battery cell 61	4.26V	[2.00 .. 4.20]
☐ 110		Voltage of battery cell 62	4.26V	[2.00 .. 4.20]
☐ 011		Voltage of battery cell 63	4.26V	[2.00 .. 4.20]
☐ 304		Voltage of battery cell 64	4.26V	[2.00 .. 4.20]
☐ 735		Voltage of battery cell 65	4.26V	[2.00 .. 4.20]
☐ 354		Voltage of battery cell 66	4.26V	[2.00 .. 4.20]
☐ 614		Voltage of battery cell 67	4.26V	[2.00 .. 4.20]
☐ 950		Voltage of battery cell 68	4.26V	[2.00 .. 4.20]
☐ 865		Voltage of battery cell 69	4.26V	[2.00 .. 4.20]
☐ 697		Voltage of battery cell 70	4.27V	[2.00 .. 4.20]
☐ 714		Voltage of battery cell 71	4.26V	[2.00 .. 4.20]
☐ 124		Voltage of battery cell 72	4.26V	[2.00 .. 4.20]
☐ 956		Voltage of battery cell 73	4.26V	[2.00 .. 4.20]
☐ 420		Voltage of battery cell 74	4.26V	[2.00 .. 4.20]
☐ 870		Voltage of battery cell 75	4.26V	[2.00 .. 4.20]

图 3-4-44

	764	Voltage of battery cell 76	4.26V	[2.00 .. 4.20]
	071	Voltage of battery cell 77	4.26V	[2.00 .. 4.20]
	808	Voltage of battery cell 78	4.26V	[2.00 .. 4.20]
	897	Voltage of battery cell 79	4.26V	[2.00 .. 4.20]
	889	Voltage of battery cell 80	4.26V	[2.00 .. 4.20]
	262	Voltage of battery cell 81	4.26V	[2.00 .. 4.20]
	307	Voltage of battery cell 82	4.26V	[2.00 .. 4.20]
	670	Voltage of battery cell 83	4.26V	[2.00 .. 4.20]
	022	Voltage of battery cell 84	4.26V	[2.00 .. 4.20]
	312	Voltage of battery cell 85	4.26V	[2.00 .. 4.20]
	399	Voltage of battery cell 86	4.26V	[2.00 .. 4.20]
	732	Voltage of battery cell 87	4.26V	[2.00 .. 4.20]
	663	Voltage of battery cell 88	4.27V	[2.00 .. 4.20]
	366	Voltage of battery cell 89	4.27V	[2.00 .. 4.20]
	194	Voltage of battery cell 90	4.26V	[2.00 .. 4.20]
	017	Voltage of battery cell 91	4.26V	[2.00 .. 4.20]
	246	Voltage of battery cell 92	4.26V	[2.00 .. 4.20]
	217	Voltage of battery cell 93	4.27V	[2.00 .. 4.20]
	364	Voltage of battery cell 94	4.26V	[2.00 .. 4.20]
	094	Voltage of battery cell 95	4.26V	[2.00 .. 4.20]
	242	Voltage of battery cell 96	4.27V	[2.00 .. 4.20]

图 3-4-45

（10）从实际值来看，单格电池电压过高能否说明电池包已经损坏了呢？但是电池包的电压又是正常的，因此，尚无法确认电池包是否有故障。

（11）带着疑问，尝试删除全车所有故障码，并断开低压蓄电池负极十多分钟，然后重新对车辆进行快速测试，观察故障码是否可以消除。结果发现 N116/5 直接从诊断界面上消失，即 N116/5 测试不到，其原因分别有 CAN 线、供电、接地或控制单元自身故障。第二次快速测试结果如图 3-4-46 所示。

17341, 17343, 17345, 17346, 17349, 17351, 17353, 17354, 17355, 17357, 17358, 17360, 17362, 17363, 17366, 17369, 17370, 17373, 17374, 17376, 17379, 17382, 17385, 17389, 17390, 17391, 17392, 17394, 17395, 17396, 17397, 17398, 17399, 17401, 17403, 17404, 17405, 17406, 17409, 17412, 17419, 17421 　　缺少N116/5

A26/17 - MBUX multimedia system (Head unit)　　　　　　　　　-f-

Model	Part number	Supplier	Version
Hardware	253 901 76 01	Harman / Becker	18/29 000
Software	167 902 07 07	Harman / Becker	19/19 020
Software	167 902 10 07	Harman / Becker	19/19 020
Software	167 903 26 04	Harman / Becker	19/19 020
Software	167 903 27 04	Harman / Becker	19/19 020
Software	253 903 25 01	Harman / Becker	19/19 020
Software	293 903 26 00	Harman / Becker	19/22 000
Software	253 903 29 00	Harman / Becker	18/14 000
Software	293 902 19 01	Daimler	19/36 000
Software	167 902 82 07	Harman / Becker	19/26 020
Software	167 903 29 04	Harman / Becker	19/19 020
Software	167 903 30 04	Harman / Becker	19/19 020
Software	000 000 00 00	Reserved	00/00 000
Boot software	167 904 89 00	Harman / Becker	19/19 020

Diagnosis identifier	00C127	Control unit variant	HU6_Mid_FreshUp2_7
Fault	**Text**		**Status**
B1F9997	The control unit 'Head unit' has a malfunction. The system function is restricted.		S

图 3-4-46

（12）鉴于供电和接地前面已检查是正常的，按电路图指引检查CAN线，结果CAN线正常，排除外围因素。尝试从诊断仪车辆功能界面里面的"Body"菜单进入此控制单元，退出再次快速测试，依旧无法测到，确认是N116/5自身故障引起的。

（13）进入N116/5，对其进行软件升级（如图3-4-47所示），但未发现新版本，排除软件因素；这样，更换N116/5，然后车子顺利启动，故障彻底排除。

Direct current charge connection unit

MB object number for hardware 0009019312

Current control unit software version: 0009020363, 0009037344

No newer control unit software was found. The control unit is already programmed with the latest software version.

Battery management system

MB object number for hardware 7899010701

Current control unit software version: 2939026601

No newer control unit software was found. The control unit is already programmed with the latest software version.

图 3-4-47

五、奔驰 EQC400 仪表提示防护系统故障

故障现象：

一辆2019年09月生产的奔驰EQC400纯电动汽车，行驶里程为2352km，客户投诉仪表显示防护系统故障，蓄电池灯亮。

故障诊断：

（1）启动车辆，仪表显示防护系统故障且蓄电池灯亮。询问客户车子购买了一个多月，车辆正常使用，这两天行驶时突然出现故障的，没有做过任何维修。

（2）用奔驰专用诊断仪（XENTRY）对车辆进行快速测试，结果安全气囊控制单元中存在当前的故障码，如图3-4-48所示。

N2/10 - Supplemental restraint system (SRS)			-F-
Model	**Part number**	**Supplier**	**Version**
Hardware	205 901 46 20	Continental	18/20 001
Software	205 902 04 23	Continental	18/24 001
Software	293 903 22 00	Continental	19/10 000
Software	293 903 09 00	Continental!	18/30 000
Boot software	---	---	15/19 000
Diagnosis identifier	020004	Control unit variant	ORC213_R18_KM1717_0x 20004

Fault	Text	Status
B284F12	The squib for pyrofuse 'High-voltage on-board electrical system' has a malfunction. There is a short circuit to positive.	A+S

B284F12 "高压车载电网"燃爆保险丝的引爆装置存在功能故障。 存在对正极短路。

图 3-4-48

（3）对故障码进行引导测试，指引结果为检查F63预熔保险丝到SRS控制单元（N2/10）的线路和插头。尝试删除故障码，但很快故障灯又亮起，依旧是同样故障码，确认安全防护系统有故障，并且从故障码和引导测试来看，可能引起该故障的原因分别为N2/10故障、F63故障、N2/10至F63的线路故障。

（4）燃爆保险丝位于右侧仪表台下方，其作用是在发生事故后降低火灾危险。根据XENTRY结果在WIS中查找该保险丝的电路图如图3-4-49所示。

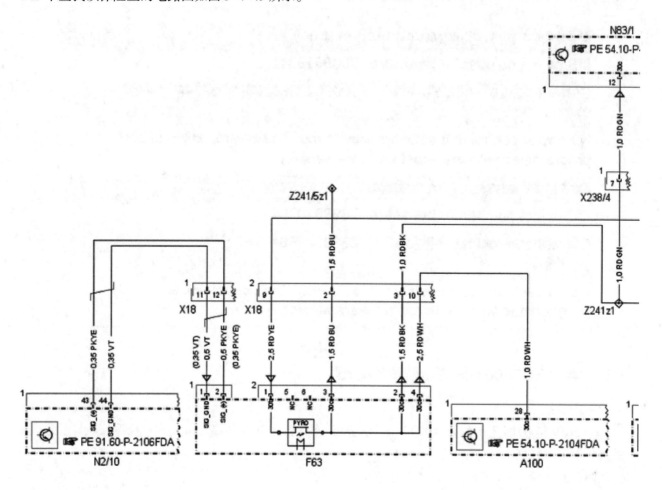

N2/10.辅助防护装置控制单元　X18.驾驶室线束和车架地板总成电气连接器　F63.燃爆保险丝　Z241/5z1.端子30c节点　A100.高电压蓄电池模块　N83/1.直流/直流转换器控制单元　Z241z1.端子30c节点　X238/4.车内空间/前部驱动系统电气连接器

图3-4-49

从图中得知F63由SRS控制单元触发，30t供电经过保险丝后输送至车载用电器，如向A100供电和通过Z241/5z1输出。按图中所示测量N2/10到F63燃爆保险丝两根线路的导通性，结果两根导线的电阻均在2.40MΩ以上，不正常，说明导线有断路现象。

（5）在WIS中查找X18的位置，得知X18分为3个插头，即X18（1）、X18（2）和X18（3），它们全都位于右前地板上，如图3-4-50所示。

（6）拆卸下右前座椅和地毯，准备检查X18分别到N2/10和F63的导线，但发现地毯背面和地板上有很多水，拆下3个插头，均已腐蚀痕迹，右前地板进水如图3-4-51所示，插头腐蚀如图3-4-52所示。

（7）询问客户并没有过失的将水倒至车内，这样，判断水是从挡风玻璃上的右侧排水道或空调排水管渗漏到车内右前乘客地板上。

（8）根据上一步分析，首先检查空调排水管，结果发现空调排水管安装不正常，导致空调冷凝水流

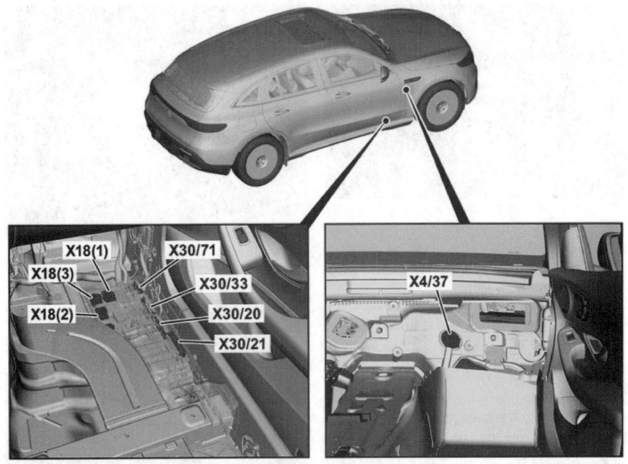

X18.驾驶室线束和车架底板组件电气连接器 X30/71.电驱动控制器区域网络(CAN EL) 分配器 X30/20.用户界面控制器区域网络（CAN HMI）电位分配器 X30/21.传动系统控制器区域网络（CAN C1）分配器 X4/37.端子板（电路 30）

图 3-4-50

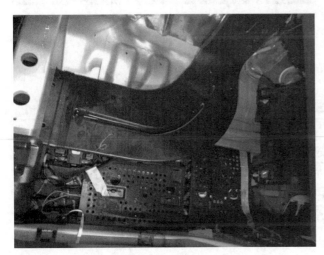

图 3-4-51

图 3-4-52

入室内，排水管安装异常如图 3-4-53 所示。

（9）重新安装空调排水管、清洁所有受腐蚀和有隐患的插头、擦干室内水迹，然后删除故障码，并开启空调测试，结果故障消失，空调排水正常，未漏至室内，正确安装排水管如图 3-4-54 所示。将所有部件装车，然后试车，车子行驶正常；交车给客户，持续跟进 1 周，车子都正常，即故障彻底排除。

图 3-4-53

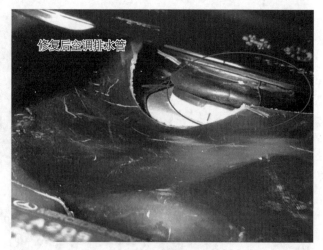

图 3-4-54

六、奔驰 EQC400 无法行驶

故障现象:

2019 年 09 月生产的国产奔驰 EQC400 纯电动汽车, 行驶里程 531km, 客户投诉仪表出现高压蓄电池报警信息。

故障诊断:

(1) 车辆为客户刚购买 3 天的新车, 在店里贴完防爆膜后准备交车给客户时仪表突然出现"高压蓄电池过热停车, 所有人下车! 尽可能停在露天空旷位置"的警告 (如图 3-4-55 所示) 且车辆无法启动。

图 3-4-55

(2) 用奔驰专用诊断仪 (XENTRY) 对车辆进行快速测试, 结果有多个控制单元报出与高压蓄电池通信有关的故障码, 而高压蓄电池不能通信当前故障码, 如图 3-4-56 所示。

N82/2 - Battery management system (BMS10EVA1)	-!-
The following fault has occurred: Error details:Ecu is not available	

N82/3 - Battery management system (BMS20EVA1A)	-!-
The following fault has occurred: Error details:Ecu is not available	

N82/4 - Battery management system (BMS20EVA1B)	-!-
The following fault has occurred: Error details:Ecu is not available	

图 3-4-56

(3) EQC 纯电动汽车的高压蓄电池是全车的电源, 通过电力电子装置向电机供电, 使电机运转, 驱动车辆行驶; 通过高压分配盒为其他耗电量高的用户如空调压缩机或 PTC 加热器等提供电能。高压蓄电池内部具有 3 个控制单元, 2 个控制蓄电池管理, 第 3 个即网关, 确保前 2 个单元之间的通信; 蓄电池管理系统控制单元监测互锁电路、电压、电流、温度、接触器的状态、绝缘监测的状态等参数。

(4) 从 XENTRY 结果来看, 需要检查为何 3 个高压蓄电池控制单元无法通信, 而任何一个控制单元能够与外界通信的前提条件分别是: CAN 线、供电、接地和控制单元自身均正常, 并且检查方向应该先从外围因素入手。

（5）根据上述分析，查找电池包的电路图（如图 3-4-57~ 图 3-4-59 所示），脱开高压蓄电池控制单元 1 号插头，查看针脚无腐蚀、接触不良等异常；测量插头的 22 号针脚与 21 号针脚之间的电压为 12.3V，即供电与接地均正常。

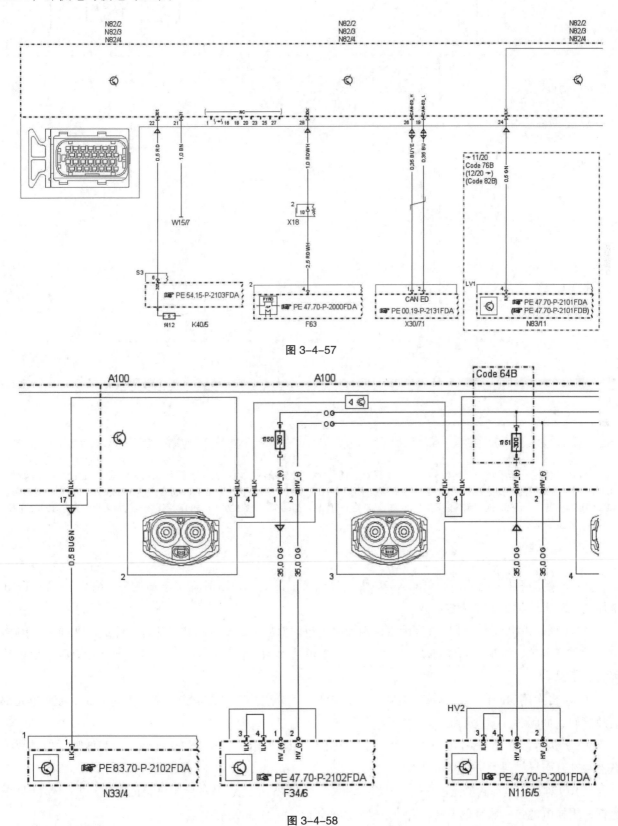

图 3-4-57

图 3-4-58

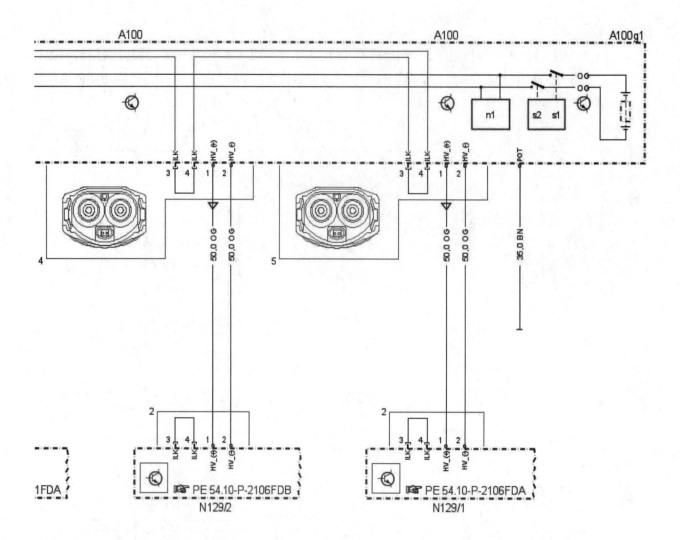

N82/2.蓄电池管理系统网关控制单元 N82/3.蓄电池管理系统控制单元 N82/4.蓄电池管理系统控制单元 W15/7.右前脚坑接地点 X18.驾驶室线束和车架地板总成电气连接器 Code 76B.充电功率为7.4kW 的交流充电功能 Code 82B.充电功率为11 kW 的交流充电功能 K40/5.后排保险丝和继电器模块 K40/5f412.保险丝412 F63.燃爆保险丝 X30/71.电传动控制器区域网络（CAN ED）分配器 N83/11.高电压蓄电池的交流充电器 A100.高电压蓄电池模块 Code 64B.充电插座-CHADEMO／型号1 N33/4.高压电正温度系数（PTC）加热器 F34/6.高压电源分配器 N116/5.充电器的直流/直流转换器 N129/1.电机1功率电子装置控制单元 N129/2.电机2功率电子装置控制单元

图 3-4-59

（6）测量高压蓄电池控制单元 N82/2 上 1 号插头上的 CAN-ED H 对地电压约为 2.61V， CAN-ED L 电压约 2.38V，即两条 CAN 线正常。

（7）根据以上检查，排除外围因素，判断电池包内部故障，尝试断开电池包两侧的诊断插头，10 多分钟后重新插上，结果车辆以启动，但是启动大概 10 多秒后车辆又自动熄火，仪表再次出现高压电池故障警告信息。

（8）再次用诊断仪测试车辆，结果 3 个蓄电池管理系统控制单元都能正常通信，但 3 个控制单元都有故障码，如图 3-4-60 所示。

（9）执行故障码 U301700 的引导测试（如图 3-4-61 所示），对 N82/3 进行复位和休眠，但是故障依然存在，引导结果为更换高压电池。

（10）对高电压控制单元进行软件升级（如图 3-4-62 所示），但软件版本已是最新的，排除软件因素；这样，更换电池包，然后车子顺利启动，故障彻底排除。

N82/2 - Battery management system (BMS10EVA1) -f-

Model	Part number	Supplier	Version
Hardware	789 901 07 00	Deutsche Accumotive GmbH & Co KG	18/40 000
Software	293 902 10 01	Deutsche Accumotive GmbH & Co KG	19/22 002
Boot software	---	---	18/40 000
Diagnosis identifier	008003	Control unit variant	BMS10EVA1__008003_Application

Fault	Text	Status
U300100	The control unit was switched off improperly. _	S

中文意思：

U300100 控制单元被非正常关闭。 _

N82/3 - Battery management system (BMS20EVA1A) -f-

Model	Part number	Supplier	Version
Hardware	789 901 91 00	Deutsche Accumotive GmbH & Co KG	18/05 000
Software	293 902 72 00	Deutsche Accumotive GmbH & Co KG	19/04 000
Boot software	789 904 58 00	Deutsche Accumotive GmbH & Co KG	16/42 000
Diagnosis identifier	007014	Control unit variant	BMS20EVA1A_Variant_Serie_EB301

Fault	Text	Status
U301700	The real-time internal control unit clock has a malfunction. _	S

中文意思：

U301700 控制单元内部的实时时钟存在功能故障。 _

N82/4 - Battery management system (BMS20EVA1B) -f-

Model	Part number	Supplier	Version
Hardware	789 901 91 00	Deutsche Accumotive GmbH & Co KG	18/05 000
Software	293 902 72 00	Deutsche Accumotive GmbH & Co KG	19/04 000
Boot software	789 904 58 00	Deutsche Accumotive GmbH & Co KG	16/42 000
Diagnosis identifier	007014	Control unit variant	BMS20EVA1B_Variant_Serie_EB301

Fault	Text	Status
U301700	The real-time internal control unit clock has a malfunction. _	S
P0A0B00	The interlock circuit of the high-voltage on-board electrical system has a malfunction. _	S

中文意思：

U301700 控制单元内部的实时时钟存在功能故障。 _

P0A0B00 高压车载电网的互锁回路存在功能故障。 _

图 3-4-60

Possible causes

- Control unit 'N82/3 (Battery management system control unit)' is defective.
- An internal component of the component 'A100 (High-voltage battery module)' is defective.

Possible remedies

1   Erase fault memory of control unit 'N82/3 (Battery management system control unit)'.

2   Perform reset of control unit 'N82/3 (Battery management system control unit)'.

3   Terminate XENTRY Diagnosis and disconnect the diagnostics plug from the vehicle.

4   Remove ignition key.

5   Close vehicle completely.

6   Then wait approx. 5 minutes. (Wait for bus to go idle.)

7   If the fault code that led to this test is still active, replace the component 'A100 (High-voltage battery module)'.

ⓘ Pressing button 'Reset' deletes the fault memory of control unit 'N82/3 (Battery management system control unit)' and performs a control unit reset.

Repair information

- Observe WIS repair instructions.
- The safety regulations for working on high-voltage on-board electrical systems must always be followed!
- The procedure for power disconnection of the high-voltage on-board electrical system can be found under tab 'High-voltage on-board electrical system'.

图 3–4–61

Direct current charge connection unit

MB object number for hardware   0009019312

Current control unit software
version: 0009020363, 0009037344

No newer control unit software was found. The control unit is already programmed with the latest software version.

Battery management system

MB object number for hardware   7899010701

Current control unit software
version: 2939026601

No newer control unit software was found. The control unit is already programmed with the latest software version.

图 3-4-62

七、奔驰 EQC400 无法行驶

故障现象：

2019 年 04 月生产的国产奔驰 EQC400 纯电动汽车，行驶里程 6091km，客户投诉在充电过程中产生故障导致车辆不能正常行驶，仪表显示蓄电池故障。

故障诊断：

（1）车辆通过拖车进店，查看车辆维修记录，除了 PDI 之外，没有做过任何维修；与客户一起确认故障现象，车子无法启动，仪表上显示高压蓄电池故障、不允许拖车等信息，如图 3-4-63 所示。

图 3-4-63

（2）询问客户得知车子购买 3 个月左右，主要在市区行驶，偶尔出现过"主动制动辅助系统故障、限速功能停止"等信息提示，但车辆能正常行驶，故障是在车辆连接直流充电桩时出现的，然后仪表盘显示红色的"蓄电池"符号且车辆无法启动。

（3）用奔驰专用诊断仪（XENTRY）对车辆进行快速测试，结果传动系统控制单元 N127 和直流充电连接单元 N116/5 都有当前存在的故障码，如图 3-4-64 所示。

N127 - Drivetrain (PTCU) -F-

Model	Part number	Supplier	Version
Hardware	000 901 80 03	Delphi	16/07 000
Software	000 902 70 70	Delphi	19/49 002
Software	000 903 92 46	Delphi	19/49 004
Boot software	000 904 94 00	Delphi	17/26 003

Diagnosis identifier	023186	Control unit variant	CEPC253__19B_Re19_EVA1

Fault	Text		Status
U029887	Communication with control unit "DC/DC converter" has a malfunction. The message is missing.		A+S

中文意思：
U029887 与直流/直流变换器控制单元的通信存在功能故障。

N116/5 - Direct current charge connection unit (DCCU) -F-

Model	Part number	Supplier	Version
Hardware	000 901 93 12	LG Electronics	18/50 000
Software	000 902 03 63	LG Electronics	19/27 000
Software	000 903 73 44	LG Electronics	19/27 000
Boot software	---		19/07 000

Diagnosis identifier	000010	Control unit variant	DCB167_Variant_000016_VC9_2018_17

Fault	Text		Status
P2BC500	The contact 'Positive terminal' of the contactor in the on-board DC current charge-connection unit is jammed closed.		A+S
P2BCC00	The contact 'Negative terminal' of the contactor in the on-board DC current charge-connection unit is jammed closed.		A+S

中文意思：
P2BC500 车辆内置直流充电连接装置内接触器的"正极端子"出点卡在闭合位置。
P2BCC00 车辆内置直流充电连接装置内接触器的"负极端子"出点卡在闭合位置。

N82/2 - Battery management system (BMS10EVA1) -✓-

Model	Part number	Supplier	Version
Hardware	789 901 07 00	Deutsche Accumotive GmbH & Co KG	18/40 000
Software	293 902 69 01	Deutsche Accumotive GmbH & Co KG	19/51 002
Boot software	---	---	18/40 000

Diagnosis identifier	008003	Control unit variant	BMS10EVA1__008003_Application

N82/3 - Battery management system (BMS20EVA1A) -✓-

Model	Part number	Supplier	Version
Hardware	789 901 91 00	Deutsche Accumotive GmbH & Co KG	18/05 000
Software	293 902 72 00	Deutsche Accumotive GmbH & Co KG	19/04 000
Boot software	789 904 58 00	Deutsche Accumotive GmbH & Co KG	16/42 000

Diagnosis identifier	007014	Control unit variant	BMS20EVA1A_Variant_Serie_EB301

N82/4 - Battery management system (BMS20EVA1B) -✓-

Model	Part number	Supplier	Version
Hardware	789 901 91 00	Deutsche Accumotive GmbH & Co KG	18/05 000
Software	293 902 72 00	Deutsche Accumotive GmbH & Co KG	19/04 000
Boot software	789 904 58 00	Deutsche Accumotive GmbH & Co KG	16/42 000

图 3-4-64

（4）从 XENTRY 报告来看（如图 3-4-65 所示），很明显，N116/5 内部的触点卡滞，换言之，N116/5 内部存在故障，执行故障码的引导测试，引导结果为 N116/5 内部存在错误。

（5）按引导测试指引，删除故障码，但故障码无法消失，即需要更换 N116/5；读取 N116/5 的实际值，结果直流充电连接单元内部正极和负极端子触点均卡在闭合位置，符合故障码和引导测试结果，如图 3-4-66 所示。

可能的客户投诉：

● 无法对高电压蓄电池充电。

可能的原因：

● 控制单元 N116/5（直流充电连接单元）存在内部错误。

可能的修止措施：

1　删除故障码
2　检查控制单元软件是否已更新。
3　控制单元 N116/5（直流充电连接单元）重新进行编码。
4　执行新点火周期。
5　如果故障码仍旧存在，则必须更换控制单元'N116/5（直流充电连接单元）。

更换控制单元的信息

● 可通过菜单项更换控制单元 N116/5（直流充电连接单元）下的选项卡检测调出检测。

检测结束

图 3-4-65

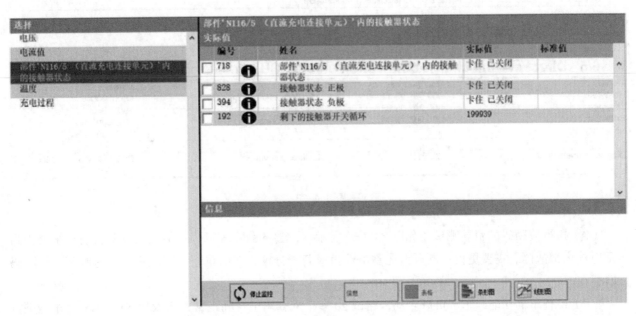

图 3-4-66

（6）读取正常车辆 N116/5 的实际值（如图 3-4-67 所示），结果直流充电连接单元内部正极和负极端子触点均为打开状态，确定客户车辆的 N116/5 有故障。

（7）按上面的检查，更换 N116/5，然后在删除全车故障码时，N116/5 的故障码可以删除掉，但 N82/4 存在当前的故障码，如图 3-4-68 所示。

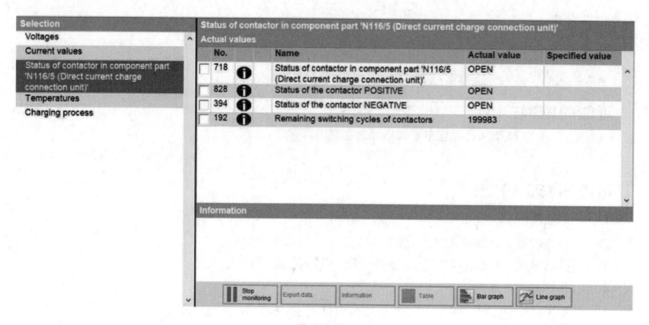

图 3-4-67

N82/4 - Battery management system (BMS20EVA1B) -F-

Model	Part number	Supplier	Version
Hardware	789 901 91 00	Deutsche Accumotive GmbH & Co KG	18/05 000
Software	293 902 72 00	Deutsche Accumotive GmbH & Co KG	19/04 000
Boot software	789 904 58 00	Deutsche Accumotive GmbH & Co KG	16/42 000

Diagnosis identifier	007014	Control unit variant	BMS20EVA1B_Variant_Serie_EB301

Fault	Text		Status
P0E2F00	Electrical fuse B for the high voltage has a malfunction. _		A

中文意思：

P0E2F00 高压保险丝B存在功能故障

N116/5 - Direct current charge connection unit (DCCU) -√-

Model	Part number	Supplier	Version
Hardware	000 901 93 12	LG Electronics	18/50 000
Software	000 902 03 63	LG Electronics	19/27 000
Software	000 903 73 44	LG Electronics	19/27 000
Boot software	---	---	19/07 000

Diagnosis identifier	000010	Control unit variant	DCB167_Variant_000016_VC9_2018_17

图 3-4-68

（8）执行故障码的引导测试（如图 3-4-69 所示），尝试删除故障码，但无法删除，引导结果为高压蓄电池内部故障，需要更换；断开低压蓄电池负极若干分钟，然后重新对车辆进行快速测试，故障码依旧存在。

（9）检查车辆功能，车子可以启动，路试 20 多千米，车子行驶正常；再次用 XENTRY 对车辆进行快速测试，结果 N82/4 的故障码仍然是存在当前的，如图 3-4-70 所示。

可能的原因

- 控制单元 N82/4 （蓄电池管理系统控制单元） 损坏。
- 部件 A100 （高电压蓄电池模块） 的内部组件损坏。

可能的补救措施

1　　删除控制单元 N82/4 （蓄电池管理系统控制单元） 的故障存储器的故障记忆。

2　　进行控制单元 N82/4 （蓄电池管理系统控制单元） 复位。

3　　退出XENTRY Diagnosis并断开车辆诊断插头。

4　　拔下点火钥匙。

5　　完全关闭车辆。

6　　然后等候约5 分钟 （ 等待总线休眠。 ）

7　　导致这个检测的故障码继续出现时，更换部件 A100 （高电压蓄电池模块） 。

ⓘ 通过操作按钮复位，将删除控制单元 N82/4 （蓄电池管理系统控制单元） 的故障记忆，并进行控制单元复位。

维修信息

- 注意授权服务中心信息系统的维修说明。
- 务必注意高压车载电网作业的安全规范！
- 高电压车载电气系统的启用流程见于选项卡高压车载电网下。

检测结束

图 3-4-69

POE2F00 高压保险丝 B 存在功能故障。		当前
控制单元专用的环境数据		
姓名	首次出现	最后一次出现
高电压蓄电池的电压	351.00V	351.00V
部件 "N82/4 （蓄电池管理系统控制单元）" 上的高压车载电网电压	352.20V	352.20V
蓄电池电流	-1.70A	-1.70A
接触器状态	已关闭	已关闭
剩下的接触器开关循环	499023	499023
接头30电压	10.80V	10.80V
接头30c电压	10.80V	0.75V
绝缘电阻	main switch not closed in this DC or signal not available	main switch not closed in this DC or signal not available
互锁回路	无故障	无故障
蓄电池电压 最大	3.07V	3.07V
蓄电池电压 最小	3.67V	3.67V
高电压蓄电池的充电状态	46.00%	46.00%
部件 "A100 （高电压蓄电池模块）" 内部温度 中等温度	23.00°C	23.00°C
部件 "A100 （高电压蓄电池模块）" 内部温度 最大值	23.00°C	23.00°C
部件 "A100 （高电压蓄电池模块）" 内部温度 最小值	23.00°C	23.00°C
冷却液温度	信号不可用	信号不可用
环境温度	24.00°C	24.00°C
用于研发部门的故障停帧数据	---	FF FF FF FF FF FF FF FF FF FF FF FF FF FF FF

图 3-4-70

（10）对 N82/4 控制单元进行软件编程（如图 3-4-71 所示），但无新软件，排除软件故障的可能。

（11）读取高压蓄电池的相关实际值，低压、高压、电池包内部温度、CAN 信号、绝缘电阻等数据均正常，如图 3-4-72~ 图 3-4-78 所示。

蓄电池管理系统

梅赛德斯—奔驰硬件号   7899019100

当前的控制单元软件版本：   2939027200, 7899045800

未发现新的控制模块软件。 控制单元已用当前的软件版本编程。

传动系统

梅赛德斯—奔驰硬件号   0009018003

当前的控制单元软件版本：   0009049400, 0009027070, 0009039246

未发现新的控制模块软件。 控制单元已用当前的软件版本编程。

蓄电池管理系统

梅赛德斯—奔驰硬件号   7899010700

当前的控制单元软件版本：   2939026901

未发现新的控制模块软件。 控制单元已用当前的软件版本编程。

直流充电连接单元

梅赛德斯—奔驰硬件号   0009019312

当前的控制单元软件版本：   0009020363, 0009037344

未发现新的控制模块软件。 控制单元已用当前的软件版本编程。

图 3-4-71

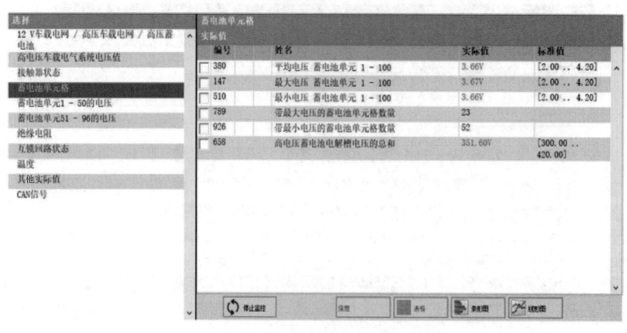

图 3-4-72

536

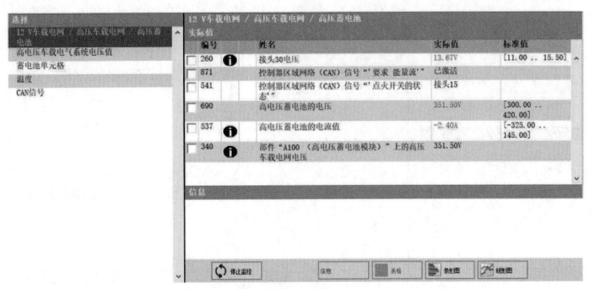

图 3-4-73

图 3-4-74

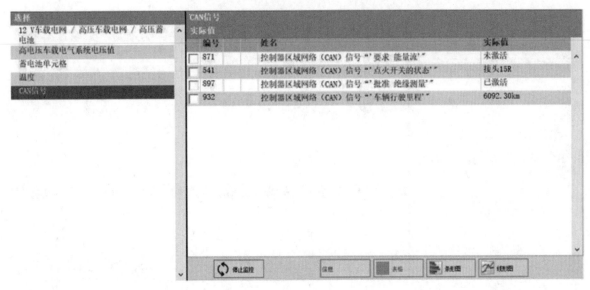

图 3-4-75

537

图 3-4-76

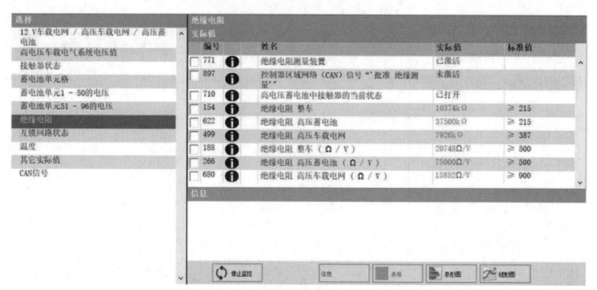

图 3-4-77

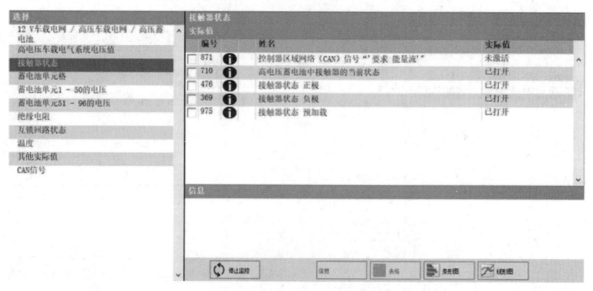

图 3-4-78

根据以上检查，确认 N82/4 的故障码是其内部故障引起的，这样，更换电池包，然后顺利删除所有故障码，试车，车辆行驶正常。试车回来后对车子进行快充，结果无法充电；用慢充桩对车辆充电，正常；用诊断仪测试，全车无任何故障码，如图 3-4-79 所示。

N82/2 - Battery management system (BMS10EVA1) -✓-

Model	Part number	Supplier	Version
Hardware	789 901 07 00	Deutsche Accumotive GmbH & Co KG	18/40 000
Software	293 902 69 01	Deutsche Accumotive GmbH & Co KG	19/51 002
Boot software	---	---	18/40 000
Diagnosis identifier	008003	Control unit variant	BMS10EVA1__008003_Application

N82/3 - Battery management system (BMS20EVA1A) -✓-

Model	Part number	Supplier	Version
Hardware	789 901 91 00	Deutsche Accumotive GmbH & Co KG	18/05 000
Software	293 902 72 00	Deutsche Accumotive GmbH & Co KG	19/04 000
Boot software	789 904 58 00	Deutsche Accumotive GmbH & Co KG	16/42 000
Diagnosis identifier	007014	Control unit variant	BMS20EVA1A_Variant_Serie_EB301

N82/4 - Battery management system (BMS20EVA1B) -✓-

Model	Part number	Supplier	Version
Hardware	789 901 91 00	Deutsche Accumotive GmbH & Co KG	18/05 000
Software	293 902 72 00	Deutsche Accumotive GmbH & Co KG	19/04 000
Boot software	789 904 58 00	Deutsche Accumotive GmbH & Co KG	16/42 000
Diagnosis identifier	007014	Control unit variant	BMS20EVA1B_Variant_Serie_EB301

N116/5 - Direct current charge connection unit (DCCU) -✓-

Model	Part number	Supplier	Version
Hardware	000 901 93 12	LG Electronics	18/50 000
Software	000 902 03 63	LG Electronics	19/27 000
Software	000 903 73 44	LG Electronics	19/27 000
Boot software	---	---	19/07 000
Diagnosis identifier	000010	Control unit variant	DCB167_Variant_000016_VC9_2018_17

N83/1 - DC/DC converter (DDW) -✓-

Model	Part number	Supplier	Version
Hardware	000 342 10 00	Hitachi	15/40 000
Software	000 902 26 52	Hitachi	18/42 000
Boot software	---	---	14/10 001
Diagnosis identifier	000105	Control unit variant	DCDC222PI_Release_3_Star_2_3

图 3-4-79

鉴于 XENTRY 无故障码，应该如何入手检查呢？注意到故障现象是慢充正常，快充无法充电，而该车型的充电原理：车辆通过车载插座连接至外部充电站，外部电源的直流电由直流充电器对高压蓄电池进行充电，俗称快充；外部电源的交流电由交流充电器转换为直流电，再由直流充电器对高压蓄电池进行充电，俗称慢充。两个充电器分别位于载物舱底板的右下方和左下方，如图 3-4-80 和图 3-4-81 所示。三电原理如图 3-4-82 所示。

根据上述分析，将检查思路转移至直流充电器及其线束上。在 WIS 中查找直流充电器至快充口的电路（如图 3-4-83 所示），得知除了两条高压充电线之外，还有若干条低压导线，高压线束横截面积较大

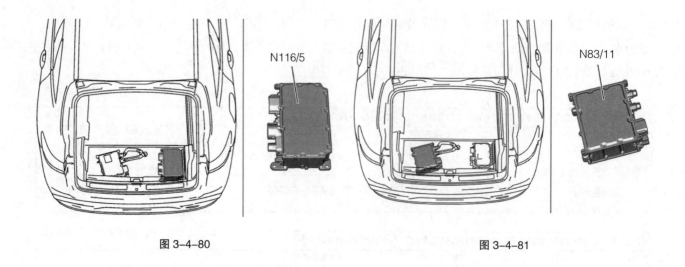

图 3-4-80   N116/5   N83/11   图 3-4-81

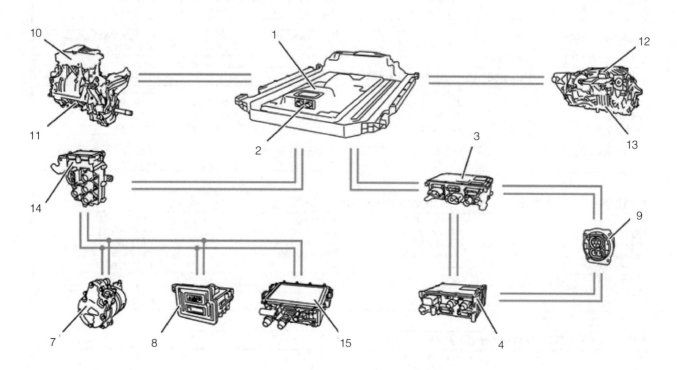

1.高压蓄电池 2.蓄电池管理系统控制单元 3.直流充电器 4.交流充电器 7.电动制冷剂压缩机 8.PTC加热器 9.车辆插座（连接至外部充电站） 10.带交流/直流转换器的前部电力电子装置 11.前部电机 12.带交流/直流转换器的后部电力电子装置 13.后部电机 14.带保险丝的高压电源分配器 15.直流/直流转换器

图 3-4-82

且绝缘层厚，沿着其走向观察线束表面，无任何损坏痕迹，排除高压线束故障的可能。接下来检查低压线，逐根导线测量是否短路或断路，结果发现 G10f1 已烧断。

测量保险丝上下游的线路，没有短路；更换保险丝后测试，快充正常。再次试车，并在公司外的公共充电站充电，结果车子行驶正常，快慢充也都正常。保险丝熔断如图 3-4-84 所示。

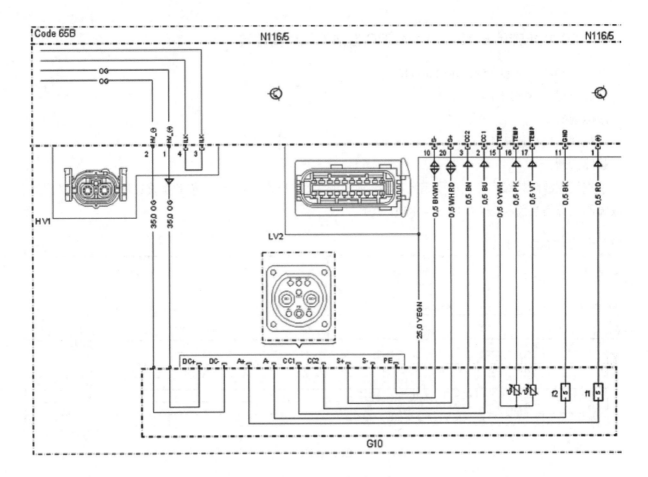

Code 65B.车辆插座XE充电插座-中国标准GB/T N116/5.充电器的直流/直流转换器 G10.直流充电/交流充电车辆插座 G10f1.保险丝1 G10f2.保险丝2

图 3-4-83

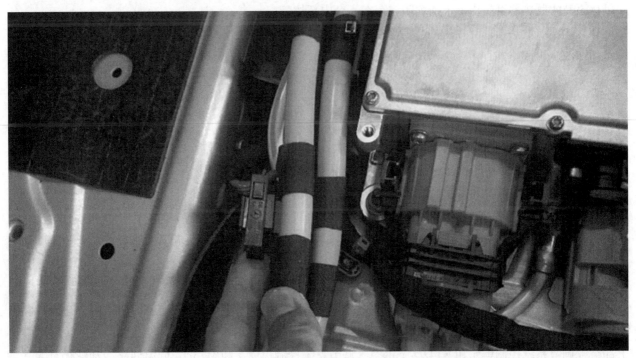

图 3-4-84

八、2020 年奔驰 EQC 400 4MATIC 散热器风扇高速转

车型：2020 年奔驰 EQC 400 4MATIC。

行驶里程：18962 km。

故障现象：

散热器风扇高速转。

故障诊断：

检查发现故障持续存在，电子扇高速转；连接诊断仪进行快速测试，传动系统控制单元 N127 设置多个故障码且都是当前状态（如图 3-4-85 所示）：

N127 – 传动系统 (PTCU)				-F-
型号	零件号	供货商	版本	
硬件	000 901 80 03	Delphi	16/07 000	
软件	000 902 70 70	Delphi	19/49 002	
软件	000 903 92 46	Delphi	19/49 004	
引导程序软件	000 904 94 00	Delphi	17/26 003	
诊断标识	023186	控制单元型号	CEPC253_19B_Re19_EVA1	
故障	文本			状态
U121A87	与控制单元"风扇"的通信存在功能故障。信息缺失。			A+S
P0CEA87	电力电子装置的冷却液泵存在功能故障。信息缺失。			A+S
P05AE04	散热器百叶片2关不上。存在一个内部故障。			A+S
P059F04	散热器百叶片1不能关闭。存在一个内部故障。			A+S
U028487	与散热器百叶片1的通信存在功能故障。信息缺失。			A+S
U028587	与散热器百叶片2的通信存在功能故障。信息缺失。			A+S

A+S=当前并且已存储

图 3-4-85

U121A87 与控制单元"风扇"的通信存在功能故障。信息缺失；

P0CEA87 电力电子装置的冷却液泵存在功能故障。信息丢失；

P05AE04 散热器百叶片 2 关不上，存在一个内部故障；

P059F04 散热器百叶片 1 不能关闭，存在一个内部故障；

U028487 与散热器百叶片 1 的通信存在功能故障，信息缺失；

U028587 与散热器百叶片 2 的通信存在功能故障，信息缺失。

EQC 的热量管理包括高压车载电气系统部件的冷却和车内的空调控制。高压车载电气系统部件的冷却由位于乘客脚坑的传动系统控制单元 N127 进行管理，此外 N127 的任务还包括：牵引力管理、能源管理等。

高压车载电气系统部件的冷却通过两个相互未连接的封闭冷却液回路实现：

低温回路 1（电驱动低温回路）；

低温回路 2（高压蓄电池低温回路）。

低温回路 1 冷却 A79/1 电机 1（后轴）和 A79/2 电机 2（前轴），直流/直流转换器 N83/1 以及高压蓄电池的交流充电器 N83/11。低温回路 2 冷却高压蓄电池模块 A100。每条低温回路都有一个转速可调的冷却液泵和多个调节阀。为降低能量消耗和车速较高时发动机舱中的冷却速度，冷却器前方安装了空气调节系统。在特定情况下两个促动电机会打开和关闭空气调节系统。

低温回路的两个冷却器集成在一个冷却模块中。后部中央位置有一个风扇电机 M4/7 用于为冷却模块通风。传动系统控制单元 N127 通过局域互联网（LIN 1）促动风扇电机 M4/7，空气调节系统（N142/1 上部空气调节系统控制单元和 N142/2 下部空气调节系统控制单元）和 M75/14 低温回路冷却液循环泵 1。传动系统控制单元 N127 通过局域互联网（LIN 2）促动 M43/1 低温回路 2 冷却液循环泵和 N33/5 高压

电正温度系统（PTC）加热器。传动系统控制单元调节低温回路 1。其对低温冷却液回路 1 温度传感器 B11/6 的数据进行评估并在必要时促动低温回路 1 冷却液循环泵 M75/11。车外温度较低时冷却液还以最低流率（具体取决于冷却液温度）流过电力电子装置。电驱动低温回路（低温回路 1）的功能原理图如图 3-4-86 所示。

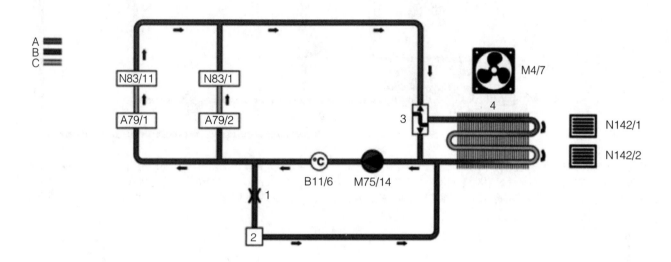

1.2mm限制器 2.低温回路1膨胀容器 3.低温回路1自调节节温器 4.散热器低温回路 1 A79/1.电机1 A79/2.电机2 B11/6.低温冷却液回路1温度传感器 M4/7.风扇电机 M75/14.低温回路冷却液循环泵 1 N83/1.直流/直流转换器控制单元 N83/11.高压蓄电池交流充电器 N142/1.上部空气调节系统控制单元 N142/2.下部空气调节系统控制单元 A.加热后的冷却液 B.冷却后的冷却液 C.部分加热或冷却的冷却液

图 3-4-86

传动系统控制单元 N127 调节低温回路 2，其对低温冷却液回路 2 温度传感器 B11/7 的数据进行评估并在必要时促动低温回路 2 冷却液循环泵 M43/1。根据车外温度，高压蓄电池的废热通过连接至制冷剂回路的低温回路 2 冷却器或通过热交换器发散。通过促动高压蓄电池冷却转换阀 Y140 调节低温回路 2。热交换器通过喷射到热交换器中并蒸发的制冷剂对冷却液进行冷却。冷却后的冷却液随后可传送至低温回路 2。高压蓄电池温度较低时，冷却液流过与高压蓄电池冷却膨胀阀隔离的热交换器。如果能源管理系统确定启用，则传动系统控制单元通过控制器区域网络（CAN）请求智能气候控制系统控制单元（N22/1）促动电动制冷剂压缩机。智能气候控制系统控制单元（N22/1）随后通过局域互联网（LIN）促动电动制冷剂压缩机。高压蓄电池冷却膨胀阀由智能气候控制系统控制单元打开，制冷剂流过热交换器。通过此方式，从低温回路 2 提取热量。冷却输出主要取决于电动制冷剂压缩机的促动水平。如果高压蓄电池的充电量过低，则电动制冷剂压缩机的输出功率被调节降至 0kW。高压蓄电池低温回路（低温回路 2）的功能原理图如图 3-4-87 所示。

查看系统的电路图（如图 3-4-88 所示），传动系统控制单元 N127 通过 LIN 1 经 Z 节点 Z142/2z1 与 M4/7、M75/14 以及 N142/1 和 N142/2 进行通信。

因为 LIN1 的所有 4 个部件都报了"信息缺失"的当前状态的故障码，根据系统的工作原理分析可能的故障原因有：

（1）N127 电气故障。

（2）LIN 线故障。

（3）LIN 线部件（M4/7、M75/14、N142/1 或 N142/2）电气故障。

拔下散热器风扇 M4/7 的插头，测量 PIN3（LIN 1）电压约为 6.7V，标准值 9~11V，不正常；逐一拔

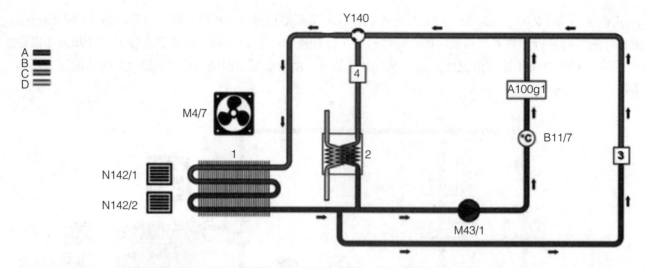

1.低温回路2冷却器 2.热交换器 3.低温回路2膨胀容器 4.高压正温度变化系数（PTC）加热器 A100g1.高压蓄电池 B11/7.低温冷却液回路2温度传感器 M4/7.风扇电机 M43/1.低温回路冷却液循环泵2 N142/1.上部空气调节系统控制单元 N142/2.下部空气调节系统控制单元 Y140.高压蓄电池冷却系统转换阀 A.加热后的冷却液 B.冷却后的冷却液 C.制冷剂（高压，液态） D.制冷剂（低压，气态）

图 3-4-87

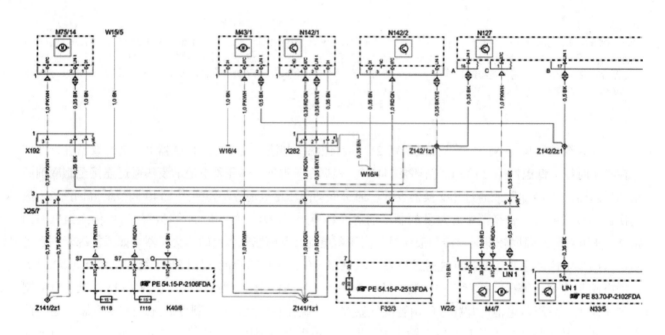

图 3-4-88

下 LIN 1 的其余部件，当拔下水泵 M75/14 的插头后，LIN 1 的电压恢复正常，约 11.1V；检查 N127 到水泵 M75/14 之间的线路正常，插头无异常松动腐蚀现象。为了进一步确定故障原因，使用 XENTRY SCOPE 测量 LIN 1 波形，结果发现当插上水泵 M75/14 后，LIN 1 的波形被拉低了 5V 左右，拔掉水泵插头测量的 LIN 线波形如图 3-4-89 所示，插上水泵插头后的 LIN 线波形如图 3-4-90 所示。

综合分析故障原因是水泵 M75/14 内部电气故障（如图 3-4-91 和图 3-4-92 所示），导致了 LIN 1 总线瘫痪，从而散热器风扇 M4/7 进入应急状态，高速运转。

故障排除：更换低温回路冷却液循环泵 1（M75/14），故障排除。

故障总结：LIN 线的故障特点是对正极短路和对地短路或部件电气故障，导致整条 LIN 总线瘫痪；如果是支路断路，则影响到本支路的部件通信。

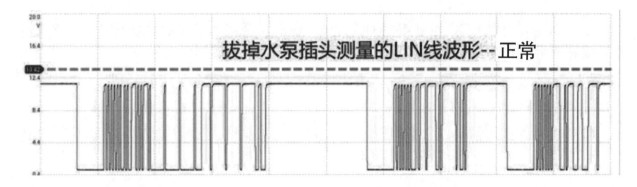

图 3-4-89

图 3-4-90

图 3-4-91

图 3-4-92

545

九、2021 年奔驰 EQC 400 4MATIC 行驶中仪表出现红色高压蓄池故障图标及"故障"文字报警提示，靠边停车且关闭点火开关之后重新启用，故障提示消失

车型：2021 年奔驰 EQC 400 4MATIC。

行驶里程：13419 km。

故障现象：行驶中仪表出现红色高压蓄电池故障图标及"故障"文字报警提示，靠边停车后关闭点火开关之后重新启用，故障提示消失，如图 3-4-93 所示。

图 3-4-93

故障诊断：

连接诊断仪进行快速测试，蓄电池管理系统 N82/3 设置了 4 个存储状态的故障码：P2C8800 混合动力 / 高电压车载电气系统中存在车辆绝缘警告、P2C8600 混合动力 / 高电压蓄电池模块中存在蓄电池内部绝缘警告、P2C8700 混合动力 / 高电压车载电气系统车辆绝缘警告和 P142A00 高电压车载电网中存在一个车辆绝缘预警，如图 3-4-94 所示。

N82/3 - 蓄电池管理系统 (BMS20EVA1A)			-f-
型号	零件号	供货商	版本
硬件	789 901 91 00	Deutsche Accumotive GmbH & Co KG	18/05 000
软件	293 902 98 00	Deutsche Accumotive GmbH & Co KG	19/44 000
引导程序软件	789 904 58 00	Deutsche Accumotive GmbH & Co KG	16/42 000
诊断标识	007015	控制单元型号	BMS20EVA1A_Variant_Serie _EB301_2
故障	文本		状态
P2C8800	混合动力/高电压车载电气系统中存在车辆绝缘警告。		S
P2C8600	混合动力/高电压蓄电池模块中存在蓄电池内部绝缘警告。		S
事件	文本		状态
P2C8700	混合动力/高电压车载电气系统车辆绝缘警告。		S
P142A00	高电压车载电网中存在一个车辆绝缘预警。		S

图 3-4-94

蓄电池管理系统控制单元 N82/4 及其他控制单元没有设置相关故障码。蓄电池管理系统控制单元 N82/3 和 N82/4 确定并持续监测高压车载电气系统绝缘监测状态。当蓄电池管理系统控制单元 N82/3 和 N82/4 监测绝缘电阻值 >500Ω/V，表示运行正常。当绝缘值低阈值后系统将发出警示，共分为 2 个警告级别。当 100Ω/V <绝缘电阻值 ≤ 500Ω/V 时仪表显示屏上会出现黄色故障警示；当绝缘电阻值 ≤ 100Ω/V，仪表显示屏上会出现红色故障警示，点火开关关闭后，车辆不再能够启动，接触器不能再次接通，基于已禁用的车载高压电气系统的诊断不再可能！查看蓄电池管理系统控制单元 N82/3 实际值 – 绝缘电阻，发现高压电载电网的绝缘电阻不在正常范围，如图 3-4-95 所示。

编号	姓名	实际值	标准值
771	绝缘电阻测量装置	已激活	
897	控制器区域网络（CAN)信号 "批准 绝缘测量"	未激活	
710	高电压蓄电池中接触器的当前状态	已关闭	
121	绝缘电阻-预警	不存在警告	
154	绝缘电阻 整车	5966kΩ	≥215
622	绝缘电阻 高压蓄电池	37500kΩ	≥215
499	绝缘电阻 高压车载电网	174kΩ	≥387
188	绝缘电阻 整车（Ω/V）	11932Ω/V	≥500
266	绝缘电阻 高压蓄电池（Ω/V）	75000Ω/V	≥500
680	绝缘电阻 高压车载电网（Ω/V）	348Ω/V	≥900

图 3-4-95

需要说明的是 XENTRY 诊断仪中只有蓄电池管理系统控制单元 N82/3 显示绝缘阻值实际值，而蓄电池管理系统控制单元 N82/4 中绝缘阻值实际值显示 "信号不可用"，这是因为蓄电池管理系统控制单元 N82/3 中绝缘测量仪已激活。在正常运行中，只有一个测量仪激活，因此蓄电池管理系统控制单元 N82/4 中显示 "信号不可用" 是正常的。根据系统的工作原理和故障码分析此故障可能原因：

（1）N82/3 和 / 或 N82/4 软件故障。

（2）高压蓄电池内部存在绝缘故障。

（3）高压导线存在绝缘故障。

（4）高压部件存在绝缘故障。

因为实际值不在正常范围，执行高电压车载电气系统的诊断辅助式禁用高压电后，再执行诊断仪蓄电池管理系统控制单元 N82/3——检测——定位高电压车载电气系统中的绝缘故障。此绝缘故障定位的原理是根据 XENTRY 引导提示依次断开高压部件插头，然后系统都会进行绝缘阻值测量并读取实际值，直到实际值恢复正常，最终定位故障部件。EQC 的高压部件示意图如图 3-4-96 所示。

高压蓄电模块 A100 共有 4 个高压输出支路。

前部的两个支路：

（1）高压电源分配器 F34/6，连接 4 个高压部件（A9/6 电动制冷剂压缩机、N33/4 高压正温度系数（PTC）加热器 （车内）：N33/5 高压正温度系数（PTC）加热器（高压蓄电池）：N83/1 直流 / 直流转换器控

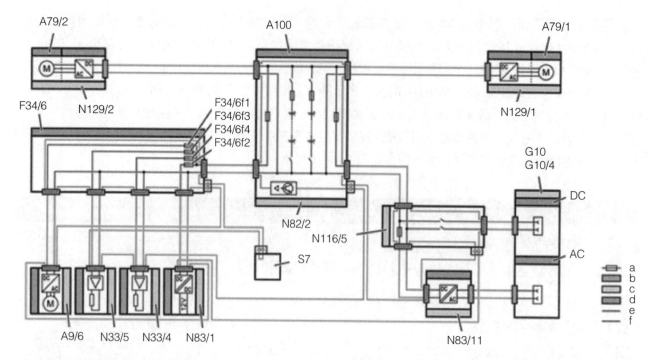

A100.高压蓄电池模块　A9/6.电动制冷剂压缩机　A79/1.电机1　A79/2.电机2　N116/5.直流充电连接单元　N82/2.蓄电池管理网关控制单元　N129/1.电机1电力电子控制单元　N129/2.电机2电力电子控制单元　N33/4.高压正温度系数(PTC)加热器(车内)　N33/5.高压正温度系数(PTC)加热器(高压蓄电池)　N83/1.直流/直流转换器控制单元　N83/11.高压蓄电池交流充电器　S7.高压断开装置　G10.直流/交流充电车辆插座　G10/4.交流充电车辆插座　F34/6.高压电源分配器　F34/6f1.保险丝1　F34/6f2.保险丝2　F34/6f3.保险丝3　F34/6f4.保险丝4　AC.交流电　DC.直流电　a.保险丝　b.插入式连接器　c.控制单元　d.高电压部件　e.高压导线　f.连锁线路

图3-4-96

制单元）。

（2）电机2（前轴）电力电子控制单元（逆变器）N129/2。

后部的两个支路：

（1）直流电充电连接单元N116/5。

（2）电机1（后轴）电力电子控制单元（逆变器）N129/1。

执行定位高电压车载电气系统中的绝缘故障，结果发现当断开电机1（后轴）电力电子控制单元（逆变器）N129/1的高压插头后，绝缘电阻恢复到正常范围。为了进一步确认故障点，断开高压蓄电池模块A100共有4个高压输出支路插头，并用绝缘阻值检测仪FLUKE 1587C（兆欧表）逐一在各用电器支路插头上测量各支路的绝缘阻值（施加500V DC的电压，因为EQC的高压蓄电池的额定电压为349V），结果除通往N129/1的高压支路以外的其他支路绝缘电阻均在正常范围：直流电充电连接单元N116/5测量结果A100-3-HV（-）和HV（+）均为20.4MΩ（如图3-4-97所示）；高压电源分配器F34/6测量结果A100-2-HV（-）为140 MΩ和HV（+）为144MΩ；电机2（前轴）电力电子控制单元（逆变器）N129/2测量结果A100-4-HV（-）和HV（+）均为550MΩ。

但是电机1（后轴）电力电子控制单元（逆变器）N129/1测量结果A100-5-HV（-）为0.21MΩ，HV（+）为0.22MΩ，不正常。EQC的前轴和后轴上采用紧凑型电传动系统（eATS），供应商为采埃夫（ZF），电传动系统是一个紧凑型单元，包括电机（异步三相交流电机），直流/交流转换器N129和变速器。后轴上装配了附加驻车止动爪。变速器由一个2级输入变速器和一个集成式斜角齿轮驱动差速器组成。由于电机具备的特征，不需要使用离合器。只要电机和促动器连接（能量回收），则会驱动电机，与行驶方向无关。在减速和制动模式，机械旋转运动会转化为电能为高压蓄电池充电。两个传动系统联合最大输出为300 kW并具备全轮驱动的驾驶特性，通过智能控制可在两个传动轴之间动态进行扭矩分配，操作

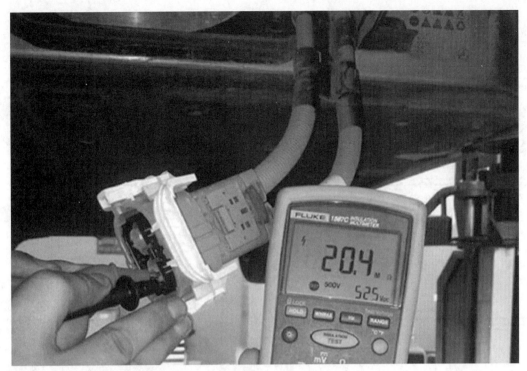

图 3-4-97

范围更广，从而为较高程度的车辆动态提供前提条件。电力电子装置 N129 为操作电机，利用内部的交流/直流转换器（逆变器）将高压蓄电池的直流电压转换为三相交流电压，因此电机的转速和温度由电力电子装置进行记录。在超速运转模式下，如果电机作为发电机工作，则电力电子装置将感应的交流电压转换为直流电压，并用于高压车载电气系统。两个转速传感器和两个定子温度传感器。采用水冷，变速器油专门的齿轮油（免维护），逆变器和电机为两个模块但目前不提供单独的配件。防盗系统除在 EIS 内，同时集成两个逆变器中（后部电机 A79/1、前部电机 A79/2），电机位置如图 3-4-98 所示。

eATS 对于前后电机做了不同的设计，以降低功耗并增加动力，针对低到中负载范围对前部电机进行了优化，以实现最佳效率。后部电机则决定了动力。两台电机组合后可在道路上输出 300kW 的功率。两台电机的最大扭矩为 765N·m，出于效率考虑，前部电机仅在低到中负载下运行。通过将两台电机充当交流发电机实现最大的回收减速。前桥电机有 7 组绕组，后桥有 5 组绕组。检查后 eATS 总成外表没有碰撞痕迹，但是电机的侧面的水堵盖有明显的防冻液渗漏现象，如图 3-4-99 所示。

综合分析故障原因为后 eATS 总成内部存在绝缘故障，不排除防冻液泄漏与绝缘故障的关联性。

故障排除：因为紧凑型电传动系统不单独供货，更换后 eATS 总成。

故障总结：

（1）XENTRY 诊断仪中有绝缘测量功能，菜单的位置是蓄电池管理系统 N82/2- 操纵 - 绝缘测量，共有 4 项，分别是：

①部件 A100 高电压蓄电池模块中的绝缘测量 - 模块 1。

②部件 A100 高电压蓄电池模块中的绝缘测量 - 模块 2。

③部件 A100 高电压蓄电池模块中的绝缘测量 + 高压车载电网（车辆）。

④高压车载电网（车辆）。

需要注意的是，如果 BMS 中有故障码或 BMS 中已经显示实际值不正常，请不要执行该步骤。如果使用兆欧表得出的 4 个高压支路测量值均无明显异常，在厂家工程师要求执行该操作时，才可以操作，并且每一项只进行一次操作，不要反复频繁操作，否则可能会造成高压蓄电池损坏。还要注意促动的前

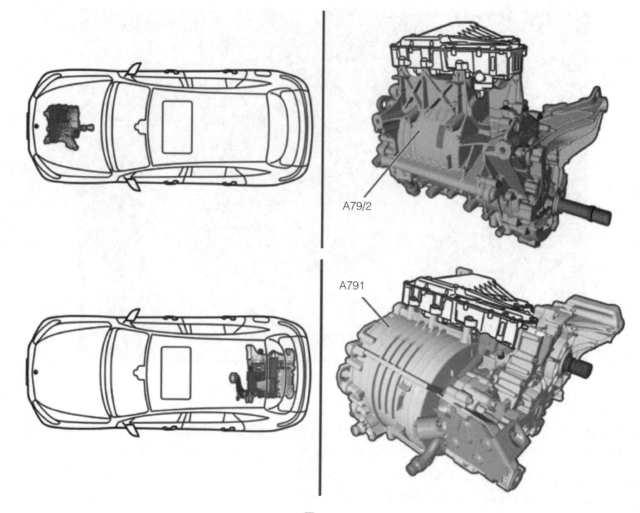

A79/2

A791

图 3-4-98

提条件，以及保持 12V 蓄电池充电器连接，并且在没有执行高电压车载电气系统的诊断辅助式禁用高压电前执行，如图 3-4-100 所示。

（2）更换前后 eATS 总成前必须标记固定框架与电机之间的位置，按照固定框架上的标记位置，安装新的电机。并且注意订购相关油液与螺丝，并按照 WIS 标准排气和加注防冻液。更换后立即申请更改厂家数据库 VeDoc 序列号。并且订购新序列号的标签，并张贴到车辆指定位置。因为对于纯电汽车，电机就相当于燃油车的发动机，所以有相同的法律法规要求，更换电机后，需要持相关更换证明到车管部门办理电机序列号的变更报备手续。

图 3-4-99

（3）如果仪表上出现单个红色的蓄电池图标则不是高电压电载电气系统的故障提示（如图3-4-101所示），而是因为驱动系统关闭（发动机熄火）且12V蓄电池的电量过低。解决的方法是：关闭无须使用的电气设备；在车辆静止时为12V蓄电池充电。

Result of measurement

Name	Actual value
Isolation resistance - A100 (High-voltage battery module) Module 1	37.50MΩ

Description

[1] Isolation measurement into component 'A100 (High-voltage battery module)' - Module 1

[2] Isolation measurement into component 'A100 (High-voltage battery module)' - Module 2

[3] Isolation measurement into component 'A100 (High-voltage battery module)' + High-voltage on-board electrical system (Vehicle)

[4] Isolation measurement into high-voltage on-board electrical system (Vehicle)

图 3-4-100

图 3-4-101

第四章　捷豹 I-PACE 车系

第一节　低压电气系统

一、低压配电系统

1. 低压（12V）系统概述

捷豹 I-PACE 纯电动汽车带有一个 47Ah、420 CCA 启动蓄电池和一个 14Ah、200 CCA 辅助蓄电池。两者均位于前舱中。在所有工作模式下，12V 电源网络均由直流–直流（DC/DC）转换器提供支持。DC/DC 转换器由高压（HV）蓄电池通过高压接线盒（HVJB）供电，然后它会将 350V 以上的电压降至约 14V。在 HV 系统运行时，启动蓄电池和辅助蓄电池均由配电盒（PSDB）连接在电路中，二者均由 DC/DC 转换器进行充电。

低压（12V）系统部件如图 4-1-1 所示，双低压蓄电池系统由以下部件组成：

配电盒（PSDB）；

车身控制模块/网关模块（BCM/GWM）总成；

启动蓄电池；

辅助蓄电池；

蓄电池监测系统（BMS）控制模块。

如果 12V 电源发生故障，辅助蓄电池将为以下 12V 部件提供备用电源，这将确保在启动蓄电池系统发生全面故障的情况下车辆可安全地停车：

前 EDU 中的驻车/棘爪模块和锁定执行器；

制动助力器模块（BBM）；

前逆变器。

BCM/GWM 包括控制双 12V 蓄电池系统部件和智能电源管理系统（IPMS）所需的软件。BCM/GWM 总成监测 12V 蓄电池系统部件，并且还能存储相关的故障码（DTC）。BMS 是安装在启动蓄电池负极端子上的一个模块，用于向 GWM 提供蓄电池状态信息。BMS 软件包含在 BMS 控制模块中，并通过局域互联网络（LIN）总线与智能电源管理系统（IPMS）进行通信。IPMS 使用来自 BMS 和 PSDB 的信息来确定两个蓄电池的状态。

车上有多个接线盒，将诸多电路连接至主电源。启动蓄电池通过电源电缆为蓄电池接线盒（BJB）提供电源。BJB 位于前舱内，其中含有多个保险丝，包括大保险丝：

蓄电池接线盒（450A）；

后保险丝盒（150A）；

前舱左侧保险丝盒（175A）；

前舱右侧保险丝盒（250A）；

直流–直流转换器（250A）。

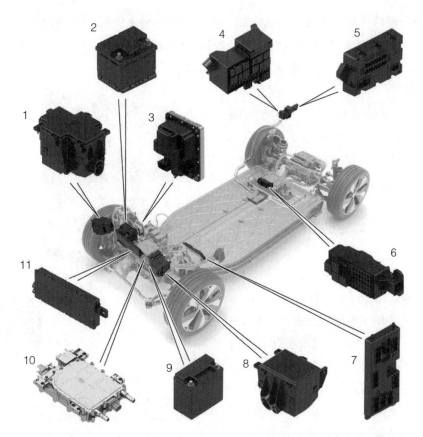

1.右侧前接线盒（FJB） 2.12 V启动蓄电池 3.配电盒（PSDB） 4.后接线盒（RJB） 5.静态电流控制模块（QCCM） 6.乘客接线盒（PJB）7.车身控制模块（BCM/GWM）8.左侧前接线盒（FJB）9.辅助蓄电池 10.直流-直流转换器 11.蓄电池接线盒（BJB）

图 4-1-1

2.直流/直流（DC/DC）转换器工作逻辑

直流/直流（DC/DC）转换器位于前舱中，如图 4-1-2 所示。DC/DC 转换器由电动车（EV）蓄电池供电。DC/DC 转换器将来自 EV 蓄电池的高压（HV）直流（DC）电源转换成 14V 直流电，供所有 12V 车辆系统和启动蓄电池、辅助蓄电池供电。处于电源模式 0 时，启动蓄电池内的荷电状态将被记录。该值随后用于监测充电状态。蓄电池监测系统（BMS）控制模块将会监测启动蓄电池的荷电状态。如果启动蓄电池荷电状态的降幅超过 5%，则BMS 会通过 LIN 电路向 GWM 发送一个唤醒信号，GWM 将会通过 HS CAN 电源模式 0 总线与直流/直流转换器进行通信，将会唤醒 DC/DC 转换器，以便为启动蓄电池充电。达到预定值后，BMS 将会通知GWM，然后 DC/DC 转换器将被关闭。使用 LIN 通信是为了防止通过 HS CAN 系统唤醒其他系统。这就允许 DC/DC 转换器始终维持 12V 蓄电池的电量。PSDB 电路的使用确保了 12V 辅助蓄电池绝不会在低电量下运行。这一点至关重要，因为该蓄电池充当 BBM、驻车锁棘爪和前逆变器的备用安全装置。DC/

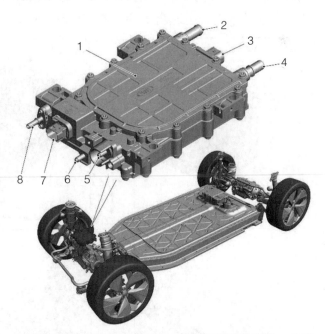

1.直流/直流（DC/DC）转换器 2.电子驱动冷却液连接 3.从高压接线盒（HVJB）连出的高压（HV）直流（DC）接头 4.电子驱动冷却液连接 5.连至蓄电池接线盒（BJB）的12V输出 6.接地电缆连接 7.接线线束接头 8.压力均衡器连接

图 4-1-2

DC 转换器有 2 个电子驱动冷却液连接以提供冷却。电子驱动冷却液的流量由 PCM 进行控制。PCM 控制电子驱动冷却液泵，以根据冷却要求调节电子驱动冷却液的流量。小心：对于需要断开 12V 启动蓄电池的任何程序，例如安全气囊拆卸，必须要遵循 12 V 断电程序。

3. 配电盒（PSDB）

配电盒（PSDB）位于前舱的右侧，在启动蓄电池的后方，如图 4-1-3 所示。PSDB 包含两排金属氧化物半导体场效应晶体管（MOSFET）。MOSFET 由车身控制模块 / 网关模块（BCM/GWM）激活，以进行以下控制：

将车辆 12V 电气负载在启动蓄电池和辅助蓄电池之间切换；

为辅助蓄电池充电。

PSDB 包含一个微控制器，它通过局域互联网络（LIN）总线接收来自 BCM/GWM 的命令。PSDB 根据 BCM/GWM 命令，连接或断开启动蓄电池或辅助蓄电池与车辆 12V 电气负荷的连接。在 PSDB 和 BCM/GWM 之间也有一条诊断线，用于检测 PSDB 的故障。

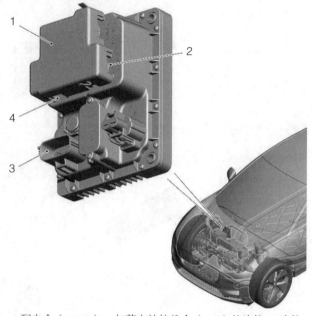

1.配电盒（PSDB） 2.与蓄电池接线盒（BJB）的连接 3.连接至辅助蓄电池 4.接线线束连接

图 4-1-3

配电盒（PSDB）工作逻辑框图如图 4-1-4 所示。配电盒（PSDB）控制启动蓄电池和辅助蓄电池之间的 12V 连接。PSDB 的操作由 GWM 通过 LIN 总线连接进行控制。PSDB 的作用是确保在系统电源中断时前逆变器以及 BBM 和驻车锁总成等安全关键部件处始终存在电源。当车辆插接电源并进行充电时，两个 12V 蓄电池均接收电力。

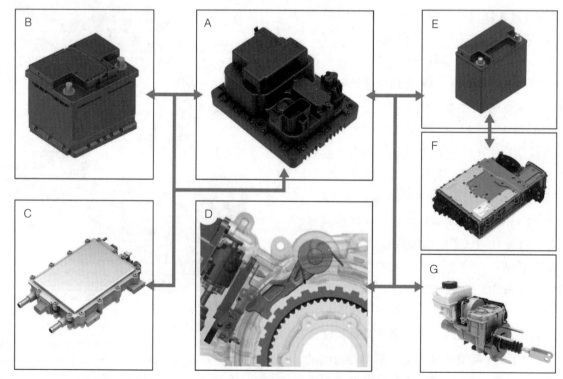

A.配电盒（PSDB）B.启动蓄电池 C.直流/直流（DC/PC）转换器 D.驻车锁棘爪 E.辅助蓄电池 F.逆变器

图 4-1-4

PSDB 包含一个微控制器，它通过局域互联网络（LIN）总线连接接收来自 BCM/GWM 总成的指令。PSDB 根据 BCM/GWM 总成的指令连接或断开辅助蓄电池至车辆负载的供电。共有两种工作模式，一种是正常工作模式，此时所有 12V 负载和蓄电池都连接至直流/直流转换器；另一种模式是网络故障模式。该模式用于防止辅助蓄电池出现大电流耗电或短路状况，以便保留备用负载的功能。BCM/GWM 总成和 PSDB 之间有一个诊断连接，用于检测 PSDB 的故障。

注意：在运输模式下，软件将会禁用 PSDB 的功能以确保没有负载可以消耗 HV 蓄电池的电量。作为交车前检查（PDI）的组成部分，必须解除车辆的运输模式。使用 Jaguar LandRover 认可的诊断工具可以完成此工作。

4. 静态电流控制模块（QCCM）

静态电流是指电路中的一组电气部件在电路通电但未处于工作状态时消耗的来自电源的电流的术语。这被称为电源模式 0。静态电流控制模块（QCCM）位于行李箱内右后尾部，如图 4-1-5 所示。QCCM 用于防止 12V 启动蓄电池过度放电。QCCM 由安装在 GWM 中的 IPMS 进行控制。在检测到多余的静态电流状况时，IPMS 可控制 QCCM 断开不必要的负载。

如果检测到低电压状态，则 BMS 控制模块可以请求关闭信息娱乐等系统，以维持启动蓄电池电量。BMS 控制模块在 LIN 总线上向 BCM/GWM 发送一个电源断开信号。然后 BCM/GWM 通过 LIN 总线将信号发送至静态电流控制模块（QCCM），以打开 QCCM 内部继电器。当 QCCM 继电器打开时，从启动蓄电池至非关键控制模块的电源将被中断。非关键控制模块是指与信息娱乐系统以及气候控制系统相关的任何模块。

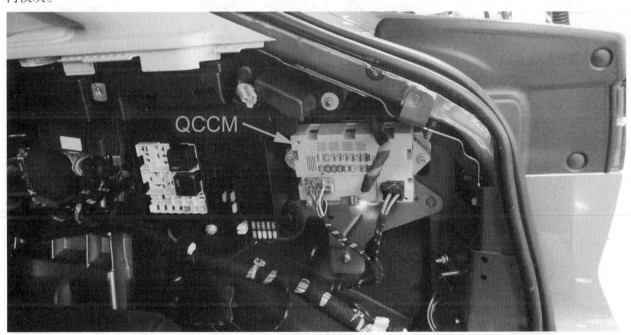

图 4-1-5

5. 蓄电池监测系统（BMS）

BMS 模块安装在启动蓄电池负极端子上，该端子位于前舱中，如图 4-1-6 所示。BMS 控制模块直接接收来自启动蓄电池正极端子的 12V 电源，并且测量启动蓄电池的电流、电压和温度。通过 LIN 总线连接，这些测量值被发送至 GWM 总成，进而影响直流/直流转换器的输出。BMS 控制模块故障码（DTC）存储在 GWM 总成中，可用于帮助诊断 BMS 故障。可使用 JaguarLand Rover 认可的诊断设备读取这些 DTC。

BMS、QCCM、PSDB 控制框图如图 4-1-7 所示。

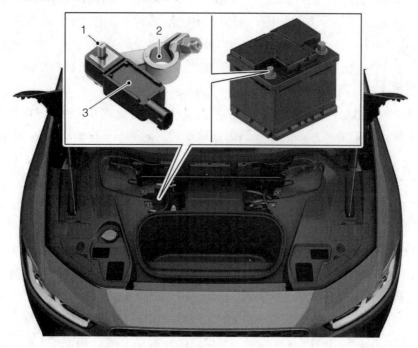

1.BMS控制模块接地板连接 2.启动蓄电池负极端子连接 3.蓄电池监测系统（BMS）

图 4-1-6

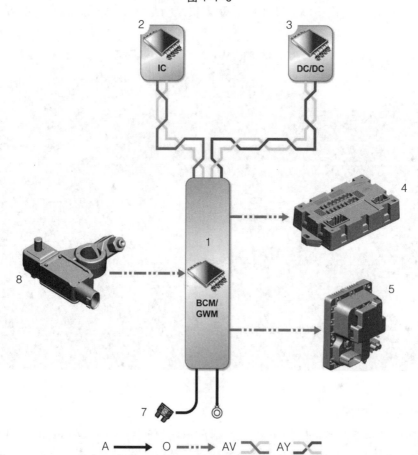

1.BCM/GWM 2.仪表盘（IC） 3.直流/直流转换器 4.静态电流控制模块（QCCM） 5.PSDB 6.接地连接 7.12 V电源 8.蓄电池监测系统（BMS）A.硬接线 O.局域互联网络（LIN） AV.HS CAN 舒适系统 AY.HS CAN 电源模式0

图 4-1-7

二、车辆载网络

1. 概述

I-PACE 车载网络图如图 4-1-8 和表 4-1-1 所示，车辆上可用的通信网络包括：

高速（HS）CAN 底盘系统总线；

高速（HS）CAN 车身系统总线；

高速（HS）CAN 人机接口（HMI）系统总线；

高速（HS）CAN 电源模式零系统总线；

FlexRay；

局域互联网络（LIN）；

专用总线。

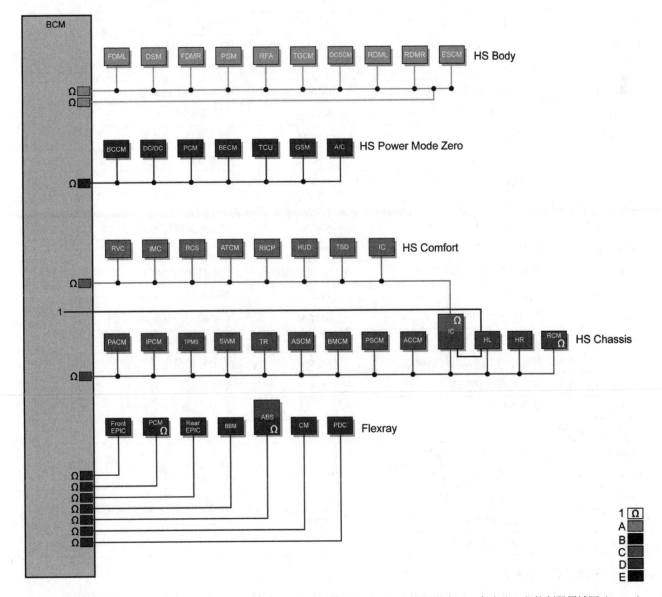

A.车身高速（HS）控制器局域网（CAN） B.高速（HS）控制器局域网（CAN）电源模式0 C.高速（HS）控制器局域网（CAN）舒适系统 D.高速（HS）控制器局域网（CAN）底盘 E.FlexRay F.终端电阻器

图 4-1-8

表 4-1-1

序号	说明	序号	说明
HS CAN-车身（拓扑图注 A）			
BCM/GWM	车身控制模块/网关模块	ESCL	电子转向柱锁
FDML(DDM)	驾驶员车门模块	DSM	驾驶者座椅模块
FDMR(PSM)	乘客座椅模块	OCSCM(OMM)	乘员占用监测模块
RFA	遥控功能执行器	DSM	乘客座椅模块
RDML	后车门模块-左	TGCM	尾门控制模块-上部
RDMR	后车门模块-右		
HS CAN-电源模式 0（拓扑图注 B）			
BCM/GWM	车身控制模块/网关模块	PCM	动力传动系统控制模块
BCCM	蓄电池充电控制模块	DC/DC	直流/直流转换器模块
BECM	蓄电池电量控制模块	TCU	远程通信控制模块
GSM(TCS)	变速器换挡旋钮 (TCS)	ATCM(A/C)	自动温度控制模块
HS CAN-舒适（拓扑图注 C）			
BCM/GWM	车身控制模块/网关模块	IMC	信息娱乐主控制器
OCSCM(OMM)	乘员占用监测模块	RVC	后视摄像头
HUDCM	顶置显示屏控制模块	ATCM	自动温控模块
TS(TSD)	触摸屏	RICP	后集成控制面板
IC	仪表盘		
HS CAN-底盘（拓扑图注 D，图中部件没画完整）			
BCM/GWM	车身控制模块/网关模块	ASCM	自适应速度控制模块
HMCA(HL)	前照灯控制模块 A	PSCM	动力转向控制模块
ABS	防抱死制动系统控制模块	HMCB(HR)	前照灯控制模块 B
IC	仪表盘	TR	全地形反馈开关组
BMCMR	盲点检测控制模块-右侧	BMCML	盲点检测控制模块-左侧
PACM	泊车辅助控制模块		动态响应模块
TPMS	轮胎压力监测系统控制模块	RCM	约束控制模块
IPCM	图像处理控制模块	TR	全地形反馈开关组
SWM	方向盘模块		底盘控制模块 (CHCM)
FlexRay（拓扑图注 E）			
BCM/GWM	车身控制模块/网关模块		
PCM	动力传动系统控制模块	BBM	制动助力器模块
ABS	防抱死制动系统控制模块	TCCM	分动箱控制模块
TCM	变速器控制模块	CCM	摄像头控制模块
PACM	泊车辅助控制模块		

2. 各网络总线简要说明

本车使用了高速（HS）控制器局域网（CAN）结构和超高速 FlexRay 通信网络。高速网络包括：

（1）高速（HS）控制器局域网（CAN）-车身：包含了与车辆安全和乘客便利性有关的模块。

（2）高速（HS）控制器局域网（CAN）-底盘：包含了提供底盘/车辆动态控制功能以及驾驶员辅助

系统和安全功能的所有模块。

（3）高速（HS）控制器局域网（CAN）-舒适系统：为舒适度和控制、信息娱乐以及驾驶员信息功能提供支持的主通信功能。

（4）高速（HS）控制器局域网（CAN）-电源模式0：这是一个电源管理网络，可在车辆钥匙处于关闭位置时为需要通信的车辆交互功能提供支持（电源模式零通信）。

（5）FlexRay：动力总成系统功能已从先前的高速（HS）控制器局域网（CAN）动力总成系统网络迁移出来，以提高通信能力。

（6）诊断：身控制模块（BCM）和网关模块（GWM）整合到一个模块中。诊断插座使用 OBD CAN 与网关模块保持直接连接。诊断插座也使用 BroadR-Reach（以太网）在车身控制模块和 Jaguar Land Rover 认可的诊断设备之间进行通信。

3.FlexRay

FlexRay 网络如图 4-1-9 所示，它是一个串行通信系统，允许在安全/关键型系统的模块之间交换数据。它提供了可容错的实时通信通道，其工作速度高达 10 Mbit/s。FlexRay 拓扑主要按"星形"配置进行排列，其中所有模块都具有专门的分支连接到车身控制模块/网关模块总成（BCM/GWM）。

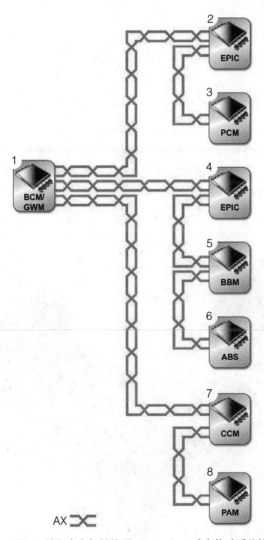

1.车身控制模块/网关模块（BCM/GWM）2.前电力变频转换器（EPIC）3.动力传动系统控制模块（PCM）4.后 EPIC 5.制动助力器模块（BBM）6.防抱死制动系统（ABS）7.摄像头控制模块（CCM）8.驻车辅助控制模块（PAM）

图 4-1-9

第二节　电力驱动系统

I-PACE 是捷豹（Jaguar）的第一款中型高性能 SUV 纯电动车（BEV）。I-PACE 由两个驱动电机驱动，一个电机驱动前轴，一个电机驱动后轴。这些驱动电机能够从静止状态提供瞬时扭矩，从 0 加速到 100km/h 只需 4.5s，从而提供跑车级性能，同时实现排气管零排放。为了提供众所期待的所有 Jaguar 车辆都具备的公路性能，I-PACE 采用了全套驾驶技术。这些包括：

带自适应动态系统的动态模式；

制动控制扭矩矢量；

自适应路面响应（AdSR）；

主动式电子空气悬架；

本节在简单介绍 I-PACE 电动汽车高压部件的基础上，对电力驱动系统作以详细介绍。

一、蓄电池

1.捷豹（Jaguar）I-PACE 高压部件

捷豹（Jaguar）I-PACE 高压部件如图 4-2-11 所示。高压包括：

高压（HV）蓄电池；

蓄电池充电控制模块（BCCM）；

高压接线盒（HVJB）；

直流/直流（DC/DC 转换器）；

前电力驱动单元 EDU（包括逆变器和电机）；

后电力驱动单元 EDU（包括逆变器和电机）；

高压冷却液加热器（HVCH）；

电动空调压缩机（EAC）。

1.高压接线盒（HVJB）2.EAC 压缩机 3.蓄电池电量控制模块（BECM）4.后逆变器 5.后电动驱动单元（EDU）6.高压（HV）蓄电池 7.充电插座 8.前电动驱动单元（EDU）9.前逆变器 10.直流/直流转换器（高压至低压）11.蓄电池充电控制模块（BCCM）

图 4-2-1

2. 高压（HV）蓄电池

高压（HV）蓄电池如图 4-2-2 所示。高压（HV）蓄电池为 90kwh，为车辆提供了直流（DC）HV 电源。当车辆连接至外部充电电源时，HV 蓄电池存储由蓄电池充电控制模块（BCCM）供应的电能；当再生制动发生时，它将存储来自电动驱动单元（EDU）的电能。HV 蓄电池的重量为 602kg，由于 HV 蓄电池容量和总成的尺寸的原因，它内置在车辆底盘下方的车辆结构中。HV 蓄电池的外部壳体由铝制成，形成了一个完全密封的部件。HV 蓄电池铝结构的底侧装有三毫米厚的不锈钢护板，用于防止磨损和提供碰撞保护。

HV 蓄电池包含 432 个锂离子单体电池，这些单体电池以 12 排的形式连接在一起。这就形成了能够存储 10.8V 标称电压的模块。一共有 36 个模块，每个模块都可以产生 232Ah 的电量，从而构成了 8352Ah 的 HV 蓄电池容量。HV 蓄电池模块通过一系列相连的母线排连接在一起。这些模块串联连接在一起，这就形成了 HV 蓄电池。HV 蓄电池的标称电压为 388.8V。注意：如果单个单体电池发生故障，则 HV 蓄电池系统将会关闭以保护 HV 系统。

HV 蓄电池壳体的外部框架中含有一个冷却液通道，该通道内置于 HV 蓄电池冷却回路中，带有进口和出口，二者的前端板上都配有一个温度传感器。这些传感器用于监测和报告 HV 蓄电池的冷却状态，它们将这些数值报告给蓄电池电量控制模块（BECM）。冷却液流量由一个 12V 电动泵驱动，电动泵通过来自 BECM 的脉宽调制（PWM）信号进行管理。

母线连接

高压蓄电池

图 4-2-2

HV 蓄电池接口如图 4-2-3 所示，高压输出端口如图 4-2-4 所示，HV 蓄电池有 3 个 HV 输出：
供应至后逆变器的电动驱动电路电源；
供应至前逆变器的电动驱动电路电源；
供应至 HVJB 的辅助电源。
HV 蓄电池还有两个低压连接：
至外部 HV 蓄电池冷却液温度传感器的连接；

包括通信网络和 HVIL 的 18 针低压连接。

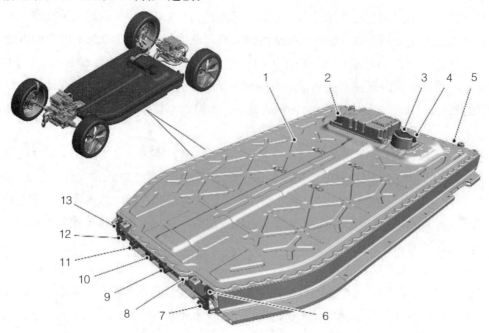

1.电动车（EV）蓄电池 2.高压（HV）直流（DC）接头-后电力变频转换器（EPIC） 3.维修断开装置（SDU） 4.主接线线束接头
5.通气软管连接 6.EV 蓄电池冷却液进口温度传感器 7.EV 蓄电池冷却液进口连接 8.等电位电气连接 9.HV DC 接头-前部 EPIC
10.HV DC 接头-高压接线盒（HVJB） 11.EV 蓄电池内部接线线束接头-EV 蓄电池冷却液进口和出口温度传感器 12.EV 蓄电池冷却液出口温度传感器 13.EV 蓄电池冷却液出口连接

图 4-2-3

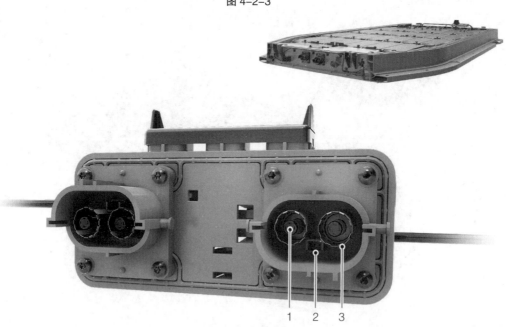

1.接触头 2.隔板 3.HVIL 连接

图 4-2-4

　　HV 蓄电池壳体中含有两个包括防爆片的通风口。它们位于后部，如图 4-2-5 所示。它们设计为在 HV 蓄电池壳体内出现过压状况（比大气压力高出约 20kPa）时断裂。这样可以让多余的压力以受控方式从乘客区域释放。可以对其进行目测检查，如果发生断裂，请联系经销商技术支持。蓄电池后部安装了一个通风管，以达到压力平衡。通风管末端安装了止回阀以确保无水进入。注意：在执行揭盖维修后，可使用 HV 蓄电池的通风管连接对此蓄电池执行压力测试。

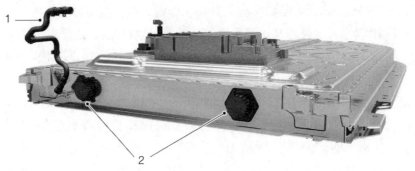

1.通风管 2.爆裂通风口

图 4-2-5

3.HV 蓄电池荷电状态

HV 蓄电池的额定容量为 90kWh，但是其可用容量实际为 84kWh。这是因为我们无法将 HV 蓄电池完全充电至 100%，或者将电压容量降至 0，并且如果蓄电池完全放电，这也会影响到其性能和寿命。这个储备电压将会充当缓冲器来保护 HV 蓄电池。这些数值是在 HV 蓄电池管理系统中进行设置的，并且是寿命和性能之间的一种平衡。客户看到的数值以这些数值的百分比形式显示的，因此对于驾驶员来说，80% 的 HV 蓄电池电量就显示为 100%，20% 则显示为 0%。

随着 HV 蓄电池接收来自外部电源的电量，其内部电阻也会增大。这是因为外部电源会快速地将离子供应到 HV 蓄电池中，最高到约 80% 荷电状态。这将会导致电解液中"充满"了离子。蓄电池电量控制模块（BECM）将通过监测内部温度的升高和容量比率的升高来识别该状况。在将该状况通知 BCCM 后，后者将会关闭充电率，这就允许离子沉淀下来。在经过规定时间后，BCCM 将会再次开始低充电率充电，以便恢复 HV 蓄电池的充电。从 80% 升至 100% 所花的时间会与 HV 蓄电池达到 80% 所花的时间一样长。

HV 蓄电池健康状态由 BECM 持续进行监测，利用诊断工具可以显示该数据。HV 蓄电池的保修期为 8 年或 16 万千米，将需要更换蓄电池的数值规定为 HV 蓄电池剩余寿命的 70%。

4. 单体电池平衡

蓄电池电量控制模块（BECM）将会每小时对 HV 蓄电池中的所有单体电池执行一次单体电池平衡和温度检查。如果系统发现某个参数超出预定限值，则也会激活单体电池平衡。单体电池平衡会将单个模块中的所有 HV 蓄电池单体电池的电压降至电压最低的那个单体电池的电压水平。经过多次单体电池平衡操作后，HV 蓄电池的荷电状态会降低。为了避免荷电状态降低，当长时间不使用车辆时，建议每 30 天内至少一次通过蓄电池充电控制模块（BCCM）将车辆连接至一个外部电源。在车辆插接电源并进行充电时，如果系统发现内部温度处于功能将被削弱的程度，则就会激活加热或冷却策略。

HV 蓄电池内有 6 个单体电池监控控制器（CSC）模块，如图 4-2-6 所示，这些模块用于监测单个 HV 蓄电池模块的荷电状态、电压容量和温度。每个 CSC 都有由 BECM 直接提供的单独电源和接地，而且还具有与 HV 蓄电池模块的直接连接。来自 BECM 的电源由 BECM 打开和关闭，但是从 CSC 至 HV 蓄电池模块的连接是永久性的。每排单体电池都有两个连接至 CSC 的电气连接，允许控制各排单体电池以实现平衡目的。平

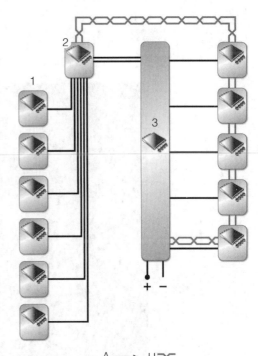

1.HV 蓄电池模块（6 个）2.CSC 模块 3.BECM
A.硬接线连接 U.HS专用CAN

图 4-2-6

衡功能是通过利用 CSC 中的一系列电阻器实现的，在工作时，这些电阻器会吸收电压并产生热量。该项监测也能够识别出在温度为 0℃时是否有任何单体电池的电压超过 4.2V 或低于 2V，如果发生这种情况，BECM 将会请求主接触器打开，这是为了防止 HV 蓄电池损坏。CSC 模块通过 HS CAN 电源模式 0 网络连接在一起。

每排单体电池还有两个温度传感器，这些传感器用于监测模块的内部环境。如果发现任何单体电池的温度超过 62℃，系统会向 BECM 发送指令以请求主接触器打开。该数值低于可能发生损坏的临界水平。每个 CSC 模块都连接至 6 个蓄电池模块，这些蓄电池模块反过来又通过 HS CAN 连接至其他 CSC 模块。发送至 BECM 的此数据用于 HV 蓄电池的内部监测和通过高速电源模式 0（PMZ）HS CAN 进行的 DTC 记录。这就允许监测 HV 蓄电池内部温度和来自模块内的每个单体电池的 HV 蓄电池单体电池电压。

综上，BECM 接收来自位于 EV 蓄电池内的 6 个蓄电池单元监控电路（CSC）模块的 EV 蓄电池模块数据。每个 CSC 模块连接至 6 个 EV 蓄电池模块。EV 蓄电池模块提供来自 2 个温度传感器的数据和 EV 蓄电池单元电压。来自 6 个 CSC 模块的 EV 蓄电池模块数据通过专用控制器局域网（CAN）总线发送至 BECM。

5. 蓄电池电量模块（BEM）

蓄电池电量模块（BEM）是容纳 HV 蓄电池管理系统的工作部件的主壳体。这其中包括蓄电池电量控制模块（BECM），该模块容纳了主要 HV 接触器和保险丝以保护 HV 蓄电池电路。如图 4-2-7 所示，BEM 位于后排乘客座椅底座下方，带有一个盖板。BEM 中保险丝、接触器等部件是可维修部件，如图 4-2-8 所示。蓄电池接触器框图如图 4-2-9 所示。BEM 内的主要部件包括：

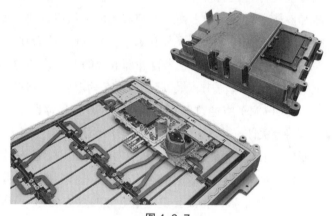

图 4-2-7

驱动电路保险丝（2 个，规格为 450A）辅助电路保险丝（规格为 315A）。

主正极接触器、主负极接触器、主正极辅助接触器、预充电电路板、2 个电流传感器。

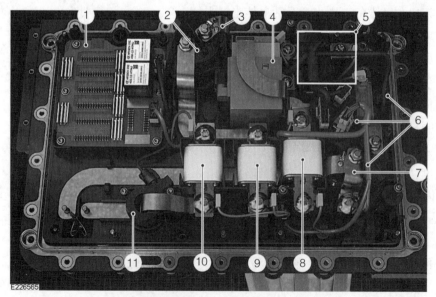

1.预充电电路板 2.主正极接触器 3.温度传感器 4.辅助接触器 5.主电流传感器 6.电气线束 7.主负极接触器 8.辅助保险丝 9.前逆变器保险丝 10.后逆变器保险丝 11.后逆变器电流传感器

图 4-2-8

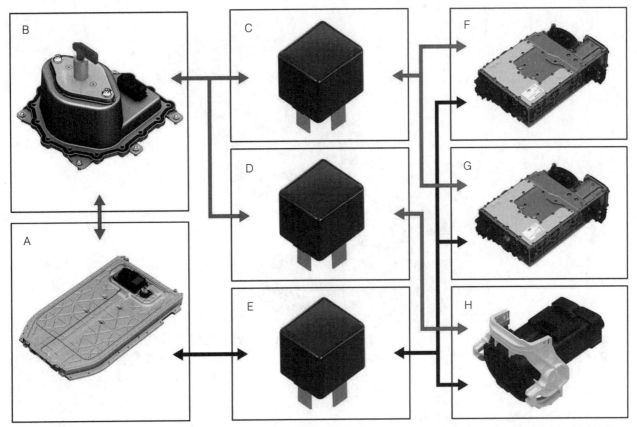

A.HV 蓄电池 B.SDU C.牵引正极接触器 D.辅助正极接触器 E.主负极接触器 F.后逆变器接头 G.前逆变器接头 H.辅助连接

图 4-2-9

6. 蓄电池电量控制模块（BECM）

蓄电池电量控制模块（BECM）是电动车（EV）蓄电池的组成部分。如图 4-2-10 所示，蓄电池电量控制模块（BECM）位于 BEM 模块的下部，安装在 BEM 安装板上。BECM 监控以下内容：

EV 蓄电池模块蓄电池单元的电压；

内部 EV 蓄电池模块的温度；

高压（HV）互锁回路；

蓄电池电量模块（BEM）中不同点的高压直流（DC）电压；

BEM 中的 HV DC BEM 电流传感器；

冷却液进口和出口连接中的 EV 蓄电池冷却液温度传感器。

BECM 控制以下 EV 蓄电池温度控制部件：

EV 蓄电池冷却液泵；

EV 蓄电池换向阀。

BECM 还控制 BEM 中的接触器，在高压互锁回路受损或取下维修断开装置（SDU）钥匙时隔离 EV 蓄电池。BECM 通过高速（HS）控制器局域网（CAN）电源模式 0 系统总线与高压（HV）系统和其他车辆系统进行通信。如果与 BECM 之间的通信中断，则主接触器将被强制打开。即使车辆在负载下行驶时，这种情况也可能会出现，因为 HV 蓄电池的状态必须始终得到监测。此时，车辆将仍然在控制之下，因为转向和制动系统由 12 V 辅助蓄电池备用电源提供支持。

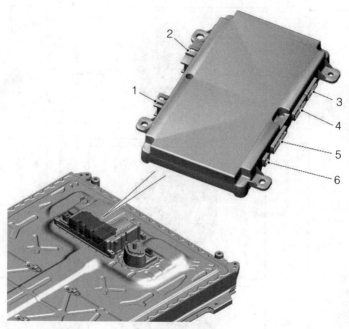

1.内部接线线束接头–蓄电池电量模块（BEM） 2.内部接线线束接头–BEM 3.内部接线线束接头–电动车（EV）蓄电池内部接线线束 4.内部接线线束接头–EV 蓄电池内部接线线束 5.内部接线线束接头–BEM 内部接线线束 6.内部接线线束接头–BEM 内部接线线束

图 4-2-10

7. 高压安全系统（高压互锁回路 HVIL）

高压互锁回路（HVIL）是一个安全系统，用于防止 HV 电缆在断开时带电。HVIL 监测 HV 接头与其对应的部件之间的完好性。HVIL 由 BECM 进行监测，与之相关的 DTC 将会记录在该模块中。每个 HVIL 电路都由一个 12V 10 mA 电源和一个电流感应电阻器组成。BECM 监测流过电阻器的电流以检测是否存在断路或对接地或 12V 电源短路。HVIL 电路电缆并不沿着 HV 电缆的长度布设，每个 HV 接头中都有一个回路连接，这就使得电路回路变得完整。如果部件发生意外损坏或意外断开，则这将防止断开的 HV 接头中存在高压。高压互锁回路连接到以下部件的高压直流（DC）接头：

（1）EV 蓄电池。

EV 蓄电池左前方的 HV DC 接头（至前电力变频转换器 EPIC）。

EV 蓄电池右前方的 HV DC 接头（至高压接线盒 HVJB）。

EV 蓄电池后部蓄电池电量模块（BEM）上部的 HV DC 接头（至 EPIC）。

（2）通过接线线束连接以下部件外部高压互锁回路。

电动空调（A/C）压缩机。

HV 内部加热器。

直流–直流（DC/DC）转换器。

有线车载充电模块。

HVIL 电路的起点和终点都在 BECM 处，HVIL 电路经过的 HV 部件如图 4-2-11 所示。由图可知，共有 3 支 HVIL 电路，分别是：

① HVILA：

HV 蓄电池处的后逆变器电源连接。

② HVIL B：

BCCM；

HV 蓄电池处的前逆变器电源连接；

直流/直流转换器；

EAC 压缩机；

HVJB；

HVCH。

③ HVIL C：

维修断开装置（SDU）。

从前后逆变器至 EDU 的三相连接并未包含在 HVIL 电路中。这些连接由逆变器及其相关的每个 EDU 以数字方式进行监测，每个 EDU 还会通过 FlexRay 网络向 PCM 发送此状态。

如果在车辆静止不动时检测到 HVIL 故障，则 HV 接触器将被打开，HV 电路将被放电。如果在驾驶员尝试起步时检测到 HVIL 故障，则 HV 蓄电池 HV 接触器将被闭合，车辆可以行驶。这是因为驾驶员处于车内，接触到暴露的 HV 电路的风险极小。在 HVIL 中识别为断路的 HV 部件将不工作，尽管只要 HV 连接存在，功能就不会得到削弱，但是将会记录 DTC。如果在车辆行驶时出现故障，则车辆将会继续行驶，直至车辆停止，然后根据故障的位置，将会出现安全响应。这将导致功能下降，具体取决于发生故障的位置处的部件。如果在充电时发生 HVIL 故障，则充电将被停止。作为 HVIL 测试功能的组成部分，HVIL 电路将会受到持续监测。

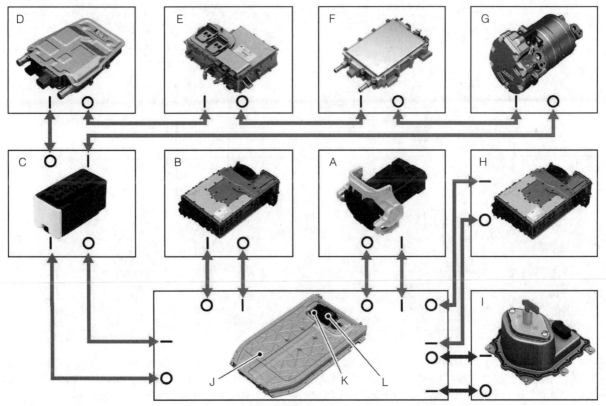

A.辅助HV 连接 B.前逆变器 C.低压连接 D.高压冷却液加热器（HVCH）E.蓄电池电量控制模块（BCCM）F.直流/直流转换器
G.电动空调压缩机（EAC）H.后逆变器 I.SDU J.HV 蓄电池总成 K.BECM L.BEM

图 4-2-11

8. 断路监测

与 HVIL 测试相关的是一项称为断路监测的系统检查。该检查用于在向系统施加全部 HV 之前测试 HV 电路。该检查通过防止将全部 HV 施加给断开的电路来确保系统的安全操作。该检查会将来自 HV 电路末端的每个部件的电压读数与在蓄电池接头上测得的电压进行比较。如果电路上没有电压，则所有电压都将为 0V，因此您将无法检测到是否存在断路或是否电压刚好均为 0V。为了能够在向电路施加 HV 之前检测到是否断路，HV 蓄电池输出一个 23V 的测试电压。注意：这是一个高得足以检测到实际断路的电压，但是低于 50V 危险电压临界值，因此如果存在断路，则不会带来危险。HV 电路的测试区域包括：

主 HV 蓄电池电压；

主逆变器输出电压；

主辅助输出电压；

维修断开装置，包括保险丝状态；

熔断的前逆变器保险丝的识别；

熔断的后逆变器保险丝的识别；

熔断的辅助逆变器保险丝的识别；

电压交叉检查，旨在识别粘连的接触器。

断路测试示意图如图 4-2-12 所示。表 4-2-1 是断路测试逻辑表，它显示了 BECM 在 BEM 模块中的哪个电路位置获取测量值。该逻辑表用于部件监测，包括 HV 接触器和保险丝。

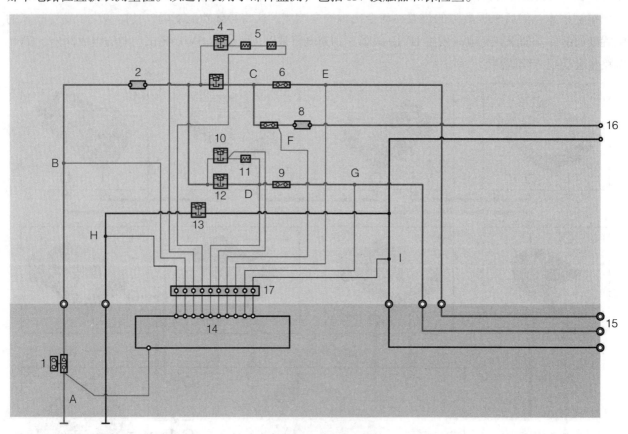

1.维修断开装置（SDU） 2.主电流传感器 3.驱动正极接触器 4.驱动预充电接触器 5.驱动预充电电阻器 6.前逆变器保险丝 7.后逆变器保险丝 8.后逆变器电流传感器 9.辅助保险丝 10.辅助预充电接触器 11.辅助预充电电阻器 12.辅助正极接触器 13.主负极接触器 14.蓄电池电量控制模块（BECM） 15.前逆变器和辅助连接 16.后逆变器连接 17.蓄电池电量控制模块（BECM）

图 4-2-12

表 4-2-1

测量	目的	说明	周期时间
1=B-H	功能	用作主要蓄电池电压测量值	≤ 10ms
2=C-I	功能	用作主要逆变器输出电压测量值	≤ 10ms
3=D-I	功能	用作主要辅助输出电压测量值	≤ 10ms

测量	目的	说明	周期时间
4=A-H	诊断	用于检查维修断开装置、维修断开装置中的保险丝（如安装）或其他断路故障的状态	≤ 500ms
5=E-I	诊断	允许识别熔断的前逆变器保险丝或其他断路故障	≤ 500ms
6=F-I	诊断	允许识别熔断的后逆变器保险丝或其他断路故障	≤ 500ms
7=G-I	诊断	允许识别熔断的主辅助逆变器保险丝或其他断路故障	≤ 500ms
8=C-H	接触器诊断	可用于识别粘连或发生断路的逆变器正极和/或对应的预充电接触器的交叉校验电压	≤ 100ms
9=D-H	接触器诊断	可用于识别粘连或发生断路的辅助正极和/或对应的预充电接触器的交叉校验电压	≤ 100ms
10=B-I	接触器诊断	可用于识别粘连或发生断路的主负极接触器的交叉校验电压	≤ 100ms

9.HV 电路绝缘监测

BECM 的 HV 接触器元件中包含自诊断功能。该功能利用 HV 蓄电池电压本身监测 HV 电路与车辆底盘之间的电阻。这称为绝缘测试。如果电阻降至 $225k\Omega$ 以下，则表示检测到故障。该功能最多花费 10s 即可检测到故障。单纯失去绝缘性能不会产生电击的风险。失去绝缘意味着其中一个 HV 端子有效连接至车辆底盘，如果其他端子也暴露出来（失去绝缘），则就会存在电击风险。如果在车辆静止不动时发现这种情况，则 HV 电路将被关闭，驾驶员将会看到一条警告，同时 BECM 中会记录一个 DTC。如果在车辆行驶时发生绝缘故障，则车辆将会继续行驶，同时驾驶员会看到一条警告。绝缘测试将会持续进行以确保 HV 电路的安全。注意：如果接收到来自约束控制模块（RCM）的碰撞信号，则在 5s 内将会停止绝缘测试电压，测试电压将会消失。

10.HV 接触器控制

蓄电池电量控制模块（BECM）负责执行 HV 电路的电压预充电。为此，它将会向 HV 电路施加受控的电量，从而在闭合主正极接触器之前，将 HV 电路电压升至与 HV 蓄电池电压相差的 6V 之内，这有助于防止 HV 接触器受到高浪涌电流的影响。此程序将确保降低 HV 接触器的接触器表面处受到损坏的风险。该流程由 BECM 的内部软件进行完全管理，并且没有直接诊断连接。BECM 将会记录在此电路中识别的故障。

在向电路施加预充电电压之前，系统将会执行自检，它通过监测电压增长时间来完成此操作。如果在 200 ms 内未发生此操作，则预充电接触器闭合序列将被中止，此时需要执行全面的 BECM 断电。HV 接触器的工作序列如下：

（1）主负极接触器闭合。

（2）预充电接触器闭合，并通过电阻器组和 BECM 使电路接通。

（3）执行电路自检以检查保险丝和 HV 接线电路的完整性。

（4）如果自检通过，则主正极接触器闭合；如果未通过，则它将会记录一个 DTC，并在规定时间内继续执行自检程序。

（5）预充电接触器打开，留下主接触器闭合，将 HV 蓄电池组最高电压和电流传输至 HV 部件系统。

11. BECM 故障反应策略

BECM 将 HV 蓄电池温度告知供暖、通风和空调模块，以便根据需要启用 HV 蓄电池回路的冷却或加热。如果系统检测到 HV 蓄电池内部温度超出正常工作温度范围，则它可能会限制输送或供应给 HV 电路的电量。HV 蓄电池的温度控制对于确保最佳性能至关重要，该温度由 BECM 进行控制。当车辆行驶时，以及当车辆通过 BCCM 和充电插座连接至外部电源时，温度调节都会工作。如果单体电池温度之间的差异超过 15℃，则 HV 蓄电池温度控制也将被激活。与监测部分配合，BECM 也可以限制可用功率。它将会利用一系列策略来完成此任务，这些策略根据状况的严重程度而有所不同。降低功率的请求通过 PCM 发送至 HV 部件。如果导致功率受限的状况已得到解决，则该策略将会恢复正常操作。在降低功率无效的紧急情况下，BECM 将请求发出 CAT6 警告。在打开 HV 接触器前，系统将会向车辆提供 2.5s 的警告。这就允许 HV 电路释放电路中存在的电压。这种情况将会要求车辆完成关闭。如果 BECM 收到碰撞信号，则系统将会发出 CAT7 警告。这将会产生立即打开 HV 接触器的即刻请求。BECM 故障反应策略如下：

CAT 3：向驾驶员显示维修信息，具备自我清除功能。

CAT 4：在未向驾驶员发送警告消息的情况下降低额定功率，具备自我清除功能。

CAT 5：意外断电，HV 接触器保持打开 10s，同时执行 HV 主动放电，具备延时自我清除功能。

CAT 6：所有 HV 接触器将会在 2.5s 延时后打开，需要关闭系统才能清除警告。

CAT 7：立即打开 HV 接触器，需要关闭系统才能清除警告。

12. 维修断开装置（SDU）

维修断开装置（SDU）如图 4-2-13 所示，SDU 位于电动车（EV）蓄电池的后顶部，左侧后排乘客座椅下方。通过第二排座椅坐垫下方的可拆卸盖板，可以接触到 SDU 钥匙。SDU 可直接断开蓄电池正极线路处的正极电路。当车辆处于带电状态时，除非紧急情况需要拆卸该部件，否则严禁拆卸该部件。将 SDU 钥匙转动 90° 并向上抬起，即可取下该钥匙。作为 HV 断电程序的组成部分，在该程序期间需要断开 SDU。必须始终遵循正确的程序。

图 4-2-13

二、高压部件与高压电气分配

1. 蓄电池充电控制模块（BCCM）

蓄电池充电控制模块（BCCM）位于前舱内，如图 4-2-14 所示。BCCM 的作用是控制电动车（EV）蓄电池充电。BCCM 可以连接到高压（HV）交流（AC）外部电源，或 HV 直流（DC）外部电源。使用 HVAC 外部电源时，电源经过整流为 HV DC，为电动车（EV）蓄电池充电，BCCM 同时控制电动车（EV）蓄电池的充电速率。当车辆连接至 HV DC 外部电源时，可直接用来外部 HV DC 为 EV 蓄电池充电，接线车载充电模块仅控制充电速率。

BCCM、BECM 和 PCM 之间的通信是通过电源模式 0 高速（HS）CAN 进行。当车辆处于电源模式 0 时，

BCCM 和 BECM 之间进行通信以确保监测 HV 蓄电池充电率和模块温度。BCCM 通过电动驱动冷却液系统进行冷却。电动驱动冷却系统中带有一个电动驱动冷却液泵，由动力传动系统控制模块（PCM）控制循环电动驱动冷却液。进口管和出口管连接到电动驱动冷却系统，以便电力驱动冷却液循环流过接线车载充电模块。

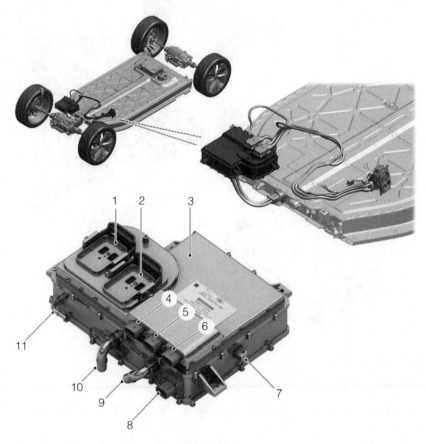

1.来自充电插座的DC外部电源连接　2.至HVJB的HVDC电缆连接　3.BCCM　4~6.低压接线线束接头−12 针　7.电气等电位连接电缆连接　8.来自充电插座的AC 外部电源连接　9、10.电动驱动冷却液连接　11.压力均衡器连接

图 4-2-14

2.直流/直流（DC/DC）转换器

直流/直流（DC/DC）转换器位于前舱内的 BCCM 上方，如图 4-2-15 所示。DC/DC 转换器将来自 EV 蓄电池的高压（HV）直流（DC）电源转换成 12V 直流电供所有 12V 车辆系统和蓄电池使用。此直流电为启动蓄电池、辅助蓄电池充电，以及为所有 12V 部件供电。 DC/DC 转换器的输出约为 14V。这个设定值由 BCM/GWM 提供给直流/直流转换器，该数值基于监测到的车辆启动蓄电池的温度和电压。直流/直流转换器已经取代了传统的发电机充电功能。直流/直流转换器并不能将 12V 电压转换为高压来为 HV 蓄电池充电。HV 电路和低压电路通过"电流隔离"进行相互隔离。 这可防止 HV 和低压电路连接在一起。DC/DC 转换器有 2 个电驱动冷却液连接以提供冷却。电驱动冷却液的流量由 PCM 进行控制。 PCM 控制电子驱动冷却液泵，以根据冷却要求调节电子驱动冷却液的流量。来自 BCM/GWM 的通信将会通过 HS CAN 电源模式 0 系统总线发送充电负载请求，直流/直流转换器将会生成正确的输出电压以匹配车辆负载请求。在下列场景中，直流/直流转换器可能会被禁用：

温度过高；

HV 系统电压过高或过低；

12V 系统电压过高或过低；

电流过高；

CAN 信号不正确。

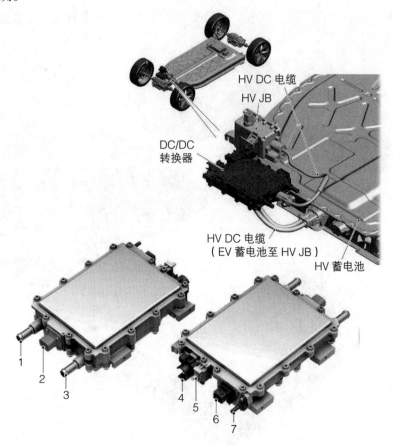

1.冷却液连接 2.来自高压接线盒（HVJB）的高压连接 3.冷却液连接 4.至蓄电池接线盒（BJB）的 12V输出 5.主接地连接 6.8 针电气接头 7.压力均衡接头

图 4-2-15

3.高压冷却液加热器（HVCH）

I-PACE 上安装了一个 7kW 高压冷却液加热器（HVCH）。HVCH 位于前舱内，在 HVJB 后面，如图 4-2-16 所示。它用于根据 BECM 或供暖、通风和空调（HVAC）模块的请求对座舱或 HV 蓄电池进行加热。HVCH 的控制通过电源模式 0HS CAN 系统来实现，因为 BCCM 可以指令加热以确保 HV 蓄电池处于最佳充电温度。HVCH 集成在座舱加热回路中，它通过热交换器将产生的热量传递至座舱。HVJB 中有一个用于电路保护的保险丝，它是不可更换的。

HV 内部加热器接收到来自电动车蓄电池的高压直流（DC）电源。由自动温控模块（ATCM）通过局域互联网络（LIN）控制。HV 内部加热器具有以下低压电气连接：

来自自动温控模块（ATCM）的局域互联网络（LIN）；

来自 ATCM 的电源；

连接到蓄电池电量控制模块（BECM）的 HV 互锁回路（2 个）。

热量输出由 ATCM 根据对集成控制面板（ICP）、BECM 和后集成控制面板（RICP）（如已配备）的加热请求进行控制。当外部电源连接到车辆为 EV 蓄电池充电时，HV 内部加热器可用于为 EV 蓄电池温度控制系统提供热量。在充电之前和充电期间可提供来自 HV 内部加热器的热量。当 EV 蓄电池充电时，HV 内部加热器的电源由外部电源供电。

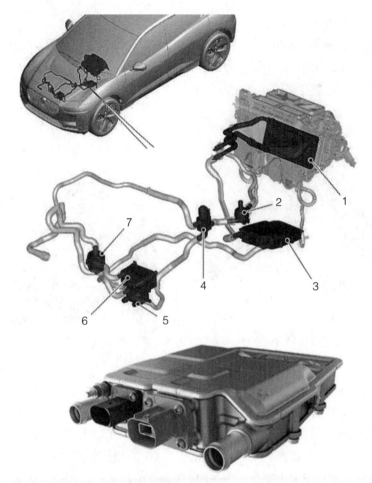

1.加热器芯 2.排气涡流罐 3.高压（HV）内部加热器 4.气候控制换向阀 5.气候控制热交换器 6.气候控制间接冷凝器 7.气候控制冷却液泵

图 4-2-16

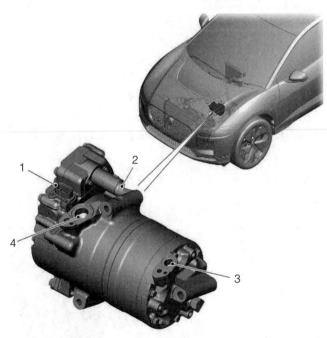

1.接线线束连接 2.高压（HV）直流（DC）接头 3.高压（HP）制冷剂出口 4.低压（LP）制冷剂进口

图 4-2-17

4.电动空调（EAC）压缩机

EAC 压缩机位于前 EDU 的后面，是一个 3 相变速涡旋式压缩机，如图 4-2-17 所示。电动空调（EAC）压缩机由一个高压（HV）电机总成驱动，其内部有一个逆变器，用于将 HV 蓄电池提供的 DC 输入电压转换为三相交流（AC）电源以驱动电机。该电路由位于 HVJB 内的一个不可更换的保险丝提供电源和保护。压缩机通过 SPA2 机油进行润滑。为防止 A/C 系统承受过大的压力，在电动 A/C 压缩机出口侧安装了一个泄压阀（PRV）。PRV 将过大的压力排放到前舱中。通过改变电机转速，可改变电动空调压缩机的排量，这由自动温控模块（ATCM）进行控制。ATCM 控制电动 A/C 压缩机的转速，以匹配 A/C 系统的热负载和其他因素。ATCM 通过局域互联网络（LIN）控制电动 A/C 压缩机的操作。

5. 逆变器和电力驱动单元（EDU）

逆变器也称电力变频转换器（EPIC）。I-PACE 配有两个逆变器，一个控制前电动驱动单元（EDU），另一个控制后电动驱动单元（EDU）。两个 EPIC 均位于对应的前后 EDU 的正上方，EDU 和前逆变器如图 4-2-18 所示，EDU 和后逆变器如图 4-2-19 所示。

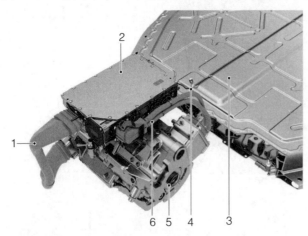

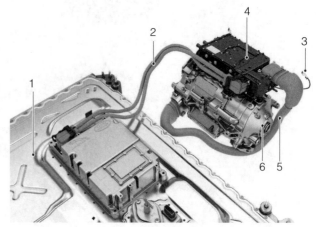

1.从前逆变器至EDU的三相电缆 2.逆变器 3.HV蓄电池 4.电气等电位连接电缆 5.前EDU 6.从HV蓄电池至前逆变器的高压DC电缆

图 4-2-18

1.HV蓄电池 2.从HV蓄电池至后逆变器的高压DC电缆 3.电气等电位连接电缆 4.后逆变器 5.从后逆变器至后EDU的三相电缆 6.后EDU

图 4-2-19

前、后 EPIC 由动力传动系统控制模块（PCM）控制。PCM 通过 FlexRay 与前部和后部 EPIC 进行通信。PCM 控制 EPIC 以在电机与发电机之间改变 EDU 的操作。当 EDU 作为电机运行时，HV 蓄电池提供电源。EPIC 通过 HV 三相 AC 电缆提供交流电（AC）。AC 的相位根据来自 EDU 的所需扭矩以及来自 3 个集成 EDU 位置传感器的信号而发生变化。当 EDU 作为发电机运行以提供再生制动时，EDU 向 EPIC 提供 HV 三相 AC。EPIC 将 AC 整流为直流电（DC）并调节电压，从而为 HV 蓄电池充电，HV 蓄电池存储电能。前部和后部 EPIC 连接到电力驱动冷却系统。电子驱动冷却液的流量由 PCM 进行控制。EPIC 具有 4 个电气接头，分别为：

至 EV 蓄电池的 HV DC 接头；

至 EDU 的 HV 三相 AC 接头；

电气等电位连接电缆；

12V 系统和 EDU 控制的主接线线束接头。

辅助蓄电池通过右前接线盒（FJB）为前 EPIC 提供低压 12V 电源。启动蓄电池通过左 FJB 为后 EPIC 提供低压 12V 电源。如果更换了前部或后部电动驱动单元（EDU），则必须将 EDU 旋转分解器角度输入到各自的前部或后部电力变频转换器（EPIC）中。旋转分解器角度印在 EDU 的标签上。使用 Jaguar Land Rover（JLR）认可的诊断设备将旋转分解器角度输入到各自的 EPIC 中。这样可确保 EPIC 和 EDU 高效地工作。

6. 高压接线盒（HVJB）与高压电气分配

高压接线盒（HVJB）在 BCCM 的正后方，如图 4-2-20 所示。高压接线盒（HVJB）接收来自高压（HV）蓄电池的 HV 电源，并将电力分配给辅助 HV 部件。当车辆连接至市电电源进行充电时，HVJB 还会接收来自 BCCM 的电源，它会将来自 BCCM 的输入电压引导至 HV 蓄电池。HVJB 含有 HV 系统部件的保险丝。注意：

图 4-2-20

HVJB 中的保险丝不可更换。由 HVJB 供电的部件及其保险丝额定值：

直流/直流转换器，30A；

HVCH，40A；

EAC 压缩机，30A。

7. 高压电气分配

高压电气分配如图 4-2-21 所示。I-PACE 上的 HV 电路由 HV 部件组成，这些部件由一系列橙黄色的 HV 电缆连接在一起。来自 HV 蓄电池的 HV 电力直接供应至前后逆变器以及 HVJB。在驾驶模式下，逆变器将 HV 直流电力输送至 EDU；在再生制动过程中，逆变器将会接收三相电流。HVJB 负责向 HVCH、直流/直流转换器和 EAC 压缩机供应 HV 电力。该电路由一组不可维修的保险丝提供保护。HV 蓄电池中内置了两个保险丝，一个用于电动驱动系统，一个用于向 HVJB 供电的辅助电路。HVJB 中有三个附加的保险丝，它们负责保护对应的部件，这些保险丝不可更换。

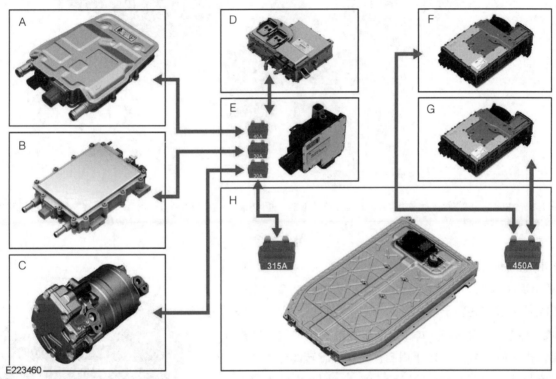

A.HVCH B.直流/直流转换器 C.EAC 压缩机 D.BCCM E.HVJB F.前逆变器 G.后逆变器 H.HV 蓄电池

图 4-2-21

三、电动驱动单元（EDU）

1. 电动驱动单元（EDU）概述

I-PACE 由两个永磁同步电动驱动单元（EDU）驱动，它们分别位于前后轴上，如图 4-2-22 所示。每个单元都带有一个单速行星齿轮组变速器和一个以同心方式安装在电机上的开放式差速器。每个车轮都通过一个半轴连接至变速器，因此提供了四轮驱动（AWD）能力。EDU 通过每个电机提供的 348N·m 扭矩和 147kW 功率。两个电机的综合输出可提供 696N·m 的瞬时扭矩。每个电机分别连接到一个逆变器。逆变器控制电机的操作以响应节气门和制动输入。EDU 上的唯一可维修的项目是变速器油封和半轴油封。

前后 EDU 都连接至电动驱动冷却液回路。每个 EDU 都有一个用于监测单元温度的传感器，该传感器以硬接线方式连接至相关逆变器。EDU 温度数据通过 FlexRay 信号被发送至 PCM。每个 EDU 都有多个通风软管连接。前 EDU 有两个通风软管连接，后 EDU 有三个通风软管连接。这些通风软管都连接至大气，以防止该单元内的压力或真空升高。EDU 由噪音、震动、不平顺性（NVH）材料进行封闭，以减少从该单元至车辆的 NVH 传递。前 EDU NVH 材料也将空调（AC）压缩机覆盖在内。后 EDU NVH 材料也将逆变器覆盖在内。

如果更换了 EDU 或逆变器，则需要使用 Jaguar Land Rover（JLR）认可的诊断设备进行重新校准。该流程将会校准旋转分解器环位置，以便确定来自逆变器的高压三相 AC 的相位，从而实现最高性能。每个 EDU 上都贴了产品标签，标签上注明了完成校准流程所需的数据。

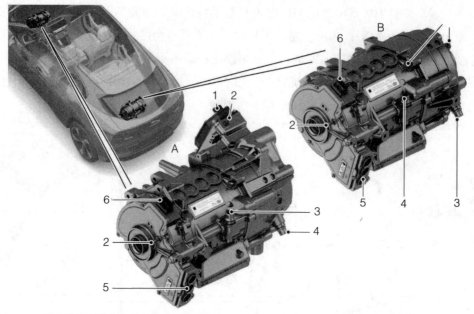

A.前 EDU B.后 EDU 1.驻车锁执行器接线线束接头（仅前部） 2.通风管连接 3.冷却液连接 4.冷却液连接 5.至相关逆变器的三相电缆接头 6 .12V接线线束接头

图 4-2-22

2. 永磁同步电机

I-PACE 上安装了 2 个永磁同步电机。如图 4-2-23 所示，使用了配备永磁铁的转子，永磁铁与定子绕组处产生的电磁场同步。通过按照逐渐改变每个绕组极性的顺序向定子绕组上施加三相交流（AC），定子周围将会产生旋转的电磁场。转子位置与这个旋转的电磁场保持一致，从而吸引转子磁铁的磁场，导致转子转动。当转子和旋转的定子磁场完全同步时，转子的输出速度与施加到定子绕组上的 AC 频率成一致。在这种情况下，电机功率输出达到最大。当电磁场绕着定子旋转时，转子的位置将会与其相匹配。变速器的输入齿轮直接安装到转子上。

1.变速器输入齿轮 2.永磁铁 3.转子 4.定子绕组

图 4-2-23

图 4-2-24 展示了简单永磁同步电机顺时针转动的旋转情况。施加到定子绕组上的三相 AC 受到控制，因此能够从一套绕组旋转到下一套绕组，转子遵照相同的速率旋转。施加到定子绕组上的电流的大小和相位与电机的扭矩输出成比例，因此需要进行精确控制才能实现电机的效率。旋转分解器环位置传感器用于准确检测转子相对于旋转电磁场的速度和位置，以便全面控制电机输出。旋转分解器输出直接被供应至逆变器。然后，逆变器在定子线圈上施加正确的频率和电压，以确保电机的扭矩输出与 PCM 发送的扭矩请求相匹配。逆变器也使用位置信息来确保转子始终与旋转磁场保持同步。

当转子的磁场滞后于定子的旋转磁场时，随着永久磁铁持续尝试"赶上"定子的旋转磁场，电机将会产生驱动扭矩。AC 输入的正时相对于转子的位置提前，输入的提前量越大，产生的扭矩也就越大。但是，AC 输入过于提前将会导致磁场脱离同步状态，电机将会停转。

AC 输入的正时也可以相对于转子的位置滞后。旋转磁场试图往相反的方向拉动转子，产生可调节的制动扭矩。当制动的动能转换为电能时，电机将会变为发电机。随着转子绕着定子转动，转子的磁场将会穿过定子绕组，从而感生出三相 AC。转子的速度和定子线圈的磁场强度与发电机输出成正比。

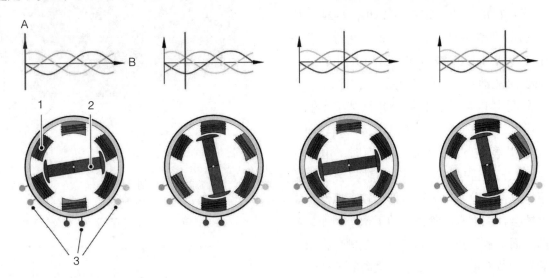

1.定子绕组 2.转子 3.三相连接 A.电压/振幅 B.时间

图 4-2-24

3. 电动驱动单元（EDU）操作

每个电动驱动单元（EDU）操作的操作都由其所附的逆变器根据来自动力传动系统控制模块（PCM）的扭矩请求指令进行控制。逆变器根据需要在电机和发电机两个角色之间切换 EDU 的操作。当 EDU 作为电机工作时，逆变器接收来自 HV 蓄电池的直流（DC）电源，然后将其转换为三相交流电（AC）。高压 AC 被施加到电机中的三相定子绕组。来自旋转分解器环位置传感器的数据用于控制 HV 三相 AC 的相位。根据来自 PCM 的扭矩请求指令，逆变器确定施加到 EDU 上的 HV 三相 AC 的相位（如同步电机操作部分中所述）。逆变器和 PCM 通过 FlexRay 总线网络进行通信。

当处于再生制动模式时，EDU 产生三相 AC 以供应至逆变器（如同步电机操作部分中所述）。逆变器会将 AC 整流为 DC 并调节电压，以便向高压蓄电池充电。逆变器控制在再生制动期间回收的电能以及对前后轮施加的制动效果。PCM 通过 FlexRay 总线网络将来自每个 EDU 的所需制动力数据发送至逆变器。

再生制动有两个级别：

（1）超速：当驾驶员将脚从加速器踏板上抬起时，逆变器会将电机的操作更改为发电机，并产生电磁制动（负）扭矩。PCM 将会基于 EDU 和蓄电池容量向 ABS 控制模块发送有多少负扭矩可用于再生制动的计算值。ABS 模块将会计算前后轮所需的制动量，然后通过 FlexRay 总线网络将此数值发送至 PCM。然后，PCM 将会通过每个 EDU 所对应的逆变器向 EDU 发送所需负扭矩的请求，以便维持恒定的减速度。

（2）制动踏板：当踩下制动踏板并且所需的制动力高于 0.2g 时，PCM 将会基于 EDU 和蓄电池容量向 ABS 控制模块发送有多少负扭矩可用于再生制动的计算值。ABS 模块将会计算前后轮所需的制动偏差，然后通过 FlexRay 总线网络将此数值发送至 PCM。然后，在将实现请求的制动水平所需的来自 ABS 控制模块的液压制动力考虑在内的情况下，PCM 将会通过每个 EDU 所对应的逆变器向 EDU 发送所需负扭矩的请求。

注意：超速时，驾驶员可以从触摸屏菜单中选择两种再生制动力模式：高（最高为 0.2g 制动力）和低（最高为0.07g制动力）。这就允许驾驶员控制松开加速器踏板时产生的负扭矩量。在驾驶时可以选择这些模式，并且可以在两者之间平稳过渡。例如，当车辆滑行下坡且未踩下加速器踏板时，驾驶员可以选择高水平再生制动，以便更多地控制车辆下坡速度。

4.EDU 变速器部件

EDU 内部部件如图 4-2-25 所示，变速器如图 4-2-26 所示，EDU 功率 - 扭矩曲线如图 4-2-27 所示。每个 EDU 都含有一个带开放式差速器的单速行星齿轮变速器。该变速器降低了电机输出转速，同时增加了向从动轮输出的扭矩量。前后 EDU 之间的扭矩分配由 PCM 进行控制，并且基于车辆动态性能和稳定性，以便防止出现过度转向、转向不足、车轮打滑等。当从静止状态加速时，电机输出可在 2s 内升高至 160kW，同时后轴将会输出更多的扭矩，以便充分利用车辆后部的较高抓地性。但是，可能会存在来自底盘输入的干预。例如，当在低摩擦路面上从静止状态起步时，车辆会将扭矩偏置从后轴调节至前部，以便获得最高的抓地性。当车辆以低于 80km/h 的速度巡航时，后轴将会获得优先级来帮助降低座舱内的噪声级。当车辆以较高的速度巡航时，每个 EDU 之间的扭矩分配几乎都始终保持在 50%。在急加速期间，为了使用每个单元的全部可用功率 / 扭矩，扭矩分配也为 50%。两个 EDU 之间的扭矩偏置将会持续得到调整，以便针对驾驶条件提供最高的抓地性。

注意：I-PACE 具有一个驾驶爬行模式，驾驶员能够从触摸屏菜单中选择该模式。在选择后，该模式将允许车辆在驾驶员松开制动踏板时轻微地向前移动，就像传统的自动变速器一样。只有在变速器处于驻车挡时才能打开或关闭该模式。

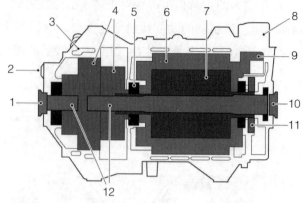

1.半轴油封 2.EDU 加油塞 3.冷却液套 4.变速器和差速器 5.轴承 6.定子 7.转子 8.壳体 9.三相连接 10.半轴油封 11.旋转分解器环位置传感器 12.半轴驱动

图 4-2-25

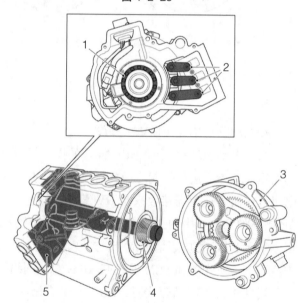

1.旋转分解器环位置传感器 2.三相连接 3.变速器和差速器单元 4.变速器输入齿轮 5.半轴驱动

图 4-2-26

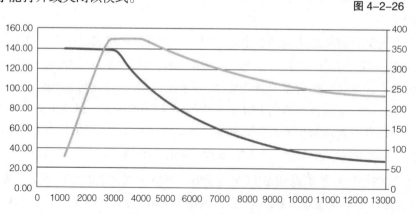

图 4-2-27

578

四、驻车锁执行器

1.驻车锁执行器

驻车锁执行器位于前 EDU 的左后侧，位置如图 4-2-28 所示，内部操作示意图如图 4-2-29 所示。安装在 EDU 壳体内部的一个锁定爪由一根弹簧固定在分离位置。选择驻车挡后，执行器操作会导致锁定爪啮合到 EDU 输出装置上的齿圈中，以机械方式将该装置锁定到位。变速器换挡旋钮（TCS）有 4 个开关，分别用于前进挡 D、空挡 N、倒车挡 R 和驻车挡 P。驾驶员选择 TCS 上的"D""N"或"R"挡后，PCM 将会自动释放驻车锁。来自 TCS 的信号通过高速（HS）控制器局域网（CAN）电源模式 0 系统总线发送至 PCM。PCM 会将一个 PWM 信号发送至驻车锁执行器和前逆变器，以执行相应的操作。

1.前 EDU 2.驻车锁执行器 3.接线线束接头

图 4-2-28

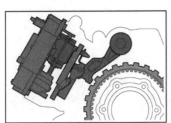 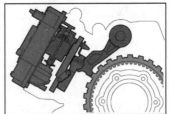 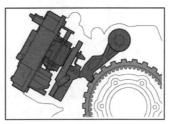

A.分离 B.锁定的齿 C.接合

图 4-2-29

2.驻车锁执行器控制

换挡控制开关（TCS）如图 4-2-30 所示。TCS 当操作"P"（驻车挡）开关时，将会先应用电动驻车制动器（EPB），然后应用驻车锁。PCM 通过 FlexRay 与防抱死制动系统（ABS）控制模块通信以应用 EPB。PCM 通过 HS CAN 电源模式 0 系统总线接收来自 TCS 的信号，以操作驻车锁。驻车锁和 EPB 的操作取决于车速。

图 4-2-30

（1）超过 3km/h：不应用 EPB，不应用驻车锁，根据需要向前部和后部 EDU 供电，仪表盘（IC）中显示"速度太高，无法制动"信息。

（2）小于 3km/h：应用 EPB 以使车辆停止，当车辆静止时，接合驻车锁，TCS 中的"P"警告指示灯点亮，不会向前部和后部 EDU 供电。

驻车锁执行器控制框图如图 4-2-31 所示。驻车锁执行器有一个通向 EDU 的单独的接线线束接头，该接头有 5 个针脚，分别用于以下连接：

经由右侧前接线盒（FJB）的辅助蓄电池 12V 电源；

来自 PCM 的"唤醒"信号；

来自 PCM 和前逆变器的指令信号；

发送至 PCM 的 PWM 驻车锁位置信号；

接地连接。

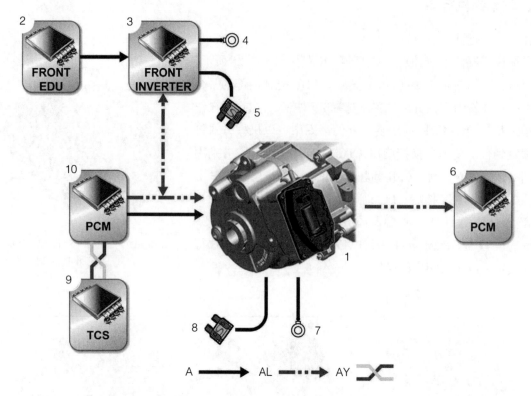

1.驻车锁执行器 2.前 EDU 3.前逆变器 4.接地 5.来自右侧前接线盒（FJB）的电源 6.PCM 7.接地 8.来自右侧前接线盒（FJB）的电源 9.变速器换挡旋钮（TCS）10 PCM A.硬接线 AL.PWM AY.HS CAN 电源模式 0 系统总线

图 4-2-31

当收到来自 TCS 的信号时，PCM 会将一个 PWM 信号发送至驻车锁执行器和前逆变器。驻车锁执行器会将位置数据反馈给 PCM。当发送至驻车锁执行器的 PWM 信号占空比约为 25% 时，驻车锁将会分离。当占空比约为 75% 时，驻车锁将会接合。如果前逆变器未收到来自 PCM 的信号，则它会将其视为网络存在故障。如果车速超过 5km/h，则它将会向驻车锁执行器发送一个 10Hz PWM 信号。当前逆变器发送这个 PWM 信号时，驻车锁执行器将不会接合驻车锁。只有来自前逆变器的这个 PWM 信号停止时，驻车锁执行器才会接合驻车锁。这是一项安全功能，用于防止驻车锁在 PCM 指令信号丢失时接合。驻车锁接合时的 PWM 信号如图 4-2-32 所示，分离时的 PWM 信号如图 4-2-33 所示。

来自 PCM 的信号为：

100Hz PWM。

25% 标称（5%~45%）占空比，分离；

75% 标称（55%~95%）占空比，接合。

从驻车锁执行器发送至 PCM 的位置信号为：

1Hz PWM。

10%~90% 占空比；

<19% 占空比，标称 13%，已分离；

>20% 占空比，已接合。

如果车辆发生故障且符合以下所有故障条件，则无论车速是多少，驻车锁执行器都会激活驻车锁：

PCM 指令线路信号缺失或无效；

唤醒线路信号缺失或无效；

未接收到来自前逆变器的 10Hz 信号。

如果在车速超过 5km/h 时驻车锁尝试接合，则驻车锁棘爪将无法完全啮合，棘齿会压在齿圈上。驻车锁的松脱将会产生明显的声音，并且会导致前 EDU 发生内部损坏。

　　如果驻车锁执行器中存在故障，则 TCS 上的 "P" 将会闪烁。仪表盘（IC）上的警告指示灯将会显示出来。PCM 将会记录所有故障诊断码（DTC）。利用 JLR 认可的诊断设备可以接合和分离驻车锁执行器，利用该设备也可以查看 PCM 指令信号和驻车锁执行器位置数据。更换驻车锁执行器后，无须对驻车锁执行器进行重新校准。

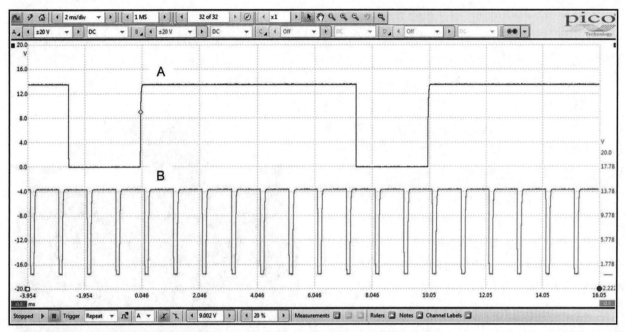

A.PCM 指令信号　B.驻车锁执行器位置信号

图 4-2-32

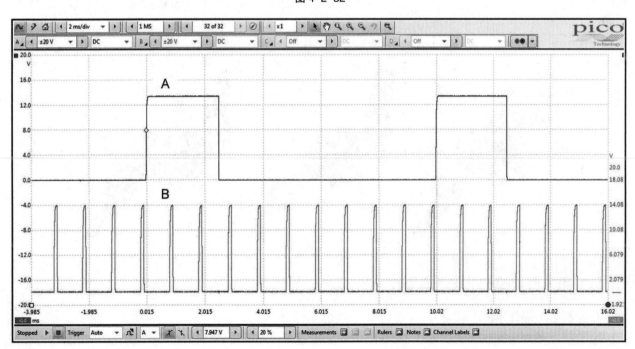

A.PCM 指令信号　B.驻车锁执行器位置信号

图 4-2-33

3. 车辆施救

车辆施救或运输的推荐方法为使用专用运输车或拖车。在将车辆移动到运输车或拖车上时，必须遵循以下程序：

如果可能，打开车辆电气系统并将车辆置于空挡；

激活驻车锁紧急释放机构；

释放电动驻车制动器（EPB）；

极其缓慢地移动车辆，移动距离不要超过500m。

在车辆移动过程中，必须将智能钥匙放在车内，同时必须打开车辆电气系统。这将确保转向柱处于解锁状态，并且系统冷却得到维持。在蓄电池断开的情况下，转向柱无法解锁。小心：不应在四轮全部着地的情况下牵引车辆，也不应在前轮或后轮悬起的情况下牵引车辆。否则，可能导致车辆严重损坏。

变速器驻车释放杆位于发动机罩下方，如图4-2-34所示。如果车辆需要进行施救，则务必激活变速器驻车释放系统。无论之前选择了哪个变速器挡位，这都将分离驻车锁。如果选择了驻车挡，则闪烁的"P"将会显示出来。变速器驻车释放杆的操作如图4-2-35所示，若要激活变速器驻车释放系统，则应该向上拉动释放杆90°，直至其锁定到位（A）。若要释放该释放杆并将变速器切换回驻车挡，则应该向外拉动机构锁定卡舌（B），然后释放杆将会返回其静止位置（C）。注意：在释放杆返回其静止位置后，务必确保拉索也缩回其原始位置。

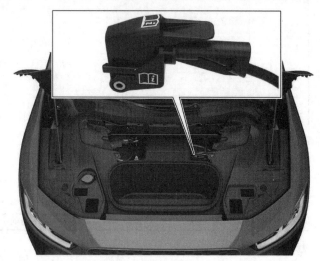

图 4-2-34

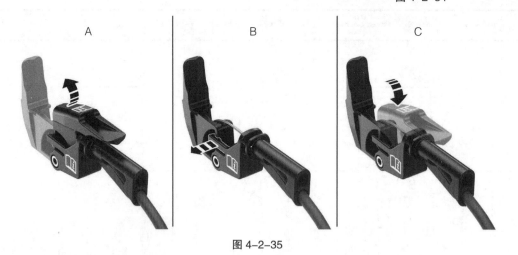

图 4-2-35

五、电力驱动控制系统低压部件

1. 控制系统部件组成

电力驱动控制系统部件如图4-2-36所示。动力传动系统控制模块（PCM）控制前部和后部电力变频转换器（EPIC），而电力变频转换器控制相应的前部和后部电动驱动单元（EDU）。前部和后部EDU提供电源以使车辆前进和后退。前部和后部EDU还提供再生制动。

前部和后部EPIC从PCM接收信息，以及根据需要在电机与发电机之间改变相关EDU的操作。当

EDU 作为电机运行时，EPIC 从电动车（EV）蓄电池接收直流电（DC）电源，以及将高压（HV）DC 转换成 HV 三相交流电（AC）。EPIC 控制 HVAC 三相以提供来自 EDU 的所需电源。当 EDU 作为发电机运行以提供再生制动时，EPIC 将来自 EDU 的 HVAC 转换成 HV DC，以为 EVHV 蓄电池充电。PCM 控制电力驱动温度控制系统以使前部和后部 EPIC 冷却。PCM 还控制前 EDU 中的驻车锁执行器。

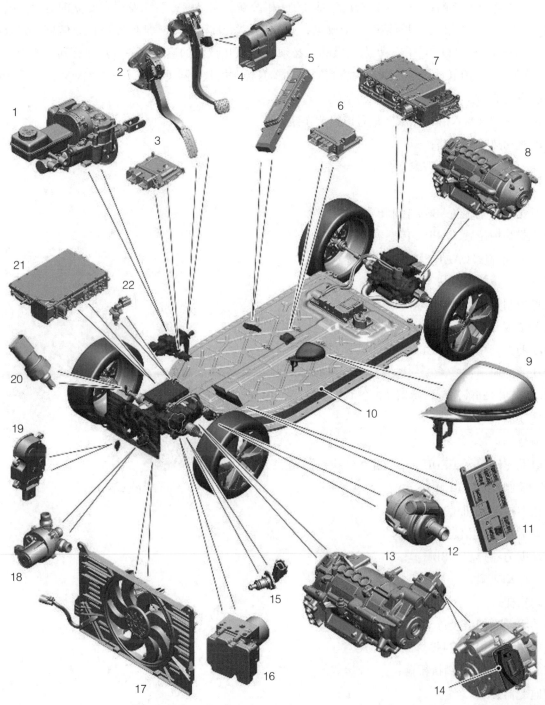

1.制动助力器模块（BBM） 2.加速器踏板位置（APP）传感器 3.动力传动系统控制模块（PCM） 4.制动踏板开关 5.变速器换挡旋钮（TCS） 6.约束控制模块（RCM） 7.后电力变频转换器（EPIC） 8.后电力驱动单元（EDU） 9.位于左车门后视镜中的环境气温（AAT）传感器 10.电动车（EV）蓄电池 11.车身控制模块/网关模块（BCM/GWM） 12.电力驱动冷却液泵 13.带有驻车锁的前部 EDU 14.驻车锁执行器 15.电力驱动冷却液温度传感器-电力驱动散热器出口 16.防抱死制动系统（ABS）控制模块 17.电动冷却风扇 18.电力驱动冷却液控制阀 19.主动进气格栅 20.空调（A/C）温度压力传感器-回收热交换器出口 21.前 EPIC 22.电力驱动冷却液温度传感器-4 路接头

图 4-2-36

2. 动力传动系统控制模块（PCM）

PCM 含有一个车辆监控控制器（VSC），该控制器负责高压（HV）传动系统的控制和全面监测。如图 4-2-37 所示，PCM 位于前舱中央，在直流/直流转换器的正后方。PCM 控制器可称作 HV 动力总成系统的管理器。PCM 执行自我诊断例行程序，并在其存储器中存储故障诊断码（DTC）。使用 Jaguar Land Rover（JLR）认可的诊断设备，可以访问这些 DTC 和诊断。如果 HV 系统发现需要立即对 HV 电路进行立即放电（断电）的问题，即所谓的主动放电，则 PCM 就会向所有 HV 部件发送指令信息。如果需要更换 PCM，新的 PCM 是以"空白"状态提供的，必须使用 JLR 认可的诊断设备将其配置到车辆中。安装新 PCM 时，必须使用 JLR 认可的诊断设备将其同步到车身控制模块/网关模块（BCM/GWM）。无法在车辆之间交换使用 PCM。PCM 负责控制以下事项：

发送控制"唤醒"和"休眠"信号以唤醒系统；

电动驱动热管理策略；

确定动力总成系统总需求。

PCM 输入信息包括：

防抱死制动系统（ABS）控制模块；

加速器踏板位置（APP）传感器；

环境空气温度（AAT）传感器；

蓄电池电量控制模块（BECM）；

车身控制模块/网关模块（BCM/GWM）总成；

制动踏板开关；

制动助力器模块（BBM）；

电动冷却风扇；

电动驱动冷却液温度传感器（2个）；

前逆变器；

后逆变器；

前电动驱动单元（EDU）中的驻车锁执行器；

约束控制模块（RCM）；

变速器换挡旋钮（TCS）。

PCM 输出控制信息包括：

制动助力器模块（BBM）；

电动冷却风扇；

主动格栅；

电动驱动冷却液泵；

电动驱动冷却液控制阀；

前 EDU 中的驻车锁执行器；

前逆变器；

后逆变器。

图 4-2-37

PCM 通过 FlexRay 与各自的前部或后部 EPIC 通信，以控制前部和后部 EDU。PCM 还控制前 EDU 中的驻车锁执行器。PCM 通过 FlexRay 从 ABS 控制模块接收车速信号。车速对于 PCM 的策略是个很重要的输入。ABS 控制模块从车轮转速传感器获取该速度信号。该信号的频率根据行驶速度进行变化。PCM 利用这车速信号确定控制速度控制系统运行和激活前 EDU 中的驻车锁的时间。

PCM 控制电力驱动温度控制系统。PCM 通过高速（HS）控制器局域网（CAN）电源模式 0 系统总线与自动温控模块（ATCM）通信。PCM 将来自电力驱动温度控制系统的可回收热量数据发送到 ATCM。ATCM 可以使用从电力驱动冷却液回收的热量，在需要时对乘客舱进行加热。PCM 使用来自各个部件中的电力驱动冷却液温度传感器和温度传感器的输入，对以下部件进行冷却：

直流-直流（DC/DC）转换器；

前 EDU；

后 EDU；

前 EPIC；

后 EPIC；

车载充电模块。

PCM 控制以下装置以对电动驱动部件进行冷却：

电力驱动冷却液泵；

电动冷却风扇；

电力驱动冷却液控制阀；

电力驱动冷却器。

3. 加速踏板位置传感器

如图 4-2-38 所示，加速器踏板位置（APP）传感器位于加速器踏板上。加速器踏板命令通过位于 APP 传感器中的 2 个电位计传达到动力传动系统控制模块（PCM）。PCM 使用 2 个信号，确定踏板的位置、移动速度和移动方向。PCM 为每个电位计提供一个 5V 参考电压和一个接地。

图 4-2-38

图 4-2-39

4. 制动踏板开关

如图 4-2-39 所示，制动踏板开关安装在制动踏板支架上。制动踏板开关通过一个 4 针脚接头连接到主接线线束。当制动踏板踩下时，开关触点闭合。该操作向动力传动系统控制模块（PCM）发送一个硬接线信号。然后，PCM 通过 FlexRay 将制动踏板开关状态信息发送至防抱死制动系统（ABS）控制模块。

5. 环境温度（AAT）传感器

如图 4-2-40 所示，环境温度（AAT）传感器

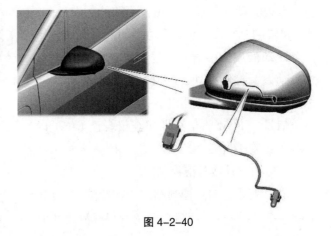

图 4-2-40

位于左车门后视镜盖底部的孔中。AAT 传感器是一个负温度系数（NTC）电阻。通过 AAT 传感器，动力传动系统控制模块（PCM）可以监测车辆周围空气的温度。PCM 为 ATT 传感器提供 5V 参考电压和接地，并将返回信号电压转换为温度值。如果 AAT 传感器发生故障，则 PCM 将采用默认环境气温（AAT）25℃。PCM 将 AAT 数据发送到车辆上的不同系统以控制：

由自动温控模块（ATCM）控制的乘客舱温度；

由电动冷却风扇控制的电力驱动冷却液温度；

由 ATCM 控制的乘客舱加热的热源；

蓄电池电量控制模块控制的电动车（EV）蓄电池温度。

6. 电力驱动冷却液泵

电力驱动冷却液泵如图 4-2-41 所示。电力驱动冷却液泵使电力驱动冷却液围绕高压（HV）部件流

图 4-2-41

动以使其冷却。冷却液泵由动力传动系统控制模块（PCM）进行控制。PCM 使用脉宽调制（PWM）信号控制泵的速度。电力驱动冷却液泵的速度会影响电力驱动冷却液的流速。

7. 电力驱动冷却液温度传感器

有 2 个电力驱动冷却液温度传感器，如图 4-2-42 所示。有 1 个传感器位于车载充电模块附近的 4 路冷却液接头上。另 1 个位于电力驱动冷却液控制阀和电力驱动冷却液泵之间的冷却液管道上。2 个传感器通过 O 形密封圈进行密封。电力驱动冷却液温度传感器被按入壳体中，然后顺时针旋转以锁

图 4-2-42

定到位。传感器属于负温度系数（NTC）类型的电阻器，使用一个 2 针脚接头通过主接线线束与动力传动系统控制模块（PCM）硬接线连接。2 针脚接头分别是由 PCM 提供的 5V 参考电压和至 PCM 的接地。

8. 电力驱动冷却液膨胀箱液位传感器

电力驱动冷却液膨胀箱位于前舱的左后侧，如图 4-2-43 所示。电力驱动冷却液膨胀箱包括一个冷却液液位传感器，通过硬连线连接到动力传动系统控制模块（PCM）。如果电力驱动冷却液液位降到传感器以下，则会向 PCM 发送一个信号。PCM 将信息发送至仪表盘（IC）以显示在 IC 信息中心。

9. 电力驱动冷却液控制阀

电力驱动冷却液控制阀位于前舱的前下部，如图 4-2-44 所示。控制阀控制冷却液流速和流

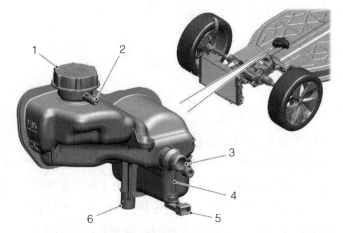

1.电力驱动冷却液膨胀箱压力盖 2.电力驱动冷却液膨胀箱溢流软管连接 3.电力驱动冷却液连接-气候控制系统 4.电力驱动冷却液膨胀箱液位传感器 5.主接线线束接头-电力驱动冷却液膨胀箱液位传感器 6.电力驱动冷却液连接-电力驱动温度控制系统

图 4-2-43

动方向。此阀由动力传动系统控制模块（PCM）以 LIN 线方式控制。

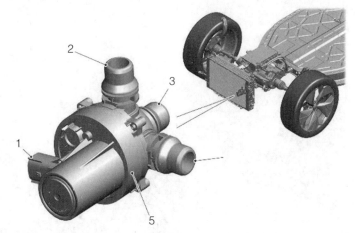

1.主接线线束接头 2.电力驱动冷却液出口 3.电力驱动冷却液入口 4.电力驱动冷却液出口 5.电力驱动冷却液控制阀

图 4-2-44

10. 冷却风扇及控制模块

电动冷却风扇位于车辆前部的冷却模块后部，如图 4-2-45 所示。电动冷却风扇由集成在电机中的电动冷却风扇控制模块操纵。动力传动系统控制模块（PCM）使用脉宽调制（PWM）信号控制电动冷却风扇速度。电动冷却风扇具有以下电气连接：

来自右前接线盒（FJB）的启动蓄电池电源；

来自由 PCM 控制的左侧 FJB 的唤醒信号；

来自 PCM 的 PWM 信号；

接地连接。

PCM 使 PWM 信号占空比在 0% 至 100% 之间变化，以便按照四种模式之一操作电动冷却风扇电机：

关闭；

最低转速（750r/min）；

最低和最高转速之间的线性可变转速；

最高转速（2820r/min）。

电动冷却风扇控制模块装有温度传感器，以防止在高温环境中因过热而造成损坏。如果电动冷却风扇的内部温度达到 135℃，电动冷却风扇控制模块将停止操作。当电动冷却风扇的内部温度降到 120℃ 以下时，操作恢复。

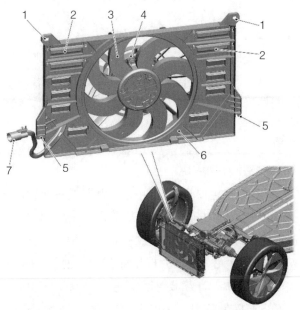

1.上部安装支架（2 个）2.空气流量盖板 3.电动冷却风扇叶片
4.电动冷却风扇 5.下部安装支架（2 个）6.电动冷却风扇罩
7.主接线线束接头 – 电动冷却风扇

图 4-2-45

11. 主动进气格栅

主动进气格栅安装在散热器格栅后面，并连接到前端支架，如图 4-2-46 所示。主动进气格栅包含可移动叶片，用于控制流入上游主导管下半部分的空气流量。动力传动系统控制模块（PCM）通过局域互联网络（LIN）信号控制主动进气格栅电机。在正常操作期间，将主动进气格栅叶片从关闭移至打开，大约需要 30s。而将主动进气格栅叶片从打开移至关闭，则大约需要 90s。PCM 可将主动进气格栅电机设置为完全关闭和完全打开之间的 16 个位置之一，移动范围为 80°。车辆上的主动进气格栅仅使用以下 3 个位置：

关闭（0%）；

中间（19%）；

打开（62%）。

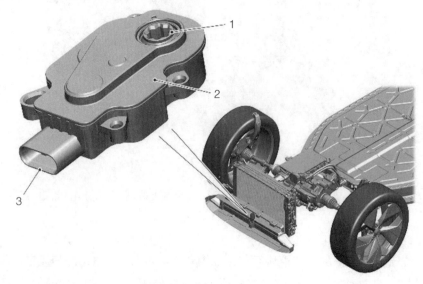

1.主动进气格栅叶片驱动　2.主动进气格栅电机　3.主接线线束接头

图 4-2-46

12. 变速换挡开关（TCS）

变速换挡开关（TCS）位于驾驶员侧的地板控制台中 TCS 由 4 个螺钉进行固定，具有 1 个主接线线束接头以用于连接所有电气输入和输出。TCS 有 4 个开关：P、R、N、D。来自 TCS 的信号通过高速（HS）控制器局域网（CAN）电源模式 0 系统总线传输。信号被发送至动力传动系统控制模块（PCM）和车身控制模块 / 网关模块（BCM/GWM）。

13. 制动助力器模块（BBM）和防抱死制动系统（ABS）控制模块

如图 4-2-47 所示，制动助力器模块（BBM）位于驾驶员侧的前舱后部。防抱死制动系统（ABS）控制模块固定到前舱左前侧的安装支架上，安装到液压控制单元（HCU）的背面。BBM 通过 FlexRay 将驾驶员的制动需求数据发送至防抱死制动系统（ABS）控制模块。ABS 处理此数据，然后通过 FlexRay 将驾驶员的制动需求发送到动力传动系统控制模块（PCM）。之后 PCM 将用于再生制动的扭矩量发送回 ABS 控制模块。ABS 控制模块调制提供给单个车轮制动器的液压压力，以进行驾驶员所需的制动。如果检测到 ABS 控制模块存在故障，仪表盘（IC）信息中心将会显示"ABS 故障"。IC 中的 ABS 警告指示灯将点亮。

1.防抱死制动系统（ABS）控制模块　2.制动助力器模块（BBM）

图 4-2-47

14. 约束控制模块（RCM）

约束控制模块（RCM）安装在地板控制台下面。RCM 的主要功能包括：

碰撞检测和记录；

安全气囊和张紧器启用。

自检与系统监测，通过安全气囊警告指示灯提供状态指示，并对故障信息进行非易失存储；

为 ABS（防抱死制动系统）控制模块提供偏航率及横向加速度数据。

15. 车身控制模块/网关模块总成

车身控制模块/网关模块（BCM/GWM）安装在乘客舱的支架上，支架连接到车辆的前排乘客侧，如图 4-2-48 所示。对于电力驱动系统，BCM/GWM 总成包含控制以下功能的软件：

根据来自蓄电池监测系统（BMS）控制模块的数据确定启动蓄电池的状况；

使用负荷管理软件控制直流-直流（DC/DC）转换器的输出；

控制仪表盘（IC）上的充电警告指示灯；

控制静态电流控制模块（QCCM），根据需要启用或禁用电气负载。

BCM/GWM 通过硬接线连接到动力传动系统控制模块（PCM）以提供以下信号：

电源模式 6；

电源模式 9；

唤醒。

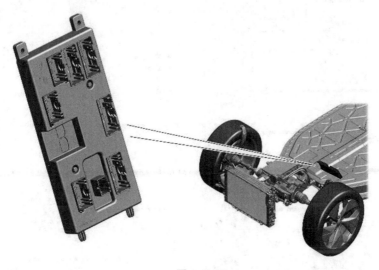

图 4-2-48

六、电力驱动系统控制说明

1. 电力驱动控制

电力驱动系统控制框图如图 4-2-49 所示。动力传动系统控制模块（PCM）驱动控制。变速换挡开关（TCS）将驾驶员所选择的行驶挡 D、倒车挡 R、空挡 N 或驻车挡 P 传输至 PCM。PCM 还使用来自加速器踏板位置（APP）传感器和其他传感器的信号来确定 EDU 是作为电机还是发电机运行。然后 PCM 根据需要将请求信号发送至前 EPIC、后 EPIC 和驻车锁执行器。

前部和后部 EPIC 使用来自各自 EDU 的位置传感器数据控制 HV 三相 AC 相位。前部和后部 EPIC 在各自的 EDU 分相位采用 HV 三相交流电，具体取决于扭矩需求和来自 PCM 的所需行程方向。前部和后部 EPIC 通过主接线线束以硬接线连接到其各自的 EDU。动力传动系统控制模块（PCM）接收来自加速器踏板位置（APP）传感器的驾驶员扭矩请求。PCM 将此转换为扭矩请求以提供给前部和后部电力变频转换器（EPIC）。PCM 通过 FlexRay 与以下每个部件或在以下每个部件之间通信，以高效操纵前部和后部电动驱动单元（EDU）：

前 EPIC；

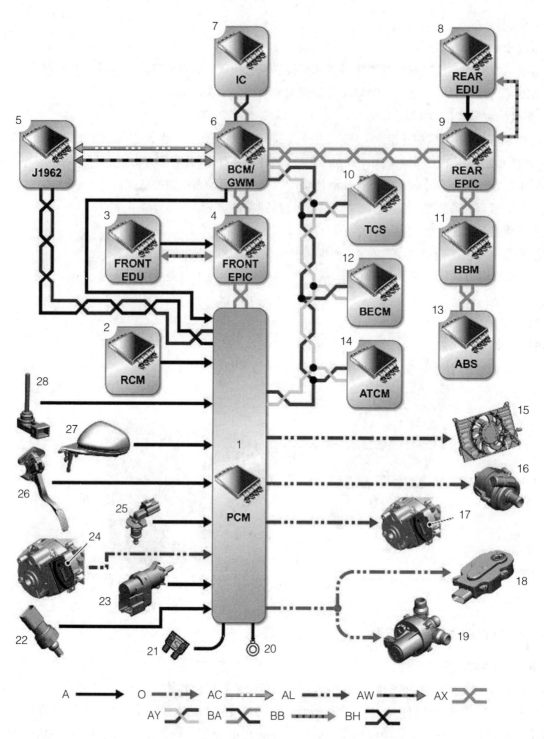

A.硬接线　O.局域互联网络（LIN）AC.诊断　AL.脉宽调制（PWM）AW.以太网　AX.FLEXRAY　AY.高速（HS）控制器局域网（CAN）电源模式零系统总线　BA.HS CAN 人机接口（HMI）系统总线　BB.高压（HV）三相交流电（AC）BH.CAN 校准协议总线　1.动力传动系统控制模块（PCM）2.约束控制模块（RCM）3.前电动驱动单元（EDU）4.前电力变频转换器（EPIC）5.诊断接头（J1962）6.车身控制模块/网关模块（BCM/GWM）7.仪表盘（IC）8.后 EDU　9.后 EPIC　10.变速器换挡旋钮（TCS）11.制动助力器模块（BBM）12.蓄电池电量控制模块（BECM）13.防抱死制动系统（ABS）控制模块　14.自动温控模块（ATCM）15.电动冷却风扇　16.电力驱动冷却液泵　17.前 EDU 中的驻车锁　18.主动进气格栅　19.电力驱动冷却液控制阀　20.接地　21.带保险丝的电源　22.空调（A/C）温度压力传感器-回收热交换器出口　23.制动踏板开关　24.前 EDU 中的驻车锁执行器-位置传感器　25.电力驱动冷却液温度传感器（2 个）26.加速器踏板位置（APP）传感器　27.位于左车门后视镜中的环境气温（AAT）传感器　28.电力驱动冷却液膨胀箱液位传感器

图 4-2-49

后 EPIC；

防抱死制动系统（ABS）控制模块。

PCM 还通过高速（HS）控制器局域网（CAN）电源模式 0 系统总线与以下部件通信：

蓄电池电量控制模块（BECM）；

变速器换挡旋钮（TCS）；

自动温控模块（ATCM）；

直流/直流（DC/DC）转换器；

车载充电模块。

前部和后部 EPIC 控制其各自 EDU 的操作。前部和后部 EDU 提供驱动扭矩以使车辆前进和后退。前、后 EDU 还为车辆提供再生制动，以为电动车（EV）蓄电池充电。动力传动系统控制模块（PCM）控制前部和后部 EPIC，而这些 EPIC 控制其各自的 EDU。

2. 再生制动控制

当驾驶员通过制动踏板应用制动时，制动助力器模块（BBM）通过 FlexRay 将制动需求发送至防抱死制动系统（ABS）控制模块。ABS 控制模块处理此数据，然后通过 FlexRay 将驾驶员的制动需求发送到动力传动系统控制模块（PCM）。PCM 与蓄电池电量控制模块（BECM）通信，以确定电动车（EV）蓄电池可通过再生制动获取的能量大小。PCM 通过高速（HS）控制器局域网（CAN）电源模式 0 系统总线与 BECM 通信。

然后 PCM 将可用于对 EV 蓄电池充电的能量传输回 ABS 控制模块。ABS 模块计算再生制动与各个车轮制动器之间的制动分配。ABS 控制模块向 PCM 发送一个信号以告知要通过再生制动回收的制动能量大小。ABS 控制模块与 BBM 通信以控制：

给驾驶员的制动踏板反馈；

驾驶员制动需求变化。

以下模块相互之间进行通信以控制再生制动，但不会影响驾驶员的制动踏板感觉：

BBM；

ABS 控制模块；

PCM；

BECM；

前电力变频转换器（EPIC）；

后 EPIC。

注意：当快速应用制动时，再生制动量减少。

电动驱动单元（EDU）将再生制动能量转换为高压（HV）交流电（AC）。HV 三相 AC 电缆将 HVAC 传导至各自的 EPIC，然后 HVAC 被转换成 HV DC 以对 EV 蓄电池充电。EPIC 根据来自 PCM 的再生制动请求调节各自 EDU 的输出。

3. 电子驱动温度控制

动力传动系统控制模块（PCM）还管理电力驱动温度控制系统。电力驱动温度控制系统对以下部件进行冷却：

直流-直流（DC/DC）转换器；

前电动驱动单元（EDU）；

后 EDU；

前电力变频转换器（EPIC）；

后 EPIC；

车载充电模块。

电力驱动温度控制系统的所有部件中都有温度传感器，以向 PCM 提供数据。前部和后部 EDU 及其各自 EPIC 将其数据通过 EPIC 经由 FlexRay 发送给 PCM。直流–直流（DC/DC）转换器和车载充电模块将其温度传感器数据通过高速（HS）控制器局域网（CAN）电源模式零系统总线发送至 PCM。PCM 使用此数据以及来自 2 个电力驱动冷却液温度传感器的数据来确定所需的冷却水平。

电力驱动温度控制系统具有以下 2 个冷却部件：

电力驱动散热器；

电力驱动冷却器。

PCM 使用以下部件控制电力驱动温度控制系统中的冷却液流速和流动方向：

电力驱动冷却液泵；

电力驱动冷却液控制阀。

电力驱动冷却液泵从 PCM 接收脉宽调制（PWM）信号以控制电力驱动冷却液的流速。电力驱动冷却液控制阀由 PCM 通过局域互联网络（LIN）进行控制。电力驱动冷却液控制阀控制 2 个出口之间的电力驱动冷却液流速和流动方向。2 个出口分别用于电力驱动散热器和电力驱动冷却器。

PCM 根据来自自动温控模块（ATCM）的加热请求，控制 2 个出口之间的电力驱动冷却液流的比例。ATCM 可使用来自电力驱动温度控制系统的余热对乘客舱进行加热（如需要）。ATCM 无须用于对乘客舱进行加热的任何热量则被传送至电力驱动散热器。当 ATCM 需要更多热量以对乘客舱进行加热时，则会将更多电力驱动冷却液引导至电力驱动冷却器。

PCM 与 ATCM 通过 HS CAN 电源模式 0 系统总线进行通信，以控制来自电力驱动温度控制系统的热量分配。

4. 驻车锁

前电动驱动单元（EDU）驻车锁由动力传动系统控制模块（PCM）控制。当操作"P"开关时，PCM 接收来自变速器换挡旋钮（TCS）的信号，以操作驻车锁。PCM 将脉宽调制（PWM）信号发送到驻车锁执行器和前电力变频转换器（EPIC）。Jaguar Land Rover（JLR）认可的诊断设备也可使驻车锁执行器接合和脱离。JLR 认可的诊断设备还可显示 PCM 指令信号和驻车锁执行器位置数据。

当按下变速器换挡旋钮（TCS）上的"P"开关时，动力传动系统控制模块（PCM）还可通过 FlexRay 与防抱死制动系统（ABS）控制模块进行通信，以应用电动驻车制动器（EPB）。

5. 冷却模块空气流量

冷却模块包括由动力传动系统控制模块（PCM）控制的电动冷却风扇。PCM 使用脉宽调制（PWM）信号控制电动冷却风扇的速度。冷却模块外罩还包含空气流量盖板，当车速增加时由空气流量将盖板打开，以让更多空气流量通过冷却模块。

PCM 还控制主动进气格栅以控制进入冷却模块的空气流量。PCM 使用以下数据计算所需的电动冷却风扇转速和主动进气格栅空气叶片位置：

环境气温（AAT）；

电动车（EV）蓄电池温度控制系统的蓄电池电量控制模块（BECM）；

自动温控模块（ATCM）控制的空调（A/C）系统中的回收热交换器；

PCM 控制的电力驱动温度控制系统；

来自防抱死制动系统（ABS）控制模块的车辆速度。

七、电力驱动单元保养

厂家推荐的保养间隔是 2 年或 34000km。在第 5 次保养时需要更换前后电动驱动单元（EDU）机油以及所有冷却液回路中的冷却液。电动驱动单元（EDU）机油规格是：FE75W/BOT 350 M3 75W。前 EDU 加注量是 1.6L。后 EDU 加注量是 1.5L。

1.前部电动驱动单元机油排放和重新加注

（1）此程序涉及与高压（HV）系统相关部件的操作。只有具备 EVCP 或更高等级资质的技师才能执行此程序。

（2）以合适的 2 柱举升机升起并支撑车辆。

（3）如图 4-2-50 所示，拆下前部下挡板。

（4）如图 4-2-51 所示，松开 3 个固定夹并从左轮拱折下侧饰板。

（5）如图 4-2-52 所示，拆下前部电子驱动单元（EDU）排放塞盖板。

（6）如图 4-2-53 所示，拆下并丢弃前 EDU 机油加注口塞。

（7）如图 4-2-54 所示，拆下并丢弃前 EDU 放油塞。让机油从前 EDU 完全排空。

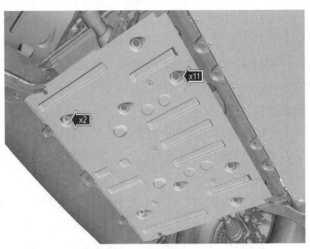

图 4-2-50

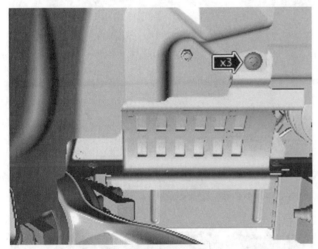

图 4-2-51

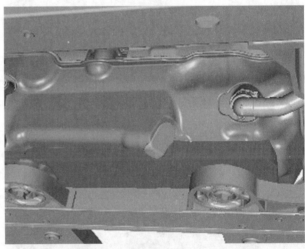

图 4-2-52

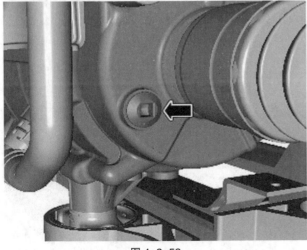

图 4-2-53

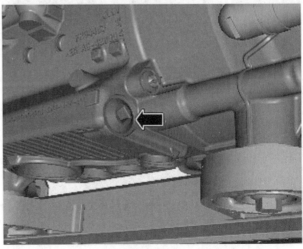

图 4-2-54

（8）安装新的前 EDU 排放塞，并拧紧至正确扭矩：39N·m。

（9）使用推荐的机油加注前 EDU，直至油液流出机油加注口。

（10）安装新的前 EDU 加注口塞，并拧紧至正确扭矩：39N·m。

（11）安装前 EDU 排放塞盖板。

（12）从左轮拱安装侧饰板，并用 3 个固定夹将其紧固到位。

（13）安装前部下挡板，并将 11 个螺栓拧紧至正确扭矩。扭矩：8N·m。将 2 个固定夹安装到前部下挡板。

2. 后部电动驱动单元机油排放和重新加注

（1）此程序涉及与高压（HV）系统相关部件的操作。只有具备 EVCP 或更高等级资质的技师才能执行此程序。

（2）以合适的 2 柱举升机升起并支撑车辆

（3）如图 4-2-55 所示，从后部下挡板拆下 8 个紧固螺栓。从车辆拆下后部下挡板。

（4）如图 4-2-56 所示，拆下后电子驱动单元（EDU）排放塞盖板。

（5）如图 4-2-57 所示，拆下并丢弃后 EDU 机油加注口塞。

（6）如图 4-2-58 所示，拆下并丢弃后 EDU 放油塞。让机油从后 EDU 完全排空。

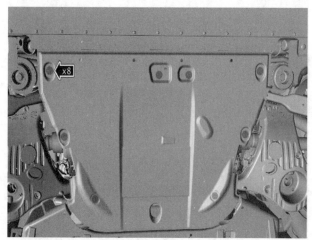

图 4-2-55

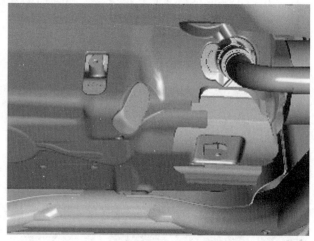

图 4-2-56

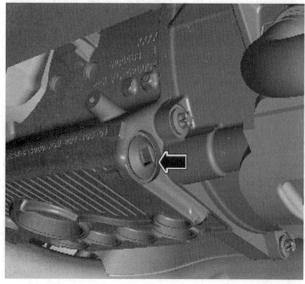

图 4-2-57

图 4-2-58

（7）安装新的后 EDU 排放塞，并拧紧至正确扭矩：39N·m。

（8）使用推荐的机油加注后 EDU，直至油液流出机油加注口。

（9）安装新的后 EDU 加注口塞，并拧紧至正确扭矩：39N·m。

（10）安装后 EDU 排放塞盖板。

（11）安装后部下挡板，并将 8 个螺栓拧紧至正确扭矩：8N·m。

3.EDU 校准

如果更换前电动驱动单元（EDU）、后 EDU、前电力变频转换器（EPIC）或后 EPIC，则需要使用 Jaguar Land Rover（JLR）认可的诊断设备对其进行校准。需要进行校准，以确保来自 EPIC 的高压（HV）三相交流电（AC）的相位已正确正时，以实现有效的车辆机动动力。EDU 的旋转分解器角度印在 EDU 上部的 EDU 标签上。电动驱动单元标签如图 4-2-59 所示。在安装 EDU 或电力变频转换器（EPIC）之前，确保已记录电动驱动单元（EDU）的旋转分解器角度。一旦 EDU 和 EPIC 安装后，将会看不到 EDU 旋转分解器角度。前电动驱动单元（EDU）上的驻车锁执行器在更换后不需要执行校准例行程序。

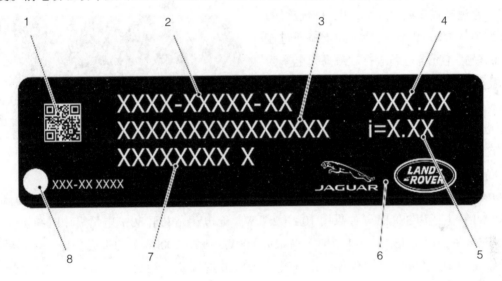

1.快速响应码　2.EDU零部件号　3.EDU 序列号　4.旋转分解器角度　5.传动比　6.JLR 徽标　7.供应商零部件号　8.电子标记和标签 － JLR 零部件号

图 4-2-59

第三节　高压蓄电池充电系统

一、电动汽车充电操作

1. 一般信息

捷豹 I-PACE 可以接受来自外部电源的交流（AC）或直流（DC）电源电压来对高压（HV）蓄电池进行充电。充电端口位置如图 4-3-1 所示，AC 插座位于车辆右侧，DC 插座位于车辆左侧。在车辆上市时，将会提供多种充电解决方案，您可以使用不同的充电电缆和电源，并且可以采用不同的充电率：

模式 2 通用型（AC）–便携式电缆，使用家用电源；

模式 3（AC）–专用壁挂充电箱，含可拆卸式或带线式充电电缆；

模式 4（DC）–专用充电站，含带线式充电电缆。

系统支持通过模式 2 或模式 3 充电电缆进行的最高充电率为 7kW 的单相 AC 充电。还支持通过连接至充电站的模式 4 充电电缆进行的最高充电率为 100kW 的 DC 充电。

采用模式 2 和模式 3（AC）充电方式时，车辆的蓄电池充电控制模块（BCCM）控制 EVSE 提供的充电率，这称为车载充电。采用模式 4（DC）充电方式时，EVSE 控制充电率，这称为车外充电。

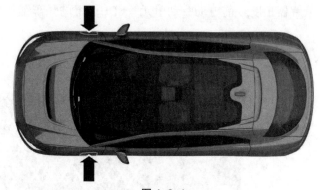

图 4-3-1

捷豹 I-PACE 纯电动车提供带模式 2 充电电缆及安装家用充电桩。捷豹 I-PACE 纯电动汽车的高压蓄电池是 90kWh，电压为 388.8V。如果用 10A（2.2kW）充电，充电至 80% 电量需用时约 40.5h。如果用 32A（7kW）充电桩，用时 13.5h。I-PACE 支持最高 400V/250A（100kW）的直流快充，充电至 80% 电量需用时约 45min。如果用 50kW 的直流快充，充电至 80% 电量需用时约 85min。目前，捷豹路虎已向经销商提供 20kW 直流充电站桩。

2. 连接充电电缆

（1）解锁车辆。

（2）确保选择驻车挡（P）。

（3）确保车辆电气系统已关闭。

（4）打开充电端口盖。

（5）将插头插入电源或壁挂充电箱。务必先将充电电缆连接电源，然后再连接到车辆上。

（6）将充电电缆连接到车辆的充电端口上。

注意：车辆无法在连接充电电缆的情况下行驶，因为充电和行驶不可同时进行。

3. 断开充电电缆

（1）确保使用智能钥匙上的解锁按钮解锁车辆，或使用任一车门上的被动进入系统解锁车辆。如果 30s 后充电电缆未被取下，则电缆锁定装置将重新锁定。

（2）确保选择了驻车挡（P）。

（3）确保车辆电气系统已关闭。

（4）按下充电电缆接头顶部的释放按钮（仅限北美/中国），然后从车辆上断开电缆。务必先从车辆上断开充电电缆。

（5）完全关闭充电端口盖。

（6）从电源／壁挂充电箱上断开插头。

4.充电电缆紧急释放（充电电缆锁定装置）

每个充电插座都有一个由电磁阀驱动的锁销，进行充电时，该锁销可将充电电缆锁定到位。锁定机构安装在充电电缆接头中。如果发生以下任一情况，充电电缆将被锁定到位：

图 4-3-2

锁闭车辆；

成功连接充电电缆后。

每个充电插座都有一个由电磁阀驱动的锁销，进行充电时，该锁销可将充电电缆锁定到位。每个锁都有 4 个电气连接：

锁电源馈电 1；

锁电源馈电 2；

锁位置开关反馈；

接地。

BCCM 通过向锁销 1 或 2 供应任一极性的电源馈电来控制锁定和解锁操作。锁位置开关用于监测锁销的位置并向 BCCM 提供反馈。如果 BCCM 感测到锁位置开关未处于锁定或解锁位置，则车辆在连接充电电缆后将无法充电。如果操作过锁紧急释放拉索并且锁位置卡在打开和关闭之间，则就会发生这种情况。

小心：充电电缆锁定后，切勿尝试从充电端口拔出电缆。否则会损坏电缆锁定装置。如果系统出现故障，无法释放充电电缆，则打开发动机罩，然后拉动红色环，即可释放充电电缆，如图 4-3-2 所示。

二、高压蓄电池充电系统相关部件

1.蓄电池充电控制模块（BCCM）

蓄电池充电控制模块 BCCM 的作用是向高压（HV）蓄电池供应直流（DC）充电电压。BCCM 将进入的交流（AC）电压转换为对 HV 蓄电池充电所需的直流（DC）。BCCM 位于前舱内，如图 4-3-3 所示，BCCM 及其连接器如图 4-3-4 所示。

也可以使用 DC 电源壁挂充电箱直接用 DC 电流对 HV 蓄电池进行充电。该模式能够以最高 100kW 功率直接对 HV 蓄电池进行充电，并由 BCCM 进行管理。该模块将会调节充电电流以防止损坏 HV 蓄电池，从而确保蓄电池模块具有最佳性能和寿命。这个 100kW 值是最高值，在充电过程中，BCCM 可能会将该值调节至较低的水平。BCCM 输入电流类型的变化由其内部进行管理，以便将输入电压从 AC 改变为 DC 或转换为 DC 直接输出。

BCCM 通过高速电源模式 0（HSPMZ）CAN 与蓄电池电量控制模块（BECM）和动力传动系统控制模块（PCM）进行通信。当车辆处于电源模式 0 时，有关模块温度和充电功率的信息将被发送，以确保维持最佳的充电率。BCCM 的冷却包含在电动驱动冷却液回路中，该回路由 PCM 进行监测。BCCM 是一个不可维修的部件，因此应该作为一个整体进行更换。

1.充电插座接地连接 2.接线线束接头 3.适用于HVAC外部电源的充电插座 4.从AC充电插座至BCCM的HVAC电缆 5.高压接线盒（HVJB） 6.从BCCM至HVJB的HV DC电缆 7.从DC充电插座至BCCM的HV DC电缆 8.HV蓄电池 9.适用于HV DC外部电源的充电插座 10.接线线束接头 11.充电插座接地连接 12.从HVJB至EV蓄电池的HV DC电缆 13.BCCM

图 4-3-3

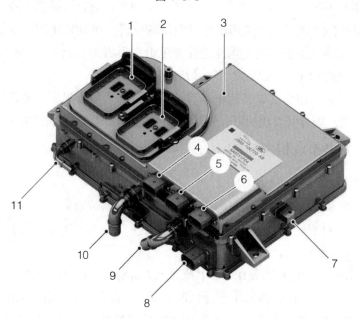

1.来自充电插座的DC外部电源连接 2.至HVJB的HV DC电缆连接 3.BCCM 4~6.低压接线线束接头-12针 7.电气等电位连接电缆连接 8.来自充电插座的AC外部电源连接 9、10.电动驱动冷却液连接 11.压力均衡器连接

图 4-3-4

2. 充电类型

BCCM 可以接受来自 HV 充电插座的交流（AC）或直流（DC）电源电压来对 HV 蓄电池进行充电。如果有多个电源连接至车辆上，则车辆将会使用具有最高充电率的方法。BCCM 充电类型示意图如图 4-3-5 所示。

AC 充电流程图如图 4-3-6 所示。在连接至交流（AC）电源时，BCCM 将 AC 电压转换为直流（DC）电压，以为 HV 蓄电池进行充电。车辆支持最高电压 240V 和 32A 电流的单相 AC 充电。使用模式 2 或模式 3 充电电缆时可支持最

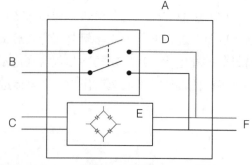

A.BCCM B.DC 输入 C.AC 输入 D.DC 接触器 E.交流/直流转换器 F.至HVJB 的输出

图 4-3-5

高为 7kW 的充电率。电源转换由 BCCM 来执行。这称为车载充电。虽然可以将三相 AC 电源连接至车辆，但是因为 BCCM 仅支持单相充电，所以实际充电率可能会低于预期。例如，如果连接了一个 11kW 三相电源，则车辆将会仅使用该电源的一相，以约 3.6kW 的功率进行充电。

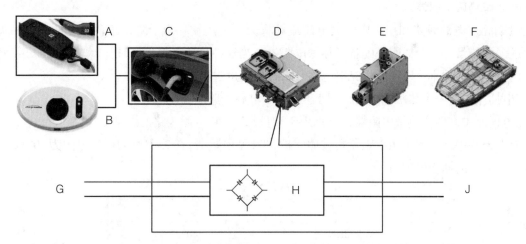

A.模式 2 充电电缆 B.模式 3 充电电缆 C.车辆充电插座 D.BCCM E.HVJB F.HV 蓄电池 G.AC 输入 H.交流/直流转换器 J.DC 输出

图 4-3-6

DC 充电流程图 4-3-7 所示。当连接至 DC 电源时，通过 BCCM 中的一组接触器将高压直接供应至 HV 蓄电池。这些接触器的额定电流为 250A 连续负载，并在未插入充电电缆时将充电插座与 HV 蓄电池隔开。车辆支持最高标称电压 400V 和 250A 电流的 DC 充电。使用模式 4 充电电缆时可支持最高为 100kW 的充电率。DC 充电电缆拴系在充电站上。电源 AC/DC 转换由电动车供电设备（EVSE）在车外执行。这称为车外充电。

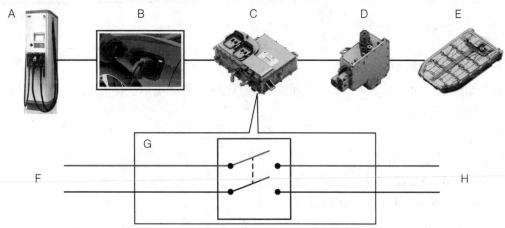

A.模式 4 DC 充电站 B.车辆充电插座 C.BCCM D.HVJB E.HV 蓄电池 G.DC 接触器 H.DC 输出

图 4-3-7

3. 充电率

HV 蓄电池的充电率由 BCCM 进行调节以防止损坏，确保 HV 蓄电池模块具有最佳性能和寿命。在充电期间，HV 蓄电池的充电率由多种因素决定：

电动车供电设备（EVSE）的最高供电参数（电压和电流）；

通过控制导向信号传播的来自 EVSE 的可用电流（仅限 AC）；

充电电缆的额定电流；

HV 蓄电池荷电状态（SOC）；

如果 HV 蓄电池的 SOC 接近 100%，则充电率将会下降；

599

HV 蓄电池温度；

如果 HV 蓄电池的温度较低，则开始采用的充电率也较低，直至蓄电池达到最佳温度。如果 HV 蓄电池的温度较高，则充电率将被降低或充电将会停止，以防止温度过高。

4. 充电插座热敏电阻器

在充电期间，电源线路和接头中的大电流流动将会产生热量。为了防止车辆充电插座和相关充电电缆中产生过多的热量，每个插座都配备了热敏电阻器。当这种热量变得过多时，BCCM 或 EVSE 将会降低供应至车辆的电源的功率，以便防止充电电路和部件的温度过高。

AC 充电插座中有一个热敏电阻器，用于测量 AC 电源线路的温度。

DC 充电插座中有两个热敏电阻器，分别用于测量每条 DC 电源线路的温度。

车辆充电插座中使用的热敏电阻器是玻璃保护 NTC 型电阻器，在 25℃时的标称电阻为 $10k\Omega$。表 4-3-1 记录了给定温度下的期望电阻值。

表 4-3-1

温度	电阻值	温度	电阻值
-40℃	232kΩ	60℃	2.9kΩ
-30℃	130kΩ	70℃	2.1kΩ
-20℃	76kΩ	80℃	1.5kΩ
-10℃	46kΩ	90℃	1.1kΩ
-0℃	29kΩ	100℃	890Ω
10℃	18kΩ	110℃	690Ω
20℃	12kΩ	120℃	540Ω
30℃	8.2kΩ	130℃	425Ω
40℃	5.7kΩ	140℃	340Ω
50℃	4kΩ	150℃	275Ω

5. EVSE 至 BCCM 的通信协议

为了支持高压充电，BCCM 和外部电源之间需要进行通信，外部电源也称为电动车供电设备（EVSE）。该通信可用于实现多种功能：

充电电缆连接状态；

充电电缆电流容量（适用时）；

可用的充电类型（AC 或 DC）；

告知充电参数，例如充电率、电压和电流；

如果没有收到告知信息，则不会进行充电，这为系统增加了一层安全保护。

交流（AC）充电通信协议是 GB/T 18487.1。直流（DC）充电通信协议是 EVSE CAN 总线。

三、交流（AC）充电及通信

1. 交流（AC）充电端口

在中国市场，交流（AC）充电通过位于车辆右侧的 GB/TAC 充电插座实现。EVSE 和 BCCM 之间的通信遵循 GB/T 18487.1 标准，同时配有接近和控制导向线路。交流（AC）充电端口如图 4-3-8 所示，充电电缆中使用了五个连接：

电源线；

零线；

保护接地（PE）；

接近导向（PP）；

控制导向（CP）。

接近导向（PP）和控制导向（CP）针脚用于 EVSE 和 BCCM 之间的通信。此通信让 BCCM 能够检测到何时连接了充电电缆以及来自 BCCM 的最高可用充电率，并允许车辆在准备好开始充电时发送通知。

2. 接近导向（PP）电路

接近导向（PP）电路发挥着多种作用，具体取决于电动汽车（EV）上连接了哪种类型的充电电缆。在 EV 上，PP 电路让系统能够识别：

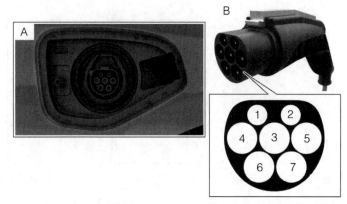

A.GB/TAC 车辆充电插座 B.GB/TAC 充电电缆接头 1.接近导向（PP）2.控制导向（CP）3.保护接地（PE）4.AC 高压线路 1 5.零线 6.AC 高压线路 2（仅三相）7.AC 高压线路 3（仅三相）
图 4-3-8

充电电缆连接状态；

充电电缆载流容量（充电电缆的最大电流承载容量，单位为 A）；

防盗锁止系统激活情况。

在所有 AC 充电电路中，将 5V 电压供应至 BCCM 中安装的分压器电路，其中的感应电子设备将会确定充电电缆连接状态。

对于接近导向（PP）电路，中国标准 GB/T 18487.1 综合了国外 J1772 和 IEC 61851-1，下面将这两种标准的电路先做一介绍。

3.J1772 接近导向（PP）电路

北美和日本采用了 J1772 标准，其电路如图 4-3-9 所示。充电电缆中，两个被动电阻器安装在充电电缆至车辆充电插座的接头中，该电阻器允许 BCCM 检测到车辆何时连接了充电电缆。一个 150Ω 电阻器安装在 PP 和 PE 之间，并且带一个常闭的直式开关。操作开关时，一个 330Ω 的电阻器将会串联接入到 PP 电路中，使得总电阻达到 480Ω。此开关的安装实现了对于三种充电电缆连接状态的识别：

电缆已断开；

电缆已连接，开关已打开；

电缆已连接，开关已关闭。

未连接充电电缆时，BCCM PP 电路中的 5V 电源只能通过 BCCM 中的电阻器，从而提供了一个电压信号来反映此状态。在将充电电缆连接至车辆的充电插座上时，PP 针脚连接至充电插座上的 PP 电路，从而增大了充电电缆接头中的电阻。BCCM 中的感应电子设备将会测量由此导致的压降以确定充电电缆连接状态，具体方式如表 4-3-2 所示。

表 4-3-2

连接状态	电压
电缆已断开	4.5V
电缆已连接，开关已打开	3.5V
电缆已连接，开关已关闭	1.5V

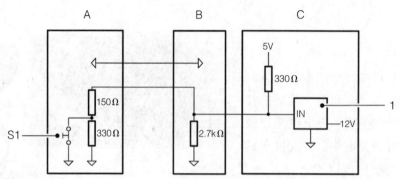

A.充电电缆接头（车辆端） B.车辆充电插座 C.蓄电池充电控制模块（BCCM） 1.BCCM接近电路感应电子设备 S1.充电电缆锁定装置开关

图4-3-9

4.IEC 61851-1 接近导向（PP）电路

欧洲采用了 IEC 61851-1 标准，其电路如图4-3-10所示。在 IEC 61851-1 充电电缆接头中，PP 和 PE 针脚之间安装了一个具有特定电阻值的被动电阻器 RC。该电阻器的电阻值经过编码，因此 BCCM 可以识别连接的充电电缆的载流容量。诸如电缆规格之类的因素会影响到充电电缆载流容量。表4-3-3列出了电阻值及其对应的充电电缆载流容量。

表 4-3-3

电阻值	载流容量
1.5kΩ	10A
680Ω	20A
220Ω	32A

该电阻值由 BCCM 内的 PP 电路的感应电子设备中的相应压降来确定。这也提供了一个确认充电电缆连接情况的同步方法，如表4-3-4所示。

表 4-3-4

状态	电压	电缆载流容量
断开	4.5V	N/A
连接	3.7V	10A
连接	3.1V	16A
连接	1.9V	32A

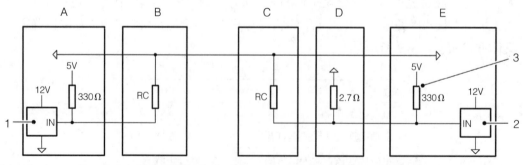

A.电动车供电设备（EVSE） B.充电电缆接头（EVSE端） C.充电电缆接头（车辆端） D.车辆充电插座 E.蓄电池充电控制模块（BCCM） 1.EVSE接近电路感应电子设备 2.BCCM接近电路感应电子设备 3.上拉电阻器 RC.编码电阻器

图 4-3-10

5.GB/TAC（18487.1）接近导向（PP）电路

我国采用了GB/TAC（18487.1）标准，其电路如图4-3-11所示。GB/TAC（18487.1）是J1772和IEC 61851-1接近导向协议的组合。在充电电缆至车辆充电插座的接头中，PP和PE针脚之间安装了两个具有特定电阻值的被动电阻器（RC和R4）。这些电阻器的电阻值经过编码，因此BCCM可以识别充电电缆的载流容量及其连接状态。电阻器RC安装在PP和PE之间，并且带一个常闭的直式开关。操作开关时，电阻器R4将会串联接入到PP电路中，从而获得新的总电阻。电阻器编码值如表4-3-5所示。

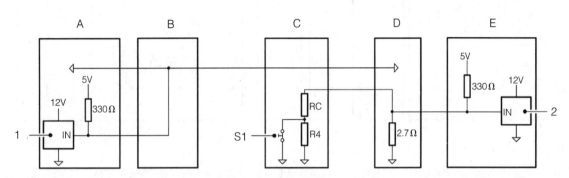

A.电动车供电设备（EVSE）　B.充电电缆接头（EVSE端）　C.充电电缆接头（车辆端）　D.车辆充电插座　E.蓄电池充电控制模块（BCCM）　1.EVSE接近电路感应电子设备　2.BCCM接近电路感应电子设备　S1.充电电缆锁定装置开关　RC/R4.编码电阻器

图 4-3-11

表 4-3-5

电阻值（RC）	电阻值（R4）	总电阻 （开关打开/关闭）	电缆载流容量
1.5kΩ	1.8kΩ	3.3kΩ/1.5kΩ	10A
680Ω	2.7kΩ	3.4kΩ/680Ω	16A
220Ω	3.3kΩ	3.5kΩ/220Ω	32A
100Ω	3.3kΩ	3.4kΩ/100Ω	63A

此开关的安装实现了对于三种充电电缆连接状态的识别：

电缆已断开；

电缆已连接，开关已打开；

电缆已连接，开关已关闭。

未连接充电电缆时，BCCM PP电路中的5V电源只能通过BCCM中的电阻器。4.5V的电压信号将会反映此连接状态，该电压由BCCM的感应电子设备进行测量。在将充电电缆连接至车辆的充电插座上时，PP针脚连接至PP电路，从而增大了充电电缆接头中的电阻。BCCM中的感应电子设备将会测量由此导致的压降以确定充电电缆连接状态和电缆载流容量，具体方式如表4-3-6所示。

表 4-3-6

开关打开	开关关闭	电缆载流容量
4.1 V	3.7V	10 A
4.1 V	3.1 V	16 A
4.1 V	1.9 V	32 A
4.1 V	1.1 V	63 A
4.5 V	4.5 V	未连接电缆

6. 控制导向（CP）电路

除了接近导向电路之外，汽车充电控制模块（BCCM）和电动车供电设备（EVSE）之间也安装了控制导向（CP）电路，如图4-3-12所示。EVSE会产生导向信号，该信号将被施加到BCCM上的一个分压器电路。EVSE和EV都具有感应电子设备。对于所AC充电电路，此电路的操作均相同。CP电路让EVSE能够检测到充电电缆已连接到车辆上，并且将最大可用电流告知BCCM。它也允许BCCM告知EVSE车辆已连接，并且做好了接受充电的准备。

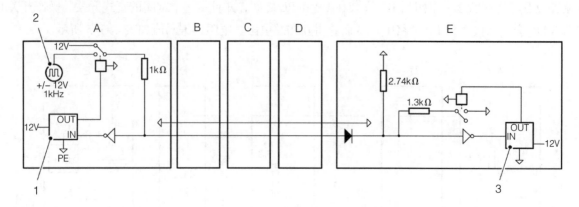

A.电动车供电设备（EVSE）B.EVSE出口 C.充电电缆 D.车辆充电插座 E.蓄电池充电控制模块（BCCM）1.EVSE接近电路感应电子设备 2.±12V PWM发生器1kHz 3.BCCM接近电路感应电子设备

图4-3-12

（1）未连接充电电缆。在EVSE CP电路中，一个12V DC电源会通过一个1kΩ电阻器流入感应电子设备。12V电压值表示充电电缆未连接至车辆。这称为"状态A"。

（2）充电电缆已连接－EVSE未激活。在将充电电缆连接至车辆后，来自EVSE的12V DC电源将会流过接头中的CP针脚，然后流入BCCM，BCCM中也带有感应电子设备。BCCM中的CP电路由一个二极管和连接至PE的永久性2.74kΩ电阻器组成。连接车辆后，BCCM中的2.74kΩ电阻器将会导致在EVSE中感测到的电压降至9V。这称为"状态B"，此时EVSE和BCCM均已知晓两者已相互连接。

（3）充电电缆已连接－EVSE已激活，EV未激活。在EVSE识别出车辆已连接后，EVSE则会将12V DC电源切换为±12V方波、1kHz PWM信号。

（4）充电电缆已连接－EVSE和EV已激活。方波信号的占空比将来自EVSE的可用电流告知BCCM。方波信号的存在构成了从EVSE发送至BCCM的"邀请"。然后，BCCM将会关闭BCCM内的CP电路中的开关，从而并联接入一个1.3kΩ电阻器，故此EVSE感应电子设备将会测量到一个6V电压。这个6V电压表示接受了该"邀请"，EVSE闭合为HV充电电路通电的继电器。这称为"状态C"，此时车辆将会进行充电。EVSE充电状态如表4-3-7所示。

表4-3-7

充电状态	电阻	电压测量值过高/过低	说明
状态A	状态A断路或∞	12V DC/N/A	未连接
状态B	2.74kΩ	+9V/−12V	已连接（就绪）
状态C	882Ω	+6V/−12V	充电
状态D	246Ω	+3V/−12V	正在充电（需要通风）★
状态E	N/A	0V/0V	错误
状态F	N/A	N/A/−12V	错误

注：★状态D（正在充电，需要通风）适用于配备铅酸蓄电池的EV，这些蓄电池需要进行通风来确保充电安全。因为I-PACE使用锂离子蓄电池技术，所以未使用该状态。

控制导向电路PWM信号如图4-3-13所示。EVSE至BCCM的PWM信号说明和占空比示例如表4-3-8和表4-3-9所示。

表 4-3-8

占空比	EVSE 电流容量
<5%	不允许充电
5%	数字通信
5%~10%	不允许充电
10%~85%	可用电流 = 占空比 ×0.6
85%~96%	可用电流 =（占空比 − 64）×2.5
>96%	不允许充电

表 4-3-9

占空比	EVSE 电流容量	占空比	EVSE 电流容量
10%	6 A	66%	40 A
20%	12 A	80%	48 A
30%	18 A	90%	65 A
40%	24 A	94%	75 A
50%	30 A	96%	80 A

如果 EVSE CP 电路中的感应电子设备感测到方波的负半部分未停留在 −12V 处，则这表示电路的 BCCM 侧缺失二极管。这将导致出错并且会阻止充电。这是为了防止意外激活 HV 充电电路。只有特意连接的电子设备电路才具有正确的电阻和二极管。因为电阻和二极管必须连接至 BCCM 内的接地，所以它将会确认从 BCCM 至 EVSE 的接地电路路径未中断。

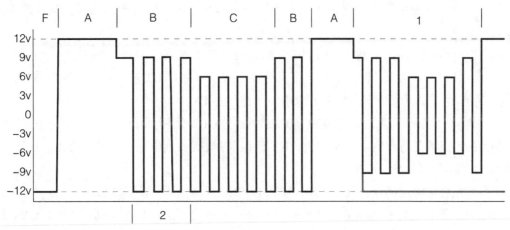

A.12V=状态A−EVSE已就绪，EV未连接 B.9V=EVSE已就绪，EV已连接，切换至PWM C.6V=状态C，EV充电 F.−12V=状态F−错误 1.二极管检查失败2.50% 占空比

图 4-3-13

四、直流（DC）充电及通信

直流（DC）充电通过位于车辆左侧的 GB/T DC 充电插座实现。GB/T DC 是一种 DC 快速充电形式，用于高压（最高为 400V DC）大电流（125A）车用快速充电。直流（DC）充电端口如图 4-3-14 所示。GB/T DC 系统使用模拟信号传输以及通过 EVSE CAN 总线进行的数字通信。其中采用了两个 DC 高压电源针脚、两个模拟连接检查（CC）针脚、两个 CAN 数字信号针脚和一个接地针脚，以便确保在车辆和充电器之间正确传输控制信号。

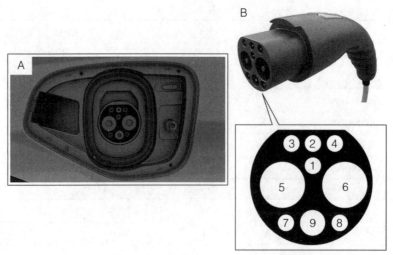

A.GB/T DC 车辆充电插座　B.GB/T DC 充电电缆接头　1.连接检查 1（CC1）　2.连接检查 2（CC2）　3.EVSE CAN 高　4.EVSE CAN 低　5.DC 高压+　6.DC 高压−　7.A+（未使用）　8.A−（未使用）　9.保护接地（PE）零线

图 4-3-14

1. 充电准备

直流（DC）充电电路如图 4-3-15 所示。若要开始充电，请在 EVSE 和 BCCM 之间执行以下"握手"操作序列。

（1）在将充电电缆连接至车辆之前，在 U1 处可以测到 6V 电压，用于向 EVSE 表示充电电缆未连接至 EV。

（2）在将充电电缆连接至车辆时，充电电缆接头中的开关 S 将会打开，从而旁通 R2，此时可以在 U1 处测到 12V 电压。

（3）在将充电电缆连接至车辆后，因为接头插头的 CC1 针脚与车辆进口相配合，所以 R4 将被接入到电路中，因此可以在 U1 处测到 6V 电压，直至开关 S 被松开并且 R2 被重新接入到电路中，此时在 U1 处测到的电压为 4V。这是为了通知 EVSE 充电电缆已连接至 EV。

（4）与此同时，在未连接充电电缆时，BCCM 将会在 U2 处测到 12V 电压。在连接充电电缆时，充电电缆的 CC2 针脚将会与车辆进口相配合，R5 和 R3 将被接入到电路中，此时在 U2 处测到的电压为 6V。这是为了通知 BCCM EVSE 已连接。

（5）接头现在将被锁定到位，此时，BCCM 和 EVSE 之间的 CAN 通信将会开始。

（6）诸如 HV 蓄电池的电压限值、最大充电电流和容量之类的信息将会通过 EVSE CAN 总线在 EV 和 EVSE 之间传输。

（7）EVSE 将会检查该信息并确认它能够对 HV 蓄电池进行充电，然后会通过 EVSE CAN 总线将其最大输出电压和电流发送至 BCCM。

（8）BCCM 将会基于这些发送的数据检查其与 EVSE 之间的兼容性。如果兼容，则 EVSE 将会关闭 K1 和 K2 并执行绝缘测试。

（9）测试完成后，BCCM 将会关闭 HV 蓄电池接触器 K5 和 K6，然后 EVSE 将会开始充电。

2. 充电期间

在整个充电流程中，车辆将会监测 HV 蓄电池状态和电流供应值：

（1）每 0.1s，BCCM 将会基于 HV 蓄电池性能和状况计算一次可对 HV 蓄电池进行充电的电流水平，然后通过 EVSE CAN 总线将该数值发送至 EVSE。

（2）EVSE 将会通过持续电流控制供应满足 BCCM 的期望值的 DC 电流。

EVSE 将会监测每个子电路中的电流、电压和温度，当有任何数值超过限值时，EVSE 将会停止充电并通过 EVSE CAN 总线向 BCCM 发送一个错误信号。此外，如果通信中断，则充电将被终止。

3. 充电结束

终止充电流程的方式如下：

BCCM 将会通过 EVSE CAN 总线向 EVSE 发送一个零电流信号；

EVSE 然后将会停止电流输出；

BCCM 将确认 DC 高压线路上的电流为零，然后将会打开 HV 蓄电池接触器；

EVSE 将会确认其输出电流为零，并打开继电器"D1"和"D2"；

接头将被解锁，然后可以从车辆上将其断开。

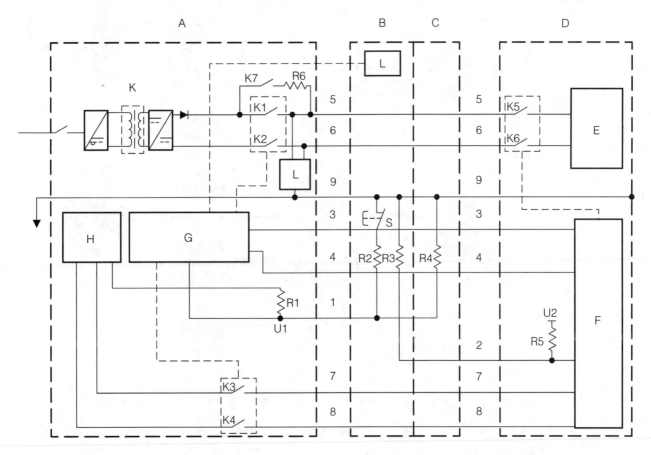

1.连接检查 1（CC1）2.连接检查 2（CC2）3.EVSE CAN 高 4.EVSE CAN 低 5.DC 高压+ 6.DC 高压− 7.A +（未使用）8.A−（未使用）9.保护接地（PE）R1~R5.1kΩ电阻器 S.接头开关 U1.测量点1 U2.测量点2 K1、K2.EVSEHV 接触器 K3、K4.辅助电源接触器（未使用）K5、K6.HV 蓄电池接触器 K7/R6.预充电电路 A.EVSE B.充电电缆插头 C.车辆充电插座 D.车辆 E.HV 蓄电池 F.BCCM G EVSE 充电控制单元 H.辅助电源模块 J.绝缘监测装置 K.交流−直流转换器 L.充电端口锁止机构

图 4-3-15

4. 车载充电控制框图

车载充电控制框图如图 4-3-16 所示。

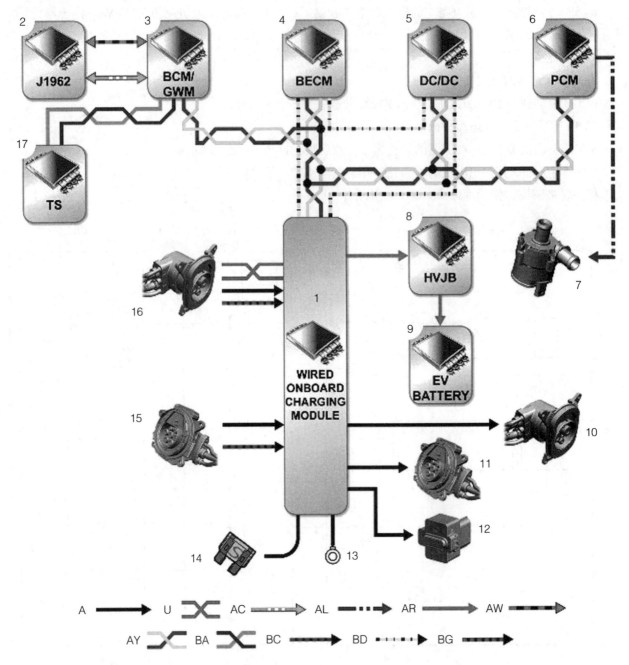

A .硬接线 U .专用控制器局域网（CAN）AC .诊断 AL .脉宽调制（PWM）AR .高压（HV）直流 AW .以太网 AY .高速（HS）CAN 电源模式0系统总线 BA .HS CAN 人机接口（HMI）系统总线 BC .HV DC 外部电源 BD .HV 互锁回路 BG .HV 交流（AC）外部电源 1.接线车载充电模块 2.诊断接头（J1962）3.车身控制模块/网关模块（BCM/GWM）4.蓄电池电量控制模块（BECM）5.直流/直流（DC/DC）转换器 6.动力传动系统控制模块（PCM）7.电力驱动冷却液泵 8.高压接线盒（HVJB）9.电动车（EV）蓄电池 10.直流（DC）充电插座 11.交流（AC）充电插座 12.充电端口指示灯（2个）13.接地 14.带保险丝的电源 15.交流（AC）充电插座 16.直流（DC）充电插座 17.触摸屏（TS）

图 4-3-16

第四节　热管理–冷却液回路

捷豹 I-PACE 采用了先进的热管理系统，不仅为驾驶员和乘客保持了舒适的环境，更重要的是用于恒定保持 20~25℃的高压（HV）蓄电池理想工作温度。热管理系统综合利用液冷方式、热交换器和增强型空调系统，其中还包含一个热泵流程。这可确保 HV 蓄电池以最佳效率进行工作，从而在所有条件下实现最长的续航里程。本节介绍热管理系统冷却液回路。

I-PACE 具有 3 个冷却回路：

（1）电动驱动回路（9L）。

（2）座舱回路（3L）。

（3）高压（HV）蓄电池回路（7L）。

3 个冷却液回路总图如图 4-4-1 所示。这 3 个回路彼此独立工作，并由不同的控制模块进行控制。每个回路都有自己的独立控制的电动冷却液泵、电磁阀或比例阀。车辆上安装了两个冷却液副水箱，一个位于 HV 蓄电池回路中，另一个位于电动驱动回路中，后者将 3 个回路合并成 2 个回路，以便进行工作。电动驱动回路和座舱回路使用相同的冷却液，HV 蓄电池回路具有独立的冷却液。其中总共容纳了 19L 乙二醇基冷却液。

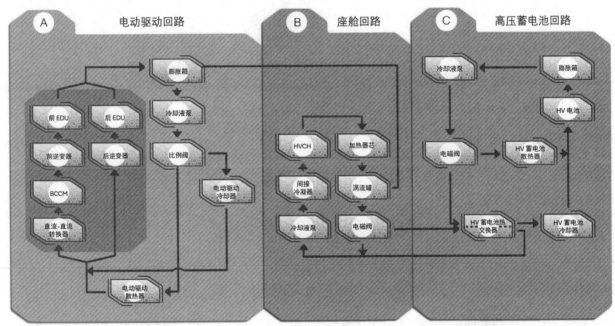

图 4-4-1

I-PACE 配备了一个三级冷却模块，如图 4-4-2 所示，该模块位于车辆前部，在格栅的后方。

第 1 级–HV 蓄电池回路散热器；

第 2 级–电动驱动回路散热器；

第 3 级–外部热交换器（OHE）。

图 4-4-2

609

一、电动驱动回路

1.电动驱动回路概述

电动驱动回路中的每个部件都有自己的最佳工作温度，例如，对于电子部件来说，温度越低越好，这包括驱动电机；而对于传输效率来说，温度较高时效率才能更好。该回路中的部件可以自然地升温。当它们达到自己的最佳工作温度时，电动泵将会运转，让冷却液循环流过系统，并保持这个最佳温度。冷却效果由通过电动冷却液泵转速决定的冷却液循环速度以及电动驱动回路散热器的风扇转速进行调节。冷却将会防止 HV 部件过热和关闭。电动驱动回路中的冷却液的标称工作温度为高于环境温度 15~20℃的温度。

电力驱动冷却液系统控制以下部件的温度：

电力驱动单元（EDU）（2个）；

电力变频转换器（EPIC）（2个）；

直流/直流（DC/DC）转换器；

接线车载充电模块；

无线车载充电模块（如已配备）。

如图 4-4-3 所示，电力驱动冷却液系统由以下部件组成：

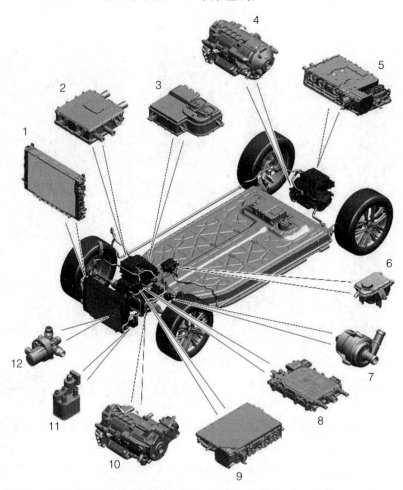

1.电力驱动散热器和冷却风扇 2.无线车载充电模块（如已配备） 3.接线车载充电模块 4.后电力驱动单元（EDU） 5.后电力变频转换器（EPIC） 6.电力驱动冷却液膨胀箱 7.电力驱动冷却液泵 8.直流/直流（DC/DC）转换器 9.前 EPIC 10.前 EDU 11.电力驱动冷却器 12.电力驱动冷却液控制阀

图 4-4-3

电力驱动冷却液泵；

电力驱动冷却液控制阀；

电力驱动冷却器；

电力驱动散热器；

冷却风扇；

电力驱动冷却液膨胀箱；

电力驱动冷却液温度传感器（2个）。

2. 电力驱动冷却液膨胀箱

膨胀箱如图4-4-4所示，膨胀箱安装了一个液位传感器，液位传感器通过硬接线连接至动力传动系统控制模块（PCM）。电力驱动冷却液膨胀箱提供以下功能：

加注点；

在预热过程中为电力驱动冷却液的膨胀提供容积；

分离电力驱动冷却液中的空气；

系统加压；

释放压力。

注意：冷却液副水箱的额定最高压力为110kPa。电动冷却液泵的输出压力最高为70kPa。

3. 电力驱动冷却液泵

电力驱动冷却液泵如图4-4-5所示，它由来自动力传动系统控制模块（PCM）的脉宽调制（PWM）信号控制，驱动冷却液在系统循环。电力驱动冷却液泵吸收来自膨胀箱的冷却液，加压后输出至控制阀。

4. 电动驱动冷却液控制阀（比例阀）

1.至电力驱动冷却液泵 2.来自前部电力驱动单元（EDU） 3.来自后部 EDU 4.电力驱动冷却液膨胀箱液位传感器

图 4-4-4

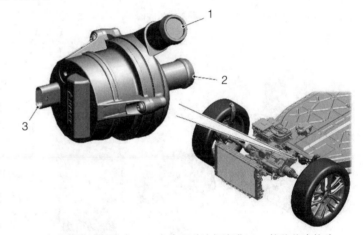

1.电力驱动冷却液出口 2.电力驱动冷却液进口 3.接线线束接头

图 4-4-5

电动驱动冷却液控制阀如图4-4-6所示，此阀根据需要，将冷却液从电力驱动冷却液泵输送至：

电力驱动散热器或；

电力驱动冷却器或；

以上两者。

具体取决于冷却需求，方向与LIN总线控制信号相关。

5. 电力驱动散热器

电力驱动散热器如图4-4-7所示，位于车辆前部格栅的后方和电动车（EV）蓄电池散热器的后方。电力驱动冷却液流经电力驱动散热器，来帮助冷却液进行冷却。如果前进速度不足以充分冷却电力驱动冷却液，可以操作电动冷却风扇。为了帮助冷却系统的温度管理，车辆配备了主动格栅。主动格栅由来自动力传动系统控制模

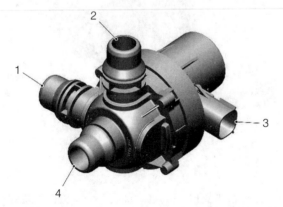

1.与电力驱动冷却器输入的连接 2.与电力驱动散热器输入的连接 3.接线线束连接 4.与电力驱动冷却液泵的连接

图 4-4-6

块（PCM）中的局域互联网络（LIN）信号进行控制。电动可变速度冷却风扇安装在连接至散热器后部的防尘罩中，动力传动系统控制模块（PCM）通过脉宽调制（PWM）信号控制冷却风扇。

1.电力驱动冷却液出口　2.电力驱动冷却液进口

图 4-4-7

图 4-4-8

液流由比例阀进行控制。然后，根据冷却需求，冷却液液流将会流至电动驱动冷却器和电动驱动回路散热器。空调制冷剂回路将会吸收电动驱动回路中的热量。然后，该热量以及由空调压缩机产生的热量将被一起用于通过座舱回路中的间接冷凝器对座舱冷却液回路进行加热。

　　该模式仅在环境空气温度在 –10℃ ~15℃之间时激活。如果环境空气温度高于 15℃，则系统将不需要利用来自电动驱动回路的热量来加热座舱冷却回路。热泵具有 3 个模式，我们将在后续的空调部分中对其进行更加详细的说明。

　　7.4 路接头

　　4 路接头如图 4-4-9 所示，它位于有线车载充

6. 电力驱动冷却器

　　电力驱动冷却器如图 4-4-8 所示，电力驱动冷却器用于热量交换和传输。它分别与电力驱动冷却液以及空调（A/C）制冷剂连接。在两个系统之间进行热量传输。这 2 个系统没有直接接通。当需要启动热泵模式 1 或 3 以执行以下操作时，对座舱冷却液回路进行加热，从电动驱动冷却液回路中吸取热量。供暖、通风和空调（HVAC）模块将会请求动力传动系统控制模块（PCM）将高温冷却液转移至电动驱动冷却器。流至电动驱动冷却器的冷却液

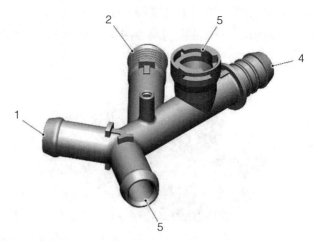

1.来自电力驱动散热器出口的连接　2.来自无线车载充电模块的连接（如已配备）或后EPIC（未配备无线车载充电模块）3.电力驱动冷却液温度传感器（1/2）4.至直流/直流（DC/DC）转换器的连接　5.来自电力驱动冷却器出口的连接

图 4-4-9

电模块附近。4 路接头提供以下连接：

至无线车载充电模块冷却液入口的连接（如已配备）或后 EPIC（未配备无线车载充电模块）；

至直流/直流（DC/DC）转换器冷却液进口的连接；

来自电力驱动散热器出口的连接；

来自电力驱动冷却器出口的连接。

其上还有一个位置用于其中一个电力驱动冷却液温度传感器。

8. 电力驱动冷却液温度传感器

如图 4-4-10 所示，有 2 个电力驱动冷却液温度传感器。1 个传感器位于有线车载充电模块附近的 4 路接头上。另 1 个位于电力驱动冷却液控制阀和电力驱动冷却液泵之间的冷却液管道上。动力传动系统控制模块（PCM）使用此温度来控制冷却系统部件的操作，以维持系统内的最佳温度。另外，在 2 个电力驱动单元（EDU）各有 1 个温度传感器，以监控其温度。温度将传送至相关的电力变频转换器（EPIC）。随后通过 FlexRay 将温度传送至动力传动系统控制模块（PCM）。

图 4-4-10

9. 电力驱动冷却液回路及温度控制

电力驱动冷却液回路如图 4-4-11 所示，电力驱动冷却系统控制框图如图 4-4-12 所示。温度控制系统的设计目的是维持电力驱动单元（EDU）和电子系统处于最佳工作温度。EDU 中的传感器监测装置中的温度。温度传感器的输出从 EDU 传送入相应的电力变频转换器（EPIC）。EPIC 通过 FlexRay 将 EDU 温度信息传送至动力传动系统控制模块（PCM）。冷却系统中配备 2 个温度传感器。其中 1 个位于 4 路接头中，1 个位于电力驱动冷却液控制阀和电力驱动冷却液泵之间的冷却液软管中。传感器的输出信号发送到 PCM。直流/直流（DC/DC）转换器和车载充电模块（有线和无线，如已配备）的温度也被传送至 PCM。

PCM 使用温度数据和其他车辆数据确定所需的冷却液流量。PCM 控制电力驱动冷却液泵和电力驱动冷却液控制阀，向系统部件提供充足的冷却液流量。为了保持正确温度，在散热器后方安装了电动冷却风扇，以帮助降低冷却液的温度。在散热器块前方还安装了主动格栅，以优化流经散热器的空气流量，并最大程度降低车辆的阻力。

注意：如果电动冷却液泵发生故障，则冷却液回路将无法正常工作，HV 部件可能会发生过热。然后，出于保护目的，HV 部件将会降低自己的功率。如果 12V 电动冷却液泵的 PWM 控制丢失，但是该泵仍然能够接收到 12V 电源，则该泵将会默认为按照安全运行速度运行。

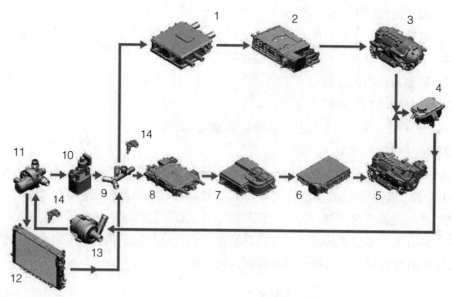

1.无线车载充电模块（如已配备） 2.后电力变频转换器（EPIC） 3.后电力驱动单元（EDU） 4.电力驱动冷却液膨胀箱 5.前 EDU 6.前 EPIC 7.接线车载充电模块 8.直流-直流（DC/DC）转换器 9.4 路接头 10.电力驱动冷却器 11.电力驱动冷却液控制阀 12.电力驱动散热器 13.电力驱动冷却液泵 14.温度传感器（2 个）

图 4-4-11

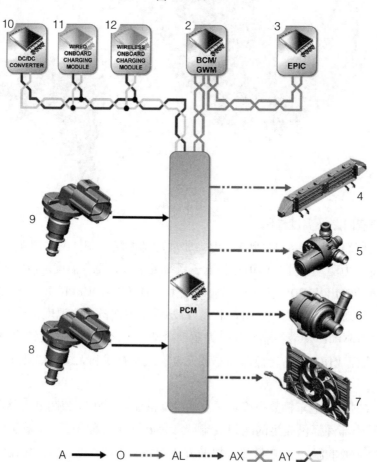

A.硬接线 O.局域互联网络（LIN） AL.脉宽调制（PWM） AX.FlwxRay AY.HS CAN电源模式0系统总线

1.动力传动系统控制模块（PCM） 2.车身控制模块/网关模块（BCM/GWM） 3.电力变频转换器（EPIC）（2 个） 4.主动格栅 5.电力驱动冷却液控制阀 6.电力驱动冷却液泵 7.电动冷却风扇 8.电力驱动冷却液温度传感器 9.电力驱动冷却液温度传感器 10.直流-直流（DC/DC）转换器 11.接线车载充电模块 12.无线车载充电模块（如已配备）

图 4-4-12

614

二、座舱冷却液回路

1. 座舱冷却液回路概述

座舱冷却液回路部件如图 4-4-13 所示，座舱冷却液回路示意图如图 4-4-14 所示。座舱回路具有两个功能：

为驾驶员和乘客保持一个舒适环境；

必要时，为蓄电池冷却回路提供附加的冷却／加热。

座舱回路是一个密封的冷却液系统，该系统从电动驱动冷却液副水箱上的连接通过座舱回路涡流罐进行加注。座舱回路由供暖、通风和空调（HVAC）控制模块进行控制，并包括以下部件：

电动冷却液泵；

间接冷凝器；

高压冷却液加热器；

加热器芯；

涡流罐；

电磁阀（气候控制换向阀）。

通过气候控制总成中的加热器芯和气候控制冷却液为乘客舱提供的热有 2 个来源：

HV 内部加热器；

气候控制间接冷凝器。

对于气候控制间接冷凝器的方式，又可分为：

从电动驱动器温度控制系统中回收热量；

通过空调（A/C）系统和回收热交换器从外部空气中回收热量；

以上两者之和。

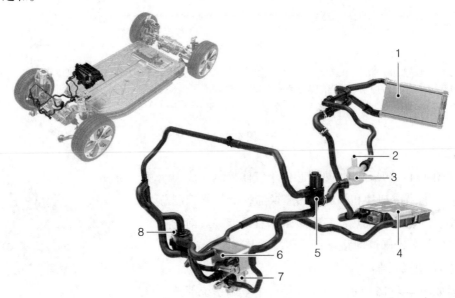

1.加热器芯 2.膨胀箱连接 3.涡流罐 4.高压冷却液加热器（HVCH）5.电磁阀 6.间接冷凝器 7.HV蓄电池热交换器 8.电动冷却液泵

图 4-4-13

自动温控模块（ATCM）选择最有效的热源，以优化电动车（EV）蓄电池行驶的距离。

当乘客舱需要加热时，气候控制冷却液由高压（HV）内部加热器或通过气候控制间接冷凝器加热。加热的冷却液由气候控制冷却液泵驱动循环流过加热器芯，从而为乘客舱的空气提供热量。鼓风机让空气流过气候控制总成和加热器芯，将来自气候控制冷却液的热量传输到乘客舱。

当电动车（EV）蓄电池充电时，气候控制冷却液系统也会工作。当车辆连接至外部电源时，蓄电池电量控制模块（BECM）请求为 EV 蓄电池加热。ATCM 启动以下部件：

气候控制冷却液泵；

气候控制换向阀；

HV 内部加热器。

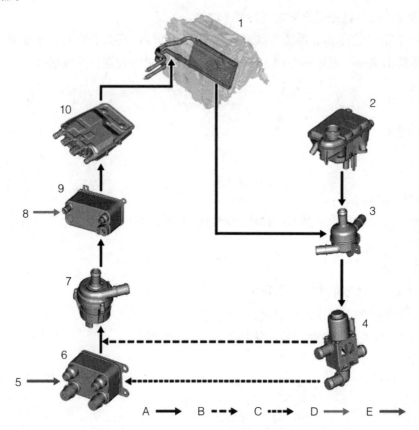

A.气候控制冷却液　B.气候控制冷却液（正常流量）　C.气候控制冷却液［仅电动车（EV）蓄电池加热流量］　D.制冷剂　E.电动车（EV）蓄电池冷却液　1.位于气候控制总成内的加热器芯　2.电动驱动膨胀箱　3.排气涡流罐　4.气候控制换向阀　5.电动车（EV）蓄电池冷却液连接　6.气候控制热交换器（蓄电池）　7.气候控制冷却液泵　8.空调（A/C）系统连接　9.气候控制间接冷凝器　10.高压（HV）内部加热器

图 4-4-14

2. 加热器芯

加热器芯如图 4-4-15 所示，加热器芯位于气候控制总成中。加热器芯是铝制单通道冷却片和管道式热交换器，沿气候控制总成的宽度方向安装。连接到加热器芯的 2 条铝管延伸穿过前舱隔板，并连接到气候控制冷却液回路。

3. 座舱加热–间接冷凝器

间接冷凝器如图 4-4-16 所示，它主要是一个空调系统部件，它具有一个内置的热交换器，该热交换器用于在空调制冷剂和座舱回路冷却液之间交换热量。当座舱冷却液流过间接冷凝器时，传输的热量将被座舱回路冷却液吸收，而不是像传统空调系统那样散发到外部空气中。这种热泵流程将会增加间接冷凝器中的热量以及随后传输至座舱冷却液中的热量，同时消耗的蓄电池电量

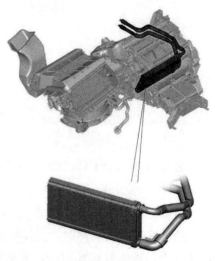

图 4-4-15

图 4-4-16

最低。供暖、通风和空调（HVAC）将会利用其功能控制该流程和电动冷却液泵转速，以便维持最佳的座舱温度。

当电动冷却液泵运行时，电动冷却液泵驱动冷却液流过间接冷凝器，制冷剂热量在此传递给座舱冷却液。冷却液从间接冷凝器流至高压冷却液加热器。然后，冷却液将会流过加热器芯，在该处，热量被传输至座舱，然后冷却液流至涡流罐。涡流罐除去冷却液中的所有空气并阻止冷却液流至电动驱动副水箱。根据 HV 蓄电池回路的需求，在电磁阀的作用下，冷却液被引导流回泵或流过蓄电池热交换器。座舱回路冷却液与 HV 蓄电池回路冷却液彼此分离。HV 蓄电池冷却液热交换器是一个冷却液至冷却液热交换器，其中有两个独立的回路。

4. 座舱加热高压冷却液加热器（HVCH）

高压冷却液加热器（HVCH）也称高压（HV）内部加热器，如图 4-4-17 所示，它是一个电加热装置。高压（HV）内部加热器接收到来自电动车蓄电池的高压直流（DC）电源。HV 内部加热器的最大热量输出为 7kW。热量输出由 ATCM 根据对集成控制面板（ICP）、BECM 和后集成控制面板（RICP）（如已配备）的加热请求进行控制。

图 4-4-17

当外部电源连接到车辆为 EV 蓄电池充电时，HV 内部加热器可用于为 EV 蓄电池温度控制系统提供热量。在充电之前和充电期间可提供来自 HV 内部加热器的热量。当 EV 蓄电池充电时，HV 内部加热器的电源由外部电源供电。该操作可能会降低 HV 蓄电池的续航里程，因此仅在以下情况下使用。

当 I-PACE 插接电源并进行充电时：

如果车辆已被编程为定时出发或已从智能手机应用程序中进行选择，则车辆将会对座舱和 HV 蓄电池温度进行预调节；

如果蓄电池回路冷却液温度降至 14℃ 以下。

I-PACE 行驶时，在以下情况下激活 HVCH，以支持热泵模式：

如果外部气温降至 -20℃ 以下；

如果 HV 蓄电池回路的需求显示 HV 蓄电池需要加热以维持最佳的蓄电池温度。

5. 其他控制控制说明

自动温控模块（ATCM）控制空气分配和温度。ATCM 处理来自气候控制系统传感器、集成控制面板（ICP）、后集成控制面板（RICP）和其他系统的输入。然后，ATCM 将相应的控制信号输出到空调（A/C）系统以及加热和通风系统。ATCM 还将状态消息发送到仪表 ICP 和 RICP，以点亮显示屏和发光二极管（LED）。除了控制空调系统、暖风和通风系统外，ATCM 模块还控制以下部件：

挡风玻璃清洗器喷嘴加热器；

前、后座椅的温度控制（如已配备）；

高压（HV）内部加热器。

作为对来自 ICP 和 RICP 的指令的响应，ATCM 控制气候控制总成上安装的温度混合和分配电机的工作情况。

ATCM 通过专用高速（HS）控制器局域网（CAN）总线与 ICP 进行通信，通过 HS CAN 人机接口（HMI）系统总线与 RICP 进行通信。ATCM 通过 HS CAN 电源模式 0 系统总线与 PCM 和 BECM 进行通信。在 BECM 发出请求时提供加热和冷却。仅当车辆在需要充电之前和充电期间连接到外部电源时，BECM 才会要求对电动车（EV）蓄电池加热。ATCM 与 PCM 进行通信，以确定电动驱动部件可为加热乘客舱提供的可回收热量。

三、高压（HV）蓄电池回路

1. 高压（HV）蓄电池回路概述

高压（HV）蓄电池回路的作用是将蓄电池保持在其最佳工作温度 20~25℃，以确保蓄电池以最佳效率工作，从而在所有条件下输出所需的电力。为了实现这一点，HV 蓄电池温度控制系统为液体提供冷却和加热。

HV 蓄电池冷却回路如图 4-4-18 所示，由蓄电池电量控制模块（BECM）控制，其中包括以下部件：

EV 蓄电池电动冷却液泵；

HV 蓄电池回路电磁阀（EV 蓄电池换向阀）；

EV 蓄电池冷却液副水箱；

HV 蓄电池散热器；

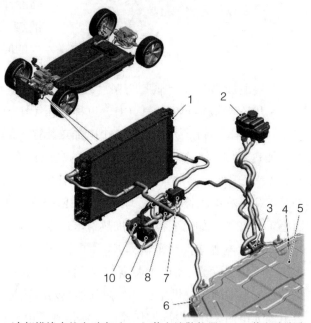

1.冷却模块中的电动车（EV）蓄电池散热器　2.EV蓄电池膨胀箱　3.EV蓄电池冷却液泵　4.EV蓄电池冷却液出口温度传感器　5.EV蓄电池　6.EV蓄电池冷却液进口温度传感器　7.气候控制热交换器（蓄电池热交换器）　8.EV蓄电池换向阀　9.EV蓄电池冷却器　10.空调（A/C）制冷剂连接和管道

图 4-4-18

HV 蓄电池热交换器；

HV 蓄电池冷却器。

蓄电池电量控制模块（BECM）接收 HV 蓄电池温度数据以控制其温度。

2 个温度传感器用于监测 HV 蓄电池冷却回路的进口和出口冷却液温度；

每个蓄电池模块有 2 个单体电池温度；

每个 HV 蓄电池组有 36 个模块，因此它会收到一共 72 个单体电池温度。

BECM 通过监测该数据并控制回路中的冷却液液流来调节 HV 蓄电池的内部温度，其控制方式如下：

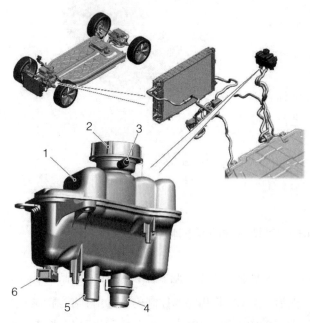

1.电动车（EV）蓄电池膨胀箱　2.EV蓄电池膨胀箱加注口盖　3.EV蓄电池冷却液溢流管　4.EV蓄电池冷却液进口　5.EV蓄电池冷却液出口　6.EV蓄电池膨胀箱冷却液位传感器

图 4-4-19

利用 12V 电动冷却液泵控制流量；

根据需要，让冷却液流过 HV 蓄电池冷却器或散热器，使冷却液冷却；

利用风扇转速控制流过散热器的空气速度；

通过蓄电池冷却液热交换器从座舱冷却液回路中获取热量。

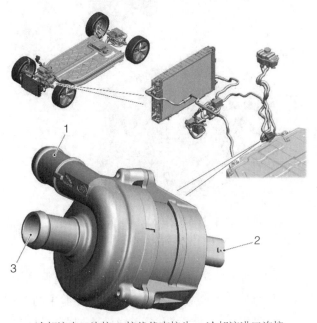

1.冷却液出口连接 2.接线线束接头 3.冷却液进口连接

图 4-4-20

池散热器的 EV 蓄电池冷却液流量由蓄电池电量控制模块（BECM）控制。电动冷却风扇由动力传动系统控制模块（PCM）控制。

4. 电动车（EV）蓄电池冷却液泵

电动车(EV)蓄电池冷却液泵位于前舱中，如图 4-4-20 所示。冷却液泵的操作由蓄电池电量控制模块（BECM）控制。冷却液泵驱动 EV 蓄电池冷却液循环，以流过 EV 蓄电池温度控制系统。冷却液泵的速度由来自 BECM 的脉宽调制（PWM）信号进行控制。

5. 电动车（EV）蓄电池换向阀（电磁阀）

电动车（EV）蓄电池换向阀是一个电磁阀，如图 4-4-21 所示。蓄电池换向阀由蓄电池电量控制模块（BECM）控制。当换向阀电磁阀激活时，EV 蓄电池冷却液流经 EV 蓄电池冷却器和气候控制热交换器。当换向阀电磁阀未激活时，EV 蓄电池冷却液流经 EV 蓄电池散热器。EV 蓄电池换向阀具有一个 2 针脚接线线束接头，分别是来自 BECM 的电源信号和接地连接。

2. 电动车（EV）蓄电池膨胀箱

电动车（EV）蓄电池膨胀箱位于前舱右侧，如图 4-4-19 所示。EV 蓄电池膨胀箱为 EV 蓄电池温度控制系统提供 EV 蓄电池冷却液储罐，还允许 EV 蓄电池冷却液进行排气。EV 蓄电池膨胀箱冷却液液位传感器连接到蓄电池电量控制模块（BECM）。如果液位低于指定水平，BECM 将通过车身控制模块 / 网关模块（BCM/GWM）向仪表盘（IC）发送一条消息。IC 信息中心将向驾驶员显示一条警告信息。EV 蓄电池膨胀箱的加注口盖可在 EV 蓄电池温度控制系统中的压力超过设定水平时释放压力。

3. 电动车蓄电池散热器

电动车（EV）蓄电池散热器位于车辆前部的冷却模块中。EV 蓄电池散热器位于冷却模块的前面。冷却模块利用车速和电动冷却风扇使空气流通过冷却模块，以冷却 EV 蓄电池冷却液。流过 EV 蓄电

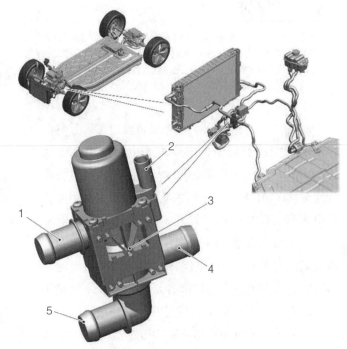

1.连接至EV蓄电池散热器的冷却液出口 2.接线线束接头 3.EV蓄电池换向阀 4.来自EV蓄电池冷却液泵的冷却液进口 5.连接至气候控制热交换器的冷却液出口

图 4-4-21

6. 气候控制热交换器（蓄电池热交换器）

气候控制热交换器也称蓄电池热交换器，如图4-4-22所示。气候控制热交换器将来自气候控制（座舱加热）冷却液的热量传输至电动车（EV）蓄电池冷却液。气候控制冷却液的热量由高压（HV）内部加热器提供。传输至EV蓄电池冷却液的热量用于在充电之前或期间加热EV蓄电池。当EV蓄电池换向阀通电时，EV蓄电池冷却液仅流经气候控制热交换器。

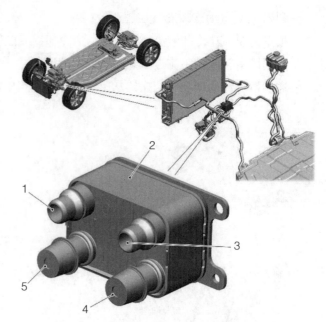

1.气候控制冷却液出口 2.气候控制热交换器 3.气候控制冷却液进口 4.电动车（EV）蓄电池冷却液出口 5.EV蓄电池冷却液进口

图 4-4-22

7. 电动车（EV）蓄电池冷却器（连接到空调系统）

电动车（EV）蓄电池冷却器位于前舱中的左前方，如图4-4-23所示。EV蓄电池冷却器使用来自空调（A/C）系统的制冷剂，以冷却EV蓄电池冷却液。然后，EV蓄电池冷却液循环通过EV蓄电池温度控制系统，以降低EV蓄电池的内部温度。

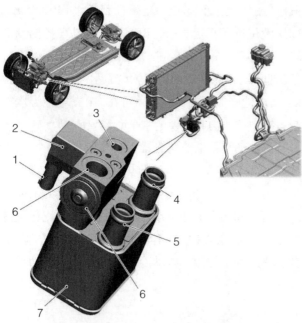

1.电动车（EV）蓄电池冷却器隔离阀接线线束连接 2.EV蓄电池冷却器隔离阀 3.高压（HP）制冷剂连接 4.EV蓄电池冷却液进口软管连接 5.EV蓄电池冷却液出口软管连接 6.节温器膨胀阀（TXV）7.EV蓄电池冷却器 8.低压（LP）制冷剂连接

图 4-4-23

EV蓄电池冷却器隔离阀控制流过EV蓄电池冷却器的制冷剂流量，该隔离阀由自动温控模块（ATCM）控制。EV蓄电池冷却器隔离阀通过硬连线连至ATCM。EV蓄电池冷却器隔离阀为常闭阀，它由来自ATCM的信号打开。EV蓄电池冷却器具有一个节温器膨胀阀（TXV），当EV蓄电池冷却器隔离阀打开时，TXV自动调节流经EV蓄电池冷却器的制冷剂流量。隔离阀有2针脚接线线束接头分别是来自ATCM的12V信号和接地连接。

8. 电动车蓄电池冷却液温度传感器

如图4-4-24所示，2个电动车（EV）蓄电池冷却液温度传感器安装在EV蓄电池前部的冷却液进口和出口连接中。EV蓄电池冷却液温度传感器

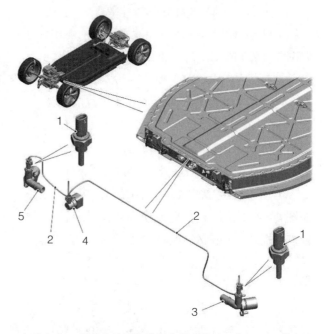

1.电动车（EV）蓄电池冷却液温度传感器（2个）2.EV蓄电池冷却液温度传感器的外部接线线束 3.EV蓄电池冷却液进口连接 4.连接至EV蓄电池的EV蓄电池冷却液温度传感器外部接线线束接头 5.EV蓄电池冷却液出口连接

图 4-4-24

是负温度系数（NTC）电阻器类型。传感器通过 EV 蓄电池内部接线线束和外部短接线线束，以硬接线方式连接到蓄电池电量控制模块（BECM）。传感器向 BECM 提供 EV 蓄电池冷却液进口和出口的 EV 蓄电池冷却液温度。BECM 使用温度数据以确定 EV 蓄电池所需的冷却类型，来控制 EV 蓄电池内部温度。

9. 控制框图及控制说明

EV 蓄电池温度控制框图如图 4-4-25 所示。当车辆行驶时或 EV 蓄电池充电时，蓄电池电量控制模块（BECM）监控电动车（EV）蓄电池的内部温度。BECM 使用 EV 蓄电池模块中的温度传感器和 EV 蓄电池冷却液温度传感器，以确定 EV 蓄电池要求的加热或冷却量。

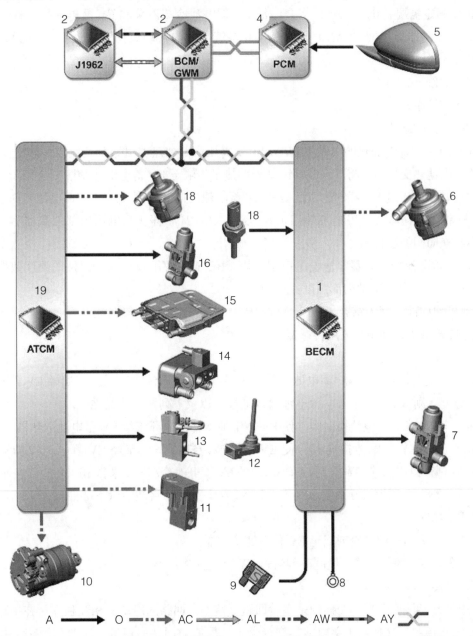

A.硬接线 O.局域互联网络（LIN） AC.诊断 AL.脉宽调制（PWM） AW.以太网 AX.FLEXRAY AY.高速（HS）控制器局域网（CAN）电源模式 0 系统总线 1.蓄电池电量控制模块（BECM） 2.诊断接头（J1962） 3.车身控制模块/网关模块（BCM/GWM） 4.动力传动系统控制模块 5.位于左车门后视镜中的环境气温（AAT）传感器 6.电动车（EV）蓄电池冷却液泵 7.EV蓄电池换向阀 8.接地 9.带保险丝的电源 10.电动空调（A/C）压缩机 11.A/C 隔离阀（5 个） 12.EV蓄电池膨胀箱冷却液液位传感器 13.前空调隔离阀 14.EV蓄电池冷却器 15.高压（HV）内部加热器 16.气候控制换向阀 17.EV蓄电池冷却液温度传感器（2 个） 18.气候控制冷却液泵 19.自动温控模块（ATCM）

图 4-4-25

（1）电动车 HV 蓄电池加热。HV 蓄电池加热仅在充电之前或期间进行。电动车蓄电池加热的目的是以便充电。EV 蓄电池的加热由蓄电池电量控制模块（BECM）基于以下条件确定：

EV 蓄电池荷电状态；

EV 蓄电池模块中的温度传感器；

外部电源。

当 EV 蓄电池内部温度高于规定温度时，BECM 将开始为 EV 蓄电池充电。外部电源将会通过有线车载充电模块为您提供 HV 内部加热器的电源。

如果 BECM 确定需要蓄电池加热，将会激活 EV 蓄电池冷却液泵和 EV 蓄电池换向阀。BECM 也会通过高速（HS）控制器局域网（CAN）电源模式 0 系统总线向自动温控模块（ATCM）发送加热请求。ATCM 将激活以下部件：

气候控制换向阀；

气候控制冷却液泵；

高压（HV）内部加热器。

然后，气候控制系统将加热的气候控制冷却液从高压内部加热器引导至气候控制热交换器。气候控制热交换器（蓄电池热交换器）将气候控制冷却液的热量传输至 EV 蓄电池冷却液。这样将加热 EV 蓄电池冷却液，并使其循环流过 EV 蓄电池，以提高 EV 蓄电池的内部温度。当 EV 蓄电池内部温度高于规定温度时，BECM 将停止向 ATCM 发送加热请求。然后，ATCM 将停止高电压内部加热器、气候控制冷却液泵和气候控制换向阀的运行。

（2）电动车蓄电池冷却。蓄电池电量控制模块（BECM）使用来自以下部件的温度数据确定所需的冷却以控制电动车（EV）蓄电池内部温度：

EV 蓄电池模块内部温度传感器。

EV 蓄电池冷却液进口和出口温度传感器。

环境气温（AAT）传感器。

温度数据用于确定是否需要 EV 蓄电池冷却器来控制 EV 蓄电池内部温度。如果 EV 蓄电池的内部温度高于规定的温度，则 BECM 激活 EV 蓄电池冷却液泵，以及下列两种情况之一。

被动冷却：未激活 EV 蓄电池换向阀，使 EV 蓄电池冷却液循环流经 EV 蓄电池散热器。

主动冷却：激活 EV 蓄电池换向阀，使 EV 蓄电池冷却液循环流经 EV 蓄电池冷却器。BECM 向 ATCM 发送冷却信息，以激活连接到空调（A/C）系统的 EV 蓄电池冷却器。来自 BECM 的信息通过高速（HS）控制器局域网（CAN）电源模式 0 系统总线传输到 ATCM。ATCM 将激活以下部件：

电动 A/C 压缩机；

A/C 隔离阀，需要用来使制冷剂流至 EV 蓄电池冷却器；

EV 蓄电池冷却器上的隔离阀，使制冷剂流过 EV 蓄电池冷却器。

10.EV 蓄电池冷却液回路示意图

与 EV 蓄电池冷却液回路有热交换的是座舱回路，这两个回路的冷却液相互独立。在主动加热时，蓄电池回路通过气候控制热交换器（蓄电池热交换器）获取座舱回路的热量。这两个回路又共同与空调系统有热交换。这两个回路的示意图如图 4-4-26 所示。

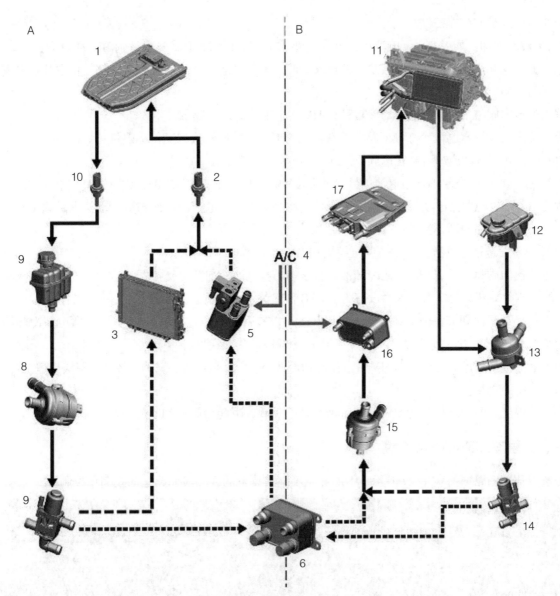

A.电动车（EV）蓄电池温度控制系统　B.气候控制冷却液系统　1.EV蓄电池　2.EV蓄电池冷却液温度传感器–进口　3.EV蓄电池散热器　4.空调（A/C）制冷剂　5.EV蓄电池冷却器　6.气候控制热交换器　7.EV蓄电池换向阀　8.EV蓄电池冷却液泵　9.EV蓄电池膨胀箱　10.EV蓄电池冷却液温度传感器–出口　11.气候控制总成加热器芯　12.电动驱动膨胀箱　13.排气涡流罐　14.气候控制换向阀　15.气候控制冷却液泵　16.气候控制间接冷凝器　17.高压（HV）内部加热器

图 4-4-26

（1）主动加热。如果 HV 蓄电池的内部温度低于 14℃，则 BECM 将会：

激活 HV 蓄电池回路电动冷却液泵。此操作会将 HV 蓄电池冷却液驱动至电磁阀（蓄电池换向阀）并使其在回路中循环流动；

请求供暖、通风和空调（HVAC）激活座舱冷却液电磁阀，从而允许加热的座舱回路冷却液流至 HV 蓄电池热交换器；

此时，HV 冷却液加热器（HVCH）将被激活以加热座舱回路冷却液；

激活电磁阀以便将冷态的 HV 蓄电池冷却液转移至蓄电池冷却液热交换器，从而吸收座舱回路冷却液中的热量。然后，升温后的冷却液将会流过 HV 蓄电池冷却器，因为空调冷却将不会工作，所以这不会产生任何影响，接下来这些冷却液进入高压蓄电池冷却液回路，在该处热量将被传输至 HV 蓄电池模块。

当 HV 蓄电池冷却液回路温度达到 17℃时，主动加热将被禁用。此时，不会有加热或冷却发生，直至符合加热或冷却的前提条件。

（2）被动冷却。如果 HV 蓄电池单体电池温度 >27℃且环境温度 ≤ 25℃，则 BECM 将会：

激活 HV 蓄电池回路电动冷却液泵。此操作会将 HV 蓄电池冷却液驱动至电磁阀（蓄电池换向阀）并使其在回路中循环流动；

蓄电池换向阀将 HV 蓄电池冷却液转移至 HV 蓄电池冷却液回路散热器；

冷却液进入高压蓄电池冷却液回路，并在该处与 HV 蓄电池模块相互传递热量；

BECM 将利用电动冷却液泵转速调节冷却液温度。

（3）主动冷却。如果 HV 蓄电池单体电池温度 >33℃且环境温度 >25℃，则 BECM 将会：

激活 HV 蓄电池回路电动冷却液泵。此操作会将高温 HV 蓄电池回路冷却液驱动至电磁阀（蓄电池换向阀）并使其在回路中循环流动；

向 HVAC 发送请求以激活电动空调压缩机和 HV 蓄电池冷却器系统；

蓄电池换向阀将冷态 HV 蓄电池冷却液转移至 HV 蓄电池冷却液热交换器。然后，高温冷却液将会流过 HV 蓄电池冷却液热交换器，因为没有为 HVAC 供热的请求，所以这不会产生任何影响；

接下来，高温冷却液将被 HV 蓄电池冷却器冷却，然后继续进入高压蓄电池。HV 蓄电池冷却器是一个利用来自 EV 空调回路的制冷剂冷却 HV 蓄电池冷却液的热交换器；

因为这些冷却后的冷却液进入 HV 蓄电池冷却液回路，所以热量将会从 HV 蓄电池模块传递至冷却液，然后该循环将会重复。

在环境温度高时，这将会为空调系统带来额外的负载，可能会影响到座舱空调性能。

四、完整冷却液回路及说明

完整冷却液回路如图 4-4-27 所示，下面介绍不同状态下的冷却液回路走向及简单控制。

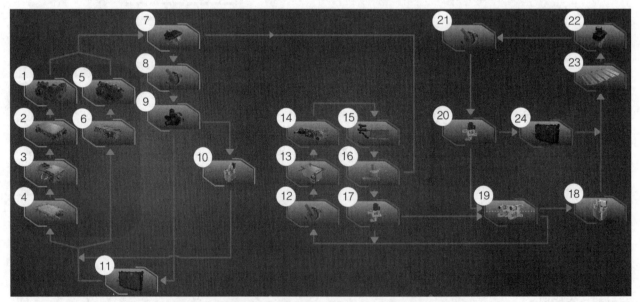

1.前电动驱动单元（EDU） 2.前逆变器 3.蓄电池充电控制模块（BCCM） 4.直流-直流转换器 5.后 EDU 6.后逆变器 7.冷却液副水箱（电动驱动回路） 8.电动冷却液泵（电动驱动回路） 9.冷却液比例阀 10.电动驱动冷却器 11.电动驱动散热器 12.电动冷却液泵（座舱回路） 13.间接冷凝器 14.高压冷却液加热器（HVCH） 15.加热器芯 16.涡流罐 17.电磁阀 18.高压蓄电池冷却器 19.高压蓄电池热交换器 20.电磁阀 21.电动冷却液泵（HV 蓄电池回路） 22.冷却液副水箱（HV 蓄电池回路） 23.高压蓄电池 24.高压蓄电池散热器

图 4-4-27

1. 电驱动回路

（1）电驱动系统冷却。电驱动冷却回路由动力传动系统控制模块（PCM）控制。当环境温度较高，电驱动系统需要冷却，但座舱不需要加热时，冷却液回路如图 4-4-28 所示。PCM 使用脉宽调制（PWM）的方式控制电动冷却液泵的转速。冷却液按以下方向流动：

电动冷却液泵→冷却液比例阀→电动驱动散热器。气流通过散热器，冷却液得以降温。必要时使用风扇。

冷却后的冷却液流过部件直流-直流转换器→蓄电池充电控制模块 BCCM→前逆变器→前电动驱动单元 EDU。同时流经后逆变器→后 EDU。冷却液吸收这些部件的热量。

高温冷却液再流过副水箱再返回冷却液泵。

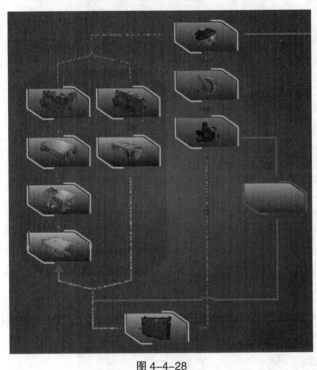

图 4-4-28

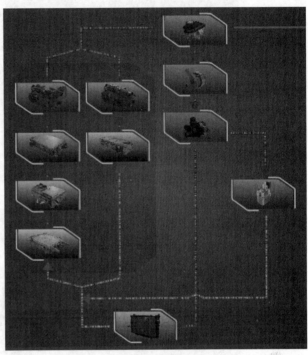

图 4-4-29

（2）热泵模式 1 或 3。热泵模式 1 是吸收电驱动系统的热量以加热座舱。热泵模式 2 是通过吸收环境空气中的热量。热泵模式 3 是 1 和 2 的组合。所以在热泵模式 1 或 3 与电驱动系统回路有关且对于电驱动系统来讲冷却液通路相同。HVAC 和 PCM 通信，两个回路协同工作，将热量从电动冷却回路转移至座舱回路。如图 4-4-29 所示，电动冷却回路冷却液按以下方向流动：冷却液由比例阀进行控制，根据需求，冷却液流至电驱动冷却器和电驱动回路散热器。在电驱动冷却器，空调制冷剂将会吸收电驱动回路的热量。在座舱回路，通过间接冷凝器将热量传递给座舱回路冷却液。

2. 座舱回路

座舱冷却液回路由供暖、通风和空调（HVAC）控制模块控制。在低温环境，座舱加热回路如图 4-4-30 所示。在极低温环境，需要 HV 加热器辅助工作的座舱加热回路如图 4-4-31 所示。当座舱或 HV 蓄电池需要加热时，HVAC 控制模块控制冷却液泵运行，冷却液按以下方向流动：

电动冷却液泵→间接冷凝器。在此，座舱回路冷却液来自电驱动回路的热量。

经加热后的冷却液到达高压冷却液加热器，加热器视加热需求工作→加热器芯。在该处，热量被传递到座舱→涡流罐，在此处去除冷却液中的空气并阻止冷却液流至电动驱动副水箱。

根据 HV 蓄电池的需求，在电磁阀的控制下，冷却液被引流回泵或蓄电池热交换器。

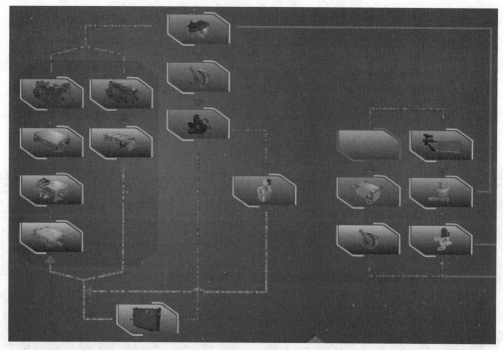

图 4-4-30

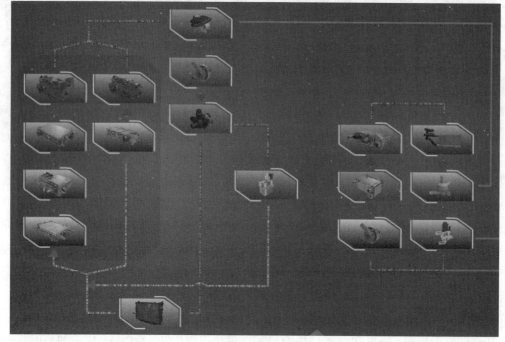

图 4-4-31

3.HV 蓄电池回路

（1）主动加热。HV 蓄电池回路由蓄电池电量控制模块（BECM）控制。蓄电池充电时，蓄电池主动加热回路如图 4-4-32 所示。主动加热时，冷却液按以下方向流动：

HV 蓄电池回路：电动冷却液泵→电磁阀→蓄电池冷却液热交换器，在此吸收座舱回路冷却液的热量→高压蓄电池冷却器，因空调系统此时不工作，所以不会有任何影响→高压蓄电池，在此处，冷却液热量传递给 HV 蓄电池。主动加热只在电动车接插电源并加热时工作。

座舱回路：电磁阀激活→HV 蓄电池冷却液热交换器→返回座舱回路电动冷却液泵。此时，座舱回路高压冷却液加热器（HVCH）激活，以加热冷却液。

626

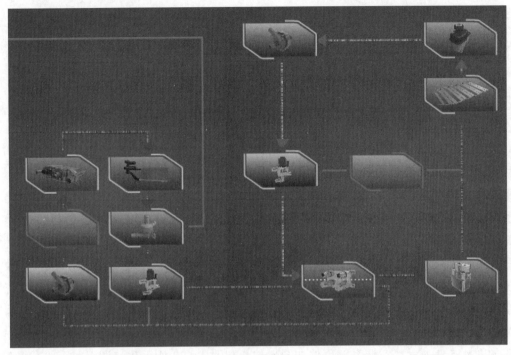

图 4-4-32

（2）被动冷却。蓄电池被动冷却回路如图 4-4-33 所示。被动冷却时，冷却液按以下方向流动：

电动冷却液泵→电磁阀→高压蓄电池散热器，在此冷却液热量被散发降温→高压蓄电池，HV 蓄电池被冷却。BECM 利用电动冷却液泵转速调节冷却液温度。

（3）主动冷却。蓄电池被动冷却回路如图 4-4-34 所示。被动冷却时，冷却液按以下方向流动：

电动冷却液泵→电磁阀→ HV 蓄电池冷却液热交换器，因 HVAV 没有为其供热，所以没有任何影响→高压蓄电池冷却器，HVAC 激活空调压缩机，高压蓄电池冷却器制冷，冷却液在此得以降温→高压蓄电池，HV 蓄电池被冷却。环境温度太高时，这会为空调系统带来额外负载，可能会影响到空调座舱的性能。

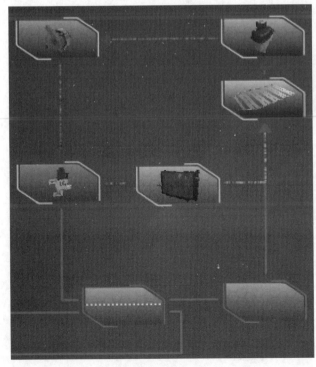

图 4-4-33

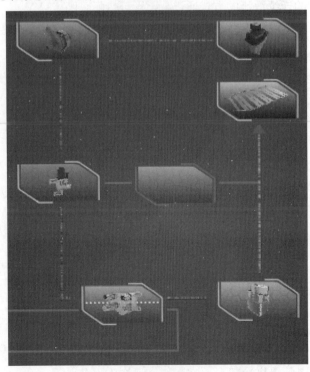

图 4-4-34

627

第五节　热管理–空调（制冷）系统

一、制冷剂回路部件

1.概述

捷豹 I-PACE 纯电动汽车配备了全新的空调（A/C）系统。除了按照与传统空调系统相同的方式工作之外，这套新系统还操作一项称为"热泵"的功能。这种最先进的新系统设计用于实现最高性能和最佳效率，因此有助于提高车辆在充电期间的续航里程。术语"热泵"指通过冷却液回路使用制冷剂回路加热座舱时的空调系统功能。这个新空调系统具有更多的部件，并且采用全新的工作方式，欧盟/北美市场所用的制冷剂为 R1234yf，世界其他国家和地区（ROW）市场所用的制冷剂为 R134a。请参考车辆上的空调信息标签以了解所用的制冷剂类型和数量。在执行空调系统工作之前，请务必检查所用的制冷剂的类型。

与传统空调系统一样的是，电动空调压缩机对制冷剂进行压缩，而压缩机由动力传动系统控制模块（PCM）控制。然后，制冷剂受压在回路中循环，从气态变为液体，反之亦然。隔离阀、电动节温器膨胀阀（ETXV）和电子膨胀阀（EXV）用于引导制冷剂流过不同的回路和部件。传统的空调（A/C）系统制冷剂回路如图 4-5-1 所示，空调系统部件如图 4-5-2 和图 4-5-3 所示，空调系统管路布置如图 4-5-4 所示。电动空调压缩机让制冷剂循环流过回路。冷凝器接收到来自空调压缩机的高温高压制冷剂气体（约 65℃）。然后，它将部分热量传递到冷凝器外的环境空气中。从而导致制冷剂气体冷凝成液体。冷凝器通过一系列管来循环制冷剂，管的外部通过散热片增加表面积。借助车辆的前进运动和/或散热器风扇，空气流过冷凝器。这使得高温制冷剂将热量通过冷凝器散热片传递到环境空气中。随着制冷剂冷却，它的状态从高压气体转变为高压液体。

液态制冷剂从冷凝器进入旁边的储液干燥器壳体。接收器/干燥器吸收进入制冷剂回路的湿气。回路中的任何污染物也会随着湿气一起被吸收。制冷剂会积聚在壳体中，然后流过干燥器，最后以不含空气的连续液流的方式通过高压管至热膨胀阀（TXV）。

热膨胀阀（TXV）是控制流入蒸发器的制冷剂流量的部件。它构成了制冷剂回路的高压侧与低压侧之间的接口。TXV 用于根据流出蒸发器的制冷剂温度调节制冷剂流量。

空调（A/C）系统提供对乘客舱的冷却，与其他车辆一样。A/C 系统也用作热传递系统，将热量在车辆的各个系统之间进行传输。A/C 系统的操作由自动温控模块（ATCM）控制，负责以下温度控制：

（1）通过传统的 A/C 蒸发器实现乘客舱冷却。A/C 蒸发器安装在气候控制总成中。A/C 系统还利用来自电动驱动温度控制系统和外部空气的回收热量，对乘客舱提供加热。

（2）电动车（EV）蓄电池温度控制系统由蓄电池电量控制模块（BECM）进行控制。在车辆行驶过程中或 EV 蓄电池充电时，A/C 系统对 EV 蓄电池提供冷却。

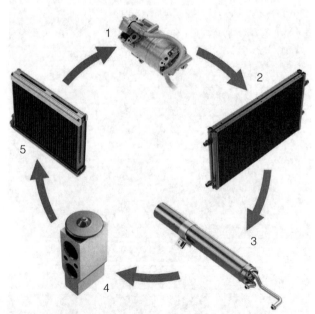

1.电动空调（A/C）压缩机　2.冷凝器　3.储液干燥器　4.热膨胀阀（TXV）　5.蒸发器

图 4-5-1

（3）电子驱动温度控制系统由动力传动系统控制模块（PCM）进行控制。A/C 系统使用来自电动驱动温度控制系统的热量，在需要时为乘客舱提供热量。

I-PACE 空调系统有三种工作模式，每种模式在功能上都有所不同。三种模式是：

①空调：正常空调操作。

②热泵：仅用于座舱加热。

③再热：加热和除湿

这三种模式在操作方面有所不同，将在后续详细介绍。

1、7、10.制冷剂压力和温度传感器 2.间接冷凝器 3.制冷剂温度传感器 4、5、6、12.隔离阀 8.电子膨胀阀（EXV）2 9.带 EXV 1 的电动驱动冷却器 11.带电动热膨胀阀（ETXV）的蓄电池冷却器 13.蓄能器

图 4-5-2

1、2.维修阀 3.外部热交换器（OHE） 4.固定限流管 5.蒸发器 6.加热器芯 7.电动空调压缩机

图 4-5-3

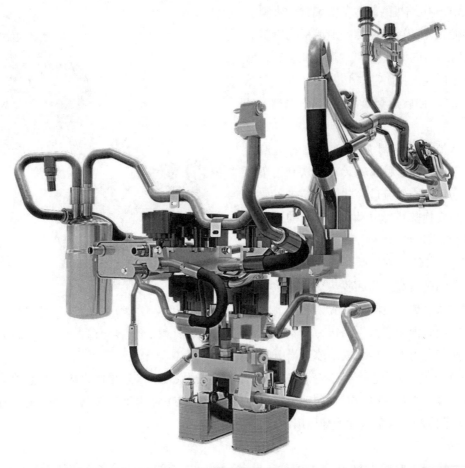

图 4-5-4

2. 电动空调（A/C）压缩机

电动空调（A/C）压缩机如图 4-5-5 所示，它是一个三相变速涡旋式压缩机。通过三相交流电（AC）电机驱动电动空调压缩机。电动空调压缩机包含一个直流（DC）至交流（AC）逆变器，为三相交流电电机供电。电动 A/C 压缩机驱动制冷剂在空调系统周围循环，压缩来自空调系的低压、低温蒸汽，产生高压高温蒸汽排出到空调系统中。为防止空调系统承受过大的压力，在电动 A/C 压缩机出口侧安装了一个泄压阀（PRV）。PRV 将过大的压力排放到前舱中。通过改变电机转速，可改变电动空调压缩机的排量，这由自动温控模块（ATCM）进行控制。ATCM 控制电动 A/C 压缩机的转速，以匹配 A/C 系统的热负载和其他因素。ATCM 通过局域互联网络（LIN）控制电动 A/C 压缩机的操作。

仅在空调（A/C）系统中使用 SP-A2 油。在 A/C 系统中使用不正确的油会降低电动空调压缩机的内部电阻。如果电动空调（A/C）压缩机油中的不正确油含量达到 1%，则电动空调压缩机的绝缘电阻将会从 $10\text{M}\Omega$ 降至 $1\text{M}\Omega$ 以下。如果在系统中加注了不正确的油，则会导致绝缘电阻变为 $0\ \Omega$。这会损坏电动空调压缩机，并可能会导致触电，从而造成死亡或人身伤害。

只能使用 Jaguar Land Rover（JLR）认可的适用

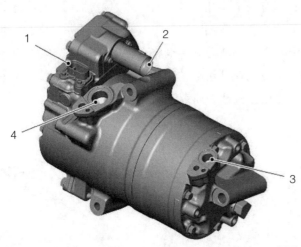

1.接线线束连接　2.高压（HV）直流（DC）接头　3.高压（HP）制冷剂出口　4.低压（LP）制冷剂进口

图 4-5-5

631

于电动空调（A/C）压缩机的制冷剂泄漏检测染料。在 A/C 系统中使用不正确的制冷剂泄漏检测染料会降低电动空调压缩机的内部电阻。这可能会导致触电，从而造成死亡或人身伤害。

3. 空调（A/C）回收热交换器（空调（A/C）外部热交换器）

如图 4-5-6 所示，空调（A/C）回收热交换器位于车辆前部冷却模块的后部。冷却模块利用车速和电动冷却风扇，使空气流过冷却模块，在 A/C 制冷剂和空气之间交换热量。电动冷却风扇的运行由动力传动系统控制模块（PCM）控制。在回收热交换器作为传统的 A/C 制冷剂冷凝器操作时，在使用时回收热交换器温度升高。当回收热交换器从大气中回收热量时，回收热交换器作为 A/C 制冷剂的蒸发器工作，在使用时温度降低。当作为蒸发器工作时，回收热交换器上可能会凝水或结冰。当电动车（EV）蓄电池正在充电时，可能会导致水蒸气从回收热交换器上蒸发掉。这是回收热交换器的正常运行状况。当电动车（EV）蓄电池充电时，电动冷却风扇可以激活，以向 EV 蓄电池散热器或回收热交换器提供气流，从而使 EV 蓄电池冷却。这是电动冷却风扇的正常工作。

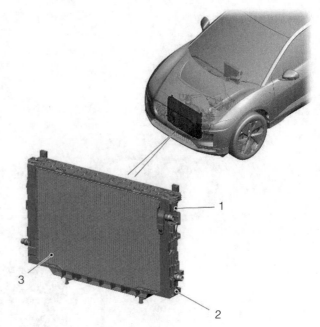

1.制冷剂连接板 2.制冷剂连接板 3.冷却模块

图 4-5-6

4. 空调（A/C）蓄能器

如图 4-5-7 所示，空调（A/C）蓄能器位于前舱中，A/C 蓄能器存储多余的制冷剂和压缩机油。A/C 蓄能器为电动 A/C 压缩机提供正确的油和制冷剂蒸汽混合物。A/C 蓄能器还包含用来过滤制冷剂的滤清器滤芯，以及用来干燥制冷剂的干燥剂。蓄能器内部有一根 U 形管，用于从容器的顶部吸出气态制冷剂。是防止进入电动空调压缩机的液态制冷剂和回路油的突然冲击损坏电动空调压缩机。U 形管的底部有一个小孔，其中有一个过滤器，用于收集少量的油和制冷剂，以便将其释放到电动空调压缩机中。少量的液态制冷剂将会在吸液管中蒸发，确保了制冷剂在到达电动空调压缩机时处于气态。气态制冷剂会将这些油带至电动空调压缩机。

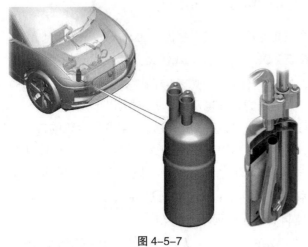

图 4-5-7

5. 空调（A/C）节流管

空调（A/C）节流管如图 4-5-8 所示，位于气候控制总成中连接至空调蒸发器的高压（HP）管中。空调节流管调节流经蒸发器的制冷剂流量。节流管内有一个过滤器，如果发现 A/C 系统中存在任何碎屑，需要清洁 A/C 节流管中的过滤器。

6. 空调（A/C）蒸发器

空调（A/C）蒸发器如图 4-5-9 所示，它位于

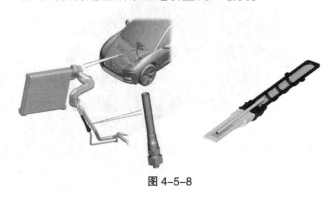

图 4-5-8

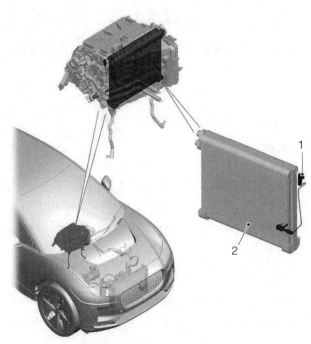

1.空调（A/C）蒸发器温度传感器 2.A/C 蒸发器

图 4-5-9

气候控制总成中鼓风机和加热器芯之间，用以吸收来自外部空气或再循环空气中的热量。在 A/C 蒸发器中，低压（LP）低温制冷剂从液态变为蒸汽，并在状态改变的过程中吸收大量的热。空气中的大部分湿气在流经 A/C 蒸发器时冷凝成水。冷凝的水通过排放管排放到车辆底部，从而排出车外。A/C 蒸发器温度传感器位于 A/C 蒸发器的出口侧。蒸发器温度传感器为负温度系数（NTC）型电阻器，通过硬连线连至自动温控模块（ATCM）。

7.空调温度压力传感器

如图 4-5-10 所示，有 4 个温度压力传感器，用于确保空调（A/C）系统正常工作。

（1）压缩机出口空调（A/C）高压（HP）温度压力传感器。该传感器位于空调系统的电动压缩机出口高压侧。该部件可确保空调系统不会超过最大工作压力。HPA/C 温度压力传感器通过硬连线连

至 ATCM。此传感器插头有 4 个针脚，分别是：

来自 ATCM 的 5V 电源；

传输到 ATCM 的温度信号；

传输到 ATCM 的压力信号；

通过 ATCM 的接地连接。

（2）缩机进口空调（A/C）低压（LP）温度压力传感器。系统的低压（LP）侧有 3 个 A/C 温度压力传感器。压缩机进口低压（LP）温度压力传感器通过监控制冷剂的温度和压力，可确保在 A/C 系统的电动空调压缩机中有足够的制冷剂。该传感器通过硬连线连至 ATCM。此传感器插头有 4 个针脚，分别是：

来自 ATCM 的 5V 电源；

传输到 ATCM 的温度信号；

传输到 ATCM 的压力信号；

通过 ATCM 的接地连接。

（3）回收热交换器出口空调（A/C）温度压力

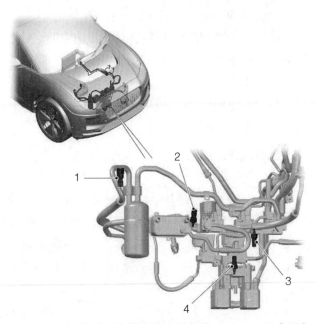

1.空调（A/C）温度压力传感器-压缩机进口 2.A/C 温度压力传感器-压缩机出口 3.A/C 温度压力传感器-回收热交换器出口 4.A/C 温度压力传感器-电动驱动冷却器

图 4-5-10

传感器。该传感器位于空调回路中的回收热交换器出口侧，当它作为蒸发器进行操作时，将会从外部空气回收热量。此传感器通过硬连线连至 PCM。温度和压力数据通过高速（HS）控制器局域网（CAN）电源模式 0 系统总线从 PCM 传输到 ATCM。此传感器插头有 4 个针脚，分别是：

来自 PCM 的 5V 电源；

传输到 PCM 的温度信号；

传输到 PCM 的压力信号；

通过 PCM 的接地连接。

（4）电动驱动冷却器空调（A/C）温度压力传感器。此传感器位于电动驱动冷却器出口，仅监测电动驱动冷却器的出口的制冷剂温度。用于确定由电动驱动冷却系统的热回收量。该传感器通过硬连线连至 ATCM。此传感器插头有 4 个针脚，分别是：

来自 ATCM 的 5V 电源；

传输到 ATCM 的温度信号；

通过 ATCM 的接地连接；

仅使用了 3 个电气接头。

综上，制冷剂回路中安装了四个传感器，所有四个传感器均是数字型，并且由动力传动系统控制模块（PCM）或自动温控模块（ATCM）进行监测。三个传感器（1）（2）和（3）用于监测温度和压力，传感器（4）仅用于测量温度。（1）（2）两个传感器将会受到持续监测，而剩余的两个传感器仅在特定热泵模式下受监测。

外部热交换器（OHE，回收热交换器）上的低压传感器（3），用于监测 OHE 的低压输出部位的压力和温度。该传感器位于上阀块上，在制冷剂回路的蒸发器侧。此处的压力和温度在热泵模式 2 和 3 激活时受监测。温度传感器（4）位于下阀块上，用于测量电动驱动冷却器处的温度。在处于热泵模式 1、2、3 和再热模式 2 时对该传感器进行监测。

低压传感器的监测范围为 100~700kPa。高压传感器的监测范围为 100~3600kPa。

8. 前空调（A/C）隔离阀（隔离阀 3）

前空调隔离阀如图 4-5-11 所示。前空调（A/C）隔离阀在以下情况下，使气候控制总成中的制冷剂停止循环至 A/C 蒸发器：

电动车（EV）蓄电池和 / 或电动驱动温度控制系统需要进行冷却；

不需要除湿；

EV 蓄电池充电和 EV 蓄电池需要进行冷却。

前 A/C 隔离阀为常开阀，当施加电源时，制冷剂停止流向气候控制总成中的 A/C 蒸发器。在乘客舱不再需要冷却时，此操作完成。A/C 前隔离阀有一个 2 针脚接头，分别是来自 ATCM 的 12V 和接地连接。

图 4-5-11

9. 空调隔离阀

空调隔离阀如图 4-5-12 所示。每个阀都控制流过回路的制冷剂，并且会导致不同的制冷剂液流方向。因此这就实现了不同的热泵工作模式，例如冷却、加热模式以及混合操作。电磁阀负责执行 A/C 系统中制冷剂的分配，这取决于热流量要求。各 A/C 隔离阀具有标签，并个性化电子编码至 A/C 系统中的特定位置。

隔离阀 SOV1、2、4 和 5 的内部都有一个用于控制制冷剂流量的球阀，这些隔离阀都是步进控制式的阀。隔离阀 3 是全开或全闭阀，不具备控制制冷剂蒸发的能力。在打开时，该阀将允许制冷剂流至固定限流管，此限流管会使制冷剂蒸发并进入蒸发器中。A/C 隔离阀 TXV2 也称电子膨胀阀 EXV2，当回收热交换器用作蒸发器时，A/C 隔离阀 TXV2 用作节温器膨胀阀（TXV）。ATCM 控制 A/C 隔离阀 TXV2 的开启，以调节制冷剂流量，从而控制回收热交换器从外部空气收集到的热量。各阀的作用如下：

（1）SOV1：当需要座舱冷却和蓄电池冷却时，隔离通向间接冷凝器的制冷剂回路。

（2）SOV2：当处于热泵模式1、2、3以及再热模式2时，隔离通向OHE的制冷剂回路。

（3）SOV3：当在车辆插接电源并进行充电的情况下请求蓄电池冷却时，以及当处于热泵模式1、2和3时，隔离通向蒸发器的制冷剂回路。

（4）SOV4：当需要座舱冷却和蓄电池冷却时，隔离来自间接冷凝器的制冷剂回路。

（5）SOV5：隔离通向外部换交换器（OHE）的制冷剂回路。

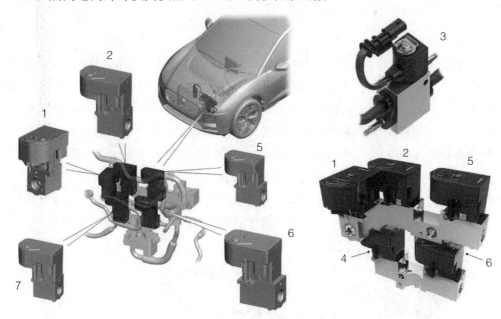

1.A/C隔离阀SOV1 2.A/C隔离阀SOV2 3.A/C隔离阀SOV3 4.A/C隔离阀SOV4 5.A/C隔离阀SOV5 6.A/C隔离阀TXV2（电子膨胀阀EXV2）

图4-5-12

（6）电子膨胀阀EXV2：EXV2具有三个功能，第一个功能是全开，以便允许制冷剂以液态形式自由地从OHE中流过。第二个功能是部分开启，以便在回路处于热泵模式2和3时限制制冷剂流量，这就迫使制冷剂变为蒸汽形式，以便在OHE内完成从液态变为气态的状态变化。第三个功能是关闭并阻止任何制冷剂流向OHE，在回路处于热泵模式RH1和RH2时会发生这种情况。

所有隔离阀由供暖、通风和空调（HVAC）控制模块控制。隔离阀3也称前空调（A/C）隔离阀，由ATCM硬线控制。其余5个阀位于局域互联网络（LIN）总线上。4个切断阀中的3个阀都是在没有电流时由弹簧打开，而另一个阀是在没有电流时由弹簧关闭。A/C隔离阀具有插头有3个针脚，分别是：

来自ATCM的电源；

来自ATCM的LIN信号；

接地连接。

切勿调换空调（A/C）系统中不同位置的A/C隔离阀，因为这样它们将无法正常工作。

10.气候控制间接冷凝器

间接冷凝器如图4-5-13所示，它传递来自制

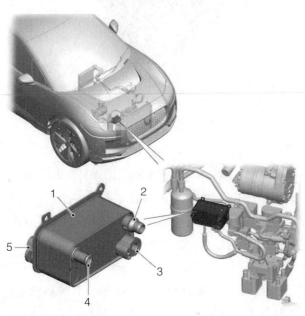

1.气候控制间接冷凝器 2.软管连接-冷却液出口 3.制冷剂进口管连接 4.软管连接-冷却液进口 5.制冷剂出口管连接

图4-5-13

冷剂的热量，而座舱冷却液回路利用这些热量通过加热器芯为座舱加热。间接冷凝器是制冷剂和冷却液间的热交换器，同时它也是一个空调系统部件。其工作方式与传统空调冷凝器相同。与传统空调不同的是，它将空调（A/C）系统中制冷剂的热量传输至气候控制冷却液，这与传统空调冷凝器相反，传统空调将制冷剂中的热量散发到外部空气中。被加热的冷却液再流过气候控制总成中的加热器芯，冷却液中的热量用来加热乘客舱。自动温控模块（ATCM）通过操作所需的 A/C 隔离阀，以控制流至气候控制间接冷凝器的制冷剂流量。

11. 电动驱动冷却器

电动驱动冷却器位于前舱中，如图 4-5-14 所示。电动驱动冷却器使用来自空调（A/C）系统的制冷剂，以冷却电动驱动温度控制系统中的冷却液，同时吸取热量以加热座舱。ATCM 模块使用局域互联网络（LIN）总线控制电动驱动隔离阀。隔离阀为常闭阀，根据来自 ATCM 的 LIN 信号打开。ATCMLIN 信号通过调节隔离阀的开度，控制电动驱动冷却液所需的冷却量。隔离阀实际上是个电子膨胀阀（EXV1），EXV1 在本质上是一个电动膨胀阀（TXV），可实现从全闭至全开的全面控制，其操作不依赖于热变化。电子膨胀阀 EXV 的优点在于能够在不依赖制冷剂温度的情况下实现全面控制。在制冷剂双向流动且需要能够完全关闭以防止制冷剂流动的区域也需要使用 EXV，它也可能根据要求让制冷剂节流减压以蒸发。制冷剂回路中安装了两个 EXV，即 EXV1 和 EXV2，它们由 HVAC 控制模块通过 LIN 总线控制。

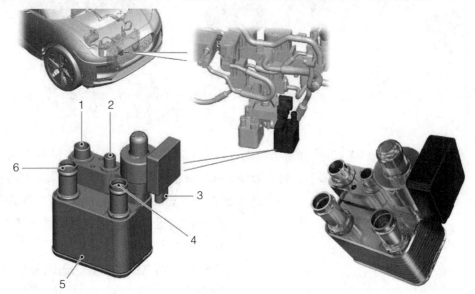

1.低压（LP）制冷剂连接　2.高压（HP）制冷剂连接　3.电驱动隔离阀电气连接（电子膨胀阀EXV1）　4.软管连接-电动驱动冷却液进口　5.电力驱动冷却器　6.软管连接-电动驱动冷却液出口

图 4-5-14

12. 高压（HV）蓄电池冷却器

电动车（EV）蓄电池冷却器位于前舱中，如图 4-5-15 所示。EV 蓄电池冷却器使用来自空调（A/C）系统的制冷剂冷却 EV 蓄电池温度控制系统中的 EV 蓄电池冷却液。EV 蓄电池冷却器包含一个恒温膨胀阀（TXV），以控制流经的制冷剂。它是一种机械式 TXV，与其他空调系统中所用的相同。高压（HV）蓄电池冷却器恒温膨胀阀上集成了一个 12V 隔离阀（电磁阀）。自动温度控制模块（ATCM）控制 EV 蓄电池冷却器隔离阀。隔离阀为常闭阀，根据来自 ATCM 的信号打开。隔离阀有 2 针脚接线接头，分别是来自 ATCM 的 12V 和接地连接。EV 蓄电池冷却器的制冷剂流量由 ATCM 通过操作所需的 A/C 隔离阀进行控制。所以，这是一个电子恒温膨胀阀（ETXV），若要打开该 ETXV，则需要具有 12V 电源。ETXV 上集成的电磁阀仅在需要蓄电池冷却时打开，此时允许制冷剂流过蓄电池冷却器。制冷剂流量由 TXV 调节。

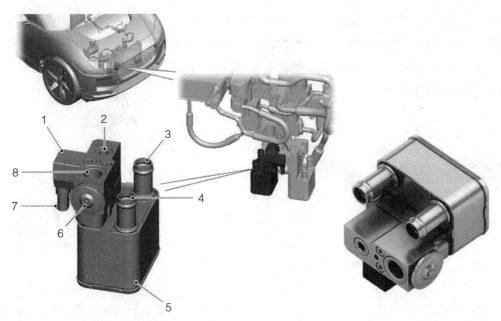

1.隔离阀 2.高压（HP）制冷剂连接 3.软管连接-电动车（EV）蓄电池冷却液进口 4.软管连接-EV蓄电池冷却液出口 5.EV蓄电池冷却器 6.节温器膨胀阀（TXV）7.隔离阀电气连接 8.低压（LP）制冷剂连接

图 4-5-15

13. 制冷剂管道、软管和阀块

制冷剂管道、软管和阀块如图 4-5-16 所示。制冷剂管和软管以及 5 个阀块和 2 个止回阀将所有空调（A/C）系统部件连接在一起。

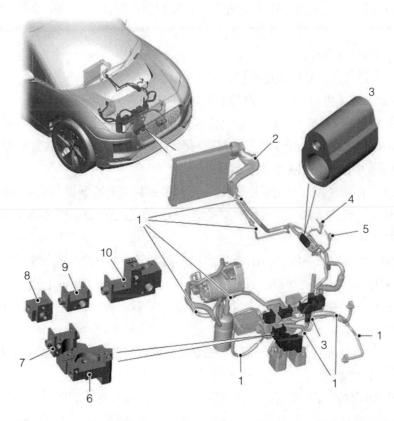

1.制冷剂管道和软管 2.气候控制总成内的制冷剂管道 3.止回阀（2 个） 4.空调（A/C）低压（LP）维修连接 5.A/C 高压（HP）维修连接 6.阀块 5 7.阀块 4 8.阀块 1 9.阀块 2 10.阀块 3

图 4-5-16

回路中一共安装了两个止回阀，一个位于蒸发器的出口中。另一个止回阀位于电动驱动冷却器和 HV 蓄电池冷却器的出口处。图 4-5-17 所示是止回阀 1，其作用是在未使用蒸发器时防止制冷剂油和液体流入蒸发器和流至固定限流管。图 4-5-18 中所示是止回阀 2，其作用是在未使用蓄电池冷却器和电动驱动冷却器时防止制冷剂油和液体流入这些部件。

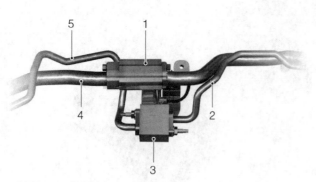

1.止回阀 1 2.从隔离阀至下阀块的管道 3.隔离阀 4.蒸发器吸液管 5.从隔离阀至固定限流管的管道

图 4-5-17

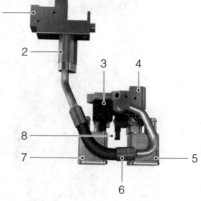

1.上阀块 2.止回阀 2 3.电动驱动冷却器 EXV 4.下阀块 5.HV 蓄电池冷却器 6.软管 7.电动驱动冷却器 8.HV 蓄电池冷却器 ETXV

图 4-5-18

二、空调（制冷）回路说明与操作

1. 概述

空调（A/C）系统的运行由自动温控模块（ATCM）控制。ATCM 通过高速（HS）控制器局域网（CAN）电源模式 0 系统总线与 BECM 与 PCM 进行通信。ATCM 调节电动 A/C 压缩机的电源，以满足温度控制要求的需求。ATCM 将在以下系统提出 A/C 系统请求时，控制制冷剂流量，对电动车（EV）蓄电池的使用降至最低：

乘客舱的气候控制加热和冷却；

EV 蓄电池温度控制系统（由蓄电池电量控制模块 BECM 控制）；

电动驱动温度控制系统（由动力传动系统控制模块 PCM 控制）。

空调系统回路示意图如图 4-5-19 所示。自动温控模块（ATCM）通过局域互联网络（LIN）总线控制电动 A/C 压缩机。电动空调（A/C）压缩机驱动制冷剂循环。ATCM 通过使用各 A/C 温度压力传感器和 A/C 系统的要求，控制系统中的循环制冷剂流量和压力差。

（1）空调（AC）。空调（AC）有不同的模式，不同模式相关的冷剂循环的原理简述如下。

空调（AC）1- 作为传统空调系统，外部热交换器（OHE）散发热量。蒸发器中的制冷剂吸收座舱空气中的热量，冷却客舱。

空调（AC）4- 作为传统空调系统，OHE 散发热量。蒸发器中的制冷剂吸收座舱空气中的热量，并通过 HV 蓄电池冷却器吸收 HV 蓄电池冷却液回路中的热量，冷却客舱和 HV 蓄电池。

空调（AC）5- 仅在车辆插接电源进行充电时，吸收 HV 蓄电池冷却液回路中的热量，冷却客舱和 HV 蓄电池。

（2）热泵（HP）。热泵具有三种工作策略，三者均向间接冷凝器提供热量，通过间接冷凝器的热交换，进而加热座舱冷却液回路。

热泵（HP）1- 电动驱动冷却器将其冷却液回路中的热量传递至制冷剂回路，间接冷凝器利用这些热量对座舱进行加热。

热泵（HP）2-OHE 中的空调制冷剂吸收外部空气中的热量，间接冷凝器利用这些热量加热座舱。

热泵（HP）3-热泵1和2的组合，制冷剂吸收OHE的热量以及电动驱动冷却液回路中的热量，然后通过间接冷凝器加热座舱。

（3）再热（RH）。用于对座舱进行除湿。

再热（RH）1-制冷剂通过蒸发器吸收来自座舱空气的热量，通过间接冷凝器加热座舱冷却液。然后，加热器芯将会再次对座舱空气进行加热，该流程将会对座舱进行除湿。

再热（RH）2-制冷剂通过蒸发器吸收来自座舱空气的热量，以及电动驱动冷却液回路的热量，通过间接冷凝器加热座舱冷却液。然后，加热器芯将会再次对座舱空气进行加热，该流程将会对座舱进行除湿。

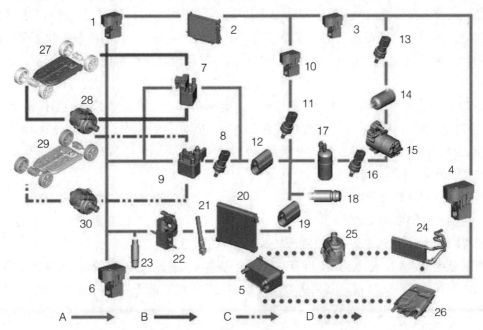

A.制冷剂　B.电动车（EV）蓄电池冷却液　C.电动驱动冷却液　D.气候控制冷却液。1.空调（A/C）隔离阀 TXV2　2.回收热交换器（外部热交换器OHE）　3.A/C 隔离阀 SOV2　4.A/C 隔离阀 SOV1　5.气候控制间接冷凝器　6.A/C 隔离阀 SOV4　7.电动车（EV）蓄电池冷却器　8.A/C 温度压力传感器-电动驱动冷却器　9.电力驱动冷却器　10.A/C 隔离阀 SOV5　11.A/C 温度压力传感器-回收热交换器出口　12.A/C 止回阀　13.A/C 温度压力传感器-压缩机出口　14.A/C 消音器　15.电动空调压缩机　16.A/C 温度压力传感器-压缩机进口　17.A/C 蓄能器　18.A/C 高压（HP）维修连接　19.A/C 止回阀　20.气候控制总成中的A/C 蒸发器　21.A/C 节流管　22.前空调隔离阀　23.A/C 低压（LP）维修连接　24.加热器芯　25.气候控制冷却液泵　26.高压（HV）内部加热器　27.EV蓄电池　28.EV蓄电池冷却液泵　29.电动驱动温度控制系统　30.电力驱动冷却液泵

图 4-5-19

2. 客舱加热的说明

电动汽车（EV）气候控制系统是通过电动驱动和外部空气的热量执行乘客舱加热的。在某些条件下，会启用高压（HV）电加热器。

（1）来自电动驱动的热量。空调（A/C）系统使用制冷剂将电动驱动的热量传输至气候控制系统，然后传输至乘客舱。热量从电动驱动冷却器中的冷却液中散发，然后通过制冷剂从液体到蒸汽的状态转换，将热量传输给制冷剂。然后，在气候控制间接冷凝器中，制冷剂的状态变化逆转，蒸汽冷凝为液体制冷剂，从制冷剂中释放热量。

（2）来自外部空气的热量。空调（A/C）系统也使用来自外部空气的热量，以供加热乘客舱。使用回收热交换器（外部热交换器 OHE）作为蒸发器，通过制冷剂从液体到蒸汽的状态转化，从外部空气回收热量。然后，电动 A/C 压缩机将制冷剂蒸汽循环至气候控制间接冷凝器。在气候控制间接冷凝器中，制冷剂的状态变化逆转，蒸汽冷凝为液体制冷剂，从而从制冷剂中释放热量。

（3）间接冷凝器的热交换。间接冷凝器的热交换用来为乘客舱加热。在间接冷凝器，来自制冷剂的热量被传输至气候控制间接冷凝器中的冷却液，并通过冷却液泵循环至气候控制总成中的加热器芯。鼓风机使空气流经加热器芯，将热量传输到乘客舱空气，从而加热乘客舱。在车辆静止时，或仅使用电动驱动温度控制系统不能提供足够的热量时，将使用来自外部空气的热量对乘客舱进行加热。

使用来自电动驱动温度控制系统和外部空气的热量，可以减少高压（HV）内部加热器的操作时间。尤其在寒冷天气条件下，这可提高车辆乘客舱的加热效率，并增加车辆行驶的距离。

3. 空调1（AC1）（冷却座舱，传统空调系统操作）

空调1（AC1）系统操作回路示意图如图4-5-20所示，布局示意图如图4-5-21所示。

气态制冷剂被电动空调压缩机压缩。然后，制冷剂流过外部热交换器（OHE）。该部件位于车辆冷却模块成型件的前方。在传统空调系统中，称为冷凝器。经过OHE后，制冷剂流过两个打开的隔离阀和一个固定限流管，然后制冷剂将会进入蒸发器汽化，此时发生状态变化，制冷剂吸收了蒸发器周围的座舱空气中的热量。流出蒸发器时制冷剂处于气态，然后它将会流过一个单向阀和蓄能器，最后返回电动空调压缩机。

空调（A/C）操作模式AC1仅在环境气温（AAT）超过0℃时正常工作。自动温控模块（ATCM）通过高速（HS）控制器局域网（CAN）电源模式0接收来自动力传动系统控制模块（PCM）的AAT传感器数据。在AC1模式下，A/C系统由ATCM控制，与传统的A/C系统工作方式相同。ATCM启动以下A/C系统部件：

通过局域互联网络（LIN）启动电动A/C压缩机。

通过LIN启动A/C隔离阀SOV2。

通过LIN启动A/C隔离阀TXV2。

前空调隔离阀处于打开位置（未接收到来自ATCM的信号）。

在气候控制总成中，A/C蒸发器的附近有一个温度传感器，它连接至ATCM。温度传感器位于气候控制总成内的A/C蒸发器的出气口侧。如果A/C蒸发器出气口的温度低于规定的温度，ATCM将停止A/C，以防止A/C蒸发器上结冰。

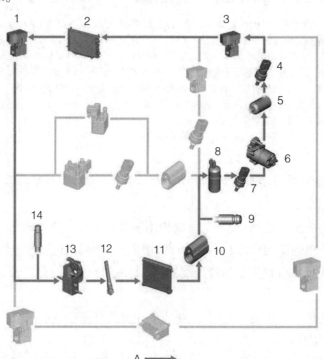

A.制冷剂流量 1.空调（A/C）隔离阀TXV2 2.回收热交换器 3.A/C隔离阀SOV2 4.A/C温度压力传感器-压缩机出口 5.A/C消音器 6.电动空调压缩机 7.A/C温度压力传感器-压缩机进口 8.A/C蓄能器 9.A/C高压（HP）维修连接 10.A/C止回阀 11.气候控制总成中的A/C蒸发器 12.A/C节流管 13.前空调隔离阀 14.A/C低压（LP）维修连接

图4-5-20

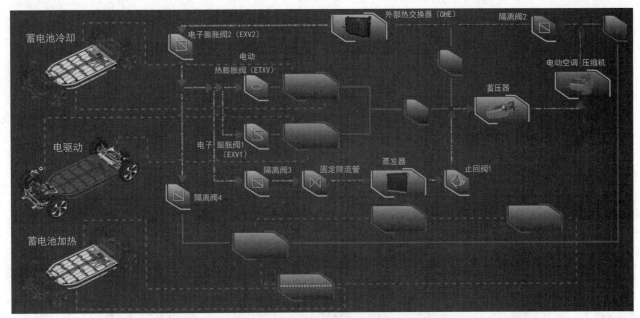

图 4-5-21

4. 空调 4（AC4）（冷却座舱和蓄电池冷却液回路，传统空调系统操作）

空调 4（AC4）在 TOPIX 中被称为空调 2（AC2）。空调 4（AC4）回路示意图如图 4-5-22 所示，回路布局示意图如图 4-5-23 所示。在使用电力驱动时，并且被动蓄电池冷却不足的情况下，会启用空调 4 模式。空调制冷剂回路将会一分为二，从而冷却座舱和蓄电池冷却液回路。为了实现这一点，蓄电池冷却器的隔离阀（电动热膨胀阀 ETVX）打开，因此两个回路共同使用这些制冷剂。制冷剂将会吸收座舱空气以及蓄电池回路内的冷却液中的热量。在 OHE 处，这些热量将会散发到外部空气中。

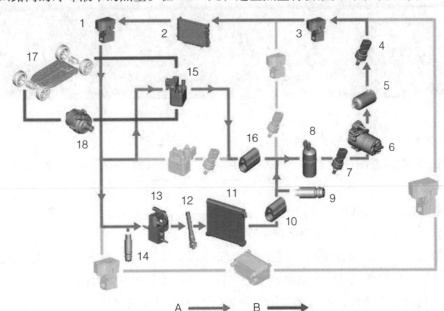

A. 制冷剂流量 B. 电动车（EV）蓄电池冷却液 1. 空调（A/C）隔离阀 EXV2 2. 回收热交换器 3. A/C 隔离阀 SOV2 4. A/C 温度压力传感器-压缩机出口 5. A/C 消音器 6. 电动空调压缩机 7. A/C 温度压力传感器-压缩机进口 8. A/C 蓄能器 9. A/C 高压（HP）维修连接 10. A/C 止回阀 11. 气候控制总成中的 A/C 蒸发器 12. A/C 节流管 13. 前空调隔离阀 14. A/C 低压（LP）维修连接 15. 电动车（EV）蓄电池冷却器 16. A/C 止回阀 17. EV 蓄电池 18. EV 蓄电池冷却液泵

图 4-5-22

空调（A/C）操作模式 AC4 通常仅在环境气温（AAT）超过 0℃时工作。 自动温控模块（ATCM）通过高速（HS）控制器局域网（CAN）电源模式 0 接收来自动力传动系统控制模块（PCM）的 AAT 传感器数据。在 AC4 模式下，A/C 系统冷却乘客舱，此时电动车（EV）蓄电池温度控制系统由 ATCM 控制。EV 蓄电池温度控制系统将会冷却 EV 蓄电池。ATCM 启动以下 A/C 系统部件：

通过局域互联网络（LIN）启动电动 A/C 压缩机。

通过硬接线信号启动 EV 蓄电池冷却器隔离阀。

通过 LIN 启动 A/C 隔离阀 SOV2。

通过 LIN 启动 A/C 隔离阀 EXV2。

前 A/C 隔离阀将处于打开位置（未接收到来自 ATCM 的信号）。

对于 EV 蓄电池温度控制系统，EV 蓄电池冷却器用作蒸发器，冷却 EV 蓄电池冷却液，从而冷却 EV 蓄电池。在启动 EV 蓄电池冷却器隔离阀后，流过 EV 蓄电池冷却器的制冷剂流量由节温器膨胀阀（TXV）控制。制冷剂从液体转换为蒸汽，由 EV 蓄电池冷却液提供热量。EV 蓄电池冷却器将会冷却 EV 蓄电池冷却液，而这些冷却液将会循环流过 EV 蓄电池，对其进行冷却。

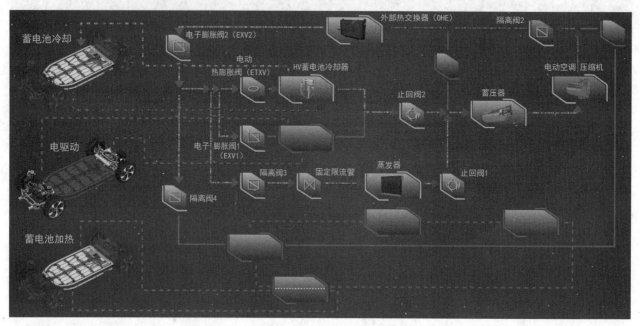

图 4-5-23

5. 空调 5（AC5）（充电时冷却 HV 蓄电池，传统空调系统操作）

空调 5（AC5）回路示意图如图 4-5-24 所示，布局示意图如图 4-5-25 所示。在以下情况下，空调 5 蓄电池冷却模式将被激活：

电动车插接电源并进行充电；

当座舱中的空调已关闭但是 HV 蓄电池需要冷却时。

气态制冷剂被电动空调压缩机压缩。它流过打开的隔离阀。然后，这些制冷剂受压流过外部热交换器（OHE），在该处，外部空气吸收了制冷剂中的热量，这导致制冷剂变为液态。经过 OHE 后，这些制冷剂将会流过一个打开的隔离阀，而三个关闭的隔离阀阻止了制冷剂到达间接冷凝器、电动驱动冷却器和蒸发器。此时，制冷剂仅有一条通过 ETXV 流过蓄电池冷却器的路径。然后制冷剂将会在进入蓄电池冷却器后蒸发，在该处其状态变为气态。制冷剂将会吸收蓄电池冷却液回路中的热量，然后将会流过一个单向阀和蓄能器，最后返回电动空调压缩机。

在 AC5 模式下，空调（A/C）系统工作，ATCM 启动以下 A/C 系统部件：

通过局域互联网络（LIN）启动电动 A/C 压缩机；

通过硬接线信号启动前 A/C 隔离阀。该阀关闭，使流经气候控制总成中 A/C 蒸发器的制冷剂流量停止；

通过 LIN 启动 A/C 隔离阀 SOV2；

通过 LIN 启动 A/C 隔离阀 EXV2；

通过硬接线信号启动蓄电池冷却器隔离阀（ETVX）。

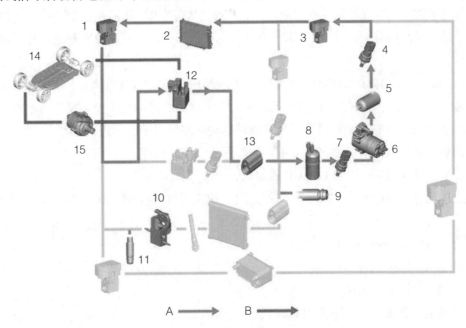

A.制冷剂 B.电动车（EV）蓄电池冷却液 1.空调（A/C）隔离阀 EXV2 2.回收热交换器 3.A/C 隔离阀 SOV2 4.A/C 温度压力传感器–压缩机出口 5.A/C 消音器 6.电动空调压缩机 7.A/C 温度压力传感器–压缩机进口 8.A/C 蓄能器 9.A/C 高压（HP）维修连接 10.前空调隔离阀 11.A/C 低压（LP）维修连接 12.电动车（EV）蓄电池冷却器 13.A/C 止回阀 14.EV蓄电池 15.EV蓄电池冷却液泵

图 4-5-24

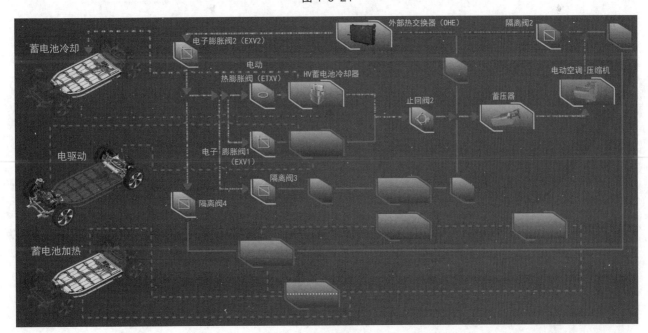

图 4-5-25

6. 热泵模式 1（HP1）（通过吸收电动驱动系统的热量对乘客舱进行加热）

热泵模式 1（HP1）回路示意图如图 4-5-26 所示，布局示意图如图 4-5-27 所示。在此模式下，系统吸收来自电动驱动系统的热量对乘客舱进行加热，即系统将执行座舱加热和电动驱动冷却。气态制冷剂被电动空调压缩机压缩。在流过打开的隔离阀 1 后，制冷剂流过间接冷凝器，这属于座舱冷却液回路的组成部分。座舱冷却液将会吸收制冷剂中的热量，进而按照传统方式加热座舱，加热器芯向座舱传输热量。随着热量的散发，制冷剂将会冷却下来，并且会变为液态，然后流过打开的隔离阀 4。电子膨胀阀（EXV1）安装在电动驱动冷却器前方，制冷剂将会在进入电动驱动冷却器后蒸发。电动驱动回路冷却液中的热量将被制冷剂吸收，这就会预先加热制冷剂，导致其状态发生变化，然后制冷剂会流过一个单向阀，再流入蓄能器，最后返回到电动空调压缩机中。于是，由于电动驱动冷却回路冷却液的热量被制冷剂吸收，所以其温度下降。

空调（A/C）操作模式 HP1 仅在环境气温（AAT）低于 15℃ 时正常工作。自动温控模块（ATCM）通过高速（HS）控制器局域网（CAN）电源模式 0 接收来自动力传动系统控制模块（PCM）的 AAT 传感器数据。在 HP1 模式下，A/C 系统将会利用来自电动驱动的热量对乘客舱进行加热。A/C 系统利用制冷剂进行热传递，而热传递由 ATCM 控制。ATCM 启动以下 A/C 系统部件：

通过局域互联网络（LIN）启动电动 A/C 压缩机；

通过硬接线信号启动前 A/C 隔离阀。该阀关闭，使流经气候控制总成中 A/C 蒸发器的制冷剂流量停止；

通过 LIN 启动 A/C 隔离阀 SOV1；

通过 LIN 启动 A/C 隔离阀 SOV4；

通过 LIN 启动 A/C 隔离阀 EXV2；

通过 LIN 启动电动驱动冷却器隔离阀 EXV1。

PCM 控制电力驱动温度控制系统。车辆行驶时，来自电动驱动部件的热量可为乘客舱提供热量。气候控制间接冷凝器将来自制冷剂的热量传输给气候控制冷却液，以加热乘客舱。气候控制间接冷凝器将制冷剂的状态从蒸汽变为液态，以释放来自制冷剂的热量。

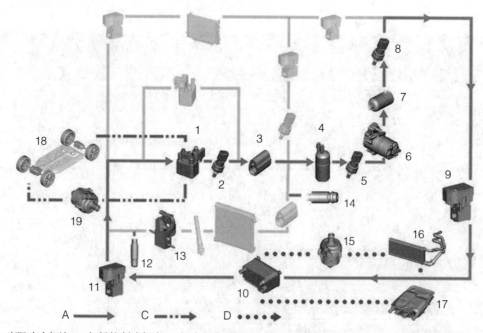

A.制冷剂　C.电动驱动冷却液　D.气候控制冷却液　1.电动驱动冷却器　2.A/C 温度压力传感器-电动驱动冷却器　3.A/C 止回阀　4.A/C 蓄能器　5.A/C 温度压力传感器-压缩机进口　6.电动空调压缩机　7.A/C 消音器　8.A/C 温度压力传感器-压缩机出口　9.A/C 隔离阀 SOV1　10.气候控制间接冷凝器　11.A/C 隔离阀 SOV4　12.A/C 低压（LP）维修连接　13.前空调隔离阀　14.A/C 高压（HP）维修连接　15.气候控制冷却液泵　16.加热器芯　17.高压（HV）内部加热器　18.电动驱动温度控制系统　19.电力驱动冷却液泵

图 4-5-26

ATCM 将会激活气候控制冷却液泵，以便让气候控制冷却液循环流过气候控制间接冷凝器。在气候控制间接冷凝器中，由制冷剂提供的热量会对气候控制冷却液进行加热。升温的气候控制冷却液将会循环流至气候控制总成中的加热器芯。加热器芯会将热量从气候控制冷却液传输至乘客舱空气，从而加热乘客舱。

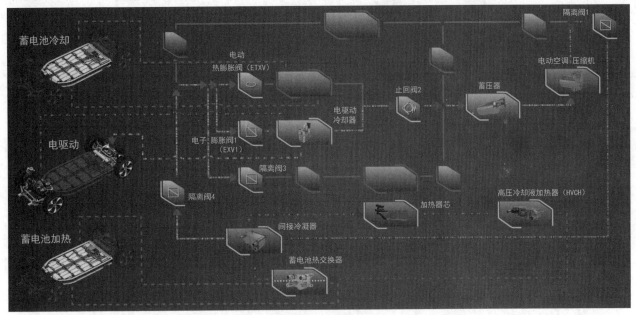

图 4-5-27

7. 热泵模式 2（HP2）（通过外部热交换器吸收外部空气中的热量，对乘客舱进行加热）

热泵模式 2（HP2）回路示意图如图 4-5-28 所示，布局示意图如图 4-5-29 所示。

在此模式下，系统将吸收外部空气中的热量，对座舱加热。气态制冷剂被电动空调压缩机压缩。在流过打开的隔离阀后，制冷剂流过间接冷凝器，这属于座舱冷却液回路的组成部分。座舱冷却液将会吸收热量，进而以传统方式加热座舱。随着热量的散发，制冷剂将会冷却下来，并且会变为液态，然后流过打开的隔离阀。经过电子膨胀阀（EXV2）（安装在 OHE 前方），制冷剂将会在此进入外部热交换器（OHE）后蒸发。制冷剂将会在 OHE 吸收外部空气中的热量，这就会预先加热制冷剂，然后制冷剂会流过一个单向阀，再流入蓄能器，最后返回到电动空调压缩机中。

空调（A/C）操作模式 HP2 仅在环境气温（AAT）低于 3℃时正常工作。在 HP2 模式下，A/C 系统将会利用来自外部空气的热量对乘客舱进行加热。制冷剂用于进行热传递，而热传递由 ATCM 控制。ATCM 启动以下 A/C 系统部件：

通过局域互联网络（LIN）启动电动 A/C 压缩机；

通过硬接线信号启动前 A/C 隔离阀。该阀关闭，使流经气候控制总成中 A/C 蒸发器的制冷剂流量停止；

通过 LIN 启动 A/C 隔离阀 SOV1；

通过 LIN 启动 A/C 隔离阀 SOV4；

通过 LIN 启动 A/C 隔离阀 EXV2。

回收热交换器作为蒸发器进行工作，从外部空气中吸收热量，然后加热制冷剂液体。通过将热量从空气传递到制冷剂中，来自外部空气的热量让制冷剂的状态变为蒸汽。气候控制间接冷凝器将制冷剂中的热量传递到气候控制冷却液，以加热乘客舱。气候控制间接冷凝器将制冷剂的状态从蒸汽变为液态，以释放来自制冷剂的热量。

ATCM 将会激活气候控制冷却液泵，以便让气候控制冷却液循环流过气候控制间接冷凝器。在气候控制间接冷凝器中，由制冷剂提供的热量会对气候控制冷却液进行加热。升温的气候控制冷却液将会循环流至气候控制总成中的加热器芯。加热器芯会将热量从气候控制冷却液传输至乘客舱空气，从而加热乘客舱。

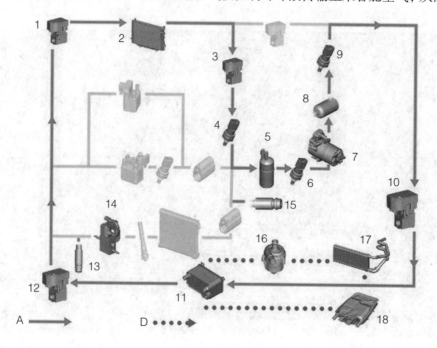

A.制冷剂 D.气候控制冷却液 1.空调（A/C）隔离阀 EXV2 2.回收热交换器 3.A/C 隔离阀 SOV5 4.A/C 温度压力传感器–回收热交换器出口 5.A/C 蓄能器 6.A/C 温度压力传感器–压缩机进口 7.电动空调压缩机 8.A/C 消音器 9.A/C 温度压力传感器–压缩机出口 10.A/C 隔离阀 SOV1 11.气候控制间接冷凝器 12.A/C 隔离阀 SOV4 13.A/C 低压（LP）维修连接 14.前空调隔离阀 15.A/C 高压（HP）维修连接 16.气候控制冷却液泵 17.加热器芯 18.高压（HV）内部加热器

图 4-5-28

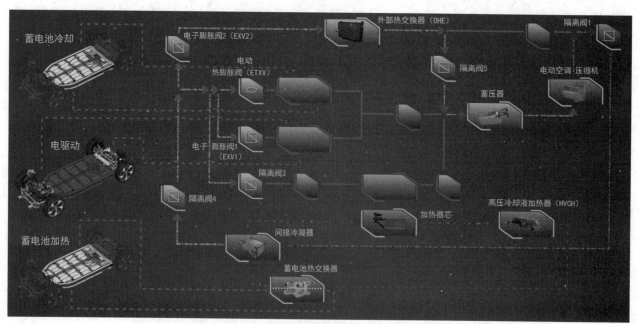

图 4-5-29

8. 热泵模式 3（HP3）（HP3 模式是 HP1 和 HP2 结合）

热泵模式 3（HP3）回路示意图如图 4-5-30 所示，布局示意图如图 4-5-31 所示。

热泵模式 3（HP3）是 HP1 和 HP2 结合，即通过电动驱动冷却器和外部热交换器，吸收电动驱动系统的和外部空气中的热量，对乘客舱进行加热。气态制冷剂被电动空调压缩机压缩。在流过打开的隔离阀后，制冷剂流过间接冷凝器。间接冷凝器中的座舱冷却液将会吸收热量，进而以传统方式通过加热器芯加热座舱。随着热量的散发，制冷剂将会冷却下来，并且会变为液态，然后流过打开的隔离阀。OHE和电动驱动冷却器前方均安装了电子膨胀阀（EXV），制冷剂经过 EXV2 和 EXV1 节流后，将会在进入OHE 和电动驱动冷却器后蒸发。制冷剂将会吸收热量，然后会流入蓄能器，最后返回到电动空调压缩机中。在热泵模式 2 和 3 下，根据 PCM 的要求，冷却模块风扇将以 40% 的占空比运行。如果电动驱动冷却液回路比外部环境温度低 5℃，则热泵将不同再响应来自电动驱动回路的请求。如果无法通过其他模式启动热泵系统，则高压加热器（HVCH）将被激活。

空调（A/C）操作模式 HP3 仅在环境气温（AAT）低于 3℃时正常工作。自动温控模块（ATCM）通过高速（HS）控制器局域网（CAN）电源模式 0 接收来自动力传动系统控制模块（PCM）的 AAT 传感器数据。A/C 系统利用制冷剂进行热传递，而热传递由 ATCM 控制。ATCM 启动以下 A/C 系统部件：

通过局域互联网络（LIN）启动电动 A/C 压缩机；

通过硬接线信号启动前 A/C 隔离阀。该阀关闭，使流经气候控制总成中 A/C 蒸发器的制冷剂流量停止；

通过 LIN 启动 A/C 隔离阀 SOV1；

通过 LIN 启动 A/C 隔离阀 SOV4；

通过 LIN 启动 A/C 隔离阀 EXV2；

通过 LIN 启动电动驱动冷却器隔离阀 EXV1。

在 ATCM 的控制下，A/C 隔离阀 EXV2 控制流过回收热交换器的制冷剂流量。ATCM 利用来自回收热交换器出口 A/C 温度压力传感器的数据监测回收热交换器从外部空气中回收的热量。在 ATCM 的控制下，电动驱动冷却器隔离阀 EXV2 控制流过电动驱动冷却器的制冷剂流量。ATCM 利用来自电动驱动冷却器A/C 温度压力传感器的数据监测电动驱动冷却器系统中回收的热量。

ATCM 与动力传动系统控制模块（PCM）进行通信，以确定可从电动驱动温度控制系统中回收的热量。ATCM 将会监测从 2 个来源回收的热量并控制它们，以便提供加热乘客舱所需的热量。

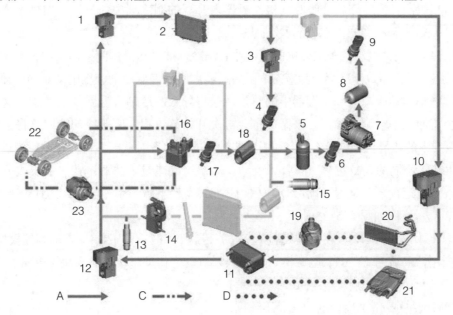

A.制冷剂 C.电动驱动冷却液 D.气候控制冷却液 1.空调（A/C）隔离阀 EXV2 2.回收热交换器 3.A/C 隔离阀 SOV5 4.A/C 温度压力传感器-回收热交换器出口 5.A/C 蓄能器 6.A/C 温度压力传感器-压缩机进口 7.电动空调压缩机 8.A/C 消音器 9.A/C 温度压力传感器-压缩机出口 10.A/C 隔离阀 SOV1 11.气候控制间接冷凝器 12.A/C 隔离阀 SOV4 13.A/C 低压（LP）维修连接 14.前空调隔离阀 15.A/C 高压（HP）维修连接 16.电动驱动冷却器 17.A/C 温度压力传感器-电动驱动冷却器 18.A/C 止回阀 19.气候控制冷却液泵 20.加热器芯 21.高压（HV）内部加热器 22.电动驱动温度控制系统 23.电力驱动冷却液泵

图 4-5-30

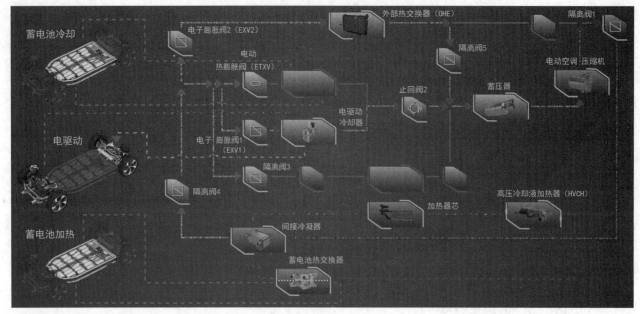

图 4-5-31

9. 再热模式（RH）

在再热（RH）模式下，座舱中空气得到除湿处理。再热模式在空调系统通过蒸发器以传统模式运行时激活，此时流经蒸发器的制冷剂将会吸收座舱附近的热量。此时处于冷态的空气将会流过加热器芯，而加热器芯将会再次加热这些空气，此流程将会对座舱进行除湿。

再热 1：气态制冷剂被电动空调压缩机压缩，然后制冷剂被泵送流过间接冷凝器，同时热量将会传递至座舱冷却液回路，从而导致制冷剂变为液态。随后，隔离阀允许制冷剂流至蒸发器。制冷剂将会吸收蒸发器中的热量，从而导致其变回气态。这些气态制冷剂然后将会流回电动空调压缩机，该循环将会再次开始该流程。座舱冷却液回路将会吸收间接冷凝器内升温的制冷剂中的热量。加热器芯将会利用这些升温的冷却液对从蒸发器流过的空气进行再次加热。

再热 2：气态制冷剂被电动空调压缩机压缩，然后制冷剂被泵送流过间接冷凝器，同时热量将会传递至座舱冷却液回路，从而导致制冷剂变为液态。随后，隔离阀允许制冷剂流至电动驱动冷却器和蒸发器。制冷剂将会吸收电动驱动冷却器和蒸发器中的热量，这将导致制冷剂升温并变回气态。这些升温的气态制冷剂然后将会流回电动空调压缩机，该循环将会再次开始该流程。座舱冷却液回路将会吸收间接冷凝器内升温的制冷剂中的热量。加热器芯将会利用这些升温的冷却液对从蒸发器流过的空气进行再次加热。

再热 2 与再热 1 不同的是，再热 2 吸收了电动驱动系统的热量。注意：在热泵模式下，冷却模块风扇可以在特定条件下运行，这是为了确保 OHE 中不会截留液态制冷剂。再热 2（RH2）回路示意图如图 4-5-32 所示，布局示意图如图 4-5-33 所示。

空调（A/C）操作模式 RH2 仅在环境气温（AAT）超过 0℃时正常工作。 自动温控模块（ATCM）通过高速（HS）控制器局域网（CAN）电源模式 0 接收来自动力传动系统控制模块（PCM）的 AAT 传感器数据。在 RH2 模式下，ATCM 启动以下 A/C 系统部件：

通过局域互联网络（LIN）启动电动 A/C 压缩机；

前 A/C 隔离阀将处于打开位置（没有来自 ATCM 的信号）；

通过 LIN 启动 A/C 隔离阀 SOV1；

通过 LIN 启动 A/C 隔离阀 SOV4；

通过 LIN 启动电动驱动冷却器隔离阀 EXV1。

再热1回路示意图如图4-5-34所示。因其工作已包含在再热2中，在此不再多述。

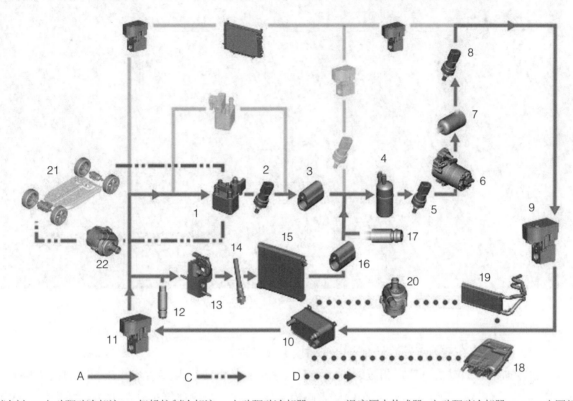

A.制冷剂 C.电动驱动冷却液 D.气候控制冷却液 1.电动驱动冷却器 2.A/C 温度压力传感器–电动驱动冷却器 3.A/C 止回阀 4.A/C 蓄能器 5.A/C 温度压力传感器–压缩机进口 6.电动空调压缩机 7.A/C 消音器 8.A/C 温度压力传感器–压缩机出口 9.A/C 隔离阀 SOV1 10.气候控制间接冷凝器 11.A/C 隔离阀 SOV4 12.A/C 低压（LP）维修连接 13.前空调隔离阀 14.A/C 节流管 15.气候控制总成中的A/C 蒸发器 16.A/C 止回阀 17.A/C 高压（HP）维修连接 18.高压（HV）内部加热器 19.加热器芯 20.气候控制冷却液泵 21.电动驱动温度控制系统 22.电力驱动冷却液泵

图 4-5-32

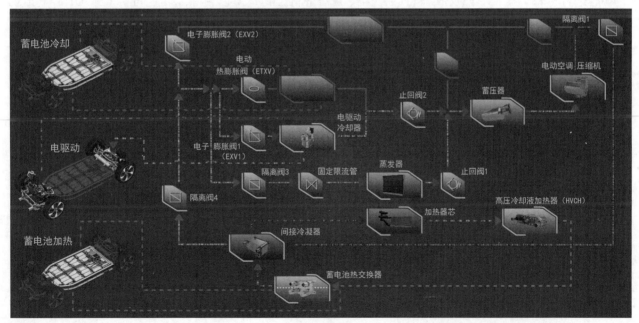

图 4-5-33

649

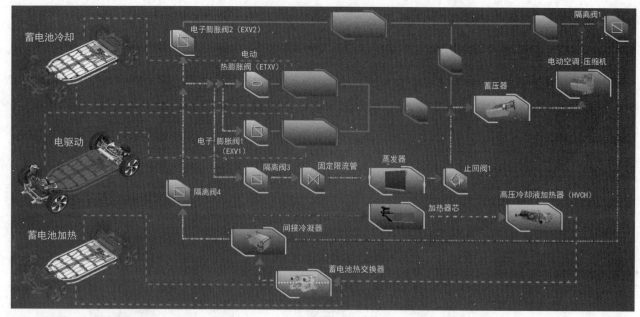

图 4-5-34

10. 行驶后的模式

有些空调功能将会在驾驶车辆后且充电电缆插接电源时激活。

（1）制冷剂系统润滑：电动空调压缩机将会以低速运行，以便润滑该系统并让制冷剂系统为下一次行驶做好准备。这使 A/C 系统对 A/C 系统的要求响应更快。在将车辆连接至外部电源对电动车（EV）蓄电池进行充电时会发生这种情况。

（2）除冰：在以热泵 2 和 3 模式运行后，当作为蒸发器工作时，回收热交换器上可能会凝水或结冰。当车辆插接电源时，空调系统将会自动工作，并融化 OHE 处积聚的所有冰。在这种工作模式下，可能会听到冷却模块风扇运行的声音。在将车辆连接至外部电源对电动车（EV）蓄电池进行充电时，必须对 EV 蓄电池进行冷却。因回收热交换器将会作为冷凝器进行工作，所以，除冰功能可能导致 OHE 上出现蒸汽。

（3）蓄电池加热：座舱冷却回路和蓄电池冷却回路泵将会运行，HVCH 将被激活以加热蓄电池。

（4）AC5 蓄电池冷却：当车辆插接电源并进行充电时，系统将会以极高的转速运行压缩机和冷却风扇，以便冷却蓄电池。

三、空调控制系统

1. 空调控制系统部件

气候控制系统操作空调（A/C）系统、加热和通风系统，以控制气候控制总成输出空气的温度、流量和分配。标准气候控制系统是双区系统，可为驾驶员和前排乘客维持各自选择的温度水平。（可选）四区气候控制系统还为左侧和右侧第二排座椅乘客区域提供单独控制。空调控制系统部件如图 4-5-35~ 图 4-5-39 所示，控制框图如图 4-5-40 和图 4-5-41 所示。所有图示以右驾车型为例，左驾车型与之相似。

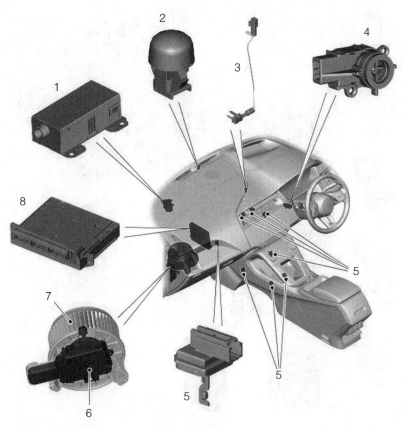

1.空气离子发生器　2.阳光传感器　3.空调（A/C）蒸发器温度传感器　4.车内温度传感器　5.管道气温传感器（双区气候控制为4个，四区气候控制为8个）　6.鼓风机控制模块　7.鼓风机　8.自动温控模块（ATCM）

图 4-5-35

1.湿度传感器　2.环境空气温度（AAT）传感器　3.高压（HV）内部加热器　4.气候控制换向阀　5.气候控制冷却液泵

图 4-5-36

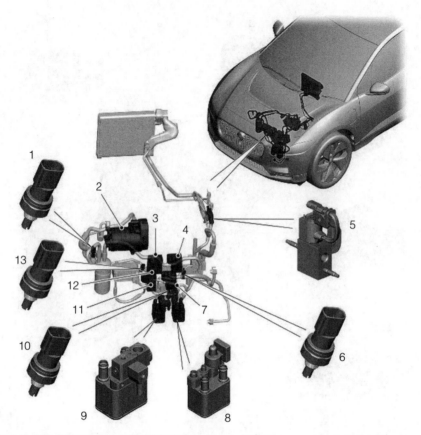

1.空调（A/C）温度压力传感器–压缩机进口　2.电动空调压缩机　3.A/C 隔离阀 SOV2　4.A/C 隔离阀 SOV5　5.前空调隔离阀　6.A/C 温度压力传感器–回收热交换器出口　7.A/C 隔离阀 TXV2　8.电动驱动冷却器　9.电动车（EV）蓄电池冷却器　10.A/C 温度压力传感器–电动驱动冷却器　11.A/C 隔离阀 SOV4　12.A/C 隔离阀 SOV1　13.A/C 温度压力传感器–压缩机出口

图 4-5-37

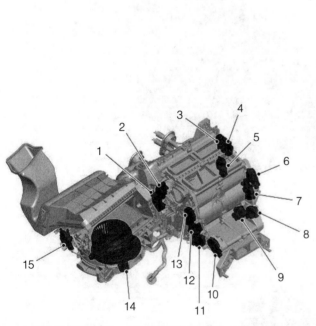

1.左前除雾分配电机　2.左前脚部分配电机　3.除雾分配电机　4.右前脚部分配电机　5.右前除雾分配电机　6.右前面部分配电机　7.右后除雾分配电机　8.右后面部分配电机　9.右后脚部分配电机　10.左后面部分配电机　11.左后脚部分配电机　12.左后除雾分配电机　13.右前面部分配电机　14.鼓风机　15.再循环电机

图 4-5-38

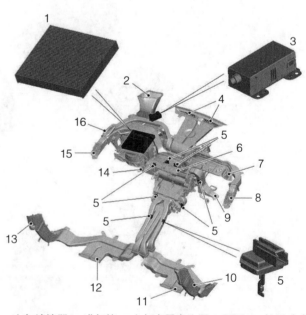

1.空气滤清器　2.进气管　3.空气离子发生器　4.通风口–挡风玻璃　5.导管空气温度传感器（8 个）　6.通风口–仪表盘中央　7.通风口–右侧车窗　8.通风口–仪表盘驾驶员侧　9.驾驶员脚部空间通风口　10.通风口–右侧 B 柱　11.右后搁脚空间通风管　12.左后搁脚空间通风管　13.通风口–左侧 B 柱　14.前排乘员脚部空间通风口　15.通风口–仪表盘乘客侧　16.通风口–左侧车窗

图 4-5-39

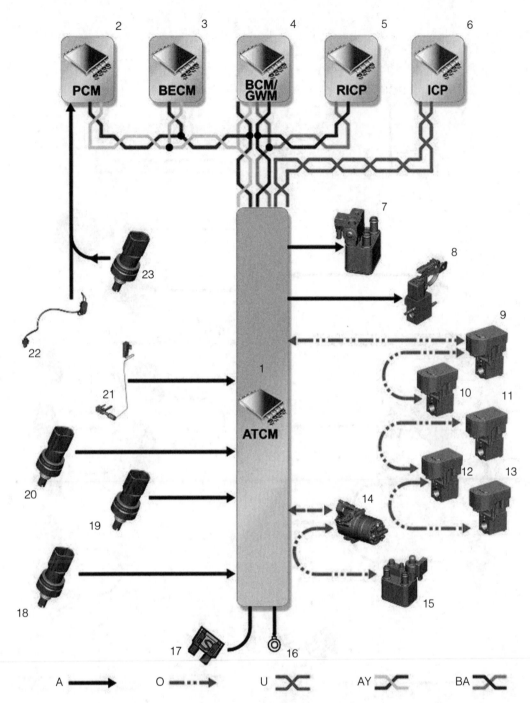

A.硬接线　O.局域互联网络　U.专用控制器局域网（CAN）总线　AY.高速（HS）CAN 电源模式 0 系统总线　BA.HS CAN 人机接口（HMI）系统总线　1.自动温控模块（ATCM）　2.动力传动系统控制模块（PCM）　3.蓄电池电量控制模块（BECM）　4.车身控制模块/网关模块（BCM/GWM）　5.后集成控制面板（RICP）　6.集成控制面板（ICP）　7.电动车（EV）蓄电池冷却器　8.前空调隔离阀　9.A/C 隔离阀 SOV1　10.A/C 隔离阀 SOV2　11.A/C 隔离阀 TXV2　12.A/C 隔离阀 SOV4　13.A/C 隔离阀 SOV5　14.电动空调（A/C）压缩机　15.电动驱动冷却器　16.接地　17.电源　18.A/C 温度压力传感器–压缩机进口　19.A/C 温度压力传感器–压缩机出口　20.A/C 温度压力传感器–电动驱动冷却器　21.A/C 蒸发器温度传感器　22.环境空气温度（AAT）传感器　23.A/C 温度压力传感器–回收热交换器出口

图 4-5-40

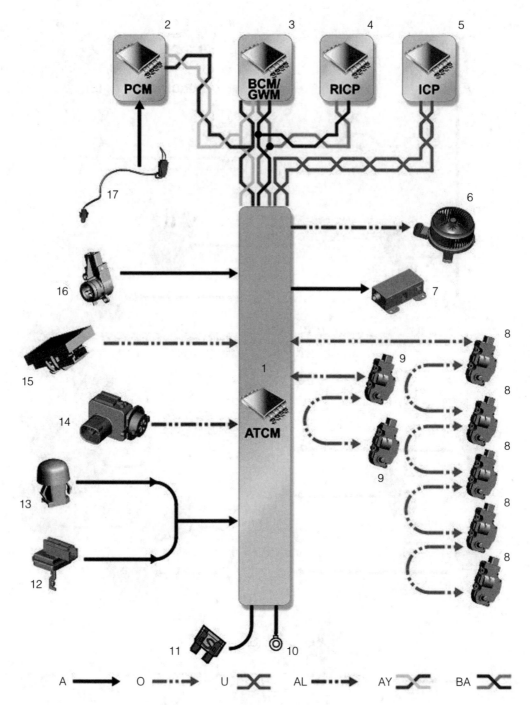

A.硬接线　O.局域互联网络　U.专用控制器局域网（CAN）总线　AL.脉宽调制（PWM）　AY.高速（HS）CAN 电源模式 0 系统总线　BA.HS CAN人机接口（HMI）系统总线。

1.自动温控模块（ATCM）　2.动力传动系统控制模块（PCM）　3.车身控制模块/网关模块（BCM/GWM）　4.后集成控制面板（RICP）　5.集成控制面板（ICP）　6.鼓风机　7.空气离子发生器　8.内循环电机、温度混合电机和分配电机（12 个）　9.温度混合电机（2 个）（仅限四区气候控制系统）　10.接地　11.电源　12.管道气温传感器（双区气候控制系统中为 4 个，四区气候控制系统中为 8 个）　13.阳光传感器　14.污染物传感器　15.湿度传感器　16.车内温度传感器　17.环境空气温度（AAT）传感器

图 4-5-41

2. 自动温控模块（ATCM）

气候控制系统由自动温控模块（ATCM）控制，ATCM 控制 A/C 系统提供以下功能：

乘客舱空调；

乘客舱加热。从电动驱动温度控制系统回收的热量为乘客舱加热，由动力传动系统控制模块（PCM）进行控制；

乘客舱加热。从从外部空气回收的热量为乘客舱加热；

当蓄电池电量控制模块（BECM）请求时，执行 EV 蓄电池冷却或加热。

气候控制系统由自动温控模块（ATCM）响应来自集成控制面板（ICP）、后集成控制面板（RICP）（如已配备）和以下传感器的输入：

环境空气温度（AAT）传感器；

A/C 温度压力传感器；

蒸发器温度传感器；

车内温度传感器；

湿度传感器；

阳光传感器；

污染物传感器；

导管空气温度传感器。

操作可以是全自动，也可手动选择进气源、鼓风机转速和空气分配。这些选择可在 ICP 和 RICP 上进行（如已配备）。

ATCM 与动力传动系统控制模块（PCM）进行通信，以确定电动驱动温度控制系统可为加热乘客舱提供的可回收热量。ATCM 还将确定用来加热乘客舱的备选热源。ATCM 平衡来自 3 个来源的热量，以优化车辆凭介电动车（EV）蓄电池行驶的里程。

ATCM 还接收来自蓄电池电量控制模块（BECM）的冷却请求，使用 EV 蓄电池冷却器为 EV 蓄电池提供冷却。当车辆连接至外部电源为 EV 蓄电池充电时，BECM 还会发送加热 EV 蓄电池的请求。

PCM 通过高速（HS）控制器局域网（CAN）电源模式 0 系统总线为 ATCM 提供来自左侧车门后视镜中的环境气温（ATT）传感器的 ATT 数据。

ATCM 除了控制 A/C 系统与加热和通风系统外，还控制如下部件：

挡风玻璃清洗器喷嘴加热器和刮水器刮片加热器；

前、后排座椅的温度控制。

3. 集成控制面板

集成控制面板（ICP）安装在仪表盘中央。ICP 包含旋转开关，并且根据车辆规格，可分为触摸屏（TS）的集成控制面板（ICP）和触摸屏（TS）的集成控制面板（ICP）。ICP 将气候控制选择转换成专用控制器局域网（CAN）总线信息，并将其传输到自动温控模块（ATCM）。后集成控制面板（RICP）安装在地板控制台的后部。RICP 包含旋转开关和操作后部气候控制系统的开关。RICP 将气候控制选择转换成高速（HS）控制器局域网（CAN）人机接口（HMI）系统总线信息，并将其传输到自动温控模块（ATCM）。

4. 环境空气温度（AAT）传感器

环境空气温度（AAT）传感器参见图 4-5-36，它安装于左车门后视镜中。AAT 传感器是一个负温度系数（NTC）电阻器，通过硬接线连接至动力传动系统控制模块（PCM），PCM 将 AAT 传播至其他系统。ATCM 通过高速（HS）控制器局域网（CAN）电源模式 0 系统总线接收 AAT。注意：在拆卸或安装左车门后视镜前，请断开启动蓄电池。未能遵守这一点，将会导致环境空气温度（AAT）传感器提供错误的

温度值 –40℃。这样可以阻止空调（A/C）系统工作，直至车辆行驶 20min。

5. 空调（A/C）温度压力传感器

空调（A/C）温度压力传感器参见图 4-5-37。有 4 个 A/C 温度压力传感器用于确保 A/C 系统正常工作。向自动温控模块（ATCM）或 PCM 提供来自 A/C 系统的制冷剂温度和压力数据。

6. 空调蒸发器温度传感器

空调（A/C）蒸发器温度传感器参见图 4-5-35，位于气候控制总成中的 A/C 蒸发器出口侧，直接安装到 A/C 蒸发器矩阵散热片。A/C 蒸发器温度传感器是一个负温度系数（NTC）电阻器，为自动温控模块（ATCM）提供来自 A/C 蒸发器下游的温度信号。ATCM 使用来自 A/C 蒸发器温度传感器的输入控制电动空调（A/C）压缩机的负荷，从而控制 A/C 蒸发器的工作温度。A/C 蒸发器温度传感器通过硬接线连至 ATCM。A/C 蒸发器温度传感器通过一个 2 针脚接头连接到气候控制总成接线线束，并通过接线线束连接到 ATCM。2 针脚接头具有以下电气连接：

来自 ATCM 的 5V 电源

将温度相关的信号传输到 ATCM。

7. 车内温度传感器

车内温度传感器参见图 4-5-35，安装在一体式格栅后方。车内温度传感器是一个负温度系统（NTC）电阻器，传感器内带有风扇的电机吸入空气，空气流过格栅和 NTC 电阻器。车内温度传感器通过硬接线连至自动温控模块（ATCM）的接线线束，传感器有 4 个针脚，分别是：

来自 ATCM 的电风扇电机电源；

连接到 ATCM 的电风扇电机接地连接；

传输到 ATCM 的温度传感器信号；

仅供温度传感器的接地连接。

ATCM 使用来自车内温度传感器的信号来控制气候控制总成输出温度、鼓风机转速和空气分配。如果车内温度传感器出现故障，ATCM 将会采用默认温度 25℃。

8. 湿度传感器

湿度传感器参见图 4-5-36，它安装在挡风玻璃内侧靠近后视镜的位置。湿度传感器通过固定在挡风玻璃上的支架紧靠挡风玻璃定位。湿度传感器隐藏在一个盖板下方。湿度传感器由 3 个独立的元件组成：

一个电容式湿度传感器；

一个负温度系数（NTC）电阻，空气温度传感器；

一个挡风玻璃红外温度传感器。

来自湿度传感器的 3 个单独元件的数据通过局域互联网络（LIN）总线传输至自动温控模块（ATCM）。该湿度传感器通过一个连接至接线线束的 3 针脚接头以硬接线方式连至 ATCM。3 针脚接头具有以下电气连接：

来自 ATCM 的电源；

至 ATCM 的局域互联网络（LIN）总线；

通过 ATCM 的接地连接。

9. 污染物传感器

污染物传感器如图 4-5-42 所示，它位于气候控制总成的进气口中。污染物传感器可确定进入乘客舱的外部空气的质量。依据来自污染物传感器的信号，ATCM 可以控

图 4-5-42

制进气气源，从而减少进入乘客舱的污染物量。污染物传感器使用了半导体材料，当接触到特定气体时，该材料的电阻将会发生变化。污染物传感器使用此特性来监控是否存在一氧化碳（CO）和氮氧化物（NOx）等气体。如果发生以下 4 种情况之一，则污染物传感器将以脉宽调制（PWM）信号的形式将空气质量传输到自动温控模块（ATCM）：

静态或降低的污染水平；

污染水平的轻微升高；

污染水平的中度升高；

污染水平的快速或大幅度升高。

污染物传感器具有一个 3 针脚接头，通过连接至 ATCM 的接线线束连接到气候控制总成接线线束。 3 针脚接头具有以下电气连接：

来自 ATCM 的电源；

传输到 ATCM 的污染物 PWM 信号；

通过 ATCM 的接地连接。

10. 阳光传感器

阳光传感器参见图 4-5-35，阳光传感器安装在仪表盘上表面的中央，为自动温控模块（ATCM）提供光线强度输入信号。阳光传感器包含 2 个光电元件。 一个光电元件感测来自车辆左侧的光，另一个光电元件感测来自车辆右侧的光。 该输入是阳光对乘客舱加热效果的测量值。

阳光传感器通过一个 3 针脚接头，通过接线线束以硬接线方式连至 ATCM。3 针脚接头具有以下电气连接：

来自 ATCM 的 5V 电源；

从左侧传感器传输至 ATCM 的信号与该传感器上的光照成比例；

从右侧传感器传输至 ATCM 的信号与该传感器上的光照成比例。

ATCM 根据来自阳光传感器的输入调节鼓风机转速、温度和空气分配，以提高舒适度。

11. 导管空气温度传感器

管道气温传感器位于气候控制总成的空气分配管道中，参见图 4-5-35 和图 4-5-39。 分别在以下空气分配管道中：

左前和右前中央面部通风管；

左前和右前搁脚空间通风管；

左后和右后面部通风管；

左后和右后搁脚空间通风管。

管道气温传感器是负温度系数（NTC）型电阻器。管道气温传感器通过一个 2 针脚接头连接至接线线束，以硬接线方式连至自动温控模块（ATCM）。 2 针脚接头具有以下电气连接：

来自 ATCM 的 5V 电源；

至 ATCM 的接地连接。

12. 空气离子发生器（如已配备）

空气离子发生器位于仪表盘的前排乘客侧，参见图 4-5-39，由一根软管连接至前排乘客外侧面部通风口管。空气离子发生器产生正、负离子，离子追逐围绕空气污染有害物质。 这样会将较小的空中微粒吸引在一起，形成更大的颗粒，于是颗粒可被空气滤清器捕捉。 这将减少空气中的霉菌孢子、微生物、真菌、异味、病菌和细菌含量，以净化车辆中的空气。空气离子发生器具有一个 4 针脚接头连接至接线线束。4 针脚接头具有以下电气连接：

来自乘客接线盒（PJB）的熔断丝保护电源；

来自自动温控模块（ATCM）的打开 / 关闭信号；

连接至 ATCM 的诊断连接；

接地连接。

13. 鼓风机和控制模块

鼓风机安装在气候控制总成空气滤清器下面，如图 4-5-43 所示。鼓风机带有一个集成式鼓风机控制模块，可控制鼓风机转速。鼓风机的转速由从自动温控模块（ATCM）传输到鼓风机控制模块的脉宽调制（PWM）信号进行控制。ATCM 鼓风机转速请求取决于来自集成控制面板（ICP）和后集成控制面板（RICP）（如已配备）的输入。当鼓风机处于自动模式时，ATCM 根据舒适性算法确定所需的鼓风机转速。当鼓风机处于手动模式时，ATCM 会以集成控制面板（ICP）上选定的速度运行鼓风机。ATCM 还控制鼓风机转速，以补偿由车辆向前行驶对进气产生的冲压效应。随着车辆加速，冲压效应会增强，鼓风机转速会下降。鼓风机具有一个 3 针脚接头，分别是：

1. 鼓风机 2. 鼓风机控制模块

图 4-5-43

来自左前接线盒（FJB）中的继电器的电源；

来自 ATCM 的 PWM 信号；

接地连接。

14. 高压（HV）内部加热器控制

高压（HV）内部加热器位于前舱的后部，参见图 4-5-36。HV 内部加热器接收来自电动车（EV）蓄电池的 HVDC 电源。ATCM 通过局域互联网络（LIN）控制 HV 内部加热器。同时 HV 内部加热器还连接到蓄电池电量控制模块（BECM）的 HV 互锁回路。

HV 内部加热器的最大热量输出为 7kW。热量输出由 ATCM 根据对集成控制面板（ICP）、BECM 和后集成控制面板（RICP）（如已配备）的加热请求进行控制。当外部电源连接到车辆为 EV 蓄电池充电时，HV 内部加热器可用于为 EV 蓄电池温度控制系统提供热量。在充电之前和充电期间可提供来自 HV 内部加热器的热量。当 EV 蓄电池充电时，HV 内部加热器的电源由外部电源供电。

15. 进气控制

再循环风门由电机操纵。进气来源是由自动温控模块（ATCM）自动控制的，除非按下集成控制板（ICP）上的再循环开关将其超控。在自动控制模式下，ATCM 会根据舒适性算法和污染物传感器确定所需的再循环风门位置。

短暂按下再循环开关可点亮开关指示灯并激活定时再循环。按住此开关将使开关指示灯闪烁，然后持续点亮。这表示进气口暂时锁定在再循环位置，此时可以松开开关。再次按此开关可取消再循环，且 ATCM 使再循环风门返回到新鲜空气位置。定时再循环经过设置的时间后自动取消，具体情况根据环境空气温度的不同而变化。

在自动控制期间，如果自动温控模块（ATCM）检测到污染物，则其会将空气源设置为再循环并持续 10min。在 10min 再循环之后，它会将空气源设置为新鲜空气 20s，以便更换乘客舱内的空气。ATCM 将会重复此循环，直至污染物传感器发出信号表示污染物水平已下降。

在配备下部触摸屏（TS）的集成控制面板（ICP）上，通过下部触摸屏上的"设置"屏幕可以调节污染物传感器灵敏度，或可以选择关闭污染物感测。如果污染物传感器出现故障，ATCM将禁用再循环风门的自动运行。

16. 乘客舱加热

自动温控模块（ATCM）使用来自集成控制面板（ICP）和后集成控制面板（RICP）（如已配备）的乘客舱温度请求来计算热量需求。动力传动系统控制模块（PCM）将环境气温（AAT）和来自电动驱动温度控制系统的可用回收热量传输到ATCM。PCM和ATCM通过高速（HS）控制器局域网（CAN）电源模式0系统总线进行通信。然后，ATCM计算最有效的来源，从下列热量源为乘客舱提供所需的热量：

高压（HV）内部加热器；

电力驱动温度控制系统；

来自空调（A/C）系统的回收热交换器的外部空气。

ATCM与PCM进行通信，以确定来自电动驱动温度控制系统和外部空气的可回收热量。然后ATCM计算使用哪个热源可以使车辆依靠电动车（EV）蓄电池行驶的里程最大化。ATCM随后将选择来自每个热源的热量比例，然后启动A/C系统和所需的气候控制部件。

17. 乘客舱空气温度控制

来自气候控制冷却液的热量通过气候控制总成中的加热器芯传递空气给乘客舱。自动温控模块（ATCM）操作鼓风机和所需的风门，根据需要控制空气流量和温度。

ATCM还会控制空调（A/C）系统，在需要时冷却乘客舱。A/C系统使用气候控制总成中的A/C蒸发器，利用节流管调节通过A/C蒸发器的制冷剂流量。来自A/C蒸发器的冷却空气将会进入气候控制总成。ATCM将会控制温度混合风门，以便引导一定比例的空气通过加热器芯，从而产生所需的空气输出温度。

在配备2区或4区气候控制系统的车辆上，各温度混合风门独立工作，以实现乘客舱中的各项温度设置。温度混合风门由电机来操作，该电机由ATCM使用局域互联网络（LIN）总线信息来控制。温度混合电机将会通过LIN总线将位置数据发送回ATCM。

ATCM计算获得选定温度所需的温度混合电机的位置，并将其与当前位置相比较。如果存在差异，ATCM向电机发出信号，使其调整到新位置。如果选择最大加热或制冷，则ATCM中的舒适性算法将为空气分配、鼓风机转速和空气源选择合适的策略。

在配备双区气候控制系统的车辆上，乘员舱一侧的温度控制可能会因乘客舱另一侧设置为高级别加热或制冷而受到影响。可从驾驶员侧的温度控制开关选择真正的最大加热和制冷。如果从驾驶员侧选择最大加热或冷却，乘客侧温度将会自动设置，以匹配驾驶员侧。如果选择集成式控制面板（ICP）上的"同步"图标，则ATCM将乘客设置与驾驶员设置同步。

18. 空气分配控制

空气分配门用于将空气导入乘客舱。风门由电机操作，电机由自动温控模块（ATCM）控制使用局域互联网络（LIN）总线信息控制。

当气候控制系统处于自动模式时，ATCM将按照舒适性算法自动控制进入乘客舱的空气分配。如果在集成控制面板（ICP）选择任一空气分配，则会操控自动控制。乘客舱中的空气分配将保持选定方式，直到再次操作ICP上的"自动"开关为止。

19. 湿度控制

自动温控模块（ATCM）使用来自湿度传感器的信号，以控制乘客舱中的湿度。ATCM使用湿度传感器数据以执行以下操作：

按照需要调整车辆内的空气湿度，为乘员提供最舒适的湿度水平；

计算挡风玻璃内侧的空气凝结点温度。

车内湿度可通过提高或降低控制空调（A/C）蒸发器的温度进行控制。A/C 蒸发器温度升高将会提高挡风玻璃处的空气中的水汽含量。降低 A/C 蒸发器温度将会降低乘客舱中空气的水汽含量。如果乘客舱内的空气凝结点升高至接近挡风玻璃的空气凝结点，则可能产生雾气。为防止出现这种情况，ATCM 将：

提高鼓风机转速；

将 A/C 蒸发器的工作温度降至其最低安全运行温度；

提高离开气候控制总成的空气的温度；

调节除雾分配电机的位置以将更多空气导入挡风玻璃；

调节再循环电机的位置以引入更多新鲜空气。

同时，通过高速（HS）控制器局域网（CAN）人机接口（HMI）系统总线发送信息到车身控制模块/网关模块（BCM/GWM），以给加热型挡风玻璃通电（如果配备）。

20. 编程设置的除雾功能

当操作集成控制面板（ICP）上的最大除雾开关时，自动温控模块（ATCM）启动已编程的除雾功能。当选择最大除雾时，ATCM 会将该系统配置如下：

自动模式关闭；

选定的温度不改变；

进气设置为新鲜空气；

空气分配设置为挡风玻璃；

鼓风机速度设置为 6 级；

后车窗加热器打开和挡风玻璃加热器（如已配备）打开。

可通过以下方式之一取消编程设置的除霜功能：

在 ICP 或下触摸屏（TS）（如已配备）上选择任何空气分配开关；

按下 ICP 上的"自动"开关；

再次按下最大除雾开关；

关闭点火开关。

21. 加热型后车窗

自动温控模块（ATCM）控制加热器电气部件的运行，以快速为后车窗除霜/除雾。要操作可加热后车窗，请按下集成控制面板（ICP）上的可加热后车窗开关。ICP 通过专用控制器局域网（CAN）总线向 ATCM 发送一条信息。ATCM 通过高速（HS）CAN 人机接口（HMI）系统总线向车身控制模块/网关模块（BCM/GWM）发送一条信息，为可加热后车窗通电。

22. 加热型挡风玻璃（如配置）

自动温控模块（ATCM）控制 2 个加热器电气元件，为挡风玻璃快速除霜/除雾。要操作加热型挡风玻璃，请按下集成控制面板（ICP）上的加热型挡风玻璃开关。ICP 通过专用控制器局域网（CAN）总线向 ATCM 发送一条信息。ATCM 通过高速（HS）CAN 人机接口（HMI）系统总线向车身控制模块/网关模块（BCM/GWM）发送一条信息，为加热型挡风玻璃通电。

23. 空气离子化（如已配备）

触按集成控制面板（ICP）下部触摸屏（TS）上的空气离子化图标，可运行空气离子发生器。然后 ICP 通过专用控制器局域网（CAN）总线向自动温控模块（ATCM）发送信号，为空气离子发生器通电。只有在气流被引导至仪表盘的前面部通风口时，ATCM 才会操作空气离子发生器。经过离子化处理的空气仅会从仪表盘内的前排座椅乘客外侧面部通风口进入乘客舱。

24. 电动空调压缩机控制

自动温控模块（ATCM）通过评估来自以下部件的热量传输请求，确定需要从空调（A/C）系统传输的热量总量：

集成控制面板（ICP）和后集成控制面板（RICP）（如已配备），用于乘客舱冷却；

蓄电池电量控制模块（BECM），用于电动车（EV）蓄电池冷却；

ICP 和 RICP（如已配备），用于乘客舱加热。

ATCM 根据热量传输请求启动以下部件：

电动空调压缩机；

前 A/C 隔离阀，仅在不需要乘客舱冷却时通电；

A/C 隔离阀（5 个），ATCM 为制冷剂流量所需的 A/C 隔离阀通电；

EV 蓄电池冷却器隔离阀，仅在蓄电池电量控制模块（BECM）请求冷却 EV 蓄电池时通电；

电动驱动冷却器隔离阀，仅在 ATCM 从电动驱动温度控制系统回收热量以加热乘客舱时通电；

ATCM 计算电动 A/C 压缩机所需的最佳速度，以产生所需的热量传输量。ATCM 还将计算驱动电动 A/C 压缩机所需的电量。

注意：自动温控模块（ATCM）在高环境温度条件下采用不同的冷却策略。 在车辆运转的第一个 15min，前空调（A/C）隔离阀关闭。 这样能使乘员舱尽快实现目标温度。 当乘客舱达到目标温度或经过 15min 后，前 A/C 隔离阀打开，将电动车（EV）蓄电池冷却器重新连接至制冷剂回路。

25. 电动车蓄电池温度控制

（1）电动车辆蓄电池冷却。来自蓄电池电量控制模块（BECM）的电动车（EV）蓄电池冷却请求通过高速（HS）控制器局域网（CAN）电源模式 0 系统总线发送至自动温控模块（ATCM）。 当车辆行驶时或连接到外部电源为 EV 蓄电池充电时，BECM 可以请求 EV 蓄电池冷却。ATCM 操作空调（A/C）系统，使用 EV 蓄电池冷却器对 EV 蓄电池冷却液进行冷却。ATCM 将操作以下部件：

电动空调压缩机；

EV 蓄电池冷却器隔离阀。

A/C 隔离阀（5 个）。ATCM 为所需的 A/C 隔离阀通电，使制冷剂流至 EV 蓄电池冷却器。

如果不需要乘客舱制冷，则仅为前 A/C 隔离阀通电。

（2）电动车蓄电池加热。当车辆连接至外部电源为 EV 蓄电池充电时，蓄电池电量控制模块（BECM）仅请求电动车（EV）蓄电池加热。 BECM 控制 EV 蓄电池温度控制系统，在需要时将加热请求传输至自动温控模块（ATCM）。 BECM 和 ATCM 通过高速（HS）控制器局域网（CAN）电源模式 0 系统总线进行通信。BECM 控制以下部件，使 EV 蓄电池冷却液和热量从气候控制热交换器流至 EV 蓄电池：

EV 蓄电池冷却液泵；

EV 蓄电池换向阀。

ATCM 使用高压（HV）内部加热器加热气候控制冷却液。 HV 内部加热器的电源由外部电源提供。 为了循环和加热流向气候控制热交换器的气候控制冷却液，ATCM 操作以下部件：

通过局域互联网络（LIN）总线操作 HV 内部加热器；

通过脉宽调制（PWM）信号操作气候控制冷却液泵；

气候控制换向阀。

第六节　高压断电与通电

当对电动汽车进行的维修会接触高压（HV）系统部件，必须将 HV 系统断电并隔离。本节介绍捷豹 I-PACE 纯电动汽车高压断电/通电流程。在实际操作时，需实时参考不断更新的 JLR 认可的车间维修手册。本节只能用于学习和交流目的，不具备指导技师进行电动汽车断电/通电操作的效力。

一、捷豹 I-PACE 纯电动汽车高压断电流程

（1）此程序必须严格按照 JLR 认可的车间维修手册进行。否则，可能导致严重人身伤害。电动车授权技师（EVAP）或更高级别人员，才有资质进行此项作业。本程序要求使用 0 级个人防护装备（PPE）。

（2）如图 4-6-1 所示，将电动汽车（EV）安全护栏放置在车辆周围，与车辆各点保持至少 1 m 距离。

（3）检查仪表盘上是否显示了警告符号和信息，可能的信息如图 4-6-2 所示。使用 PATHFINDER，在车辆上完成诊断检查，以查看是否存储了以下任何与高压（HV）系统有关的故障码（DTC）。某些DTC 可能需要将电动车隔离检查（参见车间维修手册电动车隔离的说明）。

图 4-6-1

  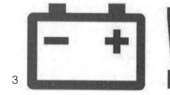

1.非严重故障，应查询并记录故障码，仍然可能断电　2.严重故障，应查询并记录故障码，仍然可能断电　3.电池接触器故障，应查询并记录故障码，无法断电

图 4-6-2

（4）确保车辆处于"驻车挡"、电动驻车制动器（EPB）已释放、点火开关已关闭并且车门已解锁。打开发动机舱盖。

（5）从车辆拔下所有智能钥匙，将其存放在与车辆至少 5m 远的位置，锁在指定的钥匙盒中。按下点火开关以确认车辆与智能钥匙之间没有通信。

（6）确保在车辆挡风玻璃上放置适当的标志。如黄色标识，标志应表明车辆高压电气系统可运行。车辆高压电气系统已激活。

车辆高压系统状态标识如图 4-6-3 所示。

（7）使用诊断设备 PATHFINDER，在"维修"选项卡下面找到混合动力/电动车断电应用程序，但在此阶段不要启动此流程。

（8）确保从车辆上断开所有外部 12V 电源。例如：牵引杆插座、12V 附件插座、充电点。

（9）从任何外部高压（HV）电源断开车辆。

（10）如图 4-6-4 所示，将保护贴（专用工具：JLR-415-024）贴在车辆的充电口盖上，确保在贴上保护贴后不能打开充电口盖。

图 4-6-3

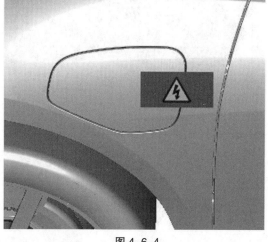

图 4-6-4

（11）如图 4-6-5 所示，拆除 2 个夹扣。松开 6 个卡夹。拆下前舱中央装饰板。

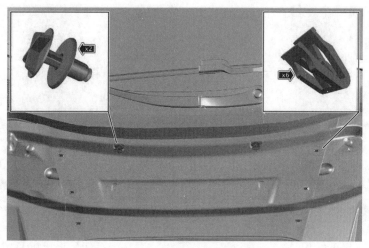

图 4-6-5

（12）如图 4-6-6 所示，在断开气体支承之前，确保充分支撑了发动机罩。从车身松开气撑杆。对两侧重复此步骤。

（13）如图 4-6-7 所示，松开 5 个卡夹。拆下小装饰板和安全卡夹。

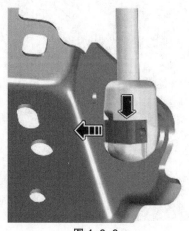

图 4-6-6

图 4-6-7

（14）如图 4-6-8 所示，松开 4 个卡夹。拆下右侧装饰板。

（15）如图 4-6-9 所示，松开 5 个卡夹。拆下小装饰板和安全卡夹。

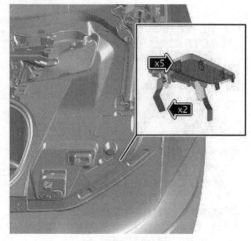

图 4-6-8   图 4-6-9

（16）如图 4-6-10 所示，松开 3 个卡夹。拆下左侧装饰板。

（17）如图 4-6-11 所示，松开辅助蓄电池负极电缆。

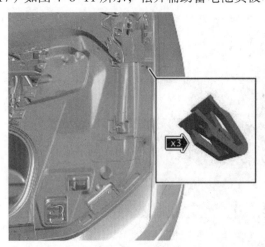

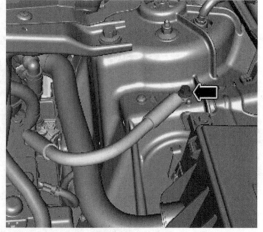

图 4-6-10   图 4-6-11

（18）如图 4-6-12 所示，将锁定工具和绝缘挂锁安装到辅助蓄电池负极电缆上。专用工具：JLR-415-022。必须将钥匙放置在指定钥匙箱内，并由 EVAP 负责进行保管。

（19）如图 4-6-13 所示，松开启动蓄电池正极电缆保护盖。

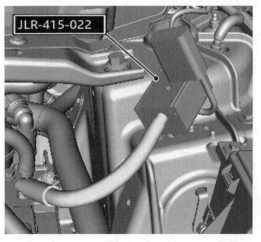

图 4-6-12   图 4-6-13

（20）如图 4-6-14 所示，断开直流至直流（DC/DC）转换器接地电缆并将其系在一边。确保将直流至直流（DC/DC）电缆系在一边，不得接触任何其他蓄电池接线柱。

（21）如图 4-6-15 所示，断开启动蓄电池接地电缆。

图 4-6-14

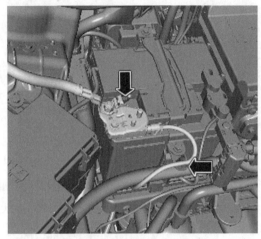

图 4-6-15

（22）如图 4-6-16 所示，断开启动蓄电池正极电缆。

（23）如图 4-6-17 所示，将锁定工具和挂锁安装到启动蓄电池的正极电缆，并将其安全地放置在一旁。专用工具：JLR-415-020。必须将钥匙放置在指定钥匙箱内，并由 EVAP 负责进行保管。

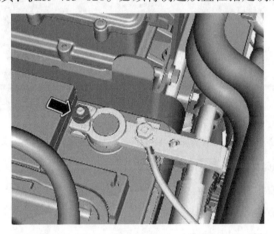

图 4-6-16

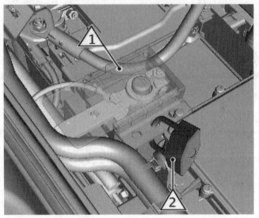

1.锁定工具 2.挂锁

图 4-6-17

（24）如图 4-6-18 所示，拆下行李箱橡胶密封件。

（25）按图 4-6-19 中所示位置放置前储物箱地毯垫。拆下 2 个前部储物箱的螺栓。

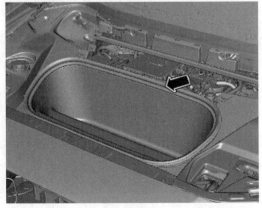

图 4-6-18

图 4-6-19

（26）如图 4-6-20 所示，松开 2 个后部紧固件。松开 2 个前部紧固件。

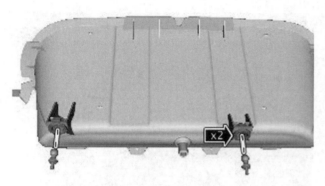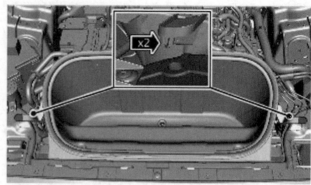

图 4-6-20

（27）如图 4-6-21 所示，将前储物箱朝向车辆前部旋转，将其拆下。

（28）如图 4-6-22 所示，松开并打开 12V 接线盒盖。

图 4-6-21

图 4-6-22

（29）如图 4-6-23 所示，从 12V 接线盒松开直流/直流（DC/DC）电缆。

（30）如图 4-6-24 所示，将锁定工具和绝缘挂锁安装至直流/直流（DC/DC）电缆。专用工具：JLR-415-022。必须将钥匙放置在指定钥匙箱内，并由 EVAP 负责进行保管。

（31）等待至少 5min 时间，以使高压系统完全放电。

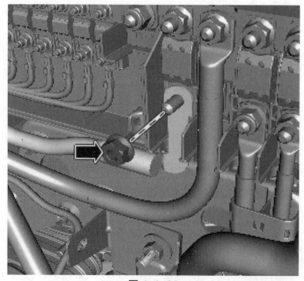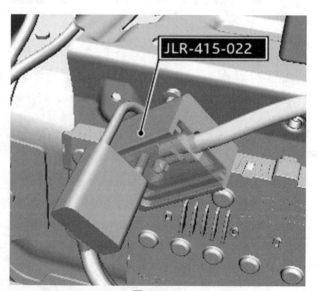

图 4-6-23

图 4-6-24

（32）抬起第二排座椅坐垫。

（33）断开坐垫下面的 2 个电气接头。

（34）拆下第二排座椅坐垫。

（35）如图 4-6-25 所示，拆下第二排座椅下部装饰板。

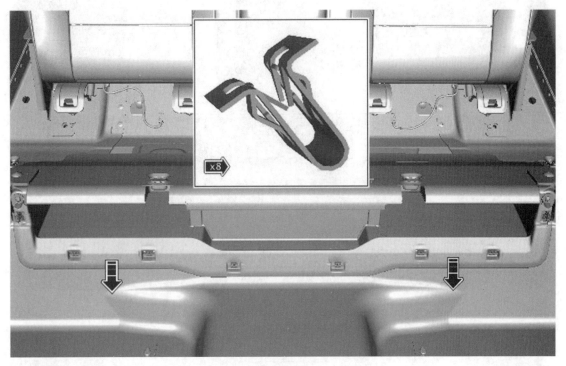

图 4-6-25

（36）如图 4-6-26 所示，从第二排座椅底座松开地毯。

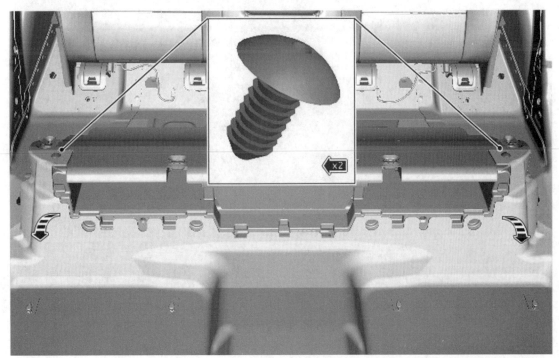

图 4-6-26

（37）如图 4-6-27 所示，拆下第二排座椅储物箱下部饰件。

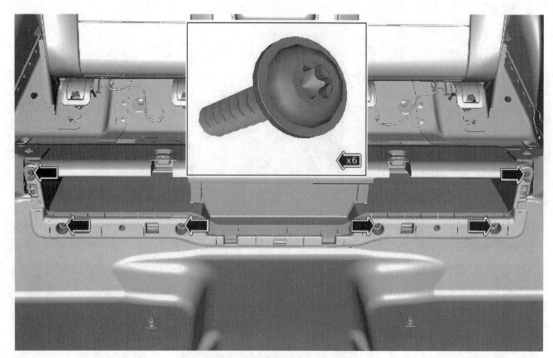

图 4-6-27

（38）如图 4-6-28 所示，拆下第二排座椅储物箱。

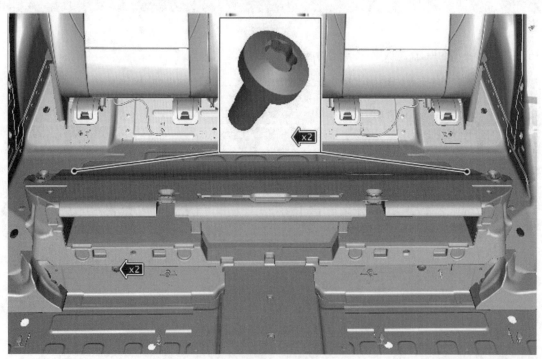

图 4-6-28

（39）如图 4-6-29 所示，逆时针转动服务断开装置（SDU）钥匙。拔下 SDU 钥匙，将其置于指定的 EV 钥匙锁盒中。必须将钥匙放置在指定钥匙箱内，并由 EVAP 负责进行保管。

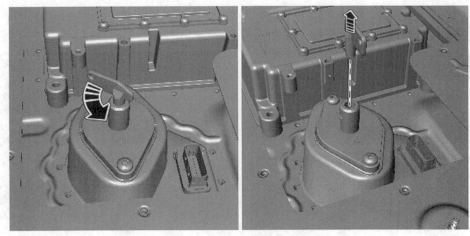

图 4-6-29

（40）如图 4-6-30 所示，拆下蓄电池电气模块（BEM）检修面板。

（41）如图 4-6-31 所示，使用挂锁锁定 SDU 外壳。必须将钥匙放置在指定钥匙箱内，并由 EVAP 负责进行保管。

图 4-6-30

图 4-6-31

（42）如图 4-6-32 所示，从 HV 蓄电池松开 12V 插头。

（43）在断电程序的附近区域内配备一位技师（EVCP）。该人员必须能够使用安全钩。如图 4-6-33 所示，从 BEM 断开 HV 接头，并将其置于一边。

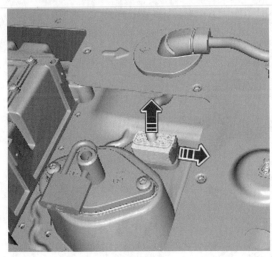

图 4-6-32

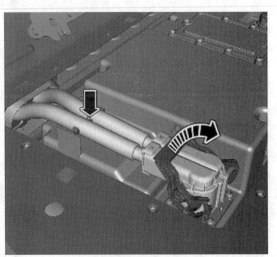

图 4-6-33

（44）如图4-6-34所示，将锁定工具和挂锁安装到HV电气接头。专用工具：JLR-415-013。必须将钥匙放置在指定钥匙箱内，并由EVAP负责进行保管。

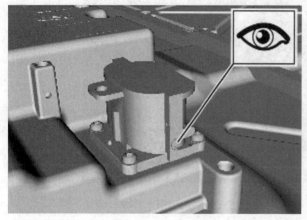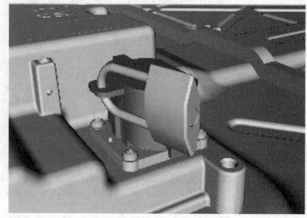

图4-6-34

（45）这一步骤的目的在于测试和验证断开的高压线缆的安全性，确保没有电压存在。测试需要专用工具和PATHFINDER中的应用程序配合使用。使用PATHFINDER诊断设备，在"维修"选项卡中启动混合动力/电动车断电应用程序。所需专用工具如图4-6-35和图4-6-36所示，包括封口盖JLR-415-042、断接盒JLR-415-047、JLR-415-052以及HV安全测试仪2000-VS8973。测试步骤按PATHFINDER提示进行，PATHFINDER屏幕示例如图4-6-37所示。测试前按照混合动力/电动车断电应用程序上的屏幕说明操作，为HV断接盒JLR-415-052完成设备安全测试。后驱动单元（RDU）HV电缆测试完成后，再次对设备状态进行测试。

A   B

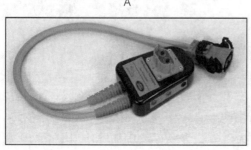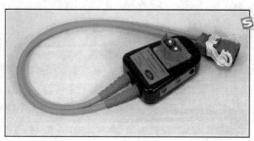

A.断接盒（Tyco"A"HV接头）-JLR-415-052 B.断接盒（Tyco"B"HV接头）-JLR-415-047

图4-6-35

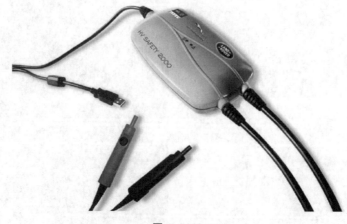

图4-6-36

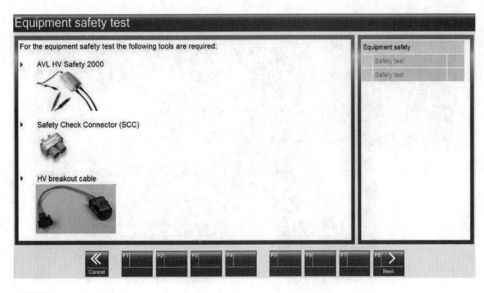

E226865

图 4-6-37

（46）如图 4-6-38 所示，将专用工具封口盖 JLR-415-042 安装到 JLR-415-052 断接盒。将断接盒 JLR-415-052 连接到第二排座椅下面的后驱动单元（RDU）HV 电缆。将红色 AVL 2000 测试探针连接到 HV 断接盒上的红色测试插座中。将黑色 AVL 2000 测试探针连接到 HV 断接盒上的黑色测试插座中，然后按照混合动力电动汽车断电应用程序的屏幕说明进行操作。

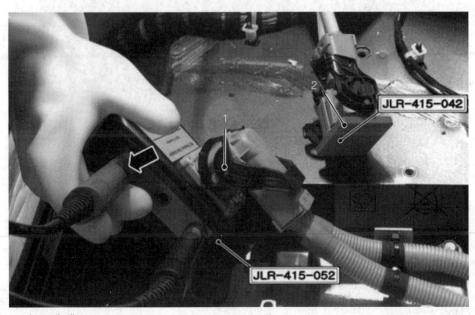

1.后驱动单元（RDV）HV电缆 2.JLR-415-042

图 4-6-38

（47）如图 4-6-39 所示，将红色 AVL 2000 测试探针连接到 HV 断接盒上的红色测试插座中。将黑色 AVL 2000 测试探针连接到第二排座椅底座前部的接地双头螺栓，然后按照混合动力电动汽车断电应用程序的屏幕说明进行操作。

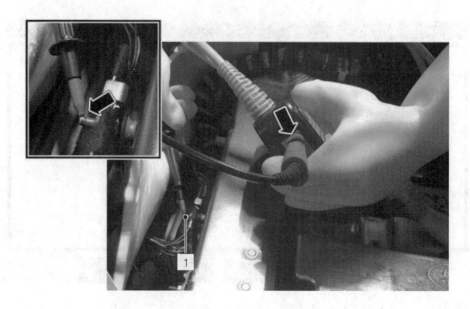

1.双头螺栓

图 4-6-39

（48）如图 4-6-40 所示，将红色 AVL 2000 测试探针连接到 HV 断接盒上的黑色测试插座中。将黑色 AVL 2000 测试探针连接到第二排座椅底座前部的接地双头螺栓，然后按照混合动力电动汽车断电应用程序的屏幕说明进行操作。

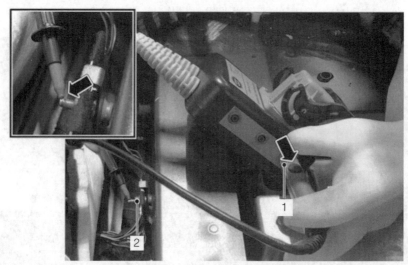

1.HV断接盒 2.黑色螺栓

图 4-6-40

（49）从车辆上拆下 HV 断接盒 JLR-415-052，并按照混合动力/电动车断电应用程序上的屏幕说明操作，为 HV 断接盒 JLR-415-052 完成设备安全测试。

（50）在合适的 2 柱举升机升起并支撑车辆。如图 4-6-41 所示，拆下前部空气导流板。

（50）如图 4-6-42 所示，拆下 HV 接头保护盖。

（51）如图 4-6-43 所示，从 EV 蓄电池前部拆下两个 HV 接头，并将其置于一边。

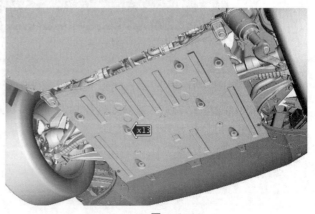

图 4-6-41

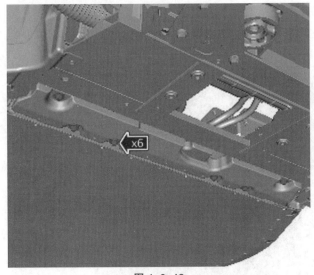

图 4-6-42

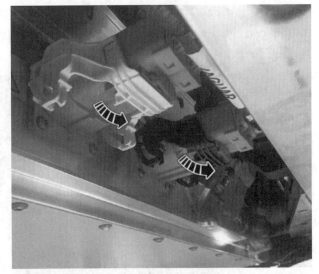

图 4-6-43

（52）如图 4-6-44 所示，将锁定工具和挂锁安装到两个 HV 接头上（专用工具：JLR-415-013）。

（53）按照混合动力/电动车断电应用程序上的屏幕说明操作，为 HV 断接盒 JLR-415-052 完成设备安全测试。前部 HV 电缆测试完成后，再次对设备状态进行测试。

（54）如图 4-6-45 所示，将断接盒 JLR-415-052 连接到车辆 HV 电缆。将专用工具封口盖 JLR-415-042 安装到 JLR-415-052 断接盒。将红色 AVL 2000 测试探针连接到 HV 断接盒上的红色测试插座中。将黑色 AVL 2000 测试探针连接到 HV 断接盒上的黑色测试插座中，然后按照混合动力电动汽车断电应用程序的屏幕说明进行操作。

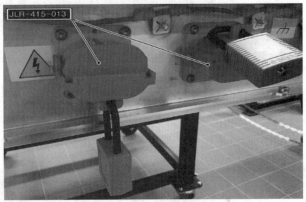

图 4-6-44

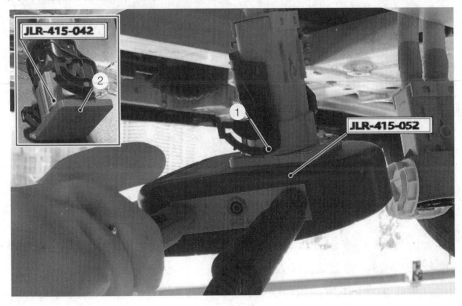

1.HV电缆

图 4-6-45

（55）如图4-6-46所示，将红色AVL 2000测试探针连接到HV断接盒上的红色测试插座中。将黑色AVL 2000测试探针连接到EV蓄电池前部的接地双头螺栓，然后按照混合动力电动汽车断电应用程序的屏幕说明进行操作。

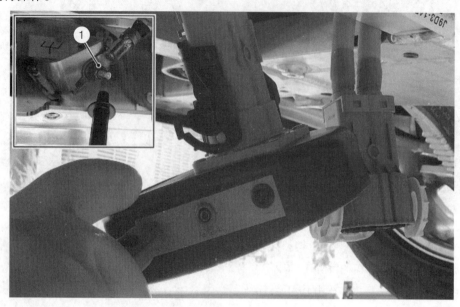

1.双头螺栓

图4-6-46

（56）如图4-6-47所示，将红色AVL 2000测试探针连接到HV断接盒上的黑色测试插座中。将黑色AVL 2000测试探针连接到EV蓄电池前部的接地双头螺栓，然后按照混合动力电动汽车断电应用程序的屏幕说明进行操作。

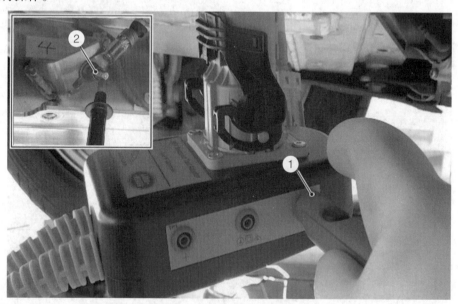

1.探针 2.双头螺栓

图4-6-47

（57）从车辆上拆下HV断接盒JLR-415-052，并按照混合动力/电动车断电应用程序上的屏幕说明操作，为HV断接盒JLR-415-052完成设备安全测试。

（58）按照混合动力/电动车断电应用程序上的屏幕说明操作，为HV断接盒JLR-415-047完成设备安全测试。如果设备安全测试成功，则转至下一步骤。如果设备安全测试失败，则必须重复执行此测试，或必须使用另一个JLR-415-047断接盒。前部HV电缆测试完成后，再次对设备状态进行测试。

（59）如图 4-6-48 所示，将断接盒 JLR-415-047 连接到车辆 HV 电缆。将专用工具封口盖 JLR-415-042 安装到 JLR-415-052 断接盒。将红色 AVL 2000 测试探针连接到 HV 断接盒上的红色测试插座中。将黑色 AVL 2000 测试探针连接到 HV 断接盒上的黑色测试插座中，然后按照混合动力电动汽车断电应用程序的屏幕说明进行操作。

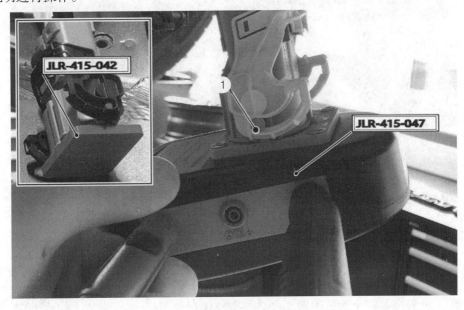

1.HV电缆

图 4-6-48

（60）如图 4-6-49 所示，将红色 AVL 2000 测试探针连接到 HV 断接盒上的红色测试插座中。将黑色 AVL 2000 测试探针连接到 EV 蓄电池前部的接地双头螺栓，然后按照混合动力电动汽车断电应用程序的屏幕说明进行操作。

1.双头螺栓

图 4-6-49

（61）如图 4-6-50 所示，将红色 AVL 2000 测试探针连接到 HV 断接盒上的黑色测试插座中。将黑色 AVL 2000 测试探针连接到 EV 蓄电池前部的接地双头螺栓，然后按照混合动力电动汽车断电应用程序的屏幕说明进行操作。

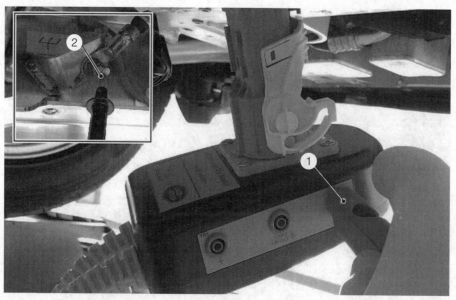

1.探针　2.双头螺栓

图 4-6-50

（62）按照混合动力/电动车断电应用程序上的屏幕说明操作，为HV 断接盒 JLR-415-047 完成设备安全测试。如果设备安全测试成功，则转至下一步骤。如果设备安全测试失败，则必须重复执行此测试，或必须使用另一个 JLR-415-047 断接盒。

（63）如果混合动力 / 电动车断电应用程序成功完成，必须在车辆的挡风玻璃上显示绿色安全标志，如图 4-6-51 所示。车辆高压电气系统已禁用，可以安全继续工作。车辆高压电气系统已隔离。现在，EVAP 可以按照 EV 安全规则中详述的说明发放工作许可证（PTW）。

图 4-6-51

二、捷豹 I-PACE 纯电动汽车高压通电流程

（1）参见图 4-6-43，从两个 HV 接头拆下锁定工具。

（2）参见图 4-6-42，将两个 HV 接头安装到 EV 蓄电池前部。

（3）参见图 4-6-41，安装 HV 接头保护盖。扭矩：25 N·m。

（4）参见图 4-6-40，安装前空气导流片。扭矩：10 N·m。

（5）参见图 4-6-34，从 HV 电气接头取下锁定工具和挂锁。

（6）参见图 4-6-33，将 HV 接头和电缆连接至 BEM。

（7）参见图 4-6-32，将 12V 通信接头安装至 HV 蓄电池。

（8）参见图 4-6-31，从 SDU 外壳取下挂锁。

（9）参见图 4-6-30，安装蓄电池电气模块（BEM）检修面板。扭矩：10 N·m。

（10）参见图 4-6-29，安装 SDU 钥匙，并转动到 on（打开）位置。

（11）参见图 4-6-28，安装第二排座椅储物箱。扭矩：24 N·m。

（12）参见图 4-6-27，安装第二排座椅储物箱下部饰件。扭矩：10 N·m。

（13）参见图 4-6-26，将地毯安装到第二排座椅底座。

（14）参见图 4-6-25，安装第二排座椅下部装饰板。

（15）在第二排座椅坐垫下面连接 2 个电气接头。

（16）安装第二排座椅坐垫。

（17）参见图4-6-12，从辅助蓄电池负极电缆取下锁定工具和绝缘挂锁。

（18）参见图4-6-11，安装辅助蓄电池负极电缆。扭矩：10 N·m。

（19）参见图4-6-24，拆下安装至直流至直流（DC/DC）电缆的锁定工具。

（20）参见图4-6-23，将直流至直流（DC/DC）电缆安装到12V接线盒。扭矩：8 N·m。

（21）参见图4-6-22，关闭12V接线盒盖。

（22）参见图4-6-17，从正极电缆取下锁定工具和挂锁。

（23）参见图4-6-16，连接启动蓄电池正极电缆。扭矩：6 N·m。

（24）参见图4-6-13，安装启动蓄电池正极电缆保护盖。

（25）参见图4-6-15，连接启动蓄电池接地电缆。扭矩：6 N·m。

（26）参见图4-6-14，安装直流至直流（DC/DC）转换器接地电缆。扭矩：6 N·m。

（27）参见图4-6-20和图4-6-21，将前储物箱安装到正确位置。确保完全接合4个紧固件。

（28）参见图4-6-19，将前储物箱地毯放在一边。拧紧2个前储物箱螺栓。扭矩：3.2 N·m。

（29）参见图4-6-18，安装行李箱橡胶密封件。

（30）参见图4-6-10，安装左侧装饰板。

（31）参见图4-6-9，安装小装饰板。

（32）参见图4-6-8，安装右侧装饰板。

（33）参见图4-6-7，安装小装饰板。

（34）参见图4-6-6，将气撑杆安装到车身。

（33）参见图4-6-5，安装前舱中央装饰板。

（34）参见图4-6-4，小心地从充电口盖撕下保护贴。

（35）参见图4-6-3，确保在车辆挡风玻璃上显示黄色的标志。标志应表明：车辆高压电气系统可运行。车辆高压电气系统已激活。

（36）打开点火开关，检查仪表盘是否存在任何故障信息。使用PATHFINDER认可的诊断工具，清除任何存储的DTC。

（37）现在，EVAP可以按照EV安全规则中详述的说明取消工作许可证（PTW）。

第七节　高压带电作业-高压蓄电池开盖维修

一、带电作业概述

1.本节目的

目前，电动汽车的电压一般在 380V，为了让具备合适资质的人员能够对电动车（EV）的高压（HV）部件执行作业，首先要对该系统进行断电和隔离，以便从电源上断开部件。在执行任何维修工作之前，需要通过测试来验证该系统已不带电，然后再对高压电气相关部件进行维修。但是，可能存在因为无法移除电源而需要完成带电作业或测试的情况，例如，更换 HV 蓄电池模块。高压（HV）电所引起的可能的触电、火灾和爆炸后果可能会造成严重的人身伤害或死亡并导致财产损失。这是一种具有潜在危险的情况，因此，参与带电作业的任何人员都必须具有必要的知识和经验，以便能够安全地工作并将受伤害的风险降至最低。本节的目的在于以豪华品牌捷豹路虎（Jaguar Land Rover）为例，对电动汽车高压带电作业做以介绍，但并不能用于指导维修。

2.高压带电作业的定义

高压（HV）电气系统被归类为标称工作电压超过 60V 的任何交流（AC）或直流（DC）电路。高压带电作业是指对超过 60V 的高压（HV）电气系统执行的工作。如果实际电压未知，则假定电压高于60V，直至经测试并证明它低于 60V。目前仅允许在 HV 蓄电池内执行带电作业。对于所有外部 HV 部件，均要求先为 HV 电气系统断电，然后才执行相关作业。

术语"带电"可定义为与电源相连的部件或设备。带电作业可定义为在含有未绝缘且外露的带电零部件上或其附近进行工作。带电作业包括带电测试，例如使用设备测量电压。注意：断电 / 通电程序不属于带电作业，而是用于证明工作点不带电的一种程序。警告：只有在没有替代方案并且能够确保安全的情况下才应该执行带电作业。

二、人员资质与培训

1.人员资质概述

在捷豹路虎体系中，电动汽车相关维修人员的资质可分为电动车初级技师（EVIP）、电动车称职技师（EVCP）、电动车授权技师（EVAP）、电动车高级授权技师（EVSAP）。能够执行高压带电作业的技师为"电动车高级授权技师（EVSAP）"，在操作期间，还应有一位"安全陪同人员"，安全陪同人员应该至少具备电动车称职技师（EVCP）资质，并且在整个带电作业活动期间都应该守护在带电作业区之外，手持有高压安全钩应并关注 EVSAP 的操作。所以，高压带电作业应由 2 人完成。

EVSAP 由 EVAP 经过 1 天的专项培训获得资格。在允许对某个车型的维修前，还需获得对某个特定车型的带电作业培训和维修的授权。如 EVSAP 要对 Jaguar I-PACE 高压蓄电池开盖内部维修，仍接受开盖维修专项培训（3 天）。在 JLR 维修资料网站 TOPIx 上，提供了车间维修手册程序，需随时参考并正确遵循，它们就是安全工作规范和正确的维修方法。如果 TOPIx 上没有可用的带电作业程序，则请勿执行任何工作。警告：所有带电作业维修和测试均应通过相关的故障诊断码（DTC）进行提示，或在经销商技术支持（RTS）的直接指导下进行，并获得 JLR 诊断工具 FATHFINDER 认可的指导型诊断测试例行程序和车间维修手册程序支持。

2.电动车初级技师（EVIP）

要获得电动车初级技师（EVIP）认证，需要完成网络上的在线课程学习并通过在线测试。EVIP 的图标如图 4-7-1 所示，在 JLR 维修资料中看到这个图标，说明此项工作应由 EVIP 完成。电动车初级技师（EVIP）的责任：

（1）接收工作说明并在电动车上执行工作，不包括对电动汽车（EV）上安装的高压（HV）系统部件和连接至 HV 电源的部件执行工作。即只要任务是非 HV 的并且远离 HV 部件，电动车初级技师（EVIP）就可以在 EV 上执行工作。

（2）识别 EV 状态和 HV 系统部件。

（3）依照车间维修程序，按照工作说明中的规定执行工作。

（4）如果工作活动存在与 HV 系统有关的潜在危险，则停止工作并咨询电动车授权技师（EVAP）。

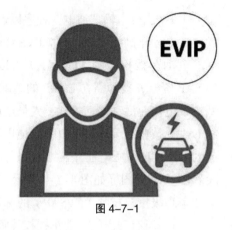

图 4-7-1

3. 电动车称职技师（EVCP）

电动车称职技师（EVCP）是级别最低的有权按照工作许可证（PTW）执行 HV 系统工作的人员。此类人员不能执行 EV "断电/通电" 程序。要获得 EVCP 资格，需完成 1 天的面对面 EVCP 培训课程，经评估被公司认可为有能力使自身避免任何风险和/或危险。EVCP 的图标如图 4-7-2 所示，在 JLR 维修资料中看到这个图标，说明此项工作应由 EVCP 完成。EVCP 的责任：

（1）接收 EV 工作许可证（PTW）。

（2）确认其已理解 PTW。

（3）如果适用，向工作小组介绍情况。

（4）按照 PTW 中详述的内容，执行指定工作。

（5）确保遵守文档上的程序的要求。

（6）对工作小组进行协调。

（7）工作完成时，在 PTW "结清" 部分签字。

（8）在车辆断电流程中，扮演安全陪同人员的角色。

（9）EVCP 将会获得授权执行规定任务，具体取决于其个人能力，该任务包括对 HV 系统及其相关部件执行工作。

图 4-7-2

4. 电动车授权技师（EVAP）

电动车授权技师（EVAP）可以执行 "断电/通电" 程序，以便让 HV 系统安全程度适合工作，但是不能执行任何 "带电作业" 程序。要获得 EVAP 资格，技师需在 EVCP 的基础上，完成 3 天的面对面 EVAP 培训课程，经评估被公司认可为有能力使自身避免任何风险和/或危险。EVAP 的图标如图 4-7-3 所示，在 JLR 维修资料中看到这个图标，说明此项工作应由 EVAP 完成。电动车授权技师（EVAP）的责任：

（1）前面所述的有关 EVCP 的所有责任。

（2）担任控制待执行的工作的单一负责人。

（3）执行车辆 "断电" 程序，以便可安全地在 HV 系统上执行作业或测试。

（4）确认安全措施已就位。

（5）准备好 PTW，以便对 HV 系统或需要执行车辆断电程序的其他 EV 系统执行工作。

（6）向 EVCP（或进而担任 EVCP 的他们自己）发放 PTW。

（7）必要时监督工作。

（8）完成工作后取消 PTW。

图 4-7-3

（9）执行车辆"通电"程序以恢复 HV 系统操作。

5. 电动车高级授权技师（EVSAP）

电动车授权技师（EVSAP）可以执行"带电作业"，即可以对高压蓄电池进行内部维修。要获得 EVSAP 资格，技师需在 EVAP 的基础上，完成一天的 EVSAP 面对面课程。除此之外，在执行任何特定车型的带电作业活动之前，此类人员还应该完成专门针对待执行工作的带电作业培训课程。比如，一位 JLR 的 EVAP 技师，要进行 I-PACE 纯电动汽车高压电池的开盖内部维修，需要完成 1 天的 EVSAP 课程，3 天的 I-PACE 高压电池开盖维修的专项课程。且经评估被公司认可为有能力使自身避免任何风险和 / 或危险。EVSAP 的图标如图 4-7-4 所示，在 JLR 维修资料中看到这个图标，说明此项工作应由 EVSAP 完成。

电动车高级授权技师（EVSAP）的责任：

（1）所有列出的电动车授权技师（EVAP）的责任。

（2）担任控制待执行的工作的单一负责人。

（3）确认带电作业活动的安全措施已就位。

（4）准备带电作业证书（LWC），以便对带电且连接至 HV 电源的 HV 系统部件进行工作/测试。

（5）作为 EVSAP 为他们自己发放带电作业证书（LWC）。

（6）在对 HV 系统执行带电作业时担任负责人的角色。

（7）在对带电的 HV 系统部件执行工作/测试期间，执行所有带电作业活动并监督工作小组的其他成员。

图 4-7-4

（8）完成工作后取消带电作业证书（LWC）。

负责准备 LWC 的 EVSAP 是整个带电作业区的负责人。他们的责任就是确保该区域是安全的并且符合所有安全规则。他们必须确保进入该区域的所有人员都具备合适的资质并且完全了解正在进行的所有活动。他们还必须确保参与活动的所有人员都熟悉并遵守安全规则。在整个活动中，EVSAP 必须按照安全规则中的详细规定完成强制性文档。

三、安全防护措施

1. 个人防护用品（PPE）和通用安全设备

电动车授权技师（EVAP）在执行"断电/通电"程序时所用的，个人防护用品（PPE）和通用安全设备如图 4-7-5 所示。执行带电作业时，与断电/通电时使用的 PPE 有一些差别。断电/通电流程需要使用 0 级 PPE，而带电作业需要组合使用 0 级和 1 级 PPE。1 级 PPE 能够防止穿戴者受到电弧闪光的影响。这些防护用品包括：

（1）1 级高压（HV）头盔如图 4-7-6 所示。请按《车间维修手册》指导，佩戴 1 级 HV 头盔。必须放下面罩，并将防火实验工作服的帽子套到头盔上以盖住所有裸露的皮肤。

（2）1 级防火实验工作服如图 4-7-7 所示。实验室工作服必须盖住所有裸露的皮肤区域，并且必须将帽子套到 HV 头盔上。

（3）0 级 1000V 绝缘手套如图 4-7-8 所示。在每次使用前，应该通过充气的方式检查绝缘手套是否损坏和泄漏，如果手套未能通过测试，则必须予以丢弃和更换。绝缘手套袖口的方框用于记录其首次使用日期。无论手套的状况如何，每两年都应该更换一次手套。

（4）真皮防护手套如图 4-7-9 所示。在某些作用程序中，如果绝缘手套可能会受到损坏（例如切割、磨损等），则建议在绝缘手套外面再戴上一个真皮防护手套。

《车间维修手册》的带电作业程序中使用了橙色 PPE 图标，来指示何时必须穿戴特定 PPE。在对 HV

系统执行工作时，必须始终穿戴安全靴和防熔化、不易燃的服装。在执行任何带电作业之前，必须取下所有珠宝、耳环、手表、吊坠等以及皮带。

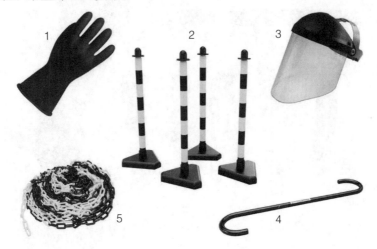

1.橡胶手套（0级）1000V 2.安全防护柱 3.防护面罩 4.非导电安全救援钩（额定1000V） 5.安全防护链条

图 4-7-5

图 4-7-6   图 4-7-7

图 4-7-8   图 4-7-9

2.绝缘工具和设备

在对带电部件执行作业时，只能使用 Jaguar Land Rover 认可的绝缘工具和设备，如图 4-7-10 所示，并且在使用前应该检查其适用性和状况。

图 4-7-10

3.EV 安全标识

EV 安全标识如图 4-7-11 所示，用于标明 HV 系统状态。在将 EV 置于车间内进行保养、维修或维护前，必须将车辆 HV 系统的状态呈现给所有车间人员。可以将三种类型的状态标志放在车辆上，还可以将一个标志放在指定工作区域内，以便告知所有人员 HV 系统状态。所有车辆状态标志都应放在车辆的挡风玻璃内。

（1）琥珀色。表示车辆是电动车，且处于工作状态。如果车辆不存在其他机械问题，EV 系统可以工作且已经待命。

（2）绿色。表示 EV HV 系统已断电。绿色安全标志用于指示 HV 系统已断电并且与电源隔离，仅能按照工作许可证对其进行工作或测试。

（3）黄色。"危险！危险电压"，此标志应该用于包围 HV 电源的工作区域安全护栏上。表示作业区内存在潜在的触电风险。

（4）红色。危险，表示存在带电的 HV 电源。如果未能成功地对车辆执行断电程序，则应该使用红色危险标志。在 EV 发生损坏或怀疑 HV 系统已发生损坏并且可能会与带电的 HV 系统部件发生接触的情况下，也可以放置此标志。

图 4-7-11

4. 带电作业区

当需要对 HV 系统执行工作或测试时，必须使用 Jaguar Land Rover 认可的护栏系统设置一个指定工作区域。在对 HV 系统执行断电程序前，必须将指定工作区域设置到位。安全护栏必须显示"危险！危险电压"标志。车辆四周的安全护栏必须距离车辆至少一米远。完成车辆断电后，应该将绿色的"电气系统已禁用"

安全标志清晰地置于车内。然后，具备合适资质的人员就可以凭工作许可证（PTW）对车辆执行工作或测试。

如果已从车辆上拆下HV蓄电池，就可以拆除车辆周围的安全护栏，但是必须将护栏置于HV蓄电池的周围，因为HV蓄电池现在有HV危险，如图4-7-12所示。HV蓄电池四周的安全护栏必须距离蓄电池至少一米远。对蓄电池内部部件执行的工作被视为带电作业，因此该区域成为带电作业区，该区域将由EVSAP（负责人）依照称为带电作业证书（LWC）的强制性文档进行控制。在开始任何带电作业之前，必须先完整填写LWC。

四、高压（HV）蓄电池内部结构

1. 高压（HV）蓄电池概述

高压（HV）蓄电池如图4-7-13所示，前端视图如图4-7-14所示，后端视图如图4-7-15所示。高压（HV）蓄电池为90kWh，为车辆提供了直流（DC）HV电源。HV蓄电池的重量为602kg，由于HV蓄电池容量和总成的尺寸的原因，它内置在车辆底盘下方的车辆结构中。HV蓄电池的外部壳体由铝制成，形成了一个完全密封的部件。HV蓄电池铝结构的底侧装有三毫米厚的不锈钢护板，用于防止磨损和提供碰撞保护。

图 4-7-12

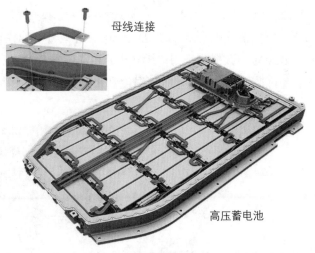

母线连接

高压蓄电池

图 4-7-13

HV蓄电池包含432个锂离子单体电池，12单体电池连接在一起构成一个模块。这就形成了能够存储10.8V标称电压的模块。一共有36个模块（36个高压HV蓄电池组），每个模块都可以产生232A·h的电量，从而构成了8352A·h的HV蓄电池容量。HV蓄电池模块通过一系列相连的母线排连接在一起。36个模块串联连接在一起，这就形成

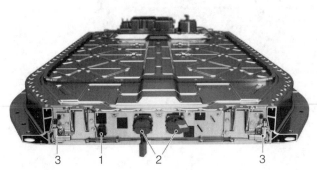

1.冷却液温度接线线束接头　2.HV接头锁定工具　3.HV蓄电池冷却液连接

图 4-7-14

了HV蓄电池。HV蓄电池的标称电压为388.8V。注意：如果单个单体电池发生故障，则HV蓄电池系统将会关闭以保护HV系统。

HV蓄电池壳体的外部框架中含有一个冷却液通道，该通道内置于HV蓄电池冷却回路中，带有进口和出口，二者的前端板上都配有一个温度传

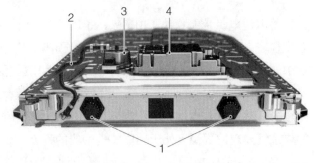

1.防爆片　2.HV蓄电池通风管　3.维修断开装置（SDU）　4.蓄电池电气模块（BEM）

图 4-7-15

感器。这些传感器用于监测和报告 HV 蓄电池的冷却状态，它们将这些数值报告给蓄电池电量控制模块（BECM）。冷却液流量由一个 12V 电动泵驱动，电动泵通过来自 BECM 的脉宽调制（PWM）信号进行管理。

2. 电池监控控制器（CSC）模块

在 HV 蓄电池内有 6 个单体电池监控控制器（CSC）模块，如图 4-7-16 所示，每个 CSC 控制框图如图 4-7-17 所示。这些监控控制器（CSC）用于监测单个 HV 蓄电池模块的荷电状态、电压容量和温度。每个 CSC 都有由 BECM 直接提供的单独电源和接地，而且还具有与 HV 蓄电池模块（HV 蓄电池组）的直接连接。来自 BECM 的电源由 BECM 打开和关闭，但是从 CSC 至 HV 蓄电池模块的连接是永久性的。每排单体电池都有两个连接至 CSC 的电气连接，允许控制各排单体电池以实现平衡目的。平衡功能是通过利用 CSC 中的一系列电阻器实现的，在工作时，这些电阻器会吸收电压并产生热量。该项监测也能够识别出在温度为 0℃ 时是否有任何单体电池的电压超过 4.2V 或低于 2V，如果发生这种情况，BECM 将会请求主接触器打开，这是为了防止 HV 蓄电池损坏。CSC 模块通过 HS CAN 电源模式 0 网络连接在一起。每排单体电池还有两个温度传感器，这些传感器用于监测模块的内部环境。如果发现任何单体电池的温度超过 62℃，系统会向 BECM 发送指令以请求主接触器打开。该数值低于可能发生损坏的临界水平。每个 CSC 模块都连接至 6 个蓄电池模块，这些蓄电池模块反过来又通过 HS CAN 连接至其他 CSC 模块。发送至 BECM 的数据用于 HV 蓄电池的内部监测和通过高速电源模式 0（PMZ）HS CAN 进行的 DTC 记录。这就允许监测 HV 蓄电池内部温度和来自模块内的每个单体电池的 HV 蓄电池单体电池电压。

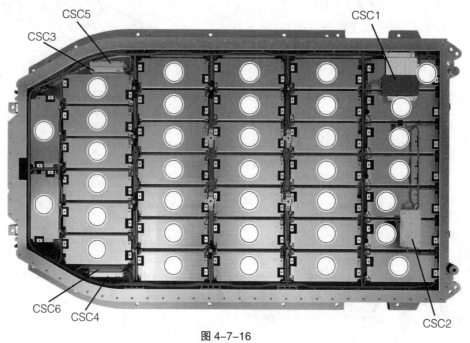

图 4-7-16

蓄电池电量控制模块（BECM）将会每小时对 HV 蓄电池中的所有单体电池执行一次单体电池平衡和温度检查。如果系统发现某个参数超出预定限值，则也会激活单体电池平衡。单体电池平衡会将单个模块中的所有 HV 蓄电池单体电池的电压降至电压最低的那个单体电池的电压水平。经过多次单体电池平衡操作后，HV 蓄电池的荷电状态会降低。为了避免荷电状态降低，当长时间不使用车辆时，建议每 30 天内至少一次通过蓄电池充电控制模块（BCCM）将车辆连接至一个外部电源。在车辆插接电源并进行充电时，如果系统发现内部温度处于功能将被削弱的程度，则就会激活加热或冷却策略。

综上，BECM 接收来自位于 EV 蓄电池内的 6 个蓄电池单元监控电路（CSC）模块的 EV 蓄电池模块数据。每个 CSC 模块连接至 6 个 EV 蓄电池模块。EV 蓄电池模块提供来自 2 个温度传感器的数据和 EV

蓄电池单元电压。来自 6 个 CSC 模块的 EV 蓄电池模块数据通过专用控制器局域网（CAN）总线发送至 BECM。当某个单体蓄电池发生故障时，只能更换 36 个模块中的一个或多个电池模块。6 个 CSC 中，每个 CSC 监测模块是：

CSC 1-电池模块 1-6；

CSC 2-电池模块 7-12；

CSC 3-电池模块 13-18；

CSC 4-电池模块 19-24；

CSC 5-电池模块 25-30；

CSC 6-电池模块 31-36。

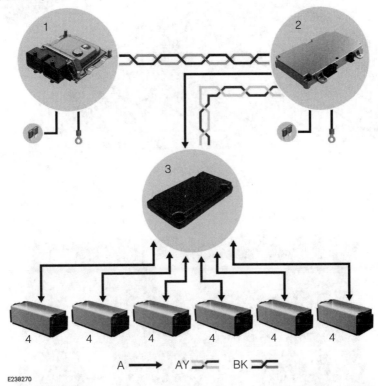

A.硬接线 AY.电源模式0 HV蓄电池内部网络 BK.电源模式0 网络 1.PCM 2.BECM 3.CSC（6个） 4.模块控制的HV蓄电池组

图 4-7-17

3. 蓄电池电量模块（BEM）

蓄电池电量模块（BEM）向前部和后部逆变器以及辅助电路提供高压（HV），BEM 是容纳 HV 蓄电池管理系统的工作部件的主壳体。这其中包括蓄电池电量控制模块（BECM 位于 BEM 下面），该模块容纳了主要 HV 接触器和保险丝以保护 HV 蓄电池电路。如图 4-7-18 所示，BEM 位于后排乘客座椅底座下方，带有一个盖板。BEM 内部部件如图 4-7-19 所示，BEM 内的主要部件包括：

驱动电路保险丝（2 个，规格为 450A）；

辅助电路保险丝（规格为 315A）；

主正极接触器、主负极接触器和主正极辅助接触器；

预充电电路板；

2 个电流传感器。

有三个主接触器，用于打开和关闭 HV 电源：

（1）主负极 BEM 接触器：为所有三个 HV 电路提供负极馈线。

（2）电动驱动正极接触器：向前部和后部逆变器提供正极馈线。

（3）辅助正极接触器：为 HV 辅助电路提供正极馈线。

BEM 中保险丝、接触器等部件是可维修部件，BEM 可以单独从车上拆下。

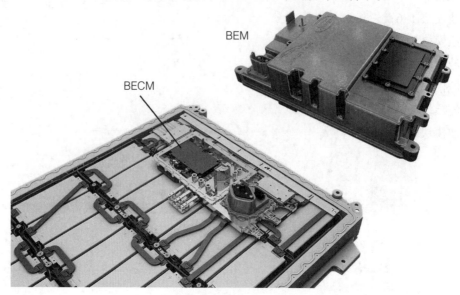

图 4-7-18

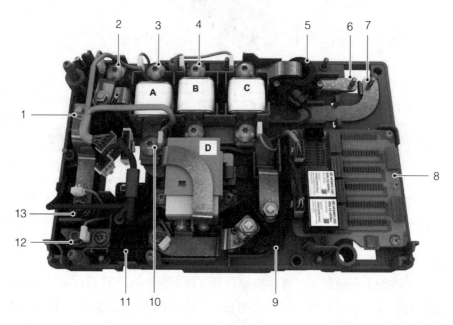

A.辅助保险丝 B.前逆变器保险丝 C.后逆变器保险丝 D.辅助正极接触器 1.主负极接触器 2.至前逆变器和辅助设备的负极连接 3.至辅助电路的正极接头 4.至前逆变器的正极接头 5.至后逆变器的正极电流传感器 6.至后逆变器的正极连接 7.至后逆变器的负极接头 8.BEM 印刷电路板（PCB）9.电动正极接触器 10.至辅助保险丝的正极连接 11.主电流正极传感器 12.来自 HV 蓄电池的主正极接头 13.来自 HV 蓄电池的主负极接头

图 4-7-19

4. 蓄电池电量控制模块（BECM）

蓄电池电量控制模块（BECM）是电动车（EV）蓄电池的组成部分。如图 4-7-20 所示， BECM 位于 BEM 模块的下部，安装在 BEM 安装板上。BECM 监测以下参数：

HV 蓄电池模块单体电池电压；

内部 HV 蓄电池模块温度；

高压互锁回路（HVIL）；

蓄电池电气模块（BEM）中各点处的高压；

BEM 中的 HV 电流传感器；

冷却液进口和出口连接上的 HV 蓄电池冷却液温度传感器。

BECM 还控制 BEM 中的接触器，以在断开高压互锁（HVIL）或拔下维修断开装置（SDU）钥匙时隔离 HV 蓄电池。BECM 通过高速（HS）控制器局域网（CAN）电源模式 0 系统总线与 HV 系统和其他车辆

图 4-7-20

系统进行通信。BECM 接收来自 6 个 CSC 模块的单个蓄电池模块数据。蓄电池模块向 CSC 提供来自两个温度传感器的数据和蓄电池模块单体电池电压。来自 CSC 模块的蓄电池模块数据通过专用控制器局域网（CAN）被发送至 BECM。当车辆正在运行或 HV 蓄电池正在充电时，BECM 监测蓄电池模块单体电池的电压。它会比较蓄电池模块单体电池电压，并将单体电池平衡到所需的规格范围内。当 HV 蓄电池位于车辆中时，如果需要维修，可以拆下 BECM。图 4-7-21 是 BECM 与 BCM 连接图，明白此连接图的原理后，才能理解后续维修过程中对于此处 BEM 零电压检查的原理。

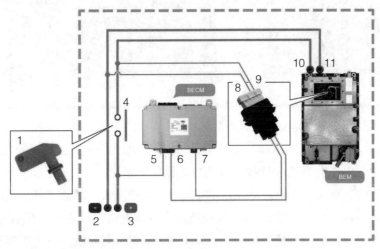

1.维修断开装置（SDU）钥匙 2.HV蓄电池处的负极连接 3.HV蓄电池处的正极连接 4.SDU 5.至 BECM 的永久正极馈线 6.至 BECM 的正极馈线（SDU后）BEM 维修面板下方接头处的永久负极馈线 7.至 BECM 的永久负极馈线 8.BEM 维修面板下方接头处的正极馈线 9.BEM 维修面板下方接头处的正极馈线（SDU后）10.至 BEM 的正极馈线 11.至 BEM 的负极馈线

图 4-7-21

五、高压蓄电池诊断与维修

1.Pathfinder 诊断

JLR 认可的诊断工具是 Pathfinder，使用 Pathfinder 指导型诊断，它将检查是否存在 HV 蓄电池相关故障码，以及是否需要隔离车辆和进一步的诊断维修指导。Pathfinder 将读取每个蓄电池模块的电压，并计算模块平衡所需的电压（如果本程序后面要求）。进度条上将为每个模块移动一步，可从进度条看到蓄电池模块电压读数的每个步骤，但无法看到实际电压读数。将给出目标电压，以确定何时以及是否需要新的蓄电池模块。在执行 HV 断电程序之后，Pathfinder 将指导用户拆下 HV 蓄电池（如果需要）。在执行蓄电池拆卸步骤时，用户需要通过 Pathfinder 确认每个步骤。经销商技师在维修中，在提出技术帮助（TA）并获得执行维修或测试的授权之前，请勿执行内部 HV 蓄电池维修。

2. 高压蓄电池拆卸

Pathfinder 会在诊断阶段自动指导 HV 蓄电池拆卸程序。在拆下 HV 蓄电池之前，需要先排放 HV 蓄电池冷却回路。对电动车执行通电 / 断电。若要为高压（HV）系统断电，只有具备电动车授权技师（EVAP）水平或更高资质的技师才有权执行此程序。断电后的 HV 蓄电池拆卸与安装，需由具备 EVCP 水平或更高资质的技师才有权执行。在 HV 蓄电池拆卸的最后阶段，需要使用 HV 蓄电池手推车 JLR-415-012。如图 4-7-22 所示，在将手推车放置到正确位置，按照车间维修手册程序，拆下所有 HV 蓄电池紧固螺栓。检查确认所有螺栓，所有饰件、接线和接头均清除。当将 HV 蓄电池放置到带电作业区，并且 TOPIx 指示时，可拆下 HV 蓄电池盖。此程序需要由 EVSAP 主导，需要多名人员参与，因此需要一名协助人员，此人员必须至少具备 EVCP 资质，已收到关于待执行工作的简要介绍并签署了 LWC。

图 4-7-22

3. HV 蓄电池盖和蓄电池电气模块（BEM）拆卸

（1）一般说明。此程序涉及对电动车（EV）蓄电池部件执行带电作业。只有具备 EVSAP 等级资质并受过 X590EV 蓄电池带电作业培训的技师才可执行此程序。如图 4-7-23 所示，下一步要拆卸蓄电池电气模块（BEM）和 HV 蓄电池盖。此步骤要拆卸和安装不同规格的大量螺栓，其拆装顺序、安装位置和扭紧力矩需要参考 Topix，不可弄混，以免损坏部件或造成高压蓄电池密封不良。有不同规格的密封圈或垫，有一次性要求的一定要废弃。有重复使用的，注意不要损坏。HV 蓄电池盖的边缘锋利，处理此盖的两名人员都应在 0 级带电作业手套上再戴一副防护手套。

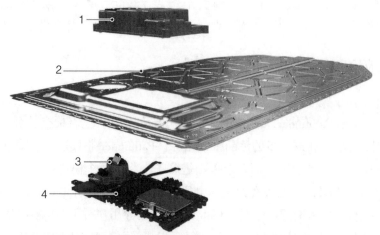

1.蓄电池电气模块（BEM）2.HV蓄电池盖 3.带有挂销的维修断开装置（SDU）4.BEM基板

图 4-7-23

（2）BEM 零电压检查。使用 Pathfinder，启动维修选项卡中的 I–PACE BEM 零电压检查应用程序，然后遵照屏幕上的说明进行操作。在成功完成"I–PACE BEM 零电压检查"应用程序之前，切勿拆解蓄电池电气模块（BEM），未能遵守这一指令可能会导致严重的人身伤害。BEM 零电压检查应用程序将测试 BEM 维修面板下方的高压（HV）接头是否存在高压（HV），这在图 4-7-24 中显示为图注 B。图注 C 显示 BEM 内部的正极和负极 HV 端子。每个端子具有一根 HV 感测导线，这些导线连接至图注 B 中所示的 HV 电气接头的针脚 3（负极）和针脚 4（正极）。在正常操作中，转动并拔下维修断开装置（SDU）钥匙后，SDU（A）将会在 HV 电路的正极侧形成断路。在这种情况下，将不会在针脚 3 和针脚 4 之间测量到电压。如果在操作过程中 SDU(A) 发生故障，则可能可以拔下 SDU 钥匙但不会形成 HV 电路断路。在这种情况下，将可以在接头针脚 3 和 4 之间测量到最大 EV 蓄电池电压（约为 400V）。在这一情形下，EVAP 必须立即停止工作，确保工作区域安全，并联系 JLR 技术支持以获得进一步帮助。拆卸高压蓄电池模块的专用工具：JLR-415-057 可用来拆卸和安装 BEM。如图 4-7-25 所示，用手拧紧锁定螺母，直至整个总成夹紧 BEM 壳体。

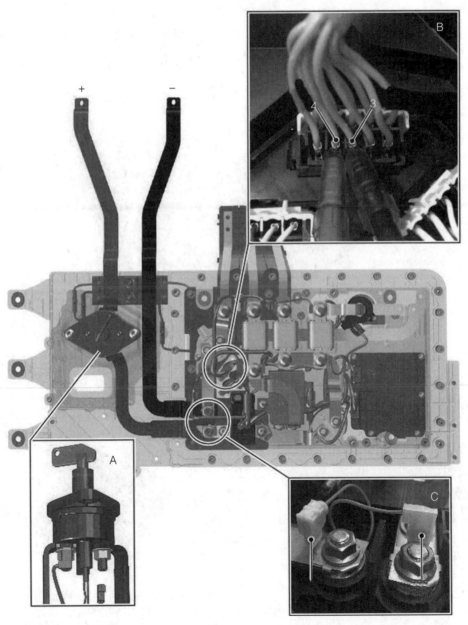

图 4-7-24

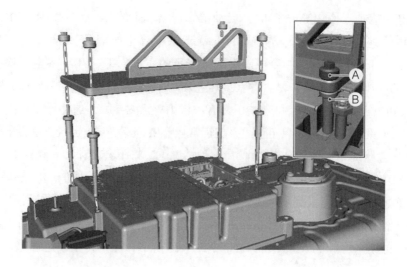

A.螺母 B.固定销

图 4-7-25

（3）安装透明绝缘垫。如图 4-7-26 所示，如果需要操作 EV 蓄电池内部部件，则必须安装透明绝缘垫（专用工具：JLR-415-030），以覆盖所有 EV 蓄电池内部部件。

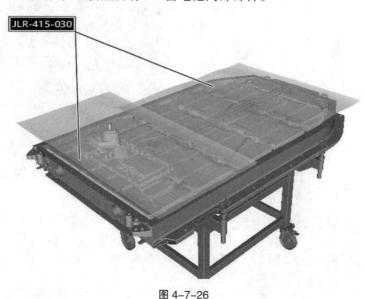

JLR-415-030

图 4-7-26

4. 直流内阻（DCIR）测试

使用直流内阻（DCIR）测试对 HV 蓄电池模块、母线和接头的内部结构及接触状态进行测试。在某些 Pathfinder 指导型流程中，会将用户引导至 DCIR 测试。仅当 Pathfinder 中的指导型诊断例行程序指示用户执行 DCIR 测试时，才执行此测试。Pathfinder 将提供有关在何处放置 DCIR 钳夹和探针以执行测试的说明。如果钳夹或探针安装不正确，则应用程序将不允许用户继续。这是根据 Pathfinder 上显示的电压和电阻读数计算得出的。HV 蓄电池模块内阻提供了有关蓄电池模块的信息，因为读数高的话可能指示蓄电池寿命结束。锂离子蓄电池的电阻在其大部分使用寿命期间

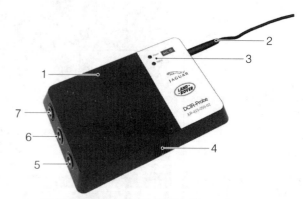

1.DCIR探针测量模块 2.USB电缆，连接至Pathfinder 3.LED状态灯 4.通气孔 5.红色接头，电流钳正极 6.蓝色接头，带按钮的测试道具 7.黑色接头，电流钳负极

图 4-7-27

保持稳定。随着蓄电池的状况退化，自放电将加剧，这会在电极之间形成相当大的电流，导致结构击穿。高自放电会积聚热量和损坏内部结构，导致发生电短路。温度会很快达到500℃，在此温度时单体电池会着火或爆炸，这称之为"热散逸"。直流内阻（DCIR）测试工具如图4-7-27所示。它的主要功能包括：

初始化/自检；

在蓄电池模块和模块接头处产生电流脉冲和测量电压；

计算蓄电池模块的内阻和模块接头的电阻。

在用户安装的钳夹之间的三个模块处读取电压，DCIR测试设备检测是否将正确数量的模块连接到钳夹，从而计算预期电压值。然后，使用该电压来测试钳夹之间的HV蓄电池模块、母线和连接是否存在高电阻。

开尔文钳夹和探针如图4-7-28所示，开尔文钳夹直接连接到模块母线的接触面上。将测量尖端直接连接到模块的接触面上。在任何情况下，均不得将开尔文钳夹或测量尖端连接到母线螺栓。注意：所有DCIR测试都需要跨3个模块进行初始连接。

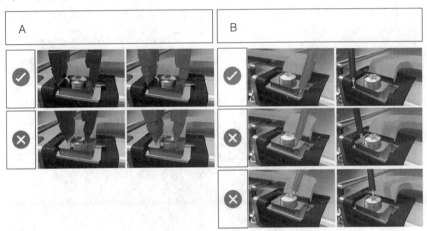

图 4-7-28

Pathfinder将指导用户在何处以及何时连接开尔文钳夹和DCIR探针。如图4-7-29所示，建立连接之后，将会在显示屏右侧显示触点电压。如果这些电压读数在规格范围内，触点电压框将显示绿色，这表示用户已正确连接DCIR设备。如果电压读数超出规格范围，触点电压框将显示红色，这表示用户未正确连接DCIR设备。然后，指导用户将红色探针上的按钮按下定时的时间，在此时间之后，将在触点电压读数下面给出测量结果。读取模块内电和电压的测量值。如果这些测量值在规格范围内，则测量内阻和模块电压标题栏将显示绿色。注意：如果测得的值超出允许的范围，则通

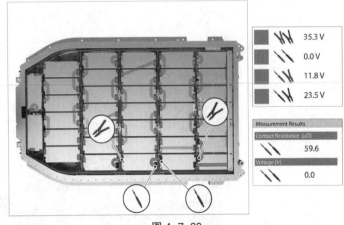

图 4-7-29

过红色栏指示。如果显示一个或两个红色栏，请重复此测试。如果重复测试之后仍显示红色栏，请提交技术协助（TA）并等待经销商技术支持（RTS）的联系。

5.安全降压

警告：必须在车间维修手册程序中指定的位置穿戴认可的个人防护设备（PPE），需要0级和1级PPE。在使用之前必须检查所有PPE是否磨损或损坏，如已损坏，请予以更换。安全降压是一个可在从

车辆上拆下 HV 蓄电池且已拆除盖的情况下执行的程序。此程序通过将 HV 蓄电池中的最大电压降到 60V 以下，来实现安全作业。这是通过认可的车间维修手册中规定的设置顺序拆除 11 根特定母线来实现的。只有在得到指示时，才能执行安全降压。有些测试和程序要求 HV 蓄电池处于全电压以执行测试，因此在这些情况下，将在全 HV 蓄电池电压下执行带电作业。

　　如图 4-7-30 所示，用手小心地按压母线盖，将其移到一侧，然后使用绝缘夹钳松开另一侧的卡舌，对两侧的卡舌执行此操作，然后拆下盖。小心：拆卸中央母线的绝缘保护盖时务必小心，因为可能会损坏阻燃片。如图 4-7-31 所示，沿 HV 蓄电池长度布设的三根中央母线都为 1.60 m 长，在拆卸时，确保它们没有接触 HV 蓄电池中的任何其他部件。如图 4-7-32 所示，拆卸阻燃片，请勿弯曲或折起覆盖模块的阻燃片。必须将它们安全地存放在平坦位置，以防止损坏。如图 4-7-33 所示，必须使用透明绝缘垫（专用工具 JLR-415-030）覆盖不对其执行工作的 HV 蓄电池区域。母线连接点具有保护盖进行绝缘。必须使用绝缘修整工具小心地拆下它们，以露出将母线固定到 HV 蓄电池模块端子的螺钉。必须丢弃拆下的螺钉，安装过程中需安装新螺钉。如图 4-7-34 所示，必须小心存放拆下的母线，以防可能损坏。将蓄电池模块端子堵盖（专用工具 JLR-415-016）安装到仍留在 HV 蓄电池中但已拆下母线的任何模块。

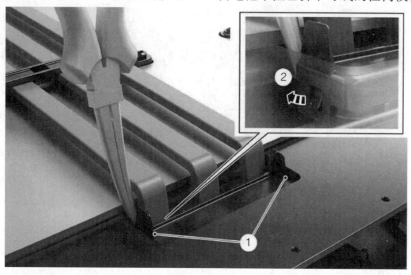

1.母线盖 2.绝缘夹钳

图 4-7-30

图 4-7-31

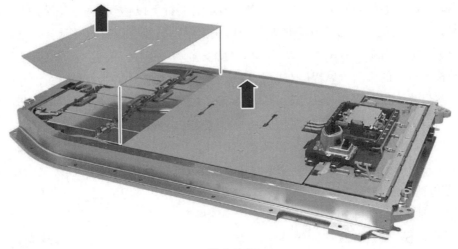

图 4-7-32

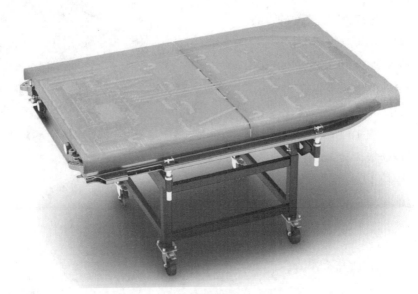

图 4-7-33

1.保护盖 2.母线固定螺钉 3.端子堵盖

图 4-7-34

图 4-7-35 显示了模块编号标识，并以绿色突出显示需要拆下以达到安全降压的 11 根母线。注意：如果模块上未粘贴任何可见的编号，则必须在每个模块上粘贴贴纸，以突出显示为其指定的编号。指导型诊断流程会分析故障诊断码（DTC），以指导执行此安全降压程序。有些 DTC 则不要继续执行此安全降压程序。必须按照认可的车间维修程序在拆下 BEM 后完成此操作。必须按照认可的车间维修程序中所述的顺序拆卸这些母线。如图 4-7-36 所示，模块 18 和 19 之间安装的母线是第一个要拆除的母线，因为这样将从 36 个模块的中间点拆分蓄电池电压，同时，这意味着模块 1 和 36（是蓄电池电气模块 BEM 的 HV 输入）的端子上未提供输出。然后，可以按照车间维修程序拆下 BEM 基板，而这两个端子之间不存在发生短路的风险。将绝缘垫（专用工具：JLR-415-030）定位在所需的暴露区域，拆下以下母线：

（1）拆下蓄电池模块 18 和 19 之间的母线。

（2）拆下蓄电池模块 15 和 16 之间的母线。

（3）拆下蓄电池模块 22 和 21 之间的母线。

（4）拆下蓄电池模块 24 和 25 之间的母线。

（5）拆下蓄电池模块 27 和 28 之间的母线。

（6）从蓄电池模块 31 上松开母线。

（7）拆下蓄电池模块 34 和 33 之间的母线。

（8）从蓄电池模块 30 上拆下母线。

（9）从蓄电池模块 13 上松开母线。

（10）拆下蓄电池模块 10 和 9 之间的母线。

（11）拆下蓄电池模块 3 和 4 之间的母线。

（12）从蓄电池模块 12 上拆下母线。

（13）拆下蓄电池模块 7 和 6 之间的母线。

图 4-7-35

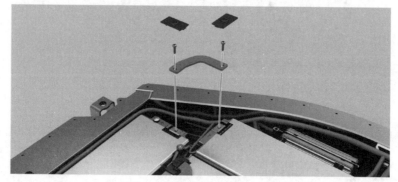

图 4-7-36

6. 蓄电池模块拆卸

根据要更换的模块，可能需要拆下 HV 蓄电池盖支撑支架，这涉及移动部分接线线束，以便接触到支撑盖螺钉，如图 4-7-37 所示。对于每个特定模块，必须遵循确切的车间维修程序。如图 4-7-38 所示，在拆下每个 HV 蓄电池主体的四个固定螺钉后，应将其丢弃。安装过程中需要安装新螺钉。蓄电池模块由热胶黏结到 HV 蓄电池壳体，模块已固定到位。如图 4-7-39 所示，需使用专用工具 JLR-415-062 从热胶松开模块。必须小心操作，只能撬动模块角，而不要撬动模块主体。小心：只撬动固定到位的模块，因为需要一些力才能破坏热胶的粘力。可能必须撬动模块的两个角。在执行此操作时，可能需要有人帮助牢固固定 HV 蓄电池。为了将模块提离 HV 蓄电池主体，必须使用专用工具 JLR-415-057，如图 4-7-40 所示，将其安装到位，在尝试提起模块之前，必须将工具支撑销完全定位到模块中，并用手拧紧锁紧螺母。然后将模块从 HV 蓄电池壳体中提出。小心：请勿过度拧紧专用工具锁紧螺母。

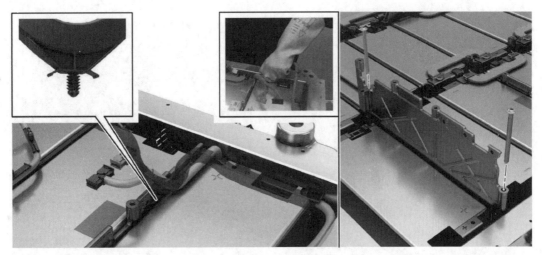

图 4-7-37

图 4-7-38

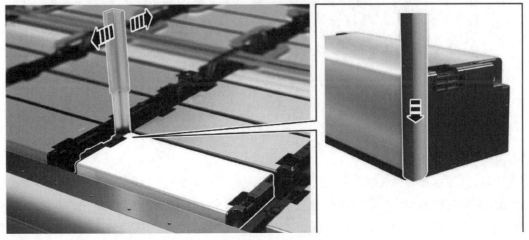

图 4-7-39

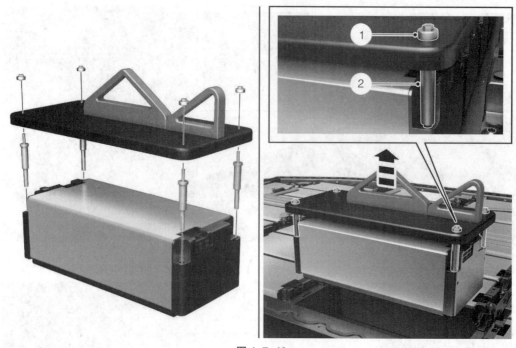

图 4-7-40

7. 蓄电池模块序列号

法规规定必须将所拆下模块的序列号以及要安装的更换模块的序列号记录到 TOPIx 中。可对此流程使用模块顶部标签中的快速响应（QR）码或序列号。可按照 TOPIx 说明将 QR 码的照片上传到系统。或者，也可以手动将模块序列号输入到 TOPIx 中。图 4-7-41 是从 EV 蓄电池模块顶部的标签中找到快速响应（QR）代码或序列号示例。图中突出显示了各个模块编号，此处的示例为 JLRC1-1709230161。

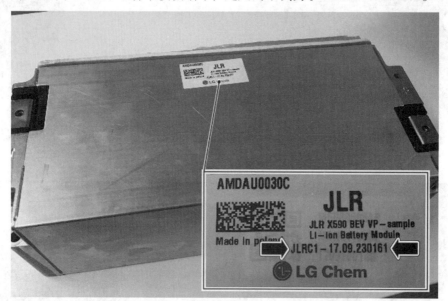

图 4-7-41

8. 蓄电池模块电压平衡

更换模块时，需要将新模块的电压平衡到与其余模块电压相差 20mV 以内。可使用模块调节系统（MCS）以及 Pathfinder 在诊断例行程序中提取的信息来执行此操作。MCS 如图 4-7-42 所示。在将新模块安装到 HV 蓄电池之前，必须完成此程序。此程序可能需要相当长的时间才能达到与其余模块相同的荷电状态。但是，当流程启动后，Pathfinder 无须保持与 MCS 连接。MCS 可自行完成操作。

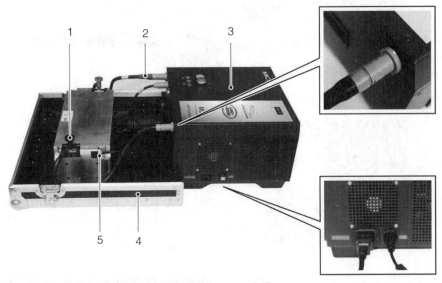

1.负极电缆　2.正极电缆　3.模块调节系统（MCS）　4.运输箱底座　5.CAN 电缆

图 4-7-42

9. 蓄电池模块安装

每次安装模块时，必须安装新的热胶。热胶确保模块与 HV 蓄电池框架之间的基板完全接触，以实现准确的模块热管理。热胶是一种环氧树脂，通过喷涂管混合，然后将其涂覆到 HV 蓄电池上。如图 4-7-43 所示，将导热膏模板（专用工具：JLR-415-061）安装到 EV 蓄电池框架。将 2 个定位销（专用工具：JLR-415-064）安装到蓄电池模块的螺栓孔，这些定位销必须位于对角位置。涂胶枪（专用工具：JLR-415-053）如图 4-7-44 所示，装配导热膏涂胶枪，并在图中的位置切割喷嘴。注意：必须在第一个锥形处切割喷涂管喷嘴，以防止在使用期间管中的混合物逸出。需要在热胶处于室温温度时涂覆。此管包含用于一个模块的确切热胶。如图 4-7-45 所示，使用套件中的涂胶器（工具：JLR-415-061）在模板上抹平热胶，直至没有间隙、气穴或空隙。执行此流程时，需要在模板上来回操作几次，以达到正确的表面光洁效果。拆下蓄电池模块定位销和导热膏模板。将 2 个定位销安装到模块的螺栓孔，这些定位销必须位于对角位置。如图 4-7-46 所示，安装蓄电池模块搬运工具 JLR-415-057（仅在对角位置安装 2 个支撑销），安装蓄电池模块。安装并拧紧 4 个模块螺栓至扭矩：10 N·m。

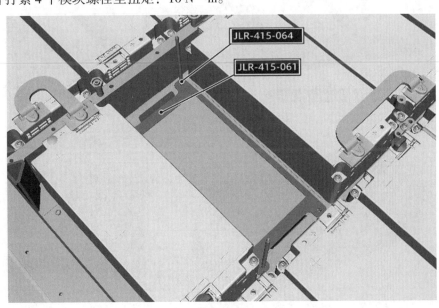

图 4-7-43

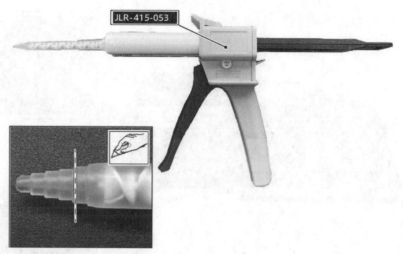

图 4-7-44

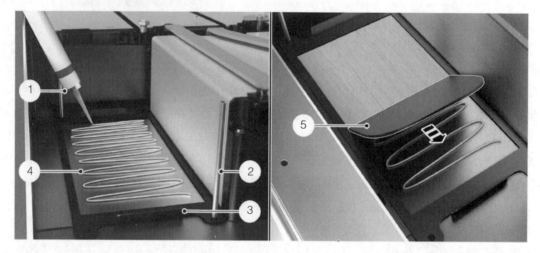

1.涂胶枪 2.支撑销 3.模板 4.涂胶 5.涂胶器（刮板）

图 4-7-45

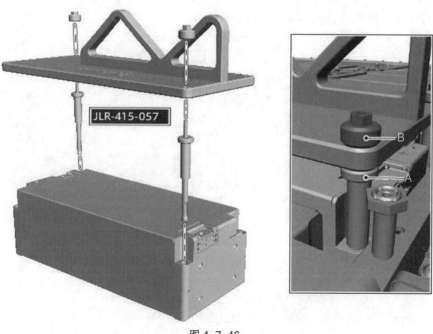

图 4-7-46

10. 升压（安装母线）

警告：在执行升压程序时，除戴上0级1000V绝缘橡胶手套之外，还必须戴上1级PPE。如图4-7-47所示，使用HV蓄电池母线总成夹具（专用工具：JLR-415-081），以确保将每个母线安装到正确位置。夹具由6个锁在一起的单独部件组成。警告：如果不使用夹具，可能将母线安装到错误位置。这可能导致发生热散逸，导致人员受重伤或死亡。为安全升压，应按照车间维修程序中突出显示的顺序更换母线。指导型诊断流程可能要求在更换模块或母线后执行DCIR测试，必须仔细遵循Pathfinder屏幕说明来验证维修情况。在安装之前，必须仔细检查每根母线。如图4-7-48所示，如果可看到橙色绝缘层有任何损坏，则必须丢弃并更换该母线。在安装前，只能使用酒精类清洗液（如制动器清洁剂）和无绒布清洁母线和模块的接触区域。这些区域上的任何污染物都可能导致接触不良，从而致使车辆性能下降，并有可能损坏HV蓄电池部件。小心：请勿触摸母线的接触区域。始终仅握住绝缘区域来处理它们。在安装母线时必须安装新螺钉，并将其拧紧至正确扭矩设置（扭矩：10 N·m）。首先安装的是图4-7-47中第2~11号的母线。然后在安装完BEM底板，正确布设接线线束，连接各蓄电池单元监控电路模块后，再使用EV蓄电池母线总成夹具在模块18和19之间安装1号角部母线。将此母线安装到位后，模块1和36位置的BEM连接处存在全蓄电池电压。3条中央母线紧固螺栓扭矩：10 N·m。拧紧母线螺钉后，可重装保护盖。如果发现任何损坏迹象，应检查并更换每个保护盖。如图4-7-49所示，有三种不同类型的保护盖，分别标记为A、B和C，必须按照车间维修程序中的详细说明将其安装在正确位置。

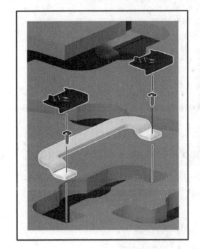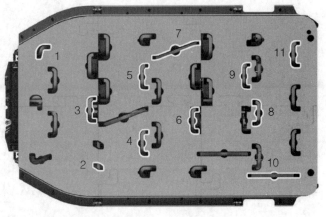

图 4-7-47

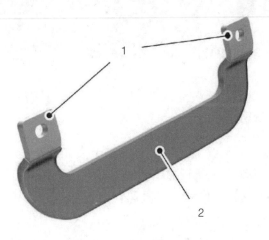

1.接触区域 2.绝缘材料

图 4-7-48

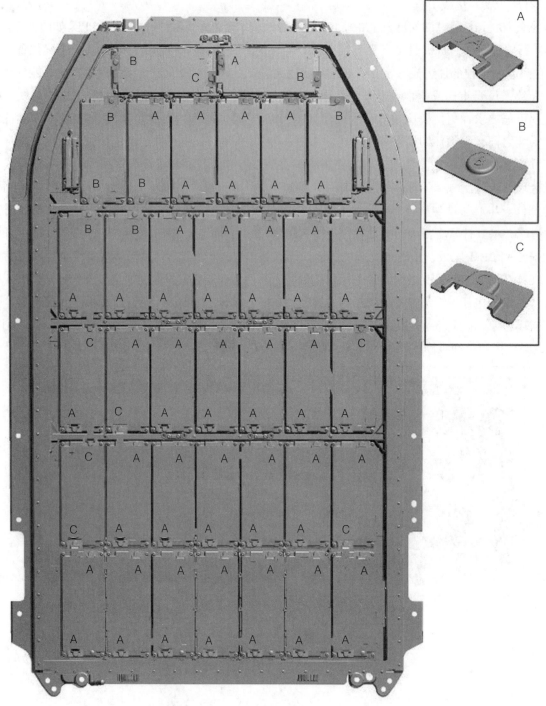

图 4-7-49

六、HV 蓄电池拆装注意事项

1.HV 蓄电池拆卸注意事项

（1）拆装 HV 蓄电池前，需为车辆执行通电/断电，这项操作需具有电动车授权技师（EVAP）水平或更高资质的技师才有权执行此程序。HV 蓄电池拆装程序涉及与高压（HV）系统相关部件的操作，只有具备 EVCP 水平或更高资质的技师才有权执行此程序。

（2）车内地板上有固定 HV 蓄电池螺栓。如图 4-7-50 所示，松开前地板地毯，拆下电动车（EV）蓄电池紧固螺栓。对另一侧重复此步骤。如图 4-7-51 所示，松开后地板地毯，拆下 EV 蓄电池紧固螺栓。

图 4-7-50   图 4-7-51

（3）如图 4-7-52 所示，断开 EV 蓄电池通风管并将其置于一边。如图 4-7-53 所示，断开 EV 蓄电池冷却液进口管并将其置于一边。如图 4-7-54 所示，松开 EV 蓄电池接地电缆。

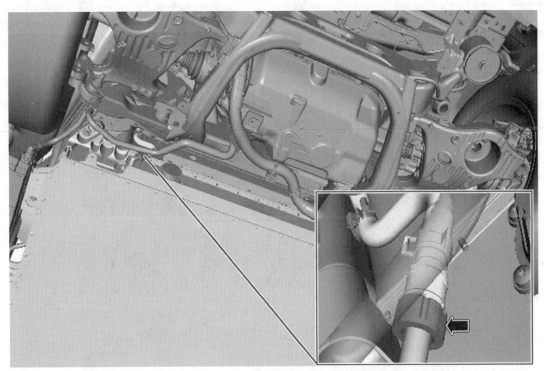

图 4-7-52

701

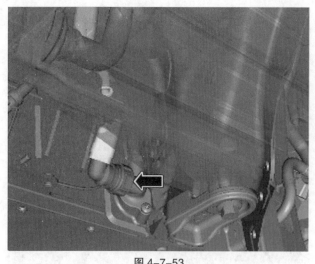

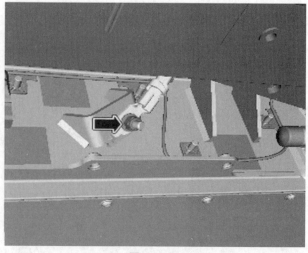

图 4-7-53	图 4-7-54

（4）如图 4-7-55 所示，从 EV 蓄电池上拆下 4 个螺栓。如图 4-7-56 所示，将手推车（专用工具：JLR-415-012，JLR-415-012-01）放在 EV 蓄电池下面。小心地将车辆降至距离手推车 10~20mm 的范围内。伸出手推车的定位销，直到其接触 EV 蓄电池。在有人帮助的情况下，小心地将车辆降低到手推车上。确保推车适配器与 EV 蓄电池正确对齐。

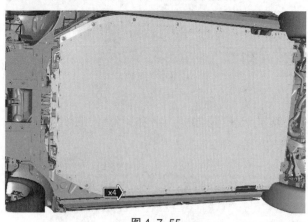

图 4-7-55	图 4-7-56

（5）如图 4-7-57 所示，拆下 2 个前部 EV 蓄电池紧固螺栓。如图 4-7-58 所示，拆下 6 个后部 EV 蓄电池紧固螺栓。如图 4-7-59 所示，拆下剩余 10 个 EV 蓄电池紧固螺栓。升起车辆，移出 EV 蓄电池。

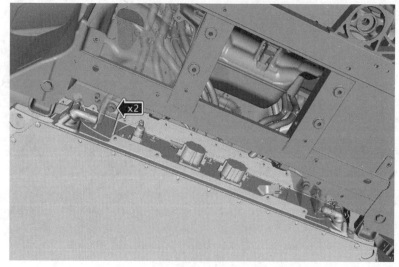

图 4-7-57

702

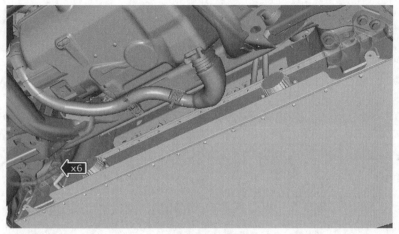

图 4-7-58

图 4-7-59

2.HV 蓄电池安装注意事项

（1）如图 4-7-60 所示，安装电动车（EV）前蓄电池定位销（专用工具：JLR-415-012-03）。如图 4-7-61 所示，安装电动车（EV）后蓄电池定位销（专用工具：JLR-415-012-03）。

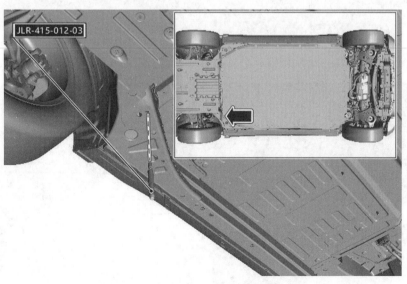

图 4-7-60

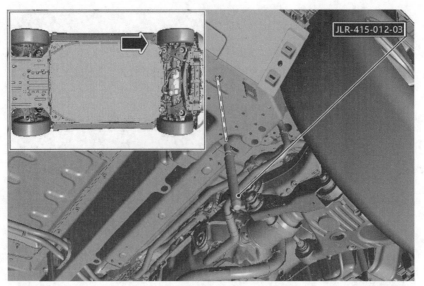

图 4-7-61

（2）在有人帮助的情况下，小心地将车辆降低到 EV 蓄电池上。安装图 4-7-62 所示 8 个 EV 蓄电池紧固螺栓，但在此阶段不要拧紧。拆下图 4-7-63 所示 EV 蓄电池定位销（专用工具：JLR-415-012-03）。如图 4-7-64 所示，安装 2 个 EV 蓄电池紧固螺栓，但在此阶段不要拧紧。移开手推车（专用工具：JLR-415-012）。如图 4-7-65 所示，安装 4 个 EV 蓄电池紧固螺栓，但在此阶段不要拧紧。

图 4-7-62

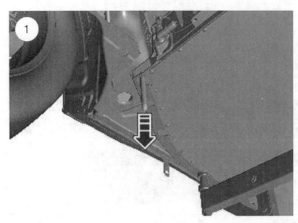
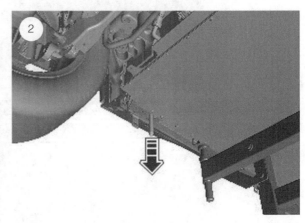

图 4-7-63

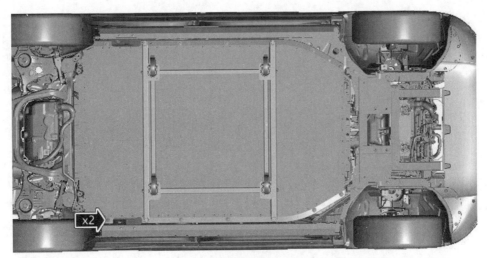

图 4-7-64

图 4-7-65

（3）按图 4-7-66 所示顺序拧紧 14 个 EV 蓄电池螺栓至扭矩：110 N·m。按图 4-7-67 所示顺序拧紧 8 个 EV 蓄电池螺栓至扭矩：110 N·m。

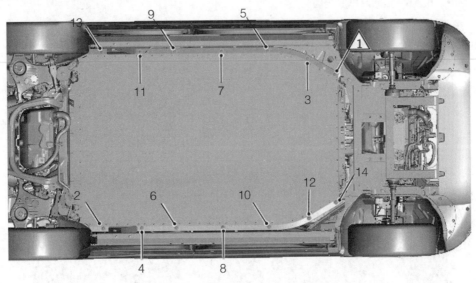

图 4-7-66

图 4-7-67

（4）安装 EV 蓄电池接地电缆至扭矩：24 N·m。如图 4-7-68 所示，使用 JLR 认可的诊断设备运行混合动力/电动车的高压等电位连接测试应用程序。

仅当读数低于 50mΩ 时，才通过等电位连接测试。必须对任何高于此值的测量值进行调查。

A.将探针连接到接地点　B.将探针连接至EV蓄电池

图 4-7-68

（5）如图 4-7-69 所示，安装并拧紧 4 个 EV 蓄电池组上部紧固螺栓至扭矩：60 N·m。

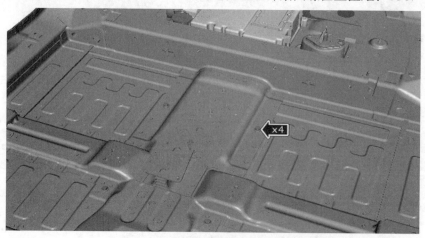

图 4-7-69

3.电动车蓄电池盖板拆卸注意事项

（1）此程序涉及对电动车（EV）蓄电池部件执行带电作业。只有具备EVSAP等级资质并受过X590EV蓄电池带电作业培训的技师才可执行此程序。

（2）如图4-7-70所示，拆下并丢弃8个紧固螺栓。拆下4个EV蓄电池盖板中心安装板。如图4-7-71所示，拆下维修断开装置（SDU）周围的15个EV蓄电池盖板螺栓。如图4-7-72所示，拆下蓄电池电量模块（BEM）周围的22个EV蓄电池盖板螺栓。

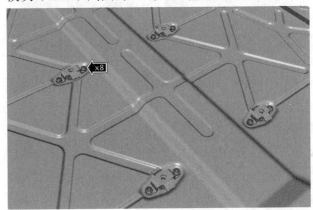

图 4-7-70

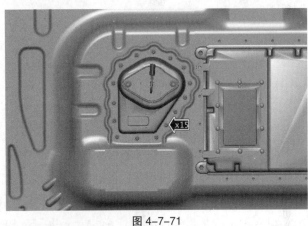

图 4-7-71

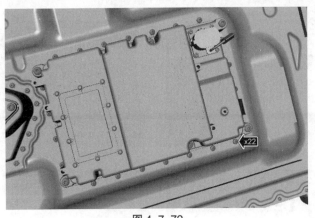

图 4-7-72

（3）如图4-7-73所示，拆下并丢弃图中突出显示的6个EV蓄电池盖板螺栓，这些螺栓的长度为12mm。如图4-7-74所示，拆下并丢弃12个EV蓄电池盖板中心螺栓，这些螺栓的长度为12mm。图4-7-75中突出显示的4个EV蓄电池盖板外侧螺栓必须保持在原位，直到盖板已准备好拆卸。如图4-7-76所示，对于剩余的76个EV蓄电池盖板外侧螺栓，用手转动2整圈。使用电动螺丝刀（专用工具：JLR-415-073），拆下并丢弃76个EV蓄电池盖板外侧螺栓。

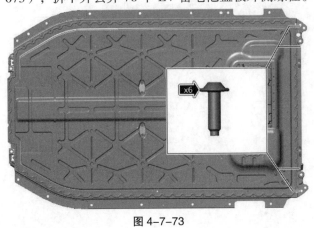

图 4-7-73

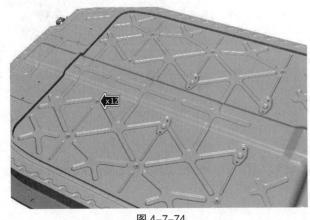

图 4-7-74

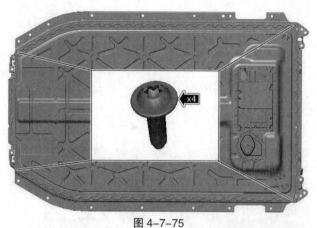

图 4-7-75

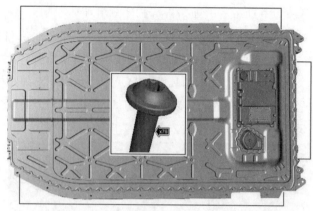

图 4-7-76

（4）请按车间维修手册说明，有些步骤要求安全陪同人员携带安全钩守护在带电作业区外部，除非得到其他指示，否则此人员必须一直在岗。有些步骤必须穿戴 0 级个人防护装备（PPE）。如图 4-7-77 所示，拆下并丢弃 10 个 BEM 维修面板螺栓。如图 4-7-78 所示，拆下并丢弃 BEM 维修面板密封垫。参见图 4-7-24，完成"零电压检查"应用程序。断开 3 个 BEM 电气接头。如图 4-7-79 所示，拆下并丢弃 6 个 BEM 紧固螺栓。参见图 4-7-25，使用模块装卸工具直接提升 BEM。如图 4-7-80 所示，安装透明绝缘垫（专用工具：JLR-415-015）。如图 4-7-81 所示，拆下并丢弃 BEM 密封垫。

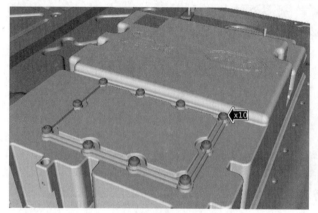

图 4-7-77

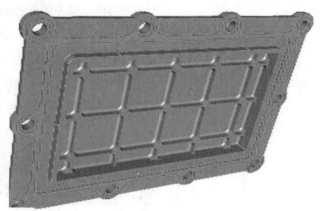

图 4-7-78

图 4-7-79

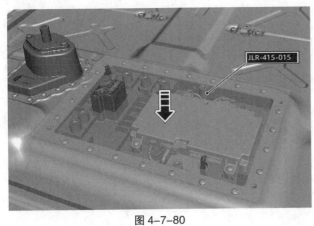

图 4-7-80

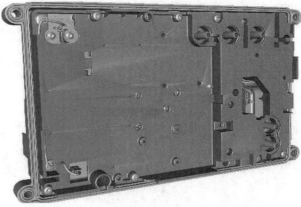

图 4-7-81

（5）如图 4-7-82 所示，拆下并丢弃其余的 4 个 EV 蓄电池盖板外侧螺栓，这些螺栓的长度为 16mm。如图 4-7-83 所示，在有人帮助的情况下，小心地拆下 EV 蓄电池盖板。如图 4-7-84 所示，拆下并丢弃 BEM 基板垫片。如图 4-7-85 所示，拆下并丢弃 20 个 O 形密封圈。如图 4-7-86 所示，卸下并丢弃 SDU 壳体密封件。参见图 4-7-26，安装透明绝缘垫（JLR-415-030）。

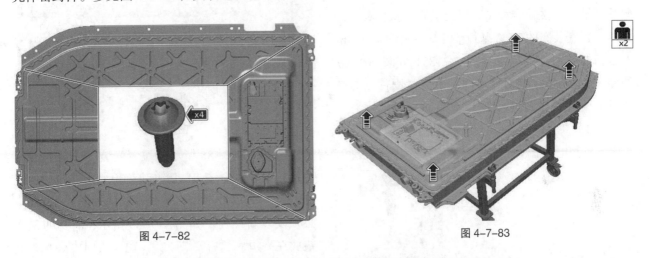

图 4-7-82

图 4-7-83

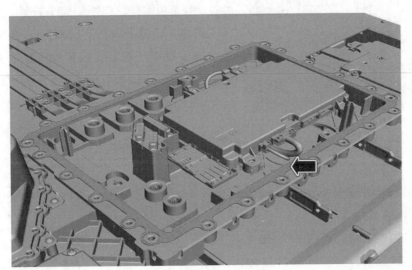

图 4-7-84

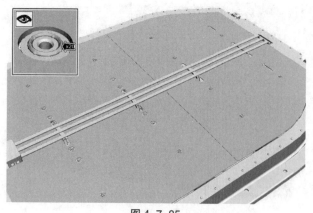

图 4-7-85

图 4-7-86

4. 电动车蓄电池盖板安装注意事项

（1）如图 4-7-87 所示，在安装之前，目测检查 EV 蓄电池盖板密封件是否存在损坏迹象。如果已损坏，则必须安装新的 EV 蓄电池盖板。使用醇基清洁液清洗接合面，并以无绒布擦拭。参见图 4-7-84，安装新的 BEM 基板垫片。参见图 4-7-86，安装新的 SDU 垫片。参见图 4-7-85，安装 20 个新的 O 形密封圈。更换零部件：中央紧固件密封垫 12 个；盖支撑密封垫 8 个。

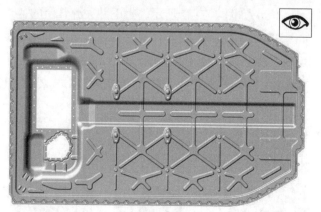

图 4-7-87

（2）参见图 4-7-83，在有人帮助的情况下，安装 EV 蓄电池盖板。参见图 4-7-77，安装透明绝缘垫。在如图 4-7-88 所示的位置安装 2 个螺栓并用手指拧紧，以对齐 EV 蓄电池盖板。更换零部件规格：M5×16 螺栓 2 个，这些螺栓的长度为 16mm，必须安装新螺栓。如图 4-7-89 所示，将透明绝缘垫放在一边，然后安装 22 个 BEM 周围的 EV 蓄电池盖板螺栓，但不要完全拧紧。更换零部件规格：M6×12 螺栓 22 个。M6×15 螺栓 15 个。如果由于 EV 蓄电池盖板孔的定位不佳而无法安装螺栓，则必须拆下盖板并使 BEM 基板重新定位。为清楚起见，图中略去了透明绝缘垫。参见图 4-7-81，安装

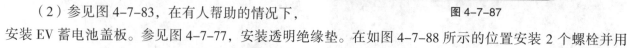

图 4-7-88

新的 BEM 密封垫。参见图 4-7-80，拆下透明绝缘垫。参见图 4-7-25，用专用工具 JLR-415-057 安装 BEM。按图 4-7-90 所示顺序安装并拧紧 6 个 BEM 螺栓。更换零部件规格 M8×45，数量 6 个。扭矩：级 1：4 N·m；级 2：12 N·m。连接 3 个 BEM 电气接头，参见图 4-7-78 所示，安装新的 BEM 维修面板密封垫。按图 4-7-91 所示顺序安装并拧紧 10 个 BEM 维修面板紧固螺栓。更换零部件规格 M5×18，

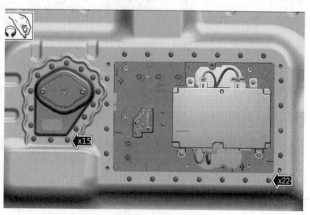

图 4-7-89

数量10个。扭矩：级1：3.5N·m；级2：7N·m。

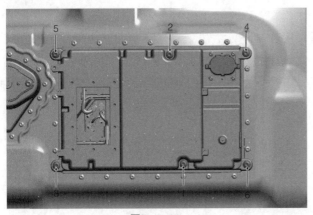

图4-7-90

图4-7-91

（3）图4-7-92所示为电动车（EV）蓄电池盖板外侧螺栓的认可拧紧顺序。这些螺栓的长度为16 mm。安装其他76个EV蓄电池盖板外侧螺栓，但不要完全拧紧。必须安装新螺栓。按下面详述的顺序拧紧EV蓄电池盖板外侧螺栓。

①拧紧EV蓄电池盖板外侧螺栓，扭矩：6 N·m。

②拧紧EV蓄电池盖板外侧螺栓，扭矩：6 N·m。

③拧紧13个EV蓄电池盖板外侧螺栓，扭矩：6 N·m。

④拧紧19个EV蓄电池盖板外侧螺栓，扭矩：6 N·m。

⑤拧紧11个EV蓄电池盖板外侧螺栓，扭矩：6 N·m。

⑥拧紧35个EV蓄电池盖板外侧螺栓，扭矩：6 N·m。

图4-7-92

⑦拧紧3个EV蓄电池盖板外侧螺栓，扭矩：6 N·m。

⑧拧紧3个EV蓄电池盖板外侧螺栓，扭矩：6 N·m。

（4）按图4-7-93所示顺序安装并拧紧BEM周围的22个EV蓄电池盖板螺栓。扭矩：10 N·m。按图4-7-94所示顺序安装并拧紧SDU周围的15个EV蓄电池盖板螺栓。扭矩：10 N·m。

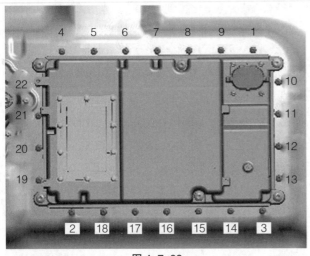

图4-7-93

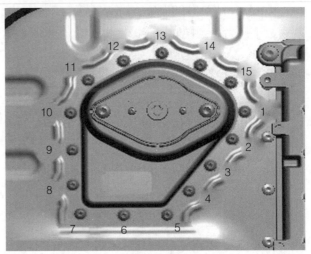

图4-7-94

（5）图 4-7-95 所示为电动车（EV）蓄电池盖板中央螺栓的认可拧紧顺序。安装 12 个 EV 蓄电池盖板中央螺栓，但不要完全拧紧。更换零部件规格 M5×12 螺栓 12 个。必须安装新螺栓。按所示顺序拧紧 12 个 EV 蓄电池盖板中央螺栓至扭矩：4.5N·m。如图 4-7-96 所示，安装 4 个 EV 蓄电池盖板中心安装板螺栓。按所示顺序拧紧 4 个螺栓至扭矩：24N·m。

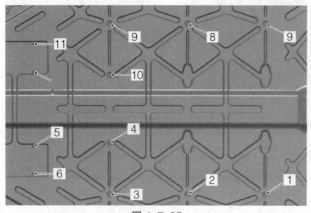

图 4-7-95

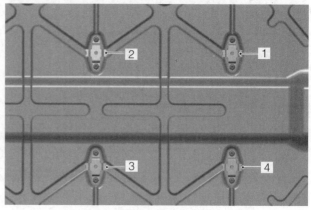

图 4-7-96

5.HV 蓄电池压力测试

（1）重装 HV 蓄电池后，必须执行压力测试，以检查密封垫和密封件的完好性。否则，可能存在在热散逸期间有毒气体和火焰从后座椅下方 BEM 周围的薄弱点逸出的风险。如图 4-7-97 所示，使用专用工具 JLR-415-051 完成压力测试。

首次打开压力表时，它将执行自校准测试。确保仪表以毫巴（mbar）为单位进行测量（1mbar=100Pa）。一旦安装的数字压力表显示

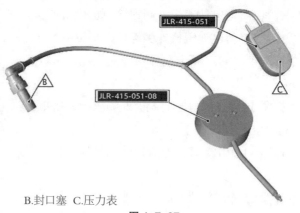

B.封口塞 C.压力表

图 4-7-97

压力值，将封口塞安装到快速释放接头中。让压力稳定 1min。1min 的稳压时间后，记录数字压力表上的压力值。继续观察数字压力表上的值 2min，与之前记录的值相比，压降不应超过 5.0mbar。如果压降超过 5.0mbar，则检查软管和接头是否存在泄漏，然后再继续操作。

（2）如图 4-7-98 所示，安装 3 个 HV 电气接头封口塞（专用工具：JLR-415-099）。

（3）如图 4-7-99 所示，将泵连接至数字压力表总成，然后将接头安装到 EV 蓄电池后部的通风管。观察数字压力表的同时，缓慢地操作泵。当压力达到 50.0mbar 时，停止操作泵并从点断开。让压力稳定 3min，初始时压力可能会下降，但应该会稳定。3min 的稳压时间后，记录数字压力表上的压力值。继续观察数字压力表上的值 2min，与之前记录的值相比，压降不应超过 5.0mbar。如果压降超过 5.0mbar 或数字压力表读取值低于 30mbar，则压力测试失败，表示存在泄漏，将 EV 蓄电池安装至车辆之前，请联系 JLR 技术支持以获得进一步帮助。如果整个 2min 周期的压降小于 5.0mbar，则测试成功。切勿快速操作泵，必须逐渐缓慢地提高 EV 蓄电池内的压力。升压过程中切勿超过 50.0mbar。

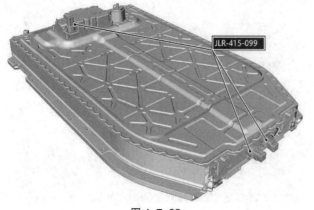

图 4-7-98

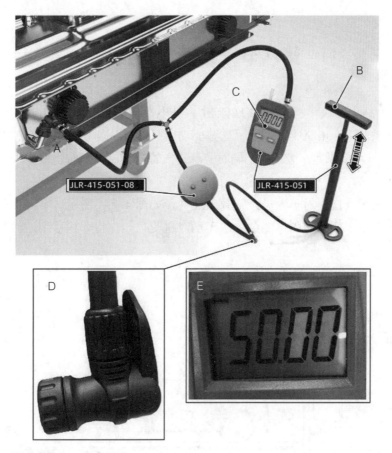

A.接头 B.泵 C.压力表 D.压力表总成 E.压力显示

图 4-7-99

6.HV 蓄电池冷却液加注

将冷却液系统真空重新加注套件安装到 HV 蓄电池膨胀箱。必须将 PATHFINDER 连接至车辆。确保在干净的容器中制备按照认可的车间维修手册中规定的浓度混合的正确冷却液量。使用 JLR 认可的诊断设备，运行 EV 蓄电池冷却液泵加注程序。（ECU 诊断—蓄电池电量控制模块（BECM）—ECU 功能—电动车蓄电池冷却回路加注程序）。按照认可的车间维修手册中的程序加注系统，直至冷却液达到膨胀箱上的"MAX"（最大）液位。小心：确保在诊断例行程序运行期间，冷却液液位没有下降到膨胀箱上的"MIN"（最小）液位标记以下。

第八节 紧急救援指南

I-PACE 是捷豹（Jaguar）第一款中型高性能 SUV 纯电动汽车（BEV）。I-PACE 由两个驱动电机驱动，一个电机驱动前轴，一个电机驱动后轴。这些驱动电机能够从静止状态提供瞬时扭矩（从 0 加速到 100km/h 只需 4.5s），从而提供跑车级性能，同时实现排气管零排放。下面介绍 I-PACE 道路救援指南。

1. 运输车或拖车

建议使用专用运输车或拖车对车辆进行施救或运输，如图 4-8-1 所示。不得在四轮全部着地、前轮或后轮悬起的情况下牵引车辆。否则可能会导致车辆严重受损。在将车辆移到运输车或拖车上时，请遵守以下各点：

如有可能，打开车辆的电气系统并选择"空挡"（N）。

启用变速器驻车释放机构。

释放电子驻车制动器（EPB）。

极其缓慢地移动车辆，且移动距离不要超过 500m。

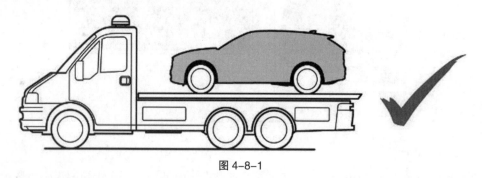

图 4-8-1

2. 电子驻车制动系统（EPB）释放

如果由于某种原因，比如系统故障或蓄电池耗尽，电子驻车制动（EPB）可能无法释放。如需移动车辆，要执行紧急释放程序。注意：用楔块固定车轮，在执行下列步骤之前确保所有人员都离开车辆。按照如下方式释放 EPB。

（1）停用（执行 EPB 紧急释放程序）。

抬起并支撑车辆。

拆下后轮和轮胎总成。

如图 4-8-2 所示，断开电子驻车制动（EPB）电气接头。

如图 4-8-3 所示，逆时针转动右卡钳枢轴，以将后制动卡钳设定到维护位置。

顺时针转动左卡钳枢轴，以将后制动卡钳设定到维护位置。

（2）激活（恢复 EPB）。

安装新的 O 形密封圈。

安装电子驻车制动（EPB）执行器。

安装 2 个新螺栓。扭矩：8 N·m。

连接 EPB 电气接头。

使用诊断设备校准 EPB。

安装后轮和轮胎总成。

注意：要使用启动辅助装置、跨接导线和芯棒等其他方法，则可能不需要执行此程序。

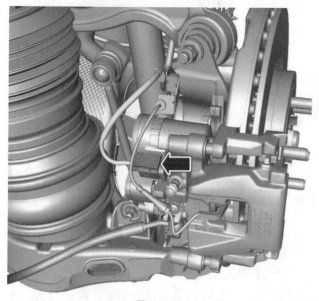

图 4-8-2

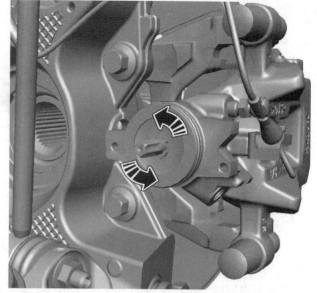

图 4-8-3

3. 变速器驻车释放

施救车辆之前，如果未能将车辆从"驻车挡"（P）释放，可能会导致车辆严重损坏。激活驻车（P）释放系统会将车辆锁定在空挡（N），防止自动选择 P 挡。注意：确保车辆用车轮楔块固定。应用电子驻车辅助系统（EPB），或让另一个人用力踩住制动踏板。否则可能会造成车辆意外移动，导致严重伤害甚至死亡。启用驻车释放系统后，挡位选择杆指示灯和仪表盘都将闪烁显示 N。如图 4-8-4 所示，驻车释放杆位于发动机舱盖板下面，在前行李箱后部附近。

（1）如图 4-8-5 所示，要将自动变速器从 P 挡释放。

图 4-8-4

确保使用车轮楔块等合适的方法适当地固定好车辆。

缓缓拉起释放杆，约 90° 至竖直位置。切勿对该把手用力过猛，并且切勿将把手拉起超过 90°。这两者任何一个动作都可能会损坏驻车释放系统。

固定锁销啮合，以将把手保持在竖直位置。

注意：固定锁销啮合时，可能会听到一声"咔嗒"声。接合也可能会通过把手感觉到。

（2）车辆施救完成后，确保将自车辆返回到 P 挡。要将自动变速器返回至 P 挡。

轻轻松开固定锁销。

释放杆将自动返回至其正常的水平位置。

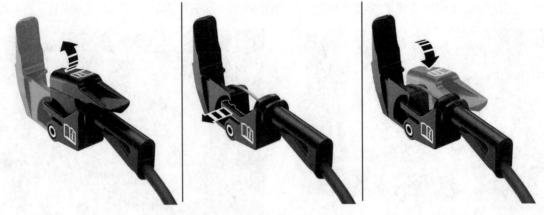

图 4-8-5

4. 应急启动

如遥控器无电或车辆电气故障，可启动备份程序（应急启动），以解除警报并启动电机。如图 4-8-6 所示，用应急钥匙片解锁车门，然后按下点火按钮，如果车辆未检测到智能钥匙，当仪表盘显示消息智能钥匙未识别时，将钥匙按图示位置放置，并按下启动按钮时，可以使用启动备份功能，接通点火。按以下步骤执行启动备份程序：

（1）如图 4-8-7 所示，将智能钥匙平靠着转向柱下侧放置。注意：转向柱上有帮助确定正确位置的标记。

（2）将智能钥匙保持在正确位置的同时，用力踩下制动踏板。

（3）按下仪表板上的 START/STOP（启动/停止）按钮然后释放。

（4）一旦电机启动后，在安全条件允许的情况下松开制动踏板。

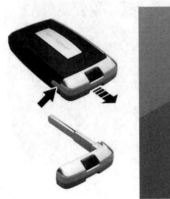
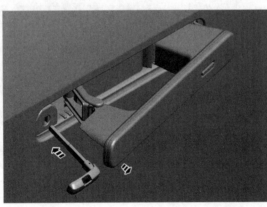

图 4-8-6　　　　　　　　　　　　　　　　　　　　　　图 4-8-7

5. 应急打开发动机盖

捷豹（Jaguar）I-PACE 可以电动开启发动机舱盖，当车辆解锁时，可以通过遥控器和车内按钮电动打开发动机舱盖。在没有电源的情况下打开发动机舱盖的步骤如下：

（1）如图 4-8-8 所示，逆时针转动右前搁脚空间中的盖子以将其拆下。

（2）拉动紧急释放绳。

（3）升起位于发动机舱盖中心位置下方的发动机舱盖安全钩。抬起发动机舱盖。

6. 连接跨接电源导线

如果车辆低压蓄电池电量不足，可按图 4-8-9 所示，连接和断开跨接导线。

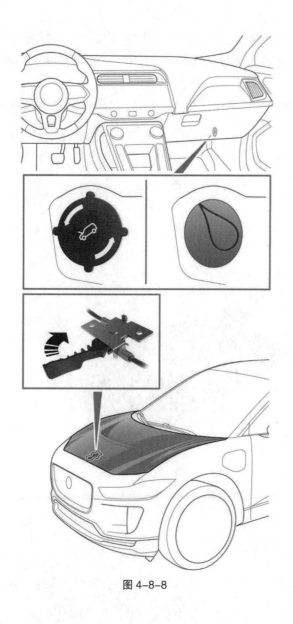

图 4-8-8

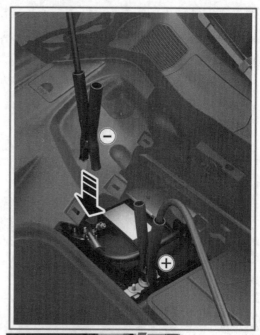

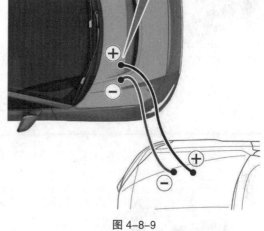

图 4-8-9

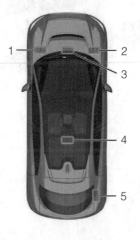

7. 更换保险丝

如图 4-8-10 所示，保险丝盒的位置如下：

乘客舱保险丝盒位于后排坐垫下面，要检修乘客舱保险丝盒，按以下步骤：

（1）如图 4-8-11 所示，确保将坐垫移离座椅底座中的固定点。

（2）如图 4-8-12 所示，从第二排座椅底座的前边缘向上拉坐垫。切勿从背面向上提起坐垫，因为这样会露出电路电缆。触摸暴露的电路可能会导致人员受伤或死亡

（3）在提起坐垫后，如图 4-8-13 所示，拆下盖板，即可检修保险丝。

（4）在更换保险丝之前，请务必先关闭电气系统和受影响的电路。否则可能会导致车辆损坏。

1.发动机舱盖下保险丝盒 1 2.发动机舱盖下保险丝盒 2 3.高压保险丝盒。注意：此保险丝盒只能由授权经销商/维修厂进行检修 4.乘客舱保险丝盒 5.载货区保险丝盒。拆下盖住载货区右侧的面板。检修板后部的标签给出了保护电路和保险丝位置

图 4-8-10

更换时必须安装认可的同等级、同类型或是规格匹配的保险丝。使用错误的保险丝可能导致车辆电气系统损坏并引发火灾。如图4-8-14所示，使用保险丝拆卸工具拆下保险丝，检查保险丝内的导线是否熔断。如果保险丝已熔断，需要进行更换。

（5）如果更换的保险丝在安装后熔断，则应由经销商/授权维修厂检查此系统。否则，可能会造成车辆进一步损坏。

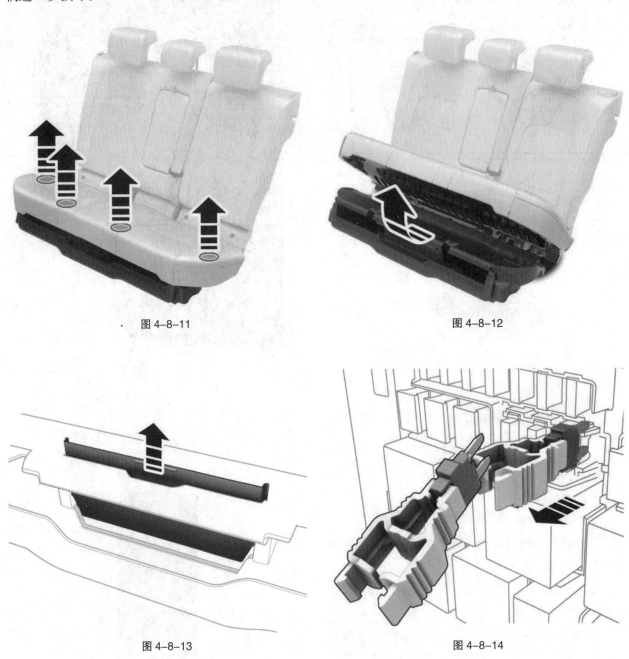

图4-8-11

图4-8-12

图4-8-13

图4-8-14

第九节　故障实例

一、2019年捷豹I-PACE无法充电

车型：I-PACE。

年款：2019年。

发动机型号：EV。

行驶里程：9307km。

故障现象：

连接充电枪对车辆充电，仪表提示初始化，连接AC充电枪，充电仪表提示初始化无法充电，如图4-9-1和图4-9-2所示。使用直充DC充电枪，充电仪表依旧提示初始化无法充电，同时充电机提示充电结束无法充电，如图4-9-3所示。

图 4-9-1

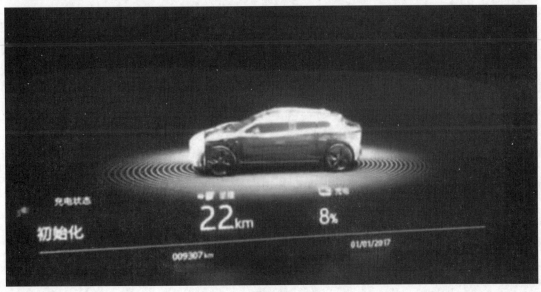

图 4-9-2

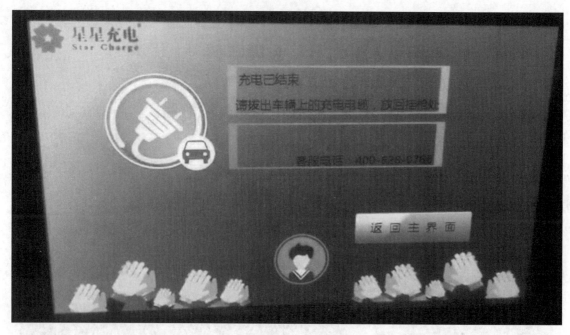

图 4-9-3

故障诊断：

连接诊断仪读取全车故障码，发现 BCCM 控制模块有故障码为：P0D94-00 蓄电池充电器耦合器锁定控制电路性能–无子类型信息，此故障永久性存在与环境温度无关，如图 4-9-4 所示。

🚗 > ECU诊断 > 蓄电池充电器控制模块 [BCCM]			
ECU 支持配置网关	否		🚗 ＜
AVL-ECU-ID	8842-2466-2		实时数据
			致动器
DTC 列表（1）		🔍 ∧	ECU 功能
P0D94-00	蓄电池充电器耦合器锁定控制电路性能	＞	清除故障诊断码（DTC）。
	没有任何子类型信息		更新 ECU
测试失败	是		更换 ECU
此操作循环测试失败	是		
待定 DTC	是		
确认的 DTC	否		
自上次清除起测试未完成	否		
自上次清除起测试失败	是		
此操作循环测试未完成	否		
警告指示灯已请求	否		

图 4-9-4

可能原因是充电系统和充电插座插头锁定电路对地短路，对电源短路、断路，电阻过高。充电插座插头锁定故障。根据故障码 P0D94-00 参考电路图检测车辆充电信号，电路元件位置图如图 4-9-5 所示，电路图如图 4-9-6 所示。

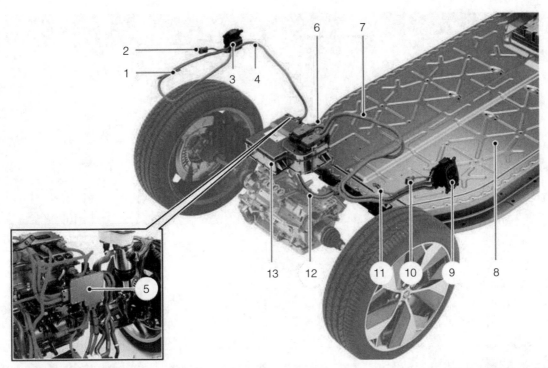

1.充电插座接地连接 2.接线线束接头 3.适用于HVAC外部电源的充电插座 4.从AC充电插座至BCCM的HVAC电缆 5.高压接线盒（HVJB）6.从BCCM至HVJB的HVDC电缆 7.从DC充电插座至BCCM的HVDC电缆 8.HV蓄电池 9.适用于HVDC外部电源的充电插座 10.接线线束接头 11.充电插头接地连接 12.从HVJB至EV蓄电池的HVDC电缆 13.BCCM

图 4-9-5

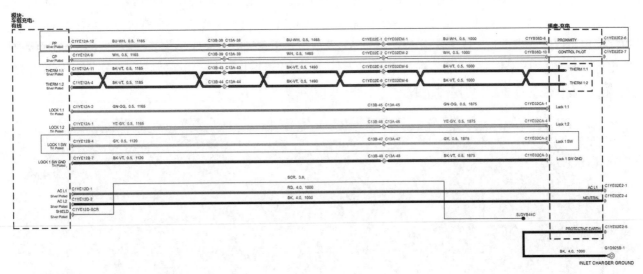

图 4-9-6

接近导向 PP；充电电缆是否连接车辆，充电电流和电缆截面积，充电插头上的开关 S1 有没有关。控制导向 CP；EVSE 检测充电插头（枪）连接到车辆上，EVSE 做大电流告知（BCCM），BCCM 告知 EVSE 充电插头已连接，已锁做好充电准备。根据以上原理使用示波器插上 DC 直流充电枪刷卡充电测量，如图 4-9-7 所示。通道 A 蓝色测量 PP 信号 C13B-38，通道 B 红色测量 CP 信号 C13B-39，通道 C 绿色锁 1SW 信号 C13B-47。

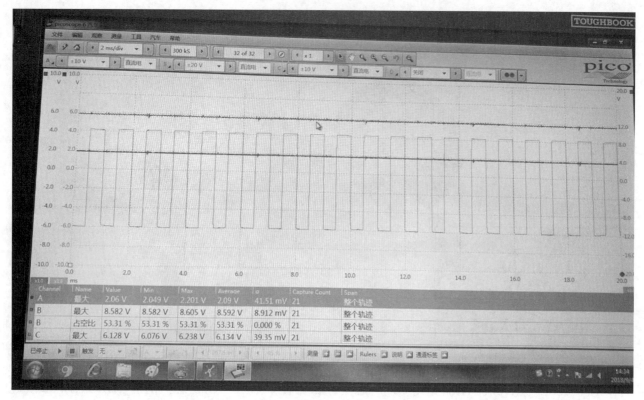

图 4-9-7

经过上述测量，通道 A 蓝色测量 PP 信号 2V 表示已连接充电枪，通道 B 红色测量 CP 信号 53% 占空比表示信号发生器已激活 EVSE 电流传播，C 绿色锁 1SW 信号 6V 表示锁处于解锁状态。等待 1min 左右直流充电枪停止充电测量，C 绿色锁 1SW 信号 6V 表示锁处于解锁状态，车辆仪表提示初始化，车辆没有充电。根据测量 1SW 信号 6V 表示锁处于解锁状态，检查交流充电口锁闭电机发现，充电电机处于半锁闭状态，按压遥控器解锁依旧是半锁闭状态不动，如图 4-9-8 所示。

图 4-9-8

722

检查锁闭电机安装良好，表面无损坏现象，检查紧急释放拉线没有处于释放状态，手动将锁闭电机调整解锁状态，插上充电枪测试充电，发现能听见电机工作声音，但是电机依旧处于解锁状态，电机锁销没有弹出。经过上述测量诊断为 AC 充电枪锁闭电机卡滞故障，替换锁闭电机测试车辆。使用示波器插上 DC 直流充电枪刷卡充电测量，车辆恢复正常充电状态，使用示波器测量通道 A 蓝色测量 PP 信号 C13B-38 为 2V，表示已连接充电枪，通道 B 红色测量 CP 信号 C13B-39 为 53% 占空比表示信号发生器已激活 EVSE 电流传播，控制 CP 导向电压 6V 表示连接车辆已做好充电准备，通道 C 绿色锁 1SW 信号 C13B-47 测量电压 8.7V 表示锁定状态，如图 4-9-9 所示。

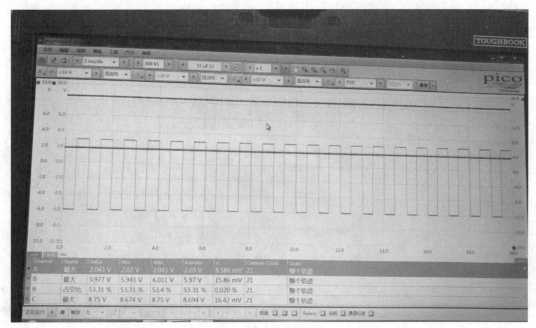

图 4-9-9

车辆恢复充电测试，车辆正常，如图 4-9-10 所示。

图 4-9-10

故障原因：

检查诊断 AC 充电口锁闭电机卡滞，导致 AC 充电口锁闭电机无法锁闭，BCCM 模块未接收到锁闭信号所以处于初始化准备状态。

故障排除：

更换 AC 充电口锁闭电机，故障排除。

二、2019 款捷豹 I-PACE 无法充电

车型：捷豹 I-PACE

年款：2019 年。

发动机型号：EV

行驶里程：9000km。

故障现象：

使用直充 DC 充电枪充电，仪表提示初始化无法充电，同时充电机提示充电结束无法充电，确认故障存在。驾驶员发现此故障，客户描述使用直流 DC 快充，发现车辆无法充电。此故障与环境温度无关，车辆行驶正常仪表无任何故障提示，只是使用直流充电枪时无法充电。检查车辆无加装和改装物品，使用交流 AC 充电枪对车辆进行充电测试，发现使用交流 AC 充电枪充电，车辆可以充电，如图 4-9-11 所示。

图 4-9-11

故障诊断：

连诊断仪读取故障码无相关故障码，如图 4-9-12 所示。

诊断 DTC 报告

注意：未列出的模块作出了正确响应，未报告 DTC

警告：模块未响应：

·车辆防盗锁止系统控制模块 ［VIM］

错误代码	描述
动力传动系统控制模块 ［PCM］	
	未知 DTC

图 4-9-12

根据故障现象分析可能原因：

（1）车辆握手充电协议没有完成。

（2）车辆车载充电模块与充电桩软件版本不兼容。

（3）直流充电口内部故障或充电接口温度传感器故障。

（4）车辆车载充电模块与车辆直流充电口高压线路电缆绝缘故障。

（5）车辆车载充电模块 BCM 故障。

检查车直流充电机，使用充电机给其他同款车充电发现可以充电，排除充电机与充电枪故障。检查车辆直流充电接口线束安装良好，检查充电接口控制插头安装良好无松动进水腐蚀现象。连接诊断仪读取数据流，读取数据 498E 充电时 AC 进口温度 1 号传感器 464counts，读取 DC 进口温度 2 号传感器 1020counts，读取 DC 进口温度 3 号传感器 1020counts，读取 4990 充电冷却液温度是 –40℃，如图 4-9-13 所示。

ECU 诊断	蓄电池充电器控制模块 [BCCM]	实时数据	
实时数据	所有	🔍	
蓄电池充电器冷却液温度 [4990]			
功率因数修正板温度 A [℃]			∨
功率因数修正板温度 B [℃]		-40 ℃	∨
高压温度 1 [℃]		-40 ℃	∨
高压温度 2 [℃]		-40 ℃	∨
高压温度 3 [℃]		-40 ℃	∨
高压温度 4 [℃]		-40 ℃	∨
蓄电池充电器进口温度传感器数据 [498E]			
AC 进口温度 #1 传感器 [counts]		456 counts	∨
DC 进口温度 #2 传感器 [counts]		464 counts	∨
DC 进口温度 #3 传感器 [counts]		464 counts	∨

图 4-9-13

读取其他同款车型同样环境温度下 498E 充电时 AC 进口温度 1 号传感器 464counts，DC 进口温度 2 号传感器 1020counts，DC 进口温度 3 号传感器 1020counts，4990 充电冷却液温度是 –40℃，与故障车一致排除温度传感器故障。根据以上数据读取分析诊断怀疑车辆直流充电控制信号故障，查阅资料如图 4-9-14 和图 4-9-15 所示。

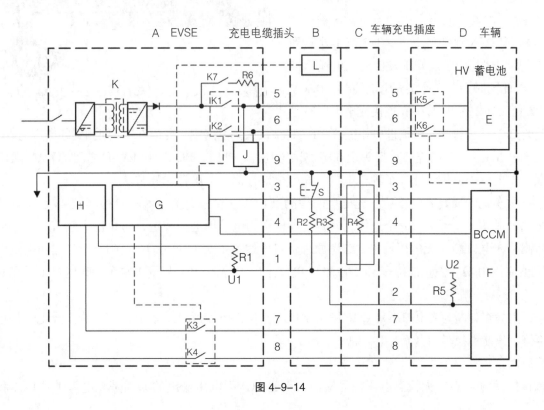

图 4-9-14

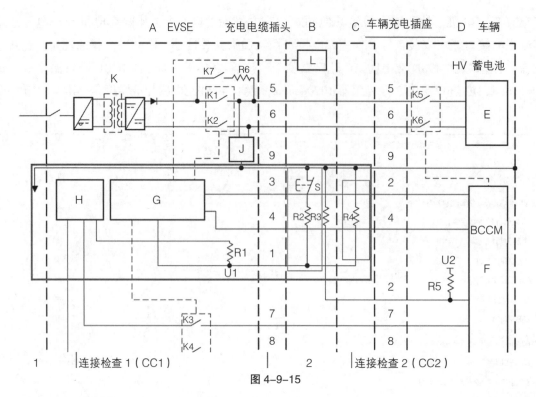

图 4-9-15

在将充电电缆连接至车辆之前，在 U1 处可以测到 6V 电压，用于向 EVSE 表示充电电缆未连接至 EV。在将充电电缆连接至车辆后，充电电缆接头中的开关 S 将会打开，从而旁通 R2，此时可以在 U1 处测到 12V 电压。因为接头插头的 CC1 针脚与车辆进口相配合，所以 R4 将被接入到电路中，因此可以在 U1 处测到 6V 电压，直至开关 S 被松开并且 R2 被重新接入到电路中，此时在 U1 处测到的电压为 4V。这是为了通知 EVSE 充电电缆已连接至 EV。与此同时，在未连接充电电缆时，BCCM 将会在 U2 处测到 12V 电压。在连接充电电缆时，

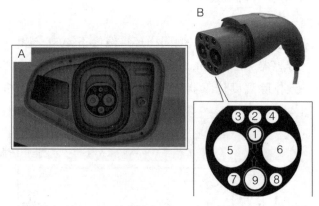

1.连接检查1（CC1）2.连接检查2（CC2）9.保护接地（PE）零线
图 4-9-16

充电电缆的 CC2 针脚将会与车辆进口相配合，R5 将被接入到电路中，此时在 U2 处测到的电压为 6V。这是为了通知 BCCM EVSE 已连接。接头现在将被锁定到位，此时，BCCM 和 EVSE 之间的 CAN 通信将会开始。根据以上原理分析，怀疑车辆充电口与充电枪检查信号电压存在异常。

测量正常车辆，插好充电枪后，充电口的检测点 CC1 连接检查信号。一旦检测到 4V，充电桩将判断充电枪插入成功，车辆接口完全连接，并将充电枪中的电子锁进行锁定，防止枪头脱落。故障车插好充电枪后测量充电口 CC1 无电压输出，参考原理资料（如图 4-9-16 所示），CC1 与 PE 之间电阻也就是 R4，电阻值应该 1kΩ，测量故障车 CC1 检测与 PE 之间电阻无穷大。测量正常车辆充电口 1 号和 9 号电阻 1kΩ。

根据以上检查诊断为充电口 1 号 CC1 和 9 号 PE 之间电阻值无穷大，存在断路，由于充电口是集成电路无法维修，只能更换车辆直流充电口总成。

故障原因：

充电口的检测点 CC1 无检测电压信号输出，引起 CC1 无电压输出的原因是充电口 1 号 CC1 和 9 号

PE 之间电阻 R4 无穷大（如图 4-9-17 所示）存在断路，导致信号电压中断车辆无法充电。

图 4-9-17

故障排除：

更换车辆直流充电口总成，测试车辆故障排除，如图 4-9-18 所示。

🔌 充电状态	➡️🔋 里程	🔋 充电	⏱ 剩余时间
正在充电	**243**km	63%	1小时6分钟

图 4-9-18

三、2019 年捷豹 I-PACE 车辆停车 20min 后空调系统出自然风，空调不制冷

车型：I-PACE。

年款：2019 年。

发动机型号：EV。

行驶里程：2317km。

故障现象：捷豹 I-PACE 车辆停车 20min 后空调系统出自然风，空调不制冷。

故障诊断：

根据客户抱怨测试车辆，环境温度约 32℃，打开车辆空调后车辆压缩机工作声音较大，同时风扇也高速旋转，设置空调温度 16℃（如图 4-9-19 所示），鼓风机转速设置在 4 挡（如图 4-9-20 所示），运行空调 30min 左右，测量出风口出风量良好，测量温度 20℃，出风口温度偏高。

图 4-9-19

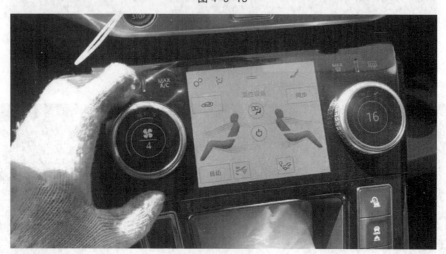

图 4-9-20

运行测量，正常同款车型环境温度 32℃左右，打开空调后运行声音比故障车声音小，将空调温度设定 16℃，鼓风机转速设置 4 挡，运行空调 30min 左右，测量出风口温度 11~12℃，温度比故障车低，如图 4-9-21 所示。

图 4-9-21

经过对比出风口温度，确认故障车空调出风口出风温度过高，空调制冷效果差。检查车辆无加装和改装物品，维修历史查询无相关事故维修记录。检查车辆空调，故障车辆环境温度 30℃以上时故障很明显，环境温度低时故障不明显。

连接诊断仪读取相关故障码，读取空调控制模块HVAC模块故障码：B11FF—84空调制冷剂压力—信号低于允许范围，如图4-9-22所示。

图4-9-22

故障可能原因：

（1）空调系统中的制冷剂气体量过低，或制冷剂不纯。

（2）空调系统管路或冷凝器中出现堵塞。

（3）制冷剂阀堵塞/制冷剂阀无响应。

（4）空调吸入压力传感器值不正确。

根据故障码B11FF-84怀疑空调系统压力过低，目测检查空调系统冷凝器无过涨损坏变形泄漏现象，检查车辆外部空调连接管路，安装良好，检查管路表面无泄漏损坏变形现象。根据故障码B11FF-84和系统压力测试确认系统压力过低，启动车辆环境温度约32℃，打开AC空调系统运转约30min，使用诊断仪读取空调控制模块（HVAC）数据，空调压缩机出口（99C2）85.8℃温度过高，压缩机进口温度（99B5）-20.6℃温度过低，读取压缩机进口压力（98E1）125kPa，压力低于标准值，空调系统压力（9990）1262.5kPa，如图4-9-23所示，压力过高。

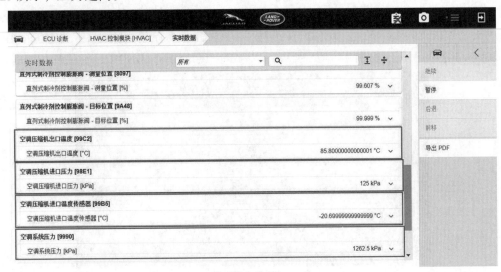

图4-9-23

读取正常车数据流，启动车辆环境温度约 32℃左右，打开 AC 空调系统运转约 30min，使用诊断仪读取空调控制模块（HVAC）数据，空调压缩机出口（99C2）63.3℃，压缩机进口温度（99B5）4.6℃，空调系统压力（9990）937.5kPa 压力，如图 4-9-24 所示。

图 4-9-24

连接空调压力表测故障车辆空调系统压力，启动车辆环境温度约 32℃，打开车辆空调后车辆压缩机工作声音较大，同时风扇也高速旋转，设置空调温度 16℃，鼓风机转速设置为 4 挡位，运行空调 30min 左右，检测空调系统压力，低压压力 50kPa 压力低，高压压力 1100kPa（如图 4-9-25 所示），测量出风口温度 20℃温度过高，空调制冷效果差。

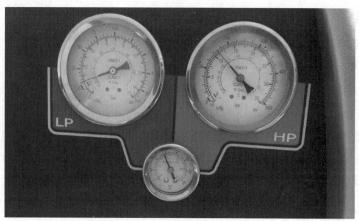

图 4-9-25

对比测量正常同款车型环境温度 32~33℃，车辆打开空调后运行声音比故障车声音小，将空调温度设定 16℃，鼓风机转速设置为 4 挡位，运行空调 30min 左右，检测空调系统压力，低压压力 240kPa 比故障车高，高压压力 950kPa 比故障车低（如图 4-9-26 所示），测量出风口温度 11~12℃，温度比故障车温度低。

图 4-9-26

根据以上对比空调系统故障车辆空调系统压力过低。查看全新空调系统原理，空调简图如图 4-9-27 所示。

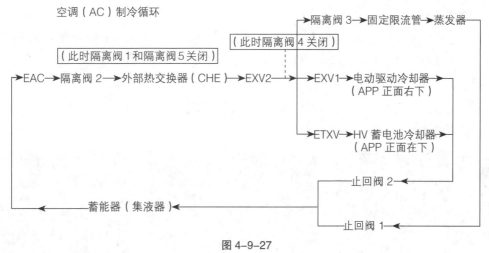

图 4-9-27

空调各部件原理如下：

（1）电动空调压缩机。

压缩气态制冷剂，使制冷剂在回路中流动，如图 4-9-28 所示。

（2）隔离阀 2。

当处于热泵模式 1、2、3 以及再热模式 2 时，隔离通向 OHE 的制冷剂回路，如图 4-9-29 所示。

（3）外部热交换器（OHE）。

可作为冷凝器和外部蒸发器运行，具体取决于制冷剂的流动，如图 4-9-30 所示。

图 4-9-28

图 4-9-29

图 4-9-30

（4）电子膨胀阀 2（EXV2）。

此 EXV 具有三个功能，第一功能是全开，以允许制冷剂以液态形式自由地从 OHE 中流过。第二个功能是部分开启，以便在回路处于热泵模式 2 和 3 时限制制冷剂流量，这就迫使制冷剂变成蒸汽形式，以便在 OHE 内完成从液态变为气态的状态变化。第三个功能是关闭并阻止任何制冷剂流向 OHE，在回路处于热泵模式 1 和 2 时会发生这种情况，如图 4-9-31 所示。

（5）电动热膨胀阀（ETXV）。

一种机械式 TXV，集成了一个 12V 电磁阀。当电磁阀打开时，他的操作方式与单独的 TXV 相同。制冷剂将会流过 ETXV 内的密封圆顶，

图 4-9-31

圆顶将会对温差做出反应以移动内部针阀来控制制冷剂流量。若要打开该ETXV，则需要具有12V电源，如图4-9-32所示。

（6）电子膨胀阀（EXV1）。

位于电动驱动冷却器处，具有两个功能，一个功能是限制进入电动驱动冷却器的制冷剂流量，这将迫使制冷剂为蒸汽形式，以便在电动驱动冷却器内完成从液态至气态的状态变化，如图4-9-33所示。

（7）隔离阀3。

当在车辆插接电源并运行充电的情况下请求蓄电池冷却时，以及当处于热泵模式1、2和3时，隔离通向蒸发器的制冷剂回路，如图4-9-34所示。

图 4-9-32

图 4-9-33

图 4-9-34

（8）隔离阀4。

当需要座舱冷却和蓄电池冷却时，隔离来自间接冷凝器的制冷剂回路，如图4-9-35所示。

（9）固定限流管。

位于蒸发器下游，用于在需求时使进入蒸发器的制冷剂汽化。现流管的直径比膨胀阀小，如图4-9-36所示。

图 4-9-35

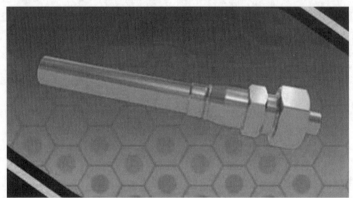
图 4-9-36

（10）蒸发器。

在制冷剂流过时吸收座舱空气中的热量，如图4-9-37所示。

（11）止回阀1。

在未使用蒸发器时防止制冷剂油和液体流入蒸发器和流至固定限流管，如图4-9-38所示。

（12）蓄能器。

位于制冷剂吸入管中电动空调压缩机前方，其作用是防止液态制冷剂和回路机油突然涌入电动空调压缩机而损坏电动空调压缩机，如图4-9-39所示。

图 4-9-37

图 4-9-38

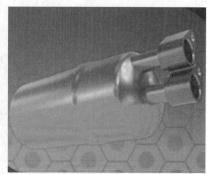
图 4-9-39

（13）蓄电池冷却器。

通过与制冷剂回路的热传递使 HV 蓄电池冷却液回路冷却，如图 4-9-40 所示。

（14）止回阀 2。

当未使用蓄电池冷却器和电动驱动冷却器时，防止制冷剂油和液体流入这些部件，如图 4-9-41 所示。

图 4-9-40

图 4-9-41

空调 1 作为传统空调系统，外部热交换器（OHE）散发热量。蒸发器中的制冷剂吸收座舱空气中的热量，如图 4-9-42 所示。

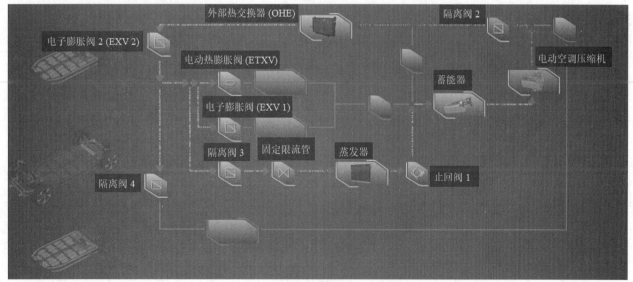
图 4-9-42

空调 4 作为传统空调系统，OHE 散发热量。蒸发器中的制冷剂吸收座舱空气中的热量，并通过 HV 蓄电池冷却器吸收 HV 蓄电池冷却液回路中的热量，如图 4-9-43 所示。

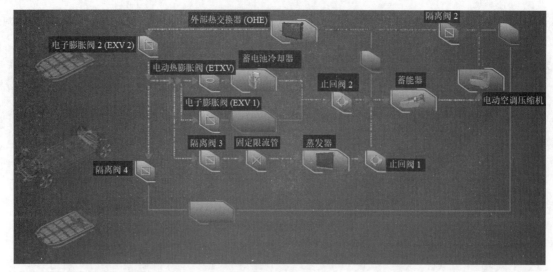

图 4-9-43

空调 5 仅在车辆插接电源进行充电时吸收 HV 蓄电池冷却液回路中的热量，如图 4-9-44 所示。

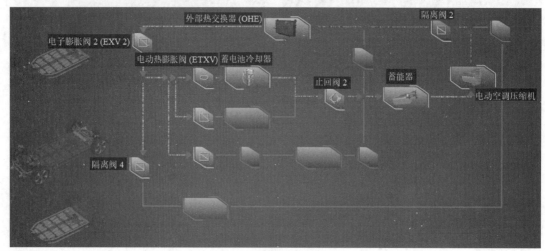

图 4-9-44

管路图如图 4-9-45 所示。

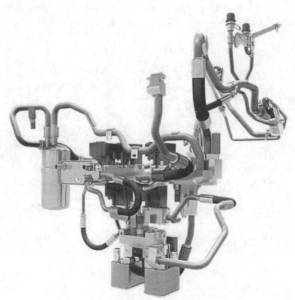

图 4-9-45

根据以上检查空调系统压力过低，怀疑车辆空调制冷剂不纯。由于此空调系统含多个分支控制阀，重新加注回收制冷剂，必须使用诊断仪运行设置空调制冷剂服务模式（如图4-9-46所示），维修模式运行，使用制冷剂回收机回收制冷剂，回收810g制冷剂，如图4-9-47所示。

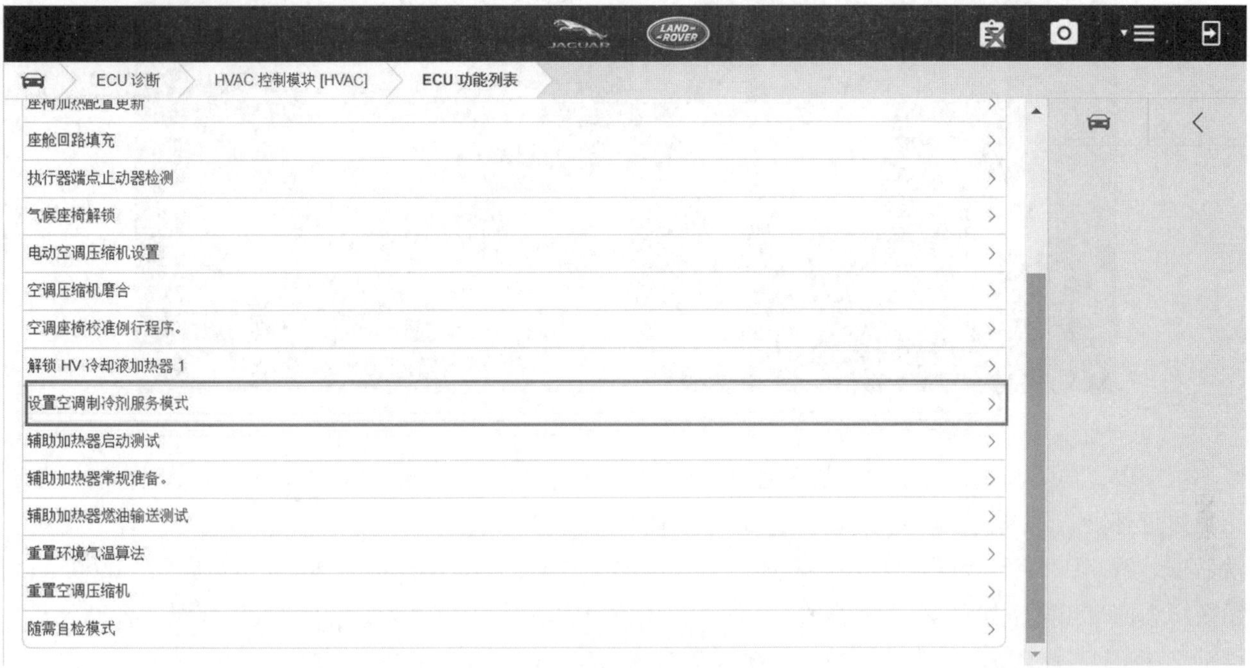

图 4-9-46

图 4-9-47

　　运行设置空调制冷剂服务模式，维修模式运行抽真空保压后，重新加注制冷剂850g，加注后退出维修模式，启动车辆，环境温度26℃开启空调设置16℃，运行后测试空调出风口温度，最低温度17℃，读取空调系统压力，低压压力依旧50kPa压力过低，读取高压压力1100kPa压力（如图4-9-48所示），故障依旧。

图 4-9-48

　　根据以上压力测试，重新加注制冷剂后空调系统低压压力还是过低，50kPa，排除制冷剂影响，低压压力过低怀疑空调系统管路有堵塞现象，拆下空调管路使用制冷剂反向冲洗蒸发箱清洗节流管，反复冲洗后安装管路，重新运行程序加注制冷剂，环境温度约 22℃，测量低压压力 260kPa 高压压力 1100kPa，系统压力回复正常（如图 4-9-49 所示），测量出风口温度最低时 9~10℃（此温度与环境温度有关会上下浮动 2℃），与同款车对比温度一致，如图 4-9-50 所示。

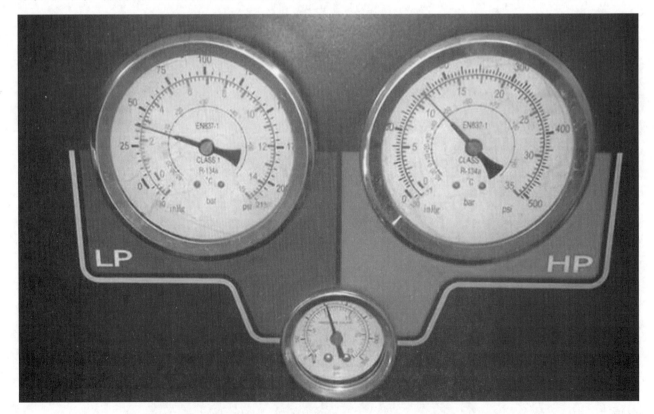

图 4-9-49

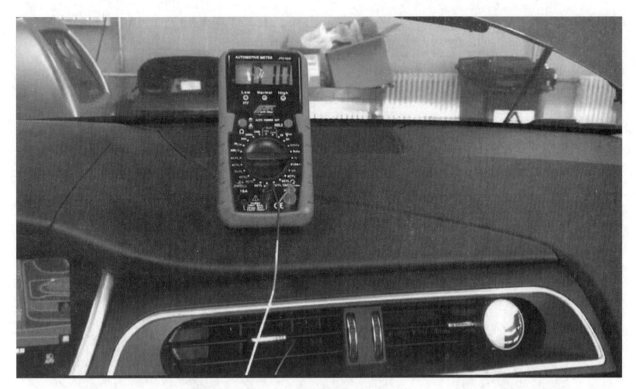

图 4-9-50

根据以上测量和空调系统压力显示，确认车辆故障排除。

故障原因：

车辆空调系统节流管过脏引起车辆空调系统压力过低，导致空调制冷效果差，如图 4-9-51 和 4-52 所示。

图 4-9-51

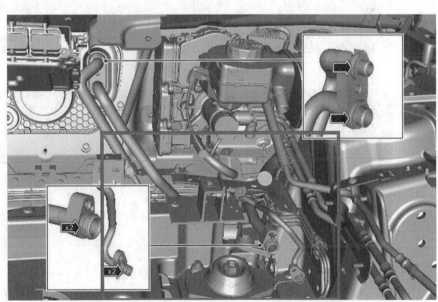

图 4-9-52

故障排除：

冲洗空调蒸发箱节流管后测试车辆，故障排除。

四、2019 年捷豹 I-PACE 车辆无法充电

车型：I-PACE。

年款：2019 年。

发动机型号：EV。

行驶里程：2449km。

故障现象：车辆无法充电。

故障诊断：

确认故障：根据客户抱怨连接直流充电枪，充电机开始自检工作，充电机提示充电已结束请拔充电枪，车辆充电枪口指示灯白灯闪烁初始化后熄灭，如图 4-9-53~图 4-9-55 所示。

图 4-9-53

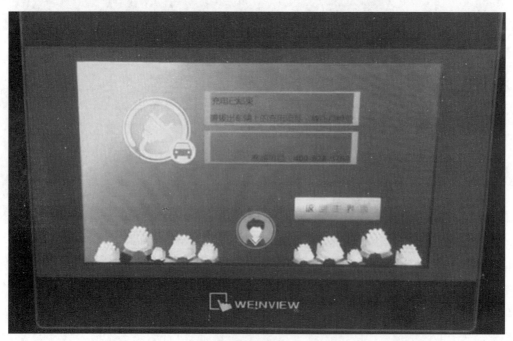

图 4-9-54

图 4-9-55

查看车辆仪表显示初始化车辆无法充电，如图 4-9-56 所示。

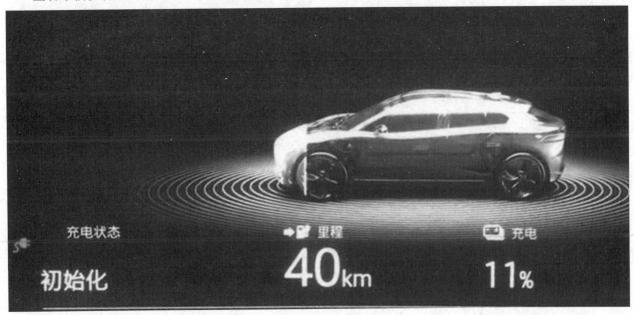

充电状态 ➡🔋里程 🔋充电

初始化 **40**km **11**%

图 4-9-56

根据客户抱怨使用交流充电枪给车辆充电，测试使用交流充电枪车辆可以正常充电，仪表显示正常并且可以充满车辆电池电量，如图 4-9-57 所示。

图 4-9-57

客户发现此故障，测试车辆只有直流充电枪无法充电，此故障与环境温度无关永久性存在，仪表只提示初始化无任何故障提示，车辆行驶正常无任何故障提示。检查车辆无加装和改装物品，维修历史查询无相关维修记录。检查车辆直流充电口控制插头无松动进水腐蚀现象。根据故障现象连接诊断仪读取相关故障码，无相关故障码。

诊断思路：

（1）车辆 HV 充电系统未识别到充电枪。

（2）车辆 HV 充电线路存在断路或短路。

（3）车辆未识别到充电枪，充电枪锁信号故障。

（4）车辆车载充电模块 BCCM 与充电机通信故障，线路存在断路或短路。

（5）车辆车载充电模块 BCCM 故障。

（6）车辆蓄电池电量控制模块故障。

根据故障现象使用诊断仪读取车载充电模块 BCCM，有更新软件，对 BCCM 模块软件更新，更新成功，如图 4-9-58 所示。

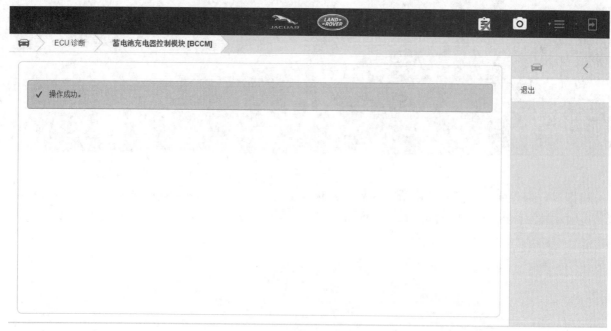

图 4-9-58

测试车辆，使用直流充电枪对车辆充电，依旧无法充电，仪表显示初始化。运行诊断仪显示：车辆上不存在 HV 充电问题，如图 4-9-59 所示。

图 4-9-59

根据诊断仪指导诊断检测，提示车辆上不存在 HV 充电问题，排除车辆 HV 线路故障，说明在车辆低压控制电路存在故障。使用诊断仪读取充电枪锁闭控制电机数据流，插上充电枪后锁闭电机数据波形显示电机锁闭，同时观察充电口锁闭电机锁闭正常，如图 4-9-60 所示。

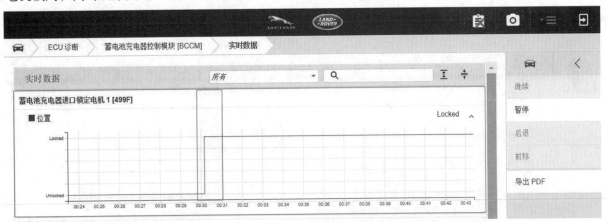

图 4-9-60

根据以上数据读取和观察，排除车辆交流充电口锁闭电机故障。直流充电口原理分析：DC1 与 DC2 端子直流电源正负极，PE 端子保护接地与车辆车身接地负极搭铁，A- 与 A+ 未使用，CC1 端子是充电桩，确认充电枪是否插好（用万用表测量 CC1 与 PE（负极搭铁）电阻值在 1kΩ 左右），CC2 端子车辆确认充电枪是否插好，由车辆 BCCM 模块输出信号电压 12V 左右给充电桩，如图 4-9-61 和图 4-9-62 所示。

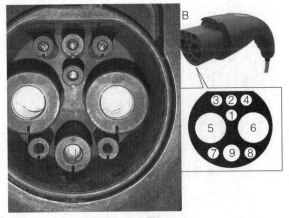

图 4-9-61

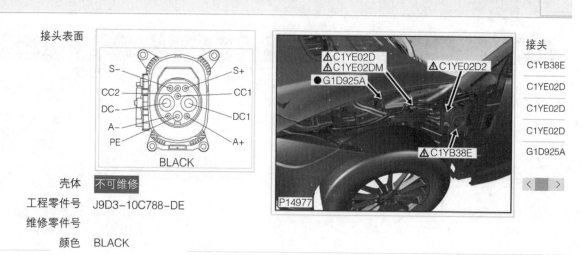

图 4-9-62

使用示波器测试直流充电口 CC2、CC CAN 波形，A 通道为 CC2，B 通道为 CC CAN H，C 通道为 CC CAN L，测量波形发现直流充电口 CC2 电压波形在充电枪未接通前为 12V，电源电压正常，在接通充电枪后 CC2 电压波形降低为 6.9V，电压过低异常，如图 4-9-63 所示。

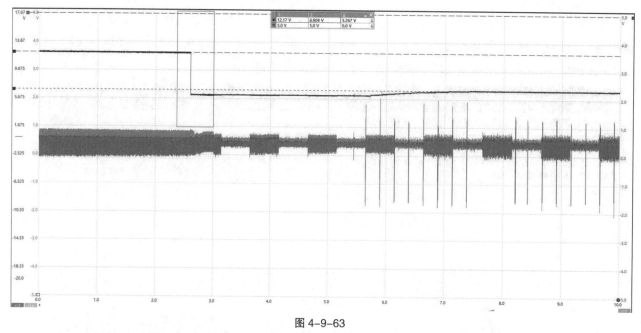

图 4-9-63

根据以上示波器测量直流充电口 CC2 插入充电枪后电压过低，使用万用表测量直流充电口 CC2 和 PE 之间电阻值为 11.55~12.60kΩ，如图 4-9-64 和图 4-9-65 所示。

测量直流充电口，CC1 与 PE 之间电阻为 0.99kΩ，与同款车对比直流充电口 CC2 和 CC1 与 PE 之间电阻值正常一致，如图 4-9-66 所示。

根据以上测量诊断分析，车辆车载充电模块 BCCM 插上充电枪后输出直流充电口 CC2 电压过低。参考电路图测量车载充电模块 BCCM 输出 CC2，拔下测量插头 C1YE12C-11 至直流充电口 CC2 插头 C1YE02D2-7，测量对负极车身搭铁电阻值无穷大，测量导通良好无断路和短路现象。拆下车载充电模块 BCCM，测量输出 CC2 电压插头 C1YE12C-11 端与 BCCM 模块壳体阻值为 34.36kΩ，电阻值异常，如图 4-9-67 所示。

图 4-9-64

图 4-9-65

图 4-9-66

图 4-9-67

　　测量正常车辆，车载充电模块 BCCM 输出 CC2 电压插头 C1YE12C-11 端与 BCCM 模块壳体阻值为∞，如图 4-9-68 所示。

　　根据以上测量，车载充电模块 BCCM 输出 CC2 电压插头 C1YE12C-11 端与 BCCM 模块壳体阻值为 34.36kΩ，电阻值异常，导致输出电压低于标准值，车辆无法充电，诊断需更换车载充电模块 BCCM。

　　故障原因：

　　车载充电模块 BCCM CC2 插上充电枪后输出 6V 左右电压过低，同时 BCCM 模块与壳体搭铁电阻值 34.36kΩ，电阻值异常，导致输出电压低于标准值，车辆无法充电。

　　故障排除：

　　更换车载充电模块 BCCM，测试车辆故障排除。

图 4-9-68

五、2019 年捷豹 I-PACE 车辆启动后无法行驶，仪表报警，P 挡闪烁

车型：I-PACE。

年款：2019 年。

发动机型号：EV。

行驶里程：6395km。

故障现象：

根据客户抱怨，解锁车辆后不启动车辆时仪表 P 挡位显示闪烁，同时车辆挡位显示 P 挡位指示灯也闪烁，如图 4-9-69 和图 4-9-70 所示。

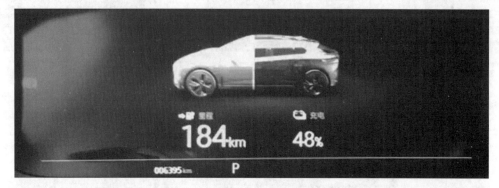

图 4-9-69

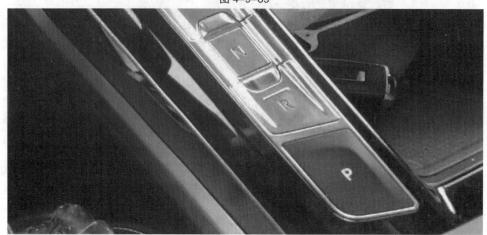

图 4-9-70

故障诊断：

踩下制动踏板,启动车辆,仪表瞬间显示混合动力蓄电池故障,约 4s 仪表自动关闭黑屏,车辆无法启动,如图 4-9-71 和图 4-9-72 所示。

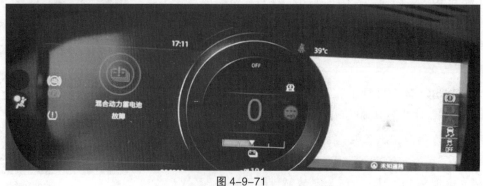

图 4-9-71

图 4-9-72

　　松开制动踏板，打开点火开关后仪表 P 挡位显示闪烁，同时仪表提示：小心驾驶即可，紧急制动辅助系统不可用，变速器故障；小心驾驶即可，制动踏板触感降低，混合动力蓄电池故障，如图 4-9-73 和图 4-9-74 所示。

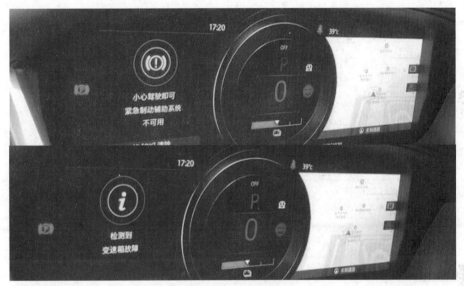

图 4-9-73

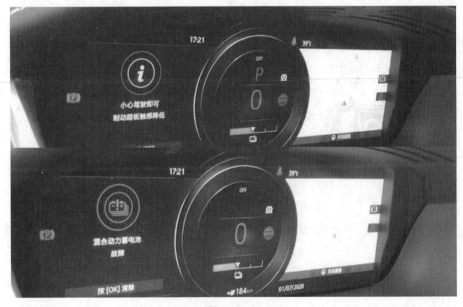

图 4-9-74

确认故障存在，此故障永久性存在与环境温度无关。检查车辆无加装和改装物品。读取故障内容及诊断仪指导建议，关键故障码的冻结值，连接诊断仪读取相关故障码，读取网关模块"A"［GWM］模块故障码为：B13C5—92 辅助蓄电池—性能或不正确的操作，B1479—08 配电盒-总线信号/消息存在故障，B1479—48 配电盒—监视软件存在故障。同时发现车辆制动助力器模块［BBM］无通信，如图 4-9-75 所示。

诊断 DTC 报告

注意：未列出的模块作出了正确响应，未报告 DTC

警告：模块未响应：
- 制动助力器模块 ［BBM］
- 后部 HVAC 控制模块 ［RHVAC］
- 电力变频转换器控制模块 "B"［EPICB］

错误代码	描述
防抱死制动系统控制模块 ［ABS］	
U0080-81	车辆通信总线 F - 接收到无效串行数据
U0080-87	车辆通信总线 F - 消息缺失
蓄电池充电器控制模块 ［BCCM］	
U0064-82	车辆通信总线 E - 活动/顺序计数器不正确/未更新
定速巡航系统模块 ［CCM］	
U0046-81	车辆通信总线 C - 接收到无效串行数据。
底盘控制模块 ［CHCM］	
U0046-81	车辆通信总线 C - 接收到无效串行数据。
网关模块 "A"［GWM］	
B13C5-92	辅助蓄电池 - 性能或不正确的操作
B1479-08	配电盒 - 总线信号/消息存在故障
B1479-48	配电盒 - 监视软件存在故障

图 4-9-75

可能故障原因：

（1）辅助蓄电池电路对地短路、断路、电阻过高。

（2）辅助蓄电池已放电/发生故障。

（3）配电盒（PSDB）电路对地短路、断路或电阻过高。

（4）配电盒（PSDB）内部故障。

根据故障现象和故障码：B13C5—92 辅助蓄电池-性能或不正确的操作，B1479—08 配电盒—总线信号/消息存在故障，B1479—48 配电盒—监视软件存在故障。检查车辆辅助蓄电池正负极电缆安装良好无松动进水腐蚀现象，测量辅助蓄电池电压 4.7V 左右，蓄电池电压过低。使用充电器对车辆辅助蓄电池充电，充电后安装蓄电池，启动车辆，可以启动，仪表故障消失。车辆启动行驶一段时间后发现车辆启动后辅助蓄电池电压 11.5V，电压过低车辆不向辅助蓄电池充电。查阅资料（配电部件位置如图 4-9-76 所示）本车带有一个 47Ah、420CCA 启动蓄电池和一个 14Ah、200CCA 辅助蓄电池。两者均位于前舱中。在所有工作模式下，12V 电源网络均由直流-直流转换器提供支持。直流-直流转换器由 HV 蓄电池通过 HVJB 供电，然后它会将 350V 以上的电压降至约 14V。在 HV 运行时，启动蓄电池和辅助蓄电池均由 PSDB 连接在电路中，二者均由直流-直流转换器进行充电。辅助蓄电池的充电和供电均通过一根电缆实现，该电缆直接连接至 PSDB。

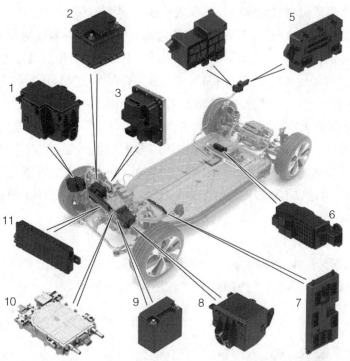

1.右侧前接线盒（FJB） 2.12V启动蓄电池 3.配电盒（PSDB） 4.后接线盒（RJB） 5.静态电流控制模块（QCCM） 6.乘客接线盒（PJB） 7.车身控制模块（BCM/GWM）8.左侧前接线盒（FJB）9.辅助蓄电池 10.直流/直流转换器 11.蓄电池接线盒（BJB）

图 4-9-76

如果 12V 电源发生故障，辅助蓄电池将为以下 12V 部件提供备用电源：

前 EDU 中的驻车/棘爪模块和锁定执行器；

制动助力器模块（BBM）；

前逆变器。

根据以上原理分析导致制动助力器模块（BBM）无通信原因是辅助蓄电池亏电电压过低，导致仪表报警和车辆无法启动，驻车 P 挡闪烁。车辆 12V 系统由配电盒（PSDB）控制启动蓄电池和辅助蓄电池之间的 12V 连接。PSDB 的操作由 GWM 通过 LIN 总线连接进行控制。PSDB 的作用是确保在系统电源中断时前逆变器以及 BBM 和驻车锁总成等安全关键部件处始终存在电源。PSDB 位于前舱的右侧，在启动蓄电池的后方。配电盒（PSDB）工作逻辑如图 4-9-77 所示。

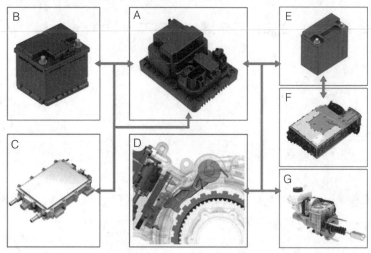

A.配电盒（PSDB）B.启动蓄电池 C.直流—直流转换器 D.驻车锁棘爪 E.辅助蓄电池 F.逆变器 G.制动助力器模块（BBM）

图 4-9-77

配电盒（PSDB）包含两排金属氧化物半导体场效应晶体管（MOSFET）。MOSFET 由 BCM/GWM 通过 LIN 进行控制。辅助蓄电池由 MOSFET 接入到 PSDB 内的电路中，辅助蓄电池通过蓄电池接线盒（BJB）接收来自直流-直流转换器的电力。对于辅助蓄电池的充电，PSDB 接收由启动蓄电池通过位于 BJB 中的 450A 大保险丝供应至电源端子的 12V 电源。PSDB 通过 100V 大保险丝直接接收来自辅助蓄电池端子的蓄电池电源。根据控制拓扑图和控制原理，车辆辅助蓄电池充电控制是由配电盒（PSDB）输出控制，检查车辆电盒（PSDB）连接电缆无松动腐蚀现象。参考电路图，启动车辆测量配电盒（PSDB）输出给辅助蓄电池端子 C4Y124CA-1 电压 11.5V，说明配电盒（PSDB）没有输出电压。启动车辆测量配电盒（PSDB）供电端子 C4Y124B-1 电压 14V 正常。根据故障码测量配电盒（PSDB）控制 LIN 信号 C4Y124D-11，使用示波器测量 LIN 波形正常。根据以上检查测量诊断为配电盒（PSDB）断路导致车辆辅助蓄电池无法充电，辅助蓄电池放电过低，车辆仪表报警车辆无法启动。

故障原因：

根据以上检查测量诊断为配电盒（PSDB）断路导致车辆辅助蓄电池无法充电，辅助蓄电池放电过低后车辆仪表报警车辆无法启动。配电盒（PSDB）位置如图 4-9-78 所示。

配电盒（PSDB）位置

图 4-9-78

故障排除：

更换更换配电盒（PSDB），测试车辆故障排除。

六、2019 年捷豹 I-PACE 充满电显示续航里程不到 300km

车型：I-PACE。

年款：2019 年。

发动机型号：EV。

行驶里程：15886km。

故障现象：充满电显示续航里程不到 300km。

故障诊断：

根据客户抱怨对车辆充电，充满电后仪表显示车辆续航里程 286km，启动车辆仪表无任何故障提示和故障灯点亮，车辆行驶正常只是续航里程变短，如图 4-9-79 所示。

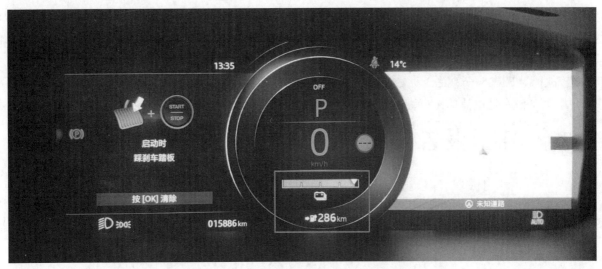

图 4-9-79

根据客户抱怨，检查测试同款车型，对正常车辆充电后仪表显示续航里程 468km，续航里程高出故障车续航里程，如图 4-9-80 所示。

图 4-9-80

根据与同款车对比确认，故障车充满电后续航里程过短，检车确认不是车辆产品特性。驾驶员发现此故障，检查车辆无加装和改装物品，维修历史查询无相关维修记录。根据故障现象使用重置方法，打开点火开关后踩加速及制动踏板，续航里程不增加，尝试多次依然无法成功，如图 4-9-81 所示。

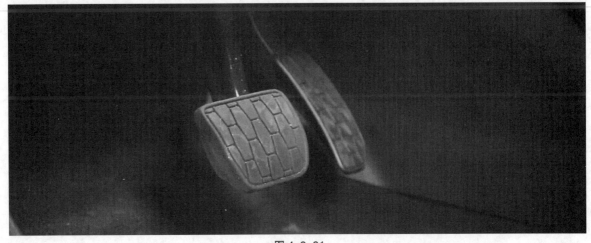

图 4-9-81

根据以上检查，确认车辆此故障永久性存在。连接诊断仪，读取蓄电池电量控制模块故障码为：P3007—62 混合动力/电动汽车蓄电池单元模块 1（P3007）—信号比较故障，P3008—62 混合动力/电动汽车蓄电池单元模块 2（P3008）—信号比较故障，P3009—62 混合动力/电动汽车蓄电池单元模块 3（P3009）—信号比较故障，P3025—62 混合动力/电动汽车蓄电池单元模块 31（P3025）—信号比较故障，P3027—62 混合动力/电动汽车蓄电池单元模块 33（P3027）—信号比较故障，如图 4-9-82 所示。

诊断 DTC 报告

注意：未列出的模块作出了正确响应，未报告 DTC

错误代码	描述
蓄电池电量控制模块［BECM]	
P3007-62	混合动力/电动汽车蓄电池单元模块 1 [P3007] - 信号比较故障
P3008-62	混合动力/电动汽车蓄电池单元模块 2 [P3008] - 信号比较故障
P3009-62	混合动力/电动汽车蓄电池单元模块 3 [P3009] - 信号比较故障
P3025-62	混合动力/电动汽车蓄电池单元模块 31 [P3025] - 信号比较故障
P3027-62	混合动力/电动汽车蓄电池单元模块 33 [P3027] - 信号比较故障
远程通信控制单元模块［TCU]	
U2300-56	中央配置 - 无效/不兼容配置

图 4-9-82

故障可能原因：

（1）蓄电池电量控制模块软件不是最新版本。

（2）蓄电池单元监控电路故障。

（3）高压蓄电池模块故障。

尝试清除故障码，发现蓄电池电量控制模块（BECM）无法清除现有故障码，如图 4-9-83 所示。根据故障码 P3007-62、P3008-62、P3009-62、P3027-62，查看蓄电池电量控制模块（BECM）软件为最新版本无更新软件。

图 4-9-83

使用蓄电池检测仪检测车辆 12V 低压蓄电池良好，启动车辆测量 12V 蓄电池充电电压 14V 正常。高压（HV）蓄电池如图 4-9-84 所示。

图 4-9-84

HV 蓄电池包含 432 个锂离子单体电池，这些单体电池以 12 排的形式连接在一起。这就形成了能够存储 10.8V 标称电压的模块。一共有 36 个模块，每个模块都可以产生 232A·h 的电量，从而构成了 8352A·h 的 HV 蓄电池容量。这些模块串联连接在一起，这就形成了 HV 蓄电池。HV 蓄电池的标称电压为 388.8V，容量为 8352A·h。根据故障现象使用诊断仪执行 BECM 的功能测试"读取高压蓄电池组单元健康状态"，其中 3 号模组为 91%，其他都为 97%，如图 4-9-85 所示。

HV 蓄电池单元标识符	高压蓄电池组模块健康状态	注释
Cell 1	97.0 %	在范围以内
Cell 2	97.0 %	在范围以内
Cell 3	91.0 %	在范围以内
Cell 4	97.0 %	在范围以内
Cell 5	97.0 %	在范围以内
Cell 6	97.0 %	在范围以内
Cell 7	97.0 %	在范围以内
Cell 8	97.0 %	在范围以内
Cell 9	97.0 %	在范围以内
Cell 10	97.0 %	在范围以内
Cell 11	97.0 %	在范围以内
Cell 12	97.0 %	在范围以内
Cell 13	97.0 %	在范围以内

ECU 诊断　蓄电池电量控制模块 [BECM]　读取高压蓄电池组单元健康状态

下一步

图 4-9-85

执行 BECM 的功能测试"显示 HV 高压蓄电池组电压信息"，其中 3 号模组的电压为 11.8V，其他为 12.2V，如图 4-9-86 所示。

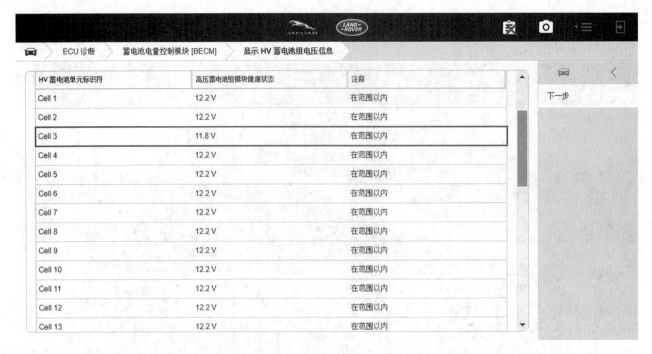

HV 蓄电池单元标识符	高压蓄电池组模块健康状态	注释
Cell 1	12.2 V	在范围以内
Cell 2	12.2 V	在范围以内
Cell 3	11.8 V	在范围以内
Cell 4	12.2 V	在范围以内
Cell 5	12.2 V	在范围以内
Cell 6	12.2 V	在范围以内
Cell 7	12.2 V	在范围以内
Cell 8	12.2 V	在范围以内
Cell 9	12.2 V	在范围以内
Cell 10	12.2 V	在范围以内
Cell 11	12.2 V	在范围以内
Cell 12	12.2 V	在范围以内
Cell 13	12.2 V	在范围以内

图 4-9-86

　　根据以上数据和检查排除车辆充电系统故障，读取高压蓄电池 3 号电阻电压 11.8V，电压低于其他电池组，读取电池组健康状态 91% 低于其他电池组电池容量，诊断为高压蓄电池 3 号电池组故障，需更换高压蓄电池 3 号电池组。

　　故障原因：

　　高压蓄电池 3 号电阻电压 11.8V 电压低于其他电池组（安装位置如图 4-9-87 所示），导致车辆续航里程变短。

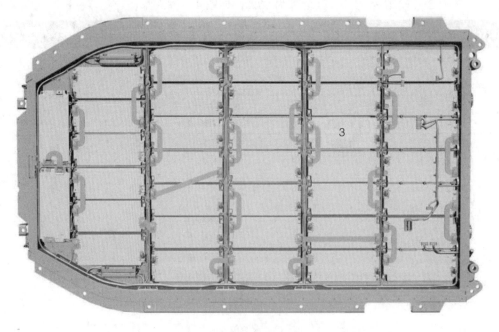

图 4-9-87

　　故障排除：

　　更换高压蓄电池 3 号电池组，测试车辆，续航里程恢复 469km 续航里程，检查确认故障排除。

第五章 大众 ID.4 车系

第一节 高压系统

一、ID.4X 高压电系统总览

（一）高压电系统总览

1.ID.4X 高压电系统总览

ID.4X 高压电系统总览如图 5-1-1 所示。

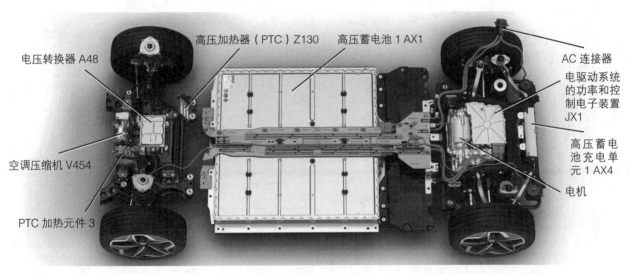

图 5-1-1

2.组件基本数据

（1）高压蓄电池 1 AX1 结构如图 5-1-2 所示，上汽大众采用 55 kWh（361 kg）/ 82 kWh（517 kg）两种规格，参数如表 5-1-1 所示。

图 5-1-2

表 5-1-1

重量	361/517 kg
净能量	55/82 kWh
额定电压	350.4/350.4 V
单体电池技术	锂离子方形电池 / 储存式
模组数量	8/12
容量	156/234 Ah
冷却系统	液冷式
运行范围	−28~60℃
防护等级	IP6K7、IP6K9K

（2）后驱电机 APP310，三相电流驱动装置 V663 结构如图 5-1-3 所示。技术参数如表 5-1-2 所示。

图 5-1-3

表 5-1-2

重量	90 kg，含 JX1
输出功率	最高 / 持续 150/70 kW
扭矩	最高 / 持续 310/170 N·m
最高发动机转速	0~12000 r/min
传动比	12.975：1
机油量	
驱动轴	已插上
制造商	大众汽车天津变速器厂

前驱电机 AKA150，三相电流驱动装置 V662 结构如图 5-1-4 所示。技术参数如表 5-1-3 所示。

图 5-1-4

表 5-1-3

重量	58kg，含 A49
输出功率	最高 / 持续 75/20 kW
扭矩	最高 / 持续 150/35 N·m
最高发动机转速	0~14000 r/min
传动比	10.37：1
机油量	
驱动轴	已插上
制造商	Hasco Magna

（3）高压蓄电池充电插座 1 UX4。

中国 ID4 的规格：电池充电范围实际上是从 2%~96%，特斯拉充电速度快是因为进口车不受限制，充电桩为 110kW，而国标的影响，国内充电桩的功率为 100kW。高压蓄电池充电插座 1 UX4 安置位置如图 5-1-5 所示。技术参数如表 5-1-4 所示。

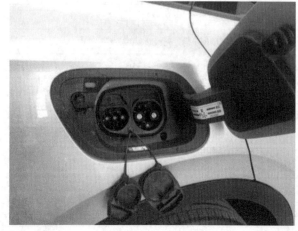

图 5-1-5

表 5-1-4

AC	
连接器（中国）	
相数	1
最大交流电充电功率	7.2 kW
DC	
连接器（中国）	
最大直流电充电功率	100 kW
通信	CAN

（4）高压蓄电池充电单元1AX4结构如图5-1-6所示。技术参数如表5-1-5所示。

表5-1-5	
输入	220 V
	32 A
输出	220~470 V
相数	1
最大交流电充电功率	7.2 kW
效率	94 %
操作范围	−40~65℃
重量	9~11 kg

图 5-1-6

（5）电驱动系统的功率和控制电子装置JX1结构如图5-1-7所示。技术参数如表5-1-6所示。

表5-1-6	
电压范围	150~475 V
最大电流	450 A
频率	9~10 kHz
高压电系统电容器	已安装

图 5-1-7

（6）空调压缩机V454结构如图5-1-8所示。技术参数如表5-1-7所示。

表5-1-7	
型式	涡旋式压缩机
电压	195~470 V
运转时转速	600~8600 r/min
最大额定功耗	5.5 kW
环境温度	
空调模式	−5~70℃
通信温度	−40~70℃
制冷剂	R134a 或 R744

图 5-1-8

（7）PTC 加热元件 3 Z132 结构如图 5-1-9 所示。技术参数如表 5-1-8 所示。

	表 5-1-8
额定电压	150~475 V
激活	0~100%
能耗	5.5 kW
输入电流	最高 30 A
重量	
通信	LIN 总线

图 5-1-9

（8）电压转换器 A48，如图 5-1-10 所示。技术参数如表 5-1-9 所示。

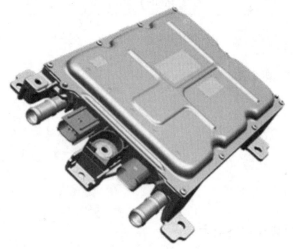

	表 5-1-9
额定电压	150~475V
充电功率 12 V	3 kW
诊断地址	8105

图 5-1-10

（9）高压加热器（PTC）Z130，如图 5-1-11 所示。技术参数如表 5-1-10 所示。

	表 5-1-10
额定电压	150~475V
激活	0~100%
最大输入功率	6kW
输入电流	最高 21 A
重量	1.9kg
交流 / 直流绝缘电阻	>10 MΩ
通信	LIN 总线

图 5-1-11

3. 高压组件（后驱）

（1）高压组件（后驱）各个部件位置图如图 5-1-12 所示。

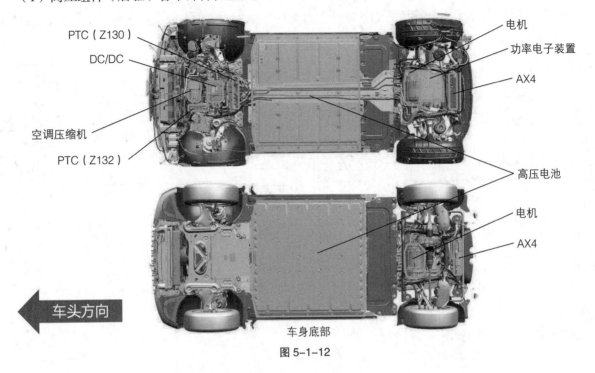

图 5-1-12

（2）高压组件（四驱）各个部件位置图如图 5-1-13 所示。

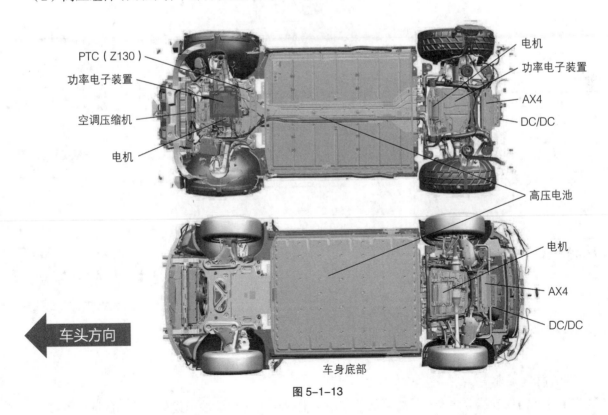

图 5-1-13

（二）ID.4X 线束和连接器方案

1. 线束方案（后驱）

大众汽车针对基于模块化电驱动平台（MEB）打造的车辆引入新的 HV 线束方案，如图 5-1-14 所示。

由于EMC（电磁兼容性）方案已修订，无须屏蔽电缆。

2. 线束方案（四驱）

大众汽车针对基于模块化电驱动平台（MEB）打造的车辆引入新的HV线束方案，如图5-1-15所示。由于EMC方案已修订，无须屏蔽电缆。

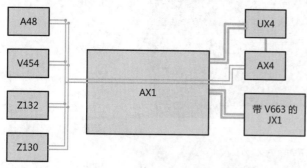

A48.电压转换器 AX1.高压蓄电池1 AX4.高压蓄电池充电单元1 JX1.电驱动系统的功率和控制电子装置 UX4.高压蓄电池充电插座1 V663.三相电流驱动装置 V454.空调压缩机 Z132.PTC加热元件3 Z130.高电压加热器（PTC）

图 5-1-14

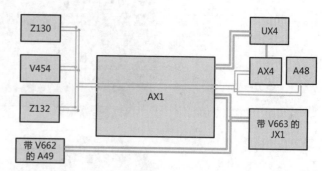

A48.电压转换器 AX1.高压蓄电池1 AX4.高压蓄电池充电单元1 JX1.电驱动系统的功率和控制电子装置 UX4.高压蓄电池充电插座1 V663.三相电流驱动装置 V454.空调压缩机 Z132.PTC加热元件3 Z130.高电压加热器（PTC）

图 5-1-15

3. 线束端子（四驱）

MEB HV系统拓扑图如图5-1-16所示。

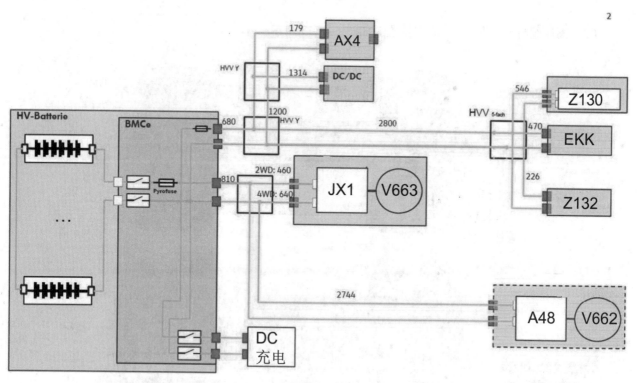

图 5-1-16

4. 线束端子（后驱）

这些组件不需要导线分线器。导线分线器用高压电线束中的线束端子代替。后部区域中的线束端子将高压蓄电池充电单元1 AX4与高压蓄电池1 AX1和车辆前部的高压电组件连接。车辆前部的线束端子将PTC加热元件3 Z132、空调压缩机V454、电压转换器A48和高压加热器（PTC）Z130与车辆后部的组件连接，如图5-1-17所示。

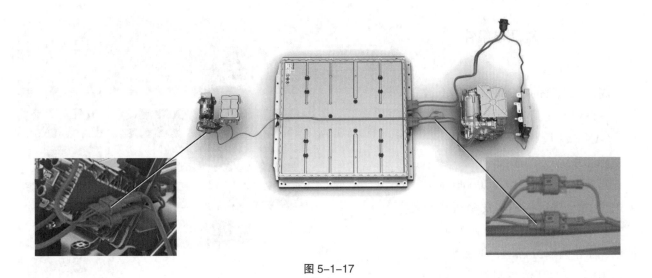

图 5-1-17

5. 连接器方案

（1）电插连接器是为实现高级触电防护而开发的新组件，如图 5-1-18 所示。

（2）为了确保触点仍具有必要的横截面，必须将电插连接器做得更宽，如图 5-1-19 所示。

（3）ID.4X 的所有高压电线均通过电插连接器连接，如图 5-1-20 所示。不需要螺栓连接。

图 5-1-18

图 5-1-19

图 5-1-20

6. 连接器方案对比

连接器方案对比如图 5-1-21 所示。

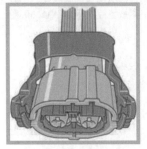

图 5-1-21

二、ID.4X 高压电组件

（一）网络

高压电组件的控制单元与两个数据总线系统连接：

CAN EV；

传动系统 CAN 总线。

两者的通信速率均为2000kBaud，可确保高速信息传输。发动机声浪发生器执行元件 1 R257 由 AFS-CAN 控制，如图5-1-22和图5-1-23所示。MEB 中会增加其他控制单元，例如第二个电驱动系统的功率和控制电子装置。

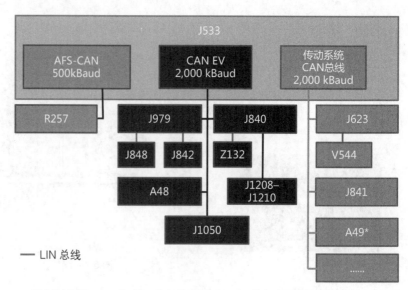

—— LIN 总线

A48.电压转换器　J623.发动机/电机控制单元　J840.蓄电池调节控制单元　J841.电驱动控制单元　J842.空调压缩机控制单元　J848.高压加热器（PTC-Z130）控制单元　J979.暖风和空调系统控制单元　J1050.高压蓄电池充电控制单元　J1208.蓄电池模组控制单元　R257.发动机声浪发生器执行元件1　V544.散热卷帘控制电机　Z132.PTC 加热元件3

图 5-1-22

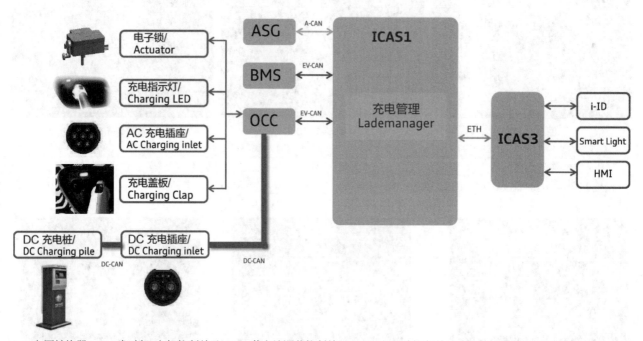

A48.电压转换器　J623.发动机/电机控制单元　J840.蓄电池调节控制单元　J841.电驱动控制单元　J842.空调压缩机控制单元　J848.高压加热器（PTC-Z130）控制单元　J979.暖风和空调系统控制单元　J1050.高压蓄电池充电控制单元　J1208.蓄电池模组控制单元　R257.发动机声浪发生器执行元件1　V544.散热卷帘控制电机　Z132PTC.加热元件3

图 5-1-23

（二）发动机/电机控制单元 J623

发动机/电机控制单元安装在汽车内部右侧 A 柱上，如图5-1-24所示。

（1）具备以下主要功能：

驾驶员辅助系统应用；

扭矩要求管理；

能量回收强度管理；

热管理；

高电压组件监测（高压协调）。

ID.4 上发动机/电机控制单元 J623 的功能与所有其他高压电车辆上的相同。新的中央处理器不需要混合数据总线（Hybrida CAN），各个组件分配在三个不同的系统中（CAN EV、动力总成 CAN 总线以及 CAN 显示和操作单元）。

（2）连接的组件。

这些组件直接与发动机/电机控制单元连接所示：

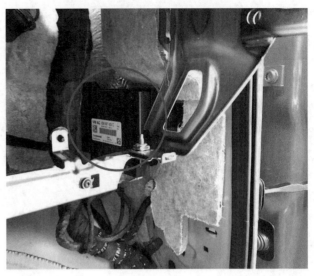

图 5-1-24

加速踏板模块 GX2；

温度传感器 G18；

散热器风扇 VX57；

散热卷帘控制电机 V544（LIN）；

低温回路冷却液泵 V36。

进行能量回收时，CAN 总线向控制制动灯的车载电网控制单元 J519 发送信号。

（3）高电压协调。

发动机/电机控制单元 J623 中的高电压协调器对高压电系统的启动和关闭顺序进行管理。

这为高压电车辆的运行奠定基础。发动机/电机控制单元 J623 中的高电压协调器不执行任何由客户直接操作的功能，例如充电或驾驶。它的功能仅限于为此打好基础。负责激活和停用高压电系统。为此，它通过启动诊断在高压电组件发生任何异常时防止系统启动。高压电子系统适用于仅需要单独的高压电组件即可实现的高压电功能。例如：

高压蓄电池 1 AX1 和高压蓄电池充电器 1 AX4 负责充电过程；

高压蓄电池 1 AX1、空调压缩机 V454 和高压加热器（PTC）Z130 负责空调。

（4）其功能有：

协调所有参与的高压电子系统和网络；

实施设定的运行状态；

高压电功能件与其他车辆系统之间的接口。

（三）发动机声浪发生器执行元件 1 R257

发动机声浪发生器执行元件 1 R257 安装在前保险杠后方右侧，如图 5-1-25 所示。由扬声器和一个连接到 CAN 显示和操作单元的控制单元组成。扬声器发出声音，以便让别人注意到车辆。声音从车辆散热器的方向传出。

在车速不超过 25 km/h 的情况下可发出声音（前进和后退）；

发出平稳的声音。

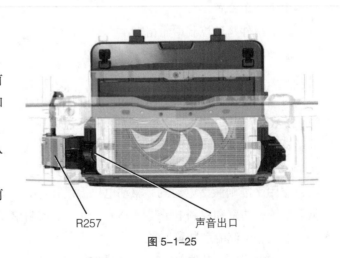

R257　　　　　声音出口

图 5-1-25

（四）后电机组件（APP310）

1. 电驱动系统的功率和控制电子装置 JX1

如图 5-1-26 所示。

（1）安装位置和设计。

电驱动系统的功率和控制电子装置安装在三相电流驱动装置上。

由以下组件组成：

电驱动控制单元 J841；

EMC 和抑制滤波器；

驱动电机 DC/AC 转换器 A37；

中间电路电容器 C25；

电动机 V141 的连接口；

冷却液接口。

电驱动系统的功率和控制电子装置通过低温冷却回路中的三相电流驱动装置 V663 冷却。不需要电压转换器 A48、内部导线分线器和高电压系统保险丝 3 S353。电驱动系统的功率和控制电子装置 JX1 是新开发的装置，能够改善载流容量，持续输出电流。可与三相电流驱动装置 V663 建立防水连

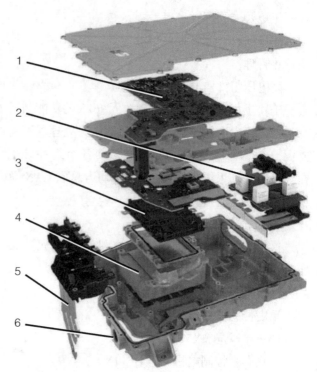

1.电驱动控制单元 J841　2.EMC和抑制滤波器　3.驱动电机 DC/AC 转换器A37　4.中间电路电容器C25　5.电动机V141的连接口　6.冷却液接口

图 5-1-26

接，可单独更换。如拆卸，必须为三相电流驱动装置建立新的防水连接。因此要在安装后进行泄漏测试。电驱动系统的功率和控制电子装置 JX1 里的组件均不可更换。

（2）功能。

电驱动控制单元 J841 安装在电驱动系统的功率和控制电子装置 JX1 中，如图 5-1-27 所示。不能单独更换。

具备以下功能：

执行驾驶员要求；

监测三相电流驱动装置的温度；

识别转子位置。

以下组件与该控制单元相连：

驱动电机温度传感器 G712；

驱动电机转子位置传感器 1 G713。

对三相电流驱动装置进行调控，并对驱动电机的 DC/AC 转换器进行控制，以产生三相交流电压。电驱动控制单元 J841 使用驱动电机转子位置传感器 1 G713 来确定电动机 V141 转子的速度和位置。

图 5-1-27

该数据用于准确激活电动机。驱动电机温度传感器 G712 用来确定电动机 V141 的温度。组件的温度由电驱动系统的功率和控制电子装置 JX1 中电驱动控制单元 J841 的内部温度传感器确定。

2. 三相电流驱动装置 V663

三相电流驱动装置 V663 结构如图 5-1-28 所示。

（1）安装位置。

三相电流驱动装置与电驱动系统的功率和控制电子装置 JX1 一同安装在车辆后部。在低温冷却回路中连接。

（2）由以下组件组成：

电动机 V141（转子和定子）；

驱动电机温度传感器 G712；

驱动电机转子位置传感器 G713。

电动机 V141 的定子采用发夹式结构。各个定子元件看起来像发夹，这就是它名字的由来。与卷绕式定子相比，定子除了可以大批量自动化生产外，还具有更好的散热性和更低的转子损耗等优点。

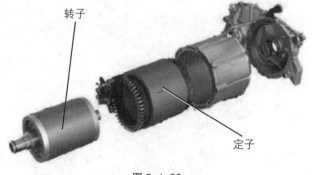

图 5-1-28

驱动电机温度传感器 G712 安装在定子的两个线圈之间，以加强信号检测，如图 5-1-29 所示。这是一种 NTC 传感器，可将温度报告给电驱动系统的功率和控制电子装置 JX1。该温度信号用来防止电动机 V141 温度过高。

驱动电机转子位置传感器 1 G713 安装在三相电流驱动装置 V663 上，用作评估能力更强的感应式传感器，如图 5-1-30 所示。传感轮固定在驱动其运行的电动机的转子上。固定式驱动电机转子位置传感器 1 G713 能够确定位置、转动方向和组件公差，直接与电驱动系统的功率和控制电子装置 JX1 连接。

图 5-1-29

（五）前电机组件（AKA150）

1.电驱动系统的功率和控制电子装置 A49

如图 5-1-31 所示。

（1）安装位置和设计。

电驱动系统的功率和控制电子装置安装在三相电流驱动装置上。

由以下组件组成：

电驱动控制单元 J841；

EMC 和抑制滤波器；

驱动电机 DC/AC 转换器 A37；

中间电路电容器 C25；

电动机 V141 的连接口；

冷却液接口。

电驱动系统的功率和控制电子装置通过低温冷却回路中的三相电流驱动装置 V662 冷却。不需要

图 5-1-30

电压转换器 A48、内部导线分线器和高电压系统保险丝 3 S353。电驱动控制单元安装在电驱动系统的功率和控制电子装置 A49 中。不能单独更换。

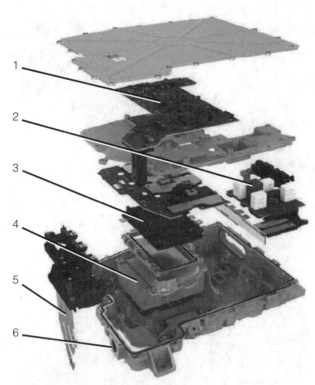

1.电驱动控制单元 J841 2.EMC和抑制滤波器 3.驱动电机 DC/AC
转换器 A37 4.中间电路电容器 C25 5.电动机 V141 的连接口
6.冷却液接口

图 5-1-31

（2）功能。

具备以下功能：

执行驾驶员要求；

监测三相电流驱动装置的温度；

识别转子位置。

以下组件与该控制单元相连：

驱动电机温度传感器 G1093 和温度传感器 2；

驱动电机转子位置传感器 1 G714；

对三相电流驱动装置进行调控，并对驱动电机
的 DC/AC 转换器进行控制，以产生三相交流电压。

2. 三相电流驱动装置 V662

三相电流驱动装置 V662 结构图如图 5-1-32 所
示。

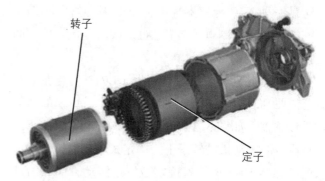

图 5-1-32

（1）安装位置。

三相电流驱动装置与电驱动系统的功率和控制电子装置 A49 一同安装在车辆前部。在低温冷却回路
中连接。

（2）组成。

由以下组件组成：

电动机（转子和定子）；

驱动电机温度传感器 G1093 和温度传感器 2；

驱动电机转子位置传感器 G713。

①驱动电机温度传感器 G1093 和温度传感器 2。

分别安装在定子的两个线圈之间，以加强信号
检测，如图 5-1-33 所示。这是一种 NTC 传感器，
可将温度报告给电驱动系统的功率和控制电子装置
A49。该温度信号用来防止电动机 V662 温度过高。

②驱动电机转子位置传感器 1 G714。

驱动电机转子位置传感器 1 G714 安装在三相
电流驱动装置 V662 上，用作评估能力更强的感应
式传感器，如图 5-1-34 所示。传感轮固定在驱动
其运行的电动机的转子上。固定式驱动电机转子位
置传感器 1 G714 能够确定位置、转动方向和组件

图 5-1-33

公差。直接与电驱动系统的功率和控制电子装置 A49 连接。

（六）高压蓄电池充电单元 1 AX4

1. 安装位置和功能

高压蓄电池充电单元 1 AX4 安装在车辆后部，如图 5-1-35 所示。将任何施加到高压蓄电池的交流电压（AC）转换为直流电压（DC）。充电功率为 7.2 kW。其充电单元由高压蓄电池充电单元 J1050 的控制单元来调节。负责监测和调整充电过程。直流电充电过程同样由高压蓄电池充电单元 J1050 的控制单元进行监测和调整。直流电最大充电功率为 100 kW。对于容量为 82kWh 的蓄电池而言，最大充电功率可达 125kW。但当前中国标准 GB/T 20234.3-2015 中规定的直流充电桩接口规格（750V/1000V）（80/125/200/250），对于 400V 的高压平台仅支持到 100kW。

2. 连接的组件

这些组件直接与高压蓄电池充电单元 1 AX4 连接：

用于交流充电的控制信号：CC，CP；

用于高压充电口盖板锁 1 的执行器 F496；

充电插座 LED 模块 1 L263；

用于高压充电插座锁 1 的执行器 F498；

高压蓄电池充电插座 1 UX4。

带充电插座 1 温度传感器 G853。

充电插座 1 温度传感器 2 G1151。

充电插座 1 温度传感器 3 G1152。

直流 MAS12566 充电传感器温度传感器：

直流充电插座温度（传感器 1）MAS18264 27.7℃；

直流充电插座温度（传感器 2）MAS18265 27.5℃。

充电电源插座 A 为 IDE08421：

激活充电盖锁定充电插座 A MAS07565 未请求；

高压充电连接器 IDE05431 未锁定；

连接状态。未检测到 MAS07220；

充电插座温度传感器 AC MAS12565 30.0℃；

温度传感器 1，电阻值 MAS13117 1028 Ω。

（七）电压转换器 A48

1. 安装位置和功能

电压转换器 A48 结构如图 5-1-36 所示。

G713　　　　　　传感轮

图 5-1-34

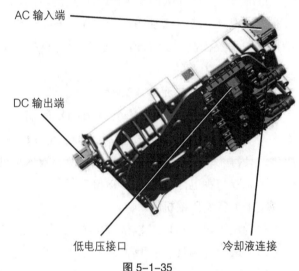

AC 输入端

DC 输出端

低电压接口　　　　　冷却液连接

图 5-1-35

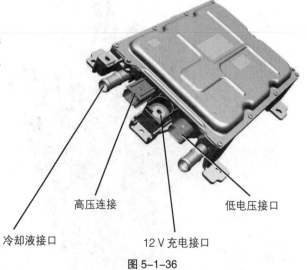

高压连接　　　　　低电压接口

冷却液接口　　　12 V 充电接口

图 5-1-36

电压转换器 A48 分别安装在车辆前端（后驱）和后端（四驱）为 12 V 电气系统供电,最大功率（12 V）为 3 kW。电压转换器 A48 通过双向操作对中间电路电容器 1 C25 进行充放电。 这也是它能作为除高压蓄电池 1 AX1 之外,提供额外高电压源的原因。停用高压系统后务必对其进行检查,以确保其处于无电压状态。该转换器通过冷却液冷却。电压转换器的双向操作仅用于对中间电路电容器 C25 进行充电 / 放电。无法用来给高压蓄电池 1 AX1 充电。

连接至:

端子 30、30A;

端子 31;

高压正极和高压负极;

CAN EV。

（八）高压加热器（PTC）Z130

高压加热器（PTC）Z130 安装在 ID.4X 的空调箱内,如图 5-1-37 所示。 负责对输送至车内的空气进行加热,具备无级调节（PWM）功能。高压加热器配有高压加热器控制单元（PTC）J848。由供暖和空调系统控制单元 J979 通过 LIN 进行控制和监控。

（九）PTC 加热元件 3 Z132

PTC 加热元件 3 Z132 安装在 ID.4X 前端,如图 5-1-38 所示。负责对高压蓄电池的冷却液进行加热,具备无级调节（PWM）功能。冷却液入口处和出口处安装有温度传感器。PTC 加热元件 3 Z132 通过 LIN 总线与蓄电池调控单元 J840 连接。

（十）空调压缩机 V454

空调压缩机 V454 安装在车辆前端,如图 5-1-39 所示。是涡旋式压缩机,提供两种不同设计版本,一种用于未配备热泵、采用制冷剂 R134a 的车辆;一种用于配备热泵、采用制冷剂 R744 的车辆。空调压

高压接口

电位均衡

低电压接口

图 5-1-37

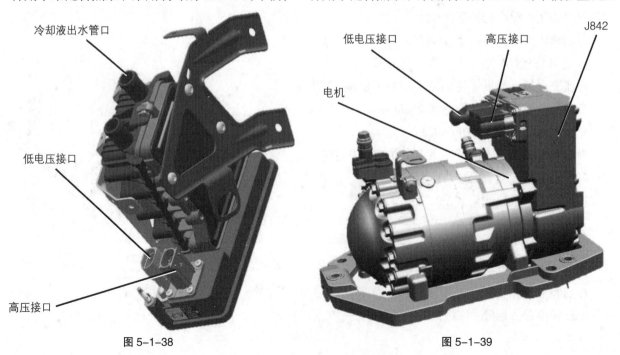

冷却液出水管口

低电压接口

高压接口

图 5-1-38

低电压接口

高压接口

J842

电机

图 5-1-39

缩机控制单元 J842 负责调节压缩机，由加热器和空调系统控制单元 J979 通过 LIN 总线进行控制。空调压缩机采用高压直流电源。电动机所需的交流电压由集成的功率电子设备产生。

（十一）高压蓄电池 1 AX1

1. 安装位置

高压蓄电池 1 AX1 安装在车辆下方前后车桥中间，如图 5-1-40 所示。蓄电池外壳完全由铝制成。为了能在发生事故时为电池模组提供最好的保护，外壳内部安装有大量纵向和横向加强件。此外，外壳下方还安装有额外的横向加强件。外壳周围采用固体挤压铝型材。

注：高压蓄电池是车身结构的一部分。遵守维修手册说明。拆卸高压蓄电池后，请确保车内无人。高压蓄电池有助于提高车身整体的刚度。一旦被拆卸，车身有可能因变形而损坏。外壳下方还安装有额外的横向加强件。

内部加强件　　　　　挤压铝型材

图 5-1-40

蓄电池设计 ID.4X 中使用的高压蓄电池 1 AX1 有两种版本，如表 5-1-11 所示。不同版本的大小和容量不同，如表 5-1-12~ 表 5-1-14 所示。

表 5-1-11

示意图		
类型	8 Module	12 Module
电池系统能量	55 kWh	82 kWh
电池系统重量	361 kg	517 kg
电池系统尺寸	1447mm × 1441mm × 140mm	1816mm × 1441mm × 140mm
额定电压	350.4 V	350.4V
电芯模组供应商	时代上汽	时代上汽
电池系统容量	156 Ah	234Ah
电池系统拓扑结构	1p96s	2p96s

表 5-1-12

车型	电驱动系统	电驱动系统供应商	功率
A SUVe	Line1 Two drive Base+	VWATJ	125kW
	Line2 Two drive Base+	VWATJ	150kW
	Line3 Four- wheel drive Base+ & Base-	VWATJ & Hasco Magna	225kW

表 5-1-13

	高压电池	参数配置		
		L1	L2	L3
1	续航里程（NEDC/km）	364 / 550 / 472		
2	能量密度（Wh/kg）	174 / 181 / 181		
3	电耗（kWh/100km）	15.7 / 16.3 / 18.1		
4	质保（year/km）	8 / 120,000		

表 5-1-14

	充电	参数配置		
		L1	L2	L3
1	AC: 7.2kW（h）	~8 / ~12 / ~12		
2	DC: 100 kW（min / km）	~26 / ~39 / ~39		
		~291 / ~418 / ~378		

★ 7.2kW AC charging: 0~100%; 100kW DC charging: 0~80%

2. 高压蓄电池 1 AX1

（1）高压蓄电池 1 AX1 结构如图 5-1-41 所示。

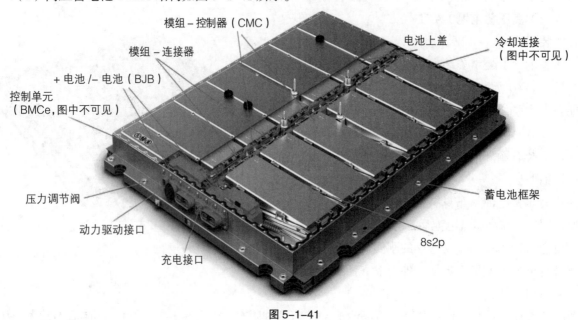

图 5-1-41

（2）高压蓄电池 1 AX1 中的电气接口（如图 5-1-42 所示）。

①低电压接口 T32g 的分配：

端子 30；

端子 30C；

端子 31。

②碰撞信号（连接安全气囊控制单元 J234 的分立导线）。

③高压蓄电池冷却液温度传感器 1 G898。

④高压蓄电池冷却液温度传感器 2 G899。

⑤先导线路。

⑥与 PTC 加热元件 3 Z132 连接的 LIN 总线。

⑦传动系统 CAN 总线。

⑧高压蓄电池冷却液泵 V590 的激活。

⑨高压蓄电池预热混合阀 V683 的激活。

⑩高压蓄电池预热混合阀 2 V696 的激活。

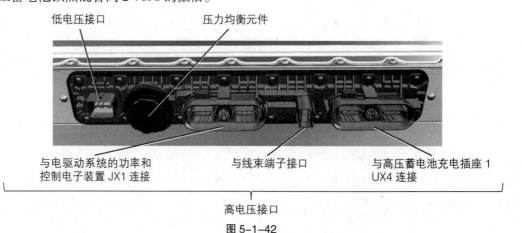

图 5-1-42

（3）蓄电池模组（总容量为 55 kWh 的蓄电池）技术参数如表 5-1-15 所示。

以上为中国一汽大众 ID4 规格。由于外壳是完全密封的，无法通过观察外观判断电池模组设计和电路系统。只能通过零件号看出不同，如图 5-1-43 所示。

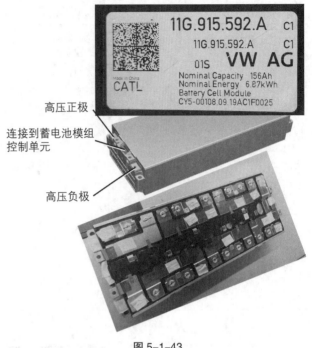

图 5-1-43

表 5-1-15

单体电池技术	锂离子
单体电池类型	方形
制造商	CATL
每块单体电池的容量	156 Ah
单体电池块数	12
电路	12s1p
模组容量	156 Ah
模组额定电压	44.4 V
模组容量	6.87 kWh
重量	30kg 左右

（4）蓄电池模组（总容量为 82kWh 的蓄电池）技术参数如表 5-1-16 所示。

由于外壳是完全密封的，无法通过观察外观判断电池模组设计和电路系统。只能通过零件号看出不同，如图 5-1-44 所示。

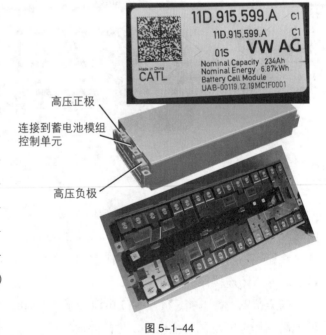

图 5-1-44

表 5-1-16

单体电池技术	锂离子
单体电池类型	方形
制造商	CATL
每块单体电池的容量	117 Ah
单体电池块数	16
电路	8s2p
模组容量	234 Ah
模组额定电压	29.6 V
模组容量	6.87 kWh
重量	30kg 左右

（5）蓄电池模组（总容量为 82 kWh 的蓄电池）技术参数如表 5-1-17 所示。

蓄电池模组（总容量为 82 kWh 的蓄电池）内部结构如图 5-1-45 和图 5-1-46 所示。

（6）配电箱。

配电箱结构如图 5-1-47 所示。两个配电箱的组件和功能已进行区分。这样配电箱可按不同高压蓄电池的需求装入不同空间。ID.4 中电驱动系统的功率和控制电子装置 JX1 的中间电路电容器 1 C25 由电压转换器 A48 进行预充电。也就是说，配电箱不需要预充电继电器和预充电电阻器。

表 5-1-17

单体电池技术	锂离子
单体电池类型	方形
制造商	CATL
每块单体电池的容量	117 Ah
单体电池块数	16
电路	8s2p
模组容量	234 Ah
模组额定电压	29.6 V
模组容量	6.58 kWh
重量	30kg 左右

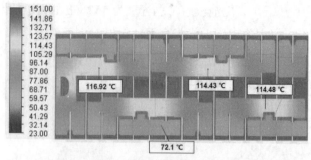

图 5-1-45

图 5-1-46

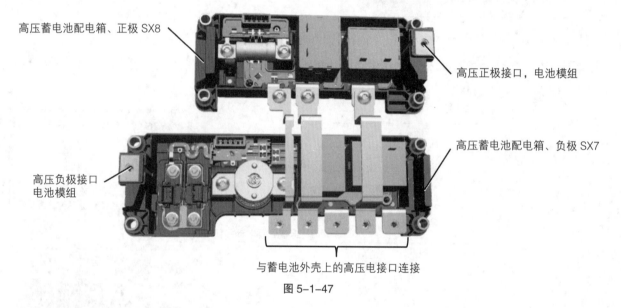

图 5-1-47

　　高压蓄电池配电箱、负极 SX7 结构如图 5-1-48 所示。高压蓄电池断电保护保险丝 S415 是烟火型保险丝，可提高高压电系统的安全性。发生故障时，能在高压继电器之前跳闸。如果保险丝跳闸，则必须在排除原因后将其更换。保险丝无法重置。蓄电池调节控制单元 J840 用于监测高压连接器的电压接头直接安装在高压连接器上。

　　高压蓄电池配电箱、负极 SX7 电流传感器 G848。高压蓄电池断电保护保险丝 S415 是烟火型保险丝，可提高高压电系统的安全性。发生故障时，能在高压继电器之前跳闸。如果保险丝跳闸，则必须在排除原因后将其更换。保险丝无法重置。蓄电池调节控制单元 J840 用于监测高压连接器的电压接头直接安装在高压连接器上。

　　高压蓄电池配电箱负极 SX7 结构如图 5-1-49 所示。

　　高压蓄电池配电箱正极 SX8 结构如图 5-1-50 所示。高压电系统保险丝 2 S352 对以下高压电子组件及其高压电缆提供保护：

高压蓄电池充电单元 1 AX4；

PTC 加热元件 3 Z132；

高压加热器（PTC）Z130；

空调压缩机 V454；

电压转换器 A48。

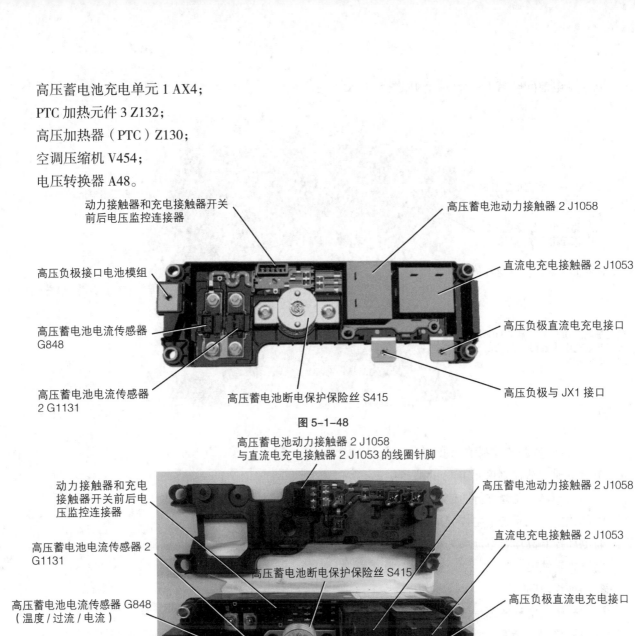

动力接触器和充电接触器开关
前后电压监控连接器

高压蓄电池动力接触器 2 J1058

直流电充电接触器 2 J1053

高压负极接口电池模组

高压蓄电池电流传感器
G848

高压负极直流电充电接口

高压蓄电池电流传感器
2 G1131

高压蓄电池断电保护保险丝 S415

高压负极与 JX1 接口

图 5-1-48

高压蓄电池动力接触器 2 J1058
与直流电充电接触器 2 J1053 的线圈针脚

动力接触器和充电
接触器开关前后电
压监控连接器

高压蓄电池动力接触器 2 J1058

高压蓄电池电流传感器 2
G1131

直流电充电接触器 2 J1053

高压蓄电池电流传感器 G848
（温度 / 过流 / 电流）

高压蓄电池断电保护保险丝 S415

高压负极直流电充电接口

高压负极接口电池模组

高压负极与 JX1 接口

图 5-1-49

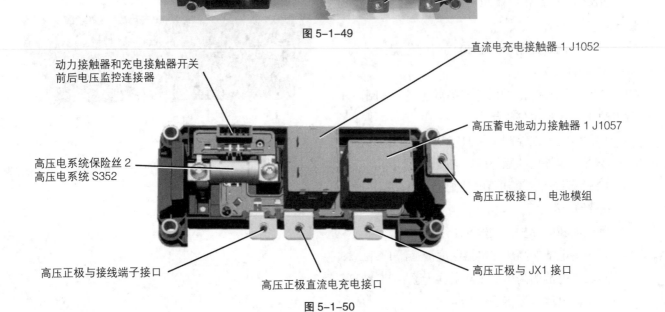

直流电充电接触器 1 J1052

动力接触器和充电接触器开关
前后电压监控连接器

高压蓄电池动力接触器 1 J1057

高压电系统保险丝 2
高压电系统 S352

高压正极接口，电池模组

高压正极与接线端子接口

高压正极与 JX1 接口

高压正极直流电充电接口

图 5-1-50

高压蓄电池配电箱正极 SX8 结构如图 5-1-51 所示。

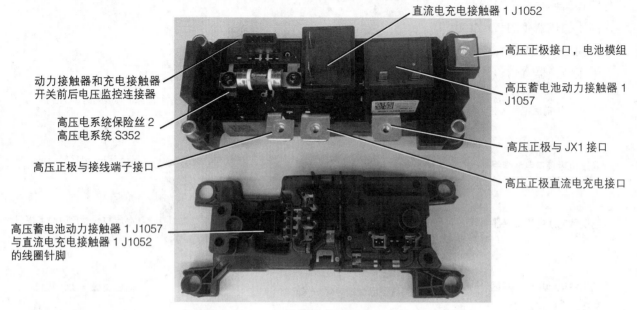

图 5-1-51

直流电充电接触器 1 J1052

高压正极接口，电池模组

高压蓄电池动力接触器 1 J1057

高压正极与 JX1 接口

高压正极直流电充电接口

动力接触器和充电接触器
开关前后电压监控连接器

高压电系统保险丝 2
高压电系统 S352

高压正极与接线端子接口

高压蓄电池动力接触器 1 J1057
与直流电充电接触器 1 J1052
的线圈针脚

（7）蓄电池调节控制单元 J840。

①蓄电池调节控制单元 J840 的功能：

使用 EV CAN 总线进行通信；

内部数据总线系统的主控制单元；

监测和控制高压蓄电池中的配电箱；

监测先导线路；

监测绝缘电阻；

提供高压蓄电池的测量值；

发生故障时激活高压蓄电池断电保护装置保险丝 S415。

②蓄电池调节控制单元 J840 连接器插头如图 5-1-52 所示。

蓄电池调节控制单元 J840 的引脚分配：

32 针脚接头：

与蓄电池外壳上的低压连接器连接（参阅高压蓄电池 1 AX1 的电气连接）；

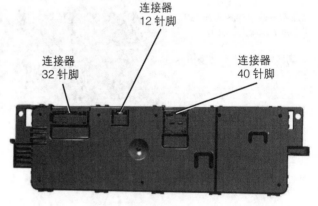

连接器
12 针脚

连接器
32 针脚

连接器
40 针脚

图 5-1-52

与蓄电池模组控制单元 J1208-J1210 连接（CAN 总线和 LIN 总线）；

与蓄电池外壳的额外接地连接。

12 针脚接头：高压蓄电池配电箱中高压接触器前后的电压信号。

40 针脚接头：

蓄电池断电保护保险丝 S415；

高压蓄电池的高压加热器温度传感器 1 G1132；

高压蓄电池的高压加热器温度传感器 2 G1133；

高压蓄电池电流传感器 G848；

高压蓄电池电流传感器 2 G1131。

（8）蓄电池模组控制单元 J1208-1210。

每个蓄电池模组控制单元最多连接四个电池模组。因此将安装两到三个控制单元，具体取决于电池的尺寸。

①蓄电池模组控制单元 J1208-J1210 的功能：

监测单体电池电压；

监测模组温度；

单体电池平衡；

与蓄电池调节控制单元 J840 通信。

②蓄电池模组控制单元 J1208-1210 针脚接头如图 5-1-53 所示。

22 针脚接头将蓄电池模组控制单元与各个蓄电池模组连接。12 针脚接头用于连接其他蓄电池模组控制单元或蓄电池调节控制单元 J840。ID.4 中的单体电池具有被动电压平衡功能，这点与 e-Golf 中的一样。这意味着所有单体电池均通过电阻器放电至电量最低的单体电池的电压电平。

（9）正极和负极 BJB。

正极和负极 BJB 结构如图 5-1-54 所示。

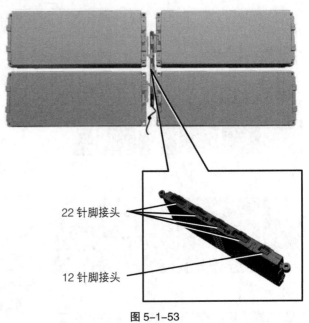

图 5-1-53

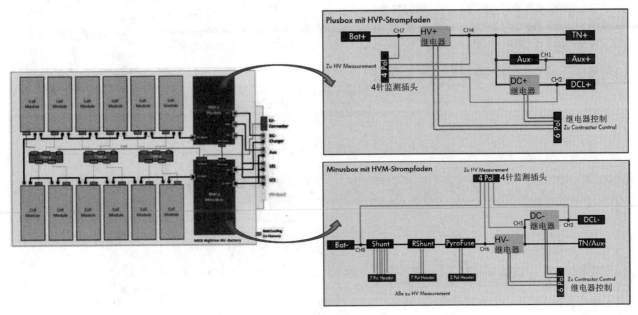

图 5-1-54

（10）BMS 架构。

BMS 架构 1 结构如图 5-1-55 所示。

BMS 架构 2 结构如图 5-1-56 所示。

BMS 架构 3 结构如图 5-1-57 所示。

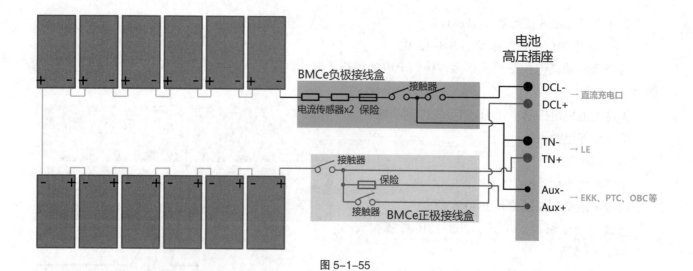

图 5-1-55

图 5-1-56

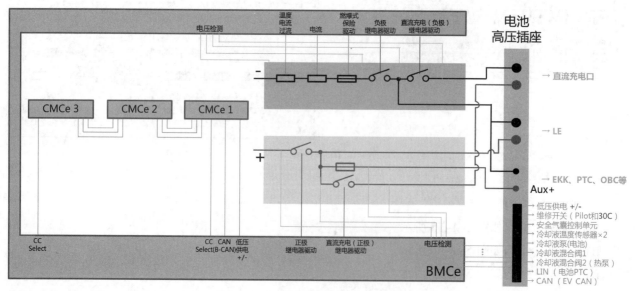

图 5-1-57

三、ID.4X 高压电热管理及安全方案

（一）热管理

1. 蓄电池

ID.4 中的所有高压蓄电池均配备主动式热管理系统。铝制散热器安装在蓄电池外壳的外部，如图5-1-58 所示。有助于防止蓄电池外壳中的高压组件与冷却液接触。高压蓄电池模组通过间隙填料（导热膏）与蓄电池外壳的底部连接。铝制散热器也通过导热膏固定在外壳底部。底部保护装置由实心铝制成，可保护散热器免受机械损坏。

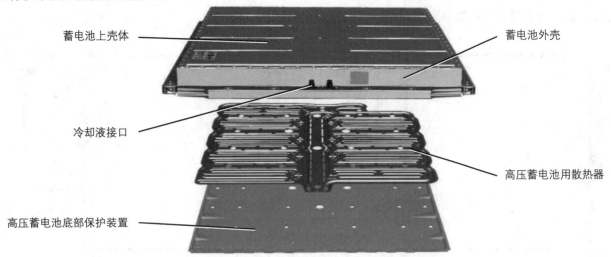

蓄电池上壳体

蓄电池外壳

冷却液接口

高压蓄电池用散热器

高压蓄电池底部保护装置

图 5-1-58

冷却液温度传感器直接与蓄电池调节控制单元 J840 连接，安装位置如图 5-1-59 所示。控制单元使用传感器的温度差值来控制激活高压蓄电池冷却液泵 V590。蓄电池不仅在车辆行驶时冷却，还可在充电过程中冷却。这样可以大大减缓蓄电池内部温度的升高速度，尤其是在使用直流充电时。这也不会对充电速度造成任何限制，即使是重复充电过程。大众汽车的高压蓄电池首次能同时实现冷却和加热。具体情况取决于蓄电池的内部温度。小于 8℃：由 PTC 加热元件 3 Z132 加热；大于 35℃（车辆运行期间）：由冷凝器热交换器冷却；大于 30℃（充电期间）：由冷凝器热交换器冷却。也可以集成到低温冷却回路中。

高压蓄电池冷却液温度传感器 1 G898

高压蓄电池冷却液温度传感器 2 G899

高压蓄电池冷却液入口

高压蓄电池冷却液出口

图 5-1-59

（1）不带热泵的冷却液回路。

不带热泵的冷却液回路如图 5-1-60 所示。温度达到 15℃ 或更高时，节温器打开，使发动机冷却液流入散热器。混合阀可用于将蓄电池集成到低温回路中，或通过冷凝器热交换器和 PTC 加热元件 3 Z132将单独回路中的温度保持在适当水平。蓄电池调节控制单元 J840 对高压蓄电池进行热管理。在没有热泵

的版本中，该控制单元调节蓄电池预热混合阀 V683 和高压蓄电池冷却液泵 V590。低温回路冷却液泵 V36 始终由发动机／电机控制单元 J623 激活。

（2）带热泵的冷却液回路。

带热泵的冷却液回路如图 5-1-61 所示。带热泵的 ID.4 上的冷却液回路经过了改造，同时安装有蓄电池预热混合阀 2。冷凝器热交换器和 PTC 加热元件 3 Z132 安装在冷却液回路的旁路中，可以分别打开和关闭。为了让冷凝器热交换器在热泵运行期间激活，同时还能使用 PTC 加热元件 3 Z132 加热蓄电池，这种调整非常有必要。蓄电池调节控制单元 J840 对高压蓄电池进行热管理。在有热泵的版本中，该控制单元调节蓄电池预热混合阀 V683、高压蓄电池预热混合阀 2 V696 和高压蓄电池冷却液泵 V590。低温回路冷却液泵 V36 始终由发动机／电机控制单元 J623 激活。

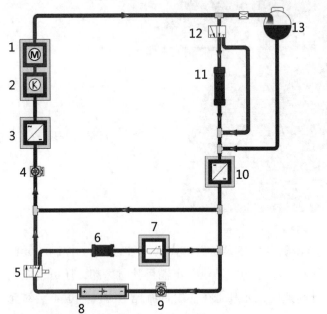

1.三相电流驱动装置V663 2.电驱动系统的功率和控制电子装置JX1 3.高压蓄电池充电单元1 AX4 4.低温回路冷却液泵V36 5.蓄电池预热混合阀 V683 6.冷凝器热交换器 7. PTC 加热元件3 Z132 8.高压蓄电池1 AX1 9.高压蓄电池冷却液泵 V590 10.电压转换器 A48 11.发动机冷却液散热器 12.节温器 13.冷却液膨胀罐

图 5-1-60

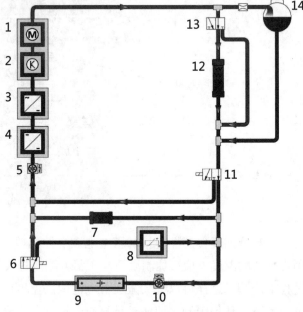

1.三相电流驱动装置V663 2.电驱动系统的功率和控制电子装置JX1 3.高压蓄电池充电单元1 AX4 4.电压转换器A48 5.低温回路冷却液泵V36 6.蓄电池预热混合阀V683 7.冷凝器热交换器 8.PTC 加热元件3 Z132 9.高压蓄电池1 AX1 10.高压蓄电池冷却液泵V590 11.蓄电池预热混合阀2 V696 12.发动机冷却液散热器 13.节温器 14.冷却液膨胀罐

图 5-1-61

（3）冷却和加热策略 1。

散热器旁路打开。

蓄电池未冷却或未加热。

前提条件：

节温器温度 < 15℃；

蓄电池温度为 8~35℃；

热泵无需求。

节温器打开散热器旁路。蓄电池预热混合阀 2 V696 打开温度最低的低温冷却回路。只有低温回路冷却液泵 V36 被激活，如图 5-1-62 所示。

（4）冷却和加热策略 2。

散热器旁路打开。

蓄电池被加热。

前提条件:

节温器温度 < 15℃;

蓄电池温度 < 8℃;

热泵无需求。

节温器打开散热器旁路。蓄电池预热混合阀 2 V696 打开温度最低的低温冷却回路。蓄电池预热混合阀 V683 打开蓄电池加热回路。两个冷却液泵均被激活,如图 5-1-63 所示。

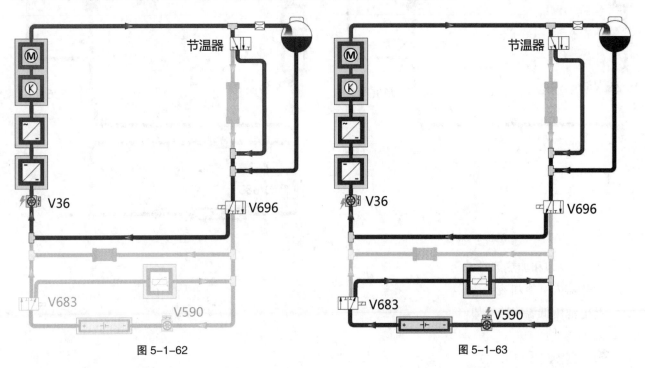

图 5-1-62   图 5-1-63

(5) 冷却和加热策略 3。

散热器内有冷却液流动。

蓄电池未冷却或未加热。

前提条件:

节温器温度 > 15℃;

蓄电池温度为 8~35℃;

热泵无需求。

节温器关闭散热器旁路。蓄电池预热混合阀 2 V696 打开温度最低的低温冷却回路。只有低温回路冷却液泵 V36 被激活,如图 5-1-64 所示。

(6) 冷却和加热策略 4。

散热器内有冷却液流动。

蓄电池由冷凝器热交换器冷却。

前提条件:

节温器温度 > 15℃;

车辆运行期间蓄电池温度 > 35℃;

充电期间蓄电池温度 > 30℃;

热泵无需求。

节温器关闭散热器旁路。蓄电池预热混合阀2 V696打开温度最低的低温冷却回路。蓄电池预热混合阀 V683打开蓄电池冷却回路。两个冷却液泵均被激活，如图5-1-65所示。

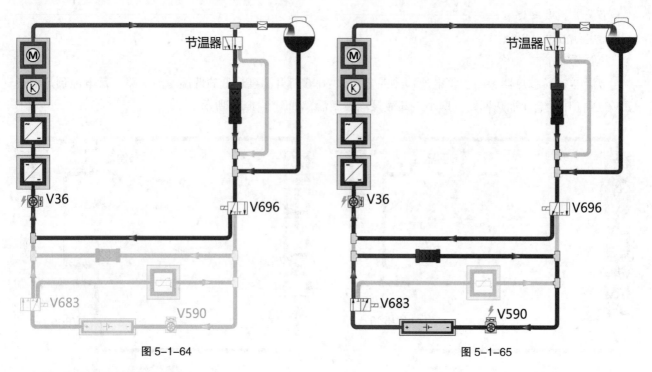

图 5-1-64 　　　　　　　　　　　　　　　　　　图 5-1-65

（7）冷却和加热策略5。

散热器内有冷却液流动。

蓄电池由低温回路冷却。

前提条件：

节温器温度 >15℃；

蓄电池温度 >30℃；

热泵无需求。

节温器关闭散热器旁路。蓄电池预热混合阀2 V696打开蓄电池接口。蓄电池预热混合阀 V683打开蓄电池冷却回路。两个冷却液泵均被激活，如图5-1-66所示。

（8）冷却和加热策略6。

散热器内有冷却液流动。

蓄电池未冷却或未加热。

前提条件：

节温器温度 >15℃；

蓄电池温度为 8~30℃；

热泵有需求。

节温器关闭散热器旁路。蓄电池预热混合阀2 V696打开蓄电池接口。蓄电池预热混合阀 V683打开蓄电池加热回路。只有低温回路冷却液泵 V36被激活，如图5-1-67所示。

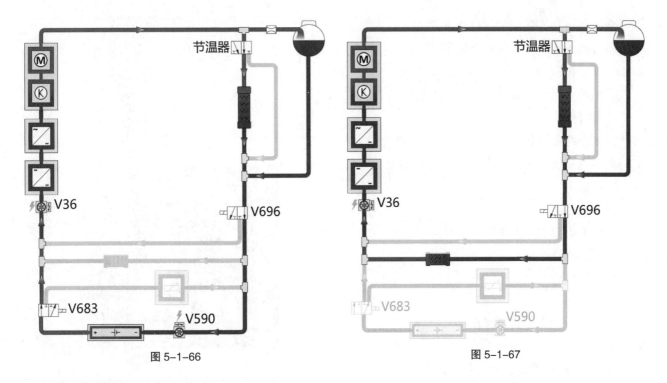

图 5-1-66

图 5-1-67

2. 四驱热管理

四驱热管理系统如图 5-1-68 所示。

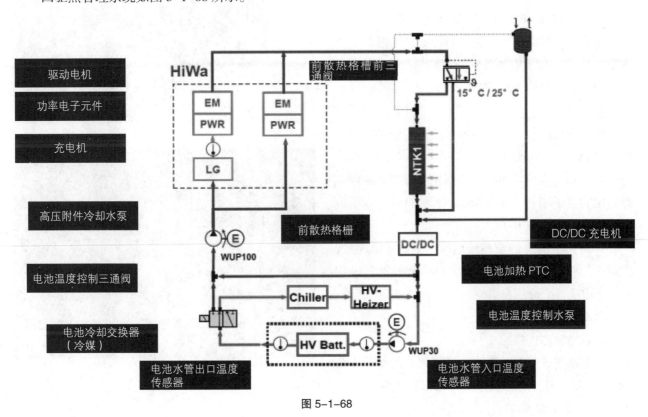

图 5-1-68

（二）高压电安全方案

1. 措施

ID.4X 的高压电安全方案经过全面调整。

以下各项措施概览：

高压线束和连接器的颜色代码；

所有高压电组件均带安全标记；

触电防护；

紧急断电组件：保养插头；A 柱上带小"标志"的保险丝；

先导线路；

监测绝缘电阻；

高压电系统与车身（端子 31）之间的电气隔离；

主动放电；

被动放电；

因碰撞事故引起的关闭；

高压继电器监测；

短路测试；

短路关闭；

检测高压线束是否断路。

2. 标记

（1）线束和连接器的颜色代码。

所有高压连接器和线束均为浅橙色，更容易识别，如图 5-1-69 所示。

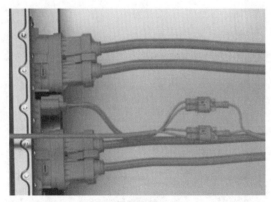

图 5-1-69

（2）所有高压电组件均带安全标记。

所有高压电组件均标有警告标签，如图 5-1-70 所示。发动机舱锁支架上有额外的黄色高压警告。这些警告标签对执行车辆安全检查很重要。

图 5-1-70

3. 触电防护

所有高压连接器均配备经过改进的触电防护组件（IPXXB +、防触摸），如图 5-1-71 所示。首次使用较小的试验指。组件中的高压电势用由编码螺钉固定的盖子密封，在维修期间无法打开。高压蓄电池内部还提供触电防护。

备注：不需要屏蔽高压电线。通过 EMC 滤波器对高压组件实施 EMC 措施。EMC 滤波器经过调整，能适应各个高压电组件的要求。例如，电容器、限流器或更复杂的电路。

4. 紧急断电连接

紧急断电连接指的是左侧锁支架上的保养插头 TW 和左侧 A 柱上保险丝架 C 中的保险丝 SC28。

（1）保养插头 TW。

断开端子 30A 和先导线路的连接，如图 5-1-72 所示。

（2）保险丝 SC28。

带小"标志"的 10A 保险丝断开端子 30A 的连接。贴有小"标志"，无须工具即可快速卸下。小"标志"可单独更换，保险丝也能在市面上买到，如图 5-1-73 所示。ID.4 中的端子 30A（以前是端子 30C）

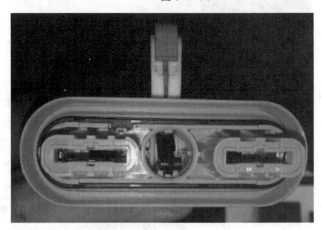

图 5-1-71

图 5-1-72

不仅为高压蓄电池 1 AX1 中的高压继电器提供电压，也为电压转换器 A48 的提供电压。

图 5-1-73

5. 先导线路和绝缘电阻监测

（1）先导线路。

现在的先导线路仅与保养插头 TW 连接，原因是为了提高所有高压连接器的触电防护效果，如图 5-1-74 所示。先导线路仍由蓄电池调节控制单元（J840）评估。

（2）监测绝缘电阻。

对车身高压电势的电绝缘情况进行检测。电阻低于阈值 510 kΩ 时，组合仪表会发出警告（亮黄灯）。电阻低于 90 kΩ 时，会亮红色，并且直流充

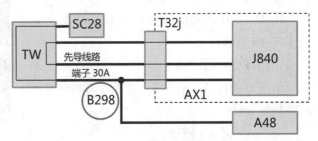

A48. 电压转换器　AX1. 高压蓄电池1　B298. 主线束中的正极接口　J840. 蓄电池调节控制单元　SC28. 保险丝座C 中的10A 保险丝　TW. 保养插头　T32j. 高压蓄电池1 AX1 上的 32 针脚连接器、车载电源接口

图 5-1-74

电被禁用/阻止。绝缘电阻监测由发动机/电机控制单元 J623 启动，由蓄电池调节控制单元 J840 执行。此外，也会在高压电系统激活时激活，由高电压协调器监控。其功能和电路与 e-Golf 中的绝缘电阻监测相对应。

6. 主动放电和被动放电

（1）主动放电。

高压电系统紧急关闭后，例如撞车或打开保养插头 TW 后，高压电系统将在 5s 内放电。电驱动系统的功率和控制电子装置 JX1 进行主动放电。

（2）被动放电。

所有高压电组件的电路中都有电容器。被动放电可确保电压在组件与高压蓄电池断开后两分钟内降到 60 V 以下。

7. 因碰撞事故引起的关闭

发生无法排除高压电系统损坏的事故后，高压电系统将关闭并主动放电。由于 ID.4X 的许多高压电组件都安装在非常靠近车身外壳的位置，严重事故和轻微事故没有区别。也就是说，一旦检测到事故，高压电势会立即断开（通过烟火方式），该动作不可以在维修车间复位，必须进行更换维修，如图 5-1-75 所示。烟火式断电之所以能实现是因为，与高压接触器的打开速度相比，高压电系统的关闭速度更快。

图 5-1-75

8. 监测高压继电器和短路测试

（1）高压继电器监测。

每个高压继电器前后都有一个电压接头。如果非预期状态被识别为对其中一个高压继电器有影响，则高压电系统将停用，直到消除故障为止。组合仪表上会显示相应信息。

（2）短路测试。

在中间电路电容器 1 C25 被预充电时，执行电流测量。

（3）短路时断电。

如果在预充电过程中发生短路，则会将其隔离，并且不会激活高压电系统。如果在高压电系统已经激活时检测到短路，则高压电系统将关闭。组合仪表上会始终显示相应信息。

（三）驾驶模式选择

1. 概览

ID.4X 具有熟悉的驾驶模式选择功能，如图 5-1-76 所示。

（1）ECO（节能）。

最高车速可达 130km/h，功率输出和空调消耗降低约 30%。

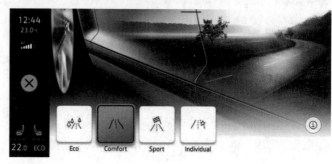

图 5-1-76

（2）Comfort（舒适）。

平均而言，所有系统都均衡运行。

（3）Sport（运动）。

所有系统都经过调校，实现运动特性。该模式仅与性能套件或 DCC 一起提供。

（4）Individual（个性）。

可以根据需要配置所有系统。

新车未配备 E-MODE 功能键，用驾驶模式选择取而代之。一个新功能是，高压蓄电池放电后，不再需要切换到 ECO（节能）模式。相反，组合仪表会显示一只黄色的乌龟，并且减少功率输出。

①黄色的乌龟（绝对备用电量模式）：ID 显示屏上显示黄色的乌龟，还会发出声音警告。功率输出显著降低，并且可以继续降低。空调的便利功能减少，以延长续航里程。

②红色的乌龟（绝对备用电量模式）：启动车辆时，高压蓄电池的温度或电量过低。车辆无法运行。只能使用机动模式（最高车速 7km/h）。仍可执行两次紧急启动，以实现短距离移动。中控台储物箱内必须有车辆钥匙才能紧急启动。当电量再次增加时，警告灯熄灭。

③车辆运行期间：如果高压蓄电池的电量过低，可能会导致车辆停车。请将车辆停放到安全位置，或者如果可能的话，驾驶车辆到下一个充电站。当电量再次增加时，警告灯熄灭。

第二节 底盘系统

一、驾驶辅助系统一览

驾驶辅助系统一览图如图 5-2-1 所示，图中显示了 ID.4X 的标配和选配的驾驶辅助系统。

车前测距监控系统—Front Assist：行人 / 骑自行车的人识别功能；车距报警器。

自适应巡航—ACC。

半自动驾驶辅助系统（Travel Assist 2.0 Basic）。

车道保持辅助系统—Lane Assist。

变道辅助系统—Side Assist。

驶出车位辅助系统—Traffic Alert。

倒车摄像头—Rear View Camera。

泊车雷达系统—PDC：后部泊车制动功能。

车前测距监控系统—全景摄像头。

间接式胎压监测—RKA。

多次碰撞自动制动系统。

交通标志识别—VZE。

疲劳识别系统—MKE。

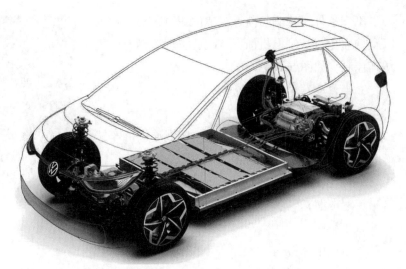

图 5-2-1

1. 行人 / 骑车人员识别

车前测距监控系统可识别系统限制内的以下物体（视装备而定）：

与本车辆对向行驶的车辆、行人和骑自行车的人；

横穿马路的行人和骑自行车的人；

静止的车辆。

车前测距监控系统如表 5-2-1 所示。

表 5-2-1

	仪表预警	冲击制动警告	自动制动	制动助力干预
车辆静止	30~85km/h	30~85km/h	5~85km/h	5~85km/h
对向行驶的车辆	30~250km/h	30~250km/h	5~250km/h	5~250km/h
对向步行的行人	30~85km/h	—	5~65km/h	5~65km/h
横穿马路的行人	30~85km/h	—	5~65km/h	5~65km/h
对向行驶自行车	30~250km/h	30~250km/h	5~250km/h	5~250km/h
横穿马路的自行车	30~85km/h	—	5~65km/h	5~65km/h

2. 自适应巡航系统

（1）功能描述。

全速自适应巡航：0~180km/h；

定速巡航：20~180km/h；

带 Stop & Go 的自动启停功能；

车速控制的 5 挡可调跟车距离；

可检测前方静止车辆（直到 60km/h）；

拥有经济、运动、正常、舒适四种运行模式；

覆盖定速巡航，可调车距跟车，自动启停，弯道跟车，简单切入切出等多种工况；

Speed limiter 将车辆的速度限制为预设的设定值。

（2）工作原理。

传感器：多功能摄像头 R242，中距雷达 J428。

工作速度：0~180km/h。

工作条件：探测与前方车辆的相对距离，速度以及偏航角，控制电机加速、减速实现车辆速度的精确控制，如图 5-2-2 所示。

3. 半自动驾驶辅助系统 2.0 基本版

功能描述。

车辆在 0~180km/h 速度范围内实现连续的车辆横向控制和纵向控制，包括：

自适应巡航；

定速巡航；

跟车启停；

车道居中保持。

图 5-2-2

通过 MFL 按键实现一键启动。通过 HOD 方向盘实时对驾驶员进行脱手检测。可以通过 HMI 虚拟显示车辆周围交通环境。提高在国道和高速公路下的过急弯能力。狭窄通道辅助，检测到不可穿过的狭窄通道，会自动降速或停车（尚无）。

工作原理：

传感器：多功能摄像头 R242，中距雷达 J428。

执行器：电机实现主动加速、制动，EPS 实现主动转向。

探测范围：MRR-200m；MFK-160m。

工作条件：车道线清晰，结构化道路，如图 5-2-3 所示。

图 5-2-3

4. 车道保持辅助系统

（1）功能描述。

系统通过安装在后视镜上的多功能摄像头探测道路车道线，当车辆偏离车道线或将偏离车道线时，会通过 EPS 系统短暂地施以纠正力矩，以使车辆返回车道内，如图 5-2-4 所示。当驾驶员打转向灯时，系统不会产生纠正力矩。当系统连续检测到车辆偏离车道时，系统会发出声音警告并辅以文字"请在车道中间行驶"，如果驾驶员仍未反应，系统退回未激活状态。脱手检测 HOD。方向盘振动提醒可选。

（2）工作原理。

传感器：MFK。

执行器：EPS。

图 5-2-4

工作条件：大于 60km/h，车道线清晰，结构化道路。

5. 交通标志识别

功能描述：交通标志识别通过多功能摄像头识别交通标志，进行评估，结合导航和车辆数据，将当前有效的交通标志输出给驾驶员，如图 5-2-5 所示。多功能摄像头可记录汽车前方的区域。各个视频图像被传输到多功能摄像机的图像处理模块，检查图像材料中的已知交通标志。评估速度限制和超车禁令以及相关的取消。组合仪表显示标志，HuD 和中控屏可选。

限速

取消限速

禁止超车

取消禁止超车

图 5-2-5

二、自适应巡航传感器 J482

ID.4X 配备了全新的前部雷达传感器。它安装在保险杠后面，可以精确识别物体以及物体的位置、相对速度和运动方向，如图 5-2-6 所示。共同使用车头传感器和驾驶辅助系统的前部摄像头 R242 的信息。并在自适应巡航控制单元 J428 内进行处理。技术数据如表 5-2-2 所示。

图 5-2-6

表 5-2-2

频率范围	76~77 GHz
续驶里程	220 m
速度范围	0~200 km/h
开启角度	
水平	±45°
垂直	±4°
耗电量	< 4.5 W
制造商	马牌（Continental）
中程雷达传感器	

可以对自适应巡航传感器进行静态和（行驶期间的）动态校准。请注意维修手册中的提示。

三、驾驶辅助系统摄像头 R242

第四代驾驶辅助系统的前部摄像头 R242 安装在前窗玻璃内侧，如图 5-2-7 所示。与之前的版本相比，摄像头是通过接线端 30 进行控制（之前为接线端 15），因此可以进行无线升级。技术数据如表 5-2-3 所示。

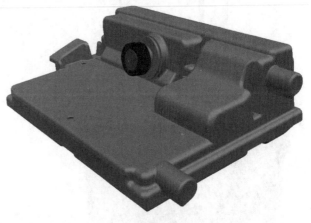
图 5-2-7

四、方向盘脱手识别

1.HOD 简介

方向盘脱手识别（HAND OFF DECETION）采集到的数据主要供车辆高级驾驶辅助系统 ADAS 和一些舒适功能性 ECU 用于探测驾驶员疲劳程度。用于车道偏离警示、车道保持。用于 Traffic- Jam Pilot（交通阻塞时接管驾驶）、Highway pilot（高速路自动驾驶）功能。

2. 传感器结构

带加热方向盘传感器垫子包括四层（如图 5-2-8 所示）：

加热层；

Guard 层；

绝缘层；

Sensor 层。

3.HOD 系统接线

HOD 配备的三区电容式传感器可以探测接触在方向盘的位置是手抓还是膝盖碰触，是左侧还是右侧，如图 5-2-9 所示。

表 5-2-3

尺寸	97 mm×73 mm×32 mm
重量	大约 150g
分辨率	1280 像素 ×1080 像素
开启角度	
水平	52°
垂直	43.4°
图片帧速率	60Hz
颜色识别	灰度和红色
耗电量	最大 2.5 A（在主动摄像头加热时）
工作温度范围	−40~85℃
联网	驾驶辅助系统 CAN 数据总线，以太网

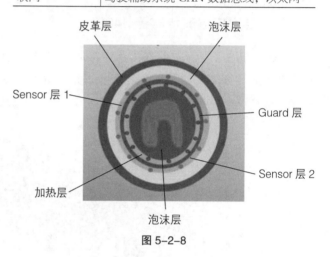

图 5-2-8

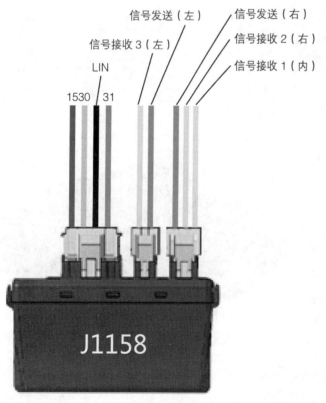

图 5-2-9

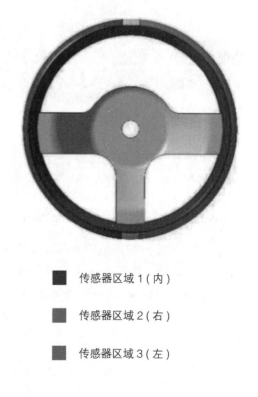

传感器区域 1（内）

传感器区域 2（右）

传感器区域 3（左）

HOD 功能逻辑，如图 5-2-10 所示。

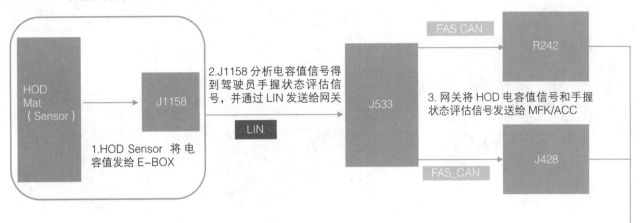

图 5-2-10

五、底盘一览

在此对 ID.4X 主要的标配和选装的底盘装备进行简要说明：

根据麦克弗森（McPherson）原理的前桥减振支柱；

新型五连杆后桥；

新型电控机械式转向系，渐进式，与车速有关；

ABS/ESC，ZF-TRW 公司；

前部盘式制动器；

后部鼓式制动器；

带电子驻车制动器（EPB）；

制造商标记的轮胎。

（一）前桥

前桥结构图如图 5-2-11 所示。

（二）5 连杆后桥

5 连杆后桥图如图 5-2-12 所示。

（三）车轮制动器

1. 前部车轮制动器（如图 5-2-13 所示）

18 Hitachi 公司，活塞 ϕ57 mm，ϕ330mm×23mm，版本，light ＝减小的制动摩擦片厚度。正常为 14mm，由于能量回收造成的额外延迟，ID 减少至 8mm。

图 5-2-11

图 5-2-12

2. 后部车轮制动器

11" 鼓式制动器（280mm×52mm），带电子驻车制动器的驻车电机，如图 5-2-14 所示。

图 5-2-13

图 5-2-14

鼓式制动器的结构图如图 5-2-15 所示。

图 5-2-15

3. ID.4X 后桥上的鼓式制动器

盘式制动器与鼓式制动器对比如表 5-2-4 所示。

表 5-2-4

	盘式制动器		鼓式制动器	
	设计特点		客户利益	
摩擦副	未定		封装	在防腐蚀方面更坚固 投诉减少
剩余制动力矩	1 N·m/ 车桥（优化，带夹子） 4 N·m/ 车桥（传统）		0 N·m/ 车桥	续驶里程优势，从 3.3 km 到 13.2 km
制动摩擦片使用寿命	大约 75 tkm		长效	低拥有成本
热功率	良好		足够	没有长的制动距离
驻车功能	电动式		电动式	驾驶辅助系统无限制
重量	对于变速器驻车锁大约 22 kg + 2.9 kg		大约 27 kg	

4.电子驻车制动器的结构

电子驻车制动器的结构图如图 5-2-16 所示。

执行器的结构图如图 5-2-17 和图 5-2-18 所示。

5. 系统部件

系统部件，如图 5-2-19 所示。

ID.4X 中的电子驻车制动器（EPB）与传统 EPB 的区别如表 5-2-5 所示。

6.ID.4X 中的电子驻车制动器（EPB）的基本概念

ID.4X 中的电子驻车制动器（EPB）的基本概念，如图 5-2-20 所示。

由于取消了变速器驻车锁，因此产生了冗余方案。

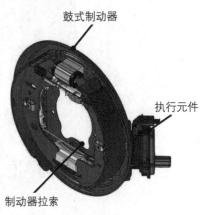

图 5-2-16

图 5-2-17

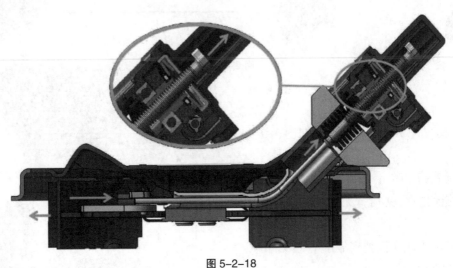

图 5-2-18

789

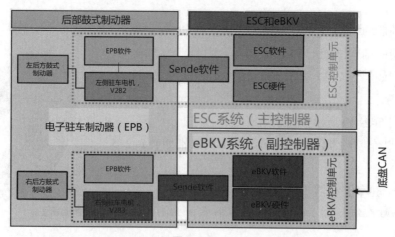

图 5-2-19

表 5-2-5

特性	传统的 EPB	ID.4X 中的 EPB
连接执行器	控制单元上的两个执行器,J540	在两个独立的控制单元上各有一个执行器,ESC 和 eBKV(冗余,因为取消了变速器驻车锁)
操作	通过按钮释放和关闭 通过起步行车释放	通过换挡杆上的 P 按钮关闭 挂入行驶挡(D、B、N 或 R)后释放
功能	关闭的 EPB 是一个状态,它在每个行驶挡下都可能出现(可以从关闭 EPB 的情况下起步)	关闭的 EPB 代表行驶挡 P。因此在 EPB 关闭时无法起步

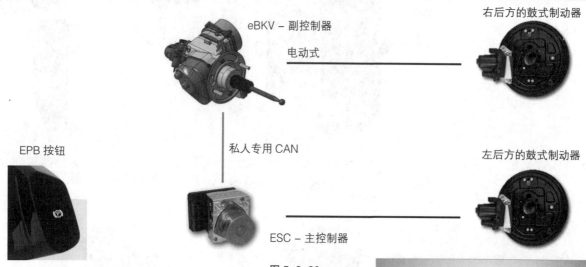

图 5-2-20

7. 电子驻车制动器(EPB)的功能

电子驻车制动器(EPB)的功能图如图 5-2-21 所示。

EPB 代表行驶挡 "P";

驾驶员只能切换行驶挡。无法操作用于释放 EPB 的按钮;

EPB 功能显示集成在行驶挡显示中(双功能,EPB & 行驶挡 "P");

按下 P 按钮可能会出现延迟(法定的退出等级)。

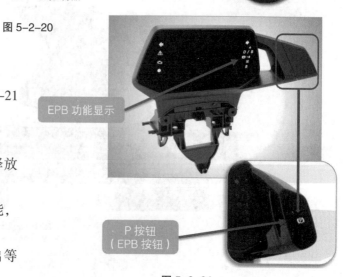

图 5-2-21

（1）电子驻车制动器（EPB）的功能、操作和显示。

正确关闭的驻车制动器显示如图 5-2-22 所示。

如果驻车制动器只能在一侧关闭：

不会显示 PARK 字样；

闪烁红色 (P)；

通过指示灯、故障文本和声音警告用户。

图 5-2-22

除了闪烁的红色 P 之外，黄色的中央警告灯和红色的制动装置警告灯也用于故障显示。此外，还会通过文本信息和相关声音向驾驶员发出警告，如图 5-2-23 所示。

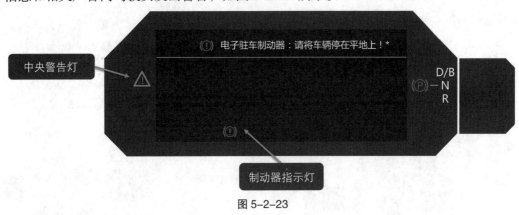

图 5-2-23

（2）电子驻车制动器的功能，静态。

①在以下情况下，关闭驻车制动器：

按下 P 按钮；

关闭点火开关；

离开车辆，在此要考虑：如果车门、安全带和座椅垫其中有两项未关闭、插入或占用，将关闭驻车制动器。始终可以释放 EPB。如果忽略第三个条件，则 EPB 将再次关闭，并且只要三个条件均不满足，便无法再打开。

②在以下情况下，将打开电子驻车制动器：挂入行驶挡。

（3）电子驻车制动器的功能，在退出等级下为静态。

如果 ESC 失灵，则只能通过 eBKV 控制的执行器（右后方）停住车辆。

工作方法更改如下：

在以下情况下，将关闭电子驻车制动器：关闭点火开关。

在以下情况下，将打开电子驻车制动器：挂入行驶挡。

（4）电子驻车制动器的功能，动态。

EPB 的所谓动态功能分为三个速度范围，如图 5-2-24 所示。

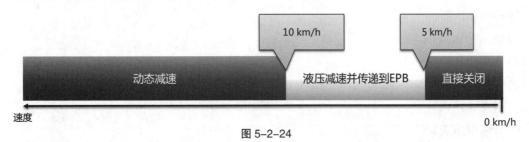

图 5-2-24

动态减速：在 >10km/h 时始终保持，直到驾驶员松开按钮。

液压减速并传递到 EPB：简单的按钮操作会导致液压减速，随后传递到 EPB。

直接关闭：直接关闭 EPB。

（四）电控机械式制动助力器（ZF）

1.eBKV 进化历程

（1）真空助力制动系统。

真空助力制动系统如图 5-2-25 所示。

（2）第一代 eBKV 系统如图 5-2-26 所示。

（3）第二代 eBKV 系统如图 5-2-27 所示。

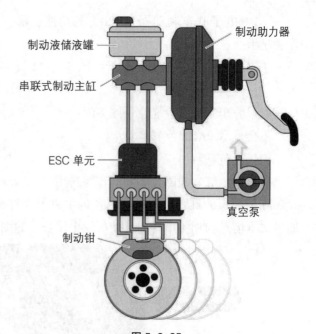

图 5-2-25

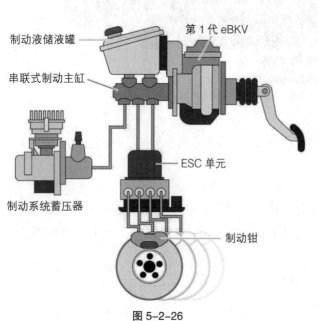

图 5-2-26

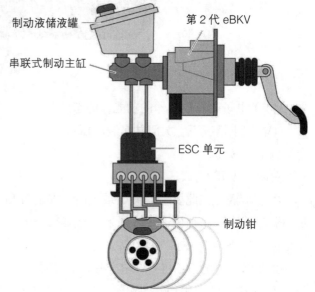

图 5-2-27

2. 技术数据

轴向平行的电驱动装置；

变速器采用塑料齿轮，从而减轻了重量；

控制单元采用塑料壳体，从而减轻了重量；

非真空制动助力器；

没有额外的蓄压器；

支持力最高为 5.3 kN；

重量约 4.4kg；

电机功率 370W；

电压范围 9.8~16V；

最大的增强扭矩 3.3 N·m。

3. 释放位置

释放位置，如图 5-2-28 和图 5-2-29 所示。

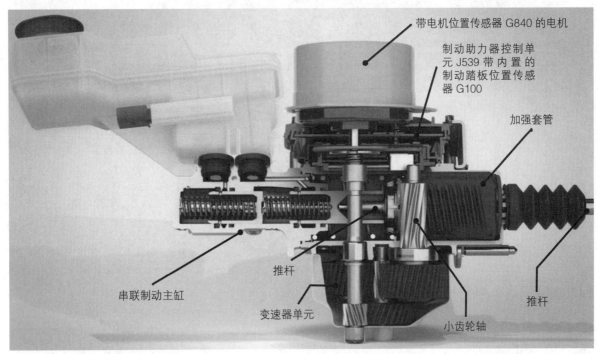

带电机位置传感器 G840 的电机

制动助力器控制单元 J539 带内置的制动踏板位置传感器 G100

加强套管

推杆

串联制动主缸

变速器单元

小齿轮轴

推杆

图 5-2-28

图 5-2-29

4. 确认位置

确认位置，如图 5-2-30 和图 5-2-31 所示。

图 5-2-30

图 5-2-31

（五）ABS/ESC

ABS/ESC 单元，EBC 470（ZF/TRW），如图 5-2-32 所示。因取消了第 1 代 eBKV 系统的制动压力存储器。目前蓄压器的功能已集成到 ESC 单元中。为此扩大了 ESC 单元中的蓄压器容量。ESC 单元由 ABS 控制单元 J104 和液压单元组成。

1. 制动系统控制方案

制动系统控制方案如图 5-2-33 所示。

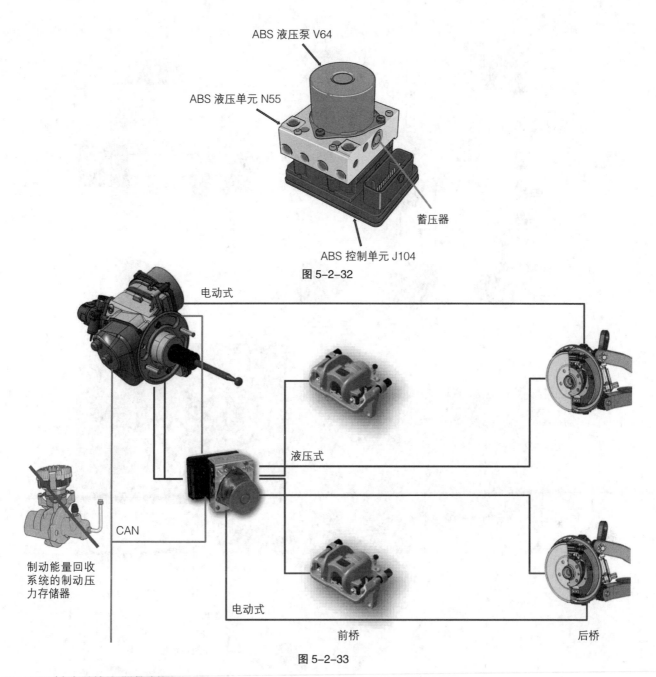

ABS 液压泵 V64

ABS 液压单元 N55

蓄压器

ABS 控制单元 J104

图 5-2-32

电动式

液压式

CAN

制动能量回收
系统的制动压
力存储器

电动式

前桥　　　　　　　　后桥

图 5-2-33

2. 制动系统电器控制图

制动系统电器控制图如图 5-2-34 所示。

（六）转向系统

新型电控机械式转向系（单小齿轮），如图 5-2-35 所示。新型单小齿轮转向系统是新开发产品。助力转向器取决于行驶速度、转向扭矩和转向角。在单小齿轮转向系统中，电机 V187 通过蜗杆轴驱动蜗轮。它与转向齿轮是固定相连的。转向齿轮啮合在齿条中，当驱动电机 V187 时可以提供转向助力，从而使转向更容易，如图 5-2-36 所示。

1. 诊断

电控机械式转向系的组件具有自诊断功能。

2. 指示灯功能

指示灯 K161 位于组合仪表的显示单元中。用于显示电控机械式助力转向器具体的系统状态或故障。出现功能故障时，指示灯会以两种颜色亮起。

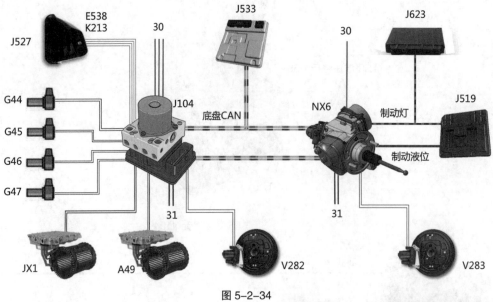

图 5-2-34

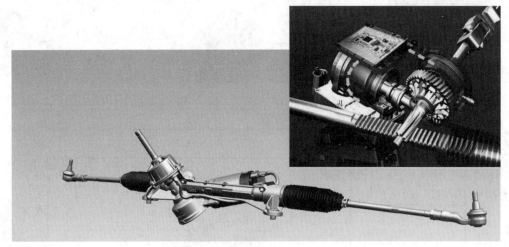

图 5-2-35

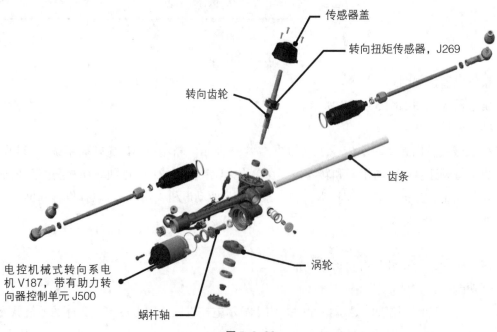

图 5-2-36

796

黄色指示灯亮起：

转向系故障；

指示灯亮起或闪烁黄色；

转向系反应迟钝；

比平常更敏感。

红色指示灯亮起：

转向系故障；

警告灯亮起红色或闪烁红色；

电控机械式转向系；

电动转向柱调节故障；

不要继续行驶，立即寻求专业人员的帮助；

如果警告灯亮起红色，则转向操作可能出现困难，因为电控机械式转向系失灵；

如果警告灯闪烁红色，则无法解锁转向柱；

不允许在车辆四轮着地的情况下对其进行牵引。

3. 转向柱对比

转向柱对比如图 5-2-37 所示。

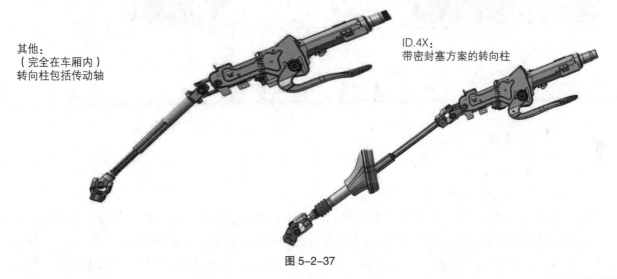

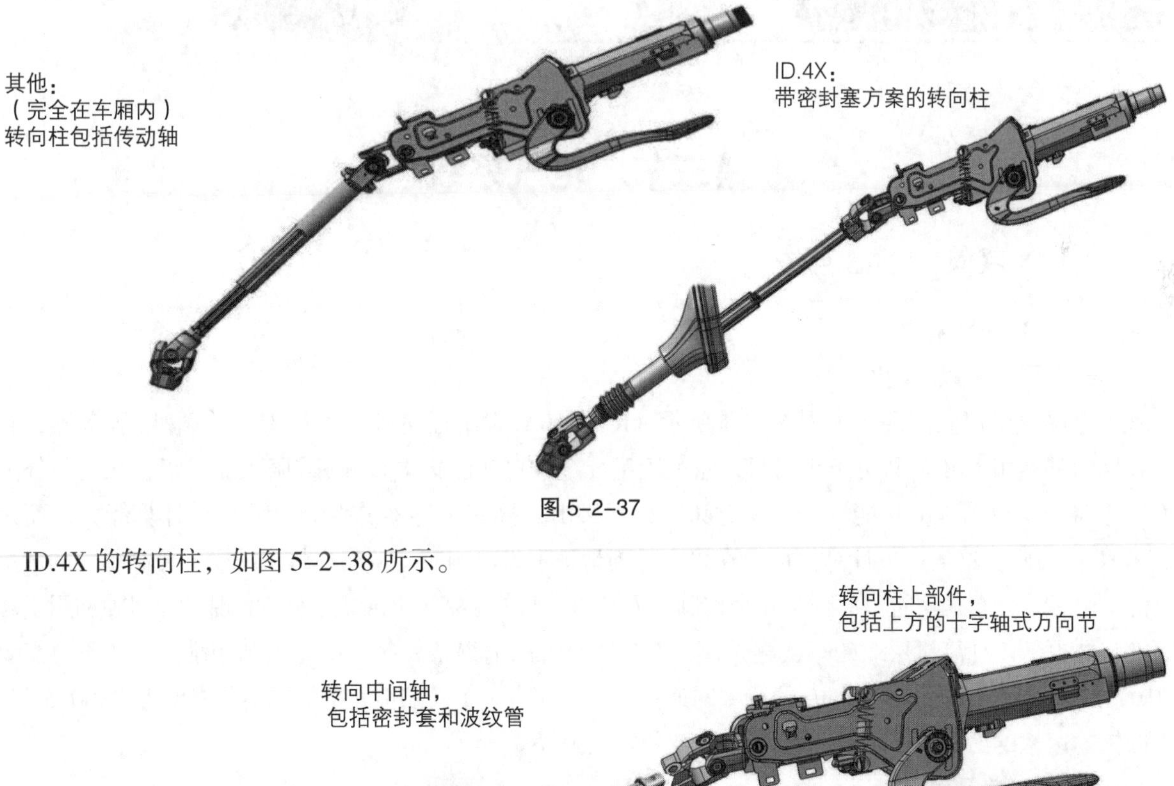

其他：
（完全在车厢内）
转向柱包括传动轴

ID.4X：
带密封塞方案的转向柱

图 5-2-37

ID.4X 的转向柱，如图 5-2-38 所示。

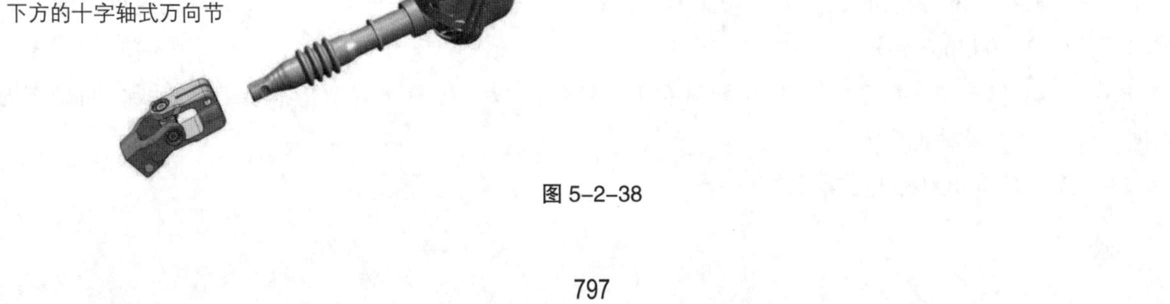

转向柱上部件，
包括上方的十字轴式万向节

转向中间轴，
包括密封套和波纹管

下方的十字轴式万向节

图 5-2-38

（七）带有"⊕"标记的制造商标记轮胎

ID.4X 中的轮胎经过专门设计，具有最佳的滚动阻力、湿地抓地力和外部滚动噪音，如图 5-2-39 所示。如果用户在售后服务中购买了其他相同尺寸的轮胎，例如由于较差的滚动阻力，会明显限制续驶里程。通过滚动阻力优化轮胎，计算出的电动汽车的作用半径可以延长到最多 6%。

图 5-2-39

第三节　电气系统

一、ID.4X 联网和 CAS 系统

（一）MEB 联网架构

1. 车载电网，带以太网网关

车载电网，带以太网网关如图 5-3-1 所示。ICAS 车载应用程序服务器是中央计算机 / 服务器，它结合了大量的基本服务和车辆功能并控制其他车辆系统。客户功能集中在服务 / 服务器层级，从而与外围设备（传感器和执行器）的功能分开。这意味着，不必由连接有传感器的控制单元提供计算能力，而是由 ICAS 提供。因此，这类中央计算机可以在多个诊断地址下作出响应。从而在将来减少了控制单元的数量。其中也集中了"分布式功能"原理（几个控制单元负责一个功能）。ICAS 技术是实现自动驾驶和用于客户车辆中软件更新（计算机层级的车载测试仪和客户功能）的前提条件。因此无须到访维修站或不再需要汽车故障诊断仪。除了具有 100 Mbit/s 的以太网连接之外，还有一个新功能，即目前有 3 条具有 2000 kBit/s 更高数据传输速率的 CAN FD 总线。（FD = 可变的数据速率）。

2. ID.4X 控制单元网络

ID.4X 控制单元网络如图 5-3-2 所示。

（CAN）FD：具有灵活的数据传输功能的数据总线标志。CAN 消息帧以 500 kBit/s 的速度传输，而使用数据部分以 2000 kBit/s 传输。

AFS-CAN：自适应大灯系统。用于车灯功能的数据总线。在 ID.4X 中它不再是子总线，而是作为常规数据总线直接连接到 ICAS1。

CAN-EV：高电压组件的数据总线。

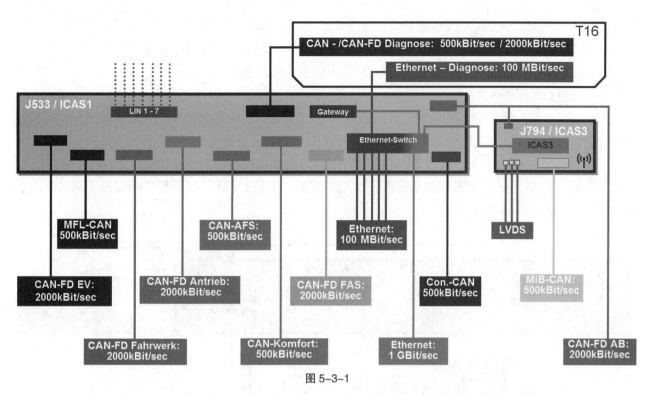

图 5-3-1

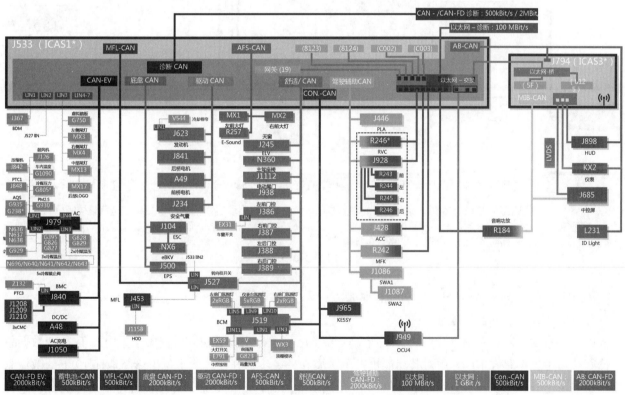

图 5-3-2

B-CAN：蓄电池 CAN 用于蓄电池控制的数据总线。

MFL-CAN：多功能方向盘。MFL 直接连接到 ID.4X 中的 ICAS 1。

CAN-FAS：驾驶员辅助系统数据总线。

Con-CAN：连接数据总线。大众汽车的全新 CAN，包括与 Kessy 和对车辆的远程访问有关的组件。

CAN AB: 显示和操作数据总线。大众汽车的全新 CAN，包括用于信息可视化的组件，例如显示屏信息。

HR CAN：变道辅助系统的子数据总线。连接两个变道辅助系统传感器（变道辅助系统或盲点检测）。

以太网：LAN用于快速传输数据的网络。在ID.4X中具有100 Mbit/s和1Gbit/s。

LVDS：低电压差分信号。数据总线，用于Gbit/s范围内的快速图像数据。

（二）防盗和部件保护系统

防盗与部件保护系统原理图如图5-3-3所示。ID.4X采用了第5D代防盗锁止系统（WFS）。WFS是最高级别的安全系统，可防止车辆被盗。组件保护（KS）可防止组件被盗或是更容易跟踪被盗的组件。由于引入了ICAS中央计算机，因此WFS的主控制器现在也安装在数据总线诊断接口J533中，就像之前的组件保护主控制器一样。由于是电动汽车，因此发动机控制单元J623取消了其WFS功能。该功能由电驱动装置控制单元J841承担。

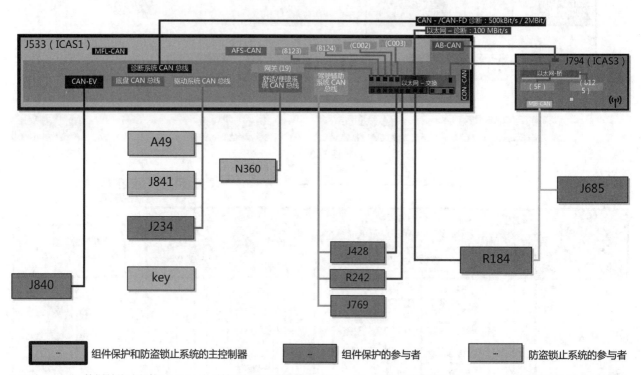

J533（ICAS1）.数据总线诊断接口　J764.电子转向柱锁止装置控制单元　J841.电驱动装置控制单元　J234.安全气囊控制单元　J428.自适应巡航控制单元　J525.数字式音响套件控制单元　J769.变道辅助系统控制单元　J794.电子通信信息设备1控制单元　J840.蓄电池调节控制单元　R242.驾驶辅助系统的前部摄像头　J685.中控屏幕

图5-3-3

（三）ICAS 1和ICAS 3分区、功能和地址

1. ICAS 1模块、功能和地址

ICAS 1模块、功能和地址如图5-3-4所示。尽管ICAS 1中央计算机在维修站信息中列于J533数据总线诊断接口下，但是在ID.4X中对其功能进行了扩展和进一步的开发。除了位于诊断地址19下的微控制器（诊断）之外，中央单元还集成了负责大量其他功能的高性能微处理器（性能处理器）。为此，它再次在内部划分为4个分区，每个分区都可以通过单独的诊断地址进行寻址。诊断微控制器（19）通常主要负责最多8个不同CAN消息的实现/镜像。此外，它自身还负责控制和协调大量功能。

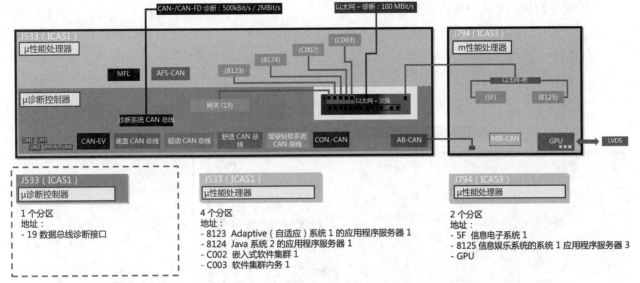

图 5-3-4

2.ICAS 1 诊断控制器的功能（地址 19）

诊断控制器（19）负责最多 8 个不同 CAN 区域通信。此外，它还负责控制和协调大量功能。

防盗锁止系统主控制器；

组件保护主控制器；

防盗报警装置；

Kessy 自适应 / 中央门锁；

调光；

疲劳识别系统；

历史数据；

驾驶模式选择；

续驶里程计算；

标准车外照明灯；

离车方案；

显示协调器；

Time Master Base（时间周期）；

驻车协调器；

低电压电源管理系统；

高电压电源管理系统；

高电压充电管理；

接线端控制；

可订购的功能主控制器（FoD）。

LIN 控制：

蓄电池数据管理；

车内监控 / 备用喇叭；

尾灯；

脱手检测（HoD）。

3. ICAS 1 模块、功能和地址（J533）

ICAS 1 模块、功能和地址（J533）如图 5-3-5 所示。集成在 ICAS1 中的性能处理器具有 4 个分区，可通过它们自己的诊断地址进行访问。在控制器本身层级上，此处理器还配备了 2 个用于 MFL 和 AFS CAN 的 CAN 收发器，因为诊断控制器（19）最多可操作 8 个。这些分区具有下述与车辆或客户功能有关的任务，例如：未涉及较低一级和物理级别的控制功能。

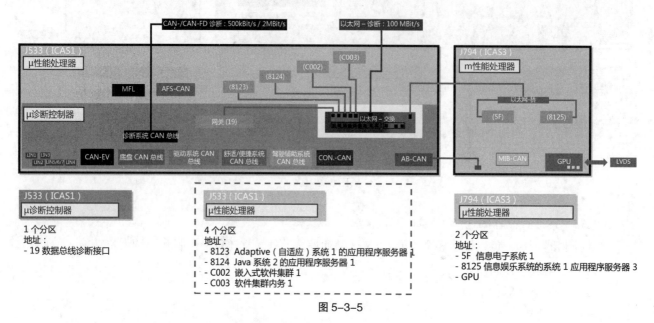

图 5-3-5

4.ICAS 1 性能处理器的功能（地址 8123、8124、C002 、C003）

（1）Adaptive 系统 1 的应用程序服务器 1（8123）。

为 ICAS 3 的 3 个显示器的服务器 /CAN 准备显示数据；

车辆定位（用于远程服务和功能的位置）；

控制充电管理服务器。充电程序，充电计时器，充电配置文件 – 在线服务的消息存储器。

（2）Java 系统 2 的应用程序服务器 1（8124）。

车载测试仪。目前在此协调控制单元的升级程序；

诊断服务和车辆状态数据服务器。至后端服务器网关；

控制车辆充电或温度调节的远程服务；

（3）嵌入式软件集群 1（C002）。

个性化管理；

复杂车灯系统、动态车灯辅助系统、矩阵大灯控制；

具有备份记录和存储功能的里程计数器。为 ICAS 3 准备。

（4）软件集群内务 1（C003）。

性能处理器的"管家"；

控制基础设施和 IP 路由。

5.ICAS 3 模块、功能和地址

ICAS 3 模块、功能和地址如图 5-3-6 所示。

6.ICAS 3 性能处理器的功能（地址 5F、8125）

（1）5F 信息娱乐系统电子装置 1（安全分区）。

针对中央显示屏、组合仪表（iID）和平视显示器（HUD）的显示控制系统，包括安全带未系警示消息、

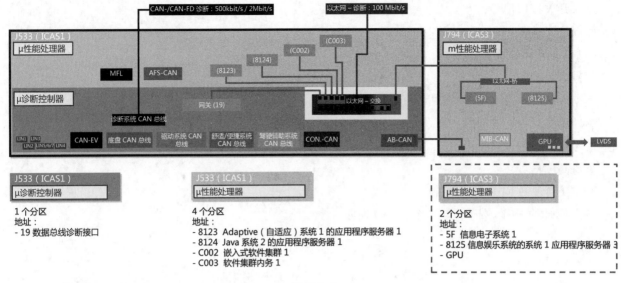

图 5-3-6

电量表、保养周期显示、消耗量；

控制显示语言；

倒车摄像头的视频解码；

控制 ID Light；

控制音频驱动程序，例如仪表板警告音，外置声音放大器；

车辆状态和统计数据（行程计算机）；

诊断服务的服务器。

（2）8125 信息娱乐系统的系统 1 应用程序服务器 3（车载信息娱乐系统）。

导航系统；

收音机 / 媒体，音频管理，智能手机集成；

触摸操作，语音操作；

Connectivity、BT、WLAN、USB 接口；

WEB 应用程序。

在 ICAS3 中处理器分为 2 个分区。安全分区依然是主要联系人（5F- 信息娱乐系统电子装置 1），并且在原则上包含应在启动时尽快提供给客户的所有功能。第二个分区是所谓的 IVI 或 "车载信息娱乐系统"（8125 信息娱乐系统的系统 1 应用程序服务器 3）。它包括内存和计算密集型功能，相比之下，它们需要更多的启动运行时间。除了 CAN 收发器之外，ICAS3 还具有一个图形处理器（GPU），该图形处理器作为 LVDS 总线参与者的网关和处理器。

（四）J519 和 J623 模块功能与连接

1.J519 模块功能与连接

J519 舒适系统重要的传感器（I/O）弱化运算处理功能，突出输入/输出功能：

KL15 端子控制；

尾门控制（开启 /闭锁）；

车内操作开关信号；

ICAS 散热风扇；

车内照明；

氛围灯控制；

点火开关按钮信号；

后部灯光控制；

雨刮/玻璃清洗系统控制；

信号喇叭控制；

制动液、冷却液、清洗液位信号；

车外温度；

信号喇叭控制；

车身高度信号。

2.J519 管理的 KL15 端子控制

J519 管理的 KL15 端子控制如图 5-3-7 所示。

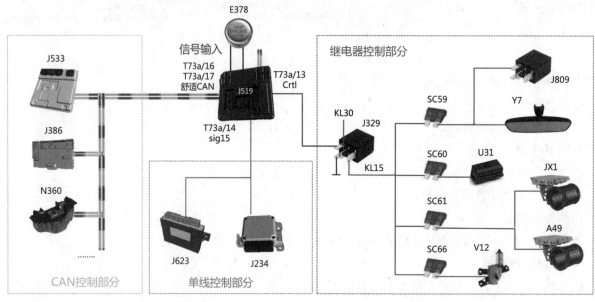

图 5-3-7

3.J623 模块功能与连接

J623 接收信号与控制的部件有：

加速踏板位置传感器 X2；

GRA（J527）；

制动灯信号（J519）；

端子 15 信号（J519）；

G18 水温传感器；

V544 散热器卷帘；

V36 水泵；

VX57 电子风扇。

（五）CAN FD

1. 什么是 CAN FD

（1）进一步开发的标准 CAN 协议。

（2）具备灵活数据速率（FD）的 CAN。与使用数据传输阶段相比，在仲裁和确认阶段采用了不同的数据速率。

（3）每条消息的使用数据量从 8 字节扩展到 64 字节，如图 5-3-8 所示。

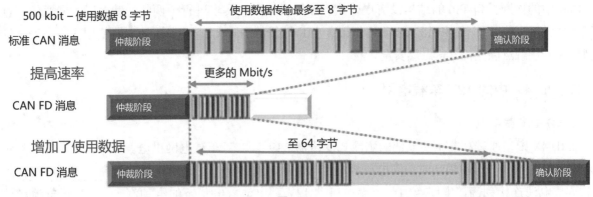

图 5-3-8

（4）使用CAN FD的前提是在相应控制单元中安装了新的CAN（FD = 灵活数据速率）收发器。也就是，它们必须在一条和同一条消息中将仲裁阶段的"低"数据速率（500 kbit/s）在使用数据传输期间无缝切换到2000 kbit/s的高速率。相反，这在过渡到确认阶段（Acknowledge）时也是必要的。通过在仲裁（Trailer）和确认（Acknowledge）期间保持500 kbit/s的数据速率，CAN总线的物理特性在很大程度上保持不变，例如对于最大的导线长度。标准CAN协议无法向上兼容到CAN FD协议。

（5）CAN FD的优势体现在灵活的数据速率切换（500 kbit → 2 Mbit → 500 kbit），这可以使大部分物理属性保持不变，例如信号电平、线路反射或终端电阻。与经典版CAN一样，隐性电平保持在2.5V，显性电平保持在3.5V（高）和1.5V（低）。在500 kbit/s的速度时，一个比特位的传输时间为 $2\mu s$。在2Mbit时为500 ns。从500 kbit切换到2Mbit的CAN FD消息的报头如图5-3-9所示。从2Mbit切换到500 kbit的CAN FD消息的报尾如图5-3-10所示。

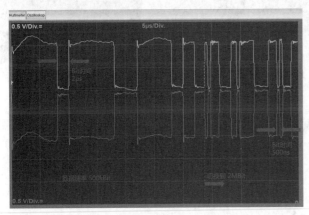

图 5-3-9

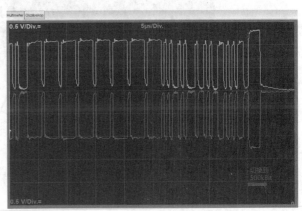

图 5-3-10

（六）联网

OBD II 接口的插头布置如图5-3-11所示。

OBD II 接口	Pin	接线端描述	Pin	接线端描述
Ethernet	1	接线端 15	9	n.c.
	2	n.c.	10	n.c.
	3	Eth 100BaseTx Rx(+) [ISO13400]	11	Eth 100BaseTx Rx(-) [ISO13400]
	4	接线端 31 GND	12	Eth 100BaseTx Tx(+) [ISO13400]
	5	接线端 31 GND	13	Eth 100BaseTx Tx(-) [ISO13400]
	6	CAN_H-Diag. [ISO11898]	14	CAN_L-Diag. [ISO11898]
	7	n.c.	15	气囊处置激活线
Diag. CAN	8	Eth 激活行 [ISO13400]	16	接线端 30（持续正极）

n.c.未连接

图 5-3-11

Golf 中的诊断接口 T16 的结构没有更改，但插针根据联网要求进行了调整。针对以太网通信，重新分配了插针 3、8、11、12 和 13。之前用作第 2 个 K 导线的引脚 15，被车辆处理器使用作为与安全气囊控制单元的接触点以受控方式点燃安全气囊。

二、ID.4X 中的 12V 车载电网

（一）12V 蓄电池

在 ID.4X 中，通过高电压蓄电池的水冷式变压器 A19 为 12V 车载电网供电。12V 蓄电池的参与对于启动过程至关重要。车辆锁止时，高电压蓄电池与高压电路断开。在启动过程中，高电压蓄电池首先借助 12V 蓄电池连接到高压电路。因此，无法启动 12V 蓄电池放电状态的电动汽车。12V 蓄电池设计为 51Ah 湿电池的结构。ID.4X 中的大多数控制单元都是通过接线端 30 供电。保险丝架 A 为保险丝架 B 和 C 供电，如图 5-3-12 所示。保险丝架 B 为发动机舱内的保险丝和继电器供电。保险丝架 C 安装在仪表板左侧，为车内的保险丝和继电器供电。

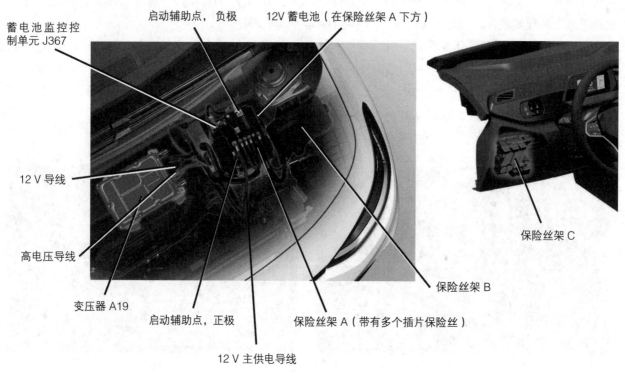

启动辅助点，负极　　　12V 蓄电池（在保险丝架 A 下方）

蓄电池监控控制单元 J367

12 V 导线

高电压导线

变压器 A19

启动辅助点，正极

保险丝架 C

保险丝架 B

保险丝架 A（带有多个插片保险丝）

12 V 主供电导线

图 5-3-12

1. 测试脉冲基础知识

在诊断期间，12V 蓄电池为高电压蓄电池供电。图 5-3-13 中显示了参与的部件。与配备内燃机的车辆相比，ID.4X 没有启动机。在配备内燃机的情况下，通过发动机启动时的电压降来分析 12V 蓄电池的电量。ID.4X 通过定期和自动的诊断确定 12V 蓄电池的电量。诊断的主要组成部分是测试脉冲。诊断仅在车辆停止时运行。在测试脉冲开始时，12V 蓄电池为高电压蓄电池充电。其结果是，12V 蓄电池的静态电压下降并产生特征电压曲线。在测试脉冲结束时，高电压蓄电池充电结束，12V 蓄电池的电压返回到接近静态电压的数值。由测试脉冲产生的电压曲线，允许作为蓄电池电量的说明，从而检查并确保蓄电池具有满足系统要求的可用功率。

| 12V51Ah 湿电池 | DC/DC 变压器 | 高电压（HV）蓄电池 |

图 5-3-13

（1）借助测试脉冲确定这些参数（如图 5-3-14 所示）：

T00 测量开始；

t10 10s 后的测量时间点；

t20 20s 后和测量结束的测量时间点；

URuhe 蓄电池没有负载的静态电压；

U10 测量时间 10s 后的电压；

U20 测量时间 20s 后的电压；

dU10 测量时间 10s 后的电压降；

上升 m。

这些参数是判断蓄电池是否老化的标准的基础。

（2）蓄电池诊断的详细流程。

①执行的前提条件：

接线端 15 关闭；

12V 蓄电池上没有充电器；

没有激活的车辆软件在线远程升级；

车辆没有处于运输模式；

高电压蓄电池没有充满电。

②时间流程。

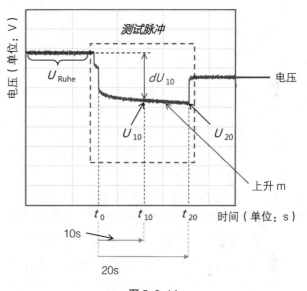

图 5-3-14

a. 测试脉冲前：

为了降低过压，以（10±1）A 的电流为 12 V 蓄电池放电 180s；

180s 的零电流调节和静态电压测量 URuhe。

b. 在测试脉冲期间：

12V 蓄电池使用（92±1）A 电流为高电压蓄电池充电 20s；

测量参数。

c. 测试脉冲后：

评估参数；

这导致蓄电池诊断时长为 6min20s。

2. 测试脉冲计数器的取值范围

通过测试脉冲完成对 12V 蓄电池的诊断后，将通过参数评估将结果保存为计数器读数。计数器的数值分为四个区域，如图 5-3-15 所示。针对每个数值区域分配了相关措施。这些措施包括故障存储器记录和组合仪表内的警告。

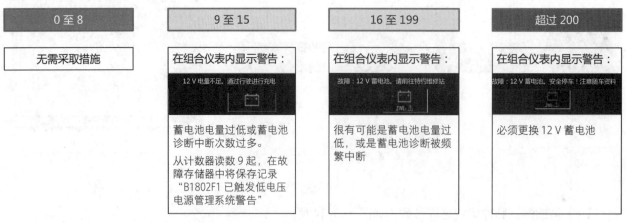

图 5-3-15

随后可以得到三个结果，蓄电池正常/不正常/诊断被中断。根据结果，测试脉冲的计数器发生变化：

+5，蓄电池检测不正常后；

+1，中断蓄电池检测后；

3，蓄电池检测正常后。

每次中断检测时，在故障存储器中都会保存 P1A8500 "无法进行 12V 测试脉冲诊断"，而不会发出客户警告。车辆尝试通过自诊断将计数器设置为零。此外，可以在引导型故障查询（GFF）中将"测试脉冲"功能作为测试程序的一部分进行触发。为此必须关闭点火开关并等待 8min。在检测正常时，计数器由 GFF 自动重置。如果必须更换 12V 蓄电池，则必须更换为 51Ah 的蓄电池。因为通过测试脉冲的诊断，是针对 51Ah 蓄电池设计的。

3.测试脉冲蓄电池警告的特殊情况（如图 5-3-16 所示）

在组合仪表内出现提示"12V 蓄电池电量不足。通过行驶进行充电"后，客户行驶自己的 ID.4X。在客户停车后，成功完成蓄电池检测。现在可能在重新启动时，组合仪表内再次显示相同的消息。原因是不正确的计数器读数，而不是技术缺陷。如果蓄电池诊断的结果为正常，则计数器减少数值 3。组合仪表内的消息消失。

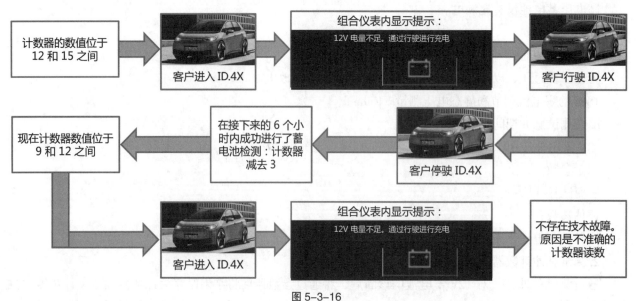

图 5-3-16

4. 发动机舱中的保险丝与继电器

发动机舱中的保险丝与继电器如图 5-3-17~ 图 5-3-19 所示。

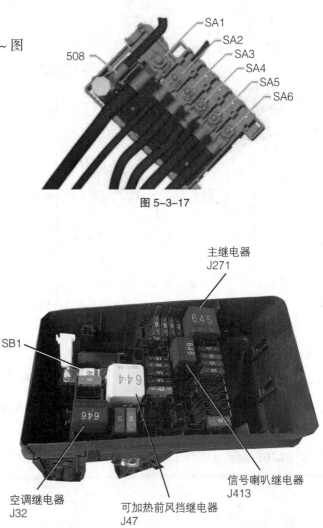

图 5-3-17

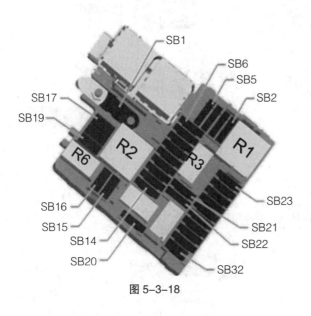

图 5-3-18

5. 驾驶舱中的保险丝与继电器

驾驶舱中的保险丝与继电器如图 5-3-20 和图 5-3-21 所示。

6. 发动机控制单元控制的 J271

发动机控制单元控制的 J271 连接图如图 5-3-22 所示。

图 5-3-19

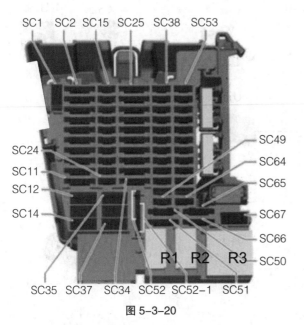

图 5-3-20

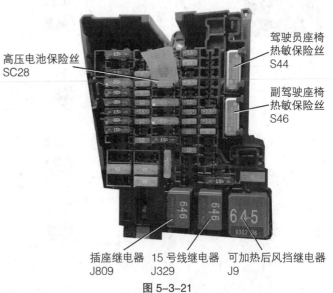

图 5-3-21

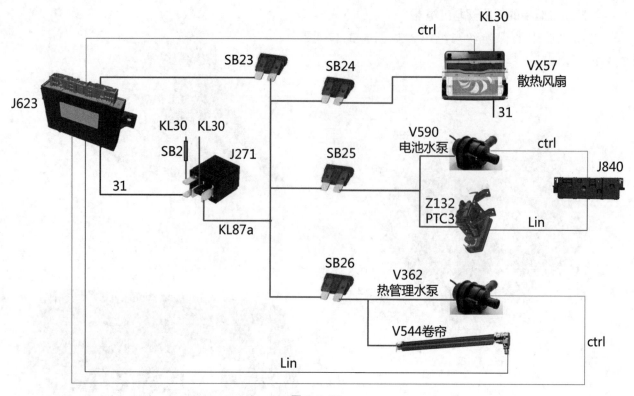

图 5-3-22

7.BCM 控制的 J329（15 号线继电器）和 J809

BCM 控制的 J329（15 号线继电器）和 J809 连接图如图 5-3-23 所示。

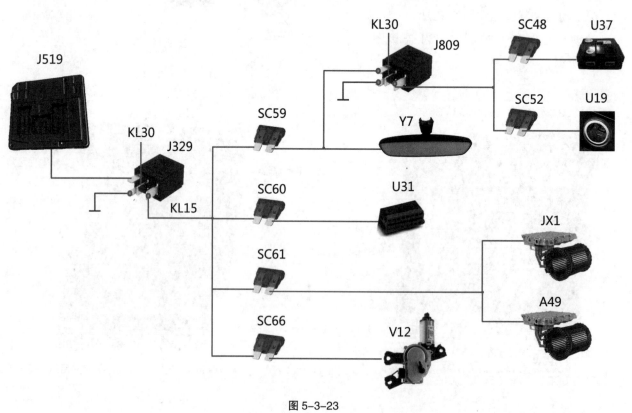

图 5-3-23

8. 空调控制单元控制的 J47 与 J32

空调控制单元控制的 J47 与 J32 如图 5-3-24 所示。

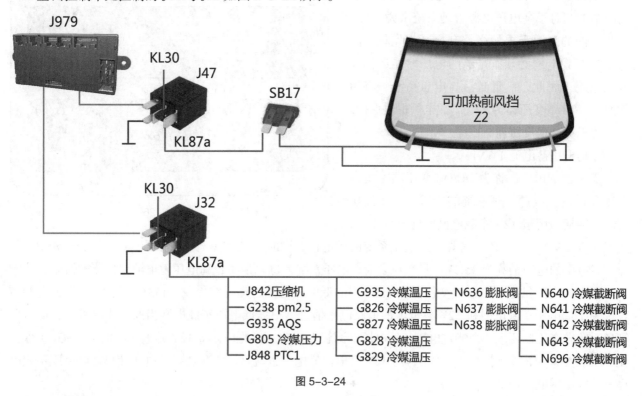

图 5-3-24

9.BCM 控制的 J9 与 J413

BCM 控制的 J9 与 J413 连接图如图 5-3-25 所示。

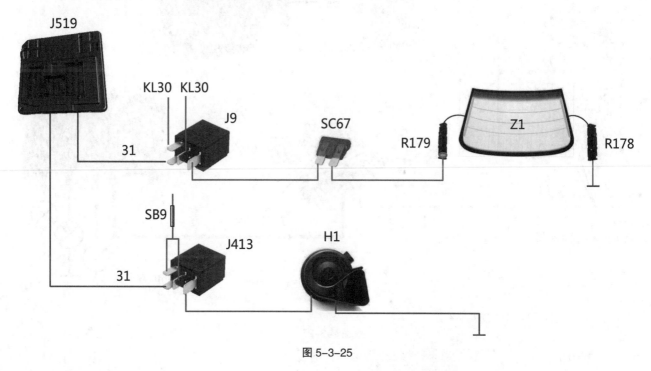

图 5-3-25

（二）J533 功能位置

J533 控制多个车辆功能，包括高电压电源管理系统和低电压电源管理系统，如图 5-3-26 所示。这些功能负责两个电路中的电能分配。通过它们的相互配合确保车辆的启动性能。优先考虑各个用电器的电能需求，必要时关闭特定的用电器或降低其功率。在 MEB 中，由高电压车载电网为 12V 车载电网供电。对于高电压电源管理系统来说，12V 车载电网的能源需求始终具有最高优先权，因为 12V 车载电网必须有足够的电压才能运行高电压系统。因此，一旦激活高电压系统，将始终通过 DC/DC 变压器为 12V 车载电网提供保护。

（三）高低压协调

1. 高电压蓄电池 1 AX1

变压器 A19（也称为 DC/DC 变压器）是高电压和低电压电源管理系统的接口。它将高压直流电转换为用于 12V 车载电网的低压直流电，

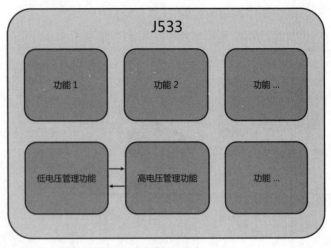

图 5-3-26

如图 5-3-27 所示。因此，它既是高电压系统的用电器，同时又是 12V 车载电网的电源。对于 MEB，低压车载电网的电压最高为 15.5V。只有在激活高电压系统，也就是闭合高电压蓄电池出口接触器时，才能为低压车载电网供电。DC/DC 变压器由 J533 中的低电压电源管理系统控制。J533 通过 LIN 总线从 J367 获得关于低电压车载电网和 12V 蓄电池的最新电量信息。根据低电压车载电网当前的能源需求，低电压管理系统向变压器要求一个特定电压。低电压电源管理系统的目的是，将 12V 蓄电池的电量（SOC）保持在 90%。如果 SOC 达到 90%，则不再为 12V 蓄电池充电。也就是说，所选择的电压使得蓄电池既不充电也不放电（零电流调节）。

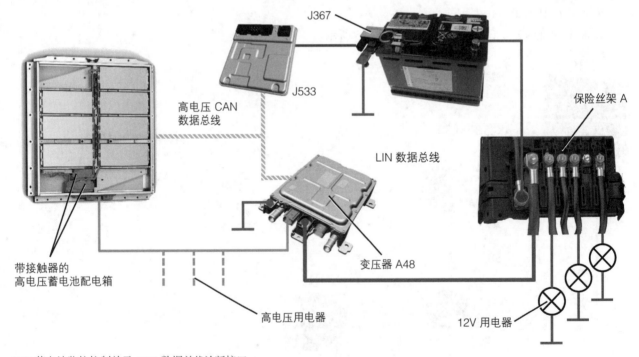

J367.蓄电池监控控制单元 J533.数据总线诊断接口

图 5-3-27

2. 车辆状态

在 MEB 可以区分以下车辆状态：

Comfort Ready（驾驶员落座）；

接线端 15 接通；

行驶准备就绪／行驶；

高电压蓄电池充电；

驻车空调（例如通过 We Connect ID. 应用程序）；

在线远程升级；

在维修站内升级软件；

控制单元的继续运行；

静止状态。

在绿色标记的状态下，高电压系统为激活状态，如图 5-3-28 所示。高电压蓄电池的出口接触器已关闭，并为高电压用电器供电。只要高电压系统处于激活状态，就为低电压系统供电。在静止状态期间，高电压系统始终处于关闭状态。即使 12V 蓄电池电量严重不足，也不会自动重新充电。在软件更新期间，根据要更新的控制单元可以激活或关闭高电压系统。

图 5-3-28

3. 高电压电源管理系统（如图 5-3-29 所示）

除了始终优先的变压器之外，高电压电路中的所有用电器都服务于空调。原则上，即使在高电压蓄电池电量极低的情况下，也能始终满足乘员的空调要求。在此，无论是冷却还是加热需求都没有区别。如果高电压蓄电池电量极低，则会向乘员发出警告。在下述情况下，尤其赋予优先权：

高电压蓄电池必须冷却：乘员的空调要求的优先权置后；

驾驶员激活了最大除霜功能按钮：所有其他的空调要求的优先权都被置后；

为高电压蓄电池充电：仅当无法给蓄电池充电或是不用于蓄电池温度调节时，为车厢内温度调节提供更多功率。例如，如果在低温下必须加热蓄电池，则车内的温度调节可能会受到限制。这取决于充电基础设施，例如在 11kWh 的充电桩只能充电或启用空调，在 50kWh 的充电桩，客户可以主动延迟充电。

三、ID.4X 中的接线端控制

（一）启动车辆

MEB 中的接线端控制由 J533（ICAS1）和 J519 控制。J533 承担主要功能， 而 J519 则负责读取点火

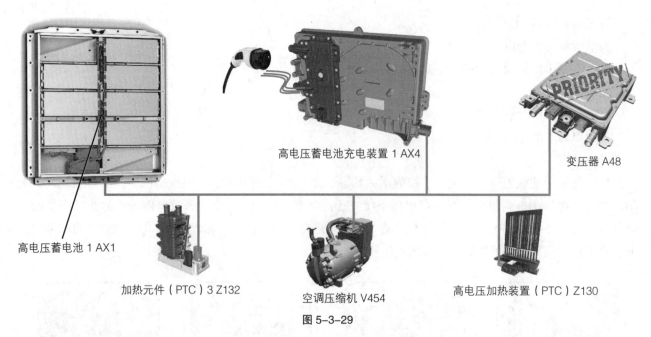

高电压蓄电池充电装置 1 AX4

变压器 A48

高电压蓄电池 1 AX1

加热元件（PTC）3 Z132　　空调压缩机 V454　　高电压加热装置（PTC）Z130

图 5-3-29

启动按钮并激活接线端 15 继电器。除了已知的车辆状态（例如接线端 S 和接线端 15），还实现了"Comfort Ready（舒适模式就绪）"状态。该状态允许驾驶员在点火开关关闭时操作车内的信息娱乐系统和空调。当驾驶员座椅上的座椅占用传感器识别到重量时，便会激活 Comfort Ready（舒适模式就绪），如图 5-3-30 所示。汽车钥匙无须留在车内。激活时可以听到高压电路闭合的声音。组合仪表中显示"欢迎驾驶员"信息。有两种激活点火开关的方法：通过点火启动按钮或通过踩下制动踏板。组合仪表中的显示切换为标准视图，此外所有指示灯都会短暂亮起。PARK 字样用于告知驾驶员驻车制动器已激活。为了生成行驶准备就绪状态，驾驶员必须踩下制动踏板并选择一个行驶挡。此时组合仪表上会显示 READY 字样。当驾驶员将脚从踏板上移开时，车辆开始缓慢滚动滑移。

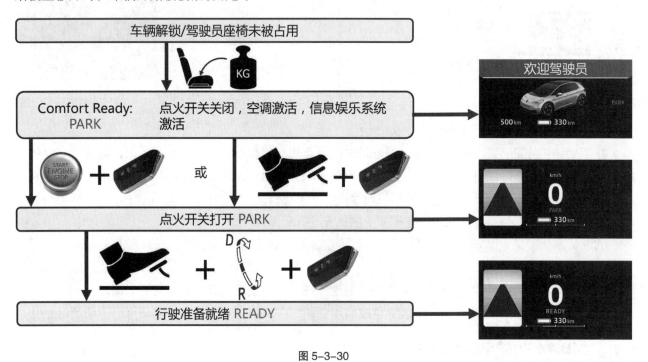

图 5-3-30

（二）MEB 离车方案

MEB 车辆采用无噪音电动机，并标配有单稳态行驶挡位传感器和无钥匙启动系统。这些情况要求与之相匹配的离车方案。为此组合了多个关闭条件，以确保车辆正确停放并且无法自行移动。这些在示意图中都有显示。以下将详细说明各个步骤：

尽管接线端 S 的功能（信息娱乐系统的电源）由 Comfort Ready（舒适模式就绪）接管，但仍会在 MEB 的测量值块中列出。它与接线端 15 或 Comfort Ready（舒适模式就绪）同时关闭。该示意图如图 5-3-31 所示仅适用于未激活 Auto Hold（自动驻车功能）的情况。Auto Hold（自动驻车功能）还可以强化关闭条件。

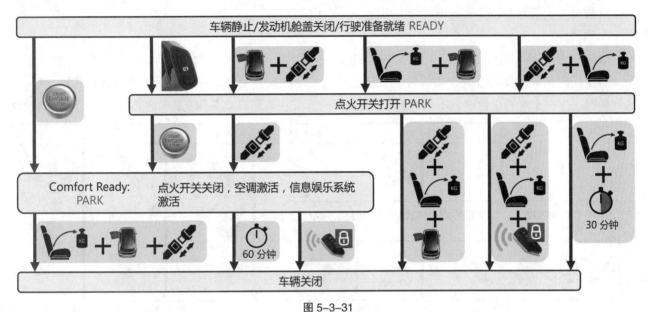

图 5-3-31

1. 关闭行驶准备就绪状态（如图 5-3-32 所示）

行驶结束后，可以通过按下点火启动按钮或驻车制动按钮来关闭行驶准备就绪状态。此外，还会执行防溜车功能，如果同时出现以下 3 种状态中的其中 2 种状态，则会关闭行驶准备就绪状态并激活驻车制动器：

驾驶员车门打开；

驾驶员安全带松开；

驾驶员座椅未占用。

退出行驶准备就绪状态时，驻车制动器会自动激活。

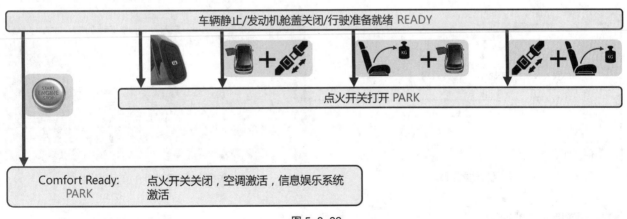

图 5-3-32

2. 关闭点火开关

驾驶员可以通过按下点火启动按钮来关闭点火开关，如图 5-3-33 所示。车辆切换为"Comfort Ready（舒适模式就绪）"状态。这也可以通过松开驾驶员安全带来实现。此外，还有三种自动关闭点火开关的方法。

为此必须满足下列关闭条件：

驾驶员安全带松开，驾驶员座椅未占用且驾驶员车门打开；

驾驶员安全带松开，驾驶员座椅未占用且车辆锁止；

未激活任何诊断且驾驶员座椅超过30min未占用。

当满足以下关闭条件之一时，将退出"Comfort Ready（舒适模式就绪）"状态：

驾驶员安全带松开，驾驶员座椅未占用且驾驶员车门打开；

车辆锁止；

Comfort Ready（舒适模式就绪）激活超过60min。

除了所列出的关闭条件外，电源管理系统也可以关闭点火开关或Comfort Ready（舒适模式就绪）。这种情况发生在12V蓄电池电量不足时。为了避免点火开关在车间自动关闭，下车前必须打开发动机舱盖。

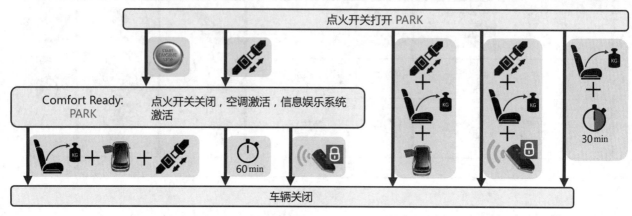

图 5-3-33

3. 关闭防溜车功能

离车方案中包含的防溜车功能可防止在挂入空挡时下车。但是，在某些情况下必须这样做，因此，驾驶员可以关闭防溜车功能。为此需要调用信息娱乐系统菜单项"车辆"→"外部"→"制动器"→"立即关闭防溜车功能"，如图5-3-34所示。此时会显示一条弹出信息，其中包含关闭防溜车功能的前提条件。如果满足所有前提条件，则会弹出"防溜车功能将被关闭"对话框，此时应单击"确定"进行确认。这样就关闭了防溜车功能，这种状态会保持到挂入行驶挡或关闭点火开关为止。在信息娱乐系统显示器和组合仪表上会持续显示该信息来警告驾驶员。

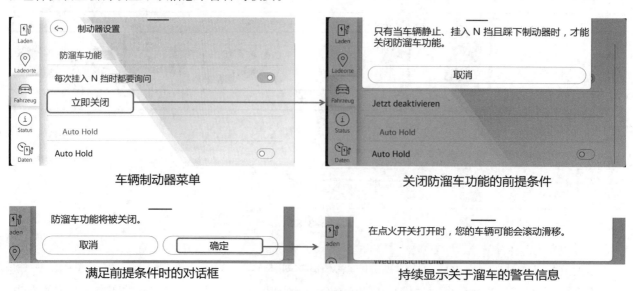

图 5-3-34

（三）Comfort Ready

当驾驶员在场时，由接线端主控制器 J533（ICAS 1）激活 Comfort Ready 状态，如图 5-3-35 所示。通过驾驶员侧座椅占用传感器检测驾驶员是否在场。通过安全气囊控制单元读取传感器。

驾驶员侧座椅占用传感器 G1067　　安全气囊控制单元 J234　　J533（ICAS 1）

图 5-3-35

当打开驾驶员车门时将唤醒驱动系统 CAN 总线，并在接下来的 90s 内保持唤醒状态，如图 5-3-36 所示。由此可以读取座椅占用传感器的状态并传输给接线端主控制器 ICAS 1。如果驾驶员座椅在这段时间之后才被占用，则无法检测到此状态。在这种情况下，当驾驶员坐下后不会自动激活 Comfort Ready。激活 Comfort Ready 后，可以使用所有的信息娱乐系统和空调设置。

图 5-3-36

接线端控制功能的联网一览如图 5-3-37 所示。

E378　J519　接线端 15 信号　J623　J329　接线端 15a

G1067　J234　驱动系统 CAN 总线　舒适/便捷系统 CAN 总线　J764　驱动系统 CAN 总线　J841

制动助力器 NX6 带有 G100 制动踏板位置传感器　底盘 CAN 总线　J533（ICAS 1）　以太网　J794（ICAS 3）　LVDS　J1254

J234.安全气囊控制单元　J329.接线端 15 供电继电器　J519.车载电网控制单元　J533.数据总线诊断接口　J623.发动机控制单元　J764.电动转向柱锁止装置控制单元　J794.电子通信信息设备1控制单元　J841.电驱动装置控制单元　J1254.驾驶员信息系统控制及显示单元　E378.启动装置按钮　G1067.驾驶员侧座椅占用传感器

图 5-3-37

Comfort ready 信号流程如图 5-3-38 所示。初始情况：车辆已解锁，车门被关闭。当驾驶员车门打开时，J533 将唤醒驱动系统 CAN 总线。唤醒阶段持续 90s。在这段时间内，驾驶员侧座椅占用传感器 G1067 可以检测驾驶员座椅是否被占用，并将此信息传输给 J533。随后 J533 激活 Comfort Ready 状态：乘员可以使用信息娱乐系统和空调设置。同时 J840 闭合高电压电路，为空调的高电压组件供电。

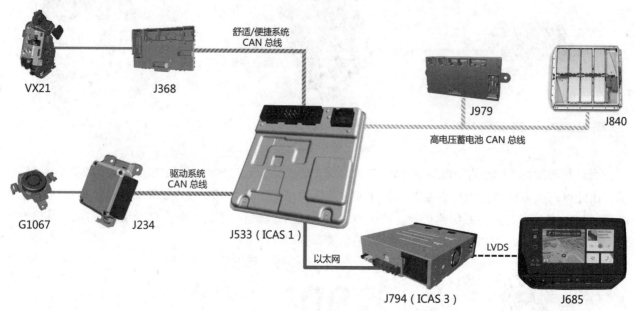

VX21.驾驶员车门闭锁单元　J234.安全气囊控制单元　J368.驾驶员侧车门控制单元　J533.数据总线诊断接口　J685.显示和操作系统控制单元的显示单元　J794.电子通信信息设备1控制单元　J840.蓄电池调节控制单元　J979.暖风装置和空调器的控制单元　G1067.驾驶员侧座椅占用传感器

图 5-3-38

转向柱解锁的信号流程如图 5-3-39 所示。初始情况：驾驶员座椅已占用，Comfort Ready 已激活，驾驶员车门已打开。当驾驶员车门关闭时，J965 会在车内启动钥匙搜索功能。J519 接收来自汽车钥匙的无线电响应，并将其发送到 J533 进行检查。此外，J533 还检查 J764 的防盗锁止数据。如果结果是正面的，则解锁转向柱。J764 通过舒适/便捷系统 CAN 总线报告转向柱的完全解锁状态。

接线端 15 信号流程如图 5-3-40 所示。初始情况：驾驶员座椅已占用，驾驶员车门已关闭，转向柱解锁，J533 通过制动踏板（通过底盘 CAN 总线）或是通过点火启动按钮（通过舒适/便捷系统 CAN 总线）接收驾驶员的打开点火开关的请求。从而通过 J965 启动车内的钥匙搜索功能。J519 接收来自汽车钥匙的无线电响应，并将其发送到 J533 进行检查。如果结果是正面的，则 J533 通过所有数据总线发送信息"接线端 15 激活"。此外，J519 将离散的接线端 15 信号发送到发动机控制单元 J623 并控制 J329 继电器为接线端 15 供电。由 J329 接通的电势为车辆中的多个组件供电，包括电驱动装置控制单元 J841。如果此电势没有为 J841 供电，则可能无法产生牵引力。只有为两个控制单元执行了 VKMS 匹配时，才可能在 J519 和 J533 之间进行与接线端有关的通信。因此，在更换 J519 后不能立即打开点火开关。只有在执行了检测程序"更换 J519 控制单元"后才能执行此操作。

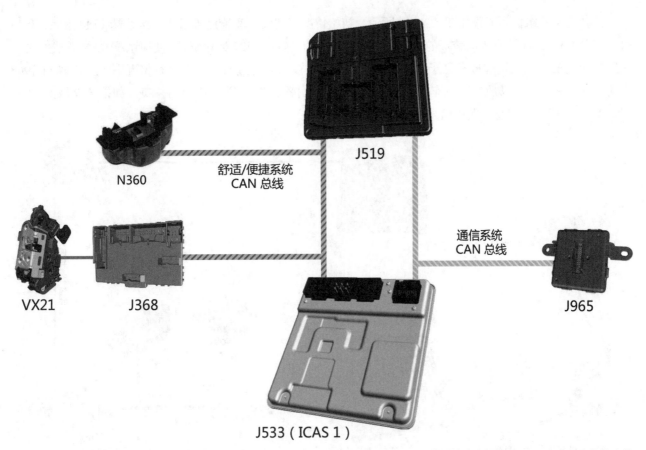

VX21.驾驶员车门闭锁单元　J368.驾驶员侧车门控制单元　J519.车载电网控制单元　J533.数据总线诊断接口　J764.电动转向柱锁止装置控制单元　J965.进入及启动系统接口

图 5-3-39

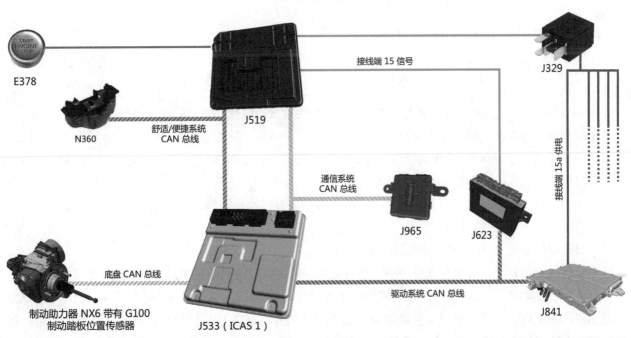

J329.接线端15供电继电器　J519.车载电网控制单元　J533.数据总线诊断接口　J623.发动机控制单元　J764.电动转向柱锁止装置控制单元　J841.电驱动装置控制单元　J965.进入及启动系统接口　E378.启动装置按钮

图 5-3-40

行驶准备就绪信号流程如图 5-3-41 所示。初始情况：驾驶员座椅已被占用，接线端 15 已激活，J533 通过底盘 CAN 总线接收制动踏板的状态。行驶挡开关的位置由 J527 通过舒适/便捷系统 CAN 总线发送。如果车内的最后一次钥匙搜索已于 12s 前完成，则结果被认为是过时的。在这种情况下，J533 通过 J965 启动钥匙搜索。J519 接收来自汽车钥匙的无线电响应，并将其发送到 J533 进行检查。如果结果是正面的，则 J533 通过所有数据总线发送信息"接线端 50 激活"。

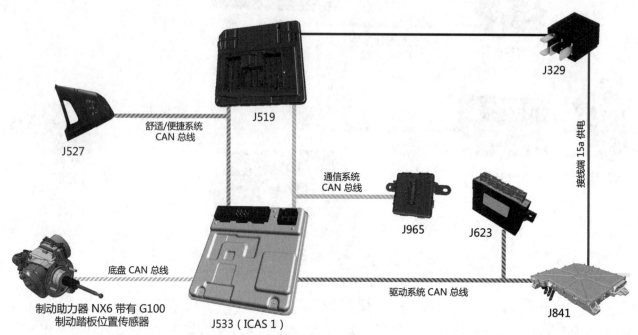

J329.接线端15供电继电器　J519.车载电网控制单元　J527.转向柱电子装置控制单元　J533.数据总线诊断接口　J623.发动机控制单元
J841.电驱动装置控制单元　J965.进入及启动系统接口

图 5-3-41

四、ID.4X 中的灯光

（一）操作显示单元

1. 一览

ID.4X 在触觉感受方面取得了更大的进步。一些开关被按钮取代，并规划在下述操作区内：

车灯和视野操作区（照明操作单元 EX59）；

车门操作区（车窗升降器操作单元 EX31）；

快捷键（仪表板中的中央开关模块 E791）；

顶篷中控台（前内灯 WX3）包括纯粹的车灯和各种电容式操作按钮。

一览图如图 5-3-42 所示。

2. 照明操作单元 EX59（车灯和视野操作区）

车灯和视野操作区具有电容感应功能。这意味着只需要轻轻触摸即可激活相关按钮，如图 5-3-43 所示。传感器非常灵敏，只有在接近时按钮照明灯才会变亮（接近识别）。可以单独操作关闭、AUTO（自动）位置和位置指示灯，也可以通过反复触摸 MODE 按钮按此顺序依次切换。尽管在维修站信息中将它们称为按钮，但照明操作单元 EX59 上的所有操作元件均为感压式触摸键。只能通过 LIN 总线与车载电网控制单元 J519 通信。

3. 中部仪表板开关模块 E791（快捷键）

中部仪表板开关模块 EX22（也称为快捷键）集成在前部信息显示和操作控制单元的显示单元 J685 中，

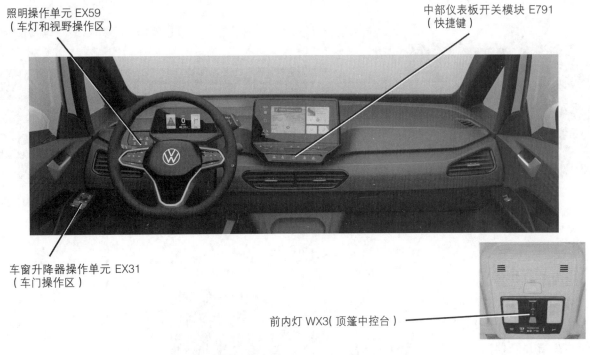

照明操作单元 EX59
（车灯和视野操作区）

中部仪表板开关模块 E791
（快捷键）

车窗升降器操作单元 EX31
（车门操作区）

前内灯 WX3(顶篷中控台)

图 5-3-42

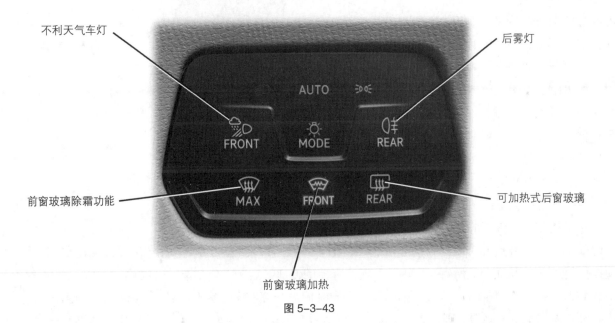

不利天气车灯

后雾灯

AUTO

前窗玻璃除霜功能

可加热式后窗玻璃

前窗玻璃加热

图 5-3-43

如图 5-3-44 所示。通过按钮可直接切换到相关的功能菜单, 警告灯除外。其余设置只能在中央显示屏（J685）中进行。由此省去了许多按钮和开关。开关模块 EX22 为卡入式, 可单独更换。它通过 LIN 总线连接到车载电网控制单元 J519。

4. 车窗升降器操作单元 EX31（车门操作区）

车窗升降器操作单元 EX31（也称为车门操作区）如图 5-3-45 所示, 包括所有其他大众汽车车型已知的所有功能。但是, 一些开关或按钮已转换为按压式触摸键。中央门锁的按钮就是一个例子。使用此按钮可以锁止或解锁车辆。在 ID.4X 中针对驾驶员车门的车窗升降器操作, 开发了一个全新方案。在操作单元 EX31 中有 2 个车窗升降器按钮, 用于操作车辆中的 4 个车窗升降器。作为标配, 可通过按钮操作前车门内的车窗升降器。要激活后车门内的车窗升降器的操作, 必须短暂按下 REAR（后部）按钮。当激活

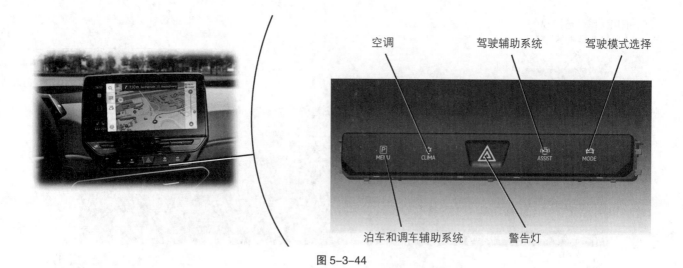

空调　　　驾驶辅助系统　　　驾驶模式选择

ASSIST　　　MODE

泊车和调车辅助系统　　　警告灯

图 5-3-44

后车门内车窗升降器的操作时，REAR 操作区的功能照明灯亮起。如果在激活后车门内的车窗升降器后没有进行操作，则在大约 10s 后将再次激活前车门内的车窗升降器操作。如果在 10s 内再次需要进行前部操作，则必须短按 REAR 操作区（功能照明熄灭）以激活前部车窗升降器的操作。通过按钮操作的功能，会通过信息娱乐系统产生一个声音反馈。

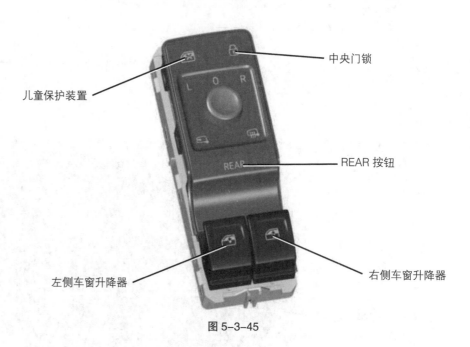

中央门锁

儿童保护装置

REAR 按钮

左侧车窗升降器　　　右侧车窗升降器

图 5-3-45

便捷开启和关闭：

除了使用汽车钥匙或是车门外把手便捷开启和关闭的常规方法之外，ID.4X 中还使用了第二个方案，就是通过 REAR 按钮。必须按住超过 3s，从而释放所有车门内的车窗升降器的便捷开启和关闭功能。当功能被激活后，按钮中的 LED 将闪烁。现在可通过两个按钮中的任一个同时操纵全部四个车窗升降器。如果在启用便捷开启和关闭后没有操作车窗升降器，则在大约 10s 后将重新激活前车门内的车窗升降器的操作。如果需要在这 10s 内重置为默认设置，则必须再次短按 REAR 按钮。

5. 前内灯 WX3（顶篷中控台）

如图 5-3-46 所示，由多个操作元件和 LED 灯组成前内灯 WX1（也称为顶篷中控台）。左侧和右侧车顶照明灯单元各包含 2 个 LED 灯具。在文件的车内照明灯和阅读灯下对其进行了说明。它们都是接触敏感的。在接近以及长时间触摸时，它们会做出调光或完全打开或关闭的反应。可以通过车内灯按钮与上述行为同时操作照明单元。在打开一个车门或是关闭点火开关时，通过车内照明灯关闭（OFF）按钮可以关闭车内照明灯。滑动天窗卷帘的输入信号通过 LIN 总线发送到车载电网控制单元 J519。

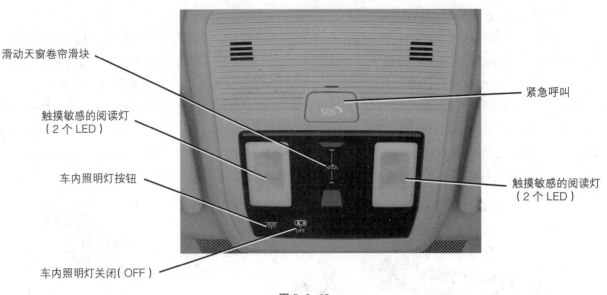

滑动天窗卷帘滑块

触摸敏感的阅读灯
（2个 LED）

车内照明灯按钮

车内照明灯关闭（OFF）

紧急呼叫

触摸敏感的阅读灯
（2个 LED）

图 5-3-46

（二）前照灯

1. 矩阵 LED

矩阵 LED 大灯仅采用 LED 技术进行设计，例如 Golf 2020、Toureg 2019 和 Passat 2020，都采用了矩阵技术，如图 5-3-47 所示。根据要求使用不同的灯光功能。除了常见的灯光功能外，其动态远光灯调节（DLA）还具有以下特征：

动态大灯随动转向；

静态弯道灯（静态大灯随动转向）；

不利天气行车灯；

城市行车灯；

乡村公路行车灯；

高速公路行车灯；

具有动态远光灯调节功能（MDF）的远光灯辅助系统（FLA）。

驻车示宽灯、日间行车灯和转向信号灯的 LED 都位于同一个 LED 单元的同一块电路板上。但是，它们将光馈送到不同的光导体中。如果剧烈升温，则 LED 的功率会自动降低。

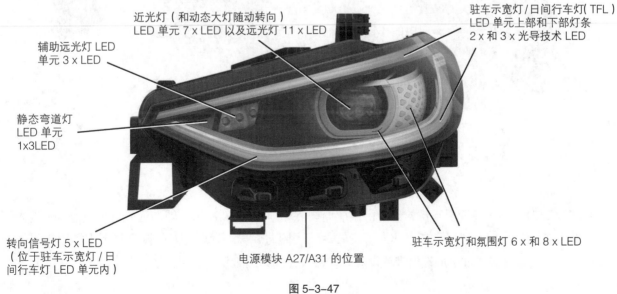

近光灯（和动态大灯随动转向）
LED 单元 7 x LED 以及远光灯 11 x LED

辅助远光灯 LED
单元 3 x LED

静态弯道灯
LED 单元
1x3LED

转向信号灯 5 x LED
（位于驻车示宽灯 / 日
间行车灯 LED 单元内）

驻车示宽灯 / 日间行车灯（TFL）
LED 单元上部和下部灯条
2 x 和 3 x 光导技术 LED

电源模块 A27/A31 的位置

驻车示宽灯和氛围灯 6 x 和 8 x LED

图 5-3-47

2. 高配版 LED 大灯矩阵模块的结构

　　近光灯和矩阵远光灯组合在一个模块中，如图 5-3-48 和图 5-3-49 所示。该模块可以通过可变前照灯伺服电机 V446/V447 水平旋转，通过大灯照明距离调节伺服电机 V48/V49 垂直旋转。水平旋转用于动态大灯随动转向。大灯照明距离调节伺服电机 V48/V49 可在车间更换，可变前照灯伺服电机 V446/V447 则不可更换。近光灯由 7 个 LED 和位于其前面的近光光学元件组成。其下方是用于调节明/暗边界的挡板。在挡板下方，远光灯由 11 个 LED 和位于其前面的矩阵光学元件组成。必要时，用于动态远光灯调节功能（MDF）的 11 个 LED 中的部分会变暗或关闭，以免造成其他道路使用者炫目。 为此，必须通过信息娱乐系统开启动态远光灯调节功能。风扇可更换。 发生故障时，会在故障存储器中生成一个条目。

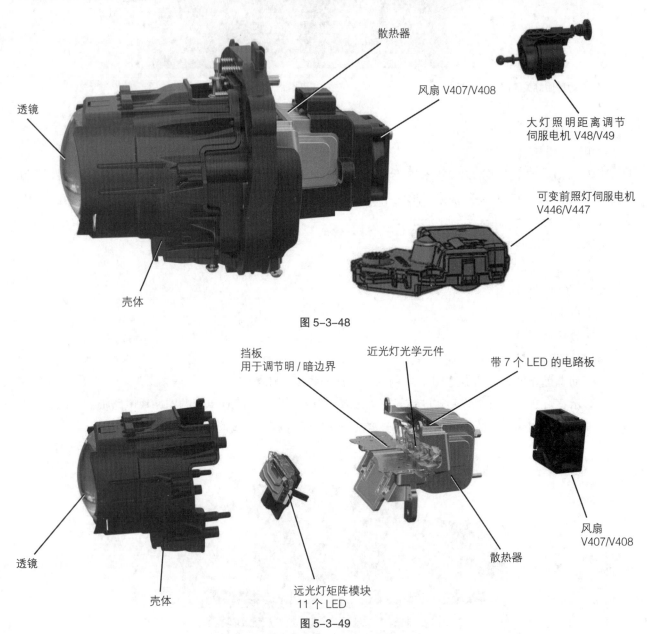

图 5-3-48

图 5-3-49

　　高配版 LED 大灯，背面星形螺栓只能由供应商调节如图 5-3-50 所示。辅助远光灯机械连接到近光灯单元，在调节大灯照明距离时会向上或向下旋转。无法侧向旋转。大灯背面的两个星形螺栓用于对辅助远光灯进行基本设置。通过星形螺栓进行设置时，需要专用的测量仪。

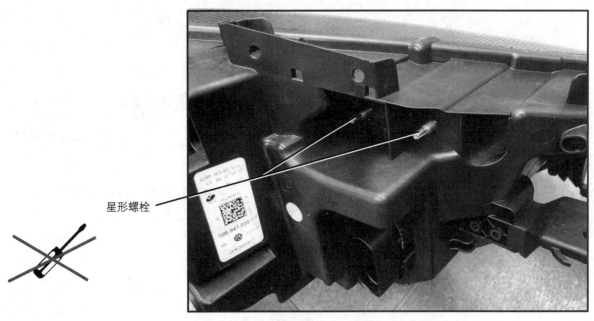

图 5-3-50

星形螺栓

3.LED 灯条

高配版大灯具有两个 LED 灯条，如图 5-3-51 所示。它们安装在车辆的前面板中。 此外，它们还可用于迎宾灯和告别灯功能。原则上以 100% 进行控制。标准版配有镀铬装饰条。

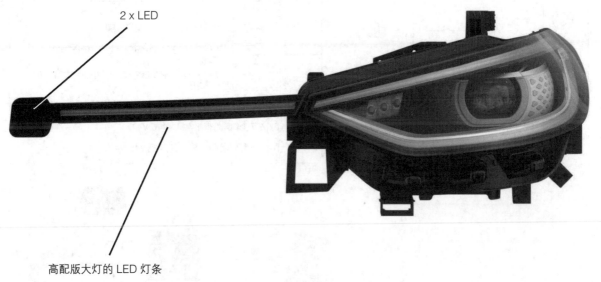

2 x LED

高配版大灯的 LED 灯条

图 5-3-51

LED 灯条采用光导体和反光罩技术设计，如图 5-3-52 所示。每个灯条均通过一个插头连接到大灯和接线端 31（接地）。这些插头位于大众汽车徽标正后方。LED 灯条可以更换。请注意，前保险杠罩必须作为一个整体拆卸。其中还包括 LED 灯条上方的保险杠罩上部件。上保险杠罩粘接在下保险杠罩上，无法单独拆卸。

4. 高配版 LED 大灯

高配版 LED 大灯电路原理图如图 5-3-53 所示。

5. 前照灯结构与布线

前照灯结构与布线如图 5-3-54 所示。

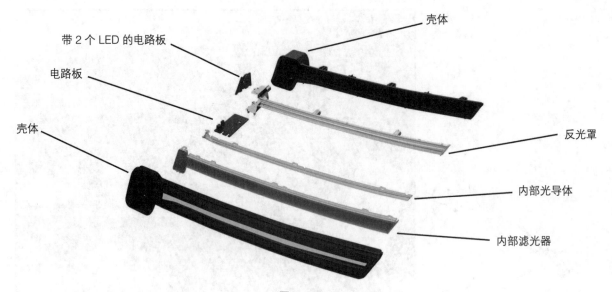

带 2 个 LED 的电路板

电路板

壳体

壳体

反光罩

内部光导体

内部滤光器

图 5-3-52

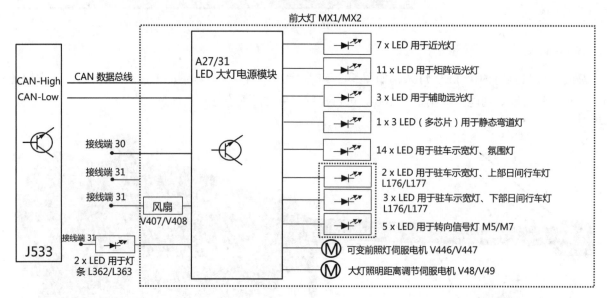

前大灯 MX1/MX2

CAN-High
CAN-Low

CAN 数据总线

A27/31
LED 大灯电源模块

7 x LED 用于近光灯

11 x LED 用于矩阵远光灯

3 x LED 用于辅助远光灯

1 x 3 LED（多芯片）用于静态弯道灯

14 x LED 用于驻车示宽灯、氛围灯

2 x LED 用于驻车示宽灯、上部日间行车灯 L176/L177

3 x LED 用于驻车示宽灯、下部日间行车灯 L176/L177

5 x LED 用于转向信号灯 M5/M7

接线端 30

接线端 31

接线端 31

风扇
V407/V408

接线端 31

J533

2 x LED 用于灯条 L362/L363

可变前照灯伺服电机 V446/V447

大灯照明距离调节伺服电机 V48/V49

图 5-3-53

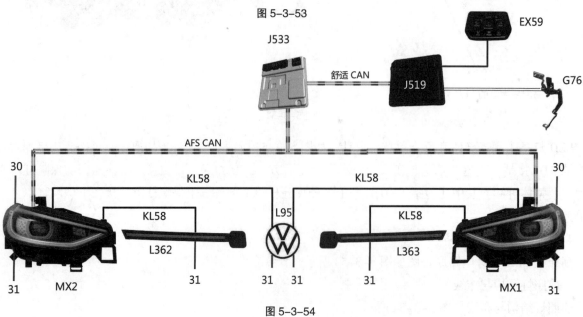

J533

舒适 CAN

J519

EX59

G76

AFS CAN

30

KL58

KL58

30

KL58

L95

KL58

31

L362

31

31

31

L363

31

31

MX2

MX1

图 5-3-54

6. 高配版 LED 大灯的灯光功能

高配版 LED 大灯共具有九种不同的灯光功能，如图 5-3-55~ 图 5-3-57 所示。

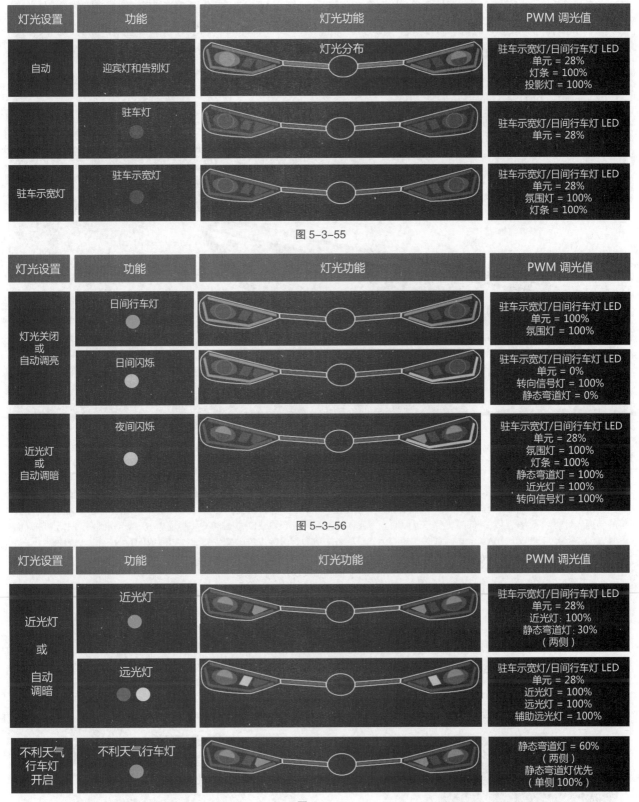

灯光设置	功能	灯光功能	PWM 调光值
自动	迎宾灯和告别灯	灯光分布	驻车示宽灯/日间行车灯 LED 单元 = 28% 灯条 = 100% 投影灯 = 100%
	驻车灯		驻车示宽灯/日间行车灯 LED 单元 = 28%
驻车示宽灯	驻车示宽灯		驻车示宽灯/日间行车灯 LED 单元 = 28% 氛围灯 = 100% 灯条 = 100%

图 5-3-55

灯光设置	功能	灯光功能	PWM 调光值
灯光关闭 或 自动调亮	日间行车灯		驻车示宽灯/日间行车灯 LED 单元 = 100% 氛围灯 = 100%
	日间闪烁		驻车示宽灯/日间行车灯 LED 单元 = 0% 转向信号灯 = 100% 静态弯道 = 0%
近光灯 或 自动调暗	夜间闪烁		驻车示宽灯/日间行车灯 LED 单元 = 28% 氛围灯 = 100% 灯条 = 100% 静态弯道灯 = 100% 近光灯 = 100% 转向信号灯 = 100%

图 5-3-56

灯光设置	功能	灯光功能	PWM 调光值
近光灯 或 自动 调暗	近光灯		驻车示宽灯/日间行车灯 LED 单元 = 28% 近光灯: 100% 静态弯道灯: 30% （两侧）
	远光灯		驻车示宽灯/日间行车灯 LED 单元 = 28% 近光灯 = 100% 远光灯 = 100% 辅助远光灯 = 100%
不利天气 行车灯 开启	不利天气行车灯		静态弯道灯 = 60% （两侧） 静态弯道灯优先 （单侧 100%）

图 5-3-57

其中包括：

迎宾灯和告别灯。上车前：车辆"睁开眼睛"并朝着靠近的驾驶员方向看。下车时，车辆"闭上眼

827

睛"。在迎宾灯和告别灯亮起期间，车外后视镜中的投影灯以及槽形拉手上的照明灯也会亮起。驻车灯，位于大灯上部和下部区域（单侧）。驻车示宽灯，前面板中的 LED 灯条亮起且氛围灯开启。日间行车灯（位于大灯上部和下部区域）和氛围灯日间闪烁。在每次闪烁过程中，都会同时打开车外后视镜上的转向信号灯。夜间闪烁和静态弯道灯识别到转向移动时，驻车示宽灯和日间行车灯的一部分在相应的大灯中隐去。近光灯和氛围灯以及 LED 灯条。两侧的静态弯道灯模块仅在不超过 45km/h 的车速下、在启用城市行车灯功能时开启。

7. 高配版 LED 大灯的道路照明功能

高配版 LED 大灯的道路照明功能如图 5-3-58 所示。

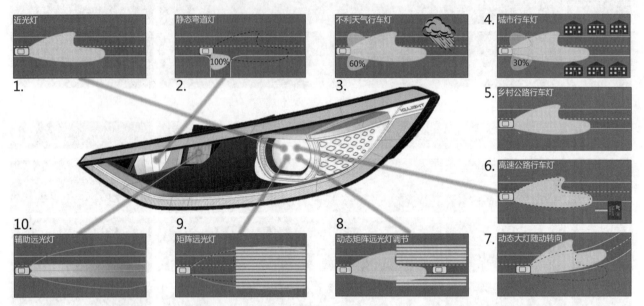

1.在自动模式下识别到黑暗时，近光灯自动打开 2.对于静态弯道灯，将以100%的可用光通量开启 LED。这需要一个闪烁信号或特定的转向角，并且车速必须小于40km/h 3.对于不利天气行车灯，除了近光灯外，还将以60%的可用光通量开启静态弯道灯 LED。点火开关打开后，可以通过灯光和视野区域的相应按钮来开启不利天气行车灯 4.对于城市行车灯，除了近光灯外，还将以30%的可用光通量开启静态弯道灯 LED 单元。在封闭的村庄内，城市行车灯始终保持激活状态 5.乡村公路行车灯相当于近光灯 6.对于高速公路行车灯，将升高近光灯的光束。这种情况发生在车速大于110km/h时或在高速公路上行驶时 7.对于动态大灯随动转向，将旋转近光灯。动态大灯随动转向可优化车道照明。为此，行车灯开关必须被设为 AUTO（自动） 8.当识别到对向来车或前行车辆时，动态远光灯调节（DLA）会调暗或关闭矩阵远光灯的各个LED。这样也可以减少交通标志造成的自身炫目 9.如果未识别到对向来车或前行车辆，矩阵远光灯会开启所有11 个 LED 10.辅助远光灯始终开启矩阵远光灯，以更好地照亮车道

图 5-3-58

（三）尾灯

1. 后照灯尾灯版本

ID.4X 有两种版本的尾灯，如图 5-3-59 所示。这两种版本均采用了 LED 技术。它们在灯光功能和电气连接的布置上有所不同。在带有高配版尾灯的装备类型中，可以通过信息娱乐系统在两个欢迎动画和告别动画之间进行选择。

标准版 LED 尾灯   高配版 LED 尾灯

图 5-3-59

828

2. 标准版尾灯

标准版尾灯结构如图 5-3-60 所示。

3. 标准版尾灯的布线

标准版尾灯连接到车载电网控制单元 J519。每个灯光功能都有自己的导线，标准版尾灯的插头布置端子功能如表 5-3-1 所示。

4. 高配版尾灯

高配版尾灯结构如图 5-3-61 所示。

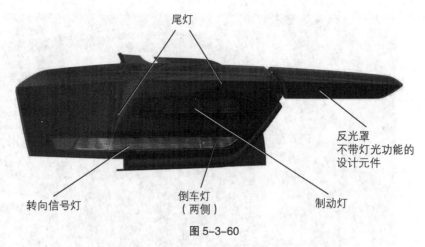

图 5-3-60

表 5-3-1

针脚 1	未占用
针脚 2	未占用
针脚 3	接线端 31 接地
针脚 4	接线端 58 尾灯
针脚 5	接线端 54 制动灯
针脚 6	未占用
针脚 7	倒车灯
针脚 8	接线端 49 转向信号灯

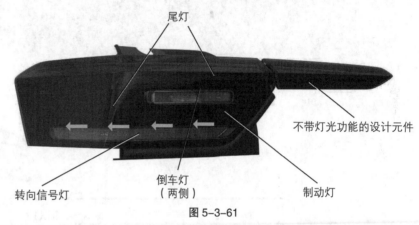

图 5-3-61

5. 高配版尾灯的布线

高配版尾灯连接到车载电网控制单元 J519 和诊断接口 J533（ICAS-车载应用服务器），如图 5-3-62 所示。高配版尾灯的插头布置端子功能如表 5-3-2 所示。通过信息娱乐系统可以在标准闪烁和擦拭闪烁之间进行选择。

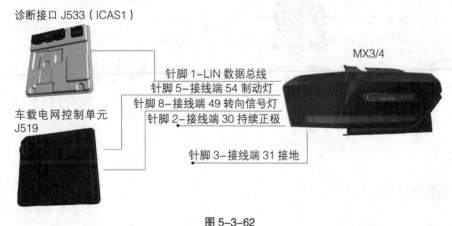

图 5-3-62

表 5-3-2

针脚 1	LIN 数据总线（J533）
针脚 2	接线端 30 持续正极
针脚 3	接线端 31 接地
针脚 4	未占用
针脚 5	接线端 54 制动灯信号冗余（J519）
针脚 6	未占用
针脚 7	未占用
针脚 8	接线端 49 转向信号灯冗余（J519）

6. 后部车灯（高配）

后部车灯（高配）位置如图 5-3-63 所示。电源模块 A27/A31 负责控制 LED 模块、大灯照明距离调节伺服电机 V48/V49、可变前照灯伺服电机 V446/V447 和风扇 V407/V408。通过 CAN 总线与诊断接口 J533（ICAS1）进行连接。

图 5-3-63

结构与布线如图 5-3-64 所示。

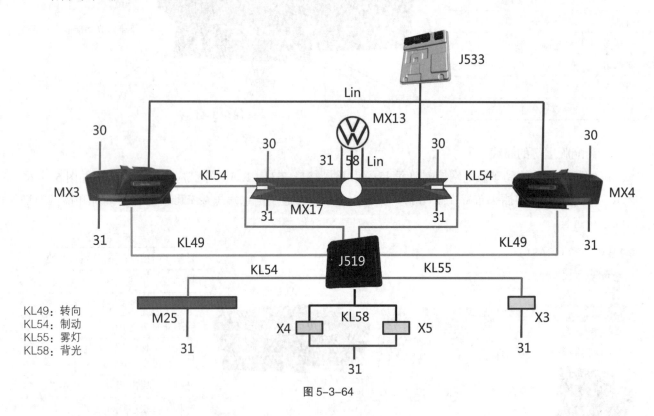

图 5-3-64

（四）ID.4X 中的欢迎灯光和告别灯光

1. 信息娱乐系统中的设置

通过信息娱乐系统，可以在菜单车辆 > 外部 > 舒适车灯中的两个欢迎和告别功能之间选择。对于配备高阶版大灯的车辆，可以选择车灯动画功能。经典的欢迎和告别功能（以前称为回家/离家照明功能）在关闭车灯动画功能时处于激活状态：在使用汽车钥匙打开和关闭车辆后，将同时打开和关闭大灯、尾灯、车门拉手、牌照灯和车外后视镜的照明元件。可以通过信息娱乐系统选择 5~30s 的时间（5s 为一个调节挡位），如图 5-3-65 和图 5-3-66 所示。

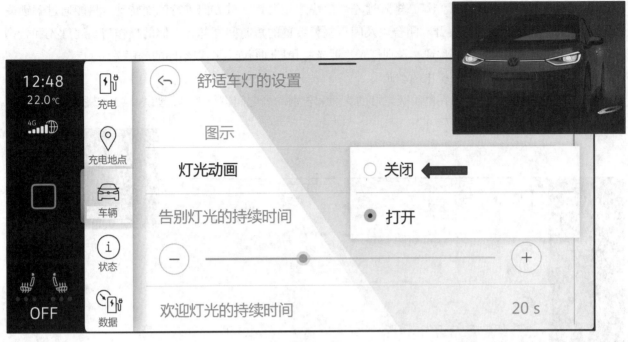

图 5-3-65

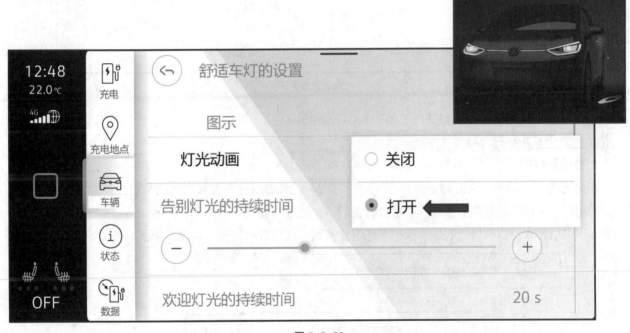

图 5-3-66

（1）动画式的欢迎功能。

动态的打开和关闭大灯，大灯和整个车辆的相关照明元件以不同的时间顺序启动。欢迎功能模拟车辆的唤醒状态。大灯的灯光变暗，近光灯、矩阵远光灯模块向上转动，随后沿驾驶员方向转动。在此也可以通过信息娱乐系统选择 5~30s 的时间（5s 为一个调节挡位）。只有相关照明元件调亮和调暗前后的时间间隙有所不同。在这段时间内，相关的照明元件亮起不会产生动画。

（2）动画式的告别功能。

该功能模拟车辆的睡眠状态。近光灯、矩阵远光灯模块向下转动并调暗。同样车辆上的相关照明元件也会以不同的时间顺序关闭。功能的范围取决于 Kessy-Go 或 Kessy-Advanced 的汽车装备。只有在配备

Kessy-Advanced 的车辆上，近光灯、矩阵远光灯模块才能沿驾驶员方向进行侧面转动。只能通过解锁或锁止车辆执行车外后视镜的展开和闭合以及闪烁报警装置的短时间亮起，它们的操作与欢迎灯光和告别灯光无关。对于基本版大灯的欢迎、告别灯光，近光灯和日间行车灯会以不同的顺序关闭。

2. 选择尾灯 – 信息娱乐系统中的动画

通过信息娱乐系统，可以在高阶版尾灯的欢迎和告别动画之间进行选择，如图 5-3-67 所示。

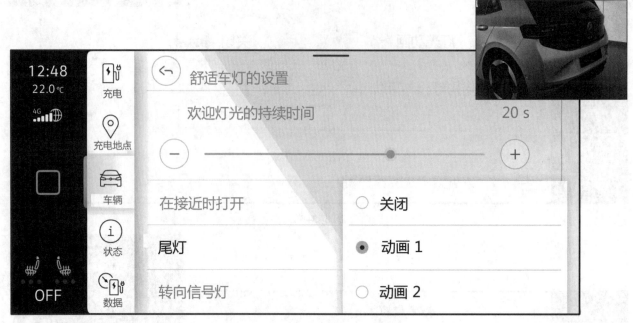

图 5-3-67

3. 欢迎灯光执行功能的前提条件（如图 5-3-68 所示）

以上描述了开始行驶和进入车辆前的过程。

频繁操作保护：

在尚未进入车辆前，欢迎灯光最多连续运行三次。在关闭点火开关并再次满足前提条件后，欢迎灯光将重新运行。可以在信息娱乐系统的下述位置找到"在接近时解锁车辆"和"Keyless Access"功能：车辆 > 外部 > 中央门锁；可以在信息娱乐系统的下述位置找到"在接近时打开"功能：车辆 > 外部 > 舒适车灯。

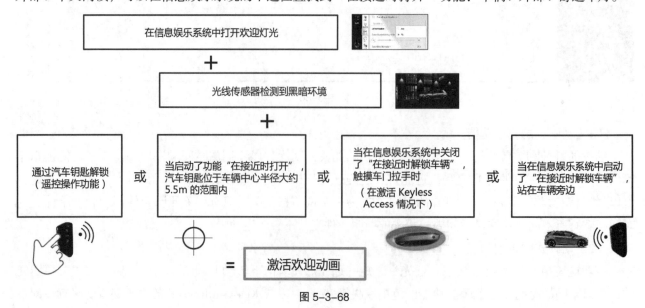

图 5-3-68

4.告别灯光执行功能的前提条件（如图5-3-69所示）

描述了行驶结束后、离开车辆并关闭驾驶员车门的过程。告别动画只能执行一次。在关闭点火开关并再次满足前提条件后，该功能将重新运行。

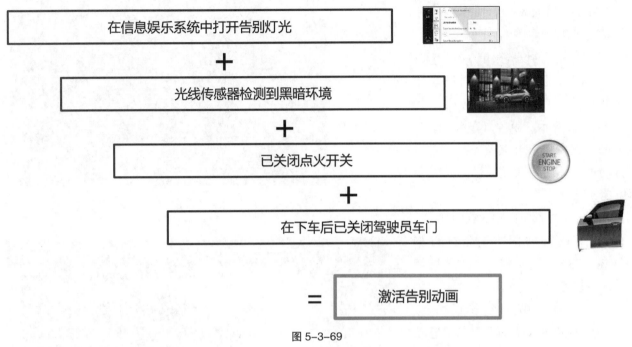

图 5-3-69

5.接近时的大灯行为

在信息娱乐系统中激活了"在接近时打开"功能后，在距离车辆中心的半径5.6m范围内的接近情境，如图5-3-70所示。

从车前接近：部分"眼睛运动"的情境（仅向上转动）；

从侧面接近：完整的"眼睛运动"情境（向上转动随后向左或向右转动）；

从车后接近：部分"眼睛运动"的情境（仅向上转动）。

在半径范围5.6m之外通过遥控器解锁（仅向上转动，因为没有来自汽车钥匙的位置数据）。

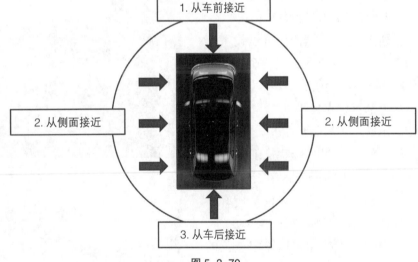

图 5-3-70

（五）氛围灯

1.汽车内部空间中的氛围灯

ID.4X 具有一套氛围灯，用于照亮汽车内部空间的不同区域。根据照明色调分为两种氛围灯版本，其中高配有30种颜色可选。两种氛围灯版本都不仅提供预先配置好的照明配置文件，还提供为氛围灯单独配置单色的选项。此外，还可以分别为汽车内部空间的不同区域配置单色。汽车内部空间的这些区域以选定的色调照明：

车门的操作区域；

仪表板中的装饰条。

信息娱乐系统采用仪表板轮廓照明灯的选定色调，如图5-3-71所示。

ID.4X 中的氛围灯的选装装备：

QQ9-30 种颜色的氛围灯和移动电话储物箱中的多色氛围灯；

3D2-L193 前部中控台的氛围灯 1；仅安装在高配版中控台上。

2. 氛围灯的设置菜单

在信息娱乐系统的车辆设置中选择氛围灯的亮度和色调，如图 5-3-72 所示。氛围灯在汽车锁止时熄灭或在点火开关关闭几分钟后自动熄灭。自动关闭可防止 12V 蓄电池放电。

3. 汽车内部空间中的氛围灯

汽车内部空间中的氛围灯如图 5-3-73 所示。ID.4X 中的氛围灯的选装装备：

QQ8-10 种颜色的氛围灯；

QQ9-30 种颜色的氛围灯和移动电话储物箱中的多色氛围灯；

3D2-L193 前部中控台的氛围灯 1；仅安装在高配版中控台上。

4. 氛围灯的设置菜单

通过三个触摸按钮可以设置车辆上部、中部和下部这三个区域，如图 5-3-74 所示。

上部：仪表板照明灯；

中部：车门照明灯；

下部：移动电话储物箱照明灯。

以本文上的三个触摸按钮为例：

左侧触摸按钮可以设定所有三个区域采用同一种颜色；

中间触摸按钮可以设定蓝色的仪表板轮廓照明灯、黄色的车门照明灯和移动电话储物箱照明灯；

右侧触摸按钮可以设定蓝色的仪表板轮廓照明灯和移动电话储物箱照明灯以及黄色的车门照明灯。

5. 电气连接

氛围灯电气连接如图 5-3-75 所示。

出风口中的氛围灯（层 1）

车门饰板氛围灯（层 2）　车门氛围灯（层 3）　仪表台氛围灯（层 2）

图 5-3-71

图 5-3-72

仪表板中的装饰条

车门轮廓照明灯

车门手托照明灯

图 5-3-73

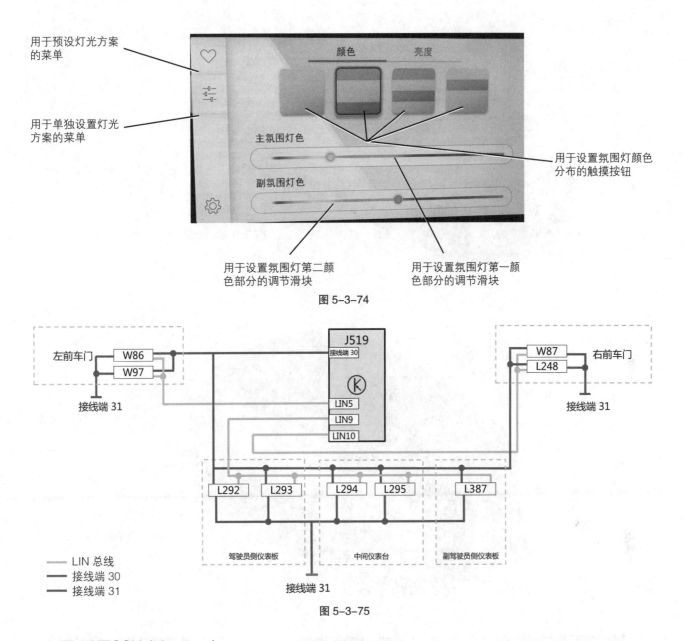

用于预设灯光方案的菜单

用于单独设置灯光方案的菜单

颜色　　　　亮度

主氛围灯色

副氛围灯色

用于设置氛围灯颜色分布的触摸按钮

用于设置氛围灯第二颜色部分的调节滑块

用于设置氛围灯第一颜色部分的调节滑块

图 5-3-74

左前车门

W86
W97

接线端 31

J519
接线端 30

Ⓚ

LIN5
LIN9
LIN10

W87
L248

右前车门

接线端 31

L292　L293　　L294　L295　　　L387

—— LIN 总线
—— 接线端 30
—— 接线端 31

驾驶员侧仪表板　　　中间仪表台　　　副驾驶员侧仪表板

接线端 31

图 5-3-75

五、KESSY Advanced

（一）KESSY 组件的安装位置

ID.4X KESSY Advanced 安装位置如图 5-3-76~ 图 5-3-78 所示。RSAD-防御中继站攻击。自 Golf 2020 起，KESSY 网络中引入了控制单元，以阻止与试图侵入车辆有关的无线电链路的扩展。它们位于所有四个角上，并在 6.5~7.5 GHz 的 UWB 范围（超宽频带）内工作。安装在前储物箱下方中控台内的 KESSY 天线具有双重功能。基本上它作为 KESSY 内部天线，用于定位汽车钥匙或 ID 传感器。但是，在必须匹配汽车钥匙的情况下，它也可以作为应答器读取线圈。为此，汽车钥匙必须放置在储物箱内。这同样适用于汽车钥匙电池放电并且不再进行无线检测的情况。ID.4X 的 J519 车载电网控制单元或车身控制模块（BCM），可以在某些技术说明的术语 SAM（传感器执行器模块）下找到。

KESSY 右侧车外天线（R201）

左侧电容式车门拉手传感器（G605）

KESSY 控制单元（J965）

KESSY 左侧车外天线（R200）

图 5-3-76

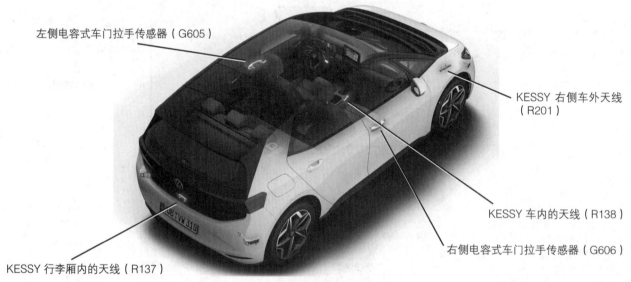

左侧电容式车门拉手传感器（G605）

KESSY 右侧车外天线
（R201）

KESSY 车内的天线（R138）

右侧电容式车门拉手传感器（G606）

KESSY 行李厢内的天线（R137）

图 5-3-77

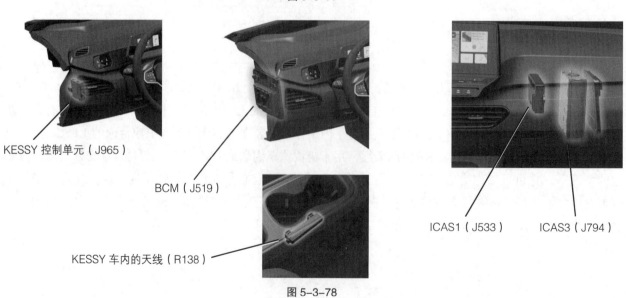

KESSY 控制单元（J965）

BCM（J519）

KESSY 车内的天线（R138）

ICAS1（J533）

ICAS3（J794）

图 5-3-78

电器结构图如图 5-3-79 所示。

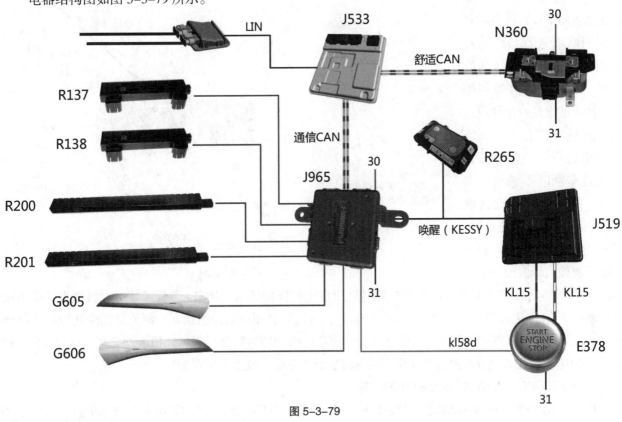

图 5-3-79

（二）天线有效范围

ID.4X 中的侧面 Kessy 天线进行了重新设计，并安装在前车轮上方的翼子板下（之前的大众汽车车型安装在前部车门拉手中，Golf 2020 除外）。它们在 ID.4X 中的有效范围（椭圆形）更大，并且为了进行车外钥匙搜索及钥匙应答而覆盖了更大的区域。原则上，所有 Kessy 天线都有一个径向检测区域。这意味着它们不仅检测车内外的横向区域，而且还查询周围的所有区域。在寻找和定位 ID 传感器时，所有 4 个 LF 天线始终同时处于活动状态。例如，当接近锁止的车辆时。天线有效范围如图 5-3-80 所示。

图 5-3-80

进入区域（阈值Ⅰ）（如图 5-3-81 所示）是必须有汽车钥匙以进行最终的汽车钥匙认证并解锁车辆的区域。（不能通过遥控操作开启）这也是一个阈值，例如通过在信息娱乐系统菜单中进行适当的设置，在接近车辆时车辆将自动解锁。同样只能在此区域开始通过 UWB（超宽频带）进行 RSAD 查询。阈值Ⅱ（距车辆外边缘大约3.6m）

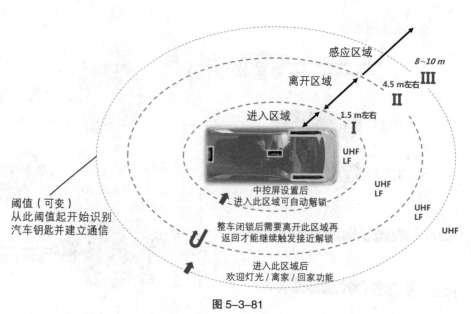

图 5-3-81

对应于汽车钥匙必须离开的、以便在接近时启用自动解锁的区域（出口/离开区域）。阈值Ⅲ对应于接近车辆时开始启动欢迎灯光的距离。（5~5.5m）。前提是有相应的照明设备。阈值Ⅲ的变化取决于侧面 Kessy 天线的有效范围和"视野"。这意味着，物理结构的障碍物和反射可能极大地衰减了通过 LF 的初始钥匙响应。在此有效范围内，也同样会影响信息娱乐系统中设置的锁定参数。

（三）ID.4X KESSY Advanced 功能一览

ID.4X KESSY Advanced 功能一览如图 5-3-82 和图 5-3-83 所示。通常情况下，LF（低频）通信始终从 LF 天线到汽车钥匙。在紧急读取（汽车钥匙电池没电）或在维修站匹配汽车钥匙时，前部 KESSY 天线（R138）用作应答器读取线圈，同时通信是双向的。

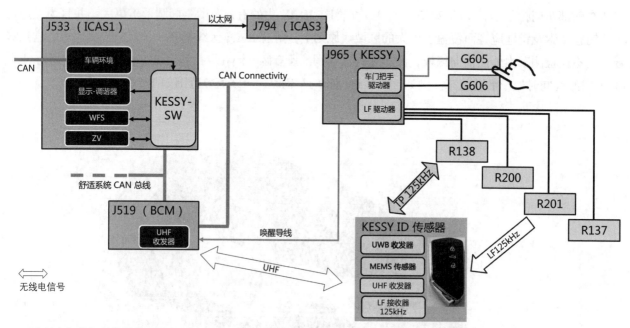

G605.左前车门外把手接触传感器　G606.右前车门外把手接触传感器　J519.车载电网控制单元（BCM Body Control Modul）J533.数据总线诊断接口（ICAS1）　J965.进入及启动系统接口　J794.电子通信信息设备1控制单元（ICAS3）　J1192.左前方防盗保护控制单元2　J1193.右前方防盗保护控制单元3　J1194.左后方防盗保护控制单元4　J1195.右后方防盗保护控制单元5　R137.行李厢内的进入及启动系统天线　R138.车内空间的进入及启动系统天线1　R200.左侧进入及启动许可天线　R201.右侧进入及启动许可天线　UWB.超宽频带。大众汽车使用 6.5~7.5GHz 的频率范围　UHF.频率范围433/315 MHz（超高频带）　MEMS.传感器微机电系统。钥匙中的移动传感器（在触发时间和动作静止后内部收发器将关闭）

图 5-3-82

838

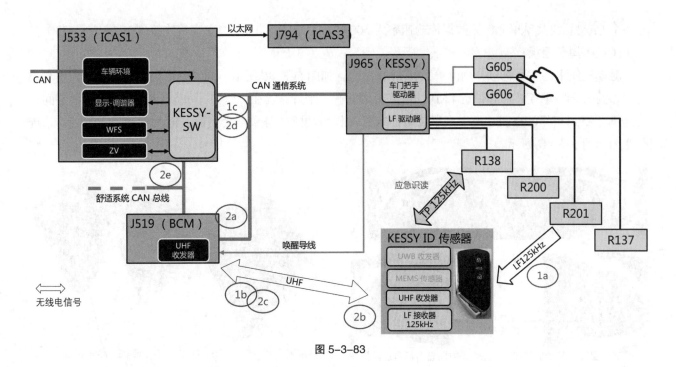

图 5-3-83

六、ID.4X 中的多功能方向盘及安全气囊

（一）多功能方向盘概述

驾驶辅助系统的操作元件位于方向盘左侧，媒体播放的操作元件则位于右侧，如图 5-3-84 所示。最重要的创新设计包括：

触摸按钮，ID.4X 的多功能方向盘将传统的按钮和翘板开关设计为无缝触摸按钮；

滑动和两级功能，支持滑动和两级功能等新的数字功能；

黑色面板效果，触摸按钮上的各个符号可以单独显示或隐藏。

ID.4X 仅使用具有无缝触摸按钮的方向盘。所有方向盘都具有相同数量的触摸按钮。这意味着，无论装备如何，驾驶辅助系统和媒体播放的操作元件始终使用相同的按钮区。装备版本可以通过启用功能软件来实现。只要功能已启用，驾驶员就可以使用。在触摸按钮中可以看到相应的符号。将来可以通过按需功能（FoD）激活各项功能。激活功能软件后，即可使用该功能，而且触摸按钮上会显示相应符号。

驾驶辅助系统的操作元件

媒体播放的操作元件

图 5-3-84

（二）两级功能

触摸按钮具有用于盲操作的触觉辅助，而且在操作时会提供听觉和触觉反馈。触觉反馈是通过激活方向盘中的小型振动电机来实现的。因此，当按下按钮时，客户会感受到轻微的振动作为操作反馈，如图 5-3-85 所示。对于驾驶员而言，两级功能（例如在设置驾驶辅助系统时）的优点在于，轻按触摸按钮时会使用第一级。加力按压按钮时，则会使用该功能的第二级。这两个级别都会提供相应的反馈。通过这种方式告知驾驶员当前正在使用哪个级别。通过软件中用于监控触摸按钮操作的算法，可以避免在使用两级功能或同时按下多个按钮时出现误操作情况。多功能方向盘现在是多功能方向盘 CAN 数据总线上

的一个 CAN 总线共享单元，其数据传输速率为 500 kBit/s（高速 CAN）。它直接连接到 ICAS 1（J533）。

（三）黑色面板

触摸按钮上的每个符号分别由单独的 LED 照亮，如图 5-3-86 所示。同时，可防止驾驶员错误地看成是相邻的 LED。触摸按钮和带有 LED 的电路板之间有一个灯座。在灯座中，每个 LED 都有自己的空间，因此不会照到相邻的空间。由于汽车装备而未分配任何功能的符号不会亮起，因此驾驶员看不到。系统电器图如图 5-3-87 所示。

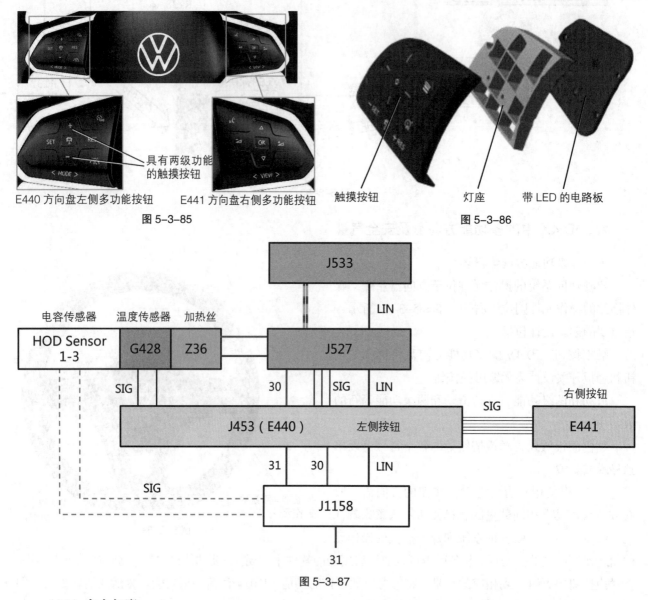

E440 方向盘左侧多功能按钮　　E441 方向盘右侧多功能按钮

图 5-3-85

触摸按钮　　　灯座　　带 LED 的电路板

图 5-3-86

图 5-3-87

（四）安全气囊

ID.3 提供了最大程度的安全装备。大量的辅助系统可确保最大的安全性和舒适性。全新的 FarSide 中央安全气囊，在触发时可瞬间在前排乘员之间展开并上升到中控台上方，从而在发生事故时提供更多的保护。该安全气囊固定在驾驶员座椅的前靠背上，可保护驾驶员和副驾驶员的头部、肩膀及上身区域。在发生任何侧面碰撞时，将触发中央安全气囊。

ID.3 标配有：

驾驶员和副驾驶员前方安全气囊；

前排侧面安全气囊；

驾驶员座椅内的中央安全气囊；

前后排的头部安全气囊（帘式）；

前后排的外侧安全带拉紧器；

前排燃爆式安全带端部接合件张紧器。

主动性安全系统：

多次碰撞自动制动系统 2.0；

车前测距监控系统；

基本版预碰撞系统。

安全气囊一览如图 5-3-88 所示。

图 5-3-88

1. 承载路径

承载路径如图 5-3-89 所示。

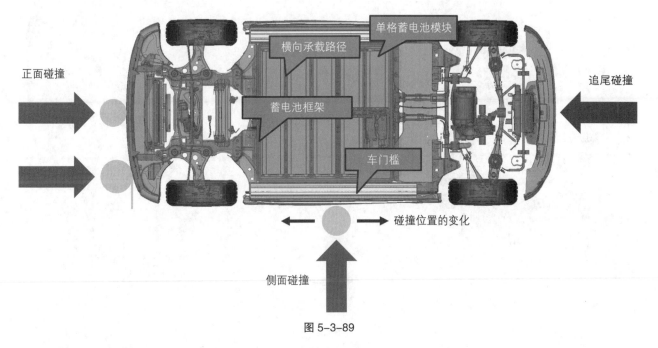

图 5-3-89

2. 前排安全气囊

驾驶员和副驾驶员前方安全气囊为一级，如图 5-3-90 所示。副驾驶员前方安全气囊可以通过钥匙开关从软件侧关闭。如果发生正面碰撞，将触发前部安全气囊和头部安全气囊。侧面安全气囊保持关闭状态。在售后服务中，必须针对副驾驶员前方安全气囊使用新的螺栓，或下述黏合剂：Loctite 638 或 Loctite 648。这适用于所有显示的螺栓连接。

3. 驾驶员侧安全气囊

ID.3 通过侧面和头部安全气囊提供侧面的保护功能，如图 5-3-91 所示。它们在发生侧面碰撞时将一同被触发。此外，还会触发 FarSide 中央安全气囊。该气囊在驾驶员和副驾驶员之间起到保护作用。头部安全气囊的填充量约为 24.6 L。

841

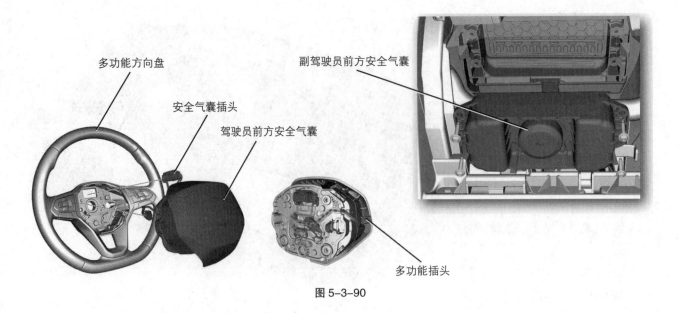

多功能方向盘

安全气囊插头

驾驶员前方安全气囊

副驾驶员前方安全气囊

多功能插头

图 5-3-90

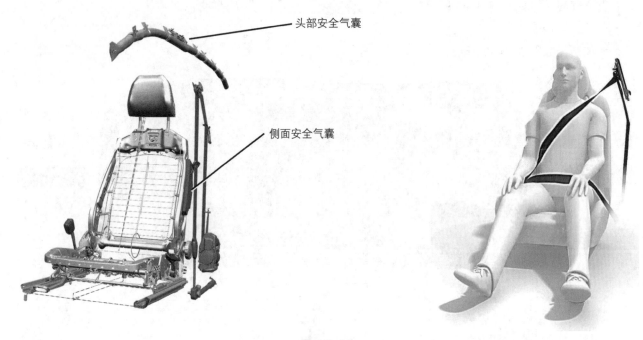

头部安全气囊

侧面安全气囊

图 5-3-91

4. 前排安全带

带 1 级限力器的 ID.3 安全带回卷装置，还额外安装有一个端部结合件预紧器，起到辅助支撑作用，如图 5-3-92 所示。同样，在 ID.3 的前排座椅也安装有带 1 级限力器的可逆安全带拉紧器。在此同样额外安装了端部结合件预紧器。ID.3 的驾驶员和副驾驶员座椅都配有安全带佩戴提醒功能。

5. 后排安全带

后排外侧的安全带回卷装置带有限力器，如图 5-3-93 所示。此外，在外侧座椅上还配备了带张紧器的安全带。所有的后排座椅都配有安全带佩戴提醒功能和座椅占用识别系统。

安全气囊系统电气图如图 5-3-94 所示。

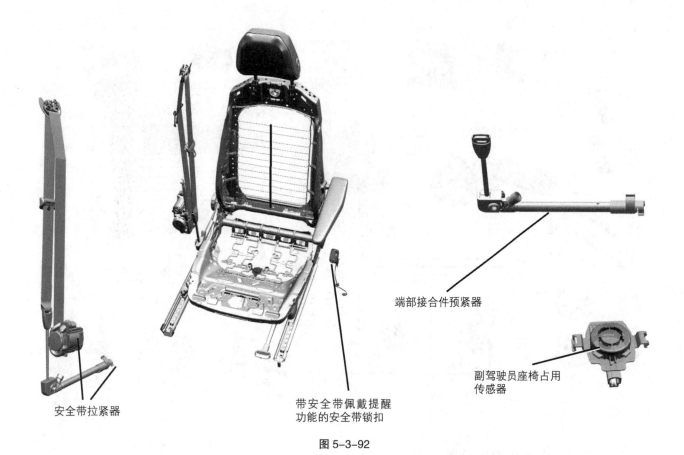

端部接合件预紧器

副驾驶员座椅占用
传感器

安全带拉紧器

带安全带佩戴提醒
功能的安全带锁扣

图 5-3-92

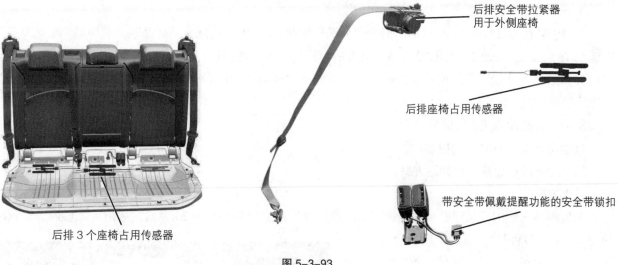

后排安全带拉紧器
用于外侧座椅

后排座椅占用传感器

带安全带佩戴提醒功能的安全带锁扣

后排 3 个座椅占用传感器

图 5-3-93

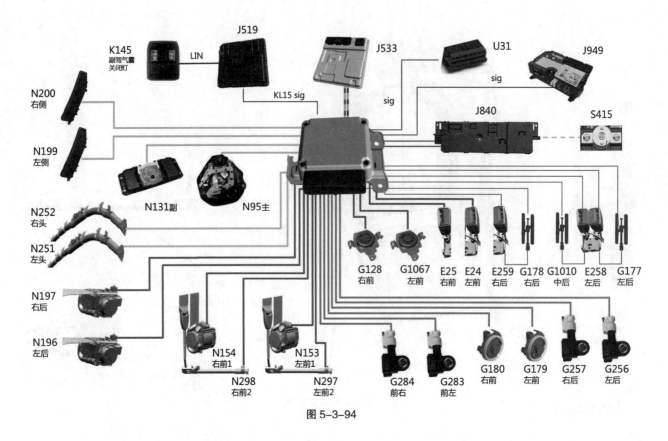

图 5-3-94

七、ID.4X 中的平视显示器

（一）引言

AR HUD 在 Golf 8 或 Touareg 的前窗玻璃平视显示器（wHUD）的现有功能基础上扩展了"增强现实"功能。"增强现实"表示"扩展现实"。除了现有的近距离区域之外，还会显示远距离区域。在远距离区域内，动画提示信息直接投影到前窗玻璃的视野中，因此从驾驶员的角度看过去就刚好是车道。例如会显示以下图形提示信息：

车道保持辅助系统的控制；

自适应巡航（ACC）的控制；

用于导航的操纵箭头和到达方案；

进入方案。

在近距离区域内，从驾驶员的角度来看，投影到道路上的距离约为 3m，而在远距离区域内，该距离约为 10 m。但就视觉上而言，投影通常看起来更远。远距离区域的图像尺寸比近距离区域的图像尺寸稍宽一些且更高数倍。如果客户订购的是带 HUD 的 ID.4X，则始终具有近距离区域和远距离区域。对于"第 1 代 ID.4X"，将来可以在车间通过升级行动激活远距离区域显示。PR 编号：KS3。图 5-3-95 中显示了车道保持辅助系统控制的远距离

图 5-3-95

844

区域示例。

（二）结构和功能

仅使用一台投影仪即可为近距离和远距离区域创建两个投影面。与旧系统相比，还安装了一个附加的反光镜。该反光镜被称为反射式偏光镜（RPM）。从物理上讲，其工作原理可以理解为根据偏振方向反射光线。投影仪上有一个用于旋转偏振光的挡板（波片）。RPM 使光线穿过远距离区域，并反射用于近距离区域的光线，如图 5-3-96 所示。

AR HUD 的技术数据：

重量约 5 kg；

尺寸（宽 × 深 × 高）约 428 mm × 338 mm × 286 mm；

体积约 14.5 L，所需的安装空间是旧系统的数倍；

投影仪分辨率：1120 像素 × 780 像素（旧系统为 480 像素 × 240 像素）。

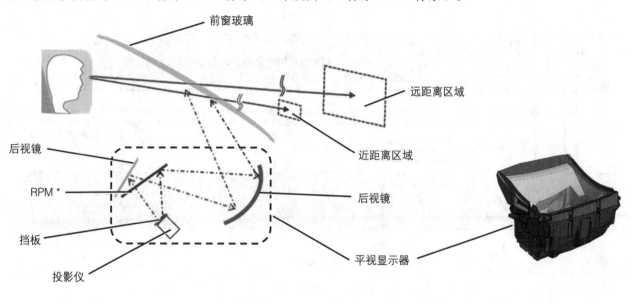

* RPM：反射式偏光镜

图 5-3-96

（三）电气连接

AR HUD 通过 2 个紧凑型插头连接到车载电网。主紧凑型插头为 6 针（如图 5-3-97 所示）。AR HUD 通过该插头接收电源和 CAN 总线信号。使用了 6 个针脚中的 4 个。包括屏蔽板在内的另一个插头是 5 针（如图 5-3-98 所示）。这是通用的 HSD（高速数据）插头。AR HUD 通过该插头从电子通信信息设备 1 控制单元 J794（ICAS 3）接收视频信号。LVDS 协议使用了 2 个针脚。

AR-HUD（J898 前窗玻璃投影控制单元）接收来自电子通信信息设备控制单元 J794（也被称为"ICAS 3"）的视频信号。"ICAS"表示"车载应用服务器"。电子通信信息设备控制单元 J794（ICAS 3）总共向三个控制单元提供视频信号：

J898 前窗玻璃投影（平视显示器）控制单元；

J1254 带驾驶信息系统显示单元的控制单元（也被称为组合仪表或"i.ID"）；

针脚1.CAN AB*High　针脚2.未连接　针脚3.接线端30a　针脚4.CAN AB*Low　针脚5.未连接　针脚6.接线端31*CAN AB（显示和操作控制器局域网）

图 5-3-97

除了图 5-3-99 中所示的控制单元外，还有以下控制单元连接到显示和操作 CAN 上：

L385 动态灯条 1；

J772 倒车摄像头控制单元。

AR HUD 的诊断地址码为 0082。

可能存有下列故障存储器记录：

AR HUD 内部故障；

数据总线信息；

以及电源。

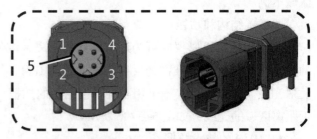

针脚1.未使用 针脚2.LVDS*数据协议+ 针脚3.未使用 针脚4.LVDS*数据协议 针脚5.屏蔽板 *LVDS：低电压差分信号

图 5-3-98

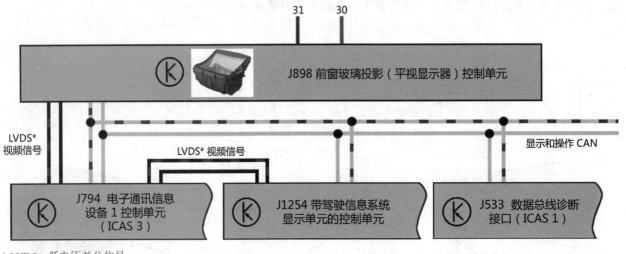

*LVDS：低电压差分信号

图 5-3-99

此外还会通过 CAN 总线为平视显示器传输以下命令：

亮度调光；

开/关；

视野调节。

（四）用于 AR-HUD 的前窗玻璃

例如，与 Golf 8 一样，前窗玻璃上贴有特殊的楔形薄膜，以免出现双重图像。但是，由于 ID.4X 还具有远距离区域，因此对玻璃和薄膜提出了更高的要求。这样一来，原本为配备平视显示器的车辆制造的前窗玻璃可以通过远距离区域的质量检查。但是，它仅适用不带平视显示器的车辆。因此，即使前窗玻璃的印章上标有 A/HUD 字样，但仍只能安装在不带平视显示器的车辆中，如图 5-3-100 所示。对于贴有楔形薄膜的前窗玻璃，在车内后视镜上方区域内标有检查编号。如果安装了数据信号天线 R180（Car 2X 天线），则其位于下方。如果该检查编号的附加行标有字母 "HUD NOK"，则该前窗玻璃不适用于配备平视显示器的车辆。只有当检查编号没有附加行时，该前窗玻璃才适用于配备 AR-HUD 的车辆。前窗玻璃是否适用于配备 AR HUD 的车辆，也可以通过备件号来判断，如图 5-3-101 所示。但是，安装后将无法再判断。

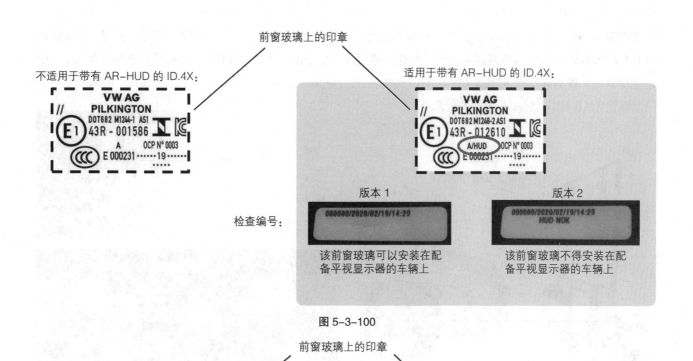

前窗玻璃上的印章

不适用于带有 AR-HUD 的 ID.4X：

适用于带有 AR-HUD 的 ID.4X：

检查编号：

版本 1

000080/2020/02/19/14:29

该前窗玻璃可以安装在配备平视显示器的车辆上

版本 2

000080/2020/02/19/14:29
HUD NOK

该前窗玻璃不得安装在配备平视显示器的车辆上

图 5-3-100

前窗玻璃上的印章

不适用于带有 AR-HUD 的 ID.4X：

适用于带有 AR-HUD 的 ID.4X：

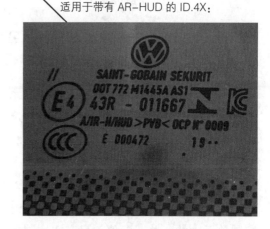

图 5-3-101

（五）保养

为了避免刮伤 AR HUD 的表面，只能使用软布和中性清洁剂进行清洁。如果需要拆卸和安装 AR HUD，必须先卸下前窗玻璃。重新安装前窗玻璃后，必须校准 AR HUD。

1. 清洁表面

仅使用软布和中性清洁剂清洁 HUD。超细纤维布会刮伤 HUD，如图 5-3-102 所示。

2. 拆卸和安装

拆卸和安装 ID.4X 的 AR HUD 前，必须先卸下前窗玻璃。

（六）调节增强现实平视显示器

与校准前部摄像头或雷达传感器类似，完成安装工作后必须调节增强现实平视显示器。为此，还需

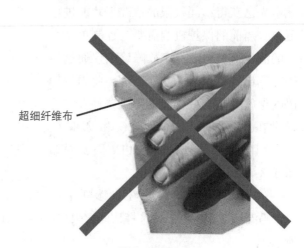

超细纤维布

图 5-3-102

要使用现有的调节装置 VAS 6430，如图 5-3-103 所示。尺寸"a"为 1500mm。此时，平视显示器会在前窗玻璃上投影出类似于 VAS6430 样品的图像。装配工通过校准板上的孔 VAS 721 017（如果是左置方向盘汽车，则通过左侧孔）观察并检查投影点是否与 VAS 6430 上的点重叠，如图 5-3-104 所示。如有必要，可以使用两个调节螺栓（AR HUD 左右两侧）进行调节。

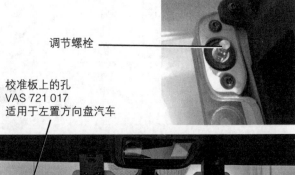

调节螺栓

校准板上的孔
VAS 721 017
适用于左置方向盘汽车

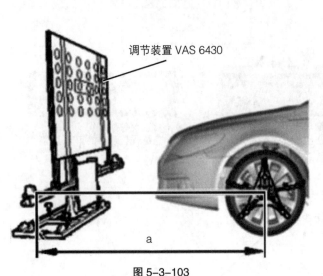

调节装置 VAS 6430

a

图 5-3-103

图 5-3-104

八、ID.4X 中的车辆诊断保护及密钥管理系统

（一）ID.4X 中的车辆诊断保护

表 5-3-3 列出的 ID.4X 中的控制单元均支持 SFD。在使用全球用户 ID 登录后选择访问权限。其余的控制单元通过之前的 PIN 码进行支持。

车辆诊断保护（SFD）是指保护写入的诊断服务免受未经授权的访问。例如，控制单元中的一些匹配值，只有在控制单元事先已获得访问权限的情况下才能进行更改。当前的保护机制需要与控制单元有关的固定 PIN 码。汽车故障诊断仪通过该码计算出控制单元的访问密匙。此固定代码的保密性是有效保护的先决条件，并且是潜在的薄弱环节。对于 PQ 和 MQB 模块在引导型故障查询中的 PIN 码流程如图 5-3-105 所示。

表 5-3-3

诊断地址	ODIS 中的名称
0001	发动机电控系统
0003	制动电子装置
0009	中央电气电子装置
0015	安全气囊
0019，C002，C003	数据总线诊断接口，软件集群（嵌入/管家）
0023	制动助力器
005F，8125	电子通信信息设备 1
0075	紧急呼叫模块和通信单元
007E	驾驶员显示屏的显示单元
8107	天线模块
8123	应用程序服务器 1 系统 1，自适应
8124	应用程序服务器 1 系统 2，Java
8125	应用程序服务器 3 系统 1 信息娱乐系统

对于 PQ 和 MQB 模块在自诊断中的 PIN 码流程。在自诊断中选择访问权限如图 5-3-106 所示。在自诊断中的访问权限对话窗口如图 5-3-107 所示。

Golf 8 中的特定控制单元采用了更新的机制，用于授予访问权限。与已知系统的主要区别是在线获取访问密钥。每个密钥由中央数据库（SFD 后端）根据请求进行创建，并转发到汽车故障诊断仪。访问密

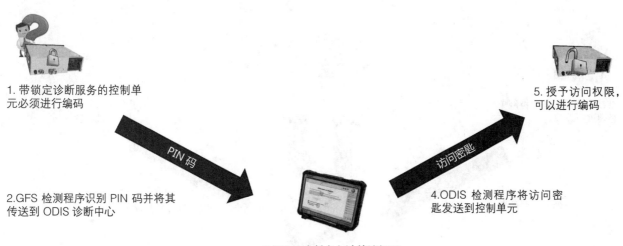

1. 带锁定诊断服务的控制单元必须进行编码

2.GFS 检测程序识别 PIN 码并将其传送到 ODIS 诊断中心

3.ODIS 诊断中心计算访问码

4.ODIS 检测程序将访问密匙发送到控制单元

5. 授予访问权限，可以进行编码

PIN 码

访问密匙

图 5-3-105

Eigendiagnose Fahrzeug:		Ereignisspeicher Gesamt ⌄		Eigendiagnose Steuergerät:	Ereignisspeicher ⌄

Steuergeräteliste (66 Einträge)

Ereignisspeicher
Identifikation
Stellglieddiagnose
Grundeinstellung
Codieren
Busmaster codieren
Messwerte
Anpassung
Zugriffsberechtigung
Datenupload

Adresse	Ereignis	Name
0001	0	Motorelektronik (0001 - Motorelektronik 1,0 - 1,6l) (05E906012 7109 R
0002	0	Getriebeelektronik (noch nicht identifiziert) (--- --- ---)
0003	1	Bremsenelektronik (5WA614517AE 0012 ESC)
0006	0	Sitzverstellung Beifahrerseite (noch nicht identifiziert) (--- --- ---)
0008	0	Klima-/ Heizungselektronik (5WA907007F 3040 AC Automat)

图 5-3-106

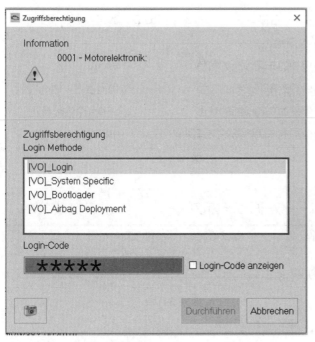

图 5-3-107

匙仅适用于控制单元和车辆识别代号的相应组合。需要访问诊断数据的引导型故障查询的检测程序，自动向中央数据库发起请求。要创建密钥，机械师必须具有经销商门户网站的 SFD 权限。进口商已于 11 月 20 日获知引入 SFD 的信息。在通知函中解释了如何向经销商层分配权限。自 ID.4X 起，在引导型故障查询中的 SFD 方法如图 5-3-108 所示。

自 ID.4X 起，在自诊断中的 SFD 方法如图 5-3-109 所示。

在自诊断中选择访问权限如图 5-3-110 所示。

在自诊断中的访问权限对话窗口 ID.4X 中的 SFD 如图 5-3-111 所示。

控制单元启用的持续时间为 90min。只有在控制单元唤醒时，计时器才开始运行，如图 5-3-112 所示。

在故障存储器中保存了记录"启用已激活"该状态在 90min 后被设置为"被动"。

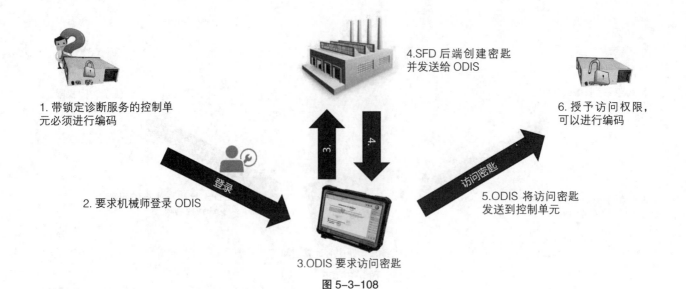

1. 带锁定诊断服务的控制单元必须进行编码

2. 要求机械师登录 ODIS

3.ODIS 要求访问密匙

4.SFD 后端创建密匙并发送给 ODIS

5.ODIS 将访问密匙发送到控制单元

6. 授予访问权限，可以进行编码

图 5-3-108

Eigendiagnose Fahrzeug:		Ereignisspeicher Gesamt ∨		Eigendiagnose Steuergerät:	Ereignisspeicher ∨
Steuergeräteliste (66 Einträge)					Ereignisspeicher
Adresse	Ereignis	Name			Identifikation
0001	0	Motorelektronik (0001 - Motorelektronik 1,0 - 1,6l) (05E906012 7109 R			Stellglieddiagnose
0002	0	Getriebeelektronik (noch nicht identifiziert) (--- --- ---)			Grundeinstellung
					Codieren
0003	1	Bremsenelektronik (5WA614517AE 0012 ESC)			Busmaster codieren
0006	0	Sitzverstellung Beifahrerseite (noch nicht identifiziert) (--- --- ---)			Messwerte
					Anpassung
0008	0	Klima-/ Heizungselektronik (5WA907007F 3040 AC Automat)			Zugriffsberechtigung
					Datenupload

图 5-3-109

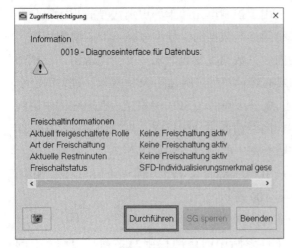

图 5-3-110

测量值 — 名称	RDID	数值
SFD 启用状态		
待保护的车辆诊断的角色		BASIC
待保护的车辆诊断的类型		简而言之：时间控制
待保护的车辆诊断的状态		SFD - 个性化特征
待保护的车辆诊断的持续时间		88 min

图 5-3-111

0019 - 数据总线诊断接口		
代码	SAE-Code	事件文本
03070 [12400]	B184C00	启用已激活

图 5-3-112

（二）ID.4X 中的 VKMS 控制单元

列出的控制单元执行需要加密密匙的功能如表 5-3-4 所示。

第四节　信息娱乐系统

一、ID.4X 中的信息娱乐系统

（一）信息娱乐系统概述

ID.4X 采用 Discover Pro 导航系统。该系统由一个控制单元以及一个显示和操作面板组成，如图 5-4-1 所示。其功能范围和操作方案很大程度上基于 Golf 2020 中的 MIB3。

1.CAS3 导航系统

带有 12 英寸屏幕的显示和操作面板；

屏幕分辨率：1920 像素 × 860 像素；

手套箱后的控制单元；

主屏幕 2.0；

显示和操作面板中的导航地图显示；

免触摸的手势控制；

触摸滑块；

FM 收音机接收；

增强现实平视显示器；

数据总线连接： 1Gbit/s 以太网 ；显示和操作 CAN 数据总线。

2.电子通信信息设备 1 控制单元 J794（ICAS3）

ID.4X 使用了最新一代的大众汽车信息娱乐系统。电子通信信息设备控制单元是车内两台高性能计算机之一。在技术文献中，该部件通常被称为 ICAS3。ICAS 是 In Car Application Server 的缩写，表示车载应用服务器。这意味着该硬件被多个虚拟控制单元使用。对于 ICAS3，这些控制单元的诊断地址码为 5F 和 8125。根据以下标准为诊断地址码分配功能和服务：

启动功能所需的时间；

所需的计算性能；

数据总线连接。

这样就可以将上车后立即需要的功能在虚拟控制单元中汇总。需要高计算性能以及上车后并非立即需要的功能则在第二虚拟控制单元中汇总。这样可以在诊断测试仪中得出两个诊断地址码。1Gbit/s 的以太网连接速度可确保将数据快速传输到车内第二台高性能计算机（J533 或 ICAS1）。

电子通信信息设备控制单元可创建在显示和操作面板以及组合仪表（ID. Cockpit）中显示的图形内容。

表 5-3-4

诊断地址	ODIS 中的名称
0001	发动机电控系统
0008	空调/暖风装置电子设备
0009	中央电气电子装置
0019	数据总线诊断接口
005F	电子通信信息设备 1
0075	紧急呼叫模块和通信单元
00C6	高电压蓄电池充电装置
8107	天线模块
811E	左前防盗保护控制单元
811F	右前防盗保护控制单元
8120	左后防盗保护控制单元
8121	右后防盗保护控制单元
C002	软件集群嵌入 1
C003	软件集群管家 1

图 5-4-1

配备 AR HUD 的车辆采用的是功能更强大的 J794，如图 5-4-2 所示。该版本还可创建由 AR-HUD 显示的图形内容。视频信号通过 HSD（高速数据）导线发送到相应的显示控制单元。传输数据时需要使用 LVDS（低电压差分信号）。

生成视频信号用于：

组合仪表；

显示和操作面板；

AR-HUD。

诊断地址码：

5F；

8125。

3. 联网

联网如图 5-4-3 所示。

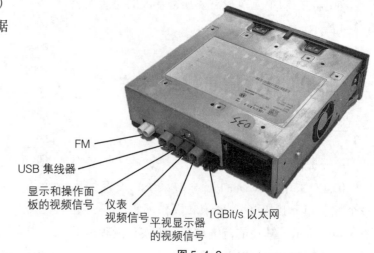

FM
USB 集线器
显示和操作面板的视频信号
仪表视频信号
平视显示器的视频信号
1GBit/s 以太网

图 5-4-2

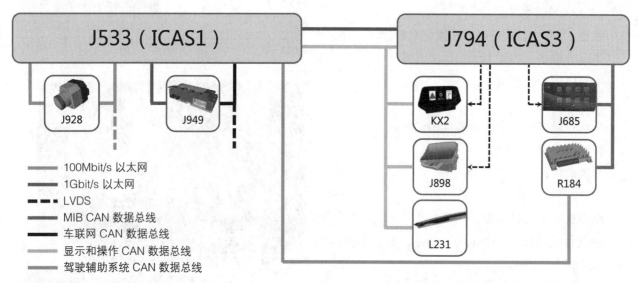

J533（ICAS1）　　J794（ICAS3）

J928　　J949　　KX2　　J685

J898　　R184

L231

——— 100Mbit/s 以太网
——— 1Gbit/s 以太网
- - - LVDS
——— MIB CAN 数据总线
━━━ 车联网 CAN 数据总线
——— 显示和操作 CAN 数据总线
——— 驾驶辅助系统 CAN 数据总线

L231.仪表板信息动态灯条1　R184.数字式音响套件控制单元　J533.数据总线诊断接口　J685.操作控制单元的显示单元　J928.倒车摄像头控制单元　J794.电子通信信息设备1 控制单元　J898.前窗玻璃投影（平视显示器）控制单元　J949.紧急呼叫模块和通信单元控制单元　KX2.带驾驶信息系统显示单元的控制单元

图 5-4-3

信息娱乐系统图如图 5-4-4 所示。

（二）在线信息娱乐系统

1.ICAS3 系统图

如图 5-4-5 所示。

2. 收音机天线系统图

如图 5-4-6 所示。

3. 音响系统

如图 5-4-7 所示。

4.OCU4 系统图

如图 5-4-8 所示。

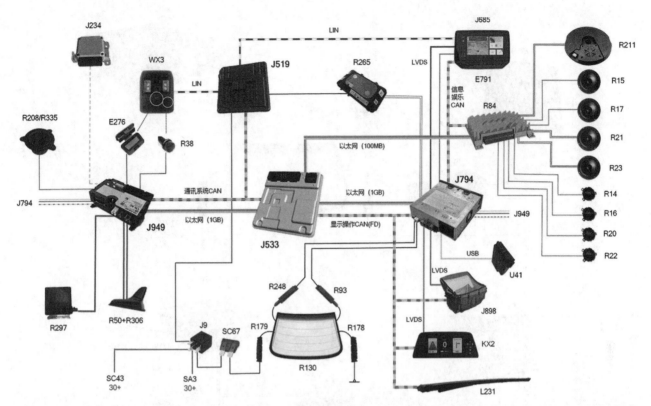

L231.仪表板信息动态灯条1 R184.数字式音响套件控制单元 J533.数据总线诊断接口 J685.操作控制单元的显示单元 J928.倒车摄像头控制单元 J794.电子通信信息设备1控制单元 J898.前窗玻璃投影（平视显示器）控制单元 J949.紧急呼叫模块和通信单元控制单元 KX2.带驾驶信息系统显示单元的控制单元

图 5-4-4

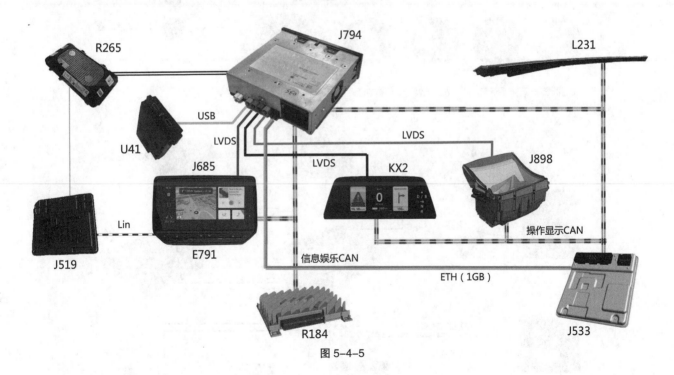

图 5-4-5

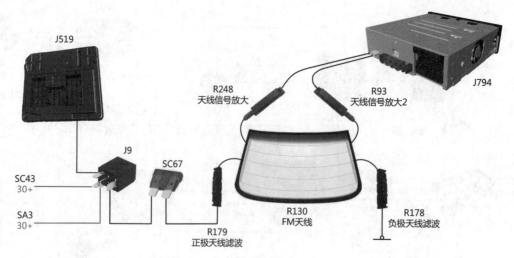

R248
天线信号放大

R93
天线信号放大2

J794

J519

J9

SC43
30+

SA3
30+

SC67

R179
正极天线滤波

R130
FM天线

R178
负极天线滤波

图 5-4-6

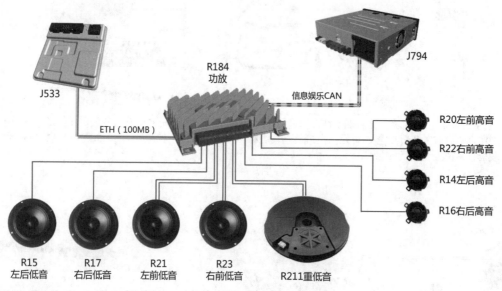

J533

R184
功放

J794

信息娱乐CAN

ETH（100MB）

R20左前高音

R22右前高音

R14左后高音

R16右后高音

R15
左后低音

R17
右后低音

R21
左前低音

R23
右前低音

R211重低音

图 5-4-7

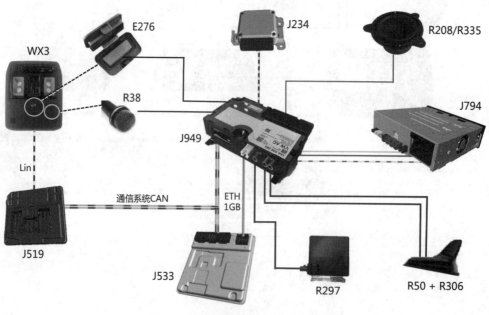

WX3

E276

J234

R208/R335

R38

J794

J949

Lin

通信系统CAN

ETH
1GB

J519

J533

R297

R50 + R306

图 5-4-8

854

5. 紧急呼叫（E-call）

紧急呼叫按钮 E276 集成在车顶控制台保护盖的后面。如有安装音响系统，中央扬声器 R208 与 J949 （OCU）相连，如图 5-4-9 所示。OCU 具备输出级，负责操控中央扬声器。信息娱乐系统通过以太网发送相关数据。第 4 代 OCU 安装在组合仪表内。

麦克风 R38

紧急呼叫按钮 E276

车顶天线（GPS、LTE） RX5

紧急呼叫模块扬声器 R335 或 如有安装音响系统：中央扬声器 R208

LTE 天线 2 R306

紧急呼叫模块控制单元 和通信单元 J949

图 5-4-9

6. 第 4 代车载连接单元（紧急呼叫模块和通信单元控制单元 J949）

第 4 代在线连接单元（OCU）不仅是电动车模块化平台（MEB）车辆 We 服务的基础，也是第 4 代信息娱乐系统模块化平台（MIB）的基础。OCU 包含一张嵌入式 SIM 卡，亦称 eSIM 卡。eSIM 卡负责将数据传输到 Volkswagen We 后端系统。 设置互联网连接不需要额外硬件。数据传输费用由大众承担，但部分流媒体服务除外，嵌入式 SIM 卡（eSIM）位于印制电路板上，焊接固定，不可更换，如图 5-4-10 所示。金属外壳有一块塑料区域，用于安装备用天线。如果车外天线出现故障，可启用备用天线。如果车载电

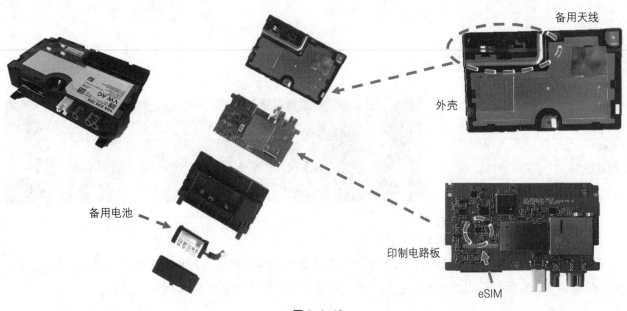

备用天线

外壳

备用电池

印制电路板

eSIM

图 5-4-10

源发生故障（如遇交通事故），OCU 可通过备用电池发出紧急呼叫，确保与紧急呼叫中心的通信。备用电池由 OCU 监控，需要时可以充电。如果控制单元检测到电池损耗，则会发出警告消息提醒驾驶员。备用电池可交由维修车间更换。

（三）ID.Light

1. 功能范围

"ID. Light" 是一个延伸范围覆盖整个仪表板的灯条，既具有功能性作用，又具有激发情绪的作用，如图 5-4-11 所示。借助 RGB LED 可以显示动画灯光成像。它是 ID.4X 标配装备的组成部分。ID.Light 由 J794 控制，它完善了 ID.4X 的显示方案。它仅作为车辆功能的辅助显示，并具有补充性和辅助性作用。

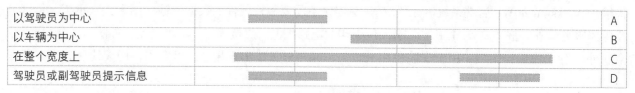

图 5-4-11

支持显示以下功能：

欢迎 & 告别；

锁止和解锁；

充电过程；

导航系统；

语音控制；

来电；

车前测距监控系统提出的制动要求；

激活乌龟模式（蓄电池电量非常低时）。

2. 显示器的空间位置

各项功能在灯条上具有不同的显示区域，如图 5-4-12~ 图 5-4-14 所示。动画在标记区域内播放。

以驾驶员为中心				A
以车辆为中心				B
在整个宽度上				C
驾驶员或副驾驶员提示信息				D

图 5-4-12

欢迎 & 告别	A, C
锁止和解锁	C
充电过程	C
导航系统	C
语音控制	D
来电	B
制动要求	C
乌龟模式	C

图 5-4-13

图 5-4-14

3.L231 仪表板信息动态灯条 1 的安装位置

该部件位于仪表板的前部区域，并延伸至汽车内部空间的整个宽度。它是用夹子固定的，无须拆下前窗玻璃和仪表板即可拆卸。壳体由两半组成。光导体位于其间，如图 5-4-15 所示。

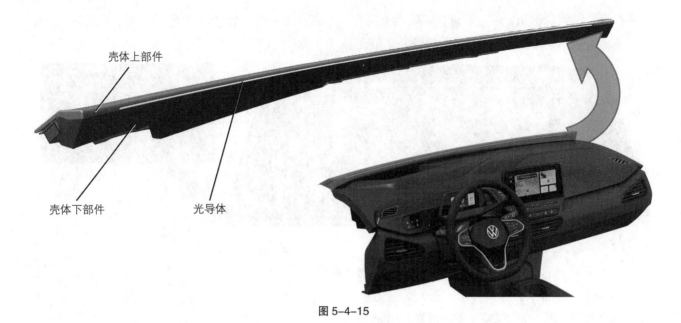

壳体上部件

壳体下部件　　光导体

图 5-4-15

4. 内部结构和保养提示

54 个 RGB LED 均匀分布在三个电子电路板上。控制单元与中间电路板相连。外侧电路板通过导线连接到中间电路板，如图 5-4-16 所示。仪表板信息动态灯条 1 L231 控制单元是显示和操作 CAN 数据总线的共享单元，并通过接线端 30 供电。可以通过诊断地址码 8128 进行访问。灯光动画存储在其内部存储器中。ICAS3（J794）根据情况调用相应的动画。解锁 / 锁止功能的动画是例外：这些是通过 ICAS 1（J533）控制的。更换 L231 后，新部件的存储器最初不包含任何动画。这可以通过灯条两端有几个 LED 处于激活状态来识别。灯光动画由 ICAS 3 在第一次总线休眠期间自动传输。该传输过程持续约 5min。

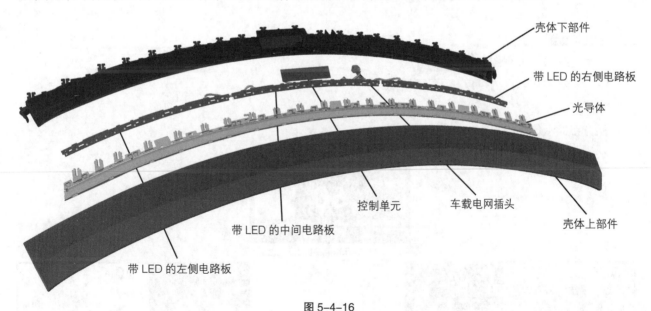

壳体下部件

带 LED 的右侧电路板

光导体

控制单元　　车载电网插头

壳体上部件

带 LED 的中间电路板

带 LED 的左侧电路板

图 5-4-16

（四）组合仪表

1.KX2 带驾驶信息系统显示单元的控制单元

ID.4X 不再采用经典版组合仪表，而是配备驾驶信息系统数字显示器，如图 5-4-17 所示。部件名称为 KX2 带驾驶信息系统显示单元的控制单元。KX2 与行驶挡开关和驻车制动器按钮位于同一个组合式壳体中。该部件本身没有扬声器。通过主扬声器发出提示音和警告音。KX2 的功能与 MQB 组合仪表的现有功能有很大区别。例如，不显示信息娱乐系统内容、车辆状态和行驶数据。此外，控制单元既不是防盗锁止系统的共享单元，也不是组件保护的共享单元。

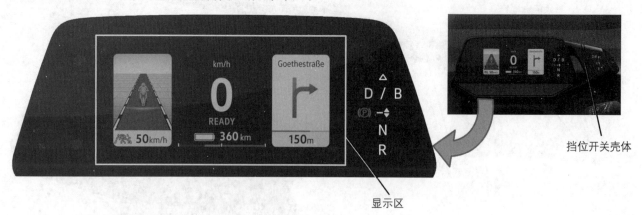

图 5-4-17

5.3 英寸显示器；

显示器分辨率：800 像素 ×400 像素（169dpi）；

通过 ICAS 3 提供图形内容；

通过显示器旁边的 LED 集成的行驶挡显示；

仅四个警告灯作为 LED；

显示和操作 CAN 数据总线的共享单元。

2. 视图

驾驶员可以通过多功能方向盘的 VIEW 操作区在三个视图之间切换（如图 5-4-18 所示）：

驾驶辅助系统；

标准；

导航系统。

车辆始终以标准视图启动。

在显示器的显示区内可以显示下列信息：

警告灯；

警告和提示信息弹出窗口；

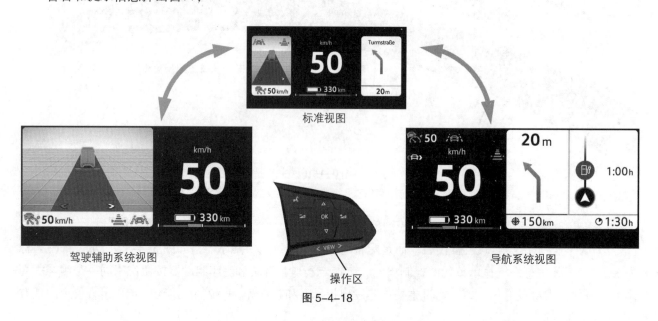

图 5-4-18

当前车速；

蓄电池电量和续驶里程；

服务可用性显示和当前调用的服务（蓝色条）；

能量回收可用性和当前能量回收强度（绿色条）；

驾驶辅助系统；

导航系统。

（五）音响系统

即将投放市场的 ID.4X 提供了两套音响系统：标准版音响系统：4+1 扬声器；PR 编号 8RS 和音响套件：6+1 扬声器；PR 编号 8RT。标配版中央扬声器具有双重功能。既可以播放音乐，也可以用于紧急呼叫。为了确保在紧急情况下其功能正常，需要将其连接到紧急呼叫模块和通信单元控制单元 J949（OCU）上。其余扬声器都通过电子通信信息设备控制单元 J794（ICAS3）的放大器供电。车内所有警告音（泊车雷达系统和组合仪表）都是通过音响系统的扬声器输出。音响系统安装位置如图 5-4-19 所示。

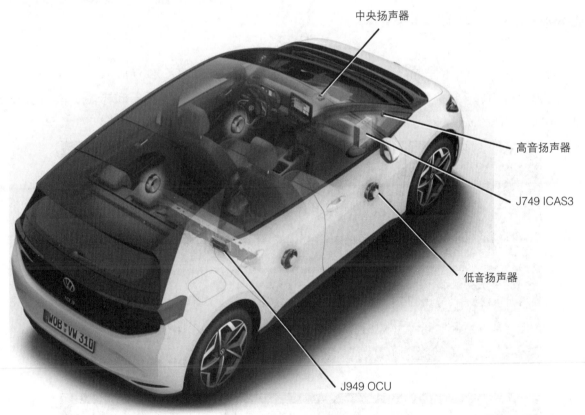

中央扬声器

高音扬声器

J749 ICAS3

低音扬声器

J949 OCU

图 5-4-19

二、上汽大众智慧车联系统 –MOS4 功能介绍 & 产品亮点

（一）系统介绍 & 产品亮点

1. 上汽大众智慧车联系统

基于上汽大众云服务平台，以 SVW ID 为中心，集成互联网优质资源，引入丰富多彩的在线服务，依托万物互联技术，全面打造人 – 车 – 生活的互联新体验，如图 5-4-20 所示。

2. 智慧车联系统

（1）首发车型：上汽大众 ID.4X。

（2）技术方案：ICAS 3.1 + OCU4。

图 5-4-20

（3）屏幕尺寸： 12.0 英寸 /10.2 英寸 液晶触摸屏，如图 5-4-21 和图 5-4-22 所示。

智慧车联系统内容：智选充电、智能语音、智慧导航、智享娱乐、智趣出行和智联控车。此外，提供苹果 CarPlay、百度 CarLife。

图 5-4-21

图 5-4-22

3. 智慧车联系统产品亮点

智慧车联系统产品亮点如图 5-4-23 所示。

图 5-4-23

（二）智慧车联系统功能详细介绍

1. 功能概览

功能概览如图 5-4-24 所示。

图 5-4-24

删除远程闪灯鸣笛、远程查看车辆状态、远程上锁解锁。

2. 智选充电 – 远程充电管理

（1）功能简介。

用户可以使用上汽大众超级 APP 进行远程充电。

（2）产品亮点。

出行前查看车辆剩余电量和里程，充电上限，提前规划行程；

足不出户知晓车辆充电状态；

支持下拉刷新，获知车辆充电最新状态，爱车实时动态全掌握。

（3）操作说明。

使用上汽大众超级 APP 或 Apple Watch 进行远程充电查看，并可用手机控制起停；

使用上汽大众超级 APP 进行充电设置，如图 5-4-25 所示。

3. 智选充电 – 充电地图

（1）功能简介。

在充电地图搜索公共充电桩，查看忙闲信息。

（2）产品亮点。

同时接入国网、南网、特来电、星星充电、安悦充电等主流充电运营商，覆盖全国主流城市，接入智选充电站数量超过20万以上；

用户可以查看充电站的动态、静态信息；

可按充电站距离进行排序搜索，也可按直流快充站筛选搜索。

（3）操作说明。

在手机或车机上点击充电地图，进入充电地图页（如图5-4-26所示）；

在手机或车机上搜索充电站；

在手机或车机上查看充电站详情；

车机导航目的地附近充电站推荐。

4. 智选充电 – 便捷充电支付

（1）功能简介。

车主停车结束时，可通过上汽大众超级APP扫码合作充电站二维码，进行公桩充电服务。

（2）产品亮点。

用户使用上汽大众超级APP，支持支付宝/微信便捷支付。

（3）操作说明。

用上汽大众超级APP扫描公桩二维码，如图5-4-27所示；

在上汽大众超级APP中预先支付费用；

选择支付宝或微信支付，启动充电；

使用上汽大众超级APP进行远程充电监控；

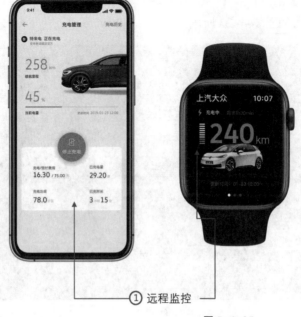
① 远程监控

② 充电设置

图 5-4-25

① 充电地图查看

② 搜索附近充电站

③ 查看充电站详情

④ 导航

图 5-4-26

使用上汽大众超级
APP停止充电,并可进行
评分评论。

5. 智能语音

（1）功能简介。

实现车内多轮交互,
解放双手,使驾驶更安全,
更智能。

（2）产品亮点。

支持带方言口音的普
通话识别,以及粤语识别;

支持语音打断,多轮
交互,交流更自然、更顺
畅;

支持自定义唤醒词,
发音人切换,满足车主个
性化需求。

（3）操作说明。

唤醒语音,默认唤
醒词为:你好,大众,如
图5-4-28所示;

通过语音指令,唤起
服务;

可以更换语音播报风
格。

6. 智慧导航 - 实时交
通、交通看板及道路限行
信息

（1）功能简介。

提供精准的实时路况
信息、城市主干道路拥堵
状况以及城市限行信息。

（2）产品亮点。

实时交通数据使导航
和路线规划更加精准;

全屏幕显示交通看
板;

道路限行功能覆盖国内主流限行城市。

（3）操作说明。

地址搜索,开始导航;

① 扫描二维码

② 输入预付金额

③ 提交订单,
启动充电

④ 远程监控

⑤ APP 停止充
电评分评论

图 5-4-27

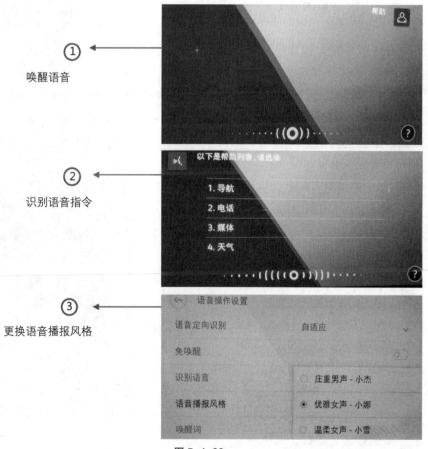

① 唤醒语音

② 识别语音指令

③ 更换语音播报风格

图 5-4-28

实时交通信息显示，如图 5-4-29 所示；

点击路况信息，查看实时交通看板。

7. 智慧导航 – 在线地图更新

（1）功能简介。

时刻保持地图数据最新。

（2）产品亮点。

支持地图主动，无感更新；

一年多次在线更新。

（3）操作说明。

地址搜索，开始导航，如图 5-4-30 所示；

地图后台静默无感更新。

8. 智慧导航 – 智慧预测导航

（1）功能简介。

根据用户的日常行驶数据，结合交通信息，给用户提供智能出行建议。

（2）产品亮点。

预测用户上班和下班场景，精准地为用户推荐家、公司作为目的地；

提前预测路况信息，为用户提供出行建议和提醒；

提前通知用户通勤路线路况信息，并给出用户出行建议。

（3）操作说明。

根据后台大数据，预测导航，如图 5-4-31 所示；

上汽大众超级 APP 同时会收到消息提醒。

9. 智慧导航 – 在线兴趣点搜索

（1）功能简介。

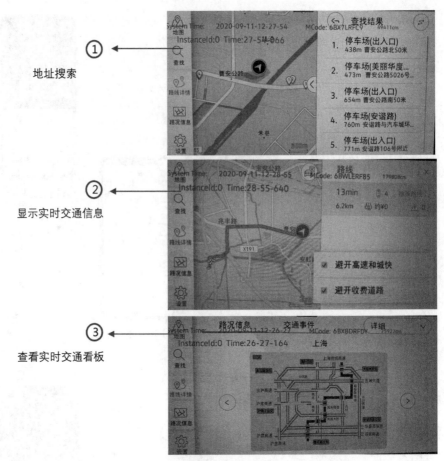

① 地址搜索

② 显示实时交通信息

③ 查看实时交通看板

图 5-4-29

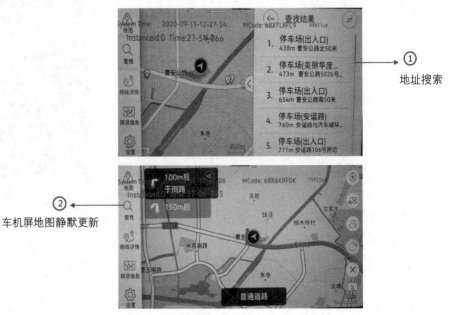

① 地址搜索

② 车机屏地图静默更新

图 5-4-30

为用户提供快捷、高效和多样化的在线兴趣点搜索服务。

（2）产品亮点。

在线兴趣点搜索；

把常用的兴趣点添加至收藏夹。

（3）操作说明。

在线兴趣点搜索，如图 5-4-32 所示；

显示搜索列表；

查看该兴趣点详情信息。

10. 智慧导航 - 在线兴趣点发送到车

（1）功能简介。

可以使用上汽大众超级 APP、微信小程序、智能音箱搜索兴趣点并发送到车。

① 预测导航路线

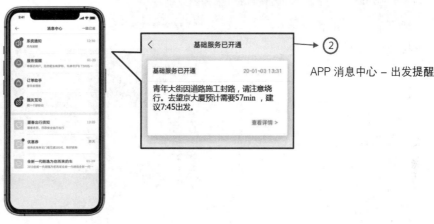

② APP 消息中心 - 出发提醒

图 5-4-31

① 车机端搜索关键字

② 车机端显示搜索列表

③ 车机端查看兴趣点详情

① 手机端搜索关键字

② 手机端显示搜索列表

③ 手机端查看兴趣点详情

① 智能语音搜索兴趣点

图 5-4-32

（2）产品亮点。

支持多终端（上汽大众超级 APP，微信小程序和智能音箱）。

（3）操作说明。

搜索兴趣点，将兴趣点发送到车，如图 5-4-33 所示；

车辆开启后，屏幕上会弹出接收到的兴趣点。

11. 智享娱乐 - 在线音乐

（1）功能简介。

接入酷我音乐，为车主提供个性化、高品质、车内外权益（VIP 账号）互通的极致音乐体验。

（2）产品亮点。

携手腾讯音乐娱乐集团旗下酷我音乐，共享中国超大版权库；

每月赠送专享流量包，畅享车内音频内容服务；

登录后车内车外数据同步：手机端收藏、VIP 权益等；

语音控制、语音搜索，解放双手。

（3）操作说明。

绑定酷我账号，如图 5-4-34 所示；

账号绑定后从手机端同步收藏歌单和权益；

进入在线音乐首页查看推荐或搜索。

12. 智享娱乐 - 在线电台

（1）功能简介。

接入喜马拉雅 FM，为车主提供多元化、高品质、车内外权益（VIP 账号）互通的精品电台内容。

（2）产品亮点。

① 智能语音将兴趣点发送到车

① APP 端点击发送到车

② 车机屏兴趣点接收

图 5-4-33

② 同步手机端收藏歌单

③ 进入音乐首页查看推荐及搜索

① 绑定酷我账号

图 5-4-34

携手中国顶级的音频内容平台 – 喜马拉雅 FM；

覆盖有声书、人文、相声、历史等 20 个大类 328 个小类；

每月赠送专享流量包，畅享车内音频内容服务；

登录后车内车外数据同步：手机端收藏、VIP 权益等。

（3）操作说明。

绑定喜马拉雅账号，如图 5-4-35 所示；

点击购买 VIP 权益；

进入电台首页，查看推荐及搜索；

支持多种播放控制。

13. 智享娱乐 – 安卓应用商店

（1）功能简介。

为用户提供车机端安卓 APP，丰富车端移动互联生态，提升用户用车体验。

（2）产品亮点。

不断提供娱乐、资讯、第三方服务等多种类型的车内应用，丰富用户行车生活，提升用户体验；

通过应用商店模式，对相关应用进行上架、下架和版本管理。

（3）操作说明。

点击应用商店图标，进入应用商店操作界面，如图 5-4-36 所示；

显示排行应用列表，点击按钮打开 / 下载 / 更新应用；

点击按钮进入管理界面；

点击下载图标进入下载查看页面，可以查看当前正在下载应用进度；

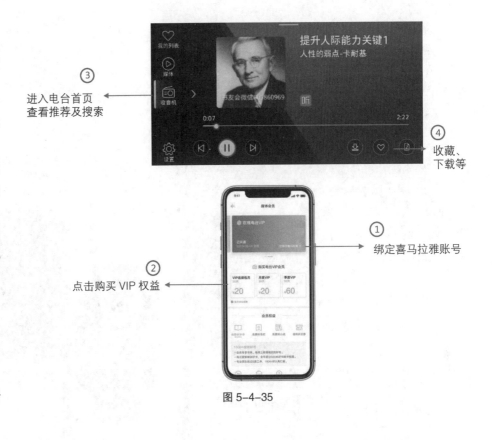

③ 进入电台首页查看推荐及搜索
④ 收藏、下载等
① 绑定喜马拉雅账号
② 点击购买 VIP 权益

图 5-4-35

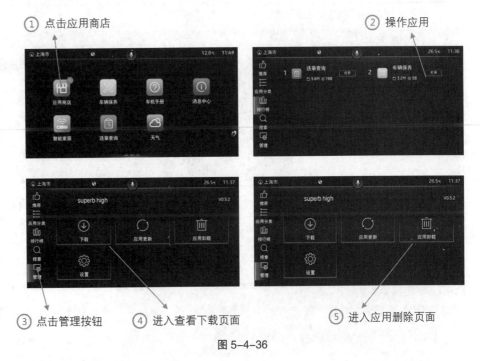

① 点击应用商店
② 操作应用
③ 点击管理按钮
④ 进入查看下载页面
⑤ 进入应用删除页面

图 5-4-36

点击删除图标进入删除管理界面，可以卸载应用。

14. 智联控车 – 远程空调控制

（1）功能简介。

用户可以使用上汽大众超级 APP 进行远程开启或关闭空调。

（2）产品亮点。

足不出户启动 / 关闭车辆空调；

支持设置空调温度，爱车空调实时动态全掌握。

（3）操作说明。

使用上汽大众超级 APP 或 Apple Watch 远程控制空调，如图 5-4-37 所示；

使用上汽大众超级 APP 或 Apple Watch 进行远程目标温度设置。

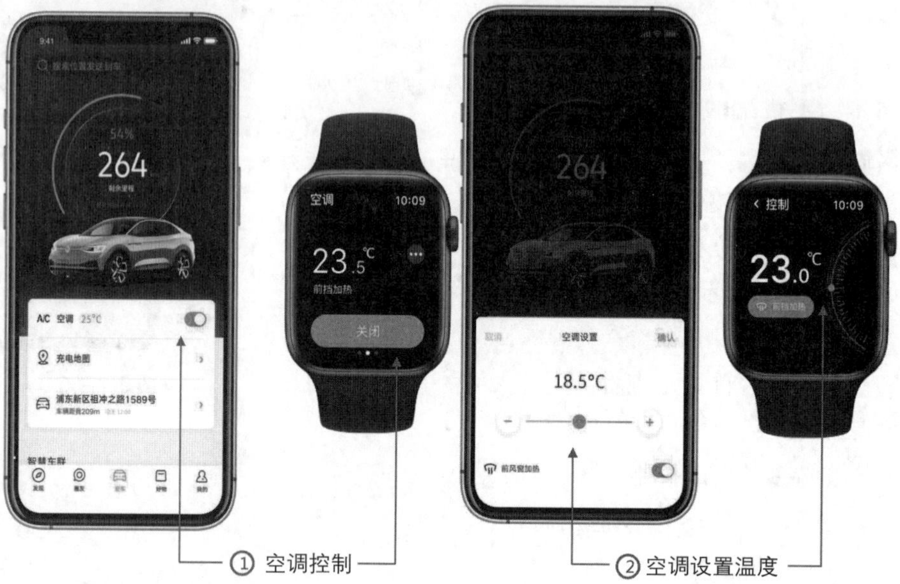

15. 智联控车 – 在线寻车

（1）功能简介。

用户可以使用上汽大众超级 APP 一键寻车。

（2）产品亮点。

随时随地通过上汽大众超级 APP 定位车辆；

一键规划路线找到爱车。

（3）操作说明。

在车辆页查看车辆所处地址、时间和距用户的距离，如图 5-4-38 所示；

点击进入后可以在地图页查看车辆具体所在地；

还可以在上汽大众超级 APP 内部规划从人到车的路径；

在 Apple Watch 的上汽大众超级 APP 内，也可以使用在线寻车功能。

16. 智联控车 – 超速报警

（1）功能简介。

车辆行驶超过设定的速度范围后，车主会立即收到相关提醒信息。

① 空调控制　　　　　　② 空调设置温度

图 5-4-37

① 查看位置　　② 在地图页查看　　③ 规划人到车　　④ Apple Watch
　　　　　　　　　　停车位置　　　　　的路径

图 5-4-38

（2）产品亮点。

借车给他人时候，超速信息全掌握。

（3）操作说明。

设置报警的速度值和生效时间，如图 5-4-39 所示；

当车辆超出允许的速度值，上汽大众超级 APP 会收到消息提示；

可以在历史记录页面查看过往超速报警的记录。

17. 智联控车 – 电子围栏

（1）功能简介。

车辆行驶超过允许的地理位置范围，车主会立即收到相关提醒信息。

（2）产品亮点。

车辆超出限定范围时，位置信息全掌握。

（3）操作说明。

设置电子围栏的范围和生效时间，如图5-4-40 所示；

当车辆超出允许的电子围栏，上汽大众超级 APP 会收到消息提示；

可以在历史记录页面查看过往电子围栏的记录。

18. 智趣出行 – 智慧停车

（1）功能简介。

在合作的智慧停车场，车主可在线查看停车场动态信息及选择支付方式。

（2）产品亮点。

覆盖全国主流城市，接入智慧停车场数量超过五万以上；

支持多渠道便捷缴纳停车费，可开通免密扣款，自动缴纳停车费。

（3）操作说明。

搜索停车场，如图 5-4-41 所示；

目的地附近停车场推荐；

① 设置超速值　　　　② 收到超速的提示　　　　③ 超速报警历史记录

图 5-4-39

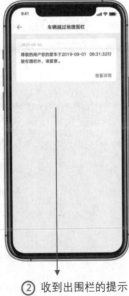

① 设置电子围栏　　　　② 收到出围栏的提示　　　　③ 电子围栏历史记录

图 5-4-40

APP 实时查看停车信息并提前缴费；

APP 开通免密支付，出停车场自动扣款；

APP 查看停车历史。

19. 智趣出行 – 智能家居

（1）功能简介。

通过远程语音控制、车辆位置联动控制，将车与智能家电互联互通，创造"人、车、家"无缝连接的智联生活。

（2）产品亮点。

携手京东旗下小京鱼 IoT 平台，生态覆盖海尔、美的、苏泊尔等 500 多个品牌，空调、加湿器、热水器等数千款产品；

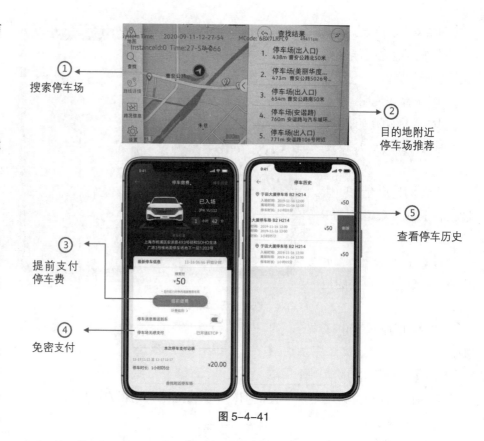

图 5-4-41

场景模式 + 家居围栏，实现"回家空调提前启动，离家自动关闭电源"；

支持百度智能音箱、小米智能音箱和京东智能音箱，可通过智能音箱查询车辆状态，控制车辆等。

（3）操作说明。

设置智能家居围栏，如图 5-4-42 所示；

设置围栏对应的场景模式；

在车内也可以单独控制智能家居设备；

通过音箱查询车辆空调、充电等状态。

20. 智趣出行 – 违章查询

（1）功能简介。

车主可在车机端和手机端查询交通违章，后台也会定期帮车主自动查询，若有违章可主动推送通知车主。

（2）产品亮点。

对接地方权威交管数据库，信息准、更新快；

图 5-4-42

覆盖全国200多个城市的违章查询服务；

主动违章提醒，便于车主规避违章高发路段。

（3）操作说明。

输入车牌号、发动机号，点击查询按钮，如图5-4-43所示；

违章详情包含违章时间、地点、违章原因等；

点击违章历史，可查询近期全部违章。

21. 智趣出行–组队出行及腾讯我的车

（1）功能简介。

通过绑定"腾讯我的车"，为车主提供"车机屏 + 微信"的组队出行服务。

（2）产品亮点。

接入腾讯生态，连接微信好友；

一键选择集结点；

与组队成员实时位置共享和预览。

（3）操作说明。

扫描车机上的二维码完成账户绑定，如图5-4-44所示；

使用腾讯我的车微信小程序发起集结；

进入组队页面，邀请微信好友加入组队；

好友在车机上收到邀请，选择加入组队或者取消。

22. 智趣出行–紧急救援

（1）功能简介。

在紧急或危险的情况下，用户可以使用紧急救援服务寻求帮助。

（2）产品亮点。

危急情况，用户可以寻求援助，在线服务专员提供专业帮助，即时缓解焦虑；

用车安全后顾无忧，大众关爱总会伴随用户最需要的时刻，即时保障生命安全。

（3）操作说明。

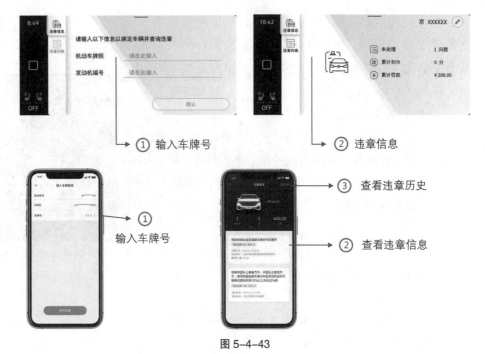

① 输入车牌号　　② 违章信息

③ 查看违章历史

① 输入车牌号　　② 查看违章信息

图 5-4-43

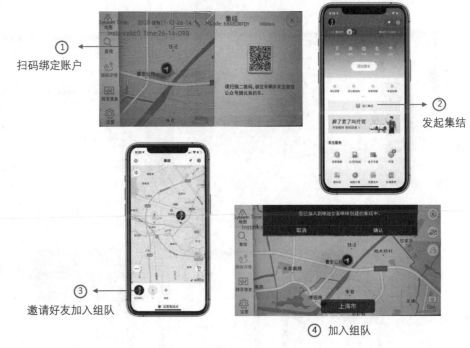

① 扫码绑定账户　　② 发起集结

③ 邀请好友加入组队　　④ 加入组队

图 5-4-44

当用户遭遇紧急情况时，可以触摸天窗控制按键旁的紧急呼叫按键，车辆将建立与紧急救援呼叫中心的通话，专业座席将全年 7×24 小时提供专业救援服务，根据用户情况提供专业指导或呼叫公共救援机构，如图 5-4-45 所示；

用户遭遇事故车辆气囊弹出后，车辆会自动将车辆位置等车辆信息发送至紧急救援呼叫中心，座席将第一时间为用户联系公共救援机构前往事故地点进行救助。

23. 智趣出行 – 维保预约

（1）功能简介。

根据车辆数据，智能地向用户进行保养提醒，用户可选择车机或手机完成线上预约。

（2）产品亮点。

智能推送保养提醒，提供保养规范推荐；

智能经销商排序规则，便捷预约维保服务；

订单状态全程跟踪，工单状态实时展示。

（3）操作说明。

在车机或手机上查看保养提醒，如图 5-4-46 所示；

在车机或手机上填写信息，完成维保预约；

预约成功后，查看预约记录；

进店后使用 APP 实时查看工单状态；

维保完成后，查看维保记录。

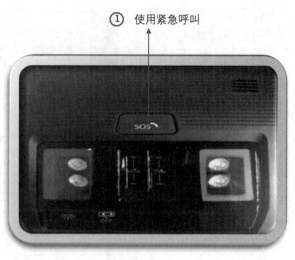

图 5-4-45

① 查看保养提醒　② 填写信息完成预约　③ 查看预约历史　④ 查看工单状态　⑤ 查看维保记录

图 5-4-46

24. 智趣出行 – 开机播报及天气

（1）功能简介。

车辆启动后，车机会个性化问候车主，并语音播报天气、交通限行、交通违章等信息。

（2）产品亮点。

主动查询天气、限行、违章信息，个性化语音提醒用户；

精准查询 7 天和 24h 时段天气，恶劣天气及时预警；

洗车、户外、旅游等生活指数，指导用户合理安排出行。

（3）操作说明。

定位目的城市查询天气，如图 5-4-47 所示；

点击 24h，可查询全天不同时段天气；

点击 7 天，可查一周天气与气温概况；

点击生活指数，可查询洗车、着装、运动、旅游等指数；

恶劣天气主动预警。

25. 智趣出行 – 消息推送

（1）功能简介。

根据用户画像，将用户所需信息通过多样化的渠道精准推送给用户。

（2）产品亮点。

新车上市、保养套餐、折扣优惠等消息精准推送；

车机通知消息一键语音播报，避免干扰，守护行车安全；

商城物流、圈友互动消息及时提醒。

（3）操作说明。

点击品牌页右上方信息按钮，进入消息中心，如图 5-4-48 所示；

在车机端小喇叭可进行语音播报；

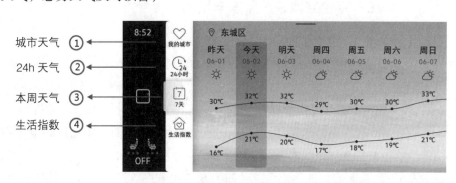

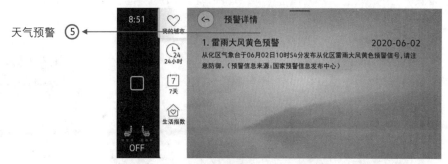

图 5-4-47

图 5-4-48

点击查看详情，可跳转预先配置的 H5 网页；

对单独信息可左滑选择删除。

第五节 空调系统

一、MEB 平台空调系统原理与结构

（一）ID.4X 空调和热泵

ID.3 以及模块化电驱动平台的以下版本提供两种不同的空调方案。标准版提供 1 区全自动空调。它可以通过软件更新升级为 2 区全自动空调（自 2021 年春季起提供"We upgrade"）。视装备系列而定，2 区全自动空调既可以作为标配装备，也可以在订购时作为选装装备购买。这两种版本均具有采用旧式 R1234yf 制冷剂的制冷剂循环回路。它们在制冷剂循环回路中通过高电压蓄电池热交换器实现蓄电池冷却功能。这也被称为"冷却器"。作为用于优化续驶里程的选装装备，首次在 ID.3 中提供采用二氧化碳（CO_2 或 R744）作为制冷剂的热泵系统，如图 5-5-1 和图 5-5-2 所示。该版本在 ID.3 中仅作为 2 区全自动空调提供。热泵系统始终配备蓄电池冷却系统，相反，也将来自牵引蓄电池、牵引机、功率电子系统和车载充电机的余热用作热源。

图 5-5-1

图 5-5-2

（二）空调系统原理

1. 制冷空调系统

如图 5-5-3 所示。

2. 热泵空调系统

如图 5-5-4 所示。

（三）R744 制冷剂优势

ID.3 中以 R744 作为制冷剂的热泵系统在同类产品中具备独有特征。原则上可以认为，当车外温度降至 0℃ 以下的温度越低，采用不同制冷剂的热泵系统之间的"性能差距"就越大。与配备全自动空调的 ID.3 相比，热泵的优势在于将续驶里程提高了 30%。

1. 续驶里程对比

图 5-5-5 中的三个环分别表示：

（1）传统全自动空调。

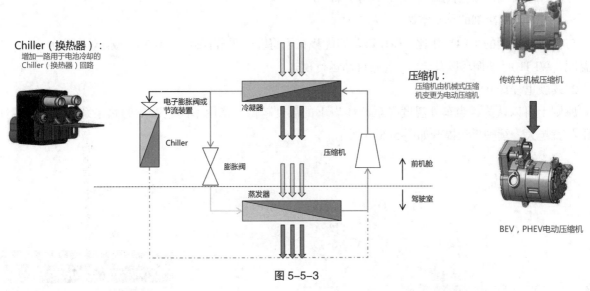

Chiller（换热器）:
增加一路用于电池冷却的
Chiller（换热器）回路

电子膨胀阀或
节流装置

Chiller

冷凝器

膨胀阀

蒸发器

压缩机

前机舱

驾驶室

压缩机:
压缩机由机械式压缩
机变更为电动压缩机

传统车机机械压缩机

BEV，PHEV电动压缩机

图 5-5-3

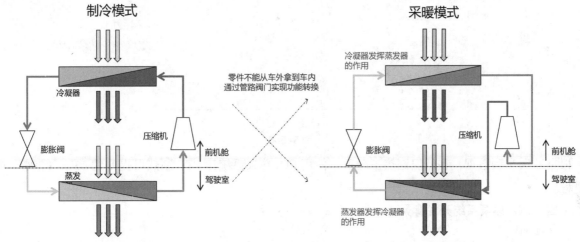

制冷模式

冷凝器

膨胀阀

蒸发

压缩机

前机舱

驾驶室

零件不能从车外拿到车内
通过管路阀门实现功能转换

采暖模式

冷凝器发挥蒸发器
的作用

膨胀阀

压缩机

前机舱

驾驶室

蒸发器发挥冷凝器
的作用

空调系统制冷时可将热量从车内搬运到车外；
是否可以在冬季系统反用，实现热量从车外到车内搬运？

热泵系统通过管路和阀门实现反向转换，
在冬季将车外的热量搬运到车内，实现车内采暖。
消耗1kW功可搬运2~3kW的热量

图 5-5-4

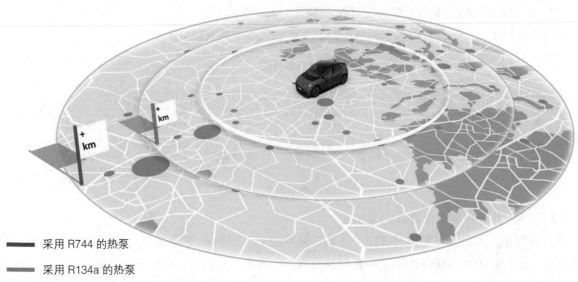

+
km

+
km

━━━ 采用 R744 的热泵

━━━ 采用 R134a 的热泵

图 5-5-5

（2）R134a 制冷剂的热泵空调（不用于 MEB）。

（3）R744 制冷剂的热泵空调。

与全自动空调的 ID.4X 相比，CO_2 热泵的优势在于将续驶里程提高了 30%。数值对比基于 –7℃ 的车外温度、WLTP 行驶循环以及 22 ℃ 空调自动运行模式。

2. 续驶里程提升

原则上可以认为，当车外温度降至 0℃ 以下的温度越低，采用不同制冷剂的热泵系统之间的"性能差距"就越大。续驶里程提升如图 5-5-6 所示。

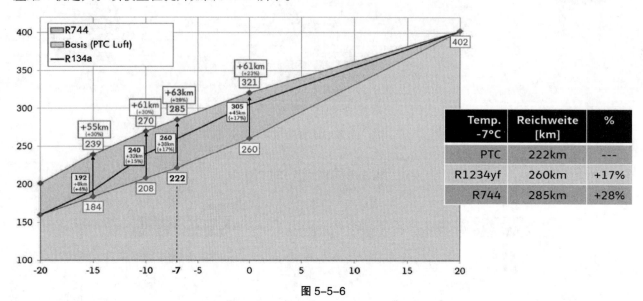

图 5-5-6

根据欧洲车型数据，在低温制热工况下，使用 CO_2 热泵系统比 PTC 制热可提升约 63km（30%）的续航里程。

（四）CO_2 热泵系统开发背景

1. 环保要求

（1）蒙特利尔议定书——基加利修正案。

2016 年 11 月蒙特利尔议定书第 28 次缔约方大会中，各缔约方一致通过《基加利修正案》；汽车空调制冷剂 R134a 被列入《基加利修正案》限控清单。

（2）R134a 在全球范围内的禁用时间表（如图 5-5-7 所示）。

各国逐步禁用 R134a 作为汽车空调制冷剂，主要替代制冷剂 R1234yf 或 CO_2。

各国制冷剂禁用时间图

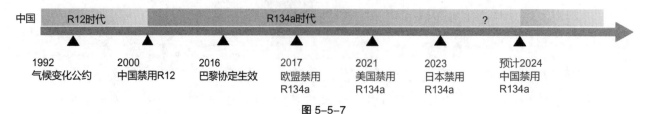

图 5-5-7

2. 制冷剂对比——是最合适的应用方向

到目前为止，大众汽车使用过 R12（二氯二氟甲烷）、R134a（四氟乙烷）和 R1234yf（四氟丙烯）这几种制冷剂。大众 ID.3 则使用了一种新型制冷剂，也就是二氧化碳。其化学分子式为 CO_2 并采用 R744 命名。它既不含氟也不含氯，而是通过一系列自然过程生成的。二氧化碳不会破坏地球的臭氧层，制冷剂对比如表 5-5-1 所示。

表 5-5-1

项目		R134a	R744	R1234yf		R410
环保性	全球变暖系数	1430	1	4		1730
	臭氧系数	0	0	0		0
燃烧性		不燃	不燃	弱可燃		不燃
生物毒性	消费用户	无毒	无毒	燃烧后有毒		无毒
回收要求		需回收	无须回收	需回收		需回收
成本		20 元 / 辆	0.5 元 / 辆	500 元 / 辆		30 元 / 辆
工作压力		3MPa	14MPa	3.4MPa		4.2MPa
制冷性能		V	有待提高	略低于 R134a		V
制热性能		低温性能较差	性能强项	低温性能差		V
专利		已过保护期	无	在保护期内		已过保护期
供应商		国内有	国内有	霍尼韦尔；杜邦垄断		国内有

优点　　　　待克服　　　　缺点

（五）CO_2 制冷剂 R744

1. 物质特性

二氧化碳是一种无色的不易燃气体，与其他元素结合后具有化学惰性。二氧化碳比空气重。它是自然界中存在的物质，并且可以低成本获得。如果制冷剂循环回路中出现泄漏，可以顺利将其排放到自然材料循环中。二氧化碳能够以固态、液态、气态和超临界状态存在。但是，在汽车空调装置中只有气态、液态和超临界状态。与传统空调相比，采用二氧化碳的空调装置以高约 10 倍的压力运行。因此，制冷剂循环回路必须设计得更加密封，因为二氧化碳的分子比旧式制冷剂的分子更小。R744 制冷剂是一种自然物质，不受《物质封闭循环与废弃物管理法案》的约束。它允许被排放到环境中，并且无须在欧洲提供制冷剂化学证明。使用纯度至少为 3.0（99.9%）或更高的制冷剂。含水量必须小于 10 ppm。物质特性如表 5-5-2 所示。

表 5-5-2

特征	R744	R134a
化学分子式	CO_2	$C_3H_2F_4$
化学名称	二氧化碳	四氟丙烯
沸点(在 100 kPa 的绝对压力下)	−78.7℃	−29.5℃
临界点	30.980℃ / 7375 kPa	94.7℃ / 3382 kPa
温室效应（GWP 值）	系数 1	比二氧化碳约高 4 倍
制冷剂类型	自然	合成
易燃性	不易燃	易燃
颜色	无色	无色
气味	无固有气味	有微弱的固有气味

R134a 分子模型如图 5-5-8 所示。

R744 分子模型如图 5-5-9 所示。

2. 安全提示（如图 5-5-10 所示）

二氧化碳是一种天然气体，在大气中的含量为约 0.039%，无色、无味。

（1）液体快速蒸发可引起冻伤。

（2）二氧化碳比空气重约 1.5 倍，因此会在较低位置区域集聚（例如地坑）。空气流动弱时，可以停留多个小时。

（3）二氧化碳被认为是无毒的，但是如果我们呼吸的空气中含有的二氧化碳浓度较高：

浓度 3%~5% 时，会引起头痛、头晕、麻木、嗜睡和恶心；

浓度超过 5% 时，会失去协调能力和丧失意识；

浓度超过 8% 时，会导致呼吸停止和死亡。

图 5-5-8

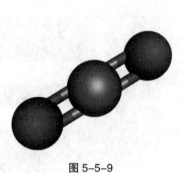
图 5-5-9

图 5-5-10

3. 物质特性曲线

物质特性曲线如图 5-5-11 所示。

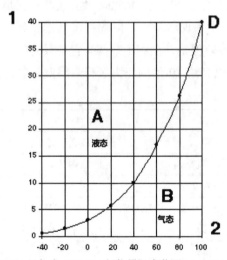

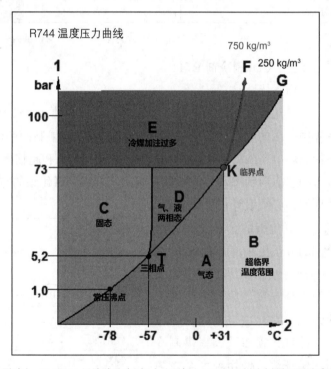

A.R744 呈气态　B.R744 超临界温度范围　C.R744 呈固态（干冰）　D.R744 呈液态和气态时（两相）　E.车辆制冷剂循环回路中不允许的压力范围加注密度大于250 kg/m³　F.在加注密度为750 kg/m³时 R744 的压力曲线，相当于注满了的发货瓶的加注密度　G.在加注密度为250 kg/m³时R744 的压力曲线，相当于根据规定加注的制冷剂循环回路的加注密度　K.临界点，在该温度之上，液体和气体之间不再分离，压力随着加注密度变化而变化　T.三相点，制冷剂 R744 在该压力和温度点可以同时呈固态（干冰）、液态和气态

图 5-5-11

4. 超临界状态

（1）定义。

温度及压力均处于临界点以上的状态叫超临界状态。

（2）性质。

超临界流体介于气态液态之间，基本上仍是一种气态，但又不同于一般气体，是一种稠密的气态。其密度比一般气体要大数百倍，与液体相近。其黏度比液体小数百倍，而扩散速度比液体大数百倍，因此具有较好的流动性和传递性能。制冷剂 R744 的临界点为 31.1℃。因此，该温度开始以上制冷剂 R744

在超临界范围内工作。冷凝器中的制冷剂在超临界范围内不再液化，而是仅冷却。但是，在汽车空调装置中只有气态、气液两相态和超临界状态。在气压达到 7380 kPa 且温度达到 31.1 ℃之前，制冷剂 R744 既是气态也是液态。在临界温度（和临界压力）之上，液体和气体之间不再有区别。

5.温度压力表（静态）（如表 5-5-3 所示）

如果超出加注密度，则制冷剂循环回路中的静止压力大幅上升，过压排放阀打开，直至达到允许的制冷剂循环回路中的静止压力（在加注密度为 400 kg/m³ 时，静

表 5-5-3

温度（℃）	不同加注密度下的 R744 压力（bar）				
	200kg/m³	225kg/m³	250kg/m³ 标准加注密度	300kg/m³	饱和蒸汽压力
−10	26	26	26	26	26
−5	30	30	30	30	30
0	35	35	35	35	35
10	45	45	45	45	45
15	51	51	51	51	51
20	57	57	57	57	57
25	64	64	64	64	64
30	67	68	70	70	72
31.1	67	68	70	72	74
35	68	71	73	75	超临界状态
40	71	74	77	82	
50	76	82	85	92	
60	82	88	92	102	
70	88	97	100	111	
80	94	102	108	121	
90	99	107	116	130	

止压力在 80℃环境温度下就已经升高至 14400 kPa）。注：ID.4X 热泵 CO_2 系统有气态、两相和超临界状态。相态与温压以及系统充注量，系统内容积有关。ID.4X 的冷媒循环系统在静态下，当外温高于 25℃是纯气态，低于 25℃是气液两相。

（1）在达到临界温度之前，如空调管路内的制冷剂处于饱和蒸汽状态，则压力和温度之间存在特定关系，且与加注密度无关。

（2）如制冷剂的温度高于临界温度，则空调管路内的压力还将随着加注密度变化而变化。

（六）空调制冷回路结构

1.ID.4X——R134a 普通空调系统（带高压电池冷却回路）

如图 5-5-12 所示。技术参数如表 5-5-4 所示。

表 5-5-4

名称	原理图	电路图
冷媒压力温度传感器	P/T	G395
冷媒高压压力传感器	P	G805
电子膨胀阀	EXV	N636
机械膨胀阀	TXV	/
冷媒截止阀	ASV	V424

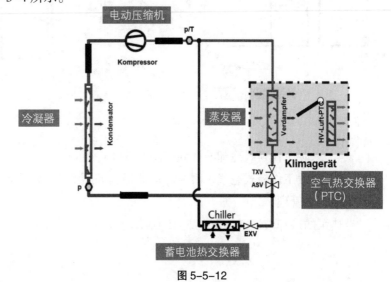

图 5-5-12

2.ID.4X——R744 热泵空调系统（带高压电池冷却回路）

（1）制冷工作模式如图 5-5-13 所示。技术参数如表 5-5-5 所示。

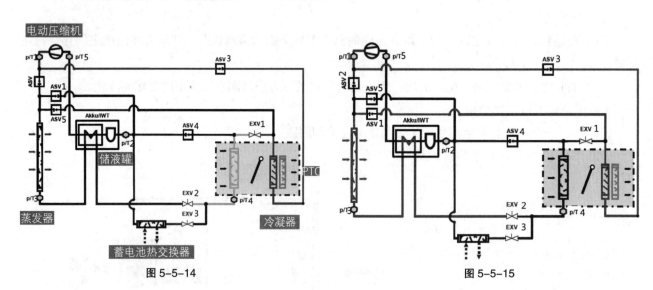

制冷工作模式

图 5-5-13

表 5-5-5

名称	原理图中的对应符号	电路图中的对应符号
制冷剂膨胀阀 1	EXV1	N636
制冷剂膨胀阀 2	EXV2	N637
制冷剂膨胀阀 3	EXV3	N638
制冷剂断流阀 1	ASV1	N696
制冷剂断流阀 2	ASV2	N640
制冷剂断流阀 3	ASV3	N641
制冷剂断流阀 4	ASV4	N642
制冷剂断流阀 5	ASV5	N643
制冷剂压力和温度传感器 1	P/T1	G395
制冷剂压力和温度传感器 2	P/T2	G826
制冷剂压力和温度传感器 3	P/T3	G827
制冷剂压力和温度传感器 4	P/T4	G828
制冷剂压力和温度传感器 5	P/T5	G829

（2）采暖工作模式如图 5-5-14 所示。

（3）制冷工作模式 + 再加热如图 5-5-15 所示。

图 5-5-14

图 5-5-15

（4）采暖工作模式冷却液降温如图 5-5-16 所示。

（5）采暖工作模式空气采暖 + 冷却液降温如图 5-5-17 所示。

（七）热管理

带热泵的冷却液回路如图 5-5-18 所示。

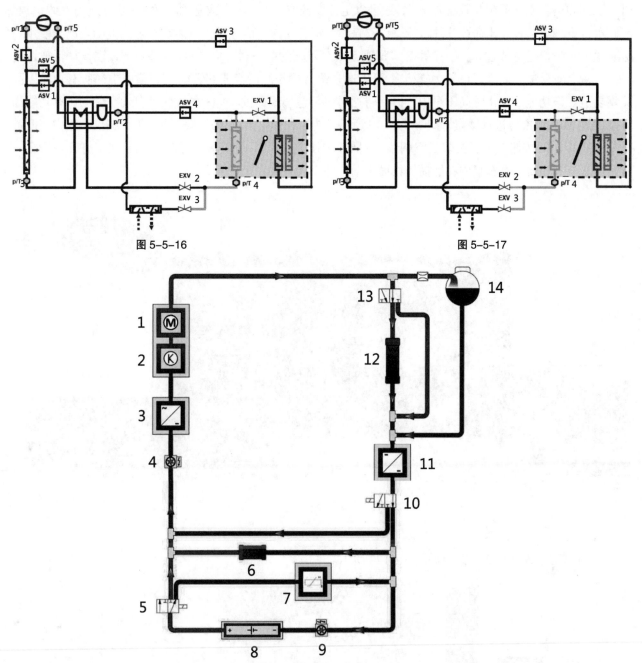

图 5-5-16

图 5-5-17

1.三相电流驱动装置V663 2.电驱动系统的功率和控制电子装置JX1 3.高压蓄电池 AX4 充电单元1 4.低温回路冷却液泵 V36（J623驱动） 5 .蓄电池预热混合阀 V683（J840驱动） 6 .冷凝器热交换器 7. PTC 加热元件3 Z132 8. 高压蓄电池1 AX2 9. 高压蓄电池冷却液泵 V590（J840驱动） 10. 蓄电池预热混合阀2 V696（J840驱动） 11.电压转换器 A48 12. 发动机冷却液散热器 13.节温器 14. 冷却液膨胀罐

图 5-5-18

二、ID.4X 空调和热泵

（一）ID.4X 全自动空调

1.操作

ID.3 中显而易见的操作可以选择全新的自然语音操作。该系统可以简单地通过说出"你好，ID. …"（唤醒命令）或方向盘上的语音按钮来激活。例如，接着 ID.3 回答"在呢，请讲？"和"您想做什么"，并针对诸如"我感觉冷"的直接语音命令对 2 区全自动空调进行相应调节。新的数字麦克风不仅完善了语音识别和语音质量（在电话通话时），还可以定位发音位置（驾驶员或副驾驶员）。由于支持在线识别，因此可以更加灵活地发出命令，并且能够以"自然"语音输入。语音操作只能在有限的范围内离线使用。除非温度预设值过低或过高，否则针对"我感觉冷 / 我感觉热"这样的语音命令会将预设温度调低或调高1 开尔文。随后温度会重新设置为 22℃。可以通过语音操作激活经典和智能空调菜单中的所有功能以及除霜功能。该功能在上市时尚不可用，以后将通过更新包形式提供。1 区和 2 区全自动空调的所有功能都可以通过 MIB 触摸屏进行操作，如图 5-5-19 所示。为了快速、准确地进入空调菜单，在仪表板中间配备了一个直接访问按钮。由于更改了空调菜单引导，因此除霜和后窗玻璃加热功能集成在车灯和视野区。所有的车灯和视野功能都集中在触摸操作面板上，便于驾驶员轻松访问。

语音操作 – "你好，ID. …"
作为唤醒命令用于激活功能

车灯和视野区 – 照明操作单元 EX31

直接访问按钮 – 中间仪表板开关模块 E791

图 5-5-19

（1）在 MIB 屏上操作的 3 个菜单。

在 MIB 屏上操作的 3 个菜单如图 5-5-20 所示。

冰晶符号作为
薄冰警告
（当环境：4 ~ 6℃时）

智能空调菜单中的 2 个新功能：
·快速加热
·快速冷却

1：经典空调菜单（1 区或 2 区全自动空调）

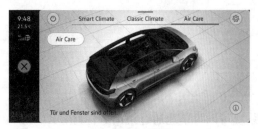

3：Air Care 菜单

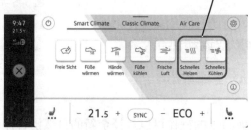

2：智能空调菜单 / 扩展的自动功能

图 5-5-20

在 MIB 屏上操作的 3 个菜单如图 5-5-21 所示。

---

1. "经典空调"菜单中，ID.4X 驾驶员可以在触摸屏上找到旧式空调按钮和功能。

   如果全自动空调系统处于"关闭模式"，则可以通过 ON/OFF 功能或通过车灯和视野区的除霜按钮进行激活。

---

2. 在"智能空调"菜单中，有 7 项功能，始终只有一项功能可以处于激活状态。

   ① 清晰视野（Defog windows）　　　　⑤ 新鲜空气（Fresh air）
   ② 加热脚部（Warm my feet）　　　　 ⑥ 快速加热 *（Rapid heating）
   ③ 加热手部（Warm hands）　　　　　 ⑦ 快速冷却（Rapid cooling）
   ④ 冷却脚部（Cool my feet）

   * 该功能仅在配备热泵的车辆上可用

---

3. 在"Air Care"菜单中打开或关闭该功能。

   同时界面还会显示有关 Air Care 运行的说明，例如车窗打开或空调关闭。

图 5-5-21

"智能空调"菜单中，有 7 项功能如图 5-5-22 所示。

①清晰视野（Defog windows）	⑤新鲜空气（Fresh air）
根据需要增加吹向前窗玻璃的空气量	增加空气量（不更改气流分配）
根据需要提高出风口温度	降低出风口温度
通过降低蒸发器温度来加强空气干燥	
②加热脚部（Warm my feet）	从（自动或手动）车内空气循环运行模式切换到新鲜空气运行模式（在"新鲜空气"功能激活状态下手动激活车内空气循环运行模式，将退出该功能）
增加吹入脚部空间的空气量	
提高出风口温度	
③加热手部（Warm hands）	⑥快速加热
增加吹向人员的空气量	在不考虑节省能源的前提下，通过空调装置中的 PTC 空气加热器以 6kW 的功率提供最大的加热功率
提高出风口温度	
④冷却脚部（Cool my feet）	⑦快速冷却
增加吹入脚部空间的空气量	在不考虑节省能源的前提下，提供 AC 系统的最大冷却功率
降低出风口温度	

图 5-5-22

（2）有关空调的 ID.4X 驾驶舱提示信息。

空调故障 - 请前往售后服务特约维修站：黄色图标 /1 声长信号音，如图 5-5-23 所示。

通过车窗给车辆通风：黄色图标 /1 声长信号音。

通过车窗给车辆紧急通风或离开车辆：红色图标 /3 声短信号音并重复。

一般空调提示信息：车辆过热！必须调节温度，白色图标 / 无信号音。

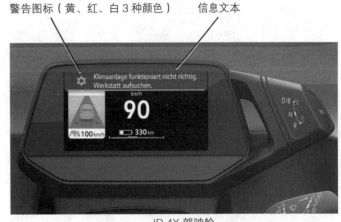

ID.4X 驾驶舱

图 5-5-23

有关空调的 ID.4X 驾驶舱提示信息含义如图 5-5-24 所示。

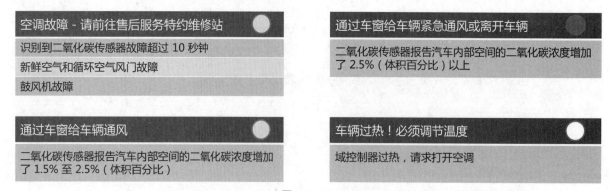

空调故障 - 请前往售后服务特约维修站 ●
识别到二氧化碳传感器故障超过 10 秒钟
新鲜空气和循环空气风门故障
鼓风机故障

通过车窗给车辆紧急通风或离开车辆 ●
二氧化碳传感器报告汽车内部空间的二氧化碳浓度增加了 2.5%（体积百分比）以上

通过车窗给车辆通风 ◐
二氧化碳传感器报告汽车内部空间的二氧化碳浓度增加了 1.5% 至 2.5%（体积百分比）

车辆过热！必须调节温度 ◑
域控制器过热，请求打开空调

图 5-5-24

2. 安装位置

（1）加热和空调装置控制单元 J979。

车内温度传感器位于中间出风口和中控台储物箱之间的中央位置。数据通过 LIN 总线系统传输到控制单元。加热和空调装置控制单元 J979 位于仪表板下方空调装置右侧（左置方向盘汽车），如图 5-5-25 所示。

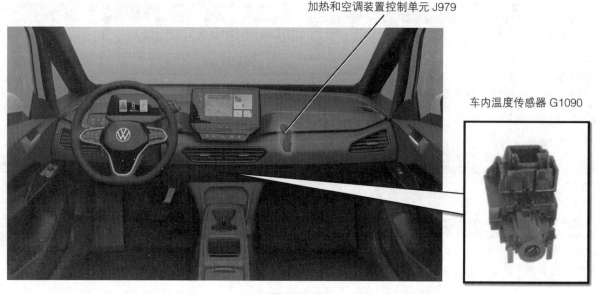

加热和空调装置控制单元 J979

车内温度传感器 G1090

图 5-5-25

拆卸控制单元前，必须先拆下手套箱。然后可以用拆卸楔（例如 3409）将控制单元从支架上松开并拉出，如图 5-5-26 所示。插图和放大镜的视图旋转了 180°。放大镜视图是从发动机舱的方向看控制单元。

（2）空调装置空气湿度传感器 G260 和雨量光线传感器 G397。

空调装置空气湿度传感器 G260 和雨量光线传感器 G397 安装位置如图 5-5-27 所示。

（3）仪表板集成部分气流分配导管优化噪音。

仪表板集成部分气流分配导管优化噪音如图 5-5-28 所示。

3.R134a/R744 加热和空调装置

（1）进气箱 + 分配箱的 2 部分分体结构。

进气箱 + 分配箱的 2 部分分体结构如图 5-5-29 所示。

定位凸缘

J979

图 5-5-26

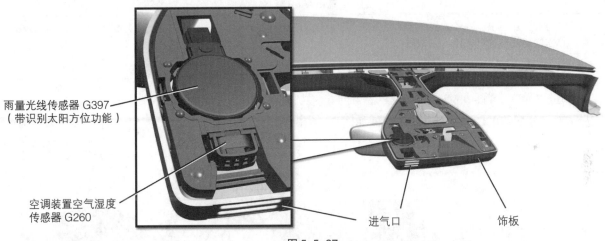

雨量光线传感器 G397
（带识别太阳方位功能）

空调装置空气湿度
传感器 G260

进气口

饰板

图 5-5-27

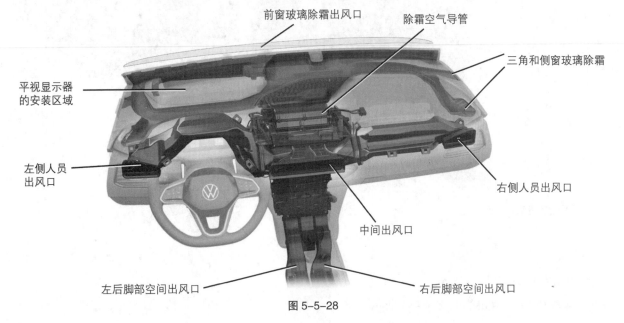

前窗玻璃除霜出风口

除霜空气导管

三角和侧窗玻璃除霜

平视显示器
的安装区域

左侧人员
出风口

右侧人员出风口

中间出风口

左后脚部空间出风口

右后脚部空间出风口

图 5-5-28

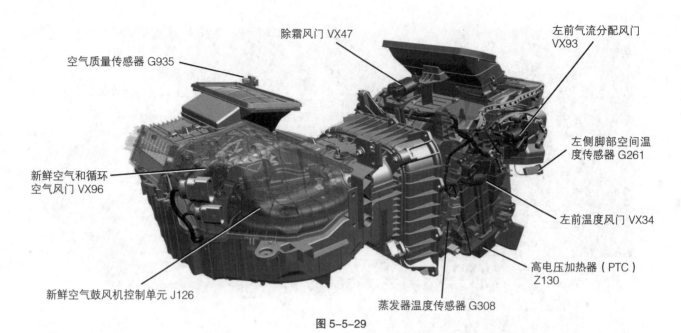

图 5-5-29

（2）风门的工作范围如表 5-5-6 所示。

表 5-5-6

风门名称	左前温度风门 VX34	除霜风门 VX47	左前气流分配风门 VX93	新鲜空气和循环空气风门 VX96	右前气流分配风门 VX94	右前温度风门 VX35
工作范围	180°	120°	340°	340°	340°	180°

（3）进气箱 + 分配箱的 2 部分分体 / 密封件。

进气箱 + 分配箱的 2 部分分体 / 密封件如图 5-5-30 所示。

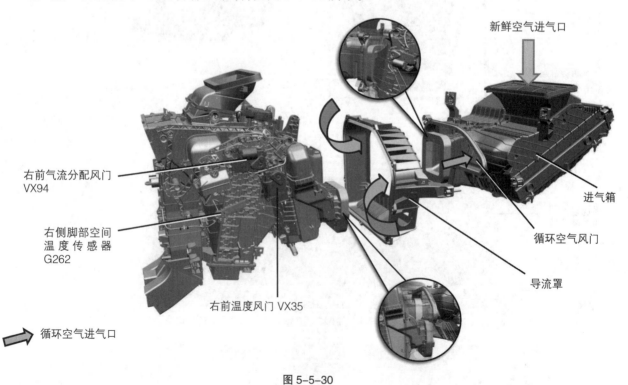

图 5-5-30

（4）R744 冷却 / 加热部件。

R744 冷却 / 加热部件如图 5-5-31 所示。

886

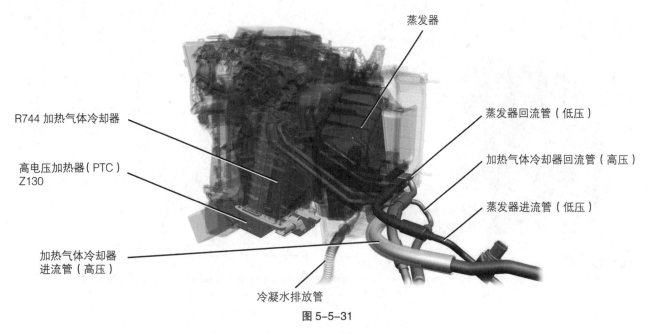

图 5-5-31

（5）高电压加热器（PTC）Z130- 空气。

高电压加热器（PTC）Z130- 空气如图 5-5-32 所示。

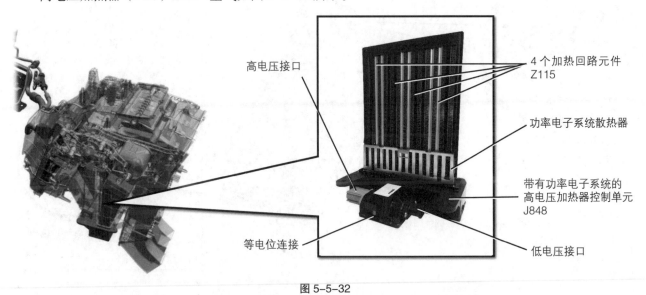

图 5-5-32

（6）高电压加热器（PTC，Z130）安装与工作特性。

高电压加热器从右侧（副驾驶员侧）被推入到空调装置中并固定。PTC 加热器的工作功率为 0~6kW。通过空调控制单元以 1% 的步幅逐步控制。只有在非常寒冷的日子且蓄电池管理系统发布电流许可时，才能达到 6kW 的最大加热功率。在配备热泵的车辆中，高电压加热器充当辅助加热器。

（7）车内二氧化碳含量传感器 G929 安装位置。

车内二氧化碳含量传感器 G929 安装位置如图 5-5-33 所示。

（8）车内二氧化碳含量传感器 G929 结构。

车内二氧化碳含量传感器 G929 结构如图 5-5-34 所示。三个连接触点被分配给接线端 30/31，中间被分配给 LIN 总线 2。信息从传感器传输到空调控制单元，然后再传输到 ICAS 1（车载应用服务器）。

（9）车内二氧化碳含量传感器 G929 功能原理。

车内二氧化碳含量传感器 G929 功能原理如图 5-5-35 所示。入射辐射强度越低，汽车内部空间的二氧化碳浓度越高。

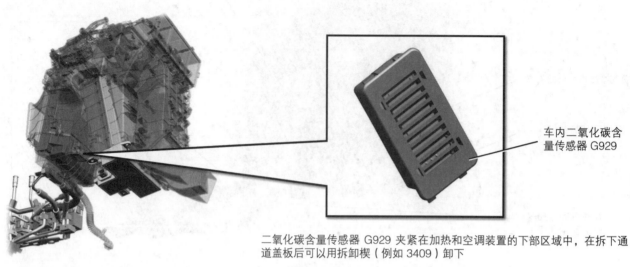

车内二氧化碳含
量传感器 G929

二氧化碳含量传感器 G929 夹紧在加热和空调装置的下部区域中，在拆下通
道盖板后可以用拆卸楔（例如 3409）卸下

图 5-5-33

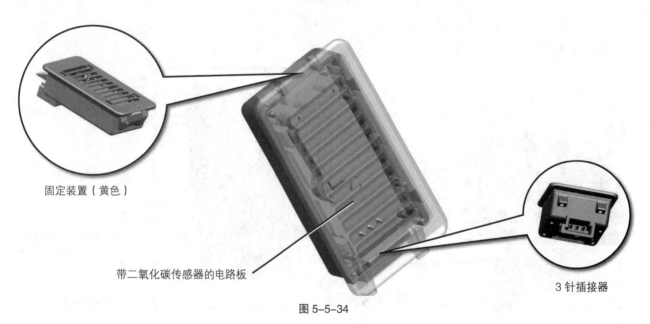

固定装置（黄色）

带二氧化碳传感器的电路板

3 针插接器

图 5-5-34

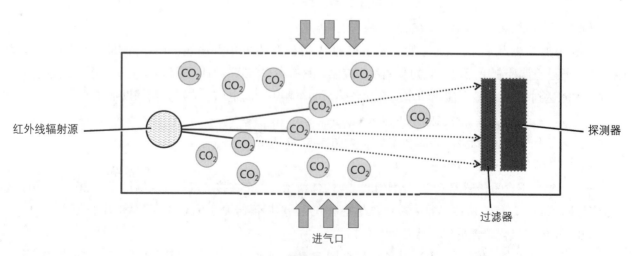

红外线辐射源

探测器

过滤器

进气口

图 5-5-35

传感器采用 NDIR（非色散红外）吸收法进行工作。红外线辐射在测量通道中从 IR 源射向过滤器和探测器。每个气体分子都具有吸收特定波长的特性。对于二氧化碳，波长为 $4.3\mu m$。光学过滤器对探测器的测量信号进行清晰化处理，从而使其可以更有针对性地测量特定波长的辐射强度。入射辐射强度越低，汽车内部空间的二氧化碳浓度越高。

（10）冷却/加热气流分配。

冷却/加热气流分配如图 5-5-36 所示。图 5-5-36 为加热和空调装置剖面图。进气口位于图中左侧。用作新鲜或循环空气的空气从车身前部进气箱进入并流过蒸发器。这里会根据需要将空气冷却并干燥，然后在混合区与热空气混合并分配。空气可以在加热模式下通过高电压加热器、R744 加热气体冷却器或在组合运行模式下通过这两个部件加热到所需温度。

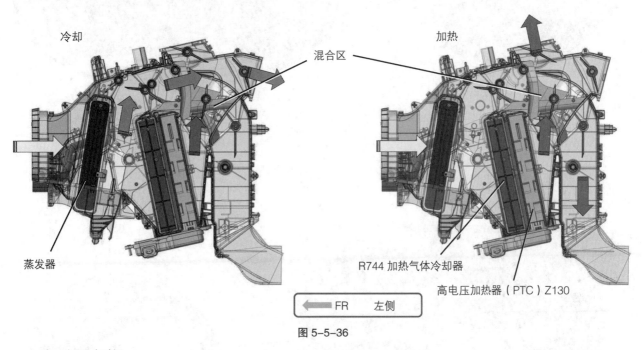

图 5-5-36

（11）进气箱。

进气箱如图 5-5-37 所示。新鲜空气鼓风机在车辆内仍用一个盖罩封闭（图 5-5-37 未画出）。新鲜空气鼓风机由电机 V2 和新鲜空气鼓风机控制单元 J126 组成（深蓝色）。新鲜或循环空气由鼓风机从下方通过相应的进气口和汽车内部空间过滤器吸入，然后在壳体中被压入汽车内部空间的分配箱中。整个进气箱位于"发动机舱"前部。该安装位置增加了汽车内部空间的噪音舒适度。4 针电气接口：

接线端 31 针脚 A1 连至轮罩左前接地点；

针脚 A2 未占用；

接线端 30 针脚 A3 通过保险丝架 C 上的保险丝 SC1（30A）；

LIN 总线针脚 A4 连至加热和空调装置控制单元。

（12）汽车内部空间过滤器。

汽车内部空间过滤器结构如图 5-5-38 所示。根据不同国家版本，可以安装一个或两个汽车内部空间过滤器。粉尘及花粉过滤器的盖板可以解锁并取下，然后可以更换过滤器。进气箱中的过滤器支架用于安装两个过滤器。在欧洲，仅安装一个带有过敏源涂层的过滤器。目前仅在中国安装两个过滤器。其中一个过滤器是活性炭过滤器，另一个是标准滤芯。

过滤器版本：

活性炭过滤器（仅适用于中国）；

颗粒过滤器（仅适用于中国）；

适用于全球所有其他国家的 AirCare 过敏源过滤器。

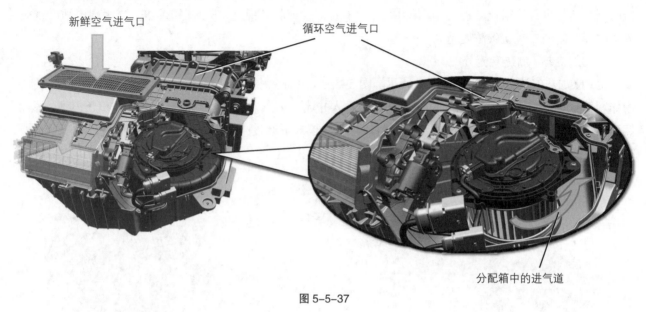

图 5-5-37

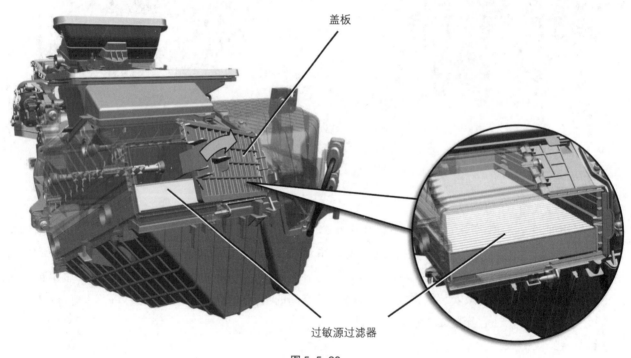

图 5-5-38

4. 散热器卷帘

散热器卷帘 100% 内置在模块化电驱动平台中。它位于冷却液散热器和冷凝器（R134a）或车前部气体冷却器（R744）之间，如图 5-5-39 所示。在关闭状态下，卷帘改善了车辆的空气阻力系数。空调 / 热泵的要求 / 电机或蓄电池的冷却要求，以 4 种不同的调节速度移动到工作路径的 2%~98% 之间的位置。在正常运行状态下，卷帘从顶部到底部的完整移动过程大约持续 40s。如果将 "紧急冷却要求" 发送到散热器卷帘，则织物杆的转速可以从 8 r/min 提高到 9 r/min。驱动电机可以单独更换，并具有 4 针电气接口（针脚 3 未占用）。更换后，必须重新初始化电机，以匹配 0 和 100% 限位位置。针脚 1= 接地，针脚 2=LIN 总线 2.0，针脚 3= 未占用，针脚 4=12V。

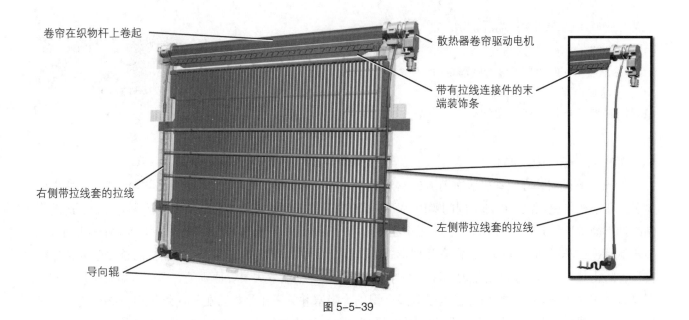

卷帘在织物杆上卷起 ——————— 散热器卷帘驱动电机

带有拉线连接件的末端装饰条

右侧带拉线套的拉线

左侧带拉线套的拉线

导向辊

图 5-5-39

（二）采用 R134a 的全自动空调

（1）采用 R134a 作为制冷剂的标准装备概述。

采用 R134a 作为制冷剂的标准装备概述如图 5-5-40 所示。

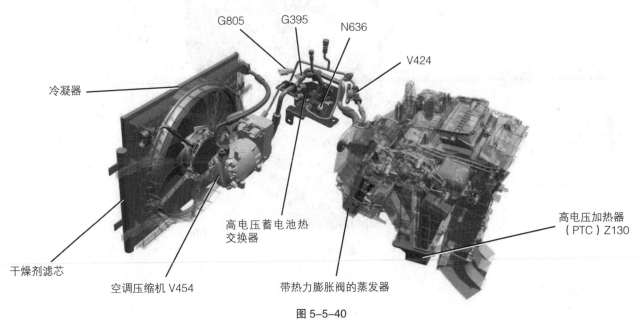

G805 G395 N636

V424

冷凝器

高电压加热器（PTC）Z130

干燥剂滤芯

高电压蓄电池热交换器

空调压缩机 V454

带热力膨胀阀的蒸发器

图 5-5-40

（2）带蓄电池冷却系统的制冷剂循环回路装有下列零件，如图 5-5-41 和图 5-5-42 所示。

电动膨胀阀 N636： ←——————— 电动膨胀阀控制高电压蓄电池热交换器（冷却器）的冷却要求

- 电动空调压缩机 V454
- 空调压缩机控制单元 J842
- 干燥剂滤芯冷凝器
- 带热力膨胀阀的蒸发器
- 高电压蓄电池热交换器

图 5-5-41

加热和空调装置的制冷剂截止阀 V424：

- 制冷剂压力传感器 G805
- 制冷剂压力和制冷剂温度传感器 G395
- 高电压加热器（PTC）Z130
- 高电压加热器控制单元 J848

> 不启用 AC 运行模式，也可以在汽车内部空间实现蓄电池冷却，因为，冷媒截止阀通过打开和关闭控制流入蒸发器的制冷剂

图 5-5-42

（3）空调压缩机 V454。

电动压缩机安装在发动机舱右前方的额外支架上，空调压缩机 V454 结构如图 5-5-43 所示。这样减少了从压缩机传递到汽车内部空间的噪声。压缩机根据螺旋或涡旋原理工作。由于旋转螺旋的偏心运动，制冷剂不断被压缩并输送到中间。在这里会在高压作用下射出。所输送的制冷剂量通过压缩机转速调节。与机械活塞式压缩机不同的是，没有类似形式的防阻塞保护装置。机械活塞式压缩机的首要任务是保护皮带，防止其在压缩机损坏的情况下断裂并导致整个皮带驱动装置失灵。原则上，涡旋压缩机不易阻塞。但是，如果轴不再旋转，则压缩机电子装置会识别为阻塞并关闭压缩机。更换压缩机后，必须使用汽车故障诊断仪执行"匹配空调压缩机"和"压缩机首次运行"功能。

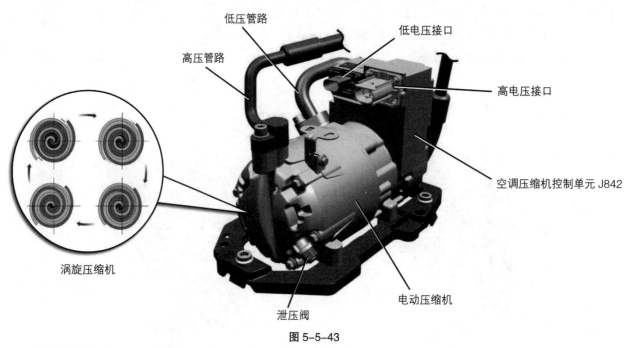

图 5-5-43

技术数据如表 5-5-7 所示。

表 5-5-7

排量	33cm³	额定输入电压	400V
制冷剂	适用于 R134a	功能性电压范围	195~470V
电机类型	永磁同步机	环境温度	在 -5~70℃范围内可以运行空调
最大电机功率	4.4kW	总注油量	120cm³ N052535A0（请始终遵守维修手册最新说明）
压缩机最大功率消耗	5.5kW	具有排放识别功能的泄压阀	排放压力约为 4100 kPa/ 关闭压力约为 36.4 kPa
功能性转速范围	600~8600 r/min		

（4）加热和空调装置的制冷剂截止阀 V424。

冷媒截止阀是一种电磁阀，断电时会打开，结构如图 5-5-44 所示。如果电磁线圈通电，则会关闭至空调装置蒸发器的制冷剂供给。由于无须通过蒸发器循环回路泵送不必要的制冷剂，因此可以优化蓄电池冷却阶段的能耗。滑阀箱上有一个箭头，用于定义流动方向和阀门的安装位置。

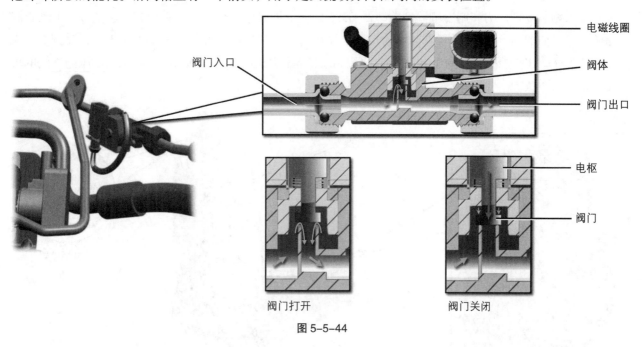

图 5-5-44

技术数据如表 5-5-8 所示。

（5）高电压蓄电池热交换器。

在电动汽车中，很少采用高电压蓄电池热交换器这种说法，而是采用"冷却器"术语这种表述（或叫"水冷器"）。它位于车身前部纵梁的右前方，如图 5-5-45 所示。热交换是在高电压组件的制冷剂循环回路和冷却液循环回路之间进行的。通过将该部件与电动膨胀阀 N636 组合使用，可以主动冷却高电压组件，例如牵引蓄电池、电驱动装置牵引电机、功率电子系统等。在不同运行模式下必须对蓄电池进行冷却。

表 5-5-8

工作电压	9～16V DC 之间
平均工作温度	-40~80℃

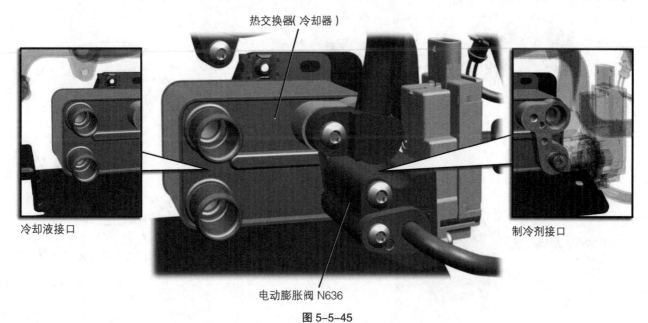

图 5-5-45

在充电且蓄电池温度高于 30℃ 时，会通过冷却器主动冷却。在行驶模式下，如果蓄电池温度高于 35℃，会通过冷却器主动冷却。

（6）电动膨胀阀 N636。

该电动膨胀阀与球阀类似。根据旋转角度，会有或多或少的制冷剂膨胀到高电压蓄电池热交换器中。在带有吸入侧制冷剂压力和制冷剂温度传感器 G395 的调节回路中，会针对每种冷却要求调节该电动膨胀阀的横截面，如图 5-5-46 所示。在 4 针插接器上仅占用了 3 个针脚。针脚 1 = 蓄电池正极，针脚 2 = 未占用，针脚 3 = LIN 总线 2.0，针脚 4 = 接地。阀门的工作压力被设计为 4500 kPa。高压和低压侧之间的可切换压差约为 30 kPa。

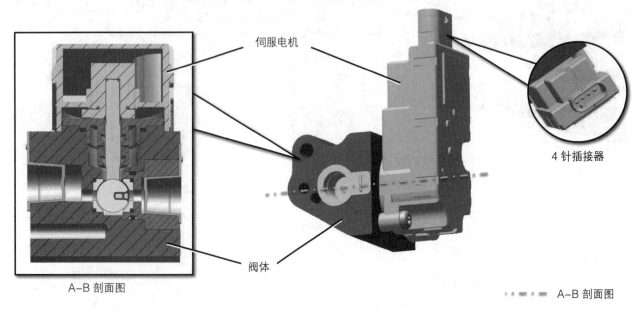

伺服电机

4 针插接器

阀体

A-B 剖面图

A-B 剖面图

图 5-5-46

（7）制冷剂压力传感器 G805。

制冷剂压力传感器与其他空调循环回路中的一样，结构如图 5-5-47 所示。正极和负极位于 3 针插接器上。LIN 总线导线则位于中间，它通过汽车内部空间的右下连接位置与加热和空调装置控制单元 J979

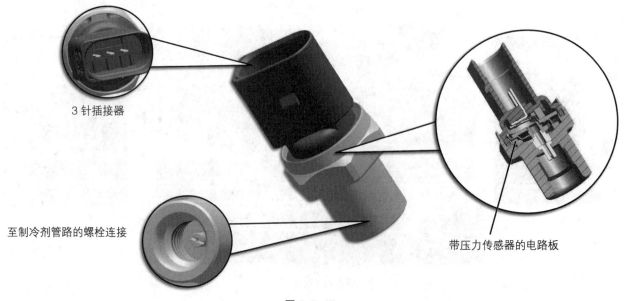

3 针插接器

至制冷剂管路的螺栓连接

带压力传感器的电路板

图 5-5-47

相连。传感器可以用工具头 T40284 这种专用工具拆卸和安装。管道接口中有一个止回阀，因此可以在不吸出制冷剂的情况下更换传感器。拧紧力矩：8 N·m。为此请始终遵守 ElsaPro 中的最新说明。

（8）制冷剂压力和制冷剂温度传感器 G395。

制冷剂压力和制冷剂温度传感器 G395 结构如图 5-5-48 所示。采用 R134a 作为制冷剂的 ID.4X 具有一个截止阀、一个电动膨胀阀和一个高电压蓄电池热交换器。因此制冷剂流量可以在汽车内部空间冷却系统和蓄电池冷却系统之间分配。为了能够通过高电压蓄电池热交换器满足高电压组件的所有冷却要求，必须将吸入侧的压力和温度作为调节系统的输入参数。因此，具有温度测量功能的第二压力传感器必不可少。传感器可以用工具头 T40284 这种专用工具拆卸和安装。管道接口中有一个止回阀，因此可以在不吸出制冷剂的情况下更换传感器。拧紧力矩：8 N·m。

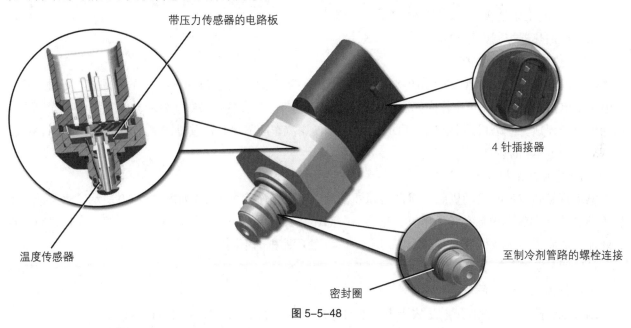

图 5-5-48

（三）采用热泵和 R744 的全自动空调

1. 采用 R744 的热泵概述

采用 R744 的热泵系统图如图 5-5-49 所示。

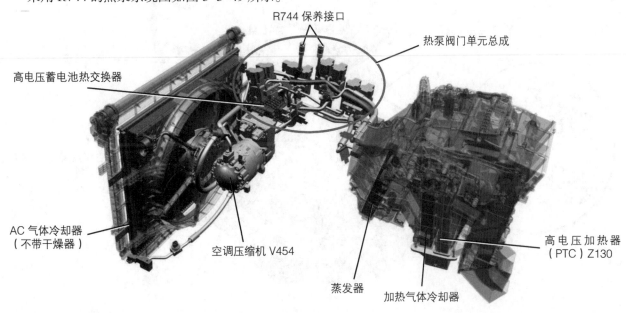

图 5-5-49

2. 用作热泵的制冷剂循环回路零件

用作热泵的制冷剂循环回路装有如下零件：

（1）空调压缩机 V454。

电动空调压缩机；

空调压缩机控制单元 J842。

（2）车头中的 AC 气体冷却器。

（3）蒸发器。

（4）空调装置中的加热气体冷却器。

（5）高电压蓄电池热交换器。

（6）高电压加热器（PTC）Z130。

高电压加热器控制单元 J848。

（7）热泵阀门单元总成。

热泵阀门单元总成包括：4 个由电动截止阀（ASV）和 / 或电动膨胀阀（EXV）的双阀体、各种管道、高电压蓄电池热交换器和可用作内部热交换器（IWT）的带干燥器的储液罐。注：热泵系统由 5 个压力和温度传感器评估。重新加注制冷剂循环回路后，必须使用汽车故障诊断仪重置二氧化碳制冷剂损耗计数器。

3. 采用 R744 的热泵

（1）空调压缩机 V454。

电动压缩机安装在发动机舱右前方的额外支架上，空调压缩机 V454 如图 5-5-50 所示。这样减少了从压缩机传递到汽车内部空间的噪声。此外，内部还装有一种消声器作为消声件。压缩机壳体进行了加固处理，从而进一步减小了产生的振动。用于 R744 的压缩机的不同之处在于：

壁厚明显更厚；

排量仅为 5.3cm^3，而不是 27cm^3；

制冷剂管路的接口几何形状适用于带有轴向密封块连接器的特殊 R744 连接技术；

R744 循环回路中的所有连接点均相同。

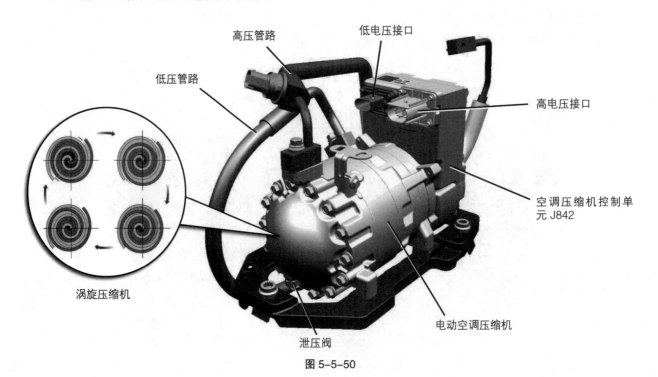

图 5-5-50

用于空调运行和热泵运行的制冷剂循环回路的设计使得压缩机不会直接抽吸液态制冷剂。安装在压缩机入口前面吸入侧的带干燥器的蓄电池（IWT）可确保液态部分被分离，并且只有蒸气含量符合规定（约90%）的气态制冷剂才能进入压缩机。运行过程中所需压力的调节非常复杂，它基于制冷剂循环回路中的大量压力和温度传感器以及热交换器后的空气温度传感器和汽车内部空间温度传感器。空调控制单元中的软件将据此计算压缩机的额定转速，并将该信息发送给压缩机电子装置，然后由其实现该要求。当车外温度为 20℃ 时，系统的静止压力约为 5700 kPa（CO_2 的饱和蒸汽压）。低压侧的最大压力被定义为 9000 kPa。高压侧的系统压力取决于运行模式；高压可以从外部进行调节（转速和膨胀阀位置），以使热泵以最佳状态运行。更换压缩机后，必须使用汽车故障诊断仪执行"匹配空调压缩机"和"压缩机首次运行"功能。

技术数据如表 5-5-9 所示。

（2）阀门单元总成。

阀门单元总成如图 5-5-51 所示。图例如表 5-5-10 所示。

表 5-5-9

排量	5.3cm³
制冷剂	适用于 R744
电机类型	永磁同步机
最大电机功率	4.4 kW
压缩机最大功率消耗	5.5 kW
功能性转速范围	600~8600 r/min
额定输入电压	400 V
功能性电压范围	195~470 V
环境温度	在 −28~70℃ 范围内可以运行空调
总注油量	200cm³ G 065 535 M2
具有排放识别功能的安全阀	标准安装，排放压力约为 16000 kPa/关闭压力约为 14000 kPa

表 5-5-10

名称	原理图中的对应符号	电路图中的对应符号
制冷剂膨胀阀 1	EXV1	N636
制冷剂膨胀阀 2	EXV2	N637
制冷剂膨胀阀 3	EXV3	N638
制冷剂断流阀 1	ASV1	N696
制冷剂断流阀 2	ASV2	N640
制冷剂断流阀 3	ASV3	N641
制冷剂断流阀 4	ASV4	N642
制冷剂断流阀 5	ASV5	N643

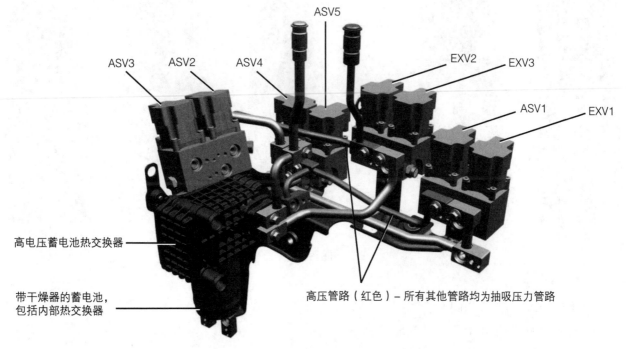

图 5-5-51

（3）截止阀和电动膨胀阀的结构和功能。

截止阀和电动膨胀阀的结构和功能如图 5-5-52 所示。截止阀和电动膨胀阀的功能区别：截止阀具有圆柱形针阀。它只有 2 种状态，即打开或关闭。而电动膨胀阀则具有圆锥形针阀。针阀从阀座中移出距离越远，进入膨胀区的横截面就越大。

功能原理：步进电机通过阀门中的螺杆转动电枢。针阀的高度通过其内螺纹由旋转的螺杆进行调节。

说明：在阀体上钻孔后，插入密封塞。有些双阀体的另一侧有一个泄压阀。

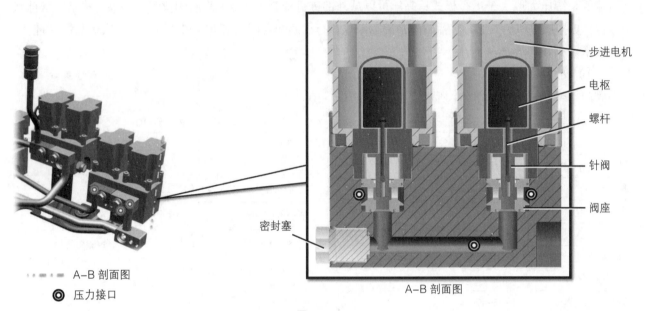

A-B 剖面图

◎ 压力接口

步进电机
电枢
螺杆
针阀
阀座
密封塞
A-B 剖面图

图 5-5-52

图 5-5-53 所示为阀门的不同运行状态。

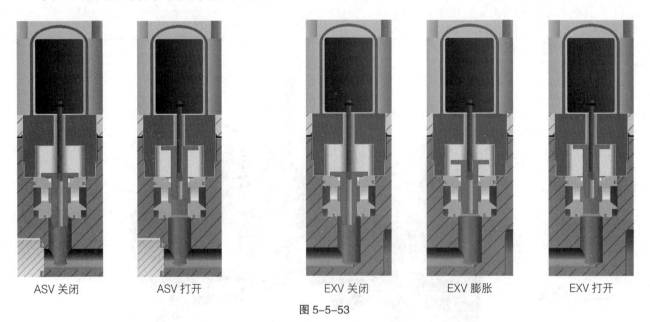

ASV 关闭　　　ASV 打开　　　　EXV 关闭　　　EXV 膨胀　　　EXV 打开

图 5-5-53

（4）泄压阀。

热泵系统中有三个泄压阀。

位于高压侧的压缩机上（如图 5-5-54 所示）；

用于蒸发器，位于低压侧的阀体上；

用于带干燥器的蓄电池，同样位于低压侧的阀体上。

蒸发器上的第二阀门必不可少，因为蒸发器在热泵运行期间还要用于加热，而且之后会在此处产生高压。为了防止蒸发器超压，当调节系统无法正常工作或阀门卡滞时，会通过泄压阀来确保这一点。（防止二氧化碳泄漏到汽车内部空间）。

高压侧的泄压阀在大约 16000 kPa（最大 17000 kPa）的压力下打开，并在压力降低（大约 15000 kPa）时再次关闭。低压侧的泄压阀在大约 12000 kPa（最大 13000 kPa）的压力下打开，并在压力降低（大约 11000 kPa）时再次关闭。这样制冷剂无法完全排出。为了避免混淆泄压阀，它们具有不同的螺纹尺寸。高压侧的阀门具有 M12 x 1mm 的左旋螺纹。低压侧则具有 M14 x 1mm 的左旋螺纹。保护膜可以保护泄压阀免受污染和受潮。如果保护膜损坏，则必须更换泄压阀。

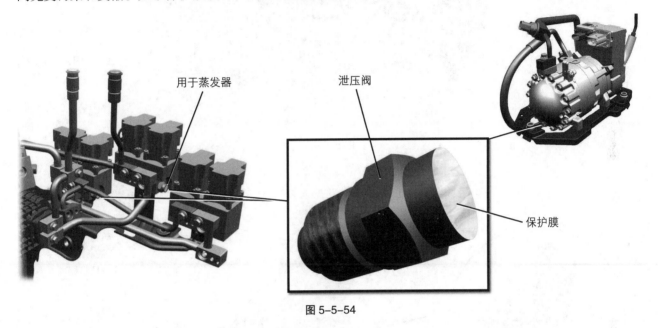

用于蒸发器　　　泄压阀　　　保护膜

图 5-5-54

（5）压力和温度传感器 G395 和 G826 至 G829。

5 个压力和温度传感器的功能和内部结构都相同，安装位置如图 5-5-55 所示。传感器有三种不同的插头代码。因此，必须注意 ETKA 中的安装位置。p/T1 的缩写是 G395，在冷却、加热和再加热的所有运行阶段都会直接探测压缩机出口处的压力和温度。p/T2 的缩写是 G826，在所有运行阶段都会直接探测带干燥器的部件收集盘入口处的压力和温度。p/T3 的缩写是 G827，在冷却和再加热运行阶段会探测气体冷却器出口（车头）处的温度。在空气加热运行阶段，该传感器会探测气体冷却器（车头）入口前面的测量值。在不同的运行模式下，制冷剂的流动方向会发生变化。p/T4 的缩写是 G828，在冷却和再加热运行阶段会探测空调装置中蒸发器入口处的压力和温度。在热泵运行期间，流动方向再次切换，因此传感器会提供蒸发器出口处的相关数值。p/T5 的缩写是 G829，在所有运行阶段都会探测压缩机入口处的压力和温度。更换其中一种传感器后，必须使用汽车故障诊断仪对传感器进行寻址。

压力和温度传感器 G395 和 G826 至 G829 结构图如图 5-5-56 所示。

硅胶垫圈和密封圈具有不同的作用：

硅胶垫圈可防止螺栓连接脏污等；

密封圈可密封制冷剂循环回路。

该传感器有 3 种不同版本，但是只有插头颜色不同：

插头代码 A 表示黑色壳体，其零件号为：4N0 959 126F（零件号可能随时变更。请注意 ETKA 中的安装位置）。

899

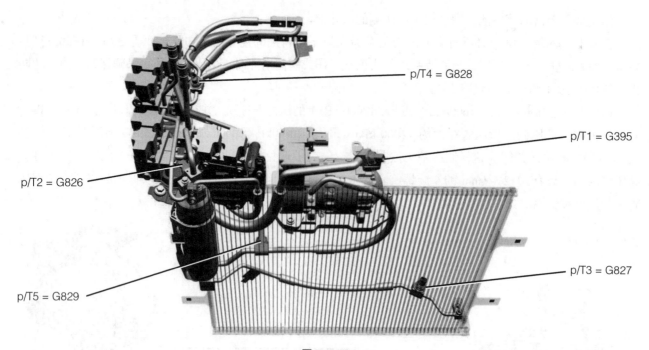

p/T4 = G828

p/T1 = G395

p/T2 = G826

p/T3 = G827

p/T5 = G829

图 5-5-55

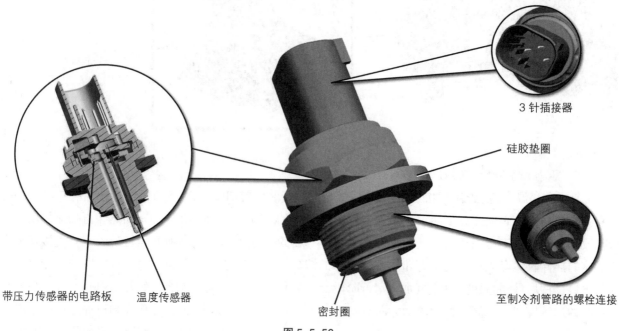

3 针插接器

硅胶垫圈

带压力传感器的电路板   温度传感器

密封圈

至制冷剂管路的螺栓连接

图 5-5-56

插头代码 B 表示灰色壳体，其零件号为：4N0 959 126G（零件号可能随时变更。请注意 ETKA 中的安装位置）。

插头代码 E 表示棕色壳体，其零件号为：4N0 959 126H（零件号可能随时变更。请注意 ETKA 中的安装位置）。

技术数据如表 5-5-11 所示。

注意（需要根据维修手册确认）：压力和温度传感器直接拧在制冷剂循环回路中，无单向阀。因此必须在吸出制冷剂的情况下更换传感器。

（6）带干燥器和内部热交换器的储液罐。

表 5-5-11

工作电压	9.0~16V
温度测量范围	−40~180 ℃，精确度为 0.1 ℃
压力测量范围	0~17000 kPa，精确度为 5 kPa
拧紧力矩	（40±5）N·m

内部热交换器：以一种管道螺旋形式通过部件围绕储液罐运行，如图5-5-57所示。储液罐：由带注油孔的抽吸管、干燥剂袋和"气体导管"组成。收集盘：干燥剂袋吸收系统中的残留湿气。如果制冷剂循环回路保持打开状态的时间不确定，则必须更换收集盘。请始终遵守维修手册中有关更换和拆卸的最新说明。

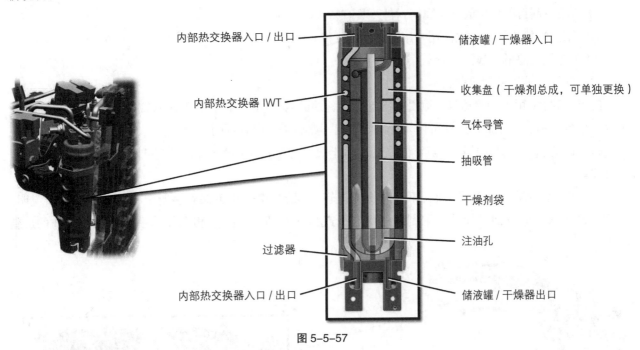

图 5-5-57

（7）HANON VisCO2nnect 螺栓连接。

Hanon VisCO2nnect 密封系统适用于铝管和不锈钢管，坚固耐用。根据制造商规定，它适用于所有系统组件，是一种可以防止污染的金属密封系统，如图5-5-58所示。

13 N·m 的拧紧力矩；

每次都要更换固定螺栓；

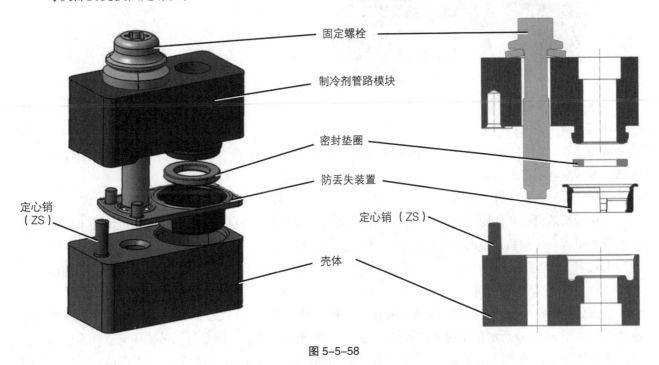

图 5-5-58

请勿使用润滑剂；

防丢失装置和密封垫圈只能在不使用辅助工具的情况下拆卸；

每次都要更换密封垫圈和防松装置；

检查密封面是否损坏和污染；

R744制冷剂目前使用的是金属密封件（具有特殊涂层）；

对于某些螺栓连接，必须使用专用工具作为支撑。

（8）热气管路的金属波纹管。

柔性软管的结构分为两种版本。

简单型软管：由不会渗透且可耐受制冷剂和雪种油的内层（例如内置在低压软管中）组成，如图5-5-59所示。它被织物护套覆盖，这样可使软管压力稳定。然后是可以看到的外层。

高压侧的软管：其结构有一点不同之处。由于热气体会产生高热负荷，这些软管中还有一根内置金属波纹管。

这些软管的弯曲半径受到限制，不得弯折或扭转。请始终遵守相关保养手册中有关操作的最新说明。

注意：这些软管的弯曲半径受到限制，不得弯折或扭转。请始终遵守相关保养手册中有关操作的最新说明。

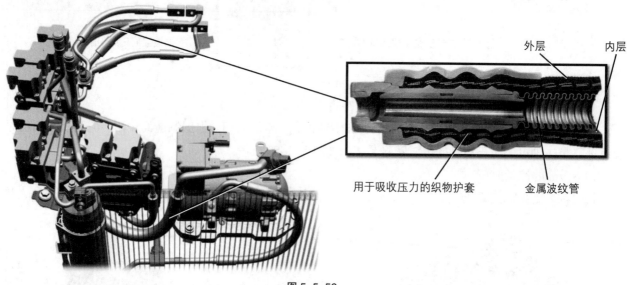

图 5-5-59

4. 热泵运行阶段

热泵空调三大工况定义。

冷却运行阶段：热泵的工作原理类似于标准版空调装置，通过蒸发器冷却汽车内部空间和/或通过"冷却器"冷却高电压蓄电池。

再加热阶段：首先将进入的车外空气冷却以使其干燥，然后根据需要再次加热。

加热运行阶段：相比使用PTC空气加热元件的纯加热模式，热泵更加节能，因此也增加了行驶模式下的续驶里程。压缩机产生的压缩热通过冷媒被直接传递到空调装置中所进入的车外冷空气。在冷却液运行模式下，高电压区域产生的热量也会通过"冷却器"交换到冷媒中，再通过冷媒循环进行相应调温。

（1）冷却汽车内部空间。

在涡旋压缩机中，气态制冷剂被压缩并在高压和高温下通过截止阀2（ASV2）进入车头的AC气体冷却器，如图5-5-60所示。在这里，只要散热器卷帘处于打开状态，就会与流经的环境空气交换热量。制冷剂从那里流过内部热交换器中的盘管并流向电动膨胀阀2（EXV2），然后经过膨胀进入蒸发器。在这里，流入的汽车内部空间空气被有效地调温并在汽车内部空间分配。接着，制冷剂通过截止阀4（ASV4）和带干燥器的储液罐在低压和相应温度下被吸回到压缩机中。由此，制冷剂循环回路闭合。

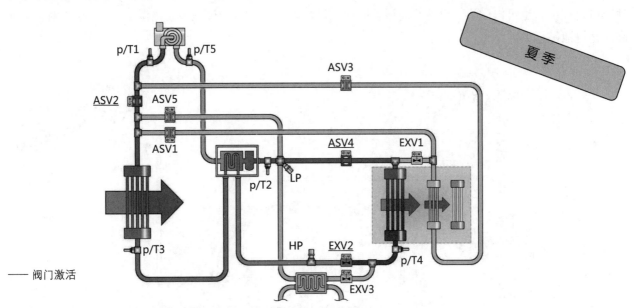

ASV. 截止阀 EXV. 电动膨胀阀 p/T. 压力和温度传感器 HP. 高压保养接口 LP. 低压保养接口

图 5-5-60

（2）冷却汽车内部空间和高压蓄电池。

如有必要，可以根据"冷却蓄电池"的要求扩展"冷却汽车内部空间"运行阶段。根据"冷却汽车内部空间"的说明，在电动膨胀阀2（EXV2）后经过膨胀的制冷剂会自动进行分配，如图5-5-61所示。一部分流入空调装置的蒸发器，另一部分则通过主动式电动膨胀阀3（EXV3）经过膨胀进入高电压蓄电池热交换器（冷却器）中。在这里会进行高电压蓄电池冷却液循坏回路的热量交换。制冷剂还会通过带干燥器的储液罐由压缩机从冷却器中以气态形式抽吸。

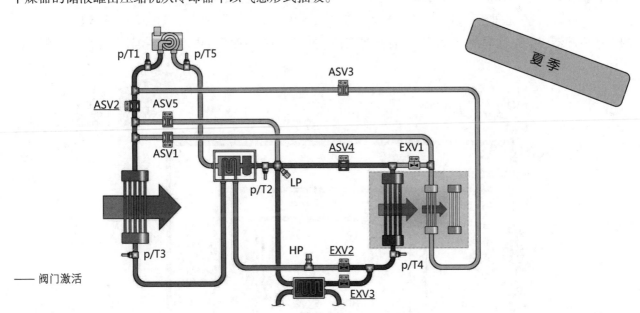

ASV. 截止阀 EXV. 电动膨胀阀 p/T. 压力和温度传感器 HP. 高压保养接口 LP. 低压保养接口

图 5-5-61

（3）冷却高压蓄电池。

在"仅冷却高压蓄电池"运行阶段，制冷剂自然也会再次流过电动膨胀阀2和3，以便在高电压蓄电池热交换器（冷却器）中进行热量交换，如图 5-5-62 所示。空调装置中的蒸发器保持被动状态，因为截止阀 4（ASV4）关闭且制冷剂在该区域停止流动。例如，当高压蓄电池温度高于 30℃ 时，在高电压蓄电池充电过程中，也可以激活"仅冷却高压蓄电池"运行阶段。在行驶过程中，当温度高于 35℃ 时，会对高压蓄电池进行主动冷却。

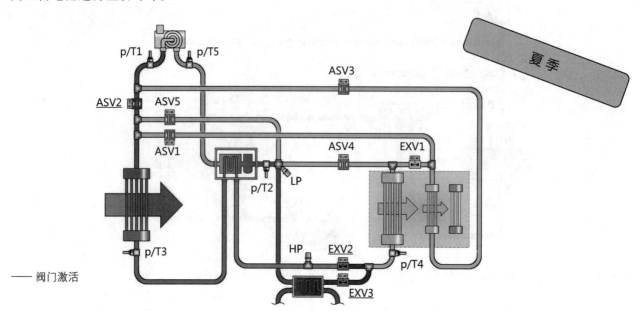

ASV. 截止阀 EXV. 电动膨胀阀 p/T. 压力和温度传感器 HP.高压保养接口 LP. 低压保养接口

图 5-5-62

（4）再加热阶段。

在再加热阶段，会冷却流入汽车内部空间的空气并由此干燥。然后再次对空气进行调温，以适合汽车内部空间。这无须使用 PTC 空气加热器即可完成（此举为了节能）。由于在该运行阶段截止阀 2（ASV2）关闭且截止阀 3（ASV3）打开，因此经过压缩的热制冷剂会被直接送入空调装置的气体冷却器中，如图 5-5-63 所示。在这里，经过干燥的空气被重新加热。热制冷剂从那里通过截止阀 1（ASV1）流入车头的气体冷却器中。在这里会与行车风进行热量交换。接着，制冷剂流过内部热交换器并流向电动膨胀阀

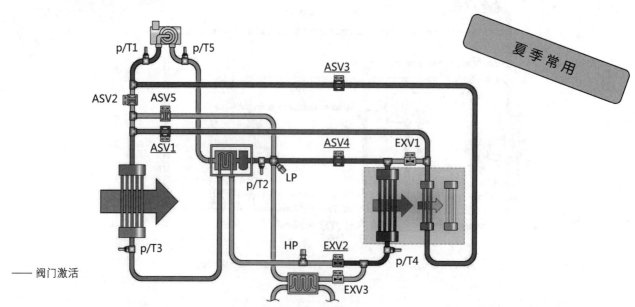

ASV. 截止阀 EXV. 电动膨胀阀 p/T. 压力和温度传感器 HP.高压保养接口 LP. 低压保养接口

图 5-5-63

904

2（EXV2），在此处经过膨胀并进入空调装置的蒸发器中。在这里，流入的汽车内部空间空气通过热量交换得到冷却并由此干燥。压缩机再次通过截止阀4（ASV4）和带干燥器的收集盘从此处抽吸制冷剂。例如，当前窗玻璃外表面容易起雾或车外空气湿度极高时，就会使用该运行阶段。

（5）空气热泵。

在热泵运行阶段，刚开始加热阶段比较迟缓，因此会借助PTC空气加热器来优化舒适度。高电压蓄电池和牵引机的冷却液循环回路中产生的热量也可能尚未使用。与"再加热阶段"一样，压缩机将热的气态制冷剂通过打开的截止阀3（ASV3）泵入空调装置的气体冷却器中。流入的汽车内部空间空气被加热。气态制冷剂从那里被引导通过主动式电动膨胀阀1（EXV1）和已关闭的截止阀4（ASV4）进入蒸发器并流向电动膨胀阀2（EXV2），如图5-5-64所示。由于在空调装置的蒸发器中会进行第二次热量交换，因此这种绕行方式提高了系统效率。压缩机的吸入侧从此处开始。制冷剂逆着之前的流动方向流过内部热交换器并流经车头的气体冷却器。截止阀1和2均关闭。截止阀5（ASV5）打开。因此，制冷剂可以通过带干燥器的储液罐由压缩机再次抽吸。循环回路闭合。

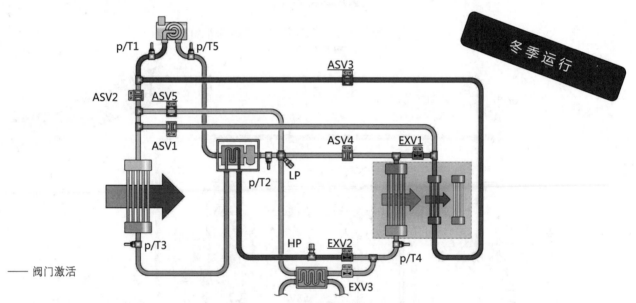

ASV.截止阀 EXV.电动膨胀阀 p/T.压力和温度传感器 HP.高压保养接口 LP.低压保养接口

图 5-5-64

（6）空气/冷却液热泵。

在空气/冷却液热泵运行阶段，电动膨胀阀3（EXV3）也会被激活，部分制冷剂经过膨胀进入高电压蓄电池热交换器（冷却器）中，如图5-5-65所示。在这里会在热泵制冷剂与高电压蓄电池和牵引机冷却液之间进行热量交换。制冷剂也会通过带干燥器的储液罐由压缩机从冷却器中抽吸。该运行阶段在一定程度上是混合型的，而且会一直使用，除非高电压蓄电池和牵引机没有分加热冷却液循环回路或优先高电压蓄电池热交换器需要冷却散热循环。

（7）冷却液热泵。

与另外两种热泵运行阶段不同的是，在冷却液热泵运行阶段，电动膨胀阀2（EXV2）处于关闭状态。所有制冷剂都流经电动膨胀阀3（EXV3）并经过膨胀进入高电压蓄电池热交换器（冷却器）中，如图5-5-66所示。制冷剂再次通过带干燥器的收集盘由压缩机从此处直接抽吸。在该运行阶段中，高电压蓄电池和牵引机的冷却液在整个制冷剂流中被主动冷却。

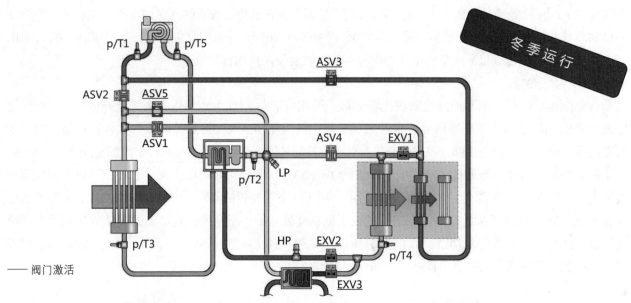

冬季运行

ASV. 截止阀 EXV. 电动膨胀阀 p/T. 压力和温度传感器 HP.高压保养接口 LP. 低压保养接口

图 5-5-65

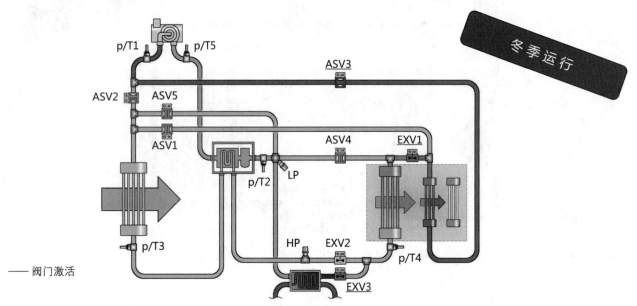

冬季运行

ASV. 截止阀 EXV. 电动膨胀阀 p/T. 压力和温度传感器 HP.高压保养接口 LP. 低压保养接口

图 5-5-66

三、新工具和设备

（1）T10630 用于 R744 制冷剂管路 Z 型支架，如图 5-5-67 所示。

（2）VAS 6338/77 和 78 用于冲洗 R744 制冷剂管路的适配器，如图 5-5-68 所示。

（3）VAS 584 003 减压器，包括用于使用氮氢混合气进行密封性检测的保养管路，如图 5-5-69 所示。

（4）VAS 523 003 带有长型嗅探枪和狭窄型探头的气体检漏仪，如图 5-5-70 所示。

（5）VAS 581 009 R744 制冷剂充放机，如图 5-5-71 所示。

图 5-5-67

图 5-5-68

图 5-5-69

图 5-5-70

图 5-5-71

第六章　特斯拉车系

第一节　概述

一、Model 车型介绍

（一）Model 车型

Tesla Motors 的主要目标是加速实用电动车的进程。

制造了少量产的运动车 Roadster。

制造中等量产的四门轿车和跨界车，Model S、Model X。

制造大批量产的电动车 Gen Ⅲ。

在做以上工作的同时还生产零排放的电动单元。

发展历程如图 6-1-1 所示。

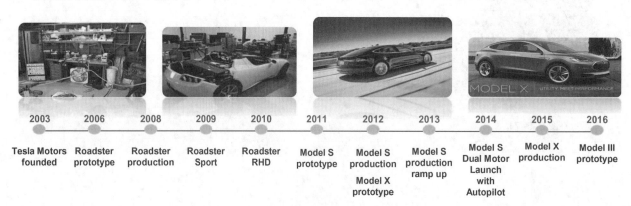

2003	2006	2008	2009	2010	2011	2012	2013	2014	2015	2016
Tesla Motors founded	Roadster prototype	Roadster production	Roadster Sport	Roadster RHD	Model S prototype	Model S production Model X prototype	Model S production ramp up	Model S Dual Motor Launch with Autopilot	Model X production	Model Ⅲ prototype

图 6-1-1

（1）Tesla Roadster。

Tesla Roadster 外观图如图 6-1-2 所示。

2008 年开始交付。

0~96km/h 用时 3.9s。

续航里程：390km。

超过 2350 辆在 30 多个国家售出。

超过 4100 万千米的里程累计。

（2）Tesla Model S。

Tesla Model S 外观图如图 6-1-3 所示。

图 6-1-2

整车设计完全以电动车为方向（如图 6-1-4 所示）。

0~96km/h 用时 3.2 s（P85D）。

超过 424km 续航里程，最大 460km。

价格 64.8~120.91 万元（2015 年一月官网报价）。

（3）Tesla Model X。

Tesla Model X 外观图如图 6-1-5 所示。

图 6-1-3

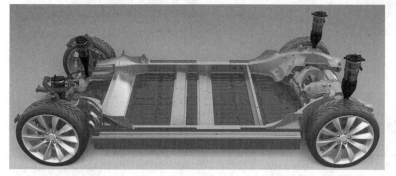

图 6-1-4

图 6-1-5

基于 Model S 平台。

2015 年早期生产。

价格堪比 Model S。

P60 / P85 performance。

双电机系统。

首款后门为鹰翼式开启。

新双电机系统在前后改为较小电机（85D），前部小电机后部大电机（P85D），如图 6-1-6 所示。

0~60km/h 小于 5.2s（85D）。

（4）Tesla Model 3。

Tesla Model 3 外观图如图 6-1-7 所示。

更小级别的平台。

定位为"mass-premium"市场。

2017 年 8 月上市。

（5）Tesla Model Y。

Tesla Model Y SUV 在北京时间 2019 年 3 月 15 日上午 11 时

后驱动单元　　　前驱动单元

图 6-1-6

图 6-1-7

在美国洛杉矶发布，外观图如图 6-1-8 所示。此前 CEO 马斯克曾透露，Model Y 为一款 SUV 车型，体积将比 Model 3 略大 10%。同时，价格也相应地高出约 10%，续航里程稍短。此外，Model Y 不采用 Model X 的鹰翼门设计。与 Model 3 同平台，共享 75% 零件，一共推出 4 款车型，价格区间为 3.9 万美元至 6 万美元，2020 年投产并交付。

（二）Tesla Model S 技术特征

1.高压蓄电池系统

对 Model S 驱动系统的技术而言，使用了相对较少的运动部件，例如没有燃油管、油箱或排气歧管，意味着汽车更有效地使用能源。Model S 大约 75% 的高压蓄电池系统能量用于移动汽车；而在汽油动力汽车中，这一比例约为 20%。Tesla 定义了车用蓄电池的等级，松下代工生产，如图 6-1-9 所示。电池 100% 是 Tesla 技术。

图 6-1-8

2.85D 动力单元

后驱动动力单元如图 6-1-10 所示。

前驱动动力单元如图 6-1-11 所示。

图 6-1-9

图 6-1-10

图 6-1-11

3.P85D 后动力单元

P85D 后驱动动力单元如图 6-1-12 所示。

4.转向柱控制模组

转向柱控制模组包括：

换挡杆；

雨刷和转向灯挡杆；

巡航控制挡杆；

转向柱调节杠杆；

转向角度传感器；

气囊滑动环，如图 6-1-13 所示。

图 6-1-12

转向柱模组和 Gatway 模组沟通用 500Kb 高速 CAN。

图 6-1-13

5.雨量光照传感器

通过 LIN 网络通信：

雨量（如图 6-1-14 和图 6-15 所示）；

环境光照，环境光照监测如图 6-1-16 所示；

阳光辐射 HVAC；

车窗温度湿度 HVAC。

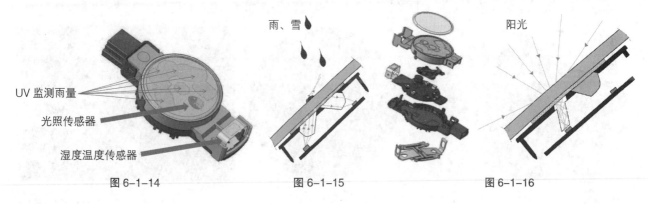

图 6-1-14   图 6-1-15   图 6-1-16

6.泊车辅助

装备泊车辅助系统的 Model S 配备 4 个前部传感器和 4 个后部传感器，如图 6-1-17 所示。当车辆缓慢接近物体时能提示司机前后的距离，如图 6-1-18 所示。

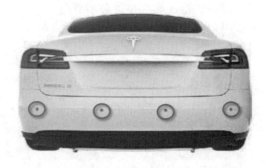

图 6-1-17

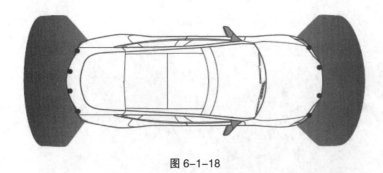

图 6-1-18

可视和声音反馈：

仪表板左侧有反馈提示，当保险杠接近物体时提示；

当倒车时，可视摄像显示在触摸屏。

当前后物体大约 120cm 时，开始发出声音提示；

再靠近物体将有黄色提示，如图 6-1-19 所示；

当探测到物体有以下距离时：向前驾驶时前保险杠大约 40cm；倒车时距后保险杠大约 30cm；显示红色并有停止的提示，声音提示更高。

图 6-1-19

7. 单孔摄像头

Autopilot 标准配置。

安装于风挡后视镜。

应用于：航道偏离、速度限制、自动远光、前方碰撞警告，如图 6-1-20 所示

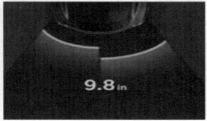

图 6-1-20

8.Bosch 前部雷达

AutoPilot 标配。

用于 TACC 和前部碰撞警告，如图 6-1-21 所示。

设备精密，如果掉落必须更换。

根据维修手册，使用专用工具校准。

图 6-1-21

912

9. 仪表中的 DAS

自动驾驶时,速度标志检测显示,巡航控制设置为65英里/时(1英里/时 =1.6 km/h),如图6-1-22所示。如果在左侧和前面检测到车辆,虚反射图像将在图中显示。自适应巡航限制设置显示在汽车前面蓝色条处。

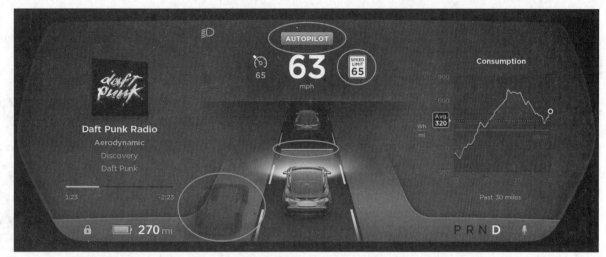

图 6-1-22

启动自动驾驶和巡航控制装置。在左侧车道有另一辆车时激活左转信号,如图 6-1-23 所示。当车辆在盲区时用红色突出显示,其他所有不重要的信息都变灰变暗。

图 6-1-23

在右侧车道有另一辆车时激活右转信号,如图 6-1-24 所示。

图 6-1-24

10. 蓝牙

（1）配对蓝牙电话。

用车子去配对你的蓝牙电话，一旦配对成功，以后车子会自动连接你的电话，最多配 10 部电话。

（2）去掉配对的蓝牙电话。

如果你想断开现在的电话，以后再连接，再触摸屏上点击断开连接。如果你不想再用这部电话，选择忽略这部电话。

11.Wi-Fi & Tethering

车辆可以连接到 Wi-Fi 中，在车辆升级软件时使用 Wi-Fi 连接，3G 或 Wi-Fi 天线在门的后视镜中。

（1）点击 3G 信号，开始搜寻网络，如图 6-1-25 所示。

（2）选择 Wi-Fi 信号并输入密码，如图 6-1-26 所示。

有些网络可能隐藏，进入 Wi-Fi 设置后输入网络名字。

图 6-1-25

12. 多功能转向盘

三幅转向盘左右侧的控制键和转向模组通信。转向盘左侧按钮（如图 6-1-27 所示）：

收音机电台；

媒体音量；

无论导航是否设置在左边，导航都会显示在这侧。

图 6-1-26

MCU/IC 重启。

同时按住两侧 1 号键或拔掉前备箱中 49 号（5）保险丝可以重启仪表，如图 6-1-28 所示。

同时按住两侧 2 号键或拔掉前备箱中 51 号（20）保险丝可以重启 MCU。

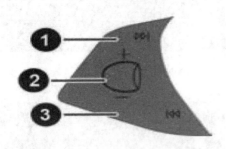

1.下一个 2.滚轮 3.上一个

图 6-1-27

图 6-1-28

13. 收音机系统

按媒体按键可以听收音机或音频文件。媒体播放器有 2 个标签：

当前播放标签 – 用来控制你现在播放的内容；

浏览 – 用来浏览音频文件。

你可以放 AM FM 的收音机。你还可以放网络收音机或蓝牙和 USB 设备。

（1）网络收音机。

网络收音机通过数据连接。如用网络收音机，选择媒体＞浏览＞网络收音机。

网络收音机的注册细节进入选择：控制＞设置＞Apps＞媒体。

（2）USB。

2个USB接口在中央扶手台前部，可以连接U盘和手持音频播放设备到触摸屏。2个连接口可以允许USB设备电流1A。

（3）12V电源插槽。

12V电源插槽可以提供15A或最大180W的功率，如图6-1-29所示。

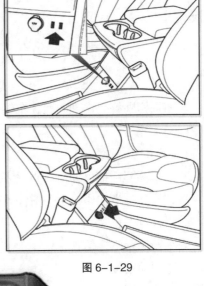

图6-1-29

14. 天线

天线和放大器的位置如图6-1-30所示。

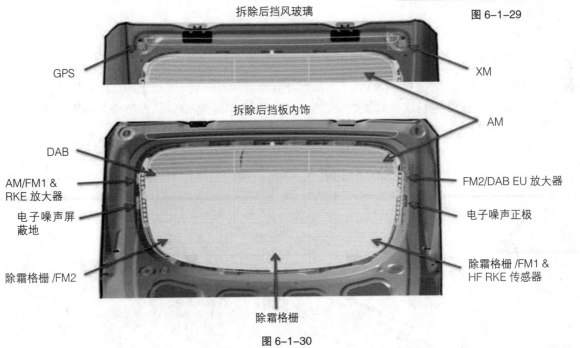

图6-1-30

15. 能量使用

触摸屏上的能量程序显示能量的使用情况：

可视图形显示能量使用情况和预计里程，如图6-1-31所示；

预计里程基于最近1/10km的消耗；

急加速和高速行驶会造成Model S使用更多的能量；

减速造成下探表示回收的能量大于使用的（多余的能量回收到电池）。

16. 安保系统

安保系统模块SCM和

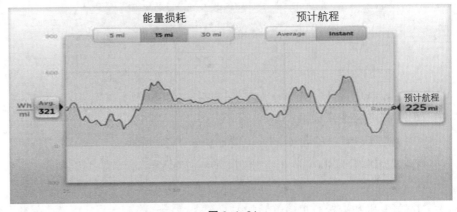

图6-1-31

BCM 做成一体（如图 6-1-32 所示），SCM 负责车辆进入以下 3 个
模式：

　　唤醒；

　　附件；

　　驾驶。

　　如果钥匙解码出现问题，车辆保持不能驾驶。

　　基本操作：

　　当钥匙认可后：

　　①车辆解锁把手伸出（唤醒状态）。

　　②驾驶员坐在座椅上（附件模式）：

　　屏幕点亮；

　　车辆保持不能驾驶状态。

　　③制动踏板踩下：

　　钥匙认证；

　　动力控制器触发；

　　可以驾驶。

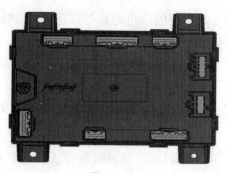

图 6-1-32

　　配钥匙，最多可配 3 把钥匙。如果添加钥匙，要把所有钥匙都带齐。即使全部钥匙丢失，通过 FSE
远程唤醒，可以用 Toolbox 进入配钥匙。

　　17. 高压部件

　　高压系统如图 6-1-33 所示。Model S 前 DC/DC 变成 2 个模块，FJB 和 DC/DC。PTC：正温度系数电阻。

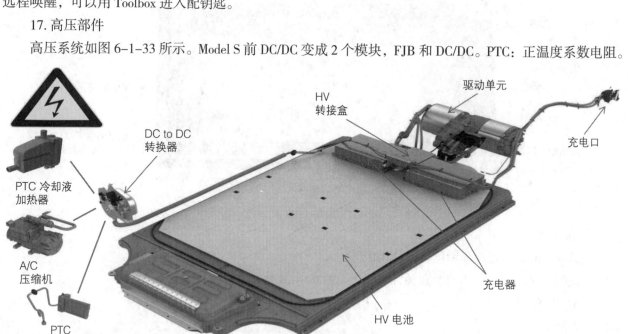

图 6-1-33

　　（1）壁挂电源 A/C 或 D/C 充电端口如图 6-1-34 所示。

　　（2）高压接线盒如图 6-1-35 所示。

　　（3）用于转换 A/C-D/C 的充电器如图 6-1-36 所示。

　　（4）提供高压 400V 高压电池如图 6-1-37 所示。

　　（5）400V-14V 直流转换为直流 DC/DC 如图 6-1-38 所示。

　　（6）电机和齿轮箱驱动单元如图 6-1-39 所示。

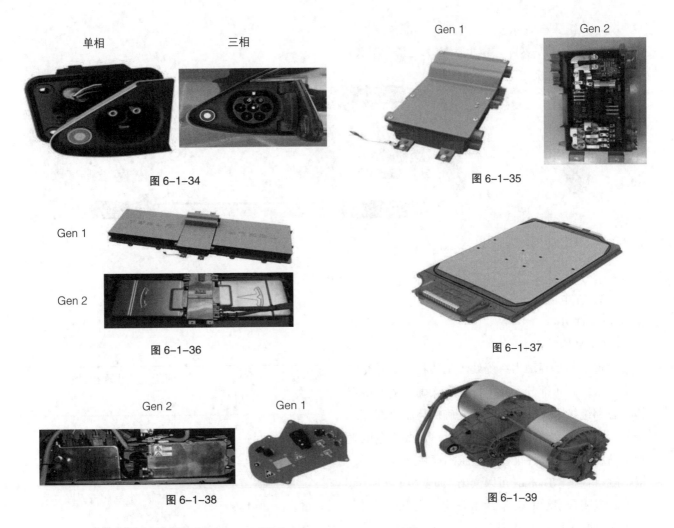

单相　　　　　　　三相　　　　　　　　　　　　Gen 1　　　　　　　　Gen 2

图 6-1-34　　　　　　　　　　　　　　图 6-1-35

Gen 1

Gen 2

图 6-1-36　　　　　　　　　　　　　　图 6-1-37

Gen 2　　　　　Gen 1

图 6-1-38　　　　　　　　　　　　　　图 6-1-39

（7）PTC 机舱加热器如图 6-1-40 所示。

（8）用于压缩和泵送空调制冷剂的空调压缩机如图 6-1-41 所示。

（9）加热进入高压蓄电池的冷却液 PTC 冷却液加热器如图 6-1-42 所示。

图 6-1-40　　　　　　　　　　图 6-1-41　　　　　　　　　　图 6-1-42

18. 高压认知

12V 电连接方式，如图 6-1-43 所示。POS 导线，Neg 车身。触点控制原理：

第一响应环的作用；

触点故障可能导致触点无法打开，高压电仍然输出，注意危险。

高压电回路给动力部分和空调供电，它和车辆其他部分完全绝缘，没有高压正或负到车身搭铁。以下部件提供高电压到这个绝缘的回路：

（1）高压电池。

（2）逆变器。

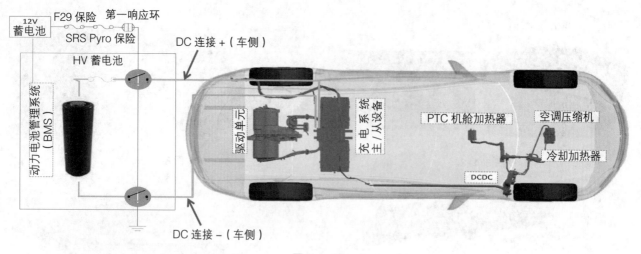

图 6-1-43

（3）充电器。

（4）DC/DC。

（5）高压转接盒。

最重要的是当动力系统处于工作状态或者充电时不要维修高压部分。在工作前务必确认电池触点的状态和绝缘阻抗。一定要事先确保高压电部分已经分离。最重要的原则：如果怀疑一定要用电压表测量高压电缆盒部件证明高电压不存在。BMS 可以报告触点状态，Toolbox 可以读出，如表 6-1-1 所示。

触点闭合表示 BMS 认为高压电存在；

触点断开表示 BMS 认为高压电已经断开。

触点闭合时会发出明显的声音，如果在工作时发现明显的声音不同，不要继续工作，确认高压电已分离。

19. 高压简图

高压简图如图 6-1-44 所示。

表 6-1-1

触点状态	BMS 状态	高压是否出现在回路上
打开	待机	否
关闭	支持	是
关闭	充电	是
关闭	驱动	是
未知	故障	电池可能与底盘连接或未与底盘绝缘
关闭	充电电压	是
关闭	快充	是

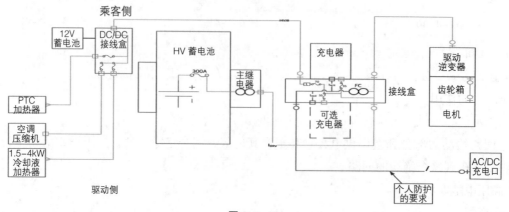

图 6-1-44

20. 高压锁止流程

在每次操作高压系统前必须按此流程操作，如果中途被打断，要重新开始确保切断高压。根据不同的故障模式，触点可能故障没有按预定断开，所以必须确认触点确实断开。以下步骤确认触点断开：

（1）在 MCU 上选择断开触点。

（2）用 TDS 查看，如表 6-1-2 所示。触点的 12V 供电线通过 First responder loop 在前备箱，断开确保他们断电。

（3）断开第一响应环确保触点断开状态。

断开环不一定确保高电压已经移除（触点粘住）。

12 V 电从 F29 号保险供给电池触点（红线），如图 6-1-45 所示。

12 V 点火线从 BCM 给 SRS 供电。

检查 4 号脚对地电压为 0V，如图 6-1-46 所示。

（4）等 30s 让高压回路放电。

（5）拆掉驱动单元的黄色盖子，在装回之前要检查 O 形密封圈，如图 6-1-47 所示。

（6）带好防护用具，测量以下电压：

B+ to ground；

B- to ground；

B+ to B-。

有些故障模式（绝缘问题，保险烧断或损坏的触点）都会造成 0V，如果 BMS 显示电池内部绝缘问题，更换电池。注意：如果电压大于 10V，说明触点没有完全打开，按指导更换电池。

（7）尽可能在你要操作的部分先测量电压。举例，如果更换 DC/DC，之前测量 3 个电压，如果大于 10V，按指导换电池。

21. 驱动单元

驱动单元（如图 6-1-48 所示）包括：

3 相交流感应电机；

表 6-1-2

信号监测	预期值
BMS 绝缘电阻	大于 3000 kΩ
BMS 接触器状态	开
HVAC 管路	关
ACC 管路	关
Drive 管路	关

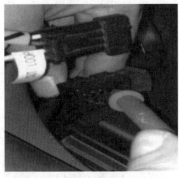

图 6-1-45

图 6-1-46

图 6-1-47

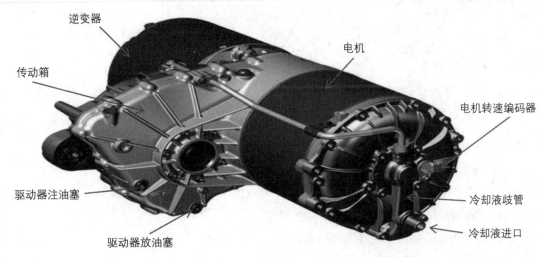

图 6-1-48

单速传动箱;

逆变器。

这是一个整体零件，没有外露的导线，不能分解。

齿轮传动比 9.73:1，ATF，终生免换油。

电机最大速度 16000r/min。电机和传动总成特性：

（1）60kW 电池。

最大功率：225kW，5000~8000r/min。

最大扭矩：430N·m，0~5000r/min。

（2）85kW 电池。

最大功率：270kW，6000~9500r/min。

最大扭矩 440N·m，0~5800r/min。

（3）85kW Performance。

最大功率：310kW，5000~8600r/min。

最大扭矩：600N·m，0~5600r/min。

当温度到达以下值是性能受限：

>180℃（运动）；

>185℃（基础）。

22.12 V 电压

（1）控制单元位置如图 6-1-49 所示。

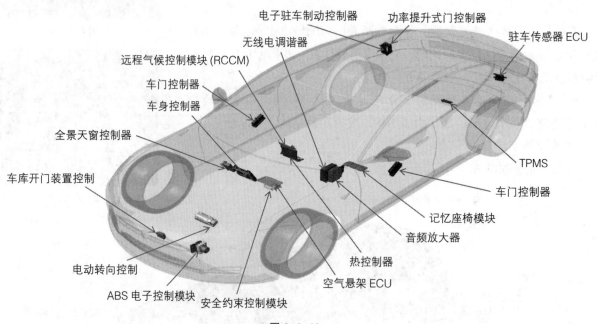

图 6-1-49

（2）线束拓扑如图 6-1-50 所示。

（3）12V 蓄电池。

Model S 的 12V 蓄电池是一个防溅出 AGM 阀调节 VRLA 的铅酸电池，如图 6-1-51 所示。

这个电池无需加液体，并且可以以任何角度摆放。

12V 电系统由 DC/DC 供电，电压为 12~16V。

电池在未使用前可以保存 6 个月不用充电。

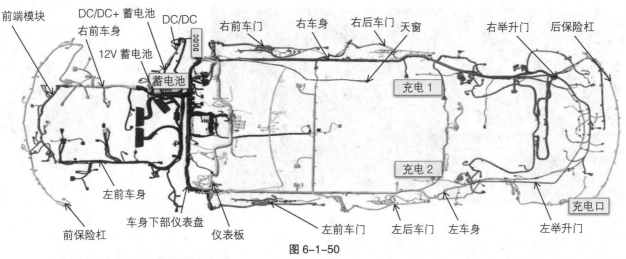

图 6-1-50

前端模块　DC/DC+ 蓄电池　DC/DC　右前车门　右车身　右后车门　天窗　右举升门　后保险杠
右前车身
12V 蓄电池
蓄电池
充电 1
充电 2
充电口
左前车身
前保险杠　车身下部仪表盘　仪表板　左前车门　左后车门　左车身　左举升门

一旦电压低过 10.5V 就要更换电池。

跨接充电设置电压到 13.5V。

如果外接大电流充电器，不能超过 16V。

高电流充电器不能超过 5min。

可以用跳接蓄电池桩头给车充电。

跳接桩头经 F83 保险连到蓄电池。在蓄电池上面保险盒如图 6-1-52 所示。

（4）挡轨。

挡轨是集中供电。Model S 有 3 个组件，每个组件都有独立的 12V 供电：

HVAC 挡轨；

Accessory 挡轨；

Drive 挡轨。

这样可以给某一个挡轨供电而其他不供电。这个就像普通汽油车的钥匙门，你打开 ACC 时可以用收音机而不用启动发动机，如图 6-1-53 所示。

常供电的模组有：

车身模组；

媒体模组；

触摸屏；

仪表；

网关处理器；

电池管理系统（BMS）；

充电口；

充电器；

空气悬架；

尾门控制器；

驾驶 / 乘客座椅控制器；

司机 / 乘客门模组。

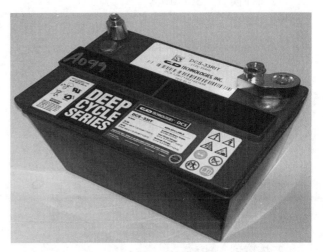

图 6-1-51

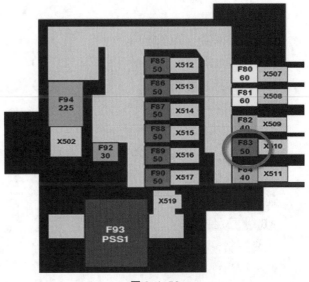

图 6-1-52

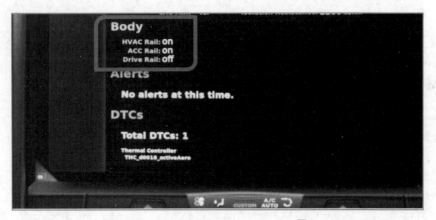 

图 6-1-53

ACC 下模组供电：

转向柱模组（SCCM）；

电子手刹；

Panoramic 天窗控制器；

音响放电器；

天线；

雨刷；

手动大灯调节；

挡位选择器；

座椅加热；

12V 电源；

雨量和光线传感器；

胎压监控（TPMS）；

后摄像头。

HVAC 供电：

空调控制模组（RCCM）；

PTC 座舱加热；

HVAC 压缩机控制器；

主动风门；

温控控制器（THC）；

冷凝风扇；冷却液阀；冷却液泵；传感器和电磁阀。

驱动模组供电：

逆变器；

ABS + 稳定控制；

气囊控制；

侧撞探测；

成员探测；

电动助力转向；

泊车辅助；

后摄像头。

23. 被动安全约束系统

（1）被动安全束缚系统如图 6-1-54 所示。

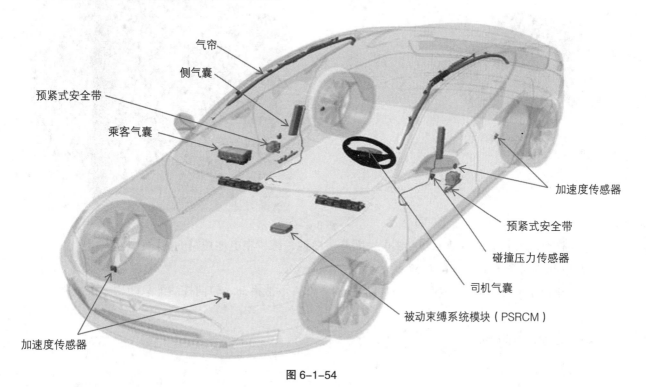

气帘
侧气囊
预紧式安全带
乘客气囊
加速度传感器
预紧式安全带
碰撞压力传感器
司机气囊
被动束缚系统模块（PSRCM）
加速度传感器

图 6-1-54

（2）乘客识别系统（OCS）。

①此系统检测乘员重量来决定乘坐者类型。

②控制单元用这个信息决定是否启用乘客气囊（US）。EU（中国）市场安全带提醒开关在这里，前乘客气囊可以通过触摸屏开关，如图 6-1-55 所示。美国车有，EU 车必须手动设置。

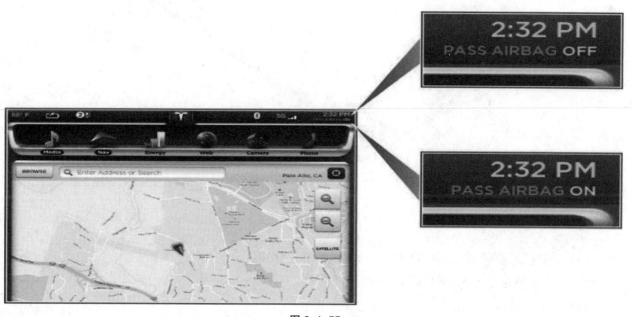

图 6-1-55

③高压烟火保险丝 F93 在 12V 蓄电池上，如果碰撞中气囊或涨紧器打开，ECU 会让这个保险断开，如图 6-1-56 所示。

高压烟火保险丝 F93

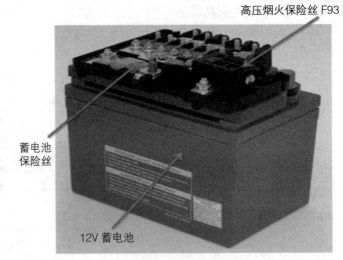

高压烟火保险丝 F93

蓄电池
保险丝

12V 蓄电池

图 6-1-56

④这样会断开控制主电池的触点供电，断开主电池，减少主电池短路的危险。

24.电动转向系统（如图 6-1-57 所示）

转向机由 JLR 供货，ZF 生产。转向机上任何零部件不能拆卸，转向柱溃缩只能用一次。

规范：

转弯直径：11.28 m。

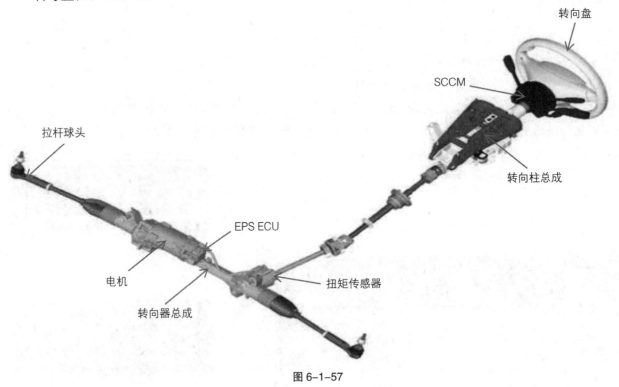

转向盘

SCCM

拉杆球头

转向柱总成

EPS ECU

电机

扭矩传感器

转向器总成

图 6-1-57

注意：转向管柱在撞击后能缩进 100mm 减少对司机的伤害。

电动助力转向为变比率，速度感应，齿轮齿条系统；

可调电动转向柱；

辅助力度可以通过触摸屏调节；

舒适——舒适，较大助力，适合城市驾驶；

标准——这个模式提供最佳控制；

924

运动——减少助力，高速时增加路面反馈给驾驶者。

25. 空气悬架系统

空气悬架为密封系统，使用氮气填充。简单说明开放系统和密封系统的不同。空气悬架系统结构如图 6-1-58 所示。

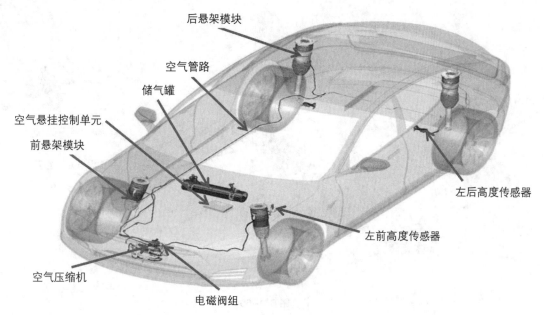

图 6-1-58

空气悬架能够自动调平车身，改变驾驶条件提供更好的乘坐舒适度。调整前后轴的高度适应不同的负载。乘坐高度可以通过触摸屏手动调节，如图 6-1-59 所示。

以下高度可以通过触摸屏调节：

非常高——设置高度比正常高度升高 33mm；

高——设置高度比正常高度升高 23mm；

标准（正常高度）——车子会自动调节到正常高度；

Low——当停车后车子下降 20mm 让进出更方便；

自动降低——到车速超过 70km/h 时自动降低车身。

图 6-1-59

26. 液压制动系统

（1）液压制动系统如图 6-1-60 所示。

规格：

制动液：DOT 3。

容量：1.5 L。

更换：每 24 个月。

（2）iBooster（如图 6-1-61 所示）。

辅助驾驶；

不需要真空泵；

严格按照维修手册操作，轻拿轻放。

以下功能集成在 ABS 控制模块中，用 ABS 部件执行制动操作。

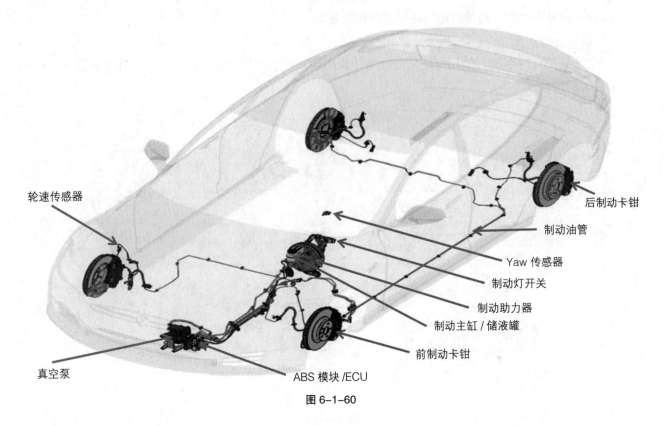

图 6-1-60

轮速传感器

后制动卡钳

制动油管

Yaw 传感器

制动灯开关

制动助力器

制动主缸 / 储液罐

前制动卡钳

真空泵

ABS 模块 /ECU

Anti-Lock Braking System（ABS）：ABS 防止车轮在大力制动时抱死，保持车辆的稳定和转向能力。

电子制动力分配（EBD）：在 ABS 起作用前，EBD 系统分配前后的制动力防止后轮过度制动，EBD 取代了传统的后轮载荷比例阀。

电子动态稳定系统（ESC）：ESC 系统帮助司机在极端情况下稳定车身。系统控制驱动车轮的驱动力和必要时给单一车轮制动，ESC 系统不能关闭。

液压制动辅助（HBA）：系统帮助司机在紧急制动时，系统发现制动压力的瞬间增长，打开液压泵施加最大的制动力。

（3）驱动力控制系统（TCS）。

TCS 系统监控驱动轮转速。当识别到超过门槛值时，减少扭矩或施加制动来抑制滑转。当驱动力控制工作时，仪表板上的指示灯闪烁表明系统在工

图 6-1-61

作。可以通过触摸屏在关闭驱动力控制。仪表板上显示：驱动力控制关闭，如图 6-1-62 所示。注意：不建议关闭驱动力控制。

（4）能量回收制动。

当车移动时你的脚离开加速踏板，能量回收降低车速并把能量收回高压电池。

能量回收的大小取决于电池的状态和司机的设置。

①能量表。

仪表板上的能量表实时显示能量回收的水平，如图 6-1-63 所示。

绿色表示能量回收的电量；

黄色虚线代表允许最大回收量。

②标准：提供最大的能量回收，松开加速踏板后迅速减速。

③低：提供少量的能量回收，松开加速踏板后车辆能滑行更远。注意：车辆每次启动后默认设置为标准，如图 6-1-64 所示。

27. 电子手制动

电子手制动（EPB）如图 6-1-65 所示。

电子手刹可以通过触摸屏或挡杆头上的 P 键施加。手刹系统有以下两种模式：

静态模式；

动态模式。

①静态模式。

手刹能有两种方法施加或松开：

a. 选挡杆上的 P 键。

当车停止后按 P 键，手刹自动施加并保持拉紧，如图 6-1-66 所示

当选挡杆从 P 挂到 D 或 R 时自动释放手刹。

b. 也可以从触摸屏上操作。

选择触摸屏上的"驻车制动"图标，如图 6-1-67 所示。

图 6-1-62

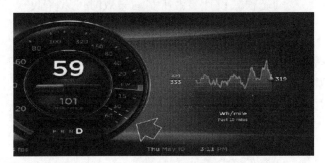

图 6-1-63

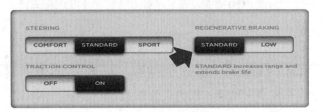

图 6-1-64

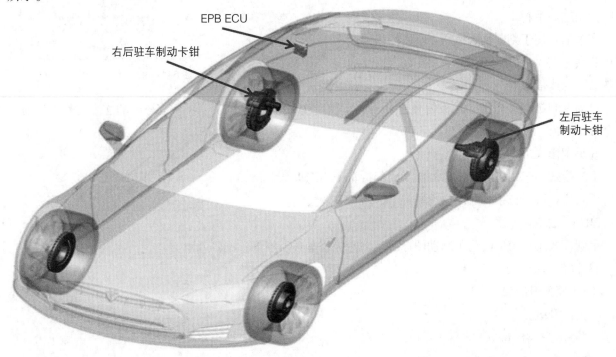

图 6-1-65

PRND 指示器会显示"N"。

图 6-1-66

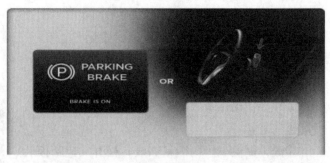

图 6-1-67

②动态模式。

动态模式设计当液压制动失效时可以降低车速。

施加动态制动按住 P 键不放或从触摸屏中驻车制动页按紧急制动图标，如图 6-1-68 所示。

当松开按钮时制动放松。

注意：如果使用动态模式直至车子完全停住，手刹将保持拉紧。

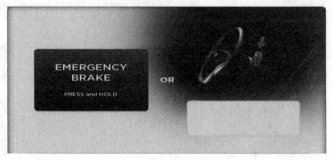

图 6-1-68

③拖车模式。

如果想保持 Model S 不拉手刹，可以用拖车模式。

当启动拖车模式后，仪表上显示拖车模式，Model S 可以自由推动，如图 6-1-69 所示。注意：拖车模式撤销后车辆进入驻车挡。

④自动驻车制动模式。

自动手刹模式是一种功能，当司机离开车子后自动施加手刹。

多个信号用于判断是否执行：座椅传感器、安全带传感器、门开关传感器、制动踏板和加速踏板、轮速信号。

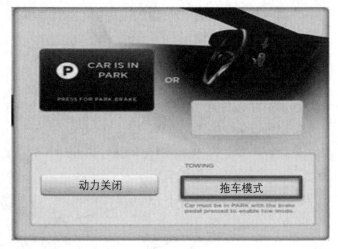

图 6-1-69

自动手刹施加：当没有踏板信号超过 1s，车辆速度 <2km/h，和以下 3 个信号中的 2 个工作（门锁、安全带、座椅）。

⑤手刹模式。

手刹模式用于司机希望拉手刹但又想保持车子不熄火。

手刹模式可以拉手刹并保持驾驶 rail on 防止车辆关闭。

PRND 会显示 N 挡。

手刹模式用触摸屏的驻车制动图标启动，前提是车必须停下（<8km/h）。

28. 固件升级

（1）固件升级流程。

①固件升级。

有两种方式给 Model S 升级：

a.Over–The– Air（OTA）via GSM。

b. 用 Toolbox 诊断工具—硬件连接车辆。最好的方法是用 Toolbox 硬件连接车辆升级。更换任何电子部件后需要固件升级更新，原因如下：更新的部件内部没有最新的固件、如果车辆在最终用户模式，如果固件存在不符的情况可能屏幕上不会有提示，所以需要用 Toolbox 确认所有警告被清除和固件升级程序帮助车辆学习新的零件号码，这样提高了零件的追溯能力。

c. 固件升级应该通过 Wi-Fi，GSM 要付费，如图 6-1-70 所示。

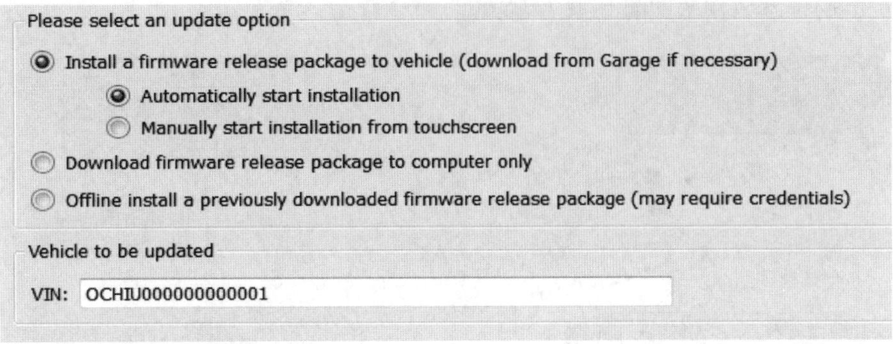

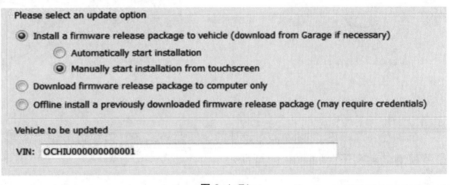

图 6-1-70

②安装固件包。

当你的电脑有稳定的 Tesla 网络或 VPN。车子必须有网络覆盖。这个选项让你可以从 Garage 里下载固件包。直到最后一步才需要车子联网，但你的电脑必须在 Tesla 网内或通过 VPN 登录 Garage。附件在下载后可以升级。

③自动开始安装。

这个是默认选项，在多数情况下 Toolbox 下载软件到车，然后车子开始自动安装，如图 6-1-71 所示。

④从触摸屏手动开始安装。

图 6-1-71

这个选项在某些时候有用，当你下载完软件不想马上进行安装时，选择这个选项，Toolbox 只下载固件到车上，之后通过触摸屏的图标开始，如图 6-1-72 所示。

点击计划安装在车辆上

图 6-1-72

⑤只下载固件包到电脑。

此模式只能选择软件包下载。不需连接车辆，但电脑必须稳定连接在 Tesla 网上。当你电脑在工作地点连接网络不佳时，可以用此项。软件包下载到你电脑上，Toolbox 会自动请求一个授权用于离线安装。注意：授权会过期，尽早安装。

⑥线下安装之前下载的软件。

电脑可以完全不连网络和 Tesla 网，车辆也不需联网。在断网前确保固件包已经完全下载到你的电脑内。注意：只有全车固件包，尾缀 U 的版本可以离线安装。

此安装方式固件升级报告没有传送回 Garage，这样对以后追踪故障带来很大难度。电脑必须连接车辆。

在完成升级后电脑应尽快连接 Tesla 网络开启 Toolbox。 这样允许 Toolbox 把数据回传 Garage。

⑦全车固件包缩写为 UPs，后面用 U 结尾。

通用包（UP）：

单一文件覆盖所有的变款；

不需重复下载，对于同样车甚至不同变款；

这样减少了软件变化的混淆。

（2）固件升级构架。

固件升级构架如图 6-1-73 所示。

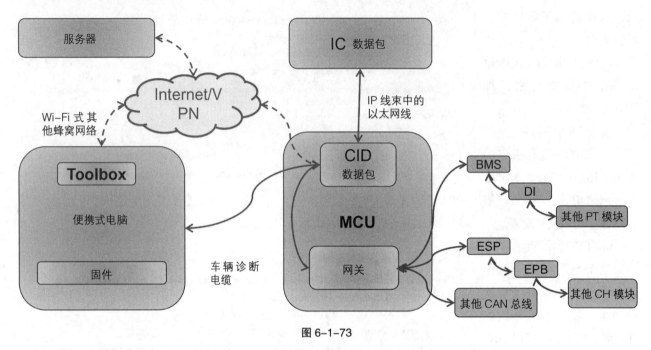

图 6-1-73

29. 胎压监控系统

车辆配备了一套"Baolong"设计的胎压监控系统。监控每个轮胎压力，通过无线电波告诉模块，系统能探测低和高压，如图 6-1-74 所示。

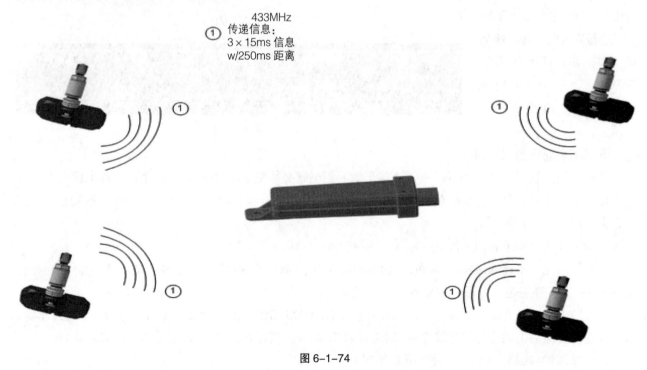

图 6-1-74

（1）TPMS 车轮传感器（如图 6-1-75 所示）。

车轮传感器测量：

压力：50~630kPa；

温度：-40~120℃。

每一个传感器有自己的序列号，每个传感器带一个锂电池，约5年寿命（以每天驾驶2h估算）。

（2）更换传感器。

需用到SmarTool，给ECU写入每个传感器序列号和位置，如图6-1-76所示。

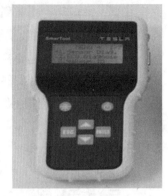

图6-1-75　　　　　　　　　　图6-1-76

（3）大陆TPMS。

从2014年8月开始安装车辆。必须使用Toolbox 2.0。必须使用ATEQ scan tool。模块位于右侧C柱内，如图6-1-77所示。

（4）TPMS警告。

如果胎压过高或过低，仪表板上将有警告。

如果系统查出故障，将在车子启动后闪一分钟之后保持常亮。

压力更正：

过低胎压纠正后不会马上熄灭警告灯，如图6-1-78所示

车辆必须在40 km/h下驾驶10min以上才会熄灭。

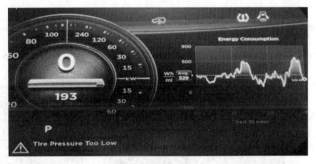

图6-1-77　　　　　　　　　　图6-1-78

第二节　高压电维修基础

一、高压电基础

（一）警告

高压电处理不当有潜在致命危险。永远要认为高压电存在，绝对不要假设系统关闭，如图6-2-1所示。当怀疑时，进行检查。永远认为高压连接点接合，你处于生命危险之中。

（二）安全注意事项

当维修高压系统时，旁边一定要有人。

不要戴任何首饰。

不要在维修时形成闭合路径（一只手放在口袋里）。

图6-2-1

维修高压电时，要戴测试过的高压手套。

在维修高压系统前，用万用表确认高压电路已经放电。

在开始工作前永远要检查电路放电情况。

HVIL 不用于触点断开的情况。

电死事故在与工作相关的事故里面排第五（每年大约 120 人死亡）。大约一半是与低压电有关 （600VAC 或更低）。

不安全的行为会导致电击死亡。

即使是 400V 对于人类来讲也是高压，在工作场所是低压。

（三）对于触电紧急情况的处理

原则 1: 不要触碰受伤人员。

断开电源或绝缘钩将受害者与电源分离。

使用手动消防箱：

用 TESLA 电话拨打分机 55500；

用手机拨打（650）681-5500；

提供详细位置。

（四）停工

停工装置可以确保设备被去掉之前不能被操作，如图 6-2-2 所示。如果有锁止设备，有必要用的时候一定要用。在 Model S 车型上，FRL 被认为是锁止设备。

图 6-2-2

（五）挂签

直到标签取消前，不能操作设备，如图 6-2-3 所示。无论何时维修高压电设备，都要确保有清楚的标识。

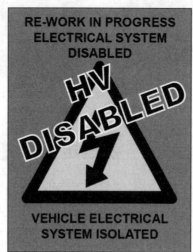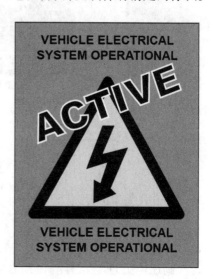

图 6-2-3

（六）测量分类

测量分类用于测试仪器阻止电压峰值能力，它是通过一个电阻系数供给。越高的范围就会有越高的风险导致过载电路，导致电击和物理伤害。通常 CAT 等级越高安全等级越高，如图 6-2-4 所示。

测量类别 I：此类别测试的电压来自特殊受保护的次级电路。此类电压包括信号、特殊设备、设备能量受限的一部分、调节过的低压电源和电子产品。

测量类别Ⅱ：此类别要参考当地配电标准，诸如标准墙上插座或插上电源负载（例如，美国115V或欧洲200V）。此类别测量家用电器、便携工具或类似物品。

测量类别Ⅲ：此类别测量固定安装的硬接线设备，配电板，断路器。其他的如导线，永久连接电源的固定电机。

测量类别Ⅳ：此类别用于外部电源。

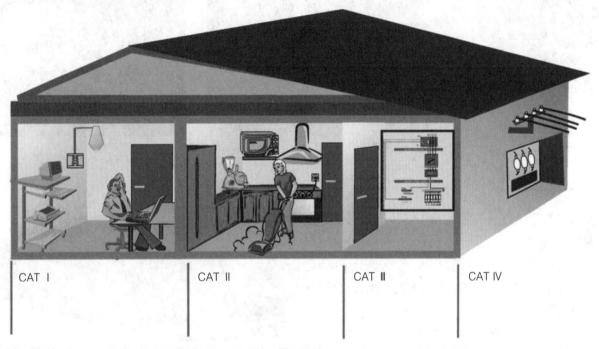

图 6-2-4

如表6-2-1所示，CAT被认为是额定的峰值电压，测试设备能根据电路电压处理。300V正常电路：CAT Ⅱ设备能够处理峰值电压为2500 V。电阻为表笔电阻。

表 6-2-1

额定电压	ICE61010-1 2nd Edition			UL 61010B-1（UL31111-1）		
	CAT Ⅳ	CAT Ⅲ	CAT Ⅱ	CAT Ⅲ	CAT Ⅱ	CAT Ⅰ
150V	4000V	2500V	1500V	2500V	1500V	800V
300V	6000V	4000V	2500V	4000V	2500V	1500V
600V	8000V	6000V	4000V	6000V	4000V	2500V
1000V	12000V	8000V	6000V	8000V	6000V	4000V
电阻	2Ω	2Ω	12Ω	2Ω	12Ω	30Ω

（七）高压防护装置

永远要确保检查手套，无论什么时间。当打开手套使用时，要在手套上写下日期，每半年进行更换（损坏立即更换），当维修锋利的金属部件时，要带上皮手套。无论什么时候断开高压线，要确保用绝缘装置保护他们，如图6-2-5所示。每个维修中心应该有手套侧漏装置。

（八）电弧

足够能量电弧会产生光和热并会造成伤害引起火灾，如图6-2-6所示。电弧像负热敏电阻，当温度上升时，电阻值下降。因此，当电弧增强时，热量增加电阻下降，从而会消耗越来越多电流直到系统的一部分熔化或蒸发，因此一定要有足够距离断开电路隔离电弧。如果高电压形成的失控电弧，电弧闪光会产生震耳欲聋的噪音及超音速的震动，温度要比太阳表面温度还高还强烈，高热辐射。电弧闪光外沿温度可以达到35000°F。大量的能量快速蒸发金属物，融化金属，向外膨胀的力很大。

图 6-2-5

图 6-2-6

二、绝缘步骤

采取的绝缘措施确保高压电池不与底盘接地并且保障车辆安全，如图 6-2-7 所示。参照触电的状态要注意绝缘值。触点闭合：大于 2000kΩ。断开触点：大于 3000kΩ。在断开 FRL 前，永远要确保触点是断开的。

1. 高压锁止步骤

每次维修高压系统时都要遵守此步骤。如果维修被打断，维修进行前再次确认没有高压电。根据触点故障状态正如所料没有断开，因此有必要确认触点是否断开。如果有任何触点粘连的通知出现，高压电池需要拆除。不需进行进一步的维修。用以下步骤确认触点是否断开：

（1）触摸屏 Turn Rails Off。

（2）触摸屏 Turn off 12V Support。

（3）检查绝缘电阻值 >3000kΩ = 触点断开。

（4）连接 12V 充电器。

不要通过 MCU 给车断电，如果 12V 电池电压低，不能阻止 BMS 进入支持模式。使用诊断模式将会允许你 turn rails off 并查看绝缘电阻值。有时，BMS 将花费几秒钟时间更新绝缘电阻值。等读到正确读数后再进行下一步。如果绝缘电阻值没有增加到 3000kΩ 以上，触点可能粘连，高压需要去除。还有重要的一点是如果任何触点粘连的警告出现，高压电池需要取下并且注意高压可能在速配头出现。

（5）要确保在 MCU 上进入诊断模式。停止 12V 电源后关闭挡轨，如图 6-2-8 所示。注意，一

图 6-2-7

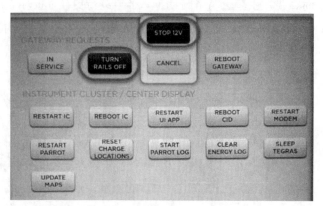

图 6-2-8

且你停止 12V 支持，需要给电池充电。一旦完成，并选择 BASIC。在屏幕底部，你能确认你的绝缘值和触点状态。注意，BMS 将用几秒钟执行和更新打开触点指令。一旦完成，所有挡轨都将 OFF。现在可以断开 FRL。如果这个顺序不正确，会损坏触点（当打开触点的同时电流流经触点）。

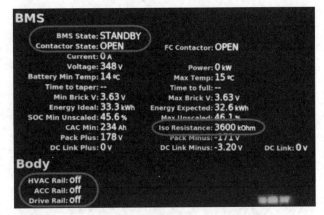

图 6-2-9

确认绝缘电阻值大于 3000 kΩ，触点请求状态是 "Open"，All Rails are "off"，如图 6-2-9 所示。

（6）在前备箱里面断开 FRL，不用考虑其他请求的情况下确保触点断开。断开 FRL，并不能确保高压已经从车辆上去除（触点粘连）。

来自 F29 保险的 12V 电源供到高压电池（红色导线连接至 BMS 紫色导线），如图 6-2-10 所示。

到被动安全系统的 12V 电源（粉色导线连接至红色导线）。

用万用表检查 4 号脚（标注红色的针脚）对地是否是 0V。确认是否与电源短路。

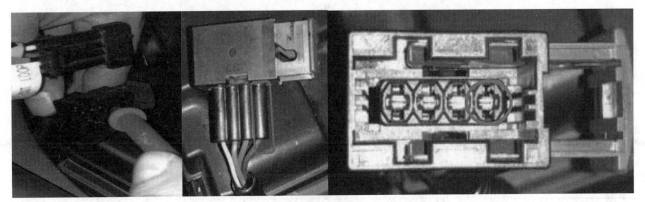

图 6-2-10

（7）等 30s 高压放电。Model S 的驱动单元有很大存电，需要花时间放电。拆下后坐垫和座椅框架，给维修诊断 HVJB 留出空间。拆下接线盒盖找到高压连接点。注意：小的驱动单元不能从 DI 处检查高压。使用新的罗森伯格插头。

使用万用表和戴好合适的高压安全保护设备，测量以下几处电压：

B+ 到地；

B- 到地；

B+ 到 B-。

注意：如果有任何大于 10V 电压的情况，说明触点没有完全打开，按照触点粘连指导说明更换高压电池。高压电池将被拆下。

在双电机的车上，DI 不再是检查高压的一个选项了。DI 处新的高压接头不允许进行安全检查并且也装有保险了。

①一代高压锁止测量方法。

测量全程要戴高压手套。确保进行以下三项测量（如图 6-2-11~ 图 6-2-13 所示）：

B+ 到地；

B- 到地；

B+ 到 B-。

935

②二代高压锁止测量方法。

测量全程要戴高压手套。确保进行以下三项测量（如图 6-2-14~ 图 6-2-16 所示）：

B+ 到地；

B– 到地；

B+ 到 B–。

图 6-2-11

图 6-2-12

图 6-2-13

图 6-2-14

图 6-2-15

图 6-2-16

（8）在要测试的元件处检查是否有高压。由于已经在后 HVJB 处检查了高压，所以其他部件应该没有高压电存在，如图 6-2-17 所示。但是，还是要检查部件。注意：如果有任何大于 10V 电压的情况，说明触点没有完全打开，按照触点粘连指导说明更换高压电池。高压电池将被拆下。

锁止关键点：

永远要确保触点打开并且在断开 FRL 前绝缘值

图 6-2-17

高于 3000 kΩ；

当检查高压时永远使用合适的高压防护装备。
每次使用都要先检查高压防护装备；

在 HVJB 处检查是否有高压；

永远要对高压部件进行二次检查。

2. 触点

（1）触点电源。

触点开关可以说是高压继电器，如图 6-2-18 所示。它用低压电驱动，接合高压电。线圈电源（12V）是由 FRL 提供。此电路是直接进入触点的吗？不是，它实际上是从 FRL 到 BMS。触点电源线束连接到 BMS 电路板。这样做是从安全的角度考虑的。当断开 FRL 时，检查 4 号针脚的电压，从而达到检查触点电源侧是否与正极短路的目的。

图 6-2-18

（2）粘连的触点。

这里是一些粘连的 Gigavac 触点，如图 6-2-19 所示。有些极端情况没有造成触点损坏。每次断开 FRL 时，都会存在使触点粘连的风险。在断开 FRL 前，请一定养成关闭 12V 支持电源确保所有 RAIL OFF 的习惯。

在断开 FRL 前永远要确保触点断开，如图 6-2-20 所示。

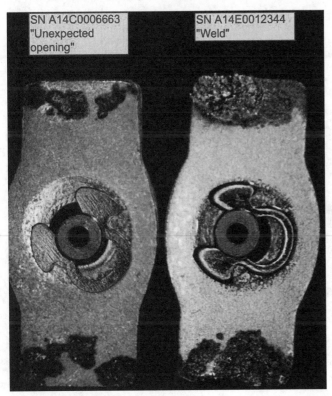

图 6-2-19

图 6-2-20

3. 高压系统部件

（1）高压系统部件（一代）。

当触点闭合或粘连。所有高压部件就会存在高电压，如图 6-2-21 所示。这是一代高压系统。Denso 空调压缩机在它壳体上的插头会有高压。当维修它时，一定要绝缘。

图 6-2-21

（2）高压系统部件（二代）。

高压系统部件（二代）如图 6-2-22 所示。

图 6-2-22

（3）二代双电机。

二代双电机如图 6-2-23 所示。装有新驱动单元的双电机 Model S 装有高压保险丝。该保险将在电机由于内部湿度过大或漏液情况下短路时熔断，只有新型电机有此保险，大电机没有保险。

（4）驱动单元。

如图 6-2-24 展示了前后单元，包括逆变器、电机和齿轮箱。两者有相同的结构组件。前电机不同是因为防冻液不会流经电机（只会流经逆变器），使用齿轮油冷却电机并且热交换时通过冷却液进行，冷却液冷却齿轮油。保险丝连接前电机，它位于座椅下方副充电器位置（如安装）。两个都有 HVIL 电阻。

（5）新型高压接头。

接头首次用于双电机 DM Model S。他们用于把高压电连接到新的小电机上，如图 6-2-25 所示。最终

小电机 / 小电机 (85D)　　　　　　　　　　　　　　　小电机 / 大电机 (P85D)

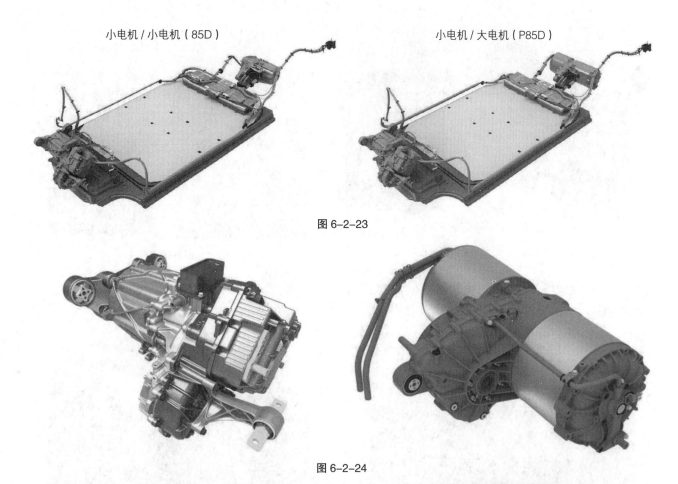

图 6-2-23

图 6-2-24

这种新型连接方式将用于其他高压部件（外观可能稍有区别）。他们具有相同的导通性但更便宜，工厂也更容易组装。确保不要使用过大扭力，塑料件可能被压断。

（6）高压接线盒（HVJB）。

一代与二代是两个不同类型的接线盒，一代一直生产到 2013 年 10 月，然后被二代替换（如图 6-2-26 中左侧图）。它可以进行三相充电（欧洲市场）以及可以更换保险丝。它就像开关盒，引导电源进入充电器或者在超级充电时旁通充电器（含有快充触点）。一代与二代不能互相替换。二代 HVJB 只能用于二代充电器。二代里面有两个 HVIL 盖开关（如

图 6-2-25

果只装有一个充电器，HVIL 电阻安装在 HVJB 里面但是它的使用取决于安装的设备）。

（7）充电器。

充电器有主充电器和副充电器。就像 HVJB，有两个类型的充电器。一代如图 6-2-27 中左侧，它更大些，更重，是方形的。二代的是右侧的。更轻，制造成本更便宜而且形状更圆滑。二者都与 HVJB 相连，但是一代外部只有一个逻辑插头，二代有两个。二者都是冷却液冷却，冷却液流过旁通的热交换器。

（8）二代充电口。

新款的双电机 Model S，二代充电器口现在有机动的充电口门。一代使用磁铁和定位器固定而不是二代的电机。二代的优点是一旦车子驶离，充电口能够自动关上。二代充电口不能装在一代车上。二代使

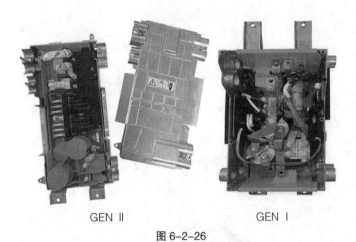

GEN I　　　　　　GEN II

GEN II　　　　　　　GEN I

图 6-2-26　　　　　　　　　　　　图 6-2-27

用 3 相欧洲固定板，比一代更大，如图 6-2-28 所示。

二代充电口　　　　　　　　　　　　　　　一代充电口

图 6-2-28

（9）DC/DC。

DC/DC 就像传统汽车的发电机。他负责把高压降到低压（12V）。和充电器一样，DC/DC 也是液冷却的。Model S 有两个不同版本的 DC/DC / FHVJB，如图 6-2-29 所示。一代是一个独立元件并且它提供高压到高压部件（空调压缩机、PTC 加热器、PTC 高压电池冷却液加热器）。二代的车上，他们分成两部分，FHVJB 负责把高压电供给附属元件。DC/DC 是独立元件。二代的一个优点是 FHVJB 里面的保险丝可以更换。而一代则会因为保险丝的熔断而更换整个元件。一代 DC/DC 位于右前车轮后侧，它是与丰田以及合作商

一代 DC/DC
DC/DC + FHVJB 在一起

二代 DC/DC
DC/DC + FHVJB 分开

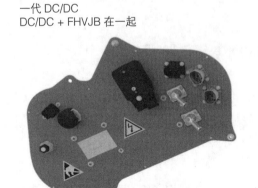

图 6-2-29

一起设计的，目前不再使用。二代的DC/DC + FHVJB自己制造，重新设计了安装位置，它们在防火墙位置，前备箱后部。一代和二代的特点是HVIL通过KET接头和盖开关与高压相连。

（10）高压电池加热器、空调压缩机和PTC加热器。

FHVJB连接三个高压部件，空调压缩机、PTC加热器和PTC高压电池加热器，它们全是用高压的部件，因此位于高压电路上，如图6-2-30所示。它们全有HVIL连接在DC/DC / FHVJB上。唯一的例外是老的Denso空调压缩机，在泵上的高压插头上有高压。新款的压缩机直接是线连接的没有插头。如上所述，所有插头都有高压HVIL。

图 6-2-30

4. 绝缘电阻

高压电池是否与车辆接地隔离？当然不是。如果不是与底盘接地，我们如何检测其他情况的对地短路？是否意味着电池电压电流完全流到底盘接地？不，事实上，BMS使用串联电阻递减电流来检测是否与底盘接地短路。绝缘电阻是计算电池对地的电阻值（通过高压元件）。绝缘仅用于检查对地短路问题。最常用的用绝缘值检测触点状态（通过MCU或Toolbox）。当触点闭合时，绝缘值应该是等于或低于2200 kΩ。当触点打开时绝缘值应该大于3000 kΩ。当高压元件对地短路，数值将随着电阻值下降而下降。比如PTC冷却液加热器元件接触壳体。这会造成绝缘值过低。隔离与绝缘的区别是什么？绝缘是用于隔离导体。隔离是拆掉去掉正确绝缘的部件。我们实际上用绝缘表测量的是什么？简单说是用查看，任何绝缘都可以用足够电压击穿并流动电子。绝缘表就是这样检测的。它发送出设定好的高电压检测绝缘击穿或对地短路。

三、绝缘电阻测试

1. HVIL

HVIL或高电压互锁回路用于在低压范围内定位高压部件。在Model S车上，它连接到不同逻辑插头，与电阻和盖开关串联。如果盖开关打开或短路，BMS将不会闭合触点。无论何时触点闭合请求激活，HVIL会马上运行。HVIL标准不是TESLA的标准，而是SAE电动车的标准。HVIL不包含FRL。如之前提到的，触点12V电源通过FRL而不是HVIL。

2. HVIL故障 vs 触点状态

HVIL故障 vs 触点状态表6-2-2所示。

3. HVIL电路

HVIL经过所有高压部件并锁定他们。这些高压部件将有60 Ω电阻，开关盖中的一个或两者都有。RWD总电阻是240 Ω。DM Model S是300 Ω（DM在前电机多了一个电阻）。有60 Ω电阻的部件是：DI（S），

表 6-2-2

BMS 状态	HVIL	预期连接器状态	HVIL 故障时连接器状态
待机	OFF	打开	打开
支持	ON	关闭	打开
驱动	ON	关闭	关闭
充电	ON	关闭	打开
快充	ON	关闭	打开
故障	?	?	?

充电器和高压电池。DC/DC / FHVJB 有盖子开关但没电阻。HVJB 有盖子开关也会有一个模拟电阻，如果没有选装副充电器。HVIL 电路如图 6-2-31 所示。

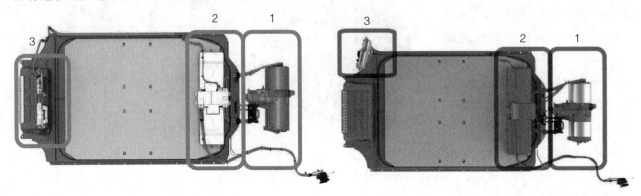

1.逆变器（DI） 2.充电器和高压接线盒 3.DC/DC

图 6-2-31

（1）高压电池。

高压电池有 HVIL 电路。最后一个电阻在 BMS 里面。由于双电机多了一个电阻（在前电机）。DM 和 RWD 高压电池不能调换，因为 BMS HVIL 电路设置了不同的电阻。高压电池：BMS 提供一个 20mA 恒流源。高压电池有一个 60Ω 电阻，如图 6-2-32 所示。

（2）驱动逆变器。

驱动逆变器（DI）：有一个 60Ω 电阻，如图 6-2-33 所示。HVIL 电路可以通过断开连接到 DI 的逻辑塞而打开。

图 6-2-32

图 6-2-33

942

（3）DU 保险丝 HVIL 开关。

由于保险丝是可以更换的，HVIL 现在与盒盖开关（保险丝架子壳体上）合成一体，如图 6-2-34 所示。把此开关安装正确很重要。之前发生过固定螺丝松造成开关打开。

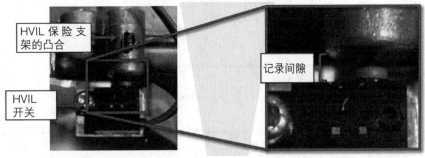

图 6-2-34

（4）充电器和高压接线盒。

充电器和高压接线盒他们各有一个 60 Ω 电阻，如图 6-2-35 所示。根据配置只有两个在特定时间使用。每个充电器有一个 60Ω 电阻。如果车辆只安装了一个充电器，一个模拟插头用于替代副充电器的逻辑连接，HVIL 里面的 60Ω 电阻用于保持总电阻一样，无论是一个充电器还是两个。请注意：在后驱的 Model S 上，4 HVIL 电阻一直使用。在双电机 DM Model S 上，5 HVIL 电阻在特定时间使用。

（5）DC/DC 前接线盒。

DC/DC 前接线盒没有 60 Ω 电阻，如图 6-2-36

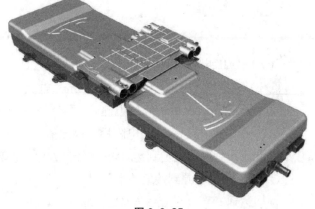

图 6-2-35

所示。DC/DC 有一个盖子开关和一个电缆开关，他们属于 HVIL。在以前，没有 HVIL 电阻，使用 HVJB，盖开关和 KET 接头代替。因为有两个不同的配置结构，所以有不同位置但数量相同的开关。在一代上面有两个位置的高压接头连接到 DC/DC。在二代上面他们位于 FHVJB 盖上，高压电缆连接到 FHVJB。还有就是在两个版本上 HVIL 连接 KET 接头。一个简单的回路可以确保插头安装好，而不是电阻和开关。如果插头断开，HVIL 则断开。这只是个通过插头的回路并可以与部件相连。KET 使用插头制造厂家的名字（Korea Electric Terminal）。

（6）基本电气原理。

最简单的形式理解，HVIL 是一个带有 60Ω 电阻的串联电路。HVIL 有一个 20mA 恒流源。回头考虑下基本电气原理（如图 6-2-37 所示），HVIL 只是简单的带有开关和电阻的串联电路。当电阻上升时，电流则下降（电路有问题）。但是如果整个电路电阻保持不变。电流自然也不会变。了解了这些后，如果 BMS 发送 20mA 然后当所有电压经过最后一个电阻消耗掉后必须返回 20mA。当然任何一个盖开关断开，电流就会停止且电压上升。

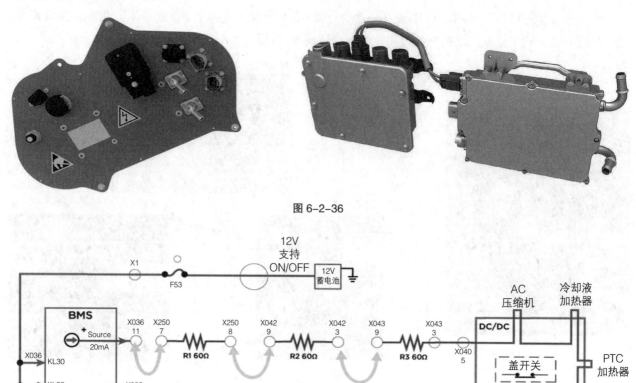

图 6-2-36

图 6-2-37

（7）HVIL 电路（后驱）。

① BMS 在 HVIL 回路上发送一个 20mA 电流，如图 6-2-38 所示。

② 回路起始于 BMS（高压电池外）流经所有高压部件。

三个大部件集成有 60Ω 电阻用于检测信号。

电流流回到高压电池到达 BMS 并经过 60Ω 电阻到达接地。

③ BMS 测量电源到接地的电压。

预期达到：$V = 4$ 节点 $\times 60\,\Omega \times 20\text{mA} = 4.8\ V$。

④ BMS 能通过两个节点检测 HVIL 问题。

硬件：CPLD（复杂可编程逻辑控制器件，BMS 元件），检查阻抗是否在 230～250Ω。

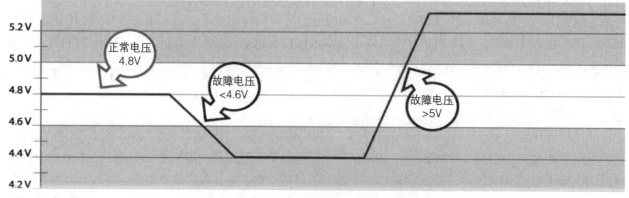

图 6-2-38

软件：BMS 通过 ADC 检测电压，如果电压在 4.6~5.0V，则会触发警报。

诊断 HVIL 时，有两个方法检查电路。最基本的是从几处检查电阻。另一种方法是使用 ToolBox 强驱 HVIL 电路在相同位置测量电压。通过测得的总电阻，了解要测量什么部件并能精确检测 HVIL 电路上的高压部件。ToolBox 对于晃动接头测试，接头松的检测是最好的方法。观察电路电压并检查接头可以正确的测量 HVIL 电路。请注意，如果通过接头检查电压，需要了解到电压每次经过一个电阻都会产生压降。

（8）HVIL 电路（DM）（如图 6-2-39 所示）。

BMS 预期值：V = 5 节点 × 60 Ω × 20mA = 6 V（有故障的临界值 > 5V 以前）。BMS 检查高电压/阻抗。现在检查低阻抗和电流值。

BMS 硬件将触发 HVIL 故障，如果电流不在范围：19mA < I < 21mA。

BMS 检查低电压，低于 4.6V，警报将触发。

双电机车，使用 pack 1.5。1.5 BMS 现在有不同的 HVIL 检查方法。同样将发送出 20mA 电流并监测电压，但不会管高电压问题。更简单地说，如果阻抗变化，电流同样会变化。大一些的电阻等同于电流小于 20mA，小一些的电阻等同于大于 20mA 电流。

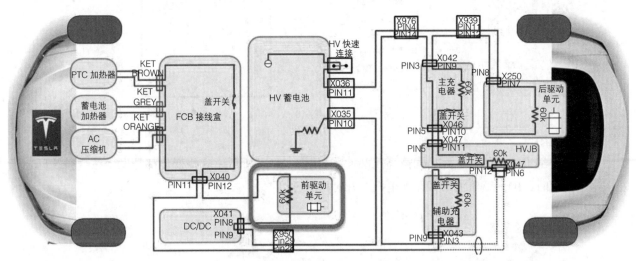

图 6-2-39

四、预充电

预充电是高压电路，它用来检查高压系统电容量。在预充电过程中，BMS 监测电压上升时间。当开始连接高压电池时，开始加载电容电流。当电容充电到电池电压时，会有侵入电流。当是大电池（小电阻）和强负载（有大电容），侵入电流很容易达到峰值 1000 A。预充电路限制侵入电流，但不会限制工作电流。此外预充电电路会与触感器结合使用检测接地绝缘，短路问题和检测预充电电路自身部件问题。预充电的主要作用是在触点闭合时防止有侵入电流。当开始预充电时，我们可以监测它花费多少时间建立和均衡电压。高压意识视频有很好的介绍。类似于传统发动机的失火检测，有一个预充电临界值产生。当发生这个情况时，可以阻止高压从电池漏来。简单的顺序是，预充电闭合预充电继电器然后闭合正极触点。监测时间是否符合规范，负极触点闭合，高压释放出电池。

1. 预充电前

在这里我们有预充电电路。基本的形式包含我们的高压电池、接触器、预充电继电器和车辆。如果接触器正好关闭所有的高压包电压，电流将流入车辆的高压组件，可能损坏他们。预充电继电器关闭之前，允许我们建立电压缓慢关闭接触器，如图 6-2-40 所示。

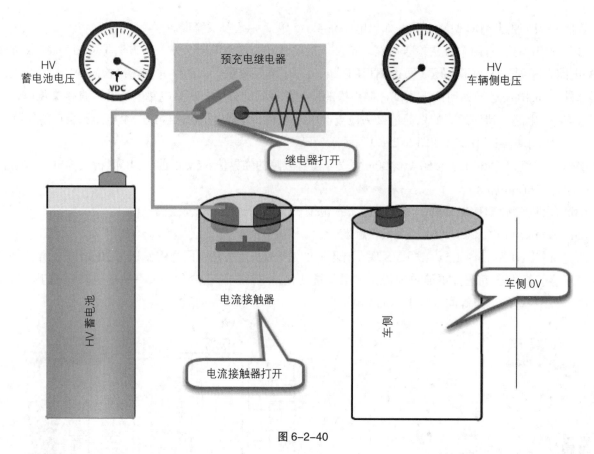

图 6-2-40

2. 预充电闭合

当预充电继电器闭合时，开始均衡高压部件，如图 6-2-41 所示。这些变化都是发生在毫秒之间。当发生这个情况时，BMS 观察波形并监测电压上升时间。

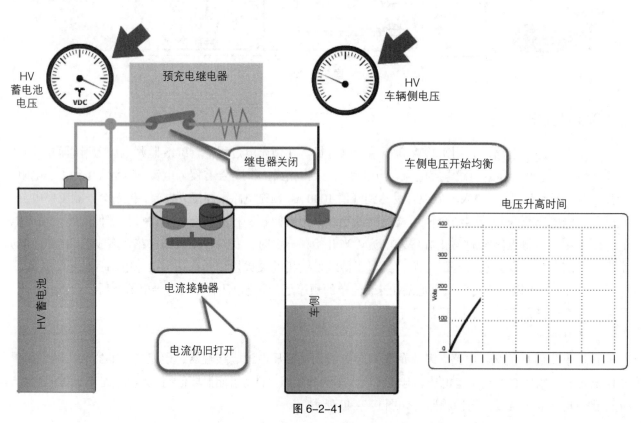

图 6-2-41

3. 预充电完成

一旦高压部件与高压电池电压匹配，触点就会闭合，就不会有侵入电流，因为两侧已经平衡，如图 6-2-42 所示。此过程完成后，预充电继电器打开，预充电结束。如果波形不对，触点将不闭合，会设置成预充电故障。

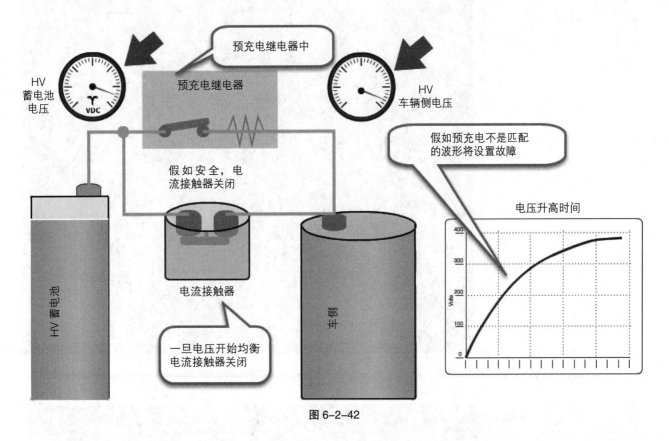

图 6-2-42

4. 触点预充电顺序

检查 PackV–LinkV >15V。如果 LinkV 大于 15V：外部放电失效（在逆变器里）。

在负极触点上闭合预充电。

通过负极触点电压变化应该是大于 5V。DC link 电压变化不大于 15V；闭合正极触点；Link V 和 Pack V 在 15V 以内；利用 PWM。

闭合负极触点。150 ms 后使用 PWM。

打开预充电继电器。200 ms 后负极触点闭合。

5. 粘连检查

预充电前检查。

保证触点没卡滞。

BMS 对负极触点进行粘连检查，因为粘连的负极触点将会旁通预充电电阻和继电器。如果检查到粘连，F038 会报错误类型 a009 CTR_WELDED，记录 link 和 pack 电压不同（如图 6-2-43 所示），线圈电流也会被记录。

6. 继电器闭合

触点粘连后检查，如图 6-2-44 所示。在这个过程的下一步是 BMS 断开两个绝缘电阻。BMS 现在测量正极连接电压然后存储数值，这样能确保高压总线没有断路。预充电继电器然后闭合并等待 50 ms，确保预充电继电器已经成功闭合。预充电继电器闭合后，BMS 测量并确保总线足够活动。

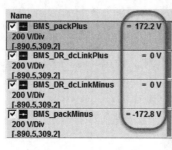

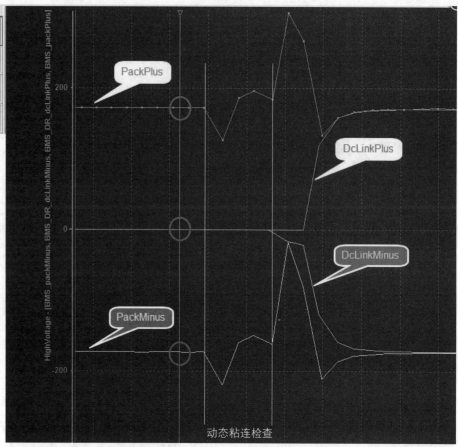

图 6-2-43

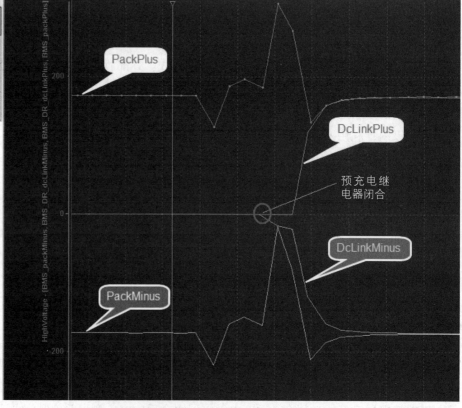

图 6-2-44

7. 正极触点闭合

在正极触点闭合前，BMS 通过正极触点测量电压并得到 link 电压基准电压，如图 6-2-45 所示。然后正极触点通过 BMS 闭合。

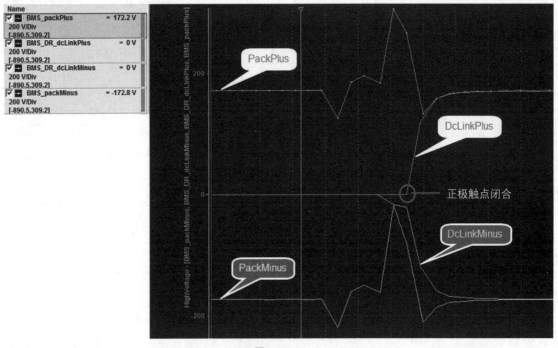

图 6-2-45

8. 正极触点有效使用

当闭合计时器时间到了，正极触点能有效防止线圈损坏。如果触点做到这点，波形与预期充电率匹配，下一步可以继续闭合负极触点，如图 6-2-46 所示。由于预充继电器还处于闭合状态，这将不会有变化。

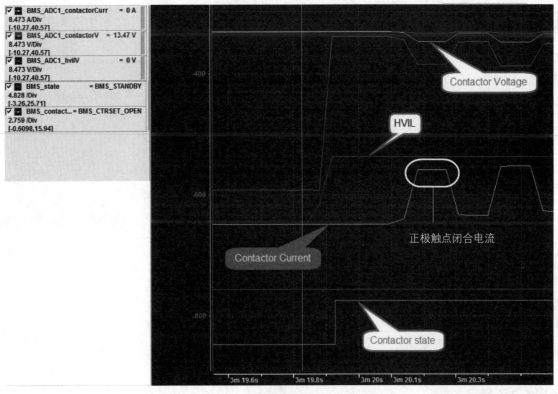

图 6-2-46

9. 预充电触点状态

预充电触点状态如表 6-2-3 所示。通过 HVIL 和预充电，可以安全地检测高压部件是否连接和固定良好。HVIL 首先通过逻辑链接定位高压部件。HVIL 不会跨过高压连接运行。预充电监测通过高压接头均衡电压的时间。两个接头共享的连接是速配头。

表 6-2-3

HV 关系	HVIL	预充电	假如不断开可能触电
HV 蓄电池与 HVJB	否	是	是
DI 电缆与 HVJB	否	是	可能
HV 电缆与 DI	否	是	否
DC/DC 电缆与 HVJB	是	否	是
DC/DC	是	否	是
PTC 机舱	是	否	否
冷却液 PTC	是	否	是
HV 快速连接	是	是	是
DI 逻辑插头	是	否	是

第三节　高压互锁回路

一、HVIL 系统介绍

高压互锁回路目的是为了保护维修人员和设备。在预充电前，BMS 将进行一个 HVIL 测试。如果 BMS 检测到故障，将防止触点闭合。如果 HVIL 有故障，它将关闭，直到触点再次闭合。

二、HVIL 工作原理及系统构成

由 BMS 提供的 20 mA 的恒流源，若干个 60 Ω 电阻的串联电路，若干个微动开关以及插头回路组成，如图 6-3-1 所示。

1.HVIL 与首次应答器回路
如图 6-3-2 所示。

2.Model X 系统原理图
如图 6-3-3 所示。

3.Model S（AWD）系统原理图
如图 6-3-4 所示。

4.Model S（RWD）系统原理图
如图 6-3-5 所示。

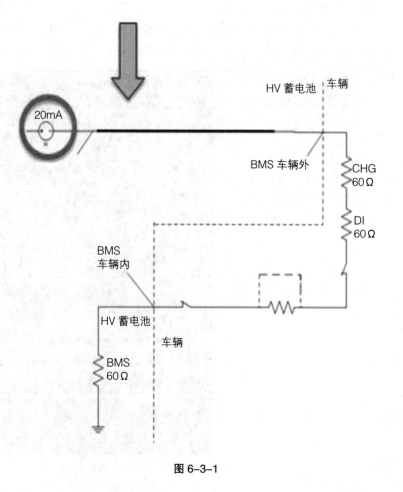

图 6-3-1

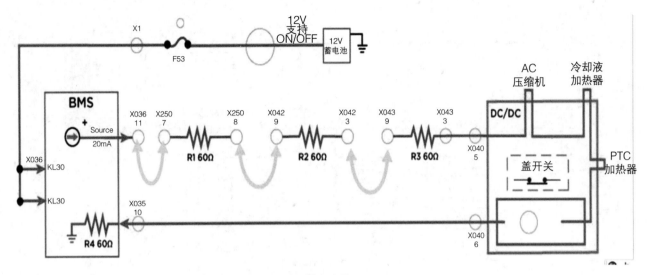

图 6-3-2

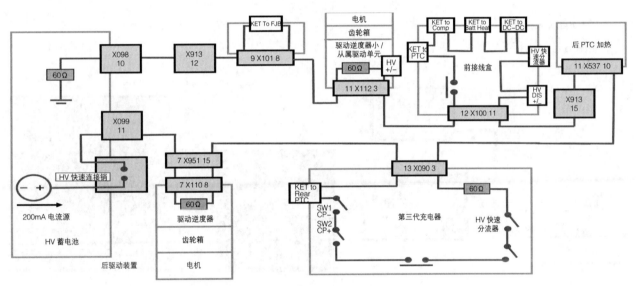

图 6-3-3

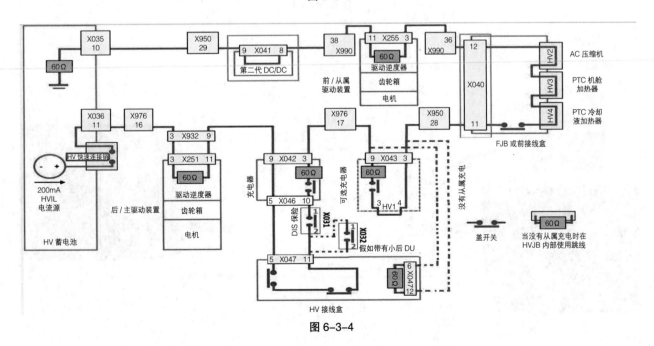

图 6-3-4

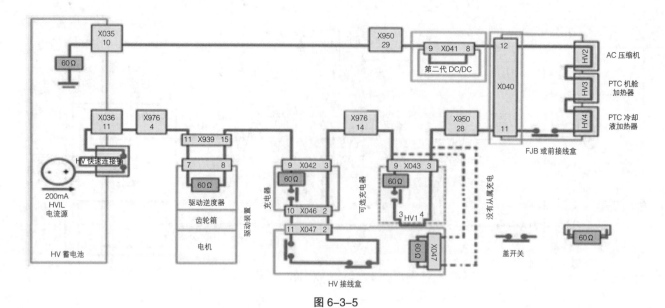

图 6-3-5

5.Model X papid-mat

如图 6-3-6 所示。

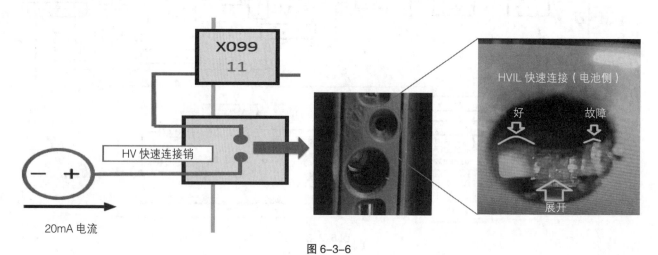

图 6-3-6

6.Model X chg gen3 微动开关

如图 6-3-7 所示。

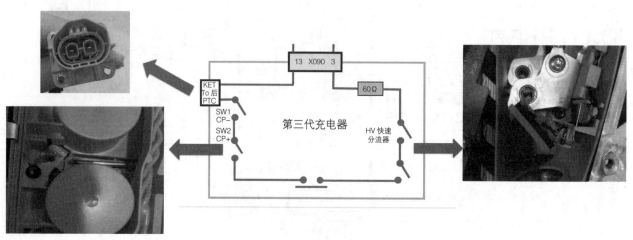

图 6-3-7

7.Model X FJB 微动开关

如图 6-3-8 所示。

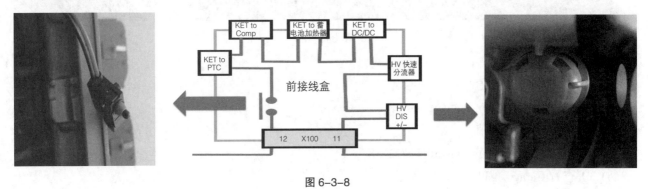

图 6-3-8

8.Model X FJB 替代插头

如图 6-3-9 所示。

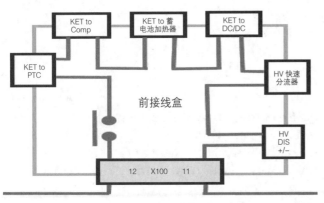

图 6-3-9

9.HVIL 小电机插头

如图 6-3-10 和图 6-3-11 所示。

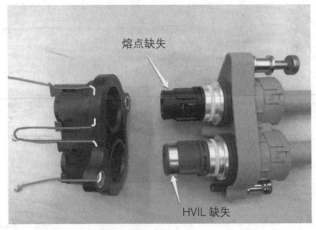

图 6-3-10

图 6-3-11

三、HVIL 诊断思路

1.HVIL 诊断步骤

HVIL 诊断步骤如图 6-3-12 所示。

图 6-3-12

2.HVIL 确认故障

（1）HVIL 的报警阈值。

https://toolbox.teslamotors.com/articles/38。

（2）HVIL 断路电压值。

https://toolbox.teslamotors.com/articles/12238。

（3）查看 Garage，如图 6-3-13 所示。

BMS State: Fault
12V Battery Voltage: 12.178V
12V Battery Current: -1269.000mA
Contactor State: Open

Alerts：

DI_u014_notOkToStartDrive (Car Needs Service/Unable to Drive)
BMS_w036_SW_HVIL (hidden), BMS_w126_HW_BMS_Blind_Mate (hidden)
BMS_f036_SW_HVIL (Car Needs Service/Car May Not Restart)
GTW_w018_hvacLoadShed (12V Battery Power Low/Car May Shut Down
Unexpectedly)

图 6-3-13

（4）查看 carlog，如图 6-3-14 所示。

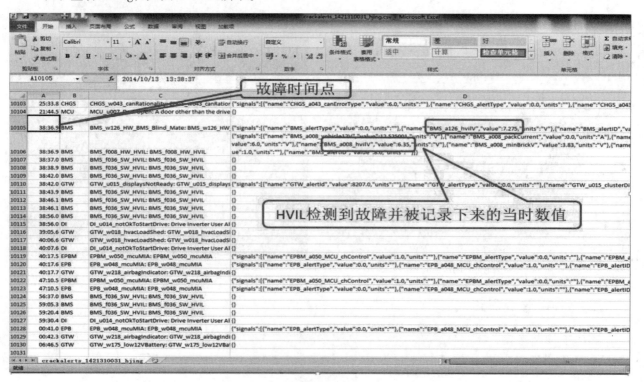

图 6-3-14

（5）点击 Query Date，查看其中与 HVIL 相关的数据，如图 6-3-15 所示。

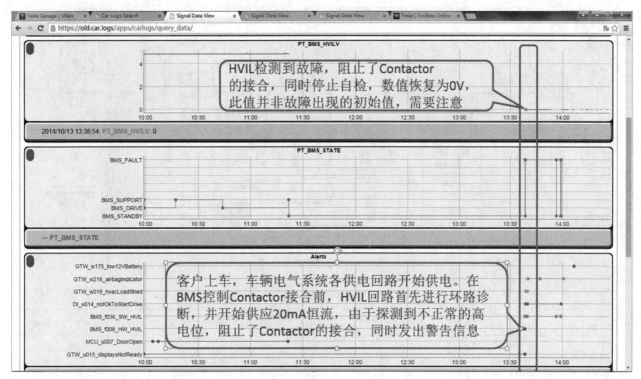

图 6-3-15

3.HVIL 数据测量

使用 TOOLBOX 激活 HVIL，如图 6-3-16 所示。

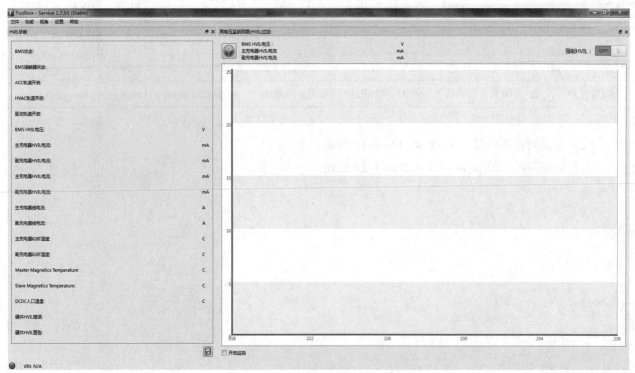

图 6-3-16

（1）数据测量 1 如图 6-3-17 所示，相应数值如表 6-3-1 所示。

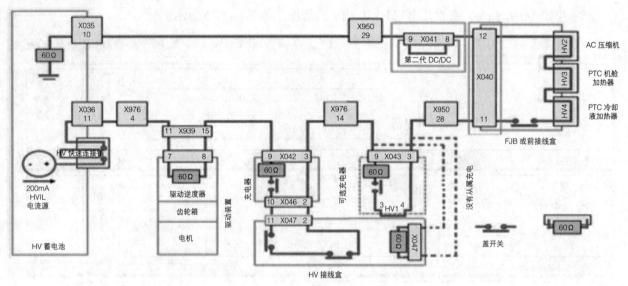

图 6-3-17

表 6-3-1

连接器	X036	X976	X939	X250	X250	X939	X042	X042	X976	X043
端子	11	4	11	7	8	12	9	3	14	9
预期电压（HVIL 打开）	4.8V	4.8V	4.8V	4.8V	3.6V	3.6V	3.6V	2.42V	2.4V	2.4V
电阻与接地（HVIL 关闭）	240Ω	240Ω	240Ω	240Ω	180Ω	180Ω	180Ω	120Ω	120Ω	120Ω

连接器	X043	X040	X040	X40 Gen2	X040 Gen2	X041 Gen2	X041 Gen2	X035	HV4	HV3
端子	3	5	6	11	12	8	9	10	——	——
预期电压（HVIL 打开）	1.2V	1.2V	1.2V	1.2V	1.2V	1.2V	1.2V	1.2V	——	——
电阻与接地（HVIL 关闭）	60Ω	60Ω	60Ω	60Ω	60Ω	60Ω	60Ω	60Ω		

（2）数据测量 2 如图 6-3-18 和图 6-3-19 所示。

（3）数据测量 3 如图 6-3-20 和图 6-3-21 所示

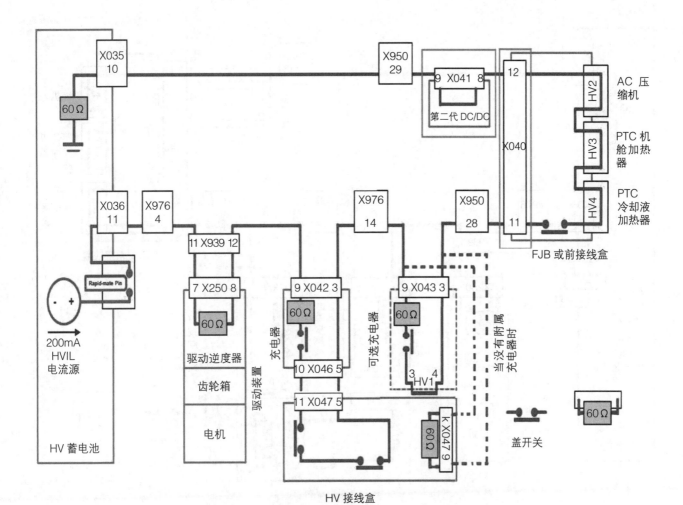

图 6-3-18

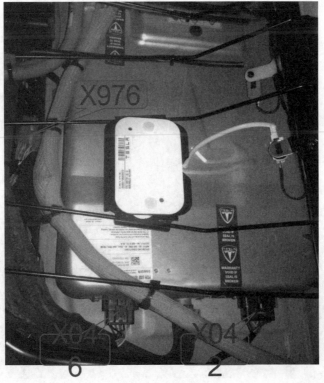

图 6-3-19

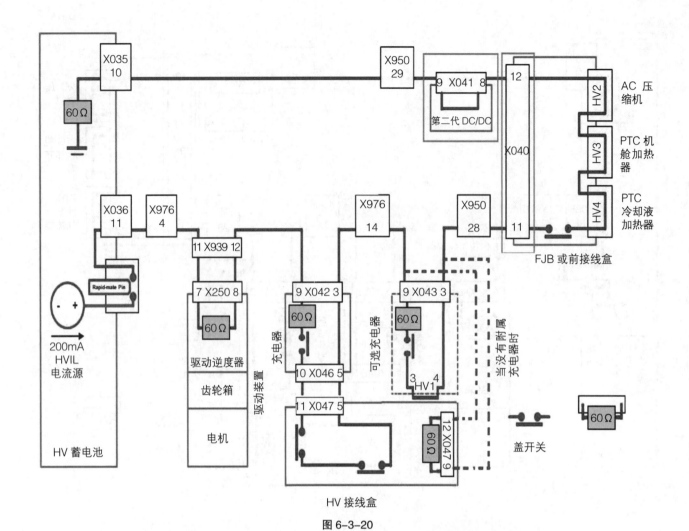

图 6-3-20

图 6-3-21

四、HVIL 典型故障

HVIL 典型故障如图 6-3-22 所示。

（1）HVAC 压缩机连接器 HVIL 管脚弯曲如图 6-3-23 所示。

（2）第二代 HVJB 间歇性 HVIL 如图 6-3-24 所示。

（3）FJB 内部断路或高电阻如图 6-3-25 所示。

（4）后驱动单元内部 HVIL 电阻故障如图 6-3-26 所示。

（5）X951 中的水侵入导致 HVIL 问题如图 6-3-27 所示。

（6）第 3 代充电器 HVIL 恒短对地如图 6-3-28 所示。

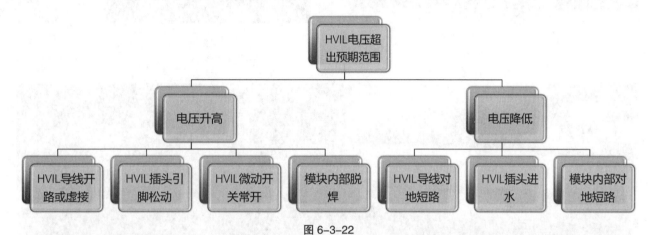

图 6-3-22

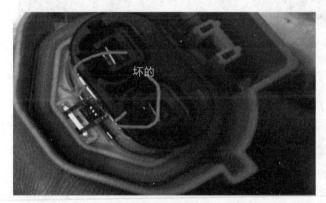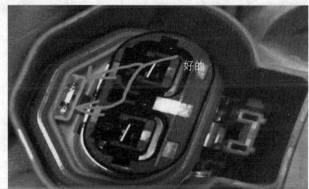

图 6-3-23

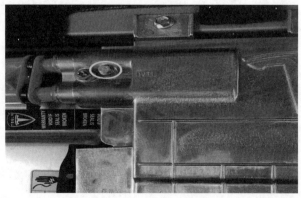

图 6-3-24

图 6-3-25

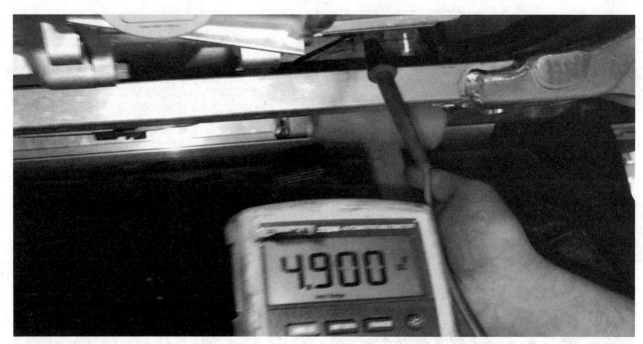

图 6-3-26

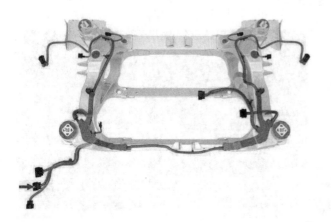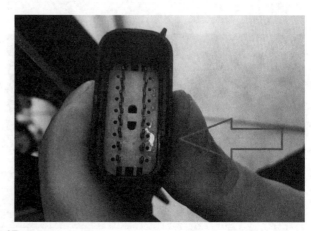

图 6-3-27

图 6-3-28

五、总结

HVIL 目的为了保护维修人员和设备。HVIL 是由 20 mA 恒流源、若干 60 Ω 电阻、若干微动开关、插头回路及导线组成的低压线路。检索 log 数据确定 HVIL 故障。激活 HVIL,选择适当测量点测量 HVIL 电压电阻。根据测量结果判断故障点。

第四节　充电系统

一、J1772 标准和操作

电动车通过普通插座充电（NEMA 5-15R 和 NEMA 5-20R）。车辆上装有车载充电器从单相交流电充电网络充电。AC 充电器使用专用的 AC EV/PHEV 供电设备（在私人和公共区域）。

EVSEs 主要有两个控制信号 Proximity 和 Pilot。

EVSE 全称是电动车充电设备（Electric Vehicle Supply Equipment）。

1.J1772 控制

（1）控制电路。

该信号表明 EVSE 可以给车辆充电。允许车辆充电器与 EVSE 通信。控制 EVSE 触点。EVSE 发出电信号。控制电路是初级控制且通过车上的控制电路连接设备接地。 并执行如下功能：

确认车辆存在并连接好；

允许通电或断电；

发送额定电流到车上；

监控设备接地；

建立车辆通风设备。

（2）J1772 控制占空比。

控制信号显示有电流。EVSE 利用控制信号说明有电流到车载充电器。它是通过 1kHZ 占空比信号进行通信。

（3）J1772 控制电压。

在电路举例中，当车载充电器在状态 C 和 D 需要充电时，开关 S2 允许车载充电器控制状态 。

（4）J1772 控制信号。

J1772 控制信号如图 6-4-1 所示。

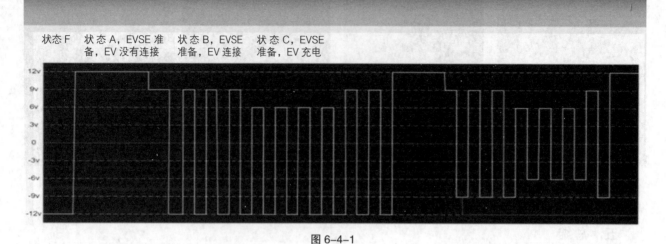

状态 F　　状态 A，EVSE 准　　状态 B，EVSE　　状态 C，EVSE
　　　　　备，EV 没有连接　　准备，EV 连接　　准备，EV 充电

图 6-4-1

2.J1772 邻近电路

（1）它是握手信号，表明已经连接好了。

未连接；

连接；

在开关按下后，连接好。

（2）proximity 在车辆和 J1772 充电手柄间运行。

（3）通知车辆停止充电。

（4）EVSE 继电器 / 触点一直保持闭合直到 pilot 信号消失为止（拔下充电手柄）。

（5）EVSE 不接收接近（proximity）信号。

特斯拉集成了 J1772 标准如图 6-4-2 所示。

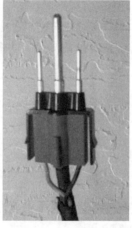
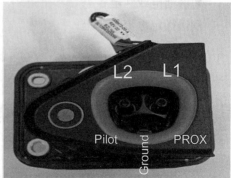

图 6-4-2

充电连接器 IEC62196 2 型如图 6-4-3 所示。

接近（Proximity）

导引（Pilot）

接地（Ground）

相位 1（Phase 1）

不带电熔点
（Neutral）

相位 3（Phase 3）

相位 2（Phase 2）

图 6-4-3

3. 充电系统

仪表将转换到当前充电信息，如图 6-4-4 所示。

每小时充电率

根据充电量，车辆所能
行驶的里程

充电电流 / 能充的最大电流

在充电过程中，增加的里程

剩余的充电时间

充电电压

图 6-4-4

二、电动汽车充电设备

1.UMC- 通用移动插头（如图 6-4-5 所示）

理想的旅游充电设备；

有几种插头墙充插头使用；

最大输入交流电 240 V, 50 A；

最大输出 10 kW 和 40 A；

选装的副充电器不会缩短充电时间。

2. 大功率壁式连接器

如图 6-4-6 所示。

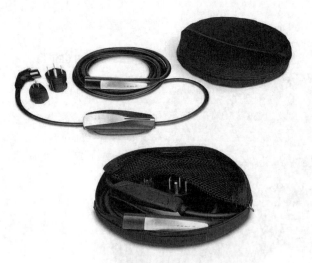

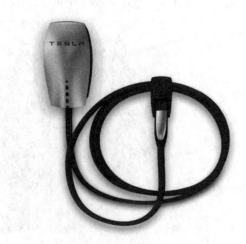

图 6-4-5   图 6-4-6

3.EVSE- 超级充电（如图 6-4-7 所示）

仅 Model S 具有此功能（到目前为止）；

终身超级充电免费；

美国 103 座，并且一直在建设新的；

欧洲 40 座，并且一直在建设新的；

亚洲 6 座，并且一直在建设新的；

直流充电；

超级充电不会经过车载充电器；

不需使用两个充电器；

最大输出 120 kW；

预期的 Pilot Duty，5% 然后 CAN 通信。

4.EVES-CHAdeMO（如图 6-4-8 所示）

标准充电站；

全球超过 3000 个；

美国超过 300 个；

直流充电类似 TESLA 超级充电站；

最大输出 50kW；

当前没有 40kW 车辆，没有 60 kW 电池升级；

汽车必须有超级充电选项；

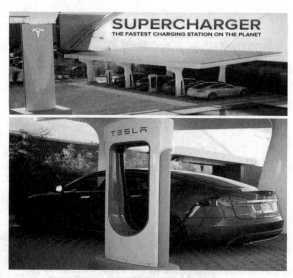

图 6-4-7

图 6-4-8

期望的控制占空比: 3%~7%;

控制通信后, CAN 信号。

5.EVES-J17729（如图 6-4-9 所示）

最普遍的公众使用的 EVSE；

在美国和加拿大 5400 个；

最大输出 240 V A/C, 最大电流 80A（按照规范）；

最常用的电流是 30A；

最大 7.5kW；

pilot duty, 取决于 EVSE 最大容量。

图 6-4-9

6.EVES - SPX

SPX EVSEs 不兼容 J1772, 如图 6-4-10 所示。

三、充电口

（一）介绍

充电口充当的是充电线和车辆之间的连接点。CP 与充电器通信确定是否驱动锁闩锁止住充电手柄或阻止其插入。它还接收打开充电口的请求并根据充电状态改变 LED 颜色, 如图 6-4-11 所示。

（二）充电口接口

通过充电屏幕或控制菜单打开充电口。一旦从 MCU 发送打开请求, 充电口将会有以下动作: 打开

图 6-4-10

充电门、落下锁栓和灯光为白色（准备充电）。

当充电结束时可以通过按住手柄按钮取出充电手柄。要注意不要拉手柄后按下按钮，锁栓可能没有落下来。

因为 Model S 充电口是 J1772 除了实际的插头，终端类似。2 个电源线（AC 或 DC）、1 个接地、控制信号和邻近信号。

灯环是可更换的，与充电口不是一体的。

充电口使用永久磁铁，保持充电口门关闭。当打开充电口门，电磁铁抵消磁通量释放充电门。

US CP HWID =3。

有内部温度传感器记录数据，故障。

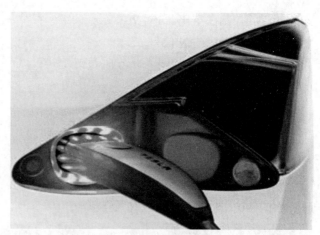

图 6-4-11

（三）充电口锁栓

多个用途：当有故障、行驶或不安全因素等，阻止 EVSE；锁车后充电期间，阻止 EVSE 拔下和当 EVSE 未完全插好时，用于检测。

当充电器发出充电口接合信号时，锁栓落下：充电器快速充电触点检查后和来自充电器的充电口接合线是一个确认插入的 EVSE 安全与否的冗余信号。

CP 锁栓未落下：机械堵住或卡滞、检查后盖和开关销、BMS 故障和锁栓接合信号。

（四）充电口维修

1. 充电口维修

US 市场充电口 EVSE 手柄可以手动释放。

释放开关位于 CP 电缆后面。

拆下 CP 电缆，接触到释放开关。

2. 后盖开关 / 互锁

后盖子遮盖住的高压线接头有互锁。

车辆如果触发互锁将不能充电。

当后盖去除后将设置 alert。

3. 编程

充电口是可编程模块。

Toolbox 可以进行编程。

第五节　温控系统

一、温控系统系统介绍

配备了车辆中最先进的温度管理系统。系统不仅是空调和暖风系统，更是动力单元的温度管理系统。可以想象它是一个由类似发动机冷却系统和空调系统相结合的系统。空调和温度管理系统有很多部件是交叉共用的，由 2 个模块来控制（THC 与 RCCM）。Model S 的温控系统是纯电动的，包含几个高压部件，如图 6-5-1 所示。这意味着车辆任何时候都可以控制动力系统温控系统和空调系统，无论车是否运行，司机在不在。同时系统可以在室内运行，因为没有内燃机，车辆没有任何排放。

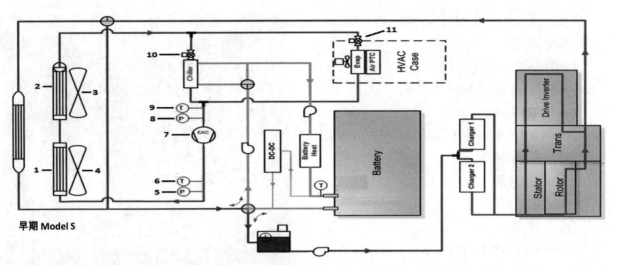

1.气态冷凝器 2.副冷凝器 3.副冷凝器扇 4.气态冷凝器扇 5.空调压力传感器（高压侧）6.空调温度传感器（高压侧） 7.电子空调压缩机 8.空调压力传感器（低压侧） 9.空调温度传感器（低压侧） 10.膨胀阀（冷却器） 11.膨胀阀（蒸发箱）

图 6-5-1

当前 Model S 温控系统系统如图 6-5-2 所示。冷却器膨胀阀电磁阀取消。低压侧温度和压力传感器取消。

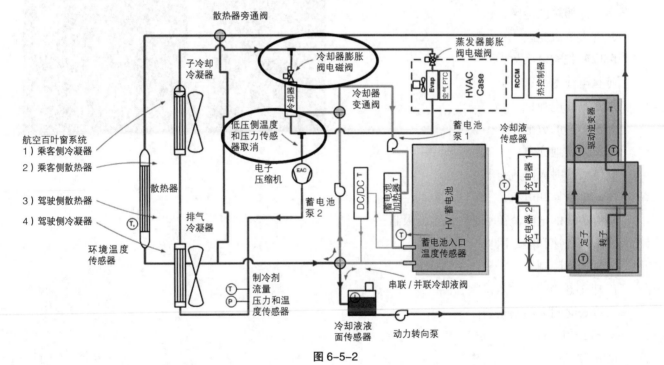

图 6-5-2

1. 与内燃机最大差异是什么

（1）电子暖风加热。

没有小水箱；

比小水箱加热快。

（2）电动 AC 压缩机。

不需要驱动皮带；

没有压缩机离合器。

（3）电子冷却液加热器（如图 6-5-3 所示）。

不用内燃机来加热；

967

需要时可以仅仅迅速加热防冻液；

取消节温器；

冷却液不适于车辆暖风系统；

冷却液温度由电子控制。

（4）制冷剂冷却液冷却。

冷却器应用 R134a 并且是单独并联的冷却系统；

能够冷却到环境温度以下。

（5）电动水泵。

3 个可调速电子泵。

（6）工作模式和旁通阀。

可以控制冷却液流过特定部件；

需要时可以不通过水箱或冷却器；

取消节温器。

2. 目的

冷却高压电池；

用于比较热的地区；

允许大电流充电；

可以延长充电次数；

延长电池寿命；

加热高压电池；

允许更多的放电；

可以更快地充电；

允许天冷时大电流充电；

冷却逆变器和电机；

可以更高的电流消耗不用顾忌温度限制；

用于急加速和能量回收；

减少温度限制；

冷却充电器；

可以长时间大功率充电；

冷却 DC/DC；

防止过热；

灵活布置，无须空气冷却；

HVAC；

座舱加热和冷风。

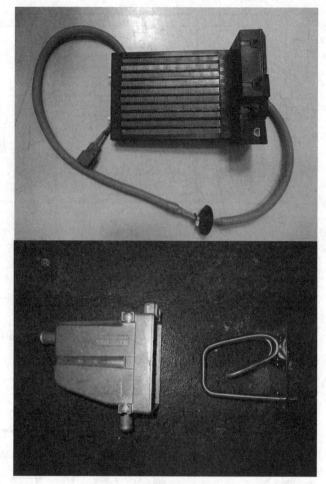

图 6-5-3

二、加热通风空调系统 HVAC

1.HVAC 系统界面

双区空调，控制冷风与暖风，3 功能为控制车厢内部的风速、温度湿度、保持高压电池温度和保持动力系统温度和高压电系统温度。

（1）车内通风。

HVAC通过触摸屏控制温度、湿度、风量，分配并改善车内空气质量，温度调节范围17~31℃。

（2）长途模式（经济模式）。

手动调节最高风速降低到8（而不是风速11），鼓风机自动调整为以经济转速运转；

加热器输出降低到满功率的1/2，温控器主动监控反馈功率并调整；

空调压缩机占空比限制到40%。

2.HVAC控制

RCCM（远程空调控制模块）控制所有暖风相关执行器，如图6-5-4所示。它从MCU接收空调、加热、除霜模式和温度请求然后调节车厢温度。

RCCM监测来自暖风水箱和其他温度传感器输入信号：

地板温度；

仪表板温度；

除霜温度；

蒸发器温度；

车内温度；

环境温度。

然后，RCCM控制暖风执行器以满足模式请求和温度请求。RCCM发送请求信号给THC，由其启动空调压缩机和PTC车厢加热器。

THC（温度控制）控制所有温度系统部件包括PTC车厢加热器、空调压缩机，如图6-5-5所示。它接收来自RCCM、BMS、DI和充电器的请求用来确定温度控制系统上的每个部件是否需要冷却或加热。THC（温度控制）控制所有温度系统部件包括PTC车厢加热器、空调压缩机。它接收来自RCCM、BMS、DI和充电器的请求用来确定温度控制系统上的每个部件是否需要冷却或加热。THC监测多个输入信号：

温度系统上的温度传感器；

环境温度传感器；

车速；

日光传感器。

然后，THC控制温度系统上的执行器（水泵、模式阀/旁通阀、压缩机/冷却器、风扇、电池冷却液加热器、水箱/冷凝器百叶窗）以满足温度请求。

图6-5-4

图6-5-5

3.HVAC 系统部件

（1）HVAC 系统部件总览图如图 6-5-6 和图 6-5-7 所示。

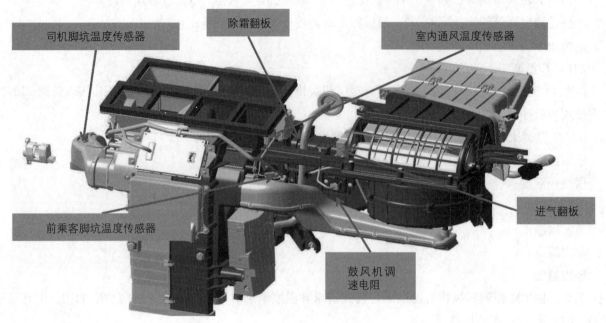

图 6-5-6

图 6-5-7

（2）顶视图。

顶视图如图 6-5-8 所示。

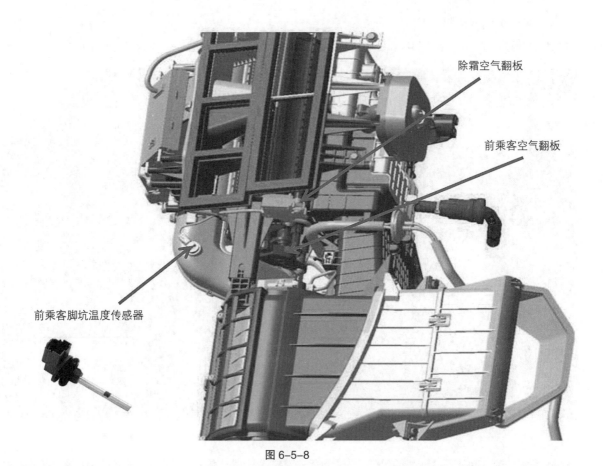

除霜空气翻板

前乘客空气翻板

前乘客脚坑温度传感器

图 6-5-8

（3）仰视图。

仰视图如图 6-5-9 所示。

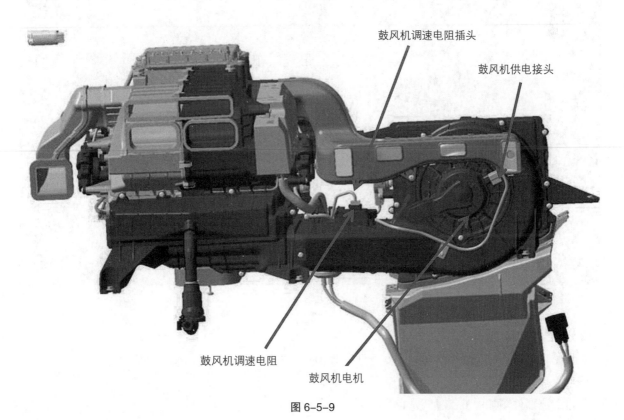

鼓风机调速电阻插头

鼓风机供电接头

鼓风机调速电阻

鼓风机电机

图 6-5-9

（4）鼓风机调速电阻。

鼓风机调速电阻如图 6-5-10 和图 6-5-11 所示。

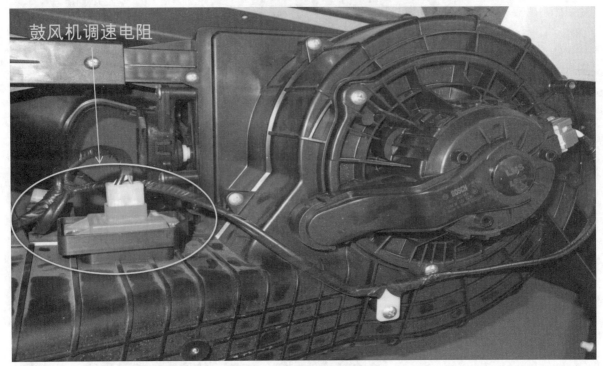

图 6-5-10

图 6-5-11

（5）空调控制单元／温控控制单元。

空调控制单元／温控控制单元如图 6-5-12~ 图 6-5-14 所示。

4. 空调系统部件

空调系统部件图如图 6-5-15 所示。

图 6-5-12

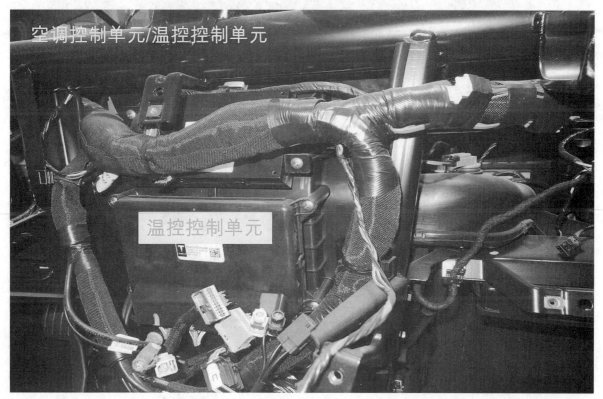

图 6-5-13

973

图 6-5-14

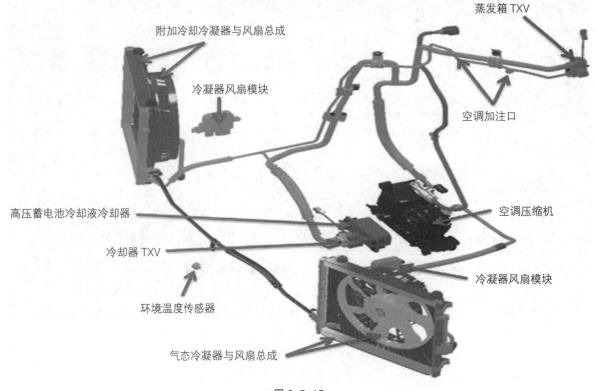

附加冷却冷凝器与风扇总成

蒸发箱 TXV

冷凝器风扇模块

空调加注口

高压蓄电池冷却液冷却器

空调压缩机

冷却器 TXV

冷凝器风扇模块

环境温度传感器

气态冷凝器与风扇总成

图 6-5-15

974

（1）HVAC 制冷剂回路。

HVAC 故障可以通过使用空调压力表或 CARLOGS 里面的传感器数据进行诊断，如图 6-5-16 所示。

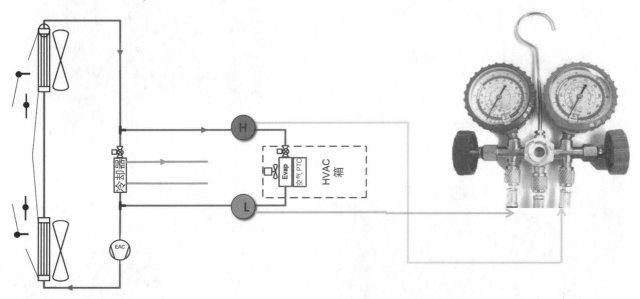

图 6-5-16

（2）空调压缩机（如图 6-5-17 所示）。

空调压缩机高压电池供电；

高压供电通过前 HVJB 进行保险丝保护（GEN2）；

不通过 CAN 传输数据；

压缩机转速由 PWM 信号控制；

同时应用在温控系统；

作用于冷却器。

空调压缩机隔音处理如图 6-5-18 所示。隔音棉的 PN:1028988-00-A 如图 6-5-19 所示。

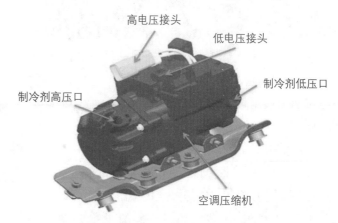

图 6-5-17

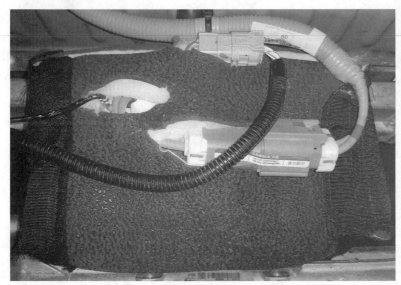

图 6-5-18

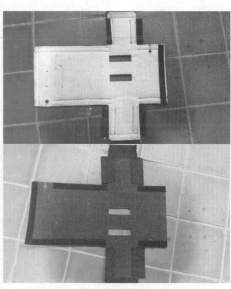

图 6-5-19

空调压缩机隔音处理支架 PN：1006079-00-D，如图 6-5-20 所示。

新型空调压缩机，Halla 压缩机，如图 6-5-21 所示。

压缩机由高压供电（高压电池电压）；

压缩机类型：电子卷轴；

通信方式：高速 CAN；

冷冻机油：POE（RB100EV）（150±10）g。

图 6-5-20

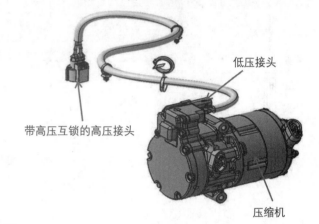

低压接头

带高压互锁的高压接头

压缩机

图 6-5-21

（3）车厢加热器。

车厢加热器高压电池供电；

应用 BFTCAN 传输数据；

高压供电通过前 HVJB 保险丝保护；

如果保险丝烧蚀可能看到 PTC_UV faults；

加热器左右两侧有内部温度传感器。

（4）乘客厢加热器（如图 6-5-22 所示）。

乘客厢加热器由高压电池供电；

使用 BFT CAN 通信；

高压通过装有保险丝的 DC/DC 或 HVJB（GEN2），如果保险丝熔断可能是 PTC_UV faults；

左侧和右侧有内部温度传感器，可以确认系统故障。

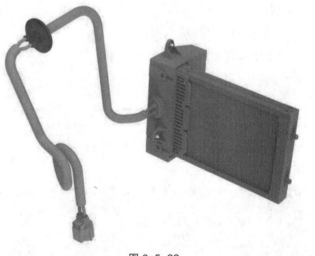

图 6-5-22

（5）膨胀阀（H 型）（如图 6-5-23 所示）。

根据流经蒸发箱气体温度，自动调节节流面尺寸；

防止蒸发箱结冰；

Model S 使用电磁阀允许和阻止制冷剂流到膨胀阀；

电磁阀是一个常关阀，车辆空调开启后打开。

（6）制冷剂压力/温度传感器（如图 6-5-24 所示）。

图 6-5-23

模拟信号。

低压端压力 / 温度传感器：仅在早期产品上使用；在压缩机前端吸入管侧。

高压端压力 / 温度传感器：至今所有车辆安装使用；位置处于司机侧冷凝器（翼子板内）；司机侧仪表台下最容易接触到。

（7）车内部温度传感器（如图 6-5-25 所示）。

位于中扶手内。司机侧膝部盖板内（车辆早期版本）。用于车内温度的控制。传感器内有风扇持续采样空气温度。一旦该风扇出现问题可能造成系统功能紊乱。

（8）雨水 / 灯光 / 阳光 / 湿度传感器。

在后视镜后面，如图 6-5-26 所示。用于空调系统运算。通过 LIN 线与 BCM 通信。如果更换风挡必须更新。为自动雨刷提供信息。

（9）离子发生器。

离子发生器分解诸如霉臭味等有害颗粒物来清洁进入乘客厢的空气。离子发生器使用静电荷板产生正离子或负离子，它可以利用静电效应吸附悬浮颗粒物，如图 6-5-27 所示。气体离子发生器是利用高电压电离(电荷)颗粒物。

负离子（阴离子）是一个或多个电子（负电子颗粒）；

阳离子是正离子失去一个或多个电子（正电子颗粒）。

它可以通过除臭改善车内环境。随着氢氧自由基上升，可以消毒除臭。

氢氧自由基四处漂浮，并依附在有害物质上，通过破坏蛋白质结构上的氢键消灭它们，如图 6-5-28 所示。这样就可以形成水分子蒸发到空气中，使车内环境清新无菌。

图 6-5-24

图 6-5-25

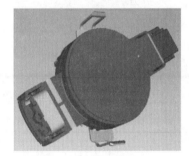

图 6-5-26

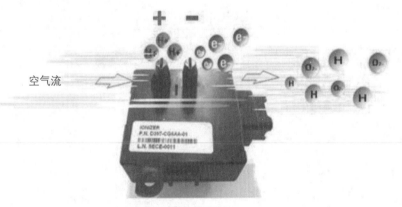

空气流

图 6-5-27

真菌，细菌

OH

OH

去除有气味的物质（真菌，细菌）

图 6-5-28

5.HVAC 服务功能

（1）制冷剂油。

Tesla 使用 3 种制冷剂油：PVE-Roadster 1.5；POE-Roadster 2.0+；ND11 POE-Model S US and EU。

（2）车辆空调信号。

可查看 HVAC 信号帮助诊断。

（3）温控系统检查测试。

用于检查测试整个系统；

可以检测空调，加热器（类似小水箱功能）和蒸发箱。

（4）空调抽空与加注。

用 Toolbox 相关功能；

打开 TXV 电磁阀，检查状态（一旦 not ok 带有故障）；

如果 DI 或 charger 工作，系统将退出；

如果 Toolbox 不能用，制冷剂抽空与加注还是可以进行的但需要从高低压管路同时进行抽真空与加注。

6.HVAC 性能测试

无论何时客户抱怨空调工作不良，首先必须进行空调系统检查，确认是否是空调问题。如果在此阶段没有发现问题，很有可能是客户个人感觉空调有问题，实际空调工作正常。对于此类情况，我们可以进行空调系统性能测试，检查空调的工作是否在正常范围内。

准备：设置好将要进行测试的车辆。

（1）停在车间内，没有阳光直射的地方。

（2）打开前车门，降下车窗。

（3）让车身及车内与室温相同。

（4）在高低压侧连接歧管式加氟表。

（5）空调运行 10 min。

（6）记录环境温度。

（7）记录相应湿度。

打开空调；

设置 max 'Lo'；

最大风速；

选择 fresh air。

（8）记录中央出风口温度。

性能表如图 6-5-29 和图 6-5-30 所示。

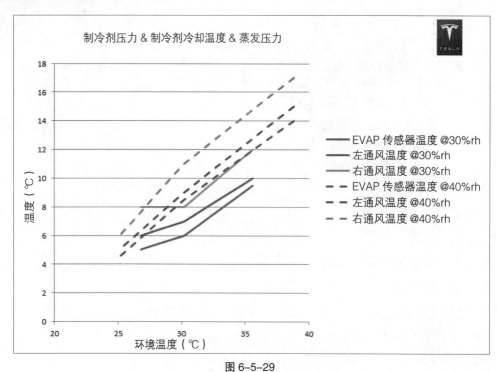

图 6-5-29

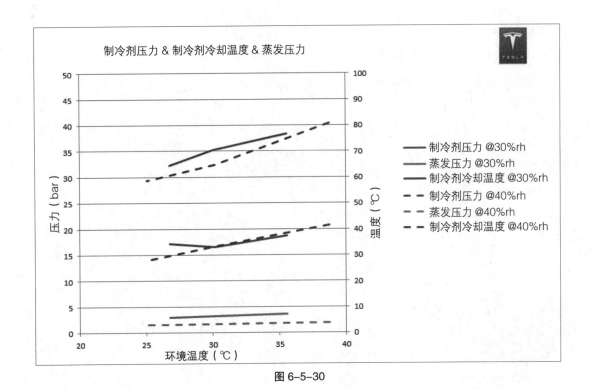

制冷剂压力 & 制冷剂冷却温度 & 蒸发压力

— 制冷剂压力 @30%rh
— 蒸发压力 @30%rh
— 制冷剂冷却温度 @30%rh
- - 制冷剂压力 @40%rh
- - 蒸发压力 @40%rh
- - 制冷剂冷却温度 @40%rh

图 6-5-30

三、温度管理系统

（一）部件图

1. 防冻液回路

（1）防冻液回路如图 6-5-31 所示。

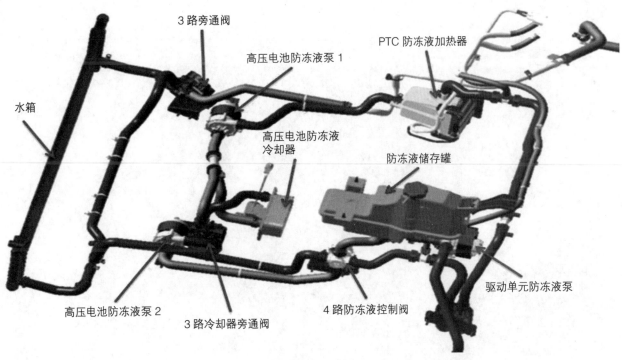

图 6-5-31

（2）防冻液。

冷却系统使用乙烯甘油 G-48，这种长效防冻液是为铝制发动机设计的。

2. 后轮驱动图

后轮驱动车型冷却系统布置图如图 6-5-32 所示。

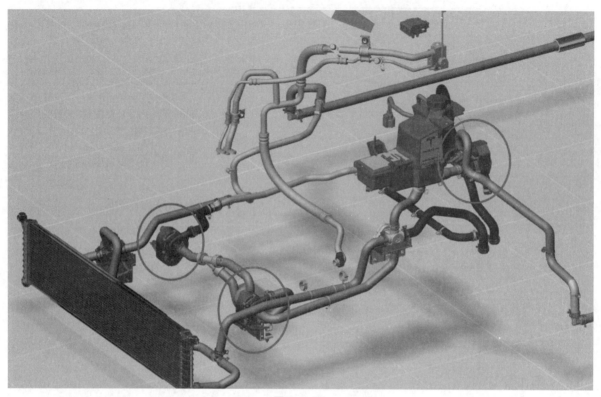

图 6-5-32

3. 双电机图（前后皆为小电机）

双电机新的冷却系统布置如图 6-5-33 所示。

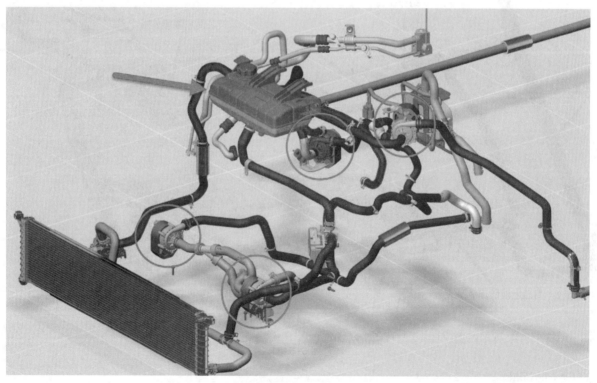

图 6-5-33

4. 冷却回路

旁通与模式阀。

旁通阀控制冷却液流过部件。模式阀控制冷却液的流动策略。改变串联和并联。

①四通模式阀（如图6-5-34所示）。

并联或串联冷却（电池和动力环路）。

②三通旁通阀。

包括水箱旁通和冷却器旁通。使用PWM输入与反向模拟输出（反馈），如图6-5-35所示。

图6-5-34

5. 防冻液冷却器

新型冷却器膨胀阀没有电磁阀。已经取消电磁阀。控制模块在启动时决定系统方式。TXV在缺乏能量交换时将关闭，制冷剂流量在此时可以忽略不计。如果电磁阀断开，THC要重启清故障码，拔保险或从中央显示屏清除。保证冷却器电磁阀不断电并重启THC。那么在电磁阀重新插入时可能会忽略这个故障码。这样会造成冷却器测试中故障。

图6-5-35

6. 电池/冷却液加热器（如图6-5-36所示）

由DC/DC或前接线盒（二代）高压供电并加以控制；

前接线盒有保险丝保护；

THC控制；

使用开关信号，不用PWM信号；

有内部温度传感器；

在HV+到HV-测量的线圈电阻是37Ω。

7. 冷却液管路温度传感器（如图6-5-37所示）

测量冷却液温度；

位置：电池入口温度传感器和动力单元出口温度；

NTC温度传感器；

已知问题：信号慢或延时和更换传感器。

图6-5-36

8. 风门与节流阀（如图6-5-38所示）

控制流过冷凝器与水箱的气流；

改善空气动力特性；

驱动电机必须初始化，（确认准确位置）（LIN Bus信号），不能调换位置；

图6-5-37

维修后重启部件清除DTC，维修后做风门测试；

在6次尝试调整风门失败后，风门停止操作；

已知问题：限位器/花键破损损坏，报故障；更换，外观不同；所有问题有反馈故障。

9. 冷却液泵（如图6-5-39所示）

总共3个泵：动力单元泵、电池泵1和电池泵2；

有保险丝保护持续供电；

信号反馈到THC；

图6-5-38

一旦信号或 THC 供电故障，默认 100% 运转；

3 个泵一样但安装方向不同。

（二）温控管理逻辑

1. 温控系统操作

不同模式：电池加热、电机冷却和电池冷却；

模式参数。

（1）电池和动力单元冷却。

加热与冷却系统保证动力系统与高压蓄电池的温度系统用一个 4
通模式阀来转换冷却液以串并的路径。

（2）串联模式。

串联模式把电池和动力部分连在一起。在此模式下热量在两个系统中转换。

（3）并联模式。

并联模式把电池和动力系统分开，在此模式下热量在两个系统中不转换。

串联模式如图 6-5-40 所示。并联模式 – 电池回路如图 6-5-41 所示。并联模式 – 驱动单元回路如图
6-5-42 所示。

2. 温控管理逻辑

（1）串联模式——电池加热。

在寒冷天气下驾驶，冷却液流过动力单元被加热，在通过水箱流进电池给电池加热，在某些条件下
加热器工作加热冷却液，再流进电池。

（2）串联模式——减少冷却能耗。

串联模式在环境温度不高时高效地冷却。可以用水箱冷却，而不需空调额外冷却。

（3）串联模式——高温下动力单元冷却。

在极热情况下，电池可以吸收动力单元的热量使得电动机保持适合的温度，这样比较高效。直到电
池温度到达限值，其余热量通过 Chiller 冷却来保持电池与动力单元的温度。

图 6-5-39

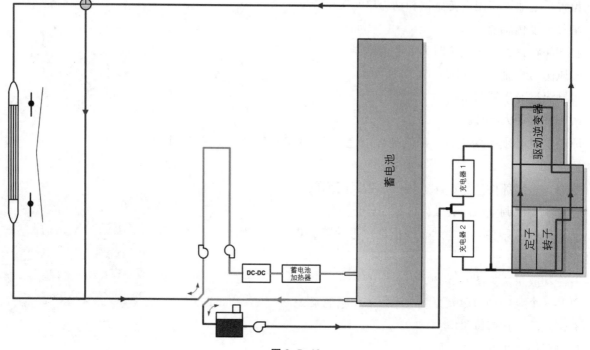

图 6-5-40

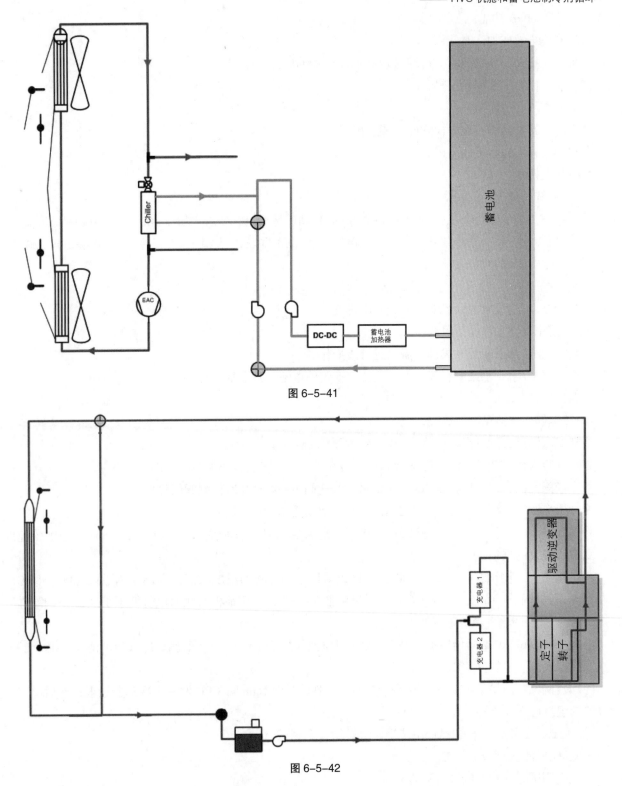

图 6-5-41

图 6-5-42

（4）并联模式。

　　并联模式允许动力单元冷却液用水箱高效冷却，因为动力单元可以比电池温度高。例如，电池需冷却，但动力单元不需，电池冷却单独流过 Chiller，或冷却液流过加热器来加热电池而动力单元不用。并联模式也用于冷却 charger，在充电时不影响电池温度。

（三）温控系统管理维修模式

1. 冷却液排放和加注

相应的 Toolbox 功能；

当防冻液排放或加注时使用；

把所有阀打开 50%，这样防冻液排放和加注更加彻底；

该功能运作时不要驾驶车辆；

冷却液泵不转（D 挡）；

当车进入驾驶状态或充电模式此功能退出；

当阀操作异常时将报故障码。

2. 冷却液排气

（1）系统排气。

排气过程 3 个步骤每个步骤持续 5min：（5min）串联，水箱 100%，冷却器 100%，泵 100% 最大流量；（5min）串联，水箱 0%，冷却器 0%，泵 100%；（5min）并联，水箱 100%，冷却器 100%，泵 100%。

不要在排气时驾驶汽车；

可能造成过热，因为不合适的冷却液流。

（2）如果电池没电的话可能要多做几次排气。

（3）使用真空加注的话更好。

（4）只要冷却系统开放或排空需要运行该操作。

（5）不要烧泵（水泵中有气室）。注意：安装前电池一定要加注冷却液。

3. 温控测试

（1）能够用来测试整个温控系统。

冷却温度测试：测试启动后检查 10s；温度要求 15~30℃。

制冷剂吸入压力测试：温控测试后启动后检查 10 s；系统压力必须 200~1000kPa。

冷却液阀测试：启动后检查 20s；测试水箱旁通阀 100% 打开后检测阀门位置。

冷却风扇测试：测试开始后检查 20s；控制模块发送 100% 信号。

冷却水泵测试：检查开始后测试 30s；测试电池水泵 1 和 2，动力单元水泵用 1%，50% 和 100% 速度运转然后检查泵的反馈。

蒸发箱测试：测试开始后测试 180s；测试查看以下通风管的温度限值：空调左侧通风管低于 16℃，空调右侧通风管低于 16℃，空调地板左侧通风管低于 16℃，空调地板右侧通风管低于 16℃，空调除雾风口低于 21℃，空调蒸发箱传感器低于 8℃。

电池加热测试：测试开始后检查 180s，测试时电池加热器工作 60s，然后测试冷却液电池至少提升 2℃，电池加热器表面至少提升 4℃。

冷却器测试：温控系统测试开始后持续 270s；测试时向 Daimler CPC 发一个冷却器请求，然后检查电池进口的温度应至少下降 7℃。

（2）最好在空调系统和温控系统维修之后做这个测试。

（3）完成测试后清除 DTC。

4. 风门测试（现在测试风门不动）

会操作所有的百叶窗与节流阀；

如果操作不正确会报故障；

可用于测试百叶窗和节流阀；

当风门不能正常工作时，可以用这个操作，是个不错的选择。

第六节　故障实例

2022 年特斯拉 Model Y 使用国标慢充充电，充电枪无法拔出。

故障现象：一辆 2022 年特斯拉 Model Y，电机型号：3D7，动力电池额定电压：347.8V，动力电池容量：172.5AH，使用国标慢充充电，充电枪无法拔出。

故障诊断：

此车是一款新车，到店做新车的贴膜工作，由于是新车，车辆的电量不是满格，客户要求在店内使用国标低压充电枪将车辆电量充满，由于是一辆新车，在操作过程中，感觉此车的智能化更高，国产车的充电盖内部与传统燃油车差不多，而 Model Y 的充电盖在左后尾灯处，并且弹直动作采用伺服电机，看起来更为流畅，如图 6-6-1 所示。

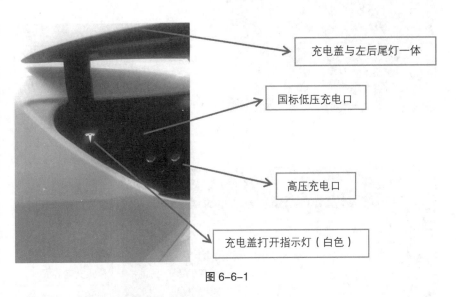

充电盖与左后尾灯一体

国标低压充电口

高压充电口

充电盖打开指示灯（白色）

图 6-6-1

充电盖开启为触摸式，非开关按压式，当充电盖打开后，T 标指示灯会亮起，并显示白色，代表充电盖打开，在不接电源的情况下，插入充电枪，T 标指示灯会显示蓝色，如图 6-6-2 所示。

当蓝色的 T 标显示时，想把充电枪拔下，充电枪已经被锁住，拔不下来，是不是没有上电的缘故，试着将充电枪的电源接上，让其开始充电，看能否将枪拔下来，接上电源后，T 标指示灯开始闪烁，并变绿，如图 6-6-3 所示。

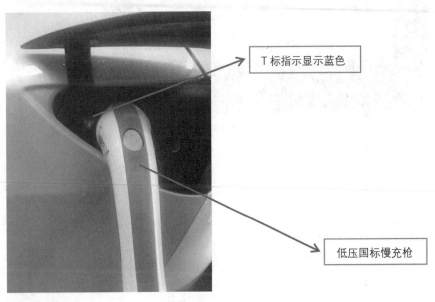

T 标指示显示蓝色

低压国标慢充枪

图 6-6-2

变绿代表着正在充电，但是充电枪还是拔不下来，以为与国产车的控制逻辑一样，开闭锁车门后，充电枪可以拔下，但是 Model Y 此款车不行，使用手机 APP 开锁解锁，只听到车门内的中控电机声音，但是充电枪还是不能拔出。是不是充满电后，就可以拔下来，但想了想，这个有点不可能，如果中途要用车，充电枪不可能不能拔，当充了会儿电时，发现我们的充电线有点烫，是不是电流太大了，检查车辆中央显示屏，发现此车的充电电流可以调整，如图 6-6-4 所示。

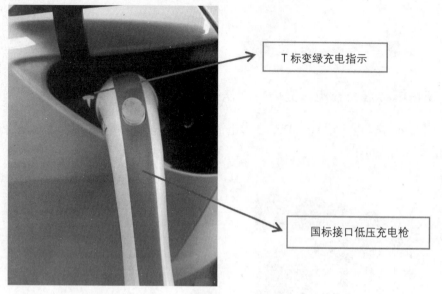

T标变绿充电指示

国标接口低压充电枪

图 6-6-3

通过充电电流调整界面的"+""-"键,调整电流值的大小,最大可以调整至8A,最小可以调整至5A,由于充电线过热,我们将值调整至"5A"电流值。当我们选择界面中的"停止充电"选项,我们再去拔充电枪,充电枪顺利拔出,原来此款车的逻辑与国产车完全不同,其中通过充电电量的调节,可以将动力电池的电量充到你所设置的百分比值,这些都是与国产车不同之处,通过此车,也让我们明白了,电力驱动的车其自动化程度会更高。

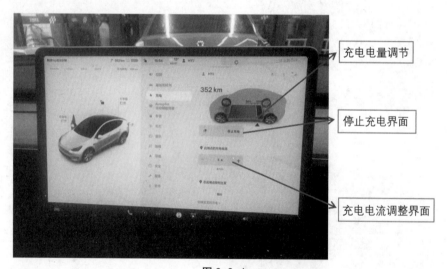

充电电量调节

停止充电界面

充电电流调整界面

图 6-6-4